探知新视界

巴巴罗萨行动

BARBAROSSA

1941

La guerre absolue

绝对战争

上

[法国]让·洛佩 [格鲁吉亚]拉沙·奥特赫梅祖里 著 张竝 译 译林出版社

图书在版编目（CIP）数据

巴巴罗萨行动：1941，绝对战争 ／（法）让·洛佩，（格鲁）拉沙·奥特赫梅祖里著；张竝译．－－南京：译林出版社，2022.3

书名原文：Barbarossa : 1941 - La guerre absolue
ISBN 978-7-5447-9022-2

Ⅰ.①巴… Ⅱ.①让… ②拉… ③张… Ⅲ.①德国对苏联突然袭击(1941)－史料 Ⅳ.①E512.9

中国版本图书馆 CIP 数据核字 (2021) 第 270965 号

Barbarossa: 1941-La guerre absolue
by Jean Lopez & Lasha Otkhmezuri
© Passés Composés/Humensis, 2019
Current Chinese translation rights arranged through Divas International, Paris
巴黎迪法国际版权代理（www.divas-books.com）
Simplified Chinese edition copyright © 2022 by Yilin Press, Ltd
All rights reserved.

著作权合同登记号　图字：10-2020-341 号

巴巴罗萨：1941，绝对战争　［法国］让·洛佩　［格鲁吉亚］拉沙·奥特赫梅祖里／著
　　　　　　　　　　　　　张　竝／译

责任编辑	王　蕾
特约编辑	荆文翰
装帧设计	韦　枫
校　　对	蒋　燕　孙玉兰
责任印制	董　虎

原文出版	Passés composés/Humensis, 2019
出版发行	译林出版社
地　　址	南京市湖南路 1 号 A 楼
邮　　箱	yilin@yilin.com
网　　址	www.yilin.com
市场热线	025-86633278
排　　版	南京展望文化发展有限公司
印　　刷	江苏凤凰新华印务集团有限公司
开　　本	718 毫米 ×1000 毫米　1/16
印　　张	78.5
插　　页	8
版　　次	2022 年 3 月第 1 版
印　　次	2022 年 3 月第 1 次印刷
书　　号	ISBN 978-7-5447-9022-2
定　　价	218.00 元

版权所有·侵权必究

译林版图书若有印装错误可向出版社调换。质量热线：025-83658316

目　录

引　言 / 1

第一部　通往迷雾重重的印度群岛

序　曲　班德勒街的晚宴 / 11

第一章　一个人梦想的战争 / 21

第二章　苏联的孤独 / 69

第三章　条约 / 122

第四章　决定进攻 / 181

第二部　互相欺骗的手段

序　曲　如果战争明天来临 / 253

第五章　德国应对灾难的方法 / 260

第六章　苏联应对灾难的方法 / 318

第七章　罪恶的命令 / 373

第八章　斯大林的错误决策 / 415

第三部　苏联的挣扎

序　曲　"我羞于面对父亲，因为我还活着" / 465

第九章　1941年6月22日星期日：漫无尽头的一天 / 479

第十章　边境的战斗 / 545

第十一章　从欢欣鼓舞到最初的怀疑 / 622

第十二章　基辅、莫斯科还是列宁格勒？ / 677

第十三章　斯大林高压统治的回潮 / 763

第四部　幻想的秋日

序　曲　反苏的洛科特共和国 / 829

第十四章　维亚济马—布良斯克的双重灾难 / 840

第十五章　寸步难行的德国国防军：泥浆，道路，朱可夫 / 897

第十六章　露天修罗场 / 961

第十七章　面对各自盟军的斯大林和希特勒 / 999

第五部　败北的冬日

序　曲　前往克里米亚 / 1057

第十八章　最后的努力 / 1070

第十九章　苏联的反攻 / 1122

结　语 / 1188

资料来源 / 1199

参考文献 / 1204

译名对照表 / 1224

引　言

"到目前为止，无论西方，还是东方，没有哪个对手拥有我们这般求胜的意志、进攻的本能。"[1]这番雄赳赳气昂昂的话正是第221保安师师长约翰·普夫卢格拜尔在1941年6月22日向部队下达命令时的发言，翌日，这支部队就将与其他平凡的士兵一道，深入苏联的白俄罗斯。在斯卢茨克[*]和比亚韦斯托克[†]两役损失186人之后，27日拂晓，保安师的先头部队未开一枪就进入了后一座城市。居民代表团来到师长下榻的丽兹酒店。他们待在白线外，拿出面包和盐，以示欢迎。次日，普夫卢格拜尔将军会向手下表示"衷心的感谢"，[2]还会亲自给其中几个人授勋。对德意志国防军的一支部队（其中也包含了警备营）表达感谢的这些言辞和行为针对的不是之前几天的战斗，而是在6月27日无缘无故杀害了2000多名城里的犹太人的行为，他们有在屋子里和马路上遭到枪杀的，有被棍棒打死的，还有在犹太会堂里被活活烧死的。和第221保安师一样，1941年夏季的第一天，300万德国士兵踏着尘土，冒着酷暑，流着鲜血，开始1000公里的行军。就像约瑟夫·康拉德笔下的主人公沿着刚果河溯流而上，前往恐怖王国一般，

---

[*] 斯卢茨克，白俄罗斯城镇。（本书脚注均为译者所加。）
[†] 比亚韦斯托克，波兰东北部城市，毗邻白俄罗斯边界。

他们也将投入一场史无前例的战斗之中。确实如此。不到几个星期，这些士兵就将脱胎换骨，成为有史以来最残暴的军队。他们已成为希特勒的私军。

比亚韦斯托克大屠杀之后七天，德米特里·巴甫洛夫将军，之前还是权倾一时的西线指挥官，此时却在多夫斯克小站遭到了内务人民委员部的逮捕。这位颇具威望的红军统帅在中国和西班牙屡获军功，23岁起就加入了共产党，却在红色托尔克马达*列夫·麦赫利斯的注视之下，整整两天遭到无休无止的拷打。他们想听什么，他就招供什么，说他这一辈子都在图谋不轨，意图颠覆有史以来的第一个工人国家。军事法庭认为他"怯懦，怠惰，指挥军队不力，擅离战斗岗位"。巴甫洛夫的违心招供自然也牵连了莫须有的同谋犯，几天之后，西线所有的高级军官都遭到了枪决。之后的10月1日，将军的父母、妻子、岳母和儿子都被流放到了西伯利亚，几乎全都在悲惨中死去。

巴巴罗萨行动的主线是这样的：德意志国防军发动灭绝性的殖民战争；红军和苏联人血洒疆场，既遭到敌人无情的射杀，又遭到斯大林高压统治的打压。

巴巴罗萨行动也有许多特别之处。就此而言，它在军事史上占据了一个独特的地位。自从宗教战争以来，没有哪场军事冲突的意识形态化程度达到这个地步。两方的政治部队（党卫军保安局和内务人民委员部）各有各的目标，许多方面也已被各级干部和军队内化。德国人意图把这样的冒进行为看作十字军东征，剑指欧洲全境，用的是轴心国的军队和占领国的分遣军。苏联人则让他们的组织遍地开花，那是他们的"第五纵队"。两支军队都受到独特的军事文化的滋养。德国人有打击敌对国平民的暴力传统，对狙击手和游击战术情有独钟，倾向于战斗，而非其他任何形式的军事介入。苏联红军乃是政党的产

---

*托尔克马达，15世纪西班牙宗教裁判所首任大法官。

物，有监督和镇压的机关，也有监督和镇压的手段，两者融为一体；它不在意士兵的抛头颅洒热血和本国公民遭受的苦难。这两个对手的政治观点各有其强大的迷思滋润，分别针对犹太-布尔什维主义和资本主义阴谋，它们对作战行动、外交、战争的目的都造成了影响。

粗看之下，德意志国防军和苏联红军是这个时代两个极为庞大的工具。1000万人，3万架飞机，2.5万辆坦克，巴巴罗萨行动在面积相当于两个法国这么大的地域里针锋相对，持续了六个月之久，军事上的夸张修辞层出不穷：最大的包围圈，最惊心动魄的突破战，野蛮至极的对垒战。还有令人难以置信的大反转：苏联红军看似笨手笨脚的巨人，采用的是摩肩接踵的人海战术，两次被摧毁，两次重建，究竟是怎么在全世界都觉得不可能的时候，避免让自己毁于一旦的？势如破竹的德意志国防军究竟是怎么一步步走到彻底分崩离析的？从军事指挥和政治领导层面来看，是否存在相当程度的盲目性？谁会像斯大林一样，进攻就发生在他的鼻子底下，好几个月来，日复一日，他收到这样的通知已有上百次，还会对此感到吃惊？谁会像国防军的那些统帅一样，拒不承认现实，原本以为自己的对手注定会死，却没想到对手又从坟墓里爬出来，一个劲儿地发动反击？双方都沉浸在幻想之中，认为对方脆弱不堪，沉浸在种族根源或苏维埃体制之中，或以为工人穿上德军军服就会迎来期待已久的众志成城；他们低估对手，高估自己的实力，严重到甚至完全摒弃了军事上的常识；他们相信战争很快就会结束，己方不会血流成河；他们实施的军事行动荒唐至极，像是业余人士在一个纯粹概念的世界里忙前忙后；他们相信自己拥有胜利的魔法，德国名之为"闪电战"，苏联名之为"战斗思想"。

滔天的大话说多了，其结果就引发了熊熊的大火。战斗，死刑，刻意为之的饥馑，两百天的时间里杀害了500多万男女孩童、士兵平民。每小时死1000个人，而且夜以继日。就这么一条战线，这半年便成了第二次世界大战中，无疑也是人类历史上最致命的半年。但丁的地狱和这露天的修罗场比较只能算是温和的磨难了,惨遭围城的列宁格勒,200座苏联战俘营,数以千计的反坦克壕沟,如蝼蚁般死去的犹太人,还有饥饿肆虐的被占领的城市,一整条战线都是修罗场。纳粹及其军队发挥出了全面的毁灭潜力、离心的本性:彼此屠杀。为了能从德国人的进攻中存活下来,斯大林更是强化了其暴力、偏执和向心的本性。他用军队建造了一个产业,将农业集体化,全面整顿社会各个阶层。与苏联的某些知识分子自身的感受相反,战争并没有改变斯大林,反而使之情绪更为高涨。

巴巴罗萨行动的失败造成了极大的影响,历时颇久。这项行动颠覆了冲突的时间表,让人察觉到纳粹的这次冒险行动自有的局限性。苏联这个国家由于此时政府的混乱不堪,可以说是走在自戕的道路上,却由于第二次世界大战的胜利,再加上懂得如何使这场胜利持续产生影响,从而又延续了四十年的时间。大屠杀走的是一条不归路。西方的盟友彼此憎恨,各有各的算盘,由此成就了战后的岁月。中东欧各国以及芬兰,要么同第三帝国结盟,要么被第三帝国占领,其命运又再次被抛到了历史的面前。

半年之久的密集战争值得大书特书,而这正是我们所要做的事。我们希望能保持平衡,呈现双方阵营及其各自盟友的观点:无论是克里姆林宫的还是狼堡*的,是前线的参谋部还是集团军群,是内务人民委员部还是别动队†,是被派去造工厂的,还是被派去挖行刑坑的。维持观点的平衡也就意味着对手有权取得同等的地位,而不是对他们各打五十大板。给两者贴上"极权主义"的标签似乎是容易的,但别忘了两者有本质的差异。巴巴罗萨行动造成的伤亡理当由侵略国德国来负责。

本书由五部分组成,每个部分之前有个序曲,专注于某个时刻,

---

* 狼堡指的是阿道夫·希特勒大本营的代号。
† 别动队是纳粹德国占领区由党卫军一等兵组成的部队。

某个地点，或某个特定的层面。第一部追溯巴巴罗萨行动的缘起，从慕尼黑的啤酒馆一直讲到1940年夏，好戏连连。第二部讲述的是筹备计划、准备工作，军事和政治的手段，结盟，情报机构提供的讯息。第三部专述战斗，从1941年6月22日星期日一直讲到9月底，德国由最初的情绪高涨到后来的疑窦丛生。第四部的分析专门针对1941年10月1日到11月15日这六个星期的事情，战术上双重的巨大胜利直至最后的失败。最后，第五部设法去厘清德意志国防军本来已经很放松，为什么在遭到突如其来的迎头痛击之后又会神经紧绷。

资料相当丰富。军事和外交档案、回忆录、部队的日志和私人著作、报告、调查、我们对老兵的采访，均可加以利用，资料覆盖俄语、乌克兰语、德语、英语、格鲁吉亚语、意大利语与西班牙语各个语种。德国方面，1980年代以来，研究东部战线德意志国防军及其战斗模式、占领和镇压、（大规模）参与大屠杀等史实的历史学家做了大量的工作，新观点不少，但几乎都没有翻译成法语：克劳斯·乔申·阿诺德、马丁·库珀斯、约尔格·甘岑缪勒、克里斯蒂安·哈特曼、约翰尼斯·于尔特、彼得·里布、克劳斯-米凯尔·马尔曼、于尔根·马特豪斯、迪特·波尔、菲力克斯·吕默、克里斯蒂安·史特莱特等许多人。还出现了一系列新的重要文件：关于别动队的《重大事件汇报》、鸿篇巨制《追杀欧洲犹太人》、2008年由埃尔克·弗勒利希编辑完成的戈培尔的32卷日记。有关军队方面的专著也可资利用：哈特曼的著作研究了五支部队（《东部战争中的德意志国防军》），以及克里斯托弗·拉斯的著作，还必须提及费尔迪南德·肖宁在其系列著作《世界大战时代》中所做的宝贵研究。

俄语方面，我们使用了叶利钦治下1990年至2000年间的大量印刷资料。斯大林从内战时起就习惯使用博多式电报机和各方面军交流。那时候，这种电报机过于笨重，且效率不高；如今，这倒成了好事。事实上，他和各集团军之间的通话，以及最高统帅部和总参谋部下达的命令，都发表在了《俄罗斯档案》系列丛书之中。2015年，奥列格·赫列夫纽克花费了大量精力，将国防委员会（管理冲突的超级机构）的政令加评注之后编制成了目录。1993年由亚历山大·雅科夫列夫发起的"民主"基金会出版了斯大林时代的大量文献。该机构的使命是在档案堆里寻找不为人知的文件。其中一个主要方向是研究契卡—国家政治保卫总局—内务人民委员部、国家安全部—国家安全人民委员部各类治安警察的活动。已经编辑了一百多卷资料。由于缺乏俄罗斯的资助，基金会转而求助于陌生机构，尤其是大学。但2012年的相关法案则让这样的经济来源也枯竭了，基金会只能停止研究和出版。不过，俄罗斯联邦安全局和俄罗斯总统档案部门（政治局的旧档案）的文件仍在一点一点地出现。因此，2010年和2015年，在卫国战争胜利65周年和70周年的时候，两本精彩的卫国战争文献集得到了出版。书中囊括了斯大林从国防委员会委员那儿收到的各类文件，也包括军人写给他的信件。这些翻印的文献上都有斯大林的批注。

私密的日记也是珍贵的资料来源，尤其是可以使人捕获各种观点的动向，其中所包含的流言可以成为了解苏联社会的指路明灯。我们除了使用许多核心资料之外，也采用了弗拉基米尔·韦尔纳茨基、柳博芙（柳芭）·沙波丽娜、莉迪亚·奥西波娃、米哈伊尔·普里什文、安娜·奥斯特罗乌莫娃-列别杰娃、格奥尔基·叶夫龙、弗拉基米尔·盖尔芬德、谢苗·普加科夫私底下的文字。苏联红军是不准记日记的。打破这条法律会受到严厉的处罚，甚至包括死刑，谢苗·普加科夫就是一例。除了公民和普通士兵的日记之外，我们还采用了近期出版的苏联官方的一些人的日记，比如装甲生产部门负责人维亚切斯拉夫·马雷舍夫，或像第24军军长斯捷潘·加里宁之类的高级军事将领。此外，我们的采访工作整整持续了十年之久，主要是为杂志《战争与历史》供稿，采访的对象有最后一批红军幸存者、列宁格勒围城战的幸存者，以及乌拉尔生产工业设备的苦役犯监狱的幸存者。我们对这类资料的采用取谨慎的态度，故而也整合了积极参与当时那个时代的一些人的回忆资料。我们也忠实地使用了战后由苏联人主导的对德军将领及外交官进行审讯的资料，这些资料出版于2000年左右。我们不该忘记2005年去世的俄罗斯军事历史学院教授谢尔盖·米哈列夫，他的两部著作（2000年与2002年）依据国防部中央档案室的档案，纠正了克里沃舍耶夫将军给出的红军损失方面的数据。大量文件仍处于尘封之中，这或是最高统帅部的命令，或是克里姆林宫斯大林宅邸访客登记处的决定（我们只能去斯大林办公室）。

  本书的写作遇到了如何翻译地名这个问题。20世纪，在斯摩棱斯克与华沙之间的广大地域上，同一个人会看到自己的出生城市变来变去，达两次，三次，有时甚至四次之多。比如，东加利西亚就是这样的情况。直到1917年，东加利西亚一直叫作伦贝格（Lemberg），1918年和1919年变成利维夫（Lviv，乌克兰语），1920年至1939年间又称为利武夫（Lwów，波兰语），莫洛托夫—里宾特洛甫条约签订之后又称为利沃夫（Lvov，俄语），1990年起又再次叫作利维夫（Lviv）。既然很清楚无论选择什么名字都会牵涉到政治，还会招致群情激愤，使用犹大-撒马利亚地区这样的词汇取代约旦河西岸正是如此，那我们又该如何选择呢？我们的选择是采用事发当时的官方名称。

  最后，我们也不能忽略莫斯科朋友伊娜·索罗德科娃给予我们的帮助。最近六年，她对我们的要求总是有求必应，前往相距60公里的波多利斯克军事档案馆为我们查找资料。在此，我们向她致以衷心的感谢。

注　释

1. Christian Hartmann, *Wehrmacht im Ostkrieg*, Oldenbourg, Munich, 2010, p. 248, note 26.
2. *Ibid.*, p. 276.

第一部

通往迷雾重重的印度群岛[1]

1. 这一部的标题取自恩斯特·布洛赫的《乌托邦精神》(*Geist der Utopie*) 一书,Frankfurt am Main, 1974, p. 215。

序　曲
班德勒街的晚宴

　　出生时即为冯·吕特维茨女男爵的玛丽亚·冯·哈默施泰因在临近晚上8点的时候，难掩紧张的心情。这位国家防卫军（Reichswehr）——1919年至1934年间德国军队的名称——统帅的妻子看了看硕大的餐桌，确定是否摆放齐整，这儿马上要设一场晚宴，有一位客人最后一刻来访，凸显了此人的重要性。她把年纪最小的四个孩子都安顿在了楼上，只是，我们忽略了一点，那就是她的两个好动的女儿，年长的玛丽·路易丝和第三个女儿海尔加这天晚上是否也在场。而她的丈夫冯·哈默施泰因-埃克沃德将军军装笔挺，正站在班德勒街办公室的台阶上，办公室就坐落于柏林政府办公区核心地带的一栋大楼里，军队的指挥层就设在楼内。

　　8点还差几分钟，二十多辆豪华轿车陆续快速驶来。轿车驶到台阶旁，在一群勤务兵和警卫中间，出现了国防部长冯·勃洛姆堡，陪同他的有参谋长冯·赖歇瑙上校、外交部长冯·牛赖特，以及十几名将军和海军司令，最高指挥层可谓倾巢出动，尤其是还有国家防卫军十个师的师长。在后面这些人当中，有四个人将在进攻苏联的决策中扮演关键的角色，他们是如今的将军、今后的元帅冯·布劳希奇、冯·里布、冯·博克、冯·伦德施泰特。阿道夫·希特勒最后一个到达，他身着黑西装，由他的唯一一名侍从官陪同而来。这一天是1933年2月3日，对他的邀请令人有些吃惊。

依据目击者的叙述，希特勒话不太多。晚餐时，这位昔日的下士在面对这么一群军官的时候，有些不自在。他到的时候，"朝各个方向谦逊地弯腰致意，有些笨手笨脚"。哈默施泰因"略显屈尊俯就地同他打了招呼"，这场聚会"显得冰冷而礼貌"。[1]除了勃洛姆堡之外，赖歇瑙、牛赖特和哈默施泰因，在场没有一个人和曾经发动过啤酒馆暴动、72个小时之前刚刚成为德国总理的希特勒见过面。除了1932年4月私下长时间晤谈之外，赖歇瑙上校还收到过一封写于1932年12月4日的私人信件，这位纳粹首脑在信中表露了自己的反苏联倾向，陈述了对帝国今后与谁结盟的看法、他的军事政治规划以及统一思想的意图。勃洛姆堡见过他一次，其中两次都是在参谋部的会议上。哈默施泰因至少三次同希特勒一起参加过会议：第一次是在1931年1月中旬，第二次是1932年4月28日，陪同者是他的朋友施莱谢尔，第三次也就是在班德勒街晚餐之前六天，是秘密会面，地点在希特勒的老友贝希施泰因夫妇的别墅。大多数在场的军人都对德皇威廉二世颇为怀念，对这个争权夺利的纳粹首脑并无好感，但这并不意味着他们对他入主总理一职有多反感。恰恰相反。毕竟，他们保守主义和民族主义的抱负在许多观点上与之都有相交之处，对大多数人来说，他似乎代表了最少的恶。勃洛姆堡甚至可以说对他相见恨晚，说他一见希特勒，即发现他双眼炯炯有神，堪为德国的"良医"。[2]哈默施泰因提议对兴登堡总统提名希特勒一事做出响应，1933年1月30日，贝克还说他是"1918年以来第一道夺目的光"。[3]我们可以认为这些人的情感之中占主导地位的是好奇心。没人会愚蠢到相信哈默施泰因给出的借口，说什么邀请希特勒来班德勒街聚餐，是为了庆祝冯·牛赖特的60岁生日。还有一个因素在数天前大大刺激了那些军人的好奇心，甚至于在他们中间引起了某种程度的轰动。1933年1月22日，在没有通知任何人的情况下，希特勒出现在了奥得河畔法兰克福第12团军营的大门前。[4]1月31日，他刚上台，便一如既往，出其不意地在柏林的好几座军营里针对新德国的精神发表了好几通演讲。国内没有一个想要获得总理一职的人会像他那样表现出如此的激情。那是否就应该说他的种种意图太具有颠覆性，他的这些倡议是否违背了军队理论上不过问政治的做派呢？可以确定的是，这几次对军营异乎寻常的造访才是哈默施泰因将军邀请希特勒来自己家赴宴的真正理由。

晚餐波澜不惊，可以想见宾客心里都在想，希特勒来这儿肯定是想在军事部门的首脑们面前露个面，毕竟许多德国人都将这样的军事机构视为国家的宝藏。上完甜点之后，玛丽亚·冯·哈默施泰因便告辞，上楼陪孩子去了。她刚转过身，希特勒便站起身，打断大家的谈话，整整高谈阔论了两个半小时，而这才是此行的真正目的。关于这次热情似火的独白，我们掌握了三个版本。其中两个版本是由坐在第二排的勤务官做笔记记下来的，他们在希特勒的视线之外。最后一个版本没有签名，是合乎礼节的篇幅很长的一份草稿，只是到2000年才公之于世。对这三个版本印证核对之后，就能很好地重构这次演讲。

为了能理解哈默施泰因-埃克沃德将军家里这次讲话的特异之处，有两件事必须记住。一方面，即便军队想不过问政治，即便军人都没有投票权，也不愿追随某个政党，但要说在座的各位军官没读过800页的《我的奋斗》，或者至少了解该书的大概，那是不可能的事。这些高级军官怎么就不可能是购买这本书的24.1万个读者中的一员呢？众所周知，希特勒白纸黑字写道，帝国的未来就是要摧毁苏维埃国家，占领苏联的领土。还有一个可能，那就是，几乎所有的政党高层和军事将领都不相信自己所读到的内容，于是低估了其严重性，把苏联换成了波兰，只有波兰的存在才让所有人都觉得无法忍受。另一方面，希特勒近来的演讲、呼吁和接受的采访更使他们无法相信这些内容，尤其有了1月30日以来以及那天上午所发生的事之后更是如此。

序　曲　班德勒街的晚宴　13

针对外交政策，新任总理确实只讲了裁军、和平、"各国共同体"以及"基督教是我们整个道德的根基"这样的话。因此，班德勒街的这些受邀客人就等着新任总理穿上锃亮的皮鞋，执行起外交政策有理有节，而不是像刚出道时那样整天虚张声势。这天晚上，在哈默施泰因-埃克沃德家，希特勒没用麦克风，面对军队的将领，他的这些话都是自然流露。《我的奋斗》里没出现的东西，他的讲话里也不会有。但彼时，他只是个穷途末路的煽动家，他在兰茨贝格监狱里所写的这本书并没有他当上第二十九任德意志共和国总理时所阐述的那些理念来得有分量、有价值。

他的开场白是这样的：种族斗争就是历史的发动机。所有人要么成为主子，要么成为奴隶。他向听众宣布，他会用最残忍的手段，无视所有的权力机构，要"彻底"根除德国精英所信奉的民主制、和平主义和马克思主义，他要在和谐的民族共同体这个模子里把那些东西碾成齑粉。"要用各种手段"，让青年人去上战斗的学校。希特勒声音洪亮，又说起了历次会议上的那些话："14岁起，我就已经成了先知！"他说了这一句话之后，便在最后的一刻钟里陈述了自己的预言：

> 再过六到八年，马克思主义就会被彻底消灭，人民都会受到民族社会主义精神的教育。军队将活跃在外交事务上，通过武力来达到目标，扩大对德国来说至关重要的生存空间。这个目标很有可能就在东方。那儿的民众不可能通过吞并和占领变得日耳曼化。只有土地才能日耳曼化。我们应该像法国和波兰战后做的那样，把几百万人驱逐出去。[……]我们[纳粹]和军队站在一起，我们为军队工作，和军队共同奋斗。光荣的德国军队仍然秉持着世界大战*的英勇精神，将会彻底独立自主地完成使命。将

---

* 指的是第一次世界大战。

军先生们，现在我要向你们说出我的要求：和我携手共进，为了这个伟大的目标战斗，理解我，支持我，没有武器，就在精神上支持。你们再也找不出一个人像我一样，竭尽全力为这个目标服务，这个目标就是拯救德国。[5]

二三十个来宾没一个人打断他的讲话。没一个人跳将起来，摘下他外交政策有理有节的假面具，他这么做的目的只是为了夺取权力而已。这个刚刚走马上任的总理就是个骗子、伪君子，是个冒险家，隐藏得很深。在座的军官都是在旧日的德意志帝国受的教育，在荣誉和理性之中浸淫已久，除了一个人之外，所有人都出身于贵族，自认为是欧洲文明的桥头堡，却没有一个人对这项无所顾忌、无视整个欧洲政治传统的恐怖计划提出抗议。没有一个人出来揭发这个以杀戮为业的乌托邦，这种毫无理性可言的意识形态。参加晚宴的那些人的反应——我们是通过当年或战后的证词了解到这个情况的——要么是表示赞同，要么是缄口不言。重建一支强大的军队，大规模重整军备，重新引入义务兵役制，将《凡尔赛条约》当成废纸，德国怎么会不拍手叫好呢？向军队将领承诺纳粹政权的内部事务，不用他们通过武力襄助，他们只要牢牢掌控住军队即可，又有谁会不信呢？专制国家取代民主制，工人阶级抛弃共产主义，整合到国家之中，即便是通过武力达成，在座的保守主义者还有什么可非难的呢？

毫无疑问，冯·哈默施泰因-埃克沃德将军的客人中有几位并没有把驱逐东欧人，将东欧自古以来的生存空间日耳曼化，以及清清楚楚地说要同时和法国及苏联开战这样的计划当回事。但他们的缄默就等于同意。有第一次沉默，就会有第二次沉默。希特勒来这儿是想寻求和军队确立合作关系：他要找一个同谋，后来他在外交、经济和军事上都取得了一系列令人难以置信的成功，至今都让人匪夷所思的是，1933年至1941年间，除了少数例外，军事将领们即便心怀顾虑、忧惧和怀疑,却也都不敢表露出来。后来,有个在座者说希特勒本能地让他们看到了他最隐秘的一些企图(要等到1937年,还有1939年,他才会再次讲起这样的企图),他说希特勒能说出来,那是因为"内心的召唤"使然。刻意承认自己的弱点且承担这样的风险,使他赢得了德国军队的心,而德国军队恰是对他今后采取侵略政策、奴役他国人民和发动大屠杀言听计从的工具。他让自己的世界观,也就是核心的观点隐藏在了阴影之中,那就是如何解决"犹太问题"。希特勒在冯·哈默施泰因-埃克沃德将军的餐厅里和军队之间的结盟,使巴巴罗萨行动初见雏形,登上了历史的舞台,而十年前,这样的想法还没在希特勒的脑袋里生根发芽。如果没有这样无条件的结盟,就不可能发起进攻,至少不会使进攻行为具有种族灭绝的特征。糟糕的是,1934年8月起,个人开始向元首宣誓效忠,而且位高权重的将领全都私底下收受金钱、财产,还可以免税,可以说这是一个庞大的腐败群体,于是联盟便更为牢不可破了。[6]巴巴罗萨行动正是希特勒和高级军事将领之间合谋所得的产物。与这样的联盟相比,其他政治、社会或经济的力量都已显得相形见绌。

奔赴班德勒街晚宴的客人,除了哈默施泰因-埃克沃德于此年和希特勒分道扬镳之外,其他所有人都将因为和民族社会主义结盟而获得报偿。冯·布劳希奇担任了陆军总司令一职。冯·里布、冯·博克、冯·伦德施泰特将分别担任集团军司令,并于1941年夏秋两季在苏联境内长驱直入。路德维希·贝克将军将成为总参谋部总参谋长。在座者当中只有他早早地积极筹划推翻希特勒,1938年8月辞职后,他就发起了军事抵抗行动。历史同他开了个玩笑,1944年7月20日,他就是在班德勒街的这间餐厅里指挥的政变;政变失败之后,他也同样是在那里朝自己的脑袋开了一枪。

第二天或第三天,在座的一个军官,显然就是海军少将马丁·巴尔策,将希特勒的讲话笔记整理成文,呈给了冯·哈默施泰因-埃克沃德，文件名叫作"非官方会议纪要"。哈默施泰因的一个女儿出现在父亲的办公室里，将这份1700字的文件誊抄了一份，将军无意于将文件藏起来，毕竟希特勒的来访不是什么秘密。毫无疑问，这件事就牵涉到了20岁的海尔加，三年前她就是德国共产党的党员，代号是格雷特·佩尔格特。海尔加15岁的时候爱上了维克托，维克托的真名是列奥·罗特，是个波兰犹太人，22岁，是共产党情报部门的负责人之一。罗特的任务就是负责领导层之间的联络工作。海尔加将军队高层参加晚宴的名单交给了他。罗特一拿到这份"非官方会议纪要"，便给文件起了个代号，寄给了莫斯科，1933年2月6日，莫斯科收到了这份文件。内务人民委员部和斯大林本人也得到了消息，也就是说希特勒掌权还没到一个星期，他们就已经了解了希特勒的扩张主义政策以及他想要将东欧领土日耳曼化的异想天开的想法。这份文件也就不再是什么会议纪要，而成了政府首脑向军方高层提出的一项计划。

那斯大林是否对柏林发来的这份笔记有所留意呢？毫无疑问，德国和日本乃是克里姆林宫最担心的两个对象。斯大林和他那个圈子的人对民族社会主义有些后知后觉，觉得那只不过是法西斯主义的又一个变体而已，马克思主义思想家还很难轻松地对之给出定义。[7]1930年12月，也就是希特勒第一次选举成功后三个月，外交人民委员部委员马克西姆·李维诺夫去了一趟柏林，他当时就是这么问自己的。他问采访他的德国记者威廉·豪克："民族社会主义者在外交政策上到底想要什么？"豪克在《威廉街报》上这么报道："委员无法理解，他们会同时反对法国和苏联。'这根本成功不了。'他又补充了这么一句。"[8]1931年5月，日报《消息报》首度刊出了一篇文章，标题是《希特勒想要和苏联开战》。那年年底，德国国会自由党议员特奥多尔·霍伊斯出版了《希特勒的道路》一书，首次系统分析了希特勒对外政策的目标。他写道："它们的核心就是夺取欧洲东部的土地。"⁹ 1932年5月，好几篇分析文章刊登在共产国际的《国际新闻通讯》杂志上，文章在分析对外政策的时候，引用了《我的奋斗》中的几个章节。"对东方土地的需求正是民族社会主义对外政策的核心所在，"特奥多尔·诺伊鲍尔写道，他是德国共产主义历史学家，和共产国际有联系。希特勒声称这是德国这个国家的政治遗产（《我的奋斗》，第754页），他要把战前的整个对外政策一笔勾销，进入一个崭新的领域。¹⁰ 弗里茨·大卫也在柏林发出了这样的警告，他出生于俄国，是德共党员，常驻柏林："照白俄移民阿尔弗雷德·罗森贝格和其他纳粹党魁对希特勒的说法，他们把苏联描绘成了地狱怪物。[……]希特勒毫不含糊地宣称要对苏联发动战争。"¹¹ 但戈培尔在那年年初就开始发起了猛烈攻击，在他创办的杂志《进攻》中叫嚣要摧毁苏联驻柏林的大使馆，只是到了这个时候，莫斯科才开始有所忧虑。

看过列奥·罗特就班德勒街会议纪要所写的报告之后七八个月，斯大林命令减少《我的奋斗》一书的首版印量，该书由格里高里·季诺维也夫被流放至西伯利亚之后翻译成了俄语。三年后，这位即将被行刑队处死的前共产国际总书记在第85页的页边写了条批注，他是这么写的：

希特勒无论讲话还是写作都不像个正常人，而是像皮提亚*那样神神道道、混乱不堪。[……]《我的奋斗》是德国法西斯的开山之作。[……]对外部世界而言，他的上台同样具有重要的意义。[……]希特勒相信德国只有一个议题，那就是和苏联打一仗。¹²[……]这本书愚蠢荒唐，令人不快，相当恶毒，充斥着反犹口号，每一行都散发着对工人阶级的仇恨。但它也是我们

---

* 皮提亚，古希腊阿波罗神的女祭司，被认为能预知未来。

这个时代的文献。[……]从这个角度看,苏联读者就必须好好研读一下德国法西斯元首的这部大作。只有知己知彼,方能百战不殆。[13]

这位列宁的老战友还说,必须严肃对待这本书,因为对苏联的征战"既是开始,也是结束"。

斯大林是否拿到了该书的译本?几乎可以确定,季诺维也夫始终都想重新得到他的眷顾。那斯大林是否读了这本书呢?从头读到了尾。[14]担任德国驻苏联使馆专员达十八年之久的古斯塔夫·希尔格是这么说的。尽管斯大林的图书室里没找到这本书,但这种情况也是存在的。嗜读政治类书籍的斯大林对德国的发展颇为担心,怎么会没读过第二卷的第13和14章,他的那些共事者,李维诺夫、加里宁、伏罗希洛夫、布哈林不都读过吗?1934年1月31日,布哈林在苏维埃第十七次代表大会的讲台上就读过其中的几个段落。[15]不管怎么说,抛开《我的奋斗》不谈,很早就已有人通知过斯大林,说纳粹对东方的图谋绝对不可掉以轻心。最好的信息来源就是:德国军队高层的女儿。海尔加·哈默施泰因比列奥·罗特活得长,她后来移居国外,在欧洲各地过上了间谍的生活,领导着一整个特工网络。1936年,罗特被召回莫斯科,海尔加想陪他一同前往,但瓦尔特·乌布利希不同意她的这次行程,从而在不知情的情况下救了这年轻女人一命。罗特遭到替外国当局从事间谍活动的指控,受到审判,被判死刑,1937年11月,罗特在卢比扬卡的一间地下室里被枪决。

注 释

1. H-M Enzensberger, *Hammerstein ou l'Intransigeance*, Gallimard NRF, Paris, 2010, p. 118.
2. Kirstin A. Schäfer, *Werner von Blomberg. Hitlers erster Feldmarschall*, Schöningh, 2006, p. 115.

3. K-J Müller, *Generaloberst Ludwig Beck. Eine Biographie*, Ferdinand Schöningh, 2e édition, 2009, p. 100.

4. Harald Sandner, *Hitler. Das Itinerar*, vol. II, p. 1024.

5. Le texte du « protocole officieux » de la réunion se trouve dans Andreas Wirsching, *Man kann nur Boden germanisieren*, VfZ, 49, 2001, p. 517–550.

6. Voir Norman J.W. Goda, *Black Marks : Hitler's Bribery of His Senior Officers during World War II*, The Journal of Modern History, vol. 72, n° 2 (juin 2000), p. 413–452.

7. 要记得1924年的时候，斯大林对法西斯主义的定义是"受社会民主党积极支持的资本主义战斗组织"。J. Staline, Zur internationale Lage, in: *Inprekor* 30.09.1924, n° 127, p. 1684。社会民主主义和纳粹主义（"社会法西斯主义"）之间具有相似性，德国共产党（KPD）1923年至1934年间就从中得出了自己的政治路线，因此在希特勒上台的过程中做出过不光彩的事。

8. Othmar Plöckinger, *Geschichte eines Buches: Adolf Hitlers « Mein Kampf »*, p. 515.

9. Heuss, *Hitlers Weg*, p. 99.

10. *Ibid.*, p. 518.

11. *Ibid.*, p. 388.

12. *Ibid.*, p. 521 et 523.

13. *Ibid.*, p. 523 et 524.

14. G. Hilger, *Wir und der Kreml*, Metzner, 2e éd., p. 255.

15. Lew Besymenski, *Stalin und Hitler. Das Pokerspiel der Diktatoren*, Aufbau-Verlag, 2002, p. 20–21.

第一章
一个人梦想的战争

> 从任何方面来看，德国人都是我们的支柱，是我们的天然盟友，因战败而起的失望情绪使他们奋起反抗，他们希望打破《凡尔赛条约》绑在他们身上的铁链。他们渴望复仇，我们渴望革命。我们暂时拥有共同的利益。一旦我们发现在古老欧洲的废墟上，他们想要建设崭新的日耳曼帝国，而我们想要建设共产主义的欧洲联盟，那我们就会成为敌人。
>
> ——1920年9月27日，列宁对瑞士记者朱尔·安贝尔-德罗兹所说的话[1]

摧毁苏联，彻底扼杀古老的俄国，消灭苏联的部分人口，让帝国殖民地的其余人口悉数沦为奴隶，乃是阿道夫·希特勒个人所做的规划。这个规划诞生于1924年，部分地与多数人支持的右翼思想背道而驰，它被人反复玩味，有时还会伪装自己，但始终存在，犹如蛰伏的病毒。为了实施这个规划，希特勒就必须得到第三帝国的军队，周边人士，纳粹党及其机关，高层军官，数百万曾经穿过三军制服的工人、职员、干部、知识分子，以及党卫军和警察或积极或消极的支持。此外，他还必须考虑到内部和外部特定的历史条件，这是一场赌博，条件稍有不同，就会推进或阻碍进攻，把其他盟友牵扯进来，或者减少极端情况的发生。某些病毒就是如此，病毒是否暴发，是否会引发恶劣结果，都取决于特定的条件。照我们看来，在巴巴罗萨行动诞生之初，没有任何理由去怀疑元首意识形态上的思维方式及其军事战略上的选择。他的机会主义有许多例子可以证实，但都应用在对手段的选择上，而不是为了目标本身，无论是要摧毁苏联，还是要消灭犹太人。尽管从1940年7月开始，无论是从战略上，还是从意识形态上来看，这两个范畴已在他的头脑中彼此强化，但实施这项规划的驱动力仍然只停留在他原初的空想之中。如果没有他内心的驱动力，便没有巴巴罗萨，至少不会出现大屠杀。

漫长的世界观酝酿期

希特勒究竟是从什么时候开始恐俄的？1889年，他出生于奥地利，在那儿一直生活到1913年，难道在奥地利的时候就开始了？近期有关他的传记都完全没有从这个方向去寻找。他对演讲稿有不知餍足的胃口，也特别喜欢读报，阅读传单、宣传册、布告，简言之，他对一切政治表达的形式都很感兴趣，自然也就会使他彻彻底底地暴露在泛日耳曼主义联盟所灌输的思想之中，该联盟是个颇为强大的民族主义组织，反斯拉夫人，反犹太人，为威廉二世的德意志帝国扩张领土的政策摇旗呐喊。希特勒12岁的时候住在林茨，就订了该组织的报纸《林茨活页报》。1908年至1913年，他住在维也纳，泛日耳曼主义联盟在当地的代表格奥尔格·里特尔·冯·舍内勒成了他的政治偶像。联盟的周报《泛德意志报》1894年1月7日的报纸上有这么一段话，三十年后几乎原封不动地出现在了《我的奋斗》之中："向东方进军古已有之，现在必须重新恢复这样的理念。我们必须在东方和东南方赢取空间，确保日耳曼种族拥有全面发展的生存环境，为此，鲜有价值的渺小的民族，如捷克人、斯洛文尼亚人、斯洛伐克人，由于对文明毫无贡献，就必须承受苦难。[……]"[2]可是，希特勒尽管在仇外的大染缸中浸淫了二十四年之久，但没有任何迹象表明他对俄国怀有刻骨的敌意。上文所引的那段话可以给出理由：透过泛日耳曼主义者的扩张主义瞄准镜来看的话，"渺小的民族"斯拉夫人——当然首先是波兰人和捷克人——并不是指沙俄帝国。联盟当然想牺牲沙俄帝国的利益来兼并这些国家，在波兰和波罗的海边缘捣捣鬼，但除此之外，它不也要求在欧洲大陆的西部和东南部，甚至在非洲和亚洲吞并更多吗？俄国，除了它的边缘地带，并没有在泛日耳曼主义者的幻梦之中占据核心地位，只是到了后来才成为希特勒的梦想。

无论希特勒在《我的奋斗》中怎么说，就算他在奥地利的青年时代就已获得了组成其世界观的种种构成要素，但这些要素并没有构成一个严丝合缝的整体。他和犹太人的关系也是如此。他在《我的奋斗》中声称由于在维也纳过得并不愉快，所以皈依了反犹主义。当然，他从那个年代起就已经把反犹主义的词汇和陈词滥调结合了起来，但没有证据表明他有憎恨犹太人的行为，甚至连这样的言辞都没有。恰恰相反。正是犹太人帮助他活了下来，他还和犹太人建立了良好的商业合作关系，还有私交，他曾对布洛赫医生对他母亲慷慨相助表达了谢意，他也很欣赏古斯塔夫·马勒对瓦格纳的诠释。[3]照此看来，希特勒是在第一次世界大战后的慕尼黑产生了反犹和反俄思想的。1914年以前，让他更憎恶的似乎还是哈布斯堡王朝，更关心的是维也纳歌剧院的节目单，求学生涯的不如意，还有日常生活给他带来的痛苦。

慕尼黑的红色犹太人

1913年5月25日，希特勒离开了奥地利，前往慕尼黑。他认为能在那儿实现在维也纳实现不了的梦想，那就是成为建筑师。1914年8月3日，他并没有回应缪斯的召唤，而是爱国主义附体，参加了巴伐利亚的利斯特团，参与了整个第一次世界大战。四年的壕沟战使他愈发强悍，但他始终处于边缘地位，而且很孤独。四年后的1918年11月21日，他返回了慕尼黑，所有的盘缠只是一枚一级铁十字勋章。次月，他被派往靠近奥地利前线的特劳恩施泰因，看守俄国战俘营，那是他第一次见到俄国人。1919年2月，他返回慕尼黑，在慕尼黑车站站岗。之后，他一直没离开过巴伐利亚的这座首府，直到1923年11月10日，他被判入狱，关押在兰茨贝格监狱，《我的奋斗》就是在狱中写成的。这五年发生了许多关键事件，对这位未来独裁者的职业生涯和思想，都产生了很大的影响。

　　希特勒再次回到巴伐利亚，而巴伐利亚就是一座奇闻逸事的剧场，只有战败导致的无序状态才会出现这样的情景。1918年11月7日，一群工人、士兵和信奉社会主义的知识分子发布宣言之后，便夺取了慕尼黑的政权，没有遇到丝毫抵抗。他们比柏林早两天宣布共和，确切的名字叫作"巴伐利亚自由邦"。红旗飘荡在维特尔斯巴赫家族的王宫之上，该家族最后一位加冕的国王路德维希三世灰溜溜地逃之夭夭。气质酷似先知的放荡不羁的左派记者库尔特·艾斯纳担任了总理一职。士兵们要么被缴了械，要么聚在一起，开始叛乱。新政权很快就陷入孤立和分裂。1919年2月21日，希特勒回到慕尼黑之后三天，艾斯纳在大庭广众之下背部中枪遇刺，行刺者是一名旧军官。形势由此激化，局势相当混乱，两个苏维埃共和国相继成立，其中第二个由共产党人欧根·莱文领导，他蓄着胡须，眼神狂热，征召了一支红军的队伍，队伍里有数百名俄国战俘。4月25日，集无政府主义和共产主义于一身的作家埃里希·米萨姆将巴伐利亚资产阶级担忧害怕的心情淋漓尽致地写了出来，他在自己创办的《该隐报》上写道："[没有任何反抗力量]能击退布尔什维克的浪潮。这股浪潮已穿透俄国的前线，地球上任何国家都无法长期抵御它。"[4]

1919年4月底，柏林派遣的2万名士兵开始镇压该运动，巴伐利亚派出了自由军团*协同作战。为了采取报复行动，莱文便开始处刑，他下令枪杀了修黎社的八名人质，修黎社是一个半神秘主义的极右团体，1918年创建于慕尼黑，其中两名成员将会在希特勒身边发挥重要作用，他们是鲁道夫·赫斯和汉斯·弗兰克。这次事件上了《泰晤士报》的头版头条后，战斗便愈加难以平息。5月3日，巷战的时候，军方用了火炮和火焰喷射器，夺回了慕尼黑。死亡人数达606人，数百人被合法或非法处决，被杀者当中就包括莱文和50名俄国战俘，另有数百人遭到逮捕。希特勒感觉到风向开始转变：从第一天起，他就在肃清委员会里谋得了一个职位。

巴伐利亚苏维埃共和国是希特勒与马克思主义革命最初也是唯一一次接触，至少，这次接触显得有些暧昧不明。共和国在遭到镇压之前，他选择同新政权合作；他向新政权宣誓，还当选为所在营队的代表，更参与了宣传活动。他这么做是否可以说他想留在军队里，怕在社会上混不出名堂，他不是一直都有这个担心吗？有这个可能，但我们也不能完全排除他在那个时候对社会民主思潮有些好感，期待可以用这股思潮来抵挡苏联红军。譬如，巴伐利亚营队里的另一名代表塞普·迪特里希的例子就证实了这一点，塞普后来就负责担任希特勒的警卫工作，并成为武装党卫军的将军。

1919年5月，慕尼黑事实上已完全由军事当局掌权，卡尔·迈尔上尉招募希特勒去完成一项双重使命：替军队的情报部门搜集情报，实施反革命的宣传活动。为此目的，他在莱希菲尔德的一处军营接受了政治培训：民族主义、反犹主义、反布尔什维克，在波齐亚宫行动时，他聆听了经济学家戈特弗里德·费德尔揭露"犹太金融"的演

---

* 此时的自由军团是指第一次世界大战后心怀不满的旧时军人成立的准军事组织。

讲。希特勒第一次置身于这样的环境之中，将他很小的时候就已累积起来的种种观念、情感和冲动关联起来，排列整齐。希特勒在共和国的经历受到迈尔的再三检视，使他可以亲自确定自己所捍卫的那些理念的"真实性"。布尔什维克的革命是由犹太人引导的吗？希特勒观察到艾斯纳、莱文、米萨姆，以及围绕在他们身边的其他许多革命者都是犹太人，柏林的罗莎·卢森堡也是，匈牙利的库恩·贝拉和维也纳的埃贡·基施也全都是。莫斯科的犹太人是否在遥控牵线，搅乱德国？莱文就是俄国人，出生于圣彼得堡，1905年他就在那儿参加了革命。军队是否原本不会输掉战争，都是因为遭到后方的背叛所致？慕尼黑是否也和柏林一样，共和国解散了士兵的武装，使得军纪涣散，他们还勾结敌人，尤其是在和平主义者库尔特·艾斯纳的倡议之下，在报纸上公开了宣称德国才是发动第一次世界大战的罪魁祸首的官方文件？作为由军方支付费用的线人，希特勒用各色各样的口号武装自己，负责打入德国工人党这个小集团，后来该集团成为民族社会主义德意志工人党。1919年9月，他加入了该党。他在那儿发现自己竟然拥有了不起的演讲天赋，能征服而且操控听众。1921年7月，他就已经控制了该党。

反布尔什维克的希特勒并不恐俄

1919年9月16日的一封信[5]让我们看到，希特勒接纳"经典"反犹主义体系的时间要大大提前，也就是说19世纪末的时候，反犹主义的一些特点已经出现在"种族"[6]思想的深处：犹太人是"民族的威胁"；他们"卑鄙龌龊的唯物主义"思想犹如"感染人民的种族结核病"；必须摒弃"情感上的反犹主义"，不搞什么迫害屠杀，而是要注重"理性上的反犹主义"，目的就是为了剥夺他们的所有权利，远离他们；将犹太教定义为"种族，而非宗教"，[7]诸如此类。

但是，我们并没有找到任何证据，表明他憎恨甚至蔑视俄国。恰恰相反。1919年至1923年，他当鼓动家的那段时间，希特勒与年轻的民族社会主义党大部分党员、其他一些极右翼组织，以及相当一部分的传统右翼都有亲俄情绪——当然是没有布尔什维克的俄国。当然，我们还可以说，从20世纪初起，德国就迷恋俄国的文化、俄国的"灵魂"，俄国的精神能在德国人身上找到回响，它同样反对西方冷冰冰的物质主义灵魂。虽然对俄国的负面观感贯穿了整个19世纪，但这种迷恋却在当时暂时占据了上风。第一次世界大战前后，陀思妥耶夫斯基仍然是拥有最多读者的作家，知识分子和年轻人也最崇敬他，程度已超过了对歌德和尼采的尊崇。在大多数人看来，比方说戈培尔就认为，布尔什维克本身没什么好憎恨的，西方的自由主义和资本主义才是憎恨的对象。我们发现民族主义右翼当中有两个很有名的代表，阿图尔·默勒·范登布鲁克和奥斯瓦尔德·斯宾格勒，他们就呼吁德国和俄国的共产主义联合起来，即便这两位的帝国主义情结也旗鼓相当。作家托马斯·曼有一句话得到了同行们的一致赞同，他是这么写的："罗马-日耳曼文明建基于古罗马的基石之上，如今正毁于一旦，日耳曼-斯拉夫重建工作会起成效。"[8] 第一次世界大战期间，他就呼吁过："俄国人难道不是最具有人性的人吗？俄国的文学难道不是所有文学中最具有人性的，而且神性超越了人性吗？"[9] 1914年到1918年间，没有人这么说过法国。帝国主义的德国发动战争反对的是西方，而非俄国。战后，哪怕对温和的民族主义者来说，都是法国、波兰、捷克斯洛伐克在"吸德国人的血"，俄国仍然是灵魂伴侣，是西方的又一个受害者。1919年，震惊德国的并不是俄国革命，而是《凡尔赛条约》。随后几年，只要仍然有希望清除布尔什维克，俄国就仍然能屹立不倒。到了后来，许多人心里的爱才变成了恨。

希特勒跟着这股舆论大潮随波逐流，自己却并没有特定的好恶。那他究竟是从哪儿有了这些观点的呢？他对俄国的看法和家庭经历、个人经历，甚至文学经历都无关。他出生于阿尔卑斯山区，当地人的担忧同毗邻沙皇俄国的普鲁士不同，也和波罗的海的德意志人不同，后者又称为德裔波罗的海人，1914年至1918年的大战之前，他们都是沙皇的臣民。第一次世界大战期间，他是在法国打的仗，没去俄国。1919年的时候，他更没加入过拉脱维亚组建的抗击苏联红军的自由军团，这点和许多未来的纳粹截然不同。他也从未被俄国吸引过，后来闲谈的时候，他聊起过自己更喜欢古老的德意志帝国或佛兰德，哪怕"步行去那儿"[10]他都愿意。没有哪个俄国作家出现在他形形色色的图书室里。[11]从这方面来看，他和希姆莱差别很大，希姆莱的父亲是圣彼得堡拉莫甘男爵的家庭教师，他本人后来也学了俄语。1919年11月11日，这位未来的党卫军全国领袖在日记里写道，他愿意"到东方打仗和谋生，远离漂亮的德国"。[12]他同大学学俄语的鲁登道夫，以及未来的农业部长和苏联德占区大饥荒的主谋者赫伯特·巴克也差之千里，后者曾在沙俄帝国度过了人生当中的最初二十年，他对俄国人充满了仇恨，因为俄国人将他们家积累了一个世纪的财富剥夺殆尽。由此看来，希特勒对俄国以及它的历史和文化，似乎既无好感，也没表现出特别的兴趣。他对其他人赋予俄国的任何品质，尤其是精神上的特质，既不感到惧怕，也没多大的热情。在他看来，俄国只是个地方而已，那儿有"铁、煤、小麦、树林"。[13]

只有从两个角度来看，俄国才在希特勒初次登上历史舞台的时候出现在他的视野之中：他是布尔什维克的第一批受害者，以及对威廉二世选择奥匈帝国，而非俄国当盟友的做法感到惋惜。在第二点上，他和右翼的主导论调是一致的，右翼认为应该遵循一个有些暧昧不明的俾斯麦传统，即应该和圣彼得堡结盟，也就是说返回到1890年以前的岁月。我们在他1920年的多次演讲中都发现了这两个方面。[14]4月17日，他在慕尼黑指出，德国和俄国是没法在"大型犹太集团的压力之下"合作的。7月21日，他又在罗森海姆抱怨"伟大的人民"

成了"犹太-布尔什维克恐怖行为"的受害者,并赞许这样的提议:"我们应该寻求同民族主义及反犹主义的俄国,而不是和苏维埃建立联系。"7月27日,他在慕尼黑宣称俄国一旦摆脱"红祸",就能和德国建立同盟关系。1921年也是如此。2月28日,他在兰茨胡特说:"我们之所以成为俄国的敌人,奥地利才是罪魁祸首。"[15]3月6日,还是在慕尼黑,他说:"1915年或1916年,德国出于自己的利益,就应该寻求同俄国的合作,不再将自己的命运同奥匈帝国捆绑在一起。和俄国以及其他任何一个国家都行。"[16]8月4日:"战争对德国和俄国这两个国家而言最后都以悲剧收场。两个国家并没有结成天然的盟友,反而因为各自巨大的损失而结成了虚幻的同盟。"[17]8月12日,在论及俄国人和雅利安人结成联盟所付出的高昂代价时,他说了这么一句狠话:"谁受到了影响?[……]是那些工作者,是那些创造者(雅利安人、德国人、俄国人)。那谁没受到影响呢?是寄生虫和投机分子(犹太人)。"[18]

令人吃惊的是,对俄国他其实说得很少,而他对"斯拉夫人"整体也说得很少。希特勒承认自己对这个国家了解不多。[19]他把所有的精力都放在了反对西方、《凡尔赛条约》、法国、犹太人上面。甚至后来他也没怎么把布尔什维克当作十足憎恨的对象。外交部的档案室里有一份英国情报部门的报告,[20]讲的是1922年6月4日慕尼黑召开的一次秘密会议,与会的有希特勒、鲁登道夫将军、巴伐利亚的冯·卡尔总理,以及好几个天主教人士和君主主义者。希特勒在讲话中引人注目的一点倒不是与会者所熟知的反犹情绪,他提出了一个独特的主张,要求同左翼极端分子联合,把"犹太之手"清除出去。与会者的反应很激烈:"把他扔出去!"希特勒在一片嘘声中逃了出去,鲁登道夫赶忙安抚大家说"他从没建议过或认可过和布尔什维克分子共同行动的提议"。希特勒的这次出逃没什么特别之处:在德国,社会各界都对苏维埃联邦、布尔什维克及其种种做法有浓烈的兴趣,有恐惧和厌恶的情绪，也有好奇和迷恋的情绪，这一点在世界上任何地方都很难见到。1922年1月，排在希特勒之后的纳粹第二号人物马克斯·埃尔温·冯·朔伊布纳-里希特曾经写道："但愿上帝能给我们派来一个德国的独裁者，像托洛茨基那样精力过人！"[21] 可见纳粹对苏联的态度有多含混不清。

德俄的第一次战争

尽管希特勒从没接触过俄国，但德国，尤其是军方，还有大量普通市民，对这个庞然大物般的斯拉夫邻居都有过直接的体验。这种体验都是在1914年至1918年的战场上获得的，对他们如何看待欧洲的东方起到了很大的影响，在制订巴巴罗萨行动计划的时候，以及纳粹决定对生活于涅曼河及乌拉尔山之间的居民赋予何种命运的时候，都产生了同样的影响。

1914年，普鲁士德国和俄国发生了战争，这是1763年以来的第一次，毕竟在拿破仑时期，它俩可是并肩作战的盟友。许多线索都将这次冲突和1941年发生的战争联系起来。首先来看看那些个体的经历。负责实施巴巴罗萨行动计划的主要将领都在东部打过仗，时间有长有短，但都是在1914年至1918年间。我们可以举出1941年的三个集团军司令为例，他们是冯·博克、冯·里布、冯·伦德施泰特，还有冯·法尔肯霍斯特*，后来他去了挪威任职；海因里西、冯·克鲁格、林德曼、施密特、冯·施蒂尔普纳格尔、冯·魏克斯、冯·赖歇瑙，这些人都是军队的首脑；霍特、冯·克莱斯特、冯·曼施坦因、莱因哈特，他们都是未来的集团军或装甲军的领导人。还有数千名军官和两三百万士官及士兵，更别说50万奥地利人，其中一些人都将带着

---

* 尼古拉斯·冯·法尔肯霍斯特（1885—1968），1940年至1944年担任挪威德国占领军司令。战后受英国和挪威政府的审判，因战争罪被判死刑，后改为二十年徒刑，1953年提前获释。

1914年至1918年的记忆参与1941年的战争。

这些人造就的是什么样的战争？他们是如何看待以及对待占领区人民的？他们从上次的败仗中吸取了什么教训？对德国军队而言，先不谈奥匈帝国盟军的炮弹，对沙俄帝国的这场战争首先就意味着一连串的胜利：1914年的坦能堡和马祖尔湖，1915年的戈尔利采，1916年的罗马尼亚，1917年的加利西亚和里加。那个时候，德国攻占了面积和帝国一样大的领土，捕获了150万名俘虏。但是，俄国并没有被打败。是内部的崩溃——1917年的二月革命和十月革命这双重革命，再加上德国特工的推波助澜——才导致俄国战事失利，而不是倒过来。德国的胜利尽管来得晚，但很惊人，所以也就出现了一个误解，始终飘荡在巴巴罗萨行动的上方：俄国体形硕大，根基不稳。俄国的脆弱均可归因于技术的落后、指挥水平的低下，种族、人种、民众所构成的沙俄帝国只不过是个大杂烩，也是失败的一个原因。打败俄国军队可以不用付出很大的代价迅速完成，这就是许多参与者、评论家、观察人士从那场冲突中得出的错误教训，而这些人中就有希特勒。俄国在西部边缘地带若打了败仗，就会崩溃，无法阻挡对手深入。在重构这些事件的时候，所有人都忘了1914年、1915年和1916年的三年战斗打得很艰苦，却只不过将对手赶出了波兰。第二个错误影响更为深远，德国的军事将领都持有这种错误看法：他们将自己的胜利归功于所谓的军事能力的优越性，却忘了这是战争中对政策的灵活把控所导致的结果，尤其是列宁的横空出世所致。最后就是第三个错误，无疑也是影响最为深远的一个错误：他们没有注意到德国在东线的胜利丝毫没有阻止他们在西线的彻底失利。

战争在俄国打到最后几个月的时候，德军将领都觉得打得很轻松，从他们的回忆中可以看出这种看法很普遍。1918年2月18日至《布列斯特-立陶夫斯克条约》签订的3月3日期间，德军确实向东线推进了200到400公里，士兵们肩上背着枪，坐上火车，攻占了塔林、普斯科夫、明斯克、基辅：这就是拳击行动。"我从来没见过这么奇怪的战争。"东部战线的总参谋长马克斯·霍夫曼将军这么说，"战斗几乎就是在火车上、汽车上打的。他们让一小撮士兵在车厢里架起机枪，前往下一个车站，然后就攻下了车站，俘虏了布尔什维克，接下来继续往前。"[22]在随后的一个季度，得益于白军和红军之间的内战，德军的分队走得更远：赫尔辛基、塞瓦斯托波尔、哈尔科夫、顿河畔罗斯托夫、新罗西斯克、格罗兹尼、格鲁吉亚的梯弗里斯（第比利斯），甚至里海边的巴库（9月15日）。有一支分队一直打到察里津城下，这里就是后来的斯大林格勒。

至少就我们这个主题而言，同样重要的还有德军士兵究竟是如何看待俄国人、波兰人、立陶宛人、拉脱维亚人、爱沙尼亚人、白鲁塞尼亚人（白俄罗斯人）、犹太人、乌克兰人、格鲁吉亚人和鞑靼人的。他们既是征服者，也是发现者，他们的看法因纳粹的宣传而更为激进，可以将之设为巴巴罗萨行动心理和文化上的背景。"我们所发现的文化让我们内心深受震撼，"1915年，后来于1941年担任集团军司令的戈特哈德·海因里西在给妻子的信中写到他们进入一座村庄时如此说道，"穿长袍的犹太人留着鬈发，房子又矮又脏，店铺的招牌漆得都很粗糙（因为那些做买卖的都不识字），没有人行道，简而言之，我们都没料到俄国竟然是这样的。"[23]正是因为出其不意，所以冲击来得更猛烈。也就是说，德国人对俄国的看法只不过是幻想，是文学作品中的陈词滥调。悲惨，肮脏，毒虫，疾病，无序，营养不良，缺乏管理，荒芜，基础设施破败不堪，征服者把所有这一切都当作了持久存在的特质、亘古不变的现实。很少有人能理解，满目疮痍其实就是战争、三分之一人口逃离、沙皇军队撤退时残忍无情的焦土政策所导致的，这些情景堪称是1941年的预演。还有比在战争时期和另一个文化相遇更糟糕的事情吗？

面对这个人种、宗教、语言既混杂又彼此对立的世界，德国人没了方向。鲁登道夫在回忆录中写道：

> 我们觉得来到了一个新世界。[……]我们面对的那些外国人是由一个个互相打来打去的部落构成的。[……]忠诚正直、牺牲忘我的履行义务的品德，普鲁士和德意志传统中一直以来的遵守纪律的遗产，在这儿完全付之阙如。[24]

大自然本身也让入侵者狼狈不堪，1941年的后继者也将因此而窘迫不已。土地广袤，天空无垠，人口稀少，森林，沼泽，河流，极端的天气，军人们变得忧郁和焦躁。

1919年打过仗的小说家维克托·容费尔写道：

> 极目所见，只有平原，灰蒙蒙的死寂平原无边无际，阴沉凄凉。[……]这就是俄国。[……]三天三夜的[行程]过去了，景色始终未变。但这种充满敌意的奇异感觉变成了一种隐隐约约、无意识的恨，[……]恨这个国家的广袤无垠，它像一条大鱼，将小鱼吞噬殆尽。[25]

如果说俄国的落后可以归因于人民原始落后的性格，那么它的潜力也让人着迷。我们发现，19世纪的殖民地规划中几乎都能见到这种混合着厌恶与吸引的双重特质。1915年，这种特质就催生了一个独特的军事乌托邦计划，这计划首先出现在埃里希·鲁登道夫的头脑中：改造这片土地和土地上的人民，在他们心中注入德国人的"秩序和勤劳"，让帝国在此生根发芽。鲁登道夫站在高处，俯视着科夫诺，也就是现在立陶宛的考纳斯，这是一片刚被他率领的军队攻占的土地，但他注意到在"涅曼河的另一头，有一座古老的条顿城堡的塔楼，德国在东方留下了文明的踪迹"。鲁登道夫就是这样评述自己眼前看到的景象的：“强烈的历史感袭上心头。我决定在这片被攻占的土地上重新接手德国人在好几个世纪之前在这里所从事的文明伟业。杂七杂八的人群住在这片土地上，他们其实根本就没有文化。”

总参谋长鲁登道夫原则上是东线总指挥保罗·冯·兴登堡手下的二号人物，但实际上，他才是这里真正的主人。强硬，傲慢，精力旺盛到不可思议，他在任上亲自组织了有序的军事管理。1916年末，他已经成了整个德国的准独裁者，但即便如此，他仍然紧密追踪事态的发展。许多有影响力的人都是他的支持者，如弗里德里希·冯·什未林、阿道夫·达马施克，他们在后方不停地搜寻，就像勘察刚果或交趾支那一样，想要寻觅到合适的地方，设立数千个殖民地，供德国移民。照他们的看法，这些罗马式的殖民地（coloniae）的目的就是在俄国和帝国之间树立一道"人墙"。他们的看法也得到了一些记者的采纳，如《法兰克福报》的阿图尔·法伊勒、阿尔萨斯人恩斯特·海旺，他们特意把自己所写的游记命名为《新土地》和《德意志的丰功伟业：德国在俄国的荒芜土地上撒种》。这些要求殖民的呼吁并未仅仅停留在文字上。1917年3月31日，在柏林，军队、内政部、战争部、外交部的代表齐集一地，研究未来可建立殖民地的各个地区的地图，以及如何将当地人口迁离的方法。照史学家维哈斯·加布里埃尔·柳勒维修斯的说法，"就是在这一天，跨越了心理上的门槛，走出了关键的一步，以人种为标准来迁移人口的做法成了一种可以考虑的选项"。[26]战后，撤退至慕尼黑的鲁登道夫成了这个东部计划的支持者，这个计划总比泛日耳曼主义者的非洲及亚洲的梦想要来得可靠，更何况已经在这么实施了。希特勒通过鲁登道夫在1919年出版的广受欢迎的回忆录《我的战争回忆》[27]了解到该计划的要点，后来和这位今后将成为他头号盟友的人物也就此做过多次交谈。显然更重要的是，希特勒读过马克斯·霍夫曼1923年在慕尼黑出版的《错失机会的战争》[28]一书。这位接替鲁登道夫职位的昔日的东线参谋长支持这样一种说法，即如果及早对俄国投入大量军事资源，定会使俄国从1915年就开始崩溃，如此一来，就能使德国获得种种物资，击溃西方诸国。[29]霍夫曼的观点，一直到他于1927年去世之前，都深受他在柏林自己家的沙龙或阿德隆酒店里接待的数百名外交官、实业家、教授、记者、军人以及各路名人的欢迎。1940年夏，希特勒在他即席制订的战略规划中就高调采纳了这个观点。

在这些最有影响力的人士中间，有两个知识分子，他们是特奥多尔·席曼（1847—1921）和保罗·罗尔巴赫（1869—1956），他们也持有和鲁登道夫的东方梦相同的观点。这两人都是德裔波罗的海人，1890年代因亚历山大三世的俄国化政策而被赶回了帝国。前者是研究俄国及东欧的历史学家，是战争研究院的教授，也是威廉二世的友人，他的观点预示了1940年希特勒的立场：他呼吁发生全面冲突的时候，应和英国维持和平，"腾出手来对付东方"。尽管沙俄帝国的西部边缘地带易于受德国的影响，但他仍然倾向于让当地人自治，而非使之日耳曼化或对其进行殖民。第二位是个神学家，也是专事研究国际关系的记者，战时先后受聘于帝国海军和外交部。他敦促皇帝和政府"像剥橘子皮一样"，从多民族的俄国这个庞然大物身上，把"历史上形成的各个人种构成成分"，即波兰、比萨拉比亚*、波罗的海诸国、乌克兰、高加索甚至突厥斯坦†全部剥离出去。我们发现希特勒以后会采用他的经济观点，而非种族主义观点，使巴巴罗萨行动合理化。席曼和罗尔巴赫成了"东欧研究"的双重驱动力，"东欧研究"将斯拉夫世界的德国地理学家、历史学家、经济学家、人种学家汇集了起来，后来，党卫军将会从地理、观念、统计资料上着手，由此推出一个截然不同且远为激进的计划。

---

* 比萨拉比亚是指德涅斯特河、普鲁特河、多瑙河及黑海之间的三角地带，今为摩尔多瓦的一部分。

† 突厥斯坦指中亚地区使用突厥语族语言的多民族地区。

第一章　一个人梦想的战争　35

鲁登道夫殖民计划的失败

鲁登道夫向驻扎在俄国的军队后勤部门托付了两项任务。第一项是把德国文化的种种好处带给被判定为未开化的人群。军队要给这些人捉虱子、打疫苗、清点人口、修路、开设（德语）学校、创办报刊。军队干这些事的时候，整个就是一副殖民地的傲慢做派，态度粗暴，动不动就打压、羞辱他们觉得不听话的当地人。哪怕是个普通士兵，民众见到他都必须脱帽致敬，弯腰鞠躬，还得让路。凡是德国人，只要动动指头，眼睛示意，民众就必须招之即来，挥之即去，于是奴役者和被奴役者之间的鸿沟便愈来愈大。别人还以为这是阿尔贝·隆德尔[*]描写的刚果的景象。

鲁登道夫政策的另一个方面就是经济控制和经济剥削。他这么做是为了因应战争的需要，也是为今后着想。在数以千计的工程师、农艺师、行政管理人员的监督之下，东部领地（OberOst）[†]——Oberbefehlshaber Ost 的缩写，指东部的最高统帅部，引申为东部军事帝国——就必须从占领区获取资源，尤其是农业和森林资源，使协约国盟军的海上封锁不致对帝国造成太大影响。对于波罗的海的犹太人和斯拉夫人来说，剥削导致了课税、征用、劳役、流放、强制使用不值钱的货币、令人窒息的严格管控、禁止流动，和乡村地区经常见到的情况一样，这些举措让他们苦不堪言，只能退而求其次，专注于务农，暗中进行抵抗，劫掠也甚嚣尘上。当然，谋杀、强奸、毁坏财产之类的严重行为即便并不少见，但再

---

[*] 阿尔贝·隆德尔（1884—1932），法国新闻调查记者和作家，调查性新闻的开创者之一。
[†] 东部领地是指第一次世界大战期间德国于东部战线攻占的波兰、立陶宛、拉脱维亚、白俄罗斯的部分领土。

怎么样也没法和1941年至1945年间的暴力狂欢同日而语，也时常可以见到士兵极力反抗这种犯罪行为。可以确定的是，在占领区实施的经济政策所导致的恶果摧毁了良性文化政策可能带来的益处。1917年就是一个例子：占领区的民众只能维持最基本的生存，遂对德国的管制弃如敝屣，因为最后发现他们比俄国人还糟糕。1917年3月，沙皇退位，之后，11月又爆发布尔什维克革命，尽管德国违心同意让步，但占领区民众还是比以往任何时候都向往独立。

1918年秋，威廉二世的帝国发现自己陷入了一个特殊的境地。它在西线输了战争，又在东线赢了战争。它从莫斯科手中夺取了附庸于前者的广袤领土，从波罗的海一直延伸到克里米亚，照后来被希特勒再三引用的霍夫曼将军的说法，克里米亚那可是"德国的里维埃拉"。从占领土地的广袤程度来说，已经超过了泛日耳曼主义者原初的计划。尽管帝国在西线已是穷途末路，但它却发现自己成了面积有两个帝国这么大的东方帝国的领头羊，不仅面积广大，而且农业和矿产资源极为丰富，如顿巴斯的煤矿和铁矿、高加索的石油。俄国被打回到彼得大帝之前的边界。从这样的背景来看，1918年10月和11月的大崩溃便使许多人内心产生了怀疑，他们拒绝承认失败，想要寻找替罪羊。而这就是"刀刺在背"这一传说的由来。军队仍然是战无不胜的，出问题的是后方，是受到了"东方犹太人革命思想"的污染所致。当地人"忘恩负义"，要知道他们是因为"德国的秩序和勤劳才脱离了野蛮状态"，所以他们也是一丘之貉。臣服于帝国，就是臣服于文明，而他们却宁愿叛变，甘冒独立的风险。他们今后是不可能再有第二次机会的。

战败渐成定局之时，东方的地位发生了改变，对此，"东欧研究"的那些教授不见得能脱得了干系。东欧的"土地和民众"被视为未开化的实体，需要使之变得文明，要将其控制起来。今后，这些将被看作"种族和空间"（Rassen und Raum）。Raum这个词在古德语中意为"未填满之处"，亦即"空的空间"。清空（raümen）和排列、从头开始（aufraümen），都是源于该名词的这些动词的词意。这种语义上的渐变表明，有关东方的古老迷思正变得日趋激进，这一点相当重要。希特勒在上文所述的哈默施泰因-埃克沃德家的晚宴上就是这么说的：我们无法使东欧的民众日耳曼化，只能使土地日耳曼化，而只有彻底清除土地上的那些行尸走肉般的部落民，才能将土地清空。鲁登道夫因东方梦的挫败而倍感苦涩，所以后来就不遗余力地宣扬起新的东方观。他在1927年的一场讲话中，提出"要的不是边界的政治，而是空间的政治"。[30]

希特勒将会记住的是德俄第一次冲突给他的另一个教训，一个战略上的教训：虽然乌克兰和高加索的资源到那时为止仍然被视为可望而不可即，但将来发生冲突的话，这些资源应该是可以夺取的目标，当然如何最终兼并这些地区是另一回事。因为只有这些资源可以使协约国的海上封锁变得无效，它们是帝国掌控世界权力的关键所在。俾斯麦时期的军界却与这种观点截然相异：我们能在边境地区打败俄国，我们在迫不得已的时候也可以夺取波罗的海诸国，但我们无法征服它们。[31] 希特勒是德俄关系史上这一变化模式的直接继承者。当然，1919年的时候，这个想法还只是存在于鲁登道夫和东部领地周围那些人，尤其是马克斯·霍夫曼将军的头脑之中。鲁登道夫本人并没想过要占领**整个**俄国。即便是在最为好战的右翼分子看来，也没人想要从俄国手上夺取圣彼得堡、莫斯科地区，更别说伏尔加河与乌拉尔山之间的广袤地带了。军人和内政及外交界的极端分子渴望的是沙俄帝国的北部和南部边缘地区、波罗的海诸国和乌克兰，有可能的话还可以扩展到黑海周边地区。而希特勒试图通过巴巴罗萨行动来满足的贪欲，则要走得远得多。

德国纳粹之都慕尼黑……与俄国

自1919年5月起,慕尼黑就成了极右翼的集会地,历史上最具杀伤性的德国迷思,即犹太-布尔什维主义阴谋的大熔炉。巴伐利亚的这座首府应该将它的这个处境归因于议会革命以及其后所发生的那些事,正是这些事件激化了当地的政治生活。慕尼黑市政当局和警察局,以及巴伐利亚政府自1920年起就已经在极其反动的古斯塔夫·冯·卡尔的领导之下,他在政府内部清除了社会主义分子,也可以说是民主派人士。对后者,以及犹太人——好些波兰籍家庭都被驱逐出境——而言,慕尼黑已成了一座令人窒息的危险城市,可以说是1933年以后德国政局的预演。冯·卡尔同慕尼黑警察局长恩斯特·波纳合作无间,后者第一时间加入了民族社会主义党。波纳叫来另一个纳粹,未来的第三帝国内政部长威廉·弗里克,让他领导警察部门。弗朗茨·克萨维尔·冯·埃普上校是下令枪杀议会议员的人,也是希特勒纳粹党的财政官,他依照自己掌控的自由军团改建了国家防卫军在当地驻扎的队伍,并将其掌握在自己手中。从1921年初起,他就任命冲锋队的创建者恩斯特·罗姆上尉担任参谋长,并将其引荐给希特勒。在这些人的保护下,慕尼黑俨然已经成了右翼抵抗魏玛共和国的堡垒,普鲁士的首都柏林就是魏玛共和国的象征,所以遭到传统人士的憎恨。秘密社团和准军事组织躁动不安,各种阴谋、锋芒毕露的会议、四处张贴的充满仇恨言论的告示、煽风点火的著作、恐怖行为和政治谋杀,所有这一切都被巴伐利亚当局掩盖起来。纳粹今后采取的各种手段在光天化日之下大行其道:恫吓犹太人,给"低等人种"进行强制绝育,推行新异教主义,组织突击队,采用各种技巧煽动大众,抵制商铺……慕尼黑极右翼的活动数不胜数,错综复杂,实难细述。信奉"种族"论的精英人士和阴谋家肆无忌惮地密谋策划,有鲁登道夫和沃尔夫冈·卡普之类众所周知的捣乱分子，有迪特里希·埃卡特和阿尔弗雷德·罗森贝格之类的反犹主义观念论者，有赫尔曼·埃尔哈特和鲁道夫·冯·塞博滕多夫之类的自由军团里的老人马。城市里的秘密社团和颠覆组织都跃跃欲试，如修黎社、执政官*、建设、保卫和防御联盟，这些组织都在向希特勒的小党派提供金钱，输送观念和人员。

我们现在来讲讲沙俄帝国旧臣来到慕尼黑的情况，这些人清一色都是极右翼。他们坚信存在一个世界性的犹太-布尔什维主义阴谋。1917年的革命从俄国土地上赶走了130万政治上的反对派和社会各阶层人士，还有贵族和资产阶级，说要把他们彻底摧毁。德国接纳了其中的60万人，慕尼黑接受了一两千人。大多数移民只想着怎么把日子过下去，但有少数人特别活跃，而且都集中于巴伐利亚的这座首府，他们想尽办法想要推翻苏维埃政权，以法西斯和反犹者的独裁统治取而代之。这个群体中，有少数一些俄国人立场坚定，尤其是乌克兰人，如伊万·波尔塔韦茨-奥斯特拉尼察上校和弗拉基米尔·比斯库普斯基将军，以及一些德裔波罗的海人。在后面这些人之中，有两个人和希特勒走得特别近，他们是阿尔弗雷德·罗森贝格和马克斯·埃尔温·冯·朔伊布纳-里希特，一个1893年出生于列巴尔（今塔林），另一个1884年出生于里加。前者是个病态的反犹主义者，性格孤僻，后来成为纳粹党的主要意识形态推手，他的笔杆子毫不停歇，直到后来在纽伦堡上了绞刑架才消停下来。后者是很有才能的组织者和阴谋家，出入于上流社会，1923年11月9日在慕尼黑因政变失败被杀。这两者并不满足于重拾犹太-布尔什维主义阴谋论的老调。他们还着力推广这样的观点，即像他们这样的德裔波罗的海人才是沙皇俄国的核心骨干，是为本身不孕不育的斯拉夫面团注入活力的种族酵母。他们从不创新：

---

* 执政官组织是德国的极端民族主义、反犹、反共产主义的极右翼恐怖组织，活跃于1920年至1922年间。

这些观念本身就已经存在于这些泛日耳曼主义者的心中，席曼或罗尔巴赫之流本身也是波罗的海人。不过，希特勒将这些幻想和偏见综合起来的做法，以及他从中提炼出来的纲领性结论，本身就是一种创新。

犹太-布尔什维主义，世纪最危险迷思

在俄国，犹太人和社会主义革命之间存在关联的看法可上溯至19世纪最后三十年。1905年，这一观念已经在军队、警界、贵族阶层和帝国行政当局内部成为共识。那这究竟是怎样的关系呢？对上述所说的这些圈子中的一小部分人而言，这是一个长期以来一直存在的阴谋。1903年起在俄国境内流传的所谓《锡安长老会纪要》一书就是这方面最有名的例子。该书影响力远远超出了那些反动圈子。极有教养、极为亲法、极其放浪形骸的彼得堡贵族柳博芙·沙波丽娜也曾在1917年3月1日的日记中这样写道："罗戈韦诺维奇给我看了一份古怪的文件，是在对日战争中被杀害的一名犹太士兵身上发现的。里面讲了锡安长老会的一些决议。每百年一次，犹太人的长老们齐集维也纳，确认过去那个世纪所完成的事业，并计划在接下来的那个世纪还要继续的事业。有三样东西必须掌握在以色列人的手中：黄金、报纸和土地。他们几乎垄断了所有的黄金和整个报界，接下来他们只要夺取俄国这片土地就行了。"[32]我们也能在极具自由主义气息的俄国地球化学学科创建人韦尔纳茨基[33]这样的科学院院士的日记中看到反犹主义的阴谋论。1919年12月26日，他写道："在这儿［罗斯托夫］，锡安纪要特别流行。"1920年1月18日："犹太人在二楼包厢。他们无处不在。可以肯定的是，就是他们赋予共产主义以生命的。"几年后的1928年，韦尔纳茨基记录了自己和一名同事的对话，这名同事是个"自由派人士，民主立宪党的老党员"。后者假模假样地说锡安长老的计划正在实现。[34]韦尔纳茨基和他的观点一致。两天后，他写道："犹太人得意扬扬

的形象，我们到处都能见到，都能跃入我的眼帘。[……]我们鲜少能见到高雅的、具有灵性的、高贵的面容。到处充斥着的都是丑陋、堕落的脸孔。那就是犹太大众，他们能感觉到自己的力量。"[35]

俄国极右翼给德国同道者送出的第一个"礼物"就是在1919年把《纪要》的翻译版输出到了柏林，次年又输出到了慕尼黑，4月，翻译版便刊登在了纳粹党的机关报《人民观察家报》上。希特勒肯定熟悉书中的内容。俄国反犹主义的另一个特殊之处就是它的末世论特点。正如戈培尔后来所写的，犹太人是"世界历史上的敌基督者"，[36]在反抗他们的阴谋诡计的末日战争中，基督教正教的胜利也就预示着上帝之国降临于大地之上。在俄国极右翼的语境中，罗曼诺夫皇朝的权力分崩离析，布尔什维主义和犹太教早已开始同化，革命被视为末日的开启，最后的结局就是犹太人的毁灭。从这个层面来看，"俄国人民联盟"是第一个提出灭绝犹太人的重要政治组织。该组织底下的战斗团体"黑色百人团"*在城市和乡村发起了大屠杀行动，1941年的时候，别动队也是这么干的。彼得·沙别尔斯基-波尔克的父母在黑色百人团里相当活跃，后来他把《纪要》带到了德国，并于1920年在慕尼黑定居下来，经常去见希特勒和罗森贝格。

将犹太人等同于共产主义，或者反之，是俄国革命所引发的最具灾难性的后果之一。这种等同是基于一个变形、歪曲的现实：犹太人在俄国布尔什维克运动和国际共产主义运动中人数占优。这是一种毫无理由的普遍性说法。俄国和德国一样，布尔什维克犹太人只代表了一小部分犹太人，其中就包括左翼犹太人。而且他们通常是同化程度最高的人，他们因为强烈的无神论信仰而蔑视犹太教，从而同以前的教友发生冲突。托洛茨基就是这样，被他父亲扇过耳光；苏联的早

---

* 黑色百人团是俄国的极端民族主义团体，1905年建立，坚定支持罗曼诺夫皇室。1917年俄国革命后，黑色百人团加入白军，主张对犹太人进行种族清洗。苏维埃成立后，黑色百人团遭到打压，逐渐消失。

期领导人斯维尔德洛夫也是如此，父母因他参加共产主义运动责骂过他。犹太复国主义者、崩得*的武装分子、犹太工人党都对他们嗤之以鼻。研究东方犹太教的历史学家西蒙·杜布诺夫就骂过他们："在我们社区，出现了大量煽动家，同街头英雄和鼓动暴乱的先知结成了联盟。他们用的是俄语的假名，耻于自身的犹太教传承（托洛茨基、季诺维也夫等等）。[……]他们在我们中间没有一席之地。"[37]犹太-布尔什维主义迷思看到的只是种族要素，并没有提出关于这些人真实身份的问题。因此，共产国际执行委员会主席季诺维也夫只是在民族主义的宣传册上才被叫作"犹太人阿普费尔鲍姆"，而且抚养他长大的父母也是改了宗的，他从没被人看作犹太人。托洛茨基也是如此，他说他"对犹太人和保加利亚人感兴趣的程度一样"。[38]1941年，内务人民委员部唯一代表数超过比例的少数派是格鲁吉亚人。[39]斯大林不是犹太人，后来党卫军这个阴谋窟为了使犹太-布尔什维主义迷思还能说得通，就说斯大林是被所谓的主子，也就是第三个配偶操控着的，而照情报来源的说法，第三个配偶就是指拉扎尔·卡冈诺维奇的女儿，而卡冈诺维奇是最后一个被接纳到克里姆林宫核心圈子的犹太人出身的布尔什维克。

1920年至1923年间，慕尼黑出现了数百本书、数千篇报纸文章和公开演讲，使一系列说辞变得板上钉钉，似货币一般大面积流布，那些作者或多或少都持有这样的看法，围绕着中心主题出现了各种变体：布尔什维主义本质上就是犹太人的，布尔什维克的革命就是犹太人的政变，苏联背后的目的就是犹太人要征服世界——这个深不可测的悖论就是一个严丝合缝的闭环——世界性的犹太资本主义在俄国引发了而且主导着反资本主义的革命。同样的说法也适用于德国：1918年的战败和1919年的动荡都是犹太-布尔什维克在秘密准备吞并德国

---

* 崩得（Bund），全称为立陶宛、波兰和俄罗斯犹太工人总联盟，1897年至1920年间的犹太社会主义政党。

的国有资产,操控者正是犹太盎格鲁-撒克逊的金融界。在这场惊天大阴谋的受害者名单上,德国由于其核心地位,将会排在俄国之后,位列第二。

和当时其他许多煽动家一样,希特勒也在卖力地宣扬这样的观点。除了那个时代的风向之外,还有谁将这些观点灌输给了他呢?可以确定的是有两个外在于魏玛德国的因素。第一个因素将希特勒和苏台德地区的政治运动,也就是德意志民族社会主义工人党,以及该党的首要领导鲁道夫·容关联了起来。1919年,鲁道夫·容在特劳保(捷克语称为奥帕瓦)出版了一本大受欢迎的著作《民族社会主义》,该书在慕尼黑出了第二版。从许多方面来看,这本书都是《我的奋斗》的预演版。容比希特勒早五年便毫无疑义地领导起了面向东方广袤空间的日耳曼扩张运动,认为扩张是不可避免的事情。希特勒很熟悉鲁道夫·容,可以认为他读过容的著作。第二个因素是米夏埃尔·凯洛格的著作,从中可以发现慕尼黑的俄国移民,尤其是德裔波罗的海人在将有关俄国的看法传递给希特勒的过程中起到了一定的作用。因为通常认为他们是十月革命的见证人,是随后内战的重要参与者,而且还有一个不怎么突出的理由,那就是他们能讲俄语和德语。由朔伊布纳-里希特创建于1920年的秘密组织"建设"和由工业家曼内斯曼出资资助的比斯库普斯基将军,还有起到间接作用的亨利·福特,将这些移民同年轻的民族社会主义政党结合了起来。正是由于"建设"所起的中间作用,希特勒才在1921年3月见到了鲁登道夫。也正是在鲁登道夫的建议之下,希特勒才会拥护由西里尔大公登上俄国皇位,以此获取丰厚的援款。"建设"在1921年5月29日至6月5日在巴特赖兴哈尔举办了君主制大会,但并没能成功地将俄国移民联合在这位罗曼诺夫皇位觊觎者的背后。

有一点也很重要:慕尼黑的俄国人对希特勒的影响也就仅限于犹太-布尔什维主义阴谋论迷思的传播上。后来,从1924年起,这样的影响便不复存在了,我们后面可以看到这一点。但聚集在"建设"组织内部的那些人,首先是两个首脑人物比斯库普斯基和朔伊布纳-里希特,他们又在宣扬什么呢?德国的民族社会主义党员及其俄国和乌克兰的同道中人结成了牢不可破的联盟。"德国并不是俄国的劲敌,三国协约*才是,"1918年1月的时候,谢尔盖·塔博里茨基就这么写了,他与沙别尔斯基-波尔克关系密切,"[……]只有德国才能拯救俄国。我很清楚的是,俄国只有和德国建立同盟关系才有未来,同样,德国也只和俄国联盟才有未来。"[40] 1921年2月,罗森贝格也持这样的看法:"本质上,俄国和德国都在永恒不休地寻求光明(浮士德和卡拉马佐夫兄弟),[……]所以俄国人和德国人才是欧洲最高贵的民族;[……]他们无论是政治上,还是文化上,都不是相互独立的。"[41] 与希特勒走得相当近的朔伊布纳-里希特在1923年11月9日,也就是他死亡当天发表了一篇文章,他在文中总结了自己的种种行为:"民族的德国和民族的俄国必须找到一条通往未来的共同道路,为了达成这个目标,两国的'种族'圈子今天重又相遇。"[42] 迪特里希·埃卡特一直到他1923年12月死亡那天一直都在为德俄联盟鼓与呼:"德国政治别无选择,只有和清除了布尔什维克政权的新俄国联盟才有出路。"[43] 德裔波罗的海出身的费多尔·温贝格以前在沙皇手下当过上校,如今在"建设"组织内相当活跃,他甚至提议改换国歌的歌词:"不要写德国君临一切,君临全世界,[……]不如说德国和俄国君临一切,君临全世界。"[44]

"建设"组织的观点,即用民族社会主义的体制替换布尔什维克的体制,当时和今天是否听来都一样荒唐呢?越读苏联政治警察,也就是国家政治保卫总局的档案,这一点就越变得含混不清。从档案可

---

* 三国协约指的是英国、法国和俄国之间的联盟关系,是由1904年签署的《英法协约》(也叫作《挚诚协定》)和1907年签署的《英俄协约》构成的。

见，俄国内部存在一个领域，或可诞生一个非红非白的褐色政体。*自1923年起，国家政治保卫总局便在全国强力推进反犹主义。1924年秋，国家政治保卫总局逮捕了作家阿列克谢·加宁及其"知识分子恐怖组织"团体里的成员，牵涉了大批犹太记者和作家，以此宣扬捍卫俄国，使之摆脱"国际犹太佬的奴役"，以及"在民族的基础上重建俄国"。1925年3月30日，加宁和他的七个朋友遭到枪决。六个月后，另一波行动又清理了乌克兰的"俄国法西斯骑士团"。照国家政治保卫总局的说辞，1924年1月，好几座东正教教堂在布道时研读了《锡安长老会纪要》中的论点。1925年10月，在莫斯科的伊里奇工厂，犹太大学生和宣传员戈尔登戈恩遭到工人的责骂和羞辱，被赶出了工厂。11月，在图拉的好几家兵工厂里，有传言说"犹太医生布赫被抓了，说他杀了基督徒的孩子"。1926年7月16日，国家领导人加里宁收到一封信——这类性质的信件有许多——是罗斯托夫的一个名叫瓦西里·伊万诺维奇·库科尔的工人写来的："您，身为俄罗斯人，难道没有看见犹太佬都对我们干了些什么吗？他们这个民族对地球上所有的民族都在搞剥削。[……]在我们罗斯托夫这儿，濯足节†那一天，所有居民都因为饮用水管道不干净受了感染。犹太人两天前就得到了通知。"[45]俄国国内的这股反犹主义风潮在德国国内也能感受得到：希特勒在1928年的演讲中就明确提到了这一点。[46]

只有置身于褐色大纛之下，重建19世纪普鲁士和俄国之间的神圣联盟，德国和俄国民族社会主义的胜利才会显露曙光。这就是"建设"组织、慕尼黑的俄国人以及纳粹党内德裔波罗的海人的梦想。希特勒首先接受了这些观点，"建设"组织关于俄国国内局势的报告又加深了这些观点，这点和上面说的国家政治保卫总局的观点很相像。

---

* 所谓的褐色政体即指纳粹之类的极右政体。
† 濯足节在复活节前的星期四，为纪念基督最后的晚餐而设的基督教节日。

但1924年，他和那些人来了个一刀两断。他独自向前，比他那些拥护者走得都要远得多，他做出了一个独特的选择，那就是一劳永逸地摧毁犹太-布尔什维主义**以及**俄国。沙皇手下那些在慕尼黑搞密谋策划的旧军官，就连狂热崇拜希特勒的罗森贝格，都从来没说过要摧毁俄国。摧毁俄国这个国家是希特勒独有的标志，是他的发明创造。

1924年的文章

1923年11月8日，希特勒和鲁登道夫在慕尼黑发动了一场政变。夺取巴伐利亚的政权，将军队吸引过来，然后向柏林进军，这就是他们的目标。政变就像一场闹哄哄的闹剧。古斯塔夫·冯·卡尔在前不久获任巴伐利亚邦务委员总长，拥有了全权，于是态度来了个180度大转弯，所以政变从一开始起就形势不妙。希特勒孤注一掷，试图重演前一年墨索里尼向罗马进军成功的先例。他聚集拥护者，向军队总部进军，但宪兵在市中心的统帅堂设了许多路障，所以进军没有成功。警察开始射击。在希特勒右侧一米处的朔伊布纳-里希特心脏中弹身亡，一起被打死的还有另外13名政变者。希特勒逃走后，躲藏在了朋友恩斯特·汉夫施丹格尔家中，两天后，警察把他搜了出来。他遭到逮捕，转押到了距慕尼黑60公里的莱希河畔兰茨贝格的监狱里。纳粹党遭到禁止，财产被没收，报纸停办。1924年4月1日，在审判了一个月之后，希特勒被判处叛国罪，获刑五年。这是他政治生涯中的关键转捩点。

在宣判的那个星期，《德意志种族革新》月报[47]发表了希特勒的一篇题为《为什么11月8日必须来临？》的文章。文中部分内容重述了他的一些观点，以此来为自己辩护。文章开篇批评了德国战前二十五年的外交政策，从第五段开始提出了一个相当明晰而且激进的替代方案。

德国人口的快速增长事关我们民族的利益。由于耕地面积停滞不前,要应对人口增长,要么通过政治扩张,以此获取必需的新土地,要么大力实施工业化。

在外交政策方面,德国必须做出选择:要么决定获取可耕种土地,放弃海上贸易,获取殖民地,实施超级工业化,德国政府必须认识到只有联英反俄,才能达成这个目标;要么获取海上霸权,进行全球贸易,无疑这样就只能联俄抗英,狠心抛弃讨厌的哈布斯堡帝国。鱼和熊掌不可兼得。

希特勒并没有明确表态自己赞成哪种政策。但前言("寻求土地"是关键因素)和随后的文字已经说得再明白不过。他再三批评"通过经济手段和平征服世界"这一幻想,呼吁"用剑"来解决问题,断言和马克思主义的战斗是重中之重,尤其是英法两国之间的敌对关系再次凸显,这一切在在表明必须抛弃俾斯麦时期德俄旧有的盟国关系。他1919年至1922年间所主张的支持俄国摆脱布尔什维克、给俄国涂上民族社会主义色调的做法已经寿终正寝。因此,征服俄国空间的规划并非出自《我的奋斗》,就像全副武装的雅典娜从宙斯的脑壳里蹦出来那样。对下一次德国开战的目的以及和谁结盟之类的事务进行修订,在这之前就已经开始了,希特勒不同的演讲中都能找到这一类蛛丝马迹。既然在这一点上并不存在断然的破裂,而是存在一个演进过程,那么究竟是哪些因素加速了这个演进过程呢?

毫无疑问,朔伊布纳-里希特死在慕尼黑的马路上令他心情沉重。不仅希特勒失去了他在俄国事务上的主要顾问,"建设"组织也失去了它的主心骨,很快就销声匿迹了,1924年6月15日是该组织编辑的《通讯报》的最后一期。11月政变的失败使巴伐利亚当局对叛乱分子的活动再也无法容忍。于是,慕尼黑的俄国人社团也都被驱散了。纳粹党所获资金的重要来源瞬间干涸。不管怎么说,希特勒已经再也无法相信移民圈子的人有能力推翻俄国的布尔什维克政权了。

　　苏联自身的演变也使希特勒修正了自己的态度。他和移民一样，也觉得苏联不可能存活得下来。不可否认，1924年1月21日，苏联正在经受开国领袖列宁去世的考验，但并不是如他曾对朋友，很有教养的教授恩斯特·汉夫施丹格尔宣称的那样："您看，汉夫施丹格尔，现在列宁死了，一切都结束了。苏维埃俄国就要解体了。现在就要开始亚历山大大帝死后发生的继位人之争了。"[48]1921年3月布尔什维克党第十次全国代表大会上通过的新经济政策（NEP）被认为是在回归纯粹的资本主义，由于犹太人取得了最终的胜利，该政策正在高歌猛进。1922年9月28日，他在慕尼黑的演讲节录就是一例明证：

> 由于民众不再对经济感兴趣，生产便会崩溃，就只能用鞭子来驱使他们工作，就是为了让国家资本主义有利可图。看来这还不够，今天又把私有资本主义"暂时性地"引入了俄国。现在，只有犹太人才是资本家，所以圆圈已经闭合，马克思主义理论的诉求终于达成：通过社会主义化剥夺私有资本主义，再转变成国家资本主义，最后再回到私有资本主义。资本只要倒过几次手，工作方式就会改变。只有犹太人才是所有者，只有他们才是，而我们却得每天工作14小时。[49]

　　具有决定性作用的仍然是这样一个观点，从1921年起，这个观点就经过了二十次演讲的锤炼，即他所认为的俄国的知识界已经永远消失。将"原有的日耳曼精英"剥夺殆尽——德裔波罗的海人首当其冲——这样一来，俄国民众就只不过是一群没有个性的、愚笨的、被消耗殆尽的、没有能力反抗犹太-布尔什维克新主子的乌合之众，而所谓的新主子就是季诺维也夫-阿普费尔鲍姆、加米涅夫-罗森菲尔德、皮亚特尼茨基-塔尔西斯、拉狄克-索贝尔松、托洛茨基-布隆施泰因，不一而足，《人民观察家报》就是这样称呼这些人的，令人震惊的是，伦敦的《泰晤士报》也是如此。但只有等到写作《我的奋斗》的时候，我们才能看见希特勒将这些俄国人都称作"劣等人"。我们来看看1922年7月28日，在慕尼黑狂热的大厅里，他发表的一场演讲：

> 对犹太人来说，只有一种方式能够保证他们掌控一切，那就是：消灭各国的聪明人！（欢呼：俄国！）犹太人用革命来完成这个一劳永逸的目的（称赞声）。[……]他们知道得很清楚，他们的经济结不出硕果，他们不是上等人，他们只会敲诈勒索，只会偷窃抢劫（长时间响亮鼓掌声）。他们没有创造任何文明，却消灭了无数的文明。（说得太对了！）[……]他们没有艺术，都是从别人那儿偷来的。没错，他们甚至都不懂怎么保护自己的珍贵财产。只要到了他们手里，所有的东西都会立马变得污秽肮脏。（太好了！）他们知道长久来看，他们根本维持不了一个国家。这就是他们和雅利安人之间的差别。[50]

由于犹太人不懂得如何有序组织，所以苏联就会很脆弱。这种十足荒唐的言论就成了1941年国防军乐观主义的源泉：只要受到最初的军事打击，布尔什维克的整个结构就会瓦解。这也能解释为何希特勒并没有德国人面对东方，尤其是俄国，所普遍怀有的那种根深蒂固的恐惧心理。警察局的一份报告也可以让我们了解1923年4月6日在雄狮啤酒馆的一次演讲："布尔什维克把全国的聪明人都消灭了：在俄国，首先干掉的就是军官和公务员，等到俄国统治的国土成了一片荒漠的时候，以色列人就开始慢悠悠地重新组织起来，也就是说用他们自己的知识分子把那些重要岗位全都给占据了。"[51]朔伊布纳-里希特、罗森贝格和埃卡特的梦想就是再次出现一个"民族的俄国"，从理论上看，这样就可以结成联盟，但由于没有非犹太人的干部来加以实现，所以这个梦想是再也完不成了。

《我的奋斗》：被判处死刑的俄国

　　1923年11月被关入兰茨贝格监狱后，希特勒便陷入短暂但极其猛烈的抑郁状态，后来他又以他所崇拜的爱尔兰新芬党为榜样，开始绝食。但在鲁登道夫的坚持之下，他很快就停止了绝食。临近圣诞节的时候，他开始做准备，希望在审判中能为自己辩护。1924年5月，他宣称自己撰写的60页文稿会结集成书，然后他就一直在忙这件事，一直到1924年12月20日获释为止。他自己用打字机把文稿打了出来。1925年7月18日，首卷以《我的奋斗》为名，在慕尼黑厄尔出版社出版。该书是一本伪自传，书中写到了作者的"世界观"，也就是对历史采取种族主义的视角，为书中随处可见的"反"这个前缀进行辩护：反犹主义、反马克思主义、反议会制、反和平主义、反基督教，诸如此类。第二卷以第一卷为基础，详述国内和国外行动的规划。和我们的主题最有关系的是第13章"战后德国的联盟政策"和第14章"是面向东方的方针，抑或针对东方的政策"，这两章都是在他获释之后，于1925年夏天写成的，但至少前一年春天他就已经在酝酿这方面的内容了。[52]1926年2月的一本小册子（《蒂罗尔*问题和德国结盟的困难》）将第13章的实质性内容都写了出来。他还说要出论述俄国问题的出版物，但后来并没有问世，公众是到1926年12月《我的奋斗》第二卷出版的时候才对希特勒在这个问题上的观点有所了解的。1928年，希特勒又开始写一本新的著作，但这本书一直都没问世，该书的手稿是在1961年被美国历史学家格哈德·温伯格找到的。称之为《第

---

* 蒂罗尔是奥地利西部的一个州。

二本书》或许不太确切,书中主要论述国外政策,颇为详细,但并没有对《我的奋斗》做出什么改动。

在检视这部著作如何论述俄国之前,有几个误解必须澄清。第一个:《我的奋斗》过了好几个人的手。事实上,希特勒只写了26个章节。没人给过他建议。那些围在他身边的人没有给出过任何贡献,好让他把那些人视为合著者。鲁道夫·赫斯和卡尔·豪斯霍费尔也都没有,尽管他们经常被人提到,说他们是希特勒外交政策观念的启发者。豪斯霍费尔出生于慕尼黑,是个将军,在东线打过仗,也是教授,全世界著名的地缘政治学家,赫斯是他的门生。他在1922年见到了希特勒,具体日期不明,但他艰涩的著作还是影响了后者。他声称在兰茨贝格监狱里亲自向囚犯希特勒阐述了 Lebensraum,亦即"生存空间"这一概念。可实情并非如此。豪斯霍费尔当然去监狱见了他的得意门生赫斯,但从探视登记簿来看,他并没有来看这个纳粹党魁。他们两人彼此都不欣赏对方。豪斯霍费尔有一半犹太血统的妻子玛尔塔·迈尔-多丝像个楔子一样硬生生地卡在了他们当中。豪斯霍费尔甚至都没有在自己主办的《地缘政治期刊》上讨论过《我的奋斗》这本书。他是个老派的民族主义者、扩张主义者、军国主义者,并不认同希特勒的种族主义,比如,他就认为日本人是一个正在创造文明的民族。尤其是,他支持同俄国建立同盟关系。事实上,"生存空间"这个词本身只在《我的奋斗》里出现过三次。这个词也极少出现在他的演讲中,而是以 Grund und Boden,也就是"根基和土地"作为替代。自1890年代起,德国就在渴求生存空间,这种思潮确确实实成了当时右翼思想的共同点。希特勒若是要用这个词,根本无需赫斯和豪斯霍费尔。

我们也没必要认为近800页的《我的奋斗》毫无条理,散乱无章:其实希特勒完全是自学成才,他已经努力将自己的思想组织了起来。他对自己一路走来累积起来的大量事实、信仰、情感和判断做了拣选，使之有序，再把这些拣选出来的观点塞到包罗万象的"世界观"里去。不容忽视的是，沉闷枯燥的文风，大量的错误，比如自然科学领域的谬误，翻来覆去的重复，再三发作的恨意，以及大杂烩式的特点，使这本书既像伪自传、抨击文章，又像宣传册和政治纲要，他这样做是否真的会使不止一个读者泄气、打退堂鼓呢？真的是像大家反复说的那样平庸无奇吗？尽管希特勒把20世纪初流行的十几本哲学著作和科学著作零敲碎打地像拼马赛克似的组装了起来，而且从来不引述来源，很少会提及启发了他的那些人的名字，[53]但他还是阐述了自己个人的体系，内在也有某种程度的条理性，这一点同他的种族主义建基其上的那些伪科学的胡言乱语还是有很大区别的。我们已经指出，他想要占领俄国空间的计划和德国的极右翼以及传统右翼是有区别的。他的选择所显示出来的毫无人道，他对西方文明的基础整个儿抛弃的态度，简言之，也就是他激进的极端主义，使他和他所在的那个时代无数的"种族"思想家分离开来。

《我的奋斗》是一本没人读的畅销书，因此，它的影响力极具象征性。直到1933年1月，虽然没人强迫大家去购买这本书，但该书仍然销售了24.1万本，对这样一本大部头来说，这个销量相当惊人。1945年，该书德语版总计出了1122版，也就是卖出了1250万本，还不包括大量小册子和选集。所有的公共图书馆里都能看到这本书。1937年，埃桑图书馆出借了120本，借书的人有4000人，[54]考虑到该书的性质，这个流通率相当高了。无论是通俗版还是改写本，经由政府的推广，所有的领导阶层、国防军军人、教师和社会阶层的各个领域都接触过其中的论题。近来的历史学家奥特马·普吕金格出版了一本相当全面的著作，他的结论极为审慎，他认为"夺取政权后的头几年，德国人对《我的奋斗》的兴趣一直水涨船高"。有哪个占据领导岗位的德国人会不去理会元首向苏维埃俄国承诺的那种命运？信不信那就是另外一回事了。

第一章　一个人梦想的战争　53

在此分析这些书的内容是不可能的事。[55]我们只是指出这些内容指向的是俄国或"苏维埃的俄国",希特勒从来不使用苏联(Union Soviétique或URSS[*])这样的名称。我们发现有三个理由可以使他想要进攻大块头邻居的企图变得合理化。第一个理由就是向犹太教和布尔什维主义全面开战。犹太人是希特勒整体思想的核心所在,故而也是他政治纲领的核心所在。在他看来,那些被他定义为一个"种族"的人就是反自然的、混乱的、邪恶的、谎言成性的,是在腐坏整个文明。希特勒到处都能看见犹太人做的恶事。这样就能使他们完全有能力通过两个千年的规划,使人类朝着绝对有利于他们的方向演进。马克思主义和犹太人的著作,他们自己政治上的意识形态,就是他们最终占领世界的工具。他们通过革命,清除各民族天然的领导阶层精英,让别人朝着他们的方向行进,使"未来的力量",也就是无产阶级彻底沦为奴隶。俄国的布尔什维克革命已经实现了这个纲领。"他们有时会采取非人的折磨这种方式,在俄国杀害了3000万人,犹如撒旦一般野蛮残忍,[……]目的就是为了让一小撮犹太文化人和投机倒把匪帮控制广大的民众。"[56]布尔什维克的俄国就是犹太国,这一点乃是命运的征兆,对德国人而言就是一个独一无二的历史机遇。现在占领俄国的时机已经成熟:他们已经没有了精英阶层,到处都充斥着劣等种族斯拉夫人的价值观。新的犹太主子根本就没有创造的能力,行为处事就像"寄生虫",他们就是"导致腐烂的酵母",[57]他们无法"长时期维持一个强大的帝国"。[58]以下这些观点也就预示了今后的巴巴罗萨行动:"终结犹太人在俄国的统治也就是终结俄国作为国家的存在。我们秉受天命,成为这场灾难的见证人,从而强有力地证明种族理论的有效性。"[59]这个所谓苏联外强中干的观点,国防军的指挥官都会再三提及,使之完全内化。这也就很好地解释了风行于巴巴罗萨行

---

[*] URSS是苏维埃社会主义共和国联盟(Union des République socialistes soviétiques)的缩写。

动军事规划部门内的那种目空一切的氛围。

消灭苏联和消灭犹太教是一回事。苏联的犹太人都是布尔什维克，所有的布尔什维克都因为犹太教而成为"僵尸"，其中一个的死亡也就意味着另一个的死亡。尽管我们没有在《我的奋斗》中发现对犹太人实施肉体消灭的明确呼吁，但那是希特勒思想体系极端妖魔化犹太人导致的合乎逻辑且不可避免的后果。那这场对抗"不共戴天的敌人"的战斗将会有什么特点呢？那就是善与恶两种世界观之间的对抗；这场战斗将会无比激烈、狂热，动用任何手段走向终点。在一段预言性质的段落中，希特勒是这么说的："仅仅动用武力，不在精神方面进行推动，是根本不可能消灭这种思想和它的代言人的，除非将秉持这种思想的人消灭得一个不剩。"[60]巴巴罗萨行动及其姊妹行动犹太人大屠杀所具有的不可调和的特质在这儿就已经开始萌芽了。

第二个未来进攻苏联并使之合理化的理由是出于地缘政治秩序方面的考量。所有现有的或今后将成为大国的国家，都拥有广袤的领土：美国、中国、俄国、大英帝国和法国。为了跻身这个行列，德国就必须靠自己去获取充足的空间。这种幽闭恐惧症般的歇斯底里理论从19世纪末起就已经在许多人头脑里出现了。《凡尔赛条约》从德国手上夺走了非洲和亚洲的殖民地、阿尔萨斯-洛林、西里西亚的一部分和东普鲁士，更使这种歇斯底里变得极其疯狂。汉斯·格里姆1926年出版的大河小说*，希特勒也读过，十年间销量50万，许多德国人从书名就能看出一二：书名叫作 Volk ohne Raum，意为"没有空间的民族"。[61]德国人是"地球上最干净、最得体、最诚实、最高效、最灵巧的民族"，他们"这个纯洁的民族人口众多，精明能干，极有效率，[……]却生活在如此狭窄逼仄的疆域里"。[62]尽管格里姆的解决方案是赶走英国，殖民非洲，绝口没提俄国，但德国人所感受到的意识形

---

* 所谓的大河小说（roman fleuve）就是指有共同主题、人物、环境，且互相独立的小说，一般为三部曲。

态上的冲击却相当猛烈，那就是没有足够的土地生存。希特勒在1925年至1929年间的无数次演讲中使用的几乎是一模一样的用词，再三表明德国的疆域实在是太逼仄了，"开车六十个小时，坐飞机两个小时就能穿越"！另一个重复出现的主题和之前的主题是相关的："6200万人生活在45万平方公里的土地上，多出了2000万人。"

对希特勒而言，和英国结盟的这个心愿太昂贵，这样就不能占领海外的土地了。欧亚大陆广袤的平原尚不在德国的势力范围之内，但那地方有个好处，就是一旦缓冲国家被灭掉，或者成为附庸，欧亚平原就和帝国毗连了。富饶肥沃的欧亚平原可以让德国经济上自给自足，对未来的战争而言这一点必不可少，如果无法征服海上，也没有办法"在经济上征服世界"，那这样也能减轻压力。德国太多的人口只能外移，流向人口不多的俄国。所以说，希特勒并不打算只把犹太-布尔什维主义摧毁了事。他还想要让作为政治结构体以及人种群体代表的俄国彻底消失不见。他在俄国所寻求的就是没有当地人的空间、根基、土地，那些人的最终命运对他来说无足轻重。

第三个摧毁苏联的理由具有生物学上的必然性，他想在今后莫斯科陷落之后，创建一个潜在的，或者说永久的战争核心地带，也就是面对美国的"边境地带"。对希特勒而言，战争并不仅仅具有必要性，或者说是一种手段；战争本身就令他向往，因为它就是一种"物竞天择"的强有力的工具，是自然秩序的助产士。只有战争才能指出哪些民族可以活下去，而在那些民族中间，最厉害的个体就能当首领。希特勒并没有给占领俄国提出一个地理上的界标。事实本身就能说明问题。泛日耳曼主义者，亦即整体的"种族"运动，一直把波罗的海诸国、乌克兰，有时还包括克里米亚和高加索，当作自己侵吞的目标。希特勒完全没有这么想，东方的边界始终是流动的。再后来，也就是1941年发动进攻之前的几个月里，他提出以伏尔加河为界，后又提出以乌拉尔山为界。他特别指出战时有必要在德国的边境堡垒处常设驻军。在俄国朝向东方的空间,战争将会无休无止,德国人民将会经受永久的淬炼,显示出种族的优越性。"开放边界"存在的条件,就是要让日耳曼的农民定居在殖民的土地上,这样就能在干农活和从事工业生产之间维持一种"安全良好的关系",士兵闲时种田,一有战事,就会飞奔而去,保卫自己的财产。从这儿可以看出,纳粹对大城市及其导致的必然结果农耕浪漫主义并不信任。

若想征服俄国,就必须有盟军。希特勒在1924年的文章中就两次提到过这个问题。极右翼里面,只有他考虑要和昔日的两个敌人和解,那就是英国和意大利。他可以有所放弃,比如海军、殖民地,并让出口贸易归英国,南部的蒂罗尔归意大利,他相信这样就能获得新的盟友,可以从中获取实打实的红利:孤立法国,那两大强国不会对奥地利或捷克斯洛伐克感兴趣。于是,他就开始起草外交纲领,划分出两个时间段。第一个时间段:粉碎法国,使之孤立于以前的盟友。第二个时间段:占领苏维埃俄国。为什么要选择这两个盟友呢?政治分析并非唯一的途径。犹太人对各民族国家的掌控程度是希特勒要考量的另一个方面。在意大利,墨索里尼"不经意间"从充满仇恨的犹太人手上夺走了他们发挥影响的工具,如报纸、共济会的集会处、马克思主义政党及其工会。在英国,尽管犹太人在金融和媒体方面地位强势,但他们不可能获胜。希特勒对英国构造的解读是歪曲了的。英国政府是由一小撮行政官员管理的由无数劣等人种构成的政府,他们不会介入英国人的事务中去,他们宣扬"利己主义",甚至是"背信弃义",在他看来似乎彰显了一种成色优良的种族自豪感。英国和德国是否来源于同样的英雄主义色彩浓厚的日耳曼特性呢?希特勒只要谈到英国就会赞不绝口,以至于历史学家赫尔曼·格拉姆尔忍不住说了这句话:"[希特勒]文章的读者很难不会产生这样一种印象,那就是除了德国的元首之外,他还很想成为英国的元首。"[63]大英帝国虽然很成功，但根基不稳，再加上他对英国又是如此欣赏，所以希特勒相当严肃地认为民族社会主义的德国应该有机会让（英国）随心所欲地染指世界其他地方，从而换来（德国）随心所欲地染指东方。虽然希特勒从1937年起就会时不时地出现和英国结盟的幻想，但他仍然忠实于自己书中所写的战争目标。有时候，他也会让自己的东方计划暂停一下，迂回绕道看一看，理一理思路——他不就有过一个令人惊讶的预感，写道不能排除和苏联短暂签署协议吗？——但他从来没想过让其他任何一个人来实施这项计划。

在《我的奋斗》里，和俄国的关系被认为是"最为重要的外交政策问题"，[64]摧毁俄国的预言在这本近800页的书里写得清清楚楚。我们很吃惊地看到，不走寻常路的天分和不露声色的天分无人能比的希特勒竟然就这样揭开了他的黑暗图谋。无论是墨索里尼，还是斯大林，都做不到这一点。他也有后悔的时候，当然前提是我们得相信汉斯·弗兰克所转述的这句话："不管怎么说，我很清楚如果1924年我想过要当总理的话，我就不会写这本书。但他又加了句：我对书里的内容一个字都不会改的。"[65]确切地说，这是因为他当时还被关在监狱里，并被判了叛国罪，很明显他的生涯完蛋了，没什么好损失的了，所以也就没什么好隐瞒的了。《我的奋斗》既像是一份遗嘱，又像是一份未来的战斗纲领。无所顾忌、轻率冒失、充满憎恨的词语不仅在在可见，而且是刻意为之，这是在他认为自己已经完蛋的情况下，在历史上留下的唯一踪迹。有人说希特勒是"先知和政治家"，两者在他一个人的身上得到了结合。如果说他这个政治家的未来在1923年11月9日的大街上彻底玩完了，那么先知这个角色还能发声，他才不在乎自己的话是否能得到实现，是否轻率冒失。悲剧的是，时势使然，不到十年时间，这个人不但描画出可以采用何种手段建成一个杀人如麻的理想国，而且还将这些手段付诸实施了。

饥饿、执念和武器

  1919年至1924年间的演讲，《我的奋斗》这本书，还有《第二本书》，充斥着对饥饿和饥荒，每日为面包而奋斗，挨饿者身体羸弱、精神衰弱的影射。掌权后，希特勒持续对帝国的营养问题和农民的地位问题表达了关注。他有好几十次都在翻来覆去地说乌克兰的小麦对于打第二场仗，避免遭受盎格鲁-撒克逊人的封锁以及免受第一次世界大战时的艰苦来说必不可少，他认为这是威廉二世战败的主因。筹划巴巴罗萨行动的时候，还包括有组织地引发对方发生饥荒的计划，关于这一点，我们后面会讲到，局部实行这样的计划是以数百万苏联人的生命为代价的。不用说，饥饿是最令人感兴趣的一个主题，虽然对它研究得很少，但那是纳粹的执念。

  那么这个执念是从哪儿来的呢？毫无疑问，从知识层面来看，这是对"为生命而战"所做的一个粗糙的阐释，在19世纪末社会达尔文主义中占有突出的地位。希特勒的两个真实经历或许也可以借以表明他会对饥饿主题如此执着的原因。第一个是他个体的经历，1908年到1910年间，他在维也纳一路走下坡路，社会地位不高。多亏了慈善姐妹会济贫院向平民大众施舍食物，他才苟活了下来，从他第一次住的半吊子胡同走个几步就到迈德林区的济贫院了，他晚上经常去那儿待。第二次挨饿的经历发生在1916年末，这次是别人的经历，不是他的。当时希特勒在前线，吃得还算不错，可他发现在柏林和慕尼黑，后方的粮食供应状况却堪称灾难，首当其冲受罪的就是底层民众。这年的"萝卜之冬"让德国人很长时间都记忆犹新。还有几个因素，如协约国的封锁和政权的缺乏远见，都导致了农业生产的急遽下滑，土豆代替面包成了主食，后来又让位给了萝卜。营养不良使婴儿死亡率骤升两倍，70万人殒命，如果再加上肺结核与西班牙流感的肆虐，死亡人数还要多。尽管希特勒和德国所有的右翼一样，揭露说那是1918年革命在向军队"背后捅刀子"，但他也很清楚到底是怎么回事，就像后来在苏联制造饥荒的赫伯特·巴克所写的："这次世界战争没有输在前线，因为第二帝国的粮食产量不够。"[66]情况要到1924年起才会真正有好转，农业生产也要到1928年才能达到1913年的水平。虽然希特勒最初几次在慕尼黑的演讲还在执着于饥饿，但那是因为这是听众首要关心的问题。城市，尤其是丰饶的乡村地区的城市，对配给制、黑市、在商铺门口排长队、用黑麦和土豆淀粉做的"战时面包"都很清楚。维尔纳·马瑟尔出版了他那个时期演讲的手写笔记和草稿，文中充斥着将饥饿和犹太人的阴谋联结起来的段落："饥饿都是为犹太教服务的"；"和平时期的饥饿（价格上涨）都是因为证券交易所和投机倒把导致的吗？［……］谁会从中受益？犹太人"；"种族的自取灭亡即将开始，大众就是因为饥饿才变得疯狂，饥饿在任何时代都是战斗的手段。饥饿在为犹太人服务"。[67]现在只是预演，对饥饿的规划将应用在苏联人身上，好让他们被寻找粮食资源的日耳曼移民彻底取代，而粮食资源对"种族的突飞猛进"必不可少。

希特勒的世界观笼统地认为天然的农业资源——空间、水、气候——而非农业、科技及科学才是核心所在。他在演讲的时候，一直在老调重弹马尔萨斯以及地缘政治学创建者弗里德里希·拉策尔的思想，简单地把粮食产量和可耕地面积挂钩。看来他理解不了提高生产力可以使粮食丰收这样的观点，1933年后围绕在他身边的那些"专家"也都理解不了。"人口的增加也要求土地的增加。"1920年左右，他这么写道，"土地产量可能永远增加吗？不可能。"[68]《第二本书》的开头几页专门论述这些问题。希特勒在书中所写的完全就是一部永恒地寻求面包和土地的历史。"对外政策就是确保人民拥有必需的、充足的，而且高品质的生存空间。"[69]他要的是种族斗争和人民战争，完全不考虑采用各种和平的方式对可支配粮食的人口数量做出调节，比如控制生育、移民、贸易以及国际劳动分工。他认为针对德国人口持续增长可用的应对方法就是保持种族健康，战争武器的优越性就是消灭没用的人口，尤其是占领别国的土地，让原本的居民饿馁而死。这种观点直接就是从遭到歪曲的达尔文主义里套用来的：各个物种相互残杀，以此获取恒定份额的蛋糕，这样的循环避无可避。强者的权利取代彼此的适应，饥馑成为被征服者的宿命，征服者的武器：这是唯一一种可能的世界，这是一种可能有的美好的世界。他想要进攻苏联的众多理由之中，饥饿首当其冲：必须避免德国人挨饿，这样就能获得他们的支持，不会重蹈第一次世界大战的覆辙；必须使饥饿成为群众的武器，将整个国家动员起来，为侵略战争站台，消灭不受欢迎的民众和种族。希特勒就是这样故意让列宁格勒的居民饿馁而死，特意下令让莫斯科的居民走上这样的不归路的。正是出于这样一个残暴的目的，国防军最高当局才将300万苏军俘虏弃之不顾。可为了让国防军生龙活虎，他们每日的定量就连一卡的热量都绝对不能少。

纳粹对抗反俄纲领

巴巴罗萨行动并不是对十五年前发表的占领苏联这一"纲领"——这是一个意义重大的词汇，但也是习惯用法——的机械应用；这既是希特勒的观点，也是外界形势所致。1920年代中期，他这个纳粹党魁是独一个要求对抗《拉巴洛条约》（1922）*所规定的与苏联结盟政策的德国政治领导人。对他转向反俄的做法，甚至在党内都有反对的顽固势力。1926年，借签署《柏林条约》巩固《拉巴洛条约》之机，忠实的门徒罗森贝格始终不愿排除和苏联人结成战术同盟的想

---

*《拉巴洛条约》，1922年4月16日，德国魏玛政府与苏联在意大利拉巴洛签署的条约，规定彼此放弃《布列斯特-立陶夫斯克条约》及第一次世界大战后向对方提出的领土与金钱方面的条款。

法。尽管要求大家在意识形态上进行背书，但在德国东、西、北的纳粹团体之中，也就是除巴伐利亚和弗兰肯这两个小地方之外所有的地方，希特勒虽然有他雄辩的口才加持，也仍然无法使别人对他在《我的奋斗》中所述的对外纲领感兴趣。反对最激烈的是莱茵兰和鲁尔地区，那儿的两个年轻人约瑟夫·戈培尔和卡尔·考夫曼反资本主义和反西方的心意要强于反布尔什维克和反俄国。"和布尔什维克在一起总比永远受资本主义的奴役要好！"这是其中一人的口号。他们完全反对同英国结盟的观点，因为英国就是"西方物质主义"的化身。这些"外围"纳粹与其巴伐利亚同志之间唯一的共同点就是对犹太人和民主的憎恨。戈培尔崇拜陀思妥耶夫斯基，他确信俄国人民终将摆脱犹太人，向德国伸出手。1926年2月15日，元首在班贝格演讲完之后，戈培尔在日记里是这么写的：

> 希特勒讲了话。两个小时。我要晕了。希特勒是什么人？反动派？竟然这么愚笨，话说得模棱两可。俄国问题：牌子边上就这么写的。意大利和英国，天然的盟友。真是可怕！我们的使命是摧毁布尔什维克。布尔什维克是犹太人发明的！我们必须埋葬俄国！180万人！！！［……］我都要哭了。［……］有可能，这是我这辈子最大的感悟了。我对希特勒一个字都不信。[70]

1926年4月中旬，戈培尔走向了他的大马士革之路，他在慕尼黑停留的时候，和希特勒面对面见了几次，演技派希特勒通过谈话使他变成了狂热的信徒，并任命他担任柏林的大区长官。但疑问仍然存在，因为他回到住的地方后，在日记里写道："我认为元首并没有看透俄国问题。"[71] 1929年4月，他在格雷戈尔·施特拉塞尔主办的《民族社会主义通讯》中写道："德国至关重要的利益［……］仰赖于俄国，这和它的形式以及国内的'构成'无关，而是在于俄国能够反击西方强国的进攻。"[72]一直到第三帝国最后的日子,他的日记中除了纳粹日常的演讲修辞之外,仍然大量表达了对俄国人民以及斯大林的景仰之情。

纳粹主义的另一个知名人物就是恩斯特·楚·雷文特洛伯爵,他以前当过海军军官,也是作家和记者,在与俄国结盟这方面,尽管俄国是布尔什维克当权,但他比戈培尔坚持的时间还要久。1923年,他和共产国际在德国的核心人物卡尔·拉狄克见了面,甚至还在德国共产党中央机关报《红旗》上发表了好几篇文章,只是到1927年,他才皈依了纳粹主义。即便在皈依之后,他仍然坚定地赞成与莫斯科结盟,以至于1929年,希特勒对他大发雷霆,要他闭嘴。[73]而格雷戈尔·施特拉塞尔以前本是社会民主党人,完全排斥"生存空间"一说,强烈要求同苏联结盟,所以他后来和希特勒决裂,1934年遭到暗杀。

尽管内部反对执意反俄的人最后都闭了嘴,但他们内心并未信服。还不如说是因为占领苏俄的纲领作为这个执念的基础更像是个乌托邦:战争越来越远,德国加入了国联,和西方的关系得到缓和(《洛迦诺公约》,1925),自从签订《拉巴洛条约》(1922)之后,同苏联也正在经历(几乎可以说是)卿卿我我的蜜月期。另一方面,希特勒的意见在公开场合越来越少受到其信徒的质疑,"慕尼黑的吹鼓手"[74]正在变成说一不二的元首,踏上了神话化的进程。对1926年到1929年间的那些演讲所做的分析可以发现,除了1926年2月14日的班贝格演讲之外,希特勒再也没用过《我的奋斗》中那么激烈的反俄用词。当然啦,他说得很清楚,德国的对外政策将会是领土扩张,必须和德国的人口及粮食资源的可支配的数量相一致。他总是不失时机地赞美中世纪时期日耳曼人在"易北河东部"殖民的行为,懊悔没往这个方向继续走下去。1928年5月2日,他在慕尼黑做了一个很大的梦:"如果我们能从东方获取20万到30万平方公里的土地,不消多久,德国在欧洲的人口就会达到1.2亿。"[75]只有一次,也就是1927年6月3

日,他在评论大英帝国和苏联外交关系破裂这件事的时候,表现得很兴奋。《我的奋斗》中所梦想的局势似乎正在实现。他果断地对惊得目瞪口呆的听众说,他坚定地站在大英帝国这一边,从这冲突中应该看得出,"重组军队以及为拥有8000万到9000万居民的崭新帝国战斗的可能性!"[76]这个想法并不属于他,而是霍夫曼将军及其效忠分子,记者阿诺尔德·雷希贝格的。1930年,希特勒第一次在选举中获得大胜,在国会里赢得了107个席位,媒体对他的报道也与日俱增。自此以后,他就特别注意自己的言辞,将措辞激烈的反俄观点留到了私下的聚会上。

对1930年9月14日议会选举之初便投票支持民族社会主义德意志工人党的数百万德国人而言,《我的奋斗》中所说的要把俄国殖民地化的纲领完全无足轻重。他们没把这话当回事,认为那只不过是希特勒的空想,或者说是古怪想法,在他们眼里,这个空想并不妨碍他们针对失业和打碎"凡尔赛铁镣"这些问题投下一票。相反,传统主义者的圈子都能从兴登堡总统的形象中看到自己,他们在外交、行政管理和军队事务上筑壕固守,有很深的根基,对希特勒过往的极端言行颇感忧心,毕竟希特勒从来就没放弃过这些言行。在这些圈子里,大家一般都忠实于哈默施泰因-埃克沃德将军所表达的那个信念:"和莫斯科建立关系就是和魔鬼订约。但我们别无选择。害怕这样会对我们的内部事务产生影响而放弃这么做,绝对是个错误。"兴登堡是等到外交部长的职位落到和纳粹无涉的外交官康斯坦丁·冯·牛赖特手上之后,才任命希特勒担任总理的。后者的国务秘书伯恩哈德·威廉·冯·比洛是个更坚定的保守主义者。外交团队仍然和魏玛时期一样,这些老派人士信奉的是俾斯麦的传统,倾向于和俄国协调一致来对抗波兰,但最重要的还是要把德国从《凡尔赛条约》的锁链中解脱出来。驻莫斯科的大使——冯·迪克森(1928—1933在任)、纳多尔尼(1933—1934在任)、冯·舒伦堡(1934—1941在任)——都是一路人。这些人觉得占领东方的战争简直难以想象，危险之至：他们坚决果断地反对巴巴罗萨行动，一直到进攻的前一刻他们还是原来的态度。1933年2月6日，冯·比洛给冯·迪克森去了一封信："我理解你在电话里讲的莫斯科人心浮动这件事。我认为在对外政策方面，那儿的人夸大了我们这儿政府变动所造成的影响。负责政府事务的民族社会主义者自然是另外一种人，他们所推出的政策和他们之前宣称的并不相同。这种事一向如此，所有党派概莫能外。"[77] 几个月后，捷克驻柏林代表马斯特尼就《我的奋斗》一书询问希特勒，希特勒装模作样地承认反俄纲领"有些地方不太做得到，今后不会付诸实施"。[78] 但《我的奋斗》德语版的1122版之中，并没有哪个版本把摧毁且殖民苏联的段落给删除掉。

注　释

1. Cité par Marek Kornat, *Polen und Sowjetrussland (1917/18-1939)*, p. 21–22, in *Zwischen (Sowjet-) Russland und Deutschland*, sous la direction de Krzysztof Ruchniewicz et Marek Zybura, Fibre Verlag, Osnabrück, 2012.

2. Wolfgang Wippermann, *Der deutsche Drang nach Osten*, p. 89.

3. Brigitte Hamann, *Hitler's Vienna. A portrait of the Tyrant as a young man*, Oxford University Press, 1999.

4. Cité par J. Rogalla von Bieberstein, *Judischer Bolschewismus*, p. 193.

5. Fac-similé in Joachimsthaler, Anton, Korrektur einer Biographie. Adolf Hitler, 1908-1920, Herbig Verlag, 1998, p. 243–244.

6. 形容词"völkisch"在大多数词典中都被翻译为"民族"（nation）或"民众"（populaire）。事实上，它涵盖了这两个词在法语中所不具备的意思。Völkisch是一个包罗万象的词，从19世纪末到1933年之后纳粹几乎将这个词彻底吸收为止，该词体现了在此期间德国极右翼思想中的许多层面，但并非所有的层面。它本质是想对与法语中的民族（nation）相异的"人民群体"（Volksgemeinschaft）做出定义。理想、有机的群体排除了犹太人，摒弃了阶级斗争。Völkisch试图重新找回将日耳曼人和其他民族相区别的生物和/或文化上原初的纯洁性。这样就出现了民间传说和秘传学说，并开始寻找虚幻的雅利安人种或新异教主义。

7. 这些泛日耳曼主义的论调原封不动地反复出现在希特勒1920年至1922年间的演讲中。

8. Thomas Mann, *Aufsätze-Reden-Essays*, Bd.3 : 1919–1923, édité par Harry Matter, Berlin, 1986, p. 187.

9. Thomas Mann, *Betrachtungen eines Unpolitischen*, Frankfurt am Main, 1983, p. 437.

10. Henry Pickers, *Hitlers Tischgespräche*, 4.02.1942, Propyläen, 2009, p. 140.

11. Timothy W. Ryback, *Dans la bibliothèque privée d'Hitler*, Le Cherche Midi, Paris, 2009.

12. Josef Ackermann, *Heinrich Himmler als Ideologue*, Göttingen, 1970, p. 198.

13. *Tischgespräche, ibid.*

14. Reginald H. Phelps, *Hitler als Parteiredner im Jahre 1920*, Vierteljahreshefte für Zeitgeschichte (1963), n° 3, p. 274–330.

15. E. Jäckel, *Hitler Sämtliche Aufzeichnungen, 1905-1924*, p. 328.

16. *Ibid.*, p. 330.

17. *Ibid.*, p. 450.

18. *Ibid.*, p. 452.

19. Ian Kershaw, *Hitler*, Flammarion, t. 1, p. 239.

20. *An early Hitler Speech*, A. D Harvey, The historical Journal, 39, 3 (1996), p. 767–769, Cambridge University Press.

21. Scheubner-Richter, *Was wir von unseren Feinden lernen können!*, Aufbau Korrespondenz, 14 janvier 1922.

22. Thomas Wollschläger, *General Max Hoffmann*, Books on Demand, Norderstedt, p. 68.

23. Johannes Hürter, *Hitlers Heerführer*, p. 82.

24. Erich Ludendorff, *Meine Kriegserinnerungen 1914-1918*, Ernst Siegfried Mittler und Sohn, Verlagsbuchhandlung, Berlin 1919, p. 138, 146 et 148 (et citations suivantes).

25. Victor Jungfer, *Das Gesicht der Etappe*, Fritz Würtz, Berlin, Riga, Leipzig, p. 16.

26. V. G. Liulevicius, *War Land on the Eastern Front*, Cambridge University Press, 2000, p. 95.

27. Ernst Hanfstaengl en porte témoignage dans *Hitler. The missing years*, p. 47.

28. General Max Hoffmann, *Der Krieg der versaümten Gelegenheiten*, München, Verlag für Kulturpolitik, 1923.

29. 不过，还不能说霍夫曼影响了希特勒，后者只是读了他的著作而已。一方面，希特勒无法忍受霍夫曼要和法国和解的呼吁，另一方面，他也无法忍受霍夫曼的妻子是犹太人这个事实。在此感谢托马斯·沃尔施莱格（Thomas Wollschläger）对霍夫曼将军所作的评论。

30. 我们发现这个说法原样不动地出现在了希特勒第二年写就的《第二本书》中，尤其是第6章的题目"从帝国的统一到空间政治"（Von der Reichseinigung zur Raumpolitik）和第9章的题目"既非边境政策，亦非经济政策，更非泛欧政策"（Weder Grenzpolitik noch Wirtschafspolitik noch Paneuropa），in *Hitler. Reden. Schriften. Anordnungen*, Band II A, K. G Saur, 1995, p. 36 et 78。

31. Fritz, T., Epstein, *Der Complex « Die russische Gefahr » und sein Einfluss auf die deutschrussischen Beziehungen im 19.Jahrhundert*, in: Immanuel Geiss et Bernd Jürgen Wendt (éd.), *Deutschland in der Weltpolitik des 19. und 20. Jahrhunderts*, Bertelsmann Universitätsverlag, Dusseldorf, 1973, p. 149.

32. L. V. Chaporina, *Dnevnik* (Moscou, 2012), t. 1, p. 61.

33. Vladimir Vernadski, *Dnevniki, 1917–1921*, p. 198.

34. ARAN. F. 518. Op. 2. D. 14. L. 8–9. Vernadski, *Dnevniki, 1926–1934*.

35. ARAN. F. 518. Op. 2. D. 14. L. 13. Vernadski, *Dnevniki, 1926–1934*.

36. Goebbels, *Tagebuch*, Fröhlich, 1/II, 26 juin 1926, p. 99.

37. Oleg Budnitski, *Russian Jews between the Reds and the Whites*, p. 42. Texte du 8 juin 1917.

38. Oleg Budnitski, *Russian Jews between Reds and Whites 1917–1920*, Pennsylvania Press, 2002, p. 2.

39. Timothy Snyder, *Bloodlands*, p. 108–109.

40. Michael Kellog, *The Roots of Nazism*, p. 61.

41. Alfred Rosenberg, *Das Verbrechen der Freimaurerei : Judenturn. Jesuitismus. Deutsches Christentum*, VIII, *Auf gut deutsch*, 28 février 1921.

42. Scheubner-Richter, *Zum fünften Jahrestag der Revolution*, Aufbau-Korrespondenz, 9 novembre 1923, 1.

43. Alfred Rosenberg, *Auf gut deutsch*, 28 mars 1919. Cité par M. Kellogg, *The russian Roots…*, p. 139.

44. Vinberg, *Der Kreuzesweg Russlands*. Cité par M. Kellogg, *The russian Roots…*, p. 141.

45. RGASPI. F. 17. Op. 85. D. 102. L. 183.

46. *Hitler. Reden, Schriften, Anordnungen*. Band III/1, dok.87. « Politik der Woche », article in Illustrierter Beobachter, 9.II.1929.

47. Wolfgang, Horn, *Ein unbekannter Aufsatz Hitlers aus der Frühjahr 1924*, Vierteljahreshefte für Zeitgeschichte, Jahrgang 16 (1968), n° 3, p. 280–294. Le texte lui-même se trouve à la bibliothèque de l'institut Für Zeitgeschichte de Munich (60/39119).

48. Cité par O. Plöckinger, *Mein Kampf*, p. 23.

49. E. Jäckel, *Hitler Sämtliche Aufzeichnungen, 1905–1924*, p. 697.

50. *Ibid.*, p. 662.

51. *Ibid.*, p. 867.

52. 第一卷第4章（"慕尼黑"）也论及了生存空间和结盟的问题。

53. 我们在《我的奋斗》中发现他援引了休斯顿·斯图尔特·张伯伦、安东·德莱克斯勒、戈特弗里德·费德尔、亨利·福特，以及迪特里希·埃卡特这些人的著作。

54. O. Plöckinger, *Geschichte eines Buch: Adolf Hitlers Mein Kampf…*, p. 428.

55. 如需了解对《我的奋斗》的阐释，可参阅 Barbara Zehnpfennig, *Adolf Hitler: Mein Kampf. Studienkommentar*, W. Finf, UTB, 2011。

56. *Mein Kampf. Eine kritische Edition*, vol. 1, p. 853.

57. En français in *Mein Kampf. Eine kritische Edition*, vol. 2, p. 1659.

58. *Ibid.*, vol. 2, p. 1659.

59. *Ibid.*, vol. 2, p. 1659.

60. *Ibid.*, vol. 1, p. 475.

61. 希特勒喜欢在演讲中使用习语。比如1927年11月24日在不伦瑞克的演讲，《人民观察家报》12月第4/5期做过报道。

62. Cité par Francis L. Carsten, *«Volk ohne Raum: a note on Hans Grimm»*, Journal of Contemporary History, vol. 2, n° 2, Literature and Society (Apr.1967), p. 221–227.

63. Hermann Graml, *Hitler und England. Ein Essay zur nationalsozialistischen Aussenpolitik 1920 bis 1940*, IfZ Oldenbourg, München, 2010, p. 15.

64. *Mein Kampf. Eine kritische Edition*, vol. 2, p. 1629.

65. Hans Frank, *Im Angesicht des Galgens. Deutung Hitlers und seiner Zeit auf Grund eigener Erlebnisse und Erkenntnisse*, 2e ed., Neuhaus, 1955, p. 39.

66. H. Backe, *Nahrungfreiheit*, p. 8, cité par Allewedlt, Bertold, *Herbert Backe*, p. 64.

67. W. Maser, *Hitlers Briefe und Notizen. Sein Weltbild in handschriftlichen Dokumenten*, Leopold Stocker Verlag, Graz, 2002.

68. *Ibid.*, p. 267.

69. *Hitler. Reden. Schriften. Anordnungen*, Band II A, p. 19.

70. Goebbels, *Tagebücher*, Teil I, Bd.1/II, p. 55.

71. Goebbels, *Tagebuch*, Fröhlich, 1/II, p. 75.

72. *Der Interventionskrieg gegen Russland und das deutsche Interesse*, in Nationalsozialistische Briefe, 20 (1928/29), p. 323–328 (15 avril 1929).

73. Goebbels, *Tagebücher*, Teil I, Bd.1/III, p. 281.

74. Pour reprendre le titre de l'ouvrage d'Albrecht Tyrell, *Vom «Trommler» zum «Führer». Der Wandel von Hitlers Selbstverständnis zwischen 1919 und 1924 und die Entwicklung der NSDAP*, München, W. Fink, 1975.

75. *Hitler. Reden. Schriften. Anordnungen.* II/2, August 1927-Mai 1928, doc.268, p. 68 et sq.

76. *Hitler. Reden. Schriften. Anordnungen.* II/1, juillet 1926-juillet 1927, doc.146, p. 368 et sq.

77. *Akten zur deutschen Auswärtigen Politik*, Série C, 1933–1937, vol. 1/1, p. 21, Göttingen, 1971–1981.

78. J. W Brügel/N. Frei, *Berliner Tagebuch 1932–1934. Aufzeichnungen des tschechoslowakischen Diplomaten Camill Hoffmann*, Vierteljahresheft für Zeitgeschichte, Jahrgang 36 (1988), n° 1, p. 176.

第二章
苏联的孤独
从拉巴洛到慕尼黑（1922—1938）

> 他说，从人的角度来看，他［希特勒］不用活得太久。他家里人都活得不长。就连他的父母都是年纪轻轻就死了。所以，必须立马解决必须解决的问题（生存空间！），也就是说要趁他还活着的时候就这么干。子孙后代是做不到这一点的。只有他这个人才有能力达成这个目标。
>
> ——1937年10月31日，希特勒对纳粹党宣传部门负责人秘密讲话的报告[1]

1922年4月16日，星期日，复活节，在意大利圣玛格丽塔-利古雷*的帝国饭店的包房里，沙皇时期的外交官，后被列宁再次启用，使之担任苏联外交人民委员的格奥尔基·契切林，和德国外交部长及通用电力公司总裁瓦尔特·拉特瑙签订了一份《拉巴洛条约》，拉巴洛是相邻市镇的名称。在场的有200名记者，其中就有欧内斯特·海明威，他把这条令人错愕的新闻用电报发回了编辑部，这条新闻使正在热那亚召开的经济会议相形见绌，因

---

*圣玛格丽塔-利古雷是意大利热那亚的一座城市。

为德国和苏俄的代表团此时就在意大利的这座里维埃拉式的城市里。

条约文本是这么写的：德意志共和国，也就是三年前诞生的魏玛共和国，与诞生时间稍久的苏俄彼此承认，对第一次世界大战中的债务与赔偿问题一笔勾销。条约还附了"互相释放善意"的协议，两个经济体之间的贸易往来彼此补足，由此突飞猛进：1932年，苏联成为德国第三大出口国，第二大出口市场。而且，不用说，《拉巴洛条约》还批准了两国一年前即已开始的秘密军事合作。

两个主要的第一次世界大战战败国在国际关系中被人避之不及，彼此都对西方大国相当冷淡，还有什么比这更说得通的呢？新生的国家波兰占有原先德国、白俄罗斯和乌克兰的一些省份，所以两国都对波兰充满了敌意，都有跃跃欲试的侵略意图，关系自然也就更为巩固。契切林和他的德国谈判对手提出建立军事同盟，"摧毁如今的波兰"，[2] 只是后来并未缔约。1922年的时候，国家防卫军首脑冯·塞克特将军就表达了对华沙的憎恨："波兰的存在令人难以忍受，和德国存在的环境不相协调。波兰必须消失，考虑到它自身内在的缺陷，以及我们的协助者俄国的情况，它必须消失。"[3] 九年之后，伏罗希洛夫在和国家防卫军秘密参谋部的首脑亚当将军讨论的时候，也说了同样的话，几乎是一字不差。[4] 该条约使苏俄摆脱了1918年起便遭受的被四处围堵的孤家寡人的状态。对德国而言，这是在对协约国说不，返回俾斯麦的传统亲俄路线，但军队和外交界却捂住鼻子，认为苏维埃政权腐化堕落，令人厌憎。《拉巴洛条约》在十年时间之内成了两国对外政策的柱石。它也是瓦尔特·拉特瑙签署的最后一份重要文件，两个月后，他就被慕尼黑的执政官组织枪杀。

德国方面，国家防卫军无疑构成了条约签署成功的驱动因素。国家防卫军可以借此为德国融入"凡尔赛体系"设置障碍,且希望获得苏俄的帮助,以此来限制《凡尔赛条约》强加给他们的军事建设方面的诸多限定条件。其背后的想法是,他们确信几乎整个世界都有一个普遍的观点,即苏俄的经验终将失败,所以他们就希望苏俄越是失败得彻底,他们就越是能和苏俄红军及其最具威望的指挥官,出身于沙皇时期旧军官的图哈切夫斯基确立牢固的合作关系,阻止法俄联盟死灰复燃。从列宁这方面来看,他和后来的斯大林一样,认为《拉巴洛条约》既是一种获取高端工业产品的手段,也是持久揳入资本主义大国前沿阵地的一个楔子。加利西亚的犹太人卡尔·拉狄克(1885—1939)和克里米亚的俄国人维克托·科普(1880—1930)是1920年代活跃在柏林的两个引人注目的布尔什维克,他们最先认为德意志民族的愤恨之情可以成为"解放战争"的发动机,他们的党应该支持之,利用之。莫斯科应该以此为杠杆,从西方手中夺取德国。他们的分析说服了列宁,为德俄之间的合作关系披上了一件意识形态的外衣。

不过,两国之间的秘密军事合作实现起来困难重重。尽管容克斯公司获取了特许权,将飞机厂建在了莫斯科附近的菲利,德国的技术援助人员也在伊瓦奇琴科沃组建了一家生产毒气的工厂,但从1926年起,这两家企业都停办了。只有在克虏伯监制之下,在列宁格勒和图拉生产的40万颗大口径炮弹的合同按时交付。之所以热情减退,部分是因为《洛迦诺公约》(1925)的签订使得魏玛共和国获得了欧洲的一致接纳,1926年德国成为国际联盟的一员,开始靠拢西方诸国。苏联方面也很快就重燃起对"帝国主义阵线"的恐惧,当然这种情况也不会是最后一次。柏林试图让搭档放心,便在1926年4月24日和苏联在柏林签订了"友好条约",以此确保《拉巴洛条约》继续有效。但这么做并不够:虽然和德国保持着特殊的关系,苏联仍然倍觉孤单。

1927年的战争狂热

　　1927年5月12日，伦敦警方搜查了苏联通商使团所在地，由此暴露出孤家寡人所蕴含的风险。警方指控苏方从事间谍活动的说法并未得到证实；反正不管是否得到证实，5月26日，斯坦利·鲍德温主导的保守党政府还是和苏联中断了外交关系。做出该项决定的真正动机是，因为莫斯科支持1926年5月的总罢工，导致大英帝国陷入瘫痪，还有阿富汗发生的事情和上海的工人起义。这次事件使得人心惶惶，对苏联的历史产生了相当大的影响。下议院激烈的言辞在英国人的耳中回响，丘吉尔在会上呼吁重启反布尔什维克的十字军东征，这话斯大林永远不会忘记。苏联的领导层发现自己陷入了和世界头号强国英国的战争之中，从俄国内战时的经验来看，他们最担心的就是英国会对所有苏联的敌人进行扶持。6月，苏联驻华沙的大使帕维尔·沃伊科夫被一名俄国移民刺杀，莫斯科认为那是一个迹象，表明伦敦正在计划入侵苏联，打头阵的是波兰。6月8日，针对这次事件，斯大林从度假地发了一封电报给政治局："我收到沃伊科夫被君主主义者刺杀的消息。我觉得那是英国下的黑手。他们想要挑起我们和波兰之间的冲突。他们想再来一次萨拉热窝。"[5] 几个星期后，他和季诺维也夫宣布："战争不可避免。"[6] 苏联的整个社会都弥漫着这样的情绪，科学院院士弗拉基米尔·韦尔纳茨基在日记里写道："我觉得吃惊的是，时时处处都能见到大家对战争的恐惧，但又觉得战争难以避免。"[7] 羸弱不堪的红军让苏联寝食难安。61万兵力，60辆坦克，698架飞机，39艘老掉牙的军舰组成的舰队，[8] 可1925年深不见底的低谷还没走出来呢。

　　但苏联领导层最恐怖的噩梦就是，现在普遍出现一种趋势，不想再打一场类似于把罗曼诺夫皇朝拉下马的战争。国家政治保卫总局对农村地区的精神状态做了报告，[9] 结论很明确：农民很怕战争，对现政权持敌视态度。他们囤积粮食以应对冲突，把有可能会被征用的马匹和推车全都卖了；拒收官方货币金卢布，中断对城市的粮食供应，导致10月起又开始在一些工业中心强制实行基本食品的定量配给。失败主义的言论，呼吁拒绝应征入伍和当逃兵，希望现政权倒台，表达得都很赤裸裸。打一场仗不就把沙皇赶下台了吗？那再打一场就可以干掉现政府了！在这种语言上的敌视和拒绝交付谷物的情况下，警方便指责中农和富农企图颠覆政权，说他们要扼杀城市。去农村小住的韦尔纳茨基写道，在农村里，只有一种呼声：战争只要开始，我们就起来干倒现政府，干倒知识分子，干倒城市。农村会和城市开战。[10]指挥层对苏联红军在社会学意义上的转变也是忧心忡忡，一份呈给政治局委员的绝密报告里提到了这一点。

> 爆发战争或内部动荡的时候，出身农民大众的士兵究竟会怎么做，取决于军队政治部门怎么开展工作。［……］当下这个时候，红军内部几乎已［……］完全看不到工人骨干。尽管师长和团长仍然是工人出身，或是内战期间表现出对无产阶级革命忠诚的人，但连和排都是由农民出身的人以及"其他"阶层的人指挥，况且这些人都没参加过内战。［……］工农军队都成了农民的军队。［……］这种趋势在本土防御系统的干部圈子里是个极大的威胁。［……］此外，民族支队，尤其是哥萨克人居住的地盘，或政工干部弱势的地方，都会对无产阶级革命造成威胁。[11]

1927年由现政权操控的大恐慌造成了相当大的影响。第一就是使国家机关和动员计划适应于开战的可能性，这是序曲，接下来就是经济和社会的军事化。苏联红军再次获得预算上的优先地位，这也就解释了为什么从1929年到1941年，苏联红军从人数上看成了世界上最强大的军队。直到1936年，苏联一直都是唯一一个能在任何时候支持

第二章　苏联的孤独　73

应对一场大型冲突的大国。

1927年大恐慌的第二个后果是意识到了国际上孤立所造成的危险。契切林的副手李维诺夫就是这么登上舞台的。关于马克西姆·马克西莫维奇·李维诺夫（1876—1951），历史记住的只是他在75岁的时候因心脏病死在床上，从而完成了一件壮举。其实，斯大林一点都不喜欢他，最后还把他关进了卢比扬卡的地下室里。他的真名是迈尔·瓦拉赫-芬克尔斯泰因，波兰和立陶宛血统的犹太人，父亲是个银行家。他妻子艾维是英国公民，出身于中产阶级。他对上流社会很熟悉，十年流放期间，他就游走于那些人中间。他能讲七种语言，口才极佳，戴副夹鼻眼镜，套个假领，爱打桥牌。这副世界主义的资产阶级形象让斯大林很不喜欢。但他这个人懂得如何务实，领袖（Vojd）*[12]看得出他在国际舞台上的优势。因此于1930年让他当了外交人民委员，使命就是同西方建立外交管道，分裂帝国主义阵营，预防战争的风险。一直到1938年，李维诺夫的名字都是同和西方民主国家保持接触政策以及遏制希特勒的集体安保政策相连的。他对意识形态之争没什么兴趣，这使他能很好地适应世界革命失败引发的"和平共存"[13]这一概念。他眼睛眨都不眨地就向希特勒之前最后一任总理冯·施莱谢尔将军保证，说"他觉得德国对待共产党的方式和俄国对待国家公敌的方式没什么区别，这点再自然不过"。他的务实态度使他达到了另一个高峰，1933年4月1日，他向斯大林提出将苏联驻柏林大使列夫·辛丘克免职的建议，给出的论点让人始料未及："我们的整个外交使节团队由同一个种族的人［也就是犹太人］构成似为不妥。"斯大林根本就没想讨好希特勒，于是就用雅科夫·苏里茨替换下了辛丘克……苏里茨也是个犹太人。

1927年战争恐慌情绪引发的第三个后果影响最大，那就是1928

---

* Vojd是俄语领袖（вождь）的拉丁化。

年的"伟大的转折点":[14]工业化,五年计划,镇压富农阶级,不惜任何代价实行农业集体化。这个"伟大的转折点"对巴巴罗萨行动造成了两个互相矛盾的效果。一方面,让苏联红军有了武器,而且武器还很充足。另一方面,由于镇压的力度极大,当局并不敢确定农民是否愿意和它一起反抗外国的侵略,拯救工人国家。

无论是1927年,还是1941年,在领导层的头脑中,对外战争始终都会冒一个风险,担心最后也会和自己国家的一部分人民开战,他们惧怕重演1917年军队不愿合作的局面。苏联就像个堡垒,外面围得水泄不通,内部却又危机重重。关于这种长期的围困状态所引发的狂热状态,老布尔什维克阿贝尔·耶努吉泽在1928年5月说得很好,他对捷克驻莫斯科使团负责人约瑟夫·吉尔萨说:

> 以前要好多了,我们面前还有个具体的敌人。[……]可今天,敌人不见了,但我们都能感觉而且认识到,到处都有隐藏起来的、做了伪装的敌人;不管在哪儿,我们都看不见朋友。对未来的不信任甚至都深入到了最狂热的领导层之中。更糟糕的是,我们这些领导层彼此之间也不信任。[……]我们被敌人包围得水泄不通,他们就在我们国家四周,也在我们国家的内部。[15]

国家防卫军和苏联红军的秘密恋情

1927年的危机和担心与英国及其友邦开战的恐惧开启了苏联红军和国家防卫军之间合作最具成效的一段时期,这次是在人员培训和技术实验上进行合作。在喀山开设了一所装甲学校,在利佩茨克开了空战学校,在托姆卡开了生化战学校,这是三个在德国本土被禁止并被协约国控制委员会监控的领域。相应地,苏联军官在德国参加实习,接受参谋工作和战术方面的培训。这些来往都是秘密进行的,《凡尔赛条约》禁止国家防卫军组建总参谋部,但它还是都偷偷摸摸地进行了培训。从1926年起,德国军方和外交领域的观察员都会参与苏联红军陆空两军的秋季大规模演习,国家防卫军则会受邀参与地面演习。负责交流方面事务的冯·勃洛姆堡将军还拿合作当挡箭牌,有苏联人在,德国国会里的共产党应该就不会再发出反军国主义的言论了。莫斯科在内部文件里称呼勃洛姆堡是"红军的朋友"[16],勃洛姆堡应该很乐意接受这个称号,在他以及他的那些同僚看来,波兰人和法国人才是敌人。首席陆军元帅维尔纳·冯·勃洛姆堡直到1938年之前一直都是希特勒的战争部长,后来他也一直在担任这个职务。1945年,他在纽伦堡的囚室里写道:"我觉得我以前的论点是正确的:比起西方,俄国人和我们更亲近。"[17]苏联驻柏林全权代表尼古拉·克列斯京斯基在1928年12月28日提交给斯大林的一份备忘录里,从自己的角度出发,赞扬苏联红军的干部"将在德国接受现代化的军事训练,[……]学习什么才是优秀的外国军队。有了德国军队,我们就有了对照的标准"。[18]德国方面,威廉·施派德尔将军在战后写道:"对总参谋部来说,苏维埃俄国是我们了解外部世界的唯一一扇敞开的窗户。"[19]

交流的人员中有5000名德国军人,其中200人是飞行员。苏联方面,有196名军官出现在培训名录上,所有人都是高级指挥官:图哈切夫斯基、乌博列维奇、埃德曼、亚基尔、叶戈罗夫、伊万·别洛夫,还有两个后来当上了战争部长和总参谋长,他们是铁木辛哥和梅列茨科夫。德国来访人员或受训人员中有一些人今后会扮演重要的角色,除了冯·勃洛姆堡之外,还有威廉·凯特尔,后来他当上了国防军最高统帅部统帅,还有雷德尔,他是德国海军元帅。巴巴罗萨行动期间,大量地面部队的指挥官停留在苏联各国,如古德里安、曼施坦因、霍特、哈尔佩、冯·施韦彭堡、海因里西、屈恩、克雷布斯、屈布勒、马克斯、莫德尔、内林、莱因哈特,以及后来负责情报部门的金策尔和巴巴罗萨计划的核心人物保卢斯。1928年派往利佩茨克的43名飞行员中,有20名后来都成了德国空军的将军,其中四人保罗·戴希曼、库尔特·普夫卢格拜尔、汉斯·赛德曼、马丁·菲比希把苏联红军的航空兵打得苦不堪言。[20] 在利佩茨克,他们不仅第一次练习了俯冲进攻技术和空地无线发报技术,也测试了德国的第一代战机:荷兰福克公司秘密制造的双翼Fokker F. D XIII战机、阿拉多Arado 64/65战机、亨克尔He 51战机、道尼尔Do 11重型轰炸机、容克斯K 47攻击机。

那么这些交流项目是否对巴巴罗萨行动产生了影响呢?苏联方面,对军官的成长、部队单位的构成、陆军各兵种战斗能力的提升,尤其是参谋部的工作而言,绝对不能说没效果。战争推演的发明、实弹训练、生化战的操练,毫无疑问都留下了痕迹,而且有助于弥补不足之处,照冯·勃洛姆堡的说法,苏军最糟的地方是"烦琐,而不是简洁和精确,这样就阻碍了参谋部开展工作,指挥方法上发展相当落后"。[21] 图哈切夫斯基好几次赞扬了苏军在柏林的受训人员所取得的进展。"在艰难困苦的时候,国家防卫军就是红军的老师;这点令人难以忘怀,也不该被忘记。"[22] 他本人也对1932年德军在奥得河畔法兰克福的操演留下了强烈的印象,他清楚地看到了冯·伦德施泰特和冯·博克是如何指挥部队实施机动作战的。兴登堡总统也亲自前来,向图哈切夫斯基领导的小参谋部致以问候。但这次获得的经验许多后来都消失了:80%在德国的受训人员或观察员(上述八人中有六人)后来其实都在1937年至1940年间的大清洗中被消灭了。在德国的这次培训成了这些人的棺材钉,后来被拿来提起指控,说他们替外国政府从事间谍活动。

从德国的观点来看,除了装备测试之外,还在工程学上取得了长足的进步,尤其是舟桥兵和毒气战方面。特别是,他们在喀山有了一个重要的发现,即可以在坦克中架设无线发报机,解决快速编队、指

第二章 苏联的孤独 77

挥以及控制距离这些头等问题。德国的技术员对构成1941年红军95%机械部队的坦克也有了相当的了解：如T-26、T-28、T-35、BT坦克。苏联人掌握的两个关键概念，即将军队与国家一体化，和干部的政治化，后来在希特勒那儿也开了花结了果，冯·勃洛姆堡和冯·赖歇瑙就是这一脉络的先行者。[23]1928年，冯·勃洛姆堡在苏联巡视了一番，写了一篇报告，他在报告中建议模仿苏联，"在军队[和]民众组建的被动防御组织内部从事宣传活动"。[24]但从第一次世界大战传承下来的一些陈词滥调（不一定都不对）也得到了强化：俄国防御强，进攻弱，农民兵吃得起苦，但自主性差，军官相对于其所执行的任务来说地位太低，参谋部的工作杂乱无章。在装甲运用理论方面，德国人和苏联人都各自取得了进步，没看到彼此受到对方的影响。不管他们彼此从对方那儿学到了什么，有一件事是不变的：当时没有其他哪个军队能像苏联红军和国家防卫军那么熟悉对方。苏联人甚至还同意定期交换他们的情报部门从波兰和罗马尼亚军队收集来的情报，但在苏德战争期间，他们并没有对盟军这么做。

从1932年起，由于政治上的原因，军事合作就放缓了脚步，至少在一开始，这种情况是两国的军人所不愿看到的。李维诺夫开始同波兰和法国建立联系，这两个国家后来同苏联签订了让柏林不快的条约。12月11日，德国方面在日内瓦的裁军会议上就这个领域同《凡尔赛条约》的签署国获得了同等的权利。缺了对波兰的共同憎恨和秘密重整军备这两根柱石，《拉巴洛条约》就只是双边的协议而已，和其他协议没什么不同。几个月后希特勒的上台叫停了军事合作。苏联的基地和电台均被关闭，最后的关闭时间是1933年9月15日（近300万马克的装备都留在了原处）；如受邀参观演习之类的军官交流和互访也被叫停。对进攻概念和新式装备进行了充分试验的苏联红军和国家防卫军彼此依依不舍地看上一眼，却渐行渐远。创建德国空军的戈林强烈要求苏联军官不得在他的基地周围训练。国家防卫军最亲俄的军官，如哈默施泰因、亚当、奥斯卡·冯·尼德迈尔都被弗里奇将军之类激烈反苏的军官替换。深受希特勒欣赏的冯·勃洛姆堡后来也被说服，认为反布尔什维克运动有其合理性。1934年2月23日，他把苏联红军从友军的名单上划掉，将其列入了潜在敌军的范畴内。

从斯大林这方面来看，同柏林进行冷战等于只能不情不愿地把拉巴洛这一页翻过去。等待了几个星期之后，斯大林让外交公署寄了217份抗议照会，抗议1930年1月30日希特勒上台后，戈培尔在帝国发起的猛烈的反苏宣传攻势。《真理报》发表了一篇怒气冲冲的文章，正告柏林："这样的政策也会孤立德国，只有疯子，只有疯子才会这么做。谁都知道对德国不抱持敌意的唯一一个国家就是苏联，这不是什么秘密。所有人都知道这一点。但你们这个所谓的国民政府却不愿去了解这一点。[……] 只有坐在皇位上的疯子才会这么干。"[25] 6月22日，在德国共产主义先驱克拉拉·蔡特金的葬礼上，斯大林带头举行了大规模反纳粹示威游行。9月26日，所有德国媒体记者都遭到了驱逐。1933年12月，在斯大林的建议下，共产国际第十三次全会将法西斯主义定义为"金融资本主义的极端反动分子、好战分子以及帝国主义者的恐怖独裁行为"。这个说法后来就成了惯用语，再三出现。在苏维埃第十七次代表大会（1934年1月26日至2月10日）上，斯大林说希特勒的统治长久不了，在这点上，他和欧洲的许多观察家犯了同样的错误。[26] 1935年10月26日，尽管出现了这个新的动向，但在帝国驻莫斯科大使冯·舒伦堡伯爵私家宅邸的晚宴上，图哈切夫斯基元帅还是情不自禁地发出了这样的呼声："如果德国和苏联能像不久之前那样保持友好的政治关系，那两国就能确保世界的和平。"[27] 我们不知道他这话是不是克里姆林宫的意思，但这话反映了斯大林对这个帝国主义国家为何要与苏联破裂始终耿耿于怀的内心想法。这话也表明了苏联的军队首长仍然认为国家防卫军拥有它并不拥有的政治权力，而他们自己在斯大林政府内的权力要比想象的大。1937年的行刑队开始倒计时。

布尔什维克心中的世界

对饱受各种威胁和动荡之苦的苏联来说，希特勒上台此时还算不上最糟的情况。因为斯大林这人天性妄想偏执，十分担心自己遭到政变的结局，全世界的人都认为他会输，只有他自己认为会赢，其危机之严重可见一斑。1930年代初的局势又加剧了这种情绪：苏联既可能因其内部紧张程度的积累而内爆，也可能因环伺四周的一系列敌对国家采取的行动而爆炸。

尽管斯大林让李维诺夫来负责外交机器的运转，但制定外交政策的还是他及周围的那些人。外交机器的运行遵循的是列宁制定的一些标准以及对列宁本人的信仰。第一条是持久存在反对"世界上唯一一个无产阶级国家"苏联的"帝国主义威胁"，这种威胁相当严重，过个一到十年，"第二次帝国主义战争"就会难以避免。出于1927年对战争的恐惧，1929年，国防人民委员伏罗希洛夫写了一本小册子《会有战争吗？》，[28]他的观点是战争马上就会爆发；1930年，轮到波兰成了这波恐惧情绪的目标，然后又是1931年的日本。

第二个信条部分地和第一个有所抵牾：苏联需要和平，因为它很虚弱。经济和军事上的虚弱就需要保障外部的安全，这样布尔什维克就有时间来改变社会，在面对内部形形色色或真实或假想的敌人时，能使政权维持稳固。这也就是1931年2月4日斯大林在第一次社会主义工业干部大会上发表的那篇著名讲话的意思。曾是神学院学生的斯大林讲话的时候喜欢列举，但我们发现他在列举的时候，并没有提及1917年被德国打败这件事。

最重要的是，古俄罗斯的历史就是俄罗斯因为落后而持续挨打的历史。被蒙古的可汗打败。被土耳其的贝伊打败。被瑞典的封建主打败。被波兰—立陶宛的封建领主打败。被英法的资本家打败。被日本的王公打败。整个世界都把俄国打败了，就因为俄国落后。军事落后，文化落后，政治落后，工业落后，农业落后。他们打俄国，是因为这样能带来好处，因为打了不受惩罚。［……］因为这就是剥削者的法则：专打落后者和弱者。［……］这就是我们现在再也不能落后的原因。［……］我们比先进国家落后了五十到一百年。我们应该在十年时间里跑完这段距离。我们要么跑完，要么就被碾压。[29]

幸运的是，资本主义国家进步的顺序并不一致，因彼此竞争而遭到了削弱。必须避免形成一个"帝国主义联合阵线"，因此就必须利用资本主义国家之间的矛盾，简言之，要寻找可能帮助苏联的盟友就是第三个信条。因《凡尔赛条约》和《拉巴洛条约》而被赶出帝国主义阵营的德国，无论是在1933年，还是在1922年，都是莫斯科努力争取的标靶。德国难道不是一个理想的合作者，正好可以暂时解决三个信条之间的矛盾吗？不到几个星期，希特勒就把列宁传下来的苏联对外政策的这根柱石给打碎了。

最后，是第四个信条，就是秉持"国际主义者的责任"，也就是说要重新确认世界革命的目标，哪怕是远期的目标。为了保持和平，就必须和某些帝国主义阵营的国家有所往来，但采用外交政策的做法只是暂时的。只要苏联这个国家的力量允许、条件允许，革命——对斯大林而言，就是苏维埃化——会再次大踏步向前。如有必要，红军队就必须亮出刺刀，冷酷无情，不把现有的条约当回事，被占领国家的大多数人民怎么想也无所谓。这种态度是不是苏联当政者的特点，或者说他们是否要彻底返回到俄国以前的帝国主义，还是前者掩盖了后者的本质，这些都有讨论的空间。斯大林从1925年1月起便开始考虑开战时对己有力的框架："和以前一样，我们的军队必须高举和平的大旗。但如果战争爆发，我们就不能抱着胳膊不动，而是必须走上比武场，但得最后走进去。我们参战是为了在天平上投下关键的砝码，使天平发生倾斜。"[30]

处于内战边缘的苏联

苏联社会从诞生起便暴力蜂起，创伤接二连三。最严厉的酝酿着内战的措施，就是斯大林1929年发起的农业集体化。苏联为了推进农业集体化，采取了极端的手段，以此来对抗它所瞧不起的"属于过去"的一个阶级，它像对待殖民地民众那样对待这个阶级，带有同样的偏见，无视他们的苦难，用的也是同样的粗暴手段。1933年4月4日，集体化开始之后三年，此时希特勒已经掌权，哥萨克作家米哈伊尔·肖洛霍夫给领袖写了一封长信。他在信中写了自己在北高加索的所见所闻。

> 集体农庄庄员和个体农民饿馁而死。成年人和儿童身体浮肿，吃的都不是人吃的东西：腐烂的动物尸体，栎树树皮，沼泽地里的野草。[……]为了让集体农庄庄员招供麦子藏在什么地方，（专门的机关）[……]就会打断他们的关节，在脖子上套上活结，把他们沉到顿河里。[……]大多数恐怖手段使用的时候，完全丧失了分寸感。过度成了通行的准则。[31]

1932年和1933年，大饥荒导致500多万苏联人死亡，其中许多都是乌克兰人。1941年，幸存者仍然对这场惨剧记忆犹新，[32]所以曾对德国军队热烈欢迎。从生物学角度来看，大饥荒也有很大的影响，削弱了国家的储备力量，结果，遭殃的就是苏联红军。1941年至1942年征来的兵员中大部分都是1917年至1921年出生的年轻人。1926年，他们占人口的10%，1939年只占8%。大饥荒中死得最多的就是饥肠辘辘的青少年，他们发育迟缓，这也就解释了10%的征召来的兵员在过审的时候被要求下次再来。[33]除了这样的损失以及其他数不胜数的行为之外，还有1929年再次发起的反宗教运动，这场运动对恪守传统的农民造成了很大的冲击。这些行动使政权产生了动摇，使之在对外关系上采取了审慎的策略。哀鸿遍野之声也扩散到了军队内部。还是在1937年，大清洗又使人多了一层不满，内务人民委员部把一整袋一整袋审查过的农村招来的新兵的信件运往莫斯科："我希望战争早点来，我会第一个起来反对现政权。""沙皇尼古拉就是个白痴，但面包可是多得很，就连白面包都不用排队买。""斯大林早晚会被干掉。许多人都反对他。""这就是生活，对不？托洛茨基要是在的话，应该会比斯大林领导得好。"[34]

由于强制推行集体化，苏军已是伤痕累累，长期以来本就低落的士气更是一落千丈。1929年6月，革命军事委员会给斯大林写了一份很长的报告，概括了"伟大的转折点"以来新出现的不足之处。

> 乡村政策［……］导致军队出现"农民运动"。这项运动并没有因为军队政治机关或指挥员的介入被压制下去。它部分渗透到了各级组织内部。［……］由于富农渗透进了军队，而且公开宣扬反革命，出身于贫农和中农的红军士兵的政治活动就开始越来越多。［……］同样也使得全军各区的反犹主义行径大幅度增长。［……］这些情况并不仅仅出现在非党员的士兵中间，也出现在了指战员身上，其中就包括党员和共青团员。［……］我们发现犹太人因为遭到迫害进而自杀的情况。［……］还必须强调很难启齿的一点：自杀人数越来越多。1925年至1926年，1万名士兵中有8.3个自杀，1927年至1928年的数字是12.1个。[35]

第二章　苏联的孤独

1941年6月22日，在一些部队，不守纪律和捣乱行为始终都存在。

城市里的情况尽管没农村糟糕，但仍然和那个时代西方各国的宽容度没法比。1932年是第一个五年计划的最后一年，城里市场上基础农产品的价格和1928年相比翻了十番。1926年，运气好的苏联人——不属于特权阶层——和莫斯科大工厂的工人每天可以吃到150克的肉，1932年是70克。这个数字还要考虑到首都占有了大约全国各级供销网络和合作社四分之一的肉量。每个工人家庭每年可以拿到一块250克的肥皂。奶制品几乎找不到。白面包彻底消失，甚至连莫斯科都没有，斯大林的妻子纳杰日达·阿利卢耶娃的自杀就发生在这个时候。由此就出现了一首广为流行的歌曲："阿利卢耶娃离开了，带走了白面包，斯大林要是再结婚，黑面包都会离开。"[36]

在这种形势下，骚乱、罢工和暴乱就成了家常便饭。各地的许多布尔什维克领导都遭到绑架杀害。1930年1月，格别乌*登记在案的有402起"大规模抗议活动"，这个类别指的是1万人以上的公共事件。2月达到1048起，3月是6528起，集体化时期情况最严重。2月，距梁赞以东150公里的皮捷林斯基区的2.5万个农民一听钟声响起，便起来暴动。他们抢夺被没收的粮食和牲口，对抗格别乌派来的部队，几个月后，格别乌将暴动镇压了下去。1930年至1931年间，集体化总计放逐了180万农民。在乌克兰，整村整村的人每天都会跨过边界，亲吻波兰边防军士兵的皮靴，除了问边防军要面包之外，还要求他们和苏联开战，解放他们。工人阶级也没幸免。1932年4月，伊万诺沃附近的维丘加因为没人干活而瘫痪。人群洗劫了民兵大楼，占据了格别乌和党委大楼。和警察的对抗导致有人被杀。斯大林在政治局的副手卡冈诺维奇被派往当地平息民情。1933年1月，城

---

* 格别乌是苏联1922年至1934年的秘密警察机构，全称为"俄罗斯联邦内务人民委员部国家政治保卫局"。

里的一个工人团体竟然给中央委员会写了封信，说"沙皇时期的生活更好"。八年后，这样的局势就显现出了后果，当时，德国军队出现在了伊万诺沃的大门口。绝望的柳芭·沙波丽娜只能内心起来造反。她在巴黎生活了四年，成了有名的画家，1928年返回列宁格勒居住，又重新开始记日记，她只有一个耳朵有听力。1933年4月26日，她写道：

> 日本夺走了我们的中东铁路。显然，日本根本没把我们的飞机和士兵放在眼里，因为士兵的父母都在村子里饿得奄奄一息。［……］在克里姆林宫，我们就像一排排瑟瑟发抖的羔羊：我们这儿有个得意扬扬的将军，他想"干革命"，当拿破仑，有什么好不能接受的呢？［……］我们的政权穷凶极恶。这儿和其他任何地方都不一样，一切都建立在谎言和虚假之上。[37]

提莫菲·特列古勃夫住在切尔尼希夫（切尔尼戈夫）州，那儿是乌克兰最亲俄的地方，他在日记里概括了自己和该地区居民的谈话。

> 战争？那就让战争来吧！战争也好，发洪水也好，地震也好，我们都行，就是不要集体农庄。就连在外国人占领的时候，我们的生活都过得更好，比在集体农庄当农奴要好。这不是生活，这是苦役犯监狱。［……］不，我们现在不会再犯傻了。1918年到1919年，他们说会给我们土地。［……］我们会扛着枪走，不是去前线，而是去后方。[38]

1933年，在西方各国首都，还有华沙和柏林看来，苏联没让他们的预言成真。一方面，五年计划使他们可能拥有强大的工业和军事能力。另一方面，斯大林的国内政策，对待农民阶级的做法，以及许多荒唐之处，比如苏联给工程师的报酬很高，但还是缺这样的人才，于是就在1928年抓捕德国工程师，所有这一切都让西方各国觉得苏联是一个异常的国家。还有1935年开始的大清洗和大审判，到1938年愈演愈烈，然后转为秘室行动，一直到1941年，许多观察者就形成了这样的判断：苏联就是个吞吃自己孩子的怪物，希望它快点消失掉。这种情况就在国际关系上造成了不安定的因素：这么弱的国家，军队不行，外交没有可信度，和这样的国家结盟有什么好处？甚至都不需要大规模的军队介入，就能让它分崩离析，难道不是吗？从1934年至1935年起，希特勒就在酝酿如何从苏联的弱点中牟利。

苏联边境的紧张局势

除了魏玛德国之外，莫斯科就只剩下敌人了。1920年代，在这些敌国中间，苏联最怕的是波兰和日本，因为这两个国家曾经打败过它，现在还能把它打倒。

波兰面积的四分之三是由1914年的俄国领土构成的。1920年，波兰在华沙的城墙下击败了苏联红军，次年与之签订《里加和约》，再次将边境深入东部，将白俄罗斯人、乌克兰人纳入领土之内。这份和约签署之前，波兰和法国结盟（1921年2月19日），得到军事协定的加持，后再与罗马尼亚结盟（1921年3月3日）。波兰和苏联的关系并没有变得正常化。边境事件层出不穷，经济关系濒于停滞。1926年，年老的毕苏斯基元帅再次掌权，便越发让莫斯科觉得波兰是个法西斯政权，企图恢复17世纪的大国地位。普罗米修斯计划——既是一个概念，又是半官方性质的政治组织——的复兴让苏联人抓到了把柄，而毕苏斯基就是20世纪初该计划的发明者或再发明者。对华沙而言，它的目的就是要促使俄罗斯帝国的边缘地带出现一系列盟国：波罗的海诸国，再加上芬兰，还有罗马尼亚、乌克兰、格鲁吉亚。华沙和东京之间相当友好的关系使该计划得以顺利推出，因为后者会向华沙提供苏联红军方面的情报。

不过，普罗米修斯计划并非毕苏斯基元帅的对外政策：毋宁说这有点类似于乌托邦，只有苏联崩溃，该计划才站得住脚，而我们知道，全世界都在等待苏联的倒台。事实上，波兰的外交政策有两个支柱：同两个强大的邻国，也就是德国和苏联保持良好关系的政策，不得以损害另一方来获益（也就是所谓的"平衡"政策）；不惜一切代价和法国及罗马尼亚结盟。在这些原则之上有个禁忌：不得让德国军队或苏联军队踏上本国的领土，无论提出任何借口，发生任何情况，都不行。

由于一方面日本存在侵略企图，另一方面英国又充满敌意，于是在莫斯科的倡议之下，华沙和莫斯科之间的紧张关系得以缓解。经过七年的谈判后，两国于1932年7月25日签订了互不侵犯条约。纯粹因为形势的需要，1920年的两个宿敌彼此走近，这给欧洲留下了深刻的印象。1934年2月，波兰外交部长约瑟夫·贝克成了首个造访莫斯科的部长级别的外交官员。在这个场合下，出现了新的措辞："和平共存""集体安全""互不侵犯原则"。但和华沙关系的解冻并不能说明苏联战略上出现了新的动向。一方面，这只不过是条件使然，就像拉狄克在给斯大林的信中所说的那样："关于实施的这项政策［接近波兰］，我们都知道所谓的'接近'，就是指：a）利用帝国主义之间的矛盾展开斗争，［……］b）'接近'并不会给出明确的保证，［也就是说这要］取决于条件是否变化。"[39] 另一方面，贝克在心理上犯下了一个错误：他有些自负地拒绝和斯大林见面，给出的借口是他在国家的政府机关里并未担任官方职务。[40] 最后，第三个理由就是对波苏关系的回暖做相对化处理，德国，甚至纳粹，都不应对此起任何疑心，斯大林在1934年1月26日的十七大就是这么讲的："我们并不针对德国，我们对波兰和法国也没有针对性。［……］当然，我们对德国法西斯政权远没有达到喜欢的地步。但这儿并没有牵涉到法西斯主义,事实表明像意大利这样的情况,法西斯主义并没有妨碍我们建立良好的关系。"[41]

如果说斯大林想要缓解同西方的紧张关系,那都是因为和东部的紧张关系正在有增无减。1931年9月,日本军队利用九一八事变,占领了地域广阔的中国东北,又于次年建立了伪满洲国,成为日本的保护国。这样一来,日军和苏军就会在长达5000公里的边境线上发生接触。[42]斯大林提出签署互不侵犯条约,但1931年12月,日本拒绝了这项提议。蒙古由于粗暴推行集体化而导致暴动,发生兵变,局势不稳,如此一来,形势就变得更为复杂。斯大林拒绝了乌兰巴托提出的军队介入的请求:"我认为派遣军队会冒很大的风险。[……]没有准备的情况下,仓促派出军队会挑起冲突,日本、中国和蒙古就会联合成统一阵线,对抗苏联。"日本战机不停地侵犯苏联领空,远东军区司令员布柳赫尔元帅向伏罗希洛夫发去电报,要求获准开火。卡冈诺维奇于是就给正在索契度假的斯大林去信:"我们已召集委员会开会,讨论了远东问题。我们决定千万不能开火,只要向莫斯科进行汇报即可。我们不敢保证一小撮日本法西斯主义者不会设法挑起战争。"[43]斯大林的答复是:"委员会针对远东问题,决定没有莫斯科的命令千万不能开火,这百分之一百正确。很显然,这些问题和这些'事件'本身都有可能以'出其不意的'方式导向战争,只能由莫斯科了解详情之后,再行定夺。我建议不管布柳赫尔怎么叫嚷,我们都应始终恪守这项指示。"[44]这种认为如果对挑衅做出回应,一小撮法西斯主义军人就会挑起战争的看法也是对苏联红军将领的要求,但这种看法将在1941年6月导致灾难性的后果。

面对这些威胁,斯大林开始增兵。10万人,到1938年将增至45万人;500架战机,其中170架是格里戈罗维奇TB-5四引擎轰炸机,悉数调往远东地区;1932年创制太平洋舰队。这一年,国防预算比去年的实际开支多出2.5倍。德国驻莫斯科大使鲁道夫·纳多尔尼向柏林发去电报，说西伯利亚战争难以避免。1934年1月4日，斯大林对美国驻莫斯科的大使威廉·布利特也是这么说的。战争部长荒木贞夫[*]在东京鼓动战争的言论日益增多，他无意间对美国大使说："如果苏联人继续来骚扰我们，我就会荡平西伯利亚，把他们像苍蝇一样全都赶走。"[45]1932年至1934年间，苏联和日本的边境部队记录在案的冲突就达152起，1935年为136起，1936年为203起。到1937年夏，为争夺黑龙江上的小岛，两军爆发了激烈冲突。翌年，哈桑湖[†]战斗打响，为时十天，死亡人数达1500人。[46]斯大林面对希特勒和西方国家采取何种立场，也会随西伯利亚的战火而变化。在莫斯科，没有人会忘记1904年至1905年的日俄战争曾导致俄国战败，革命爆发。

希特勒的外交革命

1933年1月30日当上德国总理的那个人究竟是个什么样的人？和欧洲所有的领导人一样，斯大林也提出了这个问题。现在大家都会觉得这个帮派老大应该变得温文尔雅，现在新闻电影里经常能见到他身着黑色礼服，全套西装笔挺。现实很快就来了：纳粹党开启了一场新式的，而且也很激进的革命。在外交政策方面，希特勒颠覆了习惯做法，尺度前所未见，其中有两个因素导致他在内部获得成功：掩盖和欺骗。他的对手和合作者经常会被他弄得晕头转向，尤其是如果决策层很多的情况下，就更是如此了。那么在柏林究竟是谁在实施外交政策呢？是威廉街的外交部长？阿尔弗雷德·罗森贝格领导的纳粹党新成立的对外政策部门？代表元首的鲁道夫·赫斯主导的外事组织？约阿希姆·冯·里宾特洛甫领导的类似的部门及其一帮"社团"？领导

---

[*] 荒木贞夫时任日本陆相，即陆军大臣。
[†] 哈桑湖是俄罗斯滨海边疆区和朝鲜罗先特别市接壤处的一处湖泊。

全球性的"德国反共产主义统一联合会"组织，负责颠覆和反共产主义宣传事务的戈培尔？[47]希特勒的习惯更是加剧了这种混乱。他一副波希米亚做派，对政府的事务本来就无好感，他不写东西，不计划，不做任何协调，也不遵守任何流程。他从来不对外交官讲话，不喜欢读他们写的报告，喜欢通过奥托·迪特里希每天给他拿来的各国的报章杂志来思考问题。两个小时的阅读又让他找回了在维也纳和慕尼黑喝咖啡时的习惯，他显然对此很是心满意足。他讲得很多，但随着听众的不同，他的讲话经常会变；他讲得越是多，想法背后的东西就越是隐蔽。六年来几乎每天都会见到他的约德尔，在纽伦堡被判绞刑之前不久说："时至今日，我始终都不知道他在想什么，知道什么，想要什么，我只知道自己觉得、推测他在想什么。"[48]什么时候是在装腔作势，什么时候是在说谎，什么时候是在欺骗，什么时候是在表达观点，就连他身边的人都没法知道。哈尔德将军写道："甚至就连我们，和他合作的人，对希特勒内心在思考什么基本上都只能靠表面显露的迹象来做出推测。"[49]观点、计划、假设、方案，所有这一切都飘在空中，飘浮不定，如朦胧的雾气，直到突然间做出决策。希特勒就像个墨洛温王朝的国王，随心所欲地走来走去，从不预先通知，从柏林到慕尼黑，从慕尼黑到贝希特斯加登，均是如此，后面跟着那班重臣，永远在钩心斗角的各机构、各部门的代表。这种混乱的局面都是他有意维系着的，这样他就能随心所欲。希特勒不惜把专有的行政部门弃如敝屣，由他一人来掌管外交政策。他没有任何严格意义上的明确的计划和规划，只有空想、幻觉、直觉、执念。在废止《凡尔赛条约》、重新成为军事强国、和英国保持友好关系方面，他只有一个固定的想法，那个想法构成了他天空中最为璀璨的星辰，那就是摧毁苏联，在废墟上建设生存空间。至于如何实现这一点，他在1933年当上总理的时候，和1924年在兰茨贝格监狱坐牢的时候，同样都没有什么概念。看具体形势，机会来了，就放手去干。

即便希特勒上台这件事并不出人意料,甚至都没出现在《真理报》的头版头条上,但一开始还是让莫斯科寝食难安,因为希特勒随后出台的两项政策明显自相矛盾。一方面,总理在围在他身边的保守派的压力下,似乎仍在遵循《拉巴洛条约》的精神。他宣布放松魏玛共和国留给他的那些外交官身上的缰绳,所有亲俄派人士都可以一仍其旧。他在2月6日到3月23日的讲话中表明自己拥有良好的意愿:面对苏联,帝国政府希望能够培养双方的友好关系,这样对两国都有益处。[50]1933年5月5日,他同意延长由前任发起的德苏友好协议的期限,此前的2月25日,他还签署了一份信贷协定。

但其他行为就背道而驰了,而这些为数众多的行为却体现出了他的想法。苏联通商使团在汉堡、莱比锡和柏林遭到了冲锋队的攻击,德俄石油销售公司[51]的员工遭到殴打和逮捕,《消息报》的一名女记者被送进了达豪集中营。苏联犹太人出身的代表的委任状被收回。1933年4月1日,罗森贝格被任命为纳粹党对外政策部门的负责人,尤其是4月28日,他去了一趟伦敦,想和英国建立友好关系,结果一无所获,但这些行为本身已经给斯大林敲响了警钟。希特勒接受《每日邮报》记者约翰·福斯特爵士的采访,他的话没有变,就是要在帝国主义国家之间建立无所畏惧的统一战线:"他[希特勒]希望通过和平手段修改《凡尔赛条约》。德国海外扩张的观点或许战前就已出现,但现在遭到了摒弃。德国并不想和英国在海军军备上竞赛。德国的命运并不取决于殖民地或自治领,而是取决于东方的边界问题。"[52]希特勒一开始假装对意大利提出的四国和约——已签署,但尚未批准——感兴趣,坚持说欧洲事务的指挥权要交给法国、英国、意大利和德国。这样做可以说是一石二鸟:苏联被排除在外,帝国承认四国之间权力均等。在莫斯科,大家都能感受到反苏大联盟的绳结正套在他们的脖子上,更有甚者,7月9日,国家政治保卫总局在一封电报中说赖歇瑙将军正为了这个目的就此事接触英国人。[53]不安情绪很快就消停下来。

因为1933年10月14日，希特勒在毫无征兆的情况下，单方面提出了一些倡议：帝国退出裁军协商会议和国联。对德国来说，集体安全和多边主义就此终结。斯大林倍觉欢欣，他认为德国的孤立主义行为为众所周知的"帝国主义统一战线"设置了障碍。

华沙和柏林调情

1934年1月26日，柏林和华沙共同刊发了一篇极短的文章，宣布他们想要"开启两国之间崭新的时代"，两国放弃使用武力，在所有领域采取合作。1933年5月2日，希特勒和波兰大使维索茨基会面，倡议就是这时候提出来的，这件事不但震惊了帝国国内，也使外界惊愕不已。巴黎对其盟友的态度感到错愕。斯大林对波兰的"平衡政策"更是感到不自在——毕竟他还向其建议过要保持军事接触——怀疑两国之间签订了秘密条款，以此来对付苏联，[54]但这样的条款并不存在。这份宣言既不表示结盟，也没有签订条约，是希特勒要求他手下的那些外交官，如外交部长冯·牛赖特、国务秘书冯·比洛、驻莫斯科大使纳多尔尼和迪克森，以及负责经济事务的亚尔马·沙赫特、各路将军，包括战争部长冯·勃洛姆堡，这么做的。所有这些人都对波兰充满了憎恨，对1918年至1920年失去的省份耿耿于怀；所以，他们都想在所有可能出现的议题，如贸易、但泽自由市、波兰的德国少数族裔等方面和华沙对着干；他们都有个心愿，就是保持和苏联的良好关系。[55]

除了旅行推销员戈林和里宾特洛甫之外，只有希特勒独自在帝国的东方政策上来了个180度大转弯。好处相当大：华沙疏远了巴黎和莫斯科，柏林使岌岌可危的边境地区得以安全。波兰外交部长约瑟夫·贝克因签订了这样一份协议而信心大增，后来又于6月暗中破坏了法苏之间重要的"东方洛迦诺"计划，这项计划本是为了使苏联及其邻国之间互相保障边境安全，所以这一招让希特勒欣喜若狂。德国和波兰之间关系的升温有一个更为深远的理由，大多数历史学家都没注意到这一点，除了罗尔夫-迪特·米勒是个突出的例外。[56]1934年的德波宣言还远远算不上是高潮，只不过是一个短期的花招，或者是斗牛士用的一块红布，将今后的猎物引开而已，但它是希特勒外交政策的一块基石。在俄罗斯历史学家谢尔盖·斯卢奇看来，这份宣言是"希特勒向东方扔的一颗炸弹"。[57]扔这颗炸弹的目的就是为了破除1918年以来的东方的现状，打开一条通往目标的通途，他一刻不停地一直在瞄准这个目标，那就是消灭苏联。1939年9月1日发起进攻之前六个月，希特勒还曾试图拯救自己的"盟国"波兰，这个词在他眼里，几乎就是附庸的同义词。

希特勒选择波兰首先是出于地缘上的考虑。帝国和苏联并不接壤，因此就必须和波兰这个与苏联拥有1000公里边境线的邻国取得和解，这样才能获得三条纵深插入的路线：北部的维尔诺（维尔纽斯）*走廊，目标是列宁格勒；中部的明斯克—莫斯科路线；南部利沃夫的加利西亚走廊，那是乌克兰的大门。希特勒意识到，截至1938年，自己的军事手段还并不充足，还另外需要波兰提供70万士兵，德国的参谋部认为波兰军队能适应和苏联红军作战，只有他们能在1920年在广阔平坦的乡村地区打败苏联。而且该国有强烈的反布尔什维克倾向，尤其是军官阶层，更别说还有反犹主义，这些都是保证成功的补充手段。柏林和华沙结盟就能拿到莫斯科的钥匙，这即使不是将军们的想法，也是希特勒的想法。

1月26日签署宣言之后的几个月，柏林的总理府传来各种认为苏联由于日本的侵略即将倒台的传言和猜测。帝国驻莫斯科的大使、保守派鲁道夫·纳多尔尼发了很多邮件反对这种猜测。尽管远东战争

---

* 维尔诺（Wilno）即维尔纽斯（Vilnius），现在是立陶宛的首都和最大城市。维尔诺是波兰语的名称。

在他看来已是迫在眉睫，但他仍然对苏联大厦将倾的结局持怀疑态度。他和李维诺夫及威廉街交谈多次，终于明白希特勒的真实想法就是同华沙合作，以加速苏联的倒台，他觉得这简直就是白日做梦。他在1934年1月9日的一封电报中写得很明确:"[……]让波兰加入和苏联的战争，并在这种情况下，违背波兰的意愿，夺取走廊，这并不是什么在公众面前拿得出手的积极的政策。"[58]和希特勒发生激烈争论之后的3月5日，他就提出了辞呈，拒绝为自己不同意的政策进行担保：德国只有两个外交官有这样的勇气。当天，罗森贝格在日记里写道，他向元首提交了一篇"短论，讨论了德英未来的种种可能性，他立刻就看了文章，并表示赞成。然后，又提交了一份内容庞杂的备忘录，是关于日本的扩张政策。[……]此后，他就对这类复杂的问题都特别感兴趣"。[59]罗森贝格在这些文本中只是建议德国、波兰、英国共同介入，对抗苏联，平分胜利果实；日本发起进攻就是一个信号。虽然德国尚未开始大规模重整军备，军事部门也没有重建，但他已经公开谈论对苏战争，认为为此目的，就需要结盟，还规定了扩张的指导方针。

由于苏军情报部门提供的线索，斯大林也在追踪这些进展。1934年2月1日，伏罗希洛夫收到一份德国针对苏联政策的报告，报告结尾有这样一句句子:"希特勒的对俄政策，其目的就是让日本和苏联爆发战争，战争的爆发就能促使波兰进攻苏联，由此实现其帝国主义的图谋。"[60]1934年12月，伏罗希洛夫又通过同样的渠道收到了新的情报：

> 德军的领导层勃洛姆堡和赖歇瑙完全同意希特勒—罗森贝格的必须与苏联开战的政策。[……]德军准备在东北部开战，也就是说和波兰及芬兰联合采取军事行动，并在波罗的海诸国登陆。三国的总参谋部在这一点上意见完全一致：必须等到日本

进攻苏联以后再开始。德军认为法国出于国内原因,仍将保持中立。[……]德国地面部队的将军估计军队备战需要三年(因为缺少重炮和弹药)。但戈林和空军指挥层认为国际形势一旦有利,就必须开战。[61]

就1934年12月呈送的第三份文件来看,"[……]希特勒已让毕苏斯基确信,在德军的将官内部,那些倾向苏联的人[……]都会被压下去,如施莱谢尔和罗姆。[……]德波行动已到一个崭新的阶段,两军甚至会交换秘密情报"。[62]

在等待有利时机、重建军队、重振军威之际,希特勒对华沙可以说是紧追不放。1934年1月,波兰邀请戈林来比亚沃维耶扎森林狩猎猞猁和野牛。起初,这件事并无政治色彩,但在这次临时起意驶往华沙的专列上,事情却起了变化,戈林还和毕苏斯基及其军事顾问谈了两个小时。到底谈了些什么呢?照在座者马克斯·约瑟夫·辛德勒将军的说法,[63]波兰方面提到了德国是否有可能让波兰自由染指乌克兰,作为交换,德国可以染指波罗的海。波兰驻柏林大使利普斯基当时也在场,他给出了一个截然不同的版本。建立军事同盟的提议来自戈林:"特别是在和将军们的会面中,他的想法走得很远,几乎就等于是在提议建立反俄联盟,共同对付俄国。他趁这个场合,说乌克兰会成为波兰的势力范围,西北部俄罗斯则是德国的势力范围。"[64]不管倡议者究竟是谁,有一点是肯定的,即波兰人结束谈话的时候,礼貌地保留了意见,他们谈论的是在苏联的西部战线联合发起进攻。罗森贝格在日记中记下了元首的话,他认为元首对最初的这几次尝试做出了积极的反应:"德波政策不应该在十年后再来谈,必须长期如此。至于波兰对东方[乌克兰]的进一步企图是什么,我们丝毫不感兴趣。"[65]

1935年5月,毕苏斯基去世。三个月后,柏林出版了这位老元帅的战争回忆录，赫尔曼·戈林对这本书做了热情洋溢的介绍。约瑟夫·贝克上校是波兰最有权势的三个人之一，其他两个是军队首脑雷兹-希米格维元帅和总理斯克瓦德科夫斯基。在三驾马车统治期间，波兰政权日益变得专制且反犹，这让柏林开心，却让西方舆论很排斥。约瑟夫·贝克身材极其高大，是个坚定的加尔文派，也是个盲目自信的民族主义者，第一次世界大战期间，他在波兰军团服役，同俄国人打仗。后来，他专事负责谍报部门，该部门是世界上搜集苏联红军情报方面最得力的机构，其表现优异，部分原因就应归功于他，他的名字是和鲍里斯·萨温科夫*所在的那个时代联系在一起的，萨温科夫是俄国移民，在颠覆苏联的斗争中相当活跃。1926年5月，官职不高的贝克支持毕苏斯基发动政变，从而让议会民主派走向了失败。这次政变使他当上了部门的首长，1932年又升为外交部长，这个职位他一直做到了1939年。选他当外交部长是件很有意思的事。因为法国人特别厌恶贝克，1923年他在巴黎当武官，结果法国人怀疑他替德国人从事间谍活动而将他驱逐出境。元帅去世后，贝克同希特勒走得很近，照毕苏斯基的说法，这是一种"不健康的罗曼史"，当然这话要放在新的背景下，也就是希特勒在帝国执掌大权的背景下来看。波兰并没有对德国重整军备以及重建军事部门的迹象（1935年3月16日）做出反应——他们本来应该做出反应，毕竟那是《凡尔赛条约》的产物——而对巴黎的反应却相当激烈，1935年5月2日，法国同莫斯科签订了援助协议，两星期后莫斯科又和布拉格签订了协议。华沙的担心可以从地图上看出来：苏联只有深入波兰领土，才能援助法国，也就是说向德国发起进攻或支援捷克斯洛伐克，而这一点正是华沙所不

---

* 鲍里斯·萨温科夫（1879—1925），俄国作家，社会革命党战斗组织领导人之一，1904年和1905年曾负责暗杀沙皇俄国多名高级官员。1917年二月革命后，担任临时政府助理战争部长。1917年十月革命时，武装抵抗布尔什维克。1920年移居国外，1924年被诱回国，在狱中自杀，一说他杀。

敢面对的。所以，若是赖伐尔*签法俄协定的话，应该会把里面的军事部分剔除出去。

1935年5月，贝克上校和戈林在毕苏斯基元帅的葬礼上见了面，1936年2月再次狩猎时，两人又见了面。戈林提议由波兰"在俄国北部维持秩序"；对德国而言，它要的是乌克兰，乌克兰的原材料对帝国经济至关重要，当时此种论调甚嚣尘上。相比于一年前提出的要求来说，这次在如何划分上，是完全颠倒的。贝克本应觉得担心才对，毕竟在华沙看来，乌克兰这个狩猎场应该由他们来看管。戈林认为占领苏联是出于经济上的理由，次年9月12日希特勒在纽伦堡对着数千名听众做了一场极具煽动性的讲话，两者之间的观点互相印证。"乌拉尔这个原材料的宝库用之不尽，西伯利亚森林资源极其丰富，乌克兰耕种小麦的土地广袤无垠，如果这些都在德国境内，那么在民族社会主义的领导之下，德国就会无比富饶。[……]每个德国人都能生活得相当富足。"[66]不过，对柏林而言，现在进攻苏联的想法还不到付诸实施的时候。华沙对此避而不答，他们发现德国仍然想和他们寻求合作，还想在使用这根杠杆的时候，给和莫斯科走得太近的巴黎发个警告，显然，华沙方面对此颇觉满意。简而言之，调调情对他们来说已经足够了。日本一直都没发起进攻。原材料方面的问题相当紧迫，希特勒不得不在1936年8月推出了一系列权宜性的政策，也就是"四年计划"，想开发出尽可能多的替代品，使帝国做到自给自足。他亲自写了备忘录，目标说得很明确：德国的军队和经济必须在1940年处于能够发动战争的状态。为了达到这个目标，持久的解决办法就是扩大生存空间，尤其要在粮食和基础原材料方面下功夫。[67]

依据某些资料的说法，斯大林看过希特勒的这份备忘录，时间是

---

* 赖伐尔（1883—1945），1935年6月—1936年1月两次组阁。第二次世界大战期间，支持贝当上台，任维希政府副总理，1942年4月获希特勒支持，出任总理。战后受审，被巴黎高等法院以叛国罪判处死刑，1945年10月15日遭处决。法苏协定签署的时候，赖伐尔尚未组阁，故有此说。

1936年底或1937年初，通过一名常驻柏林的间谍瓦西里·扎鲁宾这个渠道。1937年3月，扎鲁宾返回莫斯科的时候，被叶若夫叫了过去，叶若夫想知道这份文件是不是真的。扎鲁宾没去理会这话当中的挑衅意味，坚称文件是可靠的，已经得到情报来源的证实。叶若夫仍然有疑虑。"千万不能忘了英国人就想在莫斯科和柏林之间挑起冲突。"他又这么说了一句。翌日，扎鲁宾被斯大林叫了过去。叶若夫也在场。这次是斯大林问他能否确保备忘录不是被特意"炮制"出来的。然后，他向叶若夫转过身去，来了下面这一段独白：

> 我们没有情报，没有真正的情报！从这个词宽泛的意义上来说，我指的是警惕性，从严格的意义上来说，我指的是良好的情报组织。我们的情报很糟糕，很弱，被那些间谍弄得千疮百孔。这也证明了，在我们的情报机构里，存在一个为德国、日本、波兰工作的庞大组织。在情报这一块，我们被彻底打败了。

高谈阔论之后，斯大林声明扎鲁宾把他给说服了，但仍然有所保留：希特勒有好几个目标想要达成，究竟哪个才是最主要的？他自问自答，以一句俄国的古老谚语作为回答："尺子量七遍，下手剪得稳。"[68]这种对自己的特工极端不信任的态度愈演愈烈，就这样一直持续到了1941年6月22日。

一个格鲁吉亚人在德国的磨难

对希特勒的侵略意图，苏联做出了回应：一方面就是所谓的"人民阵线"，同他们憎恨的社会民主党以及某些"资产阶级"政党联合，目的是阻止"法西斯主义"的宣传；另一方面，赞同"集体安全"的准则，以这种形式和西方保持接触。李维诺夫后来四处斡旋，草拟了大量多边协议：如东方协定，[69]1934年9月15日，在法国的全面支持下，让苏联加入了国际联盟；签署两份互助协议，两份协议互有关联，一份是由法国和捷克斯洛伐克签署的（1935），其目的是改组由捷克斯洛伐克、罗马尼亚、南斯拉夫"组成的小协约国"。但除了众所周知的这些层面之外，斯大林还推行私人外交，但方向完全相反。撇开意识形态上的冲突不谈，至少在1937年，他就已经向柏林发出了信号，即便不是要回到《拉巴洛条约》的精神上去，至少也是想保持和平共处，重新建立经济关系。向柏林发送信号的时候，斯大林身边官员的官方讲话或媒体攻势通常也都会一起出现，其中一个就是康德拉基事件，走的是直接接触的路子。

1934年9月28日20点，克里姆林宫接待了一个胖胖的小个子男人，此人着装甚是朴素。达维德·弗拉基米罗维奇·康德拉基和斯大林身边的领导层谈了有45分钟时间。第二天14点，他又和斯大林以及国家领导人加里宁谈了15分钟，这是一种苏联历史上难得一见的荣誉，毕竟他地位很低，只是个商务专员。康德拉基明白自己的使命后，便出发去了柏林，从1935年2月起，他就和帝国经济部长亚尔马·沙赫特见了面。前阵子，莫洛托夫在苏维埃第十七次代表大会上宣称："除了和德国保持良好的关系之外，我们从来就没有其他的愿望，以后也不会有其他愿望。"[70]在和苏联特使交谈过之后，德国就出台了一个协议，批准2亿马克贷款，用机械设备来交换对方的原材料。7月15日，在和沙赫特进行新一轮面谈的时候，这位商务专员坦诚地询问对方"是否同样有可能改善德国和苏联之间的政治关系"。部长便向同事冯·牛赖特和希特勒传达了这个请求，后者未予答复。10月30日，沙赫特又提出了提供5亿贷款的提议，条件和之前那次相同。斯大林接受了这个提议，但要求德方交付的一半货物必须是武器。1936年1月，希特勒做出了回复：不行。1935年12月24日，康德拉基又和沙赫特见了面，沙赫特要求莫斯科方面做出官方表态，不再进行任何颠覆活动。斯大林给康德拉基做了指示，以此作为回复，他表示自己愿意去这么做："苏联政府不会拒绝直接的（政治）讨论。"[71]并宣称现在只能保密。毫无结果。虽然赫尔曼·戈林急于找到原材料来重整军备，但小个子格鲁吉亚人同未来的帝国元帅及其担任沙赫特副手的堂弟赫伯特之间的交谈仍然无果而终。1937年3月16日最后一次见面之前，赫尔曼·戈林遭到了希特勒的训斥，显然正是因为这一点，对改善两国关系的提议，戈林才会以另一个问题作为答复："德国政府并没有看出共产国际和苏联之间有什么区别，你们怎么让我们向前推进呢？"[72]康德拉基失败了。除了受到政治上的羞辱之外，德苏之间商贸往来的体量也渐渐地一年少于一年。1931年还有13亿马克，到1939年就只有9600万马克了。1937年4月，康德拉基被召回莫斯科，在1938年7月的清洗中遭处决，罪名是替德国人从事间谍活动。

康德拉基事件让历史学家们兴奋不已。他们一厢情愿，想要从中看出这次事件预示了今后的莫洛托夫—里宾特洛甫条约*，甚至还说这位身为使馆代办的格鲁吉亚人和希特勒见了面，可是他们却找不出任何证据。尽管这只是无稽之谈，但还是有必要做几点评述。首先，康德拉基并非秘密行动。李维诺夫了解他的行动，其中大部分都是常规的行为，主要就是讨论两国之间商品交易该采取何种"补偿"方式而已。其次，斯大林这招并不高明：他选择了一个小人物，这人话多嘴快，不会见机行事，他却想让这样的人来牵线搭桥，同柏林保持关系。康德拉基的报告都经过了荒唐可笑的美化，掩盖了德方的保留态度，从而带偏了苏联的决策方向。我们观察到这样的错误并不是最后一次，这是靠恐惧来统治的政权典型的现象。最后，在斯大林的内心深处，经济目标就算不见得比政治上的盘算更重要，但分量至少也是一样重。1932年，苏联使用的43%的机械设备是从德国进口过来的。

---

* 指1939年第二次世界大战爆发前，苏联外长莫洛托夫和德国外长里宾特洛甫签署的《苏德互不侵犯条约》。

希特勒的上台使德国出口至苏联的贸易额三年内下降了几乎85%，而正处于全面工业化时期的苏联对现代科技产品的需求又相当急迫。苏联迫切需要解决这一问题，与其他无关。斯大林后来转向英国和美国，但贸易方面的条件更为不利，因为苏联销售的原材料，盎格鲁-撒克逊人都能从其他地方购买。

康德拉基除了个人能力不足之外，他所肩负的使命之所以完全失败，还因为希特勒根本就没有想要和苏联保持正常的关系。从1934年5月起，他就下令"首先从波兰购买货物，其次再是苏联"。[73] 1937年1月30日，他在国会发表讲话，这次讲话无疑很好地给康德拉基的使命画上了句号。

> 我丝毫不怀疑这样一个事实：1. 我们将布尔什维克看作全世界难以容忍的危险；2. 我们会使用一切手段让这种危险远离我们的人民；3. 我们会尽可能使我们的人民免疫，避免受到这样的感染。我还要补充一句，我们要避免和带有这种有毒病菌的国家保持亲近的关系。[……] 在我们看来，德国和布尔什维克的俄国签订的条约毫无价值。[……] 我们拒绝布尔什维克方面给予的任何援助。因为我担心人民如果接受了这样的援助，就不会有好的下场。[74]

令人震惊的是，我们观察到希特勒为了帝国的经济利益，牺牲过自己的意识形态观念，只要其他任何措施都不管用，而和苏联的协议能更好地为经济利益服务，他就会这么做。

希勒特直到1939年夏才和苏联建立关系，而且是由他单方面提出来的。显然人们还记得，当时在柏林和达维德·康德拉基讨论期间所签的经济协议可以打开一扇通往克里姆林宫的大门。那我们就要自问为什么斯大林还觉得有必要向柏林拉两条线，一条是官方途径，由大

第二章　苏联的孤独　101

使苏里茨对冯·牛赖特；另一条是半官方途径，由康德拉基对沙赫特和戈林。斯大林认为，希特勒的决策取决于内部各派别力量的对比，纳粹党是一派，大工业圈或军队是另一派。确实，从李维诺夫及其部门之间的交流可以看出，苏联领导层相信借助于战略原材料就能将沙赫特、戈林、国防军的将领吸引过来，促使他们说服希特勒与苏联和解。这只不过是纯粹的幻想，表明斯大林并不理解希特勒政权的本质，他没能领会元首认为自己天生就是政治领域的先知，只有他才是外交领域的王者，而这些根本性的错误到1941年就这么劈头盖脸地压了下来。

《反共产国际协定》

虽然详细探讨1930年代的国际关系超出了本书的范围，但还是有必要在一个关键点上驻足一下，那就是希特勒和伦敦结盟的梦想彻底破灭。和英国结盟构成了《我的奋斗》和《第二本书》对外政策"纲领"的两大基石之一。希特勒同意放弃在海军、贸易和殖民方面同英国竞争，期待着英国人能投桃报李，让他自由地在东方获取生存空间，1933年10月，他在和大使埃里克·菲普斯爵士交谈的时候，对此并不讳言。他的这个期待以他的意识形态作为前提，那就是两国拥有"精神和种族方面的亲缘关系"，[75]而且他并不惧怕英国对纳粹主义抱有的几乎普遍的敌意，随着他的反犹主义[76]和反基督教的政策日益严厉，这种敌意也越来越明显。有一个时期，这种敌意对鲍德温及张伯伦相继组成的内阁所采取的策略并没有什么影响，因为两位首相考虑的是舆论中的另一种情绪，即和平主义，毕竟成千上万名英国年轻人永远躺在了索姆河和帕斯尚尔的泥泞之中。希特勒对1935年6月18日签署的海军协议有些自欺欺人，他说那天是"他这辈子最幸福的一天"。尽管伦敦只是采取了妥协政策，他却认为开启了前景更为广阔的政治协商空间。可他为什么不选英国和普鲁士滑铁卢大捷120周年这一天来签协议呢？戈培尔在日记里是这么说的："这份协议相当了不起！［……］它是和英国建立良好关系的前奏，最终这份协议就会变成盟约。再过五年。"[77]8月，希特勒在一个很小的圈子里就对外关系提出了自己的看法，我们从戈培尔的笔下能看到这种看法的回响："和英国是永恒的盟友。和波兰是良好的关系。小规模殖民。向东方扩张。波罗的海国家都是我们的。"[78]但拉芒什海峡彼岸*却没有提出共同管理的提议。相反，希特勒这些明目张胆的倡议，以及委任敌视英国的里宾特洛甫当大使（1936年10月—1938年2月），都只会使伦敦越走越远，反而使它和法国开始接近。落空的希特勒对日本和意大利的关注越来越多。把伟大的殖民者、日耳曼种族的兄弟抛在了脑后！他不再表达赞扬，而是私下里越来越多地对英国的没落、犹太—布尔什维主义对英国的渗透持否定的态度。不过，这还不算是彻头彻尾的敌意。直到1938年，甚至以后，希特勒都始终还在想迫使英国和他签订协议，当然他不会再让步了，至少口头上不会，而是要施加压力，厉声恫吓，先是遮遮掩掩，而后就是堂而皇之。

1936年11月25日，当时尚未成为外交部长的里宾特洛甫和武者小路公共†签署了《反共产国际协定》，其目的就是要约束英国。该协议明确地旨在协调德国和日本帝国的行动，以此来对抗共产国际的阴谋。那是否有什么秘密条款使签署双方愿意保持善意的中立态度呢？在没有发起挑衅的情况下，受到（来自苏联的）进攻或进攻威胁时该怎么办？签署双方在并未知会对方的情况下均和苏联缔结了政治协议。从莫斯科的角度来看，该协定就是帝国主义阵线想要和苏联进行对抗的证明，但它严格意义上又不算是结盟。它很模糊、有限，而且

---

* 从欧洲大陆角度来看，拉芒什海峡彼岸就是指英国。
† 武者小路公共（1882—1962），第二次世界大战期间及之前的日本外交官。1934年至1937年担任驻德大使，代表日本与里宾特洛甫签订了《反共产国际协定》。

没有军事条款。但希特勒仍然试图将该协定当作模板,今后由此建立反苏联盟,苏联驻柏林大使雅科夫·苏里茨就是这么分析的:"内战以来我们第一次跟目的是为了同苏联开战的一个集团或集团的核心打交道。"[79]伦敦方面,他们都很清楚这个协定对大英帝国来说是个威胁,尤其是在亚洲,但他们没有对德国的动向做出回应。这些动向体现了希特勒真实的内心想法,至少到1937年之前是如此,希特勒想要构建一个反苏阵线,伦敦也包含在内。[80]在这一点上,希特勒颇为失望,于是从1938年起,他在思考采取何种政策的时候,就不大考虑大英帝国会有什么过激的反应了,他认为英国就是个软弱无能的国家。他周围所有的反英人士,如领头的戈培尔和里宾特洛甫,为此深受鼓舞,戈培尔把那些岛民叫作"雅利安种的白皮肤犹太人"。[81]对苏联而言,可悲的是斯大林及其幕僚并没有看穿英国和德国这种逐渐疏离、无法逆转的策略,毕竟两种世界观和生活观完全对立。如果他们意识到这一点,尽管苏联人的处事方式都很僵化,他们或许还是可以在1939年找到其他的解决办法,而不用签订莫洛托夫—里宾特洛甫条约,巴巴罗萨行动也就不会发生了。

1937年11月6日,意大利也签署了《反共产国际协定》。但对希特勒来说,除了英国有可能会签署这个纯粹的假设之外,波兰的加入至关重要,日本也在往这方面推动。1937年2月,戈林在狩猎的时候又正式向雷兹-希米格维元帅提了出来。他甚至宣称德国会永远放弃但泽走廊。[82]波兰人再一次对此避而不答。他们不敢调情调得太过头,因为他们的参谋部并没有排除德国今后发动侵略的可能性。但希特勒是真的想在今后攻打苏联的时候可以寻求华沙的支持,至少使华沙保持中立,如果条件允许的话,进攻苏联仍然是德国的目标。波兰人的模棱两可还不止这件事,比如他们帮助柏林暗中破坏了获得法国和苏联两国支持的罗马尼亚、捷克斯洛伐克、南斯拉夫构成的"小协约国"。一旦能孤立捷克斯洛伐克,约瑟夫·贝克就着手这么去做了,于是德国国防军便草拟了1935年进攻捷克斯洛伐克的最初计划。再没有什么东西能阻止波兰同柏林在文化和治安方面合作了。这些迹象都在鼓励希特勒继续寻求同华沙保持合作。

1937年整整一年，德苏之间的紧张关系都在逐渐升温，德国和苏联的顾问、飞行员、坦克兵在西班牙内战中直接交了手，两方都伤亡数百人。柏林开始针对进攻苏联进行军事作战方面的研究。1937年6月，德国在思考以法国、捷克斯洛伐克、苏联为一方，德国、意大利、匈牙利为另一方发生冲突时的对策。他们从中得出的结论[83]是，波兰会保持中立。1938年，各军种针对西部采取战略防守、东部发起突袭的战术进行战争推演。从后者来看，他们认为占领波罗的海的空间具有优先地位，这可以从一个简单的事实看出来，即从东普鲁士发起进攻，就能经由波罗的海诸国，攻占列宁格勒，而不用侵入波兰的领土，但条件是德国必须和波兰就是否可以通过但泽走廊保持联系。

慕尼黑：孤立的莫斯科

苏联人的担心及其孤立状态因为捷克斯洛伐克遭到肢解而达到了顶点。我们要提醒大家，1938年9月29日的慕尼黑会议上，巴黎和伦敦受到会爆发战争的要挟，放弃了捷克斯洛伐克西部地区，即苏台德地区，将之拱手让与希特勒。由于失去了强大的防御工事的保护，布拉格便丧失了自卫能力。苏联并未受邀参加慕尼黑会议，英国和法国也从来没有将此事告知苏联，他们应该是不希望将苏联牵扯进来，使之形成反希特勒的阵线；苏联自己也没正式提出任何提议，自从捷克危机开始之初，苏联就采取消极姿态，封闭自己的孤立主义之中。尽管会后的宣言和苏联的愿望相左，但有一点是肯定的，即便布拉格发出呼吁，苏联红军的航空兵和空降旅也不会介入。至于苏联方面为什么会秘密调动相当于90个师的部队，其中40个左右为装甲旅，这点很好解释，因为苏联担心德国和波兰联手进攻，而不是与西方各国有可能建成共同阵线的前景所致。对克里姆林宫而言，《慕尼黑协定》表明"帝国主义力量联合阵线"正准备开始进攻苏联。几个月以来，苏联驻伦敦代办伊万·迈斯基向上级领导传回大量信息，说英国首相张伯伦竭尽所能想要将希特勒的怒火导向苏联。10月1日，驻布拉格代办亚历山德罗夫斯基给斯大林发去一封电报，极好地反映了斯大林周边幕僚的主导观点，这些观点不仅错误，而且相当偏执："希特勒成功说服了达拉第和张伯伦，使他们相信，在这种情况下，不是他，而是苏联才是危害欧洲和平的最大威胁，布尔什维克的堡垒苏联会在挑起欧洲战争的过程中扮演致命的角色。"[84] 集体安全寿终正寝，在莫洛托夫和最高苏维埃外交人民委员日丹诺夫的批评下，李维诺夫的阵线彻底崩溃。1937年至1938年的大清洗中，斯大林亲自给外交机关放过血，想要更好地控制它，可外交机关依旧颟顸无知，所以斯大林的疑心病就更重了。数百名外交官要么遭到处决，要么消失在了古拉格里。[85] 1939年1月3日，李维诺夫报告说九个重要的使馆一年以来都没有大使上任，其中就包括日本和波兰的大使。[86] 苏联也没再向柏林、东京、赫尔辛基、伦敦、华盛顿派遣武官。所有的岗位提拔的都是没有工作经验的人员，[87] 这些人都不敢有什么积极性和主动性。让这些新人任职根本就不是为了融入国际外交界，而是顺应于斯大林的规则，毫无效率可讲。

我们还可以引用大量文献，轻易地证明这些官员被腐蚀得有多厉害，只要跟着风向走，对莫斯科说什么话都行。1938年夏的一封电报就是这样胡说八道的。

依据意大利驻赫尔辛福斯*、塔林和里加的大使，[……]还

---

* 赫尔辛福斯是赫尔辛基的旧称。

有情报机构在这些国家的耳目,以及齐亚诺的心腹,我再重复一遍,从齐亚诺和墨索里尼的心腹提供的信息来看,对抗我们的联盟已最终定型。该联盟将英国、德国、日本、意大利和波兰都联合了起来。其中,英国是领导者,给联盟提供资金支持。军事行动计划已得到批准,接下来:1. 日本开战,进攻远东地区;2. 在《反共产国际协定》的借口下,德国紧接着也会采取对抗我们的行动,德国军队会穿越波兰领土,从两个轴线向我们发起进攻——俄罗斯中部和乌克兰左岸;3. 波兰占领前线的南部地带,攻打乌克兰右岸;4. 意大利军队穿越土耳其的领土和黑海,从海路进攻高加索;[……] 5. [……] 英国穿越阿富汗进攻中亚,也会派军队攻打阿尔汉格尔斯克和摩尔曼斯克。这些进攻都会受到驻守芬兰的英国空军的支援。[88]

随1932年至1936年开始的国际对话紧接而来的,就是苏联的不断退却,它不仅排外到了病态的地步,还患上了极其严重的间谍恐惧症。11月15日,德国领馆关闭,随后,12月1日,波兰领馆关闭。英国、瑞典、丹麦、拉脱维亚、爱沙尼亚驻列宁格勒的领馆也都开始打包走人。1938年1月,斯大林决定关闭伊朗和阿富汗的所有领馆,只剩土耳其的一家领馆还开着。然后,就轮到了意大利以及苏联与之拥有良好关系的一些国家的领馆。[89]慕尼黑危机期间,西方国家对苏联的隔离表明,他们确信苏联这个国家无法进行任何方式的合作,无论是在军事,还是在外交方面,都不行。

1938年10月1日,捷克切申工业区被波兰武力攻占,切申的部分人口讲波兰语,这次,波兰就直接成了德国的同谋。1938年2月23日,戈林造访贝克的目的就是为了处理合作的细节问题。波兰的参谋长雷兹-希米格维在面对德方提出的共同采取军事行动对付苏联的请求时,再次婉转拒绝。波兰轻易就会在他们内心深处相信,六个月以来让红军损失惨重的大清洗降低了苏联的威胁程度,而德国的威胁却增大了。然而,通过分享瓜分捷克的战利品,华沙正在玩一场危险的暧昧游戏。全世界都已经看到在1938年的整场危机中,华沙都是支持希特勒的,在进攻切申的时候,波兰还派出了3.5万名士兵、100辆坦克、100架飞机。它向匈牙利提供军事支援,改变了匈牙利和斯洛伐克之间的边界,还攻占了鲁塞尼亚的外喀尔巴阡山区,那是捷克斯洛伐克的领土。这些军事行动尽管并不引人注目,却也是真真实实发生的。李维诺夫的副手波将金就对大使库隆德尔[*]说过:"波兰准备开始第四次瓜分了。"[90]1938年9月,波兰军队在沃里尼亚演习,展示军力,而距沃里尼亚东部150公里处就驻扎着50个师的苏联红军。波兰还想向斯大林传递一个信息,即斯大林不要妄想入侵其领土和领空去支援盟国捷克。那是因为有柏林撑腰,波兰才会这么明目张胆,至少莫斯科方面是这么看的。如果伦敦和巴黎联合起来为捷克斯洛伐克不惜一战的话,波兰会是什么样的态度呢?波兰是否会回到1918年的伙伴中间去,是值得怀疑的。如果希特勒支持它的话,它会向苏联红军露出獠牙吗?更有可能的是,它会保持中立,只会让苏联人不要在它的东部边界蠢动,禁止苏联人从陆路援助布拉格。斯大林根本就不想去这么尝试,这一点可以肯定。现在这个局面有个很大的未知数,那就是在面对远未做好充分准备的德国国防军时,捷克人的抵抗到底能持续多久。如果三个力量薄弱的装甲师在波希米亚地区的防御工事前被打得满地找牙,第二次世界大战就将以截然不同的面貌出现。

1939年3月的转折点

在慕尼黑,希特勒不得不宣布德国对欧洲没有领土要求。因此,

---

[*] 罗贝尔·库隆德尔,第二次世界大战前,法国驻德国的最后一任大使。

他亲自设了限制，越过这个限度，伦敦就会对1935年3月发起的调停政策，也就是"绥靖"政策提出质疑。因此，尽管他相信民主政治太懦弱，不敢和他闹掰，但他在这条线之外做的任何事还是会有爆发战争的风险。所以，他就不停地表示想要向东方进发，而不是其他任何方向。目前，他不顾自己在慕尼黑所做的承诺，准备占领"捷克"的其他地区，而且已经向东推进了600公里，直抵乌克兰的喀尔巴阡山区（也就是鲁塞尼亚的外喀尔巴阡山区），这儿是捷克斯洛伐克共和国最东部的领土，距苏联边界仅有150公里。1939年1月6日，里宾特洛甫向贝克发表声明，1938年12月，新任德国陆军参谋长哈尔德则向美国驻柏林代办雷蒙德·盖斯特发表声明，声明中说，元首接下来的目标就是从"鲁塞尼亚山区"[91]进发，攻占乌克兰。外交文件显示戈林想在斯洛伐克设立空军基地，攻打东部地区。[92] 但为了向苏联成功发起进攻，就必须能从北部进入。于是但泽走廊问题也就紧迫起来，那儿是地区性的大港口，人员和物资都能经由那儿运输出去。

1938年10月24日，伯格霍夫*所在地山脚下的贝希特斯加登大饭店，在三个小时的早餐时间里，里宾特洛甫向波兰大使利普斯基提出了这个问题。德国要求对所有的冲突点都进行"总体的解决"，其中就包括：恢复但泽自由市的主权，获得穿越走廊的一条公路和一条铁路的治外法权。作为补偿，德国承认两国的边界，不再收回1919年放弃的上西里西亚地区。他还向华沙提出加入《反共产国际协定》，以及向华沙提供帮助，将波兰犹太人强制迁出的要求。最后，在回答几天前波兰驻柏林使馆首席参赞卢博米尔斯基亲王[93]提出的非常明确的建议的时候，他还提议双方在乌克兰问题上共同行动。利普斯基听后脸色煞白，他只能回忆说，希特勒在一年前曾经郑重重申，但泽的地位永远都不会改变。

---

* 伯格霍夫是希特勒的元首总部之一，坐落于德国巴伐利亚贝希特斯加登阿尔卑斯山脉的上萨尔茨山中，希特勒时常在此度假。

经过这次糟糕的交流之后，1939年1月5日，从蒙特卡洛返回的约瑟夫·贝克拒绝了前往巴黎和盟友谈话的邀请，而是撇开了外交渠道，马不停蹄地直接去了贝希特斯加登见希特勒。元首接待了他，再三提出想要通过但泽走廊的要求，并详细解释了他为什么需要一个强大的波兰来面对苏联，为什么需要波兰强大的军队。"波兰每派出一个师，就能少损失德国的一个师。"他毫不讳言这一点，苏联始终都是他的目标。翌日，贝克见了里宾特洛甫，承认自己"第一次感受到了悲观。特别是但泽问题都是总理提出来的，故此部长没有见到任何协商谅解的余地"。[94]1939年1月25日，这次，里宾特洛甫在波兰首都重掌大权，他向约瑟夫·贝克提出用苏联治下的乌克兰来额外补偿波兰的提议。他再次劝告贝克签署《反共产国际协定》，不久之后，让东京和罗马也采取了类似措施。但他遭到了拒绝：这个协议有什么用？俄国也不会就这样垮台，贝克这么回答道，但他顺便重申了他对苏联治下的乌克兰有兴趣。里宾特洛甫在向希特勒汇报的时候[95]，没说贝克断然拒绝在但泽及但泽走廊问题上妥协一事，而是让希特勒放心，说贝克正在犹豫，最后会让步的。之后，1月30日，希特勒在国会发表了连篇累牍的讲话，再三重弹德波友好的老调，"甚至在去年动荡不安的那几个月里，[正好证明了]这份友谊仍然是欧洲政治生活得以平静下来的一个因素"。[96]2月18日，希姆莱去了华沙，华沙认为德国有可能觊觎波兰的乌克兰地区，也就是加利西亚地区，而希姆莱此行就是为了解除华沙对此所持的怀疑态度。依旧一无所获。

贝克并没有被希特勒的保证说服，他现在并不愿放弃"和俄国之间还能忍受的妥协关系"。而且，他手下的那些军事将领都对他说柏林染指整个捷克斯洛伐克对波兰来说不是什么好消息，毕竟波兰和德国三面相接，这样一来，就很难防守了。贝克发现自己走进了一个死胡同。他是应该成为德国的附庸，同意和它一起进攻苏联，还是挺身而出，维持毕苏斯基的平衡政策，也就是说拒绝在柏林和莫斯科之间选边站呢？波兰在该地区唯一的朋友匈牙利，已经选择在柏林面前卑躬屈膝，所以这样的两难似乎很难找得到出路。3300万波兰人夹在1.8亿苏联人和8000万德国人中间。这些年来，波兰已对西方国家没有信任感，尤其是对法国，这些国家对波兰的态度日益恶劣，那波兰还能剩下什么朋友呢？事实上，波兰别无选择。从1939年1月起，柏林就注意到华沙同巴黎和伦敦强化了关系，甚至还向莫斯科迈出了一步。希特勒做出了反击：从1933年起，在里宾特洛甫的提议下，他就对斯大林发出了最初的积极信号。1938年12月22日，德国就想同莫斯科重启经济谈判；1939年1月12日，元首与苏联大使进行了一次长时间的恳切会谈；他在1月30日的讲话中，第一次克制自己完全没去谈进攻苏联的想法。

但是，希特勒还没准备好放弃他所谓的"波兰盟友"，其实也就是德国的附庸，同时还表示正在开展同莫斯科的经济谈判。谈判是在1938年10月苏联做出秘密决议之后启动的，苏联是想让德国不要对他们同柏林之间的贸易持区别对待的态度。"拉巴洛经济派"——里宾特洛甫、戈林及一些商界人士——从中发现了机会，认为德国现在可以从苏联那儿获取原材料，因为德国缺乏这些经济所需的原材料，而他们因为缺乏外汇，又无法从国际市场上购买。谈判很快就达到了目的，就是签署信贷协议，彼此都会给对方切实的保障。1939年1月1日，苏联大使梅列卡洛夫催促德国人派遣代表团去莫斯科。这个提议得到了响应：从1932年起，除了大使级的接触之外，还从来没有过在苏联首都商讨的先例。于是就定在了1月30日，德国大使馆的参赞施努雷为代表前往。但希特勒并没有听从"拉巴洛经济派"的提议。他从里宾特洛甫那儿得知波兰人提醒他们德国和苏联走得太近——1月25日至26日，里宾特洛甫部长就在波兰——便要求取消施努雷之行。一切都打了水漂，莫斯科很恼火，因为他们本来觉得可以通过谈判在政治上耍点手段。不过，路已经标出来了，下个月还会走上这条路。

希特勒要用一个秘密酝酿的新事件来解决波兰的难题。1939年3月15日6点,在暴风雪中,德军七个军进入了捷克斯洛伐克。捷克斯洛伐克的军队没抵抗就缴了械。9点,布拉格被攻占。盖世太保立即实施"栅栏"行动,逮捕了6000人。波希米亚和摩拉维亚被设立为保护国,那是纳粹帝国的第一个行省;斯洛伐克成了第一个仆从国。一年之内,在并吞奥地利和占领波希米亚和摩拉维亚期间,德国额外征集了12个师,由于捷克强大的军事工业能力,还给15个以上的师配发了装备。德国还夺取了捷克的黄金储备和外汇储备,为国内的经济松绑。唯一的阴影就是捷克人对入侵的德国人抱有明显的敌视态度,希特勒说:"哈,那就十五天后看吧。"[97]第一次,希特勒的直觉背叛了他,部分原因是因为里宾特洛甫将自己对英国政策的错误分析传达给了他。事实上,占领布拉格在伦敦造成了很大的震动,从1938年12月起其实就能观察到事情的征兆。张伯伦极为错愕,他很快就发现《慕尼黑协定》已成了一纸空文,舆论也对他不利。3月17日,就在他七十岁生日的前一天,英国首相在伯明翰发表了讲话,语调截然不同:"我相信当我说我会牺牲一切来维持和平的时候,没人会怀疑我的真诚。但有一个例外,那就是自由,好几个世纪以来,我们就一直在享有自由,我们永远都不会放弃自由。"

内维尔·张伯伦性格冷淡,为人虔诚,是个和平主义者,行为做派好似维多利亚时期的牧师,他没有拉芒什海峡此岸给的口碑那么差。说他面对希特勒的时候像只鸽子,面对斯大林的时候又像只老鹰,这话站不住脚。从1934年起,他就是英国重整军备计划的推动者,从未掩饰过将来在对战德国的时候会用到雷达和重型轰炸机。他是内阁中的强人,和外务大臣哈利法克斯子爵是一路人,他当然是想维持和平,但并不会一味地妥协。《慕尼黑协定》之后,他就已下了决心,显然是很大的决心,因为1938年10月末,罗斯福的密友阿瑟·默里爵士向他传达了一条罗斯福总统的密信:总统已表明态度,在和独裁政权爆发战争的时候，他将让英国使用美国的工业资源。在几个小时内，英国的整个政策完全转向，而同时媒体则在大骂希特勒是个骗子。不能再采取绥靖政策了，不能再对欧洲的冲突隔岸观火了：伦敦要和法国军队并肩作战，抓紧布拉格事件之前就已开始的重整军备方面的事务，1939年4月26日，还设立了义务兵役制，第一次世界大战期间，伦敦花了两年时间才这么做。1939年3月17日，也就是张伯伦在伯明翰演讲的那一天，哈利法克斯爵士对布加勒斯特方面的传言很不放心，便给莫斯科发去了一封电报，询问如果德国入侵罗马尼亚的话，他们是否会接受其国王卡罗尔二世的请求，出兵援助。他这么做就等于是希望和苏联结盟。

巴巴罗萨行动会在1939年发动吗？

传统说法认为从战争爆发的进程来看，希特勒就是想尽快摧毁波兰，再回过头去攻打法国，最后再进攻苏联。[98]事实上，希特勒直到最后一刻，在得到波兰的支援，或至少是波兰保持中立的情况下，才准备进攻苏联。而恰恰是英国对波兰的保证，才使波兰改变计划，冒同时在两个战线开战的风险，面对莫洛托夫—里宾特洛甫条约（临时）构筑起来的那一道防火墙。

1939年2月10日，希特勒对国防军高级指挥层发表了闭门讲话。他宣布他现在走出的只不过是"漫长征途中的一小步"。"下一场战斗就是纯粹的意识形态之战，也就是人民战争和种族战争。[……]我要让自己来解决德国问题，也就是德国空间的问题。你们要知道一天天这么过去，这个思想将会占据我的整个存在。"[99]这些话关涉的并不是西方政体，而仅仅是苏联：还有什么地方可以发动一场种族主义战争而赢得生存空间呢？那希特勒为什么就不担心西部的边界呢？法国的反应似乎已不再让他担心。在慕尼黑的表现证明这个1918年的胜利者已是日薄西山，再也不可能从马其诺防线里面走出来了。而且，在1939年4月11日关于进攻波兰的指令中，也没有再出现数年前进攻法国那样的"红色计划"。至于英国，希特勒并不敢确定它会介入，但即便它介入了，行动也只会局限于空中和海上。因此，朝向苏联的通途已经打开，只要波兰愿意让德军通过，西方保持缄默就行。

1939年1月30日，陆军总司令冯·布劳希奇签署了集中兵力实施"东方计划"的命令，驻扎于柯尼斯堡的第一军已经就位。希特勒在一份上年11月24日（先前指令）的附件中设定了明确的目标：要出其不意地解决捷克斯洛伐克全境，占领立陶宛的梅梅尔港口*，占领但泽自由市。[100]第一个目标于3月15日达成，第二个于23日达成，连一颗炮弹都没发。但泽这儿，情况有些微妙。我们已经知道，约瑟夫·贝克还没做好让步的准备。但希特勒并不确定这是否只是一个展示给国内的姿态，3月25日他给冯·布劳希奇所下的指示中就能看出这一点，指示中说他在等待大使"利普斯基表明波兰政府不愿向人民表示自己有想要归还但泽的意愿，那解决这个问题的方法就得靠既成事实来完成"。[101]德国的计划是出其不意地攻占这座由国联和波兰共管的城市，不要发生战斗，尊重波兰的立场。如果波兰人开枪，国防军就下令占领走廊，但不要找任何借口四处穿越波兰的边境。如果波兰军队发起进攻，只要将之击退就行。1939年春，希特勒还在竭尽全力避免与波兰发生冲突，他希望波兰最后还是能在德国和苏联的冲突中保持中立。

希特勒的目标仍然是从东普鲁士陆海空三面发起进攻，目标直指列宁格勒。德国还计划从南方的罗马尼亚或匈牙利攻打苏联。正是出

---

* 梅梅尔领地是立陶宛在波罗的海的唯一海港，梅梅尔是旧称，现名克莱佩达。是国际联盟在1920年划出的一块地区，该地区第一次世界大战前由德国所有，战后，该地区连同萨尔及但泽自由市均由国际联盟管理，将来由公投决定是否由德国统治。1923年，该地区发生叛乱后，被立陶宛占领。1939年3月，这里被纳粹德国占领，并重新划入东普鲁士。

于这个原因，柏林力求推动这两个国家明确无误地加入帝国的阵营。匈牙利于2月24日加入了《反共产国际协定》。接下来的几个月，同罗马尼亚一样，匈牙利也和柏林签署了经济协议，向德国输送谷物和石油。时机似乎有利于德国，此时已临近春天，而在蒙古边境地区，日本在和苏联的军事冲突中，正准备再往前推进一步。

3月23日，波兰军队在但泽四周加强了军力，数以万计的后备役军人被征召至前线。要夺下但泽这座城市已无可能。希特勒决定继续向华沙施加压力，使之同意让但泽自由市回归帝国，以此作为交换来确保其边境的安全，戈培尔在日记中就是这么写的。[102]25日，陆军总司令冯·布劳希奇得到一道指示，告诉他"元首不想用暴力来解决但泽问题。不能把波兰人推向英国人的怀抱"。[103]但3月28日，所有的计划均已作废。华沙明确告知柏林，一旦德国企图攻打但泽，那就等于爆发战争。3月31日，张伯伦向下议院宣告英国会确保"波兰的独立"。巴黎也紧跟而上。波兰的报纸充斥着开战的喧嚣，反德国人的骚乱层出不穷，利尼奇诺的市民把元首的画像和帝国的国旗撕成碎片，或者在上面乱涂乱画。

希特勒失望至极，暴跳如雷，调情调了五年，结果还被贝克给耍了，他要用暴力来回击。4月11日，他下达了"白色方案"的指令，决定从1939年9月1日起，任何时候都可以攻打这个东方邻国。为了克服将军们在两个战线开战的恐惧，他从三个层面阐述了这个局面，他讲过这么多假话，这是其中最假的一次。第一，战争肯定只局限于波兰，它已经事先被孤立了；任何情况下，肯定都不会有同西方的对手发生冲突的计划。第二，"法国国内的危机很有可能还会发展，英国仍然持保留态度，在不太远的将来，就会出现波兰被［孤立］的局势。第三，俄国就算有能力干涉，也于事无补，因为这就表明布尔什维克会把波兰彻底消灭干净"。[104]4月28日，柏林宣布废除之前同华沙和伦敦签署的各项协议。

第二章 苏联的孤独 115

如果华沙屈服，同意加入柏林的赌局，如果里宾特洛甫和贝克签署的条约取代了里宾特洛甫和莫洛托夫的条约，那巴巴罗萨行动从1939年5月就会开始，而且对侵略者而言胜算会更大。德国和波兰的军队不管是积极主动还是消极被动，他们出发的基地事实上会离苏联很近，只有200到300公里。列宁格勒会很快被攻陷，波罗的海诸国也抵挡不住德国的攻势。一旦波罗的海成为德国的内海，那德国人就能部分解决他们的后勤问题，除了在波的尼亚湾四个月的冰封期里。到那时候，德军战线的最前端就会抵达涅瓦河，距莫斯科700公里，而不是在1300公里外的华沙。如果没有铁木辛哥的改革，哪怕改革的效果再有限，苏联就会处于外交上完全孤立的状态之中，红军也没法从1937年至1938年的大清洗中恢复过来，而且部队还减员了50%，还没有T-34坦克。日本无疑也会尝到甜头，关东军就会从背后向远东地区发起进攻。美国仍然会不管不问，继续陷于孤立主义之中，乐于看到日本在荒无人烟的西伯利亚落败。那法国人和英国人会动吗？肯定不会。西方的这两个合作伙伴会保持隐忍克制，安全地重整军备，看见希特勒秉持扩张主义，投身至广袤的俄罗斯大地上，而且还很有可能会在那儿消耗殆尽，他们定会如释重负。尽管这另一种局面是否很有可能会发生仍需广泛的考量，但有一点不会变，那就是1939年的巴巴罗萨计划有可能会比1941年的更具灾难性。我们若是去想象一下"如果……会怎么样"这个令人头昏脑涨的问题，就会发现波兰人对希特勒的拒绝只会更有价值。

注　释

1. Max Domarus, *Hitler. Reden*, vol. 2, p. 745.
2. W. Gatzke, *Von Rapallo nach Berlin*, in Vierteljarhresheft für Zeitgeschichte, Heft 1, 1956, p. 14 et 15.

3. Memorandum de von Seeckt, in: H-A Jacobsen, *Misstrauische Nachbarn. Deutsche Ostpolitik 1919–1970*, Droste, Düsseldorf, 1970, doc.6, p. 33.

4. RGVA F. 33987. Op. 3. D. 1237. L. 43–51; D. 1243. L. 188-189 in: *K 70-letiu nachala Vtoroï Mirovoï Voïny. Issledovania, Dokoumenty, Kommentarii*, p. 70.

5. Oleg Khlevniuk, *Staline Jizn Odnogo Vojdia*, p. 131.

6. N. S Simonov, *«Strengthen the Defence of the Land of Soviets»: The 1927 «War Alarm» and its Consequences»*, Europe-Asia Studies, vol. 48, n° 8 (Dec.1996), p. 1355–1364.

7. Vernadski, *Dnevniki 1926–1934*, p. 76, 18 août 1928.

8. GARF. F.8418. Op. 1. D. 56. L. 3–5 et GARF. F.8418. Op. 16. D. 3. L. 427–428.

9. Hugh D. Hudson Jr., *«The 1927 Soviet War Scare: The Foreign Affairs-Domestic Policy nexus Revisited»*. The Soviet and Post-Soviet Review 39 (2012), p. 145–165.

10. Vernadski, *Dnevniki 1926–1934*, p. 87, 28 août 1928.

11. AP RF F. 3. Op. 50. D. 258. L. 7–15. In *Krassnaïa Armia v 1920-e Gody*, p. 171–175. 15 août 1927.

12. Vojd这个古词在俄语中意思是指引方向的领袖、向导。在农奴制时期，这个词还有主人的意思，具有宗教意涵。

13. 列宁所谓的和平共存和赫鲁晓夫时期不同。1920年代，指的是让交战的两个敌对体制暂停交火。在赫鲁晓夫时期，共存就成了一种持续存在的方式，一种各方之间的竞争关系。

14. "大转折"当然有其他原因，我们注意到在和英国断绝外交关系之前就存在"剪刀差"（工业品价格的增长速度高于农产品价格的增长）。斯大林和党内左派的决定很大程度上肯定是受到了1927年大恐慌的影响。苏联红军现代化和备战的目标同大转折时期的外交、经济和意识形态的目标都有着密不可分的关系。

15. V. A. Chichkine, *Rossia v Gody «velikogo pereloma» v vospriatii inostrannogo diplomata 1925–1931 gg*, p. 182.

16. Olaf Groehler, *Selbstmörderische Allianz*, p. 59.

17. Blomberg-Aufzeichnungen, cité par K. A Schäfer, *Werner von Blomberg*, p. 71.

18. Sergeï A. Gorlow, *Geheimsache Moskau-Berlin. Die militärpolitische Zusammenarbeit zwischen der Sowjetunion und dem deutschen Reich 1920–1933*, Vierteljahreshefte für Zeitgeschichte, vol. 44 (1996), p. 157.

19. Speidel, MGFA, «German General Staff Project», in M. Zeidler, *Reichswehr und Rote Armee*, p. 273.

20. La liste se trouve dans Manfried Zeidler, *Reichswehr und Rote Armee 1920–1933*, Oldenbourg, München, 1993, p. 355–360.

21. Blomberg, Inspektionsbericht 1928, cité par K. A. Schäfer, *Werner von Blomberg*, p. 70.

22. ADAP, série C, vol. II/1, n° 47.

23. Blomberg, *Erinnerungen*, vol. 3, p. 154 et suiv.

24. Blomberg, Inspektionsbericht 1928, cité par K. A. Schäfer, *Werner von Blomberg*, p. 70–71.

25. *Pravda*, 4 mars 1933.

26. 1933年2月，冯·巴本是这么说希特勒的："再过两个月时间，我们就能把他逼进角落。"（Thamer, *Verführung und Gewalt*, p. 232）托洛茨基通常对德国事务颇有洞察力，却认为新总理是民族主义保守派领导人胡根贝格的傀儡。

27. Manfried Zeidler, *Reichswehr und Rote Armee 1920–1933*, Oldenbourg, München, 1993, p. 298.

28. K. Vorochilov, Budet li voïna, in : *Stati i retchi*, p. 428.

29. *Pravda*, 5 février 1931.

30. Discours au Comité central du Parti, 19 janvier 1925, OEuvres, 1947, vol. 7, p. 14.

31. Benedict Sarnov, *Stalin i Pisateli*, Moscou, 2009, vol. 3, p. 9–18.

32. Karel Berkhoff, *The Great Famine in Light of the German Invasion and Occupation*, Harvard Ukrainian Studies, vol. 30, n° 1/4 (2008), p. 165–181.

33. V. B. Jiromskaïa, N. A. Aralovets, *Demografitchesskié posledstvia Velikoï Otetchestvennoï voïny* in: Velikaïa voïna i velikaïa pobeda naaroda, Moscou, 2010, p. 381–397.

34. TsA FSB. F. 3. Op. 4. D. 1878. L. 4, 5, 31, 32; D. 1929. L. 20, 21, 25, 26. Dans *Za fasadom Stalinskogo Izobilia* de Elena Ossokina, p. 197.

35. AP RF. F. 3. Op. 50. D.259. L. 98–105. In *Krassnaïa Armia v 1920-e gody*, Moscou, 2007, p. 175–226.

36. Mikhaïl Vostrychev, *Moskva Stalinskaïa*, Moscou, 2011, p. 310.

37. L. V. Chaporina, *Dnevnik.*, Moscou 2012, t. 1, p. 134–135.

38. *Riabilitovani Istorieiu. Tcherniguivska Oblast*. Sous la rédaction de Khomenko Tcherniguiv, 2008, t. 1, p. 478.

39. Mémorandum de Radek, 3 décembre 1933, in : Ruchniewicz, Krzysztof, Marek Zybura (éd.), *Zwischen (Sowjet) Russland und Deutschland. Geschichte und Politik im Schaffen von Jozef Mackiewicz (1902–1985)*, Fibre Verlag, Osnabrück, 2012, p. 40.

40. Eugeniusz Duraczyhski, *Stalin Sozdatel i Diktator Sverkhderjavy*, p. 270.

41. Staline, compte-rendu au XVIIe congrès du PCUS, OEuvres complètes, vol. 13, p. 269.

42. 苏联红军和日军在符拉迪沃斯托克和海拉尔之间2000公里的边境线上有过接触。还要加上被日本占领的中国北部和亲苏的蒙古之间3000公里的边境线。

43. *Staline i Kaganovitch, Perepiska. 1931–1936 gg*. Sous la rédaction d'Oleg Khlevniuk et Robert Davies. Rosspen, Moscou, 2001, p. 135.

44. *Ibid.*, p. 141.

45. Alvin D. Coox, *Nomonhan. Japan against Russia*, 1939, p. 77.

46. 围绕这场冲突有大量争论，有的作者认为可以用苏联想要开战的意志来解释，其他人则认为可以用日本的侵略意图来解释。参阅 Hiroaki Kuromiya, The Battle of Lake Khasan reconsidered, Journal of Slavic Military Studies, vol. 29, n° 1, 2016, p. 99。

47. 德国反共产主义统一联合会（GDAV；Gesamtverband Deutscher Antikommunisticher Vereinigungen，简称为反共产国际）由戈培尔创建于1933年。表面上这是一个非官方的组织，由阿道夫·埃尔特博士领导，由波罗的海德意志人组成，但事实上，该组织受柏林的宣传部指挥。

48. *KTB OKW*, Band IV, 1944–1945, p. 1722.

49. Lettre de F. Halder à Andreas Hillgruber, *Hitlers Strategie*, p. 24.

50. Max Domarus, *Hitler. Reden 1932 bis 1945.*, vol. 1, p. 236.

51. 德俄石油销售公司（DEROP）是德苏两国合作的产物，负责将苏联的石油产品经销给德国。公司创建于1922年，是"拉巴洛精神"的产物，除了盎格鲁-撒克逊的卡特尔之外，该公司也能向德国提供原材料。

52. Max Domarus, *Hitler. Reden 1932 bis 1945*, vol. 1, p. 265.

53. *Glazami Razvedki. SSSR i Evropa. 1919–1938. Sbornik Dokoumentov iz rossiiskikh arkhivov*, Moscou, 2015, p. 343.

54. 俄国时不时就会来一场新闻宣传攻势，让秘密结盟的海蛇重新浮出海面，这无疑会令人想起莫洛托夫—里宾特洛甫条约的秘密议定书。

55. 关于这一点，可参阅伯恩哈德·冯·比洛1933年3月的一份亲俄、反波的备忘录，见：G. Wollstein, Eine Denkschrift des Staatssekretärs von Bülow vom März 1933, in: Militärgeschichtliche

Mitteilungen, 1973, H.1, p. 77–94。

56. R-D Müller, *Der Feind steht im Osten. Hitlers geheime Pläne für einen Krieg gegen die Sowjetunion im Jahre 1939*, Ch. Links, Berlin, 2011.

57. S. Slutch, *Stalin und Hitler 1933–1941: Kalküle und Fehlkalkulationen des Kreml*, in *Stalin und die Deuschen*, sous la direction de Jürgen Zarusky, Oldenbourg, München 2006.

58. ADAP, C, II/1, Nr.171.

59. *Journal de Rosenberg*, Flammarion, 2015, p. 126.

60. RGVA F. 33987. Op. 3. D. 631. L. 34–35. In: *Glazami Razvedki SSSR i Evropa*, p. 355.

61. RGVA F. 33987. Op. 3. D. 585. L. 163–164. In: *Glazami Razvedki SSSR i Evropa*, p. 413.

62. RGASPI F. 558. Op. 11. D. 188. L. 31–52. In: *Glazami razvedki*, p. 417–418.

63. Voir ADAP, C, III, Nr.474, p. 877.

64. République de Pologne. Ministère des Affaires étrangères. *Les relations polono-allemandes et polono-soviétiques au cours de la période 1933–1939. Recueil de documents officiels*. Flammarion, 1940.

65. *Journal de Rosenberg*, Flammarion, 2015, p. 173.

66. Max Domarus, *Hitler. Reden 1932 bis 1945*, vol. 2, p. 642.

67. Treue, Wilhelm, *Hitlers Denkschrift zum Vierjahresplan 1936*, Vierteljahresheft für Zeitgeschichte, 3 (1955), p. 184–210.

68. Ervin Stavinski, *Zaroubiny, Semeïnaia Rezidentura*. Moscou, 2003, p. 367–375.

69. 由李维诺夫和肖当内阁的外交部长约瑟夫·保罗-邦库尔发起的这个项目旨在国联的框架内缔结地区互助条约，目标是保护各成员国（波兰、苏联、波罗的海国家、捷克斯洛伐克、罗马尼亚、芬兰）不受德国的侵略。由于法国政治局势不稳，该项目被推迟，精力充沛的路易·巴尔杜又将之重新启动，为了掩人耳目，巴尔杜还让德国加入条约。9月，德国和华沙相继拒绝了这个提议。1934年10月9日，巴尔杜遭刺杀，虽然巴尔杜的继任者赖伐尔做出了种种尝试，但巴尔杜遇刺一事还是给了该项目以致命一击，赖伐尔虽重启谈判，却已使项目变了味。1935年5月2日法苏两国签订的双边互助条约就是这次失败的产物，所以没有达成军事协定，若是巴尔杜还在的话，肯定会签署军事协定。

70. Cité par Lew Besymenski, *Geheimemission in Stalins Auftrag? David Kandelaki und die sowjetisch-deutschen Beziehungen Mitte der dreissiger Jahre*, Vierteljarhresheft für Zeitgeschichte, Jahrgang 40 (1992), p. 339–357.

71. Besymenski, *Geheimemission in Stalins Auftrag?*, p. 352.

72. Lev Bezymenski, *Gitler i Stalin pered skhvatkoï*, Moscou, 2000. [http://militera.lib.ru/research/bezymensky3/04.html.]

73. Note du chef de légation von Tippelskirch du 2 mai 1934. In: ADAP, Serie C, vol II, 2, Doc.433, p. 774.

74. Domarus, *Hitler. Reden 1932 bis 1945*, vol. 2, p. 671–672.

75. ADAP, Série C, Vol. II/2, n° 271. 和埃里克·菲普斯爵士的谈话。而1935年3月，安东尼·艾登问希特勒生存空间计划是否当真时，希特勒则爆发出笑声。典型的行为模式：希特勒会顺着对话者的思路谈话，丝毫不担心自己会自相矛盾，也不担心自己撒谎的时候被抓个正着。

76. 参阅德国驻伦敦大使利奥波德·冯·赫施发出的照会，可见：ADAP, Série C, vol. I/1, n° 193, 406, 426。

77. Goebbels, *Tagebücher*, Teil I, vol. 3/I, p. 249.

78. *Ibid.*, p. 279.

79. Lette de Sourits à Krestinskii, le 28 novembre 1936, in: S. Slutsch, *Stalin und Hitler*..., p. 71.

80. Voir le mémorandum Hewel du 2 février 1940, in: ADAP, D, vol. 8, doc.n° 591.

81. Goebbels, *Tagebücher*, t. I, vol. 6, p. 206.

82. République de Pologne. Ministère des Affaires étrangères. *Les Relations polono-allemandes et polono-soviétiques au cours de la période 1933–1939. Recueil de documents officiels*. Flammarion, 1940, p. 60.

83. *Weisung der Oberbefehlshabers der Wehrmacht für die einheitliche Kriegsvorbereitung der Wehrmacht*, 24 juin 1937. IMT XXXIV, p. 734–745.

84. *God Krizisa*, vol. 1, p. 35.

85. 1936年，为外交人民委员部工作的1000个人中，有34%的人因大清洗而消失，62%的人升任至更高的职位。1939年5月，莫洛托夫上台之后，晋升的步伐开始加快。新来的人均来自外省的社会底层，绝大部分都是俄国人。

86. *Dokumenty Vnechneï Politiki*, vol. XXII, 1939, p. 10–12.

87. 如果我们同意Sabine Dullin的观点，那通常情况下对新任外交官无知的指责应稍做修正，见：Une diplomatie plébéienne? Profils et compétences des diplomates soviétiques, 1936–1945, Cahiers du Monde russe, vol. 44, n° 2/3, avril-sept. 2003, p. 437–463。

88. AP RF F. 3. Op. 64. D. 692. L. 82–85. In *SSSR – Germania 1933–1941*, p. 163–164.

89. Khaustov et Samuelson, *Staline, NKVD i repressii 1936-1938 gg*., p. 305,307.

90. Documents diplomatiques français, 2e série, vol. XII, n° 17.

91. 乌克兰的喀尔巴阡山区极小，也很贫穷，有50万人口，这地方很早就受匈牙利的统治，1919年并入捷克斯洛伐克联邦，1938年至1939年冬，很多人都在对它打算盘。西方媒体把这儿看作希特勒向苏联进军的跳板。如果德国在那儿安营扎寨，波兰也怕德国国防军和想要收复领土的乌克兰打起来，自己夹在中间遭殃。10月，波兰向该地区派遣了武装部队，使布拉格对他们的统治变得不安定起来。1938年10月，希特勒想要利用这个问题，和波兰人及匈牙利人联手建立反苏阵线。但华沙拒绝了这个请求，要求将乌克兰的喀尔巴阡山区并入匈牙利，这样它就能和这个友好国家接壤了。1938年11月2日，德国和意大利经过调停，将一小部分乌克兰喀尔巴阡山区交给了布达佩斯，大部分仍然由斯洛伐克管理，其实就是由德国来间接统治。华沙在这事情上遭到失败，于是在1938年11月底出其不意地向苏联靠拢了过去。最后，布达佩斯在德国的首肯之下，趁此时机，于1939年3月15日清除了捷克斯洛伐克，全部占领了乌克兰喀尔巴阡山区。要求德国保护的乌克兰民族主义者极为失望。不过，他们很少有人理解德国不准备把乌克兰喀尔巴阡山区交给他们，是因为这样就会催生一个强大而独立的乌克兰，而这一点，是德国万万不愿看到的。

92. Documents on German Foreign Policy 1918–1945, D Series vol. IV, p. 68, 69, 112.

93. Kotowksi, 《*Ukrainisches Piemont ?*》..., p. 86 et 87. 卢博米尔斯基向民族社会主义德意志工人党做了解释，他说未来，波兰会欢欣鼓舞地向基辅进军。1938年11月15日，贝克的亲密合作伙伴塔杜什·科贝兰斯基向德国驻华沙大使冯·毛奇宣布，他的国家很清楚德国是想在苏联的乌克兰地区确立势力范围，他们很高兴能在这方面同德国合作。

94. République de Pologne. Ministère des Affaires étrangères. *Les relations polono-allemandes et polono-soviétiques au cours de la période 1933–1939. Recueil de documents officiels*. Flammarion, 1940, p. 79.

95. Otto Meissner, *Staatssekretär*, p. 485–486.

96. Domarus, *Hitler. Reden 1932 bis 1945*, vol. 3, p. 1065.

97. K. Hildebrand, *Das vergangene Reich. Das deutsche Aussenpolitik von Bismarck bis Hitler*. Deutsche Verlags-Anstalt, Stuttgart, 1995, p. 678.

98. *Documents on German Foreign Policy*, D Series, vol. IV, p. 411.

99. Intégralité du discours in: K-J Müller, *Armee und Drittes Reich 1933–1939*. Schöningh,

Paderborn, 1987.

100. *Weisung Hitlers vom 21 Oktober 1938, Nachtrag zur Weisung (General Keitel)*, IMT XXXIV, p. 477–484.

101. IMT, XXXIV, p. 274–276.

102. *Die Tagebücher von Joseph Goebbels*, sous la direction d'Elke Fröhlich, t. I, vol. 6, p. 300.

103. IMT, XXXIV, p. 274–276.

104. *Hitlers Weisungen für die Kriegführung, 1939–1945*. Sous la direction de Walther Hubatsch, DTV dokumente, mars 1965.

第三章
条　约

民族社会主义根本就不是教条，不是那种争论细枝末节或各种问题的教条。它需要的是力量。只有这时候，才会出现行动和建设的纲领。当别人问我们对这个那个问题想到什么解决办法的时候，我们就回答说我们还不知道。我们已经有了目标，但我们不会让它们去接受公开批评。［……］今天，我们讲的就是生存空间。每个人都可以想想自己需要什么。但我们自己想要什么，在合适的时候就会让别人知道。

——戈培尔对德国报业代表的秘密讲话，1940年4月5日[1]

没有哪起事件会比1939年8月23日签署的莫洛托夫－里宾特洛甫条约更令人震惊、沮丧和愤慨了。没有哪起事件会让历史学家如此分裂，甚至直到今天，依然如此。究竟是希特勒，还是斯大林，更渴望签署这样的协定？苏联人是否真的希望和西方国家结盟？为什么天平会倾向柏林，而不是伦敦和巴黎？他们难道不是因为反共产主义，进而行动迟缓或态度轻率，才错失了这个机会吗？这两个今后的敌手，究竟哪个从中获取的好处更多？要在这儿把这种两两谈判的复杂性讲清楚是不可能的，更何况日本、意大利、美国、波兰、罗马尼亚、芬兰还牵扯其中，情况就更是复杂了。所以必须按时间顺序来叙述，并突出重点，然后再来回答这些问题。

东西方讨论的四个月

1939年3月15日，德军进入布拉格，于是吹响哨声，订约竞赛正式开始。最先这么做的是西方国家。没有理论，也没有可靠的军事手段，还无法支援波兰，那苏联的支持就变得必不可少。那该怎么做呢？谈判的主导者英国人想要建立伦敦—巴黎—莫斯科阵线，说服希特勒不要进攻波兰和罗马尼亚；他们既不想为了提前预防而打一场战争，也不想结盟，而是要协调一致、坚定可靠的外交行动，以此来约束希特勒，使其放弃图谋。只要尽快发表一份共同宣言，就能起作用。如果说军事协定不是伦敦的首选项，那是因为英国的专家，其中以驻俄国武官法尔布雷斯中校为首，认为经历过1937年至1938年的大清洗，红军已不具备在边境之外发动攻势的能力。俄国只能采取防御态势，如果波兰遭到进攻，可以为波兰人提供后方基地，对德国实施密不透风的经济封锁，这是西方国家的主要武器。如果波兰投降，抱有敌视态度的苏联红军的存在本身就会迫使国防军拿出50个师进攻东方，这样德国就不可能对法国发动大规模的攻势。

3月17日，莫斯科对哈利法克斯发来的电报做了答复，提议由五个国家，即三个大国加波兰和罗马尼亚聚在一起开会商讨。伦敦对此装聋作哑，3月20日，伦敦提出了一个新的建议，就是由四个国家，即英国、法国、苏联、波兰发表宣言，确保所有欧洲国家的独立：如遇威胁，四国会进行协商，"共同采取抵抗行动"。李维诺夫提出，英国和法国如果首先签署的话，他便同意在后一天签署这样的宣言。但华沙无论如何都不愿同苏联协作。由于华沙不愿妥协，英法两国便决定，既然没有更好的办法，那就建立反希特勒阵线，但不是以莫斯科，而是以华沙为中心。1939年3月31日，弯腰曲背、老态龙钟的张伯伦向下议院宣布，如果波兰的独立受到威胁，英国就会向波兰提供援助。4月13日，意大利吞并了阿尔巴尼亚，于是惊恐不安的巴黎和忍气吞声的伦敦又向罗马尼亚和希腊提出了同样的保证。

莫斯科的反应模棱两可。它既对英法两国优先选择波兰这件事义愤填膺，可面对德国它却又有很大的不安全感。苏波边境和苏罗边境事实上都是敞开着的，莫斯科始终担心德国会向列宁格勒方向发起进攻，于是消极同意上述这些国家的提议。这种不安全感也就解释了1939年3月28日，李维诺夫为什么会先后对爱沙尼亚、拉脱维亚、立陶宛政府发表颇具威胁性的生硬的讲话。

> 维护爱沙尼亚以及波罗的海其他国家的独立完整，不仅仅符合各共和国人民的利益，也符合苏联的根本利益。[……]任何条约的签署，无论是自愿，还是外界压迫所致，[……]都会削弱或限制爱沙尼亚共和国的独立自主，[……]将国家的政治、经济以及其他主导权拱手相让，交给第三国，使第三国对爱沙尼亚领土及港口拥有权利或特权，而这对苏联政府而言是绝对不能容忍的，也和目前维护苏联与爱沙尼亚两国关系的条约和协定的精神毫不相容，甚至会背离协定，后果会不堪设想。[2]

他说得很明白：波罗的海诸国最多只拥有有条件的自由，仅此而已。在接下来的五个月里，不管如何潮起潮落，斯大林和莫洛托夫的目的始终都是保证波罗的海走廊的安全。

4月14日，伦敦要求莫斯科单方面保障其邻国的安全，因为这些邻国会遭到德国的入侵。苏联高层立刻就拒绝了这个要求。在他们看来，如果希特勒转头来攻击它，那这样的宣言只会保障波兰和罗马尼亚的安全，而丝毫保障不了自身。言下之意就是：这是波兰和西方国家串通好的阴谋。这是极端的不信任和怀疑。在苏联人的记忆中，慕尼黑事件仍记忆犹新。

法国人和英国人对苏联的拒绝并不会感到吃惊。1939年3月10日，斯大林在苏维埃第十八次代表大会上就已公开阐述过苏联的立场和方针。他说经济危机导致"世界各国、势力范围和殖民地使用军事手段来重新瓜分世界"，一方是英国和法国，另一方是"三个侵略国集团"，即日本、意大利和德国，为了保卫自己，西方各民主国家会将侵略者阵营推向和苏联开战的境地。

> 看来[西方]这些可疑的报界[关于德国吞并乌克兰一事]连篇累牍的叫嚣，目的就是为了让苏联在没有明显理由的情况下去对抗德国。[……]当然，德国可能是有一些疯子喜欢做白日梦，想让所谓的喀尔巴阡山区的乌克兰这只小老鼠来吞吃苏联的乌克兰这头大象。[……]他们应该知道我们这儿女人穿的衣服有好多，都可以给他们穿上（笑声）[……]他们认为捷克斯洛伐克的一部分领土已经割让给了德国，这样德国就会和苏联开战，可现在德国人并不愿去完成这部分的交易。[……]对外政策上的任务是：1. 继续保持与所有国家的和平政策及经济关系；2. 谨慎从事，不要让那些战争的煽动者把我们国家拖入冲突当中去，那些煽动者经常干的就是把别人当枪使，让别人为自己火中取栗的好事。[3]

是否像有些人说的，那是在对柏林方面发出信号？没有这方面的迹象。斯大林手上无牌可打。他在西班牙、在慕尼黑，处处受到挫折。就连苏联红军也无法拿来恫吓对手了。苏联和1921年那个时候一样始终都很孤立。所有来自外交网络和情报机构的信息都在指出，1939年解冻之后，德国会侵占波兰，或者占据走廊，占领波罗的海诸国。[4]届时，那儿就会成为进攻苏联的基地。面对这样一幅前景不妙的画面，"火中取栗"的讲话就成了胆战心惊的观望主义宣言，侵略国和被侵略国家都是同类，是一丘之貉，都是苏联所谓的"帝国主义国家"。尽管西方国家能够克服种种恐惧、厌恶、模棱两可的情绪，看清楚纳粹主义的危险性，但苏联却无法摆脱成见，认为整个外部世界都充满了敌意，充满了邪恶，是由大批阴谋家和煽动者来操控的。从这种病态的性格当中就能找到德苏条约和巴巴罗萨行动这一灾难的根源。

我们现在再来看看伦敦和巴黎之间的交易。李维诺夫很想看看苏联和它们是否能真的互相保障对方，是否能发挥影响，再多获得一些好处。事实上，斯大林亲自给李维诺夫的提案做了修改，所以李维诺夫1939年4月17日前往西方国家的时候，带去的是一份相反的提案。他提出的不是一份简单的保障安全的宣言，而是一份彼此协助共同对付德国的条约。条约说，如果苏联边境从波罗的海到黑海的这些国家遭到侵略，无论他们是否求援，三个国家都应向这些国家提供军事援助。只有以军事互助为基础三方结盟，才会打消希特勒的念头，苏联的这份草案结尾就是这么说的。对莫斯科而言，这个提案有巨大的好处，就是可以堵住德国从波罗的海入侵的通路，清除德国和波兰形成反苏联盟的任何可能性。1939年4月17日的这个提案，要么接受，要么不接受。斯大林直到最后都仍然在这么坚持。

5月8日，张伯伦明确告知对方不同意这份提案，但又不得不同意在5月24日重启谈判。当波兰情报部门已经发现国防军在做进攻准备的时候，为什么还要浪费这五个星期宝贵的时间呢？我们可以指责说，英国的反共产主义思维脱不了干系。这一点无可置辩，在斯大林政权的演变过程中，也没有任何东西能让英国人缓解这方面的情绪。慕尼黑危机期间，针对为什么不愿把莫斯科弄进来保护捷克斯洛伐克这件事，张伯伦是这样对妻子艾达说的："苏联人就喜欢偷偷摸摸地在背后耍花招，用各种阴谋诡计，把我们牵连进去，和德国开战。"[5]斯大林也是这样想英国人的。不过，这样的政策并不是由首相的反共产主义理念所决定的，内阁中的其他阁员反共产主义的程度没他这么厉害，尤其是一直担任外交大臣的哈利法克斯爵士。从1938年末起，伦敦就已经把德国视为最危险的敌人，超过了东京和罗马。整个内阁，除了首相，都认为只有靠战争威胁才能让希特勒住手。驻莫斯科新任大使威廉·西兹爵士是个威严的绅士，身高两米，俄语流利，喜欢收藏法贝热彩蛋*，他就是秉持这种精神，承担了这样的使命，不惜一切代价改善同苏联的关系。3月1日，张伯伦亲自带领四位大臣拜访了苏联驻伦敦的大使，他的前任中没一个人敢这样做。相比反共产主义，英国的实用主义占了上风，虽然对苏联的不信任始终没有消失。

英国人为什么要等这么长时间才否决4月17日的提议而提出另外一套方案呢？他们不是宣称会尽快建立一道防线来威慑希特勒吗？第一个理由是，苏联提议除了波兰和罗马尼亚之外，把芬兰和波罗的海诸国都纳入其中，这样就需要进行大量的谈判，究竟会谈判多久，很难预料。第二个理由意义更深远，这些国家没一个愿意让苏联提供军事援助。这些国家对斯大林的惧怕超过了对希特勒的惧怕。在英国人看来，这样一来，就存在波兰再次靠近德国的实实在在的风险。因此，哈利法克斯好几次敦促苏联人尽快提供临时的保障措施，之后就可以进行更广泛的谈判。结果他得到了"不行"这个答复，而且毫无商量余地。到5月中旬，他也只能面对现实：英国的计划搁浅了，除了自己的提案，莫斯科不愿商讨其他任何解决方案。这种固执的性格在莫洛托夫身上体现得更清楚，1939年5月3日，莫洛托夫取代了李维诺夫，担任外交人民委员。

---

* 俄国著名珠宝首饰工匠彼得·卡尔·法贝热制作的蛋型工艺品，他与助手在1885年至1917年间总共为沙皇与私人收藏家制作了69枚彩蛋。

犹太人李维诺夫被强制离职，取而代之的是维亚特卡省*"坚定忠诚"的俄罗斯人莫洛托夫，他并不像大家所认为的那样会小心谨慎地应对柏林方面的情势。其他一些考量可以解释这种选择。斯大林看得出战争已来到大门前，他今后必须万分小心地戒备袭击的危险，抓住外部世界提供的有利时机。因此，他要把外交人民委员这个关键职位交给完全信得过的人——同时让他担任人民委员部人民委员†一职——这个人会向他汇报一切，而且会严格执行他的决策，不会耍手腕，也不会做表面文章、阳奉阴违。[6]

维亚切斯拉夫·斯克里亚宾，又名莫洛托夫（Molotof；Molot在俄语里的意思是"锤子"）整天穿一套西装，戴夹鼻眼镜，更像是银行职员，而不像是外交部长。但他远非别人经常写的那样是个"杰出的平庸者"。他的升迁如闪电般迅速，虽然1945年之后权力已有所削弱，但他还能长期保有这个职位，可以说全都归因于一件事：从1917年起，他就一直在支持自己的领导，对抗其他一切派别和反对力量，甚至于被他的那些同事起了"斯大林的警棍"这样的绰号。无论是农业集体化时期，还是大清洗时期，他一向表现得都很激进。在他的生命即将抵达尽头的时候，接受了记者费利克斯·丘耶夫的采访，他说那些错误自己都有份，但说这话的时候并无丝毫悔意。和斯大林一样，莫洛托夫也是沙俄时期国内移民的后裔，除了自己的领导之外，他对这个世界并不了解。对于外交形式和外交惯例，他毫无概念。他在与人交谈的时候经常会发火，相当粗鲁，在党的会议上也是这种态度。走马上任之后，莫洛托夫就显现出强硬的谈判者形象，即便脾气再好的人，也会觉得恼火。他对外交政策也有自己的看法，在极其罕

---

* 维亚特卡省是沙俄时期及苏联早期的一个省，1796年建省，1929年并入下诺夫哥罗德州。

† 苏联人民委员部设立于1922年底，其上级部门为苏联中央执行委员会。1946年3月，第二届苏联最高苏维埃第一次会议决定将其改称为苏联部长会议，各人民委员部改称为部，各人民委员也随之改称为部长。也就是说，苏联外交人民委员部1946年之后即称为苏联外交部，外交人民委员也称为外交部长。

见的情况下，他会反对自己的领导，甚至领导大发雷霆的时候，他也敢这么做。不可否认的是，赫鲁晓夫对莫洛托夫抱有同情，他在自己的回忆录里写道："他给我的印象是，他是个能独立思考的人，有自己的看法，能公开向斯大林说出来。显然，这点是不会讨斯大林喜欢的，但尽管这样，莫洛托夫还是会说下去，坚持己见。他就是个特例。"[7]

法国敦促张伯伦面对苏联的决心时要放低身段，而它这么做其实会影响今后同英国的关系。巴黎得到确切的情报，对波兰军队的真实军力很清楚，所以认为必须和苏联人结成军事同盟。况且，这两个盟国也很担心莫斯科可能会在战略上有所变化。斯大林若是和希特勒做交易，那波兰就会打败仗，今后的海上封锁就会失去部分效力。他们是否把战争初期的战况想得很糟糕？1939年5月16日，英国参谋部的高层得出结论，向张伯伦汇报的时候也是这个调子：不管苏联红军有多少弱点，它的支援都是必不可少的；如果没有苏联红军，那对波兰和罗马尼亚的支援就无从谈起。5月24日的内阁会议上，张伯伦意识到自己成了孤家寡人，所以他别无他法，只能开始谈判，以期和莫斯科建立真正的同盟关系。

1939年6月，西兹大使和莫洛托夫刚刚重启谈判，讨论就陷入了僵局。莫洛托夫委员不厌其烦地重申三方结盟必须给苏联边境地区的所有国家提供保障。西兹这方面则重申了两个明显的事实：这些国家没提出过这方面的要求；如果在这些国家面对希特勒的威胁时，伦敦保障这些国家的独立不受侵犯，这么做并不是为了将风险转嫁给莫斯科。承认苏联可以决定比如说拉脱维亚是否受到柏林的威胁，是否可以由此发动一场全面战争，这一点会让英国人想起1914年的前车之鉴，让他们很不舒服。所有经过调整的提案，比如不得公开哪些国家获得保障，以免将这些国家推向希特勒的怀抱，都遭到了莫洛托夫的否决。很显然，斯大林想让西方国家意识到，他有权干涉波罗的海诸国和芬兰的内部事务，不能只让他们有这个权利。1939年7月7日，德国宣布同拉脱维亚和爱沙尼亚签订互不侵犯条约这个消息犹如平地一声惊雷。伦敦担心的是莫斯科会介入这些国家，苏联担心的是德国正在准备对它发起进攻，这两件事几乎同时都得到了确认。这个消息给莫洛托夫敲响了警钟，于是他就软化了立场：6月底，他同意英国人的提案，条约所规定的那些受保障国家的名单必须严加保密。

政治谈判再一次走上轨道，但又再一次在第一个岔路口陷入僵局。因为莫洛托夫提出了一个新的要求：不仅要在德国发起进攻的时候对边境国家提供保障，而且"间接侵略"的时候，也必须提供，也就是说，"国内发生政变或为有利于侵略国的利益而改变政策"的时候都应该提供保障。这个新附加的要求等于再次给苏联人的东方政策开了张空白支票，使英法两国没法在那儿保持自己的势力范围。赫尔辛基、塔林、里加、华沙或布加勒斯特的政府若出现大的变动，肯定不会让莫斯科高兴，苏联红军便有可能会对这些国家进行干预。"完全不可接受。"英国政府给出了这样的回答。法国人没有断然拒绝。7月12日，哈利法克斯爵士希望能避免谈判破裂，便接受了苏联提出的其中一个请求，那就是就签订军事协议一事进行协商。他的建议是法英两国的军事委员会先别急着前往莫斯科，这样可以让他有时间再做一次努力，在关于保障性质的问题上让莫洛托夫做出让步，但在这一点上他显然犯了一个错误。各方谈判代表就这样登上了"埃克塞特城市号"客货轮，海面平静时，这艘客货轮的航速也不超过13节。过了五天他们方才抵达列宁格勒，但在那儿没赶上前往莫斯科的列车。代表团是1939年8月11日下午来到苏联首都的。而此时，形势已发生了转变。

德苏谈判

从1939年初起，柏林和莫斯科之间的关系便不声不响地开始升温。对柏林来说，这么做只不过是在给波兰和伦敦施压而已。3月，希特勒还抱有能够达成优先目标的希望，就是把波兰拉到自己这一边，为进攻苏联做准备，如有必要，发动一场闪电战，让波兰军队保持中立，最终推进到苏联边界地区。局势必须始终保持不变：西方各国会让他自行其是，他觉得这是有可能的，或者假装有这可能，毕竟英国已经宣布要采取保障措施。对能明白其中道道的人来说，所谓保障只不过是"维护波兰的独立"，而非保护边界地区。他认为，波兰若是没有了走廊和加利西亚，成为德国的附庸，伦敦也应该会接受。[8]

希特勒也很清楚大英帝国向罗马尼亚和希腊，然后又向土耳其提供保障，又在和莫斯科进行认真的商讨，英国的这种敌意再明显不过。5月22日，他做出反击，和意大利签署了钢铁条约*，如果日本没有拒签空白支票的话，那就把日本也包括进来，与之结盟，以此形成咄咄逼人的态势。最后，希特勒提议通过前任总理，现在由他任命的驻安卡拉大使冯·巴本向莫斯科进行第一次试探。苏联驻土耳其代办捷连季耶夫告诉莫洛托夫，巴本在窗边的角落里对他说，德国现在和波兰之间遇到了一些困难，他们喝了两杯香槟后，巴本又说："意识形态上的差异不应该阻止我们两国之间改善关系。必须把意识形态放一边，回到我们保持友好关系的俾斯麦时代。"[9]次日，对苏联的攻击就在德国报纸上消失不见了。

从1939年5月23日在总理办公室召开的秘密会议的纪要中，可以很好地捕捉到希特勒的精神状态。为了听取元首的作战计划，军队主要首领共15个人与会，参会者总共也就这些人。[10]希特勒确定会进攻波兰，他还揭开了自己在这件事上的深层想法："但泽不是真正的理

---

* 所谓的"钢铁条约"全称《德意友谊与同盟条约》，由意大利外长加莱亚佐·齐亚诺和德国外长里宾特洛甫签署于1939年5月22日，该条约确定了德意同盟的关系，规定两国在国际威胁和战争爆发时，互相提供军事支援，加强军事和战时生产。

由。我们必须向东扩大生存空间，确保粮食资源供应，解决波罗的海问题。只有在人不多的地方才有可能夺取粮食基地。"总而言之，就是要摧毁苏联，在苏联的领土上殖民，这才是真正的目的。但现在的形势只能把这件事往后推，因为"波兰问题没法跟我们和西方国家发生冲突这件事分开来对待"。不过，如果西方对波兰的干预并不是板上钉钉的话，"将波兰孤立起来就成了政治上如何灵活操作的问题了"。这么说到底是什么意思呢？希特勒给听众提供了一个可行的解决方案："只有改善和俄国的政治关系，发展两国的经济关系才有可能。报纸现在都采取了审慎的态度。不能排除的是，俄国有可能对波兰是否会被摧毁并不在意。"然后就是长篇大论地解释英国对德国的敌意根深蒂固，和英国脱钩的必要性"永远"存在。因此，德国会面临一场十到十五年的战争。"认为我们能不费吹灰之力地打赢战争是很危险的想法。这种可能性不存在。必须背水一战，这不是8000万德国人有权没权的问题，而是存在不存在的问题。"因此，一旦进攻波兰，希特勒就会承担和西方开战的风险。他以前梦想的和英国结盟，或至少维持1924年以来的那种关系，就会被彻底埋葬。显而易见，他的目的就是想看看莫斯科那儿能否给出一个临时的解决方案。是他有这个想法，而不是斯大林。

1939年5月底，总理府内召开了秘密会议，序幕正式开启。29日，国务秘书冯·魏茨泽克告诉大使梅列卡洛夫，说柏林已敞开商讨的大门，莫斯科必须做出重要决定。6月2日，他说得更明确，这次他面对的是阿斯塔霍夫代办，后者是苏联在德国首都新上任的一号人物。他申明德国没有任何进攻东方的企图，所谓的将目标瞄准乌克兰的说法都是波兰人杜撰的。7月初，就在和西方国家的政治商谈陷入僵局的时候，斯大林把德国人拖了进来，目的就是为了跟自己找上门来的那两个合作伙伴改善关系：7月22日，塔斯社宣布苏联和德国重启经济谈判。两个舞者就这样开始协调步伐。阿斯塔霍夫和德国经济代表团团长施努雷在柏林进行磋商，7月26日进行第二轮磋商，在德国和波罗的海风味的厄内斯特餐厅用晚餐的时候，德国人摘下了面纱："我受里宾特洛甫之托，向您转达柏林准备和莫斯科就任何议题进行谈判、达成协议的想法：波兰，波罗的海国家，安全保障。"阿斯塔霍夫就《我的奋斗》里一直被遮遮掩掩的那些企图表达了质疑。"这是十六年前写的，"施努雷回答道，"许多事情都已经变了。今天，元首的想法不一样了。今天，头号敌人是英国。"[11]

8月2日，阿斯塔霍夫和态度倨傲但很直接的里宾特洛甫见了面：

> 第一次世界大战已经过去了二十五年。沙皇和英国结盟，失去了皇位。我们没有任何理由开战。我们唯一的条件就是你们不要插手我们国内的事务。我们的意识形态截然相反。[……]但我们能在所有议题上达成一致，无论是黑海，还是波罗的海（他把这句话重复了好几遍），都没问题。我不知道你们会选择什么道路，[……]但就我们来说，我们是不会去留意所谓的西方民主阵营的那些吵闹喧嚣的。我们对自己的军力很有信心。阿道夫·希特勒是不会输掉战争的。如果有了波兰，战争就会很快结束。[……]七到十天。[12]

里宾特洛甫随后就要求将自己的这些话以特别加急的形式转达给克里姆林宫。

翌日，在莫斯科，冯·舒伦堡大使和莫洛托夫见了面，提议双方达成协议，"分三个步骤走：1. 经济协定；2. 停止在报纸上互相攻讦；3. 改善文化关系"。[13]8月4日，莫洛托夫谨慎地做了回复，大致内容是：对第一点感兴趣，其他两点要看第一点的情况再定。如果说他想和德国有所进展，以此来赢得时间，那是因为西方国家的军事磋商很快就会开启，他这一方不会有任何闪失。事实上，就在8月4日

第三章 条 约 133

这一天，总参谋长沙波什尼科夫详细解释了同巴黎和伦敦结盟后会形成的各种战争局势，得到了斯大林的认可。他着重指出波兰必须"让我们的地面部队（40个师）穿越维尔诺（维尔纽斯）走廊，前往明斯克北部"。[14]8月5日，斯大林任命了一个由五名红军军官组成的代表团，由国防人民委员伏罗希洛夫带队，"同法国及英国军事代表团进行谈判，签订军事协定，对侵略欧洲的行为进行抵抗"。[15]

1939年8月8日，阿斯塔霍夫从柏林传来消息说经济谈判即将完成。次日，他说德国方面施压，要求"恢复《拉巴洛条约》"，承认德国报纸已停止对苏联的攻击。[16]8月10日，德国驻莫斯科大使向里宾特洛甫发去一封电报，波兰驻苏联大使瓦茨瓦夫·格日博夫斯基向他的意大利同事传达了一个"情报"：波兰人永远不会同意让苏联红军穿过他们的土地。8月8日至12日这几天，阿斯塔霍夫一直都在向莫斯科传递信息，说德国人在催他，要他表明苏联的立场，和波兰的战争正在逼近。

8月12日也是法英两国军事代表团和苏联举办第一次会议的日子。从一份由他的上司编定的备忘录来看，[17]伏罗希洛夫按照指示，对英国方面的负责人，海军上将德拉克斯——国王乔治六世的海军顾问，坚决反对"绥靖"政策——并没有获得政府的批文来签署协议假装表现得很吃惊。[18]13日主要是在审慎讨论各国的战争计划。会议结束时，伏罗希洛夫委员向谈判者简单地说了几句话："你们是怎么看待苏联的军事行动的？"他只听到一些笼统含糊的回答。谈判开始原地踏步，而德国方面则加快了步伐。事实上，当日，施努雷给阿斯塔霍夫打去电话，请他火速赶往威廉街。他对阿斯塔霍夫说可以在莫斯科进行谈判，元首希望里宾特洛甫当谈判代表。14日，伏罗希洛夫哪壶不开提哪壶，而杜芒*和德拉克斯也都料到会被问到这

---

* 杜芒（1880—1948），1938年加入法国最高战争委员会，1939年升任上将，并担任这次法国军事代表团的团长。

样的问题，就像公牛知道会被剑刺中一样："波兰是否会同意让苏联军队进入他们的领土，穿越维尔诺走廊，和敌军接触呢？"[19]回答是：你得问华沙和布加勒斯特，它们是主权国家。伏罗希洛夫："法国和英国代表团无法对这个问题给出明确的答复，苏联代表团深表遗憾。[……]因此，苏联代表团无法建议本国政府参加明显会失败的会谈。"于是，杜芒便和德拉克斯商定，给巴黎发电报，建议他们派遣法国代表团成员瓦兰将军前往华沙（最后去华沙的是博弗尔上校），希望让波兰参谋部秘密赞成这项提议。杜芒在他的文稿中写道："这次漫长的会议极富戏剧性，标志着真正的谈判已经结束。从这一刻起，每天两次会议只不过是一种消磨时间的方式而已，在忍耐讨厌的伏罗希洛夫的时候，还要等待发来电报，给出不可靠的回答。"

8月15日，莫洛托夫应舒伦堡的请求接待了他。舒伦堡小心翼翼地提出德国可以帮助苏联缓解同日本之间不和的关系，双方共同解决波罗的海问题，签署《苏德互不侵犯条约》。8月16日，面对法国人和英国人，伏罗希洛夫说，如果波兰和罗马尼亚不愿做出答复，那他就拒绝进一步谈判。磋商陷入了难以自拔的僵局之中。17日，博弗尔上校秘密乘坐火车前往华沙，谈判延期至21日的时候，舒伦堡通报莫洛托夫，里宾特洛甫准备乘坐飞机前来莫斯科。伏罗希洛夫委员愿闻其详。大使就对他说元首"无法忍受波兰的挑衅"，想要在开战之前阐明德苏两国的关系。

还是8月17日，希特勒向布劳希奇和哈尔德——两人在日记里记录了这次会面——宣布他想要用"8到14天的时间"击败波兰。他越来越确信英国和法国不会拔剑出鞘。"这些人我在慕尼黑的时候就领教过了，他们是不会打一场新的世界大战的。"他又说，苏联方面"是不会去替英国火中取栗的"，同时还引用了斯大林在3月10日的讲话。"对斯大林来说，战争输了，他会很危险，军队打赢了，他照样

第三章 条约 135

很危险",他说这是"俄国的热月*",是时代的癖好。对于正在进行的接触,哈尔德记下了元首的这些话:"不要去相信(苏联人)迫于形势和西方国家签的协议。俄国人很清楚波兰人输定了,那乌克兰怎么办呢?同意划分利益范围。波罗的海?〔……〕俄国人想要深入讨论。〔……〕元首倾向于释放善意。"

1939年8月19日是关键的一天。舒伦堡向莫洛托夫提交了一份条约草案,劝他尽快签订。在华沙,法国人不管和谁谈,军界还是政界,都碰了壁:波兰人始终不愿妥协。他们说毕苏斯基的遗言就是他们的信条:外国军队不能踏上我们的土地。晚上,德国和苏联签订了经济和信贷协定。《消息报》等到21日才刊发了这则消息。当日,莫洛托夫想要推迟里宾特洛甫来访的时间:他是希望法英两国这儿会传来新的消息吗?但舒伦堡催得很紧,还给他下了最后通牒:元首的一封信通知斯大林,说鉴于国际形势日益紧张,他已赋予外交部长无限的权力,在48小时内缔结条约。当天17点,莫洛托夫也转达了斯大林的一条消息:里宾特洛甫可以在8月23日抵达莫斯科。22点30分,达拉第发来一封电报,授权由杜芒将军签署军事协定。这么做**就好像**波兰人已经给出了肯定的答复似的?电报在这一点上是在装聋作哑。但不管怎么说,都已经太晚了。

8月22日早晨,希特勒把将军们召集到上萨尔茨山。所有人为谨慎起见,都穿了便装,戈林则穿了一套怪里怪气的绿色皮猎装,还装饰了肋形胸饰。希特勒发表了长篇讲话,卡纳里斯海军上将私底下留了讲话稿的副本,后来为纽伦堡审判提供了一份起诉德国战犯的主要证据。希特勒申明马上就要进攻波兰,他解释说德国必须发动战争,因为"德国能赢得一切,毫无损失",还说自己是个伟人,对手就缺

---

* 意指热月政变,1794年7月27日(法国共和历共和二年热月9日),反雅各宾俱乐部的人马鼓动公共安全委员会发动政变,随后国民公会投票处决罗伯斯庇尔、圣鞠斯特等雅各宾派的领导人物,结束了雅各宾派的统治。

他这样的人，他们只是些"小爬虫。我在慕尼黑就领教过这些人"。千万不能退缩，这样"会丧失威望。有极大的可能性，西方不会参与进来"。还必须"测试军事装备。[……]我知道斯大林永远不会接受英国的提议。俄国对维护波兰毫无兴趣，斯大林很清楚只要发生战争，无论输赢，他的政权都会终结。[……]和斯大林的私下联系已经建立起来。[……]现在，波兰的处境正是我们想要的。我们不用害怕封锁。东方会给我们输送谷物、牲口、铅、锌。[……]我只害怕一件事：到了最后一刻，冒出一个混蛋，说要来调停"。[20]大约15点，讲话结束。希特勒于是转身面对里宾特洛甫，祝他在莫斯科顺利完成使命。

谈判：内心想法和责任

斯大林说要和西方国家进行磋商，却又不想和他们达成协议，这一点是否愚弄了这些国家呢？可能性不大。英国人是到8月初的时候才对斯大林想要签订协议的意愿产生了些许怀疑的。斯大林确实想要结盟，但要按他的条件来，也就是说，他们必须承认他有权介入芬兰、波罗的海诸国、波兰和罗马尼亚的事务。因此，他没料到西方国家若是要拍板定夺，就会承受道德和舆论方面的巨大压力。苏联驻伦敦大使迈斯基的行为很不地道，他不停地发电报，说英国人在虚张声势，什么都决定不下来。西方国家所认为的谈判要义，在苏联人看来就是虚张声势：英国的首脑张伯伦、哈利法克斯和法国的首脑达拉第、博内*没法接受战争已成定局的观点，他们的政策就是要阻止希特勒进攻波兰。无疑正是出于这个理由，他们并没有对军事谈判进行充分的准备：他们相信他们能做出调停。西方国家的和平主义已经完成

---

* 乔治·博内（1889—1973），法国政治家，1939年5月11日至9月13日担任法国外交部长。

了自己的工作。

那斯大林是否一心只想着在面对希特勒时能出个高价？4月和5月时不是这样；显然，从6月起，当柏林开始向他献殷勤的时候，是这样的，当然在7月和8月也是如此。斯大林仍然恪守在"火中取栗"的讲话中所阐述的路线。苏联并不先验地站在帝国主义国家这一边，也不站在属于帝国主义国家同类的受侵略的国家这一边；苏联只想维持完全的行动自由，只遵守现实主义，并无意识形态上的先入为主观念。这种现实主义事实上就是一种盲目的犬儒主义，没有认识到老牌西方国家和第三帝国之间的裂痕有多深，纳粹肆无忌惮的侵略行径更是加深了这道裂痕。和魔鬼结盟是会有代价的。1941年就会付出这个代价。

是不是斯大林向柏林提出了这个提议？没有。是希特勒在波兰这儿碰壁之后，才决定暂时翻转针对苏联的政策的。是他起草了后来那份条约的内容，是他将自己的日程表同对波兰进行军事攻势相挂钩。在最后十五天里，斯大林显然还想再等等，但是希特勒竭尽全力迫使斯大林签署协议。这件事很好地说明了希特勒手段的灵活性，不达目的誓不罢休的性格。

那签署协议是否就说明是斯大林把希特勒推向了战争呢？没有，德国独裁者就算没有和莫斯科订约，也会攻击波兰。肯定的是，波兰人永远不会请求苏联红军的援助，即便奄奄一息，他们也不会惧怕苏联方面的回应。可是，斯大林又确实催生了战争，希特勒有了这份条约，就能让人们不用担心1914年局势的重演：消灭波兰之后，不会发生同时在两条战线开战的风险。第二次世界大战的爆发，希特勒毋庸置疑负有首要责任，那负次要责任的又是谁呢，我们是否可以认为西方国家和苏联人需要负次要责任呢？不行，双方的立场没有可比性。3月至8月，伦敦和巴黎只想构建共同阵线对抗希特勒，希望避免战争，使东欧国家能够保持其独立性。而为了使自己免于战火，掌控这些国家，莫斯科却让一心求战的希特勒有了自行其是的空间。

是什么最终使苏联和西方的谈判以失败告终？是波兰拒绝让苏联红军经过其领土，也不允许他们在波兰的领土上驻军导致的吗？但所谓的拒绝只是对和平时期苏联不得出现在波兰领土上而言，如果并肩作战那就不是这回事了；所以商讨的余地还是存在的，但莫斯科并不愿去寻求这样的余地，如此一来，华沙就对莫斯科背后的真实意图产生了怀疑，而且从沙波什尼科夫向英法两国军事代表团所提的那些要求来看，也很难打消华沙的疑心，沙波什尼科夫的要求是：出让芬兰的两个基地（奥兰岛和汉科），爱沙尼亚四个，拉脱维亚两个，而且无视这三个国家的意愿。

那西方国家和苏联之间的猜忌是否导致了诸多不利影响呢？这种猜忌当然在两个方向上产生了深远的影响，但对莫斯科的影响尤其大。斯大林并没有忘记他现在所面对的英法两国1918年对布尔什维克横加干涉的事情，所以他们所谓的军事援助不见得可靠。有一个原本会朝不利方向事转变的小插曲，就很好地揭示了苏联人的猜忌有多盲目。8月5日，中国北部的天津事变*之后，[21]斯大林得知日本外务大臣有田八郎和英国驻东京大使克雷吉达成了一项对英国而言不太光彩的协议。很显然，战争正在威胁欧洲之际，英国是不可能将本土舰队派往中国海的，但斯大林马上就从这项和平协议中看出伦敦"客观上在支持"东京，他的这个看法在逻辑上完全说不通。而此时，蒙古和伪满洲国边境的诺门罕战事正酣，苏联的第57军和日本的两个师团正打得不可开交。可见，苏联人和弗洛伊德学派一样，都有过度阐释的毛病。

对斯大林的动机进行揣测的话，我们只能认为希特勒提出的领土和经济方面的建议远比西方国家的建议要诱人得多。和里宾特洛甫签署条约还有一个最有可能的，也是更说得通的理由，那就是如果和西

---

* 天津事变是指九一八事变之后，1931年11月，奉天临时市长土肥原贤二为将清逊帝溥仪从天津日租界的住所秘密带至东北而在天津制造的一连串挑衅事件。

方国家结盟意味着短时期内几乎肯定会爆发战争，则希特勒的提议要求的只是苏联保持中立而已。斯大林不信任英法两国，同样也不会相信希特勒。但眼下，双方具有同等的危险性，他选择的自然就是出价最高的合作方。这个态度和慕尼黑之后苏联政策的主导性特征若合符节：短期，审慎，观望，机会主义。事实上，次日，也就是1939年8月23日，如果没有人敢确定西方国家是否会兑现对波兰的诺言，那就更没有人能认出这份刚刚签署的条约的价值及其真正的影响力。希特勒能保证多长时间？十年，条约里是这么写的。但在希特勒看来，如果万事俱备，伦敦和巴黎也仍然没有动武的迹象，那和宿敌布尔什维克签订的协议也就可以随时反悔。如果西方不想和他开战，希特勒不就会认为他现在终于可以放手对付那个东方帝国了吗？斯大林也会有同样的想法。可后来发生的一连串的事件却只是让他越来越困惑，使他的种种算计悉数落空。法国驻莫斯科的大使罗贝尔·库隆德尔去了柏林以后，也是这样描述这种战略的：

> 帝国若是无法穿过波兰或罗马尼亚的领土，也就是说，从4月13日起，它没有把西方国家的保障当儿戏，由此引发和这些国家的战争的话，那他就不可能进攻苏联。斯大林间接把西方当作了挡箭牌，而且自己还不会卷入进去，这样的机会，他已经苦苦寻找了十年……他会静观其变，玩一个对俄国人来说代价高昂的双重游戏。千万不要去试探圣人，更何况对方还不是圣人。[22]

架空历史的离题话

如果斯大林最终判断德国对他的国家即将构成极为严重的威胁，那又会怎么做呢？他会毫不含糊地和英法两国结盟，签署条约。那然后呢？第一种假设，希特勒发现自己会在两个战线开战，就会打退堂鼓。

他对波兰的孤立政策就会失效,所以会放弃"白色方案"。三方结盟一旦避免了战争,张伯伦就会重拾那次唐宁街10号针对慕尼黑事件讲话的论调:"为我们的时代寻求和平。"乐观主义者就会指出这个行动将削弱希特勒依靠个人魅力统治的基础,从而促使军队的将领反对他的对外政策,再加上这次有了盟国的协助[23],军队就会推翻他的政权。这是张伯伦的梦想,但也只可能是个梦想。另一个架空历史的选项是,元首会暂时阻止装甲师的行动。他会重启谈判的途径,谈判必然会相当漫长,只要有个合适的外交部长,他就会设法破坏三方本就脆弱的结盟,而结盟本就受上下两院席位比例变化的牵制。战争会重新启动,而这样的局势也会促使西方国家和苏联人将重整军备再次提上议事日程。

最有可能发生的局面是希特勒仍然会对采取军事行动这一假说秉持坚定不移的信念,因为他认为苏联红军整体都很虚弱,英法两国都没有能力发动攻势。不出所料,进攻波兰的军事行动会定在9月1日。现有的波兰军队会在十五天内遭到碾压,若是德国的集团军群与苏联红军遭遇,时间就会稍微延长。陷于绝境的华沙不管是不是求助于苏联红军,斯大林都会抓住这个机遇,让苏联红军长驱直入进入西方,不消说,波罗的海诸国自然也会被攻占,1920年代起苏联的总参谋部不就一直在寻找这样的机遇吗?德国国防军和苏联红军会在维斯瓦河及涅曼河东部的某处相遇,这是个关键点。希特勒出于利益考量,会当场提出休战:他们会在各自的堑壕处停止推进,保持克制,决定双方各自占有波兰的一部分,看冲突的走向再行定夺。那斯大林会怎么做呢?苏联红军会向乌克兰和白俄罗斯西部推进250公里,但考虑到推进期间所遇到的阻力,他会三思而行,再向擅长打运动战的敌军发起进攻。法国在西部按兵不动,这又激起了他病态的猜忌心理,法国会不会最终心照不宣地接受希特勒提出的临时协议呢?莫洛托夫—里宾特洛甫条约难道就不会当场签订吗?这是我们比较倾向的假说。但在那样的局势下,一切都很难说得准。国防军和红军先会发生小型武装冲突，然后就会爆发全面战斗。国防军注意到对手的弱点之后，就会利用自己的优势，临时启动巴巴罗萨行动，但目的不是为了摧毁苏联这个国家，毕竟这个行动提前过早，准备还不充足，所以这样做的目的只是为了攻占苏联的领土。这样的局势对英法两国而言是好事，对苏联而言也不见得是坏事。如此就可以避免1941年6月22日的突袭行动。西方国家就会做好充分的准备，而德国不行，因为它在苏联这儿的第二条战线上自缚手脚，从而再次陷入1914年秋难以取胜的局面。如果没有1940年5月10日，第二次世界大战就会是截然不同的局面。无论是什么样的局势，对西方国家和苏联来说，都要比莫洛托夫—里宾特洛甫条约所导致的真实的局势更有利。

条　约

德国代表团由三十多个人组成，8月22日晚间乘坐两架秃鹰飞机从柏林起飞。飞机中途在柯尼斯堡经停，然后避开波兰的领空，于当地时间8月23日13点在莫斯科降落。飞机上的气氛相当紧张。所有人都没有把握。在此期间，斯大林会不会和西方国家签约？会不会利用德国人来访这件事迫使英法两国签约？希特勒所采取的颠覆性政策会不会是疯狂之举？里宾特洛甫的包里放了条约和秘密议定书的草案。德国人在机场受到迎接，气氛有些低调，态度有些冷淡，来迎接他们的不是莫洛托夫，而是他的副手波将金。机场奏响了纳粹党歌《霍斯特·威塞尔之歌》*和《国际歌》；几面印有纳粹党徽的旗帜悬挂了起来，那是苏联人从电影放映厅里拿来的，这些旗帜都是播放反纳粹电影时

---

* 《霍斯特·威塞尔之歌》依其首行歌词又名《旗帜高扬》，1930年至1945年间为纳粹党歌及第二国歌，另一首国歌为《德意志高于一切》。歌词作于1929年，词作者霍斯特·威塞尔（1907—1930）为纳粹激进主义分子，是柏林腓特烈斯海因区纳粹冲锋队负责人，1930年1月被德国共产党暗杀，戈培尔将之塑造为头号烈士，这首歌也成为纳粹党仪式用歌，广泛应用于纳粹集会和冲锋队街头游行。

当背景用的。只有里宾特洛甫有权乘坐汽车前往德国大使馆。当外交人员向他提出各种建议，要他和俄国人谈判时不要心急，要谨慎从事的时候，他越来越紧张。因为希特勒还给了他另一项任务，一项速战速决的任务。他不是去谈判的，而是斯大林要什么，就给他什么，他越是垂涎，条约"就会越快收入囊中，他们也可以越快回来"。[24]事实上，进攻波兰的行动已经定在8月26日凌晨4点。这位纳粹部长最多还有48个小时来处理这事。

在这么多纳粹领导人中间，里宾特洛甫最受同事、盟友和历史学家的轻视。戈培尔就做过这样的概括："他的名字是买来的，财产是通过结婚得到的，职位是骗来的。"[25]里宾特洛甫（1893—1946）长相好，喜欢运动，音乐才能也很不错，能说英语和法语，而且不带口音，他经过两年的经营，于1932年受到了希特勒的赏识，并于这一年加入了纳粹党。里宾特洛甫喜欢冒险，在商界靠葡萄酒和酒精生意赚得盆满钵满的生意圈里广交人脉，而且这些生意人对传统的外交方式普遍都取反感的态度，所以这一切都是他受赏识的原因。1934年，希特勒让里宾特洛甫担任他的私人参谋，负责处理外交问题，这是一个非正式的机构，全世界都有它的触角。"里宾特洛甫部门"与社会各界都有联系，负责影响舆论，和第一次世界大战的老兵接触，1936年在凡尔登就举办了一次规模相当大的老兵集会。1938年2月4日，希特勒任命他为外交部顾问。但他和希特勒也有严重的分歧：里宾特洛甫憎恨英国，而希特勒却让他处理"重新和英国结盟"的事务，他心心念念想着的就是在非洲开设殖民地，但并没有什么反俄纲领，也没有反犹太—布尔什维主义方面的执念。相反，他想要把苏联纳入欧亚大联合体之内。可他虽然和希特勒观点相左，却并没有去劝谏后者，他本人性格上的缺陷，比如无边无际的虚荣心，傲慢无礼（面见国王乔治六世的时候，不就行了纳粹礼吗？），奴颜婢膝，残忍无道，行事不计后果，极端的犬儒主义，再加上对权力的渴望，反而使他成了希特勒采取激进政策的主要动因，对战争负有很大的责任。希特勒就对他做过正确的评价：他之所以欣赏里宾特洛甫，不是因为他有什么观点，而是因为他没有性格。里宾特洛甫的高光时刻是1939年8月22日至23日他返回之时，欣喜若狂的希特勒迎接他的时候说了这么一句滑稽的话："我们的第二个俾斯麦。"

15点30分到18点30分，里宾特洛甫在克里姆林宫同莫洛托夫和斯大林进行了第一次会谈，斯大林也是第一次见这位外国派来的代表。里宾特洛甫当时很震惊，因为他没料到自己能和斯大林直接会商。他们晚上继续会谈，到凌晨2点的时候，条约和秘密议定书都已签订完毕。还没有哪场谈判能进行得这样快速。大使馆参赞古斯塔夫·希尔格对这场谈判的实质做过这样的评述："谈判［……］显然很简单。［……］（里宾特洛甫）基本上只要把观点串联起来，概括一下即可，莫洛托夫和舒伦堡在先期商谈中均已讨论过这些观点，柏林发来的电报中也做出过这样的指示。［……］条约文本的拟定也没遇到任何困难，因为希特勒原则上早已接受了苏联的提案。"[26]

8月23日至24日签署了两份文件。第一份公开的文件是十年之内互不侵犯的条约。七个条款中有五个条款和此类普通外交文件并无区别：双方均不得互相采取任何敌对行为，无论是单独行动还是和其他国家联合行动都不行；双方通过协商来解决任何分歧，不得直接或间接加入其他任何联合体来反对另一方；相反，条款2和条款7的措辞就显得非比寻常了。条款7宣称条约即刻生效，无须经由任何一方批准。条款2点出了如此紧急的原因所在："缔约一方若成为第三国战争行为的目标，缔约另一方不得采取任何行动来支持该第三国。"为了使条约具有防御性质，规定只要进攻行为并非由缔约一方挑起，则该条款就应以秉持中立为要义。苏联在1930年代签订的所有这类协定都包含了这一条款。从这个角度来看，这份互不侵犯条约就等于是对侵犯开了绿灯。

第二份为秘密文件，是议定书附件，据此，德国和苏联在东欧划定了各自的势力范围。条款1写得很明确，关于芬兰、爱沙尼亚、拉脱维亚、立陶宛这几个国家，缔约双方的势力以立陶宛北部边境为界，这样一来，立陶宛就被划在了苏联的势力范围之外。条款2确定了以纳雷夫河、维斯瓦河、桑河为界瓜分波兰；关于如何维持波兰实体的问题留待以后随时商讨，这一条是根据斯大林的提议加上去的。条款3确认将比萨拉比亚（属于罗马尼亚）划入苏联的势力范围之内。

德苏条约：谁是赢家，谁是输家？

希特勒所获的好处很容易得到确认。他只在一个战线上开战，因为英法两国没有能力援助波兰；由于随后签订的经济协议，海洋国家的封锁这一招撒手锏也被他挫败了。最后，他获得了长期以来一直想要的东西，也就是和苏联拥有共同的边界，作为今后发起进攻的基地。费用方面的问题也得到了圆满解决。8月23日柏林与莫斯科签订条约，伦敦为因应这一形式，两天后也签了协议：英国改变了以"多边保障"的形式来保护波兰的策略，而是与之签订了互助条约。这样一来，希特勒很清楚他肯定会同英国人和法国人开战，但他假装说这一点还不确定。不过，1939年9月1日有一个事实是可以确定的，那就是这不可能是一场局部冲突，这一点和他之前对军队的许多次讲话完全相反。同样让德国人失望的是，250到300公里的纵深空间会让给斯大林，必须等到巴巴罗萨行动的时候再去夺取，而这会耗费两三个星期的时间，通信线路也得延长这么长的距离。最后，里宾特洛甫跑到莫斯科缔约，同东京真正结盟的可能性也就不复存在了。作为《反共产国际协定》的合作方，德国既没有通知日方，还无视协定条款，竟然趁日军在东方和苏联红军鏖战之际，和苏联红军签订了保持中立的条约，这不得不使日方颇有上当受骗之感。苏联人没了西部的掣肘，就能向西伯利亚增派军力，还能援助中国人抵抗日本的侵略。8月28日，备受羞辱的亲德的平沼骐一郎内阁全体引咎辞职。相当亲德的日本陆军向来支持同苏联开战，此时却自责甚深；好几名军官引咎自裁。相反，和陆军处于竞争关系的海军一直将目标放在了南方，其地位就得到了加强。8月31日，全世界都知道了日本第6军团的两个师团在诺门罕被苏联军队击溃。9月15日，日本驻莫斯科大使东乡茂德和莫洛托夫签订了停战协定。莫洛托夫—里宾特洛甫条约的签订，再加上诺门罕战役的失利，日本的外交政策由此发生了转向，最终导致1941年4月13日，日本和斯大林签署了互不侵犯条约。对希特勒而言，这是相当糟糕的时刻……最后一点，希特勒将他要和莫斯科缔结条约一事通知了墨索里尼，但对这么做的意图却相当含糊其词。他丝毫没有顾及刚刚签署的钢铁条约，也不考虑领袖是否担心意大利尚未做好因应全面冲突的准备。1939年8月25日，墨索里尼以其人之道还治其人之身，宣称如果德国进攻波兰，意大利拒绝站在德国一方开战。希特勒听闻这个消息倍感震惊，只得取消这场速战速决的进攻计划，将之推迟到了9月1日。最后，为了神不知鬼不觉地消灭波兰，他付出了很大的代价。

那苏联从条约中得到了什么好处呢？从当下的状况来说，苏联避免了卷入冲突的风险。秘密议定书使它可以将边境向西推进，尤其是可以进入波罗的海诸国，自1920年以来，那儿一直是苏联最关切的地方。在南部地区，列宁格勒距边境的直线距离不再只有130公里，而是740公里，潜在的危险性降低。德国水陆两栖进攻波罗的海港口，进而进攻列宁格勒和喀琅施塔得海军基地的危险也可以排除。但莫斯科蚕食波兰的行为对与苏联接壤的罗马尼亚、芬兰、斯洛伐克和匈牙利造成了不小的影响，所以他们对苏联的惧怕超过了对纳粹的惧怕。于是，这些和苏联做邻居的小国就会寻求德国的保护，也会允许后来的巴巴罗萨行动将战线扩展至3000公里长，从巴伦支海一直绵延至黑海。此外，苏联红军所经之处都会以极其粗暴的方式对被占土地实行苏维埃化，所以那些地区对苏联恨之入骨，德国的情报机关就能比较容易地在那儿的乌克兰和波罗的海诸国的民族主义者当中招募到成百上千名特工从事间谍活动。

最严重的是，苏联红军并没有守住斯大林防线，该防线就在原来的边境后面，便于组织防守，也能保护抵达的后备部队。1930年开工的斯大林防线从来就没有真正地完工过，设有防御工事的区域依地域不同，纵深在10到20公里之间，防线内有加固的掩蔽所、指挥所、炮兵和机枪阵地、横向的公路、火车终点站、防坦克壕、电话交换中心以及其他许多设施，1941年6月，这一切都将灰飞烟灭。斯大林防线虽然远未到完成的程度，但还具有一定的连贯性。莫洛托夫防线是在新的边界地带设立的防线，但要到1940年6月才会完成规划，完工则会更晚。防线内，铁路堵塞严重，由于俄国和波兰的铁道轨距不同，所以情况更为恶化，对混凝土和钢铁的大规模需求，1941年因天气寒冷导致的长时期无法浇筑，大量困难环环相扣，难以及时解决。莫洛托夫防线建造的地方离边境太近，德国的侦察员可以把它的弱点看得一清二楚。同样，装甲门、旋转炮塔、加农炮、电力设备都很缺乏，只能将斯大林防线里的东西拆卸下来拿去用。莫洛托夫防线的防御工事互不连贯，又只完工一半，进攻开始没几个小时，防线就被绕了过去，归于沉寂。白俄罗斯共产党中央第一书记波诺马连科战后就这项未完工的工事说了这样一段话：

> 我们必须在白俄罗斯新设的470公里长的防线上建造550个永久工事和990处防御工事。1940年夏，数百个工兵营开始建设。［……］每天都有1万多名工人、1万辆汽车和货车在工地上。［……］进攻前一天，只有大型工事即将竣工。但还缺工程

设备和火炮。只有35%的永久工事有机枪和加农炮。大多数防御点连射击孔都没开,电力设备也没有,布雷区也没铺开。[27]

最后,正是由于莫洛托夫—里宾特洛甫条约的签订,苏联红军才没有从这两个耗尽了大量物资的防区享受到任何好处。可是,又不能将巴巴罗萨行动所致的灾难归咎于当时的这种处境。即便苏联人决定保留斯大林防线,在那儿等待德军发起进攻,德国国防军仍然有能力突破防线,而且他们也确实有能力牺牲整个世界。苏联的最高统帅部和斯大林之间似乎并没有讨论过这个选项。对斯大林而言,莫洛托夫防线使苏联最终实现了对白俄罗斯和乌克兰西部地区的统治。如果说那些军事将领[28]看见混凝土工事在自己脚下塌陷,都不会马失前蹄,那是因为他们信奉的纯粹就是进攻的教条,并不完全需要防御工事。1941年,他们中没有一个人能想象得到敌军竟然能一路突破到原先的斯大林防线那儿。

绝大多数苏联人饥肠辘辘,对克里姆林宫态度的反转并不关心。爱森斯坦的《亚历山大·涅夫斯基》*之类反德的电影作品都遭到禁映,但对每日挣扎在悲惨生活中的民众而言,这些并没什么关系。只有坚定的反法西斯主义者,尤其是知识分子阶层,才会倍感震惊,柳博芙·沙波丽娜就是一例。

互不侵犯条约,花了多少代价?"就为了拯救革命",列宁已经交出了六个国家、海洋,做出了贡献。把别人的财产交出去是很容易。可现在,我们还能给他们什么呢?里宾特洛甫来这儿不是为了蝇头小利。巴黎真的应该办一场弥撒[文中为法语]。

---

* 谢尔盖·米哈伊洛维奇·爱森斯坦(1893—1948),苏联导演,蒙太奇理论的奠基者之一,《战舰波将金号》为其代表作。《亚历山大·涅夫斯基》拍摄于1938年,讲述13世纪神圣罗马帝国条顿骑士团入侵诺夫哥罗德,被亚历山大·涅夫斯基击溃的故事。

显然，所有的原材料都会流向德国。石油、煤炭……我们都是些肥料，将会滋养德国高贵的土地。希特勒的手不会被捆住。捷克斯洛伐克之后，就会轮到波兰。法国也有危险，而法国可是我们的第二祖国啊！

苏联红军进入波兰之后，她又写道："我们现在既是侵略者，又是侵略成性的法西斯主义的帮凶。我倒很想看看共产国际会做些什么。从逻辑上看，不仅共产主义世界，甚至就连民主世界都不会和我们握手了。"[29]相反的是，憎恨共产主义者的科学院院士韦尔纳茨基倒是支持签订条约。"我对条约的第一印象：很开心，让我想起了1917年得知沙皇被推翻的时候第一次那么开心的情景。"[30]两天后，作家米哈伊尔·普里什文描述了莫斯科许多人对德国宣布进攻波兰普遍感到欢欣鼓舞的景象。[31]对波兰的憎恨，柏林和莫斯科同声相应……

那莫洛托夫—里宾特洛甫条约对西方国家造成了什么影响呢？毫无疑问，是灾难性的影响。苏联发起集体安全政策以"抵抗法西斯主义"的时候，西方国家的舆论都对苏联充满了好感，不仅仅是左翼如此。现在，苏联失去了这种好感，尤其是1939年9月17日，他们还在波兰的后院发起进攻。签署条约之后造成的混乱很快就在许多人心目中变成了敌意，其中就包括共产党的积极分子。9月22日，威廉·明岑贝格在共产党的报纸《未来》（在巴黎发行）上发表了一篇文章，他在文末发出了这样的感叹："今天，数百万人都已起来，指着东方，大喊：你就是叛徒，斯大林！"媒体对莫斯科背信弃义的行为和犬儒主义进行了连篇累牍的挞伐。[32]《每日先驱报》作为工党的机关报，说条约"是历史上最令人震惊、最站不住脚的政策转向行为。[……]如果对波兰的侵略战争避免不了，那苏联的罪恶不可谓不深重"。

相反，即便苏联于9月17日进攻了波兰，英法两国政府也表现得相当谨慎。宣布对苏联宣战肯定没问题，从法律角度来讲，这么做完全说得通。德苏两国之间出现了共同的边界，那儿总有一天会在他们两国之间造成摩擦，张伯伦内阁很快就理解了这一点。被任命为海军大臣的丘吉尔甚至要求加强同苏联之间的关系，简直恬不知耻。已经退休却仍有影响力的劳合·乔治在9月24日的《星期日泰晤士报》上大声疾呼，说"苏联人再怎么样也只是在把他们的兄弟从波兰的桎梏中解救出来"。归根结底，这样的言辞无论从形式上，还是从立场上来看，都有夸张之嫌，但还是反映了在英法这两个盟国中占主导地位的看法：千万不要做任何会让莫斯科和柏林强化关系的事情。在外交部，有一个问题具有头等的重要性："德国和苏联的资源及人力相结合，假以时日，就会无往不利。但这对文明和帝国都造成了实实在在的影响，英国今后的政策发展都应考虑这个极其严重的风险，并据此做出判断。"[33] 从10月11日起，伦敦就和莫斯科签订了通商条约，向苏联提供锡和橡胶，但他们很清楚，其中一部分原材料会被苏联人转运至德国。[34]这份条约只能说明他们都有共同的意愿，那就是不要把未来给抵押出去。

"鲜血铸就的德苏友谊"

1939年9月1日，希特勒进攻波兰。从那时起，莫斯科就开始跳起了犹犹豫豫的华尔兹舞步，达十天之久。进入波兰的时候，究竟该作为德国的盟军，还是肆无忌惮的掠食者好呢？究竟该给世界一个什么样的借口，尤其是该怎么向工人运动交代？9月3日，英法两国发布了战争宣言，里宾特洛甫向莫斯科发去了一封电报。[35]他明确要求苏联红军开始行动起来。希特勒希望向西方国家表明它们根本无力向波兰提供支援。5日，莫洛托夫给出了回答，说"干预的时间还没到来"，万不可"操之过急"。[36]斯大林并不着急。他的军事将领对他说，整个秋季，波兰人都会奋力抵抗，更何况英法两国发起攻势，可以减轻盟友的压力。9月8日，德国国防军的公报宣告"德国军队于17点15分进入华沙"。德国国防军陆军总司令部向驻莫斯科的武官科斯特林将军发去电报，要求他敦促苏联人发起进攻，因为"华沙已被夺取，波兰政府已经不存在了"。回复很干脆："苏联人给我的答复是，根据他们的情报，华沙陷落的消息并不确实。由于和波兰签有互不侵犯条约，苏联不便出军。"[37]事实上，德国的宣告发布得早了点：华沙还在抵抗第4装甲师的进攻。不过，斯大林观察到盟军并未向西移动，所以就把大量后备役军人召了回来，让他们驻扎在西部六个军区的阵地内。10日，莫洛托夫向舒伦堡大使承认，"苏联政府完全没有料到德军竟然这么快就赢得了胜利"。在苏联大城市的大街小巷，高音喇叭开始鼓噪，说波兰的工人正在暴动，反抗剥削者的政府。出兵干涉的剧情开始露出了苗头，莫洛托夫还不客气地同舒伦堡起了争论，因为舒伦堡听了苏联的指导方针之后很不开心，指导方针是这么说的：苏联红军会保护被德国占领的乌克兰和白俄罗斯。

尽管以最快的速度做好了军事上的准备，但斯大林还在等待。由于和西方国家开战的风险还不能排除，他便在蒙古和日本签署了停战协定，以避免在两个战线上开战。这是9月15日的事。前一天，所有飘扬着苏联国旗的商船全都被召回母港：这么做是怕英国人真的会抓捕这些船只。斯大林还希望说服流亡至库季*的波兰政府向他发出请求，让他提供支援，美国大使转达了这个消息。但贝克对此断然拒绝。[38]16日，德国国防军到处都已越过秘密议定书事先划定的界线，斯大林决定无论付出什么代价，都不能让到手的猎物就这么跑了。但情况还要糟糕。事实上，他并不知道德国国防军陆军总司令部已经制

---

*库季为乌克兰城市。

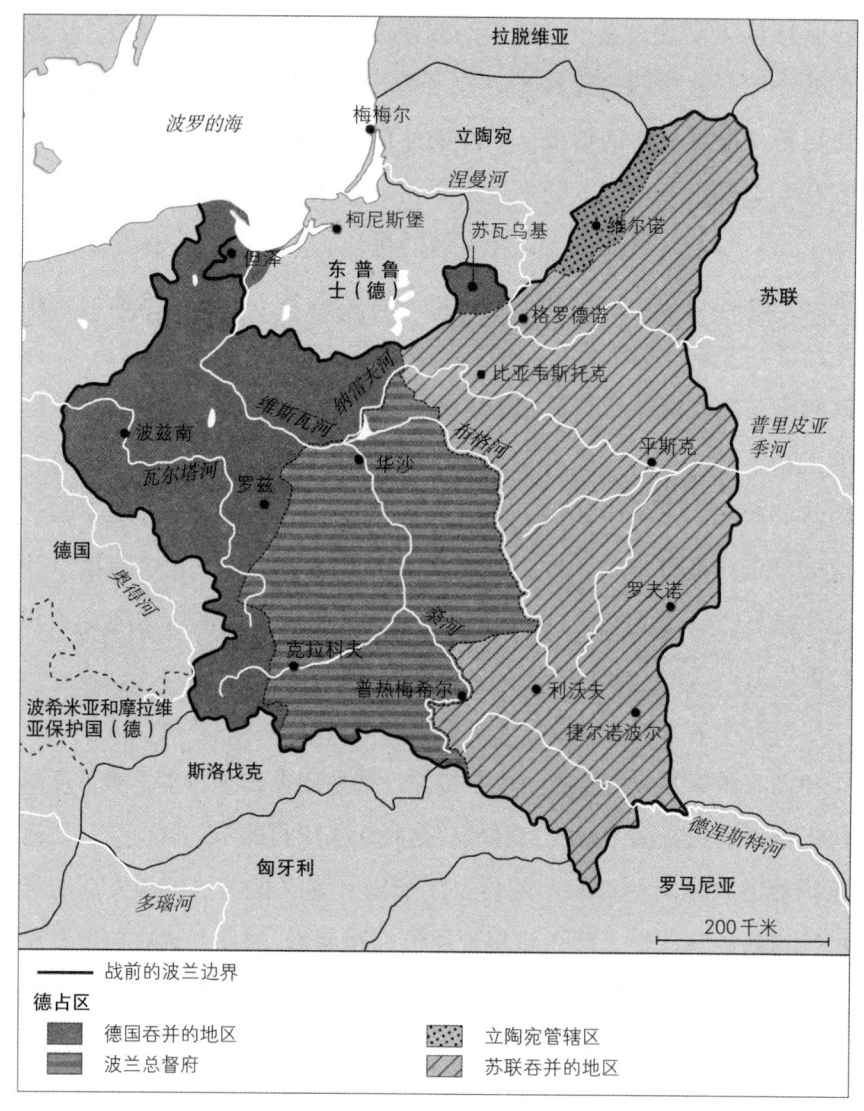

瓜分波兰

152　第一部　通往迷雾重重的印度群岛

订了从两个方向扩大战果的计划，这两个方向分别是立陶宛和乌克兰。第一项任务将由古德里安的第19机械化军负责执行，直扑目标。战斗将进行至9月25日或26日。第二项任务是德国国防军的情报机构阿勃韦尔*在夏天设想的。该项行动的目的是引入"梅尔尼克"组织的特遣队，在乌克兰原属波兰的部分激起叛乱，梅尔尼克是乌克兰独立主义组织武装部队的一个头目的名字。9月12日，凯特尔批准了这项行动，但阿勃韦尔的负责人卡纳里斯海军上将提出了反对意见，他认为叛乱会激起苏维埃乌克兰的反抗。梅尔尼克的人马此时已被编入第14集团军，前去攻占利沃夫。苏联一旦干预，这两个行动都不可能完成。

9月16日至17日，斯大林一直在对苏联红军介入波兰的照会[39]字斟句酌地进行修改。有意思的是，舒伦堡就在他边上将日耳曼人听不惯的句子悉数删除。1939年9月17日4点40分，波兰驻莫斯科大使格日博夫斯基收到了这份言语相当含糊的照会。

> 德波战争证明了波兰国内的脆弱性。[……]华沙作为波兰的首都已不复存在。波兰政府已经分崩离析，再无生命的迹象。这表明波兰及其政府已不存在。因此，苏联和波兰之间的条约也就丧失了其有效性。由于波兰只能依靠自己，而且完全没有方向，波兰便会承受万般风险，面对万般意想不到的情况，而对苏联而言，这就是危险。此后，迄今为止始终保持中立的苏联政府再也不能如此行事。苏联再也不能无视生活在波兰领土上的乌克兰和白俄罗斯手足遭受命运的随意播弄，挥洒鲜血，却没有保护。

---

* 阿勃韦尔，又译阿勃维尔，1921年至1944年间为德国军事情报机构，1938年2月4日后更名为德国国防军最高统帅部外事及防御局。

格日博夫斯基大使对这篇充斥着谎言的厚颜无耻的杰作不予置评，只是说，只要波兰还有一个士兵在战斗，波兰就还享有主权，继续存在。他还提醒对方注意，拿破仑占领莫斯科的时候，可没人怀疑俄罗斯的存在。斯大林想要找到某种合理性，可他只找到了一个不牢靠的借口。对全世界来说，苏联的干涉确确实实就是在刻意侵略一个国家，而七年前，这个国家还与苏联签订了互不侵犯条约；在面对德国的时候，波兰曾将莫斯科放在联合作战国的地位上。

格日博夫斯基和莫洛托夫交换意见之后一个小时，也就是9月17日5点40分，两个方面军（相当于西方的集团军群）再次集结了8个集团军，46万人，1000辆坦克，1000架战机，开始了宣传中所说的"将西白俄罗斯和乌克兰从波兰领主的压迫下解放出来的战争"。与此同时，波兰的主力部队正被围困在布楚拉河的包围圈内，遭到德国国防军的打击，奄奄一息。从军事角度来讲，苏联军队太过仓促，混乱不堪。后勤保障一塌糊涂，竟有两个装甲军把三分之一的器械遗弃在了道路边，还有水箱没水、机械故障。苏共官员叶戈里乔夫将层出不穷的混乱情况通报给了苏联红军航空兵的领导者斯穆什克维奇将军：

> 我们的报纸上充斥着夸夸其谈和谎言。他们写的是我们的机枪手击落了波兰的战机，可事实上，他们击落的是我们的一架飞机，还伤了我们的一名飞行员。报上刊登了一张照片，标题是"机枪手英雄"。我希望他们不要受到表彰！[……]我打算写信（给国防委员）说说这些让我愤慨不已的骇人听闻的事情。[……]尤其是捷尔诺波尔的故事，他们"成功"杀死击伤200名我们自己的人和……4名波兰人。这一切都是因为战场上纪律松懈导致的。简言之，在怎么指挥部队打仗方面，我们还有很多地方要学习。[40]

波兰人接到的命令说，除非有责任这么做，否则不得抵抗，并要求他们向罗马尼亚和匈牙利撤退。同样，苏联人也接到了要他们最大限度避免开枪的指示。可尽管如此，还是发生了大约四十起激烈的战斗，尤其是在格罗德诺和维尔诺。苏联红军在那儿死亡737人，伤1862人，照莫洛托夫的说法，波兰人死亡1500到2000人，20多万人成了俘虏。1939年12月27日，斯大林在发给里宾特洛甫的一封电报中，脸不红心不跳地提及了德国人民和苏联人民之间"鲜血铸就的"[41]友谊。

除了有些地方互有射击以及一些不愉快的事情之外，两军在战场上相处得相当不错。9月20日上午，古德里安将军率领的第19机械化军在布列斯特遇见了苏联红军的先遣部队，《纽约时报》后来是这么写的："第一次的布列斯特-立陶夫斯克相遇*让俄国赔了土地和人民。第二次相遇则让它丢了尊严。"[42]古德里安注意到对方的干部——当时装甲旅的指挥官是谢苗·莫伊谢耶维奇·克里沃舍因，犹太人——似乎都应付不了局面，缺乏主动性，猜疑心重，矜持到不讲礼貌，部队没有纪律，衣服不合身，鞋子也不合脚。设备破破烂烂，还不配套，通信设备也运转不畅。[43]随后，10月27日，他把自己对苏军不好的印象报告给了希特勒，希勒特后来并没有忘记古德里安的这次报告。第4集团军的一名随军军医也给出了相近的看法，从中可以看出对犹太政委的刻板印象："军服都很肮脏。[……]军官给人留下的印象都很不好。部队的军容军貌也很糟糕。政委多得不可胜数，大多数都是犹太人，而且都不懂得协调，什么都干不好。"[44]德国国防军陆军总司令部派过去的一名中校是这么说的："重型坦克相当不错，通常都配备了

---

* 第一次的布列斯特-立陶夫斯克相遇是指第一次世界大战期间的1918年2月24日，苏维埃政权和同盟国，即德意志帝国、奥匈帝国、保加利亚王国、奥斯曼土耳其帝国在布列斯特-立陶夫斯克签订的《布列斯特-立陶夫斯克条约》，俄国由此彻底退出战斗。1922年4月16日，苏联和德意志魏玛共和国签订的《拉巴洛条约》宣布放弃《布列斯特-立陶夫斯克条约》及战后向对方提出的领土和金钱方面的要求。

很好的武器装备，马匹也相当精良……师级（犹太）政委的行为举止显得没涵养，蛮横无理。"[45]

在布列斯特-立陶夫斯克的时候，两军会列队行进——德国人至少都会列队行进，而苏联人则似乎做不到这一点——喝酒碰杯，交换香烟，向对方的旗帜敬礼，听《霍斯特·威塞尔之歌》和《国际歌》。9月22日17点，古德里安让人举起印有纳粹党徽的旗帜，将布列斯特-立陶夫斯克交还给了克里沃舍因。战后，克里沃舍因回忆起当时和古德里安见面的情景："他开始和我讲起了他写的《注意，坦克》这本书是怎么来的。[……]我马上就向他指出突破敌军防线的坦克战理论并不是什么新鲜事儿。我对他说这个理论在1930年代初的苏联的军事思想当中就阐述过。"[46]但古德里安无视了这些理论阐述。他一路走来凭靠的就是经验，刚刚还给全世界上了一堂课，率领他的机械化军奔袭了500公里。他所见的克里沃舍因的那些坦克，一点都没让他觉得担心。

战争结束之后，苏联红军的参谋部就德波战争写了一篇报告。文中没有一个字提及本次战争重要的创新之处：德军的战斗部队**协调一致**，在并无预警的情况，发动突袭。文末的结论是，华沙战败是因为波兰内部虚弱所致，波兰人仅占国内人口的60%。[47]这话不无幽默之处，1937年的统计给出的数据是俄罗斯人占苏联总人口的58%，吞并他国之后，到1941年，就成了51%。

里宾特洛甫的第二次莫斯科之行

1939年9月27日18点，经苏方邀请，里宾特洛甫带领随员来到莫斯科。晚上，他先和斯大林做了交谈，在场的有舒伦堡和莫洛托夫。翌日15点继续会谈，结束后在克里姆林宫共进晚宴，之后又去了莫斯科大剧院，坐在富丽堂皇的古老包厢内看了夜场演出。最后，凌晨1至5点，签署不同的文件。在与会的德国人中间，出生于莫斯科、流利使用两门语言的大使馆参赞古斯塔夫·希尔格充当了翻译。会谈之后，他立刻就记下了自己的所见所闻，将副本呈递给了大使。1991年发现的这些笔记巨细靡遗地复原了莫斯科会谈十一个小时的场景。

双方在两个要点上达成了一致意见。一、独立的波兰国将不复存在，斯大林看得很清楚，边境上无论哪一点，今后都可能和这个新邻居发生摩擦。二、立陶宛并入苏联的势力范围；作为交换，德国获得维斯瓦河与布格河之间的全部波兰土地，8月23日的秘密议定书中曾经承诺这些地区归于苏联。我们在这一点上稍微停留一下，因为我们从中看出，善于下国际象棋的斯大林下了几步先手棋。事实上，他所提出的交换是有利于己方的。一方面，控制了立陶宛就等于封住了通往列宁格勒的通路，那儿是他最担心的地方。另一方面，提出以布格河，而非以维斯瓦河中部为界划分地界，差不多就能和之前的寇松线相齐平，而寇松线是1919年波兰人和苏联之间的停火线。短期来看，这样的布局等于是向伦敦给出了一个不向他宣战的理由。中期来看，如果战争对德国人变得不利，而盟军向他问责的时候，他就能指出寇松线另一侧的波兰人口占大多数的土地他都没有占领，而寇松线正是之前英国人通过外交手段确立起来的。只有白俄罗斯人和乌克兰人占大多数的地区进了苏联囊中。希特勒对这个要求很不满。但他还是接受了，因为苏联承诺会向德国提供大量经济援助，苏联还同意将中东和远东地区的战略物资经西伯利亚铁路中转运送给德国，作为补偿，苏联还会将波兰加利西亚（德罗霍贝奇地区）大量油井的石油生产权转让给德国。

希尔格笔记中有三个方面给人留下了强烈的印象。气氛很友好，双方意见交换得相当坦诚。里宾特洛甫说希特勒需要和英国结盟，但没有成功，所以转到了苏联这一方。斯大林以他一贯的冷幽默回敬道，苏联始终都能感觉到和德国的亲近之感，以至于全世界都指责他成了受雇于德国的代理人。语毕,斯大林又换了严肃的语调,补充道:"如果说德国出其不意地让自己陷入了困境,那可以肯定的是苏联人民会向它提供援助,绝不允许它被勒住脖子。苏联对强大的德国感兴趣,不会容忍别人把它打翻在地。"

第二点就是希特勒有很明显的意图,想让斯大林尽可能明显地站在他这一边来对抗英国。他的目的就是让伦敦明白,其在欧洲的战略地位是没有出路的,必须进行谈判,结束这种敌对行为。而正是这样的算盘落空,希特勒后来才会启动巴巴罗萨行动。斯大林的反应也同样令人感兴趣。他相当谨慎,不想太明显地介入进去,比如开放摩尔曼斯克港口、让潜艇进港、攻击英国的船只(随后几周,他的态度有所软化)。他拒绝在友好条约当中加入德国所谓的"共同对帝国主义展开斗争",以及德国提出的下一步和苏联签订经贸协定,让"苏联提供援助,以赢得战争"的段落。商谈到这一刻的时候,里宾特洛甫要求立刻同元首通电话,由此表明这番话所隐含的观点具有相当的重要性。第三个突出的要素是,里宾特洛甫很快就对苏联的提议做出了让步。如果不是因为希特勒已经知道自己会武装夺取白纸黑字谈妥的这些地方,那又该怎么解释放弃立陶宛、加利西亚的油田,在普热梅希尔的桑河东岸设立桥头堡的做法呢?商谈结束时,里宾特洛甫邀请莫洛托夫前往柏林,还表达了希望希特勒和斯大林会面的想法,莫洛托夫认为这是"一个合理的要求,有可能可以做到"。双方都在玩花式剑,谨慎地试探对方。只有在涉及罗马尼亚的时候,斯大林发出了威胁:该国现有的平衡若发生改变,苏联保留行动的权利。里宾特洛甫动身前一天,塔斯社发表了一篇或许是由斯大林本人写的宣言,他在说到第4点的时候,跨出了相当大的一步。"1. 德苏最终确立了友谊。2. 两国永远不会允许第三国插手东欧事务。3. 两国希望重新确立和平,英国和法国必须完全停止这场荒唐的战争,不要有攻击德国的任何想法。4. 尽管煽风点火者在这些国家占据了上风,但德国和苏联懂得该如何对他们做出回敬。"[48]

芬兰的灾难

  苏联在和爱沙尼亚、拉脱维亚、立陶宛进行外交谈判时也保持了同样的审慎态度。1939年9月28日至10月10日，由于27万士兵在这三个波罗的海国家的边境地区大军压境，他们便不得不同意签订互助条约，向红军的陆海空三军交出军事基地。得到了想要的东西之后，斯大林也就没把他们并入苏联，不过那也只是稍微推迟了一点时间而已。由于确信可以轻松地达成目标——难道和柏林签订的秘密议定书都懒得拿来当挡箭牌了吗？——斯大林又向赫尔辛基提出了同样的要求。10月11日至11月13日，芬兰谈判代表三次造访莫斯科都没有达成协议，但苏联方面却一反常态，准备和芬兰达成和解。斯大林亲自介入，不准莫洛托夫威胁芬兰。但仍然没有达成任何协议。尽管曼纳海姆元帅发出了警告，芬兰人仍然不顾戈林向赫尔辛基传达的建议，拒绝对苏联的要求做出让步。苏联的要求是：租用芬兰湾入口的基地，边境线向西后退，因为边境线就在卡累利阿地峡内，距列宁格勒仅35公里。1940年4月17日，在一次秘密讲话中，斯大林认为修正这条边境线的做法在战略上有重要的意义："列宁格勒的安全问题对我们来说相当棘手。［……］不仅因为列宁格勒有我们30%到35%的国防工业［特别强调了这一点］，还因为它是我们的第二个首都。攻占了列宁格勒，在那儿创建资产阶级政府，比如说是个白色政府，就等于把内战的根基给抛弃了，威胁到了苏维埃在国内的权力。"[49]布尔什维克的这位领导人并没有对自己的这一因亲历1918年而产生的执念遮遮掩掩，那就是对外战争和内战是彼此关联的。1939年秋为重启谈判，芬兰人的桀骜不驯更是加深了苏联人的猜忌。德国陆军总参谋长哈尔德将军于1939年6月29日至7月3日对卡累利阿和拉普兰的造访，

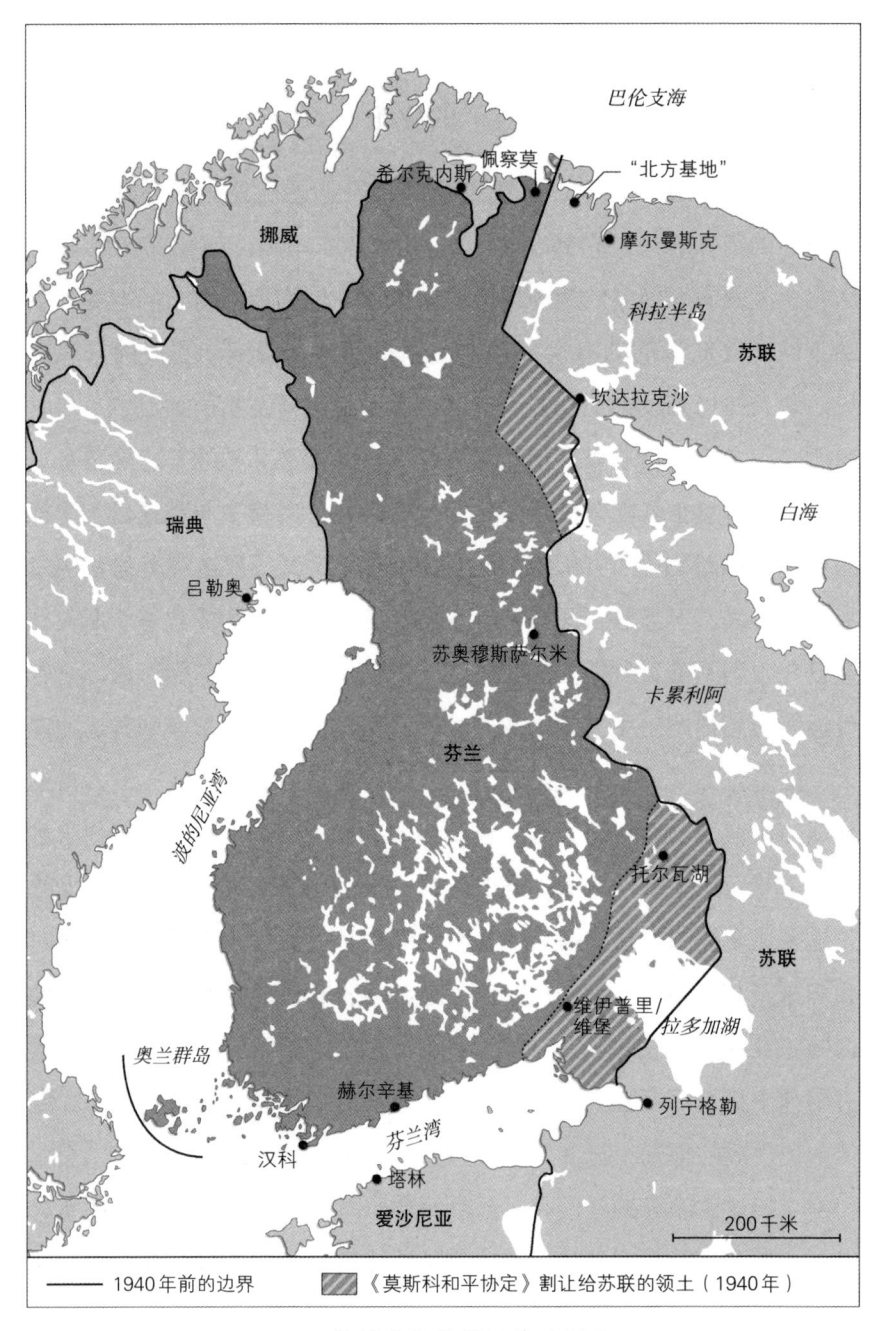

1940年割让给苏联的芬兰领土

160　第一部　通往迷雾重重的印度群岛

以及德军计划在那儿建造机场的行为，都加深了这种猜忌，因为莫斯科认为这已经超出了芬兰空军的需要。

11月20日至25日，斯大林决定采取激进选项：快速发动攻势，占领该国，组建芬兰共产党政府，由共产国际总书记奥托·库西宁担任政府首脑。对苏联人来说，这是解放受压迫人民的革命任务。库西宁所做的分析极度乐观，他妻子还在古拉格里，所以当然想极力表现自己的正统观念，再加上日丹诺夫、麦赫利斯、库利克、伏罗希洛夫等最高军事机构人民委员部的这些委员*的提议，斯大林的判断受到了误导。那些将领说那就是行军操练，而这种说法却和曾担任列宁格勒军区司令员的总参谋长沙波什尼科夫的观点相左，沙波什尼科夫预见到"这场战争会相当激烈，至少会持续几个月时间"。[50]在提交制订的进攻方案时，这位曾经在沙皇时期担任军官的军人着重指出这次行动必须有章法，要调动大量部队参战。斯大林嘲笑他太悲观，就打发他到索契去"休息休息"。他将这事委派给了列宁格勒军区司令员梅列茨科夫将军，后者提交的方案以调动少量资源速战速决为要旨。熟悉亚北极地区冬季特点的专业军官梅列茨科夫这么做不能以怕得罪斯大林来解释。总参谋长被排除在了这次行动之外，只能负责地方性的事务。

当苏军的炮兵专家沃罗诺夫将军11月视察梅列茨科夫所在军区的时候，伏罗希洛夫的两名副手库利克和麦赫利斯也都在场。梅列茨科夫不无慌张的沉默，两名官员的行为举止，都透露出了政治绝对凌驾于军事之上的特点。

照你们的看法，在芬兰的行动会持续多久？沃罗诺夫问。
——"最多十到二十天，"库利克回答道。

---

* 安德烈·亚历山德罗维奇·日丹诺夫时任列宁格勒州委书记兼军区政委，麦赫利斯、库利克均为副国防人民委员，伏罗希洛夫为国防人民委员。

——"两三个月能打完我就知足了。"

我的话遭到了嘲笑和挖苦。库利克要我好好计算一下 12 天的量。[51]

沃罗诺夫在报告中还提出了地形方面的问题，那儿的地形不适合坦克作战，而对防守绝对有利。斯大林对此无动于衷：自从 1937 年至 1938 年的大清洗以来，军事将领已没有能力对政治决策施加影响，专业性让位给了专断的行为和意识形态。斯大林倾向于去相信库西宁，后者让他确信芬兰的人民大众并不会保卫自己的国土，苏联驻赫尔辛基大使的报告也确认了这个观点："领导层［……］军事指挥官并不希望和苏联协调一致。［……］这些反动阶层完全受英国的操控，英国才是我们的头号敌人。［……］［全体］军队都是由后备役军人、工人、农民和小职员组成的。从军事上看，他们准备不足，从政治上看，他们对芬兰的资产阶级构成了很大的威胁。［……］纪律呈自由落体般下滑，芬兰军队会快速解体。"[52]

尽管冬季即将来临，但斯大林仍然下令发起进攻。这个粗暴的决定就成了后续许多严重问题的根源。斯大林后来也没否认这一点，但给自己做的这个决定找了理由。

我们在 11 月底发动战争是否操之过急？推迟两个月，三个月，或者四个月，是否就能更好地进行准备，然后发起打击呢？我们是完全有理由的。［……］战争初期不仅取决于我们，也取决于国际形势。在西方，三个大国都在掐我们的脖子，到底什么时候我们才能找到有利的时机呢？必须在西部展开战争的时候，解决列宁格勒的安全问题。推迟两个月时间就等于推迟二十年。还有，我们完全没有理解这场毫不激烈的西部战争。他们要么发动战争，要么在那儿玩牌……那要是他们达成协议，和解了呢？

不能完全排除这一点。那我们就会失去机会。[53]

想要获得安全保障，机会主义，对"两个帝国主义阵营"毫不信任，拿军事问题当儿戏：这些斯大林对外政策的特点都可以在好几条战线上看到。1939年11月20日8点，1000门大炮向曼纳海姆防线的掩体猛烈开火。

战斗刚开始就可以说是溃不成军。苏联的摩托化师被卡在结冰的路面上，遭到滑雪营的不停骚扰，几乎寸步难行，损失极为惨重。人数上苏联占优，为3比1，火炮和战机为6比1，坦克为50比1，苏军的无能暴露在了光天化日之下。步兵的战术相当原始，同炮兵和航空兵的联系根本就不存在。尽管苏军发动恐怖的突袭，导致1000名平民死亡，但2000架可以升空的战机却无法使兵工厂和敌军正在移动的部队瘫痪。苏军成了世界的笑料，"斯大林的雄鹰"也成了取笑的对象。

斯大林和政治机构的反应预示了1941年的事情：加强镇压，寻找替罪羊，换指挥官。1940年1月5日，第44师（崔可夫率领的第9集团军）在苏奥穆斯萨尔米附近遭到包围和歼灭，就体现了这个征兆。斯大林读了芬兰报纸才了解到这场灾难。1月9日，他向梅列茨科夫发去了一封加密电报：

> 芬兰人发布了他们的作战公报："最近几天，苏奥穆斯萨尔米防区的战斗目标悉数达成：苏军44师被100%歼灭。俘获超过1000人、102门大炮、1170匹战马和43辆坦克。"向我汇报：1. 这封公报是否符合事实？ 2. 44师的军事委员会和参谋长都在哪里，怎么解释他们弃自己的师于不顾的羞耻行径？ 3. 为什么第9集团军的军事委员会保持沉默，没有告诉我们损失的详情和该师战败的理由？签名：斯大林。[54]

整个师参谋部,还有第662团的指挥员和政委,以及内务人民委员部的一名军官,都被麦赫利斯下令在全军面前处以枪决。[55]普通士兵也难逃镇压的命运,崔可夫和麦赫利斯向斯大林、伏罗希洛夫及沙波什尼科夫发去的一封电报中可见端倪:"在坎达拉克沙、凯米、科奇克马防区有大量成群结队的逃兵。我们已经采取措施逮捕他们。[指挥部总共设立27个拦截队,每队100人。][……]我们会把他们送上巡回军事法庭。[……]我们会组织多起审判,处理这些逃离战场的士兵和指挥员。会像对第44师指挥部那样做出处理:审判结束之后,在全军面前执行死刑。"[56]

冲突爆发的最初两个月中都是这样的情形。两名集团军司令、三名集团军参谋长、三名军长、五名师长、二十四名团长,因犯有作战不利的罪行遭到撤职。[57]士兵的运气也没好多少,1940年1月14日,第8和第9集团军士兵集体写的一封信寄到了中央委员会的办公室,信是写给斯大林的:

> 敬爱的斯大林同志,[……]他们不停地威胁说要把我们送上军事法庭。他们不停地用军事法庭来吓唬我们,等到我们上了战场,被打死,冻得瑟瑟发抖的时候,他们就会恶狠狠地嘲笑我们,因为他们根本就没把我们当人看。[……]军队的审判员自己穿皮大衣,过来就是为了判我们有罪,也不问我们问题,也不自己去了解情况。斯大林同志,最重要的是我们都在期待您能找到解决办法,尽快结束这场杀戮。[58]

1940年1月7日,铁木辛哥替下伏罗希洛夫,担任为这场战事设立的西北方面军的总司令一职。日丹诺夫担任军事委员,与之随行。铁木辛哥下令暂停进攻,重组军队,总计兵员76万人。2月1日,他让两支新来的集团军发起进攻,数百架战机进行掩护。十天后，他就突破了防线。3月初，梅列茨科夫的第7集团军在卡累利阿发动第二波大规模攻势，对手只得要求进行谈判。3月12日停火。在这次战斗的五天时间里，芬兰人阵亡2.5万人，苏联人阵亡及失踪13.9万人，其中6000人为军官，21万人在战斗中受伤，1.8万人冻伤。[59]斯大林迅速下令胜利情绪高涨的军队停止推进，由此可以看出他有一些隐忧，一个是苏联和西方国家的关系一直都在恶化，再者，法德的陆地边界地区始终都没什么动静。我们再次发现他的执念又开始冒了出来：希特勒、张伯伦和达拉第会达成和解，共同来对付他。

从政治上来看，莫斯科签订的和平协定至少不太明朗。当然，苏联得到了汉科半岛，有权在半岛的海域巡逻，吞并了卡累利阿一半的面积，其首府是维堡（维伊普里），还占领了芬兰湾尽头的六座岛屿，修正了北部边境线，保障了连接摩尔曼斯克与列宁格勒的"基洛夫"铁路线的安全。莫洛托夫大肆张扬的这份政治总结报告抹去了两个失利之处。这位人民委员必须将占领的佩察莫交还给芬兰人，以此来安抚在那儿开采镍矿的西方公司。更严重的是，他只从战败者这儿得到了一份互不侵犯条约，而非心之所向的对波罗的海国家形成束缚的那种互助协定。因此，赫尔辛基就能采取向柏林倾斜的政策。而莫斯科只能在北部边境地区维持22个师珍贵的兵力。[60]

"冬季战争"造成的混乱还远未完结。12月14日，在法国的倡议下，国联宣布苏联为侵略者，将其驱逐出了日内瓦的围墙之外。在华盛顿，莫斯科跌得更惨。1941年6月22日，苏联尚未恢复元气以应付反苏战争，而战争却偏偏就在那个时候来临。西方盟国，尤其是法国，到了同苏联开战的地步。巴黎宣布苏里茨大使为不受欢迎的人，巴黎甚至想援助芬兰，使之夺回摩尔曼斯克和佩察莫。1940年1月16日，甘末林将军提议法国和土耳其联军远征高加索地区。他们还制订了轰炸巴库油田的作战计划。右翼和中间派的德高望重的参议员都叫器要向苏联宣战。苏联驻各国的大使都给斯大林发来电报，他也因此了解了所有这些情况。这些战争似乎使英国人在战略上拥有了更为明锐的洞察力，他们来了个急刹车，而动荡不定的局势后来就导致了1940年4月至5月的挪威战役。

相反，希特勒却保持沉默，遵守8月23日签署的秘密议定书保持中立，议定书中已经写明芬兰属于苏联势力范围的一部分。他只是兴高采烈地观看着莫斯科和西方国家之间的火势越燃越旺。里宾特洛甫对各部门的指示是，"我们和苏维埃俄国之间的友谊就是我们在北欧问题上的基本原则"。[61] 即便苏联海军在其封锁的芬兰海岸地带击沉了德国的一艘海军舰只，击伤了另外五艘舰船，柏林的反应仍然很温和。[62] 不过，尽管秉持审慎的原则，但为了避免伦敦和芬兰之间携手合作，希特勒还是接受了戈林的提议，即由瑞典居间，秘密将武器运送给芬兰。2月，这位纳粹二号人物对芬兰议会的前议长基维迈基解释了德国保持中立的理由，并建议他和莫斯科缔结和平协定，还说"德国胜利之后，芬兰就会拿回一切东西，连本带利"，"保证和苏联的战争很快就会开始"。[63] 透露的这个消息意义重大，而且还是来自高层！有望和德国开启第二轮谈判，这是否对芬兰的领导人造成影响了呢？部分来说，有这可能。他们和莫斯科签订了和平协定，主要就是因为他们的军队正在溃退。相反，西方的指手画脚让芬兰吃尽了苦头，所以法国覆灭之后，芬兰就倒向了德国。希特勒为巴巴罗萨计划赢得了一个很不错的合作伙伴。苏联人却失去了中立的芬兰，战前，这个国家本来是会拒绝德国签订条约这个提议的。还需注意的是德国人的隐忍克制终于使斯大林放了心，使他愿意尊重1939年8月和9月的条约。实际上，德国已经成了苏联唯一的盟友。最后，这也是对筹备巴巴罗萨行动相当重要的一点，希特勒和德国国防军最高统帅部最终形成了对苏军的负面印象。德国海军档案室里有一份1939年12月31日发给德国国防军陆军总司令部的文件，文件对芬兰战役的结果也做了这样的评估。"从数量上看，是个庞大的军事机构。［……］组织、装备和指挥方式都不尽如人意；［……］通信系统和交通运输都很糟糕；部队是个大杂烩；没有个性；普通士兵意志尚可，要求不高。激烈战斗时部队的质量令人生疑。俄国的庞大军队对拥有现代化设备和优秀指挥系统的军队来说完全不是问题。"[64]

芬兰的教训

1940年5月至6月德国在法国的表现和红军在芬兰的表现简直就是天壤之别！一方面，面对三个国家的军队、一支远征军，总数250万人，却能四周夺取胜利，最终损失5万人。德军和盟军士兵丧失战斗力之比是1比50。另一方面，十一周结束战斗，战胜30万芬兰人，阵亡及失踪人数为13.9万人。苏联士兵和芬兰士兵的阵亡比是5比1。

不过，对此还是必须仔细来看一看。德国国防军在欧洲西北部平原地区天气晴好的状况下，发挥了坦克战的优势，将对手的意图摸得一清二楚，所以后者在第一次受到打击后就瘫痪了。在芬兰，苏军没有精确的地图和指南针[65]就进入迷宫般冰冻的森林、湖泊和沼泽地区，而且气温在零下20到零下40摄氏度之间摇摆，既没有手套，又没有传统的毡靴，而对方都是些固定的阵地，这些年来做足了准备，苏军遭到打击也就可想而知。苏军和德军的士气不可同日而语，相当低落。内务人民委员部截获的一封信就颇具代表性，从信中可以看出，广大士兵根本无法理解这场战争："我不知道我们为什么要打仗。我过得很糟糕，而我们要解放的那些人却过得好多了。那为什么要去解放他们呢？"[66]而作为对手的芬兰士兵的动机就很明确，由小股机动部队对庞大的摩托化部队进行骚扰，这些庞然大物无法离开少之又少的路面，而且这些路面还被大量伐倒的树木挡住了去路。这让我们想起古罗马重装军团在条顿堡森林的小径上被歼灭的例子。*德国人耗时九个月训练军队，摸清了对手的部署，而苏联人只用了两三个星期的时间。在这种条件下开战，导致战争惨败，斯大林负有全部责任，他在军事方面的判断那就更是说来话长了。

我们区分两个时间段，以1940年1月7日铁木辛哥上任为界分为前后两期。前期的灾难毋庸置辩，缺乏准备、后勤系统崩溃是主要责任。原因很简单：由于没有宣战，铁路系统还保持着和平时期的状态。1月初之前，前线根本看不到任何前期准备的迹象。随后就出现了交通堵塞和交通瘫痪，缺少炮弹、药物、防冻剂、毯子、御寒衣物、白色军装、帐篷布、暖炉、锯子、炊具……在这种物资极度匮乏的状况下，大量士兵被迫依靠着可怜的口粮维持了40天，导致大规模昏倒晕厥。1月20日，163团团长向上级报告："我们还没收到手套。我的人，尤其是滑雪侦察兵，手都冻伤了。我们都在设法自己用毯子缝制手套，但毯子根本不够。"[67]1940年4月5日，内务人民委员部对列宁格勒军区做了分析，并将分析报告呈送给了贝利亚，该报告清晰地评估了当下的局势：

> 和芬兰白军进行的战斗没有做好准备。［……］对敌人的估计特别肤浅。［……］任命的指挥员不了解参谋部的工作。［……］集团军司令和参谋长对怎么保护军事机密根本不放在心上：命令都是通过电话公开传递的。［……］大量秘密文件都落到了敌人的手里。没人告诉参谋部真实兵员是多少：阵亡人数、伤员人数和失踪人数都没被考虑进去。从战斗的体验来看，我们

---

* 条顿堡森林战役是公元9年，奥古斯都（屋大维）统治时期，罗马和日耳曼人之间的一场战斗，罗马的三个军团被日耳曼人诱至莱茵河以东的条顿堡森林内，罗马军团全军覆没，统帅瓦鲁斯自杀。

步兵部队的组织结构不适应调遣。[……]步兵部队里，有些士兵根本就没接受过军事训练，连一颗子弹都没射击过。[……]坦克和炮兵不懂得合作已是家常便饭。[68]

总而言之，根本不存在专业性。上面所描述的情况似乎不像老牌军事大国军队该有的样子，倒更像是泰国和埃塞俄比亚，而且动力也不足。

由于缺乏准备，列宁格勒军区的兵员又在减少，可作战命令越来越严格，只能执行。结果，四个参加战斗的集团军都是在远程盲目操控，根本无法协调。1939年12月3日，总参谋长沙波什尼科夫对列宁格勒军区发出了一项惊慌失措的指令，就像是在给军校的学生上课："在加固过的防区内，[……]步兵在没有炮兵支援的情况下前进，遇到障碍停止推进，等待命令。[……]一见到团部和师部炮兵发射的猛烈炮火，尤其是榴弹炮和152 mm的，[……]就发起进攻。射击5分钟，最多10分钟。之后，步兵协同炮兵推进3到5公里，然后停下，等待新的障碍出现，以此类推。"[69]如果仔细看伤亡数字，53%的损失都是在1月7日之前发生的，海军炮兵专家（！）弗拉基米尔·格伦达尔将军指挥的第13集团军折损了一半兵力，他本不该得到任命，就因为他出生在芬兰，了解芬兰才担任此职。1929年，他因反革命阴谋罪而遭逮捕，所以根本扛不过伏罗希洛夫的压力，只能一轮连着一轮发起进攻，这样也就能部分解释苏军伤亡为何会如此惨重。

铁木辛哥一上任就首先设法重整军纪，和内战时的手段如出一辙。1940年1月24日，伏罗希洛夫和贝利亚联合发布命令之后，设立了27个拦截队，每队配备100人，受各部队内部内务人民委员部特设的秘密行动处指挥。拦截队就设在后方阻拦逃兵，比如对逃兵进行射杀。为了改善后勤的状况，铁木辛哥调用民航飞机，[70]修建道路和铁路，打开后备弹药库和军粮库。[71]他下达了一系列命令，让部队的各级指挥员懂得最基础的作战技术：隐藏，侦察，集中兵力，并分成梯队，设定现实的目标，各军种协同作战。一群群士兵和滑雪兵只受过最低限度的训练，就来到了第一线。[72]2月11日，战斗重启，战况当然不尽如人意，但还是实现了突破，隔三岔五就会扩大战果。[73]现在轮到芬兰人遭受极其严重的损失了。军事观察员全都记得战争刚开始时的局势，不过那是铁木辛哥到来之前的战况。所有人，尤其是德国人，都认为苏军总体来说根本没有作战能力。但仔细分析的话，就会注意到，只要指挥得当，苏联的这台军事机器就会运转起来，当然是以人命为代价，但机器还是能运转的。尤其是，当苏军了解自己的错误在哪里，即便战斗中承受极大的压力，它也能做到运转。这个重要的教训，德国国防军陆军总司令部并没有从芬兰人送来的报告中汲取到。1941年，德军就会后悔不已。

不过，斯大林还是有所警醒：德国国防军的水准比苏军不知高出了多少！苏联的领导层只能不再说大话，思考着怎么进行改革。国防人民委员伏罗希洛夫创立了一个混合委员会，里面有中央委员会的委员和最高统帅部的成员。委员会负责"对和芬兰白军作战中的教训进行研究"。委员会的存在时间为1940年4月14日到5月17日，其间召开了多次小组的组会。大约四十名高级军官与会旁听，有些军官后来还主持了小组组会。最初几天，斯大林、莫洛托夫、日丹诺夫、伏罗希洛夫四个人都参加了会议，苏联红军总政治部的第一把手列夫·麦赫利斯参加了所有的会议。尽管麦赫利斯是苏联军队里最令人惧怕的人，但小组组会上发言之直率还是相当令人震惊的。

麦赫利斯16岁的时候参加了敖德萨犹太自卫队对抗黑色百人团，后加入犹太工人党崩得。1930年代，他因信奉共产主义而背弃了自己的犹太身份。1917年，他加入布尔什维克党。他以冷酷闻名，曾在

1920年于克里米亚屠杀弗兰格尔*的白军俘虏。斯大林不久之后就与他结识,对他颇为欣赏,于是就带着他一路升迁。1930年至1937年,他担任《真理报》主编,若没有领导的电话,他一个字都不会刊登。他当时是苏共中央委员,为伏罗希洛夫的副手,1937年12月30日更被任命为红军总政治部主任一职。他是个不知疲倦的清洗者,数以千计的人民委员经他之手遭到逮捕、枪决、流放。12月底,斯大林将他派往芬兰前线,作为"钦差大臣",内战时期他也担任过这个角色。为了提高红军的战斗力,麦赫利斯在士兵之间组织了社会主义大比武的竞赛活动,优胜者可获得物质奖励。[74]与此同时,他也没放弃残酷手段。我们说过,他处决了第44师、第662团、内务人民委员部一个团的指挥员和政委,他在苏奥穆斯萨尔米战斗中险些丧命这件事让他更是恼火。第9军参谋长兼师长的伊谢尔松是苏联最优秀的理论家之一,奇迹般地逃过了这一劫,仅遭降职处分。1940年4月,麦赫利斯眉头都不皱一下地处决了芬兰交还苏联的5152名俘虏中的158个人,罪名是叛国罪,另有4534名士兵被判5到8年的强制劳役。[75]1941年,他扮演起了托尔克马达的角色,丝毫不顾现实战况,只有他敢不经审判就将一名将军处死。他是个典型的唯意志论者,认为宣传和冷酷乃制胜法宝,不相信指挥的作用,坚信叛国、怠工、间谍这些才是头等大事。他的偏执心态甚至到了癫狂的程度,竟然自己上阵给电报编制密码。

在这样一个危险人物的双目注视之下,混合委员会的陈词竟然还能如此坦诚直率,令人愕然。或许这些证人的发言是受了伏罗希洛夫开场发言的影响所致,伏罗希洛夫就承认了没有进行"战略勘

---

* 彼得·尼古拉耶维奇·弗兰格尔(1878—1928),俄罗斯帝国军官,参加过日俄战争和一战,十月革命爆发后,参加白军,失败后逃亡土耳其,后流亡法国,在比利时布鲁塞尔遇刺身亡。因其喜欢穿黑色军服,故而被称为"黑男爵",这一别名因内战期间红军进行曲《红军最强大》(1920年创作)的传唱而广为流传。

第三章 条 约　171

察"、后方各部门混乱不堪、对对手估计不足这些缺点。沙波什尼科夫和梅列茨科夫特别指出了干部培养中的严重问题，揭露了双重指挥体制（也就是说政委对下达命令拥有控制权）的弊端，并且提议提高将领的社会地位和物质待遇。沙波什尼科夫要求重新接受大纵深战斗理论和以陆军各军种协同作战为基础的理论。梅列茨科夫指出指挥层内部的氛围很不好："我们的人不敢坦诚说话，[……]他们就怕说出真相。"[76] 另一些与会者也指责航空兵和步兵没有进行侦察，没有对相关人员进行使用无线电方面的培训，不懂得如何扰频，将领对训练部队不感兴趣。施捷尔恩感叹道："我们的飞机像蜡烛那样着了火！我们的建造者应该[……]采用外国的经验！我们从西班牙带回来过梅塞施密特109战机，可我们什么都没做。"[77] 巴甫洛夫指责了1937年的大清洗，萨夫琴科说告密的氛围四处弥漫，普罗斯库罗夫说"军纪混乱，[……]全世界垫底"。[78] 对普罗斯库罗夫的话，整个大厅里的人都喊了起来："没错！没错！"米哈伊尔·基尔波诺斯指责太年轻的干部没有能力，晋升太快，悲叹纪律水平比沙皇时期的军队还要糟糕，他还说大清洗的时候他就成了怀疑和威胁的对象。

> 在我的军区里有个政委，他也是这样思考的："所有的旅长都被逮捕了……只有基尔波诺斯没被抓。"这话的意思是我没被抓就是个错误。1938年，他们把我叫到莫斯科去。鲁米扬采夫上校对我说："基尔波诺斯同志，您为什么会被开除出党？"我说我从1918年起就是党员，没有被开除，我也没受到过任何的纪律处分。他又说了下去："不，不，您被开除了，因为您和人民公敌喝酒碰杯了。"[……]我一点儿都不明白是怎么回事。我就问他这个说法是从哪儿来的。他对我说那是最高机密。后来，我了解到这些东西都是军区里的一个政委写的。[79]

他要求研究外国现行的军事理论，1937年开始就没这么做了。1939年至1940年的那个冬天，萨夫琴科去过两次德国，留下了很深的印象。他和戈林见了两次面，聊了聊经济方面的事务，感受到法国战役之前，德国国防军的训练量异常巨大，所以他要求对指挥员训练方面进行全面的改革，强制推行技术方面的培训，这对所有现代化的军队而言都是必需的。总之，小组会对苏军在芬兰的各种缺点做了一个全面的总结。

4月17日，斯大林对混合委员会听证会做了总结性讲话。尽管他特别想替芬兰战争开脱，但还是痛斥了"讲大话的风气"和批判精神的缺乏，他还说到了苏联红军真正的价值：

> 苏联的军队从来就没打过一场真正的战争。满洲、哈桑湖和蒙古的那些小插曲都不值一提。[……]内战也不能算是一场真正的战争。那是一场特殊的战争，但不是现代的战争。[……]那是什么[在芬兰]阻止了我们打一场现代的战争，非要去打一场内战式的老式战争呢？我认为阻止我们的东西是我们把传统和内战的经验提升到了盲目崇拜的地步。我们军队晋升的标准是什么？"你参加过内战吗？""没有？那滚吧！""这个人呢，他参加过了吧？那就把他带过来！"[80]

但讲话快结束的时候，斯大林来了个急转弯，重申了他一开始想要消灭的那种自满情绪。"我们战胜了芬兰人：这不是什么大事。我们胜利的最关键的一点是，我们打败了欧洲那些先进国家的装备、战术和战略，而那些国家都是芬兰的老师。这才是我们胜利的关键所在。"这时，库利克结束了第一轮讨论，对大厅里的人喊道："同志们，我们每一个人都会把我们的伟大领袖斯大林同志的话记在内心最深处，融入血液里，烙印在布尔什维克的精神之中：[……]乌拉！"[81]

第三章 条约

克里姆林宫的坦白并没有让伏罗希洛夫和沙波什尼科夫免于斯大林不算猛烈的怒火。他剥夺了前者国防人民委员的职务，让他担任高级国防委员会主席一职；后者失去了总参谋长一职，前去负责建造莫洛托夫防线。他们的位子由两位芬兰战争的胜利者铁木辛哥和梅列茨科夫担任。后者成了总参谋长。1940年5月8日，最高苏维埃主席团一号主席令任命谢苗·铁木辛哥担任国防人民委员，二号令则将他擢升为元帅。他对这次晋升并无多大热情，显然他很清楚自己并不是最佳人选。不过，能加入内战期间在斯大林身边形成的"骑士团"，是一桩荣誉，还能和伏罗希洛夫及布琼尼共事，前者是他永远的导师，而后者则是个无能之辈，留着潘乔·比利亚*式的小胡子。简言之，他对领袖充满了信任。1895年出生的铁木辛哥出身于乌克兰赤贫的农民阶层，1914年被征召入伍，当了步兵，并晋升为士官。1918年4月，他参加了红军，四年内战期间作为骑兵南征北战，最后当到了师长。铁木辛哥力大无穷，剃个光头，身上布满伤痕，作风严厉，却又和士兵走得近，是伊扎克·巴别尔的小说《红色骑兵军》里粗犷硬汉的典型代表。从他1930年在军事政治学院就读的经历来看，他拥有强烈的布尔什维克信仰，无条件忠诚于"工农红军就是党的军队"这一信念。1930年代，大清洗让参谋部减员严重，斯大林就让他当参谋部的清道夫，并重新组建该部。斯大林委派给铁木辛哥的任务有"解放"波兰的东半部领土、克服芬兰危机。坦率地说，铁木辛哥对做任何事都有无穷的干劲，他会想方设法让病恹恹的苏联红军焕发活力。

铁木辛哥改革苏联红军

以这位新任国防人民委员的名字命名的"改革"在1940年5月至

---

* 潘乔·比利亚（1878—1923），墨西哥1910年至1917年北方农民起义军领袖，1914年占领首都墨西哥城，1915年撤出该城，1923年遇刺身亡。

10月间采取了大量措施。5月15日,他的第一项措施,也是最紧急的措施,与训练方法有关。现行的训练方法传承自沙皇时代,并不能反映现代战争的真实状况,所以现在完全不能再这么做。铁木辛哥发布了两道命令,夏季训练月期间,训练士兵组团向防御工事发起进攻,而且用的是实弹,他似乎觉得这是陆军各军种协同作战的基础,该训练方式能使士兵更好地学习这种作战基础。特别成立的巡视团会仔细观察这种新方法的应用情况。在4月21日的指示中,斯大林要求训练结束时"调动军队,形成防御态势",还说要采用大量空投伞兵部队这种无效的方法,他说这样可以回到"真实的战斗环境"之中。5月13日,西方的色当突破战,再加上斯大林的迫切要求,[82]促使铁木辛哥于8月重新组建了九个月前已遭撤销的八个机械化军,这是对强烈要求组建装甲师做出的回应,我们后面会谈到这一点。8月采取了两项主要措施,从而提升了军队将领的权力:重新引入沙俄时期军队的军衔,废除1937年大清洗时期再次确立的双重指挥制度。部队的指挥员可以再次取得决策权,而无须请示"军事委员会",也就是说在实际操作上无须再请示政委。7月1日,斯大林签署主席令,982名指挥员获得将军军衔,之前曾经取消过这种军衔制。军人的军饷翻了一倍。这支军队几乎囊括了卫国战争时期所有的军事将领。10月,在整饬军纪方面出现了一个重大的转折点。政治领导层认为比起让军人自由遵守自我定义的价值观的做法,采取强制措施会取得更好的效果。首长今后可以惩罚不服从的士兵,部队丧失了申诉的权利。革命和民主的军队这一神话就此终结。此外,还发布了一系列行政措施,对总参谋部的工作进行了重组。6月26日,铁木辛哥重新确定了高级军事委员会的构成,战时则称为最高统帅部。除了部长本人之外,高级军事委员会里还出现了日丹诺夫、马林科夫之类纯粹的政界人物,麦赫利斯和库利克之类的政军人士,以及布琼尼、沙波什尼科夫、梅列茨科夫、斯穆什克维奇(航空兵)、巴甫洛夫之类的军事将领,还有一个新来者朱可夫。斯大林没出现在里面。他从芬兰战役中吸取了教训，在军事领域不再担任任何职务。他不出现，高级军事委员会也就没有了任何实权。

同时，1941年2月3日，内务人民委员部被一分为二，使之更好地应对战争的威胁。新成立的机构苏联国家安全人民委员部负责间谍和反间谍事务。*这次权力重组，铁木辛哥自能从中得益，便于他向斯大林提交一份大胆的提案，[83]这份提案触及了苏联红军的核心问题以及它和苏共的关系。铁木辛哥的目的就是为了"彻底重组指挥部的职能，以期强化指挥部的统一性，将权力集中在指挥部的手中"。具体来说，铁木辛哥的这个做法使得内务人民委员部再也无法操控这个"特别部门"，该部门在每支部队中都会全面而且秘密地监控指战员；他将这个部门改变成了"三局"，只接受军队的指挥，该部门的负责人则由他来任命，而且只对他负责。1941年2月8日，苏共中央委员会表决通过了这项决议。但斯大林很快就意识到让政治警察完全无法介入军队的做法，实际上是自己犯的一个错误。于是，他幕后策划，给三局配备了一名国家安全人民委员部旅级以上的委员。三局的第一任负责人是阿纳托利·米赫耶夫，29岁，年纪轻轻就得到了提拔，但他很快就违反了规定，直接和中央委员会联系，而没有请示他的上司铁木辛哥，很显然他这么做肯定是受到了内务人民委员部的唆使。巴巴罗萨行动爆发后四个星期，三局就又重新归并到了内务人民委员部的麾下。

铁木辛哥的改革是1934年废弃民兵制度之后的最重要的一次改革，那效果究竟如何呢？巴巴罗萨行动期间，谁都没感觉到有什么效果。改革所采取的措施大部分都有实效，只是短时期内无法体现出来

---

* 1941年2月3日，苏联内务人民委员部分为内务人民委员部和国家安全人民委员部。同年7月，国家安全人民委员部又被并入内务人民委员部。1943年4月，内务人民委员部又分为内务人民委员部和国家安全人民委员部。

而已。一方面，由于时间不够，无法使之落实到现实当中，也就是说无法使之从国防人民委员落实到干部严重不足、被物资问题拖累的300万苏联士兵身上。另一方面，也是因为这些措施无法减轻结构上的两个缺陷所致，一个是干部素质差，另一个是军人必须绝对听命于政治，关于这两点，我们后面还会讲到。最终，这些措施也就无法将这一如何在战场上调兵遣将的理念付诸实施了。

注　释

1. Cité par H. A. Jacobsen, *Der Zweite Weltkrieg*, Frankfurt, 1965, p. 180.
2. AVP RF, F. 06, Op. 1, p. 20, D. 228, L. 1–2. In *Dokoumenty Vnechneï Politiki, DVP* tome 22, livre 1, Moscou, 1992, p. 231.
3. Voir traduction allemande du discours à. [http://www.1000dokumente.de/pdf/dok_0023_kas_de.pdf]
4. *Voennaïa Razvedka Informiruet*, p. 35, 53, 61.
5. University of Birmingham Library, NC 18/1/1042, Neville Chamberlain to Ida Chamberlain, 20 March 1938.
6. Oleg Khlevniuk, *Staline Jizn odnogo vojdia*, AST Moscou 2015, p. 231.
7. Khrouchtchev, *Vremia, Liudi, Vlast*. Livre 1, p. 287–288. [http://militera.lib.ru/memo/russian/khruschev1/16.html]
8. 参阅德波协会秘书、里宾特洛甫的合作者彼得·克莱斯特在4月份的采访，见Eichholtz/Päzold, Der Weg in den Krieg, p. 395。
9. APRF, F., Op. 64, D.678, L.42, p. 174.
10. ADAP (Akten zur deutschen Auswärtigen Politik 1918-1945), *Documents on German Foreign Policy 1918–1945*. Serie D (1937–1945), Her Majesty's stationary office, London, 1956. VI, p. 477–483.
11. DVP vol. XX, p. 188, 192–194.
12. DVP vol. XX, p. 194–197.
13. *God Krizisa*, doc. n° 525.
14. *Ibid*., doc. n° 527.
15. *Ibid*., doc. n° 530.
16. *Ibid*., doc. n° 534.
17. DVP, T 22. Livre 1, p. 584.
18. 从杜芒的《回忆录》来看，按照外交惯例，"军事代表团并无资格处理，而需经本国政府的同意，对协定方案提出建议"。Voir François, Delpla, *Les Papiers secrets du général Doumenc*, p. 73.
19. *Les papiers secrets du général Doumenc*, François Delpla, Olivier Orban, p. 77. Les deux citations suivantes, p. 80 et 81.

20. 引自 K-J Müller, *Armee und Drittes Reich*, p. 387-390。书中给出的是"卡纳里斯海军上将"的版本，据认为，该版本对这次讲话的解释相当出色，极为可信。Winfried Baumgart. Voir son article in: *Vierteljahresheft für Zeitgeschichte*, Jahrgang 16 (1968), Heft 2, p. 120–149.

21. 当地的一个合作者遇刺之后，东京怀疑是躲在天津英租界内的中国民主主义者干的。由于外交失误，事件恶化，变成了一场严重的危机，日本军队将英租界堵了起来。两边的舆论都很激烈，呼吁采取军事手段。

22. R. Coulondre, *De Staline à Hitler: souvenirs de deux ambassades, 1936-1939*, Paris, 1950, p. 263.

23. 反对希特勒的人和英国人在苏台德危机期间进行了接触，但一无所获，这主要是因为后者对前者的民族主义要求提不起兴趣。1938年夏并非摆脱希特勒的最好时机。张伯伦的被动消极导致了这个错误。

24. Gustave Hilger, *Wir un der Kreml*, p. 288.

25. Rudolf Semmler, *Goebbels – The Man next to Hitler*, London, 1947, p. 18.

26. *Ibid.*, p. 288.

27. Koumanev, *Riadom so Stalinym*, p. 135–136.

28. 1941年担任师长的比留佐夫元帅在回忆录中说，沙波什尼科夫支持将苏军大部集中于尚可使用的斯大林防线背后的观点。他只是个师长，我们觉得他应该接触不到这样的讨论。沙波什尼科夫的副手扎哈罗夫元帅断然否认了比留佐夫的说法。我们更相信他。Voir Biriouzov, *Kogda Gremeli Pouchki*, p. 12, et Zakharov, *Generalnyi Chtab v Predvoennyé Gody*, p. 224–225.

29. *Ibid.*, p. 241.

30. Vernadski, *Dnevniki 1939–1941*, p. 56. Entrée du 31 août 1939.

31. Mikhaïl Prichvine, *Dnevniki 1938–1939*, St Pétersbourg, 2010, p. 408 et 410–411.

32. *The Russian Betrayal*, NYT, 18 septembre 1939, p. 15.

33. Notes de R. A. Butler, sous-secrétaire d'État parlementaire, cité par Keith Sword, *British Reactions to the Soviet Occupation of Eastern Poland in September 1939*, The Slavonic and East European Review, vol. 69, n° 1 (Jan. 1991), p. 90.

34. Staline l'avouera à l'ambassadeur britannique Stafford Cripps, le 1er juillet 1940.

35. ADAP, Serie D, Bd. VII, n° 567.

36. ADAP, Serie D, Bd. VIII, t. 5.

37. General Ernst Köstring, *Erinnerungen*..., in: Teske,..., p. 143.

38. Voir Clare Hollingworth, *Front Line*, Jonathan Cape Ltd, 1990, p. 84.

39. 公报以"由于注意到波兰国已经不再存在"这句话开头，是为了对保护波兰独立的英波结盟条约的开篇条款做出回应，以此表明苏联和摧毁波兰国的德国立场不同。哈利法克斯勋爵对此理解得很清楚，9月18日，他就是这么向波兰人解释的，他说德国入侵，英国政府有义务做出应对，但仅此而已。不过，内阁发表了声明，对苏联人的说法进行了驳斥："波兰国并未不存在；西科尔斯基将军在法国成立了波兰流亡政府，此乃唯一合法的政府。"

40. RGVA F. 33987 OP. 3. D. 1241. L. 108. Cité dans *K 70-letiu nachala Vtoroï Mirovoï Voïny. Issledovania, Dokoumenty, Kommentarii*, p. 230–231.

41. *Völkischer Beobachter*, 27 décembre 1939.

42. NYT, 19 septembre 1939, p. 24.

43. Hans Berenbrok, Stuttgarter Zeitung, *Die seltsame Parade von Brest-Litovsk*, et Olaf Groehler, *Selbstmörderische Allianz*.

44. BA-MA Freiburg, RH 20-4/14, f.215.

45. BA-MA Freiburg, RH 20-4/75, f.149/150.

46. Krivosheïn, *Ratnaïa Byl. Zapiski komandira mekhanizirovannogo korpusa*, Moscou, 1962, p. 235.

47. *Voennaïa Razvedka Informiruet. Dokoumenty*, p. 126-133.

48. Cité dans *K 70-letiu nachala Vtoroï Mirovoï Voïny. Issledovania, Dokoumenty, Kommentarii*, p. 208.

49. «*Zimnaïa Voïna*»: *rabota nad ochibkami aprel-maï 1940 g. Materialy Komisii Glavnogo Voennogo soveta Krasnoï armii po obobchtcheniu opyta finskoï kompanii*, Moscou, 2004, p. 32.

50. Vassilevski, *Delo Vsei Jizni*, p. 89. Voir également l'interview de Vassilevski accordé à Simonov in: *Glazami Tchelovekaa moego pokolenia*, p. 353-354.

51. Nikolaï Voronov, *Na sloujbe voennoï*. Moscou, Voenizdat 1963, p. 136. [http://militera.lib.ru/memo/russian/voronov/04.html]

52. Rapport de Yudanov, DVP, vol. 22, livre 2, p. 282-285.

53. «*Zimnaïa Voïna*»: *rabota nad ochibkami aprel-maï 1940 g. Materialy Komisii Glavnogo Voennogo soveta Krasnoï armii po obobchtcheniu opyta finskoï kompanii*, Moscou, 2004, p. 32.

54. *K 70-letiu natchalo vtoroï mirovoï voïny*, p. 303.

55. RGVA F. 33987 Op 3. D. 1386. L. 151-152 ; RGVA F. 33987 Op 3. D. 1386. L. 126 et RGVA F. 33987 Op 3. D. 1386. L. 125 in *K 70-letiu natchalo vtoroï mirovoï voïny*, p. 314.

56. RGVA F. 33987. Op. 3 D. 1386. L. 151-152, in *K 70-letiu natchalo vtoroï mirovoï voïny*, p. 304.

57. Centre russe pour la préservation et l'étude des documents de l'histoire récente, RTsKhINDI, F. 71, Op. 25, D. 6859, L.4.

58. RGVA F. 33987. Op. 3. D. 1312(1). L. 21. Cité dans *K 70-letiu nachala vtoroï mirovoï voïny. Isledovania, Dokoumenty, Kommentarii*, p. 299-300.

59. G.F. Krivosheev, *Soviet Casualties and Combat Losses in the Twentieth Century*, Greenhill Books, London, 1997.

60. Rapport de Vatoutine du 13 juin 1941, Tsamo, Ph.16A, op. 2951, d.236, Ll.65-69, p. 358-361.

61. ADAP (Akten zur deutschen Auswärtigen Politik 1918-1945), *Documents on German Foreign Policy 1918–1945*, Serie D (1937–1945) United States Goverment printing office, Washington, 1954, vol. VIII, doc 473, rem.1, p. 437.

62. Voir les notes de la conversation entre Schulenburg et Molotov, le 17 décembre 1939, in: DVP, t. XXII-2, doc. 868, p. 419.

63. Kalervo Hovi, *Die Diskussion über die Rolle Deutschlands im sowjetisch-finnischen Winterkrieg*, Jahrbücher für Geschichte Osteuropas, Neue Folge, Bd.53, H.3, 2005, p. 386.

64. *Nazi Conspiracy and Aggression*, vol. VI (Washington: US GPO 1946), p. 981-982.

65. Voir le rapport du commandant de 163e division adressé au commandant de 9e armée. Cité dans *K 70-letiu nachala vtoroï mirovoï voïny. Isledovania, Dokoumenty, Kommentarii*, p. 302.

66. *K 70-letiu natchala vtoroï mirovoï voïny. Isledovania, Dokoumenty, Kommentarii*, p. 326.

67. RGVA F. 34980. Op. 5. D. 279. L. 70. In *K 70 letiu natchala vtoroï mirovoï voïny*, p. 302.

68. *CK 70-letiu nachala vtoroï mirovoï voïny. Isledovania, Dokoumenty, Kommentarii*, p. 331-332.

69. *Taïny i Ouroki Zimneï Voïny 1939–1940 Po Dokumentam Rassekretchennykh Arkhivov*, St-Pétersbourg, 2000, Poligon, p. 145-146.

70. *Taïny i Ouroki Zimneï Voïny*, p. 266-267.

71. *Ibid.*, p. 298-299.

72. *Taïny i Ouroki*, p. 268.

73. V. K Triandafillov, *The Nature of the Operations of Modern Armies*, Routledge, 1994.

74. *Taïny i Ouroki*, p. 463.

75. Rapport de Beria à Staline. Voir dans *Lubianka Stalin i NKVD-NKGB-GUKR «Smerch» 1939-mart 1946 Dokoumenty*, p. 181.

76. *"Zimnaïa Voïna" Rabota nad Ochibkami*, p. 351–352.

77. *Ibid.*, p. 220.

78. *Ibid.*, p. 360.

79. *Ibid.*, p. 376–377.

80. *Ibid.*, p. 36.

81. *Ibid.*, p. 41.

82. Matveï Zakharov, *Gueneralnyi Chtab v Predvoennyé Gody*, Voenizdat Moscou, 1989, p. 186–187. [http://militera.lib.ru/memo/russian/zaharov_mv/03.html p. 186–187]

83. *Lubianka. Staline i NKVD-NKGB-GUKR « Smerch »...*, p. 240, et *Organy Gosudarstvennoï bezopasnosti SSR v Velikoï Otetchestvennoï Voïné*, p. 55–57.

第四章
决定进攻

> 我所做的一切都是为了对抗俄国：如果西方太愚蠢，太盲目，无法理解这一点，那我就和俄国人联合起来，打击西方，等到西方战败，我就会转过身来，联合所有的力量来对付苏联。我需要乌克兰，这样我们就不会像上一次战争那样再次忍饥挨饿了。[1]
>
> ——希特勒对国联驻但泽代表雅各布·布尔克哈特的讲话，
> 1939年8月11日

从1939年8月莫洛托夫—里宾特洛甫条约签订起，到1940年6月法国崩溃止，莫斯科和柏林之间的合作将远远超出所谓的"中立政策"，甚至于达到联合作战的地步。克里姆林宫似乎又能在国际舞台上自由挥洒，不禁危险地飘飘然起来，但有时也会被兜头浇上一盆冷水，在处理和同盟国的关系时重回审慎的路线。不过，无论是希特勒，还是斯大林，对这份条约都不抱幻想。1939年10月3日，斯大林在拉脱维亚外交部长威廉斯·蒙特斯的面前说了实话："不出六年，法西斯分子和共产党员就会开始对骂。现在政策的转向令人吃惊，但不要相信这一套。我们必须做好长远的准备。"六天后，希特勒在写给军事指挥层的58页备忘录里，也就未来的敌人说了同样的话。"任何条约，任何协议，都无法确保苏维埃俄国会永远保持中立。眼下，大家都在说不要放弃这种中立态度。过个八个月，一年，或者几年，这些都会变。最近这几年，不管在什么地方，条约做的那些安排都没什么价值。面对俄国任何形式的干涉，最大的安全保障就是明确展示德国的优势。"[2] 从1939年10月17日起，条约上的墨迹还没干，希特勒就提醒凯特尔注意波兰成了一个"便于推进的开阔地带"，容易被人利用从东部抑制国防军。从这个观点出发，他下令修复基础设施。[3] 1940年4月25日，在西部发起积极的攻势之前，帝国铁路和国防军陆军总司令部的鲁道夫·格尔克将军通过了一项特别计划，叫作"奥托计划"。该计划的首要目标就是在夏季结束之前，将连接德国和苏联边境地区的五条铁路线的运量提高到每天48列。这是第一个企图在东部重新部署兵力的迹象。

尽管双方对彼此的疑心都很重，而且谁也无法消除这种疑心，但只要不跨越某些红线，两者对协议所带来的好处都是照收不误。对希特勒而言，好处是受时间限制的：波兰战役和法国战役期间，苏联仍然会保持友好关系。相反，虽然元首对有利的经济合作关系明显不感兴趣，可里宾特洛甫和戈林却不敢轻视这种关系。维持这种有力的中立地位，西方的战争就会持续更久。在这种类型的冲突中，德国的不利之处也很明显，那就是英国的海上封锁和同盟国严厉的经济制裁。因此，斯大林会设法帮助德国打这场战争，但不会做得太过，也不会太明显，因为他也不想和英法两国重启战端。在后一种情况中，他就是个孤家寡人，10月1日，他对土耳其外交部长萨拉吉奥卢就是这么坦言的："我们和德国一起瓜分波兰。英国和法国没有向我们开战，但战争还是会打响的。我们和德国人没有签订结盟的条约，如果英国人和法国人向我们宣战，我们就会和英法两国开战。"[4] 显然，只有在德国军队沿莱茵河调动军队的时候，苏联才能继续从领土上得到好处，这种积极的均势平衡政策也才会有效。斯大林坚持不懈地在波罗的海诸国、芬兰、巴尔干国家以及土耳其海峡*周围寻找这样的好处。

德苏蜜月期

苏联在摧毁波兰的同时，也在毫不犹豫地同德国合作。1939年8月30日进攻之前，《消息报》刊发了塔斯社的一篇电讯，宣布苏军会在白俄罗斯和乌克兰边界地区增强军力，这么做的目的就是为了迫使波兰参谋部将五分之一的军力留在东部，而其他地方其实更需要这些部队。从9月1日起，明斯克发射台的广播信号为德国空军服务，在德军执行轰炸任务时为其导航。9月17日，苏军发起进攻后，便遵守伏罗希洛夫的指令，[5]同德国国防军合作，阻止波兰军队重新集结，尤其是赫鲁别舒夫一役。苏联的支持给德国国防军赢得了时间，使之人员伤亡减少，弹药消耗少，而这正是三个必须要考虑的因素。

在柏林和西方国家作战的时候，莫斯科对柏林的支援也不可忽视。德国空军的飞行员突然闯入苏联领空迫降之后，苏联并没有逮捕这些飞行员，而是把他们交还给了德国；它还允许德国使用利沃夫的铁路从其领土上经过，前往罗马尼亚。它不顾英国的封锁，将躲在摩尔曼斯克的18艘商船——其中就有旗舰"不来梅号"——交还给德国，更严重的是，它还允许这些商船在苏联武装自己，以应对海上遭劫持的风险。10月25日，苏联不顾华盛顿的抗议，允许被德国私掠船劫持且由德国船员驾驶的美国货轮"弗林特城号"离开栖身的摩尔曼斯克，重回德国港口。苏联让德国海军部署在摩尔曼斯克西北部科拉半岛靠近弗拉基米尔港的西利察河出海口处，斯大林亲自下令，任何外国人都不得靠近那个地区。挪威战役期间，给德国鱼雷艇供应给养的油船就是从这个秘密基地驶出，前往纳尔维克†的公海的。12月，

---

* 土耳其海峡又名黑海海峡，由博斯普鲁斯海峡、马尔马拉海、达达尼尔海峡这三部分组成。
† 纳尔维克是挪威诺尔兰郡的城市，坐落于北极圈内。

第四章 决定进攻

应德国空军的要求，苏联人在英国的公海上驻扎了一艘气象船。[6] 1940年夏，苏联的破冰船"列宁号"和"卡冈诺维奇号"打通了北方通路，从某种意义上说，这样就能使德国货轮运载战略物资重新驶入欧洲，从另一层意义上来说，也可以让武装商船在太平洋和大洋洲攻击英国商船。但双方海军的合作很快就到了头。1939年10月，莫洛托夫拒绝了德国想要进入摩尔曼斯克和符拉迪沃斯托克修理船坞的请求。12月，希特勒拒绝向苏联出售潜艇和"欧根亲王号"类型的重型巡洋舰。当月还发生了一件事，可以看出苏联方面的华尔兹跳得犹犹豫豫。苏联海军的参谋部请求德国参谋部加入对芬兰海岸的封锁，而苏军会在公海向德军舰艇提供给养。柏林原本希望他们的潜艇也能得到同样的好处，也就答应了。但没想到斯大林变了卦，显然是担心这样做有点过了头，于是就让莫洛托夫撤回12月12日的请求，莫洛托夫对惊愕的舒伦堡大使说那是个"误解"的时候相当尴尬。但尽管如此，还没有哪个"心怀善意的中立者"能像苏联那样给战争中的德国提供这么多的帮助，作为轴心国成员的意大利和日本都没这样。

苏联的宣传会对柏林的宣传做出应和。1939年10月6日，希特勒向西方国家提出和平建议，9日，苏联的报纸也刊登了这样的倡议，对待德国国防军最高统帅部的军事公报也是如此。宣传说英法两国挑起了战争。10月31日，莫洛托夫在最高苏维埃发表了讲话，支持对德国进行支援：

> 自从签订互不侵犯条约以来，[……]苏联和德国之间多年来始终存在的不正常关系就此终结。充满敌意的火焰熊熊燃烧，欧洲某些国家还在那儿煽风点火，可那火焰却被接触政策和两国确立的友好关系取而代之。[……]还必须强调的是，波兰军事上已经失败，国家也已经崩溃。波兰的领导层还在说大话，要让他们"强大的军队"团结起来。可是只要发动短暂的进攻，先是

德国，再是苏联出兵，就足以使《凡尔赛条约》产下的怪物荡然无存。［……］国际形势风云变幻，我们一直到现在都在使用的，有些人出于习惯还在使用的一些老皇历现在早已过时，再也用不了了。你们应该采取行动，避免在评估欧洲政治局势的时候犯下大错。比如，我们都知道在最近几个月里，"侵略"和"侵略者"这样的概念都有了新的具体的含义。［……］我们再也不能使用三四个月前这些概念原来的意思。现在［……］德国想要快速结束战争，英国和法国［……］想要继续战争，反对和平。［……］英国和法国政府想要介入进来，支援波兰，为自己寻求有力的立足点，这种企图是成功不了的。每个人都很清楚，再也不能让以前的波兰死灰复燃。［……］可是，英国和法国的政府［……］想要找到新的理由，好继续这场反对德国的战争。最近［……］英国政府宣布反对德国的这场战争，其目的恰恰就是要消灭"希特勒主义"。［……］类似于"意识形态战争"，让人想起了古代的宗教战争。［……］英法两国反对德国的战争，其真正的理由［……］是为了获取殖民地大国的利益。［我们必须］支持德国寻求和平的政策。

1939年11月10日至11日，德国空军在法国的防线上撒下了两百万份传单，传单上印的就是莫洛托夫的这次讲话。

"把俾斯麦级装甲舰*的图纸卖给我们吧！"

苏联在和德国的经济合作领域中极大地损害了盟军的战争努力，虽然严格意义上说，苏联并没有违反它所承认的《海牙协议》所规定

---

*装甲舰是德国第一次世界大战后设计的新式舰种，各国海军称之为"袖珍战列舰"。

的保持中立的准则。1939年9月6日，英国海上封锁之初，德国的处境相当糟糕。由于无法进入世界市场，德国的进口下跌了40%。某些战略物资高度依赖他国（橡胶80%，锌和铜70%，石油65%，铁45%，镍、铬、锰、钼、铝之类有色金属几乎100%），现在只能动用储备。战前脂类物质消耗量的一半和饲料的三分之一都无法运入。英法两国战略师估计，短期内，也就是不到一年，德国的这场战争就会瘫痪。而苏联会因为入侵芬兰而付出"道德禁运"的代价，1939年12月2日，罗斯福提出的"道德禁运"就是指禁运美国的机械设备，而这些对武器装备和石油开采等关键部门来说都是必不可少的。

尽管德国和苏联的经济具有部分互补性，但两国还是不得不经过四个月的艰难谈判，于1940年2月11日签订了新的贸易协定。有许多因素推迟了条约的签订。最重要的因素是交换的产品的性质。苏联销售的是可以快速开采的原材料，交换来的则是需要长时间生产的工业产品。在这样的条件下，两国都知道他们并没有所需的大量外汇来结汇，那他们该如何随着时间的推移来平衡这样的交换呢？苏联的要求也是这样的性质：莫斯科最需要的是为落后的部门提供的现代化武器、舰艇和飞机。10月26日，军事工业联合代表团抵达柏林，领队的是造船工业人民委员捷沃西扬，斯大林亲自要求后者做到两点，一点是全面了解德国国防军的科技水平，另一点是要求获得高品质的设备。希特勒同意了捷沃西扬给他看的各部门需要配备的设备，但也就仅此而已。六个星期内，65名军官、工程师，其中包括飞机制造师亚历山大·雅科夫列夫和尼古拉·波利卡尔波夫，以及一些经理，在内务人民委员部一批特工必不可少的陪伴下，参观了德国的武器装备厂、炼钢厂、化工联合企业、船坞、飞机场和矿物分析中心。自1932年以来，苏联人第一次可以在德国军工联合企业内走动。大开眼界地走了这么一圈之后，苏联人列出了一份无穷长的清单，有需要对方提供的原型机、设计图纸（尤其是最尖端的俾斯麦级装甲舰[7]）、尖端军事装备、数千种专门用途的机械设备和工业用途的设备。代表团返回莫斯科后,斯大林甚至提出要在苏联境内建造德国空军的飞机和发动机,作为交换,再将生产出来的三分之一设备交还德国。如果说代表团目睹了苏联的航空工业有多落后,那这个出乎意料的提议也就表明了苏联在面对同盟国的时候承担的风险有多大。不过,最令人惊讶的是,希特勒和德国国防军并没有对苏联人的这份购物清单进行深入的分析。对于这个未来对手的长处和短处,他们本来是可以有一个清晰的看法的。

德国的战时领导人并没有说自己面对的是敌方的联合战线,并没以此为理由来反对苏联的要求。希特勒拒绝任何交付武器或调拨钢铁的要求,因为这样会满足不了德国国防军当下的需求;工厂厂主也说他们没有能力在规定的期限内交付货物。相反,军人,想要把苏联纳入"欧洲大陆反英集团"的里宾特洛甫和战时经济的负责人戈林都不这么想,他们希望能和苏联保持长期的合作关系。1939年12月18日,各方利益体达成了妥协,驻苏大使冯·舒伦堡连同德国代表团的两个负责人施努雷和里特向莫斯科提交了他们的意见书。讨论很快就卡了壳,如果12月31日斯大林还决定不了的话,德国人就会回国。斯大林表示自己读了这份文件,同意做出让步,尤其是针对生产弹药的机械设备,他将订单削减了95%。他之所以采取通融的姿态,完全是因为苏联需要承受同盟国所施加的风险,这点可以从两个方面得到解释,一是苏联现在完全是个孤家寡人,经芬兰一役,它已经被完全排除在了国联之外,二是他始终都在担心柏林会背着他同西方媾和。经历了四个月的"滑稽战争"*之后,西方根本就没流什么血,所以领袖一直觉得很错愕,偏执的念头也越来越厉害。希特勒勉强同意了斯大

---

* 滑稽战争(drôle de guerre),英语称为假战(Phony war),德语称为静坐战(Sitzkrieg),是指1939年9月到1940年4月间,纳粹德国入侵波兰,英法两国虽然对德宣战,却除了小规模的空中及海上冲突并向法国派遣远征军之外,鲜有其他动静。

林削减过的方案，这么做也只是因为德国的经济现在灾难深重之故。讨论继续进行了下去，之后又卡了壳。于是，里宾特洛甫提出给斯大林写信，恳请他秉承莫斯科条约*的精神，继续帮他来推进谈判工作。信上有很多人签名，表达了德国的良好意愿，斯大林误以为那是希特勒让他们签的名，便再次做出让步，最终签署了协定。必须指出的是，就在巴黎和伦敦想要摧毁巴库的时候，他这么做也就承担了再次得罪同盟国的风险。1月13日，伦敦在中国海截留检查了一艘苏联货轮"色楞格号"，怀疑其"向德国运输黑钨矿石"，而这等于是向苏联发出了一个明确的信号。

尽管1940年2月11日签署的莫斯科协定远远没有达到双方的期望，但从涉及的体量来看，仍然相当惊人。18个月内，苏联要交付6.6亿马克的原材料，是1939年出口额的22倍，作为补偿，德国则在27个月内分期交付货物。苏联要出口100万吨二级谷物、90万吨石油（占德国原油消耗量的34%）、9.1万吨棉花、50万吨磷酸盐（占德国消耗量的34%）、10万吨铬矿石（65%）、2.5万吨锰矿石（55%）、1.5万吨石棉（67%）、30万吨废金属；此外还添加了高附加值的矿石，1.1万吨铜、3000吨镍、500吨钼、500吨黑钨矿石。德国交换的货物，从数量上看，有500万吨煤炭，从价值上看，有海军部门完工50%的"吕措号"巡洋舰、最尖端的舰炮、406毫米和280毫米旋转炮塔的图纸、潜艇的敏感元器件；空军方面，交付25架德国空军配备的各类型战机。道尼尔Do 215轻型轰炸机、梅塞施密特Me 109和110战斗机、容克斯Ju 88轰炸机、亨克尔He 100战斗机将会越境飞来，机上悉数配备机载武器、导航设施、无线电以及瞄具。这些飞机在莫斯科航空学院经过细心拆卸和研究，到1942年的时候，将会对苏联某些落后的科技水平有所弥补。对苏出口的地面装备都是火炮（2门210毫米巨型迫击炮和1门305毫米

---

* 指1939年由里宾特洛甫和莫洛托夫签署的《苏德互不侵犯条约》。

榴弹炮）、一组105毫米防空炮（DCA）组、一辆三号坦克、一些火炮牵引车，苏联人对此兴趣不大，因为他们在这个领域技术更先进。对斯大林来说，6430台机床更重要，其中两条完整的生产线可以用来生产炮弹，同样重要的还有用于重化学、特种钢材、合成橡胶、人造纤维领域的尖端民用机械。此外，由于柏林已无法走通海上商路，所以莫斯科还要负责牵线搭桥，让德国和中东及远东国家，尤其是其盟国日本进行交换。近40万吨不可或缺的产品，如天然橡胶（没有这1.5万吨天然橡胶，德国国防军的卡车和飞机都没轮胎可装）、铜、锌、大豆、黑钨矿石，沿着苏联境内的铁路线穿越而过，而德国制造的制成品则用来对此进行偿付。从价值上看，这些交换的物资数额相当惊人，达3.78亿德国马克（1940年4月至1941年6月）。不到几个月的时间，柏林和莫斯科就成了主要的经济合作伙伴。

出于宣传的目的，协定的确切内容并未在报纸上公布，德国方面更愿意大张旗鼓宣扬的是"突破英国封锁"这样的主题。从纸面上来看，该协定似乎对双方来说都取得了平衡。但从现实层面来看，德国工业由于已全部用来满足国防军的需求，所以根本无法按时按点地交付几十亿马克的订单。故而到最后，巴巴罗萨行动启动时，德国有40%的订单没法交付，而苏联则履行了90%的订单。1940年春，斯大林根据同盟国的态度、德国交付的程度以及议价的状况，差不多开始开闸放水。苏联出口的货物4月为1190万马克，5月增至3180万，6月为5400万，8月则超过了6500万。秋冬两季，金额又回落至3500万以下。1941年5月，经济合作再创新高，但那时候已是另一种情势，对双方阵营来说，意义也已截然不同。

法国崩溃，苏联焦虑

1940年5月10日，德国国防军共142个师和所有坦克向西发动进攻，面对苏联的只有4个步兵师和9个编制不齐的地面部队。从这时起，形势便急转直下。13日，色当的马斯河最终被突破。20日，英法两国的精锐部队，还不算上比利时军队，都被围在佛兰德地区。斯大林眼见形势如此发展，内心倍感震惊，颇为不安。6月初，"敦刻尔克奇迹"让他的疑心更重了。德国国防军怎么可能会让英国远征军"漏网"呢？塔斯社驻柏林分社负责人菲利波夫说这是"希特勒的一个姿态"，是做给伦敦看的，后来这个谜团还存在了很长时间。[8]6月10日起，所有的评论员都说，再也没有什么东西能阻止德国人进入巴黎了。只要德国国防军还在西方忙于征战，斯大林就会将莫斯科秘密议定书所定的好处收入囊中。12日，他向立陶宛发出了最后通牒，三天后，立陶宛就被全部占领，包括去年9月28日友好条约中德国承诺让给苏联的边境地区的狭长地带。[9]12个步兵师、5到6个装甲旅、4个骑兵师都驻扎在了那儿。[10]希特勒眼见这么多兵力，大约有20万人，陈兵于距东普鲁士首府柯尼斯堡100公里的地方，如鲠在喉。6月17日，拉脱维亚和爱沙尼亚也遭到了同样的命运。波罗的海的五大港口都成了苏联海军的舰队基地，这样一来，苏联就能切断瑞典运往德国的运输线。

当日，铁木辛哥向斯大林寄去一份备战的清单，"以备发生波罗的海战争"。他的提议表明了莫斯科和柏林之间的疑心有多重，苏联的紧迫感有多厉害。他特别提到了：

  1. 立即派遣我们的部队前往东普鲁士边境地区和波罗的海海岸地带，阻止我们的邻国实施间谍活动和破坏活动。2. 立即在每一个波罗的海共和国内部引入内务人民委员部的一个团，维持内部秩序。3. 尽快解决被占领共和国建立"政府"的问题。4. 着手解除民众的武装，解除警察和军事组织的武装并将之解散。[……] 7. 在波罗的海诸国的辖区内设立一个军区，参谋部设在里加。[……] 8. 开展各项工作，以备该辖区成为战场（建造防御工事、公路，储备货物，改建铁路等）。[11]

次日，6月18日，斯大林向三个波罗的海国家派去了国内的重量级人物捷卡诺佐夫、维辛斯基、日丹诺夫，立即着手在那儿实行苏维埃化，由此导致的受害者数以万计，而这也表明了在他的眼里，以及在海军领导层的眼里，控制波罗的海诸国的土地和海岸至关重要。不过，为了不致激怒希特勒，对德国遭受的经济利益上的损失，斯大林给予了丰富的补偿，甚至同意纳粹德国海军开采爱沙尼亚的油页岩岩层，为其提供三分之一的重油。而英法两国的利益全都被收归苏联国有，没有丝毫补偿。

担心占领波罗的海诸国会激怒希特勒，或为了不让他担心，6月23日，斯大林让塔斯社发布了一封奇怪的公报。我们在此全文引用，是因为这份公报为1941年6月14日那份更为特别的公报提供了一个样板。

> 最近一段时期，针对苏联军队进入波罗的海诸国一事，出现了诸多谣言，说有100个，甚至150个苏联师集聚在德国和立陶宛的边境地区。这些谣言让人以为苏联之所以集聚大军，是因为对德国在西方的成功不满所致。谣言还言之凿凿地声称这么做会导致德国同苏联之间关系恶化，而且目的就是为了向德国施压。美国、英国、法国、日本、土耳其、瑞典的媒体每天都在重复这样的说辞。塔斯社现在宣布这些含沙射影的话与事实并不相符。在波罗的海诸国只有18到20个师，不是100到150个师。这些师也并没有集聚在德国和立陶宛的边境地区，目的也不是为了向德国"施压"。这些师分布在波罗的海诸国，只是为了确保这些国家之间都能遵守双边互助的协定。因此，苏联各界认为这些谣言

瓜分罗马尼亚（1940年夏）

192 第一部 通往迷雾重重的印度群岛

的目的就是为了在德国和苏联的关系上投下阴影。[12]

7月6日,贝利亚的左膀右臂波格丹·科布洛夫的弟弟,苏联驻柏林的使馆参赞阿马亚克·科布洛夫,和里宾特洛甫的三名副手共进早餐,这三名副手对他说,塔斯社的声明让柏林轻松了不少。科布洛夫立即就将这个信息发给了莫洛托夫和斯大林。[13]我们可以做一个大胆的假设,即在斯大林的眼里,塔斯社公报这种沟通手段已成为一种应对危机的方法,而他那强大的合作伙伴随时都有可能挑起这样的危机。

1940年6月22日,法国在勒通德*签署了停战协定。号称欧洲第一的法国军队完全被摧毁,150万士兵成了俘虏,三分之二的国土被德国占领。斯大林的战争计划也瞬间崩塌。他还以为战争在西方会持续很长时间,他完全有时间从这种非交战的状态中获得好处。当时在莫斯科的赫鲁晓夫见识到了斯大林的反应。

> 斯大林对西方战局的发展忧心忡忡。但他什么都没说,也没表达自己的观点。在交换意见的时候,他只是说法国人和英国人太弱了,竟然都抵御不了德国人……然后,我们从收音机里听到法国军队投降〔……〕的消息。就在这时候,斯大林彻底忍耐不住,激烈地辱骂英国和法国的政府,说他们竟然允许自己的军队被打败。〔……〕他相当激动,相当烦躁。我很少见到这样的情况。开会的时候,他没有坐下来,而是一直走来走去。他还真的像个拉大车的,在房间里一边跑,一边骂娘。他咒骂法国人,咒骂英国人,他们怎么就会允许希特勒把他们给打败呢?[14]

面对德国势如破竹的形势,莫斯科在西部边境地区紧急采取了防

---

* 勒通德是法国瓦兹省的城市。

第四章 决定进攻 193

御性措施。莫洛托夫防线的工程最为重要；海军舰队总部被从列宁格勒调往塔林；6月26日，最高苏维埃主席团发布了7天56小时工作制的行政命令；迟到、矿工、更换工作岗位都将被移交刑事法庭；7月10日发布的一项法律规定，如果交付的产品不合格，工厂厂长和工程师将负刑事责任。简而言之，战时的工作条文被引入了工业领域。9月18日，梅列茨科夫和铁木辛哥向斯大林提交了他们制订的战略部署的计划。如果两条战线开战，主力部队将集中于西部：176个师，15个坦克旅，159个航空兵团。北部、南部和东部仍保持51个师，68个航空兵团。[15]这是不是说明又有了新的担忧呢？毫无疑问是这么回事，但也是为了审慎起见，他们意识到，如果没法使力量保持完美的平衡的话，未来的胜利果实不会轻易摘取得到。实际上，尽管法国陷落，但斯大林并没有改变路线：必须把德国这只肥鹅喂得饱饱的。所以他并没有对原材料的交付进行限制；我们说过，4月价值1190万马克的货物到8月就跃升到了6500万。美国对英国的战时经济加大支持的做法也有这样的理由。在交战双方的两个阵营之间维持力量平衡的做法仍然是苏联的战略考量。

现在轮到巴尔干国家开始行动起来了。5月27日，柏林宣布和布加勒斯特签订贸易协定，目的是重新组织罗马尼亚的石油生产，以满足德国的需求：十年以来，德国一直都在朝这个目标奋斗。从5月28日起，塔塔内斯库政府便宣布想要寻求合作，恳切呼吁保护该国不受匈牙利、保加利亚和苏联的侵略，因为这三个国家正在谋求罗马尼亚的领土。斯大林立刻就决定让罗马尼亚的比萨拉比亚（如今的摩尔多瓦）获得同波罗的海诸国同样的命运。6月23日，他向柏林发出照会，提到了1939年8月23日签署的秘密议定书的条款。苏联1919年失去比萨拉比亚始终都未得到莫斯科的承认，而该省可以覆盖敖德萨港的周边地区。德国的全部军力都在法国，所以希望具有战略重要性的这一地区最好保持平静，于是建议罗马尼亚人和莫斯科谈判。斯大林并没有这样的打算。6月26日，莫洛托夫向布加勒斯特发去提前24小时的最后通牒。28日，苏联10个师在没经过战斗的情况下便占据了比萨拉比亚（首府基希讷乌）和北布科维纳（切尔诺夫策）。后一个地区显然并没有列在莫斯科协议的秘密议定书内，也从来没属于过俄罗斯帝国。莫洛托夫给出了这么吞并的理由，说他们是想"将所有的乌克兰人都统一起来"。舒伦堡大使提出抗议，说这违反了莫斯科协议；莫洛托夫说得很坦率，也不无挑衅地回答道，他希望苏联对南布科维纳感兴趣的时候，能得到德国的支持。希特勒并不想卫护在他势力范围内的罗马尼亚人。不过，让苏军推进150公里，来到普洛耶什蒂油田附近，毗邻多瑙河，会让他付出代价；苏联会向这些油田伸手，而这些油田的产量相当于德国1940年五分之一的消耗量，1941年一半的消耗量，所以这会成为他最大的噩梦。他之所以隐忍不发，只能从一个方面得到解释，即他坚信自己会很快获取东方广阔的生存空间。面对苏军如此肆无忌惮的"扩张主义"，他举起了稻草人，从而将罗马尼亚绑在了他的战车上。7月1日，卡罗尔国王宣布废除该国同西方国家的任何协定。翌日，他请求希特勒保护本国的边界，向罗马尼亚派遣一个军事代表团。芬兰一役之后，罗马尼亚便落入了苏联的敌方阵营内。外交上的这个新的反转对巴巴罗萨行动造成了重要的影响。

  1940年6月28日，苏联军队来到多瑙河与普鲁特河的交汇处，普洛耶什蒂就在180公里远的地方，经由公路和铁路都能到达那儿。该防区的两个罗马尼亚师突然出其不意地陷入混乱，丢弃了两条河流东岸的火炮。他们应该是认为，苏军会向普洛耶什蒂派遣BT快速坦克，不到几个小时就能攻占这个石油区。在西部，苏军的大量空降旅也能封堵喀尔巴阡拱门的三个山口，德军若要驰援，只能从这儿过。斯大林也能向匈牙利政府许以出让特兰西瓦尼亚三分之一土地的好处，让该国政府拒绝德国军队从此过境，从而使局势复杂化。不管怎么样，由于德国陆军还在法国，德国空军在捷克的基地又鞭长莫及，苏联人至少还有八个星期自由行事的时间，秋天一到，机械化行动就很困难了。吊诡的是，这也是希特勒自1936年莱茵兰危机*以来最虚弱的时刻。

对斯大林而言，无论是从罗马尼亚撤军，还是决定留在那里，根本就没有失败的选项。第一种情况，只有先有条不紊地深入该地区，摧毁油井、高炉、精炼厂、铁路、河道终端以及专门的运输设备（驳船、罐车），苏军才会再次越过普鲁特河。1942年，德军夺取迈科普的时候，苏联红军撤退期间"科学"摧毁一切设施的行径令他们恐惧不已。德国的专家估算需要12到18个月的时间才有可能重新恢复生产。油井里填满了混凝土和废金属，只能重新钻井。1940年的普洛耶什蒂也出现了同样的情况。600万吨原油会从欧洲市场上消失，其中德国需要消耗近300万吨，其盟国意大利需要消耗50万吨。那样一来，德国就会失去机械化部队赖以行动的资源。1941年发动巴巴罗萨行动也就难以想象了。

斯大林的第二个选项就是坚决加入冲突当中。很显然，占领普洛耶什蒂等于是在向柏林宣战。但斯大林会和伦敦结盟，构建巴尔干战线，将希腊、南斯拉夫、保加利亚拉入进来，通过这种方式对德国做出回应。虽然经济上有利可图，军事上合情合理，政治上滴水不漏，但占领普洛耶什蒂的选项，斯大林应该不会考虑。有两个理由：他认为必须恪守中立的立场，而且他对丘吉尔内阁完全不信任，他总认为丘吉尔会随时和希特勒结盟。

希特勒的战略选项

1940年夏又出现了一个转折点，确实，第二次世界大战的这条路

---

*莱茵兰危机是指1936年德国在《凡尔赛条约》规定的非军事区驻军所导致的危机。

极其曲折。当纳粹这台机器开始转向东方，德苏关系开始急遽恶化，但仍在持续的时候，大英帝国选择同德国战斗到底。5月31日，军事情报机构格鲁乌*收到代号"拉姆齐"的特工理查德·佐尔格发来的情报，该情报是从德国驻东京大使欧根·奥特那儿采集来的。

> 柏林有两个对立的观点。持有第一个观点的是年轻的法西斯分子，他们认为如果德国赢得了西部的战争，接下来就应该进攻苏联。持有第二种观点的是政权内的重量级人物，他们认为如果苏联接受德国在政治上、经济上、军事上的优先地位，德国就应该和苏联和平相处。[……]该群体得到了像奥特大使之类知名人士的支持，也得到了里宾特洛甫的左膀右臂海因里希·施塔默的支持。[16]

此外，6月6日，斯大林和莫洛托夫的办公室还收到了一份驻保加利亚武官，也是格鲁乌特工的杰尔加乔夫上校发来的报告。"6月5日，我的线人通知我，德国准备和法国单独签订和平协定。[……]协定签署后，[……]德国将连同意大利和日本进攻苏联，其目的是最终消灭共产主义。[……]德国人和意大利人的宣传指向这个主题：苏联没有权利对巴尔干国家施加影响。"[17]6月13日，格鲁乌的一份呈交给苏联领导人的综合报告指出："根据美国驻赫尔辛基外交界人士的看法，芬兰军队高层都很肯定，德国在西方获胜后，就会同苏联开战。"[18]格鲁乌局长普罗斯库罗夫分别于6月19日和21日记了两则笔记，指出德国正在立陶宛边境地区增强兵力。[19]

---

* 格鲁乌（GRU）成立于1918年11月5日，前身为共和国革命军事委员会野战参谋部第三部（登记部），1920年7月改为野战参谋部第二部，由于情报失误，导致苏联进攻波兰失利，列宁便开始整顿情报机构，任命扬·卡尔洛维奇·别尔津担任登记部新任领导人。1925年至1926年改组为工农红军司令部第四部，又名"第四局"。1924年至1935年，以及1937年的格鲁乌总局局长是扬·卡尔洛维奇·别尔津，他在任上就招募了理查德·佐尔格等间谍。

第四章 决定进攻 197

那斯大林从中得出什么结论了吗？第一项证据，法国崩溃之后，苏联进入了一个越来越不安全的区域。这种不安全感可以从源源不断流入的情报资料中看出来，这些报告几乎都提到了德国会发起进攻。第二，对斯大林来说，进攻苏联的决定同德国想要和苏联保持友好关系的信息处于一种权衡比较的状态，尽管后者为假；他注意到苏联依赖的是第三帝国内部力量的报告，他始终都很信任这些报告，从而也使他更容易做出错误的判断。第三，芬兰、立陶宛，尤其是巴尔干国家都已成为两个强大的邻居之间今后擦枪走火的区域。无论这些情报有多混乱，有多零碎，但它们仍传递了部分真实的信息，尽管目前为止希特勒尚未准备进攻苏联。已经部分从西方的战役抽身而出的德国国防军确实刚刚开始将目光朝向东方。1940年6月25日，和法国的和平协定刚刚生效的那一天，德国做出决定，将"古德里安军"*、六个装甲师以及三个机械化师，也就是德军发动攻势的先锋部队的一半兵力，调往布隆贝格方向的维斯瓦河地区。我们只能从中看出这是对苏联长驱直入波罗的海国家以及比萨拉比亚的行为做出的反应。[20]不到一个月之后，也就是7月21日，希特勒就下令制订进攻苏联的战争计划。

希特勒的愿望对任何人来说都不是什么秘密。十五年来他说了又说，当然和斯大林签订条约之后确实消了声，但也就是稍微缓和了一下。在"四年"计划的备忘录（1936）里，进攻苏联的渴望可以说表达得清清楚楚。1933年2月3日，1934年2月28日，1937年11月5日，1939年5月23日和8月22日，他在各次会议上都对军队将领清晰无误地说过这个愿望。1939年8月31日，也就是和莫斯科签订条约之后一个星期，希特勒在总理府，当着一群大人物的面，宣称"他的使命就在俄国。其他任何战斗只为了一个目标，就是解放大后方，和布尔什

---

* 1940年5月古德里安参加了法国战役，时任A集团军群第19装甲军军长。

维克把话好好说清楚"。[21]11月23日，他对将军们宣称："到了春天，让陆军在东方发起一场大规模的行动，和俄国开战。"[22]类似不太为人所知的讲话，有1938年11月10日（对报界代表），1939年1月18日（对毕业的年轻军官），1月25日（对军官），2月10日（对军队领导层）。1940年5月23日，国务秘书冯·魏茨泽克[23]的文件上也记录了类似的讲话。1940年6月2日，驻扎在沙勒维尔的A集团军群司令部，希特勒面对冯·伦德施泰特将军、冯·索登施特恩将军和布鲁门特里特将军直言不讳地说，"英国还算理智，准备谋求和平"，这样他就能"随心所欲地"完成"货真价实的伟大使命：和布尔什维克把话好好说清楚"。[24]约德尔将军、阿尔贝特·施佩尔、冯·洛斯贝格中校[25]的记录中也都说了听到希特勒宣布他想从1940年6月起开始对付苏联。

虽然希特勒在1940年春末就说了这些话，但之后并没有立即做出决定。事实上，一直到7月中，希特勒一直都觉得他把英国军队从欧洲大陆赶了出去，让法国的这个盟友损失惨重，丘吉尔定会黯然下台。他战前见过的两个英国人，失势的爱德华八世和前任首相劳合·乔治会重掌权力*，他觉得这两个人一直都很仰慕他，于是这个想法让他又有了话题，若是有人愿听，他就会对那人说他很想和这个老牌帝国一起瓜分世界。但这样的愿望根本就没有实现，大英帝国仍在进行战争，丘吉尔也还在唐宁街10号。首相将凯比尔、亚历山大、达喀尔†的法国舰队要么扣留，要么遣散，并对这三个港口城市发动攻击，以此来表明自己必战的决心。他在直布罗陀‡驻扎了精锐的"H舰

---

* 爱德华八世于1937年3月8日得到温莎公爵的名号，他还于当年受希特勒之邀见过希特勒，之后便至法国定居，1940年8月18日至1945年7月28日，温莎公爵一直担任巴哈马总督。而丘吉尔上台之后，曾邀劳合·乔治入阁，但乔治以不愿和枢密院议长张伯伦共事为理由婉拒，他对战争持悲观态度，希望英国和德国进行和谈，丘吉尔曾说他是英国的菲利普·贝当。

† 凯比尔港是阿尔及利亚西北部毗邻地中海的港口，亚历山大是埃及的第二大城市，达喀尔是塞内加尔的首都。

‡ 英国共有14个海外领地，位于伊比利亚半岛末端的直布罗陀为其中之一，那儿是通往地中海的入口。

队"*，准备保卫这座大岛，同时对轴心国薄弱的一环，也就是意大利发起攻击。希特勒想和英国结盟来攻打苏联，可现在他也只能和苏联结盟来对战英国。他丝毫没料到会出现这样的局面。尽管他精准地判断了法国的弱点，却无法理解英国以及它为何想要战斗到底，直到纳粹政权和他的这个人彻底消亡为止。而且苏联无论采取何种立场，都无关这种决心。

那么，究竟该怎么样才能让大英帝国不再在欧洲作战，好让他"随心所欲地染指东方"呢，这正是希特勒1940年7月一直在反复思考的一个根本性的问题。德国战时的战略方针很不明确，这样只能挨打。计划、精力、前景全都以打败法国为指向，由此而统摄了一切。在勒通德和法国签订和平协定之后，约德尔对此深信不疑："最多几个星期，就能和平了。"[26]哈尔德语带嘲讽地向瓦尔利蒙特建议"及时转向，去找另一份工作，因为陆军就要被裁撤掉了"。[27]

对于德国的战时方针，1940年夏应该正是时候，此时可以很好地斟酌各种选项，确定什么样的替换战略。但其中涉及好几个因素，限制了反思的能力。根本就不存在任何结构，能将三军、战时经济和盟军整合在一起，以制定合理的战略。在这一点上，德国根本无法和英国的参谋长委员会相比，更是无法和同盟国1942年设立的联合参谋首长团相提并论。陆军、空军和海军的指挥层只能对自己人讲话。由于主要军种的体量在那儿，陆军总指挥瓦尔特·冯·布劳希奇元帅拥有历史悠久的普鲁士参谋部授予他的权力，而他本可以使用这种权力，让其他人听到他的声音。但他这个人没这样的魄力。希特勒1938年之所以选择他，是因为他能掌控自己的个人生活，懂得如何去操控自己的人生。对于三军的参谋部，元首会根据自己的意图，向他们传达些支离破碎的信息，也只会就事论事咨询他们的意见。理论上，国

---

* 英国的海军主力是本土舰队，第二次世界大战爆发后，英国组成8个搜索舰队（编号是F、G、H、I、K、L、X、Y）在大西洋搜索德舰。H舰队即是其中之一。

防军最高统帅部应该可以扮演战争各项行动总组织者的角色，就像第一次世界大战期间的最高陆军指挥部那样。但1940年5月，该部的作战室只有25名军官，[28]而由已故的兴登堡负责的最高陆军指挥部却有2000人，陆军总司令部有1000人，最高统帅部根本就没有权利来迫使三军与之协作。国防军最高统帅部总长凯特尔元帅在面对希特勒的时候唯唯诺诺，毫无尊严可言。虽然总参谋长阿尔弗雷德·约德尔[29]在优秀的瓦尔特·瓦尔利蒙特的支持之下，逐渐让自己成为元首的首席战略与行动顾问，但他根本没有这个岗位所需的高瞻远瞩的视野和强大的个性。照从头至尾亲历了战争每一天的赫尔穆特·格莱纳所说，"后来，他越来越丧失了做出正确判断的能力，渐渐地就沦落成了一个普普通通的小职员"。[30]正如瓦尔利蒙特用法语所写的，1940年的时候，国防军最高统帅部只不过是元首的"军队仆从"，[31]身处那年夏季的转折点，元首根本就没要求最高统帅部制订任何一份全面的计划。

希特勒是有意造成这种职能和权限碎片化的状态的。他身为军队的最高统帅，有意让所有人彼此对立，好垄断制定战略的权力。与之相左的意见其实有很多，许多人都对他进攻苏联的合理性提出质疑，但这些意见都无法联合起来。1940年7月8日，他在贝希特斯加登，22日和23日在拜罗伊特观看《诸神的黄昏》的演出，7月26日至8月4日，又再次去鹰巢*，远离参谋部，被他的扈从们簇拥着，他在这方面的思考大部分都是在这几个地方做出来的。法国一役的胜利让他的威望达到了顶点，他也就更不愿分享自己的思考了。7月6日，他从黑森林的总部返回柏林，无数的人群在期待着他，自发地从安哈尔特火车站一直绵延至总理府。马路上撒满了鲜花，连绵数

---

* 鹰巢，又称鹰堡，坐落于巴伐利亚贝希特斯加登的阿尔卑斯山，海拔1 834米，1937年由后称为"元首私人秘书"的马丁·鲍曼督造。1945年4月25日，盟军轰炸上萨尔茨山，但未累及鹰巢。

公里，敬慕和自豪的呼喊声，爱国歌曲的歌唱声，此起彼伏的乌拉声，从四面八方汇聚而来；女人激动得晕厥，男人喜极而泣；所有的钟声都在齐声飘荡。再也没有一个人，没有一个机构，没有一个协会敢和他争锋。他的胜利确确实实让他自己也飘飘然起来，同样也毒化了民众，民众最终被他的"战争性格"吸引了过去，而1939年9月却还没有这样。元首力排大多数高级将领的意见，皇帝连四年都没打下来的战争，他元首用了45天不就赢得了吗？不就像凯特尔所奉承的，1940年6月，他成了"任何时代最伟大的战争统帅"吗？天意难道不是对他的当选给予最终的确认了吗？再也没有任何东西能阻止希特勒相信自己追逐东方梦想的正确性。1940年6月25日，也就是和法国的和平协定正式生效的那一天，他还陶醉在胜利之中，下令建筑师阿尔贝特·施佩尔准备重建柏林，要使柏林盖过巴黎的风头。当施佩尔找到环绕在希特勒身边的那个小圈子，想要请辞这份工作的时候，他听见了这句话："现在我们已经证明了自己能干什么。相信我，凯特尔，除了这件事之外，攻打苏联的战斗也只不过是沙盘操演而已。"[32]

　　理论上，如果他遵从约德尔6月30日备忘录意见的话，希特勒有三个军事选项可以遏制英国，使之放弃在欧洲大陆的支配权：直接进攻，也就是从空中和海上入侵；用潜艇间接攻击英国的对外贸易商船；采用迂回战略，攻击英国在地中海的利益。7月9日，他下令将大部分生产出的武器装备供应海军和空军，表明在那个时刻，他是想优先和英国本岛开战的。但这种优先性并不明显：工业上的重新调整涉及的只是12万吨钢材，相比之下，奥托东方铁路计划将消耗30万吨，而他所下的命令却要求将装甲师的数量从10翻倍到20，这种做法针对的并不是海峡彼岸，而是苏联。第一个军事选项，也就是入侵，似乎最受青睐。7月16日，希特勒签署了16号元首令，不过，从开头就可以看出来，元首令并没有很大的决心："英国尽管军事上已无出路，但仍然没有任何迹象显示愿意同我们谈判，我决定准备采取登陆战，如有必要，即可实施。"没有写明"海狮行动"具体的入侵日期。德国海军打不过英国皇家海军，没有两栖大规模作战的经验，注定只会使该选项成为施压的手段，希特勒22日就向冯·伦德施泰特说过这个观点，[33]后来就使之做成假情报来针对苏联；9月14日在柏林和三军首脑开会的时候，这一选项事实上就遭到了摒弃，后来，到1940年10月12日，正式弃用。[34]

第二个选项就是攻击商船，时间持续得会更久。事实上，截至7月1日，服役的只有57艘潜艇，其中一半只能在大西洋出没。建设一支足堪可用的舰队就需要财力上大规模的调整，还有一年多时间的生产。而希特勒的时间始终都很紧迫，所以他也就不再倾向于潜艇。当下唯一可以努力的地方只能来自空中，他自己也设想过，用狂轰滥炸来摧毁英国人的抵抗意志，或者说为有可能发生的登陆战做铺垫，消灭英国的战机和航空工业。7月10日，两支机队袭击了英国南部和加来海峡地区的军事目标，接下来就是连续数月的密集轰炸。而约德尔备忘录提及的第三个战略选项，就是联合意大利进攻苏伊士运河，夺取直布罗陀海峡，封锁地中海，只是希特勒对这个选项没怎么当真。他秉持的仍然是这样的观点，即在这个领域，墨索里尼会打一场"平行战争"，他不用去干涉。到秋天的时候，他会再来考虑这个问题，我们也就到时候再来论述。在等待空袭英国战果的时候，7月8日，他去鹰巢待了十天思考问题。

罗斯福的考量

1940年7月19日，希特勒返回柏林，在国会讲了两个小时一刻钟。他俨然一副拿破仑的派头，庆祝法国战败，称之为"世界历史上最巨大的胜利"，之后便将赫尔曼·戈林升任为帝国元帅，另有十二名军人也被升任为元帅,其中九名将在巴巴罗萨行动中发挥重要的作用:冯·布劳希奇、冯·伦德施泰特、冯·里布、冯·博克、利斯特、冯·克鲁格、冯·赖歇瑙、凯塞林(空军)、凯特尔。[35]结束的时候,提到了本次讲话已经宣称过的目标,那就是向大英帝国提出和平建议,呼吁英国保持"理性"。没有什么具体的措施,只能说是在一如往常地发出威胁:"丘吉尔先生这次也许会相信我,我作为先知,做过这样的承诺:[继续战争]只会彻底摧毁世界上的一个伟大帝国。无论是摧毁,还是伤害这个世界帝国,从来都不是我的意图。但我觉得有一点很明显,那就是继续战斗,其中一方最后就会彻底成为废墟。丘吉尔先生认为那会是德国。我认为那将是英国。"[36]难道这真的是他想告诉敌人的话吗?这句话里的信息难道不是很浅显,透露出在战争的这个时期希特勒一直在思考的那个问题吗?"英国的所有希望只能寄托于在欧洲搞阴谋诡计,制造新的危机,以此来改善自己的处境,考虑到德俄之间的关系,这只能是一种幻想。"这样的和平建议,我们只能说是一种威胁,而且是最低劣的战争威胁。7月12日,哈利法克斯爵士在BBC广播中拒绝了这个建议,英国很有信心,美国始终都会站在英国人这一边。

1940年5月16日,罗斯福获得国会的财政拨款,用以设立一个生产机构,负责每年生产5万架飞机。6月10日,意大利参战那一天,他在夏洛茨维尔大学发表了强硬的讲话:"我们要让那些正在奋起抵抗的人使用我们国家丰富的物产。"7月19日,希特勒在帝国议会讲话期间,他签署了一项名为《两洋海军法案》的法律,这项庞大的计划授权生产132.5万吨战舰,其中18艘为航空母舰,7艘为装甲舰。当天晚上,他通过无线电广播做了一场重要讲话,呼吁必须"支持自由的人民",德国驻华盛顿前任大使迪克霍夫为希特勒做了分析,认为他不会妥协。[37]7月23日,罗斯福同意从1941年4月之前在美国本土生产的2.7万架飞机中拨出1.4万架交付给英国。8月17日,经加拿大总理麦肯齐·金的允许，他在新斯科舍设立了一系列基地，以此确保转运支援物资的北大西洋航路的安全。希特勒不可能再自欺欺人了：美国已经决定支持英国。他剩下的时间越来越少了。美国有可能会全国动员，而他对动员日期的估算一直都在变，照和他交谈过的人以及他自己的意图来看，1942年到1945年之间都有可能。[38]

从不利的局势来看，希特勒会渐进地找出**他自己的**解决方案，摆脱战略上的困境，那就是进攻苏联。第一步就是7月21日，他决定制订东方战役的作战计划。千万不要将这个日期同1940年12月18日决定发动进攻的日期相混淆。1940年夏，进攻苏联还只是一个选项，当然是觊觎良久的选项，但只有等其他选项全被排除掉，才会将之摆上台面。从德国国防军陆军总司令部参谋长弗朗茨·哈尔德的战时日记来看，这方面的情况就清楚了。希特勒所做的决策很快就会互相抵牾，但他根本不会叫停这些计划先期的准备工作，或者说是很晚才叫停。结果，1940年夏，陆军总司令部的各个部门就得研究进攻直布罗陀的行动（费利克斯行动），进攻法国非德占区的行动（阿提拉行动），进攻希腊、南斯拉夫、保加利亚、西班牙、葡萄牙以及坐落于利比亚的各大西洋岛屿的行动（玛丽塔行动），进攻叙利亚、巴勒斯坦因、土耳其的行动，最后就是进攻苏联的行动。这种决策上的混乱把搜集信息的情报部门搞得晕头转向。如果说这样做很好地伪装了纳粹首脑的真实企图，但也同样表明了他仍然不确定自己到底该干什么。

哈尔德最初制订的计划

弗朗茨·哈尔德上将和希特勒都是准备和执行巴巴罗萨行动的关键人物。哈尔德留平头，脖子刮得干干净净，戴副钢架眼镜，举止老派，是个优秀的骑兵，看上去更像教授而不像战士。1884年，他出生于为巴伐利亚国王服务的家庭，父亲是个将军。他中学毕业时成绩优异，进了慕尼黑军事学校就读，在校期间获得了军裤上镶红带的待遇，表明他是优秀的军官毕业生，被推荐去总参谋部任职。他和约德尔一样都是巴伐利亚人，也是炮兵，第一次世界大战期间，他在西线轮转了好几个参谋部，但在俄国只待了四个月，他没直接上前线，但并不妨碍他后来和希特勒之间的关系。和所有保守的民族主义军官一样，1918年君主制的倒台让他很难过。1920年进入德国国家防卫军这个"圣殿"对他来说如释重负，他当时的军衔是上尉。1931年已是上校的他晋升的速度很快，比魏玛共和国这支小型军队3 800名军官的平均晋升期都要短。如果说哈尔德始终不愿过问政治，那么希特勒的上台却使他开始有所动摇。他是个名副其实的工作狂，极有条理，喜欢公开讨论和接纳新思想，这些素质使他在1937年秋担负起了多次大规模演习的指挥重任，于是他对未来的"闪电战"反复操演，也使装甲师的成效得到了证明。希特勒就是在这样的场合下发现了哈尔德的，对他极为欣赏。1937年，他担任总参谋部高级军需总监一职，1938年9月1日，接替路德维希·贝克担任陆军总司令部关键机构的总负责人[*]。希特勒之所以选择他，是因为他无可置疑的技术能力，还因为希特勒觉得他作为一名巴伐利亚的军官，就像是一个局外人，可以很好地操控仍在掌权的普鲁士军官阶层。哈尔德内心鄙视元首，甚至于捷克危机期间还密谋反对他，只是没有泄露而已。他不喜欢当面顶撞希特勒，而是尽力对元首的政策做出修改，背后改变或者阻止元首下达的命令和安排措施，正是因为如此，后来准备进攻苏联的时候，两人之间隔阂日深，到发起对苏联的攻势的时候，他和希特勒的关系就相当紧张了。哈尔德是个伪装的高手，善于隐忍克制，有点像穿了靴子的耶稣会士[†]。

---

[*] 即德国国防军陆军总司令部总参谋长一职。
[†] 在西方的语境中，耶稣会士这个词本身也有虚伪、不真诚的意思。穿了靴子的耶稣会士意思是伪装了的耶稣会士，潜台词是无论怎么变化，都改变不了其虚伪的一面。

哈尔德的战时日记更像是摘要,许多地方都是电报体风格,他的日记堪称重要的资料来源,从巴巴罗萨行动计划之初,或者准确地说,是从其最初的代号弗里茨行动开始写起,以有序的编年体形式写成。我们日复一日地跟随这位将军的关注重点渐渐向东移动,看到他所提出的倡议,以及元首身边的人逐渐渗透他思想的过程。1940年6月底至7月初,他90%的记录以及他接待的来客都是围绕占领法国和入侵英国诸岛这些问题在讨论。不过,在面对苏联的时候,他也并非袖手旁观,他觉得苏联终究会成为一个重要的议题。6月27日,他言简意赅地写道:"在对外政策上,俄国的态度非常重要。"[39]30日,国务秘书冯·魏茨泽克向他汇报希特勒的思想状况,哈尔德把这些话又重述了一遍:"眼睛牢牢盯着东方。[……]需要向英国证明我们的力量,它才会收手,这样才能让我们随心所欲地面对东方。"[40]毫无疑问,正是这种自信心的驱使,7月3日,他要求作战部长冯·格赖芬贝格中校思考"如何对俄国实施军事打击,使之认识到德国在欧洲所起的主导作用"。[41]当天,他接待了交通部门负责人格尔克将军,两人讨论了"如何加强通往东方的铁路网这一问题"。没有任何资料表明哈尔德接受了上级的指令,让他筹划如何在东方作战。我们在这儿见到了想要填漏补缺的哈尔德作为一名优秀的参谋长,其个人所持的究竟是什么样的倡议,从中可以发现:他并没有任何进攻苏联新边界的计划,而朝这个方向张望的显然正是希特勒。

翌日,哈尔德接待了格奥尔格·冯·屈希勒和埃里希·马克斯两位将军,以及埃伯哈德·金策尔中校。1940年7月21日至9月20日,前者担任第18集团军——该集团军连同9个步兵师从法国返回,前往东普鲁士——和东部所有军队的统帅。该编制成为后来东线德军的雏形,后来,正是东线德军发起了巴巴罗萨行动。马克斯是屈希勒的参谋长。这两人都参加了波兰战役,对欧洲东部相当了解,也都很认同纳粹所谓的必须统治东方的观点。1938年起,金策尔担任东线外国军

哈尔德计划

团的指挥官，那是德军地面部队针对苏联的情报机构。这四个人讨论了战术方面及防御方面的问题，金策尔说了他所知道的苏军部署的情况。7月11日，经冯·布劳希奇要求，哈尔德下达命令，要求改善波兰的交通与登陆状况以及转运工兵部队：奥托计划很快就要启动了。哈尔德与哈索·冯·埃茨多夫的交谈使他对外交部的情况有了了解，埃茨多夫是他的朋友，也是他同国务秘书冯·魏茨泽克之间的联络人："英国和俄国正在想办法接近。不能排除两国会就伊朗问题达成协议，这样也能给'熊和鲸鱼'达成谅解腾出空间。"[42]

1940年7月13日，哈尔德从德国国防军陆军总司令部的所在地枫丹白露飞往贝希特斯加登。他在那儿向希特勒提交了进攻英国的计划。然后，后者给他概述了一下政治方面的问题。哈尔德刚要告辞，独裁者又叫住了他，谈起了俄国问题。"元首最关心的就是想要知道英国为什么始终都不愿走和平之路。他和我们一样都看到了这个问题的答案，那就是英国还对苏联抱有希望。因此，他打算通过武力来迫使英国与之达成和平协议。他这么做并不开心。理由：如果我们从军事上打击英国，大英帝国就会崩溃。德国从中得不到好处。德国流了血，却替日本、美国和其他国家火中取栗。"[43] 今后巴巴罗萨行动战略上的合理性也提了出来：粉碎俄国就能让英国屈服。

1940年7月22日，布劳希奇和哈尔德在枫丹白露促膝商谈期间，布劳希奇第一次向哈尔德发出指示，准备制订进攻苏联的计划。这位陆军总指挥昨天在贝希特斯加登开会时，亲自从希特勒的口中接受了这个命令，海军上将雷德尔也受邀参加了这次会议。当时，有两件事让元首对斯大林越来越不信任：一件是苏联宣布爱沙尼亚、拉脱维亚和立陶宛成为苏维埃共和国，其次是舒伦堡将斯大林和英国驻莫斯科大使斯塔福德·克里普斯爵士之间模棱两可的交谈内容传了过来。布劳希奇对哈尔德参谋长先是大致概述了英国所采取的战略。

英国可能看到了随后的一些可能性：通过俄国，在巴尔干国家制造混乱，夺取我们的石油基地，从而瘫痪我们的航空业。这个目标还能推动俄国反对我们。[……]斯大林和英国暂时合作，是想让英国继续打下去，也把我们压在那儿动不了，这样他就有时间夺取他想夺取的东西，一旦和平来临，这些东西别人也夺不回去。他希望德国不要变得太强。但并没有迹象显示俄国在采取反对我们的行动。要开始处理俄国问题。开始做好理论上的准备工作。

然后，布劳希奇又对哈尔德说了必须从哪些方面入手：

元首要了解（如下几个方面的情况）：
集中兵力的时间：4到6星期。
打击俄国军队，至少在必要时夺取俄国的领土，使俄国无法对柏林和西里西亚工业区发动空袭。可以的话，就用我们的空军尽可能深入，打击俄国最重要的地区。政治目标：乌克兰帝国。波罗的海邦联。白俄罗斯—芬兰。波罗的海，[俄国]"皮肤上的刺"。
需要用80到100个师。俄国有50到75个精良的师。
如果我们今年秋天进攻俄国，空袭英国的次数就会减少。美国会向英国和俄国提供物资。
[……]行动的路径：波罗的海，芬兰—乌克兰。

哈尔德的这些笔记有几个值得注意的地方。从7月21日起，希特勒就已经让布劳希奇了解了他要在东方开战的想法，而且这想法相对比较明确，只是并未形成书面指示。他希望尽快进行打击：1940年秋，稍做准备即可。所透露的目标都很传统，和威廉二世时代的目标没什么两样：从俄国手中夺取东方的领土，乌克兰和波罗的海诸国。苏军航空兵的能力始终都被高估了，而陆军则被低估。仓促进攻的日期，对俄国空间及气象的限制考虑得太过随意，准备的时限短得荒谬，在在都证明了这一点。布劳希奇要求军队从法国调往波兰用时4到6个星期，他这么做的时候似乎都懒得去问一下负责交通运输的格尔克将军：事实上，还需要两到三倍的时间才行。25日，凯特尔和约德尔将会参与进来，向元首解释要在1200公里的路途上运输100个师不是轻而易举的事。最后，考虑的结果是，一方面沿波罗的海海岸发起进攻，另一方面在乌克兰发起进攻。根本就没考虑莫斯科。这个计划的草案[44]和巴巴罗萨行动毫无关系。事实上，根本就没考虑过要去摧毁苏联这个国家，只是想给它来点教训，以奇袭之术从它手中夺取几个基地而已。显然，希特勒忘了占领广袤的生存空间才是他的目的。在这一点上，希特勒所传达的都是一些陈旧的观念，而且这些观念也不是他自己的，但对在威廉二世时代和魏玛共和国时代受过训练的守旧的军官布劳希奇而言，他所接受的那些知识足以让他听得懂希特勒的这些观念。

1940年7月26日，金策尔中校走进哈尔德的办公室，胳膊下夹着几份地图。他给上级带来了22日苏联部署方面的报告。地图上可以清晰地看见苏联红军在北部和南部集结，兵力相当于30个师，其中10个是装甲旅，全都驻扎在波罗的海国家，还有45个师在比萨拉比亚，其中10个是装甲旅，南北之间沿着一条漫长的边境线上有一条相对空白的地区相隔，边境线穿过了波兰（21个师）。当时，哈尔德，或者金策尔，或者两人——日记里并没说这是谁的想法——拟订了一个相当大胆的进攻计划，后来经过审议的所有那些计划都没这个大胆：径直扑向莫斯科，左翼冲向波罗的海诸国，敌方首都一旦攻下，便斜向90度向南进发，直捣黑海，将集中于乌克兰的苏军全体一网打尽。从这个计划当中可以看出德军思想宏大的经典思路，在两两相对的战线进行战斗，用施里芬计划*来以一敌三。这个想法完全押注在进攻苏联首都上，这也是后来哈尔德的一个主要标志，但也成了他今后和希特勒发生摩擦的起因。尽管该提案以其大胆而引人注目，但千万不可以为它能成为德意志帝国的制胜法宝。事实上，对作为基础的后勤保障的困难严重估计不足，要发起一场真正的作战行动谈何容易，所以这样的作战计划就是一场赌博、一种观点而已。

翌日，参谋部的两名军官冯·格赖芬贝格上校和法伊尔阿本德中校向哈尔德提交了一份7月3日要他们拟订的作战计划。他们的预案主要将重点放在了打击乌克兰上。哈尔德摒弃了这份预案，再三强调他的观点，也就是昨天和金策尔提出的那个观点："我倾向于在北部集中优势兵力，再从那儿发起这样的行动，从莫斯科向南快速发起进攻，就能在相对的战线上夺取敌军在南部集聚的大量资源。"[45]7月28日晚上，哈尔德从德国海军指挥部收到一个消息，他从中得出的结论是入侵英国的计划不可行：俄国选项存在可行性。29日中午，哈尔德和马克斯将军共进早餐。他亲自要求马克斯独立研究入侵苏联的计划，不要让陆军总司令部牵扯进来。

车厢内的四个人

"拟订进攻苏联的计划"，希特勒向布劳希奇所做的这个要求并不等于他已经决定发起进攻。我们发现，这个决定至少在1940年7月初的时候就已经在反复酝酿了。7月29日下午出现了第一个明确的回应，当时约德尔将军乘汽车离开了伯格霍夫，他是和凯特尔元帅一起

---

* 施里芬计划是指1891年至1906年间担任德军总参谋长的阿尔弗雷德·冯·施里芬制订的作战方案。即先以优势兵力击溃法军，再回师东线对付俄军。第一次世界大战期间，德军总参谋长小毛奇实施施里芬计划时，由于未考虑到比利时的中立地位以及英国的远征军因素，再加上当时还没有机械化部队，所以施里芬计划在第一次世界大战中彻底失败。

去见希特勒的。几分钟后，他到了巴特赖兴哈尔车站，车站停了一辆"阿特拉斯号"专列，国防军最高统帅部下属的一个主要部门国防处就设在列车上。国防处处长瓦尔利蒙特上校迎接了约德尔，后者让瓦尔利蒙特以及三名在场的联络官，即冯·洛斯贝格中校、驱逐舰舰长容格、冯·法尔肯施泰因少校，和他一起去车厢内坐坐。法国一役已经胜利，这四个人都在等待升官晋爵。确定门窗都关严实，窗帘也拉上了之后，约德尔也就没什么顾忌地说，当天上午，希特勒已经决定进攻苏联。军官们先是沉默了一会儿，他们都很惊愕，觉得不可思议，随后便连珠炮般地问了许多问题。怎么可能在两个战线上打一场战争，不一直都在说这是最糟糕的战略吗？希特勒不是再三公开申明和莫斯科的互不侵犯条约是德国外交政策的一个全面的转折点，不会废除条约吗？约德尔极其兴奋，他再三重复了元首的论点：消灭苏联就是消灭英国的最后一线希望，就会把英国带向和平，这点要比轰炸来得可靠。但问题并没有消停下来。如果英国1941年以前寻求和平，那和苏联的战争还有什么好处？瓦尔利蒙特在回忆录里写道，约德尔对这个问题的回答反映了希特勒的观点，"但很可能也是他自己的想法"：这个决定和英国的态度没关系。"和布尔什维克把话说清楚是避免不了的了，约德尔再三这么说，最好用我们最强的军力去打这场战争。"[46]瓦尔利蒙特说，这话一直铭刻在他的心里。他作为参谋部的军官，受过评估形势方面的训练，显然让他震惊的是，希特勒这么做是出于意识形态，而非战略因素，而且更令人意想不到的是，约德尔这位他最亲近的战略顾问竟然也是这种想法。经过一个小时激烈的交流之后，约德尔命令在场者开始做必要的准备工作，将大批兵力集中到波兰去。这是纽伦堡法庭上第一份支持德国对苏联发动"侵略战争"指控的文件。

次日的晚宴上，哈尔德和上司布劳希奇长谈了一次。他们自由地讨论了推迟入侵英国的种种后果。如果无法在1940年秋迫使英国和谈，那仍然存在五个选项：

  1. 进攻直布罗陀（穿越西班牙）。2. 派遣装甲部队支援北非（埃及）的意大利人。3. 在海法*进攻英国人。4. 进攻苏伊士运河。5. 促使俄国向波斯湾进军。一旦进攻英国的计划无法实施，而且该计划还牵涉到俄国，那就必须清楚是否必须进攻俄国，因为随之而来的就是在两条战线上作战，对这个问题的回答就是最好和俄国保持友好关系。[……]在这种情况下，我们最多只能对地中海的英国人发起攻击，将他们从亚洲赶出去，帮助意大利人建立地中海帝国，而我们自己在俄国的协助下，就有信心和英国打一场持续数年的战争了。

  这种和俄国紧密相连的愿望就蕴含在《拉巴洛条约》之中，也存在于里宾特洛甫所坚信的"欧亚大陆集团"的势力范围之中，但次日，也就是1940年7月31日伯格霍夫的一场至关重要的会议中，在场的有希特勒、雷德尔、凯特尔、约德尔，这个愿望就没有任何分量了。

特殊的一天，1940年7月31日

  会议持续了两个小时。前一个小时，他们讨论了进攻英国的海狮行动延期的问题。雷德尔海军上将好几次表达了他对1940年登陆英国所持的怀疑态度，希特勒在这点上和他持相同的观点。然后，海军上将就出去了。于是，希特勒就开始讨论在英国登陆是否完全不可行的问题。他指出，空袭和潜艇袭击可以决定战争的走向，但战争会持续

---

* 1920年至1948年，海法是英属巴勒斯坦因的一部分。以色列1948年建国后，海法是该国北部的港口城市。

一到两年时间。这时，他就提出了自己的解决办法，哈尔德把这些话都记在了自己的日记里。

> 英国对［局势的］改变还抱有希望，要让这种希望破灭。［……］英国的希望在俄国和美国身上。如果对俄国所抱的希望破灭了，那对美国的希望也会破灭，因为消灭俄国就会让日本加大对亚洲的开发。俄国就是英国和美国反击日本的远东之剑。［……］俄国是英国最为看重的一个因素。伦敦那儿正在发生一些事情！英国人已经被打倒在地，他们现在正在恢复。谈话被打断。［……］俄国战败，英国的最后一线希望就消失了。于是，德国又成了欧洲和巴尔干国家的主宰。决定：从这次讨论来看，俄国必须被消灭掉。1941年春。[47]

哈尔德在日记里并未显现出丝毫的惊讶。或许，他已经对7月29日的会议有所了解。更有可能的是，他对今年夏天的这个想法已经习惯了，毕竟他自己的上司就已经让他着手思考如何对俄作战了。现在还必须考虑条件是否允许进攻苏联，昨天他和布劳希奇就讨论过这个问题，那就是伦敦和莫斯科结盟，他们认为条件还不成熟。希特勒对自己进攻苏联的企图以及集聚规模极大的军力这样的决定，根本就不想找什么理由。不过，无论是哈尔德，还是他的上司，都没有提出任何反对意见，希特勒在稍稍涉及自己的政治目的时，他们也没提出反对意见："要尽快打败俄国，这样会更好。狠狠地一下就把俄国这个国家打垮，这次行动才会有意义。土地上获益还不够。"

会议的第二部分做出了一系列实际的决定。这项行动从1940年秋推迟到了1941年5月。[48]行动会持续五个月时间。"目的是彻底消灭俄国的有生力量。分为：1. 朝基辅推进，压向第聂伯河，空军摧毁敖德萨之后的通路；2. 推进到边境国家［波罗的海诸国和白俄罗斯］内部，剑指莫斯科。为了结束这场战斗，北部和南部要会合。之后，进军巴库的石油区。［……］之后：攻打乌克兰、白俄罗斯、波罗的海诸国。芬兰到白海这段。"[49]总共180个师，需要其中的120个师[50]，有必要再征40个新的师。准备工作要做好伪装，假装是要进攻西班牙、北非、英国。这项进攻苏联的计划还没有完全成形，没法写成让军事、外交、政治机器各个部件全部转动起来的指令。这仍然是机密，知道的人越少越好，主要集中在军事指挥机构内部，外交部门被排除在外。不过，1940年7月31日的会谈还是提出了作战、组织和后勤准备工作的进程，德国从没打过这么一场雄心勃勃的战争。只有希特勒8月9日下令执行的奥托计划预估需要调用7万人用于在五个月内建造工事，主要集中在波兰总督府，要建80座新车站、240套信号装置、130座桥梁、8500公里铁路、3000公里公路、90座机场、20间机车修理厂，还有大量照明装备、道岔站……

最初的进攻计划

马克斯将军提交自己的计划初稿，名为"东部作战草案"，是在1940年8月1日，也就是接到命令的72个小时后，由此可见有多急迫。他提出的是沿一条路线向莫斯科推进，另一条从罗马尼亚向基辅推进，到第二阶段，两军会合后，再向莫斯科推进，第三条路线是沿波罗的海推进。哈尔德摒弃了这份提案，提出了两点批评：根本没法保证罗马尼亚会让德国在他们的领土上集结军力；向莫斯科推进不具有优先性。

8月5日，马克斯提交了第二稿，厚度达30页左右，他还附上了对金策尔26日苏军军力部署情报所做的分析报告，以及图哈切夫斯基元帅《向维斯瓦河进军》这部著作的大段摘录，他说这些摘录对描述地形很有帮助。他仍然设想了三条推进路线，但这次分成了不同

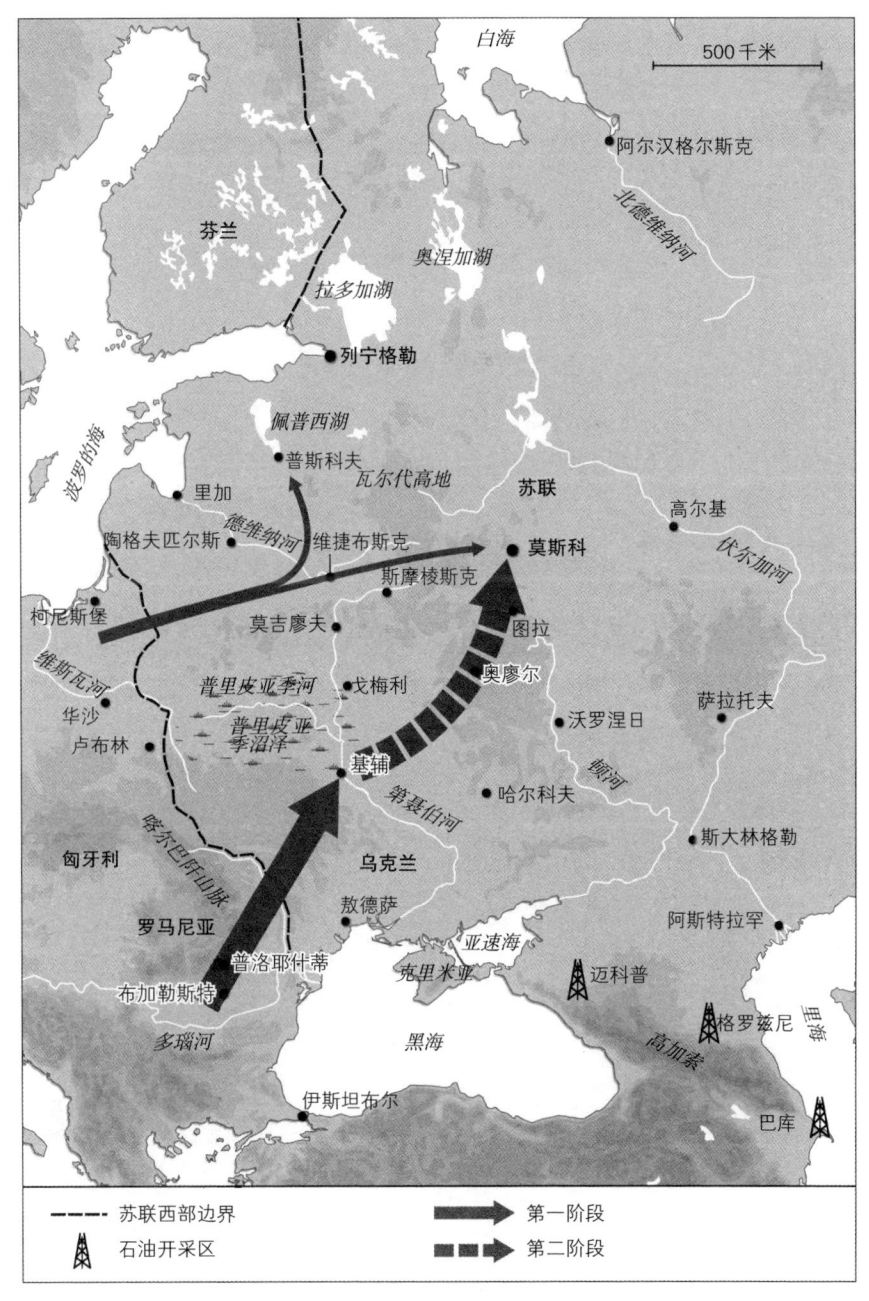

马克斯计划初稿

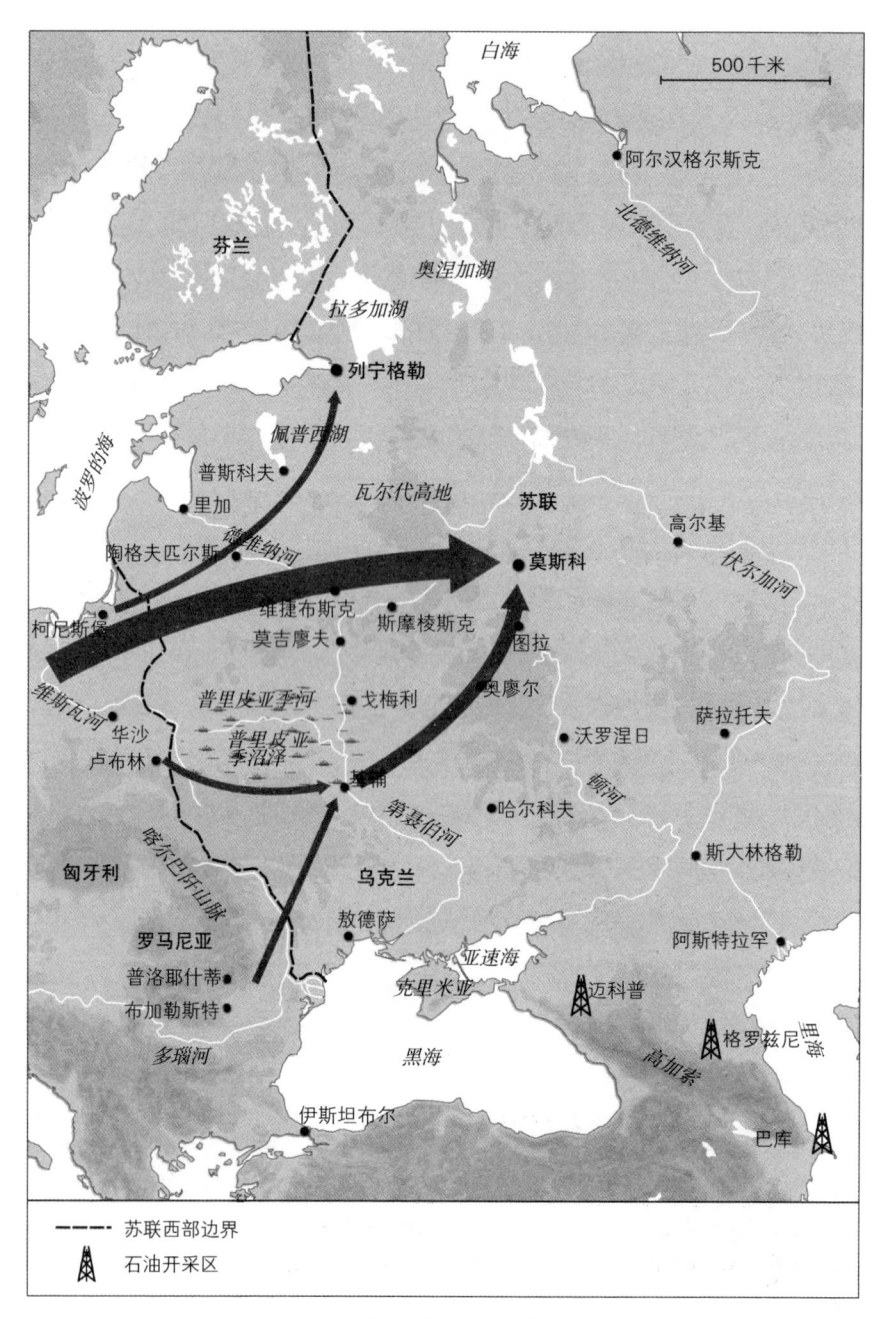

马克斯计划第二稿

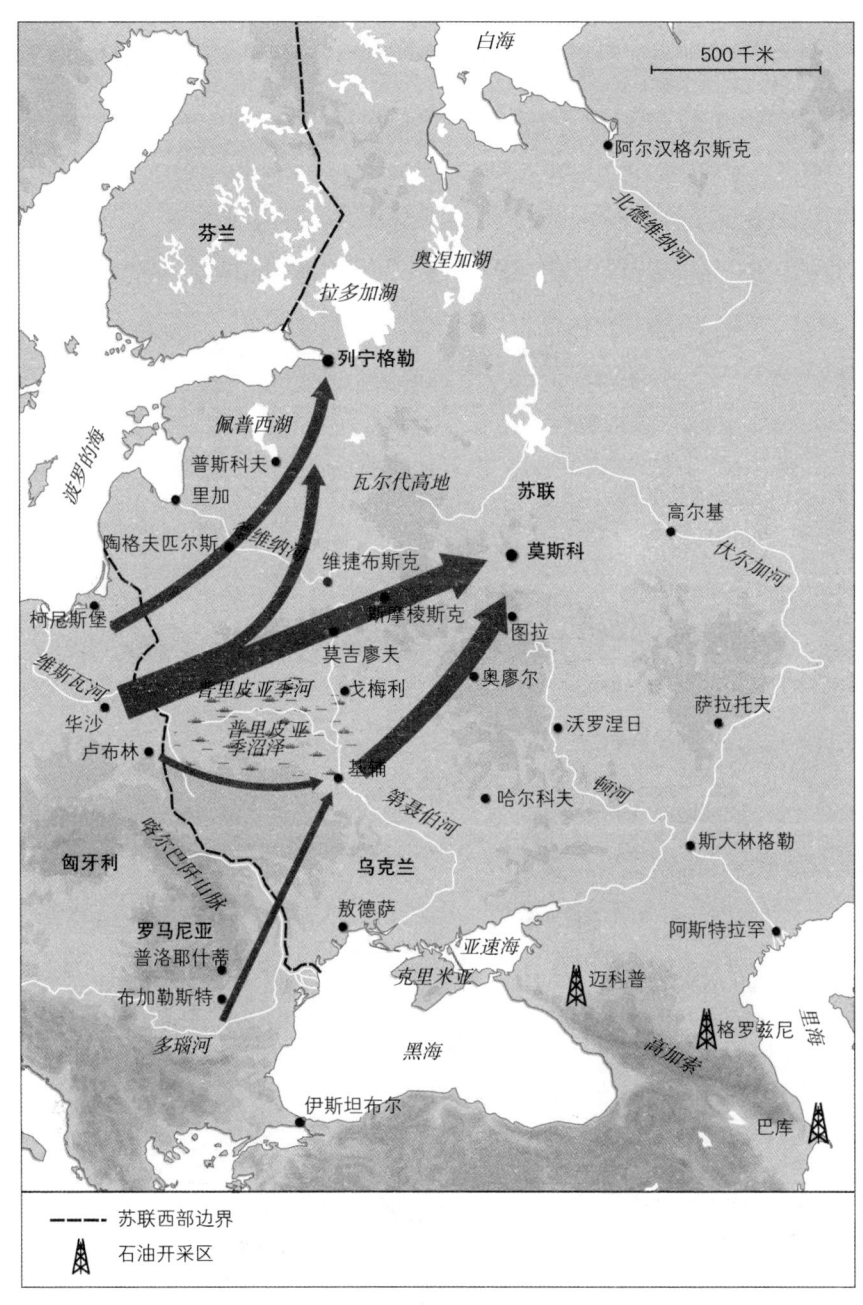

洛斯贝格计划

第四章 决定进攻 219

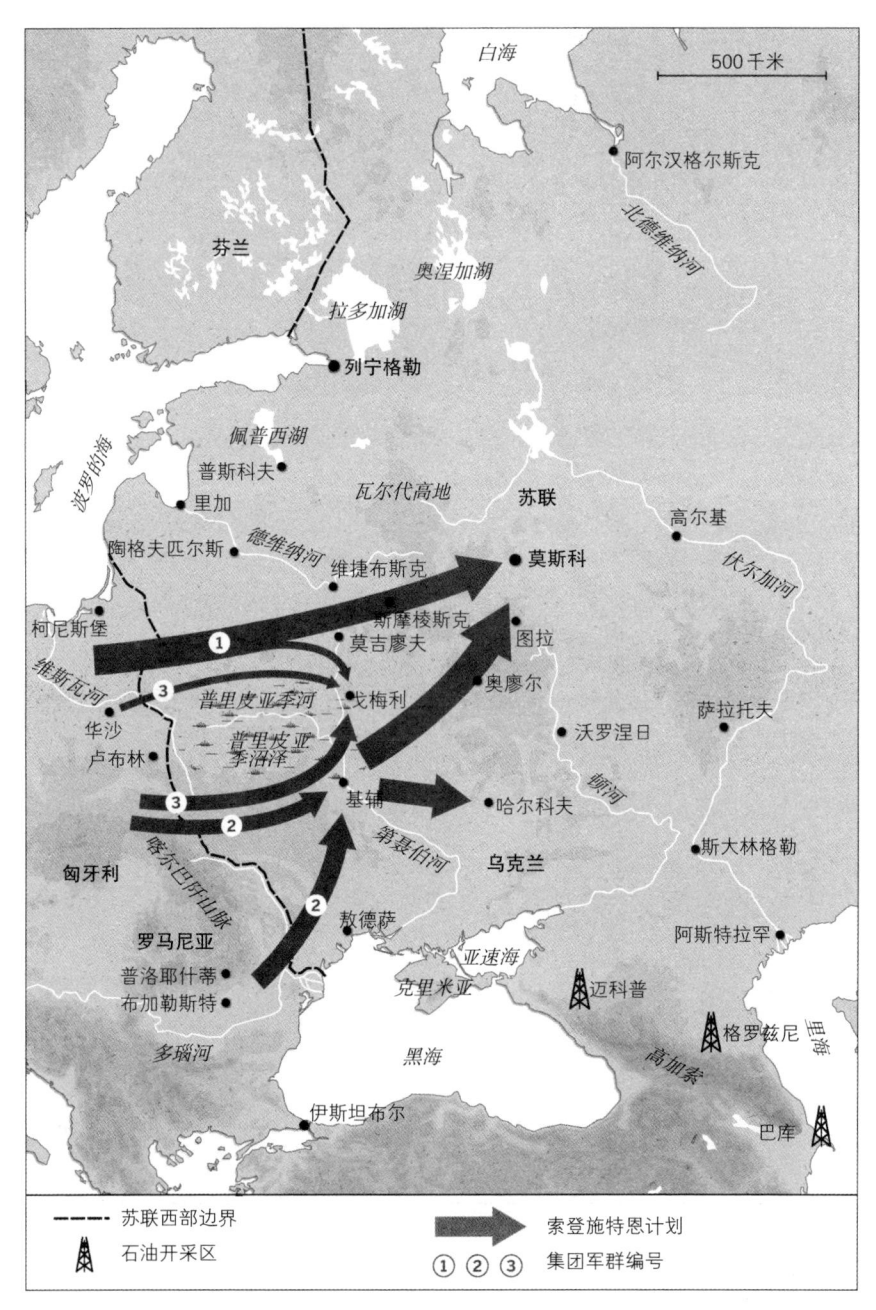

索登施特恩计划

220　第一部　通往迷雾重重的印度群岛

的等级：列宁格勒推进路线，这只是为了掩护莫斯科推进路线的侧翼，莫斯科推进路线是主攻方向，还有基辅推进路线，这最后一条路线分成了两个部分，即加利西亚部分和罗马尼亚部分。乌克兰首都陷落后，南路推进路线也会向莫斯科会合。马克斯预计战斗分四个阶段，彼此断开。第一阶段，在边境地带消灭敌军之后，两个相关的集团军群，即北方集团军群和南方集团军群，再加上驻扎在罗马尼亚的一支集团军，在普斯科夫—德维纳河—第聂伯河沿线作战；3周内推进400公里。第二阶段，这些军队在第二条线路上向先前路线的东部推进100至200公里，马克斯认为该线会遭到最后一次有组织的阻击；作战行动需要2到4周。为了抵达第三条路线，也就是列宁格勒—莫斯科—哈尔科夫路线，预估若无大型战斗的话，另需1至4周。最后，收尾的路线会在阿尔汉格尔斯克经高尔基至罗斯托夫一线，追击苏军无疑已经溃散的残余部队后可抵达此处。整场战役持续9至17周。所需军力：147个师，其中24个装甲师，12个机械化师。北方集团军群（向莫斯科推进+向列宁格勒推进）优先，需68个师，其中17个是快速反应师；南方集团军群军力相当，35支大部队，其中11支为快速反应部队。马克斯预估需部署大量部队，即44支后备役部队，其中8支为快速反应部队。哈尔德对该计划的反应如何不得而知，但应该是很正面的，因为优先进攻首都的战术被考虑了进去；他以此为基础，甚至建议任命马克斯担任东方集团军群参谋长一职，但希特勒出于政治原因拒绝了这个提议。[51]

马克斯将军的这份草案有六个特点，这些特点都保留在了巴巴罗萨行动的最终版本之中：三条推进路线，南方路线在加利西亚和罗马尼亚结合成两条钳子；确信关键的战斗会在第聂伯河和德维纳河的西岸打响，最坏的情况是在这条路线上进行，和1812年不同，俄国无法撤退，它无法放弃对大工业区实施掩护的任务；对日程持乐观态度；低估了对手的军力；相信俄国无法像1940年5到6月份法军所做的那样在撤退时摧毁基础设施；道路运输的后勤保障具有相当的重要性。

希特勒让陆军总司令部，而非最高统帅部，来制订作战计划，负责准备工作。但最高统帅部瓦尔利蒙特的一名副手洛斯贝格中校却应约德尔或瓦尔利蒙特的要求，在1940年9月18日提交了一份长达12页的研究报告。和马克斯不同，洛斯贝格没太多时间深入钻研这件事情。他依据的是金策尔8月最后一天对苏军军力所做的估算。他完全没有对马克斯的作战草案进行修改，对后者几乎全盘照收，除了（暂时）削弱向莫斯科推进的力度，加大对列宁格勒的推进（在这个方向会出现第三集团军群），在此之上，他还加入了从挪威进攻摩尔曼斯克的提议。我们能从中读出最高统帅部兼顾到了海军的要求，海军想攻占列宁格勒，让波罗的海成为德国的湖泊，而且不让英国人染指摩尔曼斯克。洛斯贝格坚称速战速决必须包含一个前提条件：苏军全体必须在边境地区集中兵力，遭到突袭后，悉数遭到歼灭。为了能让突袭成功，他认为首先应该让远离波兰的部队可以快速集结：如果铁路能在战争即将开始前的8个星期内运送110个师的兵力，那战斗就会成功。洛斯贝格在提及对乌克兰的占领时，考虑到了"按照我们的意愿设立政府"的问题，这样一来，管理广大被占领土的难题也就易于解决了。从这一点可以看出，他同马克斯和哈尔德一样，并不知道希特勒正在准备的是一场灭绝性和奴役性的战争，建立当地政府的提议在这场战争中根本就没有一席之地。

11月28日，哈尔德要求汇集起来准备参加东部战争的各集团军群参谋长说出他们自己对这次行动的看法。12月7日，冯·索登施特恩将军（南方集团军群参谋长）向他提交了自己的研究报告，哈尔德认为该计划相当严谨，但有失平衡。索登施特恩预计会用到三个集团军群，一个径直向莫斯科推进，另一个在来自南部的第三集团军群的协助下，包围卡在普里皮亚季沼泽内的苏军。索登施特恩计划中的这个阶段后来就成为1941年9月对基辅形成大包围圈的基础。哈尔德在1941年2月5日的日记中颇为欣赏索登施特恩计划中集中兵力攻打唯一一个目标莫斯科的战术，但也批评该计划各方面太复杂。

最后，哈尔德将所有的研究报告都交给了曾任第6集团军参谋长的保卢斯将军，1940年9月3日，他又任命后者担任陆军总司令部一等高级营务总监[52]一职。身为装甲专家的保卢斯获得这项任命无疑应该归功于他在布加勒斯特上层圈子里的关系，他妻子埃列娜-康斯坦丝·罗塞蒂-索列斯库就属于罗马尼亚上层贵族，而和这个国家结盟已成为行动的必要条件。从此以后，保卢斯就成了组织苏联战役的关键人物。获得任命的第二天，他便准备再派10个师前往波兰和东普鲁士（8月28日的决定）。和1941年转移部队不同，这次调兵完全公开：这么做是为了遏制俄国对芬兰和巴尔干国家的强烈欲望。10月30日，保卢斯向哈尔德提交了第一份报告，[53]论述了苏联战役的几个基本概念，这些观点大部分和马克斯的说法没什么出入。11月18日提交给布劳希奇的这份文件基本上就成了该行动的最终计划。最后，哈尔德让保卢斯从11月底开始进行图上推演。晚上工作的保卢斯把地图和图表都带回了家里。他妻子很快就猜出内中有蹊跷。每天晚上，他都会遭到指责，埃列娜-康斯坦丝说这个行动就是在犯罪，十恶不赦。她丈夫就会安慰她，用哈尔德身边那些人的话再三申明："这些都会在4到6个星期内结束。或许打第一下就会崩溃，就像纸牌搭的城堡。"[54]保卢斯夫人就让他看科兰古*的回忆录，书中讲到了1812年从俄国撤退的情形，书名叫作《与皇帝同坐雪橇》。

参谋部的准备工作并非不可逆转。毕竟，希特勒还没下达任何明确的进攻命令。不过，他让凯特尔做了一项关涉到未来的决定，虽然我们还不能讲从这儿开始他们就走上了不归路。8月2日，凯特尔通

---

* 阿尔芒·奥古斯特·路易·德·科兰古（1773—1827），参加过法国大革命时期的战争和拿破仑战争。

知负责经济和装备事务的托马斯将军，说1941年的时候，要有120到180个师，其中20个是装甲师。17日，这项命令得到了批准。托马斯在笔记中用这个句子概括了政策的转向："最高指挥部发来的新指令似乎认为［……］同俄国的关系将在1941年发生改变。"⁵⁵8月9日，最高统帅部下达了一项名为"建设东方"的指令，说要将波兰总督府（波兰中央政府）改建成作战基地，以应对对苏战争。9月20日，为了保护后方基地，陆军元帅冯·博克成了集团军群司令，10月6日，该部队被命名为B集团军群，就驻扎在波森*，该集团军群几乎囊括了现在所有面向苏联的部队：3支集团军和30个师，再加一支驻扎在维也纳的部队，如果苏联人在该防区胆大妄为的话，这支部队就会进入罗马尼亚。⁵⁶1941年之前，兵员一直都没增加，但到10月底，两支驻扎在法国的集团军群的参谋部迁回了德国，然后又悄悄地去了波兰。冯·朔贝特将军下令创建了第11集团军。然后，陆军总司令部离开枫丹白露，前往柏林东南部的措森，还动用了2000名工人在东普鲁士毗邻安戈堡†的地方建造战争大本营的工事。⁵⁷德国国防军向东最大的一次迁移由此开始。1940年12月18日巴巴罗萨指令下达之前的好几个月内，希特勒所做的部署都只指向一个方向，那就是准备于1941年进攻苏联。现在已经不是制订计划这么简单了，而是要找到原材料，制造武器和必需的设备，以供应半数规模庞大的部队，创建新的参谋部，让30万士兵暂时离开军队，调往工厂，建造铁路和临时营房、训练场所、交通枢纽，在波兰和东普鲁士部署军队所需的库房和飞机场。8月27日，哈尔德写下了这个言简意赅的句子，描述保障后方安全期间一个极其特别的层面："在［波兰］东部再次开始采取清除犹太知识分子的措施。"⁵⁸

---

* 波森在1846年至1918年间是普鲁士王国的一个省份，首府是位于今波兰中部的波兹南。1918年德国战败，《凡尔赛条约》规定将波森省划给独立后的波兰，成为现今的波兹南省。

† 安戈堡曾长期属于德国，第二次世界大战后被划归波兰，波兰人将该城更名为文戈热沃。

对莫斯科采取强硬措施

1940年7月31日命令营造出的这种热火朝天的景象同样也包括了在外交上采取准备措施，以应对即将发生的冲突。从战争时的局势出发，希特勒放弃了1939年至1940年冬和解的姿态，进入了1939年8月23日秘密议定书所规定的苏联势力范围的两个地区，那就是芬兰和罗马尼亚。

由于苏联人对芬兰逼迫得越来越紧，所以同渴望复仇的芬兰打交道，可以说进展得相当好。1940年7月31日，希特勒提出要与芬兰结盟，"芬兰的边界将直达白海"。8月23日，仅仅讨论了六天，赫尔辛基便同意德国军队经由芬兰前往挪威北部地区。这次集结兵力没有其他目的，只是国防军为了赶在苏军突袭之前，攻占佩察莫的设施（驯鹿行动）。事实上，1940年6月23日，莫洛托夫和巴锡基维商谈开采镍矿期间，芬兰人便拒绝让苏联人前来开采。[59]他们毫不怀疑苏联人是想通过武力夺取这种对制造特种钢和不锈钢必不可少的金属。10月1日，柏林和赫尔辛基签署了一项交付武器的秘密协定，芬兰则将镍矿开采权授予德国人。柏林就这样解决了这种战略物资的供应问题，而世界95%的产量所在的两个地区，加拿大和新喀里多尼亚，柏林都鞭长莫及。斯大林1939年想要避免的情况就这么发生在了他的眼皮子底下，抗议无效：芬兰摇摆到了德国的势力范围之内。按照1940年9月18日的军力部署计划[60]来看，苏联要耗费14个步兵师，3个装甲旅，20个航空兵团，才能保护卡累利阿、摩尔曼斯克及其铁路线的安全。

巴尔干国家的局势也让斯大林和希特勒不安。主要问题出在罗马尼亚身上。罗马尼亚的部分政界人物倾向于盟国，而从战争初期起，它的经济就被西方国家的资本和企业所掌控。1940年1月，仍有60%

的石油是卖给英法两国的，只有9%卖给德国。柏林一方面让苏联躁动不安，一方面又让匈牙利和保加利亚的胃口变大，所以从3月起，便成功地使罗马尼亚谷物和石油对德的出口量出现了增长，而这些都是德国在该国的利益所在。为了打赢这场战争，满足经济上极其紧迫的需求，罗马尼亚必须每年向德国出口600万到700万吨石油。生产合成燃油的工厂提供了三分之一的量，而盟国的封锁却使战前一半的进口量成了泡影。现在还有每年200万到300万吨的缺口需要填满。只有罗马尼亚可以做到这一点。法国的战败间接地使该地区出现了不稳定的局面。如我们所知，斯大林7月1日攻占了比萨拉比亚和北布科维纳。保加利亚和匈牙利也开始想要抢到好处。一个说要收回多布罗加，另一个说要把特兰西瓦尼亚收入囊中。罗马尼亚调动军队，边境纷争层出不穷。1940年8月26日，国王卡罗尔二世要求希特勒介入。希特勒不希望在自家的后花园发生战争，这样会导致油井被摧毁，但他想让国王因为以前向巴黎和伦敦看齐而付出代价。30日，经过维也纳的第二次调停，希特勒和墨索里尼告诉罗马尼亚，必须把特兰西瓦尼亚的一半土地让给马扎尔人[*]。多布罗加南部不久也落入了索非亚的囊中。作为回报，柏林和罗马会保障罗马尼亚新边境地区的安全。德国没向苏联咨询意见，这公然违反了莫洛托夫—里宾特洛甫条约的第3条款。

1940年9月3日，失去三分之一领土让罗马尼亚人震惊不已，面对民众的怒火，卡罗尔二世只能任命安东内斯库将军担任总理，使之握有重权。两天后，国王退位，让王储米哈伊即位，当时米哈伊还只是个19岁的小伙子。14日，安东内斯库组建了新政府，其中就有铁卫团党首霍里亚·希马[†]。无论从政治上还是意识形态上来看，罗马尼亚

---

[*] 马扎尔人是匈牙利的主体民族。
[†] 铁卫团是罗马尼亚1927年至1941年间的极右组织，宣扬民族主义、法西斯主义，反犹反共，安东内斯库组阁后，起用了霍里亚·希马担任副总理一职。

都已经成了纳粹的翻版，比如，政府还投票通过了强硬的反犹立法。安东内斯库决定要将自己的命运和柏林绑在一起。他要求德国尽快派一个军事代表团前来商讨，因为罗马尼亚有可能会和匈牙利爆发战争，由此便导致11月23日罗马尼亚参与签署了三方条约。9月19日，希特勒给罗马尼亚派去了一个强悍的军事代表团，由汉森将军统帅，包含了第13机械化师，以及第16装甲师、空军部队和党卫军，他们是来保护油井、帮助罗马尼亚军队的六个师以及其中一个装甲师实现现代化的，一旦和苏联发生战争，也可以为部队的到来做好准备。油井周围部署了强大的防空力量。罗马尼亚继芬兰之后加入了以德国为主导的势力范围。由于匈牙利和斯洛伐克相继加入三方条约，德国国防军便得以全面掌控苏联漫长的西部边境线。从地缘层面上来看，巴巴罗萨行动已经打下了基础。

地中海舞台，巴巴罗萨的又一个替代方案？

对于希特勒1940年7月31日提出的进攻苏联的选项，德国的政治军事领导层反响并不热烈。哈尔德1940年11月2日向希特勒提交一份报告[61]时预做了笔记，他在笔记中提到东地中海行动很关键，虽然资源很少，但他一个字都未提及苏联。即便陆军和海军并不怀疑东部作战会成功，但他们完全没有看出这么做在战略层面上有何益处。夺取莫斯科怎么就会让伦敦放下武器呢？1940年11月，再次当选的罗斯福总统又使他们多了一层疑心，因为他们说英国得到美国，而非苏联的支援才是关键，而这种说法不无道理。1941年1月28日，哈尔德和布劳希奇在这一点上又达成了一致意见，不知不觉做了一个预测，那就是："巴巴罗萨：意义并不明朗。我们没有打击英国人。我们的经济基础也不会得到改善。西方的威胁不应低估。意大利也有可能在失去殖民地后崩溃，这样我们又会面对南方战线，从西班牙到希腊，当中经过意大利。如果我们因此陷在俄国，那局势就会相当严峻。"[62] 三天后，两人在布劳希奇的家中接待了三名预料会参加这次战争的集团军群的司令官，冯·里布、冯·博克和冯·伦德施泰特。哈尔德回忆所有人都有同样的疑问，吃饭的时候大家都很阴郁。

德国军事将领，如布劳希奇、哈尔德、约德尔、雷德尔都不知不觉地提到了1940年夏季行动失利的原因，但没告诉希特勒，那就是伦敦无条件地倾向于华盛顿。1940年5月底，想要试探斯大林和希特勒的关系到底如何的想法出现在了丘吉尔的头脑中，而此时法国正在兵败如山倒。6月12日，特命全权大使与公使斯塔福德·克里普斯爵士来到了莫斯科，他是工党左翼的前任党首。这位外交官的第一个举动就是公开宣布英国承认苏联在巴尔干国家的主导地位，这个做法挑动了德苏关系之间的那根病态神经，也揭示出他此次使命的目的所在：挑拨苏德之间同床异梦的关系。随身带着一封首相的信，他于7月1日和斯大林见了面，后来又和莫洛托夫见了好几次面。这名英国人试图让对方相信希特勒迟早会转身对付苏联，因为他的真实目标就是控制全世界。斯大林头头是道地说："我们不该相信那些鼓动家的话。有些民族社会主义者梦想统治全世界这一点确实不能排除，但德国有相当多理智的人都很清楚，德国还没有足够的实力来控制世界。"[63] 双方对彼此都感兴趣的问题，如土耳其海峡、巴尔干地区、波罗的海诸国、波兰东部，都进行了商谈，但8月会谈结束的时候，情况可以说是一团糟。丘吉尔必须在改善和莫斯科的关系以及和罗斯福的立场保持一致这两者之间做出选择，选择前者就得承认苏联吞并巴尔干地区和波罗的海诸国，选择后者就可以不用承认任何国与国之间的吞并，他最终还是选择了华盛顿，但也不无遗憾和犹豫。另一方面，克里普斯的任务加深了斯大林对伦敦的不信任。他认为，英国人不仅想要破坏同希特勒的关系（这点说得通），而且还没做好准备去承认苏联1939年夺取的那些土地。所以应该更有理由采取和德国和解的政策。

约德尔1940年6月3日的备忘录有三页内容分析了德国的战略选项，他阐述了一种迂回战略，而这需要得到陆军总司令部和海军的支持。"只有那些想要看到大英帝国灭亡，并想从中分得一杯羹的国家才会和英国进行战斗。这些国家首先就是意大利、西班牙、俄国、日本。唤醒这些国家乃是政治方面的事务。"约德尔所说的战场就是指地中海，他指的是要夺取地中海的两个入海口，即直布罗陀海峡和苏伊士运河。意大利，或许西班牙，再加上阿拉伯的叛军，都会起到主要作用。但是，约德尔的头脑中并没有将地中海当作帝国战略的焦点所在，他只是想给意大利人提供有限的帮助。相反，五周后，他在准备8月13日和凯特尔、雷德尔、希特勒会面的文件中，却说地中海是"关键点"，还要和意大利军队进行紧密的合作。10月26日，约德尔在得知意大利想要进攻希腊的意图后，草拟了一份介入巴尔干地区和北非地区的庞大计划。哈尔德和布劳希奇观点一致，他向后者建议在进攻这两个地区的同时，经由保加利亚和土耳其向叙利亚发起攻势；11月4日，他在希特勒面前竭力主张了自己的观点。截断波斯湾的输油管道的所需不会超过两个机械化师和六个月的时间，他是这么认为的。希特勒对他的回答是："只有俄国战败了，我们才会去海峡那儿。"[64]

希特勒不仅给陆军，还给雷德尔海军上将造成了巨大的压力。希特勒是到1940年9月底才将入侵东方的意图告诉他的。26日，在整体局势的通气会上，雷德尔提出要对苏伊士运河发起进攻，并坚称在法国人的帮助下，轴心国将在叙利亚取得战果：土耳其会赢得胜利，巴尔干地区会得到安全，意大利占领东非的道路也会被扫清。苏联见到这样的战况就会很恐惧，攻占苏联根本就没必要，这是他最后补充的话。希特勒也在随声附和，有些含糊，有些犹豫，没错，没错，必须把俄国人赶到波斯和印度去，他再三重复这句话。他真的是这样想的吗？既是，也不是：这只能是一种选项，况且还得到了里宾特洛甫和布劳希奇的辩护。1940年11月14日，莫洛托夫离开柏林，雷德尔在元首面前激烈地表达了自己的看法：英国才是主要敌人，战争将在地中海打响，必须在那儿动用一切手段。必须阻止英国人占领意大利帝国，对俄国的战争要往后推。这场战役会把地面部队消耗殆尽，战争的结束就会遥遥无期。从来就没人说过这样直白的语言，希特勒却对此避而不答，只是说"因为缺乏时间"，所以目标向地中海调整。12月3日，雷德尔又发起了冲锋。他提醒希特勒注意，千万不能在两条战线上开战，而且所有的证据都表明美国会参与到这场冲突中来。他再一次劝诫希特勒集中兵力攻击地中海，说进攻东方风险太大。希特勒打断了他，给他看了一份德国驻华盛顿武官发来的电报：美国1942年春季之前无法完成军队装备。他便据此得出结论，俄国将会被消灭，英国将会乞求和谈。

对希特勒而言，1940年秋既是难以决断的时期，也是酝酿成熟的时期。与他走得最近的这些军方合作者都在向他施压，打败英国之前不要进攻苏联，还把他往地中海推。希特勒内心里也洞察到了这个地区的战略潜力。但把军队重新部署到它们不熟悉的地区，军事上的盟友还这么无能，舰队能力也不强，更何况斯大林还在虎视眈眈，同快速进攻苏联的战斗相比较，这样做实在是太漫长，太冒风险了。

把苏联纳入大陆集团？里宾特洛甫方案

巴巴罗萨行动的第二个替代选项就是欧亚大陆集团，是由里宾特洛甫和政权内的几个重要人物提出来的，其中就有阿尔弗雷德·罗森贝格，[65]也得到了雷德尔海军上将和戈林的支持，后者是从经济利益方面来考虑这个问题的。至少从1938年起，这位外交部长就在想尽一切办法和日本及会威胁到英国关键利益的意大利、新加坡、地中海以及两者之间的印度人结成紧密的同盟关系。和希特勒相反，他始终认为和英国的冲突是避免不了的，而且问题是这场战争根本就避无可避。从1939年春起，在不考虑到意识形态的情况下，他认为三方集团加入苏联后，就会成为四方集团。但1939年8月，和莫洛托夫签订条约，以及日本在蒙古边境地区和中国东北地区败给了苏联红军，似乎没给这个计划留下任何机会：柏林和东京之间的关系跌至冰点。不过，罗森贝格的日记却表明，10月份的时候，他们仍然将这份大陆条约视为迫使英国求和的最为有利的杠杆。

由于德国国防军在法国和低地国家赢得了辉煌胜绩，这份提案又被拿了出来。日本发现出现了一个占领法属印度支那和荷属印度的天赐良机，而对柏林而言，东京就是背后的盟友，可以对美国参战做出应对。1940年夏，这两个国家又开始走近，里宾特洛甫巧妙地构思了一份柏林、东京、罗马的三方条约提案。1940年9月27日，他在柏林庄重地签署了这份条约，他觉得这就是欧亚集团的第一块基石，盎格鲁-撒克逊人根本无力抵挡，而签署国就能在各自的势力范围内瓜分世界。关于这一点，他和东京的意见一致，东京也希望苏联加入结盟，这样它就能随意染指太平洋地区了。该条约的第5条款显然是为了让苏联在这一点上放心："德国、意大利和日本宣布现行协议绝不会涉及三个签约国和苏联之间现有的政治地位。"意思就是：莫洛托夫—里宾特洛甫条约仍然有效。这款条文使第3条款无法应用到苏联身上："若三个签约国之中一方遭到如今并未参与欧洲战争或中日冲突的国家的进攻"，三个签约国有义务采用一切手段互相支持。言下之意就是：三方条约给苏联加入留下了余地；明面上表明的就是，该条约针对的是美国。

与里宾特洛甫的希望相反的是，莫洛托夫对三方条约的签订很生气，这让他想起了1936年的《反共产国际协定》。他生气是因为没有提前得到通知，这种拙劣的方式表明了纳粹这位部长生来就不懂得怎么做事。他之所以心情不好，也是因为柏林和苏联在芬兰和罗马尼亚之间的关系愈来愈紧张之故。他从里宾特洛甫的这些做法看出后者是想把苏联从欧洲引开，使之与英国人开战。同样，他也拒绝了日本提出的签署互不侵犯条约的提议，而里宾特洛甫却很想使两国达成协议。希特勒则想知道大陆集团这一计划是否存活得下去，不是说该计划的真实目标不对，而是向伦敦施压的方法是否行得通。于是他迎难而上，1940年10月13日，要求里宾特洛甫向斯大林寄去一封19页长的信件，他在信中对三方条约的目标做了解释，试图安抚斯大林。[66] 他还在信中附上了邀请函，邀请莫洛托夫来柏林商讨，以期"全面增强德苏关系"。21日，提议得到接受。

莫洛托夫在柏林

会议在德苏两国首脑之间的关系全面冷淡的情况下召开了。斯大林因德国介入芬兰和罗马尼亚一事，明显放缓了同德国的经济合作。1940年8月，苏联向德国出口6500万马克的货物，10月却跌到了2600万。波罗的海国家赔偿德国损失的谈判已经中断，同样，经由罗马尼亚和西伯利亚转运一事也停了下来。斯大林开始和伦敦接近，但一只眼仍然看着柏林。10月16日，让丘吉尔特别开心的是，斯大林还让对外贸易人民委员米高扬向英国提出签订贸易协议的提议，这份轰动一时的提议甚至还会向英国交付武器和弹药！接下来发生的一系列事情使人得以一窥斯大林的战略意图。米高扬开了这个口子之后，克里普斯大使便以英国内阁的名义提出了一份贸易交换的协议，同时也做出了很大的政治上的让步：斯大林从中看出英国对他事实上掌控1940年他所吞并的那些土地做出了确认。爵士徒然等待着回音。10月17日，舒伦堡大使交给莫洛托夫一封由里宾特洛甫写给斯大林的信，信中向克里姆林宫的主人表达了德苏之间的友谊。随信附了一封邀请莫洛托夫来柏林和元首商谈的邀请函。斯大林立刻就把被耍得晕头转向的伦敦给忘了，迫不及待地同意了莫洛托夫启程一事。似乎可以肯定的是，1941年6月，直到最后一刻，尽管所有的迹象都已表明德国会发起进攻，但他仍然期待柏林会再次把里宾特洛甫给派过来。

希特勒邀请莫洛托夫前来想要得到什么呢？苏联或许会接受加入大陆条约的提议。但和里宾特洛甫的理由不同。他觉得这是一种暂时的解决方法，可以起到四个作用：从政治上和道德上向伦敦施压的一种手段，说服美国置身冲突之外的武器，对日本染指东南亚的鼓励，阻止苏联向芬兰和巴尔干地区扩展的手段。不过，和里宾特洛甫不同的是，他并不想再次让苏联损害大英帝国的利益来瓜分世界，他认为英国乃是白人所取得的最好的成就。他是以种族主义的观点来看待历史的，损害英国可以说十恶不赦，违背了"达尔文的自然法则"。大陆条约根本不可能取代希特勒心目中在"犹太-布尔什维克"国家的废墟上创建生存空间的那个古老纲领，所以那最多只能是一个短期条约。

除了意识形态之外，斯大林的行为也影响了希特勒的最终决定。从这个观点来看，莫洛托夫出发前十五天的时候发生的一件小事对他产生了重要的心理作用。10月29日，布加勒斯特召开了一场专门的会议，让德国、意大利、罗马尼亚和苏联的代表团确定多瑙河下游布勒伊拉至黑海之间通航的新规。可是，在开幕前的七十二小时之内，苏联海军的步兵部队突然夺取了多瑙河三角洲北部地区基利亚支流上的好几座小岛，这么做的目的是让苏联代表团能在讨论中获取利益。开局不畅，会议也就无果而终。德国官方并没有对这起事件做出什么回应，但肯定会使希特勒对和斯大林保持和解的前景不再看好，对斯大林的针对性也就会更强。苏军尚在卧榻之侧，他还怎么能有所作为？

反之，斯大林派莫洛托夫去柏林又想得到什么呢？我们从这位人民委员出发前两天的摘要[67]内所写的14个要点中知道了斯大林的想法。这次任务就是试探性质，不用去想签协议的事。一方面，是要了

第四章　决定进攻　233

解三方协议签署者的意图，他们各自对扩张区域所设的边界在哪儿；另一方面，"鉴于1939年的德苏协定已经穷尽"——斯大林把这句话改成了"该协定所附秘密议定书已经穷尽"[68]——所以必须了解苏联"势力范围"的新边界在什么地方。其中按照顺序包括：芬兰，要求那儿的德军撤退；多瑙河的出海口；保加利亚，苏军必须可以进入，这是"会谈的主要问题"；伊朗，"我们在那儿有很大的利益"；丹麦的海峡，战时苏联应该有权穿越这些海峡；斯匹次卑尔根岛*。最后，斯大林要求在商讨罗马尼亚、匈牙利、南斯拉夫、希腊的时候，苏联都必须参加。作为回报，莫洛托夫获准支持将德国以前的殖民地归还德国，以及要求英国从直布罗陀和埃及撤军。莫洛托夫的这份清单表明了斯大林面对三方条约的怀疑态度，以及他们对芬兰和保加利亚又有了新的胃口。从中也可以看出对德英条约必然会产生的不信任感，还有苏联要用保障伊朗和土耳其安全的苏美协议来对德国进行要挟。

　　1940年11月12日11点，头戴一顶软呢帽的小个子男人从柏林安哈尔特车站的站台上走了下来，他的面前就是德国各大报社的照相机。六十个人陪着他，其中十六人是内务人民委员部的人，还有该部的首脑梅尔库洛夫。人民委员在持枪的警卫面前摘下帽子，然后步入美景宫，前来的各国元首就住在里面。下午，和鲁道夫·赫斯及戈林相继会谈过后，莫洛托夫还和里宾特洛甫交谈了两个小时，后者给他阐述了自己对大陆集团的看法，16点40分，一份摘要就通过电报发给了斯大林："德国的利益在东非和西非，意大利看上的是东北非，日本感兴趣的是南方，而苏联也对南方、波斯湾和阿拉伯海感兴趣。〔……〕非常有意思……"晚宴刚开始的时候，希特勒在总理府接待了莫洛托夫，两人交谈了两个半小时。莫洛托夫看上去"极为和蔼"，[69]这是驻莫斯科大使馆随员古斯塔夫·希尔格的说法，当时他也在场。

---

* 斯匹次卑尔根岛是挪威所属斯瓦尔巴群岛中最大的岛屿，毗邻北极。

如果我们相信13日4点45分发给斯大林的第二封加急电报的话,那此时希特勒已经宣称,"德国和苏联的利益与生存空间没有矛盾,而且始终可以调整,而这段时期将超过人的一生[……]德国在欧洲的生存空间已经确保了百年之久。它的利益现在在中非。[……]德国由于在和英国作战,故而不得不去它不愿去的地方,也就是巴尔干地区。但希特勒强调说,和英国签订条约之后,他就会立刻把军队撤出罗马尼亚。德国承认苏联对黑海和巴尔干地区具有特殊利益"。希特勒在回答的时候"重复了好几次,说'我们邀请你们重新加入条约'。[……]我的回答是苏联并不反对完全平等地加入四方条约"。照当时也在场的里宾特洛甫身边的助手保罗·奥托·施密特的说法,[70]莫洛托夫这时抛出了一连串的问题:"您是想对我说在芬兰问题上德苏条约仍然有效吗?""三方条约和欧亚新秩序意味着什么?""以及,还有些问题是为了澄清保加利亚、罗马尼亚和土耳其[……]"希特勒回答的时候,并没有提及三方条约。"如果俄国被视为是一个合作者,而不是一件物品的话",让苏联加入该条约是可以接受的,莫洛托夫回答道。这时候,传来空袭警报,众人不得不躲入防空掩体内。希特勒想必有些觉得抱歉,于是就开始讨论起来,他说:"英国的对策很荒谬,您自己也亲眼看到了,所谓的要把柏林摧毁简直就是天方夜谭。"

翌日11点,斯大林给谈判者发去电报,敦促他们一定要坚守协议中有关保加利亚的部分,因为没有保加利亚,"苏军就无法确保黑海海峡的安全"。14点50分,他又补充道:"如果德国人提出瓜分土耳其,我们就做好打开地图和他们理论的准备。"11月13日,莫洛托夫又和希特勒谈了三个半小时。这次,古斯塔夫·希尔格记录道:"两方合作者目标上的分歧太明显,已到了再也无法商谈的地步。"[71]交流很快就变成了谁也不听谁的。莫洛托夫一再回到苏联对芬兰拥有权利的问题上。希特勒承认这一点,但又说他无意于同芬兰和俄国开战,他需要的是芬兰的镍矿和木材,就像他也需要罗马尼亚的石油一样。于

第四章 决定进攻 235

是开始了互相指责。希特勒提到苏联违背莫斯科条约中涉及立陶宛和布科维纳的条款。莫洛托夫反驳道,德国不应该埋怨苏联,苏联对德国战胜法国的支援也并非一无是处。希特勒添油加醋地说:"我们未来是否获得巨大的成功,就看我们是否能背靠背一致对外,如果我们胸口贴胸口,就不会成功。"莫洛托夫也发起冲锋:"德国军队不能出现在芬兰,在这个国家不能出现反对苏联政府的行为。""等上六个月或一年[我会结束战争],你们就会得到你们想要的东西。"元首把球又踢了回去。"我看不出我们为什么还要再等六个月或一年时间。我们的莫斯科协定里根本就没提到时限。""芬兰的战争对德俄关系造成很不好的影响。"[72]希特勒重复了好几遍这句话。莫洛托夫问,如果俄国保护保加利亚不受任何侵略,德国对此会持什么态度。希特勒生硬地做了回答,说保加利亚没有要求这样的保障,无论发生什么情况,做什么事,他都会和墨索里尼商议。然后,他就结束了这次谈话,宣称主要问题已经谈论完毕,给出的借口是有可能会发生空袭。莫洛托夫的最后那些话在第一个要点上就已经出现了矛盾:"对苏联来说,新的重要的问题涌现出来。作为一个大国,在欧洲和亚洲的重大问题上,苏联不会袖手旁观。"[73]

交流的那天晚上,外交部长里宾特洛甫和莫洛托夫又回到了防空掩体内,里宾特洛甫很吃惊,试图拯救**他的**这次会议。他读了四国宣言的草案,提出"给势力范围划界",签订新的秘密议定书。他提出涉及苏联的时候,仍以他对大陆条约的观点为准:"苏联在领土上的要求重点或许是在边境线以南,印度洋方向。"[74]他提出会协助莫洛托夫,让他保留在土耳其海峡通航的权利,而在日本觊觎萨哈林岛北部地区的问题上会向日本施压。德国的这位部长最后提议双方通过大使来继续讨论这些问题。莫洛托夫指出:"因此,柏林目前并没有提出让里宾特洛甫造访莫斯科这一问题。"

这是1941年6月22日进攻之前该级别的最后一次访问,既是合作者又是对手的两方从这次访问中得出了什么结论呢？苏联人很清楚自己正在尝试将目光转向印度洋，那块地区是在英国的掌控之下。同样，他们也指出了在芬兰、罗马尼亚、保加利亚问题上两者并未达成谅解，双方都在固执己见。里宾特洛甫眼见自己的大陆集团方案遭到冷落，颇感震惊与懊恼。至于希特勒，1940年12月5日，他对布劳希奇和哈尔德说出了他对苏联的不信任有多深："轴心国每暴露出一个弱点，俄国人就会得寸进尺。他们自己不会对我们说讨价还价的尺度在哪里，但是会利用每一个机会来削弱我们。英国如果不得不要求停战，那他就会让俄国作为它的大陆之剑。"[75] 希特勒和莫洛托夫谈了六个小时，但他丝毫不期望会有什么关键性的进展，这一点可以从接待这位人民委员之前几个小时最高统帅部发布的第18号令的内容看出来："政治谈判仍在进行之中，目的是为了厘清俄国的态度。商谈结果如何无关紧要，必须继续做好口头命令的东部的准备工作。"[76] 此外，还命令如有必要，让德国军队进入保加利亚，从背后夺取希腊。莫洛托夫的主要要求就是让苏军进入索非亚，现在看来他已经得到了答案。这位苏联人民委员离开后两天，希特勒对他与陆军之间的联络官恩格尔上尉宣布：

> 他［希特勒］对我说他没有任何期待。通过商谈已经表明俄国人的这些计划究竟想达到什么目的。莫洛托夫已经把猫从袋子里放了出来*。他［希特勒］觉得一身轻松：以后也更不可能为了利益而结合。把俄国人放入欧洲，中欧就完了；甚至就连两边的巴尔干地区和芬兰都会岌岌可危。［……］无论发生什么情况，要尽快在南部、中部和北部设立大本营。元首要在东普鲁士常设大本营。[77]

---

* 意思是真相已经显露。

第四章　决定进攻　237

1940年11月22、23和24日，匈牙利、罗马尼亚、斯洛伐克加入了三方条约，我们已经知道了这点。莫洛托夫对它们自愿接受德国保护的行为提出了抗议。不过，他仍然继续向柏林施压，想要达成自己的目标，这些目标和这三个国家无关，他是想重启对话，他认为自己造访德国的时候已经开始了这样的谈话。11月18日，保加利亚沙皇鲍里斯三世在希特勒面前表示他拒绝加入三方条约，他之所以有这样的信心，是因为觉得自己手上有好牌可打，让保加利亚共产党发生骚动便会有利于和莫斯科签订互助条约，而他就可从中渔利。11月25日，莫洛托夫向舒伦堡发了一封照会，列出了苏联加入三方条约的各项条件。希特勒读了想必会气得直哆嗦：德军撤出芬兰，和保加利亚签署互助条约，将其置于苏联保护之下，获得土耳其海峡的陆上基地和海军基地，苏联有权对巴统*和巴库以南的波斯湾方向进行侦察，日本放弃其在萨哈林岛北部地区的利益。[78] 显然，无论是斯大林，还是莫洛托夫，都没有察觉到希特勒已经发生了转向。他们仍然一直在打在欧洲扩张的那张牌，1939年8月23日条约签订之后，他们始终都在这么做。他们的分析很简单：1940年德国对苏联的需要会超过去年。他们不是在和受美国支持的大英帝国打仗吗？这两个国家加起来就占了全球一半的GDP。他们不是需要苏联供应原材料吗？他们在这世界上不就是个孤家寡人，旁边就剩日本这样的假盟友和中看不中用的意大利吗？在这样的条件下，苏联为什么不得寸进尺，要求有权控制两条传统入侵苏联的通道，一条是芬兰湾，另一条是黑海？希特勒这方面也看得出自己丧失主动性已经到了何等地步，一边是永不言放弃的英国这个对手，另一边是从孤立主义迷梦中醒过来的美国这个巨人，还有一个虚假的合作伙伴俄国，它对德国简直就是在敲诈勒索。他把莫洛托夫的照会搁在一边，不予回答。从1939年8月起，莫洛托夫和柏林

---

* 巴统现为格鲁吉亚城市。

之间这条寻求政治途径解决问题的线断了开来。斯大林会想尽一切办法，想要把这条线给重新连起来，一直到1941年6月22日拂晓时分他才不得不作罢。

莫洛托夫的造访是希特勒确认尽快进攻苏联这一唯一战略选项的关键因素。他还有其他选项，政治的，军事的，这些选项分量不同，都堆在了同一座天平的托盘上。11月5日，罗斯福第三次当选总统。对希特勒而言，这表明美国对英国的援助将会加大力度。不让美国参战就成了相当紧迫的任务。12日，莫洛托夫来访的第一天，柏林获悉因为英国海空军联合行动，意大利的舰队大部在塔兰托*被击沉：地中海选项随着"利托里奥号"和"加富尔伯爵号"装甲舰一同倾覆了。11月14日至22日，希腊的三个军在阿尔巴尼亚击退了意大利的两个集团军，占领了距地拉那160公里的科尔察†，与此同时，英国的远征军也开始在希腊南部驻扎下来。12月7日，佛朗哥拒绝参战。直布罗陀、摩洛哥、西非，这些都是去年夏天经过深思熟虑而设定的目标、预案，也都做了准备工作，现在全都被排除了。最后，12月9日，韦维尔将军‡又对溃逃的意大利军队迎头一击，在昔兰尼加§发动了反攻。英军以133人阵亡的代价，在几个小时内俘虏了38 000名俘虏。尼罗河和苏伊士运河也再见了！一个月内突然发生了这么多事，英国不愿屈服，使得希特勒的这个战略期望也落了空。罗斯福在有限的时间内地位不断增强；意大利的崩溃迫使希特勒不得不通过武力来介入巴尔干地区，除了营救墨索里尼之外，抛弃了整个地中海战略；最后，斯大林政治上的投机也让他无法在战略上自由行事。进攻苏联就成了希特勒的魔法工具，可以使他用一场战役将以前意识形态上的目标全都

---

* 塔兰托是意大利南部伊奥尼亚海塔兰托湾畔的一座城市。
† 科尔察是阿尔巴尼亚东南部城市，毗邻希腊和马其顿共和国。地拉那为阿尔巴尼亚首都。
‡ 韦维尔将军是英国陆军元帅，二战期间任中东英军司令部总司令。
§ 昔兰尼加是利比亚东部的一个地区。1927年至1963年间该地区是意属利比亚和利比亚王国的行政区域。现已被划分为几个省。

连接起来，短期目标是摧毁犹太-布尔什维主义，长期目标是不让苏联成为英国最后一把插入大陆的利剑，还能建立一个自给自足的帝国，足以应对同美国的长期战争。

巴巴罗萨指令

从哈尔德的日记里可以看到这种惊人的转向。1940年12月4日，希特勒还显得有些犹豫不决，到12月5日和布劳希奇及其参谋长开完会后，他的疑问便烟消云散了。10月30日，以保卢斯将军提交的计划为基础进行了讨论，11月29日和12月3日，在保卢斯的指导之下，在措森进行了三次图上推演后又做了修改。推演的结果与保卢斯10月30日计划（已佚失）有了明显的出入：南部的大量兵力从罗马尼亚调到了加利西亚，并且决定让步兵部队对明斯克形成大的包围圈，而一开始这项任务只交给了装甲部队去完成。从哈尔德的笔记来看，希特勒做出了如下的决定：

> 奥托计划[79]：深入推进我们计划中各基地的准备工作。［完成］日期预估：［1941年］5月底。［……］奥托计划详情：a）阻止敌军后撤，一切依战况而定；b）远期目标：夺取一个安全区，使之不受空袭的影响，之后，联合行动，摧毁敌军资源（兵工厂、矿场、油井）；c）行动目标：消灭俄军有生力量，使之无法恢复；d）参战方：芬兰人、罗马尼亚，匈牙利除外；e）将（三个师）放在北翼，目标：白海；f）精锐部队集中于南方集团军群！必须在第聂伯河前打败俄国。空军覆盖第聂伯河各个通道！俄军剩余部队必须在第聂伯河前被歼灭；g）切断波罗的海空域！h）加强普里皮亚季沼泽南北两翼军力，必须分割敌军，以局部包围之势各个击破之（如波兰），两翼必须有力，快速！

ⅰ）莫斯科不是很重要。[80]

当天晚上，哈尔德将自己对即将到来的这场战争所做的思考记录了下来。

> 从武器的角度看，俄国和法国一样，都没我们强。现代战争所需的野战炮很少，剩下的都是陈旧的装备。我们配备5厘米加农炮的三号坦克拥有绝对优势。俄国的大量坦克装甲防护能力差。俄国人能力奇差。军队没有指挥官。[……]到了春天，无论在指挥人员、装备还是部队层面，我们显然会都达到更高的水准，俄国明显比我们差。俄国的这支军队一旦被打败，就会不可避免地走向崩溃。进攻俄国军队的时候，必须避免又把它推回到我们面前。我们的战斗目标必须是对其进行分割，一部分一部分地绞杀之。因此，我们必须找到一个始发点，便于实施大规模的包围行动。俄国会遭到猛烈的打击，于是，从某个特定的时刻起，像波兰那样，它们的交通、运输等就会崩溃，最终彻底瓦解。[81]

即便哈尔德仍然不认为消灭苏联就会让英国求和，但他的作战计划还是建立在偏见之上，我们看见他对对手的认识都是错误的，比如苏联红军的坦克装甲防护能力差，而事实上红军坦克堪称世界上最强的坦克，这既是种族主义的陈词滥调，也是专业人士的傲慢。哈尔德和马克斯、洛斯贝格以及保卢斯一样，都想在战争初期用一系列出色的包围战夺得胜利，且预先就认为他们会把苏军打得彻底崩溃。和1939年波兰的类比蒙住了这位参谋长的双眼，进而使之丧失了何为真假的判断能力。苏联的经济和人力资源比波兰多7倍，军力强5到6倍，其战略纵深几近无限，其道路和基础设施也相当不

第四章 决定进攻 241

利于进攻者，那又怎么能把苏联和波兰放在同一个层面上来比较呢？离奇的是，哈尔德的判断不仅是陆军总司令部那些高级专业人士如保卢斯、豪辛格*的普遍看法，也是德国国防军整个指挥层的共识，无论是参谋部，还是作战部队，均持此看法。这么多将领，布劳希奇、哈尔德、冯·博克都在思考，说打败苏联并不会真正改善德国的战略处境，可他们从来就不怀疑能赢得胜利，这一点实在令人震惊。[82]

1940年12月18日，希特勒踏出了决定性的一步，签署了巴巴罗萨指令。在看内容之前，我们要说一说这个代号名称的来历。巴巴罗萨在意大利语中是"红胡子"的意思，指的是中世纪霍亨斯陶芬王朝的腓特烈一世（1122—1190），他也是德意志的神圣罗马帝国皇帝。他在第三次十字军东征耶路撒冷期间死亡，死得很蹊跷，故而他的死亡成了理想的容器，无论是在民间传说还是在文学作品中都能见到有关他死亡的大量离奇的说法。几个世纪以后，他的名字又和黄金时代重临联系到了一起，所谓黄金时代就是指重新建立千禧帝国，即德国的统一，而这个观点也得到了各个王朝的宣扬。但无论在何种情况下，都没有说到要向东方扩张：腓特烈一世和他的同代人，也是他在位时的萨克森公爵狮子亨利（1130或1135—1195）不同，腓特烈一世武力夺取的是意大利，而非易北河与奥得河之间的平原，也不是波希米亚地区。哈尔德给进攻苏联的这场战争起了"弗里茨"这个代号，有时也叫作"奥托"，是希特勒要把名字改成"巴巴罗萨"的。是否就像我们所写的，他看到了基督教十字军东征和反布尔什维克十字军东征之间的关联？这种可能性很小。因为希特勒这个人对日耳曼的神话故事耳熟能详，热衷于符号和象征，我们不会真的以为他会把因首领早死而致十字军东征失利的这件事来命名自己的这场战争吧？柏林

---

* 阿道夫·豪辛格（1897—1982），德国陆军上将。在巴巴罗萨行动之前的1940年8月1日晋升为上校，10月15日晋升为陆军总参谋部作战处长，为仅次于哈尔德、保卢斯的第三号人物。

的政治学教授赫尔弗里德·明克勒提出过一个颇具创造性的说法。[83]照他看来，希特勒和希姆莱一样，[84]对狮子亨利觉得更亲近，狮子亨利属于反皇帝的教皇派，也是东欧的殖民者。但希特勒同样谴责狮子亨利把红胡子腓特烈赶到了基亚文纳*，由此导致他在莱尼亚诺[†]和伦巴第诸城邦战斗（1176）时败北。希特勒既想克服对纳粹精英内部分裂的恐惧感，也想克服对传统精英（军界、外交界、工业界）人士内部分裂的恐惧感，毕竟他们大多数人都和红胡子一样倾向于向地中海和东南部扩张，而非像狮子亨利那样向东方扩张。明克勒写道："借由[红胡子]这个形象，希特勒想要借助传说中的称号，抹去这种分裂感，使宿命落空。"

现在回到1940年12月18日的指令。这份指令为绝密，只印了九份，分别交给了布劳希奇、戈林、雷德尔、凯特尔、约德尔、瓦尔利蒙特。关于地面行动，采用了希特勒和布劳希奇交流时的基本观点，以及布劳希奇和该计划的真正设计师哈尔德的交谈，再加上与保卢斯交流的看法。该指令的成形当归功于最高统帅部的冯·洛斯贝格中校，约德尔很有可能听取了哈尔德的意见，对指令做了修改。17日，希特勒又做了修改，强调要夺取列宁格勒，并于次日签署，他的名字边上有瓦尔利蒙特、凯特尔、约德尔、洛斯贝格的花体字签名。那个时代，元首的指令相当于军队总指挥向三军统帅发布的总命令，包括对行动的说明，大量的主动性仍然掌握在制订计划的人身上。第21号令因其调动军队的规模之大，此后就成了地面部队重要行动的指导性文本。通过陆军总司令部的各个部门，该指令也使部分军工产业、后备军（由弗洛姆[‡]调遣）、军需给养部门（瓦格纳）、铁路运输部门（格

---

* 基亚文纳为意大利松德里奥省的一个城市。
† 莱尼亚诺是意大利北部伦巴第大区西北部的城市。
‡ 弗里德里希·弗洛姆（1888—1945），第二次世界大战期间担任德国后备军总司令，后因1944年7月20日刺杀希特勒的密谋案被捕，遭处死。

第四章　决定进攻　243

尔克)、情报部门(金策尔的东线外国军团)、通信部门(费尔吉贝尔[*])、训练部门、卫生部门、气象部门、制图部门(7月起开始调动)等运转了起来。准备工作完成的日期(不是进攻的日期),指令规定的是1941年5月15日。

指令最开始的一句话就点明了这场战争:"德国军队必须做好准备,就在对英战争结束之前,快速击溃苏维埃俄国。"三军接到了不同的指示。"陆军必须动用所有可调遣的部队,确保被占领土免受突袭。"空军调遣必要的兵力掩护地面作战。对空军而言,这场战争事实上将会在三个战线展开,进攻英国和掩护德国免遭战略轰炸仍然是两个重要的任务。海军基本上仍然部署为用来对付英国。开篇以两个指示作结:"我命令进攻苏联前的部署时间为八个星期,然后开始行动。[……]关键是,千万不可让对方侦知我军的进攻意图。"后文共有五个部分,我们可以这样概括。"一、总的意图:必须采取果断的行动,歼灭驻扎于俄国西部的全部俄国地面部队,装甲部队呈楔形全力推进;阻止俄军尚能战斗的部队撤退至俄国纵深地区。[……]最终的目标是在伏尔加河—阿尔汉格尔斯克沿线对俄国亚洲地区进行防御。因此,空军必要时可清除俄国最后一块工业区乌拉尔地区。行动之后,波罗的海的俄国舰队很快就会失去支援,战斗能力大幅削弱。行动一开始,强有力的打击就会使俄国航空兵部队瘫痪。二、参战的盟军预计为:罗马尼亚和芬兰。"

第三部分涉及的是行动的指挥层面。战场分为两部分,以普里皮亚季沼泽为界。重心位于该区域的北部,那儿会有两个集团军群投入战斗。最强大的中央集团军群将负责摧毁白俄罗斯的敌军,然后支援北方集团军群,占领列宁格勒和喀琅施塔得海军基地,最后返回中部,占领莫斯科。北部的"第21集团军"孤立摩尔曼斯克,同时芬兰

---

[*] 弗里茨·埃里希·费尔吉贝尔(1886—1944),德军将军,通信专家,因1944年7月20日密谋刺杀希特勒被捕,遭酷刑折磨三个星期,始终未供出同谋,后在柏林被处死。

全军进攻拉多加湖南北两侧。在普里皮亚季沼泽南部，一支集团军群从卢布林向基辅进军，在驻扎于罗马尼亚的军队的支援下对敌军实施包围行动。莫斯科，"政治上和经济上的关键城市"，追击溃逃敌军后夺取顿涅茨盆地。第四部分强调行动必须保密，会告知下级部门，以此"作为保护措施，以防俄国改变态度"。最后一部分指出准备工作的进展情况需通过最高统帅部上报希特勒。指令根本没提最高统帅部和陆军总司令部之间的职能分配问题，不过考虑到陆军牵扯之深，陆军总司令部掌握巴巴罗萨行动的主控权当为不言而喻。

此处呈现出来的这项计划乃是哈尔德和希特勒两者观点的折中产物，前者是以集团军群进攻莫斯科为重心，而后者则以夺取列宁格勒和以冶金及矿产为主的顿涅茨盆地为重心。两者观念上的差异在这份指令中只是被掩盖了起来，战争期间就会再次涌现出来。两者都没有提日期；敌军将会在第聂伯河以西被决定性地击溃；经过与1918年德皇军队类似简单的追击穷寇行动之后，被征服的广袤土地将达100万平方公里。

如果说1940年7月骰子还没被完全掷出，进攻苏联的计划只是走上了轨道而已，那12月18日该计划就开始遽然加速起来。历史著作中的传统问题现在又被重新提了出来：希特勒是否受到了意识形态倾向性的影响？他对"犹太-布尔什维主义"的刻骨憎恨由来已久，毋庸置辩，那在冲突的这个阶段，这种憎恨是否使他将进攻苏联的计划放在了首位呢？我们在巴巴罗萨行动的酝酿阶段并没有看到任何意识形态影响的痕迹。1940年7月的任何时候，意识形态的动机也没有显露出来；12月，指令本身也没有显露任何这方面的迹象。令人吃惊的地方在哪儿呢？就在这两次场合发布的文件的性质当中。这些决策本来就是要发布给国防军高层的。对这些人，希特勒谈论的必定是职责，而非意识形态。很显然，意识形态肯定是存在的，而正是因为存在这种意识形态，所以希特勒并没有冷淡地审视其他选项。表面上看，他的决定只以战略上的理由为基础，对此他说了三点。一、只要还存在苏联红军，英国就不会屈服。二、只要苏联的达摩克利斯之剑还悬在德国的头顶，那在地中海和其他地方就什么也做不了。三、只要有可能，就一定要借助德国军队的优势，在东方打一场闪电战，重新掌握主动权，获取不可缺少的自给自足的经济基础，为接下来有可能会发生的长期战争做好准备。

从第一点来看，并没有任何证据可以支撑希特勒的推论。丘吉尔和罗斯福都认为苏联人无法组织有效抵抗。不过，这两人仍然对英美最终战胜纳粹抱有信心。我们知道哈尔德在日记里写过："我们看不出进攻苏联就能阻吓英国人。"从这点上来看，他说出了他大部分同事的心里话。

第二点，从数量上来看，苏联红军至少和德国国防军一样强大。但这儿有个希特勒悖论，就是一面在说这支军队没有能力打一场现代战争，但另一方面又在叫嚷自己受到了威胁。此外，陆海军的将军一直都在强调地中海战略只需要投入有限的兵力，也就是最多只要20到30个师。这个计划尤其受到了海军、空军、后勤部门、机械化部队的支持。德国国防军在面对东方的时候仍然能守得住阵脚，从而迫使斯大林不再冒险。事实上，1941年进攻苏联并不存在任何战略上或军事上的迫切理由，苏联被自己反西方的偏执心理所束缚，还对军队进行了全面重组，但只要有利可图，它仍然会继续和德国维持伙伴关系。希特勒也能开发出一套无懈可击的地中海战略，而不用惧怕苏联从背后进攻。但攻占北非和中东就足以把丘吉尔赶下台吗？还不如给斯大林一点好处，把他垂涎欲滴的三个猎物，芬兰、保加利亚、土耳其海峡，弄一两个送给他更好。

最后，希特勒选择了巴巴罗萨。该行动满足了他最强烈的欲望，和他扮演先知的行为也若合符节。对此，没什么好惊讶的。相反，让人惊讶的倒是德国国防军会对他亦步亦趋，因为必须承认，国防军对这项行动并不热衷。除了党卫军之外，所有部门都表达了负面看法，提到风险太大，缺乏经济和军事储备，对对手了解太少，甚至对这件事本身的战略效果提出质疑。希特勒所掌控的权力结构使反对意见成不了气候，而那些人又对军队的优势抱有这么大的信心，结果内心的保留意见也就没法成为反对力量。巴巴罗萨行动这出大戏就此开花结果：希特勒的意识形态偏见和知识分子、专业人士、军队指挥层的偏见两相结合，所以它也只可能成为它本来的样子，成为无尽痛苦和罪恶的深渊。

注　释

1. C. Burckhardt, *Meine Danziger Mission 1937–1939*, München, 1960, p. 348.
2. *Hitlers Denkschrift und Richtlinien über die Führung des krieges im Westen* vom 9.10.1939.
3. BA-MA, RW 4/596, p. 4.
4. DVP, 1939, vol XXII-2, doc. 654, p. 149.
5. RGVA, f.35084, op. 1, d.7, L.26. Directive du 22 septembre.
6. Voir les notes de la conversation entre Schulenburg et Molotov, le 4 décembre 1939, in: DVP, t. XXII-2, doc. 834, p. 365.
7. 1940年4月，苏联人放弃了购买太过昂贵的"俾斯麦号"的计划，出于同样的理由，也不再输入合成橡胶工厂和煤加氢气化装置。
8. Filippov, *Zapiski o "Tretiem Reĭkhé"*, *Moscou*, 1966, p. 174.
9. 经过六个月的艰难谈判之后，1941年1月10日，苏联赔偿德国720万美元，以确保所谓"马里扬泊列"匪帮能继续存在下去。
10. *Feindlagebeurteilung durch das Armeeoberkommando 18* am 22, Juli 1940. Fac-similé in: R-D. Müller, Der Feind…, p. 205.
11. RGVA, f.4, op. D.71, l.148, in *Mirovyé Voĭny XX veka*, livre 4, Vtoraïa Mirovaïa Voĭna, Dokumenty i Materialy, Moscou, 2002, p. 167–168.
12. *1941 God*, vol. 1, p. 47.
13. AP RF. F.082. Op. 23. p. 95. D.5. Ll.139-141. In *1941 God*, vol. 1, p. 89–90.
14. Khrouchtchev *Vremia Liudi Vlast*, Moscou, 1999, p. 267 [http://militera.lib.ru/memo/russian/khruschev1/16.html]. Le journal des visites de Staline confirme que Khrouchtchev est au bureau de Staline tous les jours entre le 21 et le 25 juin 1940.
15. *1941 God*, vol. 1, p. 236–253. Surtout p. 240-241.
16. *Voennaïa Razvedka Informiruet, Yanvar 1939 – Iun 1941. Dokoumenry*. Sous la rédaction de V. A. Gavrilov. Série Yakovlev, Moscou, 2008, p. 433–434.
17. *Voennaïa Razvedka Informiruet*, p. 434.

18. *Ibid.*, p. 434–436.

19. *Ibid.*, p. 437–439.

20. Halder, *Kriegstagebuch*, vol. 1, p. 372.

21. Nicolaus von Below, *Als Hitlers Adjutant 1937–1945*, p. 192.

22. *Ibid.*, p. 217.

23. *Weizsäcker Papiere*, 23 mai 1940, p. 204 de l'édition Leonidas Hill, Propyläen, 1996.

24. In Karl Klee, *Das Unternehmen Seelöwe*, Musterschmidt Verlag, Göttingen, 1958, p. 189. Ces propos sont rapportés par von Sodenstern.

25. 1943年11月7日，约德尔在慕尼黑向大区长官进行讲话的报告中提到了这件事。In: *KTB OKW*, vol. IV, p. 1540. Speer le dit dans ses mémoires (p. 188, édition allemande, Propyläen, 1969). Le témoignage de Lossberg est rapporté en janvier 1952 par Halder à l'historien Heinrich Uhlig, in *Vollmacht des Gewissens*, II., Alfred Metzner Verlag, Frankfurt am/Main, p. 158.

26. Luise Jodl, *Jenseits des Endes. Leben und Sterben des Generaloberst Alfred Jodl*. München 1976, p. 42.

27. Warlimont, *Im Hauptquartier...*, p. 119, ndbdp.

28. H. Greiner, *Die Oberste Wehrmachtführung*, p. 11.

29. 德军最高统帅部领导的各个部门中，最重要的就是约德尔领导的国防军参谋部，瓦尔利蒙特上校（后任将军）领导的领土保卫局就由参谋部管理。瓦尔利蒙特担任作战参谋长的职责，负责最高统帅部直接领导的行动事务，但苏联除外，后者归属陆军总司令部负责。不过，芬兰和挪威战场由最高统帅部领导。

30. H. Greiner, *Die Oberste Wehrmachtführung*, p. 13.

31. Walter Warlimont, *Im Hauptquartier der deutschen Wehrmacht 39-45*, Bernard & Graefe Verlag, München, 3e édition, 1978, p. 59.

32. A. Speer, *Erinnerungen*, p. 188. 沙盘上可以呈现军队想要介入的地形的原貌。

33. Hillgruber, *Hitlers Strategie*, p. 170.

34. Halder, *Kriegstagebuch*, vol. 2, p. 99.

35. 元帅头衔的增加就等于使之贬值。希特勒通过这个方式剥夺了布劳希奇（作为陆军总司令，布劳希奇本来是唯一可以从中获益的人）想要成为首席统帅的所有希望，也剥夺了当时所有元帅以及后来被任命为元帅的那些人的希望，从而表明只有他，阿道夫·希特勒，才是独一无二的统帅。

36. Domarus, *Hitler. Reden, vol 3, 1939–1940*, p. 1556–1558.

37. ADAP, Série D, vol. X, doc.199, p. 213.

38. Halder, *Kriegstagebuch*, vol. 2, p. 98.

39. *Ibid.*, vol. 1, p. 373.

40. *Ibid.*, vol. 1, p. 374 et 375.

41. *Ibid.*, vol. 2, p. 6.

42. *Ibid.*, vol. 2, p. 18.

43. *Ibid.*, vol. 2, p. 21.

44. 这份"布劳希奇计划"与7月28日海军的备忘录极为相似，按照这个计划，唯一要做的就是抵达"拉多加湖—斯摩棱斯克—克里米亚沿线，从这些阵地出发，确立和平的条件"。Voir K. Klee, p. 192.

45. Halder, *Kriegstagebuch*, vol. 2, p. 39.

46. W. Warlimont, *Im Hauptquartier der deutschen Wehrmacht 39–45*, p. 127.

47. Halder, *Kriegstagebuch*, vol. 2, p. 49.

48. 如果我们同意David Irving的说法（*Hitlers War*, p. 162），那手上持有铁路网地图的约德尔就能在7月27、28、29日说服希特勒，让他知道由于缺乏交通工具，不可能在规定的期限内将东线德军集中起来。27日这一天或许是个好日子，因为希特勒就是在这一天命令优先实施奥托计划的。瓦尔利蒙特（p. 127–128）讲到了凯特尔和约德尔共同的看法，他们本来可以提出天气方面的原因。

49. Halder, *Kriegstagebuch*, vol. 2, p. 49–50.

50. 7月22日，布劳希奇说攻打苏联需要"80到100个师"。十天后已经有120个师，9月17日有128个师（其中有31个摩托化师和/或装甲师）。Voir Halder, *Kriegstagebuch*, vol. 2, p. 103.

51. 对博克有好处的是，希特勒于9月16日拒绝让马克斯担任这个职位，因为后者在1930年代初的时候是担任总理的冯·施莱谢尔将军的心腹，而施莱谢尔反对纳粹主义，1934年在长刀之夜中遇害身亡。

52. 高级营务总监（Oberquartiermeister I，或OQh I）负责军队作战方面的事务，受总参谋部直接领导。该职位需要协调1处（行动）、5处（交通运输）、6处（给养）、9处（绘图）和10处（防御工事）的行动。高级营务总监是总参谋部名副其实的二号人物。不要和军队的高级军需总监（Oberquartiermeister）相混淆，后者负责后勤事务。

53. Halder, *KTB*, vol. 2, p. 155. Ce rapport n'a pas été retrouvé dans les archives.

54. Torsten Diedrich, *Paulus*, Ferdinand Schöningh, 2009, p. 162.

55. *Kriegstagebuch des OKW, 1940-1941*, Teilband II, p. 969, Aktennotiz Thomas, 20.08.40.

56. 第18、第4和第12集团军分有25个步兵师、3个装甲师、1个摩托化师、1个骑兵师。在维也纳附近，第40军有2个装甲师和1个步兵师。Halder, *Kriegstagebuch*, vol. 2, p. 107.

57. 大本营的建造严格保密，由柏林的公司阿斯卡尼亚工厂承建。

58. Halder, *Kriegstagebuch*, vol. 2, p. 79.

59. AVP Russian Federation, fond 06, op. 2, p. 2, del.14, list 1–2.

60. *1941, God, Dokumenty*, vol. 1, p. 249–250.

61. Halder, *KTB*, p. 160–161.

62. Halder, *KTB*, p. 261. Remarque sur la réunion du 31 janvier 1941 en note p. 264.

63. *DVP 1940–22 juin 1941*, Moscou 1995–1998, tome 23, livre 1, p. 396.

64. Halder, *KTB*, p. 191.

65. Voir *Die Tagebücher*..., Rosenberg, p. 289, entrée du 24 IX 1939.

66. ADAP, D, vol. 11, doc. 109, 113, 129.

67. *1941. God*, vol. 1, p. 349–351.

68. Câble de Staline à Molotov, 12 novembre 1940 à 22 h 50. VIJ n° 9 1992, p. 18.

69. G. Hilger, *Wir und der Kreml*, p. 302.

70. ADAP D XI, p. 455–461.

71. *Ibid*.

72. VIJ n° 9 1992, p. 20–21.

73. ADAP D XI, p. 462–472.

74. ADAP, D, XI/1, doc.329, p. 474. *Aufzeichnung des Botschaftsrats Hilger*, Moskau, 18 XI 1940.

75. Halder, *KTB*, vol. 2, p. 211.

76. W. Hubatsch, *Hitlers Weisungen für die Kriegführung*, dtv Dokumente, p. 81.

77. Kotze, Hildegard von (Hrsg und kom.von), *Heeres-adjutant bei Hitler 1938–1943. Aufzeichnungen des Majors Engel*. Schriftenreihe der Vierteljahreshefte für Zeitgeschichte, Deutsche Verlag-Anstalt, Stuttgart, 1974, p. 91.

78. DVP, vol. 23, livre 2, partie 1, p. 135–136.

79. 奥托是波兰铁路建设计划的代号，但哈尔德在这里使用它来指代针对苏联的行动。
80. Halder, *KTB*, p. 210 et 211.
81. Halder, *KTB*, vol. 2, p. 214.
82. 2月2日，冯·博克对希特勒说，如果有可能战胜俄国人的话，就没必要迫使他们和谈。
83. H. Münkler, *Die Deutschen und ihre Mythen*, Rowohlt Berlin, 2e édition, mars 2009.
84. 亨利·皮克（Henry Picker）在《希特勒的桌边谈话》（*Hitlers Tischgespäche*）一书中指出，希姆莱封狮子亨利为党卫军的"主保圣人"，封狮子亨利在奎德林堡圣瑟法斯教堂地穴内的墓地为"圣地"。Éditions Propyläen, 2009, p. 230.

第二部

互相欺骗的手段

序 曲
如果战争明天来临

1939年8月18日，也就是莫洛托夫—里宾特洛甫条约签订前五天，《莫斯科布尔什维克》日报几乎把整个版面都献给了"飞行员日"和"斯大林雄鹰"，他们很高兴能这么称呼红军的战斗机飞行员。编辑部以《摧毁法西斯空军中队》为题，选择将闻名遐迩的"雄鹰"格奥尔基·巴伊杜科夫的一篇文章的长篇节选刊登出来。巴伊杜科夫是社会主义劳动英雄、布尔什维克文化和进步骑士勋章获得者，他是第一个从莫斯科飞经北极再飞往美国、中途不停靠的飞行员。他在文中想象，如果"法西斯挑衅"威胁到苏联边境会发生什么情况。一连几个小时，红军航空兵会对地面和海面的敌军发起攻击。从高空对敌军进行大规模空袭之后，炮兵就会加入进来，为红军的胜利大进军打开通途。在最后一个段落，这位装甲军军长和伏罗希洛夫在电话里聊了起来："您好，克利缅特·叶夫列莫维奇。不，没什么精彩的新闻。我们又推进了14公里。俘虏？相当多。战利品？我就怕您不相信，克利缅特·叶夫列莫维奇。我们自己都不敢相信自己的眼睛。我们的损失微不足道。"

这篇文章如果不是由苏联青年人的偶像写成的，可以说是平庸无奇，现在它则成了1939年大规模宣传活动的一部分。之前的两部作品深深地影响了公众。第一个是电影《如果战争明天来临》（1938），第二个是小说《第一次打击》（1939年1月）。借助这种面向广大公众的作品表明有可能会发生战争，苏联由此设定了三个目标。第一个目标是对德国吞并奥地利和苏台德地区时所出现的战争威胁做出回应；哪怕敌人再强大，我们也已经准备好面对一切敌人。对俄国而言，打不过敌人的时代已经过去了。第二个目标是维持某种战争热度，以此表明经济上的牺牲、全民的贫困、大规模的严苛统治都是有原因的：苏联这座堡垒正在遭受资本主义世界及其法西斯走卒的围困，但红军所做的牺牲完全值得，因为一旦清除了爆发冲突的威胁，幸福就在马路的转角处向大家招手了。最后，第三个目标就是对1914年起俄国人民和苏联人民先后遭受的无数创伤做出回应：这次的战争与往年的战争截然不同。它会快如闪电，很少会有人牺牲，也只会涉及部分地方的领土。对爱国者来说，政权许诺会带来荣耀，胜利也指日可待。苏联这股军事乌托邦的浪潮明显具有一个特征，那就是对该政权所犯下的所有错误和遭受的失败做出弥补；针对冲突再起的恐惧，它就成了一种解脱的手段。

《如果战争明天来临》是由一个导演团体构思拍摄的，负责人是叶菲姆·济甘。1939年，他原本要代表苏联参加第一届戛纳电影节，后因战争之故，电影节被取消。巴巴罗萨行动开始前三个月，这部电影获得了斯大林奖二等奖以及5万卢布的奖金。苏联的所有电影院都在播放这部电影，学校、兵营、工厂之家和集体农庄都无一例外。电影的成功无疑应归功于与电影同名的那首欢快的歌曲，关键处节奏得到加强，副歌再三吟唱，这种唱法在流行歌曲里并不常见："我们不愿战争，但我们会保卫自己。我们会正当防卫，加强力量。我们会在敌人的土地上猛力一击消灭他们，而我们却没有损失。"副歌："人民，起来吧，上战场保卫自己！"斯大林很欣赏这部电影。战争期间，他经常看，或许是为了自我疗愈，或者是觉得电影颇有黑色幽默感，毕竟他也知道1396天的战争里每一天苏联公民的死亡人数都在2万人左右。叶菲姆·济甘的这部电影的剧情颇具教育意义。一个平静的夜晚，举止可笑的德军向苏联的边防部队发起了进攻。他们杀害了几名苏联士兵，但被阻挡在了苏联土地的大门口。整个国家同仇敌忾，奋起反抗侵略者。从喀琅施塔得到楚科奇自治区，无论男女，无论老少，蜂拥向军队人民委员的办公室，报名参加红军。人民义愤填膺，咬牙切齿，接下来，由本人饰演的伏罗希洛夫元帅身穿军大衣，出现在了群众面前，再三表达了一个重要的信息："如果战争临头，绝不会落到苏维埃的土地上，敌人第一个拔出利剑，那我们就在他们的土地上打。"铿锵有力的话语刚说完，伏罗希洛夫便率领部队跨过了边境。布琼尼（本人饰演）宝刀出鞘，胡须飘扬，率领骑兵队发起冲锋，德国的无产阶级也开始起义，战争的命运由此尘埃落定。

在那个时代，反法西斯的工人也是电影的一个重要形象，电影一再宣传德国人民是纳粹的第一个牺牲品，他们当然不是纳粹的同谋，也不会从中得到任何好处。1939年阿布拉姆·罗姆的电影《5号中队》就是"苏维埃国际主义"和"全世界工人大团结"的典型样板。电影的情节是在德军预先发起打击的背景下展开的，总参谋部最喜欢这样的剧情。情报部门截获纳粹最高统帅部下达的穿过苏联边境的一份命令。德国军队还没开始行动，包括5号中队在内的苏联航空兵部队便腾空而起，前去轰炸敌军的机场。这倒是预见了1941年6月22日的局势，只是情况恰好相反。尽管战斗很顺利，但纳粹还是打下了苏军的两架飞机。两名飞行员只能跳伞，落入了敌军所在的地区，他们身穿德军军装，相当幸运地遇见了当地的一群反法西斯分子，在他们的帮助下，从地底下穿越了地区。他们假扮成德国参谋部的军官，发现了敌人的计划，便用发报机将敌军基地的坐标告诉了苏联的轰炸机飞行员。然后，在一名德军士兵的帮助下，格里钦和涅斯捷连科夺取了一架飞机，不费吹灰之力地回到了苏联，与此同时，德军基地在红军雄鹰的精确打击下灰飞烟灭。

什帕诺夫的畅销书《第一次打击》将苏联红军的两个信条结合了起来，那就是在敌人的领土上进行闪电式的打击，全世界的工人紧密团结。尼古拉·尼古拉耶维奇·什帕诺夫是好几本航空杂志的总编。他早年在列宁格勒综合工科学校就读，本身就是飞行员，撰写过飞机发动机的专著，也为航空学校编过课本。他是航空促进协会*运动的主要人物，和军界的航空领域人士多有来往。这部著作很快就得到了出版，和苏军的作战行动一样迅速。某一年的8月18日16点57分，苏军防空部队侦测到德军战机飞近。17点01分，空战爆发。17点30分，眼看对手实力太强大，德军最后一架战机逃之夭夭。17点34分，苏军战机开始清除德国的防空炮和机场，红军跨过边境。8月19日拂晓时分，反攻达到最高潮，绘有红星的苏军轰炸机攻击纽伦堡、菲尔特、班贝格的工业设施。遭到轰炸的德国各工厂的工人齐声高唱《国际歌》，然后举起义旗，帮助红军。与此同时，捷克人也起来反抗，法国的共产主义者夺取了政权。战争于8月19日17点整结束。1939年，好几个出版社出版了这部作品，首印即达50万册，到那时为止，这个待遇还只有斯大林的作品享受得到。

5月22日，《第一次打击》进入了军事院校的课程之中。考虑到这只是一本科幻小说，这个事实确实令人惊讶。不过，什帕诺夫写的东西也出现在了《红军战斗手册》（1939）的前言中。

> 工农红军［……］接受的是热爱并忠于祖国、列宁——斯大林的党、苏维埃政府，以及全世界各国人民紧密团结的教育。从历史环境来看，红军是一支战无不胜的军队，是以摧枯拉朽之势

---

* 航空促进协会是苏联1927年至1948年间存在的一个社会政治国防组织，全称为"国防、航空、化工促进协会"，简称Osoaviakhim。

击溃敌人的强大军队。［……］2. 对祖国的保卫是一种主动的保卫行动。**对敌人的每一次进攻，社会主义共和国联盟会倾尽全军之力，以雷霆之势进行打击。**［原文为粗体字］我们反抗侵略者的战争是人类历史上最为正义的战争。**如果敌人将战争强加给我们，工农红军就会成为世界上最具攻击性的军队。**我们的战争将会是一场主动进攻的战争，其主要目标就是在敌人的土地上消灭敌人。［……］4. 红军的使命心怀全世界。［……］红军将会进入侵略者的土地，是一支解放所有受压迫和受奴役人民的军队。红军的重要使命就是在战斗的同时将敌人的广大军队和民众争取过来。［……］6. **工农红军最宝贵的因素就是斯大林时代的新人。他在战斗中具有决定性的作用。**如果没有新人，所有的技术装备全部都会失效。

巴伊杜科夫的文章、济甘和罗姆的电影、什帕诺夫写的书成为持续大规模宣传的四个要素。这和词语或影像无关，而是和主动规训有关。在战争最初的几个月内，苏联针对德军士兵的宣传也将具有什帕诺夫笔下的国际主义色调。此外，苏联红军受到规训和教育，他们要做好发动进攻或反攻的准备，仅此而已，在整个1941年，这一点丝毫没有变化，所以导致了巨大的损失。苏联公民将会难以置信地观察到德国的侵略部队在自己国家的领土上快速推进。他们从未见过局势如此发展，他们的内心受到了极大的震动。于是，他们无时无刻不在寻找卖国贼和破坏者，想要对这种绝无可能的局势做出解释。德国国防军、党卫军和警察采取的灭绝性暴力也让许多人始料未及：二十二个月的德苏友谊也将从精神上解除苏联人民的武装。

战后，许多亲历冲突的人都会回忆起，自己对巴伊杜科夫、济甘、什帕诺夫的作品，对克里姆林宫和总参谋部所怀有的信念有多么不合理。

飞机制造师亚历山大·雅科夫列夫在回忆录中写道：我想起了尼·什帕诺夫1939年夏天出版的那本书。[……] 这是一本写给航空业的书。什帕诺夫的小说是一本"苏联军事科幻小说"，根本不是写给孩子看的。它是由国防人民委员部军事出版社出版的，不是其他什么丛书里的一个系列，是"指挥官丛书"！这本书是为了普及我们的航空理论。许多指挥官后来回忆起这种错乱的幻想、这种"胡说八道"都很痛苦，说什么很快就会打赢战争，不会流什么血，还会在敌人的土地上，不幸的是，我们的宣传整天都在对我们的头脑这么反复锤打。

梁赞飞行员学校指挥官亚历山大·别利亚科夫将军对战前飞行员中间弥漫的情绪写得相当好。"在为战争做准备的时候，飞行员和领航员都在仔细研究德国飞机的外形、战术上和技术上的数据。但与此同时，每个人也都真诚地相信一旦爆发战争，我们在空中的打击就会碾压敌军的地面部队，战争就会打到他们的土地上。[……] 战争刚开始的时候，并不是只有我一个人苦涩地想起尼·什帕诺夫的这本书。认识到错误的判断有多严重，真的让人很痛苦。"歼击机飞行员马克·加拉伊1941年夏参加了莫斯科保卫战，他也回忆起"这本（什帕诺夫的）文学作品和这部（济甘的）电影对我们这一代人造成了极其严重的损害，所造成的影响显然不会立刻消失。尽管冲突爆发最初的几个月，我们便明白了一切，但这又有什么用"。

在研究德苏冲突领域享有盛誉的历史学家萨姆索诺夫在他的著作《知识和回忆，历史学家和读者的对话》中引用了一个参加过卫国战争的名叫阿·埃·多罗奇科夫的人写的一封信，信中这样描述了他那一代人对今后爆发战争的看法。

1930年代，在小学里，老师会往我们脑袋里塞身穿军服的

"阶级兄弟"的形象，说这些人都是被资产阶级逼着来反对我们的。这些人不会与工农国家为敌。而我们都很蠢，对这些话都是照单全收。在我们的想象中，觉得这场战争会很容易打，"阶级兄弟"的军队都会站到我们这一边。我们都很相信德国、意大利、罗马尼亚、匈牙利、芬兰工人阶级的阶级意识。这种信仰同样也风靡红军。在一次训练中，"红"方的一个人逮捕了"蓝"方的一个士兵，把他带到指挥部接受审问。指挥官就问那人："好，你为什么把他当俘虏？如果战争爆发，敌军士兵会整营整营地从我们这边过来，我们的'舌头'不就多得不行了。"［……］今天，再读什帕诺夫就会觉得羞愧，但当时就是……那些人都是正派人，［……］都是想证明我们的潜在对手只不过是些迷途的羔羊，上了希特勒、墨索里尼、霍尔蒂*，还有其他人的当。1941年，在我们的西部边境线，我们经常会看到致"工人兄弟"的招贴："停止前进吧！这儿是一个工农国家。别向你的无产阶级兄弟开枪！"［……］战争开始的头几个星期，在靠近利沃夫的地方，我们第8机械化军的士兵问波佩尔政委："德国的工人阶级现在都有什么感想？他们已经爆发起义，反对希特勒了吗？"

1941年5月，45岁的尼古拉·什帕诺夫接到动员令，被调往《斯大林雄鹰》杂志编辑部。他第一次上前线，就目睹了混乱不堪的场景、残忍的屠杀，他迷惘困惑，极为沮丧。1941年夏，他的书被悄悄地从图书馆下了架。

---

* 霍尔蒂·米克洛什（1868—1957），1920—1944年为匈牙利摄政，掌握军政大权。第二次世界大战爆发后，由于对捷克斯洛伐克和罗马尼亚两国匈牙利人的居住地区拥有领土野心，遂与纳粹德国结盟。苏德战争爆发后，对苏宣战。

第五章
德国应对灾难的方法

> 认为希特勒犯了这么多错误，这场战争肯定会打输，这种错误的观点相当危险……认为我们要是遵循高层将军们的战略，情况就会好得多，这种想法也毫无益处。希特勒（德国国防军最高统帅部）和陆军（德国国防军陆军总司令部）参谋部都一样，只是程度不同而已，他们都对一个核心问题做出了误判：那就是苏联的力量很庞大，经济上如此，精神上更是如此。我自己有一段时间曾经是军队的高级指挥官，对于这种集体担负的责任，我也有份。
>
> ——陆军元帅弗里德里希·保卢斯，1951年7月21日[1]

即便德国的先头部队在好几个地方推进到了距莫斯科40公里处，巴巴罗萨行动还是失败了，不是惜败，而是惨败。苏联的战争预案在几个小时的时间里就分崩离析，被打得血流漂杵，表明了这些预案到底有多不切实际。两方一样，都是全然未曾料到会是这种情况。因此，对两方所犯的错误做出理论上的审视就很有必要了。苏联人所犯的错误我们会放到下一章来讲。

哈尔德赞成直捣莫斯科

这儿有必要回过来讲一讲哈尔德将军最初的观点，他的观点是通过金策尔（1940年7月）和马克斯（8月）的计划呈现出来的，他对洛斯贝格计划（9月）提出了批评，1940年12月5日，他向希特勒提出了自己的主张。哈尔德的关注点放在了军队和空间的关系上。苏联行动的战场之大，无论是德军，还是其普鲁士的先辈，从来就未曾涉足过。战斗刚开始的时候，战线从涅曼河的河口到多瑙河的河口，其直线距离就达1300公里，然后距离又扩展至1800公里，从列宁格勒一直到罗斯托夫。这样一个四边形的面积达到了法国本土的两倍。铺设过的、浇过沥青的公路网，其密度比法国的六边形本土稀疏十到十二倍，其间还有大河与溪流阻隔，河上很少架桥，但要比德国国防军在西部战场跨越的河流湍急得多。哈尔德很清楚自己兵力有限，总共140个师，分布于如此广袤的地区，就会冒被稀释的风险。此外，德军推进途中还会遇到横亘于前的普里皮亚季沼泽，有时也被叫作"罗基特诺沼泽"，或者叫作"波列兹沼泽"，它把中央集团军群和南方集团军群阻隔在了两侧。这片潮湿的地区面积是欧洲最大的沼泽，1941年时候的面积比如今更广阔，而且更凶险，从西至东绵延550公里，从南至北超过200公里。难以想象可以将现代化军队的重型装备投入到那儿。这样一来，事实上就会存在两个不同的作战区域，一个在沼泽的北边，一个在南边。最后，地理层面还有第三个因素，战线北部有一半的地方，也就是在距边境线大约400公里的地方被西德维纳河和第聂伯河的河道拦腰截断，第聂伯河在其上游处。对苏联人来讲，这条线可以是一个很好的阵地，可以同时用来掩护列宁格勒和莫斯科。哈尔德判断苏军因此会在第聂伯河与德维纳河之间的分野地带优先集中全部兵力，这个宽达80公里的出水口有奥尔沙、维捷布斯克、斯摩棱斯克这几座城市守卫，堪称通往莫斯科的名副其实的桥梁。南侧有一个很难跨越的障碍，那就是第聂伯河中游和下游的河道，切断了向乌克兰东部工业区推进的道路。基辅和黑海之间约长800公里的河流上只有七座桥可以通行。

所有这些地理层面的因素，再加上有限的兵力，迫使哈尔德选择了一条可以迅猛推进的大路，那就是直捣莫斯科的大路，而且只有这一条路。他毫不怀疑首都莫斯科是一个关键的目标。敌人的政治中枢、经济中枢和军事中枢都在这座城市里，还有兵工厂和研究中心。哈尔德和拿破仑的想法一致，他认为为了守住这条通往莫斯科的道路以及这座城市本身，苏联人会投入全部兵力，这样他就有可能用一到两场大规模的战斗来将苏军歼灭。随后，德军就能斜向向南进军，消灭苏联的残余部队，夺取富饶的乌克兰，而乌克兰就像一只熟透了的水果。莫斯科一旦屈服，哈尔德就会投入三分之二的兵力和四分之三的装甲部队向中路推进，在他看来，接下来就能在波罗的海诸国和乌克兰西部地区安营扎寨了。

在考虑希特勒的立场之前，我们先来讨论一下哈尔德的立场。战后，这位参谋长在一众令人仰慕的盎格鲁-撒克逊将军们面前说只有他的计划才有机会获得成功，而他的这个观点也得到了以前那些同事的支持。对这种乐观的观点，我们可以提出好几个很有道理的反对意见。第一个：就算把他所有的卡车都集中到中部，但对在直线距离达1000公里的道路上行军的100个师来说，德军后勤部门也无法仅靠四五条可以通行的道路来给这些部队提供军需。同样，就算铁路是一个选项——更何况战争开头的几个星期，铁路还不能算是选项——但中路的推进路线太逼仄，他也不可能做到在可供使用的三条铁路线上每天发100个班次的列车来回运行。德苏冲突随后的整个局势证明了如此规模的作战行动都得依靠与大后方相连的铁路交通干线的运输量。只有做好细致的准备工作，才能确保运输不致间断，战斗期间临时起意的权宜之策肯定不行。第二个论点：苏军在乌克兰还没有遭到任何损失，也能在那儿自由行动，那谁能保证他们在普里皮亚季沼泽的出口处不会突破德军中路推进部队的右翼呢？我们可以很容易地想象，即便这次反攻失败了，而这一点是很有可能发生的，那由此造成的时间上的损失就不可避免地会使德国国防军陷入10月初的泥沼之中，其对手也就会有好几个星期的时间得到休整。第三个论点，谁能阻止苏联人**倾尽所有**，将其强大的后备部队部署在莫斯科城的前方、城内、四周、城后，何况德军的企图很快就会昭然若揭，前线的其他防区又仍然按兵不动，那红军还会犹豫什么？最后一个论点，没有任何迹象能够使人认为莫斯科的陷落会导致苏联这个国家垮台。和希特勒一样，哈尔德也不敢下这个赌注。

希特勒的解决方案：加强侧翼

希特勒的观点和哈尔德相反：他对莫斯科根本不感兴趣，而是觉得两翼有更好的目标。所以，他一直都想减少调拨给中路的兵力，而是让部队向波罗的海和乌克兰推进。在问希特勒为什么会看轻莫斯科的价值之前，我们来看一下他是如何反对哈尔德的提议的。1940年7月31日进攻苏联的决定已把先"向基辅推进"，再向"莫斯科方向的毗邻国家推进"列入了其中。尽管10月30日保卢斯的备忘录已经佚失，但仍然可以假定他将军队的重心放在攻打莫斯科上的同时，将部队一分为二，同样把大量部队派往了乌克兰。12月5日，希特勒在面对哈尔德和布劳希奇的时候，正式同意了这份修改过的报告。考虑到陆军高层所持的保留意见，希特勒避开了难点：他把和陆军总司令部处于竞争关系的国防军最高统帅部当作他的私人参谋部，要求他们拟定巴巴罗萨指令。哈尔德12月5日的文本中有部分内容被做了重要改动："中央集团军群大部分快速部队向北推进，和北方集团军群协同作战，消灭波罗的海地区的敌军。只有确保完成这项紧急任务，才可以攻占列宁格勒和喀琅施塔得，发动攻势，夺取莫斯科的重要交通枢纽和兵工厂。只有俄军的抵抗大规模快速崩溃，我们才能同时瞄准两个目标。"因此，在巴巴罗萨的作战草案中，并没有给予莫斯科轴心以优先地位，而是突出了列宁格勒的重要性。

1941年1月9日，希特勒在伯格霍夫同凯特尔、约德尔、布劳希奇、空军和海军的参谋部高层开了会。希特勒再次重申了进攻苏联的理由，着重强调经济上的目的最重要。他反复强调，最重要的任务就是"把［俄国］同波罗的海空间切断"。丝毫没提莫斯科。2月3日，在柏林又开了一次会，这次哈尔德在场，希特勒在会上又补充说，如果俄国向纵深地区撤退，就优先夺取波罗的海和列宁格勒，"获得后勤基地，有利于继续作战"。如果对手固定在中部，那就从侧翼攻打。3月17日开了次总结会议，国防军陆军总司令部作战处长豪辛格上校也在场，哈尔德的笔记写道："在他眼里，莫斯科完全无关紧要！"3月30日，在总理府，面对各集团军群和集团军的指挥官，希特勒提到了封锁波罗的海的重要性，但一次都没提到莫斯科。[2]元首和陆军总参谋长不仅在作战观念上，而且在目标上的差异也相当惊人，而且这种差异后来也不会缩小。巴巴罗萨计划由此就埋下了一个重要的隐患。

但这个隐患真的就是行动失败的原因吗？换句话说，是否存在一种击垮苏军的"好的"计划？哈尔德的解决方案和希特勒的半斤八两，没法在同一顶帽子底下理顺三个主要目标——列宁格勒、莫斯科、顿巴斯，1941年夏，巴库油田又成了他们的第四个目标。其他提案，无论是格赖芬贝格的重心放在南部的计划，索登施特恩的重心放在北莫斯科和乌克兰北部的计划，还是洛斯贝格的重心放在列宁格勒的计划，均已无关紧要。但以当时可以调用的军队、所分配的那些目标以及当时的地形来看，要在规定的时限内击溃苏军根本不可能做到。

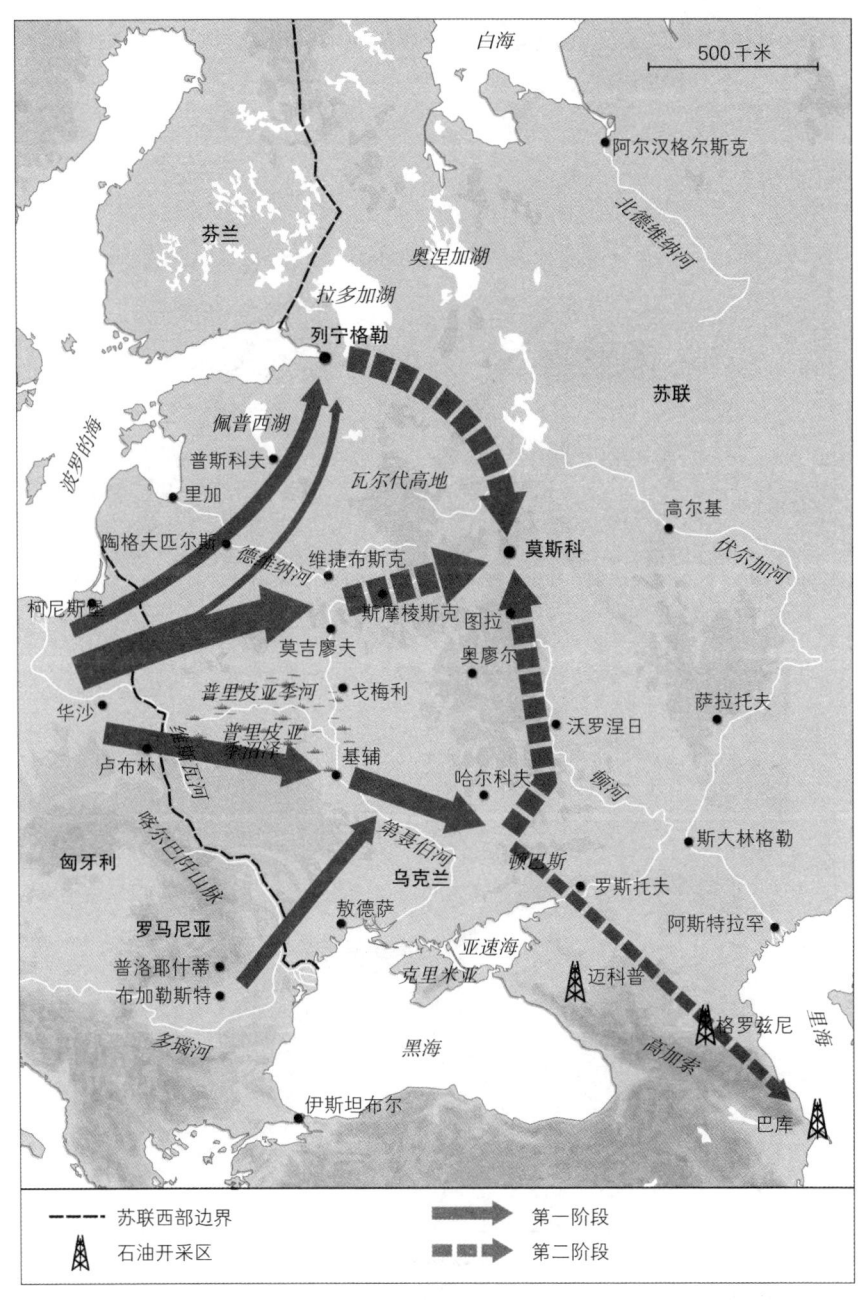

希特勒的观点

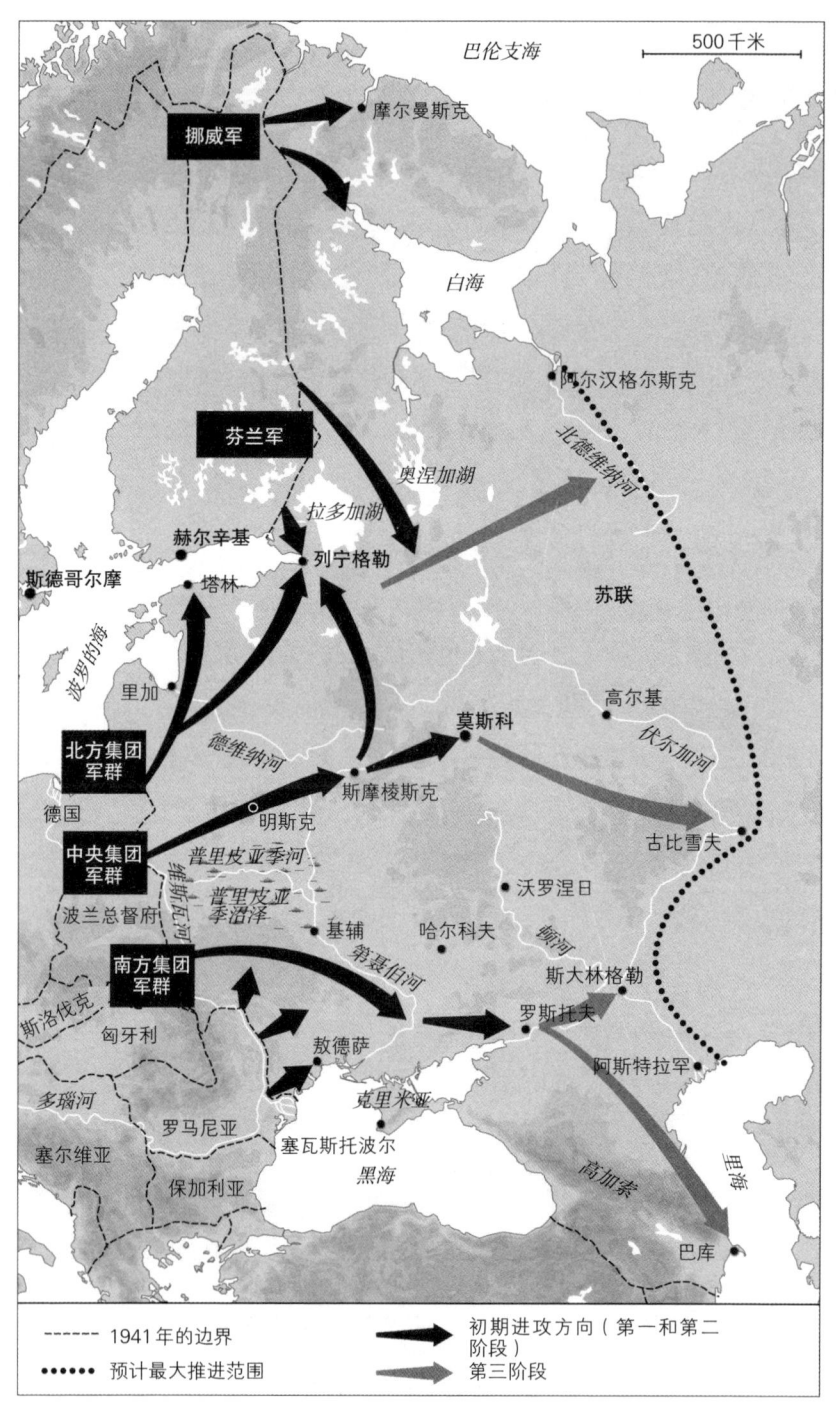

巴巴罗萨行动计划

那希特勒为什么会坚持一定要侧翼推进，而对莫斯科不闻不问呢？从夺取列宁格勒的角度来看，传统观点认为，他是想摧毁这个布尔什维克革命的摇篮。但在巴巴罗萨行动计划的制订过程中完全没见到这样的想法。相反，希特勒的注意力，还有国防军最高统帅部和海军的注意力，全都集中在离列宁格勒相当近的喀琅施塔得的海军基地上，可以在那儿把苏联海军的舰艇击沉。他和海军一样，很清楚这个战场有多重要。一旦夺取喀琅施塔得，波罗的海就成了德国的内湖，一条崭新的后勤通道就会敞开，海军和瑞典及芬兰的联系就不会有任何危险。此外，希特勒还发现，只要确保波罗的海这一翼的安全，瑞典就会受到刺激，参加战争，站在他这一边，至少可以使瑞典完全成为他的附庸国，而且也能加强对挪威漫长海岸线的防守，毕竟他最忌惮的还是英国会在那儿登陆。因此，他要将北方集团军群的作战行动和包含波罗的海及北大西洋在内的广大地域结合起来考虑。战后，大家都在这一点上对他进行指责；至少他在这方面进行了战略部署。我们必须补充的是，即便从作战行动的角度来看，他把波罗的海空间放在优先地位的提案也不完全是在犯傻。况且，古德里安后来也承认，这或许是唯一一种可能取得成功的方法！[3]在1941年2月3日的会议上，希特勒事实上拟订了有可能会成为巴巴罗萨行动替代方案的一个计划，那就是分两个时间段作战。第一个时间段就是主力推进至列宁格勒，芬兰军队进攻瓦尔代高地和伏尔加河上游、摩尔曼斯克。从海路补充军需的话，也可以部分绕开铁路和公路方面的问题，可以为1942年春向莫斯科发起进攻打好基础，而1942年春进攻苏联就是第二个阶段，可以切断英国船队前往阿尔汉格尔斯克的通路。可是，尽管希特勒有很棒的想法，但他并不知道该怎么取舍，放弃其中一个目标。而同时，他对乌克兰也念念不忘。

从19世纪末开始，乌克兰就一直是德国极右翼和右翼保守派心心念念想要征服的核心地区。就像印度次大陆是英国人的国民想象，

"边界"令美国人魂不守舍一样。他们在乌克兰看到了麦仓、能源、无尽的原材料：尼科波尔的锰，顿巴斯的煤，克里沃罗格的铁矿，第聂伯河的水力发电。占领了乌克兰，就等于打开了高加索和巴库的石油地区以及其他日耳曼人心目中黄金国的大门。纳粹党和党卫军老巢的殖民计划针对的就是乌克兰、其南方的克里米亚以及东方的德意志伏尔加共和国。乌克兰因其农业发达、矿产丰富，就成了希特勒生存空间的核心，成了非要打一场漫长的世界大战的中心议题。

有了波罗的海世界和乌克兰这个应许之地，在希特勒的眼里，莫斯科就"纯粹是一个地理上的实体"[4]了。我们怀疑的是，他是否真的面对哈尔德和陆军总司令部提出的那两个关键论点，即苏联首都具有政治上和经济上的重要性，丝毫不为所动。莫斯科经济上的价值只在于，从乌克兰和高加索地区运送过来的原材料可以在这儿进行加工。一方面，希特勒想要把这些原材料转运至德国，另一方面，他丝毫不愿让莫斯科的工人阶级来为帝国服务，对构成布尔什维克社会基础的莫斯科就更不感兴趣了。摧毁莫斯科，或至少把它打散，倒是和他长期殖民的计划更兼容：苏联的价值就在于它的原材料矿脉，它的土地和森林，而和首都的第二和第三种功能无关。从纳粹的角度来看，莫斯科丝毫没有价值。希特勒从未提及这座城市政治上的重要性。他不断提及的是苏维埃政体内在的脆弱性有其种族上的原因：这个国家已经被犹太人完全控制住了，它就是个牵线木偶，没有力量和创造性的一个实体。从军事上和肉体上消灭犹太-布尔什维克领导层绝对能加速其倒台，而不仅仅局限于攻占莫斯科这一点。当然，希特勒也没有很快向他的将军们提出他的灭绝和殖民计划。他是到1941年3月才提出这个想法的。同年5月，负责食品供应和农业事务的国务秘书赫伯特·巴克在他所制订的有组织实施饥荒的计划中，就把莫斯科及其周边地区列为头等处理的对象。

希特勒思想中地缘政治、经济、意识形态方面陈旧老套的观念隐约显露在了他向三个集团军群提交的不同目标之中。

哈尔德受的是日耳曼的传统教育，那就是集中力量主攻一个目标，优先摧毁敌军主力，所以这种划分成好几等分的计划让他心中不悦。但哈尔德并没有公开表露他和希特勒的分歧。当面顶撞元首不是他的做法。他和上司布劳希奇一样，1939年以来，他也受过这样的羞辱。他当时只能忍受希特勒对他进攻波兰的作战计划进行修改，第一次世界大战期间，威廉二世可从来不敢这么做，所以，1939—1940年的冬天，他都得一直忍受当时那种紧张的局势，[5]也同意了不向挪威派遣远征军，对1940年5月底的敦刻尔克战事，他也只能忍气吞声。因此，哈尔德并没有大声嚷嚷，说什么普鲁士的传统就是参谋部的作战行动都是独立操作的，这样做会导致他下台，他会耍花招，将自己的观点落实到行动当中去。在三个集团军群之间分配兵力本身只能是折中的结果，所以也就能看出希特勒为什么会接受总参谋长的提议，于是，哈尔德便相信以后也能将自己的观点落实下去。在1941年3月计划的140个师当中，有111个立即投入战斗，29个留待后备。在这111个师当中，73个会在普里皮亚季沼泽的北部，分给北方和中央两个集团军群，38个分配给南方集团军群。2月3日的通气会上，哈尔德提议将18个后备师立即放到中央集团军群后方，11个放到南方集团军群后方，希特勒支持了这种观点。

在哈尔德的想法中，这种部署方法还是突出了莫斯科这一路的优先性，虽然他也觉得北方集团军群所获的资源太多，但这是希特勒决定的。三个因素似乎可以确保莫斯科仍然是一个主要的目标。第一，普里皮亚季沼泽完全阻止了中路向南路的转移，至少在推进之初的500公里做不到这一点。第二，1941年1月，哈尔德就认为北方和中央集团军群（总共81个师，17个装甲师中，这儿就占了12个）仅需面对俄军55个师，再加上11个机械化师，而南方集团军群（总共49个师，其中5个为装甲师）却要面对红军的43个师和14个机械化师。

第五章　德国应对灾难的方法　269

从兵力配比的逻辑上来看，北方的突破将会比较容易，向莫斯科的推进也会极为快速。而南方却正好相反，我们将会知道，由于受到强力的阻击，德军很难突破敌军的防线，这样就会落后于中央集团军群，我们姑且认为这是哈尔德私下里的盘算。哈尔德认为战线中部"比较容易成功"，所以中央集团军群就能很快打到莫斯科，希特勒也没法干预。在他的内心深处，南方集团军群始终都是起到牵制苏军大部的作用的，1940年7月他和金策尔拟定的那份大胆的计划就是这么看的。相反，对希特勒而言，三分之二的兵力都会部署在普里皮亚季河的北岸，这样就能确保在适当的时刻，从中央集团军群（预估为52个师）抽调出机动部队，前去援助北方集团军群（29个师）夺取列宁格勒。然后，他才会把从莫斯科轴心借来的部队还回去。照瓦尔利蒙特的看法，[6]元首甚至已经有了想法，一旦越过普里皮亚季沼泽，他这次就会从中央集团军抽调其他部队投入到南方，协助夺取基辅或哈尔科夫。

我们发现，这份受到采纳的作战计划可以帮助哈尔德以及希特勒掩饰他们的想法，避开他们谁都不希望出现的公开冲突。该计划丝毫没有提到，一旦夺取了基辅，越过了普里皮亚季沼泽之后，南方集团军群该向什么方向进军。是像哈尔德所希望的那样向莫斯科进军，还是向希特勒所提议的那样向顿巴斯钢铁盆地和矿区进军？必须再三强调的是，这种目标上的模棱两可正是巴巴罗萨行动计划中的一个主要缺陷。

后勤保障考虑不周

其他一些缺陷也影响了巴巴罗萨行动，首先就是后勤保障。后勤保障在德军参谋部的军官当中并没有什么很高的地位。在他们的价值等级中，后勤远远落后于作战行动，甚至不及情报部门。当然并不是说后勤遭到了忽视，而是整体的倾向性导致不会把各种后勤保障的问题整合到战斗计划中去，以至于军需部门始终都得跟在后面亦步亦趋，弄些应急办法出来。不管怎么说，1940年在法国就已经是这种情况了，1941年的希腊也仍然是这种情况，他们寄希望的是一场快速的胜利，由此来避开后勤这根线不至于紧到绷断的程度。从这个角度来看，巴巴罗萨行动可以成为学校的一个教案，可以把行动分成两个部分，而这两个部分分别和爱德华·瓦格纳及鲁道夫·格尔克将军有关，他们是这场战役的两个关键人物，而正是出于这个原因，从1940年8月1日起，他们两人始终都隐在了暗处。军需官瓦格纳将军负责的是300万人的军需给养、60万台机械设备和62.5万匹战马。他要负责从工业界订购数百万件林林总总的军需品，建造庞大的军需库，储存足够的军需，而这只是他所负责的事务中的一部分而已。另外他还要考虑哪个机构每一天任何时候都能向前线运送9000立方米燃油，3万吨食品、药物、衣物、饲料，7000吨弹药，3000吨武器、工具、备用零件、油、轮胎。第二部分的实际事务就是陆军总司令部第5防区负责人格尔克的主要责任，那就是"军事交通运输"事务，这方面他需要和曾任国有铁路局局长的帝国交通部长尤利乌斯·多普米勒沟通。瓦格纳和格尔克指挥的是一支逾35万人的军中之军，负责从各个层面给向东部进军的部队每日提供5万吨必需品，以维持士兵的战斗能力。

　　俄国战场的后勤问题基本上不是补给的问题，而是运送的问题。苏联的地形和设施事实上问题很大。首先是距离：必须得在比1940年法占区一半面积还要大上四到五倍的广袤地区，维持上千公里之长的补给线。随后就是苏联的铁路网。尽管第二和第三个五年计划期间在这方面进行了投资，除了几条大干线和几个主要城市的周边地区之外，铁路的状况仍然很差。铁路网的平均密度是每1000平方公里有5公里的线路，而在德国是147公里；在设施较好的地区，1000平方公里也才有30公里。电气化几乎没有，双层电线线路只是单层线路的六分之一。整个铁路网与外部世界处于隔绝状态，铁轨的间距要比欧洲标准多出八九厘米。最后就是极寒，无论是引擎，还是火车机车，都需要有配套的物资。1938年至1939年冬季就可以见到德国交通运输网完全瘫痪，有了这样的经验，柏林的各部部长本来就应该好好思考思考。

公路网情况更糟，堪称噩梦。铺装公路仅有8.8万公里（德国是21.3万公里），90%的公路网都是小道和小径。在10月"无路可走的季节"，路变得更少，或者根本就走不了，之后就是3月到5月的解冻时期，在这期间，整个国家就陷入了一片泥泞的汪洋之中。其余时间，机械设备坏得很快，要么是由于夏季灰尘太大，要么是由于坑洼、塌陷、打滑、冲沟侵蚀所致。融雪时期，就连铺装道路和铁路线都会受到很大的损害，需要大量人力来维护。这种状况，德国国防军陆军总司令部都是清楚的，1940年7月，他们对苏联的地理状况进行过研究，驻莫斯科的武官恩斯特·科斯特林也向哈尔德提醒过无数次。第一次世界大战时期，数千名士兵也目睹过这种状况。德国的决策者和计划制订者本应从中吸取教训：后勤不要太过于依赖当地的公路和铁路网。可是，他们恰恰就是以机械化运输为优先选项，部分依赖苏联的公路和铁路网。

为了能理解这种悖论，就必须用将军们的作战理念和德国对运输物资的选择来厘清思路。从过去来看，由于地处中部，设施有限，德国和之前的普鲁士都会打"速战速决"的战争，这儿用的是威廉二世的原话。希特勒遵循的也是这种模式，在这上面添加了对对手进行突袭，将之孤立的战术。他手下的那些将军从机械化过程中重新发现了打运动战的方式，这样，就可以快速取得胜利，而且代价也会变小。这种观点和闪电战这个被人用滥了的词相关，希特勒只是又在其上添加了他对机械化的喜好。高速公路（这是魏玛共和国的首创）的建造，民族社会主义汽车军团的创立，家用轿车（大众车）项目的启动，都是在对经济、战略、宣传的目标做出回应。对这些极其昂贵的项目进行投资导致了德国铁路网每况愈下，1939年对铁路的投资锐减，致使财政入不敷出，基础设施老化。在1939年的德国，火车和货车要比1914年更少[7]，但如果把奥地利和吞并地区以及捷克斯洛伐克的"保护地区"一块儿计算在内，则领土面积还得多出四分之一还多。希特勒很清楚，铁路就是帝国的阿喀琉斯之踵。1940年10月14日，他甚至当着意大利外贸部长里恰尔蒂的面说，英国轰炸的时候竟然没优先选择德国的铁路网，让他很惊讶。

官方场合针对交通运输的讲话遇到了老派军人的敌意，比如贝克将军，他坚决反对军队结合后勤系统可以达到100%的机械化程度的幻想，因为帝国根本就没有这样的工业资源和石油资源。空军和装甲部队的年轻军官则相信，只要战斗规模适当，他们就能打好全军机械化这张牌。1935年起就开始负责德国国防军军需事务的瓦格纳将军和他的同事，也是从那时起开始负责军事运输事务的格尔克，逢人便会讲，不要选择火车好还是卡车好，而是要找到两者之间的平衡。1936年，格尔克向上司提交了一份备忘录，他说要重新建立全国性的铁路网，因为"尽管机械化的作用越来越大，但铁路仍然会在不远的将来保持其快速而且优异的大规模运输能力。它仍然是陆军战略机动能力的脊柱"。[8]1939年6月23日，国防委员会开会期间，他向与会的政界及军界高层人士宣称"交通运输领域还没做好打仗的准备"。[9]10月，军事交通委员德尔中校说，"'机械化'口号只不过是幻想！"，还说他很惊讶，绝没想到这个口号不仅在大众身上，而且也在领导层身上引起了回响。[10]

尽管出现了这些不和谐的声音，但巴巴罗萨行动的准备工作仍然以这些偏执乐观的假设为基础，最后，希特勒就让国防军最高统帅部和陆军总司令部将机械化后勤摆在优先地位。第一个假设是其他所有假设的条件，那就是战斗会很短暂：苏联会在5月到10月间被打

第五章 德国应对灾难的方法 273

败，也就是说那时正好是季节最好的四个月，这时候道路的状况大体不错。第二个断言是，关键的战斗会在第聂伯河—德维纳河一线以西打响。最糟的情况下，敌军会在斯摩棱斯克被击溃，很有可能之前就能做到这一点，此时距起始点也就在400到700公里之间。第三个假设认为，苏联的铁路网会被弄坏，头四个星期无法使用，这个假设是合理的。哈尔德在日记中对这个两难的问题做出了回答："速度。不要停！不要等铁路！什么都用汽车。"[11]他的判断是基于一个欠考虑的设定做出来的，即德国国防军机械化后勤部队的行动半径临界点可以推到400公里。这个数字是这样推断出来的，即超过400公里，卡车运输就不划算了：为了从后方兵站到前线之间完成来回800公里的运输，满足运输部队的自身需求，就需要消耗大量轮胎、汽油、润滑油、备用零件。1939年，瓦格纳估计的这个距离是100公里。1940年，西线战斗胜利之后，距离达到了300公里。这么做是忘了法国的道路状况要好得多，路途中都是明媚的阳光，没有敌军的干扰，弹药的消耗量很快就会逐渐下降，完成运输所需的燃油的量也会减少。马克斯将军在他1940年8月的研究报告中将行动半径临界点推到了400公里，并补充道："只要不是所有的交通纵队都被用来运输日常补给，那它们也就能在边境以东200公里处建立新的后勤基地。"之后，哈尔德和政治领导层就是从这样的设定出发的，但在俄国的条件下，那简直就是痴人说梦。巴巴罗萨计划的最终版甚至还更进了一步，认为卡车加完油有可能可以开到斯摩棱斯克，那实在是一个完美的地点，攻打莫斯科的最后一场战斗就在那儿，可此时距始发点已足足有700公里之遥！

军需总监瓦格纳的声音给这种热情浇了一盆冷水。他手上拿着数字，向哈尔德解释，要通过德维纳河—第聂伯河一线，如果只依靠机动车，部队的战斗能力就会飞快削弱，甚至会影响到战斗的结局。因此，他特别要求在前方建立一个后勤基地，依靠铁路交通，只有这样才能进行长距离大规模的运输。保卢斯将这个要求纳入了他制订的计划的第一稿之中，要求在德维纳河—第聂伯河一线暂停作战三个星期，这个时间可以让铁路的起点站也一起向前移动。他的提案后来成了一纸空文，被整体的乐观气氛所埋葬。1941年2月3日会议期间，哈尔德对希特勒说，战斗期间的后勤保障完全就是机动车的事情，"这时候正好可以让俄国的铁路网和德国的轨距接轨"。而所有人都很清楚，他们以后根本就不需要铁路了。

不过，瓦格纳将军仍是一个有见识的人，他知道一条复线铁路所能运载的量，相当于1600辆重型卡车的货运量，德国有煤可以让火车运行，而供机动车使用的汽油不够，而俄国的公路所需的维护物资和人力资源要比铁路费钱得多。如果他们必须推进到伏尔加河流域，即便敌军已经被击溃，又怎么能放弃使用铁路呢？既然必须依靠铁路网，那就冒出了两个问题：是必须将德波铁路延长到苏联的领土上，这样就需要使主要的线路符合欧洲的轨距？还是至少在部分地区，可以使用从苏联手上夺取的铁路网及其物资呢？冯·洛斯贝格的研究倾向于第二个解决方案，这样一来，也就不需要拆卸数千公里长的铁轨了。最终采纳的就是这个解决方案。但这就又引入了一个对后勤部署有利的假设：他们相信苏联人没有时间来彻底摧毁铁路网，也没法撤离全部铁路车辆；如此，就能相对轻松地使某些线路继续运转起来。至于余下的部分，哈尔德在瓦格纳的请求下，同意加强负责在主轴线上修正轨距、修理铁路网的铁道部队的力量，但也仅此而已。新设立了两个铁道工程团，使总数达到了七个，配备了六辆装甲列车，国有铁路局将特殊物资交由他们管理。战局的发展很快就将表明这些措施都相当合理，而苏联铁路网可以很快得到使用则大错特错。

由于目前铁路问题已成为次要问题，甚至成了多余的问题，瓦格纳就必须组建一个机械化的后勤部队。1940年夏，在完全保密的情况下，他在枫丹白露想出了一个相当聪明的方案。在东普鲁士和以前的波兰地区，创建了庞大的后方补给基地，储备了数以万吨的各种物资。三个集团军群各有一个专门的后勤参谋部，直接归瓦格纳指挥，而且都会与该基地的某个防区，即"补给区"保持联系，补给区内有数千辆重载卡车（三个运输团和民族社会主义汽车军团的一个旅），总共可运输2万吨物资。发动进攻的时候，每支装甲部队还会从运输车队中抽调"行李箱"，也就是数百辆装满汽油、弹药和备用零件的载重卡车。这些卡车在行驶150到200公里后，就会将货物卸到提前设立的"补给支援点"。每个师的后勤部队就会过来领取各师所需的物资。而"行李箱"则会返回"补给区"装货。由于战线始终都在移动，所以就需设立一连串的"补给支援点"。瓦格纳估计该套体系最多只能运转到距边境400公里的地方，这时候，一方面调拨了特殊道路*供他使用，另一方面随时都有人守卫和巡逻。瓦格纳的体系在纸面上具有很强的说服力，其中最重要的是轮胎、汽油、卡车以及在德国很难找到的物资。由于德国的工业已经证实没有能力交付全部的改装汽车，交通纵队将会集结2000种各种类型的卡车，其中2万辆是从法国俘获或交付的，其他车辆则是从托特†组织和民族社会主义汽车军团调用来的[12]，但这样一来，各种零件就没法得到有效的管理。从第一个月起，为了使雷诺、贝蒂埃和另一家公司拉蒂尔‡协调一致，就必须在8月把第二家和第三家公司也侵吞过来。这位军需总监头脑很清醒，他不停地呼吁必须动用一切力量建造铁路网，让三个集团军群的"补给区"一点一点地向苏联境内移动。但他从来就没有深入研究过苏联铁路网是否确实可用这个问题，也没有研究过一旦苏联铁路网全线被摧毁，国有铁路局是否有能力来取而代之。

---

* 特殊道路（Rollbahn），即第二次世界大战时期德国的军用高速公路。

† 弗里茨·托特（1891—1942），德国工程师，托特组织的首领，负责德军军械、弹药及工程工作，如齐格菲防线、大西洋壁垒都是他的杰作。1942年，因乘坐的轰炸机发生爆炸而身亡。

‡ 雷诺、贝蒂埃和拉蒂尔都是法国的汽车制造公司。

二元化的军队

无论从数目，还是结构上来看，准备进攻苏联的军队完全不适应接手这样的任务。它有138个师，另有驻扎在芬兰和挪威极北地区的5个师，6月底，还有从巴尔干地区调遣过来的10个师。如果说师是第二次世界大战历史上传统的计量单位，那我们也别忘了数千支从属于军和集团军的规模更小的部队，如运输旅和防空炮连之类。153个师比1940年5月攻打法国和荷比卢三国时投入的142个师的兵力多出11个师。数字很清楚地表现出德国的乐观心态，却对对手以及将要掌控的空间严重低估。希特勒留了56个师，其中有3个装甲师和2个机械化师，分别驻扎在挪威（8个）、西线（38个）、巴尔干地区（7个）、非洲（2个）、德国本土（1个）。布劳希奇和哈尔德都对他说留得太多了。希特勒提出了反驳，说必须对英国严防死守，余下的那些部队足以打败群龙无首的苏军。在要占领的空间和部队的数目之间产生的比例问题相当明显：德国国防军投入巴巴罗萨行动的人数不够。规模不够导致的后果本身就能看得出来：德军无法像攻占法国那样攻占苏联。从一开始起，德军所倚靠的后方，就没能掌控住。他们驻扎在城市里和交通线的沿线，也就是说在十分之九的空间里所谓的掌控都很短暂，处处都是在血腥镇压。更糟的是，他们还将后方的安全保卫工作交由警察、党卫军和别动队来负责，而后者甚至只需得到军方授权，就能执行屠杀任务。

再来看这支军队的组织结构，又有其他问题冒了出来。第一个后备军的问题。马克斯的计划预估陆军总司令部需有53个师，哈尔德认为像法国战役那次的20个左右就够了。最后只留了14个师，大多都划入了第2集团军，1941年7月4日起才得以调用，由于到处都在叫喊缺少兵员，所以他们很快就被投入了战斗。缺少后备军带来了两个后果。一是迫使哈尔德和集团军群的长官不得不一直将兵力投往第一线，人员和机械都已疲惫不堪；二是只能从一个防区调拨兵员前往另一个防区，以期赢得胜利或遏止危机。在8、9、10这三个月，我们可以发现装甲部队变更了五次中轴线，向旁边300多公里外的战略公路转移。如果我们下到军一级和师一级，就会发现这种布朗运动可以说不计其数。

第二个组织结构上的问题是军队太混杂。和法国战役一样，德军存在两个地面部队。一个是机械化部队，配备了精良的通信设备，火力强大，共有17个装甲师、9个机械化师和武装党卫军的3个机械化师。必须注意的是机械化步兵师和装甲师的区别在于前者没有坦克，装载步兵装备的卡车更多（6个营对比4个营）。相对于这29支现代化快速机动部队，另一支部队就是靠徒步和马匹，共有91个步兵师、4个山地师、1个骑兵师、9个保安师。打法国的时候投入了2582辆坦克，其中57%为一号和二号坦克，都已过时，打苏联的时候投入了3266辆坦克，其中38%都已过时。为执行巴巴罗萨计划在装备上的投入可以说相当少：多增加的7个装甲师各自配备的坦克比法国战役时少一半，总共也就684辆坦克。但就理论上的配备而言，部队最缺的是四号中型坦克和供装甲步兵（装甲掷弹兵）使用的半履带车。机械化步兵部队没有坦克；各营配备1260辆卡车和150辆半履带车，便于他们从装甲师的侧翼或后面进行战斗。相反，步兵师每师共有16900名士兵，和1914年一样都是徒步，配备500辆卡车和1200匹战马以运送补给。因此，机械化部队的速度飞快，每小时达40公里，而徒步行走的步兵背负20公斤的装备每小时只能走4公里。这场战斗行动方面的最大问题根源就出在速度的不一致上。最后，针对各类型部队的结构有个颇有价值的观察，照美国人的说法，他们"牙齿"（战斗手段）和"尾巴"（后勤部门）之比为9比1。德国的师被认为只有一个职能，那就是战斗。他们为完成其他任务所需的手段极其缺乏，而那些对进攻苏联都很重要，如：交通，补给，经济组织，保安，情报，政治。

德国国防军的现代部分，除了陆军的装甲师之外，还要算上戈林任总司令的空军，那是政权的宠儿。尽管空军取得的成就令人瞩目，但作为入侵的军队，它仍然有一个缺点。在法国的时候，戈林可以投入4000架战机，其中1220架为歼击机，1559架为轰炸机。1941年6月22日，面对苏联，他只投入了2815架，其中800架歼击机，1117架轰炸机，几乎少了三分之一。其他战机都投入到了英国、德国和非洲的上空。因此，空军要用更少的飞机来掌控大出四倍的土地：攻击敌军机场，支援地面，攻击交通线路，和对方战机进行战斗，轰炸工业设施。空军能快速集结，所以在战斗刚开始的时候，敌军的缺陷和难以置信的无能掩盖了这个简单的事实：与法军相比，苏军的战略移动不会受限，作战时的移动更没问题，后方更不用说了，他们能在纵深处为前线劳作，根本就不用担心受到轰炸，因为德国没有建设战略空军机群。

和其他军队相比，这些限制和缺陷并不能阻止德军在1941年6月成为"有史以来最优秀的战争机器"，[13]这是马特尔将军的话，他是当时英国军事代表团驻莫斯科的团长。

拙劣、扭曲的情报

陆军和空军规模太小，武器和燃油储备太少，后勤保障和服务跟不上：德国国防军的领导层针对对手究竟获取了什么样的情报，竟使他们犯下这么多的错误，做出如此不精确的判断？1941年1月5日之前，陆军总司令部四等高级军需总监库尔特·冯·蒂佩尔斯基希将军负责为陆军收集情报，后由格哈德·马茨基上校接任。他直接领导使馆的武官网络和东线外国军团，东线情报部门则由进攻苏军的主要操作者埃伯哈德·金策尔上校负责。东线外国军团主要负责将军队各级参谋部专司负责的军官收集的情报汇总起来，德军依据传统把它叫作"伊克"（Ic），相当于法国的二处*。蒂佩尔斯基希和马茨基同空军及海军的类似部门都有联系，也和两个战略情报搜集部门阿勃韦尔及党卫军保安局保持着联系，阿勃韦尔是卡纳里斯海军上将领导的（间谍）一处，归最高统帅部管辖，而保安局则听命于海德里希。这样一来就有了好多机构，其实我们已经将这个组织机构简化过了，而每个机构所能利用的手段都不相同。东线外国军团的资源最少。希特勒决定进攻苏联的那一天，1940年7月31日，该局有四名军官负责处理"二组"（苏联、斯堪的纳维亚、远东地区）的情报！而该组的组长一职竟然……空缺了九个月。那这个关键部门后来是否运转起来了呢？没有任何迹象表明如此，而该局局长金策尔上校的性格对此也有责任。金策尔性喜花天酒地，追蜂逐蝶，聪明，但全凭兴趣，为人太乐观，他在做分析的时候对于核实过的事实和掺杂民族社会主义意识形态偏见的情报混为一谈，不加区分。他的行为有时堪称轻率。他甚至都懒得去问一下《拉巴洛条约》期间和苏军共过事的数百名德军军官。1941年1月28日，他要求空军3月1日那天停止飞往苏联领空进行侦测，给出的理由是进攻日之前没法完成分析，也没法将数据整合进地图中。

　　两个大型情报机构阿勃韦尔和保安局做的都是传统的工作。它们负责同邻近目标国的中立国家如瑞典、土耳其、保加利亚、伊朗、阿富汗保持联系，从盟国日本、芬兰、匈牙利、罗马尼亚那儿获取情报，在1939年和1940年间被斯大林吞并的领土上招募特工，如波罗的海诸国、白俄罗斯、乌克兰西部、比萨拉比亚。不久前，它们让几名特工回波兰的情报部门工作，还和俄国的移民组织及乌克兰民族主义流亡者密谋。目前为止，波兰人和日本人对苏军的情报搜集工作做

---

* 指法国1945年至1982年间设立的对外情报和反间谍局。

得最好，德国人却不懂得从中获取信息为己所用。它们对这些人很不信任，甚至于1939年之前，贝克的情报部门很少同那些人合作。日本的情报机构尽管在1937年3月11日和德国签订了卡纳里斯—大岛协定，但可以发现它们的用意其实颇为险恶，这完全可以将它们的态度，以及它们和华沙保持良好的情报合作关系，在那儿着手部署颠覆网络、从事颠覆活动两相对照。保安局在苏联国家安全人民委员部驻柏林分局内部招募了一名双重间谍，这个人是拉脱维亚的记者，名叫奥列斯茨·勃林格斯，为了这件事，它一直沾沾自喜，但后来怀疑这人是三重间谍，才把他逮捕了事。总之，阿勃韦尔和保安局的成绩相当糟糕。这两个核心情报部门甚至都没法在莫斯科落足，更别说往苏联各地深入了。"一个穿斗篷的阿拉伯人可以在柏林四处走动不被发现，可一个外国特工在俄国就不行。"[14]驻莫斯科的武官恩斯特·科斯特林向阿勃韦尔的局长卡纳里斯海军上将抱怨很难在敌国搞渗透。这也没什么可吃惊的：在警察、间谍和反间谍方面，苏联在全球各地都有眼线。恐谍和排外的氛围弥漫全国，这样就很难招募线人。由此，可以轻松得出结论：德国的传统间谍机构在德苏冲突中并没有起到很大的作用。它唯一的成功之处就是6月22日之前一直把斯大林蒙在了鼓里，不过这既不是它们策划的，也不是什么了不起的事。

最后，哈尔德和布劳希奇只能依靠东线外国军团和空军的手段。对他们而言，幸运的是，空军在长距离照相侦测领域有一个很重要的先进技术。空军和阿勃韦尔的情报部门内部有一个以负责人的名字特奥多尔·罗韦尔来命名的特殊单位，该部门可以运作最多40台配备了三个蔡司镜头的高分辨率设备。在里面装入20毫米的胶卷盒，这些设备只要运作一次，就能将宽2公里、长600公里的条形地带拍摄下来。亨克尔He 111轰炸机、道尼尔Do 17和Do 215轰炸机、容克斯Ju 86轰炸机安装了增压舱、双涡轮压气机引擎，依据型号不同，这些飞机就能飞到6000至14000米的高空，行动半径就能达到1000至2000公里（需配备备用油箱）。从芬兰、普鲁士、波兰、匈牙利、保加利亚的一系列机场起飞，就能飞往苏联领空。1937年和1941年6月，它们执行了500多次照相任务，1940年12月至1941年5月执行的次数即占80%。1940年10月，希特勒让罗韦尔本人前来做简报。在奥拉宁堡的威廉饭店里，根据摄取的数百公里长的胶卷绘制了精确的地图，列出了机场、铁路网、公路网、港口、重要工程、军事设施、大型工矿联合企业，巴库也被囊括在内。

德国国防军另一个重要的情报来源是电磁监听设备，主要是由于苏联接线员的粗心大意所致。但这样也只能监听和边境平行的100至200公里的长条形地带，而大量监听设备性能都很弱，前线1000公里有10000个苏联发射台，监听设备只有250个。不过，德国国防军中能力相当出众的埃里希·费尔吉贝尔将军估计这些监听设备能为巴巴罗萨行动准备期提供80%的情报。[15]6月22日，三军已经对敌军的师部和参谋部、通信节点（重要节点）以及四分之三装甲部队的驻地了若指掌。

相反，德国大使馆情报部门在莫斯科收集的情报就很弱了。官方经济年鉴并不可靠。1936年秋天之后，科斯特林将军没被邀请参加苏军的操演。为了了解更多情况，他就采取了一些不值一提的手段。他让人改装了一辆特制的窃听用的豪华轿车"霍尔施"[*]，配备两个油箱，还设有小床，就在获得授权的区域开来开去，而内务人民委员部的特工在车子后面如影随形地跟着。他这样行驶并没有搜集到什么重要的情报，只是对公路网的糟糕状况有了正确的看法。他费了九牛二虎之力秘密拍摄到了5月1日军事物资在红场上鱼贯行进的场面，也让希特勒看了。但和德国整个情报系统一样，他对T-34坦克、带装甲的对

---

[*] Horch，德语意为"听"。

地攻击机暴风雪*、喷气式飞机的存在一无所知，甚至对规模庞大的机械化军的存在也毫不知晓。他对苏军的征兵体制、动员体制及编制也知道得很少。总之，德国国防军只是对从苏联边境到后方200到300公里的地区的情况掌握了可靠的最新情报。在这个战术层级之外，除了航拍固定设施，其他就是个黑洞了。

斯大林政府掌握了外交官的调动、人民的行为、资料的出版。在"这个漫天谎言的国度"[16]里，究竟该如何在真实和报刊上刊登的宣传之间做出取舍呢？尤其是武器装备的生产都是秘密，很不透明，乃至对苏联人本身也起到了相反的作用。如果了解到坦克厂和飞机厂的真实产量，他们还会如此随意地想象这场战斗吗？如果他们目击了T-34坦克在暴风雪对地攻击机的掩护下发起进攻，他们又会怎么想呢？斯大林很清楚这一点，但稍微晚了一点。1941年3月，他邀请德国航空工业代表团前来。代表团的领队是君特·切尔西希将军，团内有七名大工厂的代表和三名德国空军的将军级军官，其中就有恩斯特·乌德特†。1941年4月7日，他们先从莫斯科排名第一的飞机厂开始参观，之后又参观了附近的两三家工厂，以及雷宾斯克和莫洛托夫（彼尔姆，在乌拉尔山区内）的大型设施。斯大林还在日程表上精心添加了几个地方，那就是铝金属联合企业、滚珠轴承厂和莫斯科空气流体动力学研究院。德国专家都对此留下了深刻印象："工厂都很现代化，而且规模巨大"，"制造方法和工作节奏完全可以媲美德国工厂"。[17]阿纳斯塔斯·米高扬‡的弟弟，飞机设计师阿尔乔姆·米高扬毫不犹豫地说："我们展示自己现有的东西和能制造出来的东西，就是为了让所有那些想要进攻我们的人放弃这个念头。"[18]舒伦堡在发

---

* 即伊留申IL-2（简称伊尔-2），苏联对地攻击机。

† 恩斯特·乌德特（1896—1941），纳粹德国空军大将，为战绩排名第二的王牌飞行员。1941年因精神崩溃自杀。

‡ 阿纳斯塔斯·伊万诺维奇·米高扬（1895—1978），时为苏共政治局委员和对外贸易人民委员。他弟弟阿尔乔姆·米高扬（1905—1970）是苏联的飞机设计师。两人是苏联的亚美尼亚裔。

给柏林的一封电报里引用了这句话,并补充说这话极有可能来自"上面"。[19] 读了代表团的报告后,希特勒取消了原定派遣陆军代表团的计划:他担心这些将军会感到害怕,这样一来,**他的**战斗就会泡汤。就在这份报告中,德国空军工程师欧根·居特勒有所怀疑,提出了一个错误的假设。他写道:一旦爆发战争,苏联人每个月生产的装备不会超过800台。他的这个错误估计到1941年翻了一番,到1943年翻了三倍。

德国国防军陆军总司令部和最高统帅部的部门,尤其是经济部门,也开始不再将自己的数据建立在那些大量堆砌起来的毫不牢靠的情报之上,这些情报掐头去尾,就算没有纯粹的种族主义陈词滥调夹杂其间,也要么不实,要么过时,都是些推测和主观臆断。而这只会导致整个系统对苏军的作战能力认识不足。1940年7月21日,布劳希奇在希特勒面前说,"俄国优秀的师"有50到75个。8月,马克斯拿到了东线外国军团给出的数字:151个步兵师,32个骑兵师,38个机械化旅,其中分别有96、23、28支部队都集中于苏联的西部边境地带,1941年2月3日,哈尔德在希特勒面前又重复了这个数字。但1941年4月4日,东线外国军团突然重新评估了西部边境地带的部署情况,发现有171个步兵师,36个骑兵师,40个机械化旅。多出了三分之二!哈尔德是这么评论这个修正过的数字的:"日本人和芬兰人一直都是这么说的。"[20] 进攻前一天,金策尔又增加了8个步兵师,相当于12个机械化旅和7到8个空降旅。1941年8月11日,战斗进行了7个星期后,该机构又说苏军有360个师……

其他情报也是同一种情况。每月的坦克产量预估为250辆,战斗机产量为400到500架。[21] 对和平时期而言,这些数字还算正确。而动员之后的潜在产能却没有被估算进去——既然战斗只会持续三个月,这么做有什么意思?——要么就是持普遍的观点,认为计划经济的工业缺点多,先入为主地就看低了对方。最高统帅部经济部门的一篇长篇报告就得出了这样的结论:"尽管产量大幅增加,国内需求急遽减少,苏联的工业仍然无法充分满足该国的需求。所以,他们更不可能满足战时的需求。"[22] 科斯特林认为乌拉尔地区的重工业基地相当重要,但没有说服上级。最后,无论是阿勃韦尔、保安局,还是东线外国军官,都没有向政治军事领导层指出他们的错误,或让他们睁开眼多看看。显然这是因为这些部门的工作人员本身也都认为未来的对手有内在的缺陷。而且显然也是因为希特勒、布劳希奇、哈尔德、凯特尔、约德尔认为,既然苏军的人力资源都不怎么样,那他们的真实物质力量就更不值一提了。不过,他们中的每一个人,包括希特勒本人,也都会不时地对别人给他们看的对手的形象产生怀疑。但除了打开大门面对未知的时候所产生的那种隐隐的焦虑感之外,并没有产生任何结果。

德国的情报工作是否算彻底失败了呢?从战术层面上来看,不能算失败,从战略层面上来看,应该算失败。但后者放在同盟国以及其他国家身上也都适用。1939年至1941年间,英美两国政府及其军事机构的分析作为基础的那些数字和希特勒所用的一样都是错的,论点也相似(经济虚弱,干部无能,缺乏组织),他们的结论是,德国一旦发起进攻,"俄国肯定会被打败"。这就是进攻发起之前二十四小时丘吉尔的观点。[23] 之前两天,美国军队负责情报工作的副参谋长C.-H.梅森上校,向乔治·马歇尔参谋长提交了一份备忘录,他预言"德国会很快击败苏联,推翻斯大林政权,夺取西部各省",甚至会占领整个国家,一直到贝加尔湖。他的结论是:"如果德国在7月1日前发起进攻,这项军事行动还算合理,[……]冬天前就能完全胜利的机会还不少。"[24] 红军和苏联的真实力量对全世界来说都是个谜。

相信胜利和低估对手

对今后对手的了解缺漏这么多,德国的领导人本应对他们的专业人士表现出严谨审慎的态度才对。对卡尔十二世*和拿破仑的不幸遭遇，这些了解战争史的人本应有所反思，巴巴罗萨行动计划的最初制订者马克斯的父亲就是个颇有声望的历史学家。此外，1941年6月22日前后，许多人也都读过科兰古的回忆录。刚入校的军校生也都熟悉军事学校广为流传的这些话："俄国没有中心"，"有好几条路可以进俄国，但没一条路出得来"。所有人都读过或听人讲起过腓特烈二世的遗言，腓特烈二世之所以没被俄国人打败，不是因为他战功赫赫，而是沙皇的决策所致："气候如此蛮荒，还必须部署军队夺取极难攻克的堡垒，让军队做好战斗的准备，实在是无尽的磨难！我们就算打赢了又怎么样，除了只能把这些蛮子打退到他们的兽穴里去，可以说毫无所得。"[25] 曾和俄国人并肩作战的大思想家克劳塞维茨†有一段很有名的文字，难道没让他们好好思考过？克劳塞维茨是这样说的："从1812年的战斗开始，俄国首先就让我们了解到，我们根本没有办法攻占这样一个体量的帝国，其次，无论在什么情况下，成功的可能性并不取决于战斗的规模、城池和省份是否沦陷，而恰恰在于在那片土地上，它才是最强者，一旦对手再也无力发起攻势，防守者就会愤然暴起，从防守转向进攻。"[26]

政界和军界并没有表现出专业人士必备的那种基本的审慎态度，而是相信这次战争将会克服万难，赢得胜利。这是一个相当普遍的事实，可以说那就是一种自我陶醉的现象。事实上，我们都不了解卡珊德拉‡，只有德国驻莫斯科使馆代办格布哈特·冯·瓦尔特，他写过一

---

* 卡尔十二世（1682—1718），瑞典国王。大北方战争时期，连败丹麦、俄国、波兰，进入萨克森与波兰境内，迫使波兰国王奥古斯特二世退位，后继续深入俄国，在1709年遇到严寒，军队溃败。后与俄国议和，大北方战争暂时结束。

† 卡尔·冯·克劳塞维茨（1780—1831），普鲁士将军，军事理论家，《战争论》是其代表作。1812年5月，克劳塞维茨加入俄国军队，抵抗拿破仑的进攻，参加过奥斯特洛夫斯诺、斯摩棱斯克、博罗金诺等战役。1814年返回普鲁士军队。

‡ 卡珊德拉是古希腊罗马神话中的特洛伊公主，阿波罗的祭司。具有预言能力，却无法使人相信。

篇颇具洞察力的分析报告,判断斯大林政权相当稳固,认为在保卫战中,该政权会得到民众支持。[27]我们来读一读1940年10月10日他寄给哈尔德身边的外交事务代表也是其朋友的冯·埃茨多夫的一份笔记,我们能做个对比,不仅可以看出纳粹知识界思想的贫乏,也能发现高级指挥层思想的贫乏。德国领导层认为苏联就是个动物园,里面都是被犹太人管着的下等人,所以他们就不会从政治领域来思考这个问题。俄国古老的民族情感会怎么样?真的可以认为这种情感已经消失?是否存在一种苏维埃的爱国主义?如果是,那么哪些阶层有这种爱国主义?斯大林政权是否会在某些领域获得成功?他是否会利用这样的成功来使得部分民众对他忠诚不移?所有这些问题最终都会被德国国防军的某些军官提出,但都是进攻之后的事了,而且也是在局势不如他们所料的时候才这么想。在此期间,军队的专家还在依据战争部心理研究所1935年的研究结论,即由于存在200个敌对的民族和持久的宗教情感,许多干部以前并不是共产主义者,党内犹太人代表比例过多但绝对人数过少这一极端的缺陷,所以苏维埃政权极其脆弱。[28]

定调的是希特勒,一直到1941年底,他对俄国的判断始终恒定:一个脆弱的国家,低劣的人民,犹太人占主导地位的阶层,和波将金村(1797年德国外交官编造的又一个故事)类似的军队。在1924年的《我的奋斗》中,希特勒断言"东方这个广袤的帝国已摇摇欲坠"。十七年之后,1941年1月9日,他在伯格霍夫把苏联红军说成是"没脑袋的泥塑巨人",其高级指挥层"没有自主的意识",毫无"见识"。[29]和苏联的战争?"只不过是沙盘推演而已!"(1940年6月28日)或者:"如果知道怎么抓住这个俄国巨人,那他很快就会碎裂,比任何人想的都要快。"(1940年8月10日)"俄国人就是个笑话。"[30](1940年12月3日)"俄国人都是劣等人,军队都群龙无首。挨第一下打,崩溃就会接踵而至,挡也挡不住。"(1940年12月5日)这种信心也感染了他身边的人,尤其是戈培尔,1941年1月16日,他在日记里写道："从物质和人员的价值来看，俄国人和我们没法比。好几个地方都会被突破。他们会遭到碾压。元首估计行动也就持续四个月时间，我觉得少了点。布尔什维克会向纸牌屋一样倒塌。我们即将赢得无与伦比的胜利。"[31] 战役刚打响的时候，就连舆论都很乐观，只是因为对俄国的形象有些惧怕，乐观心态稍微有些减弱。保安局在1941年6月23日的一份报告中说："民众觉得这场战争会很艰难，规模太大，但大家都很平静，很有信心。胆小的人说要攻占这么广袤的空间太难了。但归根到底，大家都对德国士兵战无不胜抱有很大的信心。"[32]

纳粹高层之所以乐观，首先是出于意识形态和种族主义的原因。罗森贝格身边的东方问题专家格奥尔格·莱布兰特也是一个出生于俄国的德国人，他用很简单的一句话概括了俄国人的"退化"："犹太独裁者手中消极被动的工具。"[33] 纳粹高层这幅黑色的肖像画里有反犹主义、反斯拉夫主义、反布尔什维主义的陈词滥调，也和19世纪充满偏见的传承有关，这点并不让人吃惊。德国民众坚信士兵英勇善战，元首"雄才过人"，这在一个极权主义的政体内都能见得到。但在名校受过教育的专业军事将领为何如此，还需要更多的理由来阐释。所有人都和希特勒一样，对行动抱有乐观心态，即便对这场战争战略上的合理性有所质疑，但乐观心态仍然不变。法国一役，直到最后一刻，高级指挥层都在对快速赢得胜利，甚至短时期胜利持怀疑态度，可见两者相差太大！1940年5月还比较审慎的约德尔却在1941年1月18日欢欣鼓舞地喊道："俄国巨人即将成为一只猪尿脬：只要往里戳一下，就会爆裂开来。"1941年6月11日，他在第32号令上平静地签下了自己的名字，第32号令是他最好的合作者瓦尔利蒙特草拟的，题为"消灭苏联之后乘胜追击掌握全世界"，[34] 指令中提到，"1941年秋末至1941/1942年冬"要进攻埃及、巴勒斯坦、土耳其、伊朗、伊拉克。海军参谋部判断"俄国的'乌合之众'并不是一支拥有现代化装备的军队，指挥层也不行"。[35] 尽管驻莫斯科武官科斯特林将军认为"苏军正在进步",但他又补充说"还需要四年时间才能达到他们以前的最高水平"。[36] 熟悉铁木辛哥改革的金策尔对改革持正面态度,但他觉得这样的进步要落实,"就算不用几十年时间,也得有个好几年"。[37]

我们看到的军人写的各种文章事实上都大同小异。当然,我们在里面不仅看到了意识形态方面的因素,也看到了某种职业上的传统。许多人都很佩服军事史让他们了解到的俄国士兵的素质:步兵部队稳扎稳打,勇猛无畏,不惧流血。金策尔上校后来提到,"普通士兵将不再是我们上一次大战中熟悉的那种'勇敢的庄稼汉'。文化水平得到了很大的提高,智力和对技术的理解能力也都在进步。随着时间的推移,他就能成为一名有能力的战士,甚至能达到掌握军事技术的高度"。[38] 他还提到"这个国家是被一个盲目服从于斯大林的行政机关所领导的",工业的基础是工程师和经理,他们都来自工人阶级,他们的一切都来自崭新的国家,会对它忠心耿耿。这种社会政治层面的分析只是有所起步,走不了太远。德国国防军内部没人提出过这样一个问题,即经历了十五年的工业化之后,虽然许多方面都很缺乏,但即便不把有价值的医生、化学家、工程师囊括进去,苏联人是否并不缺少现代战争所需的数百万飞行员、坦克驾驶员、机械师、无线电技术员、拆弹技术员。

我们现在来说说高级军官,有三个因素似乎滋长了这种过度乐观的情绪。第一,他们和纳粹高层有一个共同的认识,即他们相信苏联全体民众都会痛恨这个政权,加之缺乏精英阶层,所以该政权很脆弱。一旦溃败,斯大林就会像沙皇那样垮台,而这是一种普遍的信条。第二,苏军从进攻开始前,就犯下了各种各样别人意料之中的错误:固守西部边境线,任凭别人用刀割他的脖子,这个因素我们以后还会谈到。第三个因素,所有人都说到了,就是苏军的干部阶层并不适合打现代战争,缺乏主动性。这种观点是建立在1914年至1918年的经验,1937年至1938年的大清洗,还有就是1939年9月和苏军的相处,以及在芬兰糟糕至极的表现之上的，但大清洗所造成的后果有所夸大，尤其是科斯特林武官在这一方面犯下的错误尤其严重。而1939年8月底朱可夫将军在诺门罕歼灭了日军两个师团一事始终都没有引起多大的反响。在德国，入侵波兰的行动把这个情报盖了过去。这是日本的一个可怕的教训，所以日本人便竭力避免他们的准同盟国从这样的情报中获益。

他们今后的对手，其军事将领又是怎么思考的，这些都在东线外国军团名为《苏联军队》的手册中进行了综述，这是在金策尔上校的指导下写成的，1941年1月1日出版。该手册印制了2000份，分发给了所有将领，直至师一级。考虑到金策尔的职责，这个小册子真的可以说是一言难尽，前言里说伏罗希洛夫是国防人民委员完全正确，但从去年5月7日起，他就不再担任该职，而是由铁木辛哥接任。1941年6月22日在总参谋部担任关键职位的朱可夫、华西列夫斯基、瓦图京全都杳无身影。除了铁木辛哥，我们只看到胡子很可笑的布琼尼和总参谋部前任总参谋长沙波什尼科夫。

> 手册里写道：俄国的民族特点没有变化：粗笨，简单，害怕做决定和担责任。在可预见的将来，各级军官都没有能力游刃有余地指挥现代化的大部队。[……]防守方面，只要他们有时间安顿下来，就会拼死抵挡。[……]长处是人多和武器多，士兵都很节俭、坚强、勇猛。[……]弱点是将领头脑迟钝，只知照章办事，缺乏现代化军队所需的足够训练，[……]在所有领域，都能感受到缺乏组织性。[39]

1941年5月8日，第4集团军参谋长布鲁门特里特上校也表达了同样的意思：

> 所有的战争史都已表明，目不识丁、一半亚洲血统的俄国

士兵心里想的和自己感受的截然不同。由此便使得他们能够对恶劣的天气无动于衷，他们饮食节俭，对损失无感，身体结实。［……］尽管军队有这样的素质，但俄罗斯帝国几乎从来就没赢过。下级军官头脑简单，没有独立性，不够灵活。在这一点上，我们比他们优秀得多！［……］高级军官始终都没有我们优秀，因为他们做事优柔寡断，总要照章办事，内心多疑。今天，高层干部除了几个特例之外，仍然是这种情况，还没有受过良好训练的沙皇时期那些旧时的将军来得可怕。最初的8到15天会打几场硬仗，但以后，成功始终都会指日可待。我们可别忘了，无论走到哪儿，战无不胜的光环和名声总是先我们德国国防军一步到来，对不喜欢发动攻势的俄国人来说，极具震慑效果。

最令人惊异的是，这种充斥不实之词的花哨言论在刚开始的时候其实常常都没错。对，1941年的时候，苏军军官是比对手要差；但他们会学习，而且速度很快。对，苏联的经济很脆弱，管理得也糟糕；但它能大批量生产，在由自己导致的混乱中，临时应变，调动资源。对，和1812年不同的是，农民确实不愿拿起武器反对侵略者，更愿意同侵略者和解；至少农民希望希特勒会比斯大林对他们好。对，不管纳粹高层充斥着什么样的种族主义和反布尔什维主义谰言，但情报部门失利，希特勒认为苏联会成为第三帝国触手可及的猎物的战略分析完全错误，这些也都是不争的事实。他们还必须像1917年威廉二世的德意志帝国打列宁牌那样，利用苏联内部的弱点来谋利。但希特勒并不打算利用波罗的海诸国和乌克兰弥漫着的充满怨恨的民族和社会情绪。他在入侵之后的几个星期内利用这些势力，只是为了火上浇油，实施大屠杀，招募当地的警察部队。至于在"苏联以前的土地"，也就是"老莫斯科地区"，他绝对得不到丝毫的支持。战斗之前两天，4月20日起负责"东欧空间问题"的罗森贝格对他的小参谋部反复说：

"今天，我们不会对布尔什维克进行'十字军东征'，不会以把'可怜的俄国人'从布尔什维克的手中拯救出来为目标，而是要发展出一套德国的世界政策，保障帝国的安全。"[40]

相对可接受的巴尔干意外事件

巴巴罗萨行动启动之前十一个星期，发生了另一场地面战役，那就是希腊和南斯拉夫战事，而由此导致的后果也对巴巴罗萨行动产生了影响。让我们来回顾这些事件。1940年10月28日，墨索里尼终结了巴尔干地区的"希特勒和平"，进攻希腊。在战线为140公里的伊庇鲁斯，20万意大利人向相同数量的希腊人发起猛攻。11月14日，这场血腥的战斗以惨败收场，由于希腊发起反攻，将侵略者击退60到70公里，直至阿尔巴尼亚境内，所以场面更为惨烈。为了避免盟友被打入大海，希特勒下令在普利亚大区的福贾和地拉那之间架设空中桥梁，由此运送（意大利的）援军和弹药。希特勒常说的所谓巴尔干地区的"平静"已成过去。事实上，希腊也向英国请求增援，英国便向克里特岛派了几支部队，还向雅典派遣了24架飞机，只是希腊这么做的时候相当谨慎，以免激怒柏林。柏林认为这件事太过分，反应很激烈。第一次世界大战期间萨洛尼卡*堡垒纵横的战线好似幽灵一般再度浮现，已经可以看见普洛耶什蒂的油田再次落入英国轰炸机的攻击范围之内。背后有一个潜在敌对的国家，这个国家还能把土耳其和南斯拉夫赢到自己的旗帜下，在这种情况下，又该如何向乌克兰进军呢？这就是希特勒声明的主题，他以1940年11月12日发布的18号令，对这种局势做出了回应：地面部队必须立刻在罗马尼亚集聚10个师，后来又马上增至12个师，都归至第12集团军麾下，由陆军元帅利斯

---

* 萨洛尼卡即塞萨洛尼基，是希腊北部最大的城市。

特指挥，准备经由保加利亚发起进攻，占领"希腊北部爱琴海地区"（玛丽塔行动）。1941年3月25日，为了便于运输，第12集团军在匈牙利、罗马尼亚、保加利亚轴心国重整军队，完成了兵力的集结。眼见局势如此发展，它所提出的白色和平*不见任何响应，希腊政府便接受了英国的增大援助力度的提议。3.5万名士兵和80架飞机很快就位。3月17日，希特勒做出最终决定：占领整个希腊，消灭英国远征军。如果形势如此发展，那巴巴罗萨行动很有可能会提早两周启动。

为了孤立希腊，便于部队通过，希特勒向南斯拉夫摄政保罗亲王施压，亲王只能于3月25日违心签署同意本国加入三方条约。3月26日至27日发生了戏剧性的变化：在英国秘密情报部门的活动之下，塞尔维亚军官发动反德政变。摄政王保罗遭到流放。曾任参谋长的西莫维奇将军就任总理，模棱两可地宣布国家恢复中立。希特勒是在3月27日9点30分得知这次事件的，于是狂怒之下在13点决定要把南斯拉夫从地图上抹去。仓促间重新拟订了玛丽塔行动计划，并推迟了两周。21个师集结到驻扎在奥地利和匈牙利的第2集团军麾下。经过12天的战斗（4月6日至17日），南斯拉夫挂起降旗，百万大军从战场上消失，德国付出的代价是151名士兵阵亡。希腊人也没撑过多长时间。英国远征军从海上撤退，留下了2.2万名阵亡者和俘虏。

德国国防军在意大利和匈牙利军队的支援下，闪电般取得两次胜利，造成政治上和军事上的重要后果。莫斯科看得目瞪口呆：苏联在巴尔干地区的利益已经荡然无存。他们对德国国防军的表现心有余悸，悲叹传统的塞尔维亚盟友一去不复返，对英国的第二次敦刻尔克大撤退倍感遗憾。抱怨和抗议的时代过去了，莫洛托夫用傲慢的语调颐指气使的时代也过去了：斯大林决定不惜一切代价都要好好安抚希特勒。从军事层面来看，德国人证实了尽管地形并不利于防守，但

---

* 白色和平即指没有战胜者和被战胜者，没有吞并，亦不用赔偿的和平。

他们的装甲师仍好似势不可挡的"开罐器"不断突破，继而深入，甚至能打败人数上占优的军队。此外，他们还打了一手好牌，使苏联和南斯拉夫之间划清了界限。这两个国家都是多民族结构，所以他们很快做出推断，认为他们一经战败，就会自爆。不过，他们本来应该再好好做一下比较才对。因为不仅南斯拉夫，还有希腊，在其他一些方面也都和苏联相同：公路设施、铁路设施、科技水平及卫生状况都很原始，物质环境也很糟糕。但在扬扬自得的背后，战斗期间的好几个问题浮出了水面。生病士兵的数量达到了创纪录的新高，医院已经收不下病员，后勤正处于崩溃的边缘。卡车车队已有好几天堵在无法通行的道路上。汽油、零件、弹药的运输相当滞后，以至于空军没法执行必要的任务，对英国人的追击也不得力，英国人竟可以带着物资逃之夭夭，这放在以前根本难以想象。汇报这些情况的报告都提交给了哈尔德，但已经没有时间来对庞大的巴巴罗萨行动计划做出更改了。他们认为希南战役出现的大量问题总是能够通过临时想办法给解决掉：德国这台战争机器就是为中欧和东欧设计的，他们能在不开化的土地上牢牢扎下根。法国战役引发的极端自信也没放过希特勒，1941年5月4日，他在国会发表讲话，其中的一句口号，德国人耳熟能详："在这场战役中，我们只能写下这样一句句子：德国士兵无所不能！"[41]

从军事层面来看的话，玛丽塔行动对巴巴罗萨行动造成了什么影响呢？第一个问题是第二次世界大战历史上的经典问题，这个问题就是巴尔干战役是否使巴巴罗萨行动从1941年5月15日推迟到了6月22日。这失去的五个星期是否正好解释了德军在冬天即将来临之时才姗姗来迟地抵达莫斯科城下的原因？希特勒在1945年2月15日他自杀前几周的遗言中也公开表达了这个看法。独裁者将巴巴罗萨行动失利，最终导致第三帝国覆亡的原因归咎于"意大利人在希腊的愚蠢战事"，[42]更宽泛地说，是归咎于罗马尼亚这个累赘的盟友。让我们来看看那个老生常谈的虚谬观点,即阻止德国人夺取莫斯科的是冬天这员大将。关于延误的问题,许多历史学家都不同意希特勒的说法,他们认为就算没有巴尔干的战事,恶劣的天气也会阻止德国国防军在6月22日前发起进攻。照其中一些人的说法,恶劣的天气指的是倾盆暴雨,照另一些人的说法,迟来的融雪会使河流越出河床,浸湿地面,使沉重的军事装备根本无法通行。但叙述混乱状况的证词很罕见,这一点本身就令人好奇,尤其是紧盯东线战事的哈尔德也是如此。如果存在这些严重的问题,他难道不会注意到吗?而且他的日记里对1939年至1940年冬天的天气状况有过大量评论,那时对西线战事的进攻日期仍旧悬而未决。唯一一次提及是在6月20日:"东线:按计划集结。天气不错。部分地区水位低于正常标准。"[43]两个经常被人提及的证词分别是海因茨·古德里安和第4集团军参谋长君特·布鲁门特里特的,他们均未明确提到下大雨,我们也没在苏联气象资料中找到任何这方面的蛛丝马迹。[44]照前者的说法,"春天很潮湿;布格河及其支流都在涨水,整个5月都是这样,四周都是沼泽地形,几乎难以通行。我从波兰巡回视察期间亲眼见到了这种景象"。后者,"1941年,解冻来得晚,第4集团军防区内的布格河河水溢出河面的状况一直到6月初才出现"。[45]还有,一系列可用的气象资料三十年前就由安德鲁·扎潘季斯[46]研究过,也没有显示冬季极端的天气状况、积雪很厚或迟来的严寒天气,而这些可以解释洪水期的偏移远远超过5月15日至31日的十年平均范围。另一方面,我们在哈尔德的日记中注意到许多步兵师5月20日之前并没有看见卡车过来,于是只能推迟整个行动。[47]从这些因素来看,似乎合理的推测是,军队集结的问题和融雪的问题两相结合,阻止了德国国防军在5月15日发起进攻,而与巴尔干战事是否发生没有关系。

那6月1日是否可行呢?难道这个时候进攻巴尔干地区的军队仍然缺席?没有。29个已经调派过去的师中,仅有一个师是从向苏联进发的大量军队中抽调出来的；其他部队来自法国和德国的南部。3月29日，哈尔德只说过，向苏联边境地区进发的部队中，有两个师应该停止行进。此外，大部分快速部队都是4月25日至27日成功突破之后从希腊和南斯拉夫撤下来的。从5月7日起，第14装甲师就返回了德国，5月11日，第2和第9装甲师也回去了。三周的延误时间有利于部队休整，而这些部队本来是要在6月2日或3日投入战斗的。只有三支投入希腊的部队，第2和第5装甲师，以及第60机械化师没有被派去发起进攻。它们被编入了陆军总司令部的后备军中，那儿需要它们。

巴巴罗萨行动之所以推迟，原因在其他地方，是由于大规模运输入侵苏联部队的铁路系统出现了故障所致。有几个数字可以使人对这项任务有个了解。七条铁路线要运输110个师和数千支小部队前往距苏联边境仅几十公里的集结区，有的距离达1500公里（从法国出发），有的是600至800公里（从德国出发）。调动一个步兵师需要大约70列列车，一个装甲师需要100列。总计至少需要3.4万列。每条线路每天平均的运输量白天和晚上都是确定的，依照时间段的不同，分别为12、24或28列。6月7日，集结计划加快之后，我们注意到军用列车的运输量达到了2 988这个峰值，为每条线路427列，每三分钟发一列！大批铁路员工完美执行了这项用时精准的任务，1月底至5月15日，共分四波按梯队运送。1941年4月初，对任务进行了复盘，30日，哈尔德向元首通报，第三梯队需要晚到，第四梯队，即装甲师，要在6月23日才能抵达苏联边境。[48]

由于对这种精确性感到放心，这一天，希特勒将22日确定为发起进攻的日期。理由很简单。为了确保能向南斯拉夫边境地区运送第2集团军的17个师，下级部队、空军的重型装备、弹药、燃油、粮食等，必须让3000多列东西向运行的火车和数千名铁路职工这一庞大的队伍改道，改成南北方向。由此便导致了交通的堵塞，在奥地利、匈牙利和罗马尼亚的几十个车站，即便是容易认出的物资都很难找得到。第三波大规模迁移本来应在4月10日至25日完成，结果便成了5月20日：延误的一个月就出在这个时间段。而第四波预计是在4月25日至5月15日完成，结果加快进度后，也只是在5月23日到6月23日之间才结束。最后一波人马将在6月7日至20日运送完毕，将德国空军最精锐的第8飞行军从保加利亚—罗马尼亚边境地区运往波兰的苏瓦乌基森林。但里希特霍芬还缺少几乎一半的飞机和必需的物资。

铁路网的饱和以及巴巴罗萨行动随之推迟，是否由于一个难以估量的因素，即墨索里尼单方面决定进攻希腊导致的，从而干扰了巴巴罗萨行动的准备工作，而希特勒对此却无能为力呢？当然不是这么回事，事实都摆在那儿。从1940年12月13日发布的第20号令来看，独裁者已经决定进攻希腊，"很有可能在3月"，这一天也是巴巴罗萨指令签署之前的五天。在他看来，其中一个行动是另一个行动战略上的先决条件，并不是糟糕的突袭行动或意想不到的波折。他认为这两个行动可以接连进行，并不会影响到5月15日这个日期。相反，11月19日的时候，这些指令的设计师约德尔在打电话给哈尔德身边最亲近的同事豪辛格的时候，已经表达了自己的疑问，他说由于玛丽塔行动，"俄国的行动显然要推迟了"。[49] 1941年3月16日，哈尔德估计"如果玛丽塔行动的第三梯队能开始部署的话，军队就必须定在5月15日这一天（巴巴罗萨行动）"。[50] 只是在做出同时进攻南斯拉夫和希腊的决定之后，哈尔德才惊觉行动的日程排不过来了，4月14日，他得出结论，巴巴罗萨行动的启动必须正式推迟。调拨拥有17个师的第2集团军进攻南斯拉夫的决定对铁路交通状况丝毫没有改善。有感于1914年至1918年间塞尔维亚人顽强的作战精神，希特勒和他那些将军都高估了贝尔格莱德的军队。最后，有9个师投入了战斗，另外8个师停止运输，调动过来的1500列列车完全派不上用场。

此外，希特勒还可以说服墨索里尼不要进攻希腊，很简单，只要向他提到巴巴罗萨计划就行。意大利人进攻伊庇鲁斯之前的准备

第五章　德国应对灾难的方法　297

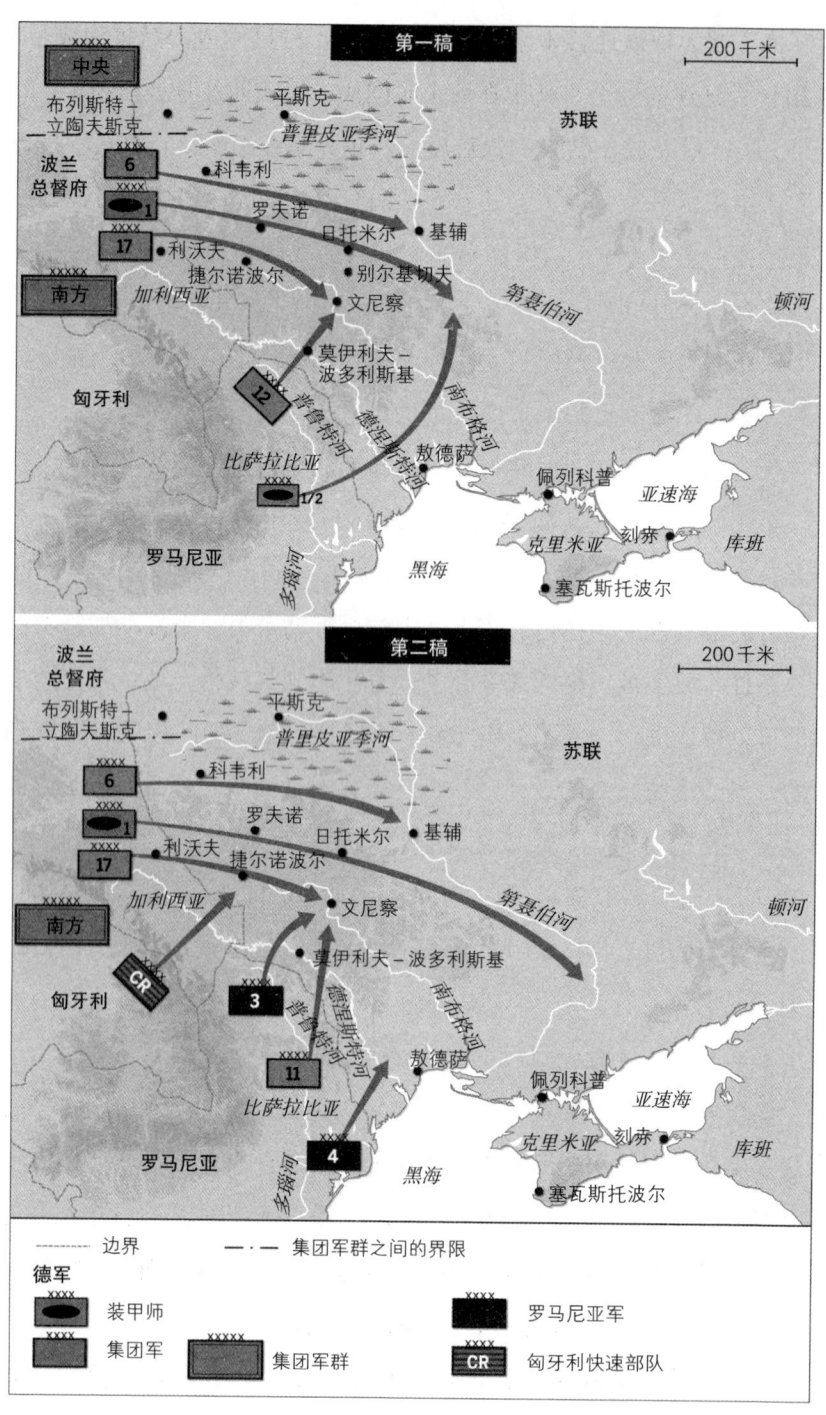

乌克兰与罗马尼亚战区最终计划修改稿

298　第二部　互相欺骗的手段

工作，希特勒都知道。再后来，他可以让希腊人和意大利人达成协议，希腊人也会相当乐意接受。同样，进攻南斯拉夫是一拍脑门决定的，并非唯一的选项。正是因为有了巴巴罗萨行动，凯特尔和约德尔也表达过他们不同意进攻这个国家的看法。"我提出了反对，"凯特尔在回忆录里写道，"我们之所以要推迟进攻，是因为按照最大限度利用铁路承载力的方案，部队这时候都在调动中。"[51]但确切地说，和往常一样，由于巴巴罗萨行动时间紧急，希特勒便想速战速决。因此，在他的挑衅之下，英国人又返了回来……这样他就有了武装干预的动机。照恩斯特·普雷塞森的说法，"从德国的古代史来看，军事计划向来凌驾于外交之上"。[52]希特勒对南斯拉夫采用的"外交手段"就是要挟，把他们叫到柏林来，做出强硬决定，下最后通牒。采用这些手段，民族主义者在贝尔格莱德发动政变也就不足为奇了。他还可以和西莫维奇达成谅解，毕竟西莫维奇不是好战分子；可他没这么做，而是决定让德国空军将贝尔格莱德夷为平地。最后，如果巴巴罗萨行动已经迟了，那也无须怪罪于墨索里尼，而是要怪希特勒自己的战略，他只依赖武力，由于时间紧急，军队一直都在接受部署，哪些需要优先，哪些可以延后，弄得一片混乱。我们还记得1940年12月，除了希腊之外，他还准备进攻直布罗陀、加那利群岛、佛得角诸岛、摩洛哥、阿尔巴尼亚、埃及，结果1941年4月5日，他却又让空军轰炸英国去了！他有分散军队作战的习性，看到兔子就追着跑，这就是1940年6月和1941年5月他在战略上躁动不安的征兆。对苏联的低估也是其中一个表现。

我们认为巴尔干战争对巴巴罗萨行动还造成了一个最为重要的后果，和在乌克兰的南方集团军群有关。起先，哈尔德预测会用两个各自配备了装甲的钳子，包围驻守于德涅斯特河与第聂伯河之间规模庞大的苏军。一个从卢布林开始张开钳子，作战的有两支集团军（第6和第17），另一支由第12集团军从罗马尼亚发起进攻。调动规模极大的第12集团军（17.5个师）进攻希腊的决定是1941年4月2日和12日的两份指示[53]做出的，陆军总司令部只能依此改变部署。罗马尼亚边境上的第12集团军替换成了没有配备装甲的力量较弱的第11集团军，双包围圈的行动遭到了取消。只需要由卢布林过来的部队对乌克兰的苏联人实施简单的包围即可。战斗的面貌也由此发生了改变。没有了两个大包围圈，南方集团军群就只能从正面击退苏联人，在乌曼以东地区追着不大不小的"锅子"奔袭七个星期。苏军大部就会有序撤退，前去保卫基辅和第聂伯河。1941年9月的局势，即希特勒放弃莫斯科，确保夺取基辅的行为，已在此时萌发。

最后，还必须提一下4月25日，也就是确定6月22日进攻日期之前五天，希特勒签署了第28号令，命令占领克里特岛（水星行动）。他决定投入800架战机，三分之一本来要用于巴巴罗萨行动，其中就有德国空军的尖端部队，由沃尔弗拉姆·冯·里希特霍芬指挥的第8飞行军，但他也知道这些部队到那儿的时候肯定会精疲力竭、衰弱不堪，最后一刻还得向苏联发起进攻（克里特岛的行动于6月1日结束）。由此便能发现从军事层面上来看的话，巴巴罗萨行动设想得有多轻率。巴尔干战事并不是一个难以预估的因素，它会使巴巴罗萨行动偏离轨道；这场战事有计划，也很完整，但暴露出了一个判断上的错误。又一个错误。

四个新盟友

在重新集结为43个师的300万德国士兵边上，还有17个罗马尼亚师，16个芬兰师，2个斯洛伐克师，大约70万人。夏天又来了第二波，即6.2万名意大利士兵、4.5万匈牙利士兵和5000名克罗地亚士兵，也就是又多了7个师。补充进来的这些士兵并非可以忽略不计，除了战斗之外，他们还可以省下10万德国士兵，这些德国士兵就可以去从事扫荡、控制、占领的任务。这些盟友对德国发起的这场战争在经济上的贡献可谓相当巨大，比如提供原材料和粮食，共用铁路。在说这些之前，必须摒弃希特勒希望联合他国一起进攻苏联的看法。事实上，在任何情况下，他都没有平等看待过这些新的合作伙伴，迄今为止，意大利是他唯一一个军事上的盟友，他也从未考虑过会和这些合作伙伴在共同的框架内讨论问题、分享情报。最多也就是把这些人视为补充兵员，一有挫败，他就会从他们当中找替罪羊。他从未以官方形式要求这些政府合作，也从未与之签署过任何军事联盟协定，只是尽可能将他们隐在暗处。军事上，他认为那些人的作用就是确保两翼或后方的安全，也从未正儿八经地给那些人的武器装备进行现代化升级，除了芬兰。而戈培尔认为不仅德国，把其他国家也吸引到东方去自有好处：这样可以让他的一个宣传主题，即对布尔什维克发起"欧洲的十字军东征"更具有可信度。如果能不用这些盟友，希特勒应该一个都不会要。我们可以看出，他对1914年至1918年威廉二世联合他国打的那场以失败收场的战争心存疑虑，坚信自己可以掌控一切。希特勒以及他的将军们对那些国家军事价值上的判断，看重的还是意识形态是否相近，历史上是否意气相投。他自发地说过和芬兰的"军队情同手足"，他赞扬的是芬兰人的勇气和他们在副极地地区的作战技巧，而且芬兰也是柏林盟友中唯一一个不用签署三方条约的国家，芬兰军队还接收犹太军官，党卫军"北地"团的芬兰营也可以有自己的新教牧师。另一方面，其他国家虽然和他一样也都反对议会制、反犹，但他从未隐藏过自己对那些军队的蔑视之情。他一直独自指挥巴巴罗萨行动，不会恳请任何人来帮忙，免得"欧洲有国家推说是他把他们拉上船，怂恿他们参与的"。[54]但不管是否愿意，希特勒还是让五个国家"上了他的船"，而这些国家尽管意识形态上认同巴巴罗萨行动，但还是有各自的政治目的和特定的作战形态。

归根结底，在希特勒的眼中，最重要的还是要用德国人的血让生存空间变得更神圣，也只有这样，才可以说那样的生存空间具有不可剥夺的完整的特性。况且，对他这个社会达尔文主义者而言，巴巴罗萨行动就是日耳曼种族的生存求索之路。要么死战到底，要么就被消灭。1941年11月27日，他对独立的克罗地亚的外交部长姆拉登·洛寇维奇就说得相当清楚。我们认为这时候他对自己是否能战胜斯大林已经开始动摇，但我们相信他的这些话超越了当时的语境，所以应该对此予以应有的关注："如果德国人都是些普通人，他们战斗的时候就不再会去流自己的血，而是像英国那样，流其他人的血，所以他们如果被比他们强的人打败，那就是自作自受。"[55]对苏战争就是一场希特勒的战争，因为在他的眼里，这场战争揭示出了他心目中种族之战的理由，那就是优等的日耳曼种族的生存之战。

罗马尼亚：一场战争遮蔽了另一场战争

1940年夏，巴巴罗萨行计划动刚刚拟订的时候，军队的参谋部似乎需要罗马尼亚的领土来消灭乌克兰的苏联军队，而非消灭罗马尼亚的军队。最初方案的制订者马克斯将军甚至想让军队从这个国家中转，最后从匈牙利发起进攻。对希特勒以及他的将军们而言，罗马尼亚是1916年的宿敌，是法国和凡尔赛体系创造出来的，其生产机构都操纵在英法资本主义的手里。从种族层面来看，罗马尼亚人是以拉丁人为主的混杂的民族，不太让人放心。这也就是希特勒不愿保护布加勒斯特，使其免受莫斯科、索非亚、布达佩斯觊觎的动机，结果，1940年夏，德国还从罗马尼亚手里夺走了四分之一的领土及人口。安东内斯库的时刻来临了。

扬·安东内斯库（1882—1946）的掌权本会让柏林不悦。安东内斯库出身于军官家庭，骑兵，军事学校毕业，第一次世界大战期间，他担任总参谋部作战处处长，是德国皇帝在东线的劲敌。他身材矮小，极为瘦削，独断专行，虚荣心强，精力充沛，他会讲法语，而且亲法，对德国没有显露出丝毫好感，但后来却和德国心心相印，死生契阔，至死不渝。两次大战期间，他按照法国盟友的模板改造了罗马尼亚军队，发誓会和巴黎紧密相连。1934年，他担任总参谋长期间，因国王反对他的现代化计划而辞职。但由于铁卫团在选举中获胜，国王遂于1937年将他召回，命其担任战争部长，这么做是想利用他这个爱国者领袖的形象来平息最极端的民族主义者的怒火，几个月以后就让他下了台。于是，安东内斯库第二次辞职，也获得了"国家最优秀者"的美名。不知出于什么原因，1940年7月9日，国王下令将他逮捕，但由于德国代办的介入，很快又将他释放，他后来始终都对此人心存感激。和许多同胞一样，安东内斯库也因法国的崩溃和维也纳的仲裁这双重打击而倍感挫折，后者肢解了他的国家，使罗马尼亚的领土面积变得和19世纪一样。尽管他很久以来就反犹、反民主主义，但他对匈牙利人的憎恨超越了一切，而且他个人也对霍尔蒂相当不满。1919年8月，他不就派军队进入布达佩斯，将这个邻国从布尔什维克手中拯救下来了吗？1940年9月4日，国王卡罗尔二世决定将政府委托给安东内斯库，随即逊位。

希特勒通过暗中支持霍里亚·希马的铁卫团来给新任总理施压。由于外部孤立，内部有争议，安东内斯库便选择追随大势，将所有的宝都押在了德国身上，无条件与之结盟。被任命为国家"领袖"之后，他很快就强化了反犹立法，我们知道，他还请求并接受了德国国防军以执行军事任务的形式保卫石油区，国防军由此得以在罗马尼亚强势存在，而他也就进一步落入了希特勒的掌心之中。11月，他让罗马尼亚加入了三方条约。在这个场合，他第一次表示他已准备好"站在轴心国这一边，为文明的胜利而战斗"。他开了一个价码：战胜布尔什维克之后，修订维也纳的仲裁结果，也就是说要让匈牙利和保加利亚将吞并的省份归还给罗马尼亚。

1941年1月14日，安东内斯库造访贝希特斯加登期间，两个独裁者就内部政治问题达成了一致意见：罗马尼亚无条件支持希特勒，以换取希特勒不再支持铁卫团。希特勒接受了这个提议，并恪守了承诺：一个星期后，安东内斯库血洗希马的军团时，希特勒按兵不动。但希特勒在柏林收留了希马*，以此向安东内斯库施压，作为一种备用的解决方案。

　　从军事层面来讲，和安东内斯库政权巩固关系，使之完全成为德国的附庸，德国问题也就改变了性质：罗马尼亚军队执行什么任务，怎么进行备战，同时还得让巴巴罗萨行动保密？罗马尼亚军队是一支过时的军队，并没能力打一场大规模的战争，尤其是后勤运输还得靠马拉，缺乏重型武器装备，飞机设施也不配套。到1941年3月，德国国防军陆军总司令部都只是设想让罗马尼亚军队牵制苏军，同时由德国的装甲师执行重要作战任务。而希腊和南斯拉夫的战场改变了这一格局。我们知道，罗马尼亚战线的第12集团军遭到替换，由较弱的第11集团军和不配备装甲的6个步兵师驻防。现在，陆军总司令部只能将更重要的任务交给罗马尼亚军队来执行。罗军大部驻守在和苏联接壤的500公里长沿普鲁特河及多瑙河的边境线上，发生战事后，他们的任务是确保南方集团军群后方的安全。其三分之一较为现代化的军队，5个师和6个旅由第3集团军指挥，司令官为杜米特雷斯库，该部队将受德军第11集团军指挥，一起向距乌克兰境内200公里处的文尼察推进（慕尼黑行动）。

　　此外，对巴巴罗萨行动实施保密相当困难。德军1941年3月开始大规模集中兵力，给出的借口是防备苏联人。而在这样的情况下，训

---

* 霍里亚·希马叛乱失败之后，遭安东内斯库拘押，他越狱后藏在布加勒斯特的德国保安局总部，后又转至盖世太保驻罗马尼亚的代表家中，后来他和其他军团成员都逃到了德国，受到了德国的严密监视。二战结束后，他先后在法国、意大利、西班牙居住，1993年5月25日在马德里病逝。

练罗马尼亚人参与进攻行动完全不可能做到，更何况罗军还配备了从波兰、捷克、法国人手上缴获的物资，而德国教官对这些武器根本就不熟悉。5月26日，陆军总司令部要求罗军参谋部让军队进入战备状态的时候，情况就变得很可笑：莫斯科这儿根本就没什么动静，说要防备苏联人，谁信呢？安东内斯库多次秘密提出要去见希特勒，想要了解现在究竟是什么情况，双方需要达成一致意见。6月12日，他在慕尼黑见到了希特勒，里宾特洛甫、约德尔、凯特尔也都在场，6月22日之前，他是唯一一个得此殊荣的盟国元首。安东内斯库先说了话。他首先说自己完全和柏林保持一致，而且反斯拉夫人，并提交了一份备忘录，他在里面列出了维也纳仲裁必须得到修正的理由。因此，希特勒心里很清楚，罗马尼亚参战是为了夺回由他亲自分配给另两个盟友的特兰西瓦尼亚及多布罗加地区。然后，罗马尼亚领袖试探性地说，"这是战胜东方的一个很重要的步骤"。[56]希特勒回答的时候说了一段很长的自白，他隐晦地说和苏联的战争"随时都会爆发"。[57]但日期、进攻的性质和目标，他一概都没透露。他小心翼翼地不让自己显得像是在恳求罗马尼亚出兵。"和英国的做法不同，他（元首）没有要求任何（军事上的）援助。[……]他只是希望罗马尼亚从自身的利益出发来解决这场纷争。他已经向安东内斯库保证冲突之后，罗马尼亚将获得补偿，只要德国觉得没问题，补偿并不局限于领土层面。[……]元首说他在考虑罗马尼亚是否应该第一天就加入进攻俄国的作战行动，安东内斯库回答道：'罗马尼亚的德国军队进攻俄国人的时候，罗马尼亚绝不会允许自己的军队袖手旁观！'"[58]最后，希特勒提议元帅名义上担任德—罗军队的统帅。安东内斯库接受了这一提议。

进攻前四十八小时，罗军参谋部得知了六个月以来就已料到的事情：罗军军队将从7月初向苏军发起进攻，届时普鲁特河的水位将会再次下降，而6月初的时候，参谋部已经下令大量军队驻扎在河谷内。

尽管军官们都很清楚他们的军事机构很落后，但安东内斯库却认为值得去冒这次险，他说这是一场反抗犹太—布尔什维主义和斯拉夫人的"神圣战争"，也可以要回去年被偷走的那些省份。为了替巴巴罗萨行动保密，希特勒没有给他的盟军进行现代化的提升，于是参加战斗的这支军队就成了薄弱的一环，虽然农民出身的步兵的勇敢精神毋庸置辩。罗军规模庞大，有24个师和11个旅，但他们装备差，而且也没什么动力。想要夺回比萨拉比亚的话，无论是干部还是士兵都不明白为什么一定要去打苏联，而不是去打匈牙利。

匈牙利人和斯洛伐克人

希特勒并不希望匈牙利参与巴巴罗萨行动，虽然他向来都比较尊重这位1914年的老盟友，对布达佩斯1920年代修宪引发的动荡也较为重视。此外，1933年6月17日，总理根伯什还是德国总理府接待的第一位政府首脑。德国的将军却对苏匈边境200公里的缺口颇为担忧，而这个缺口就在从卢布林地区发起进攻的南方集团军群和驻扎于罗马尼亚普鲁特河的第11集团军之间。苏联的第12集团军驻守这个防区，随时能再调来两支机械化部队驻防。如果不去遏制这些部队的话，他们就能向北进攻，牵制住伦德施泰特，向南进攻的话，就会在普鲁特河口给第11集团军造成麻烦。不是有马扎尔人的军队国防军（Honvéd）60万的兵力和2.4万名军官可以调用吗？但希特勒在巴巴罗萨行动的指令中丝毫没有提及匈牙利人。1941年2月3日，哈尔德建议起用匈牙利军队，5月30日冯·伦德施泰特也这么说，他们认为匈牙利军队能扫清第17集团军后方的障碍，这一点弥足珍贵。但这些话没有用。希特勒只是同意通知匈牙利人加强他们和苏联边境线的军事力量。他说巴巴罗萨行动一定要出其不意，注重保密，使用假情报。

霍尔蒂摄政这方面也没向希特勒要求参加他认为即将爆发的战

争。海军上将霍尔蒂·米克洛什是弗朗茨-约瑟夫皇帝一方阵营的老盟友，第一次世界大战末期，他指挥过奥匈帝国的海军舰队。1920年3月，霍尔蒂放任罗马尼亚人进入首都，而不是站在库恩·贝拉的布尔什维克一方，之后，他就被国民议会任命为摄政。他是个虔诚的加尔文宗信徒，为人严厉，行事谨慎，这位没有国王的摄政，没有舰队的海军上将，如今成了专制反动政权的领导人，虽然反犹是他公开宣称的一个价值观，但他并不是大家口中常说的法西斯主义者。在外交政策上，他的所作所为都可归结为要求对《特里亚农条约》（1920）进行修正，从而收复圣伊什特万古老王国治下的所有土地*。由于被复仇的心态蒙蔽了双眼，霍尔蒂加入了希特勒的一方，对东欧进行了瓜分，1938年（第一次维也纳仲裁）攻占了斯洛伐克的土地，继而又于1940年（第二次维也纳仲裁）夺取了罗马尼亚的特兰西瓦尼亚地区，最后于1941年夺取了南斯拉夫的巴奇卡地区。这样一来，他又怎么能拒绝希特勒呢？

不过，当时已经73岁的霍尔蒂尽管骨子里反共产主义，但他并不希望和苏联来一场战争。他的军队还没进行过现代化升级。他只想把军队保留在国土上，以应对复仇心切、虎视眈眈的斯洛伐克和罗马尼亚。6月22日，当希特勒写信通知霍尔蒂启动巴巴罗萨行动的时候，他在回信中向元首确保对他的支持，说他们会"作为古老的十字军战士，对抗布尔什维克"。但他并没有向苏联宣战，第二天也只局限于和苏联断绝外交关系。当天，莫洛托夫要求匈牙利驻莫斯科的大使澄清立场，并且说他理解匈牙利人对罗马尼亚的领土要求。总理巴尔多希并没有将这封信交给霍尔蒂。但柏林方面也没有提出任何结盟的要

---

*《特里亚农条约》是1920年6月4日在法国凡尔赛大特里亚农宫签署的一项规定匈牙利边界的条约。一战结束前，奥匈帝国灭亡，匈牙利王国宣布独立，为了厘清匈牙利、奥地利及其他独立国家之间的边界，匈牙利作为战败国的代表签署了这份条约。该条约使匈牙利丧失了72%的领土和大量人口。

求。6月26日上午，巴巴罗萨计划已经启动四天，他违心决定调动部分兵力。中午时分，不明身份的两架战机轰炸了"上匈牙利地区"的两座城市，也就是斯洛伐克马扎尔人所在的卡萨（即如今的科希策）和穆卡茨（穆卡切沃）两城*。霍尔蒂没有进行调查，仅根据军队认为是苏联航空兵入侵的看法（虽然苏联立刻否认了指控），便于1941年6月27日向苏联宣战。如今，大致认为那是德国的挑唆行为。[59] 布达佩斯参与巴巴罗萨行动的理由已经清楚。既然罗马尼亚、斯洛伐克、克罗地亚都已经参与，那匈牙利人也应该积极投身其中，以此跻身战胜国的行列，在面对三个虎视眈眈的令人厌恶的邻国时，保护本国已获得的领土。

在向苏联开战的德国盟友之中，斯洛伐克面积最小，也最贫穷。它也是唯一一个属于斯拉夫世界的国家。该国的首脑约瑟夫·蒂索是一个在任的天主教神父，他在扮演德国附庸的过程中并没有什么道德上的顾虑，他的政权就是以民族社会主义为蓝本建立的，还制定了严厉的反犹立法，准军事组织赫林卡守卫团†也和党卫军过从甚密，不过他和该团的关系并不融洽。和匈牙利一样，尽管希特勒并没要求和布拉迪斯拉发‡结盟，可他的将军始终都缺少兵员，想要征用斯洛伐克军队的两个师（2.8万人），确保南方集团军群后方的安全。进攻之前仅十二个小时，德国代表问蒂索是否有可能让斯洛伐克军队参与对苏联的作战行动。虔诚的神父立刻就说好，他这么做名义上是和无神论的布尔什维克战斗，其目的其实是为了收复被匈牙利吞并的领土。不过，6月23日，战争部长斐迪南·查特罗什在当天向军队发布的命令中，让自己和这次战争行为保持了距离，他写道，斯洛伐克军队不是

---

* 科希策如今是斯洛伐克东部的城市，穆卡切沃如今是乌克兰的城市。
† 赫林卡守卫团以斯洛伐克人民党党首安德烈·赫林卡（1864—1938）的名字命名，存在于1938—1945年间，参与了对斯洛伐克犹太人的屠杀。安德烈·赫林卡是斯洛伐克的天主教神父、记者、银行家、政治家。
‡ 布拉迪斯拉发是斯洛伐克的首都及最大城市。

"和广大的俄国人民战斗,也不是和斯拉夫人战斗"。[60]罗马尼亚人、斯洛伐克人、匈牙利人都投入了战争,虽然这当中肯定有强烈的反共产主义的动机,但主要还是因为他们彼此为敌,各自希望胜利之后,在有可能重新分配土地的时候,对希特勒施加影响。在战场上,德国的将军必须始终保持警惕,不要让罗马尼亚或斯洛伐克的任何一支部队同匈牙利士兵接触。只要有可能,这三个奇异的盟友彼此都会在自己的领土上集结重兵和对方开打。

芬兰的例子

在巴巴罗萨行动前夕建构的联盟体系之中,芬兰可以说是个特例,它有国会制度,是民主体制,和斯堪的纳维亚半岛更相近。这个农业小国选择和柏林在一起,是为了收复1939年至1940年被苏军夺取的那些省份。复仇心态存在于一小部分领导层中,他们不断地侵蚀国会的权力,这些人围聚在很快当上共和国总统的总理里斯托·吕蒂、军队统帅曼纳海姆陆军元帅以及亲德的外交部长罗尔夫·韦廷身边。1940年夏之前,重返南卡累利阿首府维伊普里(维堡)的憧憬仍然是一个难以完成的梦想。一方面,希特勒始终都对芬兰的不幸无动于衷,另一方面,该国全盘被苏联吞并的危险愈演愈烈。尽管1940年3月13日实现了和平,可事实上莫斯科仍在通过外交途径向赫尔辛基施压,要求再得到一些额外的好处。

1940年7月31日,进攻苏联的决定彻底改变了格局。希特勒已经提到,这次芬兰有可能会对这场未来的战斗"感兴趣"。目前,他最大的担心就是如何阻止斯大林向波罗的海东部地区推进。波罗的海的三个国家由于已被苏联占领,再攻占芬兰就可使希特勒无法染指芬兰湾和波的尼亚湾,还会把佩察莫纳入苏联人的麾下,这样苏军就来到了挪威的德国占领军的背后,装甲部队离瑞典基律纳的铁矿也只剩下八个小时的路程。若是有了如此不利的地缘因素，巴巴罗萨行动本身也就会受到拖累。德国国防军最高统帅部于是就把注意力放在了芬兰的佩察莫，1930年代，那儿发现了巨大的镍矿矿床。赫尔辛基政府先是委托英国公司开采，但1940年夏迫于柏林的压力，将开采权让给了德国。即将完工的一条铁路能将矿石疏散到利纳哈马里港，或运往相距甚近的挪威的希尔克内斯港。此外，德国工程师建了一座中央水力发电站，可以当场冶炼矿石。为了首先避免失去镍矿，希特勒在1940年8月初决定再次向芬兰运送武器，加强芬兰挪威边境的军事力量。从9月起，他批准实施驯鹿行动，目的是将佩察莫矿区置于德国人的保护之下，以免苏联染指。1940年8月18日，见德方愿意交付武器，芬兰人便同意把自己牵扯进来，让德军在芬兰中转，前往挪威北部，并确保德军后勤线路的安全。莫洛托夫11月造访柏林期间得知希特勒不愿把芬兰归入苏联的势力范围之内。哈尔德写道，照国务秘书冯·魏茨泽克的说法，"（在元首的注视下）芬兰构成了和俄国开战的理由。"[61]在回答里宾特洛甫提出的构建"大陆集团"的提议时，斯大林指出，有关芬兰的纷争是一个主要的障碍。希特勒没有回答，继续同赫尔辛基签署各种经济协议，从而也强化了芬兰对德国的依赖性。

　　从1940年夏起，巴巴罗萨行动的设计者们就对芬兰50万人的军队垂涎不已，1939年至1940年冬季战争中芬兰军队的表现令德国人赞不绝口。他们设想让芬兰军队来完成，或者说协助他们来完成三个任务。第一个任务要求最低：在芬兰和苏联从佩察莫至拉多加湖之间700公里长的共同边界上施以巨大的压力，阻挡住苏联近30万人的三个集团军。第二，如果芬兰愿意开战，那就夺取摩尔曼斯克，因为英国人可以通过这个海面开阔的港口支援苏联人，威胁挪威。最后，也是第三个任务，两军紧密合作，攻占列宁格勒。两国高层的军事接触始于1940年12月，帕沃·塔尔韦拉将军造访了柏林。塔尔韦拉分别和戈林及哈尔德做了交谈，他从参谋长的话中发现了蹊跷："我问了他情况，问他需要多长时间才能不引人注目地做好进攻东南方的准备。"[62]12月5日，希特勒在将军们面前提到让芬兰以及罗马尼亚参战的想法，这是德国唯一叫来扩展军力对战苏联的两个国家。1940年12月18日的巴巴罗萨指令提到芬兰极有可能参与进来，"从两侧进攻拉多加湖"和极北地区。但出于保密的需要，赫尔辛基并没有得到通知。因此，1941年1月30日，芬兰参谋长海因里希斯将军来见哈尔德的时候，后者只提到了一些预防措施。不过，芬兰人从这些半遮半掩的话里听得出德国和苏联极有可能会爆发战争。海因里希斯没有做出承诺，只是说他需要九天时间调动一切资源，还大胆提出了理论上的设想，及军队大部从两侧向拉多加湖推进的观点。[63]

哈尔德以此为基础，决定让芬兰人保留大部分兵力，夺回南卡累利阿地区。1941年2月3日，在给希特勒介绍挪威驻军的任务时，他进一步提出有必要防卫挪威的海岸地区，以应对英国人的进攻。针对苏联方面，他不太情愿地设想了两项行动，他认为这些行动没什么用，只会分散兵力：攻占佩察莫（驯鹿行动），兵力为一个半师；孤立摩尔曼斯克，如有可能的话，夺取这个港口（银狐行动），也投入一个半师的兵力。他补充道，只有等北方集团军群跨过德维纳河，攻陷列宁格勒之后，芬兰人才会向卡累利阿发起进攻。这些行动需要德国和芬兰之间紧密协调，因此也需要进行政治上的讨论。但希特勒不愿和芬兰政府秘密协商，更何况芬兰还和盎格鲁-撒克逊人保持着良好的关系。从芬兰人的角度来看，尽管他们宣称愿意在军事上进行合作，但只要希特勒不与之进行对话，那么他们就不会同意让大批德军驻扎在他们的领土上，以免激怒苏联。

3月17日，布劳希奇向希特勒说明最高统帅部在大北方地区进行作战合乎逻辑，因为挪威的军队正依赖于这些行动。希特勒同意这个观点。从那时起，哈尔德对德军参加越来越多的行动越来越不看好，这样会削弱主要战线上集结的军力。他并不相信约德尔或挪威驻军司令冯·法尔肯霍斯特提出的那些雄心勃勃的计划。极地战区太偏远，气候条件太恶劣，补给也会跟不上，要做出这样的决定很不容易。而希特勒尽管更倾向于夺取摩尔曼斯克和列宁格勒，但他不愿同赫尔辛基进行会谈，再考虑到时间上的限制，要进行大规模的行动已经越来越不可能。

只是到了5月20日，希特勒才向芬兰派去了自己的私人代表卡尔·施努雷，让他去见吕蒂总统。他告诉吕蒂总统莫洛托夫访问柏林所提的苛刻要求，以及和苏联开战的迫切性。吕蒂尽管不愿结盟，也不愿讨论作战的目标，但他同意向德国派遣一个由海因里希斯带队的军事代表团。5月25日，后者和约德尔在萨尔茨堡见了面，然后第二天又在措森见了哈尔德。芬兰人获悉了驯鹿行动和银狐行动的作战详情。但德国人的声音并不协调。约德尔要求芬兰人守住南卡累利阿，支持大北方地区的作战行动，但哈尔德坚持要他们从两侧向拉多加湖推进，最终夺取列宁格勒。海因里希斯回答说，他的目标只是收复1939年的边界。所有人都同意之前设想的指挥权的分配方案：整个北方部队，无论是德军，还是芬军，都听命于挪威驻军，南方的军队听命于曼纳海姆。6月初继续在赫尔辛基会谈，挪威驻军参谋长布申哈根上校奉命前往。芬兰人同意发动南路攻势，一直推进到斯维尔河，并从6月10日起开始分阶段调动军队。但他们拒绝主动发难。

尽管斯大林还没让他们拿到开战的把柄，但1941年6月21日，两个盟国的军队就已经部署好了。在极北地区，迪特尔将军的山地部队将目标对准了距始发阵地90公里的佩察莫，继而是摩尔曼斯克。针对这次战事，迪特尔有两个加强师，共4万人，100架飞机。往南200公里有另一支德国部队，即第36军，共3.6万人，芬兰的一个师提供支援，目标是切断连接摩尔曼斯克与白海城的基洛夫铁路线，从萨拉推进到坎达拉克沙，途经200公里荒凉的冻土地带；他们比北方的部队还不如，需要依靠德国空军。这两个作战行动装备都很差，我们认为那只是在浪费兵力，而且还缺乏战略上的协调性。既然夺取摩尔曼斯克和列宁格勒相当重要，那就有必要提供各种资源，尽可能把赫尔辛基政府卷入进来。要么就继续维持守势。同样，芬兰90%的军队（16个师中的14个师）都驻守在卡累利阿对面，而且也就在苏联汉科基地的跟前，这也就暴露了总指挥曼纳海姆元帅的唯一目标：夺回卡累利阿和维伊普里（维堡），恢复1939年的边界。芬兰军队发动攻势，越过斯维尔河之后下一步行动是什么，并没有任何约束。简而言之，德芬联军制订出了一个破绽百出的作战计划，既无政治上的纽带，也容易因为事态的发展而做出不同的阐释。

但是，芬兰军队的50万人（13万预备役部队）和250架飞机即将投入巴巴罗萨行动之中，那既不是他们的战斗，他们对此也一无所知。对他们而言，这是一场"继续战争"*，目的是为了废除1940年3月的莫斯科条约。即便他们希望苏联垮台，即便爱国人民运动†周围已经出现了兼并主义的迹象，梦想建立大芬兰，与白海、奥涅加湖、拉多加湖接壤。但没人想要去消灭苏联这个国家，也不想发动一场灭绝战争。吕蒂总统和曼纳海姆元帅所下的赌注风险实在太大：一方面严格以民族的目标为依归，但另一方面，武器弹药、燃油、食品都来自德国，而且还有10万名德国士兵已经驻扎在芬兰的领土上，这样一场平行的战争究竟该怎么来打？

被忽略的日本：一个重大失误？

日本似乎可以成为巴巴罗萨行动中的理想合作伙伴。它驻扎在

---

* 第二次世界大战期间，芬兰发生了一系列的战争，最早的是1939年10月30日的苏芬冬季战争，其次是1941年6月25日的继续战争，1944年9月15日又开始拉普兰战争，继续战争即是指这一系列战争中的第二个阶段。

† 爱国人民运动是芬兰狂热的民族主义政党，反共，承袭之前被禁的"拉普阿运动"，存在于1932年至1944年。该党参加议会选举，但效果不佳。

中国东北的军队和苏联边境接壤，从符拉迪沃斯托克到海拉尔，绵延2000公里；他们能够切断靠近边境的西伯利亚大铁路；他们能迫使斯大林将重要物资调往远东地区，而不是相反。如果摩尔曼斯克和符拉迪沃斯托克这两座港口陷落，斯大林和盎格鲁-撒克逊人之间结盟只能成为理论上的可能性，至少到1942年6月底之前做不到。尤其是，苏联陷落就会很大程度上遏制蒋介石在中国的抵抗行动，而这正是日本陆军的头号目标。结盟之所以不确定，是因为日本所需的原材料都在南方，在荷属东印度，不在北方。但希特勒也可以尝试将他最强大的军事合作伙伴拖入巴巴罗萨行动之中。他这么做不是没可能成功，更何况东京驻柏林大使大岛浩将军是公认的亲德派。

但希特勒丝毫没有透露他对苏联的企图。1941年3月5日的24号令就说得很清楚："建立于三方条约的合作，其目的是让日本尽快在远东地区进行积极的作战行动。英国强大的军队就会受到牵制，美国的注意力就会转向太平洋。鉴于那些对手的战争准备并不充分，日本进攻越早，其成功的前景越大。因此，巴巴罗萨行动会展现出特别有利的政治和军事环境。"[64]1941年3月底4月初，希特勒三次会晤了经西伯利亚铁路从欧洲前来的日本外务大臣松冈洋右。他敦促松冈洋右打击新加坡的英国人，向他保证他会支持对抗美国，但丝毫没提巴巴罗萨行动。当他承认"在俄国边境陈兵160到180个师"以应对任何可能发生的情况，如果俄国进攻日本，他会做好进攻的准备时，松冈洋右想必会很惊讶，虽然保罗·奥托·施密特的会议记录中并没有透露出这一点。[65]他不是几天前还见到斯大林，向斯大林表达了日本诚挚的敬意，还由此获悉德苏结盟的好消息吗？里宾特洛甫和德国驻东京大使奥托不是始终都认为苏联会加入三方条约吗？因此，尽管他内心生疑，但还是没有改变计划，于1941年4月13日在莫斯科签订了和苏联保持中立的条约。

当然，这份条约只是一纸空文而已。墨迹未干，松冈洋右便已毫无顾忌地设想参战的情况，因为他听到一些流言，说德国和苏联会交手。[66]1941年6月3日和4日，大岛浩来到贝希特斯加登见希特勒和里宾特洛甫。昭和天皇身边最亲近的顾问木户幸一在日记中指出，元首会宣布下一步的战事，日本可以自由参与。这件事令人生疑，因为德国的档案里没有任何这方面的蛛丝马迹。似乎更有可能的是，大岛浩得出这个结论，是根据他收到的各种情报推出来的。面对一个对莫斯科的态度至少比较模棱两可的国家的代表，希特勒不太可能打破这个秘密。只是到6月22日战斗开始之初，日本才正式得到通知，那是在开火前一个半小时。如果说从这天起，里宾特洛甫自行公开敦促日本加入冲突的话，那希特勒只能说同意了一半，还训诫他走得太远。[67]在东京，主导的情绪是他们的盟友对日本并不信任。日本第二次对柏林的态度心怀愤懑，因为柏林既没正式提前告知他们和斯大林签订条约一事，也没告知他们入侵苏联一事。

注 释

1. *Das Verhalten der Generalität unter Hitler*, BA-MA, N372/9, p. 1.

2. Fedor von Bock, *Zwischen Pflicht und Verweigerung. Das Kriegstagebuch*. Herbig, 1995, p. 180 et sq.

3. Guderian, *Bilanz des Zweiten Weltkrieges. Erkenntnisse und Verpflichtungen für die Zukunft*, Gerhard Stalling, Oldenbourg, 1953.

4. 这是1941年7月21日，希特勒视察北方集团军群期间说的话。Voir *KTB OKW*, vol. 2, p. 1029.

5. 从1939年11月到1940年4月，哈尔德艰难地捍卫了普鲁士大参谋部（他也是其中一员）决定法国战场行动目标及进攻日期的这一传统特权。1940年5月底，希特勒在敦刻尔克城下绕过他，直接给冯·伦德施泰特下命令，让他很没有面子。希特勒还任命最高统帅部负责挪威的事务，而非陆军总司令部。

6. Warlimont, *Im Hauptquartier*..., ndbdp p. 153. 瓦尔利蒙特在纽伦堡引用了一项证据，由Peter de Mendelssohn发表，les *Aktennotiz*, in: *Die Nürnberger Dokumente-Studien zur deutschen Kriegspolitik 1937-1945* – Wolfgang Krüger Verlag, Hambourg 1946。

7. 1914年，有26830节火车头可用，1939年为21700节，车辆分别是94300对68462，货车分别是740300对630326。In: Schüler, p. 79.

8. Denkschrift über die Notwendigkeiten des strategischen Ausbaus der deutschen Eisenbahnen, p.,

BA-MA, H 12/186.

9. IMT, vol. XXXIII, doc. 3787 – PS, p. 157.

10. Klaus A. Friedrich Schüler, *Logistik im Russlandfeldzug*, p. 65–66.

11. Halder, *Kriegstagebuch*, vol. 2, p. 258.

12. Tr行动是第三帝国的一项特殊行动，1941年3月和4月，从托特组织、施佩尔的部门以及民族社会主义汽车军团抽调了数千辆汽车和司机。数千名年龄为18岁的年轻人在民族社会主义汽车军团中接受训练，并被调派至军队。R. Absolon, *Die Wehrmacht im Dritten Reich*, Band V, p. 133。

13. *Sir Giffard Le Quesne Martel, An outspoken Soldier, His Views and Memoirs. Sifton Praed & Co. 194*, London, p. 218.

14. E. Köstring, *Profile bedeutender Soldaten*, Mittler & Sohn, Frankfurt am Main, 1966, p. 93.

15. Archiv Ministerstva Oborony SSSR Podolsk, f.6398, op. 12451, d.544, l.105.

16.《谎言之国》(*Au pays du grand mensonge*) 是1938年法国出版的畅销书，作者是背叛了南斯拉夫共产党的安特·齐利加 (Ante Ciliga, 1898—1992)，他是意大利人, 在苏联的监狱里被囚禁了五年。

17. Olaf Groehler, *Selbstmörderische Allianz*, p. 173.

18. Hermann Plocher, *The german Air Force versus Russia*, vol. 1, USAF Historical Studies Nr 153, New York, 1968, p. 18.

19. ADAP Series D vol. XII. Doc n° 506 et 527, p. 793, 832.

20. Halder, *KTB*, vol. 2, p. 345.

21. Rapport OKW/WiRüAmt/Wi (VI) n° 2758/41, in E. Moritz, *Fall Barbarossa*, p. 102.

22. OKW/WiRüAmt/Wi (VI), Nr. 2758/41, signé du colonel Becker. In *Fall Barbarossa*, Deutscher Militärverlag, Berlin, 1970, p. 100.

23. David Carlton, *Churchill and the Soviet Union*, Manchester, M.U.Press, 2000, p. 84.

24. Cité par Martin Kahn, *«Russia will assuredly be defeated»: anglo-american Government Assesments of Soviet War Potential before Operation Barbarossa*. Journal of Slavic Military Studies, 25, 2012, p. 228–229.

25. *Politische Testament der Hohenzollern*, Hrsg. Richard Dietrich, München, 1982, p. 371.

26. Clausewitz, *Vom Krieg*, Berlin, 1957, p. 212.

27. 我们几乎可以肯定哈尔德通过朋友哈索·冯·埃茨多夫读了冯·瓦尔特的备忘录。Voir *Vierteljahresheft für Zeitgeschichte*, 1975, n° 3 (Juillet), p. 332–340.

28. Helmut Krausnick, *Hitlers Einsatzgruppen*, Fischer, 1985, p. 94.

29. Halder, *KTB*, vol. 2, p. 244.

30. A. Hillgruber, *Staatsmänner und Diplomaten bei Hitler*, p. 215.

31. J. Goebbels, *Die Tagebücher*, t. I, Bd 9, p. 377.

32. *Meldungen aus dem Reich*, Band 7, p. 2427.

33. G. Leibbrandt, *Rassisch-völkische Bedingheit der bolschewisten Revolution*, in: Nationalsozialistischen Monatsheft 8 (1937), p. 1023.

34. W. Hubatsh, *Hitlers Weisungen für die Kriegführung*, p. 151 et sq.

35. KTB der Seekriegsleitung, Teil A, 31.12.1939, in Ehrard Moritz, *Fall Barbarossa*, p. 78.

36. Halder, *KTB*, 2, p. 86.

37. Rapport de Kinzel du 1ᵉʳ janvier 1941, Archives militaires de Podolsk, AMO, f.6598, op. 12451, d.544, l.105.

38. Magnus Pahl, *op. cit.*, p. 77–78.

39. Magnus Pahl, op. cit., p. 77–78.

40. Actes du procès de Nuremberg, vol. 26, p. 610–628 (1058-PS).

41. Domarus, *Hitler. Reden und Proklamationen 1932–1945*, vol. 4, p. 1704.

42. *The testament of Adolf Hitler. The Hitler-Bormann Documents*, Cassell and Cy, London, 1959, p. 65.

43. Halder, *KTB*, vol. 2, p. 458.

44. 在此感谢俄罗斯水文气象科学研究院气象部门的负责人维亚切斯拉夫·拉祖瓦耶夫，在他的帮助下，我们得以获得苏联欧洲部分的资料。它们充分佐证了扎潘季斯（Zapantis）采用的德国与波兰的资料。

45. G. Blumentritt, Moscow, in: *The fatal Decisions*, New York 1956, p. 51.

46. A.L. Zapantis, *Hitler's Balkan Campaign and the Invasion of the USSR*, Columbia University Press, 1987.

47. Halder, *KTB*, vol. 2, p. 387.

48. Halder, *KTB*, vol. 2, p. 344 et 387.

49. Halder, *KTB*, vol. 2, p. 188.

50. Halder, *KTB*, vol. 2, p. 315.

51. W. Keitel, *Mein Leben, Pflichterfüllung bis zum Untergang*, Edition Q, 1998, p. 321.

52. E. Presseisen, *Prelude to «Barbarossa»: Germany and the Balkans, 1940–1941*, The Journal of Modern History, vol. 32, n° 4 (Déc.1960), p. 359–370.

53. H. Gr. Süd, Ia, Nr. 450/41 du 2 avril 41 et n° 506/41 du 12 avril suivant.

54. A. Hillgruber, *Staatsmänner und Diplomaten bei Hitler*.

55. *Ibid.*, p. 16.

56. *Ibid.*, p. 279.

57. *Ibid.*, p. 287.

58. *Ibid.*, p. 289.

59. 该论点在Catherine Horel的霍尔蒂传记中得到了辩护，in: *L'Amiral Horthy*, Perrin, 2014, p. 311。

60. Wolfgang Venohr, *Aufstand in der Tatra. Der Kampf um die Slowakei 1939–1944*, Königstein, 1979.

61. Halder, *KTB*, vol. 2, p. 183.

62. Halder, *KTB*, vol. 2, p. 233.

63. Halder, *KTB*, vol. 2, p. 264.

64. Hitlers *Weisungen für die Kriegführung*, dtv Dokumente, p. 121–122.

65. ADAP D XII, doc.222.

66. Gerhard Krebs, *Japan und der deutsch-sowjetische Krieg 1941*, in: *Zwei Wege nach Moskau*, p. 568.

67. Ribbentrop, *Zwischen London und Moskau. Erinnerungen,…*, Druffel Verlag, 1953, p. 248.

第六章
苏联应对灾难的方法

> 由于［国家］内部的同质性和凝聚力，我们军队的后方和前线比其他任何一个国家都要强大，我们必须记住，在军事冲突方面，这些国家都业余得很。按照外国媒体的胡言乱语，苏联清除机构组织中的间谍、杀人犯、破坏分子，像托洛茨基、季诺维也夫、加米涅夫、亚基尔、图哈切夫斯基、罗森戈尔茨、布哈林和其他一些人，就会"动摇"苏维埃体制，使之进入"解体"的状态。我们只能对这些胡言乱语一笑了之。清除有害和敌对的因素，怎么会动摇苏维埃体制，使之士气低落？［……］1937年，我们判决图哈切夫斯基、亚基尔、乌博列维奇和其他一些人死刑。随后，就举行了最高苏维埃的选举。选举中，有98.6%的票数投给了苏维埃政府。［……］问题来了：哪儿出现了"解体"的症状，为什么这样的"解体"没有对选举结果造成影响？
>
> ——斯大林1939年3月10日的讲话[1]

从1930年代初起，数量庞大的士兵及其物资使红军成了世界第一。只有它有能力依靠很大程度上已经为其所用的工业体系，依靠采取了军事化手段的社会以及现代化的作战学说，德国国防军也是一样，只是程度有所不同。这支军队似乎拥有抗衡德国军队的一切力量，坚信能够快速赢得战争，却被德国完全掌握了主动权，濒临毁灭的边缘。1941年圣诞节的时候，当年6月22日集结于边境地区的80%的士兵都已牺牲，数量极大的物资要么被毁，要么被俘获。各种复杂的因素可以对巴巴罗萨行动核心的悖论做出解释：从军事层面上来看，德国人做得也不算好，苏联人本来应该做得更好。想要厘清其中种种纠缠不清的原因，就应该摆脱把所有错误全都归咎于斯大林的危险做法。事实上，对这个格鲁吉亚人的政府而言，军队既是牺牲品，也是支持者和受益者。撇开克里姆林宫的直接指挥不说，它所选择的理论，它的战争计划，它对荣誉的追求，它不懂得如何控制规模，这些本身就为它自己最初的溃败铺平了道路。

1937年至1938年的大清洗：是灾难，抑或不是？

直到1980年代之前，从西方和后斯大林时代的苏联的历史著作来看，可以用两个词来概括1941年灾难的原因："大清洗"和"突袭"。关于前者，我们来回忆一下事实。1937年6月12日，苏联人得知八名最高级别的指挥官因犯有最高等级的叛国罪而被判处死刑，其中图哈切夫斯基元帅最为有名。在随后的八天时间里，980名高级军官遭到逮捕和严刑拷打，之后苏联最高法院军事审判庭进行了十分钟的闭门审判。95%案件中的被告都被执行了死刑。在随后的几个月内，镇压行动超速运行，到1938年9月12日达到顶峰，斯大林和他身边圈子里的人签署了3167份执行死刑的判决书。[2]1938年11月15日至17日政治局通过决议，禁止简化审理流程，禁止大规模流放和逮捕，之后镇压机器便沉寂了下来。这一时期可以用1940年辑录的数据来做一个总结，辑录者是国防人民委员部处理干部人事事务的负责人叶菲姆·奇恰坚科。十六个月内，超过4万名军官遭解职或逮捕。1941年前，约

1.3万人又恢复原职。因此，共损失2.7万名干部（其中5000名为政工军官），其中8000至10000人遭处决。543天时间内，506名将军级军官被内务人民委员部处决。对德战争的1418天时间里，作战阵亡者为287人。

从数字上看，这2.7万名遭清洗的人只占1937年至1941年间大批受训军官的几个百分点（约占1937年军官数的10%，1938年的6%，1939年的1%）。按照这个数据，再结合罗杰·里斯的研究，我们大致可得出结论，这一数字占比很少，还不足以解释1941年的溃败。这点当属确实。然而，这一数字是否可以忽略不计呢？1937年，希特勒决定清除旧国防军的4000名军官，其中许多人都是拥护君主政体的铁杆分子，他们构成了德国国防军3.3万名干部中的一个核心群体，1945年的时候，希特勒很后悔自己没这么做，那我们要问的是，如果他真这么做了的话，会发生什么情况呢？对战波兰、法国、苏联以及其他地方的那些高级军官，都不可能幸存下来。曼施坦因、古德里安、博克、伦德施泰特、霍普纳、莫德尔、费尔吉贝尔都不行。装甲部队、空军、无线通信部门，战争之初取得大胜的这些工具，若是没有其创建者和组织者，会怎么样呢？这样的类比将会有助于认识到，大清洗对苏军的打击虽然纯粹从量上来看的话不算多，但不能仅从这个层面来看问题。

事实上，从质的方面来看，大清洗对苏军干部的削弱并不见得能忽略不计。等级越是高，损失率就越是惊人：16名集团军司令中的14名，67名军长中的60名，199名师长中的136名，397名旅长中的221名，都被清除掉了。最有经验的将领消失了，组织和教学问题上的断层相当严重。相继在"纵深战斗"和"纵深作战"领域富有经验的将领，1933年被派往德国由德国出资受训的军官，以及在西班牙和远东地区打仗的将领，这一代人中的大部分人都死了。航空兵是一个正在全力发展的技术军种，1937年有近三分之一的军官消失。训练事故呈爆炸性增长，或许也和由此导致的混乱状态不无关联。大清洗中的马前卒伏罗希洛夫在1938年11月29日的一次讲话中也表达了担忧："你们难道不明白，在过去三年里，我们损失了1134架飞机？任何一个邻国都不敢梦想自己的空军能有这么多的飞机！［……］今年我们损失了多少飞行员？ 226个！你们想想：226名飞行员！整整一个团！"³

如果图哈切夫斯基、叶戈罗夫、乌博列维奇和其他人能活下来，那苏联在1941年夏的表现就会更好吗？完全没法下定论。1937年之前，他们也犯过大量错误。例如，图哈切夫斯基也患有"巨人症"这个毛病，而且还病入膏肓。1930年1月，他不就提出过要将整个经济军事化，用来每年生产10万辆坦克吗（那可是苏联在二战期间产量的总和）？这想法在斯大林看来很荒唐，也很危险，所以就禁止图哈切夫斯基掺和到经济中去。此外，元帅认为这个军事手段可以使他宣扬的作战理念付诸实施，在这方面他可谓盲目自信。他傲慢，粗鲁，毫不犹豫地就给和同事之间的争论扣上意识形态的帽子，尤其是斯维琴，他要求把斯维琴逮捕起来，这就等于扼杀了独立专业的讨论。他心心念念想的就是从苏联的经济中提取大量的资源，对训练军队或提高下级军官的素质丝毫不感兴趣。此外，我们是否想过，如果这些军官中哪怕有一个人活到1941年，在对德国究竟该采取什么态度方面，他们敢正面顶撞斯大林吗？除了铁木辛哥和朱可夫，他们究竟该怎么做才能让自己不陷于不利的境地？

除了人数减少之外，氛围也在持续恶化。战后，在作家康斯坦丁·西蒙诺夫的一次采访中，朱可夫承认："军队不仅被砍了脑袋，还堕落得很，没有了士气。［……］纪律呈自由落体，经常性缺勤和开小差大量增加。"我们可以怀疑元帅想要给1941年的灾难找借口，而他又是当时的统帅。但这个怀疑对科涅夫来说不值一提："说什么如果这十五个人还在军队里头，1941年就会好起来，这都是错误的。

第六章 苏联应对灾难的方法　321

[……]根本原因是，如果没有1937年的镇压，就不会存在这种腐化全军的沉重氛围。"[4]对苏军政治管理方面的负责人彼得·斯米尔诺夫来说也不是这么回事。1941年8月，苏军的溃退让斯大林惊慌失措，问他苏军对1937年的大清洗有什么反应。"大家普遍都说指挥层的将官遭到了无缘无故、毫无理由的构陷。[……]一部分将领都相当慌乱，他们丧失了意志力，也不想去管。所以就导致了纪律一塌糊涂。事故、自杀、毁坏行为、预谋纵火、有意自残层出不穷。"[5]我们并不清楚斯大林听到这些话有什么反应。大量回忆录也证实了这一点：幸存下来的人对当时那种糟糕透顶的情况记忆犹新。恐惧烙印在头脑中，害怕斯大林，害怕内务人民委员部，害怕特殊部门、间谍、告密者……不信任，封闭自我，士气低落，冷漠怠惰都是因这个现状而起，可见军队的精神已经彻底丧失：大部分时间里，告密者本身就是受害者的军官、朋友、同事。审讯，当着大家的面进行自我批评，各种性质的压力和威胁都恶化了这种氛围。1937年第二季度，军队内部自杀和自杀未遂的数量大幅飙升：列宁格勒的增长率超过了27%（和第一季度相比），白俄罗斯为40%，基辅50%，远东地区90%，哈尔科夫150%，黑海舰队130%，太平洋舰队200%。[6]最后，军官权力体制内又钉入了一颗棺材钉，那就是双重指挥权，1927年废除的这种指挥权，现在又重新引入了：今后必须有政工军官的签名才能使作战命令生效，虽然政工干部所受的培训使他无法对作战命令的优劣做出评判。

当然，内务人民委员叶若夫遭撤职和清除这件事使这种恐惧有所缓解，他是大清洗的主要执行者。但这种恐惧并没有消失。在叶若夫的继任者贝利亚手下，恐惧仍在继续，贝利亚批捕了大批人，当然程度有所减轻，但还在继续。1939年共计逮捕了2418人，其中有集团军司令费德科和叶戈罗夫元帅，两人都遭枪决。1940年，5431名军人又遭内务人民委员部逮捕。[7]德国进攻前夜，逮捕了防空局局长施捷尔恩、波罗的海军区空军副司令阿列克谢耶夫、列宁格勒军区空军副司令列文、强击机师师长阿尔叶努辛、莫斯科军区司令员普姆普尔，还有三名军队的工程师，最后是苏军航空兵司令帕维尔·雷恰戈夫。雷恰戈夫还发现他的妻子，屡获勋章的飞行员玛丽亚·佩特洛夫娜·涅斯捷连科，他的两个前任亚历山大·洛克基奥诺夫和雅科夫·斯穆什克维奇，以及战略航空兵司令伊万·普罗斯库罗夫也都被关在了狱中，普罗斯库罗夫或许是一个有着大好前途的苏联军官，也是极少数敢于公开顶撞斯大林的人。1941年10月28日，所有人都在未经审判的情况下遭到了枪决，一起被枪决的还有两名将军和炮兵部队的一名上校，其中一名将军是和妻子一起被处死的。直到德国进攻之后，苏联军官一听到要被召回莫斯科还直打哆嗦。朱可夫在回忆录中说他身边总会备一只小行李箱和一把上膛的手枪；1939年5月，他妻子得知他被召到部里去的时候就哭了起来，后来证明朱可夫是得到了晋升。

采取大清洗措施就不能只局限于军营。根本就不存在避难所。外交部门、对外情报部门（275个特工遭清洗，其中两个是相继任职的负责人[8]）、工业界、科学研究部门也都遭到了清洗。工程师和工厂厂长、中央和地方行政管理部门的干部纷纷下马，取代他们的都是没能力的人，导致武器生产一片混乱，整个经济也是一团糟。[9]1937年10月，国防工业负责人鲁西莫维奇被关入大牢；他的继任者米哈伊尔·卡冈诺维奇是交通人民委员的弟弟，1939年1月也遭到了同样的命运，后来他自杀了。装甲武器的组织者因诺肯季·哈列普斯基，坐落于车里雅宾斯克的世界规模最大的坦克工厂的创建者卡兹米尔·洛文，快速坦克BT的建造者以及哈尔科夫机车厂总工程师、中型坦克之父A·菲尔索夫，要么遭到枪决，要么死在监狱里。1940年11月5日，贝利亚和麦赫利斯向斯大林提交了一份报告，谈的是弹药人民委员部的工作职能。"该部的工作一个季度比一个季度糟糕。第一季度计划如期交付了87.9%的产量，第二季度是85.1%，随后就是55.8%。

在这九个月里，陆军、航空兵、海军共消耗了420万发炮弹、300万颗地雷、200万颗航空炸弹、20.5万发舰炮。[……]前九个月生产的111.7万颗炮弹壳中，96.3万发都有缺陷。"[10]这份报告还说到了肃反氛围所致的荒唐事儿。新任厂长只想着怎么让自己不受搞怠工搞破坏的指控，尽发些荒唐的命令。有一个厂长要求在二十四个小时的时间里建造一座新的装配车间，把没建成的责任都推给下属。[11]新式武器的设计和生产，如喀秋莎火箭炮、T-34坦克、强击机暴风雪、Pe-2俯冲轰炸机，都受到了限制。

尖端武器研究领域也没有逃过这一劫。飞机，反冲炮，无线电器材、机械、光学、精密化学实验室研究部门和生产线的负责人也都被抓，哈尔科夫物理科技研究院和列宁格勒大学物理系损失尤其严重。福克和兰道是苏联两个极具天赋的研究人员，他们在未来的诺贝尔奖获得者彼得·卡皮查的干预下才获得了释放，他向斯大林指出，没有这两个人，损失会相当巨大。为了减轻清洗所造成的后果，1939年1月7日，贝利亚向斯大林提议将内务人民委员部的一个部门改成特殊技术局，目的是"利用这些在设计领域拥有相关知识的犯人生产新型武器和舰船"。[12]7月，该局任用了从古拉格遴选出来的316名研究人员，分配到名为沙拉什卡的不同管区。里面囊括了各个领域，如飞机、发动机、装甲、化学武器、大炮和炮弹、战舰、鱼雷、通信设备等。29号沙拉什卡名为"图波列夫"，聚集了达800名飞机工程师。贝利亚试图向安德烈·尼古拉耶维奇·图波列夫解释沙拉什卡是一个很好的解决办法，图波列夫回答道："您不会以为晚上回了家，我们就能把飞机造出来吧？""您当然可以！那可是真的危险！您可想象不出马路上的交通状况，一辆公交车就能把您给轧死！"[13]图波列夫提前获释，但没有平反，关了四年后，1941年7月19日，他回了家。战争期间相当成功的Pe-2俯冲轰炸机的设计者弗拉基米尔·佩特利亚科夫走的也是同样的路。

斯大林1930年代开始就在军事领域做了巨大的努力，他为什么要毁灭其中的一部分，却又不停地说他的政权能幸存下来，全靠这些努力？为什么要一手摧毁，一手建造呢？答案只能从苏军身上找。苏联的整个社会在大清洗时期付出了70万人死亡、160万人坐牢和流放的代价。如果不排除结构因素，即清洗机器全速运行的话，那主要原因似乎和国际形势的恶化及世界冲突的迫近有关。1917年的国际形势，所有领导人都还记得：后方崩溃，粮食短缺，农民不愿卖粮食，工人闹罢工，从而导致前线溃败。对苏联社会的原子化，许多地方对他采取的政策充满敌意，斯大林心里都很清楚。在他看来，收紧社会各个阶层，以及照各次会议上再三重申的说法，即让"前线和后方统一起来"的唯一方式，就是预先清除所有的第五纵队。在斯大林的心里，战争时期消灭潜在暴乱的萌芽超越了任何合理的考量。他不在乎2.7万名军官的消失，只要后继者忠诚就可以。政治上可靠所获的收益远远大于损失几个有能力的人。

这种假设可以解释大清洗针对的两个目标："反苏维埃"行动对准的是民众中的18个类别，这是一方面，另一方面是"民族"行动，要消灭的是苏联边境地区的少数民族。前者清除了旧制度遗留下来的人（贵族、沙皇时期的官僚、沙皇时期的旧军官、宗教人士），以前的政界人士（各政党以前的成员），历次大清洗中幸存下来的人（开除出党的人、富农、以前因"反革命行为"而被判刑的犯人），还有斯大林掌握绝对权力之前就有了名气的人，这些人并不欠他什么，会在他的身边凝聚成反对力量。苏军将领就分属于不同的类别，斯大林是这么概括的："图哈切夫斯基们，科尔克们，乌博列维奇们，[……]适合雾月18日，不适合红军。"[14]西班牙共和派阵营分裂极深，这一点对斯大林打击很大，现今俄罗斯著名的历史学家奥列格·赫列夫纽克的观点是，很有可能就是这一点使他决定要对军队进行大清洗。1937年6月2日，图哈切夫斯基和朋友们遭到了严刑拷打，斯大林在1937

年6月向军事委员会解释说，军官们"在搞阴谋"，并宣称："他们想让苏联变成第二个西班牙。"[15]

国际形势的恶化可以解释大清洗的另一个目标，那就是来自邻近国家的少数民族。相继发生了好几次大规模逮捕的行动："波兰人"、"芬兰人"、"德意志人"、"哈尔滨人"（远东地区的侨民）、"拉脱维亚人"、"爱沙尼亚人"、"朝鲜人"、"阿富汗人"，甚至还有"伊朗人"。斯大林在1939年8月25日写给军事情报部门负责人普罗斯库罗夫的一封信中是这么说的："普罗斯库罗夫同志，政府的一项决议禁止波兰人、芬兰人、拉脱维亚人、爱沙尼亚人、德国人等进入情报单位。是谁向您推荐了这个芬兰人，而且他也叫伏罗希洛夫？"[16]逮捕"波兰人"的时候，斯维尔德洛夫斯克地区内务人民委员部负责人德米特里耶夫下令所有人的名字结尾只要叫"斯基"的，统统给逮起来。1937年4月底，军事情报部一局局长施泰因布吕克被投入了牢房：他是在奥匈帝国出生成长的，仅这一点就足以向他提出指控。内务人民委员部的一份写给斯大林的报告统计了2344名"波兰"军官和767名"德国"军官，其中1103名被开除出了军队，大多数都遭到了逮捕，并被枪决。[17]罗科索夫斯基将军就这样在牢房里待了三年，就因为他父亲是波兰人。

斯大林下了这样一个赌注，是否就真的使苏联社会得到增强了呢？如果我们相信1940年5月23日麦赫利斯寄给日丹诺夫的报告中所说的话，那还真是这么回事。"1940年4月1日，[……]军队内有210784个党员和224170个候补党员。和1937年相比，党员的数量增加了几乎3.5倍。1938年，中央委员会所做的吸收军人入党的决定取得了很大的效果。"[18]1938年11月11日，国防人民委员部的一份命令开头胜利的语调相当明显："指挥员、政委、政治机关和党支部在1938年大力推进军队的布尔什维克化，将存在于内部的人民公敌都清除了出去。指挥员、政委和士兵都更加紧密地团结在了布尔什维克党、苏维埃政府和人民领袖斯大林同志的周围。"[19]照斯大林分子看来，这就是试金石，可以用来衡量大清洗的效果：大清洗并没有将军队从党的身边割裂开来，而是使它更向着党。从大清洗推行之前开始，伏罗希洛夫在1937年2月至3月的全会上，甚至说凡存在于党外的就是敌人。

> 关于战士的教育问题，我认为我们应该设法在非党员的指挥员中间培养尽可能多的布尔什维克，但我们也不能阻止非党员成为军队的干部。[……]可我们虽然接纳没有入党的人，也会很好地对待他们，但我们绝不允许军队的指挥员不问政治，对发生在身边的事漠不关心，绝不允许他们忽视我们的党、党的任务、党的抱负。[……]非党员的指挥员如果是这样，那他们有一半就成了我们的敌人，在很短的时间内，他们就会成为敌人的代理人，或者就成为敌人本身。我们不应该使用这样的非党员，我们必须采取一切措施阻止这样的事发生。[20]

事实上，1937年至1938年的大清洗时期只是在土地的集体化、清除富农、乌克兰的大饥荒等历次事件所激起的反对声浪之上又增加了新的反对者。斯大林读过内务人民委员部的所有报告，很清楚一部分农民，尤其是乌克兰的农民，都在期望德国的入侵，来打击"躲在背后的布尔什维克"。[21]这种敌对情绪并不仅限于农民阶层这一最大受害者。"五年之内就会爆发战争，到时我们会和他们算账"[22]在社会各界都成了流行语。知识分子也被清洗行动搞得胆战心惊。"我不想打仗，我甚至都不知道为什么要打仗，"1938年9月28日，在收到让他去军营报道的通知的时候，当时还是大学生的俄罗斯历史学家阿尔卡季·曼科夫在日记里这么写道。[23]1920年代党最珍爱的诗人杰米扬·别德内是个特例，他就住在克里姆林宫内，可以去斯大林的图书

第六章 苏联应对灾难的方法 327

馆看书,他曾对外人宣称:"军队彻底被摧毁了,信任和指挥都毁了。不可能用这样一支军队来打仗。在这种情况下,我会把乌克兰的一半土地给出去,这样我们就消停了。[……]互相说对方是叛国贼,军队怎么可能会对领导有信心?"[24]另一个布尔什维克诗人约瑟夫·乌特金大着胆子说出了下面这句无异于自杀性的话:"没有哪个敌人像斯大林的那些审判那样对我们的伤害大。"[25]红色知识界说的那些话,内务人民委员部巨细靡遗地都收集成册,放到斯大林的办公桌上。尽管公报得意扬扬地宣扬说"人民空前团结",斯大林却仍比以往更能感受到一旦开战,内部的战线会打开一个口子。德国进攻之后的四天时间里,他下达给政治警察的所有命令都是在谈这个内部战线。他很清楚这是为什么:数百万公民会帮助德军阻挠苏军的行动,揭发苏联的官员。几十万士兵,包括军官在内,都会放下武器,很快投降或当逃兵。如果说还没有哪个大人物冒出头来挑头合作,那也主要是因为占领军的残暴以及希特勒不愿采取合理的政策所致,安德烈·弗拉索夫将军*是个特例。他认为尽管实施了大清洗,但斯大林不会赢得战争。被德国人俘虏后,弗拉索夫于1942年9月10日发出了第一次呼吁"致指挥员和苏联知识界",他提出了1941年苏军溃败的种种原因:"思考十二到十五年来我们国家所走过的道路,我只能很不情愿地得出结论,正是斯大林集团该为我们所有的不幸负责。正是他们用集体农庄摧毁了国家,消灭了数百万诚实的人,正是他们在1937年至1938年将优秀的干部灭绝殆尽。鼓励阿谀奉承,播洒猜疑心理,他们彻底败坏了国家和军队。"[26]

---

* 安德烈·安德烈耶维奇·弗拉索夫(1901—1946),苏德战争初期表现优异,被俘后投降德军,成立"解放俄国人民委员会"。1944年下半年经希特勒同意,弗拉索夫成立了"俄罗斯解放军",但此时德军大势已去,弗拉索夫转而与中立国瑞典和瑞士联系,但无果。后布拉格爆发起义,他想通过帮助起义军以便今后获盟国的同情,但由于苏方施压,捷克流亡政府不与其合作,艾森豪威尔也放弃了布拉格。弗拉索夫无奈撤出,不久后即被俘虏,落入苏军手中,最后以绞刑处死。

大清洗从内部和外部都削弱了苏联。所有人都觉得它成了国际公认的新的病人。和日本人一样,希特勒认为面对他的攻势,苏联只不过是一个毫无防御能力的巨人罢了。美国记者罗伊·霍华德1936年采访过斯大林,1939年3月,他写了一篇文章概述了大清洗造成的后果,斯大林在俄语译文上加了批注,批注稿至今还留存着:"今天的苏联代表了什么?依据法国和英国的军事观察家和政治领导人的看法,如今的苏联尽管拥有庞大的军队和数不胜数的空战力量,但它只不过是个失落的愿景而已。无论和谁结盟来反抗法西斯主义,苏联都已经被完全忽略了。"[27](斯大林在页边画了两条着重线)。1937年夏,日本驻莫斯科助理武官写给上级的一份报告论述了他对大清洗的看法,写得更有意思,因为报告写得很审慎,甚至矛盾。内务人民委员部后来获得了这篇报告文稿,12月的时候寄给了斯大林。下面是这篇长文的节选。

如今的审判可以表明苏军的弱点就出在精神凝聚力上。[……]一旦和苏军发生冲突,从数量上来看,我们是没有能力与之相提并论的,所以必须从这个裂口处着手,尽力深入,以此来赢得胜利。[……]正是由于这些审判之故,指挥层彼此猜忌的情形日益加剧,尤其是最高层。由于镇压还在继续,深入骨髓的猜疑之风便在权力中枢各个部门的领导人身上落地生根。整体来说,这一切严重削弱了凝聚力和国家的防御能力。[……]我必须再重复一次:苏军的凝聚力受到了极大的削弱,这点毫无疑问。[……]但尽管如此,还不应该由此推断出苏联的实力已遭很大的削弱,或者军队的战斗力一落千丈。[……]有些人断言图哈切夫斯基和其他人的死亡从知识层面上削弱了苏军。我不否认这一点:图哈切夫斯基、亚基尔、乌博列维奇、科尔克这些指挥员拥有指挥大部队的丰富经验。[……]有哪些人可以取代他们呢？如果去找的话，是能找到的，首先就是沙波什尼科夫，现在他就是总参谋长。[28]

兵力的疯狂增长

如果说1937年至1938年间损失的这2.7万名军官还无法成为1941年大溃败的主要原因，那红军的增长危机倒是可以拿来探讨这个问题。这儿并不仅仅涉及数字。事实上，兵力的爆炸性增长遮蔽了三个变化：军队规模、组织和装备。大致来看，撇开突袭的效果不谈，归根结底正是因为这三个变化引发了震荡，而这震荡又导致了军队的混乱，从而使得德国在1941年夏秋取得了成功。

首先是规模上的变化。1928年，陆军、空军和海军共有58.5万常备军，本土后备役部队为84.2万人。这是一支1914年类型的军队，95%都是步兵师和骑兵师。四年之后，远东地区出现威胁，常备军总数达到了88.5万。欧洲局势日益紧张之际，1936年兵员为130万，三分之二的后备军都进入了常备军，1939年为210万，1940年达到420万。德国进攻前夕，兵力达到了约500万，依据计算模式的不同，上下增损30万人。随后就是组织上的变化：十年间，空军、装甲部队和机械化部队、工程部队和炮兵部队占总兵力的比重由5%上升到40%。这些技术兵种需要花时间大量训练，无论是普通士兵，还是干部，莫不如此。最后就是装备上的变化：大部分武器装备都是新的，变得复杂，有时很先进。它们的出现需要相关部队进行大量专业的技能培训。简言之，这一切都使训练系统成为苏联红军数量和质量上增长的一个关键节点。

苏联兵力的增长当然巨大，但并不特殊。比如，七年间（1932—1939）德国的兵力就由10万增长到了300万，三年间美国从33万增长到了400万（1939—1942）。从比例上来看，两国的增长速度要比苏军更快。我们只说德国，伴随新创建130个师而来的就是训练军官使之正常运转所遇到的巨大困难。如果说干部的质量及其比例必须做出很大妥协和折中，那有一点很明显：德国的这个军事工具懂得如何在控制其增长的时候使其兼具效率。确实，这一点必须部分归功于波兰战役所起到的训练效果以及国防军的传承，毕竟国防军提供的干部都很优秀。

苏军就不是这么回事了。它纯粹是在扩大规模。我们再仔细看一下数字，从中可以看出失败的第一个原因。如果说从1931年起，苏军不善于管控其增长规模，那从1939年到1941年6月22日的最近一次增长就使之更为削弱了。18个月内就增长了300万人，他们出现在兵营里和战场上，其数量相当于德国国防军的总数。现代化兵种的兵力处于腾飞状态：三年间，空军增长了10倍，从1941年1月1日至6月22日，装甲部队增长了7.4倍！[29] 主要的问题就出在这儿。把这些人和机器塞入18个月内组建的170个师之中，就必须多配备30万名军官，也就是说军官数量要比1928年至1937年间的总数还要多五倍！到哪儿去找？理论上，有两个来源：学校和后备役。后者只能覆盖10%的需求量，还有就是必须培训。学院、专科学校和军事学校的数量增加了四倍，但还是不足以提供必须人数的半数。还必须把训练时间从36个月减少到18个月，有时是12个月，增加各个阶层的兵员，降低对新兵和培训者的要求。由于这些措施还是不够，战争委员就只能采取各种权宜措施。他们叫来参加过内战的50岁年纪的人。这些人所受的培训都很仓促，教学内容也都过了时。那就征调共产党员。从技术院校抽出未完成学业的共青团员（年轻的共产党员），匆匆把他们送入机械化部队里去。不是自愿，没有经过军事训练，这些人被突然任命为中尉，火速提拔为连长、炮兵连长、分队队长，但这么做只是出于意识形态的原因。他们让政工军官担任营长，其中大部除了摸过制式手枪之外，其他武器连摸都没摸过。他们直接从部队里抽调，尤其是从士官中间抽调，其中绝大部分连小学学业都没完成。一切都在加快速度，120天就能成就一个少尉：1939年受过训练的10万名军官半数都属于这个范畴，但已经将连、炮兵连、分队的指挥权交给了这些人。

　　训练方面也做出了相当大的努力，但结果却没有达到现代化军队所需的那个高度。1941年，军队还缺6万名军官，这也很好地说明了1941年6月苏军303个师中的81个为什么还会处于准备期。超过三分之一的干部只受过几个星期的培训，甚至于毫无训练；近7%的干部受过的军事教育可以和今后的对手相比，而四年前则是14%。读不懂地图的尉官大有人在。先是大清洗，随后就是不停地创建部队，其流动量相当惊人。1941年，四名在职军官中有三名任职不到一年，对底下的人和同事都不熟悉，也没有时间制订训练计划，不仅自己不熟悉从工厂里生产出来的新式武器，也没法让自己的部队熟悉。许多人占据的岗位的要求比他们原先的岗位要高出一、二或三个等级。如果说1920年代还需要十年时间来培养一名营长，那到1940年就只需要三年。粗看的话，苏军有世界上最年轻的干部：82%的干部不到35岁，29%不到25岁。[30]这是一个很严重的现象，所谓的"技术"军种，即空军、装甲部队和炮兵部队的标准大大降低，而在此之前，97%至99%的指挥员都接受过中等教育或高等教育。尽管金字塔顶层的情况还没那么严重，但1940年5月沙波什尼科夫元帅已经警告过他的同事铁木辛哥："总参谋部都是由没什么经验的年轻军官构成的。许多人都是刚从军事院校里出来的。[……]由于工作量太大，又严重缺乏干部，但也是由于经验不足，总参谋部的工作令人极其不满意，需要得到很大的改善。"[31]晋升政策变得荒唐可笑。1938年11月的军队会议上，第2步兵师师长斯捷潘·叶廖明抱怨说，人事档案都在内务人民委员部特定部门和秘密部门的手上，只有他们才能决定人事调动、职务分派和晋升。[32]最令人震惊的是帕维尔·雷恰戈夫，1940年8月他才29岁（！），就当上了苏军的空军司令。三年前，在西班牙，他的军衔也就相当于上尉，而且他只指挥过由十二名飞行员组成的强击机队。米哈伊尔·基尔波诺斯将军是又一个例子，也相当夸张。1940年3月他还是师长，4月担任军长，最后担任列宁格勒军区司令员，一个季度里跳了两级。最终在6月，他被任命为上将，这是最高级别的军衔，同时还担任了基辅军区司令员，那是苏联最重要的军区。当时他49岁。再来看对面，和他类似的冯·伦德施泰特陆军元帅比他大17岁，经验极其丰富。这种不断晋升的现象将步兵部队排一级和连一级的指挥员交付给了没受过什么训练的人，营一级都只是由同样受过很少训练的并非志愿兵的共产党员担任的。

干部普遍平庸

营、团甚至师一级干部的无能可以从芬兰战役中清楚地看出来。数千名军官被撤了职，就是因为他们对自己所在军种的运行体制一窍不通，对如何与相邻部队，如炮兵部队、侦察部队保持联系既无概念，又无实际操作经验，对兵员调动、伪装、从加固阵地发起进攻这一切一概不懂。1940年12月，巡视一圈之后，铁木辛哥对干部的无知倍感震惊，他从中看出了战术上会造成的严重后果："进攻部队完全不懂如何调兵来包围敌军。有时不知道怎么伪装。部队全都聚集在一起，导致第二梯队行动迟缓。"[33]这导致了毫无必要的损失。所有的军队负责人都了解这个情况，崔可夫将军说得尤其明确：军官在军事技术上花时间太少，或者做的工作和军务毫无关系。面对师的数量疯狂增长的现象，上面所说的那些权宜之计起不到任何效果。铁木辛哥的改革强化了训练，尤其是小部队的训练，但对波罗的海诸国、波兰东部及比萨拉比亚的占领又导致部队整体向西线迁移。结果，1940年秋至1941年夏都在忙于建造临时营房、搭建打靶场和飞机场，后来大部分设施还没完工，就全都落入了德国人的手里。坦克驾驶员、炮手和指挥员只训练三十个小时；他们只懂得白天怎么在路上开。空军飞行员的训练时间比德国人少三分之二，还缺少配备必要设施的基地、飞行工具，也缺乏燃油的储备。

如果说铁木辛哥对部队看得很清楚，那我们想问斯大林是否意识到苏军有多么平庸。我们并没有见到当时的直接证据。关于苏朝边境地区的哈桑湖战斗，对波兰东部的入侵，或和芬兰的冬季战争，他考虑的似乎还是最终是否成功，对损失多少，有什么不足之处并无挂虑。不过，关于这些作战行动显示干部能力严重不足的报告他也读过不少。[34] 他是否期望每次获得的经验能改善整体的水平？每一年，每一个月，每一天额外的和平是否就能抹去那些触目惊心的不足之处？毫无疑问不会。我们也可以认为，他不懂得如何去通盘考虑军队专业素质方面的概念。他所有的只是政治思维。飞机型号出现技术上的失败就是有人搞破坏。标准没达到就是有人在叛国。从这两个例子来看，镇压就是解决方法，用忠心耿耿的苏共党员来替换有能力的领导就反映了这一点。巴巴罗萨行动中我们就经常会碰到这种情况。如果说斯大林在此期间意识到了苏军的平庸，那他也什么都没说。他只是对德国的狼性谨慎提防，后来从1941年4月起，他又苦恼地想要安抚希特勒，这一切都让人觉得他对自己的军事工具也只具有有限的信任。

德国人究竟做了什么才使军力提升，而苏联人却没做到？他们弃卒保帅，让机动性不强、很少用于进攻的第二等级，甚至第三等级的师来更好地照应地面部队最能打的核心部队，而后者就是指大约20支机动部队和50支左右的精锐步兵师。而苏联人一方面创建了太多的部队，另一方面却选择让本就不多的军官分配到所有的部队里，其中就包括从作战角度讲极为重要的机械化部队。两个国家的动员计划也各自不同。德国人信奉的是攻势加突袭，承平时期，他们就会把最精锐的师放到会发生战争的地方；爆发战争的时候，他们就会有全部的兵力和物资可用，尤其是干部。苏联人的选择后来则被证明极具灾难性，这一点和沙皇时期的军队一样：和平时期，他们只是让所有的师保留50%的战力，也就是6000到8000人。和平时期，军队的司令部有268名工作人员，其中225名是军官。战时，所需的数量分别是1530和550。部队和司令部一样，指望的就是战争最初那段时期，他们认为这时候还不用进行大规模作战，还有时间把后备役士兵运往各师，使兵力逐渐达到14000到16000这个规定的人数。因此，受到巴巴罗萨行动打击的苏联170个师兵力都不够：都在期待总动员令能把100万人调往他们这儿。德国人快速推进之后，就抓获了50万正在寻找自己部队的后备军，在这一片混乱之中，这50万后备军根本就找不到各自的部队。[35]

　　苏联和德国之间的其他差异触及更为深刻的社会及文化层面上的现实问题。传统上来说，军队的职业生涯更吸引德国人，尤其是城市的中产阶层，他们相对来说人数多，而且受过教育，也就是说上过八年学。他们并不讨厌进后备部队，那是社会声望的源泉。在苏联，贵族和资产阶级的消失以及受教育农民阶层的消失，使得传统招收军官的场所几近彻底不见。工业化和官僚主义化吸收了大批1917年后受过高等教育的人。军队剩下的士兵都来自贫苦的农民阶层和无产阶级，其教育水准也就二年级，最多相当于我们的六年级。为了能让他们跟得上训练，就必须降低水准，以至于降至其他交战国从没见过的低水准。1936年的统计数据显示有一半营长和连长不会写俄语。再加上民族成分多，这问题无疑会更为严重。1938年，机械化军军长彼得罗夫指出，进入他部队的23%的士兵对俄语一窍不通。[36]1938年11月，伏龙芝军事学院院长韦廖夫金-拉哈尔斯基向伏罗希洛夫抱怨入学新生的水平一塌糊涂。他说，根本没法给新生教军事知识，只能给他们上

第六章　苏联应对灾难的方法　335

文化通识课。[37]而这些人可是未来的军官，也都是百里挑一遴选出来的！当我们得知1930年代末，苏联只有4.7%的男性人口受过中等教育（德国为12%），0.8%受过高等教育，能不震惊吗？[38]官方统计数据承认，五分之一的成人都是文盲，9岁到49岁的人中11%是文盲，征兵年龄段的人则贡献了15％—16％的文盲率。[39]所有这些社会文化因素还可以和苏联57%的劳动力都在从事低产量的农业劳动（德国是26%）做比照，这也就让苏联在第三世界牢牢站稳了脚跟。

还有另一个因素，和经济有关，但以政治选择为基础，正是这个因素使军官招募更为困难，那就是待遇问题。在苏联社会，军官没有工人或工程师这些"生产力"有社会价值。因此，军官的收入始终都处于最底层。1929年，营长每月的收入比非技术工种的工厂工人挣得还少。薪水是在逐渐往上涨，但并不够。1934年，苏联步兵部队的中尉和技术工人挣的一样多（法国是两倍半，德国是四倍，英国是六倍），工长赚得比营长多，工厂副厂长比军长多。1937年起，苏军领导层认识到了这一点，涨了好几次薪水。但和全面增长，而且在全力吸引干部的工业界相比，仍拖了后腿。

最后，也是最后一个重要因素，那就是德军会赋予士官权力、威望、权威以及体面的收入。他们也经常来自工人阶级和农民阶层，参了军，他们在社会上的地位水涨船高，随着科技水平的发展，他们初期会受到广泛的训练，也会频繁在技术领域实习，使得训练更为深入。目的是为了让军士可以临时取代中尉，负责率领一个排，甚至上尉可以担任连长，而且这种情况并不罕见。此外，经过平均十二个月的训练，这些人很容易就能转变为下级军官。苏军却没有这种经验丰富的专业人员可以使用。这方面倒是承袭了之前的沙皇时代，士官人数不是很多，很少或根本没受过训练，不受人尊重，薪水少。签的合约时间都不长，所以他们也不想着去提高自己的技能水平。在西方国家，大多数任务都会让士官来完成（训练，纪律，维持军容），在苏军这儿，这些任务都落到了军官身上。这样一来，军官人数肯定更多：1937年为7%，德国为4%（但有6%的士官），这是干部短缺日益加剧的一个额外因素。

德国的军人都很清楚苏联军官的平庸，尤其是下级军官。而平庸可以从战术上的缺陷显现出来，平庸也是士兵士气低落的首要原因，伤亡人数攀升也和这成正比，而德国人之所以会抱有快速赢得胜利的希望，正是因为认为对手将领无能。西方所有的武官、军事观察员和军事评论家也都持这种观点。从上述情况的发展来看，这并非空穴来风。不过，如果战争持续下去，苏军军官构成的底层结构就显露了出来，无论清洗与否。苏军还存在另一个有利的因素，和苏联社会一样，苏联的军队也有一种想要提升技术的切实愿望，一种从错误中学习的渴望。从制度层面来看，参谋部、技术部门的领导层，甚至方面军内部，都存在一种机制，会将经验回馈给干部。无论是从干部阶层，还是武器装备方面来看，结论都一样：德国必须在第一回合就把苏军给干掉。

苏联在物质上做好了战争准备

比起沙皇，斯大林在让自己的国家参加战争方面是否准备得更充分？有一个数字足以证明确实是这种情况。1941年至1945年间，苏联的工厂比1914年至1917年间生产的弹药多25倍。[40] 为了获得更优秀的表现，要比包括美国在内的冲突双方的另一方优秀得多，工业界就必须很早做准备。斯大林牺牲一切，就是为了让自己的国家快速实现工业化，他于1928年发起了第一个五年计划，而从1929年起，国防获得了优先地位。数据很可怕。重工业、机器制造业和国防这三个紧密交错的部门获得了总投资额的三分之二。仅军事支出部分便从1936年占总额的18.9%跃升至1939年的31.5%。[41] 1938年，42.8%的优质钢都供应给了国防，而这个比例到1939年和1940年的时候无疑还在增加。[42]1933年流水线生产了3830辆坦克和4600门炮，比世界其他地方多出四倍，2661架战机，比全球其他地方多出二倍！[43]比起其他任何国家，苏联重整军备的速度更快，程度更猛烈，德国要等到1937年，投资在战备上的资金占国内生产总值的比值才翻了一番。这一年，英国和法国军费上的开支为3%或更少，美国为1.2%，苏联为6%。

这种提前强势启动的做法不仅仅具有优势。一方面，它把民生消费的水平压到了很低；另一方面，它向武库和物资单位填充了大量1941年就会过时的东西：三辆坦克中就有一辆，五架飞机中就有两架是过时的。至于人民的生活水平，1941年，德国士兵会对此觉得震惊：住房不卫生，而且住满了人，交通一团糟，商店奇缺而且空空荡荡，酗酒盛行，小偷小摸比比皆是。在车里雅宾斯克的一个区建了12家现代化工厂，1936年，内务人民委员部惊闻，那里由年轻人构成的群体中死亡率高于出生率。[44]我们还得知苏联的慢性病得病率比德国高出许多，人的体质也虚弱得多。对斯大林而言，重头是在其他地方，从1930年开始便从无到有地创建了9000家工业企业，其中1219家直接生产武器弹药，[45]那是胜利的保障。1935年，一半产量为武器的生产方式被废弃，代之而起的是巨无霸式的工厂，仿照美国标准化大规模生产的模式。车里雅宾斯克坦克厂厂长卡兹米尔·洛文为此还带着工程师去了美国的卡特彼勒和艾利斯-查默斯这两家企业，租用了底特律一栋楼房内的一整个楼层组建技术化自动流水生产线。德国没有这么做。它更倾向于全速提升1933年的产能，方法不变。结果，相比苏联，德国的工业基础更局限，效率更低，也更分散。装甲的制造分配给了250家厂家，苏联是96家。冲突期间，苏联和德国一样并没有建新厂，只是改建现有的工厂，合理地调整产量。

第一个五年计划（1928—1932）之中，苏联的工业就在为战争做准备，这点从其性质上来看是隐瞒不了的：无论是从物质，还是人力方面来说，对该国方方面面都造成了冲击。9000家新建企业中，规模最大的那些企业在管理层引入了军代表。调动计划都会详加制订，定期由国防人民委员部更新。这些工厂从其本身的设计来说就具有双重性质，既是民用又是军用，尤其是汽车、飞机、拖拉机或化学部门就更是如此。在化学领域，硝酸铵生产单位既能生产肥料，也能生产炸药，只需经过一系列快速改装就能调整。乌拉尔地区的车里雅宾斯克工厂理论上每年生产4万台农用机具，但可根据坦克的产量进行调整。它还和列宁格勒及哈尔科夫的母工厂及其装甲设计领域专业化研究实验室和办公室随时保持联系。它们所采用的技术，比如采用履带式拖拉机而非轮式拖拉机，都是用生产坦克的那些设备来生产的。同样，为拖拉机开发的发动机都是大功率的铝合金柴油机，几乎可以完全安装到坦克上，可以使用低标号、不易燃的燃油。1929年政治局决定建立的车里雅宾斯克工厂甫一建成，就设了一条生产BT-2坦克的装配生产线，后来又改产BT-6和BT-7，随后是T-34，这些都是根据国际形势的变化来决定的，这样一来，农用拖拉机就受到了影响。所有的装备物资都是以这种思路来决定的：可靠性，生产和使用的简便性，费用压到最低，标准化，尽可能少变化。为了压低成本，减少运输，车里雅宾斯克这座城市还接入了一家电力冶金联合企业以及处理有色金属的设备，这些设备以前都是用来生产优质装甲板的。从1942年开始，车里雅宾斯克工厂生产了3608辆KV坦克和T-34坦克，仅这一家就占了德国同类机械全部产量的80%。同样的情况也出现在138机床厂身上，德国进攻后两个星期，每个月它就能生产200万发特制炮弹。

　　从工业的角度来看，除了某些技术落后的领域无法填补之外，相比德国，苏联已做好了打一场长期战争的准备。还必须指出的是，巴巴罗萨行动开始之前十五天，斯大林签署了一份行政命令"动员工

第六章　苏联应对灾难的方法　339

业界转入弹药部门的准备措施"。6月16日，机床人民委员马雷乔夫发布了一条"十万火急，绝密"的命令，对此做了传达。从这点来看，没什么好令人惊讶的地方。照军事领导人的乐观主义的看法，战斗很快就会在敌方的土地上进行，但后来这却在三个方面造成了负面影响。

第一点涉及的是武器生产工厂向东部的乌拉尔地区及以东地区搬迁。1918年，工程师瓦西里·格利涅维茨基就有过这样的设想[46]，列宁也持此看法，1928年正式发布了命令，1930年还顺利建造了一家巨无霸式的采矿和钢铁联合企业乌拉尔—库兹涅茨克厂。但由于这些地区什么都缺，建厂的成本高得惊人，于是1933年被紧急叫停，而被视为安全的列宁格勒、中部地区、乌克兰继续进行大量的生产。1941年，80%的兵工厂事实上都落到了德国人的手中。

第二点，受到威胁的工厂该如何迁移，根本就没有任何计划可言。没有一个领导敢提起此事，就怕被人说成是失败主义。那如果距边境800公里的哈尔科夫坦克厂，距边境600公里的斯大林格勒坦克厂被敌人占领，该怎么办？1941年夏，由于情况十万火急，需要寻找数千列火车来撤离好几百家工厂，十年时间里制订的各项精雕细镂的工业动员计划便显得无所适从了。最后一点，苏联始终都认为只能自力更生，其他国家都等着他受损失，这是颠扑不破的真理。之前沙皇战争时期得到盟国大量资金支持一事已成明日黄花，依靠别人只会在政治上、战略上、作战行动上处处受制于人。但是，只要对前线并无直接用处就彻底牺牲的做法很快就使苏联的国内经济濒于崩溃的边缘，从而也会使为战争所做的种种努力存在灰飞烟灭的风险。斯大林不得不一个劲地恳求盎格鲁-撒克逊人向他提供苏联的工业和农业无法生产的东西，这么做既是一种选择，也是自己无能为力所致。这就是武器工业相对强势，以及使整个经济变得不平衡所付出的代价。

庞大的优质武库

很难对1941年6月22日这两支军队的力量对比进行精确的比较。事实上需要衡量的是什么呢？真正接触时所使用的手段？无论何种情况，部队的部署、后备军的驰援每天一个样，力量对比也就会随着发生变化。侧翼始终都很弱。粗略来看的话，只要考虑1941年6月22日德国三个集团军群及与之对垒的苏联四个方面军部署的情况即可。不用考虑芬兰边境沿线部署的兵力，也不用考虑轴心国的盟军罗马尼亚人、匈牙利人、斯洛伐克人的情况，虽然这些方面本不可以忽略。德国的330万士兵配备了4331辆履带式战车、47200门各种型号的大炮和迫击炮（口径大于50毫米），有3128架战机支援，可完成四分之三的作战行动。而面对德军，苏军290万士兵有8000辆坦克、32000门炮和迫击炮、7133架战机，如果算上战略轰炸机，就超过了8200架。这些粗略的数字表明，轴心国初期在人数上和火炮数量上占优，而在坦克和飞机数量上劣势明显。如果我们考虑作战物资的百分比，这种劣势就会变小。比如，苏联大约一半坦克行驶的时间只有数个小时。此外，从储备的情况来看，苏军的陆军和航空兵还另有1.4万辆坦克，4.3万门加农炮，1万多架飞机可用，比对手多出四到五倍，而德军一次性就投入了几乎大部分的关键装备，除了飞机是例外：70%到95%的坦克和加农炮，56%的卡车，三分之二的战马。[47]

所有的专题著作都在尽力"一比一"地比较这些装备的表现，而这么做放在战场上则毫无意义：如何使用装备，部队的凝聚力，各个部门的配合情况，这些都更重要。还需注意的是29%的德国坦克（一号和二号）都已过时，如果把捷克的型号（35和38）都算入的话，这个数字可升至62%。苏联方面，我们注意到只有三分之一投入的坦克（T-26和OT-26）确实已经过时，这一点又增加了苏军在数字上的优势。在这个等式之中还要放入装甲的厚度和倾角、速度和续航时间、炮弹的类型及其出膛速度以及其他大量参数，如射击光学部件和射击系统的品质。无论采取何种方式来解答问题，我们最先注意到的是1941年6月22日，德国国防军在装备上并不具有对敌的优势。它的许多装备甚至劣势更明显。

从步兵团和步兵师的装备水平来看，这点也没错。苏联的步兵大部分都配备了托卡列夫步枪（SVT-38/40），比德军使用的毛瑟枪火力更大；支援步兵的是德军颇为羡慕的76毫米F-22加农炮和重型迫击炮，而且还不是经常用马拉，而是用共青团号履带式牵引车牵引的。炮兵团也是这种情况。他们有两款很出色的型号，即122毫米和152毫米榴弹炮，由农用拖拉机牵引。再来看坦克，苏联人大量使用的两款坦克，对方并无对等的类型：KV-1重型坦克和T-34中型坦克，而德军步兵对此根本没有防护能力。BT-7型号由于装甲太薄，经常被人认为已经过时，但其速度有优势，而且加农炮性能很出色。苏军最突出的弱点出在反坦克炮和防空领域、通信装备、部队运输、卡车、地雷、轻型自动武器方面。尽管规模巨大，苏联的航空兵却毫无优势，但并不能仅仅依据其技术上的某些劣势就认为1941年夏空战的惨败就是因为这个造成的。总之，虽然苏军有许多缺漏之处和落后的地方，但不能简单认为德军初期的胜利就是因为它数量和技术上的优势所致。

1941年第一季度，苏军陆军和航空兵进行了一系列重组和重新装备，进攻发生的时候还在进行，德国观察员时常注意到的苏军的混乱状况也能部分因此得到解释。重组首先涉及的是机械化军（下面会讨论这一点），也有步兵师。4月，国防人民委员部决定给每个步兵师增加一个炮兵团和几个专业营（工程、坦克支援、防空、反坦克部队），这样就使其总兵力攀升到了14438人。这些改制没一个是在6月22日之前完成的。还有技术上的改制。1938年，炮兵团好不容易得到了首批新式的76毫米F-22野战炮，这是瓦西里·格拉宾在高尔基工厂设计完成的。从1940年7月起，新式T-34中型坦克也开始投产，并逐渐装备部队。但德国进攻的时候，大多数人员对这两种装备还不熟悉。尽管1941年5月已经决定在西部边境线创建十个强大的摩托化反坦克旅，而且这是一种了不起的创制，但6月22日的时候，只有一个旅差不多获得了这样的作战装备。其他旅只拿到半数加农炮，还没有牵引车牵引；它们对战斗进程毫无影响，但如果经过合适的配备和部署的话，可以做到遏止德军的坦克部队。45毫米反坦克加农炮的生产太慢，而且不知出于何种原因，当时世界上最先进的57毫米反坦克加农炮被叫停了。至于闻名遐迩的"喀秋莎"BM-13火箭炮，是到6月21才决定生产的，也就是进攻之前24个小时。同样，新型歼击机米格-3（MiG-3）、拉格-3（LaGG-3）和雅克-1（Yak-1）以及暴风雪和Pe-2强击机是逐渐增配到机场的。但只有一小部分飞行员能操作这些飞机，与之对应的地面设施（车间、机库等）都没有就位。尽管苏联的新式歼击机在战斗中表现优异，能在低海拔盘旋，但其机械化仍旧不足：和梅塞施密特战斗机相比，速度不够快，爬升太慢。它们的防御性能也不是很好。但从飞行员训练的质量和战斗经验不足来看，这些缺陷就不算什么了。防空部队也正在接收更为先进的85毫米高射炮，但炮弹和瞄准装置大部分都有缺陷。改制上的混乱，苏联各委员部和军事当局都负有很大的责任。对前者来说，可以指责他们在1940—1941年间让苏联的工业界淹没在了海量新式装备的订单之中。法国人在1939—1940年也是这种情况。而后者在没有撤除旧装备的时候，将新式装备逐渐交付前方，而不是在后方对全体部队进行训练。结果在供应庞杂的装备的时候造成极大的混乱，也导致受过专业训练的军官相当缺乏。

如果说在进行如此大规模的调动时出现混乱也是在所难免，那就有必要指出主要的原因出在通信方面的疏忽上，正是这一点导致战场上出现了灾难性的后果。1941年，总参谋部对方面军，方面军对集团军，集团军对军，军对师之间的通信架构方面还不存在任何的官方指导。总参谋部和战斗部队一样，使用的都是民用电话和电报线路，几乎都架设于空中，连接的是ST-35电传机。在一个地方新设立司令部的时候，方面军或集团军就会和民用的固定设施相连，根本就没考虑到有人搞破坏或遭到轰炸时使用什么备用设施。军部经常只通过电报来和师部联系。摩尔斯电码的信息都依赖手工加密和解密，战斗时期也是如此，这样就导致通信体系的速度整体都变得迟缓。只需认出天线和电缆的口子，德国空军经常只要炸毁邮电局的楼房即可，这样就能切断方面军和军部，或莫斯科和方面军之间的整个联系。无线电装备是有，但数量不够多。苏联工业生产的电子管质量差，操作者培训不足，害怕遭到拦截，也就可以说明为什么很少有人会去使用无线电。值得注意的是，在朱可夫1941年2月加入总参谋部之前，要纠正这么多缺漏是根本不可能的。

残废的装甲部队：庞大的装甲军

除了干部缺少训练和一些严重的弱点之外，苏联在组织部署方面整体都有缺陷。机械化军就是很好的例子。苏联的装甲部队在1941年夏并没有抓住历史给予的这个机会。在这个领域，苏联很早就看清了其重要性，在英国之后，和德国人同时，但苏联与这两国截然不同。它在其他国家之前就在工业上做出了努力，这正是未来的图哈切夫斯基元帅推动所致，1930年，他成功说服了斯大林，说有必要建设强大的装甲部队，如果没有，今后就不可能打赢现代化战争。如果说图哈切夫斯基的要求太高，但其实这已经烙印在作战行动的发展逻辑之中，这一点我们后面再谈。1927年，苏军的车库里停了74辆坦克，几乎都不能使用。1929年，苏军向国外购买了轻型坦克的几类型号，尤其是英国的维克施泰因克和美国的克里斯蒂坦克，苏联对它们复制改良之后，推出了T-26和BT系列的坦克。1936年，苏军已经配备了8200辆坦克。1930年成立了最初几支装甲旅，各有66辆坦克，1932年至1934年，在三支装甲旅的基础上成立了四支机械化军。这就是世界上独一无二的跨军种建制，100%机械化，共有500辆坦克、250辆装甲车、250辆卡车、60门炮。1938年，装甲军进行结构改制，一支摩托化步兵旅加入两支装甲旅中，于是炮数翻倍，人员达到了12700人。1939年11月，最高军事委员会下令四支军退出战斗序列，被分配至26个摩托化师之中，直接服务于步兵。七个月后，1940年5月至6月德国装甲部队在法国大发神威之后，国防人民委员铁木辛哥下令紧急重组已经比图哈切夫斯基时期规模大得多的机械化军。这些错误，再加上最后一刻的重组，后来导致了巨大的灾难。

那怎么会这样的呢？当时有这样一种观点，即图哈切夫斯基的四个机械化军小而佳的看法是错误的。事实上，1936年秋的演习之后，对这些部队在元帅所提倡的作战理论框架内的功能产生了严重的怀疑。演习有水分，也就是说没有引入必不可少的不确定因素，裁判就是为了纯粹的展示一下而已，部队晃来晃去，不像是作战，目的就是为了给外国的观察家们留下好印象。"在发起进攻之前，他们把我们带去给可涉水而过的溪流竖立标杆，到处都插了标杆，我们只要跟着走就能进攻了。" 1937年10月，布雷金中尉坦陈道，在白俄罗斯演习期间，他是坦克分队的队长。[48] 由俄国移民相继在法国和布鲁塞尔主办的军事月刊《哨兵》的总编瓦西里·奥廖霍夫在1936年秋写了一篇文章，是这么说的："照媒体的报道，演习给外国观察员们留下了糟糕的印象。准备工作巨细靡遗，而且很早就开始了，每个行动都能看得很清楚。他们的印象是，这些演习就像是背课文照着走。"[49] 布琼尼和伏罗希洛夫在事后的声明中也证实了这一点。演习中最精彩的部分，也就是空降部分，完全失败。伞兵跳伞简直就是一场灾难，他们连武器都没带,还花了好几个小时把他们给找回来。[50]在1936年的演习中,携带无线电设备的轮式指挥车被BT-5和BT-7坦克落在了后面,结果和它完全失去了联系,还走迷了路。[51]图哈切夫斯基在被逮捕之前不久,曾说要让机械化军完全独立,还提到有必要让坦克和步兵协同作战。

此外,苏军投入战斗的那些"小规模战争"似乎对坦克的创新用法并不看好。不管是在西班牙(1936—1938)、哈桑湖(1938)、波兰(1939年9月),还是在芬兰,装甲部队一方面装备故障率高得惊人,另一方面面对炮火,尤其是反坦克炮、地雷和飞机,就显得很脆弱,而且由于缺乏可靠的无线电装备,几乎无法和步兵协同作战。在指挥装甲部队方面能力出众的德米特里·巴甫洛夫将军曾在西班牙指挥过苏联的坦克部队,在1939年夏的委员会面前指出过装甲部队的缺陷,他的报告尽管很谨慎,但还是拿来作为证据,拆解了图哈切夫斯基的装甲军,使之回归到坦克支援步兵的传统角色上。

巴甫洛夫并不明白西班牙经验的局限性,他误以为那就是未来世界冲突的预演,具有参考价值,而拆解机械化军的决定就是一个错误。简言之,苏联人把洗澡水和婴儿一块儿都倒了。德国人则从西班牙经验中提取出了不同的教训,坦克不应孤身推进,也不应小规模推进,工程部队、防空部队和机械化步兵应该寸步不离地跟着坦克,后来的波兰战役就证明了这个观点的正确性。苏联人从波兰战役中没有吸取任何教训,只是一味地指责波兰这个国家、社会、军队有多么弱。同样的演变过程也触及了航空兵。1938年12月,以西班牙共和国空军的苏联顾问阿加措夫的名字命名的"阿加措夫"[52]报告建议放弃使用战略轰炸,此前直到1935年之前,苏联一直都在该领域走在最前列,共使用了800架次四引擎图波列夫TB-3轰炸机。他建议使用战术飞行,支援地面部队。斯大林在报告上做了批注,支持这种观点。伏罗希洛夫认为报告的结论可以"完全为我们所用"。这就是装甲轰炸机暴风雪伊尔-2（IL-2）计划的起源，也是四引擎TB-7不再开发的原因，这样就使苏联人无法打击德国的工业设施。

1940年6月，在极端紧急的情况下，又再次启动了机械化训练，其规模之大史无前例，甚至比苏军1945年夺取胜利时所用的六个装甲集团军的规模还要大。理论上，有1108辆坦克、37200人、300门炮，很快又缩减成了1031辆坦克、36000人，集结成两个装甲师、一个机械化步兵师、一个摩托化团。这比1941年一支装甲军的规模大2.5倍。1940年组建了该类型的九支机械化军，1941年2月又组建了另外二十支。1941年6月，没有一支部队的装备是完整的。还缺很多。平均约为450辆坦克，相当于一个装甲军的体量。波罗的海军区有两支机械化军，装甲车辆装备率为65%至72%。西部军区有六个机械化军，平均装备率为35%，其中两支不到10%。基辅军区现有的10支机械化军坦克只配备了55%的量。[53] 全部坦克中，过时的T-26扛不过任何口径的炮弹，却占了大多数，而且由于大规模的机械检修，还要再减少29%。此外，摩托化步兵还缺半数以上的卡车、油罐车、侦察机、装配无线电台的车辆和数百名应该从后方过来的有专门技术的后备役军官。最后，铁路没有足够的平车将坦克运输至最靠近前线的地方，结果不得不驾驶坦克开上好几百公里前去会合，等到投入战斗的时候，坦克的发动机都已完全不能用。

有些缺陷可以归结到部队组建得太过庞大、时间太仓促这些因素上。当时共有十二种坦克型号，再加上三十多种不同子型号，结果零备件和六种口径的炮弹供应就成了难以解决的大难题。德国人后来会在道路两侧见到好几百辆出故障的车辆，或者是被丢弃在那儿的，炮弹格都是空的。作为装甲部队的基本要素，工程部队（也是战斗部队，但也架桥、修路）被完全忽略。1941年尚无100万颗反坦克地雷可用，而这种简单的武器是用来制衡装甲车的关键武器之一，随后的冲突就能证明这一点。军参谋部人员太少，这么庞大的人员和装备需

第六章 苏联应对灾难的方法　　347

要流通、集中、部署，他们根本管不过来。每支部队都会配备一百辆BA-10六轮装甲车，它们装配了火力强大的加农炮，负责侦察任务，但没人清楚地知道该拿它们派什么用场。任何时候发起反击，机械化军都没法集合在一起。结果在现实情况下，德国人就会遭遇40到50辆无头苍蝇似的小股坦克群，它们没法补充油料和弹药，彼此之间也没有联系，和军指挥部也联系不上。如果巴巴罗萨行动晚十二个月发动，大多数这样的缺陷都会得到纠正，新型的T-34和KV-1坦克会占总数的50%，而不是1941年的8%。相比之下，此时一旦交战，指挥层水准的低下就毕现无遗。如果我们来看一看那些机械化军将领的名单，就会发现几个优秀的人物，如罗科索夫斯基、列柳琴科或克里沃舍因，此外还有一个名叫费克连科或一个名叫哈巴罗夫的人，这些人也就刚够格指挥一个团。这些人都太年轻，晋升太快，没有一个人真正具有现代化作战的经验。总之，除了第4军和第8军，1941年苏军的装甲部队都只不过是实验性质的组织，根本没有能力应对战争。

成功的历史：T-34坦克

西班牙战争并不仅仅对苏联人进行了错误的教学，巴甫洛夫也不仅仅是机械化军的刽子手。事实上，正是这两个关键促使苏联设计出了极其成功的坦克型号。在巴甫洛夫的支持之下，苏联坦克手从西班牙发回的战事报告零零散散地指明了苏军装备的两款主战坦克T-26和BT-5存在四个严重的缺陷：双重牵引系统、轮胎和履带都太复杂、太脆弱；面对反坦克加农炮的攻击，正面的装甲显得太轻薄；45毫米加农炮很快就不够用了；汽油发动机受到撞击容易引发大火。1938年5月9日，巴甫洛夫指挥的装甲部队总指挥部从西班牙山区返回，决定设计两款新的样车，一款以BT型号为模板，双重牵引系统配备45毫米加农炮，但装甲增厚，另一款为履带式，配备76.2毫米加农炮。待

1939年2月27日国防人民委员部开会通过这个方案，这项任务交给了哈尔科夫的第183号机车厂以及工程师科什金领衔的研究所。两款样车的代号为A-20和A-32。

六个月后，1939年8月，科什金已经交出了A-32的第一款样车，工程师在坦克设计中加入了好几个新的元素，性能提升相当明显。他应巴甫洛夫的要求，把正面装甲的正前方增厚了一点，使之形成30度的倾角，这点是采用了工程师奇加诺夫的发现：装甲板的直截面增加30%的几何形状，炮弹弹走的概率也会增加这么多。炮架降低，以减少被击中的面积，但这样做就需要使用狭小的旋转炮塔，不利于乘员使用，后来这也始终是该坦克的一个缺陷。履带相当大，能适应各种不同地形。科什金暂时将旋转炮塔改建成适合45毫米加农炮的使用。最后，该样车采用了苏联设计的唯一一款柴油发动机V-2（12缸，约500匹马力），这款发动机由工程师康斯坦丁·切尔潘设计，是在哈尔科夫的第75号工厂为BT-7M轻型坦克生产的。这样的选择特别明智。事实上，柴油没有汽油易燃，也更便宜，考虑到柴油系统的效率更高，这样就能增加50%的续航时间，最大行程可超过550公里，这是相当优异的表现了。

首款A-32坦克装备好以后，便用火车运往莫斯科以西60公里的库宾卡实验射击场，伏罗希洛夫和其他几名委员都去看了它的机动性能。经过测试之后，巴甫洛夫向伏罗希洛夫寄去了他的解决方案。他说发动机和牵引系统可以适应更厚的装甲，正面厚度可达45毫米，他强烈建议改装。巴甫洛夫还同样要求将更名为"A-34"的A-32配备V-2发动机系列、F-32加农炮和四挺机关枪。76.2毫米口径的F-32加农炮最近正在由高尔基的第92号工厂的工程师格拉宾调试，而且炮兵部队高层也推荐这款炮，经过比较测试之后，他们认为比起竞争者L-11型号，它更安全、更简便，而且更便于进行工业化生产。科什金要到1940年2月才能收到新款加农炮，这是该系列工业化生产的第一款炮，所以之前他只能将就着用L-11型号，后来他不得不对旋转炮塔进行了重新设计。装甲板后来由马里乌波尔工厂交付给哈尔科夫和斯大林格勒的两家装配厂。巴甫洛夫是这件事的主导者，他的上级也始终听从了他的建议。从两人之间的交流来看，可以发现作战理论对苏军新式中型坦克的设计并没什么影响，巴甫洛夫认为可以在独立部队的大规模作战中使用这款坦克，也能将它用作对步兵的支援，甚至还从骑兵部队的传统角度考虑了它的作用。

10月经过一系列测试之后，1939年12月19日，巴甫洛夫指导下的这项方案最终得到了国防委员会的采纳。这次，A-34最终定名为T-34。另一个型号，KV-1重型坦克（以克利缅特·伏罗希洛夫的首字母命名）同样也进入了工业化生产。对A-34所做的大量改进还必须进行测试。新的样车重32吨，装甲厚度为45毫米，使用V-2发动机和L-11炮，1940年2月在哈尔科夫经过了极寒测试和恶劣地形的测试。行进时，无线电接收的距离为18至20公里。相比之下，旋转炮塔、光学瞄准装置和射击速度不需要再进行调整了。3月初，伏罗希洛夫给科什金出了个难题，要他向莫斯科交付两辆样车，从公路走，路程为745公里。这两辆坦克从3月12日出发，经过各种艰难险阻，于17日到达首都。经过检查之后，24日坦克来到了库宾卡。四天时间里，巴甫洛夫亲自在场，坦克遭到37和45毫米反坦克加农炮的穿甲弹从100米处轰炸。对正面的装甲毫无影响，其他地方也只是轻微受损。巴甫洛夫在报告中提到T-34坦克穿越能力强、操作方便、储备能力优秀，请求加急生产。30日，两辆坦克送到了克里姆林宫，斯大林、加里宁、伏罗希洛夫视察了坦克，和科什金做了交谈。4月12日夜，工程师再次上路前往哈尔科夫。他显然是太累了，在经过奥卡的时候，突然偏离了方向，坠入了冰冷的河水中。回到乌克兰的工厂后，他因肺部充血而去世。

1940年4月26日，经过大量测试之后，巴甫洛夫在高级军事委员会面前强烈要求撤下老式的T-26和BT坦克，用三款现代化的型号来替代，它们是：T-34重型坦克、KV-1重型坦克和T-40两栖坦克。委员会听从了他的意见，发布了决议，1940年6月7日，人民委员部委员会和政治局下达命令，批准使用。1940年，T-34坦克的产量固定在600辆，其中500辆在哈尔科夫生产，1941年产量翻了四倍。德国进攻的时候，892辆T-34坦克和504辆KV-1坦克已在军中服役，其中三分之二都在乌克兰。尽管这些坦克还有一些严重的缺陷，但对德国人而言不啻晴天霹雳，德国的坦克和反坦克炮一旦靠近，就有可能会被打报废。事实上，这些坦克大部分并不是在战斗中被摧毁的，而是由于操作不当或没柴油可用而被丢弃的。巴甫洛夫1941年7月被枪决，他和科什金的T-34坦克只是阻遏德国战争机器的一颗沙粒而已。

苏军航空兵的悖论

从1930年代初起，苏联人在军事上的投资很大一部分都给了航空兵。无论是生产，还是研发，没有哪个军种能有苏联的航空兵部队VVS这么幸运。1937年及以后，斯大林自己花在这方面的时间要比在坦克上多出九倍。他定期接见统帅、飞行员、设计师。和平时期，产量就已达到了闻所未闻的高度。1936年制造了各种型号的飞机达4274架，1937年6033架，1938年7690架，1939年超过10000架。包含储备飞机的话，1941年6月22日共有20000架飞机可用。如果只算战机，德国空军每一架战机就要面对苏军三到四架战机。尽管数量庞大，但就算夸大德军最初突袭的因素，苏联领导人也是相当失望：六个月内，失去了10300架战机，比对手多四到五倍。到1942年底，这个比例没有变化。当然，德国人也完全没有办法把这么庞大的机群从天空中彻底抹去。始终还有很多飞机可以用，经常可以在局部地区形成优势，但还是完全没法对战斗的结果造成影响。那究竟该如何解释苏联政权如此钟爱的这支部队为何又会如此无能这一个悖论呢？

苏联航空兵的缺陷各个层面都有，理论、装备、结构、指挥和控制、地面、训练，可见是整个系统都出了问题。部队所用的理论飘忽不定，1941年，许多问题仍然悬而未决。它的起点确实很低。内战刚结束时，还没有航空工业，飞行员少得可怜，也没有这方面拿得出手的理论家。波兰或罗马尼亚，更别说西方国家，都远比苏军航空兵先进得多。1920年代，情况慢慢在改善，理论家——最著名的就是亚历山大·拉普钦斯基——受到西方理论的滋养，但对苏联这样一个大陆国家的自身需求又看得很明白，于是开始出现了几个特征：让航空兵支援地面战斗；它是苏军的一部分，并非独立军种，但它能自主开展以夺取空中优势为主的任务；战略轰炸是一条死胡同，是一个幻觉。随着1928年第一个五年计划的推出，航空兵也获得了优先地位，从混沌中诞生了各种空战理论，彼此争锋。1930年起，讨论集中在轰炸机的作用以及战争初始阶段的局面。这个时候，重型轰炸机似乎比注重拦截的歼击机发展得更快，以亚历山大·阿尔加琴、航空兵司令员雅科夫·阿尔克斯尼斯为主的大部分理论家看重的都是在战争初始大规模突袭轰炸敌军机场、铁路枢纽和兵力调运中心的方法。直到1938年之前，飞机类型，指挥结构围绕的都是以阻吓敌军为目的进行轰炸、掌握绝对制空权这样的理论。歼击机相对不受重视，无线电的使用以及和地面部队直接协同作战也都没有提上议事日程。尽管经历了1937年这一转折点，但这两个方针仍然产生了重大的影响。

事实上，1937年出现了两个断裂。一方面，苏联大量空战部队在西班牙作战，可以看出无法仅靠轰炸机夺得空中优势，而且轰炸机易受歼击机的攻击，此外，德国人也表达过以何种方式使飞机在直接对地支援的过程中更为有效；另一方面，大清洗清除了大部分理论家，拉普钦斯基是1938年唯一一个自然死亡的理论家。尽管歼击机在工业层面上获得了优先性，但上马太仓促，对它的用途也没有清晰的看法。同样，1938年，"伊万诺夫方案"推出了对地攻击机的设计竞赛，但采纳该方案的时候并没有考虑到如何使用这类飞机。在这里，机器走在了理论的前头。对地攻击机是在战争期间才出现的，是对1941年蒙受的损失做出的反应，而德国人从1938年起就已在这个领域掌握了理论和实践两方面。航空兵部队的将领是到德国进攻之前才去回答那些根本性问题的。如何获得空中优势：是通过空战，还是攻击敌军基地？如何具体实施直接对地支援：是攻击移动的靶子，还是固定的靶子？谁来设计？如何回应纵深作战的需求？这些将领之所以无法通过吸取"小规模战争"（西班牙、哈桑湖、诺门罕、芬兰）的教训来解决这些疑问，原因很简单：三名统帅在1937年至1941年间都被枪决了，一起被杀的还有他们各自的参谋长，其中就包括杰出的瓦西里·赫里宾。1940年12月军事会议的闭幕会上，铁木辛哥也提到了无法吸取这方面教训的问题："关于在主动作战期间使用航空兵方面，我们有许多经验，但［……］这些经验既没有得到归纳，也没有得到研究。而且，航空兵部队的参谋部对许多事情并没有统一的观点，比如详细制订作战计划、对敌军进行评估、对目标的选择等，而这样就会导致严重的后果。"[54] 航空兵组织方面的关键问题情况也很不乐观：60%的飞机隶属于集团军，30%隶属于方面军，10%隶属于中央指挥部。装备如此分散，而且固定在一个很低的层级上，再加上由于缺乏联络手段和控制手段，要把这些装备集中起来根本不可能。航空兵部队没有能力集中航空力量，其理论上的彻底失败也就在所难免了。和先进的地面作战理论相比，其间的差异可谓触目惊心。

如果我们把1940年飞机生产的结构考虑进去的话，那理论上的飘忽不定就很明显了：工厂生产的59%的战机是歼击机，40%为轰炸机，1%是侦察机。轰炸机的高比例不应使人造成错觉：其中三分之二都是双引擎水平轰炸的图波列夫SB轰炸机。冲突刚开始的几天，由于瞄准装置质量差，这款飞机只能将轰炸高度从10000英尺降

第六章 苏联应对灾难的方法 353

低到3000英尺。这等于成为防空炮火的靶子，而且它还无法和配备4挺7.62毫米机枪的梅塞施密特战斗机（与之同等的容克斯Ju88轰炸机配备了4到6门20毫米加农炮和2挺13毫米机枪）拉开距离，它还只能在夜间动用，这样也就丧失了它的效力。1941年，对地支援的航空部队获得了两种性能优异的轻型轰炸机：工程师佩特利亚科夫设计的双引擎混合式（水平/俯冲）轰炸机Pe-2和单引擎装甲对地攻击机伊留申-2暴风雪。但这些飞机的产量和它们的巡航速度根本没法比（6月22日共有458架Pe-2和249架Il-2），而且它们初期的毛病也是数不胜数，更别说根本就找不到合格的飞行员。从这一点来看，和平时间再多几个月，变化就会相当显著。

相比德国空军，苏军的歼击机落后不是一点点。1500架"猎鹰"对战145架芬兰过时的战斗机，还损失了600架战机，这时候莫斯科才睁开了眼睛。还是在1940年，歼击机的总产量都集中在I-16和I-153战斗机上。若能从1938年起就减少这些飞机的产量，将资金省下来用到研发上，会是明智之举。尽管这两个型号战斗机翻转回旋的灵活性毋庸置疑，但其速度、装备、保护性、发动机的可靠性都远远低于对手梅塞施密特的Bf-109F战机。I-15、I-16和I-153在西班牙、中国曾经光彩照人，但明显的是，从1938年起，它们的时间就所剩无几了，西班牙战争最后一年的报告也证实了这一点。再生产9000架这样的战机堪称巨大的浪费。从这件事上，我们发现苏联有一个毛病：1930年代，苏联的航空兵仿造的是墨索里尼的摹本，作为科技现代化的橱窗，"猎鹰"成为新人类的典范。所以，他们坚持要设计在速度上、高度上、空战距离上破纪录的飞机。这种导向的一个直接后果就是机体太轻薄，安装枪支很费劲。

新一代歼击机，如米格-3、拉格-3和雅克-1都推迟了投产。因此，1941年6月22日，在4 226架歼击机中，有1700架I-16聚集在西线，只有352架米格-3、拉格-3和雅克-1才能被算作现代化战机。后三种型号不到半数都配备了糟糕的无线电接收系统，而其对手配备的都是当时那个时代最可靠的FuG-7收发报机。接收器很重，接收杆很脆弱；内部天线必须靠手拿着才能运作。1940年，新版歼击机指导手册一行字都没写到无线电联络方面的信息！拉格-3甚至本来就不应该服役。它是木质结构，操作性差，不稳定，座舱盖透明性差，飞行员只能打开盖子飞，所以根本就不该用。另两个型号好一点，由于轻合金工业发生困难，所以其开发也比较滞后，但问题主要出在发动机上，特殊合金、高硬度的滚珠轴承、润滑油、高辛烷值的燃油、电路元件等方面的问题层出不穷。

从沙皇时期起，发动机就是苏联航空业的一大软肋。1923年至1933年，购买法国和德国的专利、在美国从事大规模间谍活动，还不足以缩小落后的差距。1937年灾难时期推出的"发动机计划"从数量上来讲已经达成，但阿尔克斯尼斯在一篇写给伏罗希洛夫的长篇报告中直言不讳地说，采用这些发动机后，发现远没有宣传所说的那么好，航空兵部队的歼击机比西方国家落后了三到四年。他认为创新难成的主要障碍是"由于飞机发动机科学研究中心在研究和实验方面几乎完全垄断所致"。阿尔克斯尼斯提出了一种激进的解决方案："在工厂和设计研究院之间举办国家级竞赛，提供充足的物质奖励来刺激研究工作。"[55]1937年6月11日，这个想法获得批准，研发领域扩大了三分之一。1939年6月10日，政治局通过了一项补充计划：在喀山建一家巨大的工厂生产发动机，东部再建六家，每年增加发动机产能到3.3万台。从数字的角度来看，产量确实存在，这对德国人而言实非幸事，因为他们的产量总共就不到2万台。不过，1937年至1938年大清洗造成航空业一片混乱，到1941年，质量上的落后状况并没有得到弥补。由于1945年及以后这种状况始终存在，便只能得出结论，认为苏联工业界生产不出高质量的发动机是因为结构原因，而非形势方面的原因。阿尔克斯尼斯后来遭到枪决，和他的两个前任一样，飞机发动机科学研究中心的负责人和三家主要发动机厂的厂长和工程师也都得到了这样的下场。而只要恐惧笼罩，落得像康施泰因丁·加里宁那样的下场，也就没有发明者有发明的动力了，1938年，加里宁遭到指控，说他三年前存心让实验性质的四引擎K-7轰炸机发生事故，坠向一批要员。只要出一点小错，内务人民委员部就说那是搞破坏，这样一来，最有干劲的人也会泄气。贝利亚便只能在沙拉什卡感化院内部组织研究所之间互相竞争。1939年，新一代工程师推翻了图波列夫和波利卡尔波夫的主导地位。雅科夫列夫、苏霍伊、拉沃奇金、伊留申、米高扬、古列维奇的研究室都获得了阿尔克斯尼斯报告中说的那些资源。但面对暴风雨，现在为时已晚：要等到1943年开始，他们才能发挥自己的全部潜力。

要解释苏联航空业的悖论，还需要引入其他几个因素。首先就是战术思想方面。训练都是老一套，无法从事拦截任务和占据空中优势。同英国人和法国人一样，苏军的歼击技术也和第一次世界大战的三元概念纠缠不清（即三架战机呈V字形飞行），而德国人已经采用了更简便灵活、更有效的二元式，即"长机"（"剑"）和"僚机"（起到"盾牌"的功能）。同样，"快速轰炸机"（SB计划）的概念设定的是这些飞机有能力仅靠速度保护自己以执行作战任务，却对如何执行护航任务考虑不足。但最大的障碍无疑出在飞行人员的训练上。为了管理数量翻了三倍的航空兵团，1940年3月14日和12月22日发了两道命令，把飞行员的训练时间砍了一半，从13个月降到6个月，而学校数量却从1937年的12家增加到了1941年的83家。之所以做出这个决定，是因为教官人数不足（1941年空缺44%的岗位），适用的飞机不够（50%），燃油不足（60%）所致。德国空军大约有200个优秀的飞行员，执行过200多次作战任务，结果他们所面对的那些年轻人在教练机上只待了不到90天时间，在战斗机上只待了几个小时。1940年培训的9613名飞行员中，480名不具备任何条件下的飞行能力，四分之一可以面对恶劣天气，12%只能在好天气下夜间飞行，只有2.5%可以适应恶劣天气下的夜间飞行。没有一个飞行员射击过快速运动的靶子，拖靶飞行没超过250公里/小时。不到1%的飞行员执行过作战任务。那些在西班牙积累了丰富经验的人大部分都获得了飞速晋升，因此，也就成了行刑队挑选的牺牲品。

最后，无论是武器制造、制导，还是维护方面，地面设施远没有达到德国空军的标准。1940年创建的维修营只是到了战争年代才结出了果实。苏联的领导人似乎从未考虑过航空兵部队的可持续性发展的问题以及它今后会做出什么样的努力，这样一来，也就把地面操作、指挥和控制、让设备和人员适应特殊任务这些事项全都降级到了次要地位。航空兵部队被大量没受过训练的人所淹没，一代代的装备始终都处于过渡阶段。理论也没让他们眼明心亮，只有一个粗浅的理念，即只要人多量足，抢先对对手进行打击，就足以在一场短暂的战争中占据上风。不过，尽管存在这些严重的缺陷，苏联还是拥有庞大的训练体系和巨大的工业手段，只要西方的技术输入进来，他们就会很快使部分落后的科技迎头赶上。

作战技术的幸与不幸

第一次世界大战揭示出一个主要问题：防守者的加农炮和机枪的火力使进攻者难以在前线实施突破，没法利用突破来扩大战果。军队如果动不起来，面对堑壕似乎就会束手无策，也就是说根本无法使战术上的成功，亦即突破，转变成作战行动上的胜利，亦即扩大战果。1920年代初起，德国人和苏联人就分别对这个问题进行了思考。前者着眼于如何以最小的人员代价取得突破，以及用一系列包围战来快速摧毁敌军。对他们来说，战术上的成功自然就可以通向胜利：他们仍然固守拿破仑时代"决定性战斗"的教条；换言之，他们通过坦克技术和部队的机动性来恢复这种教条，而非对该学说进行改进，照詹姆斯·施奈德的说法，这一整套标准也就成了"军队的DNA"。[56]我们前面已经知道，巴巴罗萨行动其实就被设想成了一场巨大的摧毁性战斗，有其自己的节奏和手段。而苏联人却最终放弃了决定性战斗的理念。要打赢一场，两场，甚至十场战斗，并不会使投入所有资源的现代化国家捉襟见肘。此外，在他们看来，他们缺乏的是战术和战略之间的一个层面，只要战略具备严密的逻辑性，有其合理性，冲突都能在这个层面得到解决：而这就是作战层面。据说亚历山大·斯维琴1924年发明了"作战技术"这个词汇，将战争的三个层面联系了起来："战术就是一个个步骤，作战行动的每一个阶段可据此整合起来。战略指出了一条道路，这些阶段必须沿着这条道路走。"[57]格奥尔基·伊谢尔松用下面这些话做了补充："作战行动就是战略武器，战略就是政治武器。"[58]

"为现代化而现代化"并不够，还必须制定新的军事理论，让技术适应这个理论。而这就是作战技术之父的信条，其中最著名的有两位理论家，他们分别是弗拉基米尔·特里安达菲洛夫和格奥尔基·伊谢尔松。后者在1932年出版的一本小册子《作战技术的演变》里特地重温了拿破仑以来的整个军事史，并对此做了极其有力的批评。我们同样还必须提到康斯坦丁·加里诺夫斯基、亚历山大·谢加金、亚历山大·叶戈罗夫在工业、技术和组织上对这个新思想所做的贡献。而米哈伊尔·图哈切夫斯基则对此做了综合，并把这支火炬递到了斯大林的手中。1930年开始的高级军官培训中就把他们的研究在理论和实践上的成果整合了进来，1931年，伏龙芝军事学院就设立了作战系，伊谢尔松一年后担任该系的系主任，所以说整整一代"伟大的爱国战争"（苏联人这么称呼他们抗击德国人的这场战争）时期的将领都或多或少留下了这种烙印。

我们并不会在这儿阐述作战技术的丰富理论，它有两个实践层面。1927年至1929年间，"纵深战斗"理论得到了发展；1930年至1937年间，"纵深作战"理论得以形成。前者对军力以及将军力投入"一连串不间断的战斗"以突破对手部署的方式做了阐述，所谓突破敌军的部署也就是指突破最初10公里、20公里或30公里的敌军防线。后者整合了前者，但还突出阐释了必须使用什么样的部队，如机械化军、航空兵部队和空降部队，以及部队的梯次配置，什么时候让这些部队破坏敌人后方纵深100到200公里（1945年变成了500公里）的区域，在那儿摧毁敌军的物资装备，阻止敌军赶来增援。这样的作战行动一旦完成，目标一旦达成，就会刻不容缓地启动另一个作战行动扩大之前的战果，之后再启动另一个作战行动，直到迫使对手求饶，或占据对手极其重要的中枢地带。作战行动的数量取决于对手整个体系的抗冲击性及其所能支配的战略纵深。如从这种理论视点来看的话，就需要使用不同的装备和部队，如炮兵、坦克、空降部队、机械化步兵、航空兵。图哈切夫斯基在1936年的《暂行条例》中对所有这些规定做了整合。尼古拉·瓦尔弗洛梅耶夫是这样综合自己的思想的：

> ［胜利的获得］是由于整整一系列的作战行动达成的，一个行动接着一个行动，彼此之间互有逻辑，被一个最终的共同目标统一起来，每个行动都会达成其有限的目标，起到居间作用。［……］作战行动的各项目标：彻底摧毁并击溃敌军有生力量；方法：不间断地发动攻势；手段：持久作战，不得停顿、停止，实施连续相接的作战行动，每个作战行动都是通往最终目标的一个中间阶段，最后启动最终和决定性的作战行动。[59]

世界上还没有哪支军队达到过这种程度的智慧、协调性和创新性。作战技术这个表达法甚至都没有人使用过，这种理论上的指导可以使苏联的干部不用屈服于战术上的独断专行，而德军却经常受制于这一点。

但在1941年，这种出色的思想却无用武之地。有两个意见可以解释这种无力的状况。首先，该作战理论主要是为进攻准备的，对纵深防御方面的潜力着墨甚少，1921年至1929年及后来的1938年至1941年，孤独的先知伊谢尔松尽管提出了想法，却也无人问津。其次，1930年代，能实施这种作战理论的苏军还不存在，1941年就更不可能了。理论和实践之间的鸿沟在1930年至1936年间的大规模演习中就已经出现，只是失败或多或少都被掩盖了。因此，大清洗之前开始，纵深作战理论就遭到了质疑，包括图哈切夫斯基。该理论在当时太过超前，超过了苏联经济、科技和组织上的承受能力。苏联还缺卡车、通信装备、运输装甲部队的交通工具、数百万士兵和数千辆汽车在数百公里的地带上不间断作战行动所需的后勤保障。尤其还缺受过良好培训的军官团体，这些人必须大胆，富有想象力，善于各军种协同作战，能理解集团军和方面军指挥官的作战想法，能在必要时采取主动将此付诸实施。

照历史学家戴维·格兰茨的说法，朱可夫元帅在回忆录中写过，图哈切夫斯基被清除一事使作战技术在教学上难以为继，研究东线历史的西方历史学家大部分均持这种看法，那是否真的如此呢？"本质上说，从这件事以后，军事理论就成了把斯大林对军事事务的看法拼凑起来的理论。纵深作战理论成了受怀疑的目标，因为斯大林从来没就该理论说过什么话，而且理论的创建者也已成了'人民公敌'。[……]大家都回到了线性作战的形式上去了。"[60]首先要注意的是，我们在朱可夫回忆录的任何一个版本中都没找到这样一句引文。其次，作战技术的两个最杰出的代表人物特里安达菲洛夫和加里诺夫斯基都在1931年意外死亡，还在大清洗之前六年。伊谢尔松熬过了大清洗，并继续教学至1939年，然后去芬兰打仗了。此外，如果我们分析1940年12月召开的大型军事会议上朱可夫和巴甫洛夫的报告，就会发现作战技术一词大量出现，图哈切夫斯基思想中的关键词汇也大量出现："军力的梯次配置"，"作战纵深"，"把机动部队引入纵深"，"把战术上的成功转换成作战行动上的成功"。这两个人还很自如地说，要在现代战争的作战行动中采用机械化部队，从巴甫洛夫的这份报告的标题上就能看出这一点。伏罗希洛夫理论上的一无所知、斯大林政治上的积怨并没有使作战技术理论成为牺牲品。它之所以相对式微，是因为苏军整体欠弱，无法达到理论本身所要求的水平。巴甫洛夫在1940年12月大会上发表了讲话，他在结束的时候指出了问题出在什么地方。德国军官若是能旁听的话，都会对他的话会心一笑：

> 坦克部队的指挥经验使我了解到，坐在我面前的诸位指挥官同志，你们对一切都心知肚明：我们不停地在犯一个巨大的错误，对地图学习得不够，没有能力率领纵队沿正确的路线行进。在［现代化战争］中实施如此重要的作战行动，我们万不能容忍缺乏方向感和路线混乱这样的毛病。这不仅涉及地面部队，也涉及航空兵。为了防止再出现学习怎么看懂地图这样的问题，就必须把作战地图分成一个个可以定位的方块，飞行员必须仔仔细细地对每个方块进行研究。

这儿暴露出了苏军的现实问题，军队内数以千计的高级军官拥有世界上如此独特的理论知识，但其中几万名中尉却读不懂地图，不会通过指南针来辨明方向，绘制不出阵地的草图，无法理解指示或拟定命令。布琼尼向来遭人嘲笑，说他是个昏聩无能的老古董，喜欢马粪甚于柴油，他的大白话却很有常识："有时，我们都是在作战和战略的上层领域制订计划。但如果排、连或者班的情况都这么糟，我们到底该拿什么来打仗？"

与苏联的不幸相比，1941年的德国国防军倒是世界上唯一一个掌握了"纵深战斗"理论的军队，无论地面，还是空中，都是如此。不过，当德军将领率领冻僵了的部队推进到莫斯科郊外的时候，不妨让他们好好思考一下格奥尔基·伊谢尔松的这些话，而其背后能见到克劳塞维茨的影子：

> 现代化作战就是纵深作战。必须对此制订计划［……］做好准备，直到攻占整个纵深地带。［……］纵深地带的分梯次抵抗就需要从纵深地带分梯次发起进攻。这就像是从纵深处涌来一波又一波的海浪，力量持续增强，击打着海岸，直到摧毁海岸，或将海岸抹去。［……］这儿讲的不是击退，而是摧毁。［……］无法摧毁敌军的有生力量就会使后者后退时找到利于作战的阵地。作战行动达到顶峰的时候，防御者也会比冲突刚开始的时候更强悍。进攻者本身来到这条具有战略意义的卢比孔河畔时显得无忧无虑，心想作战行动临近尾声，那是最轻松的时刻。那就大错特错了。第一步总是最简单的，因为制订计划和先期集结军队能确保获得某种程度的成功。作战行动最后阶段最危急，也是最紧张的时刻还没有到来。[61]

战争初期考虑不周，不现实的计划

首先，1941年，苏军将会为自己犯下的错误和战争计划模糊不清而付出代价。和平时期，总参谋部的一个主要职责就是向政治权力机关提出计划，表明自己对战争有何看法，敌人意图为何，想要用何种方式达到既定目标。从1938年春到1941年5月，苏军涌现出了六个这样的计划，包括各种变体在内。这些计划都必须对三个主要问题做出回答：冲突会怎么爆发？是必须先发制人，等待对手进攻之后再反击，还是进行防守，消耗对手？要向哪儿进攻，或者说必须向哪儿发起反击？这些问题的答案决定了军力的部署，更宽泛地说，也就是决定了冲突最初几个月的面貌。

传统上来看，苏联的战略家们和1914年的情况一样，还在以为战争的开局会缓慢发展。他们认为最初的两三个星期，接触敌军的部队会试探性地寻找一种赢得战术优势的方法，同时，进行全国总动员，大量军队会涌向前线。他们认为，德国充其量也就能进行中等强度的打击，苏联的防御力量会利用设防区域进行招架。过了这段时间以后，形势会变得严峻。苏联所有的战争计划都坚信战略突袭是不可能发生的事。1941年1月的几场战争游戏在莫斯科看来，最初阶段都不用考虑投入兵力，就好像根本不会发生什么重要的事情。不过，1939年9月，德国国防军的示范和他们所认为的战争初期的状态截然不同。德军秘密集中兵力，经过了多重伪装，利用一切手段发起进攻，没给错愕不已的对手留下动员的时间。开局就打破了平衡，波兰军队根本就恢复不过来。

苏联人分析了这次战事以及1940年4月突袭挪威的战役。格奥尔基·伊谢尔松将军在1940年夏出版的《战争的新形式》这本重要著作中一如往常，中肯地谈到了这个问题。"出现了一个新现象：战争不宣而战。[……]很简单，动用一切力量发起战争。"在论及波兰人所遭受的种种不幸时，他提到了德国人很早就利用大规模的空中打击摧毁机场、投入装甲部队这一点。和主流意见相反，他的结论是，对苏联实施战略突袭是做得到的。在1940年12月召开的军事大会上，这个主题只出现了一次，也就是出现在克列诺夫将军的报告中。克列诺夫提了一个很好的问题：发生在波兰人和法国人身上的事是否也会发生在苏联人身上？但他间接做了回答，强调了法国和波兰这两个国家的"弱点"，以及德国拥有"极端有利的条件"，甚至运气也很好。那

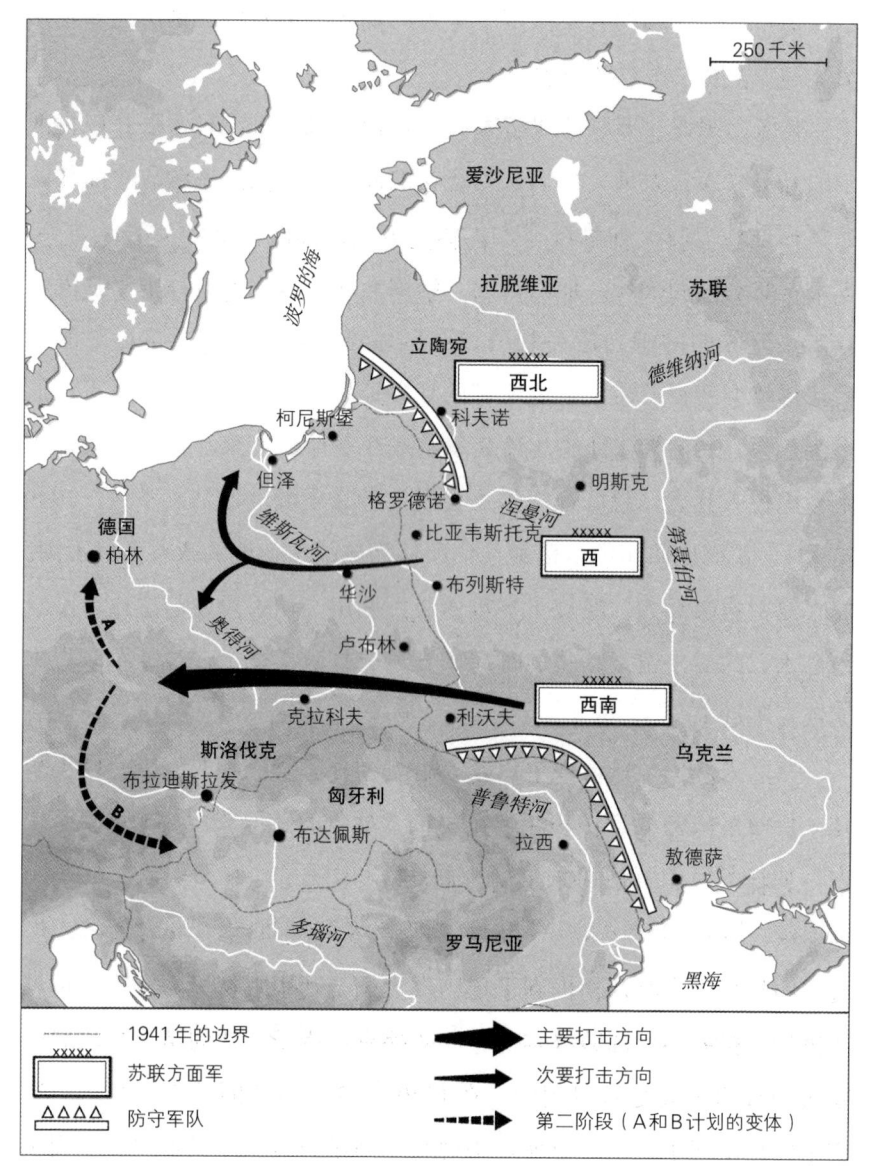

苏联"MP-41"计划

苏联将领是否就真的高枕无忧了呢？莫洛托夫防线虽然远未完成，但从建造这条防线以及对外情报部门所谓的高效运转来看，毫无疑问是这么回事。不过，重要的是，他们采取的主要选项是即时发起反攻，这点和法国人采取的静态防御并不相同。

那究竟是该进攻，还是防守呢？自苏军创建起，对这个问题的回答就很明确：只有进攻才会赢得胜利。1920年代末，亚历山大·斯维琴和米哈伊尔·图哈切夫斯基针对这个问题进行过讨论。两人尽管都出身于沙皇时期的军事院校，但在所有的论题上都无法达成一致意见。斯维琴注意到苏联社会的农业性质以及经济的脆弱性，想要对俄国的传统选项进行重新评估，也就是诱使敌人深入国土腹地，在前后相接的防线上消耗敌军，以时间换空间的纵深防御理论。因此，他认为这样一来，经济和军队就会有时间变得强大，而不会严重失调。图哈切夫斯基不仅是进攻论的强烈支持者，而且要求加速工业化，在这方面观点相当极端，他认为只有这样才能使红军全面掌握机械化的手段。他采取卑劣的手段大力打压斯维琴，政治上孤立对方，设法让别人接受这样一种观点，即最好的防御就是提前发起进攻：战争一开始几天，进行纵深打击就会使对手难以保持平衡，无法进行部署，使敌人丧失主动性，从而将战争引导到敌人的土地上。防守还有一个重要之处，虽然不是最重要的一点，那就是在纵深地带，以及敌人有可能会发起进攻的区域层层设立建有防御工事的防区，以此来牵制敌军，消耗他们的力量，阻滞他们的行动。1941年6月22日，苏军部署时仍然遵守了这个方案，只是防御工事都没有完工，而这也就成了苏军最糟糕的一个方案。

1938年3月24日，时任总参谋长的鲍里斯·沙波什尼科夫提出了第一个方案，11月，高级军事委员会采纳了这个方案。照苏联人的看法，当时德国很有可能会侵略波兰，一旦出现这种情况，就必须尽可能快地对普里皮亚季沼泽的北部和南部发起大规模反攻。战斗期间，依靠斯大林防线的掩护部队就有必要的时间进行总动员。1940年8月，铁木辛哥和沙波什尼科夫制订了第二个方案，这个方案是由总参谋部作战处新任副处长华西列夫斯基起草的，在这个方案中，反攻的目标对准的是东普鲁士和华沙，他们相信，敌军兵力主要都会集中在那儿。斯大林没有接受这个方案。10月，和他讨论之后，推出了修订版，加入了南部：从乌克兰开始发起反攻。1937年5月26日，图哈切夫斯基写了一份备忘录，此时他还被关在卢比扬卡的监狱里等待死刑执行，这份备忘录也强调了其继任者以及斯大林的观点，斯大林有可能读了其中几页，备忘录也就相当于图哈切夫斯基的军事遗言，从专业层面上看，斯大林对图哈切夫斯基还是相当看重的。"希特勒最期望的就是夺取苏联的一些领土，他只有从两个战线，即欧洲和远东战线发起进攻，才能做到这一点。[……]最让他垂涎的是乌克兰的领土，德军必定会主攻那里。只有希特勒确定要让苏联彻底溃败，也就是说他会向莫斯科进军，到那时候，白俄罗斯才是德国眼中最关键的区域。不过，我认为这个目标绝对妙不可言。[……]这必须成为我们作战计划的出发点。"苏军必须从哪儿发起反攻呢？对图哈切夫斯基而言，只有在西南部："进入布列斯特-立陶夫斯克—利沃夫防线之后，乌克兰方面军的主要任务就是实施大规模打击。[……]波利西亚南部的区域（普里皮亚季沼泽）是最适合向波兰中部决定性的对垒区发起攻势的地方。"[62]

图哈切夫斯基的观点就成了1941年3月11日MP-41计划的基础，由铁木辛哥和朱可夫签署的这份报告是写给斯大林和莫洛托夫的，他们批准了这项计划。[63]我们最好在这份关键的文件上停留下来，这份报告综合了苏联各军事将领的观点，成为对军事力量进行战略部署的基础。首先，它承认苏联必须做好准备，以应对"战争在两个战线展开：西线对抗德国，支持它的有意大利、罗马尼亚、匈牙利、芬兰，东线对抗日本，或许还有土耳其。后两个国家的中立状态随时都有可能被打破。"德国攻打苏联投入的兵力被大大高估（200个师，而不是140个师），罗马尼亚（45），匈牙利（20），总共就这么多。敌军可用的装备数量，苏联方面也高估得离谱：1.2万辆坦克，1.5万架飞机，真实数字只有五分之一到四分之一。我们想问的是，这些异想天开的数据到底依据的是哪些报告得来的，从坦克方面来看，他们肯定把凡是装了履带的都算了进去。但即便是把半履带车和小坦克都算入的话，也远远不到所说的那个数量。这样就构成了第一个错误，估算苏联军队装备的时候也就会受到影响。因此，也就出现不断牺牲质量以求数量的现象。德国人会向哪儿发起打击呢？"极有可能是别尔基切夫和基辅，从而攻占乌克兰，其主力部队［三分之二兵力］会部署在从谢德尔采到匈牙利的东南部地区。"即便铁木辛哥和朱可夫没有排除"德国人有可能将主力部队放在东普鲁士和华沙方向"，以此打击普里皮亚季北部，但他们还是犯了第二个主要错误。主攻会在什么时候发生？"从动员最初开始，德军在我们边境地区部署的平均时间为10到15天。"正如我们已经指出过的，对战争爆发之初的预想和1914年一样。这是第三个主要错误。

面对这些威胁，苏军该怎样部署？"大部应该部署在西线。"但面对日本的话，他们预备在南部边境地区留下36个师，其中有13个装甲师和/或摩托化师，另外20个师驻防在南部边境地区，尤其是土耳其一侧。北部，芬兰战线会有15支左右的大部队。这样就有245个师，其中80个为装甲师和/或摩托化师，来面对德国人和罗马尼亚人。如果他们计算正确的话，为了面对这场预想中的战争，苏军总共就会有316个师。1941年6月13日，瓦图京的一份备忘录证实真实军力总共有303个师，数字极为接近。[64]因此，依据他们自己的预测，苏军就拥有了战略手段，这是从量上来看的。

毫无疑问，一旦发生进攻，苏联军队会快速发起大规模反攻。朱可夫—铁木辛哥报告考察了发起反攻的区域。他们的分析缺乏原创性：和图哈切夫斯基的观点以及1940年8月铁木辛哥—沙波什尼科夫的计划如出一辙。东普鲁士是一块很难啃的硬骨头：1914年夏的痛苦记忆无疑还没有从俄国人的意识中抹除掉。那儿尤其不适合大规模装甲部队的流动，一半的面积都是森林、湖泊、泥炭，更别说还有可观的防御工事。因此，战略反攻应该在"普里皮亚季河的南部，以便对卢布林、拉多姆、克拉科夫进行强有力的打击，消灭德军的主要兵力，将巴尔干各国截断，夺取其重要的经济基地，对这些国家施压，使之不再向我们开战"。"在敌军侧翼，也就是从梅梅尔到奥斯特罗廖诺克（格罗德诺南部），以及匈牙利和罗马尼亚边境沿线，全面严加防守，确保我们中部的军队，[也就是]西南方面军的部队和西方面军的左翼，能实施作战行动"。我们都熟悉历史后来的走向，所以这次打击所针对的这些雄心勃勃的目标不免令人遐想："[……]夺取维斯瓦河，占领克拉科夫、[……]克卢奇堡、奥佩尔恩[德国西里西亚地区]*。从形势来看，随后的目标就是经由波兹南，向柏林发起进攻，或者向西南部的布拉格和维也纳发起进攻，或者绕过东普鲁士，进攻托伦和但泽。"从苏军的这些目标来看，只能得出结论，即便把他们的这种看法也考虑进去，即1942年夏之前不可能开战，将领们也并不真正了解他们的进攻手段和德国相比在质上存在差距，这是不争的事实。事实上，朱可夫和铁木辛哥太乐观，他们预计在这个日期之前会有这些军力：94个装甲师或摩托化师，以及333个航空兵团。这也就意味着必须有36800辆坦克，其中近16000辆是T-34和KV-1，还有14000架现代化飞机。[65]这两位军事将领要求在1942年1月1日之前达成这些目标，只能表明他们和图哈切夫斯基盲目求大的谵妄心理一脉相承。

MP-41计划的核心内容在1941年1月的莫斯科举行的大规模战

---

* 即如今波兰的奥波莱省。

争推演中经过了测试。朱可夫由此"证明了"向南部发起大规模进攻会使敌国的战斗部队严重受损。正是出于这个原因，1941年2月，他被任命为总参谋长。他很清楚，从现在起，一旦爆发战争，无论发生什么情况，他都必须向克拉科夫发动大规模进攻，他确信只有这样才能让德国的战争机器失灵。这个计划将大部分兵力都放在了普里皮亚季沼泽的南部，相对放弃了北部区域，而那儿才恰恰是德军主攻的重中之重。古德里安和霍特的坦克发现他们面前的苏军无论是兵力还是装备都要比乌克兰那儿少得多。图哈切夫斯基的观点是错误的，斯大林、铁木辛哥、朱可夫的也是。

我们的结论是，由于是这样的动员和作战计划，苏军便将绝大部分坦克和飞机集中在了不到300公里的西部边境，正好落入敌军的打击范围之内，而这样也就没有必需的人力和军官有预期可用的兵力来进行战斗。苏军的部署取决于两个并不现实的假设：敌军会稍事休整，这样他们就能调动兵力，或者他们也可以暗中调动兵力。结果，现实情况下，苏军根本就没法组织战略防御和战略进攻，而是夹在当中，损失惨重。由于莫洛托夫防线尚未完工，于是苏军提前集结兵力，尤其是飞机全体集结，这样也就只能遭到敌军出其不意的沉重打击。由于机械化军运转不畅，加之后勤上又没有能力大力推进到边境线以外，所以它也就无法用反攻来应对进攻。我们后面会看到，1941年5月创设的由五个集团军组建的第二战略梯队也无法对防守或进攻造成影响。由于这些部队被放在远离第一线的地方，更兼缺乏合适的交通工具，它们也就没法前去支援处于困境中的防守部队，或者说对先期有所斩获的进攻部队进行支援。这些导致灾难性后果的选择并不是由斯大林一个人造成的，也是由苏军的诸多将领，如图哈切夫斯基、铁木辛哥、朱可夫造成的。

注 释

1. *Pravda*, 11 mars 1939.
2. Jansen and Petrov, *Stalin's Loyal Executioner: People's Commissariat Nikolai Ezhov 1895-1940*, Stanford, 2002, p. 103. Ce chiffre des condamnations concerne l'ensemble des secteurs, pas seulement l'armée.
3. *Voennyi Sovet pri Narodnom Komissare Oborony SSSR 1938, 1940 gg. DoKoumenty i Materialy*. Moscou Rosspen, 2006, p. 295-317.
4. Constantin Simonov, *Glazami Tcheloveka Moego Pokolenia*, p. 320-321.
5. TsAMO. F 9 Op. 29 D. 318. Ll. 23,24. Dans VIJ, n° 4, 1989, p. 43.
6. TsAMO. F 9 Op. 29 D. 354. L. 278. Dans VIJ, no 3, 1989, p. 43.
7. R. W Davies et al., *The industrialisation of Soviet Russia*, p. 354, table B.2.
8. Hiroaki Kuromiya et Andrzej Peplonski, *Stalin und die Spionage*, Transit n° 38, p. 29.
9. Simonov, p. 181-182.
10. *Loubianka Staline i NKVD – NKGB – GUKR « Smerch » 1939 – mart 1946*, Dokoumenty, 2006, p. 194-195.
11. Ibid., p. 195.
12. Ibid., p. 9-10.
13. Golovanov, *Ia, Koroliov. Fakty i Mify*. Moscou 1994, p. 282.
14. B. Bajanov, *Vospominania Byvchego Sekretaria Staline*, Moscou, 1997, p. 106.
15. 斯大林在1937年6月2日高级军事委员会上的讲话, in: *Voennyi Sovet pri Narodnom kommissaré oborony SSSR. 1 – 4 Iunia 1937. Dokoumenty i Materialy*, Moscou, 2008, p. 133。
16. *Loubianka Dokoumenty 1939-1946*, p. 123.
17. Ts A FSB. F. 3. Op. 5. D. 996. L. 185-186 in Samuelson – Khaoustov, p. 415-416.
18. Izvestia TsK n° 3 1990, p. 195.
19. Izvestia TsK n° 3, 1990, p. 295.
20. *Materialy fevralsko-martovskogo plenuma TsK VKP(b) 1937 goda*. Voprosy Istorii n° 8, 1994. p. 3-17.
21. Pour l'intégralité de ces rapports, voir *Sovetskaïa Derevnia Glazami VTchK-OGPU-NKVD. Dokoumenty i materialy v 4 tomakh*. Sous la direction de Berelowitch.
22. *«Sverchilos. Prichli nemtsy!» Ideïnyi Kollaboratsionism v SSSR v period velikoï Otetchestvennoï. Voïny* sous la rédaction d'Oleg Budnitski, Moscou, 2012, p. 220.
23. *Zvezda*, 1995, n° 11, p. 171.
24. *Vlast i Khoudojestvennaïa Intelliguentsia. Dokoumenty 1917-1953*. Moscou: Mejdounarodny Fond « Demokratia » 2002, p. 421.
25. *Ibid*.
26. TsA FSB Rossii, no N-18766. T. 7. L. 66, in: *General Vlassov, istoria predatelstva. Dokoumenty*. vol. 1, p. 145-146.
27. *Bolchaïa Tsenzoura. Pisateli i Journalisty v strané sovetov.1917-1956. Dokoumenty*, p. 506-509.

28. RGASPI F.558. Op. 11 D. 188. L. 105-146 in: *Loubianka Stalin i glvnoé oupravlenié gosbezopasnosti NKVD 1937-1938 Dokoumenty*. Série d'Yakovlev, Moscou, 2004, p. 440-454.

29. Mikhalev, *Strategia*, p. 540.

30. *1941 God. Strana v Ogné*, vol. 1, p. 66.

31. TsAMO. F 16-A. Op. 1844. D. 20. T. 5 L. 146-161, cité par Mikhalev, Strategia, p. 260.

32. *Voennyi Sovet pri Narodnom Komissare Oborony SSSR 1938-1940*, Dokumenty i Materialy, Moscou, Rosspen, 2006, p. 183.

33. TsAMO: F.31983, Op. 3, D.3, L.86-90, in: *Skrytaïa Pravda Voïny: 1941 God*, sous la directionde Krychevski, Moscou, Russkaïa Kniga, 1992, p. 10-11.

34. Khaoustov et Samuelson, p. 226-227.

35. Krivosheev, *Velikaïa Otetchestvennaïa. Bez grifa Sekretnosti. Kniga Poter*. Moscou, Veteché, 2014, p. 50.

36. *Voennyi Sovet pri Narodnom Komissare Oborony SSSR 1938-1940*, Dokumenty i Materialy, Moscou, Rosspen, 2006, p. 184.

37. *Ibid.*, p. 185.

38. A. N. Sakharov, B. V. Jitomirskaïa, *Oblik naroda k natchalou Velikoï Otetchestvennoï Voïny*, in: *Narod i Voïna. Sous la rédaction de A. N. Sakharov et A. S. Seniavskaïa*. Moscou, 2010, p. 41.

39. Poliakov, *Vsesoiuznaia perepis'naseleniia 1939 goda*, p. 21-22.

40. P. Gatrell et M. Harrison, The Russian and Soviet economies in two world wars: a comparative view, Economic History Review, XLVI, 3 (1993), p. 425-452.

41. R. W. Davies et al., *The industrialisation of Soviet Russia*, p. 354, table B.8.

42. R. W. Davies et al., *The industrialisation of Soviet Russia*, p. 182.

43. M. Harrison et R.W.Davies, *The Soviet Military-economic Effort during the Second Five-year Plan*, Europe-Asia Studies, vol. 49, n° 3, 1997, annexes.

44. L. Samuelson, *Tankograd*, p. 98.

45. R. W. Davies et al., *The industrialisation of Soviet Russia*, p. 354, table B.25. 在1929年至1940年间创建的总共1219个生产单位中，有506个专门生产弹药，391个生产飞机，296家生产步兵武器，149家生产战舰，96家生产装甲车，21家从事原子能研究。

46. V. Grinevetski, *Poslevoennyé perspektivy russkoï promychlennosti*, Kharkov, 1918.

47. Chiffres in: Krivosheev, *op. cit.*, p. 241. Pour les réserves, Nigel Askey, *Operation Barbarossa*, vol. II B, p. 126-127.

48. RGVA F.9. Op. 36. D.2529. L. 132 in A. A. Smirnov, *Boevaïa Vyoutchka Krasnoï Armii nakanuné repressii*, Moscou, 2013, vol 1, p. 45.

49. *Sovetskié Maniovry v Belorussii // Tchassovoï* n° 177 1936, p. 7, cité par Smirnov, *Boevaïa Vyoutchka Krassnoï Armii nakanuné repressii*, vol. 1, p. 44.

50. RGVA F.4. Op. 18. D.213. L. 42 in A. A. Smirnov, *Boevaïa Vyoutchka Krasnoï Armii nakanuné repressii*, vol. 1, p. 56.

51. *Ibid.*, p. 57-58.

52. AP RF. F. 3. Op. 65. D. 228. L. 39-84 in *SSSR i Grajdankaïa Voïna v Espanii*, p. 442.

53. Mikhalev, *op. cit.*, p. 817.

54. Russki Arkhiv, *Velikaïa Otetchestvennaïa Voienna*, T. 1, p. 357.

55. R. W. Davies et al., *The industrialisation of Soviet Russia*, p. 96.

56. J. J. Schneider, *The Cobra and the Mongoose*, Journal of Slavic Military Studies, 19: 57-66, 2006, p. 58.

57. *Ibid.*, p. 183.

58. G.S. Isserson, *The evolution of operational Art*, Combat Studies Institute Press, Fort Leavenworth, Texas, 2013, p. 12.

59. Cité par Richard W. Harrison, *The russian Way of War: Operational Art, 1904-1940*, University Press of Kansas, 2001, p. 157.

60. Cité par D. Glantz, *Soviet military Operational Art...*, p. 25.

61. G. Isserson, *Evolutsia Operativnogo Iskusstva*, Moscou, 1937, p. 68-69.

62. *VIJ*, n° 8 (p. 44-53) et 9 (p. 55-56), 1991.

63. *VIJ*, n° 2, 1992.

64. TsAMO RF, f.16A, Op. 2951, D.236, Ll.65-69, in: *1941 God*, (Série Yakovlev), T. 2, p. 358-361.

65. TsAMO RF.F.16, Op. 2154, D.4, L.222-227, cité par S.N.Mikhalev, *Voennaïa Stratégia, Podgotovka i vedenia voïn Novogo I Noveichego Vremeni*, Moscou, Koutchkovo Polé, 2003, p. 596.

第七章
罪恶的命令

> 4月8日,我和哈泽［奥斯特上校的化名］在盖博尔［贝克将军的化名］的家中,听到发布给全军的那些命令时,头发都竖起来了。命令都是由哈尔德签署的,涉及的是军队在俄国的行为,对军事司法体制及其和民众的关系进行了系统的改造,这简直是在对整个法律彻头彻尾地嘲讽。因此,德国也就名副其实地被提升到了"鬼子"这个等级,也就是说截至目前,这种类型的人仅局限于敌人的宣传而已。听命于希特勒的这些命令,布劳希奇也就牺牲了德国军队的荣誉。
>
> ——乌尔里希·冯·哈塞尔,1941年5月4日[1]

1941年3月30日约10点半,一群高级将领以及十二位陆军元帅手握帝国鹰的权杖,从威廉街一直来到帝国总理府的大院内。发现人有这么多,这些被召集而来的人也就很清楚将会有重要通告向他们发布。事实上,元首召集这么多将军的情况只出现过一次,那是1939年8月22日,波兰战役的前夕。看有谁没来,大家也都能猜出这次会议的目的为何:西部、北部、巴尔干战区的指挥官没来。只有那些几个星期以来一直忙于巴巴罗萨行动的人在场。这群人向全副武装的党卫军守卫的门口走去，他们经过几尊由阿尔诺·布雷克创作的德国国防军和纳粹党的雕像，跨上七级花岗岩台阶，先后穿过马赛克大厅和长146米的大理石长廊。这些德国国防军的精英，一百来位要人，按照军衔和职位，分别在接待大厅落座。第一排是三军最高统帅布劳希奇、戈林、雷德尔，德国国防军最高统帅部和陆军总司令部的主要代表凯特尔、约德尔、瓦尔利蒙特、哈尔德、豪辛格，三个集团军的司令员冯·里布、冯·博克、冯·伦德施泰特。后排除了三个人之外，都是巴尔干战事准备工作的相关人士，他们是十二名集团军和装甲部队司令，很可能还有九名将向苏联发动进攻的舰队和空军司令。每个人边上都坐着所在部队的参谋长。11点，书房门打开，元首走了出来。他上来就开始讲话，讲了整整两个半小时。13点30分，讲完最后几句话后，希特勒就走了出去，根本没去留意在座者会说什么话，有什么问题。

将军们的上午时光

我们都很了解两个主要证人哈尔德和冯·博克的私人日记里重新抄写的讲话内容，以及霍特将军所做的讲话记录。希特勒先是惯常回顾了1914年以来的德国历史，继而呼吁重新确立德国的战略地位，还讲到了意大利的弱点和英国的虚假希望，然后说到"必须进攻苏联"，并对苏联的军力重新做了评估："对手韧性足，但没有什么将领。武器工业的能力不是太好。"[2]哈尔德和霍特提到了元首对苏军拥有"42至45吨、配备100毫米火炮的巨型坦克"的推测，说从口径来看，应该是指刚刚服役的KV-1重型坦克。然后，希特勒让军队将领不要担心再次在两条战线开战的情况，虽然那是德国人很久以来战略上的噩梦。1945年，霍特提到他听了这些极有说服力的解释之后，一扫他从专业角度对同苏联开战的怀疑态度。[3]

本次讲话的真正目的，可能也是召开本次会议的理由，到最后才露出了真面目。我们在这儿引用一下哈尔德的话。

> 殖民任务！两个世界观的战斗。判定布尔什维主义是破坏者，是反社会的流氓。共产主义，对未来是个可怕的威胁！我们必须摒弃士兵之间的同志情谊。无论是战斗前，还是战斗后，共产主义者都不是同志。这是一场灭绝性的战争。如果我们不这么去看待它，我们当然也是在和敌人战斗，但三十年后，共产主义者又会站在我们面前。[……]要灭绝布尔什维克的那些委员和共产主义的知识分子阶层。[俄国毁灭之后诞生的]那些新的国家将会是社会主义国家，但不能有他们自己的知识分子阶层。必须阻止形成新的知识分子阶层。原始社会主义的智慧已经足够。[……]这和军事法庭没有关系。将领们必须知道这是怎么一回事。他们必须进行这场战斗。部队必须采取对手所用的同样的方法来保卫自己。那些委员和格别乌的人都是罪犯，必须像对待罪犯那样对待他们。（霍特："不设法庭，必须让部队把他们立即清除掉。不要送到后方。"）[……]这场战斗和西线的战斗截然不同。在东线，今天的严厉，明天的仁慈。将领们必须克服这些顾虑。[4]

占领生存空间的方案第一次正式毫不掩饰地出现在德国国防军将领们面前，尽管该方案并无细节，也无明确的命令，犹太人问题是个例外，并没有明确提及。不过，这个问题仍然存在于他的头脑中。事实上，对那个时代所有的德国军事将领而言，"灭绝布尔什维克委员和共产主义知识分子阶层"毫无疑问就是指灭绝一部分苏联犹太人，从他们的定义上来看，这些委员和知识分子就是犹太-布尔什维主义的化身。希特勒是要面对面地探查这些将领对即将到来的战争政治和种族层面的看法。他必须在目标和手段上都取得一致意见。事实上，

第七章 罪恶的命令 375

他并没有理所当然地认为这些在旧世界受过训练的将军会接受德国要去永远占领俄国的空间，开发之，殖民之的理念。在座超过半数的人都出身于相当古老的军事贵族家庭，经常去教堂，看重荣誉和法律，希特勒并不觉得自己能轻松地"说服"德国国防军的这些精英，让他们认为巴巴罗萨行动超越了一切法律规则，部队和军官必须全方位地灭绝那些被认为有害于帝国的个体。

出席会议的人没有对这次讲话感到吃惊。先不提政权的二号人物戈林，或许有十五个左右的在座人士，如凯特尔、约德尔、瓦尔利蒙特、布劳希奇、哈尔德、豪辛格、瓦格纳都很清楚这是怎么一回事。从1941年3月3日起，和希特勒经过讨论之后，约德尔事实上就已经让参谋部草拟一份文件，综述巴巴罗萨行动的各主要原则："犹太-布尔什维克知识界是人民的压迫者，必须清除。[……]必须立刻压制布尔什维克的领导人和委员。军事法庭不必处理这些问题。"[5]我们可以把约德尔重新抄写的希特勒所说的这些话视为灭绝苏联及欧洲犹太人的出发点，这一点和巴巴罗萨行动有着纠缠不清的关系。17日，哈尔德又被元首开导了一番："斯大林安插的知识界必须清除掉。[……]必须在俄国使用极其残忍的暴力方式。[……]清除官员。"[6]如果这不算是希特勒第一次揭示自己内心隐秘的杀人想法的话，那至少在军队将领面前，他从未这么直接过。到目前为止，他都只是一点一滴地很笼统地在谈占据生存空间的想法。1939年2月10日，他在柏林面对集团军群司令员的时候就说了这些话："下一场战争将是一场纯粹的世界观的战争，也就是一场人民和种族的战争。"[7]之后的11月23日，还是在总理府，他面对三军司令说："我们只有用剑才能确保获得生存空间。这是一场种族的战斗，决定究竟应该由谁来掌控欧洲和世界。"[8]

先前的所有这些信号都可以使我们认为，1941年3月30日在总理府的接待大厅内，很少有人还会以为巴巴罗萨行动隐藏着的政治—种族层面是无中生有出现的。他们对此没有反应，有许多理由可以解释，而这无疑就是其中一个原因。因为尽管布劳希奇后来在纽伦堡的法庭上说了那些话，但毕竟面对希特勒下达的命令，呼吁他们抛弃一切个人的顾虑时，一百名高级将领确实毫无怨言，毫无质疑，甚至都没表现出惊讶来。在哈尔德、冯·博克、冯·里布的日记中，在霍特的笔记里，都没有流露出任何的不安情绪。比如，担任中央集团军群司令的冯·博克就只提及了这次讲话的技术层面，神气活现地说自己统帅的装甲部队会起到决定性的作用，还不无柔情蜜意地写道："元首又一次显得和蔼可亲，询问我的健康状况。"[9]

事实上，希特勒如果有疑问的话，那他对将军们有可能存在的道德顾虑的疑问也是毫无根据的。从这些人的出身、经历和经验来看，他们已经事先接受了要和布尔什维克争斗的观念，他们把1918年的崩溃、战后的混乱、魏玛共和国时期流布的和平主义或国际主义全都归咎于布尔什维克。在总理府这次会议之前，所有人就已经对亚洲的俄国形成了一个文化上异化于欧洲的印象，因此也就认为有理由粗暴对待非洲和亚洲的"野蛮人"。在这个经济剥削和殖民开发的方案中，没有什么内容会让他们觉得受到冒犯：鲁登道夫在第一次世界大战的时候就指明了这条道路。而宣布全面摧毁俄国这个国家及其整个生命力的做法，会让习惯于从国家之间保持平衡的角度来思考欧洲的士兵觉得无所适从，而这种古老的平衡论正是以承认所有（大的）国家都有生存的权利为基础确立起来的。就连1918年的泛日耳曼主义者都没有走得这么远过。更让人难以适应的是要求军队参与灭绝任务，尤其是灭绝苏军政委，这倒是和殖民战争时期的做法更相近，而非欧洲国家之间的行为方式。第二次世界大战爆发之前一年，冯·布劳希奇将军发布过一个对长时期服膺于普鲁士传统价值观的军官群体实施教育的秘密指令，使之信服纳粹的意识形态："在民族社会主义世界观的纯洁性和正确性方面，军官群体万不可受人欺骗。[……]军官自然应该在任何情况下与第三帝国的观念保持一致，即便这些观念无法以法律规定、条款、命令的形式表现出来，也是如此。"[10]至于反犹主义，希特勒的这次讲话中完全没有出现，很久以来，这一点就没出现在任何人的头脑之中。冯·弗里奇将军在1938年12月11日写给舒茨巴尔-米尔什林男爵夫人[11]的信中说，第一次世界大战之后，他终于明白德国只有打赢三次仗，才能站起来：和工人运动的战斗，和天主教会的战斗，和犹太人的战斗，最后一次战斗将会"最困难"。1939年2月，德国国防军最高统帅部刊发了一本党卫军应会签署认可的小册子，这份文件在部队里得到了广泛传播，将领们也对此踊跃发表了议论："我们是在和全世界的犹太佬战斗，如同和有毒的寄生虫战斗；我们发现他们不仅是我国人民的敌人，而且还是全世界人民的伤疤。反对犹太佬是为了保持人民的纯洁的健康，为了建立全世界更公正的新秩序而发动的一场道德上的战斗。"[12]

军事上的必要手段和德国的战争方式

如果我们来想象一下没有纳粹的巴巴罗萨行动，比如，实施这次行动的是1930年代欧洲盛行的保守独裁政权，那各种性质的大屠杀和横征暴敛还会有如此规模吗？理论上说，我们会做出否定的回答，毕竟这场战斗预设的意识形态似乎规定了其灭绝性的特点。经过反思之后，答案就不那么确定了：当然，应该不会有这么多的受害者，但还是会有很多。有一点可以确定，那就是如果没有纳粹主义，也就是说别动队，就不会杀害这么多犹太妇女和儿童，犹太人的社区也不会彻底消失。但对包括犹太人在内的其他类别的民众来说，代价或许也不会小多少。

要解释这个悖论就必须绕一下道，来看看德国1860年至1919年的军事文化，参加3月30日在总理府那场会议的将军们也仍然浸淫着这样的文化。所谓的军事文化，其实我们认为就是整套或明或暗、有意识或无意识的规章制度，解释军队战时的行为，思考胜利、作战行动的方式，和俘虏及地方民众的关系等。我们从制订巴巴罗萨行动计划的过程中已经看到了这种规定作战行动的许多文化因素：彻底摧毁敌军，寻求全面的军事胜利；追求速度、奇袭；作战行动计划的制订；甘冒巨大的风险；优先进攻，在相反的两个战线战斗；对所有后方服务部门的忽视，如后勤、经济、被占区民众的管理。从1870年以来，这些特点将德军造就成战斗（不一定是战争）机器，也是对抗民众的恐怖工具。随后的方案差不多就是这样：如果战争并没有如所预料的那样进展，物资有限，后勤一团糟，政治上也顾此失彼，那他们就会频繁针对敌方的士兵、俘虏、平民采取军事暴力手段。这种趋于极端的做法乃是因为愤怒和挫折所致，在其他军队中也能见到。但通常情况下，这样的情况会被政治决策和组织上的决策所遏制，受到惩罚，得到纠正。德国的特殊性正在于其军事行为既没有得到权力机构，也没有得到媒体的遏制，更没有得到公众舆论的遏制。事实上，帝国体制将军事领域完全交给了一个独一的君主。对国民议会负责的战争部根本没有任何手段能够介入总参谋部，总参谋部可以独自决定大量的事务，而在其他国家，许多事务并不归总参谋部管辖。德国的这种作战计划机构便获得了极度恶性膨胀的权力。它可以制定军事技术方法的规定，也就是用暴力方式摧毁敌军，也可以侵占政治—外交方面的事务，别人不得染指，以此来通过结盟、媾和来迫使敌军放弃战斗。军事手段成了目的。军队自己的文化所造成的灾难性后果肯定会让它自食其果。它正是因为自我中心主义才导致了自己的失败。

快速审视一下历次冲突可以厘清重点。1870年，一份详细的计划必须确保通过"决定性战斗"来赢得胜利，这是普鲁士德国大参谋部思想的起点和终点。色当发生了决定性战斗，只是那还不算是决定性的：法国还在战斗。于是，德国就对战略进行了反思，想要把经典的作战行动和在敌人后方发动人民游击战的雏形结合起来。我们之所以说"雏形",是因为在甘必大主政时期,自由射手的行动已经很分散,不成系统,而且也很罕见。不过,一旦启动,就像苏联后来的情形那样,对手就会感到无边的恐惧,影响到守卫铁路线的20万士兵。民众会把自由射手隐藏起来,事实上全民都成了敌人。由于后勤在法国境内崩溃,后来也在苏联境内崩溃,于是抓捕人质、枪决、摧毁村庄、巨额罚款、无止境的征用就成了标准操作。而这些都被整合进了战斗的条例之中。

可是,这些行为违反了《日内瓦公约》(1864)和《海牙公约》(1899和1907)之类的国际法律。在这几次大会上,德国的法学家显得很突出,他们不愿合作,坚持说一切都是听命于"军事需要"。在法国诞生的这些实践方式在威廉二世的殖民帝国中得到了广泛应用。种族主义在这儿似乎并不是驱动器:军事文化才是。在这个领域,我们来看看伊沙贝尔·赫尔的分析。[13]1904年至1905年,在德属非洲西南部地区(如今的纳米比亚),帝国海军的士兵无法通过一场战斗消灭赫雷罗人的游击队士兵,补给跟不上,卫生状况堪忧,伤亡数字太大,于是暴力就持续升级。他们不愿谈判,对已经战败的敌军也穷追不舍,毫不留情。士兵自身也就成了这种暴力自主的动因,他们对游击队采取了不同的行为,如损毁尸体、杀死伤者,这样的行为后来也用到了苏军身上。政治权力这时候就应该介入进来。但这种事,冯·特罗塔将军是绝对不会去做的,他要的是全面的胜利与和平,哪怕是由坟墓堆砌的和平也在所不惜。在沙漠中被追杀,不经判决和警告即被杀死,流放,挨饿,饥渴,10万名男女老少就因为冯·特罗塔提出的"军事需要"而付出了生命的代价:几个月时间里,四分之三的赫雷罗人、半数的纳马人消失了。殖民地完全失去了价值,人口都没了,这也就表明这种军事文化深层的不合理性,我们在后来的苏联身上也能再次见到这种情况,只是由于意识形态的制约,苏联的状况会更惨烈。在坦噶尼喀,也就是现在的坦桑尼亚,当地人奋起暴动，导致数万人被杀，这种情况除了用纯粹的军事解决方案来解释之外，其他都解释不了。无论是这些战役期间还是之后，政治权力或公共舆论，甚至于商业界，都认为这种过度的暴力手段以及军事与政治的断裂没有任何问题。义和团起义期间（1900—1901），中国的情况也一样。德国士兵特别突出的一点是盲目地、毫无意义地使用暴力来进行镇压，他们想用这种方式来让敌人承认自己彻底失败。无数观察者都认为这种特点为德国人所独有。在这儿，军队非但没有受到遏制，反而得到了皇帝的孤立，而皇帝就像是这种军事文化的占有者，而非政治权力的受托人。1900年，他就在不来梅哈芬的码头上向正要开拔前往中国的远征军部队宣称："你们都很清楚你们与之作战的敌人勇敢，大胆，武器好，而且残忍。你们有一句话说得好，就是当你们遇到这些敌人的时候：不要手下留情。不要抓俘虏。你们就要这样去战斗，要让这一千年里，再也没有一个中国人敢充满敌意地看德国人。"[14]

这种军事文化对国际法和政治理性的发展完全不管不顾，第一次世界大战期间就大行其道。最初几个星期，自由射手的神出鬼没，对比利时人抵抗的愤怒，施里芬计划酷烈的节奏，都通过一系列针对比利时和法国平民的犯罪行为体现了出来。其中至少6000人（无疑还要更多）遭处死或者打死，1.5万到2万所住宅被摧毁，村庄被夷为平地。2.3万名比利时人和法国人很快就遭到流放。占领之后就是漫长的苦难，体现出来的就是1.2万人死亡和失踪，10万人被流放，持久的恐怖政策，饥馑，大规模的掠夺，强制劳役，整片整片地区惨遭蹂躏，而这一切都是以"军事需要"之名实施的。美国未来的总统赫伯特·胡佛在法国的被占区实行人道主义救援回来后，不禁发出呼吁："从各种角度来看，这个国家就像是一座巨大的集中营。"[15] 东部的波兰和波罗的海国家更惨。从1918年到1920年，在波罗的海国家，德国的自由军团便以残暴出名，对平民、俘虏、伤者、妇女采取极端暴力的行为，布尔什维克的遭遇更为凄惨。

这种军事文化并没有因为希特勒的上台而烟消云散。恰恰相反，它反而因为一场运动而变得更为有效、更为强硬，而这场运动整合了诸多的特点：崇拜战斗和暴力，社会达尔文主义（"为生存而战"，"强者的权利"），拒绝任何妥协，使用恐怖手段摧毁对手的意志。3月30日在总理府，对至少一部分在座的将军而言，希特勒的命令，即冷酷无情地消灭苏联这个国家的干部及其支持者，采取一切手段赢得胜利，不要受制于任何法律准则，这些都完全不需要找出意识形态上的理由：它们本身就可立足，因为这些都是军事手段的工具，19世纪最后二十五年就这么思考过了。纳粹的意识形态增强了这种军事文化的效力，导致了更大规模的死亡和毁灭行动。

波兰序曲

1941年3月30日聚在一起的那些德国国防军的将领已经拥有在文明国家超出规定限度进行战斗的经验。他们亲眼见到了1930年9月在波兰所犯的那些罪行，至少他们都读过这方面的报告，也就是说这些都是军官、士官、普通士兵在战斗期间恪尽职守所犯的罪行。对巴巴罗萨行动而言，我们无须夸大波兰这个前车之鉴的重要性。有四个元素能在两场战役中找到，只是剂量和目标各有不同而已：民族社会主义的领导层拥有明确的目标，那就是彻底摧毁被入侵的国家；高级指挥层急于尽快结束战斗，无须采取大量手段来保卫后方，秉承强硬对待平民的传统；告知部队要对敌人"使诈"和"非人性"的战斗手段做出相应的回应；战场上存在实施政治战争和种族战争的特殊作战部队，也就是别动队。

首先，我们要提一下战争时期，每支集团军和集团军群规定要在后方，有时是纵深数百公里的地区，设立"作战区"，作战区控制是否得力对军队来说至关重要。这个区域内有后勤补给线、堆栈、营地、公路、车站、车间、露天仓库、机场等，必须保护它们不受敌军，尤其是游击队、破坏者和其他自由射手的侵扰。为了完成这项任务，各集团军群和集团军的统帅拥有全权，利用特殊部队来维持秩序，所谓的特殊部队就是指战地宪兵和秘密军事宪兵以及"保安师"。这些部队人数不多，德国的逻辑就是把所有的兵力都集中到前线，以期发起最为猛烈的打击，尽快结束战斗。在这些作战区内，无论是平民，还是军人，都得接受军队将领的管束。他们对所发生的事情负有责任，尤其是对平民和战俘的处理必须遵守德国也签署了的《海牙公约》（1899和1907）及《日内瓦公约》（1929）的规则。这些规则中排在首位的就是必须按照规定设立军事法庭。许多在总理府列席的将领和元帅，如冯·博克、冯·伦德施泰特、冯·屈希勒、冯·克鲁格、冯·赖歇瑙，在波兰战役期间对于这些作战区拥有绝对的权力。可是，1939年9月1日至30日，这些将军在作战区内公然屠杀了1.2万至2万名波兰平民以及3000名战俘，场面极为惨烈，另有数以千计的男女遭到折磨、殴打、强奸、羞辱，数以百计的村庄遭到劫掠和焚毁，数以万计的人被从家里赶出去，向东方驱逐。军事法庭从来，或者说几乎从来都没有派过用场。

　　后来苏联的情况也如出一辙，波兰被占领后，伴随而来的恐怖手段都是党卫军和警察以及德国国防军的常规部队所为，其中既有第一线的部队，也有后方的部队。即便各处爆发冲突，这些军队"维持秩序"也没什么很大的困难。军队的干部一向受到要憎恨波兰人、波兰是个不合法的国家的教育，再加上对东方犹太人甚嚣尘上的反犹主义，他们通常就会采取极端冷酷的手段来对待之。他们从来就没对向手无寸铁的平民实施暴力，或下令实施暴力的行为有所质疑。他们认同杀戮，有时虽然违心，但始终都以实用主义为出发点，因为他们觉得为了确保后方秩序，杀戮存在必要性。

士兵也都表现出了相同的倾向性，虽然他们的动机有时会有所不同。军官不会去遏制士兵的行为，而士兵一想到要和被说得神乎其神的自由射手遭遇，就感到恐慌和紧张，他们到处都能看见和听见埋伏在暗处的枪手和破坏者，本能地对大多想象出来的威胁做出过度的反应。大多数时候，零零星星的枪声其实都是明显可以认出的穿军服的波兰士兵和民兵组织所为，《海牙公约》第1条款都把这些人视为战斗人员，战斗速度太快，他们没来得及赶上，于是就躲在村庄和森林里。1939年9月，波兰并不存在有组织的民众抵抗行为，更别说自发的起义了。因此，说这是一种名副其实的对自由射手的偏执心理是有道理的，德国国防军和党卫军操纵了这种心理，授权士兵可以不按照军事司法的程序来行动。于是就有了琴斯托霍瓦事件，9月4日，由于听到四声来源不明的枪响，第42步兵团就用机枪射杀了200名平民。第三天，还是这支部队在卡耶塔诺维采杀害了另外72名无辜者，其中一半是妇女和孩子。在特雷森，第41团未经任何审判就杀害了150个人，说怀疑他们是自由射手，或是窝藏自由射手，或是住在自由射手的家里。9月4日由第8集团军司令布拉斯科维茨将军签署的命令认可了最后一个理由。后来的陆军元帅冯·博克也没闲着，要求"如果从村庄向前线的后方射击，无法确定射击来自哪座房屋，就将整座村庄焚毁"。[16]1870年至1914年，他的几名前任尽管有很强的专业操守，但也发布过同样的命令。在采皮耶罗夫，第29机械化师的一个营处死了400名战俘，任由死尸留在马路上。9月12日，被俘的一名波兰中尉夺走了审问他的一名士官的武器，将之杀死，随后自杀。为了实施报复，40名俘虏和30名逃难的平民在学校里被活活烧死。第8集团军属下的一支部队也是战绩不俗，杀死了征调来掩埋这些尸体的25名犹太人。在戈沃罗沃，肯普夫装甲支队在毫无理由的情况下枪决了犹太会堂里的50名犹太平民，几天后，又在普乌图斯克杀了80名犹太人。1939年10月4日，希特勒颁布的大赦令将这一切都一笔勾销了。反纳粹的外交官乌尔里希·冯·哈塞尔并不这么看，他认为这种行为"骇人听闻"，还说："有种被罪恶的冒险家牵着鼻子走的感觉；看到德国的名字被战争期间在波兰的这种行为所玷污，倍觉耻辱，空军残暴至极，党卫军惨无人道，最主要针对的就是犹太人。[……]当这些人用左轮手枪杀死躲在犹太会堂里的一群犹太人时，内心充满了羞愧。军事法庭哪怕对这些恶棍做出一次最轻微的判决也行，但就连这种机会也被布劳希奇碾碎了。"[17]

除了德国国防军的犯罪行为之外，波兰战役还有一个地方和巴巴罗萨行动相似，那就是"保安警察别动队"特殊部队的存在。别动队共有六支，除了一支之外，其他五支都是在进攻之前一个月成立的，得到了德国国防部陆军总司令部的批准，目的是让这些部队"在敌方领土、部队的后方战斗，消灭不利于帝国的一切因素"。[18]别动队队员来自盖世太保、党卫军保安局和刑警队。"骷髅头"党卫军的其他队伍都是由集中营的工作人员构成，他们也同样听命于特奥多尔·艾克，他是纳粹集中营制度的创建者。从4月开始，陆军元帅布劳希奇和哈尔德将军与盖世太保协商之后，同意让"党的军事队伍"负责维持军队后方的秩序。7月，后来巴巴罗萨行动的军需总监瓦格纳上校和党卫军国家安全部部长海德里希合作，党卫军国家安全部是德国安全的中枢部门，创建于波兰战役末期，由保安局和各类警察组成，其中也包含了盖世太保，设立这个部门是为了协调德国国防军和党卫军之间的关系，依照法律，执行作战任务时受所在区域军队首长的管辖。9月21日，布劳希奇实际上不再要求让别动队听命于军队首长的调遣，而是告诉军队，允许他们自行完成"种族-政治任务"。我们从哈尔德的日记中得知海德里希在瓦格纳之前所采取的一些措施：第二波2万名帝国的敌人被送入集中营之后，又逮捕了1万人关入了集中营。此外，瓦格纳以德国国防军陆军总司令部的名义，在海德里希之前，同意提前在一些地区把17至45岁的人悉数逮捕，作为人质。8月

30日，哈尔德写道，这些措施让他"陷入了沉思"。[19]毫无疑问，当时希姆莱和海德里希这些"党卫军全国领袖"对所谓的保障后方安全到底意有何指还没有明确的概念。在希特勒的要求下，这两个人有两个任务需要负责：根除波兰的精英阶层，着手占领生存空间，意思也就是大规模驱逐。第一项任务名为"坦能堡计划"，预计逮捕列在"特殊搜寻名单"上的6.1万人，1936年起，党卫军保安局就掌握了这份名单。天主教神职人员、贵族、政治家、工会干部、医生、律师、官员、教师、民族主义活动分子均应尽快清除，以免出现有组织的抵抗运动。在实施这项计划期间，在几乎所有城市，尤其是在上西里西亚地区的波森/波兹南附近和但泽走廊内，别动队共有4250人留下了血腥的痕迹：比得哥什1000人被处死，大多数时间都是由国防军协同执行的，其中50人为哥白尼公立高中的学生，卡托维兹也差不多有这个数，兹沃切夫为200人，卢布利涅茨为182人，普热梅希尔为500至600人。

除了大屠杀的规模和持续时间之外，对犹太人的处理也构成了波兰战役和巴巴罗萨行动之间的一个主要不同之处。并不是说波兰的犹太人没有受到损害。1939年9月这个血腥的月份，有4000到5000名犹太人失去了生命，[20]几十间犹太会堂遭焚毁，整座整座社区遭到勒索。但从中还看不出有灭绝的意图。反犹性质的谋杀和敲诈勒索还局限于地方层面，这表明在1939年，纳粹政权是想将犹太人驱逐出自己的掌控范围，或者说把他们关入犹太人区，而非从肉体上消灭之。于是，有2.2万名犹太人被驱逐到了苏军占领的波兰地区。在苏联，情况又是另一回事：在纳粹高层的想法中，犹太人乃是苏联政权的核心骨干，他们对贝克上校领导下的奉行反犹主义的波兰就明显不是这种看法。

巴巴罗萨行动和波兰战役还有一个区别：部队得到了上级下达的具有犯罪性质的明确命令。部队要么自行去清除敌人，要么协助党卫军的部队和警察部门去清除德国政治上和种族上的敌人。这次的灭绝战争就是这样宣布和计划的。从霍特的笔记来看，我们得知希特勒在1941年3月30日的讲话中引用了"警卫旗队的军乐队指挥枪决人质"的例子。从上下文的语境来看，我们认为这个插曲所引发的问题并不会在苏联再次发生。在场的所有人都听明白了这话的意思，因为现在必须轮到军队来做这件事了。1939年9月19日，在距华沙很近的布沃涅，党卫军警卫旗队的军乐队指挥赫尔曼·米勒-约翰在没有任何理由的情况下，自行决定枪决了50名犹太平民。第29机械化师师长下令将他逮捕归案，凶手提出抗议，还提到他是根据上级，也就是希姆莱发布的命令这么做的。无论是军长霍特，还是第10集团军司令赖歇瑙，都没有颁布过这样的命令，而党卫军受军队的管辖，他们必须尊重军事司法部门的法律。于是，米勒-约翰被转到了柏林的监狱，他向希特勒的老战友，警卫旗队的指挥官塞普·迪特里希发出了呼吁。后来显然是在元首的干预之下，最高统帅部撤销了指控，不再予以审判。军乐队指挥被放了出来。总理府会议上在座的所有军官都很清楚希特勒提到米勒-约翰事件所想表达的意思：在苏联，党卫军不再隶属于军队，更不受军事法庭和法律制度的制约。枪杀50个，500个，还是5000个犹太人不值得任何人再拿来说事。德国军队本就担心后方的安全，而且也有暴力的传统，所以也就把消灭游击队员的手段和民族社会主义种族大屠杀的手段混为一谈，采取了同样血腥的手段。

瓦格纳和海德里希之间的协议

波兰战役表明，别动队归集团军和集团军群统帅指挥会造成管辖权限上的冲突。在苏联，这个问题会因为需要完成的任务量太大而变得更为尖锐，毕竟有大量的目标需要清除，占领的面积又这么广袤。

布劳希奇让隶属于陆军总司令部的军需总监瓦格纳处理问题的时候以军队的利益为重。但瓦格纳并不是在真空里行事的。他必须把1941年3月5日由凯特尔签署的一份文件"特殊区域指导原则21号令"考虑进去，这份重要的文本对德军推进之后如何组织苏联空间的做法做出了规定。该文件说，波罗的海国家、白俄罗斯、乌克兰总督辖区的三个政治、行政、领土方面的实体必须尽快接手德国东部边境和军队作战区域之间的军事权力。安全保障、给俘虏提供给养方面的事务都是由军队，而且只能由军队来负责，后来由一名军事指挥官接手这些事务，该指挥官听命于最高统帅部，而非陆军总司令部。军队的作战区域不久前还完全是由军队统帅说了算，现在"党卫军全国领袖从元首手中接受了特别的任务，准备政治管理方面的事务，这都是两个对立的政治体制之间你死我活的斗争所产生的任务。在执行这项使命时，党卫军全国领袖完全独立，只对自己负责"。[21]

1941年3月13日，瓦格纳将军和海德里希见了面。两人达成了一项合作协议，3月26日得到了布劳希奇的批准，次日，布劳希奇对第4集团军参谋长概述了这份协议："警察部门负责人希姆莱部长负责摧毁叛乱分子。"[22]最后，4月28日，布劳希奇第二次阅读了这份协议，经海德里希完全同意之后，布劳希奇签署了巴巴罗萨行动中的第一份秘密刑事命令，该命令对被占苏联领土上军队和警察之间的关系做了安排。

> 特殊警察任务的实施不归军队管辖，故而有必要在作战区投入保安局特别行动队。集团军群后方区域的[……]任务：搜寻该国和帝国的敌人并与之斗争。[……]治安警察和保安局特别行动队执行任务时只对自己负责。交通运输、补给、接待方面的事务归军队管辖。纪律和法律方面的问题归保安局和治安警察负责人管辖。他们接受上级下达的命令。[……]特别行动队有权

针对任务范围内的平民采取措施,而且只对自己负责。[23]

发生过波兰那件事之后,德国国防军没有哪位将领会无视这些任务和措施。1941年6月6日陆军总司令部开会期间,海德里希的一名代表对各个盲点讲解得一清二楚。别动队的"工作就是为最终摧毁布尔什维克打下基础,[……]尤其是要抓捕政治上危险的人物。[……]犹太人、移民、恐怖分子、政治小集团等。[……]必须在符合上述命令的情况下,一丝不苟地严格执行这些任务"。[24]有了海德里希—瓦格纳协议后,最高统帅部和陆军总司令部、集团军群和集团军统帅都很庆幸国防军可以不用负责政治方面的事务,他们说那不是他们范围内的事。

将一部分传统上的特权让给别动队,并与之紧密合作,这些军事将领是否认为自己必然也会走向犯罪呢?要对这个问题做出否定的回答,就必须注意到许多人其实是用专业上的遮羞布遮挡住了自己的良知。在这些将领看来,在最短的时间内摧毁苏军是优先的目标。部队只有143个师,他们没有足够的人员来给后方分区采取保障措施。战斗的节奏不允许他们以正常的方式来理顺他们和平民之间的关系,况且,纳粹政权也不想让他们去这么做。为解决这个问题,若是出现任何叛乱的迹象,或者被占区平民拒绝合作,就必须采取大规模的恐怖措施加以镇压。打击就会使人恐惧,在通往胜利的这几个月时间里,就能从精神上摧毁那些不愿听命的平民。党卫军和警察做这种让人不愉快的事,所有人都有目共睹,最高统帅部和陆军总司令部并没有种族偏见,这么做只是为了节省兵力而已。这是一件极其严重的事,会摧毁德国国防军的声誉,毕竟每一位将军都有这样的意识形态信念,干着卑鄙怯懦的事,专业上又以实用主义为要义。如果说布劳希奇、凯特尔、约德尔喝下了这第一杯烈酒,那么哈尔德、冯·里布、冯·伦德施泰特、冯·博克就是心甘情愿地又接连喝下了两杯烈酒。

第七章 罪恶的命令 389

关于战争法庭的指令

为巴巴罗萨行动制定的第二项刑事命令涉及战争法庭的活动和被占区民众的权利。1941年3月5日的"指导原则"已经写到了这方面的内容。在这个基础上，最高统帅部和陆军总司令部的法学家们来回磋商之后，于5月13日最终出台了一项秘密命令"关于在'巴巴罗萨'区域使用战争法庭以及对部队采取的特殊措施"，凯特尔在上面签了名，但是以元首的名义发布下去的。这就是我们所知道的"巴巴罗萨命令"。传统上来看，战争法庭有两个明确的用途：在部队中维护纪律，保护敌国平民不受士兵暴行的伤害。命令的前言部分写得很明确：为了履行第一个职能，德国国防军的法庭必须放弃第二个职能，"这是由于东线的作战区域、出于需要在那儿采取的战斗形式、对手的特点［……］以及缺少人员所致。只有在部队为了保卫自己而对敌国平民采取冷酷无情的手段之时，方能履行这项职能"。

命令的第一部分列举了针对违法平民所采取的各项措施：

1. 除非有新的命令，否则敌国平民的不法行为不得由战争法庭和军事法庭审理。2. 自由射手和部队交火，或者自由射手逃跑，部队必须坚决予以消灭。3. 部队将采用最为极端的手段与发起进攻的敌国平民进行战斗，直至彻底消灭之。［……］4. 若忽视这些措施或使这些措施难以执行，嫌疑人必须立即交由军官处理。军官可以决定是否予以枪决。若所在地的国防军遭到恶毒或隐蔽的攻击，而又不存在快速逮捕犯罪分子的条件，则营长以上级别的负责军官可以采取集体行动予以镇压。

命令的第二部分规定了如何处理国防军士兵对平民实施不法行为

的事项。

> 1. 若涉及国防军士兵和非战斗人员针对敌国平民的法律行为，即便该行为具有犯罪或军事上轻罪的特征，也没有义务予以追究。2. 如果一定要对这样的行为实施判决，则诉讼时必须考虑到1918年的溃败、德国人民所受的苦难、民族社会主义运动同布尔什维克的影响做斗争时倒下的无数牺牲者，没有一个德国人会遗忘这一点。

第3条规定只有出现因"性暴力""犯罪倾向"而导致军纪难以维持，或者部队存在野蛮化之虞时，才可起诉德国士兵。最后，第4条要求"审判时，必须对敌国平民的证言万分小心，断不得轻信之"。[25]

这项指令使苏联的民众可以受到武断的对待，德国士兵再怎么过度使用暴力几乎都不会受到惩罚，无论是对苏联人犯罪还是犯有不法行为都是如此，只有强奸除外，原则上是这么规定的。第一部分的第4点允许所有军官对被占区的平民具有生杀予夺之权，拥有这些权力的军官每个师就有500名，而非以前法庭审判时的12人。5月16日，在温斯多夫召开会议期间，瓦格纳向军队将领建议，在当地如果出现问题，可以枪决30个人，这个数字到师一级经常增加到50个人。5月24日，布劳希奇将希特勒的命令下达给下级，同时也发布了自己的指令。[26]这份文件没有对命令的范围做出任何改动，目的只是为了面子上更好看一点，不过从中还是揭示出了三件事。首先，他确实担心部队犯法不受惩罚而导致军纪松弛，因此呼吁军官个人不得武断行事。随后，没有一句话对镇压本身的合理性提出质疑，可见布劳希奇和所有指挥官一样，对第2部分第2条直截了当表达的"复仇"精神也是认可的：布尔什维克必须对1918年反对德国所犯的"罪行"付出代

第七章 罪恶的命令

价。最后，将命令传达下去的方式也很不寻常：师一级是书面传达，师以下则是口头传达。这也就证明了布劳希奇清楚地意识到该命令不同寻常的特点，既具有爆炸性，也违反了所有的规则。博克元帅得到了布劳希奇的通知，从他的日记里可以看出他对这份命令也理解得很透彻："命令实际上赋予了每名士兵在前方和后方杀死所有俄国人的权利，只要认定此人是自由射手即可，或者说给出这样的借口即可。"元帅只看到了在专业上会造成威胁："照我的看法，这种做法长久不了，和部队的纪律无法相容。"[27]6月7日，博克给布劳希奇打了电话，后者向他说了维持"纪律至关重要"[28]的陈词滥调之后，博克表明他会听从命令。

1941年6月10日和11日，在阿伦斯坦和华沙先后召开了两次会议，集团军和集团军群的统帅、陆军总司令部的代表对如何减轻希特勒命令中的那种野蛮行为没有任何行动。恰恰相反。我们可以从讨论的记录中发现，"根据形势不同，对法律的敏感度必须以战争需要为准"，或者是"自由射手的范围必须扩大"。几天后，第6集团军参谋部就做出了说明，"只要采用除武器之外的其他手段（比如破坏汽车轮胎，刺穿油箱，发表仇恨言论，编写和散布小册子、传单，散播谣言）反对德国国防军的平民"[29]都算在这个范围内。还有："大多数时候，只要怀疑有人在从事不法行为，怀疑本身就已足够。"

在传达至连长的过程中，[30]关于法庭的命令只遇到了很少的障碍。通常来说，每个梯队在向下一级传达的时候，很少，甚至根本就不会做什么评论。而所谓的保留意见，其目的也只是为了让各级指挥官有管束自己人的惩罚手段，对如何让平民拥有哪怕很少的权利方面也几乎不着一词。某些人，比如古德里安，将有权决定处决权力的军官数目限制在每个师100人，而非500人，而大多数人却在严格执行这项命令，允许所有的下级军官都可以这么做。第6集团军司令冯·赖歇瑙对复仇行为就是这么主张的，他说："把所有男性居民都抓起来，统统枪毙,在公共场合把他们吊在树上［……］很快谁都能看见了!"[31]
第134师师长冯·科亨豪森将军预先告知干部,说巴巴罗萨行动

> 同波兰和法国的情况截然不同［……］因为这是一场对抗人民［原文如此,而非对抗军队］的战争,他们使用的是极其现代化的作战手段,又具有亚洲人的残忍本性。［……］俄国人并不是一个合适的对手［……］考虑到从布尔什维克身上吸取到的惨痛教训,［……］情况会更坏。［……］只有强力压制对手。战争法庭和军事法庭都会暂时中止。凡是有人想要抵抗的,哪怕是消极抵抗,都可以毫不迟疑地枪决。每个军官都能立刻下达执行死刑的判决。这是元首的命令,每个人都应该了解。[32]

对平民享有毫无限度的生杀予夺大权,任何罪行都不会遭到惩罚:德国国防军使战争行为倒退了三个世纪。关于法庭的命令是巴巴罗萨行动极端化的关键因素。它对至少50万苏联平民的死亡负有责任,其中只有很小的一部分才是游击队员。[33]

"政委命令"

在3月30日总理府的会议上,希特勒有一点说得很明确:部队一旦抓获政委,必须就地枪决。或许,哈尔德正是以这个声明为基础,主张由陆军总司令部的司法部门拟定一项命令,1941年5月6日出台了第一稿。[34]不过,最后还是最高统帅部于1941年6月6日以最终决议的形式发布了这项命令。该命令开篇就提出特殊对待苏军政委的做法有其合理性:

> 在和布尔什维克的斗争中,我们不能指望敌人遵守人道原

第七章 罪恶的命令 393

则或人的法律。尤其是各种类型的政委，他们都是真正实施抵抗的人，对待我们的俘虏充满憎恨，而且惨无人道。部队必须知道，［……］正是政委在煽动亚洲的野蛮人采取各种方法进行战斗。对待他们，我们必须立刻予以反击，严格执行，不得有丝毫的犹豫。他们一旦在战斗中或［在后方］从事抵抗活动，就应立刻予以枪决。[35]

一旦在作战区或军队的后方抓获政委，军官就应立即下令，把他们和其他俘虏区别开来，且立即处死，而且不要让别人看见。最后一个注意事项毫无疑问是因为恐惧使然，如果以公开方式执行死刑，就会立刻闹得众人皆知，苏联人就会对德国俘虏采取报复行动。如果是在集团军群的后方捕获，就必须把政委交由警察部门或党卫军。至于"并非军事人员的委员"，也就是所有的苏联官员，如果他们能被证明持有敌对的态度，也会遭到处决。不过，有时情况也会不同，他们会被交到在场的军官手上，而军官在做决定的时候，会考虑"他们给人留下的印象，比如长相或态度"。

在军人看来，处决政委的命令能说得通，这就和反抗自由射手的斗争一样，也是出于闪电战的需要：快速作战，确保容易中断的后勤补给线的安全，人员缺乏。对他们中的大多数人来说，希特勒3月17日在和哈尔德及豪辛格见面的时候所做的考虑为清除这些"头戴金色镰刀锤子头盔"的人提供了第二个理由：政委是苏联红军的脊柱，官员是苏联这个国家的脊柱，因此必须尽快把他们一个一个消灭掉。政委和德国军官的专业思想冲撞得尤其厉害，所以更为可恨，德国军官负有指挥军队的独一的权力，既负责指挥层面上的事务，又负责维持士气，也负责对部队的治理和训练，而在他们看来，这些职能都被苏军的政委给篡夺了。

这项处决令被毫无保留地沿着等级制的链条传递了下去。第一个收到命令的最高指挥层没有提出任何异议。这项命令似乎完全自洽，因为政委"不应被视为士兵"，他们认为大部分政委都是犹太人，是犹太-布尔什维主义最具象征性、最明显的代表，他们手段残忍野蛮，更别提他们还有控制全世界的任务要完成。这样的想法并不只是民族社会主义的宣传所致。许多东线德军的高级军官都是自由军团的老人马，或者1918年和1919年在俄国和乌克兰驻扎过。他们在波罗的海国家、白俄罗斯和乌克兰参加过和年轻的苏联红军的战斗。还有一些人见过、听说过1918年芬兰内战时期和1918年至1921年俄国内战的故事。这些冲突由于具有相同的性质，所以从两方面来看，都有一个难以消解的特质：内战具有很强的意识形态特征，打仗的是匪帮，而非军队，平民大力参与，其中也包括妇女。苏军政委已被视作正在全力推进的革命的化身，所以一旦被抓，无论是白俄、德国军队，还是英国远征巴库的军队，都会予以枪决。逃难到哈尔滨的这些白俄在1935年为德军的心理实验室写过一本宣传类型的小册子，后来成为1941年和1942年的模板："士兵们！你们的战斗毫无意义。你们不是在为俄国战斗，而是在为政委先生和党的官员在战斗，他们大部分都是犹太人，一辈子都没诚实地工作过。[……]杀了他们！[……]调转你们的刺刀，和我们并肩对抗这些该受诅咒的犹太政委吧！"[36]

我们在1941年6月的"最高统帅部致部队的公告"中也看到了类似性质的话："所有人都知道，布尔什维克长什么样，只要看看苏军政委的脸就知道了。在这方面，我们不需要理论来做解释。说这些人，这些在人类中占有很大比例的犹太骗子长得像野兽，那就是在侮辱动物。他们是憎恨、疯狂的化身，被用来对抗高贵的人类。从政委的体型上来看，他们非人的特征和高贵的血统势不两立。"[37]在1941年4月25日对干部的讲话中，第18集团军司令冯·屈希勒将军建议采取最残忍的手段，但这么做完全是出于政治上的理由。"政委和格别乌的人都是罪犯。他们在奴役人民……必须立刻把他们押到战地法庭上受审，根据居民的证词来给他们判罪。采取这些措施，就能在政治领导层和显然都是老实人的俄国士兵之间楔入一角。做到这一点之后，我们就能希望［……］俄国人民和俄国的部队把自己从这样的奴役状态中解放出来。［……］这样也能少流德国人的血，我们也能更快地推进。"[38]甚至1944年7月20日阴谋反叛的反纳粹的埃里希·霍普纳将军也是这样对军官解释政委命令的："这是德国人对抗斯拉夫人的古老战斗，是欧洲文明保护自己不受莫斯科和亚洲浪潮侵犯的战斗，是抵抗犹太—布尔什维主义的战斗。［……］这场战斗的目的就是摧毁现在的俄国，所以必须以前所未闻的强硬手段来执行。必须严格执行计划，打好每一场战斗，以铁一般的意志无情地彻底消灭敌人。尤其是不能对现行俄国-布尔什维克体制里的人有丝毫的仁慈。"[39]对政委的处理态度也能在1917年至1921年见到：国防军的那些未来的干部正是在那些年里变得日益激进；无论是拒斥纳粹主义还是信奉纳粹主义，他们的态度都不会变。

如果说大多数高级军官原封不动地欢迎并接受了这项命令，那极少数人则在某些方面走得更远。我们知道在第16集团军，营和连一级的政工军官及其副手也都应立即处死，但德国国防军最高统帅部并没有这个规定。同样，就连航空促进协会这一从事飞行和跳伞的民间组织的成员也必须得到自由射手那样的处理。在第4装甲集群，文职官员也被列入了不受欢迎者的名单里。最后，还有一小部分高级军官对政委命令持否定态度。有些人这么做是出于荣誉感，如第102师师长就疾呼："我们的人不是刽子手！"还有一些人认为这项措施会适得其反，反而会强化政委的决断力。一些人修改了命令，让部队不用去干这些脏活，以此来维护士气和纪律。但最好还是把俘虏交给党卫军和警察部门。

和法庭指令相关的政委命令是东线德军变得极端化的一个额外因

素。它打破了禁忌，公开要求军人违反《海牙公约》中政委完全具有军事人员的特征的条款，自行对这些人实施处决。很有可能的是，对这项命令的普遍接受表明了德国国防军的干部接受了这样一个观点，即在战斗刚开始的时候，就要对苏联实施一场灭绝战争。依据这项命令，苏联至少有2100名军队政委和146名文职官员被德国国防军的军人杀害，另有约1200人被党卫军、别动队或警察部门杀害。[40]这些数字尽管相当恐怖，但和被抓获的俘虏数字相比，还不算什么。比如，截止到7月20日之前，2万名苏军士兵被俘，党卫军帝国师没让一个政委活下来。这也就能解释政委的自杀率为什么会这么高，也能解释政委为什么要隐瞒自己的工作和身份。正如某些军官所猜测的，政委命令犯了一个军事上的错误。事实上，只需要几个星期，经由逃亡的平民、越狱的俘虏、突出包围圈的士兵之口，这样的流言就能在苏军内部流传开来。对苏联政治军官有系统的杀害对德国人造成了三个不利的后果：政委会战斗到底，他们的人也会和他们一样；捕获苏军部队时，许多人都会躲到森林里，有时就会成为游击队组织的核心力量；苏联的部队会采取报复措施，尤其是对抓获的敌军俘虏执行枪决。从苏联当局这方面来看，无论是不是政委，俘虏的命运丝毫不会引起他们的同情，只会引起怀疑和猜忌。斯大林下达的第270号令在说到政委的时候，只是禁止他们在战斗时遮盖标志其政工身份的徽章。[41]那些人就算逃过了德国人的子弹，还有苏联人的子弹在等待着他们。

部队在俄国的行为指导

除了海德里希—瓦格纳协议、法庭命令和政委命令之外，还有第四份文件也在战争极端化的进程中起到了一定的作用。1941年5月19日由德国国防军最高统帅部制定的"部队在俄国的行为指导"要求军官在进攻之前和发动攻势期间将这些具有说服性质的指导条款传达至基层。其目的就是要让士兵更强硬，准备好打一场残酷无情的战争，进攻时展现出"条顿之怒"*，尤其是在战斗逼近之时，采取一切对抗措施来瘫痪敌人的意志。该指导对苏军士兵用最阴沉的笔法描述了一番，坚持要求德军士兵发挥其折磨、肢解、下毒、感染、伪装、设套、撒谎的癖好，要让憎恨爆发出来，但也要对自己所面对的敌人产生恐惧，这两种情感一旦混合，就能为东线德军提供最为强大的战斗动力。指导的内容在部队印制了数十万份，广为流传。下面，我们就节选部分内容，[42] 不做评论。

> I. 1. 布尔什维克是德国人民不共戴天的敌人。德国的这场战斗就是要对抗这种意识形态以及持有这种意识形态的人。2. 这场战斗要求采取刚毅决绝、冷酷无情的措施来对抗布尔什维克的煽动者、自由射手、破坏者、犹太人，彻底消灭一切或主动或被动的抵抗。3. 面对苏军任何人，包括俘虏在内，都务必持极端谨慎和警惕的态度，因为他们惯于使用阴险恶毒的战斗方式。特别是苏军的亚洲士兵，他们令人费解，行为疯狂，阴险狡诈，残忍成性［……］

这是德国国防军的文件里第一次提到犹太人，他们不管有没有武器，是否抵抗，是不是共产党员，反正都是德国士兵直接的敌人。

1941年6月21日，进攻前一天，数百份传单和小册子分发给了士兵和士官。所有这些文件不管作者是谁，都受到了"部队在俄国的行为指导"的启发。它们都妖魔化了苏军士兵和苏联人民，都提到了这场战争的政治—种族特征，要求无论是在战斗之前、期间还是之后，

---

* 条顿之怒（furor teutonicus）是指罗马共和国时期，日耳曼尼亚地区作战的凶残。罗马军队在和他们作战时，常是败多胜少。出自古罗马盖乌斯·尤利乌斯·恺撒《内战记》一书。

都必须采取最为强硬的手段。我们想问的是，这样的宣传有效性究竟如何。进攻之前几个小时才投入了这些小册子，而且必须出其不意地秘密散发：那么这种欺骗性宣传是否足够有效呢？当然，随着推进的迅速进行，这样的仇恨宣传在夏天和秋天始终都在做。毫无疑问，部队受到将官和纳粹机关的怂恿，用起暴力手段肯定是得心应手。但其他因素，也就是时局的因素，也在1941年6月至12月间德国士兵变得日益强硬的过程中发挥了作用。伤亡日益增多，酷烈的作战节奏导致的极度疲惫，始终无法胜利，害怕被抓，强烈的茫然感，几乎每天可见的战争罪行，清单还可以列得很长，这些都使巴巴罗萨行动成了一趟深入暗黑之地和野蛮之地的行程，一个不断积累、自我维系的奇异现象。

制造饥荒的计划

1941年5月2日召开了巴巴罗萨行动的准备会议，因为今后会导致大量受害者，所以这次会议和1942年1月20日著名的万湖会议同样重要。尽管会议得到了证实，但地点没有曝光，与会者名单我们也不知道。不过，有一点是确定的，那就是负责四年计划的德国经济总负责人帝国元帅戈林没有参加会议，他已被希特勒任命为参谋长，协调被占区的开发事宜。召集这次会议的正是这个组织。英国历史学家亚历克斯·J.凯重建了当时的场景，[43]照他的说法，负责制定和协调帝国在苏联经济政策的主要负责人都参加了会议：国务秘书保罗·科尔纳，他是戈林的副手；最高统帅部负责经济事务的托马斯将军和舒伯特将军；负责食品和农业的国务秘书赫伯特·巴克，以及其他十几名国务秘书和副国务秘书，还有各部底下的局长，从德国的制度实践来看，这差不多等于是在召开一次内阁会议。很有可能，最高统帅部的二号人物阿尔弗雷德·约德尔和后来担任东部占领区部长的阿尔弗雷

第七章 罪恶的命令 399

德·罗森贝格也在会上交流了意见。我们所知道的会议结果就是一条简短的说明,后来就成了纽伦堡法庭指控的证据:

> 1. 只有在冲突第三年,德国国防军全体都能靠俄国维持生存,战争才会继续下去。2. 因此,如果出于需要,从该国征收生存物资,无疑会有1 000万人因饥饿而死。3. 最重要的是要保护及运输含油的种子和油粕,随后只需谷物即可。部队暂时以可自由获得的脂肪和肉类为食。[……]

5月2日的一名与会者值得我们在此写上几笔。尽管国务秘书赫伯特·巴克不是最知名的纳粹领导人,但他绝对是通过饥荒使数百万苏联人死亡的灭绝计划的始作俑者。巴克1896年出生于格鲁吉亚的巴统,19世纪初,农民出身的母亲从德国迁到了苏联。他能讲两种语言,但父亲这一系仍然是德国国籍。正是因为这个原因,1914年8月,柯乔里*的家族产业将他除了名,他还被关在了乌拉尔地区。他对俄国的憎恨正是始于这段时期。1918年,他越狱成功,假扮成庄稼汉,徒步去了德国。他在哥廷根学习农业,这样就和一个信奉种族论的群体"德意志种族守卫和防御联盟"走得很近,他在那儿认识了海德里希。1925年,他加入了民族社会主义德意志工人党。第二年,他向哥廷根大学提交了一篇论述谷物经济的研究论文,但遭大学驳回,认为其论据不充分。我们可以在论文中发现巴克后来加以发展的三个要点。一、俄国南部(乌克兰、库班)传统上会将剩余的谷物出口至欧洲。二、俄国北部由于实行工业化,苏联体制就将剩余谷物转往了都市区,也就是莫斯科、列宁格勒等。三、这些粮食对欧洲而言至关重要,因此必须不惜任何代价,恢复以前的俄国谷物出口机制。

---

* 柯乔里是格鲁吉亚的小城,在首都第比利斯西南约20公里处。

1931年，巴克买下了一处农场，可以仔细观察农业开发的情况。他和希特勒的农业事务顾问瓦尔特·达雷取得了联系。达雷开启了巴克的政治生涯，1933年任命他担任粮食和农业部国务秘书。巴克身材瘦削，马脸，双颊凹陷，戴一副钢边眼镜，典型第二代纳粹领导人的形象，他是个无视道德的技术官僚，粗暴，效率高，既是专家，也心怀邪恶的乌托邦意识形态。他崇拜希特勒，憎恨俄国人和犹太人，希望能在东部获得大量生存空间和人力，这样他就能获得历史赋予的机会，效仿"大英帝国几个世纪以来所做的事，即任命年轻人走上领导岗位，使之有机会发挥其领导天性"。[44]巴克准备不惜一切代价完成希特勒1936年交给他的使命：如果战争爆发，德国人不应该像1916年至1918年那样忍饥挨饿。元首和他的这位国务秘书分享了他这方面的自信："1914年至1918年的战争不是前线失利，而是后方失利，因为粮食出了问题。"[45]因此，希特勒允许他直接向自己汇报。

巴克同戈培尔和希姆莱关系紧密，他和这两个人一样都持在东部殖民的观点，他还经常去见戈林，后者选择他担任四年计划农业事务专家，有决策权，无须向部长达雷汇报。当这场全球冲突在1939年9月爆发的时候，巴克便建立起了一个有效的定量配给体系，他通过平均分配食品消耗量，甚而改善了工人家庭的饮食。这次成功强化了希特勒对他的信任。1940年11月，戈林和最高统帅部经济和装备处处长托马斯将军通知他准备巴巴罗萨行动。1941年2月，以"奥尔登堡"代号为名，设立了东部经济参谋部，由戈林总负责，巴克在其中对食品问题拥有全权。他也就是以这个头衔参加了1941年5月2日的会议。之前不久，这位国务秘书收到了一些让人担忧的消息：1939年以来，猪的总量降到了200万头，由于收成不佳，可制作面包的小麦的储量也开始下滑。他必须准备将德国人的肉类供应量减到每周500到400克，土豆很快就只能在菜单上看到了。但这还远远没像法国、意大利甚至英国的状况那么惨！德国人比欧洲其他国家的人民运气要好得多。事实上，希特勒并不担心食品状况本身，这完全能接受得了，他担心的是会在政治上和精神上产生反响，对"1916年的萝卜之冬"仍记忆犹新的民众由此会心生变意。让"1000万"苏联人死亡的计划并不是德国人现实情况中缺吃少穿所导致的后果，而是对古老的欧洲大陆的人口结构进行重塑的政策计算的结果。5月2日代表军队参加会议的托马斯将军大致同意巴克的结论。他并没有加入这项通过饥饿来实施灭绝的计划。他的担忧在其他地方：要养活300万德国士兵和60万匹战马，不能让国家来承担，尤其是不能让德国的铁路不堪重负。事实上，他还记得陆军总司令部和最高统帅部的统计数据，1918年，军队消耗了30%的谷物和60%的猪肉，每个士兵每天可以获得3200卡路里的热量，而德国平民则要减半。在当地为东线德军补充给养所采取的措施，无论会对敌人产生影响，还是对战争中的平民或俘虏产生影响，都要得到高层的支持。[46]

1941年5月23日，"东线经济参谋部政治-经济指导方案——农业组"对5月2日会议的结论做了延展。方案的说法更明确，也更残忍，完全留下了巴克的烙印，虽然执笔者是他的左膀右臂，"农业组"负责人汉斯-约阿希姆·里克。我们从中又发现了将俄国一分为二的提法：俄国南部，也就是"黑土地"（事实上，包含了乌克兰、库班、高加索地区），这一部分出产剩余的农作物，以及俄国北部，即"森林"区，是消耗粮食的地区。正是这种以斯大林的工业政策为基础的区分劳动力的做法，才会在1914年至1939年间增加了3100万人口。此外，德国，其次还有欧洲，都需要大约900万吨谷物。巴克从中得出了结论，照他的说法，只能这么做：通过军事手段，使俄国南部同北部完全隔绝，用武力将剩余的谷物运往德国。因此，北部的大城市就会失去其大部分人口，在2000万至3000万人之间，这些人都会被饿死，或者被迫前往西伯利亚……在那儿的命运也是一样。这项计划和纳粹的指导方针完全合拍。对巴克而言，元首交予的使命必须完成：帝国的粮食基础必须扩大，获得保障。从戈林的角度来看，销售谷物所得的收入就会大大减少预算赤字，苏联的去工业化就是德国出口商的幸事。希姆莱对斯拉夫人和犹太人的大量灭绝拍手称快，因为苏联的犹太人都是城里人，占比达95%，禁止粮食运送到"俄国森林区"的城市，他们就都成了潜在的牺牲品，而且还能释放出空间让日耳曼人来殖民。罗森贝格也赞成这项计划可以削弱俄国人打其他异族，如波罗的海人、乌克兰人、高加索人的算盘，他想让这些国家成为德国的附庸国。最后，对希特勒而言，我们毫不怀疑他也是这么看的，虽然他的签名经常不会出现在任何一份命令上面。《我的奋斗》里描绘的古老的生存空间的梦想即将成为现实："迷雾重重的印度"也将很快成为世界大帝国的农业和矿业基地，得以傲视盎格鲁-撒克逊人的资源，成为日耳曼种族生命力无尽扩张的圣器。发动巴巴罗萨行动之前几个小时，希特勒在给墨索里尼的一则电文中认为这次进攻有其合理性："我的目标就是长时间确保乌克兰成为共同的粮食基地，可以给我们运送剩余的粮食作物，我们有了这些粮食，或许就能以备今后之需。"[47]

5月23日的"指导方案"是一份仅供帝国各经济部门参阅的内部文件。但由此所引出的其他文件扩散得很广，应用面极大。由巴克签署的"黄卡"向德国所有从事掠夺苏联农业资源的农业专家发放了1万份。这份文件乃是名副其实的指导手册，用于对下等的斯拉夫人严加管束之用，其中有这样一条建议："俄国人几个世纪以来都在忍受贫穷，生活悲惨，节衣缩食。他们的胃富有弹性，所以不用什么虚假的怜悯心。切勿以德国人生活的水准作为衡量标准，也不要尝试去改变俄国人的生活方式。"[48]"指导方案"的要点也出现在了1941年6月1日的"绿卡"里，这份文件印制了1000份，分发给了德国国防军大部队的各级军需官。这份篇幅颇长的文件[49]在整个行动期间，都将成为被占区经济管理的指导准则：无限制地开发苏联的农业、森林、工业、矿业资源（尤其是石油资源），苏联人可以任人奴役，让他们付出任何代价都没问题。

德苏战争的局势并不会允许像上述的历次会议和文件所预想的那样全面改造被占区的经济。后方部门缺乏人手，军事上的失利，对当地劳动力的需要，难以克服的运输困境，算计错误（乌克兰并非苏联的小麦粮仓），都将改变巴克或希姆莱的看法，他们由此推出的各项权宜之计彼此矛盾，混乱不堪。法国或比利时对德国的战争经济裨益良多，远大于苏联的被占区。但照历史学家克里斯蒂安·格拉赫和提摩希·史奈德的看法，即便这是一个不够确切的粗浅说法，更像是一个设想，而非严格意义上的计划，但巴克及其党羽所设想的大饥荒已成为"历史上程度最广的大规模屠杀计划"。[50] 巴克的想法完全被德国国防军和纳粹党的占领政策所接受，希望以此来养活德国及其军队。通过与之相关的大饥荒和疾疫的流行，就能导致4000万到7000万平民的死亡，其中大部分是妇女和儿童。对其他三项彼此相关的罪行而言，这也是一个关键的因素，这几项罪行，我们后面会说到：在苏联领土上清除280万犹太人，因营养不良导致300多万苏军俘虏和列宁格勒至少80万居民的死亡。

反犹政策形成僵局

为了能更好地理解巴巴罗萨行动对欧洲犹太人的影响，有必要停下来，对进攻前夕的图景做一描述。希特勒究竟是从什么时候想要从肉体上消灭犹太人的？毫无疑问，是从他开始拥有以反犹主义为中心构建的种族主义世界观开始的，也就是说从1924年就开始了。不过，这种想要使世界没有犹太人的渴望还没形成一个具体的方案，毋宁说是一个末世论的看法，是一种乌托邦。从实践角度来看，直到1939年，希特勒及其两个在这问题上最紧密的合作者希姆莱和戈林都仅限于出台迫害政策，对犹太人进行劫掠和孤立，将他们迁出德国。1939年至1940年，有了这场战争，目标就可以扩大了：今后可以将所有犹太人驱逐出欧洲。但这项政策有一个矛盾和两个障碍。矛盾是希特勒所确定的这项使命本身的特点，那就是和全世界的犹太教进行殊死斗争。把敌人逐出纳粹政体是否同时会破坏《我的奋斗》中所宣扬的那场核心的战斗呢？这个简单的观察说明驱逐政策从来就不会讲逻辑性，也不会成系统化。这样也会使人对驱逐行动究竟抱有什么样的目的产生怀疑：是否真是因为犹太人不受欢迎的特性而在选定的区域长时期压制他们，使之灭亡？

况且，驱逐政策还遇到两个障碍。一方面，由于纳粹统治区的领土面积不断扩展，生活于其间的犹太人的数量也就始终在不停地增长。1937年生活在德国的犹太人有30万，到1938年又增加了21万，1939年3月捷克犹太人有12万，1939年9月波兰犹太人有180万，还有生活在法国、比利时、低地国家、塞尔维亚和希腊的65万犹太人，这些国家都是在1940年和1941年春被占领的。此外，还有150万人居住在附庸国或轴心国的盟国，即罗马尼亚、斯洛伐克、匈牙利、克罗地亚、保加利亚、意大利的境内。从数量上来看的话，纳粹的犹太人"问题"非但没有减少，反而在1938年2月到1941年5月增加了十倍。

第二个障碍是驱逐政策很难找到可以驱逐的目的国。把所有犹太人集中到一个地区乃是19世纪末以来恐犹者的古老幻想。1933年，已经设想过让巴勒斯坦接收德国的犹太人，在纳粹和犹太事务局之间签订一份有限的协议。1938年，罗森贝格以1885年保罗·德·拉加德*的观点为蓝本，持有犹太人源于马达加斯加这样一种错误看法，他在讨论难民的埃维昂大会上提议将马达加斯加作为安置不受欢迎种族的流放地。希特勒有好几次都同意他的观点。第二次世界大战刚开始

---

* 保罗·德·拉加德（1827—1891），德国著名学者，强烈反犹、反斯拉夫人。

的时候，大规模的海上运输已不可行，华沙陷落后，纳粹就把目光转到了波兰境内介于维斯瓦河与布格河之间的卢布林地区。罗森贝格在日记中说希特勒赞同这个观点，[51]10月6日他在国会的讲话听上去也是同样的意思。当然，德国人并不反对在他们的控制下让波兰犹太人自发离开的做法。其中有数千名犹太人逃到了立陶宛，因为那儿还没有被苏联占领。后来担任以色列总理的梅纳赫姆·贝京就是一个例子，当时他是波兰贝塔尔管区的负责人，贝塔尔是犹太民族主义组织。1940年9月20日，立陶宛并入苏联后，他被内务人民委员部逮捕，说他是英帝国主义的间谍，被判8年徒刑，遣送到了大北方的古拉格劳改营服刑。[52]尽管遭到了苏联人的反对，但仍另有超过15万犹太人进入了白俄罗斯和乌克兰。其中大部分人被苏联当局流放到了更远的东部地区，因为苏联当局不愿让非苏联人在军事敏感地区定居下来。

1939年10月，在党卫军国家安全部四处（犹太人疏散事务处）处长艾希曼的领导下，数千名俄斯特拉发、维也纳、卡托维兹*的犹太人被流放至桑河畔尼斯科-扎热切的沼泽地。但这几次迁移似乎还具有实验性质，是艾希曼的倡议，但后来希特勒和斯大林之间有了安排，准备将20万德国人从波罗的海国家和成为苏联领土的沃里尼亚遣返回去，迁移行动就此中断。由于强制安置这些移民的新地点设在了瓦尔特兰（波森地区，被从波兰手中夺走），于是就得将波兰人从这些地区驱逐到波兰总督府。1939年12月至1941年1月，大约43万人遭到流放，其中不到5万人是犹太人。"犹太问题解决方案"暂时进入了第二个层级。

但是，艾希曼仍然在继续努力。历史学家G. V. 科斯基尔坚科最近在苏联共产党的档案中发现了一份文件，文件表明艾希曼和维也纳

---

* 俄斯特拉发是摩拉维亚西里西亚省的首府。卡托维兹是波兰南部西里西亚省的一座城市。

的同事仍然想通过和斯大林的协商摆脱掉这些犹太人。在纳粹党首的头脑中，究竟哪个方案才会比把犹太人送给犹太-布尔什维克之国更合理呢？这就涉及1940年2月9日外交人民委员部遣返事务处处长叶夫根尼·米哈伊洛维奇·切克米涅夫写给莫洛托夫的一封信。[53]信中通知这位人民委员收一下从柏林和维也纳犹太人疏散事务处寄来的两封邮件。这两封邮件提议将德国犹太人重新安置在乌克兰西部或远东地区的比罗比詹犹太共和国*境内。尽管我们没有见到莫洛托夫的回复，但显然他拒绝了这样的安排。

  1940年，随着法国的崩溃，向非洲大岛†流放犹太人的方案又被提上了日程。在5月写给希特勒的一份备忘录中，希姆莱说这是一种可能，也是一种希望。他补充说，由于涉及东方的民众，他"也是出于个人的信念，认为布尔什维克要从肉体上消灭这些人的做法是非日耳曼人的做法，他做不到"。[54]从秋天起，由于英国拒绝放下武器，马达加斯加计划也就难以执行，但这并没有阻止希特勒继续往这方面想。至于将波兰被吞并领土上的犹太人流放到波兰总督府的建议，1941年3月彻底停止了下来：因为巴巴罗萨计划正处于准备阶段，所有火车都已被调用。波兰总督府由于已被改建为一处庞大的军事基地，甚至就连7万名柏林犹太人（戈培尔认为"民族社会主义的帝国首都的状况令人难以忍受"）和维也纳的6万名犹太人都接收不了，但希特勒仍然下达了驱逐令。元首身边陆军副官恩格尔少校的证词复原了1941年2月2日希特勒和凯特尔、鲍曼、施佩尔、休厄尔（里宾特洛甫的代表）及莱伊（劳工阵线‡领导人）开会时显现出来的挫折感。

---

* 比罗比詹现为俄罗斯犹太自治州的首府。

† 即马达加斯加。

‡ 纳粹取缔魏玛共和国时期的自由工会后，德意志劳工阵线就成了纳粹统一的工会组织。

元首花了很长时间解释了他［对犹太人问题］的看法。一方面，战争促进了这个问题的解决，但另一方面，又有无数新的难题涌现了出来。起初，他有能力摧毁犹太人在德国的影响力，现在目标成了如何在轴心国的所有区域内压制犹太人的影响。［……］他要是能知道把数百万犹太人安置到哪儿就好了；这件事能解决掉，就没什么问题了。他会要求法国人把马达加斯加作为转运的目的地。对鲍曼提出的战争期间用什么方式把他们运到那儿去这个问题，元首回答说必须好好考虑考虑。［……］现在他在考虑一个不同的方法，这个方法不会特别友好。[55]

巴巴罗萨行动前夕，德国的反犹政策陷入了僵局。更糟的是，尽管对苏军的胜利板上钉钉，但随着把数百万苏联犹太人整合进日耳曼的势力范围，这就成了一个很大的问题。或许还没有决定实施灭绝行动，但已隐隐出现了大规模屠杀的氛围。1939年秋杀害了波兰的5万名干部。1940年清除了帝国内部7万至8万名身体和精神有残疾的人，生病的犹太人首当其冲。1940年初春，在华沙庞大的犹太人区内，近5万名男女老少因饥饿和生病而亡。对苏联组织灭绝战争的命令一直下发到了军队的下层。戈培尔准备开动他的宣传武器，变着各种法子来渲染与犹太-布尔什维主义不共戴天的危险。希姆莱得到希特勒确认，无论是军方，还是罗森贝格，任何权力机构都不得妨碍他执行灭绝帝国敌人的任务。6月22日的进攻几乎从第一天起就将干劲十足地启动屠杀行动，几个星期的时间内，灭绝欧洲犹太人的第一阶段任务就已出笼。完成《我的奋斗》写作之后刚好六年，希特勒将会采取各种见不得人的方法，成就一个从未有人设想过的最为极端的种族乌托邦。

别动队，最终解决方案的守门人

1941年4、5月间，近3000人集聚在文艺复兴风格的古堡内，那儿是易北河畔普雷奇边境地区的警察学校所在地。从1月起，学校就在相邻的城市杜本和巴特施米德贝格设立了分校。他们的培训内容很广泛，课程有军事法、体能训练、射击、"东欧人人种学"这样的报告会。他们被分成四个"保安警察别动队，归属党卫军保安局"，今后会被投到军队的后方。A别动队的负责人是瓦尔特·施塔勒克，波罗的海国家是他的狩猎区；分成四个特别分队，1a队和1b队两个特遣队就设在军队附近，两支突击队2队和3队负责"保障"北方集团军群后方区域的安全。别动队B由阿图尔·内贝领导，安插在中央集团军群后方的白俄罗斯，有两支特遣分队（7a队和7b队）和两支突击队（8队和9队）。向"莫斯科"推进的一支分遣队归他负责。乌克兰划归至两支别动队，即C队和D队，前者受奥托·拉施领导，安插在南方集团军群的后方，安插在苏维埃共和国北方和中部的第二支别动队由奥托·奥伦多夫领导，该队附属于第11集团军，从罗马尼亚向乌克兰南部和克里米亚推进。别动队C又分成了4a和4b两支特遣队，以及5队和6队两支突击队。和A队和B队一样，C队得到了第9警察后备营一个连的补充。别动队D分成了10a和10b两支特遣队和11a、11b、11c这三支突击队。这些分队和支队都已100%实行了机械化，配备了无线发报装备，有参谋部、翻译、司机和军队后方部门联系的联络官。每支别动队有600至1000人，配备了轻武器和机枪。

苏联并非别动队执行任务的第一个国家。每次德国侵吞邻国的时候，军队旁边都能找到他们的身影：1938年的奥地利，1938年10月的苏台德地区，别动队把那儿的捷克居民都赶了出去，1939年3月的波希米亚和摩拉维亚，他们在那儿逮捕了1万人，远远超过了要求的数目，1939年9月的波兰，1940年4月的挪威，1940年6月的法国、比利时、低地国家和卢森堡，1941年4月和5月的南斯拉夫和希腊。他们的任务都具有政治性质：搜捕帝国的敌人，如政治和工会的领袖、记者、宗教领袖、德国侨民、共济会员、社会主义者，还负责夺取档案以及和这些团体与当地各警察部门相关的设施。在波兰，我们发现他们在抓捕波兰精英阶层时任务广泛得多，也血腥得多。他们干的并不仅仅是普通的政治警察的任务，还要治理未来的生存空间，所以他们会在光天化日之下进行大规模的杀戮，而无须走司法流程。在南斯拉夫和希腊，哈尔德签署的一道命令在别动队针对的常规目标群体，如"侨民、破坏者、恐怖分子"之外，又添加了"共产党员和犹太人"。波兰和塞尔维亚一样，尽管杀戮者从上级甚至海德里希这样的最高层那儿收到一张空白支票，让他们在后方"清理"所有敌对分子，但在两个情况中，他们在当地所实施的行动却比上级所要求的还要极端。这倒不是因为缺乏纪律所致：当海德里希要求他们在法国、低地国家、挪威不要使用武力的时候，他们其实都是在阳奉阴违。随着上层所采取的政策日益激进，他们的热情也就水涨船高了。

为巴巴罗萨行动聚集起来的别动队的这些成员究竟是从哪儿来的？既有士兵和士官，也有各个部门的警察（盖世太保、刑警）、警察学校的学员、党卫军情报部门（党卫军保安局）的成员，还有武装党卫军的后备军；技术部门则会从普通入伍士兵这个储备池中吸取成员。干部的选择相当细致，海德里希会亲自把关。三名部队指挥官都是他和党卫军国家安全部领导人提拔上来的。所有人都受过良好教育，相当部分的人都有博士学位。他们虽然年轻，但都经验丰富，当然也都是凶残粗暴的民族社会主义者。

在苏联，别动队的直接领导人是党卫军和警察部门*获得指派的三名高官，弗里德里希·耶克尔恩、埃里希·冯·登·巴赫-热勒维斯基、汉斯-阿道夫·普吕茨曼，他们都对海德里希和希姆莱负责。这三个人中每个人都和各突击队长一样，几乎每天都会听取"事件报告"，了解其他人都在干些什么，不仅观察那些人在当地的活动，还要注意政治、宗教、经济方面的局势以及民众对德国国防军的态度等。各队队长并不会在冲突开始之前收到特定的命令。他们要去清除的目标都列在了"刑事令"的标准名录中，都是布尔什维克及其"帮凶"：政委和共产党干部、某些苏联的官员、所有"帝国的敌人"、自由射手、破坏者、宣传者、煽动者等。至于犹太人，从并不多见的争论、批评和反批评的文献以及战后的证词来看[56]，如今已没有任何疑问：别动队并没有收到明确要求其清除作为"生物群体"的犹太人的命令，无论是书面，还是口头都没有。不管是希特勒、希姆莱还是海德里希（进攻前他会来视察几天）、施特莱肯巴赫（负责培训和招募工作），都没下达过灭绝的命令。这样的命令只是在巴巴罗萨行动期间才会发布。1941年6月29日和7月1日由海德里希签署的作战指示只是讲到要"秘密"鼓动屠杀当地民众，尤其是波兰人。在7月2日写给党卫军和警察部门地区领导人的一封信中，海德里希提到只有在苏联国家或党内担任职务的犹太人必须被处死，犹太医生可以得到赦免。正因为投入的资源太少，3000人中只有不到半数的人负责大规模屠杀任务，而地区又如此广袤，所以纳粹领导层设定的从1941年6月22日起清除200万到300万犹太人的目标肯定是完不成的。

别动队进入苏联领土后犯下的处死数万人（远不止犹太共产党员）的恶行是否都只是他们自己主动所为呢？没错，从某种程度上来说是这样。120名各分队和支队的负责人在当地的行动拥有极大的自

---

* 即HSSPF，全称是Höherer SS- und Polizeiführer，意为党卫军领导和警察部门领袖。

由度。对"刑事令"的简单解释可以使他们有权将某某群体纳入受害者的行列，在某座城市清除10个，100个或500个"嫌犯"。意识形态上的信念，对犹太人的仇恨，想要加官晋爵的渴望、野心、算计、勃勃的雄心、部队之间的攀比、施虐心理，各式各样的态度、情感、禀性都在别动队的极端行为中起到了一定的作用。不过，大规模杀戮若是没有刺激或至少是来自上层始终不渝认可的话，是不可能出现的。从元首到行刑队的支队队长，他们对敌人的面貌达成了一致，那就是犹太-布尔什维克。当希特勒把巴巴罗萨行动视为"灭绝战斗"、"不相容世界观之间的冲突"、难以平息的"种族战争"的时候，希姆莱和海德里希却将这些恐怖又模糊的话当作了金科玉律。接下来轮到党卫军和警察部门的地区负责人去根据军事上的形势、突发的事件、当地人的精神状态，将这些来自上层、充斥着暗示的模糊委婉的命令传达下去了。底下的别动队、突击队、特遣队、小分队的负责人就依地区和资源的不同，接受了这些来自上级的煽动，根据地区和时间的不同，规模不等地实施了杀害和屠杀任务。第三帝国镇压和灭绝机关的一个重要特征就是在传达的每一个层级，都会竞相出现恐怖行为的升级，用汉斯·蒙森的说法，这是"极端化的不断积累过程"。如果用普鲁士发布命令，也就是书面命令、严格服从的机制，纳粹政权根本没法运转起来。纳粹政权需要对向心和离心的机制做出回应，它喜欢的是口头下达命令、人和人之间的接触，而非跟随总理府的行动走。核心层定主题，外围部门会依此采取措施。随后，核心层会对外围部门的主张做出回应，依照当时的政策而定，是对此进行鼓励，还是做出修正。所有部门都在往一个方向运行，因为所有的参与者都浸淫在同一个意识形态的大染缸里，目标相同，在理解半遮半掩、难以说清的那些话时，才能也相同。渐渐地，随着别动队吹嘘自己获得两个、三个、四个"胜利"后，不可设想的事也就成了可能。按照克劳斯-米夏埃尔·马尔曼的说法，[57]1941年6月27日，数千名深入苏联的警察和党卫军成员就真的成为"最终解决方案的守门人"。

注 释

1. Ulrich von Hassel, *Vom andern Deutschland*, p. 200.
2. Texte de Hoth, in: Jürgen Förster et Evan Mawdsley, *Hitler and Stalin in Perspective: Secret Speeches on the Eve of Barbarossa*, War in History, 2004, 11 (1), p. 61-103.
3. Voir la notice de Hoth, *Stellungnahme zum Nationalsozialismus*, BA-MA, N 503/72.
4. Halder, *KTB*, vol. 2, p. 336-337.
5. *Kriegstagebuch der OKW*, vol. 1, p. 341.
6. Halder, *KTB*, vol. 2, p. 320.
7. R.G. Foerster, *Unternehmen Barbarossa*, p. 152.
8. Helmuth Groscurth, *Tagebücher eines Abwehroffiziers 1938-1940*, dva, p. 414.
9. F.V. Bock, *Das Kriegstagebuch*, p. 182.
10. K.-J. Müller, *Armee und Drittes Reich, 1933-1939*, Schöningh, Paderborn, 1987, p. 181.
11. *Vierteljahreshefte für Zeitgeschichte*, vol. 28, 1980, p. 358-371.
12. Cité par W. Wette, *Die Wehrmacht, Fischer Taschenbuch*, 2013, p. 93.
13. Isabel V. Hull, *Absolute destruction. Military Culture and the Practices of War in imperial Germany*, Cornell University Press, 2005.
14. Le discours se trouve à: [http://germanhistorydocs.ghi-dc.org/sub_document.cfm? document_id = 755].
15. Isabel V. Hull, *Absolute destruction*, p. 253.
16. Jochen Böhler, *Auftakt…*, p. 152.
17. Ulrich von Hassel, *Vom andern Deutschland*, p. 91-92.
18. *Richtlinien für den auswärtigen Einsatz der Sicherheitspolizei und des SD*, août 1939, B-A Berlin, R 58/241.
19. Halder, *Kriegstagebuch*, vol. 1, p. 44.
20. Schumann和Nestler（*Europas unterm Hakenkreuz*, Berlin, 1989）估计1939年9月1日至12月31日，有7000名波兰犹太人遭到杀害。按照T. Pietrokowski（*Poland's Holocaust*, 1998）的说法，同一时期被处决的波兰非犹太人是4.5万人。消灭波兰干部发生在屠杀犹太人之前。
21. Gerd R. Ueberschär, Wolfram Wette, *Der deutsche Überfall auf die Sowjetunion*, p. 246-248.
22. Felix Römer, *Der Kommissarbefehl*, p. 69.
23. Gerd R. Ueberschär, Wolfram Wette, *Der deutsche Überfall auf die Sowjetunion*, p. 249-250.
24. Felix Römer, *Der Kommissarbefehl*, p. 70.
25. Gerd R. Ueberschär, Wolfram Wette, *Der deutsche Überfall auf die Sowjetunion*, p. 252.
26. *Ibid.*, p. 253.
27. F.V. Bock, *Das Kriegstagebuch*, p. 190.
28. F.V. Bock, *Das Kriegstagebuch*, p. 192.
29. AOK 6/Abt. Ic/AO Nr.209/41 g. Kdos. v.16.6.1941; BA-MA, RH 20-6/96, p. 153-156.
30. 在此向伦敦德国历史研究所教授、历史学家Felix Römer的深度研究致敬。Voir, entre autres, *Der Kommissarbefehl*, Ferdinand Schöningh, 2008.

31. Felix Römer, *Der Kommissarbefehl*, p. 163.

32. BA-MA, RH 26-134/5, Anl.7, in: Felix Römer, *Im alten Deuschland wäre solcher Befehl nicht möglich gewesen*, VfZ, 1/2008, p. 74.

33. Christian Hartmann, *Verbrecherischer Krieg – verbrecherische Wehrmacht?* Vierteljahreshefte für Zeigeschichte, 52 (1/2004), p. 25.

34. Warlimont, *Im Hauptquartier der deutschen Wehrmacht 39-45*, Bernard & Graefe Verlag, München, 3e éd., 1978, p. 178-179.

35. Gerd R. Ueberschär, Wolfram Wette, *Der deutsche Überfall auf die Sowjetunion*, p. 259-260.

36. Cité par H. Krausnick, *Hitlers Einsatzgruppen*, p. 106-107.

37. OKW, Mitteilungen für die Truppe n° 116, B-A, Freiburg, RW 4/v.358.

38. *Das deutsche Reich und der Zweite Weltkrieg*, vol. 4, p. 445-446.

39. *Anlage 2 zur Aufmarsch- und Kampfanweisung Barbarossa der PzGr 4*, 2.5.1941, BA-MA, RH 24-56/5.

40. Estimation de Felix Römer, *Der Kommissarbefehl*, p. 363-364.

41. L'ordre n° 270 est du 16 août 1941. *VIJ* n° 9. 1988, p. 26-28.

42. Gerd R. Ueberschär, Wolfram Wette, *Der deutsche Überfall auf die Sowjetunion*, p. 258.

43. Kay, Alex J., *Germany's Staatssekretäre, Mass Starvation and the Meeting of 2 May 1941*, Journal of Contemporary History, vol. 41, no 4 (Oct. 2006), p. 685-700.

44. 12 Gebote für das Verhalten der Deutschen im Osten und die Behandlung der Russen vom 1.6.1941, in: *Der deutsche Überfall auf die Sowjetunion*, Ueberschär et Wette, p. 326.

45. Backe, *Nahrungsfreiheit*, p. 8, cité par Bertold Alleweldt, *Herbert Backe*, p. 64.

46. 托马斯将军以及军队参与制订大饥荒计划的问题在两派之间引起了激烈论战，Alex Kay认为托马斯将军应付主责，而非巴克，而Klaus Jochen Arnold和Gert C. Lübbers则认为两人只是意见不同而已。但为托马斯开脱罪责的证据不充分。Voir Journal of Contemporary History, octobre 2006, octobre 2007 et janvier 2008.

47. *Akten zur Deutschen Auswärtigen Politik*. Serie D. Band 12/2 (doc.660).

48. 12 Gebote für das Verhalten der Deutschen im Osten und die Behandlung der Russen vom 1.6.1941, in: *Der deutsche Überfall auf die Sowjetunion*, Ueberschär et Wette, p. 328.

49. Le document est publié sous le no 112 in: *Fall Barbarossa, Dokumente zur Vorbereitung der faschistischen Wehrmacht auf die Aggression gegen die Sowjetunion (1940/1941)*, choisis et introduits par Ehrard Moritz, Deutscher Militärverlag, Berlin 1970.

50. Christian Gerlach, *Kalkulierte Morde*, p. 48.

51. Alfred Rosenberg, *Die Tagebücher von 1934 bis 1944*, 29.09.1939, p. 290.

52. Menahem Begin, *V belyé notchi*. Gesharim, Jérusalem, 1991, p. 67-204.

53. RGASPI F. 82. Op. 2. D. 489. L.1. Cité par Kostyrtchenko dans *Taïnaïa Politika Stalina. Vlast i Antisemitism.*, p. 189.

54. *Einige Gedanken über die Behandlung der fremdvölkischen im Osten*, Vierteljahreshefte für Zeigeschichte, 5, 1957, Heft 2, p. 194-198.

55. *Heeres-adjutant bei Hitler 1938-1943. Aufzeichnungen des Majors Engel*, p. 94-95.

56. 参阅1985—1995年间法学家Alfred Streim和历史学家Helmut Krausnick之间的论争。

57. Klaus-Michael Mallmann, *Die Türöffner der Endlösung*, in *Die Gestapo im Zweiten Weltkrieg*, Wissenschaftliche Buchgesellschaft, Darmstadt, 2000, p. 437 et sq.

第八章
斯大林的错误决策

希特勒不止一次欺骗了世界舆论。你们想想他在捷克斯洛伐克和其他国家说的那些话。他发誓说对任何国家都没有领土要求,但事实上他一个接一个地夺取了那些领土。希特勒很久以来就在宣扬自己对苏联的敌意。你们对他的《我的奋斗》里的那些论调应该都很熟悉。他在书里写得很明白,他将会起来对抗东方。现在,德国出现了粮食供应上的困难。显然,希特勒并不会放弃夺取乌克兰的念头;德苏关系方面只要一有机会,他就会挑起冲突。[……]希特勒一向都对苏联充满了敌意。他高调宣称过自己的领土要求,尤其是乌克兰。你们的斯大林永远不会承认他的要求。让人震惊的是,尽管希特勒不止一次欺骗过世界舆论,但苏联政府还在相信他。[1]

——约瑟夫·米歇拉上尉,美国驻苏联副武官,
1940年10月22日在谢尔普霍夫对空军团部军官的讲话

1941年6月17日,帕维尔·费基涅在卢比扬卡的办公室里收到了一封加密电报,是前一天从苏联国家安全人民委员部驻柏林的"住宅"里发出来的。电报含有从苏联在纳粹机关内部的两个主要信息

源发来的几篇报告,这两个信息源的代号分别是"军士"和"科西嘉人"。"军士"指出:"进攻苏联的准备工作已经完成,随时都有可能发起打击。[……]空军的目标首先是电力中枢'斯维尔3号',然后是莫斯科生产飞机,尤其是歼击机零备件的工厂。"接下来一句说了德国空军驻扎在匈牙利的机场,另一句说了德国空军在当地设有车间。"科西嘉人"传递的情报是政治层面上的:"'已经获知未来苏联被占区'军事经济领导层的名字。"这名特工提供了一份名单,其中有施洛特勒,他也参加了5月2日大饥荒计划的会议。"科西嘉人"继续说道:"罗森贝格在关于'苏联被占区'的会议上对经济部做了讲话。"他甚至宣称要把"苏联这个概念"从地图上划掉。费基涅是国家安全人民委员部第一科科长,这个科室极为重要,因为其涉及范围囊括了整个欧洲,他把这几份文件加急传给了自己的上级国家安全人民委员部部长弗谢沃洛德·梅尔库洛夫。后者将一份标有"绝密"的副本发给了斯大林和莫洛托夫。斯大林对打印稿做了批注,该文稿还保存在苏联历任总书记的档案中,那是以前的政治局档案。我们从中看到了几个词,用绿色笔特意标出,看得出批注者心情不好:"给梅尔库洛夫同志。你们可以把你们在德国空军参谋部的'信息源'计过来[原文如此]枣红色[原文如此]。他妈[原文如此]。这不是'信息源',而是提供假情报的人。约·斯。"[2]

　　这两个句子值得细细说一下。即便再粗俗,斯大林也不会犯拼写方面的错误。他以前当过总编,给《真理报》的清样纠正过错误,而他这个格鲁吉亚人总是喜欢抖机灵,指出俄语上的错误。况且,他极少会如此粗鲁,至少书面上不会:他会冷淡地说出自己的威胁,插入一些讽刺或嘲讽的话。在我们看来,这两个不同寻常的字眼表明六个月以来他所经受的压力有多大,6月17日又给了他当头一击。他之所以会失去控制力,是因为他能感觉到他已经掌控不住事态的发展,他脚底下的裂口正在慢慢张开。斯大林第一次一怒之下,显露出了就连自己都很陌生的状态：怀疑。第三天，由于不再害怕激怒德国人，他下了几道命令，要求空战部队准备好应对进攻。"军士"和"科西嘉人"的这两份报告和先前的报告一样，都很有说服力，让人难以承受，使他自信满满的大厦出现了裂缝。

接下来的事情也很有意思。当天晚上，斯大林把费基涅和梅尔库洛夫召到了克里姆林宫。这样的流程很奇特。之前从来没因为情报报告方面的问题有过这样的操作，从而证明了怀疑正在咬啮着他的心。依据费基涅后来的一份陈述来看，当他们俩进入他的办公室时，斯大林没和他们打招呼，而是把他们晾在了门口。他抽着烟斗，背靠着墙，隐身于半明半暗之中。这一会儿的时间对国家安全人民委员部的两名军官来说犹如一生一世，他走到他们跟前，双眼紧盯着费基涅。"情报部门的领导同志，[……]向我解释解释你们的情报源掌握的那些情报。[……]你们是否准备好亲自保证此人的诚实？"费基涅压下恐惧，回答说信息源是个坚定的反法西斯主义者，他的情报一向可靠。"只有一个德国人可以完全信任，斯大林回答道，那就是威廉·皮克［共产国际德国书记］。要仔细核实，再向我汇报。"[3]梅尔库洛夫马上就说会对"科西嘉人"和"军士"搜集的所有情报进行调查。6月22日德国发起进攻的时候，调查结果还没出来。

斯大林的偏差

1941年6月22日，斯大林和苏军怎么会被打得如此措手不及？一方面是德国准备工作的规模之大，另一方面有大量警告性质的情报传到了莫斯科，怎么还会这样呢？我们当然不会考虑情报都被隐藏起来，后来才重见天日，这样就能解释斯大林直到最后一刻，甚至之后，都不相信希特勒会在1941年向苏联发起进攻的说法。我们真的需要某种说法才能理解他所犯错误的根源吗？第二次世界大战期间和之后，犯大错的何止他一人。珍珠港事件（1941）和朝鲜战争（1950）之前的美国人、赎罪日战争（1973）前夕的以色列人也都有大量的情报，比苏联人所获的那些情报质量高得多，但他们也照样被打得措手不及。尽管可以轻松定位集结的部队，注意到他们的动向，但要由此猜测出其背后隐藏的意图却是一件相当棘手的任务。要注意的是，我们已经知道了历史的结局。事后拣选有用信息、排除其他信息的做法会很容易。斯大林置身其间的局势并不令人愉快，从历史角度来看的话，也相当普遍，他作为首脑人物，被成千上万矛盾的情报所包围，再加上他自己的先入之见，而且还受到对手误导策略的影响，就做出了错误的判断。那么，和那些拥有更现代化情报部门的领导人相比，斯大林的判断能力是否更糟糕呢？英国情报部门的分析可以帮助我们来解答这个问题，因此也能衡量出他这个苏联人的认知水准。

第二次世界大战的所有领导人在参与冲突的时候都有各自的欲望、看法，对自己的战略分析颇有信心，但这些信心却经常和军事及政治现实产生抵牾。张伯伦就认为希特勒会由于经济不佳而避免战争，以期保住自己的权力。希特勒相信民主体制太腐败，不会让自己的士兵"为但泽而死"，此处用的是马塞尔·戴亚[*]的一个有名的说法。罗斯福的顾问哈里·霍普金斯[†]结束莫斯科之旅后，罗斯福就确信和德国的战争会克服苏联人的猜疑心理，使两国能够长久合作，两国的体制也会走得更近。这些人都错了。而斯大林是某种类型的思想家，更容易沮丧，他想要去适应这复杂的世界，却又以过于简单的看法来看待这世界。盲目轻率就是那些以为拿到了历史密钥的人所付的代价。

---

[*] 马塞尔·戴亚（1894—1955），法国政治家，起先为社会主义者，1933年创建了"新社会主义"右翼组织。纳粹占领法国期间，他创建了"国民大会合作者"组织，1944年在维希的皮埃尔·赖伐尔组建的政府中担任劳工和国民团结部部长。盟军诺曼底登陆后，他和一众维希官员出逃，后因和德国人合作而遭缺席审判。躲藏于意大利时病逝。

[†] 哈里·劳埃德·霍普金斯（1890—1946），美国政治家，民主党人，1938—1940年担任商务部长。第二次世界大战期间为罗斯福的首席私人顾问，实际成为白宫的第二号人物，后在雅尔塔会议中起到了极其重要的作用。

1941年，斯大林对1939年自己所做的分析未做丝毫改变。资本主义世界无论是戴圆顶礼帽，还是穿党卫军制服，一旦国内矛盾迭起，始终都会以苏联为敌，不断地想要置之于死地。苏联的领导层所采取的措施就是激发并利用这些矛盾。1939年前后，他的目标就是尽可能长时间地置身于"帝国主义冲突"之外。一旦参与战争，莫斯科就要选择时机，能苏维埃化的，全都苏维埃化。1939年，斯大林确信已经挫败了想要让他来针对德国的阴谋。他相信这样的胜利得归功于自己选择和正处于困境的德国这个合作伙伴的联盟所致，这样的合作是以互利为基础的，因此也就相对牢固。而这就是1939年8月和1941年6月斯大林这么自信的核心原因。

从这样的确信之中也就会出现一系列彼此逻辑上紧密相连的各种信念。首先是认为，无论是用计谋，还是用挑衅，抑或迷惑他想要和希特勒断绝关系，或吸引希特勒与之达成协议，丘吉尔一概不会退让。因此，来自盎格鲁-撒克逊人的一切都受到了极大的怀疑，无论是情报、建议还是流言。丘吉尔就是帝国主义魔鬼的化身。列宁曾对来莫斯科给他雕像的丘吉尔的表妹克莱尔·谢里丹说起过丘吉尔："丘吉尔是俄国最大的敌人。你们宫廷里和军队里的所有势力都站在他的背后。"[4]莫斯科知道1919年的时候，丘吉尔就想把苏联这个国家扼杀于萌芽之中，他是内战时期反布尔什维克的急先锋。斯大林再三说过，如果弗兰格尔的白军成功地把他从察里津赶了出去，那就得多谢丘吉尔派遣的英国远征军的飞机和坦克。在1920年代，他所听闻的所有那些反苏的颠覆尝试不都是丘吉尔支持的吗？比如，他不就和两个相当著名的反苏阴谋家鲍里斯·萨温科夫和西德尼·赖利[*]有私交吗？斯大林的这种极端的猜疑心理也感染了身边所有的人。战后说起1941年的时候，因斯大林下令而遭逮捕和拷打的梅列茨科夫将军回忆

---

[*] 西德尼·乔治·赖利（1874—1925），俄裔英国人，受雇于英国情报局。后从事颠覆苏联活动时失踪，据说是被苏联人民委员会国家政治保卫总局诱至苏联后处决。

道，拷问他的人心中的害怕和怀疑，他自己也有：

> 战争刚开始的时候，英国和美国成了我们联合起来反希特勒的盟友，大多数批评我们国家采取这种政策的人都只是从德苏战争的角度来看问题。但1941年春，形势极其困难。我们怎么才能确定并不存在德国、日本、英国、美国这些资本主义国家之间的反苏联盟？［……］1940年，希特勒放弃了在英国登陆的想法。为什么？他军力不够吗？他决定以后再这么做吗？还是他们有可能私下有交易，创建一个反苏的共同阵线？如果不把所有这些选项都考虑进去的话，那无异于是在发疯，是在犯罪。[5]

卡冈诺维奇也有同样的看法，但更直接："斯大林知道丘吉尔是个阴险狡诈的人，也有才能，很聪明，他根本不会和我们坦诚相见。［……］他很清楚英国人和美国人，尤其是英国人，想要推动希特勒反对我们。"[6]

第二层确信是第一层的结果：相信只要没有攻克英国，或者没和英国谈拢，希特勒就不愿和苏联开战；他根本不会在两条战线上开战。斯大林推测纳粹首脑是不会忘记第一次世界大战的教训的。1941年5月5日，他向受到提拔的军事院校的年轻人公开表达了自己的确信："1870年，德国人打败了法国人。为什么？因为他们是在一条战线上开战。德国人很清楚1916年至1917年溃败的原因。为什么？因为他们是在两条战线上开战。"[7]从这一点来看，他和英国情报机构首脑的分析倒是一致的。在他的头脑里，只存在两种场景：要么英国被打败求饶，要么和柏林达成和解，让他自由染指东方。这两种情况，领袖认为自己还有时间来考虑。他并不敢说如果德国空军和海军占据了西方和非洲，那么囊括德国75%军力的德国陆军在巴尔干战役之后，扣除掉投入北非的两个师，是否会投入进来。对德国陆军而言，若是进攻苏联，就意味着在一条战线上开打。

斯大林的第三个信念：如果向德国及其盟国提供其所缺乏的大量原材料，希特勒就不会和苏联开战。向他的供货者发起进攻肯定会减少其粮食供应，减少石油储备。第四点，如果说希特勒向苏联露出了獠牙，那也是因为想要从苏联这儿得到经济或领土上的好处。斯大林迫不及待地再三表明德国人很久以来就在觊觎乌克兰。所以他才会确信德国人会进攻南方，随后也把苏军部署在那儿。他并不理解希特勒并不是想从苏联这儿敲诈勒索得点好处，而是想把它给消灭。

第五个确信：如果和德国达到断绝关系的地步，就会出现谈判协商的要求，或者至少会发一份最后通牒。国务秘书冯·魏茨泽克在进攻次日的日记中是这么说的："和苏联缺乏警惕相比，最近36个小时军事上的成功或许并没令人有多震惊。[……]显然，莫斯科还在指望正常的外交途径：'申诉，反驳，最后通牒，宣战'，甚至都没想起南斯拉夫身上所发生的事。"[8]在这儿我们触及了一个真正的谜团。因为，关于希特勒采取内政和外交方面的政策，这方面并不缺乏各种警告！他的手段始终都会出其不意，很极端。无论是长刀之夜（1934），重新征兵（1935），在莱茵兰地区再度军事化（1936），德奥合并（1938），还是进入布拉格（1939年3月），他都是闪电行动，没有预兆，趁部长和大使都不在岗位上的星期日行动。行动之前，他都会特意用谎言、好听的讲话或模棱两可的操作来迷惑对手。掌握主动，使对手对他的真实意图把握不准，这就是他的主要武器。

在思考纳粹首脑的行动模式时，斯大林应该怀疑，是否会有最后通牒来通知他马上就要发起进攻的情况发生。德国国防军不就没有发布调兵的通告，而是以演习和庆祝坦能堡大捷二十五周年为幌子，以迅雷不及掩耳之势攻下波兰了吗？在西部边境，它也同样采取了欺骗措施：没有一个德国平民被疏散，没有采取任何明显可见的防御措施，和1914年的情形并不相同。直到进攻之前一天，希特勒还说可以谈判协商，以此来解除对手的武装。里宾特洛甫在开火之前十二个小时还接待了利普斯基大使，戈林还邀请贝克来年秋天猎盘羊。同样，希特勒也是在没有任何预警的情况下让伞兵空降到了挪威，下令两个小时内攻下南斯拉夫，他也是趁在拜罗伊特看两场歌剧期间决定介入西班牙内战的。现代国家中的这种"革命"在那个时代就已经为人所知，而且也得到了分析，尤其是丘吉尔。斯大林似乎并不认同希特勒和俾斯麦毫不相同的观点，他就是一个赌徒。是轮盘赌的赌徒，而不是下棋的棋手。斯大林囿于分析，完全无法理解进攻波兰之前的两天，戈林问希特勒"我的元首，我们要这么冒险吗？"的时候，希特勒就已经向戈林承认："戈林，我这一辈子都在冒险。"[9]

最后，就是斯大林的第六个确信：和苏联开战从经济和军事上看都是个不理性的选择，只能来自德国内部的一小撮人，很有可能是阿勃韦尔或高级指挥层的那帮人。斯大林也承认存在一帮好战分子，领头的是戈林、希姆莱、戈培尔、凯特尔，但也存在一帮支持同苏联和解的人，这些人以里宾特洛甫和外交团体为主。希特勒本人在这两个集团之间保持着平衡。1940年12月24日，出现了一个征兆，那就是贝利亚在科罗特科夫启程去柏林的前一天向他下达了优先做什么的命令[10]：等德国对苏联的经济企图方面的情报获取之后，才需监视德国同苏联开战的准备工作的进展情况，对反对希特勒的力量进行评估，确认领导层内部是否存在分歧。对德国国内政策的错误评估可能也是斯大林犯下的最大的谬误。事实上，这个谬误使他以为自己的态度会对德国内部所谓的力量关系产生影响。他由此做出了一个不容改变的决议，就是不要对前线发生的所谓的"挑衅"做出任何反制措施，就好像希特勒似乎只是受到了他的那些好战的将军们的影响而已。

斯大林的所有这些信念都在他那些错误看法的范畴之内，从而使他对情报部门提供的资料的选择、分析、解读都出现了偏差。

国内情报具有优先性

警察部门是斯大林的权力工具。他使其成为一项主要活动，动用了好几个百分点的国内生产总值，调动了数十万名工人，不仅影响了人民的生活水平，也影响了军费开支。[11]警察部门实行窃听、搜查、窥伺。没有任何一个圈子能逃过他，当然军队也不例外。1941年2月马兰金将军成为总参谋部作战处处长的时候，斯大林立刻就发起了调查。3月19日，梅尔库洛夫向他报告说做不出指控。不过，有一个团队始终都跟在马兰金将军的后面，窃听他的谈话。[12]这是表明对国内敌人的斗争上具有优先性的一个例子。甚至在1930年代这个如此特殊的年代，政治局也是优先处理对外情报部门渗透并揭露白俄侨民的组织的。1937年9月，内务人民委员部在巴黎绑架了白俄的叶夫根尼·米勒将军，不惜损坏和人民阵线政府的盟友关系。在大清洗时期，不惜采取一切手段来抓捕苏联国内的反革命分子。1939年5月10日，当战争的阴影笼罩欧洲的时候，内务人民委员部对外情报处副处长帕维尔·苏杜普拉图夫听斯大林说，最紧迫的任务就是清算托洛茨基。[13]

在罗斯福、希特勒、斯大林、丘吉尔这四个大国的领导人中间，丘吉尔是大量使用情报的高手。他是英国情报部门的创始人之一，早在第一次世界大战之前即已十分重视。这个世界使他入迷，他认为对政治家而言，情报具有极大的价值，所以他永远都不会忽视秘密作战行动的详情细节。他甚至直接使用特工，要求看原始报告，而不仅仅是情报部门交给他的综合性报告，他认为存在各种各样稀奇古怪的欺骗迷惑的手段。相反，希特勒对情报并不怎么看重。他不会去读阿勃韦尔的报告，也从没亲自会见该部门的负责人卡纳里斯海军上将；他对党卫军保安局唯一感兴趣的地方就是想了解德国国民的情绪怎么样。对外部世界，他更愿意使用自己的直觉，持续不断地想要达到更好的出其不意的效果，他认为这是他对付间谍的最好的武器，这一点并没有全错。

苏联的对外情报在战前相对不受重视，这点很难解释。我们可以说这是思想方面以及国际上的现实状况的原因导致的。斯大林和他身边的人并不了解外部世界，看到的都是变了形的，而且经常都是透过有色眼镜来看的。比如，他们对魏玛共和国、希特勒、纳粹方面的分析就大错特错。如果说来自外部世界的东西都会事先受到怀疑，那还有哪些活动能比间谍更可疑呢？谁能比间谍更不可信？1970年代，在记者费利克斯·丘耶夫的再三询问之下，莫洛托夫说出了他面对情报部门的报告所持的态度，我们并不怀疑那也是斯大林的态度。

> 这些报告都是自相矛盾的。[……]我们不能依赖情报。必须始终听取情报，但也必须始终去核实这些报告。情报可以把你置于某种无法摆脱的危险状况之中。煽动者的人数多得不可胜数，哪儿都有。[……]你们不能只听取一些人的说辞。[……]我在政府当领导的时候，会花半天时间读这些报告。如果我们受他们的影响，那战争就会来得更早。

斯大林从来没有看重过这些部门，这一点和丘吉尔对秘密情报局负责人事无巨细地关怀，只要有可能就会与之见面的做法截然不同。1941年第一季度，斯大林只和戈利科夫见过两次面。他也并不忌讳当着第三者的面嘲讽戈利科夫，就像他1940年4月嘲讽格鲁乌的负责人普罗斯库罗夫那样："您并没有情报部门特工的灵魂。您只有老好人的灵魂。真正的特工，他的最后一滴血都是苦的，而且不应该相信任何人。"那真是过来人的话！1938年叛逃西方的亚历山大·奥尔洛夫报告说，斯大林经常会重复这样的警告："建立在情报上的假设就是一匹马，骑着这匹马会冲向他自己设下的陷阱里去。"斯大林骑的这匹马就是思想与猜疑心理相结合的马。就这个方面而言，情报部门好几个干部叛逃绝对会加重"老板"的不信任心理。事实上，在1937年至1938年的几个月里，亚历山大·巴尔明（格鲁乌雅典站站长）、内务人民委员部巴黎"驻地"负责人伊格纳茨·赖斯、驻低地国家的瓦尔特·克里维茨基以及亚历山大·奥尔洛夫（内务人民委员部驻马德里分部）先后叛逃西方，使得苏联在西欧的情报网受到了持久的破坏。根利希·柳什科夫上校叛逃日本也引起了一连串的损害，因为他把内务人民委员部的运行流程全都交给了日本的军事情报机关。

并不专业的情报机构

战争前夕，至少有五个机构负责搜集苏联边境之外的情报：四个人民委员部，它们分别是国防、海军、外交、国内安全（内务人民委员部），还有一个是共产国际。从1941年2月起，内务人民委员部的对外活动都汇集到了一个单独的部，即国家安全人民委员部的麾下。该军事情报部门在其创建过程中有过好几个名字，它是在苏军的情报部门创建之后几个月成立的，其监管机构也时时在变。1941年，经常按首字母缩写成格鲁乌（情报总局），受军队总参谋部管辖，它是总参部的第五个局。国家安全人民委员部和格鲁乌是苏联两个主要的对外情报机构。

两年内，格鲁乌换了六任领导。两个在大清洗时期遭枪决（谢苗·乌里茨基和扬·别尔津），三个没留下什么痕迹。为了纠正组织上的混乱局面，恢复特工的士气，1939年4月，斯大林选定了年轻的飞行员，西班牙战争的英雄，但在情报界很陌生的伊万·普罗斯库罗夫担任负责人。他后来对此很后悔，因为他的这名候选人除了绝顶聪明之外，显现出了罕见的独立精神，无论是斯大林、伏罗希洛夫，还是后者的继任者铁木辛哥，都别想对他指指点点。从1940年6月起，他就向斯大林发去了特工的报告，说明德国入侵的可能性极大，必须说的是，这样的说法并没有什么基础，因为这时候希特勒还什么都没决定呢。因此，1940年7月，普罗斯库罗夫被晾在了一边，让位给了一个人，而此人正是菲利普·伊万诺维奇·戈利科夫，正是他对1941年6月的灾难负有很大的责任。

戈利科夫是个小个子，硕大的脑袋上一根头发也没有，亮闪闪的暗红色肤色上一双深蓝色的眼睛，他是以政工干部起家的。1931年，他在苏军内部转任了好几个职务之后当上了团长，很快又当上了步兵师师长。1937年，他被任命为白俄罗斯军区军事委员会的政治委员，工作职责有了新的转变。他在麦赫利斯的领导下，焕发出极大的净化热情，险些把未来的元帅朱可夫的命都给搭进去。1939年，入侵波兰的时候，他担任了第6集团军的司令，负责占领加利西亚地区，那儿是乌克兰独立运动的摇篮。他在那儿极其配合内务人民委员部发动清洗运动。1940年7月，他坐上了普罗斯库罗夫这个烫手的位子，很快就表现出不惹斯大林不高兴的天分，对这样重要的职位，独立和诚实是必不可少的品质，但他不是这样的人。作为格鲁乌的首长，只有他能把世界各地的特工，还有海军情报部门以及外事部门搜集来的情报汇总传达上去，所以由此引发的后果也就更为严重。

弗谢沃洛德·梅尔库洛夫先是在内务人民委员部担任情报部门的负责人，后又在国家安全人民委员部创建之时担任该部门的负责人。他是贝利亚创造的产物，1939年至1940年波兰毫无灵魂的清洗者，也是在卡廷屠杀数千名波兰军官的主要负责人之一。正是他要在呈报给斯大林的报告上签字；他不在的时候，签名一事就交给他的副手波格丹·科布洛夫。在国家安全人民委员部内专业上堪称罕见异类的帕维尔·费基涅是一局（对外情报局）的局长，时年32岁。他是重建被大清洗几乎摧毁的情报部门的主导者。和格鲁乌以及世界上其他所有情报部门不同的是，一局内部并不存在对资料进行分析的小组。但费基涅尽力和戈利科夫合作，后者让他使用他这个部门的小组。和戈利科夫不同的是，他无法直接见到斯大林。科布洛夫、梅尔库洛夫、贝利亚挡住了他的路。他们会过滤驻外特工传递过来的情报，但处理的方式都很粗。这种方式只会使问题变得更严重：人，所有人，更不用说驻外特工，斯大林都怀疑。所有人都有潜在的可能性成为双重特工，被盖世太保、军情六处、防卫省情报本部收买成为煽动者。我们可以肯定，如果情报能够脱离人力就被搜集起来，如丘吉尔的密码分析、希特勒的航拍照片和电磁拦截技术，那他对情报的看法就会截然不同。但苏联的情报机构还很古老，全靠人力，也就是说全靠渗透进去的特工，他们很有可能变节或受到操控。他们在密码学上也很落后，没有数学家和语言学家的协助。分析仍靠手工来完成，还靠窃取对手所用的密码，而不是靠知识或科技手段来实现。这种源于人力搜集国外情报的做法更是加重了斯大林病态的猜疑心理，使他对放在他办公桌上的情报心存怀疑。

苏联情报机构的缺陷还在于组织结构上：他们从来不开研讨会，情报搜集者、分析师、"客户"（大部分时间都是指军方这个客户）可以在政治决策人与会的情况下，在会上交流看法。另一个缺陷出在对拣选情报的人员的选择上，也就是戈利科夫、梅尔库洛夫的问题，考虑到贝利亚是梅尔库洛夫的保护人，所以贝利亚也有责。他们没人有勇气表达与斯大林的看法相左的自己的观点。每次传递给领导一份表明德国有入侵企图的情报的时候，会立刻出现另一份与之截然不同的情报，或有某个评论来抵消这份情报。1965年，苏联历史学家维克托·安菲洛夫在档案室见到了已成元帅的戈利科夫，安菲洛夫在那儿找到了格鲁乌的一份论及假情报的报告。他写下了这次对话。

——元帅同志！您记不记得1941年3月20日你们上报给斯大

林的那份报告？

——我记得很清楚。在这份报告里列举了很多事实，后来表明那些都是真的情报。

——没错。那斯大林是怎么理解这些情报的？

——和我一样。

——那为什么您写的结论是并不存在希特勒进攻的计划，而且还是以这份文件列举的那些事实为依据的？您对自己所下的这个结论，是信还是不信呢？

——您，您认识斯大林吗？

——我去瞻仰过他的陵墓。

——我得听他的命令。我向他汇报，但我怕他。他的观点是，德国在结束和英国的战争之前，是不会进攻我们的。我们都了解他的性格，我们都是从这个角度出发来下结论的。[14]

战后，铁木辛哥的证词也确认了斯大林对戈利科夫歪曲那些分析的看法：

> 1941年6月，也就是法西斯进攻之前的几天，情报变得越来越严峻的时候，我和朱可夫终于得到了一次去斯大林办公室和他见面的机会［……］我们把我们在第一线的观察员、外交官、反法西斯主义的朋友等寄来的一盒电文呈递给他。这些报告都相当信服地指明了和希特勒的条约随时都有可能破裂。斯大林在我们面前踱来踱去，走了很长时间，快速地翻了翻这些资料，然后就把它们乱糟糟地扔到办公桌上。"我还有其他文件，"他对我们说，他把一捆和我们那些几乎一模一样的文件递给我们，只是上面都写了戈利科夫的评语。戈利科夫很清楚斯大林的观点，那就是接下来几个月不会发生战争，所以他就全部否定了这些令人不

安的情报的真实性。[15]

1940年末担任内务人民委员部对外情报处副处长的帕维尔·苏杜普拉图夫在回忆录中也是这么说的:"毫无疑问,我们把情报电文交给'高层'的时候,就连时间顺序都没理,这完全是个巨大的错误。[……]我们把没有经过处理的原始情报全都交了上去,[……]希望克里姆林宫能从中提取出有用的信息,给我们提供指导。"[16]苏杜普拉图夫对自己加重事态的做法一字未提。他自己不也把下属帕维尔·朱拉夫廖夫的一个重要提议给毁了?他自己不也在布拉格、罗马,后来又在伊施泰因布尔常驻过?他是第一批意识到有需要创建一个情报处理部门的人。1941年2月12日召开情报部门领导人秘密会议期间,这个问题就被提了出来,会后他们决定建立一个机构,负责"研究、分析、综合那些资料,准备成文件,供高层领导人阅读"。5月,该机构的朱拉夫廖夫主要以"军士"的情报为基础,给政治局的委员写了一份综合性的记录。该记录的结论是,通过对各方情报源的印证,可以预测战争即将来临。这份仍然保留在俄国档案馆里的文件上还有朱拉夫廖夫亲手写的这几个字:"奉苏杜普拉图夫之命,该记录不得提交。"[17]于是,该分析部门在摇篮里就被扼杀了。

需要强调的是,德国的情报部门也存在相同的缺陷。他们并没有交流和讨论情报的场所,他们的分析经常由于希特勒的偏见而被歪曲。但如果我们要做一个比对的话,就会发现把苏联的状况和同时代英国情报部门的职能做比对的话更有意思。秘密情报局,又名军情六处,由于它处于政府代码与密码学校的组织结构内,所以拥有极大的权力,后者负责的是让信息源"极端论者"对德国国防军的电磁信息进行译码,用恩尼格玛密码机进行加密。军情六处以其专业性而自豪,他们对获取的情报都进行过核实与印证,再汇总之后形成文件。再加上经济战争部之类其他机构的情报，这些情报都会被发给情报联络委员会进行讨论，而该委员会也是三军参谋长委员会内的部门：情报联络委员会是一个关键的部门，苏德两国缺的就是这样的部门。英国的军事情报这样就可以直接供使用者，也就是军方采用，而这在苏联，由于戈利科夫、梅尔库洛夫、贝利亚、斯大林的善意，却做不到这点。在这个负责向内阁进行解释的机构内部，可以自由讨论，不同的观点汇合在一起，各种假设也都很丰富。在涉及要对希特勒的战略意图进行评估的时候，由于外交部的加入，而且丘吉尔也几乎总是会表达自己的观点，所以讨论会相当激烈。有时意见分歧也是难免的。从1940年6月起，丘吉尔和驻莫斯科的大使克里普斯一样，都认为莫斯科和柏林之间的关系即将破裂。但无论是军情六处还是外交部都不认同这种观点，而传给参谋长的那些文件里也就没有列出他们的观点。我们能想象克里姆林宫也这么做吗？情报联络委员会的立场一直没什么变化，而到1941年四五月间，"极端论者"将德国内部进攻手段的关键详情，也就是德国空军和装甲师的活动情况传递了过来。但对巴巴罗萨行动即将启动的看法达成一致意见还要到6月初。在这观点缓慢的孕育期间，没有哪个部门或机关，无论是军情六处、情报联络委员会、三军参谋长委员会，还是外交部，都没有听从丘吉尔的看法而改变自己的观点，许多情报界的专业人士都认为丘吉尔的看法太业余，甚至有些煽风点火的意味。而斯大林则被意识形态以及"历史教训"封闭得严严实实，从来就没想过要建立一个情报共同体，好让他手下的那些机构和他的看法都能在这共同体内以集体领导的形式进行讨论。在这个领域以及其他领域内，相比德国和苏联的体制而言，民主制孕育了更有效而且更合理的组织结构，虽然官僚体系的缺点和个人能力不足的问题并不会避免。

网络和搜集情报的人

尽管几乎都依赖在外的特工,而且也缺乏分析情报的部门,再加上大清洗使内务人民委员部群龙无首,但苏联的对外情报机构由于搜集情报者数量庞大,质量也高,所以它仍然很强大。从1935年起,格鲁乌就已大规模渗透了德国驻华沙的使馆,渗透者名叫鲁道夫·赫恩施塔特,是《柏林日报》的记者,尤其是多亏了他的女同事,也是他的情人伊尔莎·施特贝(代号"阿尔塔")的帮助,两人都是共产党员。他通过使馆的一等秘书鲁道夫·冯·舍利亚("阿里耶茨")这层关系,可以接触大使的秘密情报,后者是反纳粹的普鲁士贵族,后来继续在柏林里宾特洛甫的情报部门替格鲁乌做事,库尔特·弗基施和玛格丽塔·弗基施("AVS"和"LTsL")也是一样,两人被从华沙的使馆新闻部门调到了布加勒斯特使馆的新闻处。1940年12月29日,阿里耶茨通知阿尔塔,希特勒已经签署了进攻苏联的命令,该命令已在十一天前发布。1941年2月28日,他将三个集团军群的目标及统帅的名字都传了出去。德国关闭在华沙的使馆后,国家安全人民委员部在苏联外交使团的驻地开设了分部。其负责人彼得·古季莫维奇-瓦西列夫("伊万")及其妻子海伦娜("玛丽亚")成功地和波兰人取得了联系,波兰人对德国人的恨已经超过了对苏联人的恨。他们可以在该地区自由走动,也可以目睹1941年头几个月德军的巨大的运输量。他们成功获得了盖世太保的一份名单,上面列出了占领之初即将逮捕的苏联公民的名字。他们的结论很明确:德国已准备好发起进攻。梅尔库洛夫要求核实这则情报,但没传递给斯大林。[18]

格鲁乌也在西欧设有常驻机构,尤其是在比利时和瑞士,还有斯堪的纳维亚国家,但1941年的时候没起关键作用,可能是由于和英国情报机构离得比较近的缘故。甚至就连著名的利奥波德·特雷佩尔也没有在德国进攻前成功获得信任，他的化名是"吉尔伯特"，是在法国和比利时的间谍网络（"红色乐队"）组织者。他手下的军官，苏联驻维希政府的武官伊万·苏斯罗帕罗夫于6月21日向莫斯科发去了这样一份电文："依照我们的特工吉尔伯特的说法，德国国防军将完成向东部运输的任务，明天会出其不意地进攻苏联。当然，对此我一个字都不信。"斯大林用红笔标注了这封电文："这条情报是英国人在挑拨。告诉我谁说的这话，要给他们点厉害看看！"[19]后来成为苏联特工、化名"多拉"的桑多尔·拉多，也在当天传递了同样的情报。这次，贝利亚批注了这条信息："最近，大量特工听信了那些挑唆，散布恐慌情绪。这些秘密特工都是国际上挑唆者的同谋，想要挑拨我们和德国的关系，必须让他们上战场摸爬滚打一下！"[20]

格鲁乌的大量情报一部分来自巴尔干地区，一部分来自德国驻东京的使馆。在罗马尼亚，格鲁乌分部的负责人是叶列明上校，在苏联大使馆担任三等秘书。在弗基施夫妇的帮助下，他从德国空军专员格斯滕贝格以及罗马尼亚多名军方人员那儿获取了重要的资料。在贝尔格莱德，分部的萨摩辛也和南斯拉夫的军界有各种关系。在布拉格，斯柯达的一名管理人员通知了当地的格鲁乌分部。在索非亚，格鲁乌分部的杰尔加乔夫利用信息源，以前的保加利亚军队的高级军官阿佐尔斯基的部门，得以了解德国大使馆的情况。

格鲁乌最有名的军官当属理查德·佐尔格（"拉姆齐"），他出生于巴库，父亲是德国人，母亲是俄国人。他的正式身份是《法兰克福报》驻东京的记者，还成功获得了德国大使欧根·奥特的友谊，后者从来不会向佐尔格隐瞒任何一条他所知道的秘密信息。佐尔格性格奔放，很早就是个特立独行的共产党员，后来他的那些警告性的信息让斯大林相当不悦，第一条是1940年11月18日的信息，最后一条就是巴巴罗萨行动前夜的信息，还有1941年5月15日，他连进攻的准确日期都说出来了。传统的历史文献都认为佐尔格-拉姆齐是苏联最有效率的特工，但他也经常会给出令人困惑的矛盾情报。比如，由于对军事事务并不了解，他会把军和集团军混淆起来。他没有受过间谍的培训，安全问题上的疏忽也不少，最后还导致他本人被捕。戈利科夫对他并不信任，对他的情报也取审慎的态度，将他的大量报告都归到了"不实情报"[21]的名下。

柏林的分部是苏联国家安全人民委员部的狩猎区。1937年至1938年的大清洗将该分部彻底摧毁，各路联络人要么消失，要么遭到驱散。1939年，阿马亚克·科布洛夫担任该部门的负责人。他之所以获得晋升，得归功于他的哥哥，内务人民委员部副人民委员波格丹和贝利亚走得近之故。他这人做事不谨慎，话多，幼稚，喜欢吹牛，这一行不可饶恕的缺点他都有。他到任之后没多久，党卫军国家安全部的海德里希就毫不困难地在他身边安插了一名特工，也就是拉脱维亚记者奥列斯特·贝尔林克斯，俄国人称之为"高中生"，德国人称之为"彼得"。1940年8月5日，科布洛夫认识了他，十天后就向莫斯科宣告招募了此人。通常的流程一概都没遵守。如果他稍微查一查，就能发现苏军占领拉脱维亚的时候，贝尔林克斯就已经成了纳粹。战后，盖世太保内部负责对接贝尔林克斯的特工西格弗里德·米勒说，科布洛夫曾在这名双重间谍的面前吹嘘说，他的报告斯大林和莫洛托夫都会看。有了贝尔林克斯，德国人就有了一条渠道，可以将假情报散布给克里姆林宫。

不过，科布洛夫还是有机会得到了两名优秀的同事。第一个就是武官瓦西里·图皮科夫将军，他后来在西南方面军司令基尔波诺斯将军麾下担任参谋长。1941年4月24日，图皮科夫向戈利科夫发去了一份备忘录，结尾是这几句话："德国人毫无疑问对我们军队一直到1939年底的所有弱点一清二楚。他们同样知道我们军队重新组织起来的话需要多长时间，会有哪些构成部分。这些资料在德国决定向我们开战的过程中有极大的重要性。[……]在他们的计划中，苏联就是接下来的敌人，[……]明显就是指今年。"[22]科布洛夫的另一张王牌就是他的副手亚历山大·克罗特科夫，又名亚历山大·埃德贝格。这名帅气的小伙子酷似运动员，是网球好手，会多门语言，不仅为人冷静，而且胆子大，后来成功地和柏林分部招募的两名优秀特工哈罗·舒尔策-博伊森（"军士"）及其对接的特工阿维德·哈纳克（"科西嘉人"）取得了联系。哈纳克是德国最著名的神学家的外甥，也是相当著名的反纳粹的路德宗牧师迪特里希·潘霍华的堂兄。他在德国的经济部任职。舒尔策-博伊森是海军元帅冯·提尔皮茨的后人，担任上尉，也是德国空军参谋部在柏林的代办。科西嘉人由科布洛夫发给莫斯科的25份报告中，超过半数来自军士，其余都直接来自两人在军界和工业界编织的网络。除了这些圈子之外，克罗特科夫还开发了维利·莱曼（"布赖滕巴赫"），从1929年起，莱曼就在格鲁乌领取丰厚的报酬。莱曼在党卫军国家安全部负责反间谍方面的事务，成功地保护了克罗特科夫的情报网，后来他担任了党卫军高级突击队领袖，负责德国武器装备工业的安全保障事务，给莫斯科提供了大量敏感情报。阿尔塔、阿里耶茨、军士、科西嘉人、布赖滕巴赫都在1942年被盖世太保逮捕处决了。

　　无论合法还是非法，驻外分部都并非唯一的情报来源。驻莫斯科外交使团的间谍也是另一个来源，而且这是相当常规的操作手法。国家安全人民委员部会监听德国使馆的电话线路，并在旁边的房间凿一条通道，可以进入武官恩斯特·科斯特林的房间。俄国雇员无论男女通常都是情报源，特别是在美国使馆和意大利使馆。有了这些渠道，1941年6月18日和19日，国家安全人民委员部便截获并解密了德国即将发起进攻的外交电文。[23]

　　芬兰和英国外交使团的墙壁上面都会装许多麦克风。但用这种见不得人的秘密手段进行监听收效甚微。格鲁乌在德国驻莫斯科大使馆内有一个珍贵的特工。此人名叫格哈德·凯格尔，代号"X"，后来担任民主德国驻联合国大使。凯格尔能接触到大使馆的保险箱。斯大林总共从凯格尔这儿收到了22份报告。5月7日，凯格尔向斯大林发去了德国国防军陆军总司令部一份重要文件的副本，该文件命令6月2日终止在东部的准备工作，终止集结部队。[24] 6月19日，凯格尔的一份新的报告通知道："有种种迹象显示，德国有可能会在近期对苏联发起进攻。" 6月21日上午，凯格尔通知了格鲁乌与之对接的特工列昂捷夫，说大使舒伦堡昨天收到了柏林发来的一封电报，战争将在48小时后开始。莫斯科时间19点，凯格尔又见了列昂捷夫，对他说舒伦堡已经下令销毁所有秘密文件。他补充说，大使已经要求全体工作人员打包行李，不住使馆的人员都要在6月22日上午来大使馆集合。见面的最后，凯格尔坚持对列昂捷夫说："大使馆所有人都认为战争会在今天晚上开始。"列昂捷夫写了一份报告，交给了三名军官，让他们快速交给斯大林、莫洛托夫和铁木辛哥。他在信封上写道："仅由收件人打开。"[25] 信封还没拆开，战争就已经开始了。

同样令人感兴趣的还有内务人民委员部交通管理处一处的工作。该处的特工及其招募的波兰人经常会在布列斯特-立陶夫斯克和普热梅希尔的边境车站同德国的同事见面；他们由此了解到了军队列车的目的地和装载的货物。1940年10月，他们也是第一个报告了桥梁设施运到布格河的情报人员，几十座特制的码头可以装卸坦克，表明有可能会发起进攻。随后，这些报告主要被交给了格鲁乌。

在边境地区，苏军士兵和德军士兵并无直接接触。他们之间被一条宽约20公里的长条形地带隔开，驻守那儿的是内务人民委员部的特殊部队边防部队。8个区共配备了10万人，49个分队，约200个指挥部门，这些人配备了手枪、冲锋枪、机枪、轻型迫击炮。巡逻队配了狗，负责监控前方岗哨之间的空隙，配有瞭望塔和监听站。他们的任

第八章 斯大林的错误决策 435

务是观察、警告、阻止有人搞破坏和从事间谍活动。他们是首批对形形色色的逃兵、难民（几乎都是犹太人）和渗透者进行审讯的部队。毫无疑问，这是最易出成效的工作。因此，1941年1月18日，内务人民委员部指挥官马斯连尼科夫将军寄出一篇文章，其开篇部分就写道："最近，我们这儿了解到好几件事，波兰被占区的德国情报机关让特工向苏联渗透，要他们带回供汽车和飞机使用的石油、汽油、润滑油的样本。"被抓的那些人指出德方要求他们"获取大量样本，进行分析"。[26]鉴于德国国防军在法国的行动，以及他们长期缺少燃油，这个要求的目的只能是想对苏联的产品进行评估，看它们是否和德国的发动机相匹配，以便到时夺取仓库，而这只能是快速进攻范围内的任务。1941年5月15日起，德国部队在边境地区的密度越来越大，大量事件层出不穷，报告也都堆积在了莫斯科：射击，巡逻，侦察，突然袭击，破坏，预先架桥，在苏联电话线路上安装窃听器，安装栅栏遮盖他们的准备工作。在乌克兰，增派了大量边防队士兵阻断往另一方去的通道。事实上，卡缅茨基-波多利斯基地区的居民由于饱尝饥荒之苦，经常会冒着生命危险，去边境的另一边找吃的。5月1日至25日，仅一个支队就逮捕了一千多名不走运的人，其中有一份乌克兰边防队负责人霍缅科将军的报告，说被捕的人中有老师、共青团员，甚至还有党员。[27]

希特勒，假情报的高手

不用什么军事上的天才就能明白，突袭在无论是战术上，作战层面上，还是战略上的重要性。突袭可以减少抵抗，确保进攻者持久地掌握主动权，使对手难以站稳脚跟。巴巴罗萨行动的主要特征就在其概念中增加了突袭的因素。希特勒也希望这么做。作为这方面的实践者，他很清楚战略情报（用来了解对手意图）比起严格意义上的军事情报来说，犯错的可能性要大得多。战略情报也更容易受到操控，因为对方会说些敌人想听的话。必须让斯大林接收模棱两可、不确定的、可以作无数解读的情报，因为在这些复杂的情报中，既有一部分真实信息，也会有一部分想象出来的，但又言之成理的信息。

显示德国独裁者坚持要使用展露突袭和假情报方面的证据有好几十个。比如，哈尔德就在日记中说，希特勒在1940年7月31日发布准备进攻苏联的命令的时候，要求"进行伪装"，假装是要攻击英国、北非、西班牙。12月18日，希特勒在签署第21号令的时候，再三重申"进攻意图不被识破至关重要"。他要求"高层指挥层要求执行该指令的所有命令实施之时必须极其谨慎，以免俄国对我们的态度有所改变。参与制订计划的军官数量应该压到最低，其他参与者应该尽可能晚地知道，只有在执行任务必须知道的情况下才可让其了解"。[28]1941年1月31日，布劳希奇明确要求了解准备工作的人只能是：50支最高层级的部队（集团军群、集团军、军）的统帅和参谋长，算上德国国防军陆军总司令部，也只有120至150名军官知情。[29]其中大多数人不能被告知进攻的确切意图，这样就能让各种猜测盛行，使之蒙上一层云遮雾绕的浓雾。2月3日，希特勒在和高级指挥官开会期间再次强调："为巴巴罗萨行动集结军队一事必须伪装成是海狮行动［进攻英国］和玛丽塔行动［进攻希腊］。"记录是这么写的：必须让斯大林置身于真真假假的作战意图的旋涡之中，使他无法从中分辨出何为事实，何为流言，何为真实的秘密，何为虚假的秘密。在严格执行军事计划方面，突袭对巴巴罗萨行动必不可少的另一个理由是：直到进攻发起这天，俄国人必须始终留在第聂伯河—德维纳河的断口处，以便在那儿消灭他们；我们不应让俄国人有时间往纵深处撤退。

2月15日，凯特尔把《欺骗指南》一文仅发给了十二名指挥官。

欺骗的目的就是为了掩盖巴巴罗萨行动的准备工作。这是一

第八章 斯大林的错误决策 437

个重要的目的，必须采取各种措施来误导敌人。在第一阶段，也就是到4月中，要让敌人无法确定我们的意图。在随后的那个阶段中，为巴巴罗萨行动采取的欺骗措施，[要使敌人]认为我们是要入侵英国。

该文件还补充说，在第一阶段，必须

夸大次要作战行动［希腊和北非］的重要性［……］他们就会把和巴巴罗萨行动相连的军队的行动看作西方、德国和东方之间有来有往的作战行动，集结部队是为了实施玛丽塔行动［希腊］，是为了保护我们的后方不受俄国的威胁。在第二阶段，针对巴巴罗萨行动的部队的行动必须被［敌方］视为战争史上最大的欺骗行动，认为最终是对入侵英国的准备行动打掩护。由于第一次突袭英国会用较弱的军队来实施，所以这样的欺骗行动是有可能达成的。［……］由此导致的结果就是，我们的大部分精力就能投入到欺骗行动中。

那如何把这种虚假的意图传达到斯大林手中呢？阿勃韦尔和里宾特洛甫的情报部门利用了直接传播流言的传统渠道：德国在中立国家的代办和中立国家在德国的代办，最好是让西班牙、瑞士或瑞典这些外国报纸泄露（假的）内幕。希特勒本人亲自操控。进攻之前几天，他向意大利驻柏林大使阿尔菲耶里宣布，他想在7月的前十五天向斯大林寄发最后通牒。他预计这个信息会流传到莫斯科，如果我们相信戈培尔的说法的话，[30]这事还真发生了。苏联驻柏林的外交官捷卡诺佐夫、图皮科夫、科布洛夫、贝列日科夫都遭到了德国或外国的军人及外交官的狂轰滥炸，他们只能对斯大林会板上钉钉地把乌克兰或高加索出让出去的说法表达遗憾或震惊。这些话经捷卡诺佐夫之口一直传达到了斯大林的耳中。[31]克里姆林宫以及德国相当部分的政府人员都相信这则假信息。5月4日，尤其是对阿勃韦尔的活动消息特别灵通的反纳粹外交官乌尔里希·冯·哈塞尔在日记中也这么写道："确实，他们想借助那些认为［巴巴罗萨］行动是丧失理智的行为的人，通过威胁布尔什维克，说如果他们不愿做希特勒想让他们做的事，即割让乌克兰，以及获取石油以敷战争之需，他们就会把所有人的脖子都割断，想通过这种不战而威的方式来使苏联就范。"[32]最有效的做法就是让斯大林相信，希特勒想要让英国人以为他会进攻苏联，其实是想更好地进攻英国。

德国国防军驻扎在东部的军官和士兵当中有99.9%的人对真实的目的一无所知，而那些在西线安营扎寨的人则（不引人注目地）了解到了他们（虚假的）任务。在英吉利海峡沿岸，尤其是勒阿弗尔和泽布吕赫增加各军种的登陆训练次数，把驳船集中在那儿，把德国海军部队往那儿调动。各参谋部孜孜不倦地制订虚假的作战行动计划，4月23和24日，还确定了"北方鱼叉"行动（从斯堪的纳维亚出发，在贝里克登陆）、"南方鱼叉"行动（从布列塔尼进攻莱姆湾）、"鲨鱼"行动（在福克斯通和布莱顿之间登陆）。德国空军对英伦三岛上空继续施压，执行夜间轰炸任务，增加白天侦察飞行的次数。空投部队在拉芒什海峡和北海的海岸地带不远处训练空降。相反，在苏联边境的部队则在构建防御工事，如碉堡、坑道、反坦克沟，如果苏联飞机从他们头顶飞过，就对它们随便打一下，做做样子。最有名的将军和陆军元帅也都在德国，不过他们的参谋部已经去了波兰，而且设法让当地报纸了解到这个情况，把它报道出来。我们知道，德国的盟友对具体的进攻时间一无所知，只是特意让安东内斯库成为例外，阿勃韦尔给他喂了各种无稽之谈。此外，和苏联人在经济领域、解决边界争端和铁路方面的合作都得到了增强。斯大林贪婪地吞下了这个鱼钩，还以为是自己把希特勒给钩住了。

第八章 斯大林的错误决策

经济合作：克里姆林宫的错误解释

看着真真假假的情报源源不断流入，简直要把斯大林给淹没了，但我们更感兴趣的乃是德国假情报武库方面具有头等重要性的一个武器，那就是1941年1月10日的经济协定。1939年8月23日和1941年6月初之间，无论是哪个层级，以哪种名义，苏联人和德国人一直都在商讨经济问题。一方面是斯大林、莫洛托夫、米高扬，另一方面是里宾特洛甫和戈林，他们都亲自介入了进去，更别提还有数以千计的官员和企业领导。6月22日凌晨2点，苏联装载了谷物的一列货车出现在了布列斯特-立陶夫斯克的边境车站，此时距第45步兵师发起进攻还有90分钟。22个月的合作使双方交换了400多万吨的各种产品，价值超过了11亿德国马克，数千列列车走过了相当大的距离。

在斯大林看来，和德国的贸易就是个温度计，表明两国之间的温度，也是调节器，或多或少地打开开关，就会对事件的进程产生影响。他以为自己掌握了一个有力的武器，不仅吸引了军队，也把德国的贸易界诱上了钩，他还以为这具有政治上的重要性，其实并没有。他犯了一个巨大的错误，总以为是自己把和希特勒商讨的渠道给打开着，这其实是一种扭曲的看法。事实上，这并不是元首的想法，毋宁说是"游说集团"的想法，他们出于各种理由，都想和莫斯科维持关系，使贸易的交换不断增长。尽管封锁时期做决定的都是戈林和里宾特洛甫，但其实大多数时间里决定都是低层的人做出的，是负责和东方经济关系事务的卡尔·施努雷，各部的局长，甚至是舒伦堡大使。希特勒对这方面的事务显然不感兴趣，只有禁止出口敏感物资的时候，他才会出面。甚至，他经常都不知道这方面的决策。斯大林则在自欺欺人，以为希特勒在经济事务上占据的地位和自己的相当。事实上，德国元首只是把交换作为暂时减轻原材料缺乏的手段而已，尤其是把它作为障眼之物，以掩藏其真正的意图。希特勒从未想过要加大交换，以替换巴巴罗萨行动。交换一两百万吨苏联小麦对他来说无关紧要。他想要的是能长小麦的土地。相反，他觉得最重要的是德国方面所有低级别的人都真诚地相信，和苏联做生意就能与之进行长久的合作。

1940年2月11日重要经济协定的施行并非一路顺畅。苏联人按时交付了对方所需的大量物资，但德国人并没有同等付出。在2月和6月之间，希特勒考虑到西线的战争，把重心放在了武器弹药的生产上。结果，交换物资上的缺口一直在增大。1940年6月超过了1亿马克，9月达到了2亿。尽管斯大林对原材料的出口踩了刹车，以此来平衡局面，或表达自己的不悦，但他并没有禁止交付小麦和石油。相反，他为了表示善意，在莫洛托夫前往柏林的前一天，接受了第二份调整1941年6月至1942年8月交换物资的协定。他的算计很容易能猜出来。他希望通过给德国的战争提供给养，就能保住苏联的中立地位，这在他的政策中乃是重中之重，并将柏林维持在和他继续合作的轨道上，加之英国又得到了美国这个世界第一大经济体的援助，那这样的合作就更是必不可少、难以打破了。斯大林觉得自己占据了有利的地位。只要德国仍然在孤身一人攻城略地，美国和日本就会向他献殷勤。1940年11月，莫洛托夫在柏林就极其坦率地向希特勒提出了苏联为维系自己充满善意的中立地位的条件。希特勒拒绝让苏联随意染指芬兰和保加利亚的做法并没有让斯大林气馁。事实上，在和莫洛托夫讨论的时候，戈林还确认过和莫斯科的经济合作长期来看会得到加强。由于戈林是德国的二号人物，苏联领导层便认为德国会继续维系这种合理的政策：不在两条战线上开战，从苏联的中立地位中继续得到好处。

1941年1月10日的协定是在莫斯科谈判了两个月之后签署的。斯大林显然是将这些讨论和莫洛托夫的那次访问联系了起来，把这视为对他政治上释放善意的一个保证。他还认为自己在经济上做出了很大的牺牲。1942年春之前，苏联出口了250万吨谷物，其中100万吨是从国家储备中拿出来的，更别说还有12万吨植物油和10万吨猪肉。交付的石油耗尽了苏军的储备。1940年和1941年，有两次拨给苏联军队的燃料减少了20%，就是为了让德国国防军可以灌满他们的油箱！[33]

斯大林将他的承诺推进到了脆弱经济所能承受的极限。为了让合作方满意，他甘冒自己国家短缺的风险[34]，给德国交付了金属和石油，苏联经济这两个领域都不剩下多少剩余储备了。他通知负责运输产品的科瓦列夫："列车必须一毫不差地把货物运送给德国，免得德国人提出什么抗议。"[35] 在和美国驻莫斯科大使斯坦哈特用早餐的时候，施努雷对苏联如此让步大感震惊。苏联不得不进口美国的棉花，以把棉花运给德国，[36]他就是这么说的！出口的阀门很快就彻底打开了：2月和3月为3350万马克，4月4100万，5月超过了8800万。一直到进攻前夜，还有30万吨石油、70万吨谷物、4.7万吨棉花、50万吨各种矿物来满足德军的潜能，好让它彻底转身，准备入侵苏联。作为交换，德国人则向苏联提供煤炭、机器、飞机发动机和3万吨铝，苏联的航空兵部队需要这种金属。大部分都是1941年5月之后交付的，那是巴巴罗萨行动最初开始的日期。德国佯装在和其最好的盟友意大利商定的合同中扣除了部分敏感物资，这样做其实是在进一步欺骗斯大林，让他以为苏联才是德国必不可少的经济合作伙伴，他的决策都会让元首加以考虑。

苏联媒体把1941年1月10日的协定看作"一个巨大的成功"，提升了"彼此的友谊和理解"，[37] "使两个欧洲大国之间的关系得到扩大和增强"，这些话令人想起了莫斯科条约的签订。《消息报》刊登了一张米高扬和施努雷在签字仪式上的照片。顾问施努雷是经济外交领域第二梯队的人，他的边上就是对外贸易人民委员：和老掉牙的里

442　第二部　互相欺骗的手段

宾特洛甫—莫洛托夫—斯大林三人组形成了鲜明的对照！这张照片其实表达了苏联人的幻想，以为又回到了1939年夏的"美好时光"。德国方面在谈判期间，决策都是一件一件在对巴巴罗萨行动毫不知情的各部部长的敦促下仓促做出来的。无论是戈林，还是里宾特洛甫，更别说希特勒，都没认为这份协定有多大的政治上的意义，毕竟那只不过是一种欺骗的手段，只是这样的协定本来可以起到截然不同的作用。

1月28日，德国经济支持局提交的一份备忘录指出了德国政策能走的另一条路。[38]该局局长卡尔·克劳赫还是全球最大化工企业法本公司的领导人，他在备忘录里解释，一旦发生长期的战争，有了苏联的帮助，德国就有了确实的原材料基地。2月26日，托马斯将军交给戈林一份备忘录，也是同样的意思。他列举了进攻苏联会造成一系列经济上的后果，尤其是和远东地区的交通运输彻底中断（无法交付橡胶、黑钨矿、铜），碳氢化合物的进口也会终止。因此，德国国防军不仅要在几个月的时间内攻占俄国的欧洲部分，还必须深入巴库。戈林因此向陆军总司令部内的经济事务的专家做了回复："他［戈林］赞同元首的意见：德军一旦进入俄国，布尔什维克的整个国家都会崩溃。［托马斯］将军所表达的那些担忧，比如大规模摧毁库存品和铁路，都是徒劳的。这需要看布尔什维克的领导人清除的速度如何。帝国元帅对和远东地区的关系将会终止这一点特别表达出了关注。［……］他对我说我们将会和日本人达成协议，尽可能快地让西伯利亚大铁路恢复运行。"[39]巴巴罗萨行动的这项经济替代方案更为现实。就算不做比较，该方案也比戈林的那些推测要来得合理，戈林认为几个月时间内，德国国防军就能推进到里海和乌拉尔地区，一直到西伯利亚。斯大林坚信希特勒及其幕僚拥有经济理性，尤其是那些资本家，他认为他们都在元首的阴影之下讨口饭吃，而他自然相信"资本家就连吊死自己的绳子都会卖"。

选择绥靖政策

斯大林比张伯伦还有过之而无不及，尽管他指责张伯伦实施绥靖政策，可他自己其实也在践行绥靖政策，这是一种向希特勒大规模让步的政策，以此来使希特勒不与之开战，从而赢得时间以发展自己的武备。历史对他并没有比对英国首相更为苛求。不过，除了1941年1月10日的协定之外，摆出种种屈服的姿态并不会更体面。相比希特勒亲自要求在苏联禁映卓别林的《大独裁者》这部电影，那些姿态要严重得多。最后一个对希特勒表现出勇气的行为是1941年4月6日，贝尔格莱德发动政变之后，莫洛托夫在莫斯科签订了一份和南斯拉夫新政府的友好条约，承认其反德的方针。但就在签订之时，随这个小动作而来的便是可耻的让步。5点15分，德国国防军进攻南斯拉夫，苏联人把条约的签订日期倒填至4月5日，以免希特勒生气。4月15日，南斯拉夫共产党呼吁全世界的共产主义者武装反抗德国人。当日，前一天承诺向贝尔格莱德运送武器的斯大林却来了一百八十度大转弯。[40] 4月20日，他有了些勇气，只是建议季米特洛夫解散共产国际。后者从第二天起就和陶里亚蒂和多列士*进行讨论，很有可能，只是因为德国的进攻，该方案才没有得到实施。[41]

斯大林在军事方面没有再提高过调门。4月7日，莫洛托夫的副手索伯列夫向德国大使口头通报了3月27日至4月18日德国空军80多次侵犯苏联领空的照会。† 这种轻描淡写的谴责，并没有官方正式的抗议跟进，由此可见克里姆林宫当时的精神状态。不过，苏联人并不

---

* 帕尔米罗·米歇尔·尼古拉·陶里亚蒂（1893—1964），1921年1月参与创建意大利共产党，1926年11月葛兰西被捕后，继任意共总书记。莫里斯·多列士（1900—1964），1930年至1964年去世长期担任法国共产党的领导人，1930年担任法共总书记，1928年至1943年间先后担任共产国际执行委员会委员和主席团委员。

† 原文如此，疑为3月27日至4月7日。

怀疑德军侦察飞行的严重性。4月15日，罗夫诺上空，罗韦尔特殊飞行中队的Ju-86和P-1侦察机由于发动机故障，只能迫降。刚降落到地面，机组人员就想要炸毁增压机舱和这台超现代的飞机上安装的三台相机。尽管如此，苏联人还是获取了一部分胶卷，胶卷上拍摄了一直到基辅的苏联军事设施。斯大林获知了这个情报。因此，6月12日，贝利亚便向他快速寄去了一份警示性的报告："德国飞机越来越频繁地侵入苏联领空。这些侵入领空的行为都是有意为之，因为侵入的纵深达100公里。被截获的飞行员有我们西部军区飞机场的地图。数目：1月503次侵入领空，2月175次，3月381次，4月260次，5月353次，6月20天里108次。截获过程中，36人被杀，25人受伤。"[42]20世纪的历史上，还有哪个国家六个月内领空被侵入1780次，却没有政治上的抗议，甚至只是象征性的抗议？内务人民委员部也提到6月11日之前德军突击队和巡逻队80次侵入领土的行为。在这个日期之后，这些事件已是每天都有。

和柏林保持外交协调乃是斯大林绥靖政策一个极为可观的方面。4月底，斯大林就承认了伊拉克拉希德·阿里的亲德政府，阿拉伯人甚至走得更远，他们发动起义，威胁到了英国在中东的核心利益。他还和维希政府发展合作关系。5月9日，莫斯科关闭了被德国占领的一些国家的外交使团驻地，这些国家有比利时、南斯拉夫、挪威。27日，斯大林向芬兰提供了2万吨小麦，但他知道这些小麦最终会运给德国的部队。6月3日，希腊驻莫斯科大使馆也被关闭，但英国提出了抗议，说希腊政府尽管在外流亡，但仍然是该国唯一的合法政府。

鲁道夫·赫斯事件

元首的代表和指定的继承人的那场闹剧在四分之三个世纪里被人大书特书。但大部分时间里，问题提得都不够好。希特勒是否委派赫

第八章　斯大林的错误决策　445

斯前往英国同敌视丘吉尔的势力和谈这个问题提得很糟糕。从5月15日起，也就是突然空降至苏格兰五天之后，审问了赫斯的伊冯·柯克帕特里克爵士便宣告赫斯只是单独行动，他只不过是纳粹机构内的一个过气的人物。6月10日，约翰·西蒙写给丘吉尔的一份秘密的预备性报告坚决认为赫斯是出于其自己的意愿，这是一个心理状况脆弱的人，天真地以为可以通过这些疯狂的行为来重新获得元首的认可。戈培尔日记里的内容也完全证实了这一点。相较之下，苏联人的看法以及英国人的看法倒是构成了这个问题的核心，直接触及了我们的主题。

赫斯的这次闹剧立即就引起了克里姆林宫很深的怀疑，无论是后来同伦敦结盟，还是1945年的胜利，都没有抹去这种疑心。斯大林坚决认为希特勒是想和英国人结盟来对付他，至少给战争找一个出口：赫斯亲自前来敲定其中的一个买卖。1941年5月10日，赫斯驾驶的梅塞施密特Me110一直飞到了苏格兰，途中未遭攻击，这在克里姆林宫看来就很奇怪。第二天停止了对伦敦的大规模轰炸，也构成了另一个值得质疑的动机。苏联人的不安在接下来的几天里始终在增大，马伊斯基大使发来急电，各分部也寄来针对这个主题的报告，更是助长了这种不安。对斯大林而言，这一切都说得通：伦敦对马伊斯基要求他们做出解释保持了沉默，正如5月14日《纽约时报》头版头条的标题所说："丘吉尔与赫斯交谈"。5月22日，赫斯被转至离丘吉尔更近的伦敦塔，而非监狱，这一点更是增加了这种怀疑。当日，斯大林收到了国家安全人民委员部的一份报告，报告中说艾登和比弗布鲁克都去见了赫斯。[43]其他情报指出，伦敦和柏林之间对敏感的方针问题做了交流：5月22日，被认为是外交部反德最卖力的罗伯特·范希塔特爵士辞职的消息公之于众；6月初，被认为是张伯伦手下绥靖大将，1935年和希特勒见过面的约翰·西蒙被派到了赫斯那儿，斯大林是6月10日知道这件事的。[44]5月21日捷卡诺佐夫寄自柏林的一份报告在26日被斯大林拿到了，报告中说德国的宣传走上了反苏的路子，但对英国却反得不怎么厉害。该报告得出了完全错误的结论，却增长了斯大林一个认知上的错误，即纳粹高层中正在上演斗争。"赫斯事件是德国生活中的一件大事，[……]很好地揭示出德国对外政策的趋向性，也揭示出德国的'高层危机'。[……]今天，我们可以做出唯——个判断：'赫斯事件'一方面说明制定对外政策的高层存在对立，另一方面，这次事件也表明德国想要和英国保持关系的势力有多强大。"[45]苏联在英国最优秀的一个间谍金·费尔比5月18日发来情报，他认为由亲德贵族构成的"克利夫登小集团"重新聚在了南希·阿斯特的身边，他们正在密谋推翻丘吉尔、和希特勒谈判，这和赫斯的提议是一致的。[46]最后，6月2日，驻莫斯科大使斯塔福德·克里普斯爵士被召回伦敦，他身边几乎所有人都被叫了回去，这一点也并非不重要。我们可以很容易想象，对斯大林来说，这些零碎的情报一环套一环，构成了一块块拼图。

如果说上面所说的这么多情报都是假的，是英国情报部门编造出来的，或者就是一些战争时期的无稽之谈，那剩下的情报可以说解释得尤其不到位。对英国人而言，赫斯就是天上掉下来的礼物。1941年5月，英国人正处在第二次世界大战最低谷的时期。他们是孤家寡人，德国人所到之处，他们处处挨打，而他们想让美国参与进来的努力也完全没有成功。他们和莫斯科的关系可以用绝望来形容。1940年10月22日，克里普斯建议苏联人和自己的政府走得近一点，也就是承认1939年至1940年他们所获得的那些领土，莫洛托夫直到1941年2月1日才给了他答复，而且给出的条件很苛刻，外交上根本没法操作。因此，1941年4月19日，当克里普斯向维辛斯基转去一封丘吉尔说德国很有可能会进攻苏联的信的时候，他的这个举动明显带有威胁的意味："不可能，如果战争持续的时间长，英国（特别是某些圈子里的人）就有可能想要以德国最近提出的一些条件为基础，达成某些协议

第八章 斯大林的错误决策 447

以结束战争，也就是说西欧重新恢复其以前的地位，而德国可以自由地在东方获取生存空间。"[47]这话说得再明白不过了。

英国人，尤其是安东尼·艾登和亚历山大·贾德干这两个外交部里的关键人物，都认为赫斯出现在他们的领土上，就是一个可以进行大手笔外交行动的机会，通过操纵，就能说服持保留意见的丘吉尔解决眼下危险的处境。沉默，流言，新闻报道，算计上的失误，我们在上面提到了一些情况，但它们都使苏联人认为这是一个阴谋，会使结盟关系出现转变，从而彻底孤立苏联。伦敦希望让斯大林听取他们的建议，尤其是要对德国国防军在其边境地区集结兵力的做法重视起来。1941年6月13日，艾登甚至向马伊斯基提出建议，说要向莫斯科派一个军事代表团，并给苏联的经济出谋划策。6月21日星期六，进攻前一天，克里普斯再三重复了几周前就已向莫斯科提出的警告，宣告"明天，6月22日，会发起进攻，最迟到29号"，还说："你们很清楚希特勒一向都是在星期天发起打击的。"马伊斯基没把这警告当回事，给莫斯科发了封电报，在自己的建议结尾说："我始终认为德国是不太可能发起进攻的。"[48]

伦敦的这种做法对莫斯科造成了什么影响呢？和英国人所预想的不一样。1941年6月13日塔斯社发表的公报揭露了伦敦的行为，想要让希特勒放心。赫斯事件非但没有把斯大林推入丘吉尔的怀抱，反而使他对边境的局势抱有更审慎的看法。他发了一个以前没发的命令：不要挑衅。

可用的情报

1941年1月至6月间，莫斯科共收到了267份国外常驻情报机构发来的报告，其中129份交给了斯大林和莫洛托夫，更多时间都是交给铁木辛哥和朱可夫。这些报告可被粗略分为两大类：指出德军在苏联边境地区集结的兵力日益增多的报告，推测希特勒意图的报告。

第一类尽可能无误地指出了东部定期增加的师的数量达到130至150个。第一个数字是1941年1月14日由情报员索福克勒斯提供的，第二个是1月21日由多拉从日内瓦发来的。两个数字都是错误的：当时苏联边境地区的德军只有30支左右的大部队，所以斯大林对这两个情报员的信任并没有增加。相反，戈利科夫的数字更精确，他综合了许多信息源和直接的观察得出了那个数字。5月5日，他向斯大林、莫洛托夫、贝利亚和主要军事将领发去了一封报告，指出"近期的两个月内，在苏联边境地区，德国师的数量增加了37支，从70支变成了107支。其中，装甲师翻了一倍，从6个变成了12个。匈牙利和罗马尼亚的师总数差不多在130个"。这些数字都很准确。他在分析中预计德军接下来要解放南斯拉夫，所以集结的军队还会增加。但他完全搞错了一点，即"德军可用40个师的数量放在近东地区：25个在希腊，14个在保加利亚。两个空降师也在集结，有可能会投向伊拉克"。[49]并不是说这些师都是想象出来的，而是说它们的目的地是在东方。

5月31日，戈利科夫寄给这些人的报告中错误就很明显了，他在报告中评估了欧洲大陆在希腊冲突结束后的局势。尽管他说德国面对苏联部署了120到122个师，数字大致准确，但他说122到126个德国师会转向英国，另外44到48个会在德国作为后备军，这种说法便使上级对德军战略上的意图又有了不确定的看法。德军的这种分配都是他想象出来的，而他对此所做的评论也是如此："德军高层已经拥有在近东地区作战的足够兵力，[……]所以他们在西部的兵力会增加得很快，他们会持续向挪威转运，目标是对英国实施主要的作战计划。"我们对1941年5月31日这份综合性报告的重要性再怎么夸大都不为过。一方面，这是进攻之前最后一份传到斯大林手上的报告，另一方面，这是苏联最好的情报机构格鲁乌发来的报告。不论戈利科夫的这些观点是为了不忤逆斯大林，还是他盲目吞下了德军所有的诱饵，尤

第八章　斯大林的错误决策　449

其是在挪威的虚假作战行动鱼叉行动，反正结果都是一样。报告中说德国国防军会分成两部分，还有中央后备军。一半部署的兵力准备进攻英国，戈利科夫说这是主要目标。斯大林会对另一半集结在苏联边境的德军兵力做出几种解释：简单的威慑作用、向他施压的手段或谈判的砝码。6月4日和7日，捷卡诺佐夫向莫洛托夫寄去的两封信更是加大了这份报告造成的影响，他在信中说，有流言和泄露的情报表明希特勒想要从斯大林这儿获得新的让步，就乌克兰进行经济谈判，或有权使部队经过高加索地区，向中东进发。

如果我们对从五个主要特工，即拉姆齐/佐尔格、科西嘉人、军士、阿尔塔、阿里耶茨那儿得到的情报所做的报告进行分析的话，就会发现这些报告始终都包含了错误的预测（减低了其可信度）以及一定量的假情报。1940年12月29日，戈利科夫的一封电文宣告希特勒将于1941年3月宣战（阿尔塔，阿里耶茨）。1月28日，阿尔塔预测1941年5月20日会发起进攻。3月11日，佐尔格通知莫斯科，照德国武官的说法，对苏战争将会在和英国达成和平后开始。3月24日，军士预估一个对苏联进攻的风险，并预测"所有的准备工作都可以证明是在虚张声势"。4月14日，他通报说对苏战争之前会发最后通牒，敦促其加入三方协定。4月24日，科西嘉人宣告近东地区会成为德国的优先目标，而非苏联。4月30日，尽管军士和科西嘉人都说对苏战争已经最终确定下来，但他们却说有161个德师部署在西线地区，从而削弱了他们话的分量。5月9日，军士再三重申进攻苏联的决定已经做出，但说之前会打"心理战"。5月21日，佐尔格发来电报称战争有可能会在月底爆发，但"危险会过去"。[50]6月1日，他又说战争会在本月的下半个月爆发，[51]17日，他传来电文称战争很有可能会推迟到6月底。[52]

我们能理解斯大林不知如何是好的心情。4月21日，丘吉尔发出警告，6月16日，他又把"极端论者"的秘密情报转给了苏联驻伦敦大使马伊斯基，但却造成了和首相所期望的事与愿违的效果。考虑到他的地位以及方法的不当，也只可能是这样的结果。第二天，6月17日，由于看了本章开头所说的费基涅的报告，斯大林开始改变态度。18日，三个额外的因素使他的自信心大厦产生了裂缝。他最信任的贝利亚也说，德军已经完成在苏联边境地区集结兵力的行动。斯大林下令让日加廖夫实行飞行侦察了解德军部署情况，几个小时后也让他相信了这一点。最后，梅尔库洛夫预测德国驻莫斯科大使馆的人员会大规模回国。

权宜的预防措施

面对日益增多的战争警告，斯大林并没有保持消极被动。他采取了几个权宜措施，但并没有下达动员令，甚至都没有发布最高级别的警告，而仅仅这一点，其实就能改变巴巴罗萨行动的面貌。南斯拉夫崩溃之后，加快了创建新的苏军部队的步伐。4月23日，10个反坦克步兵旅和5个空降军就位。[53]26日，一个步兵旅和一个空降旅被从远东地区调了过来，6月16日，还从那儿调来了5000挺机枪。3月25日至4月5日，征召40万1921年9月1日之后出生、1940年没有应征入伍的人参军。5月13日，决定成立第二战略梯队。四个集团军和一个军，共28个师和50万人必须从国内向西部进发。第22集团军从伏尔加军区前往戈梅利，第19集团军从高加索前往基辅南部，第16集团军从西伯利亚东部调往基辅西部，第31集团军从乌拉尔地区调往大卢基周边地区。中央后备军的第28集团军前往阿尔汉格尔斯克，第24集团军前往莫斯科西南部。这些军队由于相距太远，根本无法在战斗的最初几天起作用，而且三分之一的师还都在火车上。不过，它们仍然能够临时构成纵深防御，阻止德国国防军如巴巴罗萨计划所预想的那样在6月底实施包围之后进入其他地区。斯大林之所以采取这些措施，也是因为这些驻扎在离边境地区600多公里的部队很难被侦测到。第二天，他批准流放波罗的海各共和国及白俄罗斯西部的"反革命分子"，一旦德国入侵，这些人就会成为潜在的第五纵队。6月12日至13日，铁木辛哥和朱可夫接受了他们迄今一直反对的措施：基辅军区的6个师（西部军区的1个军）从境内"向边境地区推进。转运任务必须在7月1日前完成"。⁵⁴

5月6日，斯大林担任了人民委员会[*]主席：1917年以来第一次，党和国家正式统一到了一个人的名下。5月29日，部长委员会下设的国防委员部遭解散。取而代之的是军事委员会，斯大林担任主席。这两项决定表明他要在危险日益增长的时候把所有的权力都掌控在自己手中。

此外，高层还有两件大事。5月5日，在向军事院校毕业的干部祝酒的时候，斯大林说："德国军队喜欢吹嘘，志得意满，自负心强。德国的军事思想没有再进步过；他们的装备已经被我们超越。"但翌日《真理报》却忽略了这些雄起起气昂昂的说辞。6月5日，加里宁在军事政治学院发表讲话："德国人想要向我们发起进攻。[……]我们正等着他们来呢！来得越早越好，这样我们就能一劳永逸地拧断他们的脖子！"

从3月份开始了另一种宣传方式。爱森斯坦的反德影片《亚历山大·涅夫斯基》获得了斯大林奖，我们已经说过，在签订莫洛托夫—里宾特洛甫条约的时候曾禁映过这部影片。4月，伊利亚·爱伦堡同样反德的作品《巴黎陷落》在出版方面完全不再受阻。5月，各大报纸都得到命令，要求他们弱化德国国防军在波兰、法国、希腊的表现，可以用对手的虚弱来解释。

斯大林的幕僚提议的其他措施都遭到了他的反对。5月31日，朱

---

[*] 苏联人民委员会1946年改为苏联部长会议。

可夫提议提前组建最高统帅部，也就是战时的大参谋部。斯大林拒绝了，正如他5月15日怒气冲冲拒绝批准预先进攻的计划。由铁木辛哥和朱可夫提议、华西列夫斯基执笔的这份计划相当粗劣，没有日程表，没有充足的手段，只是提议"不要让德国指挥层掌握主动权，而是在他们部署的时候先发制人"。朱可夫本人二十五年后承认斯大林摒弃这份计划是有道理的，因为这么做会导致"巨大的灾难"。6月5日，斯大林解散了两天前由首都苏维埃主席普罗宁组建的莫斯科疏散委员会。不管斯大林的怀疑是什么，反正他仍然相当固执地坚守着"不要挑衅"的方针。他反对任何类似动员令的具体措施，他确信这样做会向对手发出进攻的信号。10日，他斥责朱可夫和铁木辛哥竟然允许西南方面军把掩护部队放在莫洛托夫防线的防御工事处。看到了贝利亚的情报，他的火气更大了。铁木辛哥和朱可夫不得不向各军区下令，正式禁止他们让掩护部队向前，虽然那只不过是一个营的兵力。6月13日，海军元帅库兹涅佐夫要求向海军发出警告。14日，朱可夫和铁木辛哥要求采取同样的措施，给边境各区的全体部队发布警告。两次都遭到了否决。尽管斯大林同意召集80万后备役部队，但他要求秘密执行这项措施，一定要尽可能谨慎。结果，6月22日前，只有很少的士兵返回了部队。他们甚至都没有军装，也没有武器，后来都被德国装甲部队在车站和仓库抓获；其中50万人将在没有任何防御能力的情况下被杀或被俘。

朱可夫、库兹涅佐夫以及其他许多人的回忆录都表明了，高层指挥部都很清楚，斯大林这么做很危险。但没有人因为斯大林在正式备战方面犹豫不决而辞职。确实，对他们而言，这么做无异于叛国。毫无疑问，恐惧成了这种行为的一个关键因素，但并非唯一的因素。这些军人都很清楚自己是在国际政策的舞台上行事，但不知道该怎么做，对此也是一无所知。1965年，朱可夫在接受诸多采访时坦承："我们和苏联人民没什么两样。我们所有人都相信领袖的远见卓识。我们觉得他找到了推迟战争的方法，我们也都很想推迟战争。一方面，读到边境各军区发来的报告，我们忧心如焚。另一方面，我们都坚信1941年斯大林会成功避免战争。我们就抱着这种信心一直来到了6月21日。"[55]

6月13日的双重错误

斯大林采取的最可观的"绥靖政策"就是6月13日18点塔斯社通过苏联的收音机发布的一份公报，大街小巷的高音喇叭都在读这份报告，所以也就立刻传到了舒伦堡大使那儿。第二天，苏联和国外的各大媒体都刊发了这篇公报，只有德国没有。我们全文引用这份重要的公报，因为这是一个真正的特例。

英国驻苏大使克里普斯先生去伦敦之前，尤其是之后，英国和大量的外国媒体就盛传"苏联和德国的战争很快就要发生"。照这些流言的说法：1）德国会向苏联政府提出领土要求和经济上的要求，德国和苏联会进行谈判，达成新的协定；2）苏联会拒绝这些要求，因为德国在苏联的边境地区集结兵力，目标是进攻苏联；3）苏联准备好了和德国开战，将兵力集结到边境地区。尽管这些流言明显荒谬不经，但莫斯科的领导层再三认为有必要授权塔斯社表明这些流言都是敌视苏联和德国的敌对势力所捏造的，因为开战对他们有好处。塔斯社宣布：1）德国并没有对苏联提出任何要求，也未提议签订新的更为紧密合作的协定，因此也没有进行这方面的谈判；2）苏联认为，德国严格遵守了《苏德互不侵犯条约》的条款，苏联也是如此，因此，关于德国想要废除条约、向苏联发动进攻的说法就成了无根之木，（从巴尔干地区作战行动中退出的）德国军队近期重新部署到了德国的东部和西北部，毫无疑问是出于其他动机，而这和德苏关系并不相关；3）苏联恪守和平政策，一直在遵守，也会继续遵守《苏德互不侵犯条约》的条款，这也就能解释所谓苏联正在准备和德国开战的流言是虚假的，是在挑拨离间；4）红军夏天的演习只有一个目的，那就是训练后备部队、核实铁路的运行状况，这些都是常规行动，每年都会进行，认为这些行动就是在对德国释放敌意至少堪称荒诞不经。[56]

因此，这就是斯大林所担心的情况。克里普斯被召回伦敦，赫斯事件的发展使他决定向柏林方面采取一个重要的举措，哪怕和英国人断绝关系也在所不惜。首先，他的目的就是让希特勒找不到任何开战的借口，然后向他指出他想和希特勒再续前缘，七个月前莫洛托夫来访那次之后，这根线就断了。他甚至都指出了一条道路：重新谈判，签订条约，可以商谈领土方面的要求，再次重申对合作伙伴全方位的信任。为了达到这个目的，他毫不犹豫地廓清了所有外交上的规定。这篇公告开头就对英国大使提出质疑，表明自己拥护柏林，而且什么要求都没提，那究竟该怎么看待这样的文本呢？如果这样的宣称只能在德国引发沉默或嘲讽（希特勒和戈培尔："塔斯社的谎言就是恐惧的产物，斯大林被马上就要来临的事情吓得浑身发抖。"[57]），那么它对苏联公民则造成了灾难性的影响，尤其是对苏军。从华西列夫斯基[58]到库兹涅佐夫[59]（海军司令），还有沃罗诺夫、巴格拉米扬[60]、桑达洛夫[61]、比留佐夫[62]、罗巴乔夫[63]等其他许多人的回忆录都提到了这份公报造成的不利影响，它使他们平静下来，松懈下来。6月15日，里宾特洛甫的发言人保罗·施密特（又名保罗·卡雷尔）断然拒绝了向各国媒体发表评论，双重间谍"高中生"向捷卡诺佐夫证实了这一点。因为塔斯社的公报也起到了相悖的效果，使希特勒担心"斯大林向他做出和解的姿态，[……]这样就会浪费那个设想"。[64]所以，从6月

第八章　斯大林的错误决策　　455

16日起，柏林关闭了所有的窗口，要求电台不要发声，不给莫斯科留下一个敞开的口子。一个善意的举动会摧毁整个宣传攻势，本质上也会摧毁一连串先发制人的举措。因此，希特勒想要在期待和平的民众面前为自己两年来的第六次军事行动找出理由。6月18日，捷卡诺佐夫想从魏茨泽克那儿打探消息，却被后者冷冰冰地打发走了。国务秘书还说，如果苏联大使有什么提议的话，德国所有领导人"都会因为遭到施压，立刻动身，坐上专列走人"。[65] 接下来几天，捷卡诺佐夫也见不到里宾特洛甫。斯大林起草的塔斯社声明粗劣、笨拙、天真、懦弱，是他手中仅剩的一张牌。这也是一个巨大的错误，迷惑了本国的人民，使德国的假情报起到了更好的效果。尽管存在相反的证据，但英国人倒是比往常更相信莫斯科和柏林会进行谈判。在赫尔辛基，曼纳海姆问德国国防军最高统帅部，巴巴罗萨行动是否始终有效。相反，在布加勒斯特，只有一个人清醒，那就是罗马尼亚作家米哈伊尔·塞巴斯蒂安，他在日记中写下的这句话证明了他敏锐的洞察力："公告根本就在撒谎，反而证明了一切。"[66]

碰巧，6月13日，也就是塔斯社发表公报的那一天，戈培尔在纳粹党的机关报《人民观察家报》上发表了一篇文章，题目是《克里特岛的例子》，他在文中从军事角度解释了德国入侵克里特岛并于6月1日获得胜利的理由，他说两个月后，在英国也会重复这样的胜利。凌晨，《人民观察家报》匆匆从各大销售点下了架。太晚了，还有好几千份报纸已经流传在外，美国大使就弄到了一份。宣传部似乎被部长的失误弄得没了方向，于是戈培尔就放低了身段，几天内都没接受采访。德国报纸都很后悔自己"走错了一步"。国际媒体都刊登了这篇文章，BBC揭露德国国防军在东部集结兵力纯粹是在虚张声势，是想掩盖其接下来入侵英国诸岛的目的。事实上，这是一个虚假的错误，是戈培尔有意麻痹对手的一个策略，希特勒和德国国防军最高统帅部以及所有的"热情支持者"都接受了这个策略，"其目的只不过是为了掩盖东部的行动。［……］是兵不厌诈的杰作！［……］是一颗炸弹！［……］虚张声势完美达到了目的。元首很高兴。我让那些愚蠢的噪声四处流传：斯大林会来柏林，我们已经备好了红旗，诸如此类。［……］在这片喧嚣声中，除了我们，没有人能找到方向。［……］所有人都在没有真凭实据的流言之中遨游"。[67]

德国方面，只有一个人试图做出姿态来扭转这个命运，这是一个在外交史上都很独特的姿态：此人就是从1934年起担任驻莫斯科大使的弗里德里希·维尔纳·冯·舒伦堡伯爵。他父亲是个军人，他本人以前也曾当过军官，第一次世界大战期间踏上了外交官生涯，在土耳其和波斯担任过不同的职位。他通晓多种语言，为人谨慎，举止优雅，英国式的白胡子往上翘着，堪称旧世界外交官的代表，其所拥有的道德观和专业能力使之与纳粹主义形成了鲜明对照。自从1940年秋以来，他就知道希特勒在思考进攻苏联的方案。他的信息源就是他以前的老部下汉斯·赫尔瓦特·冯·比滕费尔特，而后者正是从他的堂兄冯·洛斯贝格那儿了解到这个信息的。舒伦堡一开始就反对这个计划，他忠实于俾斯麦时期的传统，那就是要和俄国保持友谊，但也是因为他很清楚斯大林没有任何想要进攻德国的意图，相反，还想加强和德国的结盟关系。此外，他也赞同外交部在哈尔德身边的代表哈索·冯·黑茨多夫所做的分析：苏联是个相当难砸的核桃，其政权比我们所能想的要稳固得多。尤其黑茨多夫在1940年11月2日写给哈尔德的一份备忘录里写道，俄国人"能承受难以想象的失败、倒退和损失"。[68] 莫洛托夫来访之后，舒伦堡便马不停蹄地想要把柏林和莫斯科之间的谈判这根线继续接上去。在他的圈子里，他的倡议只遇到了一片死寂般的沉默。1941年4月初，在柏林逗留期间，他给希特勒送去一份备忘录，在其中警告说，德国无法赢得这场侵略战争，这场战争会毁了德国，他要求元首接见。他没有得到消息，便一反常规，在候见室公然说，如果总理不接见他，他就拒绝再担任这个职位。最后，1941年4月28日，他获得了接见。一进入独裁者巨大的办公室，他就注意到自己的备忘录就放在桌子上。接见持续了三十分钟。大使出来的时候很沮丧。希特勒对苏联满是谴责之词，对对面的大使提出的各种警告、质疑以及他说的斯大林还会做出新的让步的建议充耳不闻。舒伦堡告辞的时候，希特勒又说："啊，还有件事，舒伦堡伯爵。我并没有设想要和俄国开战……德国大使向来都会反对同自己担任职位的那个国家爆发战争。"[69]这个嘲讽最终使舒伦堡确信，这场会谈就是场骗人的把戏。况且，他也有高层的朋友会让他知道究竟发生了什么事。返回莫斯科后，他向自己的心腹希尔格坦言："骰子已经扔出去了。战争已经决定了。希特勒刻意欺骗了我。"[70]

舒伦堡伯爵有三次想要预先通知苏联人正在发生什么事。这个做法令人难以置信，属于叛国罪。舒伦堡感到气愤的是，希特勒竟然利用自己的名号和职务来迷惑对方，实施明显的侵略行动，他认为为了自己国家的利益，必须激发莫斯科的反应，来终止纳粹元首这个疯狂的方案。此外，从奥斯特上校的反纳粹圈内，他也得知了向德国国防军下达的那些刑事令，这让他惊恐不已。他决定先做几件事试探一下，这个决定很快就考虑成熟，因为1941年5月5日，他就邀请了苏联驻柏林的全权代表弗拉基米尔·捷卡诺佐夫来自己的别墅用早餐，使团顾问古斯塔夫·希尔格和翻译弗拉基米尔·巴甫洛夫也都在场。舒伦堡之所以选择这两个苏联人，是因为他知道他们是斯大林的亲信，甚至可以把自己的话直接传给斯大林。一个小时的时间内，他讲了自己去见希特勒的经过，再三强调自己无法改变纳粹元首对斯大林的对外政策持负面看法的现状，之后他就开始明白无误地说了这些话。"有传言说接下来苏联和德国会爆发战争，他说，这个'爆炸性的消息'必须彻底使之消声。"捷卡诺佐夫问是谁在扩散这些传言。"来源不重要，德国大使回答道。必须把这些传言当作真实的事实来看待！"[71]舒伦堡又说这次会面是他一个人主张的。他的对话者觉得不可思议，好几次问他讲这个话是否经过了自己政府的同意。舒伦堡和希尔格再三强调这次会面必须绝对保密，只属于私下交流。但很显然，两个苏联人一句话都没信，觉得那只不过是德国人在耍计谋而已。

5月9日，在对外人民委员部的好几个地方，舒伦堡都很郑重地再三重复说必须尽快行动，因为事态相当紧急。5月12日，他又向对话者重复说自己说这话都是"个人性质"，没有"受人之托"。[72]他恳求他们"不要把他出卖给柏林"。[73]斯大林对他的警告完全不当一回事。他丝毫不认为舒伦堡没受人指使。从舒伦堡的那些话里，他并没有看出舒伦堡拼命想要保持和平所付出的绝望努力，而只看出了挑衅。舒伦堡觉得事态已经到了令人绝望的地步。他和希尔格在读科兰古的回忆录时都有些沮丧，他们从中看出了眼下的处境和当时有着惊人的相似性。6月14日，舒伦堡被塔斯社的公报惊呆了，他从自柏林返回的代办格布哈特·冯·瓦尔特口中得知，6月22日就会发起进攻。19日，他不再谨慎，在莫斯科和意大利同事罗索秘密见了面，对罗索说意大利没有必要参与到这场战争中去。罗索的电报被苏联人截获。[74]墨索里尼当天晚上知道了这件事。6月22日凌晨3点，德国空军的飞行联队已在空中，舒伦堡从柏林那儿收到伊冯绝密的加密电报。是里宾特洛甫在一小时前发给莫洛托夫的备忘录。备忘录共有12页，没有一个字提到"战争"，也没有"宣战"的字眼。希特勒特意让斯大林搞不清状况，又让他多了几个小时蒙在鼓里。舒伦堡决定再帮那些人一个忙，而从这一刻起，这些人已经是他的敌人了。他把备忘录删减至只剩干巴巴的两句话，清楚无误地表明了德国这些措施的"战争"性质。5点30分，冯·舒伦堡伯爵来到克里姆林宫，向莫洛托夫提交了一条简短的照会，又往干巴巴的语调里敲入了一根钉子："战争开始了。"照希尔格的记录，和舒伦堡同样激动的莫洛托夫也说："我们不值得你这样做。"照翻译巴甫洛夫的说法，舒伦堡眼含热泪，又说他认为希特勒的决定太疯狂了。大使后来成为反纳粹抵抗运动中冲在最前面的人。由于参与了 1944 年 7 月 20 日的密谋活动，1944 年 11 月 25 日，他自己也在普洛岑湖畔的柏林监狱里被绞死。

注　释

1. Alexandre Reviakine, *L'URSS et la défaite de la France en 1940 in L'URSS et l'Europe de 1941 à 1957*, sous la direction de Georges-Henri Soutou et Emilia Robin Hivert, p. 51.
2. *AP RF. F. 3. Op. 50. D. 415. L. 50 Dans Loubianka Staline i NKVD – NKGB – GUKR «Smerch» 1939 – mart 1946. Dokoumenty*, p. 286–287.
3. 我们发现该场景有两个版本，彼此之间略有不同，见 *Otcherki Istorii Rossiiskoï Vnechnei Razvedki*. Sous la rédaction de V. I. Troubnikov et Evgueni Primakov, T. 3 et 4. [http://coollib.com/b/337671/read#t1], [http://coollib.com/b/338755/read#r3]
4. Anita Leslie, *Cousin Clare*, p. 125. Cité par David Stafford, *Churchill & Secret Service*, p. 115.
5. Meretskov, Na sloujbé rodinu, Moscou, Politizdat, 1968. [http://militera.lib.ru/memo/russian/meretskov/16.html] p. 208.
6. Gueorgui Koumanev, *Riadom so Stalinym*, Smolensk, 2001, p. 77.
7. *1941 God*, vol. 2, p. 160.
8. *Die Weizsäcker-Papiere 1933–1950*, entrée du 23 juin 1941, p. 260.
9. *Die Weizsäcker-Papiere 1933–1950*, entrée du 29 août 1939, p. 162, édition Propyläen, s.d.
10. *Otcherki Istorii Rossiiskoï Vnechnei Razvedki* (sous la rédaction de V. I. Troubnikov), T. 3. [http://coollib.com/b/337671/read#t1]
11. Nikolaï Simonov, *VPK SSSR: Tempy Economitcheskogo Rosta. Struktura, Organizatsia, proizvodstva, upravlenia*. Altaspera Publishing. Canada, p. 185.
12. Loubianka Staline i NKVD-NKGB-GUKR «Smerch» 1939-mart 1946. Dokumenty, p. 242.
13. P. Sudoplatov, *Spetsoperatsii. Lubyanka i Kreml' 1930–1950 gody*, Moscou 1998, p. 102–104.
14. V. Anfilov, F. Golikov, *Zagadka 1941 Goda*, p. 207.
15. Koumanev, *Riadom so Stalinym*, p. 311.
16. Pavel Soudoplatov, *Raznyé dni taïnoï voïny i diplomatii 1941*, p. 161–162.
17. *Otcherki Istorii Rossiiskoï Vnechnei Razvedki*, sous la rédaction de V. I. Troubnikov, T. 4. [http://coollib.com/b/338755/read#r3]
18. *Otcherki Istorii Rossiiskoï Vnechnei Razvedki*, sous la rédaction de V. I. Troubnikov, T. 3. [http://coollib.com/b/337671/read#t1]
19. *Khronika Rossii*, XX lek, p. 499.
20. *Ibid*.
21. *Voennaïa Razvedka*, p. 658.
22. *Voennaya Razvedka informiruet ; Yanvar 1939 – Iun 1941*. Doc no 7.46, p. 594.
23. *Izvestia TsK KPSS* n° 4, 1990, p. 216–217.
24. *Velikaïa Otetchestvennaïa Voïna*, vol. 6, p. 108.

25. TsAMO. F. 23. Op. 7272. D. 1. L. 87 – 98, in: *Velikaïa Otetchestvennaïa Voïna*, Moscou, 2011, T. 6, p. 108.

26. *1941 God*, vol. 1, p. 548–549.

27. *Tsentralnyi gosudarstvennyi arkhiv…*, Ukraina, F.1, op. 16, D.23, l.41.

28. *Fall Barbarossa*, texte intégral de la directive, p. 144.

29. *Aufmarschanweisung Barbarossa, 31 janvier 1941*, in: *Fall Barbarossa*, p. 159.

30. *Die Tagebücher von Joseph Goebbels*, Teil II, Band 1, Juli-September 1941, p. 44.

31. *DVP (Dokoumenty Vnechneï Politiki), 1940–22 juin 1941* vol. 23, livre 2, 1re partie (1er novembre 1940–1er mars 1941), Moscou, 1998, p. 705–717.

32. Ulrich von Hassel, *Vom andern Deutschland*, p. 199.

33. 红军燃油供给总指挥部负责人科托夫少将的报告，TsAMO F.89 Op. 918797. D.1. L.57–73 in *Skrytaïa Pravda Voïny*, p. 27–29.

34. 参阅韦尔纳茨基1941年1月5日和1941年6月13日的日记，p. 179–180, 254.

35. Gueorgui Koumanev dans *Govoriat Stalinskié Narkomy*, p. 309. [http://militera.lib.ru/h/kymanev_ga2/11.html]

36. Foreign Relations of the United States. Diplomatic Papers. 1941, General, The Soviet Union, vol. 1, p. 125. 661.6231/307: Telegramme.

37. Pietrow, *Stalinismus, Sichereit, Offensive*, vol. 2, p. 226–227.

38. BA R 25/93, Reichsamt für Wirtschaftsausbau, «*Zur Entwicklung der Rohstofflage bei langer kriegsdauer*».

39. Mémo de Thomas et réponse de Göring in: *Vollmacht des Gewissens. Der militärische Widerstand gegen Hitler im Kriege*. II, Alfred Metzner Verlag, Frankfurt a. M, 1965. Contribution de H. Uhlig, p. 210–211.

40. Nikolaï Novikov *Vospominania Diplomata*, p. 78–79. [http://militera.lib.ru/memo/russian/novikov_nv2/07.html]

41. *The Diary of Georgi Dimitrov*, p. 154–158.

42. TsA FSB RF. F. Zos. Op. 8. Por. n° 9. Ll.87–89. In *1941 God* (sous la redaction d'Yakovlev) vol. 2, p. 350.

43. *1941 God* (sous la rédaction de Yakovlev), vol. 2, p. 248–249.

44. Rozanov, *Stalin-Gitler: Dokoumentalnyi Otcherk sovetsko-germanskikh diplomatitcheskikh otnochenii, 1939–1941*, Moscou 1991, p. 148.

45. AP RF. F. 3. Op. 64. D. 689. L.64–7, in: *1941 God*, vol. 2, p. 261–266.

46. Voir le fac-similé du rapport dans John Costello, *Ten Days that saved the West*, p. 506.

47. Woodwards, *British Foreign Policy in the Second World War*, vol. 1, Londres, 1970, p. 607.

48. *Rossiiskaïa Assotsiatsia Istorikov vtoroï mirovoï voïny*: informatsionny bulletin n° 1 1993, p. 39.

49. *1941 God*, vol. 2, p. 173.

50. *Ibid.*, p. 252.

51. *Ibid.*, p. 303.

52. *Ibid.*, p. 380.

53. *Ibid.*, p. 104–106.

54. TsaMO, F.16, Op. 2951, d.261, Ll.20–21, p. 358. pour KOVO, et Ll.2–3, p. 355–356, pour le DM Ouest.

55. Interview de Joukov par Anfilov, 26 mai 1965, *VIJ* n° 3, 1995.

56. AP RF. F.3. Op. 64. D.675. Ll. 177–178, in: *1941 God*, sous la direction de Yakovlev, Moscou,

1998, vol 2., p. 361, *Izvestias*, 14 juin 1941.

57. *Die Tagebücher von J. Goebbels*, 1re partie, vol. 9, p. 379.

58. Vassilevski, *Delo Vsej Jizni* Politizdat 1978, p. 111. [http://militera.lib.ru/memo/russian/vasilevsky/11.html]

59. Kouznetsov, *Kroutyé Povoroty Iv vapisok admirala*. [http://militera.lib.ru/memo/russian/kuznetsov_ng3/01.html]. Voir également *Nakanouné*. [http://militera.lib.ru/memo/russian/kuznetsov-1/37.html]

60. Bagramian, *Tiajoloé Leto// Literaturnaïa Gazeta*. 17 avril 1965.

61. Sandalov, *Perejitoé*, p. 78. [http://militera.lib.ru/memo/russian/sandalov1/04.html]

62. Biriuzov, *Kogda Gremeli Pouchki*, p. 7.

63. Simonov, *Glazami Tchelovela Moego Pookolenia*, p. 402.

64. *Die Weizsäcker Papiere, 1933–1950*, p. 260.

65. *Ibid.*

66. Mihail Sebastian, *Journal (1935–1944)*, Stock, Paris, 1998, p. 324.

67. *Die Tagebücher von J. Goebbels*, 1re partie, vol. 9, p. 364–375.

68. *Opposition gegen Barbarossa im Herbst 1940. Eine Denkschrift aus der deutschen Botschaft in Moskau*, Vierteljahresheft für Zeitgeschichte, Jahrgang 23 (1975), Heft 3, p. 338.

69. Ingeborg Fleischhauer, *Diplomatischer Widerstand gegen «Unternehmen Barbarossa»*, Ullstein, Frankfurt am Main, 1991, p. 310.

70. Gustav Hilger, *Wir und der Kreml*, p. 306.

71. Voir le câble de Dekanozov envoyé le 5 mai à Molotov et Staline. AP RF F.3. Op. 64. D. 675. Ll. 158–162.

72. Voir le câble de Dekanozov envoyé le 12 mai à Molotov et Staline. AP RF F.3. Op. 64. D. 675. Ll. 169–173.

73. Boris Chavkin, *Der deustche Widerstand und Graf von der Schulenburg*, Forum für osteuropäische Ideen-und Zeitgeschichte, 14 Jahrgang, Heft 2, p. 19.

74. *1941 God*, vol. 2, p. 389.

第三部

苏联的挣扎

序　曲
"我羞于面对父亲，因为我还活着"

1941年6月24日至30日，几十架德军飞机在苏联整个战线的阵地上散发了1400万份传单。这些由德国国防军最高统帅部印刷的传单一面印了三张照片，提了这样一个问题："你们认识这个人吗？"第一张照片上的人戴了勋章，是一张士兵的脸，胡子拉碴的，五官消瘦，穿了件苏军的军大衣，没有徽章；第二和第三张是同一个人，这次穿的是工作服，神态放松，洋溢着笑容，边上是几名德国军官。传单背面的文字是这么解释这些照片的：

> 我叫雅科夫·朱加什维利，是斯大林的长子，第14装甲师第14炮兵团连长，7月16日我在维捷布斯克附近与成千上万名军官和士兵一起成了俘虏。铁木辛哥和委员们遵照斯大林的命令，要求苏联战士不得投降。但这儿的红军士兵在不停地投降，加入我们的行列中。为了阻吓我们，政委就撒谎，说德国人都在虐待俘虏。斯大林的儿子以他的亲身经历向你们证实这就是个谎言。[……]看看我：我还活着，身体健康，感觉很好。你们最大头目的儿子都已经投降了，你们为什么还要做无谓的牺牲，死战到底呢？那就像他一样做吧：投降吧！

几天前，7月20日，朱可夫将军下令查清楚雅科夫·朱加什维利中尉的命运，他已经五天没有消息了。第二天，一支摩托化部队终于找到了第14装甲师的幸存者。一个名叫波匹里德的人应该是最后一个见到雅科夫的人，他说："我们把文件都埋在了一起，穿上便衣。来到一处湖泊的湖岸边时，朱加什维利同志对我说继续走，别等他，他想休息休息。"7月25日，内务人民委员部的一支突击队还在设法寻找中尉。但一无所获。斯大林相信雅科夫已经投降了敌人，按照苏联的军事条款，这是最高等级的叛国罪，于是他就把雅科夫的妻子尤利娅关进了监狱，把孙子放入了孤儿院。

雅科夫·朱加什维利是斯大林第一任格鲁吉亚妻子叶卡捷琳娜·斯瓦尼泽的独子，1907年分娩之后几个月，叶卡捷琳娜就去世了。斯大林离开了这个孩子，只是到1921年才在莫斯科见到孩子。雅科夫生性害羞，头脑转得有点慢，对威严的父亲心生畏惧，尽量与之保持距离。18岁的时候，由于斯大林不同意他娶东正教神父的女儿为妻，他还尝试过自杀。"把他从我这儿送到了亚沙之后，他就像个小流氓，到处惹是生非，我和他没关系，也不想和他有关系。他想住哪儿，和谁住都行。"[1]这是这事发生之后，斯大林写给第二任妻子的信中所说的话。雅科夫后来就远离了克里姆林宫，和妻子去了列宁格勒，用假名找了份电工技师的活。他父亲后来又把他叫了回去，几年后，1937年，强迫他进了红军炮兵学院。雅科夫并不出色，但1941年5月还是顺利毕业，当上了中尉。他的第二任妻子尤利娅·梅尔策是敖德萨的犹太人，是个舞蹈演员，和他的第一任妻子一样都不讨公公的喜欢。雅科夫就这样加入了第14装甲师的榴弹炮兵团，驻扎在莫斯科近郊，隶属于第7机械化军。战争爆发的时候，他就在那儿。

从纸面上来看，苏军有三支最强大的部队，这是其中一支，他们的遭遇在1941年夏的灾难中颇具典型性，也可以让人了解雅科夫所经受的苦难。这支部队配有959辆坦克，其中12%是T-34和KV-1，但每个师还缺300名下级军官和800名士官、三分之一的卡车、四分之三的油罐。这支后备部队受最高统帅部的调遣，乘坐火车或经公路前往斯摩棱斯克，6月26日抵达的时候，队伍全都被分散安置。他们被分配到了第20集团军，以保卫这座城市，就这么一来二去，到7月6日，部队只剩下了571辆坦克，余下的这些坦克想必也会因为之后出现的机械故障而被遗弃在路边。7月7日，第14装甲师在没有空中掩护，只有少量汽油、炮弹和防空炮的情况下，向德国国防军最精锐的部队之一第7装甲师发起进攻。几个小时的时间里，这支部队就折损了50%，撤退时又遭到第17和第12装甲师的围追堵截。雅科夫表现出色，还说要给他授勋。7月11日，幸存下来的人以及几十台机器又在维捷布斯克附近投入了战斗。7月14日，剩余部队在利奥兹诺附近遭到围歼。雅科夫和炮兵连的几个人移动了几天。他拒绝乘坐参谋部的车逃跑，似乎想突破包围圈，然后穿上平民的服装，这是他最后的选择。7月16日，他被抓获，没有证明文件，应该是被一个农民告发了。他的身份应该是被他的难友给揭露的。照战后的一份证词以及一些德国历史学家的说法，希姆莱亲自过来见了他，但这个说法似乎只是个传奇故事。雅科夫立刻被转往鲍里索夫，那儿是中央集团军群大本营的驻地，审问他的人有该集团军群参谋部情报官员保罗·亨斯格、党卫军国家安全部一个名叫舒尔策的人，以及德国空军宣传部门军官瓦尔特·罗伊施勒。德国电台用俄语宣读了部分审问记录，这些记录或多或少应该都受到了篡改。审讯完毕之后，他被送到了柏林的阿德隆大饭店，在那儿所有想要使之合作的企图都落了空。后来，他被押往巴伐利亚哈默尔堡的军官营（Oflag XIII D），然后又被押到奥拉宁堡-萨克森豪森集中营关押，1943年4月14日，他扑向了电网。党卫军看守的子弹在射向他脑袋的时候，他应该已经死了。

1946年，苏联秘密情报部门在德国空军的档案里找到了审讯记录，并转给了斯大林；1992年，审讯记录得已出版。下面大量摘引审讯记录。

问：[……]您和人民委员会主席是亲属关系吗？

答：我是他的长子。[……]

问：您是自愿投降，还是被迫的？

答：不是自愿，是被迫的。

问：您被捕的时候是一个人，还是和其他人在一起？

答：你们把我们包围了，大家都很恐慌，都在往四面八方逃。[……]我一开始还和师长在参谋部。后来，我就去找自己的部队了。一群士兵叫住了我。他们想突围出去。他们要我来指挥，进攻你们的部队。我说可以，但很显然，他们都很害怕，因为他们都被打散了，我就只有一个人了。[……]

问：我们的士兵是怎么对待您的？

答：好吧，他们抢了我的靴子，其他方面还可以。我要对您说的是，您那些成了我们俘虏的同胞都受到了很好的对待。我亲眼见过。甚至你们的空降兵也受到了很好的对待。我说"甚至"是因为您很清楚他们的任务是什么，对不对？

问：您为什么说"甚至"空降兵？

答：因为您很清楚空降兵是什么样。[……]

问：照您的看法，那些人不是士兵？

答：当然是，但他们的战斗方法和特点都很阴险狡诈。[……]

问：您真的以为我们的空降兵会穿平民衣服跳伞，就像英国政府说的那样吗？

答：我们的部队抓到的你们的空降兵都穿着我们的民兵服装和我们的军服，这是个事实，否认不了。

问：您见过德国的空降兵穿的是红军的军服？［……］

答：那些居民告诉我的。我不想争辩，打仗嘛，打仗的时候，什么手段都没问题。有个女人被抓。［……］她身上有个瓶子，里面就装了黑死病的病菌。

问：您信这个？

答：我信，因为这个女人被抓了，但我没管她是谁，我没去问。她的任务就是要在井里下毒。［……］还有［另一个］女人在有轨电车上被抓了。她穿的是民兵服装，还买了票。她就这样露了馅，因为民兵是不用买电车票的。［……］

问：您说士兵如果怕被抓的话，最好的方法就是自杀。

答：我坦率地对您说：如果我的士兵撤退了，如果我看见我的师撤退了，我会给自己来一枪，因为我们没有权利撤退。

问：您的士兵为什么要抛弃您？

答：他们不是我的士兵。是步兵部队的。

问：您是否知道穿平民服装的俘虏和被捕时穿军装的俘虏受到的对待不一样？您为什么穿平民服装？

答：我坦率地对您说：我想找到我自己的人。我不懂德语。如果是间谍的话，必须懂德语，对不对？

问：是否有命令，一旦存在被捕的危险，必须穿平民服装？

答：包围后逃跑的人或者被打散的人，都换衣服了。我也就让自己这么做了。［……］

问：您参加的第一场战斗是什么？

答：我忘了那个地方的名字了。距维捷布斯克25到30公里。我没地图。［……］

问：军官没地图？

答：我们这儿一切都是粗枝大叶，乱得很，组织一片混乱［……］

问：这一点怎么说？

答：必须这么去理解：我的部队被认为相当优秀……但事实上，根本就没做好战争的准备，除了炮兵。彻头彻尾的混乱，交通没有章法，完全没有调度。［……］

问：对指挥层造成了什么影响？

答：指挥层一点用都没有。三年来，他们就知道在战场上挥胳膊乱甩。每年也就组织一到两次行军，30公里，不会再多了。

问：部队的武器装备怎么样？

答：照我的看法，装备都挺好的，就是不知道怎么使用这些装备。［……］如果我们的部队组织得像你们那样，如果军种之间能协调一致，就像你们的军队那样，结果就会截然不同。

问：增援部队什么时候到？

答：我坦率地对您说：我们的师已经被抛弃了。

问：你们的军队战斗力这么弱是什么原因？

答：都是因为你们的俯冲轰炸机，我们的指挥层都很白痴，把我们的部队暴露在火力之下。［……］

问：谁指挥的战斗：团长［……］还是政委？［……］

答：团长做决定。不是政委，指挥的是团长。到去年为止，有两年时间，指挥官和政委有同样的权力。但我们后来认为两个人会相互掣肘，只能有一个头，不能有两个。指挥官必须起领导作用，政委必须当他的副手。

问：从我们的情报来看，最后几天，情况发生了变化。政委又重新开始获得了他们在革命中失去的权力。

答：不可能。［……］我上面没有任何情报，我一点都不会认可这个想法。［……］我认为你们搞错了。［……］

问：［……］通常来说，政委的职能是什么？［……］

答：提高部队的士气，在政治上教育他们。

问：士兵、军官对政委的看法是什么？

答：如果政委有头脑，我们就会爱他，尊敬他。[……]

问：您是否了解有部队抛弃政委的情况？

答：不知道。从没听说过。

问：或许这个情况会让您感兴趣，那就是在我们的战俘营里，你们的士兵会对他们的政委采取暴力行为，而我们不得不保护他们。[……]

答：那要看是什么样的士兵了。也许是新兵，都是些文盲。

问：政委的权力都有哪些？

答：从政治层面看，政委就是指挥官的左膀右臂。您很清楚在军队里，有工人，有农民，有知识分子。他们中间，有的人很容易动摇。这当中都是些富农和小资产阶级的代表，这些人极不可靠。必须把他们孤立起来。

问：为什么一定要监视这些人？难道那些农民、富农的儿子，了解了美好的时光，和红军的关系就不行了？

答：因为他们利欲熏心，不可靠，随时都会叛国。

问：谁最利欲熏心？犹太人吗？

答：有奶便是娘的人。

问：这些农民的儿子参加了红军，说不定他们也认为换另一个国家的话会更有好处？比如民族社会主义的德国？

答：什么样的农民？

问：以前的富农。[……]他们对现在的政权很不满意吧？

答：当然不满意。

问：为什么？

答：因为……听着，您了解党的历史吗？俄国的历史？一句话，富农就是沙皇制度和资产阶级的保卫者。

问：您难道没想过富农在以前的俄罗斯帝国保卫的是自己的

财产，就像德国农民也在保卫自己的财产一样？［……］在我们国家，私有财产不像俄国那样被废除了。

答：对，对，是这么回事。但富农是一回事，他们的孩子又是另一回事。他们的想法完全不一样。在绝大多数情况下，孩子都不会承认自己的父母。

问：您是否认为最近这几年来，和以前相比，苏联给工人和农民提供了他们以前不曾有过的好处？

答：毫无疑问是这样。

问：但我们［……］没看到有哪家工厂有很棒的车间。这儿，一切都很原始。［……］

答：得问问他们在沙皇时代是什么样的，他们会告诉您的。

问：没错，但都过了这么多年了，情况应该好很多才对。应该和德国的情况比较一下，［……］在这么短的时间内。［……］

答：我来回答您吧：俄国构建了自己的经济。俄国不依靠任何人。它不依靠任何人。俄国什么都有，所有的东西它都是靠自己制造生产的。也许损害了农民、工人的利益，一部分人是有可能会不满。

问：什么都没对工人做。［……］

答：这种独立性，这就是给他们的东西。独立是什么？就是它自己的工业，这个，就够了，够了。这些东西就是为他们做的。一部分成果已经可以看到了。如果有不满，那也是因为一切做得太快，我们没有太多的时间。我们没有太多的时间来［……］把设想充实起来。我们没有太多的时间向人民表示为什么要花这么多钱。人民知道钱就是用来建设的。

问：二十六年前，世界大战期间，我也见过同样这些地方。给人的印象就是我们会生活得更好，我们会更富有。二十五年来，房子都便成了废墟。［……］您怎么解释这个？

答：您在这儿见到的，是国家贫穷的一面。这儿的农民没有乌克兰、北高加索和西伯利亚那儿富有。那儿土地更好，更肥沃。等到你们彻底把我们打败之后，像现在这样，你就去问问他们。问他们是不是满意。［……］1914年，英国人和法国人把我们拖入的那场战争严重削弱了俄国，我们当时满目疮痍。必须得有二十年的重建过程。国家没有干部，没有科技知识分子，没有教师。花了十年时间培养干部，建设工业。［……］俄国根本就不存在知识分子，完全没有！

问：您认为自己是知识界的代表吗？

答：对。

问：溃败成这样，您还相信红军能进行抵抗，改变战争的进程吗？

答：我不了解情况。［……］不过，我认为我们还在发生战斗。我不了解情况，不知道苏联政府有什么办法可以继续战斗，至少改变现在的局势。［……］不过，我相信我们现在还在战斗。

问：您刚才还在说您所在的师被认为是最优秀的部队。可它几天就被打败了。这难道还不能成其为理由，让您反思一下，明白什么都改变不了吗？

答：我也是刚了解这个师。老实说，我不这么看。［……］如果我不喜欢部队的指挥层，那是因为他们的行动［……］特别蠢。蠢得不能再蠢了！

问：没错，但我们可以认为其他部队也好不到哪儿去，今后也不会有任何改变。

答：这一点，我说不清。将军不会都是一个样。

问：您知不知道我们的军队现在在哪里？［……］您知不知道我们现在已经到了基辅？照您的看法，事态该怎样发展，会让我们尽快打到莫斯科？政府和政府部门什么时候会逃？在这种情况下，莫斯科人的命运会怎么样？

答：我知道你们离莫斯科很近了。

问：您能想象我们到了之后会发生什么情况吗？

答：很诚实地说，我想象不出。请允许我向您问一个问题：您，您是否会觉得自己也在被孤立？

问：您了解这样的例子吗？

答：[……] 有些情况下，你们的部队被孤立后，就被消灭了。

问：您是否知道英国和红色政府结成了盟友，您认为它会帮助红色政府吗？

答：这是广播里说的。我没有其他情报。[……] 照我的看法，现在，英国谁都没在帮。

问：您是否知道芬兰、罗马尼亚、匈牙利、斯洛伐克也已经向苏联宣战了吗？

答：那都是些破烂事儿（他笑了）。德国说了才算。

问：日本如果参战的话，您会怎么说？

答：我能说什么？情况就会相当糟糕。[……]

问：您是否了解民族社会主义的德国对犹太佬的态度？您是否知道红色政府里大多数人都是犹太人？您是否认为俄国人有朝一日会反对犹太人？

答：这都是瞎说！这种胡言乱语没有任何意义。犹太人没有任何影响力。我可以亲口对您说俄国人一直都恨犹太人。

问：你们为什么会憎恨犹太人和政委？我们经过那些城市和村庄，他们都对我们说：犹太人，那是红色俄国的灾星。

答：[……] 说到犹太人，他们就像茨冈人*一样。犹太人和

---

* 即吉卜赛人。

茨冈人不知道，也不想去劳动。对他们来说，做生意最重要。有的犹太人甚至说能住到德国去就好了，因为那儿允许做生意。"我们要是打败了，他们就会允许我们做生意了。"我们国家是禁止做生意的。你如果想的话，可以从事研究工作，你如果想的话，可以工作。但犹太人不想工作。他们要么做生意，要么当工程师。当工人，还是农民，他们一概不想。这就是大家都不尊重他们的原因。

问：您是否知道您父亲的第二任妻子是犹太人？卡冈诺维奇夫妇不也是犹太人吗？

答：胡说八道！［他的第二任妻子］是俄罗斯人。没错，卡冈诺维奇夫妇是犹太人。但我父亲的妻子？！这都是谣言。您都说了什么？！一点儿都不是这么回事！完全不是！［……］他的第一任妻子是格鲁吉亚人，第二任，是俄罗斯人。就这么回事！

问：但您父亲的第二任妻子的名字就是卡冈诺维奇，不是吗？

答：不对，不对。都是谣言。胡说八道。

问：那您父亲现在的妻子是谁呢？

答：他妻子1934年就去世了。她的名字叫阿利卢耶娃。她是俄罗斯人。顿巴斯地区的真正的俄罗斯人。他当时结了婚。现在，他现在62岁了，没再结婚。

问：您和你的父亲还有联系吗？您有兄弟姊妹吗？

答：我和他没有任何关系。6月22日之前，我们的关系还算正常。我有兄弟姐妹。

问：您的兄弟也在当兵吗？

答：他想当飞行员。我不知道他现在在干什么。［……］

问：您是怎么看待军队执行的焦土政策，尤其是在政委的压力下执行的？您是否知道这会把苏联的平民置于什么样的

序　曲　"我羞于面对父亲，因为我还活着"　　475

处境中？

答：听着，我不是苏联，我是苏联的公民。［……］如果您想问我个人的看法，那我告诉您：拿破仑入侵俄国的时候，他们也做了同样的事情。

问：您认为这很正常？

答：（长时间的停顿）对，我认为这很公平。［……］

问：您是否认为俄国政府和拿破仑时期莫斯科做的事情一样？

答：我不知道，我对这个什么都不懂。

问：这样的措施就能阻止德国的军队推进？

答：我不知道，我对这个什么都不懂。［……］我认为战争期间，一切手段都没有错。战争就是战争。［……］您是从哪儿得出你们会夺取莫斯科的？你们真是太自信了！［……］

问：6月22日，您父亲对您说了什么？

答：去战斗。

问：您知不知道有些信件，有朋友说今年夏天在柏林再见？（审讯者读了其中一封。）您的看法是什么？

答：您想说的是，从这封信里，可以推断出苏联准备向德国开战，已经做好进攻的准备？

问：这不是有理有据吗？

答：不，我不这样想。

问：如果你们的国家如此爱好和平，那为什么它要如此发展军备呢？［……］

答：我们认为德国会进攻我们，必须做好准备。

问：您结婚了，还是单身？

答：结婚了。

问：您想让您的妻子知道您被捕的消息吗？

答：不，一点都不想。如果您愿意尊重我的意愿，就别这么做！

问：有孩子吗？

答：我有个小女儿。

问：您为什么不愿让您的家人知道呢？您害怕您的家人会受到惩罚吗？

答：听着，我什么都没想。如果您想说，就去说吧。如果您不想，那就别说。对我来说都一样！

问：士兵成了俘虏是否很羞耻？您的家人会很担心吗？

答：担心什么？！没错，我是觉得羞耻！

问：战争结束后，您会想尽一切办法回家……在这种情况下，您一辈子都会觉得羞耻。

答：我羞于面对父亲，因为我还活着。

问：您是否同意我们通过广播宣布您被俘虏了？〔……〕

答：别，别，请别通过广播说。

问：为什么？因为您的父亲占据了最高的职位？还是因为您害怕他会给您打下耻辱的烙印？

答：我并不隐瞒这对我来说是很耻辱。这都是那些朋友的错，他们迫使我……这都是那些农民的错，他们想要把我交给敌人。他们不知道我是谁，我没对他们说，他们害怕我会把你们的火力吸引到他们身上。

问：为什么是您那些朋友的错？

答：他们支持那些农民。我走进一栋木屋，他们就对我说："走开！快走开，要不然我们马上就去告发你。"一个农妇还哭哭啼啼，她说自己的孩子会被枪毙，他们的木屋也会被烧掉……[2]

雅科夫·朱加什维利的审讯揭示了问话者和回答者一样多的东

西。这名年轻的中尉显得还挺健谈，这已经表明他对自己被俘没有做好准备。对他和所有苏军士兵而言，没有人对他们说过在这样的处境下该采取什么样的行动，因为理由只有一个：在苏联看来，被俘比死还糟。雅科夫就这样任凭自己遭到了出卖，并为此而付出了代价：除了自杀，他别无选择。况且，他作为斯大林的儿子，和大多数战友的思想状态都一样。他指责指挥层颟顸无能，悲叹战场上混乱一片，毫无积极性，充满了惊恐。他也患上了间谍恐惧症，尤其卖力地兜售德国人正在发动细菌战这种奇谈怪论。与此同时，他又在锱铢必较地为政权辩护，虽然一开始打了败仗，但他相信这些都不会有什么影响。雅科夫和审问者之间至少有一个共同点：反犹。他说苏联的犹太人既不想劳动，又不想战斗，只想致富。而看守他的那些狱卒，只想坐实犹太-布尔什维主义的那些迷思，设法让他承认自己有一个犹太人的继母，甚至还点出了交通人民委员拉扎尔·卡冈诺维奇的女儿的名字。如果说他们始终都在夸大那些政委的权力，那理由只有一个：认为他们都是犹太政权的代理人。从这两点来看，想要获得这方面的确证也就成了这次审问的理由，他们想必同希特勒和戈培尔一样，都要失望了。逐字逐句读过这份审讯记录后，他们两人都得出了一个结论，那就是对雅科夫·朱加什维利的审问看不出任何可以拿来用作德国宣传的地方。

注　释

1. AP RF. F. 45. Op. 1. D. 1550. L. 5. In *Stalin v obiatiakh semi*, Moscou, 1993, p. 22.
2. AP RF. F. 45. Op. 1. D. 1553. L. 45.

第九章
1941年6月22日星期日：漫无尽头的一天

> 德国对俄国的进攻已经确定，俄国肯定会被打败。
> ——丘吉尔对自己的私人秘书说，1941年6月21日[1]

在斯大林处

6月21日，莫斯科异乎寻常地闷热。下午即将结束的时候，一部分人已经乘上有轨电车去了公园和周边的树林、湖畔和莫斯科河岸边。人们扇着扇子，吃着冰激凌，这是唯一一种永远不会短缺的食物。在斯大林体育馆内，斯巴达足球俱乐部比赛的门票已经售罄。《纽约时报》写道："莫斯科人都在忙于平常的那些活动。[……]俄国人的行为中没有显露出德苏冲突即将临近的任何迹象。"[2]美国的报纸还在回响着战争的流言，其国际版的专栏文章就是《德国和苏联狭路相逢》这样的标题，[3]而《真理报》的头版头条却让公民们和工作期间聊天偷懒做斗争。[4]"获得重大成果！"是《消息报》的通栏口号。[5]《劳动报》宣告"文化休闲中央公园"会举办盛大的集会："五万名大学生会在学年结束之际齐聚一堂。[……]随后，他们就会出发去度假。"[6]

下午两三点时，斯大林来到了克里姆林宫的办公室。从来访记录本上可以看到，18点30分，莫洛托夫见了他，然后伏罗希洛夫、贝利亚、沃兹涅先斯基、尼古拉·库兹涅佐夫海军元帅和铁木辛哥也都来了。斯大林的工作日程中没有写会议的时间，也没有写与会者的名字。不过，不用怀疑，他的担忧正越来越厉害。从各个地方寄来的报告矛盾之处愈来愈少：所有人，几乎所有人，都指出德国的进攻迫在眉睫。6月18日0点45分，他召见了空军航空兵司令日加廖夫，命令他把边境地区的情况摸清楚。第43航空兵师的一架U2双翼机在比亚韦斯托克南部400公里长的德国防线处进行了侦察。飞行员汇报说："从我见到的部队数量来看，我只能得出唯一的结论：战争来了。这次飞行中我见到的一切情况都可以归结为几个词：今明两天，战争就会来临。"[7]从德军第43军军长海因里西将军6月13日寄给妻子的信中，也可以想象出空中所见的那种震撼的场景："这儿，一切都在紧急向前推进。日日夜夜，一列列巨大的纵队向东进发，行进的军队绵延30至50公里。路上都是嗡嗡声，难以穿透的尘埃云笼罩了一切。"[8]当日，6月18日，国家安全人民委员部委员梅尔库洛夫通知说，德国驻莫斯科使馆几乎已经完全回国，意大利人也在打包收拾。边境地区截获了一支从事破坏的突击队，把卢伊涅茨车站破坏得已经无法使用。6月20日，赫尔辛基开始动员44岁以下的后备役军人。当天晚上，米高扬通知说在里加港，25艘德国货轮在还没完成卸货的情况下突然启程。种种冲突即将来临的传统迹象都已摆在那儿了。6月21日正午，斯大林把秋列涅夫将军叫来，问他苏联首都防空的情况做得怎么样。"要记住，局势并不平静。让防空部队70%的兵力进入戒备状态。"[9]这是他下的命令，显然他很担心德国空降兵会出其不意地降临。

6月21日19点，斯大林让莫洛托夫和捷卡诺佐夫分别紧急会见舒伦堡大使和里宾特洛甫。但在柏林，办公室里似乎都没了人。里宾特洛甫让秘书回答说联系不上他。莫洛托夫向柏林打了五次、十次电话，询问捷卡诺佐夫是否至少能见见外交事务国务秘书魏茨泽克。没有结果。塔斯社驻柏林办公室负责人菲力波夫被悄悄派往别名为"高中生"的奥列斯特·贝尔林克斯那儿。这是怎么回事？为什么没人回答？这名双重间谍又最后一次谈起了德国假情报的老调：只不过是"心理战，心理承受能力最强的就能赢"。菲力波夫也同意这种说法，他得出的结论是："我们完全确信局势极为严峻。但我们不用担心：我们完全确信希特勒是在规模浩大地虚张声势。我们并不相信战争明天就会开始。这个过程还会持续下去。显然，德国人给我们施加了极大的压力，希望获得新的好处。"[10]

在莫斯科，20点30分，莫洛托夫见到了德国大使。他向大使提了很多问题，提到了两国之间的友谊。你们的外交官和家属都离开了，这是什么意思？为什么柏林不对塔斯社6月13日的声明做出回应？为什么你们对我们不满意？沮丧的舒伦堡回答说，柏林什么都不会说的。柏林没什么好指责莫斯科的，莫洛托夫回答道，莫斯科和贝尔格莱德之间的友谊条约被外国记者夸大得太过分了。舒伦堡承诺向柏林转达。[11]两人之间的交谈都被逐字逐句记录下来，加急发往柏林的大使馆。一等秘书瓦连京·别列日科夫凌晨1点收到了消息。他用了30分钟时间设法联系上了威廉街的负责人，把莫洛托夫的绥靖言论说给了对方听。[12]

莫洛托夫和舒伦堡见面之前没多久，20点左右，总参谋长朱可夫给铁木辛哥打去电话：德国有个逃兵说明天4点会发动攻击。铁木辛哥20点15分从克里姆林宫悄悄出来，开车去兹纳缅卡路的参谋部接朱可夫。20点50分，两人又见了斯大林。

这次，两名军人做出了决定：必须让苏军在边境地区进入戒备状态。如果相信朱可夫的回忆录的话，可以看出朱可夫来的时候，口袋里带了份指导方案，6月12日的时候，他就提出过这份方案。斯大林做了修改，纠正了指导思想，说不是战争，而是……爆发挑衅的可能性。

　　加密。立刻解密。致列宁格勒、波罗的海、西部、基辅、敖德萨各军区。[……] 1. 1941年6月22日至23日，德国有可能会在列宁格勒、波罗的海、西部、基辅、敖德萨战线发起进攻。德国进攻前会发起挑衅。尤其是罗马尼亚方面。2. 我们部队的任务就是不要对任何挑衅做出回应，否则会使局势变得严重。3. 我下令：A）6月22日晚，秘密占据防御工事内的战斗位置；B）6月22日拂晓前，把所有的飞机部署在飞机场，务必做好伪装；C）全体部队保持戒备，务必让部队不要集中，做好伪装；D）无论是德军，还是其盟军发起挑衅，不要回应，采取一切措施，用和平方式处理分歧；E）让防空部队进入戒备状态，采取一切措施使敌方看不清城市和重要场所；F）不得采取其他任何措施。铁木辛哥，朱可夫。[13]

在1965年的一次采访中，朱可夫说斯大林在初稿中写道："边境一旦发生冲突，就开始和德国前线的军官进行会谈。"[14]经过好几次请求之后，领袖才同意划去这句话。冲突的第一道指令只能以这种方式得到理解：6月21日至22日晚，斯大林还在相信德国人是在虚张声势，或冲突有偶然爆发的可能性。正如华西列夫斯基所写的，他不敢"坚定地踏过战争的卢比孔河"。[15]显然，他始终都没想过战争是最有可能发生的局面。这条指令经过他的修改，但他没有签名，指令丝毫没有指出危险迫在眉睫，也没向前线的官兵指出怎么去区分"战争"和"挑衅"。

22点10分，朱可夫和铁木辛哥返回国防委员部，准备加急发出这份指令，由于情况特殊，所以指令没有编号。三十分钟后，两人再次告诉斯大林，向他提供了最新消息：一切迹象都在表明德军正在大规模接近边境地区。"你们发布指令了吗？"斯大林不动声色地问。[16]他们做了肯定的回复。然后，他退回"角落"，大家就是这么称呼他在克里姆林宫的公寓的，他在那儿和政治局在场的委员一直讨论到了凌晨3点。

23点45分，指令来到了总参谋部译码部。6月22日0点30分，指令发往了相关的五个军区。由于内容矛盾，而且时间太迟，所以指令没有起到任何作用。矛盾之处：不得对挑衅做出回应的禁令使军队无法采取一些经过妥协的军事措施。时间太迟：西部军区就是个典型的例子。该军区参谋部是在1点45分收到莫斯科指令的。接着就是给发往各集团军和防御工事的命令加密，2点25分发出了"暴风雨"的信号，意思是："打开红色包裹"，里面有边境地区进行掩护的计划。传输系统太差，再加上勃兰登堡别动队和德国在当地的特工在边境地区搞的破坏，"暴风雨"信号送来的时候已经晚了。第4集团军参谋部拿到手的时候已是6点了，此时它已经受到打击和包抄，第10集团军16点20分才收到信号，第3集团军压根儿就没收到。由于和莫斯科无法直接联络，驻扎在里加的西北方面军和驻扎在捷尔诺波尔的西南方面军指责说战斗刚开始的时候它们才收到。此外，在西部军区，几个月以来，他们一直对将领们说千万要避免做出任何挑衅行为，到5点25分的时候，莫斯科才给出第二份指示，说允许开火："鉴于德国人已经发动大规模军事行动，我下令调动军队发动军事行动〔原文如此〕。"[17]

边境部队就这样被卷入了巴巴罗萨行动的旋涡之中，却没有时间来进行战争。为了"克服焦虑的氛围"，最高指挥层禁止边境各区的军官将家人运往内地。结果他们中的许多人只能在履行职责和保护家人安全之间两头跑。有大量军人正在休假。24日夜间，在驶往前线的列车上，康斯坦丁·西蒙诺夫观察到"绝大多数人都是休假回来的军官。这很奇怪，而且令人揪心：我觉得西部军区的半数干部都在休假。我不明白怎么会是这种情况"。[18]一部分部队驻扎在训练营内，离边境几乎都很远。6月初开始，各军区司令想把某些部队调往边境的要求只得到了总参谋部的冷淡对待。[19]要注意的是，拒绝调动兵力的做法也使得军区没法转换成方面军，本来这样是能有权调动第二梯队的部队的。炮兵部队的弹药都还在仓库里，士兵只能凑合使用普通的用量，但弹药很快就耗尽了，德国的许多观察者都震惊地注意到了这个现象。甚至步枪和机枪的子弹有半数还保存在密封的箱子里，而这是根据基辅军区6月11日对四个集团军下达的命令做的。[20]后备役部队来得很慢，结果大多数部队只有理论上60%的兵员。工程兵也没有在桥上埋地雷，这也是令进攻者震惊不已的事情，他们的突袭几乎全都成功了。军队被分散，为了方便配送给养，以免引发"挑衅"。没有运输工具，部队就没有时间赶在德国人和他们接触之前集合。因此，苏军只能一小股一小股地去和对手作战，而从各个地方来看，对手无论是在人员还是装备方面都拥有巨大的优势。

莫斯科时间3点17分，朱可夫收到黑海舰队司令奥克加布尔斯基海军上将通知开战的信息："大量不明身份的飞机从海面飞近。"[21]朱可夫同意开火。然后，整整有十分钟时间，电话或电报都在通知他三个军区都遭到了攻击，明斯克、基辅、塞瓦斯托波尔、列宁格勒和另外二十多座城市都遭到了轰炸。即将到4点的时候，朱可夫收到上司铁木辛哥要他给斯大林打电话的命令。五分钟后，斯大林就在电话线那头了。

> 我把局势说给了他，要求他授权组织反击。斯大林在电话线那头保持沉默。我只听到他沉重的呼吸声。
> ——您能明白我刚才说的话吗？
> 还是沉默。
> ——您的命令是什么，我仍然在问。

［回答和参谋长预料的不一样。］

——和铁木辛哥来一趟克里姆林宫。告诉波斯克列贝舍夫［斯大林的秘书］把政治局委员全部叫来。

4点30分，苏联领导层全体都聚在了领袖的身边。斯大林提出的第一个问题显示出他并不相信眼前的局势："不会是德国将军的挑衅吧？［……］希特勒不见得对所有这些情况都了解。［……］必须给德国大使馆打电话。"[22]在1956年5月的一次讲话中，朱可夫补充了一个他的回忆录里没有的细节，由于这个细节和斯大林在冲突刚开始的时候行为一致，所以我们没有理由去怀疑其真实性。"这是德国军人的挑衅。不要开火，以免变成大规模的军事行动。"[23]差不多也就在这个时候，海军司令尼古拉·库兹涅佐夫给斯大林打来电话。他报告说德国空军正在进攻塞瓦斯托波尔，他认为战争已经开始。刚挂掉电话，库兹涅佐夫就收到马林科夫的电话，说他的那些话是在"散布恐慌"。[24]

凌晨4点，苏军防空部队司令尼古拉·沃罗诺夫收到德国空袭的最初一些报告。他给铁木辛哥打去电话，说要立刻见他。

不到几分钟，我就拿着我们许多城市遭到轰炸的信息来到了他的办公室。在那儿我也见到了总政治部主任列·麦赫利斯。我把手头有的情况都做了汇报。人民委员听了我的报告一言未发，递给我一张纸，要求提交书面报告。写的时候，麦赫利斯就站在我身后，像是在核实我写的内容是否和我口头说的内容相符。最后，麦赫利斯要我在文件上签名。我签了名。［……］我离开办公室的时候，心里的石头并没有落地。我很震惊地发现，即便在如此严峻的局势下，人民委员都没有对防空部队指派任何任务，也没做任何指示。我觉得他并不相信战争真的已经开始了。现在

第九章 1941年6月22日星期日：漫无尽头的一天　485

每分钟都如此宝贵，是否有必要把简短明确的口头报告写成书面文件呢？[25]

事件之后二十年，这位老元帅在写回忆录的时候，或许已经忘了斯大林体制是如何运转的：在动一根手指头之前，都必须买一份保险。沃罗诺夫的这些话说出了一切：军人心中充满恐惧，行动之前得先保护好自己，还有猜疑的氛围以及政治部主任的强力控制。

5点30分，莫洛托夫收到舒伦堡伯爵的消息后，回到了斯大林的办公室。他明确地说：这次是战争。但斯大林反复读了德国大使发来的消息：这不像是正式的宣战。是否还存在谈判的空间？这个假设得到了苏联驻柏林使馆一等秘书瓦连京·别列日科夫的证词的支持。照他的说法，6月22日夜，捷卡诺佐夫收到命令，要他对德国人说"克里姆林宫准备听取德国方面可能有的诉求，为达此目的，就说准备组织一场德苏峰会"。[26]

毫不怀疑已经发生战争的朱可夫也在那儿，他提议立刻在各处组织反攻，而这个立场更像是苏军固有的条件反射，而不是合理的军事理由。"下指令。"斯大林说。经过斯大林改正修订的文本在6点45分定稿，7点15分下达给各相关军区，仅限于这些军区。"1. 命令我们的部队采取一切手段扑向敌人，在他们穿越边境的各地区清除之。严禁我们的地面部队在未经特别授权时越过边境。[……] 2. [……] 空中力量对德国领土内100至150公里的地区进行打击。我命令轰炸柯尼斯堡和梅梅尔。禁止攻占芬兰和罗马尼亚的领土，除非下达新的命令。"[27]德国人发动的是总攻，而斯大林只是做出了有限的回击。他想确定的是，这只不过是他预料之中的挑衅而已：所以不要使局势恶化，这是一次警告性的打击，是军队在施压，是要获得好处，是为接下来的商讨所做的准备工作。他面对战争的时候，是后退，不相信会发生战争，他还无法怀疑自己所相信的东西。典型的症状就是：1号指示根本就没提及战争状态，也没提及总动员。斯大林没有在上面签字，而是让铁木辛哥、朱可夫、马林科夫代劳。

在柏林

6月21日晚，戈培尔在他位于天鹅岛的别墅里和意大利大使迪诺·阿尔菲耶里一起观看《乱世佳人》。室外的天气也和莫斯科一样闷热。"世界正在等待一场暴风雨来荡涤一切，"[28]他在日记里写道。岛上就是他的宅邸，岛屿四周就是尼古拉斯湖的湖面，小艇和帆船很少见。散步者都在湖岸边徜徉，享受着白日的时光，英国的飞机是不会出现在这儿的。据党卫军保安局密探的报告，公众的情绪并不好，因为啤酒规定了限额，新鲜水果几乎难以找到，大家都在说肉类等定额又要减少了。腊肠摊周围围了许多人，听德国国防军的公报：利比亚大捷，U-38击沉46678吨的英国船只后返回了基地，法国人在大马士革打仗……戈培尔悄悄从放映厅走了出来，因为希特勒给他打来电话，要他去一趟总理府。他发现元首"精疲力竭"。[29]他通知戈培尔，他对士兵的呼吁正在部队里传播。这事在先前的两个星期内已在筹划。德国绝密地印制了3000万份传单，其中一些是元首的呼吁，已经发放给军官，而且只发放给军官，另一些是呼吁投降的传单，会用飞机撒在苏联的防线上。十五天前，负责印制和打包传单的工人和士兵就已被盖世太保关了起来，防止他们逃跑。戈培尔一直待在希特勒的身边，紧张、压抑，"整整三个小时的时间里，他一直在客厅里踱来踱去。我可以看清楚他内心深处的想法。除了进攻，别无他法。这个癌肿必须给烧掉。斯大林会倒台"。[30]巴巴罗萨行动刚开始的时候，戈培尔离开了总理府，回到了部里，半数工作人员得知进攻的消息，都目瞪口呆。他开心地观察到自己的幕僚还蒙在鼓里。"在整个防线上，这样的虚张声势够大。"他吐露出自己的心声，"外面，威廉广场上空空荡荡，一片安静。柏林在沉睡，帝国在沉睡。我在办公室里不眠不休地走来走去。我们能听见历史的喘息声。这个伟大而奇妙的时代将亲眼见到，崭新的帝国由此诞生。"[31]

6月21日20点至21点，希特勒对部队发起了呼吁，此时，部队已经在战斗位置上各就各位。也就是在这时，绝大多数士兵才明白苏联是他们接下来要与之战斗的敌人。"进攻之前几个小时，好些军官还以为我们是要和俄国人携手合作，穿过他们的国家，再经过波斯，一直到印度，去打英国人。"驻扎于柯尼斯堡附近的宣传连军官施密特-谢德尔在回忆录里这样写道。[32]希特勒的呼吁很长（高声说了至少有30分钟），所以不禁让人怀疑军官是否能读得完，毕竟他们每个人还有大量的准备工作要做。从一开始，他就用颇具戏剧性的独特语调说："东线的士兵们！这么长时间以来，我饱受折磨，只能保持沉默，现在我终于可以公开对你们讲话了。"[33]俄国这个词甚至还没说出口，他就立刻连篇累牍地揭发英国人阴险狡诈，正在实行一个"世界性的阴谋"，就是要"灭绝"德国。然后，他说到了实质问题，对进攻一个和德国签有条约的国家找理由，他说"德国人从来就没有对构成俄国的部族〔原文如此〕抱有敌意"。文本很大篇幅都在讲苏联人所谓的破坏莫斯科条约的行为，还用一种一问一答式的奇怪的方式，列出了莫洛托夫访问柏林期间表达的各种野心。希特勒说伦敦和莫斯科有阴谋，他们想持续这场战争，摧毁德国，摧毁欧洲的文化和文明。"莫斯科破坏了我们保持友谊的条约，以最不齿的方式背叛了这份条约。"每位士兵都认为重要的东西现在已走到了尽头，这是一个巨大的谎言，让人想起波兰战役刚开始时的情况：

> 今天，150个俄国师驻扎在我们的边境地区。几个星期以来，那儿始终都在发生越过边境的事情。〔……〕俄国的飞机毫无阻碍地飞过边境线，就是想让我们明白他们才是这片地区的主人。

6月17日到18日的夜里，俄国的巡逻队第一次进入了德意志帝国的领土，经过长时间的交火之后，才把他们赶走。现在已经是时候了，必须起来反对这场由犹太—盎格鲁-撒克逊人和莫斯科布尔什维克为中心的犹太统治者挑动的战争阴谋。[……]德国士兵们！你们将会打一场艰苦卓绝的战斗，你们身上肩负重任：欧洲的命运，德意志帝国的未来，我国人民是否能存在下去，现在全都掌握在你们手里。愿上帝帮助我们打赢这场战斗！阿道夫·希特勒，元首和德国国防军统帅。

确实，从3月到5月，德国国防军陆军总司令部就报告了苏联飞机飞跃边境的41次事件，我们记得这个数字远低于德国空军的越境次数。[34]而且，巡逻队之间也没有发生任何"长时间的交火"。

从5月底开始，希特勒就处于一种日益焦虑的状态之中。29日，他向身边里宾特洛甫的代表，他相当信任的瓦尔特·赫韦尔（慕尼黑政变的时候，他就在希特勒身边）承认："巴巴罗萨和所有事情一样，都有风险。如果失败，一切就都完了。"6月8日，他几乎又重复了一遍这个意思："如果情况变糟，一切都会失败。"[35]他对鲍曼和秘密警察头子舍伦贝格（这些话就出现在他的回忆录里）说的这些话很好地表现了他在6月21日的精神状态："这就好像是推开一间又暗又不熟悉的房间的门，不知道后面会发生什么事。"[36]为了放松，他晚间微服在柏林散步，这种事他以前从来没做过。

法学家弗里德里希·凯尔纳在他位于黑森州劳巴赫的小别墅里，正在把几篇剪下来的文章粘贴到自己的日记中。他很担心德国有可能会和美国开战，"德国人以前就有征服世界的计划，我们会挑起"战争。不知为什么，他很警觉。"我听说军队法官施密特［他的邻居］（现在正在东部驻防）给家里写信，说他接下来有好几个星期没法写信。他很兴奋，因为有'大事'正在发生。[……]空气中能感觉到有事情要发生。"[37]

柏林时间19点30分，莫斯科时间20点30分，第74师222团工程连的下士阿尔弗雷德·利斯柯夫游泳渡过了布格河，往苏联的防线游去。他没带武器，也没穿军装，向驻守在乌克兰索卡尔战区的边境巡逻队投降。他被严加看管，带到了第90边境区的参谋部，等翻译过来。他宣称说自己是个工人，共产党员，很早就是波美拉尼亚科尔贝格的准军事组织成员。他说德国无产阶级的条件很艰苦，这次过来是通知苏联同志，德国国防军会在三个小时内发起进攻。他说，坦克、工兵、步兵，一切都已做好了进攻的准备。尽管内务人民委员部在当地的负责人很吃惊，但他的上司并不惊讶。事实上，6月份已经有四个士兵投诚了：4日两个，18日一个，21日又一个。所有人都表达了自己的共产主义理念，也都说进攻迫在眉睫。所有人都被当作"煽动者"被枪毙了。阿尔弗雷德·利斯柯夫没这么惨（也只是暂时的[38]），因为在对他审讯的时候，德国的炮火开始响起。几分钟时间里，利斯柯夫就从煽动者变成了英雄。他没被交给行刑队，而是被秘密送往了莫斯科。宣传部门将会在几个月的时间里拿他当作"好德国人"的形象：共产党员，工人，出身于贫苦家庭。6月27日，《真理报》和《消息报》刊登了他的照片，传单上印刷了对德国士兵的呼吁，上面还有他的签名，这些传单都被撒到了战线的另一方。300万人中出现了5个逃兵：这个比例也能看出德国士兵的决心。苏联的国际宣传机构在争取人心方面彻底失败，毋庸置疑的是，大部分德国兵都觉得自己属于纳粹所梦想的那种民粹和种族的共同体。

凌晨3点05分到3点30分之间，曙光尚未显露，巴巴罗萨行动便如火如荼地发动起来。6个集团军和4个装甲集群向波罗的海的梅梅尔和波兰南部桑河岸边的普热梅希尔之间很久之前就已被定位的苏军阵地开了火，这条战线长约1200公里。芬兰、匈牙利、罗马尼亚还要再过几天才进入战斗。

通过对战斗初期局势的分析，可用来分辨和德国三个集团军群相对应的三个战区。

立陶宛当下的灾难

在北方，陆军元帅威廉·里特·冯·里布命令第18和第16集团军群进攻由费奥多尔·伊西多罗维奇·库兹涅佐夫指挥的西北方面军。1941年3月的MP-41计划分配给了库兹涅佐夫三个主要目标："确保敌军无法突破，为此，依靠和平时间修建的防御工事；将方面军的主要兵力集中在左翼，一旦被突破时，可以使之向考纳斯和瓦夫卡维斯克进行反攻。[……] 还要在波罗的海沿岸严加防守，阻止敌军登陆。"冯·里布是炮兵出身，巴伐利亚人，1916年在前线因勇气可嘉而获封贵族，第一次世界大战的时候就和俄国人打过交道。他是个坚定的君主主义者，极其虔诚，纳粹主义对他来说很有可能属于相当的异类。由于罗森贝格持有反基督教的立场，他曾拒绝和前者参加宴会，后来他也是第一个受到盖世太保监视的将军。1938年，希特勒让他解甲归田，他作为防御专家的名声比他不温不火的意识形态分量更重，所以1939年的时候，他又被委派为C集团军群的司令，在战胜法国的过程中，这支集团军群只起到了次要的作用。尽管他对巴巴罗萨行动有些怀疑，尽管他并不掩饰对希特勒的不信任，但他对后者于1941年春下达的刑事令并没有持反对态度。他对装甲一无所知，他战斗的时候只是一名老派的战士，始终对自己的侧翼感到担心，对长距离奔驰心生疑惧。

从纸面上来看，库兹涅佐夫可调配36.9万人，再加上波罗的海舰队的5.8万名水兵和空降军的7300人；他的两个机械化军，第12和第3军总共有1500辆坦克，其中109辆为新式坦克，1274辆可投入实战。[39] 德军共有71.2万人和619辆坦克，其中151辆为新式坦克。[40] 在

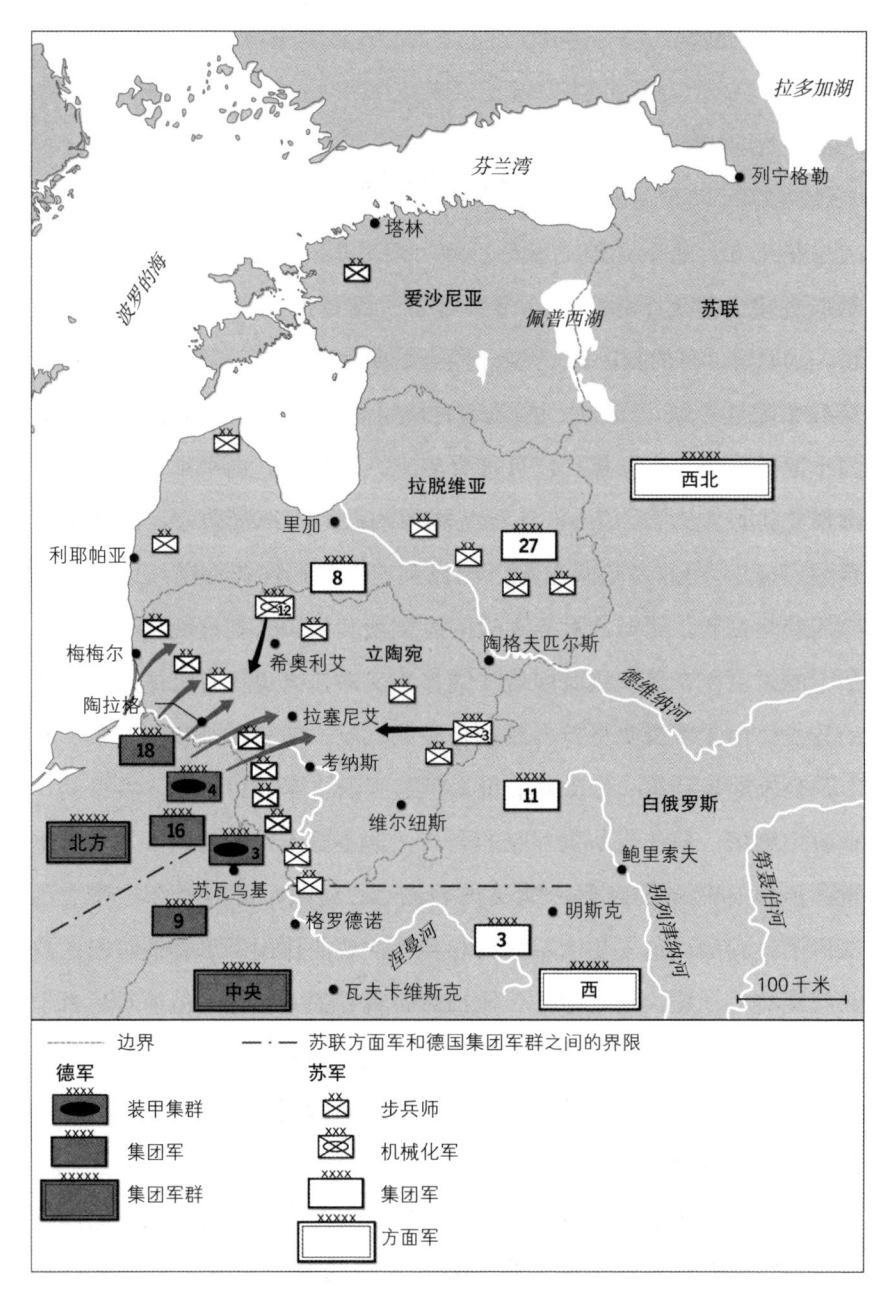

1941年6月22日晚西北方面军局势

空中，德国空军机队的第1军有768架战机，而库兹涅佐夫则有5个航空兵师可调用，共计达1673架战机。从纸面上看，装备力量对比有利于苏联，为2比1。而人员上则反过来了。

对苏军部队的部署及其状态进行分析则显示了另一种状况。德国空军有600架战机可投入空战（共768架），但苏军航空兵也没超过1000架，其中133架在进攻的第一个小时即遭摧毁。正在训练的空降部队还没有飞机。水兵都固定在港口进行防守。19个步兵师分配到了整个波罗的海军区，而军区的面积相当于荷比卢三国的两倍大。其中6个步兵师是1940年9月苏联占领之后征集的，或是之前波罗的海国家传承下来的军队。其中有爱沙尼亚人、拉脱维亚人和立陶宛人，他们并不热爱斯大林。照三局的资料（隶属于方面军的政治警察部门）来看，6月22日从最初交火起，"在第128师的后方，就已出现了具有反革命特点的示威活动和富农示威活动"。第29军也出现了立陶宛军队的旧军官搞破坏活动的现象。[41]一周前，内务人民委员部已经逮捕了400多名拉脱维亚军官。可以想见干部的敌视态度。我们有理由担心波罗的海的这些部队是否忠心的问题，毕竟他们的现代化装备少得可怜，都是1940年以前的东西东拼西凑起来的。"这些武器都是从各个地方收来的，"我们在1941年7月6日的一份报告中读到这句话。[42]另外十三个师也是同样的待遇。四个师是近期从地面部队改组而来的，不可能对长官死心塌地。对苏联人来说遗憾的是，这四个师中的三个还驻扎在很不好的地方：他们都被安排在了第11集团军的左翼，确保和西方面军的联络。

这些混杂的部队都分散了开来。三个步兵师驻守海滨地带，四个驻扎在拉脱维亚，另外三个驻守在内陆50至100公里的地带。剩下的九个师确保边境300公里的守备任务，另外还有内务人民委员部的几支分遣队。九个师中的三个驻守在前线的只有三个团中的一个团甚至更少，其余的部队都在夏季训练营地训练。驻守右翼的第10师的情况是这样的,三个团的大部分兵力都驻扎在离边境10到20公里的地方。为了守住80公里的地带,这支部队只能依靠几个连和营的兵力,再加上边防部队。要知道师的兵力平均也只有1万人,快速计算一下,加上内务人民委员部的部队,也就3.5万人,而他们要面对的则是德军第一波的35万人。1比10。两支机械化军的部队都事先安置在了打击位置,如遇德军突破,第12军面向的是考纳斯,更强的第3军面向的则是瓦夫卡维斯克。后面这座城市就在格罗德诺的南部,属于西方面军的战区。因此,从这样的编制来看,就使库兹涅佐夫没法真正支配这支部队。此外,一旦他执行命令,就会发现他的两支最强的部队彼此之间的角度达60度,肯定会被各个击破。

从灾难之初的力量对比来看,西北方面军还增加了不少于四个障碍。第一,在该防区,并没有一条大河可以用来进行防御。尽管森林密布,但有无数条道路,旱季时车辆都能通行。第二,莫洛托夫防线还只是刚刚开始建设。[43]防线的建设显然让位给了白俄罗斯和乌克兰,并对当地铁路交通方面的缺陷进行整改去了。朱可夫在回忆录中也进行了对比,德军每天有220次列车能在立陶宛边境从事运输工作,而苏军方面只有84列。[44]第三,急缺卡车(只相当于正常用量的13%)、牵引车(69%)和马匹(42%),这样一来,部队只能步行,易受德军轰炸,而大部分辎重和后勤物资连动都动不了。方面军参谋部期望时间足够执行1914年的动员计划,这样就能通过传统的征用途径来获取卡车、牵引车、马匹。而德军却不会让他们如愿。

西北方面军的第四个障碍就是司令费奥多尔·库兹涅佐夫将军。他以前是伏龙芝军事学院教战术的教师,后来进了总参谋部,1940年12月担任现职,并无战斗经验。阅读军区的行军日记就能看到,他是后来才发现在保卫波罗的海诸国方面根本什么准备都没做。他观察到什么都缺(伪装、通信、训练、地雷、铁丝网、防空炮……清单根本列不完),还训斥下属,要他们保持警惕。他6月15日下达命令,指出"指挥错误、训练不足,都是因为数量极多的军官仍然在用老办法生活和工作,没有把握当前的国际局势,没有意识到现在比以往任何时候都应该提高警惕。许多指挥员并不理解,任何时候我们都必须准备好执行作战任务"。[45]这话说得颇有气势,等于是在要求每位指挥员都要提交应对6月22日的解决方案。

库兹涅佐夫不是当兵的料,而是坐办公室的人,他最怕的就是违背斯大林的命令。他会连珠炮般地下命令,就是为了给上级留面子,却并不在意这些命令是否可执行,是否已经执行,从给出的时限来看,大部分时候这些命令都执行不了。6月15日,他又下令"把飞机分散伪装好后藏在树丛和森林里"。18日,他签署指令,要求防空部队保持警戒。6月22日7点10分,波罗的海国家航空兵副司令安德列耶夫将军给库兹涅佐夫发去一封电报,表明什么还都没做:我们什么时候才能收到弹药?[46]还是6月18日,库兹涅佐夫要求第8集团军和第11集团军侦察所有桥梁,最迟6月21日把工兵和炸药都运送过来:德军的步兵和装甲部队后来几乎无一例外原封不动地夺取了所有桥梁。库兹涅佐夫还下令6月21日之前将配备地雷和加农炮的反坦克机动部队部署到德军有可能会突破的四根轴线上。[47]这种本该改变战斗局面的部署根本不可能在72小时内完成。

库兹涅佐夫也是斯大林世界的一员,最担心的就是间谍和叛国。他所受影响程度之深,甚至到1941年5月28日,他才将边境防御计划下发给各集团军司令,即第8集团军的索别尼科夫和第11集团军的莫罗佐夫。索别尼科夫在回忆文章中写道,他被独自一人叫进了拉着窗帘的幽暗的办公室里。库兹涅佐夫偷偷地给他看了计划,就仿佛看的是圣杯。他禁止别人做笔记。[48]此外,方面军司令还下了一道命令,要求各师之间进行图上推演,"每组三到四人,避免文职人员和军人获悉这些推演的目的。"如此谨慎其实也破坏了命令本身,对共有150多名军官的两个师和一个军的参谋部造成了损害。莫罗佐夫的参谋长伊万·史廖明在回忆录中也同意这种说法："我从来就没看见过写明我的部队要做什么的那份文件。"[49]此外，他还说："从6月22日下午起，[他]就和军区[也就是和库兹涅佐夫]失去了有线通信和无线通信。根本没法联络上他。[……]军区的参谋部接到无线发报机发来的加密电报，还以为来自敌军；由于害怕泄露计划和方位，他决定不对自己部队的请求做出回应。"[50]不过，这番话忽略了一点，那就是德国空军已经摧毁了方面军的五六个无线电发报站。因此，从6月22日拂晓起，库兹涅佐夫就置身于无尽的混乱之中。他对接下来要发生什么事几乎一无所知，最多也就是根据事后的情况来行事，我们已经知道，大多数这种手段都奇慢无比。吊诡的是，西北方面军的部队一开始就被打散，倒是让德国人一直想实施的包围无法得逞。

库兹涅佐夫极度紧张的状态、恐惧的氛围以及愈演愈烈的猜疑心理，政委彼得·阿基莫维奇·季布罗瓦的存在能对此做出部分解释。按照好几份证词的说法，是他，而非库兹涅佐夫在给波罗的海军区定调。因此，6月21日，当莫罗佐夫让人把弹药分发给部队的时候，是季布罗瓦取消了这项命令。莫罗佐夫请求库兹涅佐夫支持他的看法，反对这种荒诞的念头，但没有成功。只是在收到铁木辛哥和朱可夫的夜间指令之后，方面军司令员才将这份正式的命令下达给了第8和第11集团军，但态度有所保留，从而也就削弱了及时收到该命令时的那种应有效果："6月21日至22日夜间占据防线，但要伪装好。[……]禁止分发弹药给部队。[……]德军若是挑衅，千万不得开火。"[51]6月21日，收到德国在他眼皮子底下集结兵力的情报后，第8集团军第11军军长丘米洛夫下令在无人地带埋设地雷、疏散军官家属。季布罗瓦政委去了军部，要他撤销这些部署。他说这么做是为了防止苏军士兵挑衅。他给出的刻板答复是："尽管德国是个法西斯国家，但现在还没到和它开战的时候。"季布罗瓦的这种刻板政策所造成的一个后果就是大部分军官家属，包括他自己的家属，都在撤退时在公路上被杀害。[52]22日凌晨4点，此时已被德军炮弹炸得晕头转向的丘米洛夫向库兹涅佐夫汇报了情况，他还是收到同样令人难以置信的答复："千万别开火，这是挑衅，别被卷进去。"[53]

德国国防军打得最轻松的就是波罗的海地区，也推进得最远。苏联边境军队的抵抗在德军看来几乎无法察觉。第3机械化师的下士埃里希·库比只看见"几道铁丝网，就没有任何防御工事了。也没有房子被摧毁。平民还在那儿。在第一座小城里，小姑娘和漂亮的女孩都拿着花来到我们车前。房前挂着国旗：黄色，深绿色，暗红色。他们肯定一年半前就把旗子给藏起来了"。[54]薄薄的边界帷幕被撕开，冯·里布的军队向着腹地长驱直入，在各种遭遇战中，收割了一团团的苏联士兵，他们联络不上大部队，没有支援，弹药太少，没有经过侦察就把他们派到了边境地区。他们的抵抗很微弱，德军推进得轻而易举，都没经过什么激烈的战斗，除了在陶拉格，冯·里布分析战况时犯了错，所以短暂地打了一下。他认为俄国是存心不在边境地区进行抵抗，朝内陆撤退的，重复的是1812年的策略。[55]事实上，从一开始起，苏军第8和第11集团军分散的兵力就出现在了各个地方，混乱无序地向后撤退了20到30公里。西北方面军的日志只说"各师从侧翼转向过来"，"被迫撤退"，"兵力集结太慢"，"缺乏联络"。方面军三局又加了一笔"方面军参谋部对部队彻底失去控制"，"没有炮兵部队"，"缺乏防空炮火"，"部队一片惊恐"，甚至还提到出现了"骚动"。[56]

我们停下来，来看看第4装甲集群，这是冯·里布最强大也是最机动灵活的部队。以前还没尝试过这样的建制。装甲集群事实上就是集团军，集结了两个、三个或四个军，而各军本身也由两个、三个或四个师组成。1941年春，装甲集群各部首长和上级发生过争论，要求只给他们配备装甲部队和/或机械化部队。他们没能如愿，只得到了一到两支步兵军，在他们看来，这样的部队只会拖慢速度。第4装甲集群在投入苏联的四个装甲集群中力量最弱。它有两支机械化军，第41军（两个装甲师、一个机械化师、一个步兵师）和第56军（仅一个装甲师，即第8师，还有一支机械化师、一支步兵师），还有仍属于后备役的党卫军骷髅装甲师。还要注意的是霍普纳拒绝把党卫军放到第一线，认为他们在法国战场上作战表现欠佳，而且还在帕拉迪斯屠杀了第2皇家诺福克营的100名英军俘虏，在他看来，这样的罪行表明这支部队对自己缺乏信心。第4装甲集群共有16万多人。如果只说快速反应师，那就有1.6万部车辆，也就是说如果从四路按规定行军的话，四个纵列就有250公里长，包含9500辆卡车、1600辆摩托车、737门各种型号的加农炮、675辆半履带车、592辆坦克和292辆装甲车。

第4装甲集群的司令是埃里希·霍普纳大将，是德国装甲部队极具才能的一个人，性格冲动，极具批评精神。毫无疑问，他认为应该和庞大的邻国保持传统的睦邻友好政策。[57]一直到5月底，他都拒不认为希特勒会真的进攻苏联，在进攻几天前得知这项命令后，他说巴巴罗萨行动就是在"切腹自杀"。[58]他对整个计划以及自己所要承担的任务都持批评态度，说军力太少，地域太广，路况奇差。事实上，他要做的就是往海岸推进，协助摧毁西北方面军，左路夺取列宁格勒，中路和右侧的中央集团军群协调行动。他向冯·里布和哈尔德对这种缺乏重心的攻势表达了严厉的批评态度。霍普纳手下的两名军长堪称20世纪最耀眼的指挥官，他们就是格奥尔格-汉斯·莱因哈特和埃里希·冯·曼施坦因。霍普纳无法忍受曼施坦因，但他也认为无论是在战术，还是在作战行动方面，曼施坦因都是个才能相当突出的军官。

面对这三个坦克兵，其中一名还是有史以来未曾出现过的天才，苏军第12机械化军军长尼古拉·切斯托帕罗夫就相形见绌了。他从没打过仗，以前是骑兵，1941年3月才刚获任命，对机械化战斗一无所知。更糟的是，他的参谋部还缺一半的军官，没有一辆是现代化类型的坦克。切尔尼亚霍夫斯基上校后来成为统帅,但此时他只是第12军的一名师长,也对此无能为力。第3机械化军军长阿列克谢·库尔金运气好一点。至少,他和坦克待了四年时间;他的第2装甲师有109辆世界上最具战斗力的坦克T-34和KV;他的参谋长帕维尔·罗特米斯特罗夫是第二次世界大战中苏联最优秀的坦克兵之一。但装备不同的两支军队彼此还相差30到100公里的距离;考虑到德军的速度,苏军不可能驻扎在离边境很远的地方,抽时间重新集结。

对苏联的命令和报告进行分析表明,混乱,甚至惊恐,已经到了登峰造极的地步。6月22日9点35分,库兹涅佐夫向铁木辛哥发了一封电文,说明形势相当严峻:德军已经在他和西方面军之间打开了一个缺口。他的反应既有对间谍的恐惧、自己的无能为力,又有想找替罪羊的想法,这混合于一体的情绪达到了新的高度:"在瓦列尼驻扎着第184波罗的海师,这支部队很不可靠;在什文乔尼斯的第179师也是同样的状况,也很不可靠,第181师也是一样;所以我很难把他们集中起来堵住和巴甫洛夫会合处已经出现的缺口。"[59] 14点,第8集团军司令索别尼科夫命令第12机械化军(以及第3机械化军,他对该部队的部分队伍有支配权)"6月23日发起打击",[60] 打击的方向是西部、西南部和南部。考虑到德军的行军方向,这么做就是想要在德军主要行军的轴线上堵住他们的去路。没过多久,他的上级费奥多尔·库兹涅佐夫却要求他"把第3机械化军的部队分到步兵队伍中去",[61] 这说明他并没有明白坦克的作用,步兵没有反坦克炮,所以这么做毫无用处。与此同时,库兹涅佐夫还请求铁木辛哥增援:"我对局势没有确切的了解,[……]我没有手段来清除突破的敌军。我请求您的帮助。"[62] 这个求援信息至少很奇怪,因为该方面军还没有使出所有的手段。这也极好地表明了总司令已经不知所措,既缺乏全局的信息,又没有作战的自由度,他不知道该怎么做,能怎么做,他浑身上下都渗透着怀疑心理和恐惧心态。他说在他的方面军和巴甫洛夫的方面军之间存在一个巨大缺口的表达方式也很有意思："在我和西方面军之间出现了一个口子。[……]在那儿的五个步兵师战斗力很弱，最重要的是，不能依靠他们。我怕他们会叛变。"[63]

22点07分，铁木辛哥从莫斯科发布了2号令，算是做出了回应，但这项命令虽然雄心勃勃，却没有可执行性：西北方面军和西方面军的机械化军必须立即共同进行战斗，摧毁大规模集结于苏瓦乌基三角区的德军第9集团军。产生了这个奇妙想法的战争部长只看见了地图上敌军在集结，却不了解有关局势的可靠情报。在清晨"不要对挑衅做出回应"这样的命令之后，晚上却又发了道"大规模反攻"。尽管第一道命令是为了服从斯大林的政治观，但第二道命令则反映了苏军发动攻势的信条以及维持现行MP-41计划的盲目性。

6月22日晚，西北方面军难以支撑。第4装甲集群各师成功向东推进了30到80公里。第1装甲师正在陶拉格—希奥利艾的路上，那条路在通往里加的轴线上。曼施坦因率领的第8师正冲入考纳斯（俄语称之为科夫诺）以北方向的一个裂口中，经过这个裂口就是德维纳河畔的陶格夫匹尔斯（德语称之为杜纳堡，俄语称之为德文斯克），那是他首要的作战目标。在"勃兰登堡"特战团第8连的突击队（穿的是苏军军服）的帮助下，该师夺取了阿廖加拉横跨杜比萨河陡峭河谷的一座长270米的公路桥。坐在装甲车里看着部队过河的曼施坦因很熟悉这些地方，1918年他就曾在这儿和俄国人打过仗。[64]他很高兴不用像当时那样"等三个月的时间，让我们的工兵在这座河谷上架一座桥。[……]对我们来说，夺取这座旱桥就可以起跳了"。[65]翌日，第1装甲师的一部分在突击队的帮助下，原封不动地夺取了一座里杜维奈以西40公里的更重要的铁路桥，有了这座桥，就能将北方集团军群全部运送过去。几个小时后，局势已经明朗：要么是苏军第3和第12两支可用的机械化军没发起反攻，要么是增援部队没到，反正立陶宛已经失陷，两支保卫该城的集团军也已失败。关于增援部队，库兹涅佐夫向驻守在普斯科夫以北200公里的后备军第27集团军下令,向南部急行军。[66]但铁路线已被德国空军的空袭炸断,或者是遭听命于德国的波罗的海特工破坏,而别尔扎林将军的部队正迈着缓慢而沉重的步伐进发而来。

当地政府机关一片慌乱。16点,在立陶宛首都考纳斯的车站,立陶宛的政府要员带着家属登上了莫斯科特快列车的头等车厢。19点,一长列的火车载着这些先生向东驶去。人们沉默地注视着权力机关开始溃逃。[67]战争已经打了24个小时了。

中部:设法包围

由陆军元帅冯·博克统帅的中央集团军群精锐程度远超相邻的北方集团军群。他有130万兵力,此时拥有第二次世界大战最庞大的作战队伍。从苏瓦乌基以北至弗沃达瓦的500公里长的战线上,集中了第9集团军、第3装甲集群、第4集团军和第2装甲集群。总共有52个师,其中15个装甲师或摩托化师。作为后备的第2集团军将会逐渐提供另外12支庞大的部队。投入巴巴罗萨行动的60%的坦克,共计2241辆,全都归冯·博克管辖。德国空军的大部也设在了那儿,有陆军元帅凯塞林率领的空军第2航空队助阵。1 611架战机中,6月22日参战的就有1194架,这些飞机都分配给了左翼的第8飞行军,和第9集团军协同作战,右翼的空军第2军则同第4集团军配合。几乎所有支援地面部队的航空中队都调拨给了这两支部队,其中425架是俯冲轰炸机。除此之外,还有防空军第1军,他们配备了180门机动炮,其中48门是令人生畏的88毫米炮,可以打飞机,也可以打坦克。第8飞行军是一支世界上独一无二的部队。它有228架对地攻击机和131架双引擎轰炸机,还有213架歼击机护航。该部队的指挥官是极其好斗的沃尔弗拉姆·冯·里希特霍芬将军,他也是无线电导航对地支援系统的发明者。他的部队100%机械化，在西班牙、波兰、法国以及之后的希腊积累了丰富的经验。30到45分钟后，在装甲师师长的一声令下，它就会开始轰炸坦克、大炮、桥梁、掩体、火车、机场。甚至它的歼击机也是令步兵生畏的绞肉机，其2公斤的SD-2炸弹酷似黑色大蝴蝶，通过12发或108发的弹箱投放，对人的伤害威力巨大。

陆军元帅费多尔·冯·博克是巴巴罗萨行动的关键人物。他母亲一系出自普鲁士旧贵族，无论在身体还是精神方面都严于律己，没有什么比从军更重要。严肃、用功、勇敢可以部分抵消缺乏才干的缺点。他不问政治，只疯狂地投身于工作，对周围充斥着的犯罪行为和镇压活动充耳不闻，而他的外甥亨宁·冯·特雷斯科中校则对这种现象有充分的认识，他日后成为德国抵抗纳粹主义的最重要人物之一。希特勒因其专业能力突出而提拔了博克，同样也是因为他相当听话，不会给任何人惹麻烦。作为回报，冯·博克对元首也相当尊敬，无论是在公开场合，还是在日记中，都是如此。他从头至尾在德奥合并、波兰战役及之后的法国战役中都起到了重要作用。1940年秋，他成了后来成为东线德军雏形的B集团军群的统帅。希特勒将强大的中央集团军群委任给了他。毫无疑问，他认为在这些陆军元帅中，只有他不会提什么反对意见。

冯·博克的第一项任务是消灭西方面军的第3、第10和第4集团军及其六个机械化军。战线的布局有利于实施这项任务。苏联的第3和第10集团军事实上都聚集在凸出的比亚韦斯托克地带，这是一片每边长180公里的等边三角形，周边都是德国控制的地区，而第4集团军都部署在布列斯特-立陶夫斯克堡垒的四周。消灭苏军的计划可以说是德军的经典战术：由空军掩护的两支装甲部队的钳子向前伸出，形成包围圈。北部的钳子就是第3装甲集群，从苏瓦乌基出发，南边的是第2装甲集群，从布列斯特-立陶夫斯克的西部突射而出。相较之下，两个钳口究竟该在什么地方合围还不确定。一切都要看苏联人的

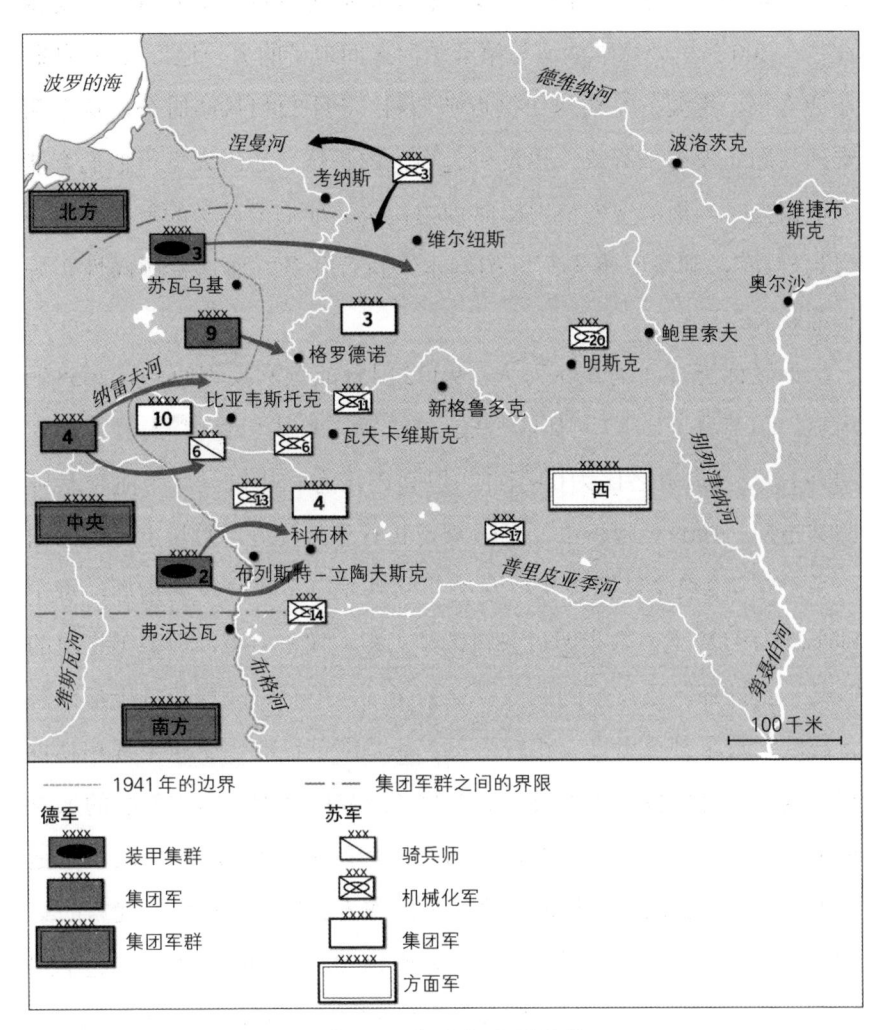

6月22日晚西方面军局势

第九章　1941年6月22日星期日：漫无尽头的一天　503

选择，看他们在边境地区究竟是撤退还是抵抗。哈尔德不知道会是什么情况，就要求快速进行合围，范围不要太大，从明斯克西部的某个地方就可以开始形成包围圈。第2装甲集群司令古德里安将军则支持在往东200公里处德维纳河与第聂伯河之间地带的另一边形成包围圈。在他看来，重要的是要尽快接近莫斯科。6月22日拂晓时分，这个两难的问题还没得到解决，也没引起多大的担忧。德国人觉得他们有能力根据当时当地的现实情况临时做出决定。他们最讨厌的就是"战斗遭到操控"，都按照事先写好的剧本来执行任务，而这种倾向性正好和苏联人相反。

苏联西方面军有67.8万人，9 172门野战炮和反坦克炮，2958辆坦克。坦克中有2189辆都能行驶，382辆为新式坦克。[68]人员之比大约为1比2，炮数之比为0.8比1，坦克之比为1.3比1。六个航空兵师归其指挥。1909架战机中，1567架可执行作战任务，数量上比德国国防军空军第2航空队略占优。24个步兵师受三个集团军的指挥，每个师平均为9327人。数十万后备役部队已得到秘密召集，但德国进攻的时候，首批部队还没来到白俄罗斯的车站。所有野战炮和机枪都已装备部队，数量甚至更多。相较之下，还是缺乏机械化交通工具和马拉车，这样就总体拉慢了人员和后勤物资迁移的速度。防空部队的加农炮和机枪只装备了不到半数，面对德国国防军空军第2防空队，这是个很大的障碍。缺少飞机的空降军只能作为轻装步兵使用。优秀的第6骑兵军有1.3万多人，再加上一百来辆1450马力的轻型坦克，起不到什么作用。六支机械化军中只有一支第6军能对边境的战斗起到作用。该军配备了1031辆坦克，数量和任何一支装甲集群相比都不占优，苏军有两支战斗力极为强悍的部队，它就是其中一支，装备了362辆T-34和KV坦克，大部分德军炮火的口径在常规的战斗距离下对这些坦克都没有杀伤力。遗憾的是，它驻扎在离边境很近的比亚韦斯托克，它的三个师彼此又离得太远，无法协同作战。其他机械化军都只不过是些花架子（第17和第20军，后者只有93辆坦克），根本就不应该驻守在那儿，大部分还都是老旧的T-26坦克（第11、13、14军），而且什么都缺。第17军有36辆坦克，只是些训练车辆，只装备了六发炮弹，还缺70%的卡车。大多数士兵甚至都没有武器。[69]

步兵军不像波罗的海地区的兵力那样分散。第4集团军的一份报告显示，它还需要36个小时才能将全体兵力部署到战斗位上。[70]即便他们冒着德军飞机的轰炸抵达了阵地，也根本没法进行防御，因为他们没有野战炮。事实上，几乎所有的师属和军属的炮兵团（总共22个团）都在后方的另一个训练场，第10集团军在切尔沃尼森林，第3和第4集团军在列斯诺伊炮场。照第10集团军三局局长洛斯政委的说法，是巴甫洛夫将军在1941年6月15日下达了这个轻率的命令。[71]或许就像斯大林再三说的，他也确信根本不会有什么事情发生。防空部队大部分也都在训练，或对新装备进行试射，而且地点更远，在明斯克以东120公里的克鲁普基。

三个集团军的布局也有问题。巴甫洛夫把最强第10集团军以及五个步兵师和重新集结成两个机械化军的超过半数的坦克放在了中央。两翼中的右翼部署了第3集团军（三个步兵师），左翼是第4集团军（三个步兵师），两翼各有一支火力极弱的机械化军支援。战线外凸的形状正好可以让德军打击两翼，从而包围中央。如果说巴甫洛夫采用的是纯粹防守的布局，那他就是犯了一个错误。但为了和总体的计划保持一致，他必须能很快进行反攻。这就是为什么大部分兵力都集中在中央的缘故，也就是在华沙以北的推进轴线上，往东150公里处有另外六支步兵师作为第二梯队。在这儿，我们只能确定苏联的军队既无法进行防御，也无法发起进攻，而是处于两难境地，等着被消灭。1941年7月19日的一封发给麦赫利斯的电报对军队的这种部署做了揭示。发电报的人是西方面军军事委员会委员亚历山大·福米内赫政委。没多久，巴甫洛夫及其参谋部的人员都会落到内务人民委员部的手中，而福米内赫本人也差点被免职，所以他的电报应该相当可信。政委说在德国进攻之前的八个月里，军区司令就已设法告诉总参谋部这儿的地形对军区来说极为不利。就此而言，瓦夫卡维斯克—巴拉诺维奇战区的苏联军队很容易被包围。德军一旦进攻，即便是有限的进攻，他们的部队也能轻易绕到第3和第4集团军的背面，快速推进之后，第10集团军就会遭到孤立。福米内赫还说，军区建议增强格罗德诺北部和布列斯特南部各翼的军力，不仅仅是增加兵员，也要增强防御工事。他在电文结尾说："总参谋部一心只想着怎么进攻。"[72] 没有什么能比这份电文更好地显示出总参谋部在这场灾难中所负的责任。如果他采取守势，哪怕只是临时的做法，也还会有时间，而冯·博克的军队在向明斯克推进的过程中就会损耗数千人的兵力，甚至都不能确定他是否能在圣诞节之前赶到斯摩棱斯克。和在法国的时候一样，德国国防军也从苏联的这几个缺点中获益匪浅。

  方面军的航空兵部队四分之三的兵力都驻守在挤得满满登登的机场内，这些机场就建在离边境很近的地方，很容易被德国空军定位。刚从工厂里出来的新型飞机都和老式飞机放在一起，比例是1比7。机场既是停机坪，也是堆栈，那儿什么都缺，武器、油罐、防空炮、伪装网、通信设施，就连飞行员的上衣都缺。这种糟糕的状况都得由苏联的军人来承担，而他们却还稀里糊涂的，觉得会立即进行反攻，以完成他们的战争计划。确实，无论是在波兰，还是在法国，德国空军还没有因为大规模突袭而遭受过损失。

  最后，还不能忽视方面军指挥层对敌军士气自我麻痹的态度，他们认为那是"阶级斗争"，这一点让他们倍感安全。6月21日，巴甫洛夫参谋部情报处处长布洛欣给各集团军司令寄去了一份备忘录，他列数了从法国运往波兰的那些部队会引发许多麻烦的说法，但这些说法不成立。他由此得出结论："这都是德国军队的典型情绪，也表明了士兵和士官的不满情绪，各驻军都公开表达过这种不满。[……] 这种不满情绪也是对苏联的同情,每天都在增长。"[73] 士官库尔特·克莱默无疑很好地体现了德国国防军内部起主导地位的情绪,他在6月21日给妻子的信中说:"感谢我们的元首,想想即将到来的美好未来。我们的孩子终有一天会为这个时代欢欣鼓舞。"[74]

中央集团军群进攻的战线分成两个部分。北部边境的障碍就是依靠莫洛托夫防线的"设有防御工事的战区"。南部还多了条布格河,那是纳雷夫河的支流,而纳雷夫河本身则是维斯瓦河的支流。"设有防御工事的战区"这个名称很难让人看出其中的名堂,而在苏军的用法中,就是指人员很少的部队,相当于一个旅4000人,但装备了防御武器,可以在固定的设施中作战。这样的部队分布在纵深数公里的地区,为了避开这些防御工事,敌军就得开辟出一条通道,好让机械化军更好地投入战斗。但和西北部一样,西部预计有8个设有防御工事的战区一方面还有三分之一的装备没收到,另一方面也得不到远未完成却又离边境线很近的莫洛托夫防线的支援。结果由于不成系统,整个战区毫无作用,只有乌克兰的普热梅希尔-索卡尔战区是个例外。德国的进攻部队由于已经了解了几乎所有掩体的位置和完工状况,所以毫不费力地就绕了过去,再用加农炮和航空炸弹直接对其轰炸,或者用火焰喷射器和锥形炸药使之失效。

德军对苏军的部署并不完全了解,还差很多。他们把对方步兵师的数量高估了一半,还说在只有坦克的地方看见了骑兵部队,他们并不确切地知道机械化军在哪儿,苏联人其实成功地把这些部队隐藏在白俄罗斯的森林里,做了伪装。他们清点从明斯克前方的包围圈中抓到的俘虏时很失望:苏联军队在纵深处呈梯队排列,和他们预想的不一样,所谓的突击行动也没有预料中的收获丰富。不过眼下,第一张防守网太轻薄,突破还是挺容易的。

6月22日3点15分,中央集团军群的炮兵部队花了一个小时的时间对边境的防守部队采取了行动。一小队一小队的工兵和炮兵向掩体发起了冲锋,这些掩体很快就哑了火;在南部,首先需要用橡皮艇穿过布格河。边境小股部队的抵抗很微弱,甚至可以说不存在,只有几个例外,都是很难被找出来的狙击手干的。[75]在难走的砂石路上,步兵三小时推进了3到10公里。苏联人民的磨难就此开始。三十岁的士兵亚历山大·科尔斯战后当了牧羊人,他说:"我们面前有两座正在熊熊燃烧的村子。村民肯定都没料到德军会进攻,大部分人都没来得及逃。有个很恐怖的场景:一个三岁的孩子躺在路上,半边的头骨都没了。"[76]冯·博克在日记中不无震惊地写道,苏联人竟然没把布格河上的桥给炸掉。古德里安倒不怎么吃惊:前一天晚上,他就透过双筒望远镜观察到有军乐队列队从布列斯特-立陶夫斯克前方经过。4点45分,在师长瓦尔特·内林和古德里安的注视下,第18装甲师领头的坦克(两栖车辆,是为了入侵英国而改建的)穿过了深达两米的布格河,一直来到了布列斯特-立陶夫斯克的北部。6点50分,该部队又有两辆配备了无线电的指挥车和一支摩托车队过了河。前面是一长串坦克的履带辙印。他的目标是1040公里远的莫斯科,他毫不怀疑可以达成这个目标。在布列斯特南部,他的另一支摩托化军原封不动地夺取了河岸边的桥梁,桥梁上既没人守卫,也没埋设炸弹。在距古德里安300公里远的格罗德诺北部,霍特的第3装甲集群也因突袭之故很快就实现了突破。

突袭也具有战略上的意义:苏联人没料到会有这么多装甲师对乌克兰感兴趣,而不是白俄罗斯。结果莫斯科和巴甫洛夫将军在明斯克的大本营一样,过了一段时间才意识到德军究竟是要往哪里行进。由于缺乏准确的情报,作战层面上的局势并不明朗。事实上,巴甫洛夫白天有一段时间都无法联系上麾下的各个部队,7点,他在发给莫斯科总参谋部的一份报告中也承认了这一点。13点,由于得不到第10集团军的消息,巴甫洛夫派遣自己的副手博尔津坐飞机去比亚韦斯托克。[77]18点,又有另一份报告承认"对第4集团军的状况没有任何详情可以了解"。[78]20点，寄给莫斯科的作战分析报告说有1000名德军空降兵空投到了后方，敌军还想空投更多部队，对方面军的大部分部队实施合围。这其实就是胡言乱语，而且当地的党委机关报也在推波助澜地这么报道，因为德军没有投入哪怕一支空降部队，而且这样的作战行动需要德国国防军现有空降兵兵力的四到五倍。22点，还是什么情况都不知道："19点30分，集团军的作战报告还是没到。"巴甫洛夫承认道。7月，他在受审的时候是这么说的："在那天下午，瓦西里·库兹涅佐夫［第3集团军司令，不要和西北方面军司令费奥多尔·库兹涅佐夫混淆］向我报告说，他的三个无线电电台中有两个已经没法使用，第三个也有问题。他求我再给他送一个电台过去。与此同时，他还向我报告，说他麾下的第56师只剩编号了。"[79]晚上，斯大林应白俄罗斯党中央书记波诺马连科的请求，派沙波什尼科夫元帅去了明斯克巴甫洛夫的大本营，协助他实施防御，并按MP-41计划所写的那样进行反攻。

为避免描述不清，我们从中抽出三种类型的行动：第2和第3装甲集群的行动、苏联机械化军的行动、双方步兵部队之间的战斗。在北部，赫尔曼·霍特将军指挥第3装甲集群的两支机械化军，到了晚上，一支来到了阿利图斯，另一支来到了梅尔基内的涅曼河畔30公里处，离维尔纽斯只剩60公里。第11集团军（西北方面军）的步兵部队整整损失了一个师。第3机械化军部分部队的反攻只是将霍特的行军步伐拖慢了几个小时。将军写道："唯一吃惊的地方就是我们竟然能原封不动地夺取三座大桥。被俘的苏联一个工兵部队的军官说，他接到命令，7点整炸毁奥利塔桥。他只能严格执行命令，所以还没有执行这项任务。"[80]

在南部，古德里安一如既往仍在快速推进。到了半夜，第18装甲师奔袭了50公里后进入了科布林。除了有一条重要的十字公路之外，该城就是第4集团军和第14机械化军参谋部的驻地，他们在最后一刻都逃走了，但所有的通信设施都没带走，从而也就失去了和自己部队联系的设施。在科布林前面不远，第18装甲师撞上了第14机械化军的（第30）装甲师，他们正在隆隆的炮声中行军。150辆三号和四号坦克以及装甲掷弹兵让197辆小股进攻的T-26坦克哑了火，这些坦克彼此之间没有丝毫联络，也没有炮火支援（但该部队有48门炮），也没有配备步兵。炮弹打在这些相当轻薄的坦克身上，它们立刻就会起火，彻底报废。它们性能不错的45毫米炮根本就没派上用场，因为射手既是装弹手，还是坦克的指挥，工作多得他忙不过来，而且瞄准装置也很糟糕。这是战场上的第一次坦克战。照军区报纸的报道，当天早上，该军驻扎在布列斯特近郊的另一支装甲师第22师也遭受了"炮火出其不意的轰炸。绝大部分战斗车辆，以及辅助车辆，都被摧毁了。弹药箱和燃料瞬间起火。差不多20%的兵员都已阵亡或受重伤。军参谋部也遭受了损失，连通信营都没了"。[81]第二天晚上，第14军清点后发现，前一天还能用的518辆坦克此时只有25辆还能用。[82]军长奥博林将军也身受重伤。斯大林下令，说他犯有叛国罪，把他从医院的病床上逮了起来。

　　德米特里·巴甫洛夫被认为是苏军最优秀的装甲部队专家。1931年，他就担任了机械化团的首批团长之一，三年后又晋升为旅长。1936年10月至1937年6月，他指挥苏联坦克帮助西班牙共和国打仗。当时正是大清洗如火如荼的时候，他返回莫斯科后，很有可能会像许多在西班牙参战的人一样被枪决。可他反而填补了因那些人被处死而多出的空缺，之后他便火速上升，成了装甲部队的总指挥，1940年6月，又成为西部军区的司令员。他的晋升速度显然太快，这个职位对他来说有些不堪重负。从战争的第一天起，他就和西北方面军的费奥多尔·库兹涅佐夫一样，从惊恐变为了冷漠。由于并不关心德军行进的方向，他只是通过他手下20多架飞机的观察做出判断，结果把所有的机械化军和第6骑兵军全都投入到了错误的方向。从6月22日正午起，第13军就深入到比亚韦斯托克凸起处的死胡同里。晚上，收到铁木辛哥的第2号指令后，巴甫洛夫便消极遵守这份荒唐的指令，经由格罗德诺向苏瓦乌基进军，这样做等于又跳进了狼嘴里。为了遵守这份指令，他让副手博尔津担任装甲集群的司令，该装甲集群包含有第6和第11机械化军、第36骑兵师。23点40分，他和博尔津有过一次交谈，交谈内容被详细记录了下来。"您必须在比亚韦斯托克、利普斯克、格罗德诺南部这个总体的方向实施打击，任务是消灭涅曼河左岸的德军，阻止敌军进入瓦夫卡维斯克地区。[……]这些任务必须今天晚上实施。"博尔津并没有成功确定第11军的位置，该军在行军途中丢失了。想要重新集结的第6机械化军和骑兵军还没和敌军接触，便因沿途行军不畅，或者发动机故障，把大量坦克丢弃在了路边。第二天，巴甫洛夫问第10集团军司令戈卢别夫："机械化军为什么昨天没有进攻？罪魁祸首是谁？不用害怕，马上让部队行动起来。就算没有部队可用，也要和敌军打，不能逃！"[83]事实上，巴甫洛夫对战斗的情况一无所知。他只是假装相信部队"晚上"能静悄悄地发起进攻，他只是想找出罪魁祸首，指责士兵卑怯懦弱，虽然部队已经阵亡了数千人。显然，他的这种行为一部分是和他身边的三个高官（沙波什尼科夫元帅、朱可夫的副手索科洛夫斯基将军、总参谋部作战处处长马兰金将军）以及两个看门犬波诺马连科和库利克元帅有关。这五个人是6月22日由斯大林派来的，但没起什么作用，只是让他实施一些过时的计划，但那些也是自杀性的计划。

不过，还是有相当多的手段可以用来拖慢古德里安和霍特的步伐。可以在桥上埋炸弹、阻断主干道，给方面军配备三个反坦克旅，就算他们的装备不充足也没关系。[84]纸面上，这些旅被人们寄予了应对战争的厚望，是唯一一个能遏制装甲师的名副其实的解毒药，他们有攻击机、地雷和炮兵。他们惨就惨在缺乏机动性上（卡车和牵引车），这使他们无法在坦克突破点的轴线上部署兵力，尤其是没法快速移动，以免被敌军绕开。巴甫洛夫尽管没有野战炮（分散在很远的地方），但他仍然有3180门反坦克炮，所有的部队都有不少的配备。在对战德国国防军强加的这场战争中，还必须表现出必不可少的素质：冷静、旺盛的精力、自主性、随机应变的能力。

四分之三的战线都是步兵部队之间的战斗。第3和第10集团军对战的是德军第4集团军，南部的苏军第4集团军由于出现错误，已被古德里安分割成段打残。德军在这儿预先尝到了即将来临的战役的滋味。苏军并没有因为德军突袭岗哨或在路上遭遇战而未经抵抗就草草投降，装甲师觉得这是正常的情况，反而在比亚韦斯托克、格罗德诺和布列斯特-立陶夫斯克堡垒周边地区都爆发了诸多激烈的战斗。在最后那个地方出现了短兵相接的酷烈战斗，第45步兵师在花了几个小时突破堡垒后留下了311具尸体。苏军部队的行为并不一致。这儿有个团听到第一声爆炸的时候就一跃而起，武器装备动都没动就丢弃了，那儿有人在阵地上互相残杀，其他地方又再发起反攻，表现出视死如归的勇气。在某个村子，俘虏通力合作，把炮兵的位置通报了出去；在另外一个村子，士兵假装投降，是为了能近距离射击。霍特说他的两个装甲师都在过了边境之后遇到了一支步兵部队，这支部队并无大炮，一直战死到了最后一人。相反，在说到经过布格河的第一份报告中，第445团提到："和边防队不同，俄国的步兵打得很糟糕。炮兵没起什么作用，因为只发射了两发炮弹。"[85]

不必夸大这些抵抗孤岛的重要性。笼罩一切的还是惊恐、逃跑，一听到装甲师先遣部队的挎斗车或装甲车过来，就条件反射似的往一边逃去。三局的几十份报告，无论是委员部的，还是方面军的，都有充分的证明。并非纵深处的后方已经被几万名脱离大部队的士兵占据，对平民和军需部队来说，这些都是危险因素。人们组织了"拦截部队，阻拦这些擅离职守和四处游荡的士兵"。"组织和当地匪帮（逃兵）的战斗"[86]是6月25日三局发给战争部的一份报告。第10集团军军政委罗谢夫从包围圈里出来后，说了他在6月的所见所闻："穿越被德军占领的领土时，我观察到有一大部分士兵扔掉武器，在村子里四处游荡，无所事事。德军没把他们当俘虏，有时还会利用他们干活。"[87]德军只出现在公路上。许多军官也没想办法阻击德军，或者至少阻断交通，反而和自己的人丢弃重型装备，逃进了树林。由于缺乏通信设备，每次只要一看见有敌军纵队穿越公路，他们就以为自己被包围了。大多数时候这都不是实情。德军在这场战斗中使用了一种新的方法，那就是摧毁神经系统，隔断大动脉，尽可能避开有肉有骨头难啃的地方；这是一场没有深度的战争，只是机械化的先遣部队呈窄窄的队形断断续续地涌入，但所经之处，司令部、军火库、堆栈、电话中枢都被攻克。大量苏联军队后来才赶到，笨重迟滞，还有马拉车，后面拖着长长一溜后勤部门的尾巴。同样的事情在波兰、法国、巴尔干地区也曾发生过。苏军的指挥层对此不会视而不见，但他们还没有做好从战术层面或心理层面进行反击的准备。

苏联军队这些相异的行为可以做出各种解释，若要使之有道理，就得进行个案研究，对各部队进行专门研究，但这些都不存在。毫无疑问，在6月22日的磨难之中，苏联士兵的态度既是机械化战争的本性使然，是社会层面和民族层面上的反抗使然，而且与之相对，也是对苏联社会主义的信奉使然，或者说是农民战争趋利避害和投机取巧的传统使然。个体的状况也起到了作用。突袭和冲击之猛烈导致军官个体的崩溃，从而也不可避免地导致其手下人的崩溃，更何况这些人还没怎么受过训练，没什么东西将他们紧密相连，他们中十个有九个都是刚刚参的军。

乌克兰：难啃的核桃

南部的战斗则是另一副面孔。在这儿，苏军的力量相当强大。而且他们装备的坦克也很优良，因为总参谋部制订的计划认为，必须尽快发起决定性的反攻。

西南方面军一开战，基辅军区就有了760338人，后方还有146000余人。它火力极其强大，共有7784门野战炮、6972门迫击炮、2221门防空炮。在26个步兵师的边上，还有一个空降军和一个骑兵军，共计有八个机械化军。4778辆可用于作战的坦克中，758辆是T-34坦克和KV坦克。[88]方面军司令是基尔波诺斯将军，他有四个集团军可供调遣，守卫着860公里长的边境线，从普里皮亚季河一直到普鲁特河：从北向南，分别为第5、第6、第26和第12集团军。只有第5和第6集团军以及一部分第26集团军的部队和6月22日的进攻相关。其余部队只是与四个匈牙利旅（此时匈牙利尚未向苏联开战）和四个没有动弹的罗马尼亚旅对垒。该战区唯一的活动是由德军的特遣队发动的，他们有时着罗马尼亚军服，夺取了普鲁特河上的桥梁，这样就给苏军造成了威胁，使苏军只能将军力往北输送。西南方面军的2059架飞机中，1759架可以升空作战。

与基尔波诺斯对战的是由陆军元帅格尔德·冯·伦德施泰特指挥的南方集团军群。他在现役军官中资历相当老，父亲是普鲁士的轻骑兵军官，始终戴一副单片眼镜，很早就把自己的职业看得比什么都重，尤其重视道德准则。希特勒喜欢逢迎他，波兰战役和法国战役都让他担任了指挥官。伦德施泰特对德国政权的任何罪行都不为所动，对人的权利也相当漠视，无论是在波兰，还是在苏联，皆是如此。他指挥的南方集团军群有第6和第17两个集团军以及第1装甲集群，面对的是200公里长的战线，从弗拉基米尔-沃伦斯基一直到普热梅希尔，占据领空的则是德国国防军空军第4航空队。伦德施泰特还有权力调拨驻守罗马尼亚的第11集团军（8个步兵师，没有坦克），但6月22日的时候，该集团军并没有动作。包含第11集团军在内，南方集团军群共有100多万人，其中80.4万人是已经部署好的战斗部队。可供他调遣的有1267辆坦克和突击炮、5658门野战炮、1277门高射炮以及近5000门迫击炮。空军第4航空队麾下有1163架各种类型的战机。

关于军力对比的计算有几个地方需要说一下。从纸面上讲，苏军在体量上兵员略少，但加农炮和迫击炮多出两倍，坦克多四倍，战机多两倍多。如果说歼击机对掌握制空权至关重要，那苏军在这方面也占优，比值为6比1。但从实际情况来看，差距正在缩小，因为基尔波诺斯的兵力拉得太长，伦德施泰特的兵力则在聚集。此外，苏军的第5和第6集团军的战区在质上只是略占优势。如果我们仔细看航空兵舰队的构成，就会发现米格-1/3和雅克-1的253架现代歼击机确实很难在对战梅塞施密特Bf-109F的战斗中取得领先优势。在另一个关键武器坦克方面苏联也只是略占优，比例为1.8比1，我们两边都只算现代坦克，T-34和KV-1对三号和四号坦克，以及装备50到75毫米口径加农炮的突击炮装甲车。

但这些军力上的对比是建立在老式武器和现代化武器这种相当模糊的概念上的，是否会对苏军真实的优势产生误导作用呢？445架I-16歼击机即便比Bf-109性能略逊，但操作性能还是很好的。如果使用正确的话，也就是说大规模部署的话，能对德国空军造成麻烦。同样，2000辆T-26坦克、1500辆BT-5和BT-7坦克如果组织得当的话，也能对第1装甲集群造成伤害。指挥第9机械化军的罗科索夫斯基将军在回忆录中惯常说300辆T-26坦克和其他BT坦克都太老旧了。但除了维修这个普遍存在的缺陷外，他还指出了一个真正的问题，那就是对坦克的支援不够。"机械化军内？没自己的车辆。就像它名字中所说的机械化，它没有权利调配军用火车和马匹。"[89]军的炮兵部队缺少三分之一的用来移动大炮的牵引车。我们还得说的是，除了这些问题，除了机械化军扩增太仓促之外，各个层级的军官也都很平庸。罗科索夫斯基在1941年春的一份报告中说，他观察到他们"没有实践经验，也没有能力来指挥自己的部队，因为大部分人担任军官职

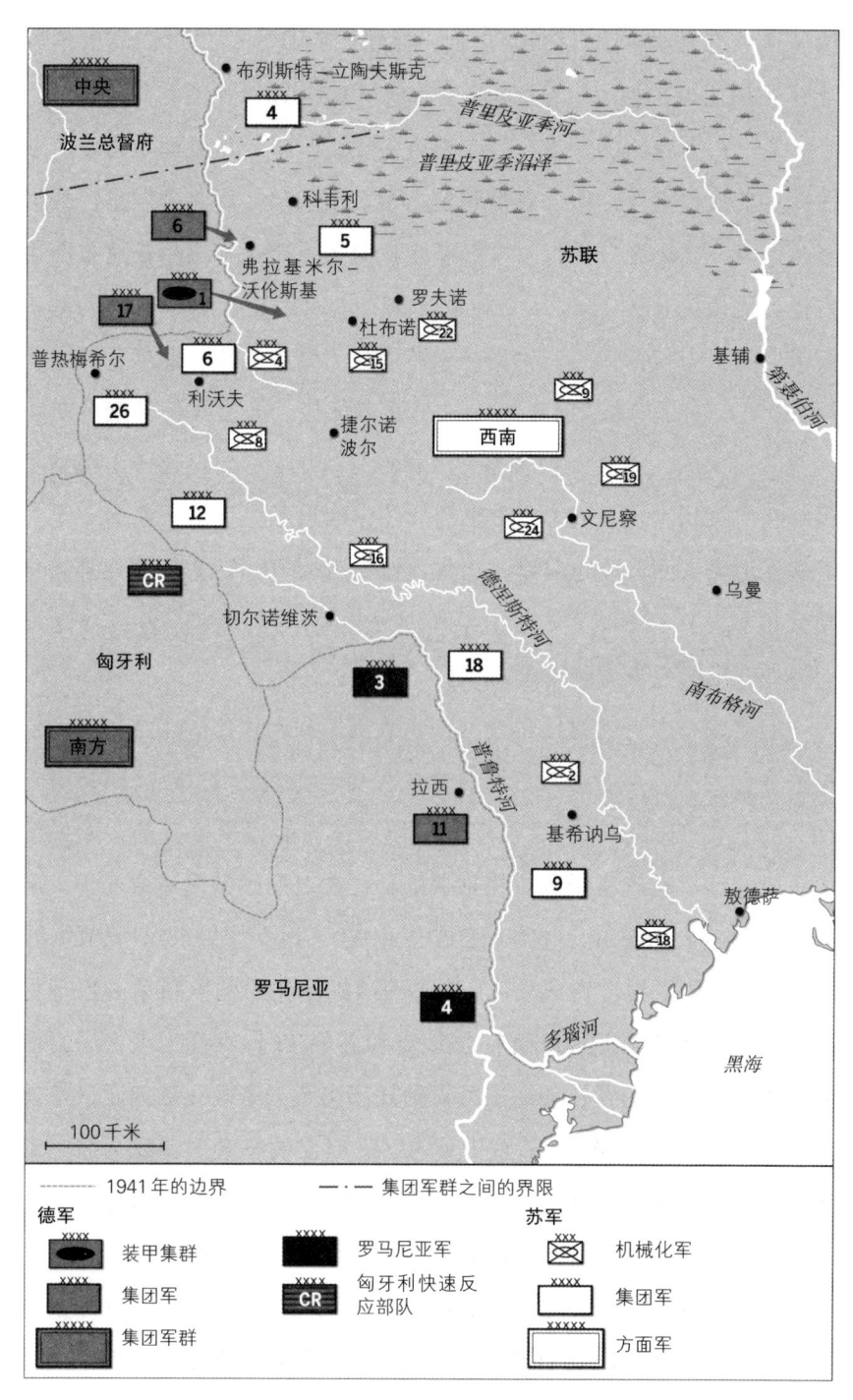

6月22日晚西南方面军局势

516　第三部　苏联的挣扎

务的时间太短"。并不是所有人都这样。罗科索夫斯基的两支装甲师中，第20师的师长是米哈伊尔·卡图科夫，后来他成了苏军的头号坦克兵。

基尔波诺斯的军队和库兹涅佐夫或巴甫洛夫的军队一样，也没提高警惕。罗科索夫斯基通知说6月22日要带师长去钓鱼。基辅城还有其他方面的事。这个星期天它有重要的事情，就是新建成的名为"尼基塔·赫鲁晓夫"的拥有5万个座椅的体育场要举办落成典礼。那天还要举办苏联足球比赛，基辅的"迪纳摩"足球队要对阵莫斯科的"红军"队。比赛很重要，莫斯科以比基辅多出一分的优势获得冠军。基尔波诺斯相当喜欢足球，他自己又是乌克兰人，自然也要去观看。但他没去成：6月19日，他接到命令，让他把参谋部从基辅搬到捷尔诺波尔。德国空军的飞机出现的时候，他们都还在装箱。

米哈伊尔·彼德罗维奇·基尔波诺斯很早就成了布尔什维克。他于1927年从伏龙芝军事学院毕业，1937年和1938年大清洗之后，他获得了飞速晋升。1937年，他还是步兵团的团长，四年后就成了相当于集团军群的部队的首长，而他的对手冯·伦德施泰特走这条路则花了十四年时间。基尔波诺斯从来没遇到过大规模机械化部队运兵方面的问题。1941年2月，他担任了军区司令，这个职位责任重大，毕竟他是在战争时期被任命了这个职位的：斯大林认为这儿会是德军的主攻方向，然后会向卢布林和西里西亚发起决定性反攻，但他并不认同斯大林的观点。尽管基尔波诺斯很早就入了党，但他也有危险。1938年10月，他在交给内务人民委员部的自传中写的这些话表明了他的恐惧：

> 我妻子出生于日托米尔，是波兰裔。[……]她的兄弟扬去了波兰居住。[……]因此，我妻子的兄弟住在国外，我和妻子都不知道他住在什么地方，也不知道他在干什么，因为我们以前

和现在都和他没有联系。[……]我妻子的兄弟住在外国，1929年[……]（敖德萨）第51师特别处处长才告诉了我。[……]1930年，我的岳父亚历山大·比奥特洛夫斯基和他妻子，还有他们的女儿罗萨莉亚被从日托米尔流放到了阿拉木图。我妻子和我也同样不知道他们现在在什么地方，他们是否还活着，因为我们和他们没有任何联系。我妻子认为她没有父亲，没有母亲，没有姐妹，也没有兄弟。她对他们的命运并不关心。我和我妻子并不了解他们遭到流放的理由，但我妻子觉得她父亲是自作自受，她无论是以前还是现在，对他都没有丝毫的同情。[90]

1941年7月，应斯大林的要求，三局局长米赫耶夫更新了基尔波诺斯以及其他高级军事将领的档案。我们从档案中读到"依照被捕的军人的证词，基尔波诺斯在1923年至1924年就读伏龙芝军事学院期间参加了托洛茨基反对派"。米赫耶夫继续写道，后来，基尔波诺斯仍和众多托洛茨基分子保持紧密联系，一直到1937年。他和波兰民族主义分子比奥特洛夫斯基的女儿结了婚，他妻子的兄弟在波兰秘密警察局一直工作到1939年，他在那儿主要负责逮捕共产党员。[91]尽管这是对基尔波诺斯和他家人的威胁，尽管他的经验又相对不足，但他的表现要比西北方面军和西方面军两位饱受考验的同僚好得多。

德军对第5和第6集团军即将完成的防守工作有清晰的看法。相反，在北部，他们并不知道内陆地区究竟有多少机械化军在等待他们，也不知道那些军队在哪儿。他们将第1装甲集群的五个装甲师和机械化师（连同另外四支后备部队）集中起来，由部署在狭窄的战线上的七个步兵师进行支援，对阵苏军第5和第6集团军两军的接合处，那儿只有一个骑兵师（39辆坦克和651匹战马），这是基尔波诺斯预测不准所犯的一个大错。事实上，对波兰战役和法国战役，不消说还有第一次世界大战的各种战役进行研究，就能发现德军始终都会打击这些接合点。步兵师的任务是在苏军的防守阵地上打开一个缺口，然后装甲部队往纵深推进。接下来怎么办，德军将领也不清楚。如果说第6集团军（冯·赖歇瑙）面对普里皮亚季沼泽，必须守住北侧，并向基辅全力推进，那第17集团军（冯·施蒂尔普纳格尔）则必须夺取利沃夫，然后向文尼察推进，与同时离开罗马尼亚的第11集团军（朔贝特）会合。而装甲集群则必须攻占距边境450公里、基辅南部某处第聂伯河上的桥梁。他们希望在第聂伯河的前方形成包围圈，但他们并不知道具体地点在哪儿，也不知道和哪些部队合围。

从战术层面上来看，这儿和北部的局势一样。苏军打头阵的师四分之三都在离边境20或30公里的训练场内。守卫边境的只有边防部队的支队、战区内装备不完备的防御工事，再加一些零零散散的部队。如果我们相信德国人所说的，那这次突袭也和其他地方一样很全面。第5、第6和第26集团军第一梯队的10个师中，仅有4个师及时进入了战斗位。另外6个师是在密集的炮火下才进入战斗位的。

南部的第17集团军用4个步兵师突破了普热梅希尔旧堡垒四周的防线。拂晓时分，他们渡过桑河，原封不动地夺取了铁路桥，进入城内，形成了一个巨大的桥头堡。但第26集团军的步兵却遭到了顽强、有序的抵抗。在小麦田里，在30摄氏度的高温下，苏军猛烈的反攻使德军无法从桥头堡内出来，迫使他们只能局部撤退，给德军造成了巨大的损失，尤其是第262师。

北部，面对波塔波夫将军的苏联第5集团军，冯·赖歇瑙的第6集团军在狭窄的战线上集中了11个步兵师，战果比相邻的部队大。赖歇瑙的部队成功穿越了布格河，夺取了沿岸的防御工事。

  士兵汉斯·罗特（第299步兵师反坦克营）写道，3点15分整，数百门各种口径的加农炮不知从哪儿冒了出来，同时开火。[……]3点30分，传来哨声。我们从掩蔽处走了出来，乘上橡皮艇，疯了似的渡过了把我们隔开的这20米距离。没一会儿，我们就来到了布格河的对岸，断断续续的机枪声在那儿等待着我们。我们清点了一下最初的损失。在一小批工兵的帮助下，我们极其缓慢地把布满铁丝网的区域清理了一遍。这个时候，我们的炮兵轰炸了梅尔尼科夫的掩体。最后，我们从这片难弄的地方走了出来。没走几步，我们就见到了第一座掩体，我们是从死角靠近它的。苏军疯也似的往外射击。[……]一个爆破专家从后面靠近，飞快地把炸药往枪孔里塞了进去。掩体颤抖了起来，一阵黑烟从各个孔眼里往外冒。我们继续推进。梅尔尼科夫10点落入了我们手里。[……]我们挨家挨户扫荡了村子，此时我们的坦克正从我们后面穿过。[……]我们的神经逐渐适应了这些残暴的场景。在海关大楼附近，堆了高高的一堆俄国人的尸体，大部分都已经被我们的炸弹炸得支离破碎。周围的房子里到处都是平民的碎块儿。一个年轻女人和她两个孩子已经很难认出的尸体就平躺在他们的肢体残块之间。[……]我们抓了第一批俘虏，都是狙击手，他们得到了他们应得的下场。[92]

苏军第124师在炮火的轰炸下，一小股一小股地进入了自己的阵地。他们遭受了极大的损失，不得不撤退，在两侧留下了15公里长的缺口。

近正午时分，第14和第11装甲师过了河，试图向弗拉基米尔-沃伦斯基推进，而不是去收拾第124师的残部。他们运气不好：环状的防御工事比预想中的宽，第87师的抵抗相当猛烈。防守者在与索卡尔城同高的掩体内占据了有利地形。苏军的轰炸机向德军纵队发起进攻，造成了混乱。在弗拉基米尔-沃伦斯基北部，第6集团军的两个步兵师向科韦利成功推进了15公里。尽管这样的突破不是很有意思，因为推进方向与通往基辅的公路呈90度角，但推进速度仍然惊人，而且没有一辆坦克参与了进攻行动。有可能苏军第15军的两个师（第45和第62师）已经被打退了。尽管过了两周，也就是7月2日才发布了第5集团军的作战报告，但或许可以从政治上找出理由：

> 为了使行动更为有效，必须释放西部地区过来的一部分部队里的人员［以前的波兰乌克兰人］。战斗期间，出现了不稳定的局面和不好的意图，有好几例谋杀军官的事例。给西部地区出身的军人分发武器在该部队的战区内也形成了一个匪帮区域。必须紧急做出决定性的行动，不要让部队受到部分当地人搞破坏的影响。后方不稳定的因素也造成了铁路运输方面的混乱。[93]

和波罗的海地区一样，苏军也处处受到敌视。苏军的防空部队由于没有驻扎在该驻扎的地方，也由于他们缺乏炮弹，所以无法阻止德国空军对部队的轰炸，将地面上的苏联400架飞机炸毁。但德军由于缺少足够的手段，所以其制空的优势没有在白俄罗斯来得大。到了晚上，无论在哪个地方，装甲部队和步兵部队都没有占据有利地形。基尔波诺斯并没有丧失冷静。在第5集团军的战区内，他立即让第22、第9、第15机械化军以及一支由后来的集团军司令基里尔·莫斯卡连科率领的反坦克旅上路。莫斯科连克在回忆文章中确认道，他的部队在集中的时候，遭到了埋伏起来的乌克兰民族主义分子的疯狂进攻。[94]

在第6集团军的后方，第4和第8机械化军也开始向西行军。6月22日晚上，在乌克兰，尽管苏军已经丧失了阵地，但他们的战斗部队几乎没受什么损害，完全没被打出局。20点，基尔波诺斯向莫斯科发去的作战报告与库兹涅佐夫和巴甫洛夫的报告形成了鲜明的对照：他的报告很长，很详尽；除了一个例外，所有师的阵地都相对精确；和莫斯科的联系也很稳定。

但由于要有一个高层的访客过来，基尔波诺斯不得不放弃在边境战区的战术防守态势。事实上，斯大林把总参谋长朱可夫从莫斯科派了过去。18点，朱可夫来到了基辅，乌克兰共产党总书记赫鲁晓夫正在等他。由于天上都是德国空军的飞机，两人便乘坐汽车来到了捷尔诺波尔，这座城市靠近基尔波诺斯司令部的所在地。他们凌晨3点到了那儿。朱可夫来这儿只有一个理由：让西南方面军实施苏军从1939年起制订的所有计划，尤其是最后一个MP-41计划中所预设的大规模反攻行动。必须打败伦德施泰特，进入波兰。方面军参谋长普尔卡耶夫疯了似的大喊起来。基尔波诺斯和作战处处长巴格拉米扬则表达了无声的抗议。但他们什么都阻止不了：这是斯大林根据2号指令下达的命令。

苏联航空兵被摧毁：除了突袭，还是突袭？

突袭，一切都是因为突袭。而突袭只不过是斯大林最初判断失误所造成的一个结果而已。这是他去世之后大多数苏联军事回忆录作者对1941年夏的溃败给出的一个简单的解释。所有这方面的文献都在围绕着突袭这个概念讲，却忽视了战术、作战和战略层面，当然也不能忘了心理层面。战后二十年，处于第一线的朱可夫承认自己并不认同这样的观点："在我们被打败的这么多理由中，我不会把突袭放在第一位。[……]我不再认为那是因为我们普遍进行的技术上的改装和重组没有完成所导致的结果。在我看来，德军打击的强度之大起到了主要作用。这就是最大的突袭。"[95] 伊谢尔松早就说过：德国开战不会有开场白，它会一上来把所有的手段都使出来。从6月22日晚间起，哈尔德将军在日记中对突袭这个主题就是这么说的。

敌人被德军的进攻打得措手不及。从战术层面上看，他们没有组织防守。在边境地区，敌军都被分散到了各处遥远的设施。

边防部队总体来看本身又很弱。战术突袭导致的结果就是，敌军在边境地区的抵抗不但弱，而且无序，这样就有可能夺取河道上的桥梁，突破第一道防御工事。第一波震荡之后，敌军就会投入战斗。战术撤退有时会很无序，无疑很多地方都会出现这种情况。但我们并没看出他们有作战上的意图以期有序撤退。[……] 他们的司令部在有些地方也无法运转，比如比亚韦斯托克（第10集团军）。他们的高层指挥系统已经部分瘫痪；但除了这一点之外，我们并不能认为在受到打击之后，俄国的领导层从第一天起就清晰地认识到了他们必须采取长期作战的决定。况且，由于其领导层太迟钝，他们还无法以作战行动的方式来做出反应。因此，俄国只能在他们能部署的地方部署军队，以此来应对我们的进攻。[96]

换句话说，只有在最高指挥层出现失灵的时候，战术突袭才会变成作战层面上的突袭。

我们现在再来讲苏军航空兵。除了边境的战斗之外，它们的失败无疑就成了巴巴罗萨行动的一个关键因素。如果它能有序投入巨大的资源，就能快速遏制德国的推进。在1939年6月第二次世界大战前夕，应德国空军参谋长汉斯·耶顺内克的要求举办的理论操演中，已经提出了在对敌行动的第一天进行大规模突然空袭的可能性问题。经过几次模拟演练之后得出结论，认为只有存在特别有利的条件下，大规模突袭才能起到决定作用。在波兰，1939年9月1日，战争开始的第一天，军用机场就遭到了轰炸。结果很惨烈，部分是因为气候条件太差导致的：12个空置的基地遭损毁，30架波兰飞机在地面被摧毁，14架德国战机被防空炮击落。1940年5月10日，在西部，法国的机场也遭到了攻击，但不成体系：保护军队穿越阿登地区具有绝对的优先地位。法国人和英国人损失了几十架飞机。相较之下，攻打苏联的时候，希特勒在1940年12月18日的第21号指令中得出结论，认为有必要"从行动一开始，就对俄国航空兵实施沉重的打击，使之无法行动"。[97]在他看来，这是唯一一种将苏军航空兵数量上的优势控制在合理范围内的方式。和波兰及法国不同，这项任务的优先性超过了所有其他任务。

几乎所有的战机，第1、2、4航空队的轰炸机、俯冲轰炸机、歼击机都被调动起来，以掌握空中优势。地面部队预先得到通知，他们不会得到地面支援。德国空军参谋部首先并不认为几天之内就能清除边境各地区的苏军航空兵，但通过侦察发现敌军的战机都粗心大意地聚集在边境沿线，于是他们就有了想法，觉得可以一开始就实施强有力的打击，获取最大的优势。这儿要注意的是，德国空军为巴巴罗萨行动进行了大量侦察任务，出动了256架长程侦察机，其中就有容克斯Ju 86P，还出动了401架中短程侦察机，几乎占了所有投入战斗的飞机的四分之一。在空军部制订计划的人中间，有一个名叫舒尔策-博伊森，又名"军士"的人，他很早就通知了苏联国家安全人民委员部，说战斗开始的时候将进行空中突袭。

德国时间6月22日2点45分至3点之间，1766架轰炸机和506架歼击机起飞，由受过夜间飞行训练的飞行员驾驶。下方的苏联城市灯火通明，仿佛空中什么事都没发生。飞机飞临目标上空之所以选取这个时间点，是因为此时晨曦初露，边境部队的炮火尚未开打，否则的话，会提醒敌军。3点15分至3点25分之间，31座机场同时遭到杀伤爆破炸弹、SD-2集束炸弹的轰炸和机枪的扫射。轰炸的目标都是地面的飞机、机库和毗邻的营房、存放燃油的油库、部队的司令部。根据基地的远近，德军飞机白天会返回轰炸三次、四次、五次，甚至达到八次。防空炮火力微弱，甚至不存在，机翼相挨的那些飞机就像是在接受检阅一般，都没有安装伪装网，密度太大，每个机场达100到150架。苏军歼击机团需要20分钟时间才能起飞63架飞机。因此，必须要有观察岗哨提前观察才能发出提前不久的警报。第一波攻击把苏军打得措手不及。当第二波来临的时候，电话网都已不起作用，因为已经被摧毁了。他们也不用等着看第三波来袭，因为他们已经被地面部队的进攻给驱散了。德军的轰炸机丝毫不用担心遭到拦截。这就是一场闻所未闻的大屠杀。巴甫洛夫麾下的第9混合航空兵师部署的409架飞机损失了347架，第10师的231架损失了180架。第9师师长切尔尼赫将军遭到内务人民委员部的逮捕并被枪决。10点，最初的几份报告确认苏军共有890架飞机遭摧毁，668架在地面被摧毁，222架在空战中被击落。德国空军损失了18架战机。

那么苏军将领究竟是出于什么理由，会把飞机堆放在离边境这么近的机场内的呢？这个问题触及了两个不同的点，即距离近和拥挤。基地之所以设在边境附近，可以同时从苏军即时反攻的信条和指挥层的结构来得到解释：60%的飞机都属于各集团军，其后方的纵深不到150公里。相较之下，这一点没法对堆放问题给出清晰的解释。之前都会说是因为缺乏机场所致，这个说法提到了1941年6月初铁木辛哥和朱可夫所下的命令："用于作战的机场的建设进度极其缓慢。6月1日，仅有50%的工地开工。西部军区和乌克兰军区的情况特别不堪。我命令军事委员会立即开始建设，务必在［……］1941年10月1日前完工。"[98]仔细来看的话，就会发现情况更复杂。苏联军事历史学家提供的数字[99]指出，为了在西部三大军区存放7133架飞机，1941年6月可用的机场为614座。从理论上来看，每座机场存放12架飞机。标准规定的是每个团63架飞机有三座基地，每个基地21架，还远未达到拥挤的程度。但机场数目增多也具有相对性。事实上，一方面，将会实施反攻的西南方面军获得了超过半数的设施，另一方面，又有382个基地没有得到使用。我们想象得出，1941年春仓促建造的这些机场事实上质量很差。照白俄罗斯党中央书记波诺马连科的说法，1941年6月，白俄罗斯的100个工地上共有8.7万名工人和7.5万辆汽车和四轮运货车投入建造工作。他们只是在1940年夏才开始建造，1940年

12月和1941年2月间由于冬季严寒，凿不动地面，无法搅拌水泥，只能停工，然后3月15日到5月15日又处于化冻期，地面不稳。结果大量机场都没有控制塔、机库、防空炮、无线电台、武库……剩下得到利用的232个基地（614–382）中，每个基地存放30架飞机。可是，其他资料却指出，40%的航空兵团都是两个团共用一个机场。[100]这样就是每个基地存放120架飞机，而非30架。因此，必须承认有相当数量的新建机场都不具有作战能力，或者说指挥层无法管制所有可用的机场。我们觉得第二个假设更不可靠，该假设是以朱可夫1941年4月发出的一个警告为基础的：“航空兵部队的通信系统从和平时期以来就已崩溃，一旦开战，指挥层就会瘫痪。"[101]可是，航空兵部队从1936年起就已装备了自己的通信指挥系统，五年后，这方面的状况还没到灾难性的地步。有线电话和电报共有13个通信中枢，但它们彼此之间都同集团军和方面军司令部以及边境前方观察哨所之间没有直接联系。为了将这些关键节点整合到它们的中枢系统之中，就必须通过由人来操作的民用系统。战时，该系统会被切换至无线电模式。但如果飞机上的设备必须取决于航空兵部队，这些地面设施中的无线电设备又必须取决于军队的通信系统，那60%的航空兵团就都得受制于此。由于通信系统注重的是地面部队，所以航空兵部队的基地到6月的时候，只有30%到50%的装备与合格的接线员。因此，苏联的航空兵部队就只能把机场建在集团军司令部能达到的地方。这样一来，拥挤就不仅仅是整体无能不自觉所致的结果，也是为了弥补通信缺陷而有意识所冒的风险。

　　将领们也很清楚地理解了堆积的危险，但有点迟了。6月19日斯大林签署的一份军事委员会的政令就让我们了解到7月20日之前所有的战机都必须涂成伪装色，[102]而7月30日之前机场也必须进行掩盖（种树、假建筑等）。只是在6月21日至22日晚间，朱可夫才下令立即将飞机分开存放，并做好伪装工作。那他之前为什么没这么做呢？照我们的看法，就是为了将飞机存放起来，供军队部署。把飞机疏散到没人去的地方有什么好处？要么失去管控，要么冒堆积的风险，这是个两难。不过，观察到6月22日拂晓时分突然出现的大屠杀，苏联人应该会遵守参谋长的命令，把飞机抢救下来，分散存放。但他们没这么做。有些指挥官纯粹是因为无能，而另一些却是因为缺乏飞行员来驾驶这些飞机。比如，第42歼击机团有100架飞机，但只有24名飞行员；第15团有54架米格-1，却只有23名飞行员；第6轰炸机师在同一个基地内有236架轰炸机，却只有175名飞行员。[103]还有一些将领，照我们的看法，这些人占大多数，他们之所以把飞机放在同一个基地内，是因为通信设备不够。在他们看来，把飞机放在受攻击但防守不行的基地内，至少还在他们的控制之下，而放在其他地方的话，就有可能会丢失。他们接受了飞机损失数量增多的现实。最后，也不可能把所有的损失都算在突袭头上。突袭这个理由可以用在6月22日这一天上面，但接下来一周2000架飞机在地面遭到摧毁就不能用这个理由了。

不管是出于什么理由，第一天拂晓时分，飞机仍然还在机场，打靶子的行动持续到了夜幕降临时分。到这时为止，1811架飞机被摧毁，其中1489架在地面被摧毁，322架是在战斗中被击落。德军飞行中队损失了35架飞机，其中半数都是因为故障所致。西方面军受到的影响最大。该军航空兵司令伊万·伊万诺维奇·科别茨没过多久便朝自己的脑袋开了一枪自尽了。德国国防军空军航空队所公布的这些数字太高，戈林简直不敢相信，要求进行核实。在接下来的四天里，德国空军的侦察机又发现了截至目前并未被侦测到的机场。这些天飞机轰炸的规模如此巨大，受损的还是装甲师，他们请求的支援根本就没有来。如果我们对比6月26日晚上苏军飞机损失的总数来看的话，就会发现当时根本就没把这些飞机给掩蔽起来，或对机场进行防守：又有1677架飞机在地面被摧毁，1116架在空中被击落。7月12日，边境战斗结束的时候，苏联欧洲部分航空兵总数的8000架飞机中已有

6857架被摧毁，德国空军损失500架。这是有史以来最全面的空战胜利。不过，尽管出了这么多血，但苏军航空兵在整个夏天仍然还能活动。在大北方、爱沙尼亚、敖德萨上空的某些边缘战区他们甚至还掌握了空中优势。从6月27日开始，装甲师得到了常规的空中支援，德军航空队可以实施"垂直包围"，这是德国空军首创的理论：进攻铁路线和通往战线的公路，截断敌军的增援，搜寻并摧毁师、军、集团军的指挥部。

随着时间的推进，地面被摧毁的飞机数量也在减少，战斗中被击落的飞机却在增加，而德军的损失却没有大幅增长。7月12日，60%的损失都是在空中被击落的，机组人员100%阵亡，因为地面被摧毁的飞机是没有驾乘人员的。甚至在6月22日当天，和人们的看法相反，空中标有红星的飞机和标有黑十字的飞机数量一样多：双方各出动了6000架次的飞行任务。但苏军飞机投入战斗时的状况极为糟糕，而这就和最初的突袭没有关系了。图波列夫SB-2和伊留申DB-3轰炸机飞行中队虽然白天升空容易被击落，但他们仍然在大白天起飞，而且没有任何歼击机的保护，损失率在75%至100%之间，更何况他们还经常缺乏情报，除了几个空洞的字眼，不知道要执行什么样的任务，不知道目标的确切位置，只能绕圈飞行，希望能定位目标。第54航空兵团团长斯基巴少校就是这种情况，6月28日，西北方面军三局的一份报告就把他逮了个正着："他下达任务的时候，根本没给出靶子的坐标，也不从掩蔽所里出来：'快去轰炸！你们自己去找靶子！'有人提出反对意见，说不给坐标也会炸到自己人的时候，他的回答是：'我也什么都不知道！'他的Ar-2和SB系列的飞机升空后在空中等了一个半小时，都在等他下达命令。由于这些飞机只能在空中飞行三四个小时，所以它们只能带着炸弹再飞回地面，什么任务都没执行。"[104]歼击机成小股起飞，数量上总是处于劣势。它们在低海拔飞行，这种高度它们飞得更自如。因此之故，它们遭到了德军防空炮的大规模射击,高处又遭到Bf-109的偷袭,它们一点机会都没有。10架中有8架再也没有回来,但这样也不能说服部队的指挥官继续往绞肉机里不停地塞肉。德国空军第2航空队陆军元帅凯塞林后来说起苏军航空兵将领的行为时,说他们"几乎就在犯罪",让这些"斯大林之鹰"的年轻人执行这样的任务就是在"谋杀小孩子"[105],当然他并不是因为心软才这么说的。高空的飞行员绝望之下只能求助于撞击战术,就是在飞行中去撞击敌机。6月22日的19例撞机事件中,第一例就发生在格罗德诺的上空。库兹明中尉驾着双翼战机I-153撞向了沃尔夫冈·舍尔曼中校的Bf-109,舍尔曼是利佩茨克秘密基地老资格的飞行员,有25次击坠纪录的王牌。库兹明阵亡,舍尔曼跳伞成功,但落到了内务人民委员部的手中,被就地枪决。

丘吉尔的话

"为了更好地为迎接战争做好准备工作,有一支现代化军队还不够。还必须从政治上为战争做好准备工作。从政治上为战争做好准备工作是什么意思?就是要有信得过的盟友和数量足够的中立国。德国开始战争的时候就解决了这个问题,但法国和英国还没有解决这个问题。"[106]1941年5月5日,斯大林在接待军事学院获提拔的年轻人时这么说。不到七个礼拜之后,他就开始了一场战争,但没有一个盟友,西部边境地区也没有一个中立国家。因此,照他自己的定义,他在政治上应对冲突的准备工作只能得零分。

6月22日清晨,各国报纸从聚在柏林的里宾特洛甫新闻发布会上的各家通讯社那儿得知了入侵的消息。德国人是在5点30分的时候知道这个消息的,当时播放了希特勒的呼吁,是由戈培尔宣读的。播放之前,第一次插播了李斯特的《前奏曲》。内容大体是:俄国人发起了进攻;这场战争是为了保护欧洲的文化和文明;是对以莫斯科为中心、与犹太-布尔什维克同盟的犹太-盎格鲁撒克逊人的阴谋进行回击。党卫军保安局的报告提到民众"大为吃惊,更何况还有流言说最近几天俄国和德国之间马上会签订协议,斯大林也会访问德国"。[107]

在罗马,墨索里尼对进攻之前几个小时才接到巴巴罗萨行动的消息大为光火,尽管他已经通过其他渠道对这几个星期的情况有所了解。希特勒写给他的信晚上到了他手中,他让墨索里尼明白他完全不需要意大利军队。但意大利领袖想要分些残羹冷炙,第二天,差不多强行把一支远征军安插到了俄国,指挥权则交给了津加莱斯将军。德军随他这么去做,只是说这支部队来得太晚,不用打了,但今后可以执行一些次要任务。12点30分,外交部长齐亚诺向苏联大使宣读了宣战书。从6月24日起,抱有猜疑心理的希特勒禁止让意大利人往克里米亚突破,对这个地方他有自己的打算。[108]

在赫尔辛基,人们没有放弃遭受侵略的道德优势。集中于边境地区的军队没有动。只有芬兰的潜艇悄悄地往苏联的水域放了水雷。莫斯科任其自便,只是希望芬兰能置身事外。但这种虚假的形势难以维持。事实上,从22日起,德国的飞行中队就已经从芬兰的六座机场起飞轰炸了摩尔曼斯克和列宁格勒的军用港口喀琅施塔得。

6月22日清晨,罗马尼亚年轻的国王米哈伊和领袖安东内斯库发起了号召,说这场"圣战"就是要站在德国国防军一边,解放比萨拉比亚和北方的布科维纳。安东内斯库和预想中的一样,担任罗马尼亚军队指挥和德国驻摩尔达维亚的第11集团军司令,乘坐"祖国号"专列去了边境地区。一节车厢为德国陆军代表团团长豪菲将军专用。

凌晨4点,里宾特洛甫把日本驻柏林大使大岛将军叫到了身边。他向大岛浩宣布战争已经开始,希望日本也能参战。东京的外务大臣松冈洋右对德国大使说,日本帝国不会长时间保持中立。这话一说,苏联大使就不确定了,急着打听消息。

在华盛顿,官方并没有对德国的进攻做出反应。不过,国务卿萨姆纳·威尔斯去见了罗斯福，准备于次日发表声明。

当然，在伦敦，巴巴罗萨行动堪称一场不可思议的突袭行动，虽然军人、情报部门的人员和整个外交部对苏军的能力普遍持怀疑态度。自从1937年至1938年的大清洗和芬兰战争以来，他们认为苏联已经无法赢得一场现代化战争。所有人都认为苏军干部的培训处于极低的水准，交通运输系统已经过时，工业和科技能力也有缺陷。帮助一个注定会失败的政体和军队有何益处？ 1940年7月，陆军部的一份报告做了预测："苏军面对突袭的时候特别脆弱，这是理论僵化和没有能力对突发事件做出反应所致。"[109]伦敦对苏联庞大的武库很了解，但认为这些武器都已经过时，我们已经知道这种看法是错误的。他们对苏联军队动员的能力和弹药的生产也做了错误的估计。没有一个观察人士认为苏军能挺过三个月，许多人认定苏军只能挨三到四个星期。正如斯塔福德·克里普斯在进攻发起的六天之前对战时内阁所言："现在这个时候，敌人能推进到列宁格勒、莫斯科和基辅。还要看苏军是否能在欧洲部分继续存在下去，退往西伯利亚。"[110]

丘吉尔认为苏军根本没有存活的机会，6月21日，他就对私人秘书这么说过："[……]德国肯定会对俄国进攻，俄国肯定会被打败。"[111]但眼下，即便只有三个月的时间，他仍只考虑一件事情：他最终有可能获得一个盟友，开辟一条新的战线，这可不是一个一无是处的想法，这样可以从希特勒手上撬掉一个供货商，进攻前几小时，这个供货商还在向德国提供小麦和石油。白天，美国驻伦敦大使向他传达了罗斯福的话，显然，罗斯福已经决定对巴巴罗萨行动做出回应，他要发布一份具有决定性意义的倡议："罗斯福向我承诺，如果德国打击俄国，他就会立即公开支持'首相说要和俄国结盟的宣告'。"[112]丘吉尔马上做出回应，至少一个星期以来，他都在考虑这件事，他目前能用的武器只有讲话和BBC。他没有通知自己的内阁，但和艾登说过，6月22日晚，他发表了战争时期他最重要的一次讲话。

他并没有隐藏自己过去和现在的反苏态度，但他说在摧毁纳粹主义方面，这一切都可以忽略不提。"所有和纳粹主义进行战斗的人民和国家都会获得我们的帮助。[……]然后他说我们会尽己所能帮助俄国和俄国人民。[……]俄国所面临的危险也会成为我们的危险和美国的危险，俄国为了自己的家园进行战斗的事业同样也是全世界自由的人类和自由的民族的事业。"目前，伦敦除了说些好听的话，还帮不了苏军什么大忙。更何况丘吉尔的希望无法掩盖整体对巴巴罗萨行动的军事问题所抱持的悲观态度，而且要帮助斯大林，还会遇到道德、思想和心理上的困难。

斯大林的一天

如果说心理上的冲击肯定会有，混乱是明显的，那么6月22日斯大林精神上的崩溃就是一个迹象。他的来客登记簿和当天相关人士的回忆录中都是些流于形式的东西：领袖在统治国家，做出决策，下达命令，虽然朱可夫说"他的嗓音都变了。他的讲话不怎么有力了……"在战争的最初几个小时，除了两名核心的军人铁木辛哥和朱可夫之外，斯大林还把他的拥护者们聚在自己身边，像往常一样，对苏联政府机关并没有过多的担心。政治局委员、外交人民委员莫洛托夫在场，警察头子贝利亚也在场。相较之下，我们就要问了，麦赫利斯为什么也会在他身边？他既非政治局委员，也非候补委员。他监察各部的职位似乎官职还不够高。或许，斯大林让他在自己身边，是因为他以前担任过红军政治部主任一职，是大清洗的核心人物，因而也就成了实行统治的手段。麦赫利斯身穿军装在场这个事实应能加强这个假设。相较之下，高级军事委员会其他委员虽然也都在莫斯科，却没受到召见，如布琼尼和日加廖夫。7点30分，政治局候补委员和高级军事委员会委员马林科夫加入了六重奏。近8点，交通部门主管卡冈诺维奇和伏罗希洛夫也来了。

斯大林的第一反应颇能显现他的思维方式和行为模式。他开始和各地方的领导人进行联系，然后把他们派往各方面军的参谋部，好让参谋部感受到他就在军队的身边。从清晨7点起，他就致电白俄罗斯党中央书记波诺马连科，命令道："您立即将自己在军事委员会的工作地点移到方面军。您从那儿领导并落实中央委员会的路线。"[113]

当天的第二场会议也具有同样的特征。朱可夫、铁木辛哥、麦赫利斯都去了，共产国际的负责人季米特洛夫和曼努伊尔斯基8点40分赶到，和斯大林见了两个小时。4月还想解散共产国际的斯大林似乎按照以前人民阵线的精神给自己找到了一个新的职业："各级组织必须发动一场保卫苏联的运动。苏联人民发动的是一场抵抗法西斯德国的爱国战争。一定要战胜法西斯主义，否则它会让许多人沦为奴隶，也会让其他人……"[114]季米特洛夫在日记中写下了斯大林对谁都不信的态度："外交代表必须被送出莫斯科，比如送到喀山去。他们在这儿会成为间谍。"[115]

大约是在10点45分至11点30分之间，斯大林和莫洛托夫两人写了讲话稿，向苏联人民宣布战争已经开始。苏联的绝对领导者和人民委员部委员让他的左膀右臂向电台宣读这份演讲稿，这点让与会者都大吃一惊。很久之后，莫洛托夫在委员部办公室主任恰达耶夫的面前自问："为什么是我，不是斯大林？他说为了选择一种方法和讲话的语调，局势必须更明朗才对。他不能像台机器，他没法回答所有的问题。[……]作为政治家，他必须等待一会儿，再看看，因为您知道，他讲话的方式总是很具体的。眼下没法找到方向，就不可能给出具体的回答。他说他再等几天，等到前线的局势更明朗再说。"[116]该怎么解释他这种退缩的行为呢？斯大林还想等柏林方面给出什么信号吗？所以就像我们写的那样，为了这个目的，他就得让自己再等等，打仗之类的话让外交人民委员说就得了？这是不可能的：从莫洛托夫文章

第九章　1941年6月22日星期日：漫无尽头的一天　533

的草稿来看，斯大林亲手加了这些句子："苏联政府在斯大林同志的领导下，要我来发表这篇声明。"还有："[人民]必须紧密团结在我们伟大的领袖斯大林同志"的身边。战争开始过了八小时后，斯大林终于明白自己受了骗上了当。但他无疑心理上还没强大到能够去公开面对自己和德国结盟政策的彻底失败这件事。

12点15分，斯大林收听了莫洛托夫在电台的讲话，14点，朱可夫和铁木辛哥同瓦图京一起返回了领袖的办公室，沙波什尼科夫和贝利亚已经在那儿了。这些军人是16点离开的。他们都讲了些什么呢？这次会议没有记录。但肯定的是收到各方面均传来的最新消息（有虚假的消息、谎言和过时的消息）之后，他已经决定从明天起依照MP-41计划发起总反攻。因此，21点15分就将2号指令分发给了西部的三个军区。会议一结束，这些军队的钦差大臣便前去落实指令的实施情况：我们知道，朱可夫去了乌克兰，沙波什尼科夫和库利克去了白俄罗斯，戈罗多维科夫将军则去了里加。

电话也一直在响。铁木辛哥打了好几次。恰达耶夫记录了斯大林的一次回复："突然进攻当然在战争中很重要。这样可以掌握主动权，使进攻者一方占据很大的优势。但你们都拿这个突袭当作借口。[……]巴甫洛夫那儿的情况怎么样？"然后，他就挂断电话，对莫洛托夫说了句极不信任巴甫洛夫的话："巴甫洛夫[……]找借口，说指令来得太晚。但就算没有指令，部队不也应该保持警惕吗？"[117]

16点45分，斯大林在贝利亚的陪同下离开了克里姆林宫，去了康采沃的别墅。

"我们的事业是正义的"

通过外交人民委员在电台的讲话，绝大多数苏联人才得知战争已经开始了。11点，播音员尤里·列维坦通知说，正午时分会播放一则特殊的通告。在上述这个时间点，整个国家都凝固了。马路上，企业内，商店里，大家全都粘在了喇叭跟前。12点15分，列维坦深沉的男低音响起："莫洛托夫同志对你们讲话。"不似惯常的"同志们"，开头的几个字是"男女公民们"。一半的文稿都在为进攻感到悲痛，"[尽管]苏联政府[已经]恪守[互不侵犯]条约的所有规定"。戈培尔在日记中嘲讽道："哭哭啼啼。""没有向苏联提出任何要求"这句话重复了三遍。这是在表达遗憾，也是在打预防针：苏联是被侵略的国家，是遭欺骗的一方，具有道德优势。最后，莫洛托夫用他死气沉沉的声音呼吁团结在"我们的布尔什维克党"的周围之后，又用强劲有力的话语说："我们已经打败过拿破仑，我们同样会打败自以为是的希特勒。"他把这场战争称作"爱国战争"。这个表达法并非无足轻重，所有的俄罗斯人都知道这句话的出处：19世纪以来，俄国人就用这个表达法来指称和拿破仑的战争。最后三句话最具当代意义："我们的事业是正义的。敌人将被打败。我们将会赢得胜利。"一直到1945年，标语上和传单上，报纸上，被夷为平地的城市的残垣断壁上，T-34坦克的侧面，都会印上这几句话。"你啊，太紧张，不过表现不错。"斯大林对从电台大楼返回的莫洛托夫说。"我嘛，我觉得很一般。"另一个回答道。

苏联人对莫洛托夫的这次简短的讲话有什么反应呢？他们的反应似乎取决于他们对体制的依附程度。6月28日，中央委员会组织和情报局的一份报告讨论了民众的情绪，将市民的行为分成好几个因素。

正如各地党支部所说，战争刚开始几天，粮食和制成品的需求猛增，商店都排起了长队。最紧俏的产品是糖、盐、火柴、肥皂、面粉、燕麦粉。[……]在古比雪夫、乌里扬诺夫斯克、塞兹兰，动员最初几天，民众中酗酒的现象暴增。因此，各地区党中央委员会便禁止在这些城市销售伏特加。有些地区报告说出现了反苏维埃的宣言和纵火的罪行。[118]

在列宁格勒，内务人民委员部通知说工人对他们有近两年时间在帮助希特勒一事表达了愤怒之情。"不应该给德国人面包和石油。[……]不是俄国人，而是犹太人在领导这个国家，这就是这么做的理由。"[119]

知识分子的私人日记大多数时候都能分成两个泾渭分明的阵营：表示要向内部移居的一部分人，和立刻响应莫洛托夫呼吁的一部分人。对伊利亚·爱伦堡而言，尽管上层在欺骗，但反法西斯才是第一位的。"我们都坐在无线电收音机边上，等着斯大林讲话。但讲话的竟然是莫洛托夫。他很紧张。他讲到德国背信弃义，发起进攻，让我震惊不已。我们都能明白天真的女孩子抱怨恋人对她撒了谎这种事。但能指望法西斯主义者干出什么来？"在布加勒斯特，米哈伊尔·塞巴斯蒂安也是同样的反应："莫洛托夫说那是'侵略'，'很残暴'等。苏联这头狼不得不扮演起天真小羊羔的角色了。看上去有点像可怜的比利时人。"[120]莫斯科某研究机构的女研究员洛辛娜指责政府犯了错，说自己拒绝参战。"德国无法平静地接受我们的存在。我们帮助了它，可我们自己却活得惨不忍睹。现在，德国用炸弹来回报我们。就让政府自个儿去摆脱困境吧。我们没有很稳固的后方，人民都很愤怒，国内会发生骚乱，局势会更复杂、更棘手。战争会极为暴烈、极为血腥。"

40岁的列宁格勒人奥林匹亚达·波利亚科瓦，又名莉迪亚·奥西波娃，并未掩藏自己幸灾乐祸的心情。她很乐意发出失败主义的呼吁。

战争显然已经开始，这是场真正的战争。我们很快就会解脱了吗？就算是德国人，情况也不会更糟糕。[……]我们所有人都有一种感觉,好了,我们期待了这么长时间,现在总算来了,我们都不敢奢望,但在内心深处却仍存有这样的希望。若是没有这样的希望,我们就活不下去。德国人将会胜利,这点没有任何疑问!主啊,请原谅我!我不是自己人民的敌人,也不是自己国家的敌人。我没有蜕化变质。但必须直视现实:整个俄国都在期待敌人的胜利,不管他们是谁。这该死的夺去了我们的一切,也包括爱国的情感。[121]

在阿尔汉格尔斯克,50岁的菲拉杰尔夫·帕尔辛斯基以前是革命社会主义者,在古拉格待了几年后成了政治警察的线人,他在日记中说全世界许多人由于不理解希特勒主义,都觉得有限占领是个合理的选择。

> 日耳曼帝国决定帮助乌克兰脱离苏联。不是整个乌克兰,而是西部地区,还有白俄罗斯的西部地区、立陶宛、拉脱维亚、爱沙尼亚、比萨拉比亚和布科维纳的北部地区。正义要求芬兰采取报复措施。德国攻占西部地区的时候,芬兰被红军打败过。苏联政权喜欢在风浪里钓鱼。[……]丘吉尔怒气冲冲地保证说他会说服美洲,帮助俄国来打希特勒。不过,必须说的是1939年至1941年的战争是一个很明显的证据,表明在资本主义世界,左手并不知道右手在干什么。西欧这是搬起石头砸自己的脚。[122]

16岁的格奥尔基·叶夫隆是诗人玛琳娜·茨维塔耶娃的儿子,他在西方长大,他在这里失去了一切,他的父亲、他的两个姊妹、他家的财产,他的反应毫无疑问代表了城市里许多年轻人的想法:"就这么回事。我们和德国鬼子打仗了。德国人始终是通过背信弃义的手段来发起进攻,不宣而战的。我认为纳粹发动的对苏联的这场战争刚开打就结束了。至少我们都知道谁才是敌人,那就是第三帝国。"莫斯科年轻的考古学家姆·格·拉宾诺维奇正在准备他的论文,他从杂货店的售货员口中得知爆发了战争。"我手上提溜着红萝卜,想都没想,就无意识地去了大学,而不是回家。在艺术电影院边上的阿尔巴特广场上,高音喇叭已经开始在播放。是莫洛托夫在讲话。我和大家一样,停下脚步,贪婪地听着每一句话。'我们的事业是正义的!'[⋯⋯]我对莫洛托夫没有任何好感(不是因为他写了这篇讲稿),但他说了他必须说的话。"[123]

"上帝会给我们赢得胜利的"

莫洛托夫讲话刚结束,克里姆林宫便在6月22日的另一次重要讲话中拨动了第二根琴弦,这次讲话更出其不意:莫斯科东正教大牧首谢尔盖一世呼吁拿起武器。谢尔盖·斯特拉戈罗兹基在苏联人中间没人听说过,因为他并不出现在公开场合,他是1917年至1941年间俄国东正教会职位最高的人,他在任时的殉道者比20世纪所有教会加起来都要多。1917年共有5万座教堂,1941年东正教只剩1200座教堂还开着门。教士、修道士、女修道士以及信徒有50万人到100万人被处死或消失在了古拉格里。东正教会无论尘世的,还是精神的迹象,都在被持续地摧毁。欺压、羞辱、嘲讽、仇恨犹如汪洋大海一般淹没一切,到1939年的时候,东正教会差不多正濒于全面消亡的境地。

吊诡的是,莫洛托夫—里宾特洛甫条约及其直接后果,亦即1939年至1940年领土的扩张拯救了教会。事实上,在波罗的海国家、波兰东部、比萨拉比亚,苏联置身在了以农民为主笃信宗教的人群之中。在第二次世界大战刚开始的背景下,尽管宗教遭到摒弃的现象越来越多,但苏联不会发动一场大规模的宗教战争,虽然对持民族主义观点的教士秘密进行镇压仍然在进行。它通过政治和社会经济体制来不断地施压。它选择让沙皇体制削足适履，使之存在一个俄国的东正教会权威，便于管理。通过这样的政治盘算教会才得以苟活，莫斯科的大牧首在6月22日这一天本应保持沉默才对。而谢尔盖一世突然灵光乍现，选择的是保持正确，多讲好话。因为如果确定他的讲话稿被内务人民委员部的人一读再读，那只要该部允许发表这篇讲稿，就没有理由否认讲稿的作者是谁。即便教会在官方的无神论者看来是非法的，但只要出版该文，就会是一件史无前例的大事。

> 法西斯土匪已经进攻了我们的国家。他们违反了所有的协定和所有的承诺，突然向我们扑来，我们无辜同胞的鲜血已经洒在了祖国的土地上。拔都、德国骑士、瑞典人卡尔和拿破仑的时代一而再，再而三地重复上演。东正教敌人这些可怜可悲的后人满嘴的谎言，想要人民屈膝下跪，以此来牺牲这个国家的完整性，而人民却通过血的誓言和祖国紧密相连。这已经不是第一次俄国人民不得不经历这样的苦难。但在上帝的帮助下，他们将把法西斯军队碾为齑粉。[……]我们要记得俄国人民的伟大领袖亚历山大·涅夫斯基、德米特里·顿斯科伊，他们正是为人民和祖国而死的。我们要记得成千上万的东正教战士，他们的名字已进入了永恒。[……]我们的东正教会始终和人民同命运，共呼吸。它和人民一起背负着十字架，与人民一起为胜利而欢欣鼓舞。如今，教会再也不会抛弃自己的人民。[……]我们，教会的牧者，在这艰难的时刻，不能对发生的事情保持沉默。[……]如果牧者除了保持沉默之外，还对基督徒的感受无动于衷，那就说明他们对有可能从边境另一方得到好处心怀叵测，而这就是对国家和牧者的职责直接的背叛。[……]耶稣的教会将会因为你们保卫我们祖国神圣的边境而赐福于你们。上帝会给我们赢得胜利的。[124]

这篇讲稿一个字都没提到社会主义、革命、苏联，也没提到斯大林。用的都是传统的俄国修辞手法，保卫祖国的爱国主义充盈着神秘色彩，而苏联也正准备在战时的宣传中大规模使用这种手段。谢尔盖一世发布这个信息是针对谁的呢？是苏军的农民兵吗，他们通常都信教？非也，因为他们对他一无所知。在国内，仍然开门的1200座教堂宣读了这篇文稿，上教堂的几万名老年人应该能听到。1943年之前，该文稿的俄语版一直没有刊发。相反，该文稿却流布到了国外，主要是西方。那他是希望得到盎格鲁-撒克逊人的舆论支持吗，毕竟在那些国家，宗教举足轻重？但斯大林还不敢确定伦敦和华盛顿会在这场战争中和他齐头并进。况且，这篇讲稿只是在1942年刊登在一本发给盟国外交团体的宣传小册子上，名为《俄国宗教的真相》。事实上，谢尔盖一世讲到了边境地区有3000座东正教教堂受到了入侵的直接威胁，那些地方包括乌克兰、白俄罗斯、波罗的海诸国（尤其是爱沙尼亚，东正教的书籍印数很大）、比萨拉比亚。谢尔盖一世最后几句话对明斯克、基辅、里加、塔林、基希讷乌、切尔诺夫策的东正教神职人员发出了一个清晰的警告：千万不要听信外国蛊惑人心的宣传。你们作为基督徒，有责任聚集起来，发动圣战，对抗入侵者，而不要去管侵略者对宗教怎么说，怎么做。从中可以再明显不过地读出的是对德国人挥舞十字架而非卐字符的担心，担心没有臣服的地区会和德国进行大规模的合作。从以后的情况来看，这种担心部分是有道理的。

注　释

1. David Carlton, *Churchill and the Soviet Union*, Manchester University Press, 2000, p. 82.
2. *New York Times*, 19 juin 1941.
3. *New York Times*, 20 juin 1941.

4. *Pravda*, 20 juin 1941.

5. *Izvestias*, 21 juin 1941.

6. *Troud*, 21 juin 1941.

7. Zakharov G. *Ia Istrebitel*. Voenizdat, 1985, p. 100–101. [http://militera.lib.ru/memo/russian/zaharov/04.html]

8. Hürter, Johannes, *Ein deutscher General an der Ostfront. Die Briefe und Tagebücher des Gotthard Heinrici 1941/1942*, p. 61.

9. Tiulenev, *Tcherez Tri Voïny*, [http://militera.lib.ru/memo/russian/tulenev_iv/06.html], p. 123.

10. *1941 God*, série Yakovlev, vol. 2, p. 421.

11. *1941 God*, série Yakovlev, vol. 2, p. 414–415.

12. Berejkov, *Stranitsy Diplomatitcheskoï Istorii*, p. 50–51. [http://militera.lib.ru/memo/russian/berezhkov_vm2/01.html]

13. TsAMO RF. F. 48a. Op. 3408. D.3. L.257–259.

14. Interview de Joukov par Anfilov, *VIJ* n° 3, 1995.

15. Vassilevski, *Delo Vsei Jizni*, Olma Press, 2002, p. 761.

16. Joukov, *Mémoires*, vol. 1, p. 349.

17. TsAMO RF. F. 208. Op. 2513. D. 71. L. 76. In *Lopoukhovski 1941. Na Glavnom Napravlenii*, p. 224.

18. Constantin Simonov, *Raznyé Dni Voïny*. [http://militera.lib.ru/db/simonov_km/1_01.html]

19. Voir la série d'ordres des 10 et 11 juin du KOVNO à Joukov, TsAMO, F.48, op. 3408, d.14, Ll 432 ; F.16, Op. 2951 D.261, Ll. 22–23.

20. TsAMO, F.16, op. 2951, d.265, Ll. 26–30.

21. Joukov, 10e édition, vol. 2, p. 8.

22. Joukov, 10e édition, vol. 2, p. 9.

23. Istochnik n° 2 (1995), p. 147.

24. Gueorgui Koumanev, *Riadom so Stalinym*, p. 337.

25. N. N. Voronov, *Na sloujbé voennoï*, Moscou, 1963, p. 176.

26. Berejkov, *Prostchiot Stalina // Mejdunarodnaä jizn*. 1989. n° 8, p. 27.

27. TsAMO F. 132a OP. 2642 D. 41. L. 1–2, in Lopoukhovski, p. 224.

28. Goebbels, *Die Tagebücher*, T.1, Bd.9, p. 394.

29. *Ibid.*, p. 395.

30. *Ibid.*

31. *Ibid.*, p. 396.

32. Schmidt-Scheeder, *Reporter der Hölle*, p. 212.

33. Toutes les citations de l'appel sont tirées de Max Domarus, *Hitler. Reden 1932 bis 1945*, vol. 4, p. 1726.

34. K-J Arnold, *Die Wehrmacht und die Besatzungpolitik in den besetzten Gebieten der Sowjetunion*, Duncker & Humblot, Berlin, 2005, ndbdp, p. 69–70.

35. Journal de Hewel, cité par A. Hillgruber, *Die Zerstörung Europas*, p. 297 et note p. 310.

36. W. Schellenberg, *Memoiren*, Köln, 1959, p. 179.

37. Friedrich Kellner, *Vernebelt, verdunkelt sind alle Hirne*, Wallstein, vol. 1, p. 155.

38. 1941年10月，第三国际各部门向巴什基尔疏散过程中，利斯柯夫消失不见了。我们不知道他的命运如何。

39. Mikhalev, *Strategia*, p. 600 et 817; Krikounov, *VIJ* n° 4, 1989, p. 41–44.

40. 我们的理解是，在苏联人那里，所谓的"现代"，就是指T-34、KV-1和KV-2这些坦克型号，在德国人那里则是指配备50毫米加农炮的四号坦克和三号坦克。

41. RGVA F. 9. Op. 39. D. 98. L. 174. M. Meltiukhov, *Natchalnyi period voïny v dokumentakh kontrrazvedki (22 Iunia – 9 iulia 1941)*, In: Tragedia 1941-ogo. Pritchiny katastrophy. [http://militera.lib.ru/research/sb_tragedy1941/text.html]

42. RGVA F. 221, Op. 3928ss, D. 10, L. 68. M. Meltiukhov, *Natchalnyi period voïny v dokumentakh kontrrazvedki*…

43. 苏联的文件讲到了希奥利艾、帖利沙、考纳斯和阿利图斯的四个"设有工事的战区"。我们对这些地方是否经过相应的治理持怀疑态度，因为德国部队的战争日记中丝毫没有提到那儿有抵抗的痕迹。

44. Joukov, *Mémoires*, Fayard, vol. 1, p. 293. 元帅提到了瓦图京向战争委员部提交的报告。

45. 发布给波罗的海特别军区部队的0052号命令。TsAMO, F. 344, Op. 2459ss, D. 11, L. 30–36.

46. *VIJ* n° 6, 1989, p. 25.

47. Ordre n° 00229, 18.6.41, TsAMO F. 221, Op. 7833ss, D. 3, Ll. 17–21.

48. Cité par Boris Chaptalov dans *Ispytanié Voïnoï*. Moscou. AST 202, p. 31. [http://militera.lib.ru/research/shaptalov/01.html]

49. Cité par Boris Chaptalov dans *Ispytanié Voïnoï*. Moscou. AST 202, p. 31. [http://militera.lib.ru/research/shaptalov/01.html]

50. 50. TsAMO RF. F. 15. Op. 977441. D. 2. L. 478, in VOV, T. 2, p. 657.

51. VOV, T. 2, p. 567.

52. RGVA F. 9. Op. 39. D. 101. L. 328–329; D. 105. L. 55–56.

53. Interrogatoire d'Alexei Ionov. TsA FSB Rossii n° P-2998. D. T. 1. L. 80, 171–172, 180. In: Vassili Khristophorov, *Pervyé Dni Voïny po dokoumentam Centralnogo Arkhiva FSB Rossii*, p. 90–91.

54. Erich Kuby, *Mein Krieg*, Aufbau, 2010, p. 112.

55. Von Leeb, *Tagebuchaufzeichnungen und Lagebeurteilungen*, p. 275–276.

56. RGVA F. 9. Op. 39. D. 101. L. 328–329; D. 105. L. 2–3. RGVA F. 9. Op. 39. D. 98. L. 163, in M. Meltiukhov. *Natchalnyi period voïny v dokoumentakh voennoï razvedki*.

57. C'est l'avis de son biographe, Heinrich Bücheler, *Hoepner*, p. 128.

58. *Ibid.*, p. 131.

59. F. 221, Op. 2467ss, D. 39, Ll. 123–124.

60. TsAMO F. 221 OP. 1394 D. 23. L. 125–128.

61. TsAMO RF. F. 221. Op. 1351. D. 20. L. 1–5, in *Narodnaïa Voïna*, p. 120.

62. TsAMO RF. F. 221. Op. 1394. D. 23. L. 123, 124, in VOV, T. 2, p. 659.

63. Rapport de Kouznetsov à Timochenko, 22 juin, 22 h 00. TsAMO F. 221, Op. 2467ss, D. 39, Ll. 171–175.

64. Manstein, *Soldaten Leben*, p. 45.

65. Manstein, *Verlorene Siege*, p. 182.

66. TsAMO RF. F. 221. Op. 1351. D. 20. L. 1–5, in *Narodnaïa Voïna*, p. 119.

67. APRF. F. 3. Op. 50. D. 460. L. 73–88. Cité dans Istotchnik n° 2 1995, p. 103–106.

68. Mikhalev, *op. cit.*, p. 600 et 817.

69. TsAMO RF. F. 38. Op. 11360. D.1. L. 22,23 et D. 2. L.318–324, in Lopoukhovski, p. 226.

70. Popov et Lukin, Boevie deistviya chastie korpusa s 22.6.41 g po 1.7.41 g, in: *Geoicheskaya Oborona*, p. 598.

71. 第10集团军三局局长洛斯政委7月15日的报告。这份报告描述了6月22日发生的情况。

发表于2006年6月17日的《红星》(Krasnaïa zvezda)。

72. Rapport Fominykh, in Krasnaïa Zvezda du 17 juin 2006.

73. TsA FSB. F. 127. Op. 12915. D. 16. L. 415–422. In *Voennaïa Razvedka Informiruet Yanvar 1939–Iun 1941. Dokoumenty*, p. 695–698.

74. Walter Kempowski, *Das Echolot. Barbarossa '41. Ein kollektives Tagebuch*, BTB, p. 17.

75. Johnnie von Herwath, *Against two Evils*, p. 198.

76. Walter Kempowski, *Das Echolot, Barbarossa '41*, p. 25.

77. F. 208, оп. 10169сс, д.4, лл. 22–24, in: Meltiukhov *Naaatchalnyi period voïny v dokumentakh kontrrazvedki*. Dans Tragedia 1941-ogo. Pritchiny katastrophy.

78. *Ibid.*, F. 208, Op. 10169ss, D. 4, ll. 18–20.

79. *1941 God*, vol. 2, p. 459.

80. Hermann Hoth, *Panzer Operations*, p. 68.

81. TsAMO F. 38. Op. 11360. D. 5. L. 21. In Krikounov, *Kouda delis tanki?*, p. 30.

82. O. N. Kisseliov, *Prigranitchnyé srajenia 1941 goda*, p. 419.

83. TsAMO F. 208. Op. 2511. D. 207. L. 31.

84. 这是第3集团军司令瓦西里·库兹涅佐夫将军在1941年12月接受加里茨基将军审问时表达的看法。In: Galitski, *Gody sourovykh Ispytanii. Zapiski Komandira. 1941–1945*, p. 70–71.

85. NARB. F. 4. Op. 33a. D. 27. In *1941 God, Straba v Ogné*, vol. 1, p. 315.

86. RGVA, f.9, op. 39, d.101, l.328–329; d.105, l.163–164.

87. RGVA, f.9, op. 39, d.99, l.330–340.

88. Mikhalev, *op. cit.*, p. 600 et 817.

89. Rokossovski, *Soldatski Dolg*, p. 12.

90. *VIJ* n° 7 1989, p. 68–69.

91. *VIJ* n° 2 1994, p. 7–8.

92. *Eastern Inferno*, p. 26–27.

93. TsAMO F. 229, Op. 9776ss. D.3. L.10

94. Moskalenko *Na Yugo-zapadnom napravlenii*, p. 21–27. [http://militera.lib.ru/memo/russian/moskalenko-1/01.html]

95. Interview de Joukov par Anfilov, 26 mai 1965, *VIJ* n° 3, 1995.

96. Halder, *KTB*, vol. 3, p. 5.

97. Hubatsch, *Hitlers Weisungen*…, p. 97.

98. *Russki Arkhiv*, vol. 3 (2–1), p. 279–280.

99. Voir bibliographie in: Sterret, *op. cit.*, p. 154, note 7.

100. Efimov, *1941 God*, p. 10–11, et Ramanichev, *Krasnaia armiia*, p. 120.

101. Cité par Pan'kin, ed., *1941*, p. 101.

102. AP RF, F.93, p. 387–388.

103. 西北方面军宣传处处长1941年7月5日向莫斯科提交的报告。*VIJ* n° 9, 1989, p. 16.

104. RGVA, f.9, op. 39, d.103, l.86–87.

105. Albert Kesselring, *Soldat bis zum letzten Tag*, Bonn, 1953, p. 120.

106. *1941 God*, vol. 2, p. 160.

107. Heinz Boberach, *Meldungen aus dem Reich*, vol. 7, p. 24–26.

108. Halder, *KTB*, vol. 3, p. 10.

109. Cité par Martin Kahn, *Russia will assuredly be defeated: anglo-american Governement Assessments of Soviet War Potential before Operation Barbarossa*, Journal of Slavic Military Studies,

vol. 25, N.2, 2012, p. 227.

110. Public Record Office, WM 60(41)3, Confidential Annexe, CAB 65/22.

111. David Carlton, *Churchill and the Soviet Union*, Manchester University Press, 2000, p. 82.

112. W.S. Churchill, *The Second World War*, vol. 3, Houghton Mifflin company Boston, 1950, p. 369.

113. Koumanev, *Riadom so Stalinym*, p. 140.

114. *The diary of Gueorgui Dimitrov, 1933–1949*, p. 166–167.

115. *Ibid.*

116. Tchouev, *140 Besed*, p. 50–51.

117. Koumanev, *Riadom so Stalinym*, p. 477–478.

118. *Izvestias*, TsK KPSS n° 6, 1990, p. 210–212.

119. Nikita Lomaguin, *Neizvestnaïa Blokada*, livre 1, p. 308.

120. Mihail Sebastian, *Journal (1935–1944)*, p. 327.

121. Lidiia Osipov, Collection from the Hoover Institution Archives Repository address: CSt-H Hoover Institution on War, Revolution and Peace.

122. *Voïna. Zapetchatlennyé Dni, 1941–1942: Dnevnik i Dokoumenty*. Sous la rédaction de V. Iline, V Radichevskaïa, T. Titova, Arkhangelsk, 2005, p. 17–18.

123. Gueorgui Efron, *Journal 1939–1943*, p. 347–348.

124. *Moskva Voennaïa 1941–1945*, p. 44–46.

第十章
边境的战斗
（6月23日—7月9日）

> 部队首长同第1和第2别动队进入里加。招募了当地的民兵部队（400人）负责城市的安全保障工作，[……]已有4人被杀。[……]所有的犹太会堂都已被毁；多达400名犹太人遭清除。20名德国战俘在里加的一处营房被布尔什维克枪决。[……]一名德国士兵躲过了子弹，后来被一个犹太人打死。为此，在同一个地方，党卫军保安局的一支突击队和安全警察枪决了100名犹太人。
>
> ——A别动队的报告，1941年7月7日[1]

在战事的前两个星期内，哈尔德将军每晚只睡三个小时，但还不忘每天骑上他心爱的马儿。在毛尔斯瓦尔德的司令部，他随时等待着电传的噼啪声和电话铃响起，这让他脆弱的神经难以为继。在一份硕大的地图上，他密切注视着四个装甲集群的行动，等待巴巴罗萨计划像所预想的那样形成包围圈，这样就能在边境区域的莫洛托夫防线和斯大林防线之间围歼红军的精锐部队。他相信超过一半的熊皮将会被剥下来。

波罗的海诸国的崩溃

6月23日白天，第12和第3机械化军试图在西部的希奥利艾—里加，以及东部的考纳斯—陶格夫匹尔斯轴线上阻断德军的突破。从一开始起，第二项任务就落到了第3机械化军一半部队的身上，但这项任务似乎难以完成。从他们的编制来看，两个装甲师中只有一个，也就是第5师能对抗曼施坦因的部队（第56摩托化军，第4装甲集群）和鲁道夫·施密特的部队（第39摩托化军，第3装甲集群），总共十个装甲师，有六个师正在那儿四处游荡。

曼施坦因对费奥多尔·库兹涅佐夫最薄弱的防线，也就是第8和第11集团军的接合处发起了进攻。左翼的苏军会被希奥利艾的防守吸收掉，右翼的苏军会攻打考纳斯，这样就能增加他的胜算。一条通道打开了，第56摩托化军冲了上去，从难走的沙砾路面上一路强推，既不考虑自己的两翼，也不考虑步兵部队，他们很快就和步兵部队拉开了100公里的距离。曼施坦因在冒很大的风险，他认为敌军太混乱，无法做出回应。6月24日，他到了乌克梅尔盖，没受到很大的打击。从那时起，他就踏上了通往陶格夫匹尔斯的大路，把他面前的苏军打得一路溃败，根本就没时间来抓俘虏。6月26日，他开进了这座城市。突袭效果极佳，德维纳河（曼施坦因的目标）上的两座大桥原封未动地落入了他的手中。该地的指挥官已经在桥上埋设了炸药，怎会如此轻易地就将这样重要的工程拱手相让？照事后的说法来看，这儿的一小支守军既未得到增援，也没得到警报。但库兹涅佐夫还是有办法能把军队带到陶格夫匹尔斯的，毕竟第27集团军离该城北部也就20公里。军长别尔扎林将军没有采取主动，向必须取道而行的大桥紧急行进，而这样的主动性，德军的大部分普通军官都能做到。他认为敌军还在20古里*远的地方。曼施坦因一百个小时推进了360公里：在整个第二次世界大战期间，这都是孤军突入最长的距离，而且速度最快。而这对西北方面军而言就是个灾难，照冯·里布的说法，就是"在他的侧翼插了根桩子"，[2]德维纳河成为他最牢固的防线。曼施坦因心花怒放，请求霍普纳允许他立即向列宁格勒推进。奔袭550公里！霍普纳出于谨慎，拒绝了这个提议，他还必须乘坐自己联络用的飞机去陶格夫匹尔斯，向这位性子暴躁、自大傲慢的下属解释自己的决定。

曼施坦因右侧的第39摩托化军推进得就有些艰难了，但其表现也令人印象深刻。6月22日晚，它渡过了阿利图斯的涅曼河，同时苏军的第5装甲师（第3机械化军）和它的任务一样：守住桥梁。在当地爆发了一场坦克战。第7装甲师配备了大量法国制造的庞阿尔装甲车和捷克的38坦克，与速度快的BT-7和装备品质优良的45毫米加农炮的苏军对战时，该师损失了8辆坦克。但苏军没有等摩托化步兵的到来，而是从正面发起了大规模却无序的进攻，结果就落入了对手反坦克炮火之中。苏军早上还有的214辆坦克损失了70辆。他们只得无序地向东退却。每撤退一公里，就损失一部分坦克，被丢弃掉的这些坦克要么纯粹是因为故障原因，要么是机械受损所致。这期间，6月24日，第39摩托化军开进了维尔纽斯。从晚上开始，这座城市就落入了立陶宛民族主义者的手中，他们在格迪米纳斯塔上升起了自己的国旗。德国的摩托兵受到了热烈欢迎。"民众特别亲德，我们需要什么，他们就会把我们需要的东西放到公路边和道路边。我们根本饿不死。看到这么多人讲德语真是令人震惊。他们把我们看作解放者。"[3]士官库尔特·克莱默写道。装甲军宣传负责人汉斯·黑尔特尔说："夺取维尔纽斯当夜，立陶宛一名中校来到我们这边，他带了整团的士兵和武器，他在地图上向我们的将军指明了敌军确切的阵地和军力。

---

*20古里约相当于80公里。

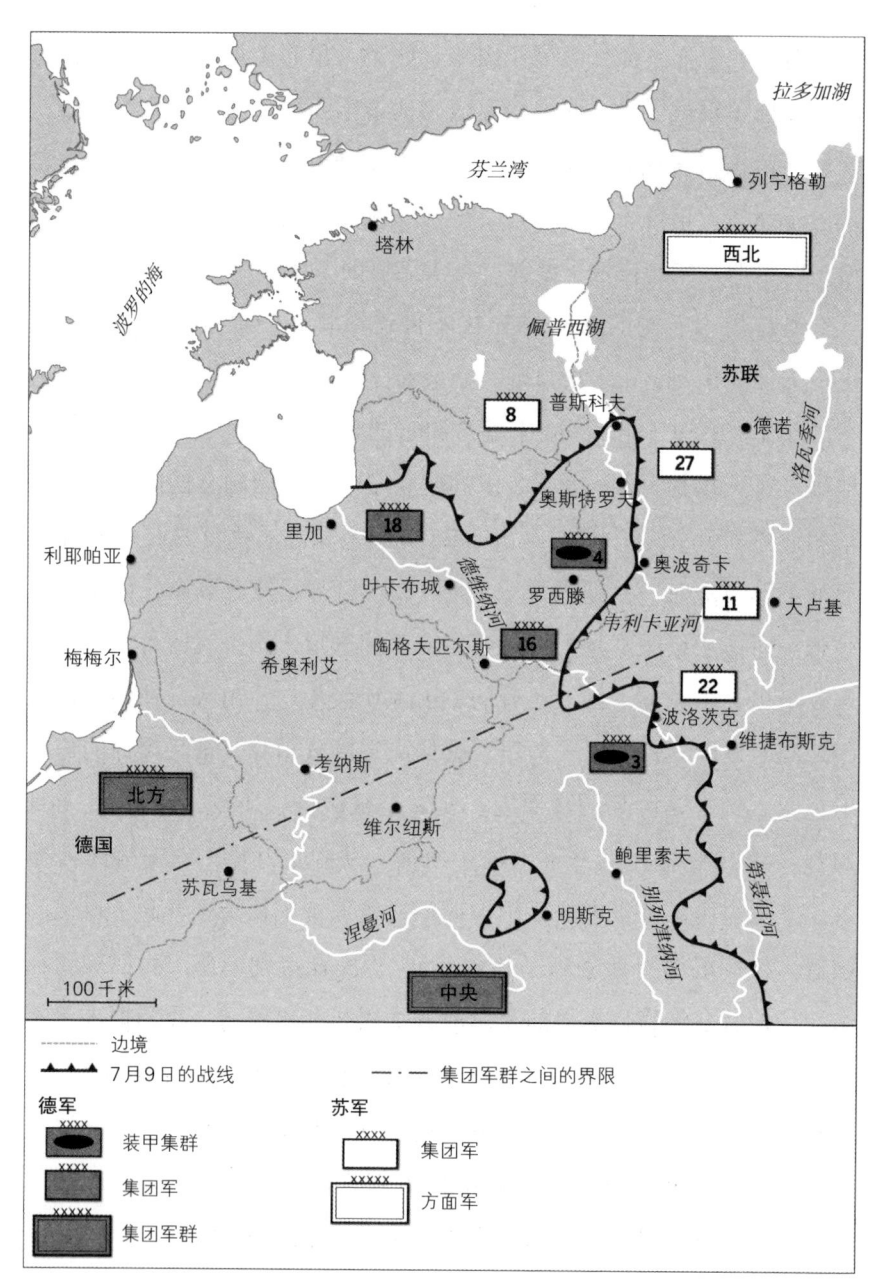

边境战斗：西北战线（6月23日—7月9日）

[……]在维尔纽斯，其他立陶宛军官告诉我们苏军的燃油罐放在了什么地方，多亏了这些情报，我们才能开上36个小时。"[4]后来，由于路难走，部队就斜插向东南方，向明斯克的东部走去，向古德里安的军队伸出了援手。6月27日，他们在截断明斯克—斯摩棱斯克的公路时，身后跨越的距离已达400公里。6月25日，第3摩托化步兵师的下士埃里希·库比正好在考纳斯附近的塞塔。"这座小城被毁得很厉害。在我们驻扎的地方，有一个穿军装的女性尸体。先遣部队的一个人对我们说她是头儿，眼看抵抗无望，俄国最后剩下的那些士兵都和她一起自杀了。但我发现她身上还中了一颗子弹，而且身体也已经支离破碎。如果苏联的领导层能将党员激发得如此狂热，还以民族主义为基础让俄国其他地方都跟着一起动，那我们就必须好好顶住。"[5]

曼施坦因的左侧，也就是北部莱因哈特将军率领的第41摩托化军遭受了更为严重的抵抗。6月23日清晨，第1和第6装甲师师长以及紧随其后的第36摩托化步兵师的师长都从冯·里布的参谋部得到消息，说有属于苏军第12和第3机械化军的三个装甲师、一个摩托化步兵师和一个反坦克旅正朝他们这儿聚拢过来。这两支部队是奉晚上由铁木辛哥和朱可夫联合发布的2号反攻指令之命前来，对西南方面军的主攻方向进行支援的。纸面上讲，它们有1021辆坦克。但其中三分之一已经损失，或者即将损失，主要都是由于6月22日和23日执行紧急迁移任务所致，540辆坦克都是过时的型号，基本都是T-26。它们还剩下300辆能用于战斗的坦克，其中100辆T-34和KV，隶属于第2装甲师。对面的两支装甲师有400辆坦克，其中132辆为新式坦克，即三号和四号坦克。表面上看，这仗并不平等。但德国方面的指挥层和控制力都极为优秀。两支装甲部队只听一个首长，也就是第41军军长的指挥；它们时刻与他保持联系，彼此之间也是如此；它们的侦察机会将对手的动向通报它们。相较之下，苏军的师只有和军参谋部才有时断时续的联络，彼此之间是没联系的，和库兹涅佐夫也没联系。由于

第十章 边境的战斗 549

缺乏侦测手段，它们并不清楚敌军在什么地方。因此，它们投入战斗的时候都没有协调，很盲目。最后，几近崩溃的后勤保障使他们不得不对自己的弹药箱和油罐计算使用，也就是说还有24到36个小时的油量和弹药用量。

后勤保障上的缺陷是第一个星期溃败的主要因素，对此有两个原因可以解释。由于假定会立刻采取反攻，所以苏军把集团军和军的物资都放在了边境地区。德国的快速推进使苏军别无选择，要么摧毁这些物资，要么使之落入敌人之手。德军因此也就获得了极大数量的日常用品、弹药、新装备、食品。相较之下，他们发现苏联用于飞机和地面车辆的大量燃油由于精炼不足，都没法使用，这让他们相当失望。另一个因素就是方面军参谋部一直都很混乱，缺乏情报，苏军后勤部门负责人赫鲁廖夫1941年6月30日写给朱可夫的信可为此作证："军队后方道路的状况一团糟。无论是我、军需部门，还是后方总指挥、总参谋部给养部门，都不知道该怎么把物资运送到前方，不知道要送多少数量，送给谁。"朱可夫的答复就在信的上方，本身就说明了问题："我没法对您说该怎么办，因为我们和部队都联系不上，我们也不知道它们需要什么。"[6]

战斗大部分都围绕着拉塞尼艾城展开，拉塞尼艾就在希奥利艾南部65公里处，而希奥利艾则是德军的目标。对苏军而言，这儿是他们阻断通往里加公路的最后一线希望。为了拦住装甲部队，他们没法指望步兵师和第8及第11集团军，因为这些部队已被分段切割，损失了大量装备。战斗很少，冯·里布在日记里甚至认为苏军是接到了战略撤退的命令。6月24日，只有索梁津将军指挥的第2坦克师能战斗，因为第28师还在等燃油，第23师因为和第18集团军的步兵部队在战斗，所以延误了。T-34和KV坦克给第6装甲部队造成了恐慌，于是德军撤退了。德军的37毫米反坦克炮以及二号和三号坦克即便在100米远的地方也打不破厚厚的装甲；KV坦克被击中70下都不会有多大的损失。由于大部队赶到，所以德军部队总算没有被歼灭，尤其多亏了88毫米的高射炮（用于反坦克战斗）的炮队以及150毫米榴弹炮，再加上苏军又害怕，又没经验，所经之处，乱轰一气，所以德军总算抵挡住了苏军的进攻。在普鲁士大本营，希特勒这天才知道了"俄国超级坦克"的存在，这种坦克有150毫米的加农炮（其实是75毫米）。元首见己方没有，就很生气。

德军战术上的优势随后就全面体现了出来。就在第36摩托化师抵挡苏军第202摩托化师和第9反坦克旅的时候，第1装甲集群突入进去，包围了苏军的第2装甲师。这场战斗打了两天时间，最后苏军遭到围歼。苏军的坦克由于缺乏燃油动弹不了，就一直开炮，直到被装甲掷弹兵放置炸药轰掉。索梁津将军被杀，他手下的几乎所有军官也都遭到了杀害。只有一辆坦克和400个人逃了出来！第2机械化军被第8集团军司令索别尼科夫分散之后，也损失惨重，军长伤重而亡，其中一个师的师长也是。6月29日，第12、第25和第3机械化军只剩下了50辆坦克。

苏军在拉塞尼艾的惨败使得第41装甲军径直推进到了德维纳河畔，6月29日渡河成功，来到了叶卡布城。索别尼科夫的第8集团军现在成了孤家寡人，别无办法，只能全速向里加撤退。恐慌、混乱、无序达到了顶点。第11师的一名政工军官正好在装甲车行经的路上，他7月4日给斯大林写了一封信：

> 6月22日，我们碰到了第125和第48步兵师的指挥人员。他们实在令人羞耻，竟然逃到了远离前线的地方。[……]这两个师一逃，就导致希奥利艾方向的所有部队都逃跑了。我们想要阻止他们，但没有成功。[……]6月22日，我们从爱沙尼亚来到了拉德维利什基斯车站的时候，没有燃油，没有食物，没有弹药。我们先头的几个营刚下车，就被德军的轰炸机炸掉了一部

分。[……]营和团只能日复一日一点一点地下车,而敌人就这么对我们一点一点、一个营一个营地杀过来。[……]我们师的参谋部是6月25日到的,一起来的还有一个通讯营。[……]6月25日正午,师长命令我们往里加方向撤退。我们都不知道应该去哪儿集结部队,就听说自己给包围了,每个人只能单独行动。[……]我来到了方面军在里加的参谋部,他们对我解释说他们已经在往普斯科夫搬迁了。他们没法再对我说更多的了。路上都是士兵、平民、马匹,敌军飞机打他们打得很过瘾。在里加,我们还必须和当地的法西斯分子战斗,[……]他们朝我们部队开枪。[……]我以为到了普斯科夫,参谋部和首长们就不会再让我们撤退了。[……]大量军人和平民涌入这座城市,没人欢迎他们。[……]我去了第8集团军的参谋部。[……]我们师应该在哪儿集结?参谋长回答我说"我不知道"。于是,我又去了方面军的参谋部。我没有找到一个上级军官,而下级军官都正在分配办公桌,往上面贴名字。[……]"[7]

在西北方面军溃退之中只有一个例外,那就是捷达耶夫将军的第67师。海军疏散人员和装备的六天时间里,该师在城里和利耶帕亚港坚守了六天时间。师长就在那儿阵亡。第11集团军也撤退了,比第8集团军还要混乱,西北方面军三局副局长阿斯莫洛夫写道:"局势如此混乱,最高指挥层和我们党的中央委员会必须立即介入。方面军司令和各集团军都已联系不上。部队正在失去控制。它们都是自己在撤退。有很多麻烦。"[8]6月27日的另一份报告说"撤退导致了恐慌","有传言说德军已经往我们后方空投了空降部队,所以[局势]更乱了"。[9]斯大林主义的恐谍症已经到了离谱的程度,西北方面军军事委员会委员波加特金充满胡言乱语的一份报告就是证明:"立陶宛和拉脱维亚民众疏散过程中,大量德国间谍潜入了我们的后方。我们可以从以下的事实得出判断：德军在每次突袭之前都会从我们后方发射有颜色的烟火，指明目标。这些烟火都是从我们的机场、铁路枢纽、火车、堆栈，甚至我们部队的指挥部发射的。"[10]

溃逃大潮是个普遍现象，第4装甲集群背后的德军第18步兵军和第16集团军对森林里大量的小股武装抵抗力量进行围剿也并非徒劳。部队于是只能推进，到了里加城边，开始爆发战斗。不过，打了四天后，到7月1日，拉脱维亚的首都被第18集团军拿下，之后两天，德维纳河到处都在涨潮。从直线距离看的话，列宁格勒就在500公里远的地方。

北方集团军群在德维纳河畔休整了三天，照哈尔德日记的说法，其间，他们接到了继续向北推进400公里的命令。希特勒坚持要求第18集团军不得迟疑，立刻夺取拉脱维亚和爱沙尼亚的所有港口，以确保瑞典铁矿石经由波罗的海转运的路线安全。第4装甲集群则必须沿着奥斯特罗夫—普斯科夫—卢加铁路线向列宁格勒推进。但我们发现哈尔德还想让摩托化部队继续往东推进，一直越过韦利卡亚河和洛瓦季河，这样就能斜向向着莫斯科进军，那可是德国国防军陆军总司令部的核心理念。这个内心的想法很快就会在战场上导致摩擦的发生。

面对冯·里布，库兹涅佐夫还剩下第8和第11集团军，以及后备部队第27集团军，还有列柳琴科将军的第21机械化军为其增援。但从6月26日起，他已经没有能力把曼施坦因从陶格夫匹尔斯这个桥头堡赶出去了。他向铁木辛哥发去电报，说他夺下了这座城市，但也就几个小时就被德国空军给撵出去了。[11]这是一个双重的谎言：第21机械化军没法靠近城市，它几个小时就损失了107辆坦克中的79辆，而且德军飞机还一架都没出现。极有可能，库兹涅佐夫只是想把这个捏造出来的谎言传达给下级，这是红军一个根深蒂固的传统，也是苏联整个社会的传统。6月27日，库兹涅佐夫通知说他会发动第二轮进攻。翌日，他又说没法进攻："第21机械化军没有装备。[……]我对第41

步兵军也一无所知。[……]由于缺乏兵力，7月1日或2日之前没法对德文斯克[陶格夫匹尔斯]发动反攻。"[12]西北方面军损失了半数兵力，90%的坦克和飞机，因此连是否能守住德维纳防线都成问题。

7月2日，库兹涅佐夫被撤职。但和巴甫洛夫不同的是，他没有被枪决。斯大林只是把他降了职，让他担任集团军司令，后来他参加了斯摩棱斯克战役。相较之下，他的参谋长克列诺夫却由于"属于托洛茨基组织"而于1942年2月被处死。这项指控是基于帕维尔·德边科和亚历山大·叶戈罗夫的证词做出的，而这两人在1937年和1938年是被屈打成招的。历史开了个玩笑，克列诺夫在1940年圣诞节的军事会议上曾对伊谢尔松的立场提出了猛烈的批评，后者认为在现代化的战争中，并不存在"战争的初始阶段"，用来在这时候慢慢地调动军队。

7月3日，第8集团军司令索别尼科夫取代了库兹涅佐夫，当上了方面军司令。为了重组他的参谋部，莫斯科让朱可夫年轻的作战处处长尼古拉·费奥多罗维奇·瓦图京担任参谋长，而瓦图京的职位则由华西列夫斯基取代。最高统帅部给他调拨了新的军队，让它守住"卢加轴线"，尤其是普斯科夫-奥斯特罗夫地区，那儿有老的斯大林防线，军力如下：第41军（和方面军后备部队抽调的另外两个军）以及从列宁格勒赶来的由米哈伊尔·切尔尼亚夫斯基将军指挥的第1机械化军（1037辆坦克，其中13辆KV）。

7月2日，库兹涅佐夫正在收拾东西走人的时候，第4装甲集群的两个机械化军再次发起进攻。5日，第16和第18集团军又轮番进攻。苏军的步兵师在整条防线上都被击败。第22、第24、第29步兵军，其中部分兵力是波罗的海人，一开打就溃散了；德师看见好几百个逃兵逃到他们这儿来，说要和苏军打。7月7日，最高统帅部做出决定，从这些部队中把所有波罗的海的士兵全部撤换下来，至少是那些没有逃，也没有把枪口转过来对准苏军的人。第24军就这样抽出了

1445人。[13]第8集团军向西边的爱沙尼亚撤退,第27集团军则朝东边的奥波奇卡撤退。第8集团军司令费奥多尔·伊万诺夫后来被捕,说他"懦弱"、参与"反苏维埃骚动"、"批评农业集体化"[14]而把他关进了监狱!两个集团军在往不同的方向撤退,于是进攻者发现通往列宁格勒方向的"卢加轴线"上敞开了一条通路。开始了八天的苦战。当时大雨倾盆,装甲部队向北推进,而苏军第41军刚从火车上下来,就紧急过去填补漏洞。他们还不是所有人都有武器,弹药、燃料、运输车辆也都很少,几乎没有工程兵,通讯设施和医疗物资也很少。[15]莱因哈特的部队跑在了前头,打退了堡垒里没有配备反坦克装备的几个营的抵抗之后,于7月4日首先赶到了奥斯特罗夫。韦利卡亚河上的铁路桥完好无损。它右侧的曼施坦因的部队经过艰苦的战斗之后,又在奥波奇卡方向的韦利卡亚沼泽区陷了两天,于7月3日夺取了雷泽克内(罗西滕)。苏军第27集团军急中生智,阻断了几条罕有人通行的公路,最终越过了所有的桥梁。党卫军骷髅装甲师在攻打斯大林防线时损失了四分之一的步兵。创建了纳粹集中营体系的师长特奥多尔·艾克受了重伤。党卫军一支工兵部队报告说需要二十个小时才能灭掉一个掩体;在解释为什么抵抗会如此激烈的时候,它说在被杀的42个苏联人中,有20个是犹太人。团长拉莫丁把这个消息传给了曼施坦因。于是,巴巴罗萨行动的最初几周内几乎所有的战斗中都出现了这样的场面:无论是否是党卫军,德军的将领经常会将自己的损失算在犹太人、政委、"匪帮"或"游击队"的头上,这样就能使他们对俘虏进行惨无人道的报复。他责怪上司霍普纳没让他直接向列宁格勒进军,于是声嘶力竭地要求这么做。霍普纳拒绝了他的提议。他在给妻子的信中说:"今天,我很怀疑是否能在说好的7月13日进入列宁格勒。"[16]

作战行动出现分歧,瓦图京和索别尼科夫又落入了一个致命窠臼之中,那就是全力进攻。方面军政委弗拉基尼尔·波加特金对他们施压，让他们向这个方面走，7月9日，他自负地给麦赫利斯写了一封信："我在军事委员会其他委员［瓦图京和索别尼科夫］的面前，坚持要求主动发起进攻。［……］奇怪的是，我观察到在某些指挥官身上，甚至那些最高级的指挥官，防守的小心眼占据了进攻精神的上风。"[17]7月5日，两人倾其所有，也就是第41军以及刚从第21机械化军和第1机械化军那儿送来的少数几辆KV坦克，向奥斯特罗夫发起了反攻。他们执行的是最高统帅部7月4日的一项命令，在偏南处的勒佩尔发动反攻。进攻没有条理，没有协调，缺乏无线电设备和电话线。历史再次重演：在数百辆BT-17和8辆KV坦克的打击下，几个小时内，140辆坦克被摧毁，第1装甲师只得撤离奥斯特罗夫。苏军的胜利是没有明天的，步兵没跟上。莱因哈特立刻要求第6装甲师夺回该城，奥斯特罗夫又被夺了回去，由于对手太混乱，德军的装甲部队一口气推进到了往北40公里处的普斯科夫。

由于要求提早摧毁普斯科夫桥的提议不合时宜，第41军的撤退变得很缓慢。德军俘虏了几乎1万名俘虏，于7月9日夺下了普斯科夫。这是第一座，也是落入德军之手最古老的一座俄国城市。军队报纸《红星报》的通讯员科萨列夫公开指责"第111步兵师竟然溃逃了，真可耻，师长弃守阵地，开始逃跑，应该第一个被扯下军徽"。[18]第118师师长由于没有得到命令就撤退被枪决了，第41军军长被撤职，判了十年劳改营苦役。当日，西北方面军航空兵部队司令优诺夫将军因"无能"这项罪名被捕，1942年2月23日被处死。莱因哈特花了六天时间把斯大林防线全线击溃：防线比预想的要长。照苏联历史著作的说法，普斯科夫的陷落标志着列宁格勒战斗的开始，因为两地相距不到280公里。

从6月22日到7月9日的18天时间里，西北方面军损失了75200人，有阵亡，也有被俘虏，还有13280个病号和伤员，占其最初兵力的11.8%。[19]这个数字远低于西方面军和西南方面军，这也就可以说明除了两支机械化军亮眼之外,库兹涅佐夫的部队为什么战斗力最差。恐慌的程度也可以从损失的武器数量上看出来:每损失1人就损失4支武器,西南方面军是0.75!波罗的海师的作战不力无疑也在这次虚弱的反击中起到了作用。第29军(两个立陶宛师)没有尽力防守维尔纽斯;但由于没有反坦克武器,它拿什么来和第39机械化军对战?第22和第24军没有设法阻断通往里加的路。可见全是斯拉夫人的部队表现也没有更优秀。7月5日的一项命令认为两个拉脱维亚师(第181和第183)比俄国部队的第128师更可靠。方面军司令无法在涅曼河、德维纳河或斯大林防线上进行协调一致的防守似乎是这次溃败的决定性因素,这比意识形态方面或民族主义方面的动机更重要,当然,这儿那儿出现的向敌军投诚的行为无疑也会使防守变得更混乱。

此外,冯·里布的军队和中央集团军群的部队马不停蹄地清除了逃到森林里去的苏联残余部队。在当地的反苏氛围中,这些残余部队找不到任何帮助,相反,当地人会告诉德国部队地形。比如,在考纳斯,民族主义武装部队阻止了苏军摧毁粮食仓库,将之完好无损地交给了德国国防军。[20]最后,哈尔德在日记中大胆推测的政治上的假设找不到任何可资佐证的论据:"在北方集团军群那儿,敌军似乎已经计划好了撤退,或许是要撤退到德维纳河之后。我们还找不出这么做的理由。也许俄国人认为可以把立陶宛放弃掉,毕竟那是我们之间政治上不和谐的一个烫手山芋吧。"[21]从24日起,考虑到机械化军发起的总攻,他自己推翻了这个假设:"今后清楚的一点是,俄国根本就没想过要撤退,只是因为德军的推进,他们只能丢盔弃甲。"[22]

中部,第一个大包围圈

德军在中部拥有大量的资源。也正是在中部,他们在边境战斗中赢得了更纯粹的胜利,仅依靠一个大包围圈就全歼或部分歼灭了四个苏联集团军。最后一点可以这么得到解释：中央集团军群是唯一一个可以支配两个装甲集群的部队，因此它有两条臂膀可以绞杀对手。但从作战层面和战略层面上来看的话，冯·里布在波罗的海诸国的推进"效果"至少也和冯·博克在白俄罗斯取得的战果相等。事实上，里布资源最少，却推进到了距目标列宁格勒不到300公里的地方，而且损失极少。毫无疑问，他要是再多一个装甲军，再多来点飞机，再加上库兹涅佐夫昏聩无能，无疑就能在7月15日攻占列宁格勒。而这座大港口的陷落会造成巨大的后果：苏联海军遭到摧毁，能和过早介入战争的芬兰通过陆路保持联系，德国各港口和列宁格勒之间也能建立一条高效的后勤保障线。我们发现，相较之下，在白俄罗斯，德军夺取明斯克，德军只会陷入包围圈，使之无法推进多少，踏上前往莫斯科的通途。

　　哈尔德的一个宏伟蓝图就是在白俄罗斯形成一个巨大的包围圈，围歼苏军的大量战斗部队，也就是西方面军的部队。他说只要将德军大部队投入到中部，他就能使德军"在作战时获得全面的自由"，[23] 从而向苏联首都进军。他私下里并不赞同希特勒的观点，即我们所说的控制波罗的海和黑海，从中取得经济上和政治上的利益。

　　经过一系列不可避免的作战行动之后，巴巴罗萨行动的第一个大包围圈由此展开。6月23日上午，德军两支装甲部队的钳子一个破除了阿利图斯地区涅曼河的封锁（第3装甲集群，霍特），另一支破除了布列斯特-立陶夫斯克地区的布格河的封锁（第2装甲集群，古德里安）。从那时起，他们就能自由活动，只收到了一个命令：推进。第4装甲师的一名军官写道："我们还在推进，始终在推进。根本就没有停；只有在加油的时候才会休息；要么在行军时吃饭，要么就是给油罐加满油短暂停留期间吃饭。只有一个目标，莫斯科！"[24] 我们来看一下已经变得很有名的那个插曲，就是布列斯特要塞的抵抗，要塞守卫的是布格河上的桥梁。苏联的宣传机构在1960年代大肆宣扬要塞守军抵抗了32天时间，给德军造成了巨大的损失，阻断了好几支大部队的去路，就连德国空军都不得不出动。事实上，这是一次微不足道的事件。抵抗行动什么都没阻止，一方面，古德里安的坦克通过了，另一方面，铁道兵也在干活。事实上，尽管德军第4集团军第45师在进攻期间损失惨重（428人阵亡，660人受伤，这是6月22日和23日全部战斗的伤亡人数），但它7月2日就离开了这个地区，让两个营看住残余的守军，到7月5日，又只留下了一个连。德国空军只介入过一次，那就是6月29日。至于苏军的9000名守军，第一个星期就有6800人投降了，其中有10名政委，但他们当场就被枪决，2000名阵亡者中，大部分也是这时被杀的。6月29日，东侧的堡垒陷落后，就没有什么起眼的战斗了。这次拼死抵抗并不具有任何典型意义，因为在苏联，斯大林去世之前，也根本没人知道这件事。

　　从6月23日起，装甲部队北部的一支钳子就部署在距明斯克200公里的地方，南部的一支部署在250公里的地方。苏军的第10集团军就在哈尔德所说的"比亚韦斯托克之袋"的底部，与之相距400公里。德军的钳子各自以30公里/小时的速度向前行军，苏军第10和第3集团军仍旧在巴甫洛夫将军反攻的命令下被阻截在原地。因此，距离和速度就在打击苏军方面起到了作用。第4集团军麾下的第6和第42师几乎立刻溃散之后，该集团军便在古德里安面前开始逃离，一直逃到了别列津纳河：因此之故，它是巴甫洛夫三支集团军中唯一一支避免被全歼的部队。但其左翼溃退，也就把整个方面军给堵死了。集团军司令科罗布科夫将军从一开始起就失去了对自己部队的掌控。6月28日，博布鲁伊斯克陷落之后，据说他就病了。7月9日，他遭到了内务人民委员部的逮捕，后来被枪决。6月23日，巴甫洛夫最精锐的部队第6机械化军被派去夺取格罗德诺，但德军装甲部队已在那儿，它在那儿什么都做不了。25日，巴甫洛夫撤销了那项灾难性的命令（"立即停止战斗，向前冲，不要停！"[25]），把该军派到了东南方100公里

第十章 边境的战斗

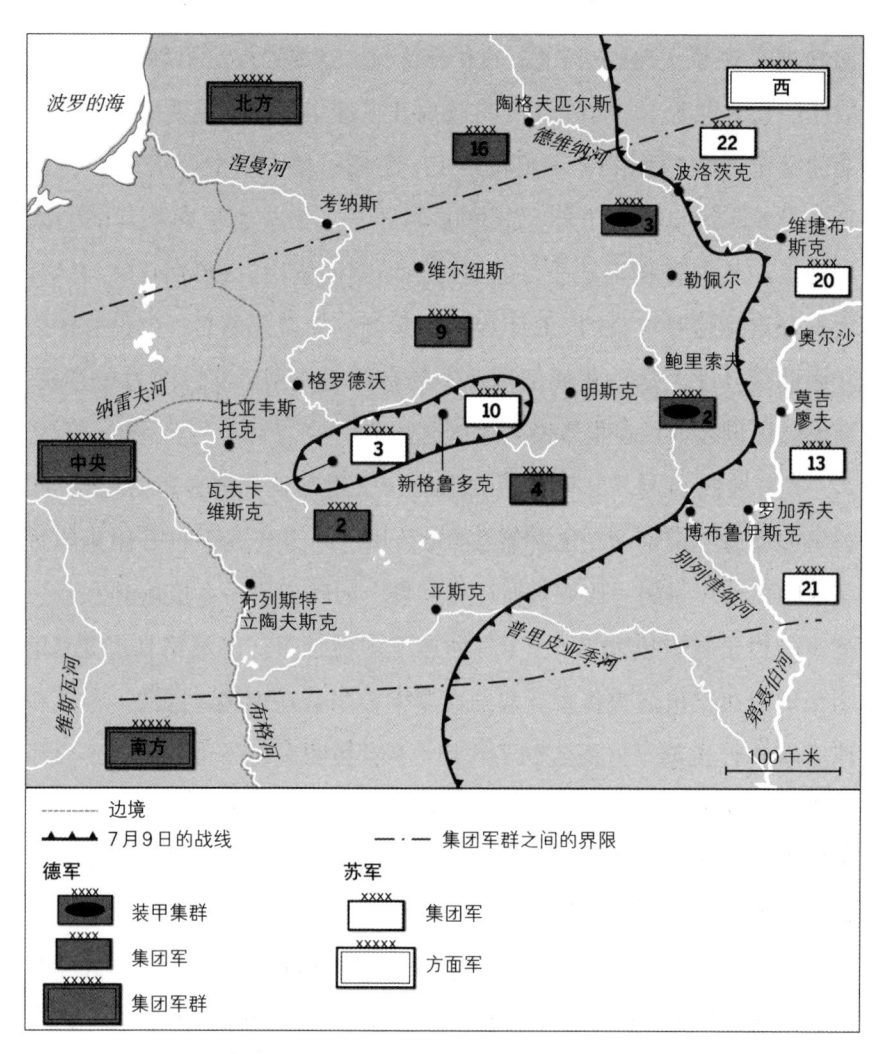

边境战斗：西部战线（6月23日—7月9日）

的斯洛尼姆，古德里安刚刚进入这座城市。就像参谋长给巴甫洛夫发去的一封电报所说，第6军人数已经减少："第4装甲师［380辆坦克］没有弹药，已经损失了50%的坦克"。[26]巴甫洛夫也让虚弱的第17和第20机械化军赶往斯洛尼姆。他刚意识到自己的部队正在濒临死亡的威胁。他还没讲到包围圈的事，就把局势通报给了莫斯科："有多达一千辆敌军坦克围绕着明斯克。［……］没有任何东西可以抵挡他们。"[27]他的想法就是最好坚守住明斯克南部斯洛尼姆和斯卢茨基之间一座敞开的大门，第10和第3集团军可以从这儿逃。

德军方面的问题就是决定在比亚韦斯托克之袋的哪个地方把袋子给合起来，能做到一网打尽的效果最好，而且用时最少。冯·博克和古德里安认为把两支钳子放在很靠东的地方，就是在第聂伯河—德维纳河地峡的另一边；哈尔德希望两支钳子能在明斯克合起来；希特勒认为应该放在尽西边，靠近比亚韦斯托克的地方。25日，希特勒已经失去了冷静，担心装甲部队太冒险，就像他在法国战役时期所做的那样。对他的这个看法，哈尔德在日记里是这么写的："老是在唱老调！可这样根本不会改变我们的行动方向。"[28]古德里安建议让他来指挥两支装甲集群，俾使尽快赶往斯摩棱斯克。哈尔德知道此人不可控，所以拒绝了他的要求。他找到了一个折中的办法：第9和第4集团军步兵部队内部两翼在明斯克很西面的瓦夫卡维斯克封住包围圈（希特勒对此很满意），而两支装甲集群就在白俄罗斯首都的东部形成第二个圆圈。他们这样的阵形可以在之后向德维纳河—第聂伯河地峡发起打击。两支机械化部队交给第4集团军司令冯·克鲁格指挥，这让古德里安大为光火，威胁说要辞职。从6月27日起，冯·博克便取消了这个措施。他知道古德里安的脾气，让自己来直接管辖后者。然后，克鲁格又成了装甲集群的司令。这些组织上的变化反映了德国国防军的一个主要问题：机械化部队比步兵部队速度要快上三四倍，但他们仍然需要步兵，不致让自己孤独地"飘浮于"广袤的旷野之中。那他们有多大的自由度呢？很少，而俄军就有时间来让自己镇定下来。而且这样还冒很大的风险，就是敌人会切断装甲部队和其后方之间的联系。

战场上霍特的速度最快，24日，他就已经来到了离明斯克30公里的地方，迫使巴甫洛夫于26日放弃其大本营，逃亡莫吉廖夫，但古德里安却因为苏军的反攻而受到阻碍。夜间行军的第6机械化军于26日清晨来到了斯洛尼姆。军长哈茨基列维奇将军夜间阵亡。部队抵达的时候，在没有首长的情况下，进攻了第17装甲师。三十六小时的战斗期间，古德里安差点被打死。必须紧急派遣第29摩托化师，把限于困境的第17装甲师从困境中解救出来。然后，波罗的海地区的场面又开始重演：由于缺乏弹药和燃油，苏军坦克在战斗期间好几十辆都被丢弃，其他坦克由于没有步兵、炮兵、飞机的支援，成了活靶子，被彻底摧毁。三天后，德军士兵亚历山大·科尔斯途经战场："极目四望，能看见150辆坦克的残骸，其中一些体型相当庞大。再远处，有数百辆卡车和其他装备。俄国人的尸体极多，应该超过了一千。［……］至少一个师被歼灭了。这场面惨不忍睹。士兵都被装甲车碾平了。我踩到了一样软绵绵的东西，［……］是个脑袋。我们还看见许多人没能逃出坦克，在里面被烧死，他们被烧得缩小了，直到变成很小的形体。"[29]

第17装甲师坦克士官埃里希·哈格有战地日记，他描写了装甲部队战斗的激烈程度：

6月23日。3点50分。第一场战斗。坦克对坦克。我的坦克着了火。［……］车道右侧和左侧，坦克都在着火。我们的指挥官死了。一发炮弹直接命中，把他的脚打飞了。［……］我们整夜都在行驶。我们控制了两座机场。所有的飞机都在里面。6月24日。我们来到了斯洛尼姆。我们被包围了。［……］从后面遭到了攻击！坦克。我们把所有的坦克都打坏了。都在燃烧。他们从四周的玉米地里朝我们射击。就连受伤的俄国人也在打。［……］只要被我们看见了，我们都杀。6月25日。我们打了整整一晚上。没有停息。［……］真恐怖。大多数俄国人都被烧死了。［……］3排的一辆坦克被摧毁了。6月26日。我们继续行驶。几乎都没油了。我们在敌人的领土上，觉得自己很孤单。真的很害怕。还在射击。很奇怪的感觉。［……］3点钟，一辆坦克给我们带来了40升油。6月28日。科达农，明斯克西边。我们用了一辆半履带车的60升油。［……］我们陷在了烂泥里。［……］城市在燃烧，是被轰炸机炸得烧起来的。［……］是俄国的反坦克炮！我们朝四面八方射击，这才活了下来。还在射击，右边，左边。俄国人都躲了起来，埋伏在那儿开枪。我们没见过哪场战争有这么多狙击手，甚至还有平民。［……］我们领头来到了一座村子。火势极大。［……］拐了个弯之后，我们被击中了三次，距离也就在二三十米。驾驶员被打死了。［……］我们从着火的坦克里跳了出来。[30]

6月28日，就在巴甫洛夫所有的部队都在向东进发，想要避免被歼灭的时候，德军的步兵部队像之前预料的那样，已经在把瓦夫卡维斯克的袋口给闭了起来。但巴甫洛夫的部队绝望之下，又把袋口给打了开来。6月30日，还必须在更向东的地方，也就是新格鲁多克周围再打第二个结。可是，苏军的部队继续在从袋子的南部跑出来。他们随后发起了进攻，越来越绝望，越来越无序。德军第9、第4、第2集团军（最后这支7月初才投入战斗）司令正在花时间没日没夜地修补被撕破的地方。他们向准备度过别列津纳河的古德里安请求拨一个宝贵的装甲师，把这段战区给堵住。6月28日清晨，经过激烈的战斗之后，明斯克落在了霍特的手中。这座城市已经满目疮痍，德国空军的炸弹已将之夷为平地,内务人民委员部的摧毁行动又给他来了最后一刀。三分之一的人口正在向东逃跑,梅塞施密特用机枪无情地扫射着这些人。29日,古德里安的坦克来到了别列津纳河河畔的鲍里索夫,那儿就有连通明斯克和莫斯科的高速公路。两个装甲集群的这场推进也就给撤退中的第3和第10集团军判了死刑:他们永远都没法跑完将他们和第20集团军相隔的这150公里,后者正驻扎在德维纳河—第聂伯河地峡。29日,巴甫洛夫这样奔逃,应该会得到外界的支援,那就是第13集团军的残部,该部必须在明斯克北部"摧毁[霍特]那些油料故障的坦克"[31],给被包围的部队打开一个新的口子。档案中没见到该部队执行这项任务的任何踪迹。我们也没发现巴甫洛夫有可用来协调联合进攻的通信设备。前一天,为了联系上第10集团军,他不是应该尽量少用双翼U2飞机、装甲车派遣联络军官,甚至伞兵吗?U2被击落,装甲车被摧毁,两名伞兵被内务人民委员部抓住,被当作间谍枪毙了。那巴甫洛夫为什么还要下达总反攻的命令呢?他的副手博尔津在战后给出了答复,从中可以看出斯大林时代社会的很多问题,这其中包括了平民和军队的问题:"巴甫洛夫给我已经不存在的部队下达了一道又一道命令,却从来不想问一问置身于这种局势之中,这些命令还有什么意义。为什么要下达这些命令?他是下达给谁的?或许,他只是想让莫斯科造成错觉,使之相信方面军针对敌人的推进已经在采取措施了。我宁愿从来没接收过任何这样的命令。它们现在都待在了军队的档案里,让人可以严肃地回想起战争最初几天的那场惨剧。"[32]

尽管苏军在白俄罗斯输得很彻底,但6月29日,哈尔德在日记里也表达了担忧。对苏军第10、第3、第4集团军,以及巴甫洛夫派去支援的第13集团军残部都被包围,花了太多的时间和太多的军力。"锅子"长200公里,宽80公里。只有西部是密封的,可以从东部和南部逃跑。他在日记中写道:"在中央集团军群,设法阻截敌军的各师一片混乱,他们想从四面八方把内圈缩小。由装甲师形成的外圈虽然薄,但也合起来了。要再等个几天,命令才会发布到部队,他们才能继续在奥尔沙—维捷布斯克地峡往斯摩棱斯克方向发起进攻(不会早于7月5日)。"[33]可是,时间很紧,因为空军的侦察表明苏军在这个通往莫斯科的公路的关键点上增派了兵力。哈尔德又回到了6月30日的那个主题上:"扫清锅子需要大量的步兵兵力[这样就会使莫斯科轴线受损]。[……]这是陆军总司令部和中央集团军群都担心的事情。"当天晚上,古德里安指出苏军还能从南部挣脱出锅子。翌日,担心钳子是否能收得紧,冯·克鲁格命令他不要再从包围圈抽调兵力出去。不过,照古德里安的说法,由于通信出了问题,他的一支装甲师放开了"铜墙铁壁般的圆圈",和冯·克鲁格发生了不愉快,后者还提到了战争委员会。两人已经隐藏不住对彼此的恨意。

而和在普斯科夫一样,德军的将军们也在作战行动上产生了分歧,西方面军正在垂死挣扎。部队精疲力竭,没有吃的,没有弹药,在森林和沼泽地里绕圈圈。6月27日,军队工程师彼得·帕里伊和一大群人一起在往东找出口:

> 工程兵部队的普基列夫将军命令我们往斯卢茨克和戈梅利走。我们经过村庄和田野。[……]大家走得很慢。由于出现了一架德军飞机,汽车都散了开来,藏了起来。车顶上都用很粗的木头伪装好。[……]离斯卢茨克不远的地方,我们遇到了一长列货车。[……]车厢门都开着,女人和孩子都往车站的水泵那儿跑了过去。这些被疏散的都是拖家带口的人。[……]三架梅塞施密特出现了,向列车发起进攻。[……]地上散落着女人和孩子的尸体。[……][一架飞机被步兵的交叉火力打了下来。]飞行员和机枪手跳了出来。人们想要把他们处死,但普基列夫将军组织了审判。他们被判处对41个人的死亡,其中16名儿童和

第十章 边境的战斗 565

21名妇女的死亡负责，遭到枪决。在重新上路之前，我们埋葬了41名死者。[34]

7月9日，在袋子里，所有有组织的抵抗行动都停了下来。但有数以千计的人都在往大片森林的深处逃。他们对后方造成了长期的不安定局面，后来到冬天时期，就形成了游击队团体的萌芽。

哈尔德所说的"比亚韦斯托克–明斯克双重战斗"的说法尽管让德国人高兴，但仍然低于他们的期望，至少从人员层面上来看是如此：两个被消灭的集团军（第3和第10），另两支被消灭了三分之二（第4和第13），也就是近35个师蒸发了，有323898名俘虏、3332辆坦克和1809门加农炮被摧毁或被截获。七名将军，其中包括第13集团军司令费拉托夫阵亡，另有七名被俘。对德国人而言，如果数量不够，那就看质量：刚刚消失的都是苏军和平时期最精锐的部队，是受过最好训练的部队。

巴巴罗萨行动的第一个"锅子"已经提出了俘虏问题。格罗德诺地区党支部书记埃·加别耶夫在最开始几天就被俘了。他后来逃了出来，把自己的亲眼所见都汇报了上去。

最开始三天，他们把我们关在墓地里，我们像鲱鱼罐头那样挤在那儿，天气酷热。他们带水桶过来的时候，场面相当混乱，大家都想喝上一口。守卫就朝最起劲的那些人开枪，每天会杀15到20个人左右。大家就喝尿。7月3日，一辆满载德国人的卡车冲入人群。其中一个人扔下面包干，数以千计的人都朝车轮扑过去，想吃上一口。［……］大家就在地上打了起来，德国人就用拳头揍他们，一边拍照，一边笑。7月4日，我们的营地搬到了离明斯克三公里的地方。军队的俘虏和平民被分了开来。据说这个营地里有10万军人和4万平民，主要都是明斯克18到45岁之间的男性居民。[……]不管在什么地方，他们都会用棍子打我们。越来越多的人被饿死了。大家很快就忘了自己还活着，自己还是个人。[……]在营地中央，有一个污水坑，那儿是我们上厕所的地方。连一棵树根都找不着，都被拔光了，拿去烧了吃了。到7月7日，他们把犹太人和其他俘虏都隔了开来。[……]当明斯克的居民给犹太人带去食物的时候，守卫就从他们手里夺过食物，扔到俄罗斯人的营地；当高加索人从俄罗斯人手中抢食物的时候，德国人就哈哈大笑。[35]

7月10日，托特组织的中央领导克萨维尔·多尔施来明斯克的营地参观，他在给罗森贝格的一份报告中是这么说的：

明斯克俘虏营在没比威廉广场大出多少的地方收容了约10万名战俘和4万名平民俘虏。在这个逼仄的地方，俘虏人挤人，动都没法动，只能随地解决大小便。[……]要对营地进行监管只能用很残暴的方法，毕竟守卫队的人数太少了。[……]平民俘虏都是明斯克及郊区15至50岁的人。[……]晚上，挨饿的平民就会袭击那些[家人]给送食物的人，互相残杀，就为了抢一块面包吃。[……]根本就没法避免暴发可怕的传染病。[……]战俘的给养问题根本就没得到解决，部分人已经六到八天没吃到东西了。[36]

处决巴甫洛夫

斯大林并不是在6月28日得知明斯克陷落才意识到战场的局势有多严峻的，而是在前一天就感受到了。事实上，从采取各种不同的措施就可以看出他有多慌乱。6月27日，他下令紧急搬迁保留在首都的

第十章 边境的战斗 567

金银储备。28日，一部分行政管理部门都遭到疏散。也正是在6月25日至27日期间发生了一件始终都饱受争议的事情。据说，斯大林指使贝利亚在莫斯科见一下保加利亚（仍然保持中立，而且亲俄）大使，问他们的政府是否愿意去试探一下德国。1953年8月，执行特殊任务（如刺杀托洛茨基）的内务人民委员部军官帕维尔·苏杜普拉图夫被捕后在狱中是这么写的：

> 我被叫到贝利亚的办公室。[……]贝利亚让我去见见保加利亚大使伊万·斯塔缅诺夫，照内务人民委员部的资料来看，大使和德国有联系，他在那儿人脉广。[……]贝利亚命令我向斯塔缅诺夫问四个问题。他一边看笔记本，一边给我口授。问题如下：1.德国为什么要违背互不侵犯条约，开始和苏联开战？ 2.德国要获取什么样的条件，才会准备停战？ 3.德国是否认为得到波罗的海国家、乌克兰、比萨拉比亚、布科维纳、卡累利阿地峡就够了？ 4.如果不是，他们还有其他什么领土上的要求？

贝利亚同样命令苏杜普拉图夫让解码部门监控保加利亚是如何将这些请求传达给德国的。翌日，苏杜普拉图夫在莫斯科以格鲁吉亚菜出名的阿拉戈维餐厅见了斯塔缅诺夫。谈话期间，苏杜普拉图夫断断续续提了这四个问题。斯塔缅诺夫的反应令人出乎意料。他说他坚信苏联会赢得这场战争——"即便你们退到了伏尔加河，最后还是会赢"——并拒绝调停。[37]

这个举措似乎不会是苏杜普拉图夫自己想出来的，那他这么做的目的是想通过足够的让步来停战吗？还是想获得喘息的机会，让苏军可以安定下来，甚而来迷惑德国人？从三个层面来看，这种做法都很天真。第一个假设有个好处，就是和领袖1941年五六月间的态度相一致。从意识形态层面来看，考虑到1918年列宁在布列斯特-立陶夫斯克做出的让步范围之广，这么做不会有什么问题。这一点同样让人可以确信斯大林始终没有搞清楚希特勒政权的本质。后来，德国人对所有的交易尝试，甚至是有好处的尝试都一概弃之不顾。因此，9月14日，里宾特洛甫拒绝了由高莱特·恩斯特·波勒和冯·魏茨泽克提出的用好几名苏联将军来交换在伊朗被俘的德国军官及外交官的提议。[38]

6月29日，朱可夫说，斯大林相当急躁，"两次去了国防人民委员部、最高统帅部，当说到西线战略层面的局势时，他有两次反应相当激烈"。[39]未来的元帅并没有明确说领袖口出污言，指责他"无能"，"什么都干不好，什么都指挥不好"。[40]斯大林一如往常，想要给灾难找个替罪羊，他自己不想背书。这个替罪羊就是西方面军司令德米特里·巴甫洛夫。有人提出由于芬兰战役后举办的好几次大会上，巴甫洛夫竟敢批评1937年的大清洗，他这么做是想算当时的旧账。或许吧。巴甫洛夫是苏军最知名的五名将军之一，这么做就是要让军队的军衔最高、获勋最多的干部以儆效尤。

启动镇压机器的是一份报告，是布列斯特地区党委书记图皮秦寄给白俄罗斯党中央书记波诺马连科的，后者马上就上呈给了斯大林。报告还说到了灾难的许多细节，没人给他说过这些内容。

> 布列斯特委员会认为有必要通知您布列斯特–科布林前线的局势。委员会认为第4集团军司令在组织并指挥军事行动方面没有做好准备。［……］没有任何一支部队做好面对敌人的准备，［……］所有人都在无序地撤退。［……］从最开始起，恐慌就占据了士兵的头脑，［……］许多部队都没有弹药可用……一个炮兵团驻守在克索沃战区，但其装备和弹药却在离克索沃150公里的巴拉诺维奇附近的田野里。团长没有足够的司机和车辆来运送弹药。党委帮助他们调用了运输工具，但［……］车子被打坏了。［……］大量弹药都丢失在了布罗纳亚山区（别列佐沃地区）的仓

第十章 边境的战斗 569

库里，而部队却又没有弹药可用……从冲突开始的第一天起，第4集团军就一片恐慌。[……]军官和士兵跑了很多。[……]党委的积极分子和一些边防部队试图组织逃兵。[……]大量军官和政委没有去组织疏散，却带上家人逃跑了……[……]委员会认为必须采取特殊和紧急的措施让第4集团军恢复秩序[41]。

6月30日，斯大林撤了巴甫洛夫的职。前一天，他的继任者叶廖缅科已经在莫吉廖夫就任该职。他担任这个职位只有48个小时，然后就被铁木辛哥替换了。巴甫洛夫被召回莫斯科后，第二天就来到了首都。朱可夫几乎认不出他来，他说："打了八天仗，他就变得很厉害。"[42]最后，斯大林没有见他，假装说要给他在坦克部队里担任一个新的职务。事实上，麦赫利斯已经做好了7月4日在莫斯科城外逮捕他的各项细节工作。麦赫利斯刚担任西方面军军事委员会委员，就趁这个机会清除了巴甫洛夫身边的所有同事。他说"搞清楚了导致西方面军如此惨败的许多负责人的犯罪活动后"，他逮捕了方面军参谋长克里莫夫斯基赫，方面军炮兵部队、航空兵部队、通信部队的指挥官，还有第4集团军司令科罗布科夫，第14机械化军军长奥博林和第42师师长拉扎连科。斯大林言简意赅地对麦赫利斯说："国防委员会同意[……]对这些措施很满意，这些真正的措施可以使前线正常化。"他对战败的回应与领导层内战时期的回应一模一样，那就是政委对军人和干部进行严厉镇压，对那些1930年代大清洗期间打磨过的人，则进行监视，虚假审判，提供一直可以回溯到很久远年代的不实指控，和之前的审判联系起来，等等。经过两天折磨之后，巴甫洛夫承认自己从1918年以来就在从事阴谋活动，叛国，搞破坏，亲德……他把所谓的同谋也招供了出来，如曾担任过总参谋长的梅列茨科夫将军（6月23日被捕），还有第4集团军参谋长桑达洛夫、第4和第10集团军司令科罗布科夫和戈卢别夫。7月22日半夜，基于这些荒谬的指控，巴甫洛夫受到了审判。他和那些一起被指控的人，也就是克里莫夫斯基赫、科罗布科夫、格里戈利耶夫都翻了供。当天，所有被判有罪的人都在卢比扬卡监狱里后脖颈中枪，被处死了。

斯大林用巴甫洛夫这件事来发出警示，让将领们知道他们一直在被注视着。1941年7月27日，他签署了一份决议，下发给方面军、集团军、军一级的所有将领，要他们在陆军、海军和航空兵全体部队面前高声朗读。"国防委员会［……］已逮捕巴甫洛夫、……克里莫夫斯基赫……格里戈利耶夫……科罗布科夫，并因他们辱没将军的军衔、懈怠偷懒、无所作为、没有能力、让指挥层瘫痪和失去控制、不和敌人战斗就丢弃武器、有意弃守阵地，将他们送交军事法庭。"[43]在巴巴罗萨的大旋涡之中，还有其他数百名苏联军官被捕，受到拷打，被处死，或被关监狱。其中有33名将军。巴甫洛夫只是最出名的一个。出于谨慎，为了不使军队士气受损，斯大林采取了各种措施，以减弱这次战争时期的清洗所造成的后果。7月7日，麦赫利斯向第22、第20、第21、第4、第13集团军司令下达命令，在师部和军部的每一份报纸上只准刊登和被处死的士兵和军官相关的信息。尽管他同意各部队有权在全军面前执行枪决，但他仍然要求以合法的形式来这么做，只是没过多久，他就第一个违反了这个规定。[44]

在整个1941年期间以及之后，斯大林对军队里的干部相当不信任。所有人都受到了严密的监视。有一件荒诞事件可以用来说明将领们所面对的这种氛围。1941年10月，决定将伏龙芝军事学院疏散到塔什干。教师，也就是所有的将军或上校，都表达了希望能被调往前线的愿望，但学校领导层仍然执行了这项命令。一列专列专门调拨给具有将军军衔的教师乘坐。在漫长的行驶途中，乘员一边讨论前线局势，一边抽烟喝酒。德国人怎么会在不到四个月的时间里就打到莫斯科？这是一个讨论最多的问题。谈话都很平常，就是专业人士经常

第十章 边境的战斗 571

会说的那些话。行车途中，学院的一名政治干部就在车厢内，秘密告发了乘客。所有人都在塔什干车站遭到了逮捕。内务人民委员部揭发出了一个所谓的"列车阴谋"，经过请示之后，认定总战略专家尼古拉·伊万诺维奇·普柳斯宁将军和阿列克谢·亚历山德罗维奇·格拉兹科夫是阴谋的骨干。在指控的各项罪状之中，提到了几句句子，说方面军指挥官准备不足，伏罗希洛夫要对许多败仗负责，因为他自己在作战行动的准备工作上就没做好。莫斯科—塔什干的十二名乘客被判定宣扬失败主义而被羁押起来，遭到了拷问。五人遭虐致死。1951年才对其他七人进行了审判。所有人都被判在古拉格服25年劳役。就在苏联遭受如此巨大的危险的时候，伏龙芝军事学院的主要教师却消失不见了。

对勒佩尔实施打击

6月28日，明斯克陷落，陆军元帅冯·博克的两个装甲集群差不多就来到了别列津纳河的河畔，6月29日，军队就夺取了前往博布鲁伊斯克和鲍里索夫的通道。该地区很难通行，到处都是湖泊、沼泽和河道。从这儿就来到了德苏前线的核心地带，那就是北部德维纳河与南部第聂伯河之间宽达75公里的地峡。在这些湿润地区的"陆桥"上，有三座城市守卫着通往莫斯科的公路，那就是维捷布斯克、斯摩棱斯克、奥尔沙，从这儿起，就罕有路况好的路面，还有一条复线铁路。依照巴巴罗萨计划，将会在那儿发起决定性的战斗，也就是将敌军为了保卫首都的通道而集结起来的最后那些部队。事实上，从7月1日起，德国空军的空中侦察就已发现在通往斯摩棱斯克、维捷布斯克、奥尔沙以及波洛茨克、德维纳河、莫吉廖夫、第聂伯河的所有铁路线上，苏联的运输量都在增加。苏军最高统帅部在莫斯科公路上集结了6月以来匆忙征募的十个后备集团军的其中三个：第22、第

20、第21。在这些集团军的后面,向东约100公里处,从7月中起,就逐渐集结了第16、第19、第4集团军,第4集团军经过了彻底重组。最后,再向东,也就是莫斯科的前方,还有另外五支部队:第30、第31、第24、第32、第28集团军。

如此大规模的铁路运输能有序运转,都得归功于苏军后勤部门负责人伊万·科瓦廖夫。1941年6月26日,斯大林亲自任命了他。科瓦廖夫在回忆录中说到宣布他的任命时领袖说的话:"他向我敬过礼后,平静地对我说:'我们认为德军打击的主轴会是乌克兰粮仓、顿巴斯煤矿,然后就是巴库的石油。但他们把主要打击方向转到了西面,也就是莫斯科方向,当中胫骨明斯克和斯摩棱斯克。因此,我们已经命令将乌克兰的两个集团军运往西部,但运送卢津的第16集团军的列车卡在了那儿。'"他来到一面大地图面前,大致指了指基辅以北的一大片区域,也就是布良斯克、斯摩棱斯克和奥尔沙的方向。他说:"德国空军部队有系统地轰炸了铁路的主要枢纽点,我们的航空兵部队和防空部队都没有覆盖这些地区。"斯大林要科瓦廖夫现在就动身,使用一切办法把第16集团军的部队运往斯摩棱斯克和奥尔沙。科瓦廖夫最终疏解了铁路大面积堵塞的地方,这些堵塞主要是由两个方向混乱的交通导致的:从西往东,已经开始搬迁工业设施,还有把后备部队向西运送。德军只知道其中的三个集团军。他们完全不知道其他七个,不过这些部队现在确实还是空架子,因为他们什么都缺。给他们配备的都是仓库剩下的零敲碎打的东西以及刚从工厂里出来的东西。最高统帅部现在首先必须给这些部队进行装备,把他们运送出去,以此在斯摩棱斯克之前建起一堵高墙。

这期间,德军已经做好打退苏军的决定。7月3日,中央集团军群的两个装甲集团从固守明斯克袋子的任务中脱身而出,疾冲而来,他们相信这就是最后一场战斗。霍特的第3集群在左侧,有五个装甲师和摩托化师。他对准的是维捷布斯克,只要夺取该城,他就能从北

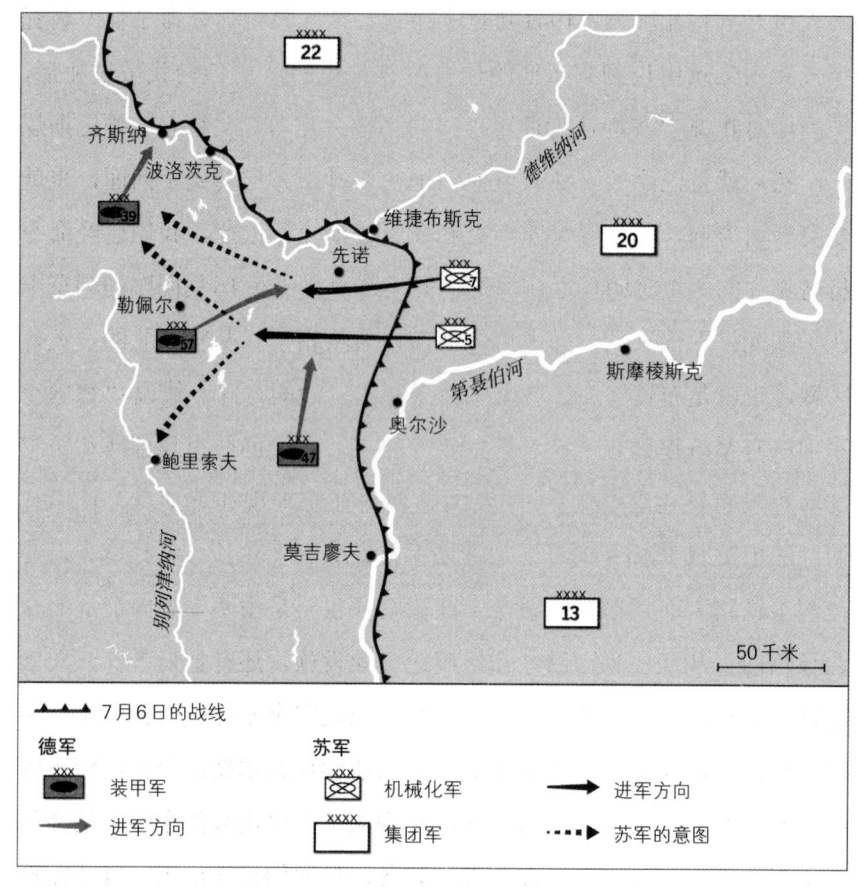

打击勒佩尔（7月5—9日）

574　第三部　苏联的挣扎

部包抄斯摩棱斯克，而左翼还能受到德维纳河的保护。古德里安的第2装甲集群在右侧，有六个装甲师和摩托化师。他取了一条通往斯摩棱斯克的直道，途经奥尔沙，但也会经过莫吉廖夫和罗加乔夫，还会过桥穿过第聂伯河，这样他就能从南部威胁斯摩棱斯克。冯·博克在日记中对这种匆忙的部署略有微词。他的战线拖得太长，没有真正集结兵力。"还是得在某个地方形成一个'拳头'。"[45]他写着，陷入了沉思。在7月3日晚上，擅长渗透的古德里安在罗加乔夫的第聂伯河畔等待着。霍特在波洛茨克北部齐斯纳的德维纳河畔。两人在这两个重要的通道上设立了桥头堡，不过略有偏移。令德军吃惊的是，苏军第21集团军刚到就发起了反攻，古德里安只能从8日上午疏散了罗加乔夫的桥头堡，而霍特由于受到第22集团军的侵袭，无法突破齐斯纳。他已经通知博克，说他还没有夺下维捷布斯克，还得等第9集团军的步兵部队过来。再等一周，德军就会输，苏军就会赢。

但苏军的计划对他们来说野心太大，也太复杂，会破坏还不错的开局，使斯摩棱斯克的防守变得更为困难。7月4日，最高统帅部事实上向军事委员会下发了一道"西线主攻"指令，由铁木辛哥指挥，自此之后，西方面军就得听这个最高机关的调遣。指令的第一部分命令在德维纳河-第聂伯河地峡建立一道牢固的防线。但又要求"集结好从过内来的后备军后，在勒佩尔、鲍里索夫、博布鲁伊斯克轴线发起一系列反攻"，这样就事先破坏了加固防线的所有努力。5日，由朱可夫签署的最高统帅部的一道指令明确要求：不要求击退第3装甲集群，但可通过迂回行动，在鲍里索夫投放一支空降军，在罗加乔夫清除古德里安渡河的部队，以此歼灭敌军！[46]勒佩尔战事并不是战术上打一下，以遏制敌军，这是一项绵延200公里的复杂的作战行动。

7月4日23点15分，铁木辛哥命令部队发起反击。他部署了由帕维尔·库洛奇金将军指挥的第20集团军，该集团军有八个师（8万人），还有两支精锐的进攻王牌军，即第5和第7机械化军，都是从最高统帅部的后备军里抽调出来的。这位之前的国防人民委员还必须更谨慎才对。即便这两支机械化军雄赳赳气昂昂,但其他那些纸面上同样优秀的部队不也在边境战斗中惨败了吗?两周不到的时间就损失了6000多辆坦克,这么快就用上了宝贵的后备装甲部队,是否合理呢?以装甲/步兵部队的反攻为基础,把这些部队用在防守为主,进攻为辅上不是更好吗?但红军的进攻倾向,斯大林的干涉主义,使得没有一个声音敢反对苏联史著所说的"对先诺-勒佩尔实施打击"这个命令。

从未指挥过装甲部队的库洛奇金于7月5日0点30分拟订了一项计划,提交给了铁木辛哥,就是……在了解了上司发布的指令之后75分钟。他宣称会在当天6点发起进攻。凌晨2点,第20集团军的一名上校向第7机械化军军长口头传达了这项命令,一小时后,军长又把市长叫来,让他们三小时后从这儿发起进攻。如此匆忙令人咋舌。这表明他们也没有对地形进行侦察,也不了解敌军阵地的确切信息,也忽略了空中支援,但第20集团军那时候只有31架伊-16歼击机。

两支机械化军力量很足,这点确实没错。第7军来自莫斯科,当局很喜爱这支由维诺格拉多夫将军指挥的部队,而将军还没率领坦克打过仗。他的第14和第18装甲师有472辆坦克,其中63辆KV和T-34,还有几十辆两栖坦克,适应多河道的地形,总攻有2.2万多人和501门各种类型的大炮。罕见的是,工程兵、侦察兵、通讯兵、防空兵也都配发了装备,还有可用四天的油料和弹药。对维诺格拉多夫来说,可惜的是,他的第1装甲师(没有T-34,但有该军半数的步兵部队)被从他这儿抽调走了。该部队将独自向鲍里索夫进军。剩下的两支装甲师必须沿着德维纳河向勒佩尔扑去,这片地区湖泊、沼泽林立,一条公路就被七条河道穿越切断。这对坦克手来说简直是场噩梦!第5机械化军的兵员和装备就要少得多,虽然军长阿列克先科将军已经投入了战斗。他和维诺格拉多夫呈平行状态,从南部沿先诺-

勒佩尔进攻。想法是趁霍特的第39装甲军正在渡过德维纳河的时候开打。可惜，这个想法是建立在糟糕的情报之上的，由于缺乏侦察，情报有误：霍特的右翼第57机械化军由于缺油，正停在鲍里索夫。事实上，第7和第5机械化军不是去打霍特暴露出来的侧翼，而是会和整支第57机械化军迎头撞上。7月5日晚上进攻开始。目标是往西130公里的勒佩尔。

本书并不准备去描述这场战斗。我们只会讲它的结局：三天激烈的战斗，其中两天下着倾盆大雨，地面好似一块海绵，两支机械化军在推进了50公里后，不得不向东撤退。照第14装甲师（第7机械化军）政治宣传部部长瓦西里·古利亚耶夫的说法，一开始前景不错，但若非收到连珠炮般的许多不恰当的命令的话，他们本来能做得更好。"这些命令要我们配备有重型KV坦克和T-34坦克的装甲师实施机动作战，说是要像步兵连那样在训练或行军时所做的那样。他们让我们在广袤的战线上往四处打，不是用拳头来打敌人，而是用分散开的手指来打。"[47]由于自然障碍层层叠叠，犹如迷宫，德国空军的进攻，再加上88毫米的炮火，7月9日晚上，两支机械化军都被包围了。事实上，霍特已经让第20装甲师渡过了德维纳河，夺取了维捷布斯克，这样他就来到了维诺格拉多夫的背后。他的第57机械化师也把阿列克先科伤得不轻。因此，铁木辛哥的反攻彻底失败了。丢失了维捷布斯克，832辆坦克被平白无故地摧毁，这些坦克本来在斯摩棱斯克会派上很大的用场。德军在战斗中留下了50到60辆坦克，大多数都能修理。至少苏军的两支机械化军从包围圈中救下了他们的大部分兵员。

这次，总参谋部总算明白了：苏军没法采用像1940年那样庞大的机械化军队伍。他们没有干部，通信不畅，后勤不顺，要有这些东西，才能打仗。技术性强的武器就需要有专业人士操作，而他们缺很多这方面的人才，无论是机械师，还是军长，都缺。必须找到新的、规模更小的组织形式。得设法至少让步兵、坦克、炮兵合作才行。1965年，朱可夫在接受历史学家安菲洛夫的采访时，以他一贯的坦诚承认道：

> 起先，铁木辛哥和我真的相信红军能在西部挡住敌军的攻势，在让他们的进攻部队筋疲力尽之后，我们就能按照行动计划发起反攻。我们两人第一次提到了在莫斯科附近打仗的可能性，那是6月26日晚，我从基辅回来，我们去了斯大林那里。向他描述了局势的严峻性之后，我们得出结论，必须在明斯克—莫斯科轴线上创建一条纵深防线。但反攻的梦想有好几天仍然在我们头脑中挥之不去。我们对此思考了很多，也着手这么去做了，而没再去考虑组织防守。我们以为我们能够消灭德军，毕竟他们分散在很长的战线上，彼此之间没有战术上的互动。于是，我们仓促之间就发动了攻势，没有准备好，造成了很大的损失。1941年7月初第聂伯河的战事使我们幡然醒悟。尤其是勒佩尔地区第5和第7机械化军的反攻。遗憾的是，斯大林还没被唤醒。[48]

7月15日，朱可夫下令解散机械化军，这是一项相当重要的命令，我们以后再讲这一点。在等待改革的时候，1941年6月22日至7月9日，西方面军的数据令人难以忍受：最终阵亡341073人，还有76717人受伤和患病，比起初的兵员减少了54.5%。[49]边境战斗每天给西方面军造成2.3万人的损失。装备方面，最终损失了近4800辆坦克、9500门炮、1800架飞机。

乌克兰西部失守

边境战斗给乌克兰西部地区呈现了一种别样的画面。冯·克莱斯特将军的第1装甲集群并没有及时打开局面，和他在白俄罗斯与立陶宛的三位同僚一样的情况。这儿要奔袭200到300公里不可能。必须正面迎敌打得很艰苦，才能击退敌人，每天推进约20公里，而且途经卢茨克和罗夫诺的基辅大路这条战线很逼仄。只是到了6月25日，三个领头的装甲师才终于夺取了卢茨克，靠近了罗夫诺和杜布诺，比原定日程晚了48个小时。第299师反坦克营的士兵汉斯·罗特在日记中记录了战斗的惨烈程度。眼看三天时间费了好大劲才夺取三座村子，6月25日，才来到卢茨克西部洛卡奇镇的门口。

> 猛烈的子弹迎接了我们。该死的狙击手！必须用手榴弹扫清每一栋屋子。这些疯子朝我们射击，直到屋顶在他们头上坍塌，把他们埋在瓦砾堆里。还有些人在最后一刻逃出屋子，却浑身都着了火。他们倒在马路上死掉了，要不我们就把他们打死。一个小时内，村子就变成了一片火海。我们的士兵什么都打，什么都杀，毫不手软。［……］一听到狙击手最初几声枪响，我们这些精疲力竭的士兵就全都活了过来。他们的神经虽然已经很脆弱，但这时候也不管有多热，行军行得有多累了。有个步兵对我说："你看，我累得不行，可现在我又来了劲头。我要回去好好庆祝庆祝！"啊呀，"节日"让我听了反胃。［……］只睡两个小时的觉，我们就会回去。[50]

于是，德军的推进就对基部180公里，纵深处最多达100公里的一个鼓包造成了影响。在战斗的最初四天，第5集团军司令波塔波夫将军损失了两个师，但将局势掌握在了自己的身后，而想方设法成功拖慢了冯·赖歇瑙的第6集团军的推进苏杜。长期指挥第4机械化军的波塔波夫想尽一切办法阻止了后方的崩溃，而且他和西南方面军司令基尔波诺斯还保持着联系。莫斯卡连科将军的第1反坦克旅也完成

第十章 边境的战斗 579

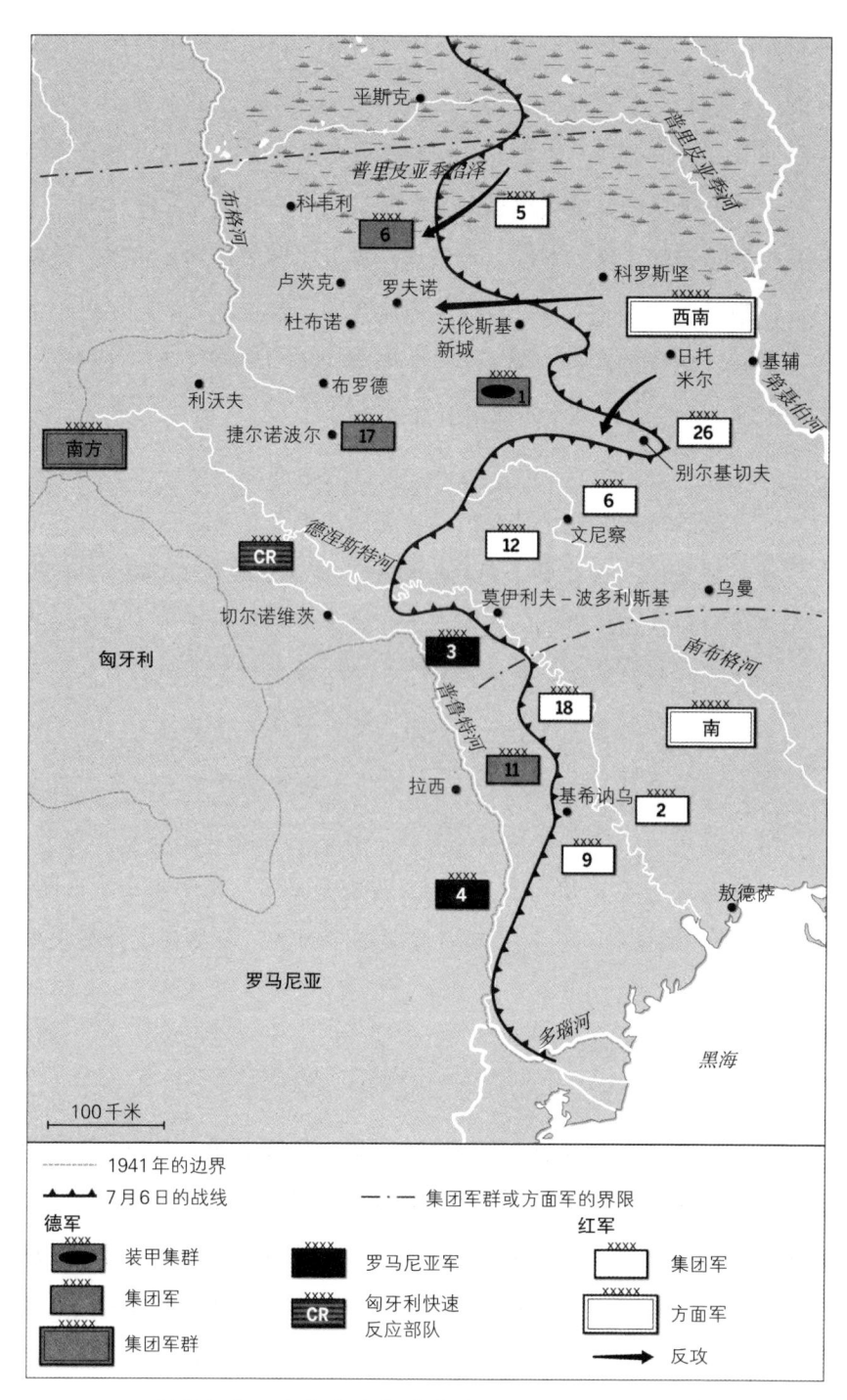

边境战斗：西南和南部战线（6月23日—7月9日）

了阻击任务，给第13装甲师造成了严重的损失。但是，再不想办法的话，鼓包随时都会破裂。风险太大，德军随后攻打南部，想把第6和第12集团军包围起来。苏军幸运的是，原本会形成包围圈第二条胳膊的冯·施蒂尔普纳格尔的第17集团军并没有第6集团军的速度快，每天推进的速度要少10公里。

我们已经说过，6月23日，朱可夫和基尔波诺斯正在讨论用乌克兰西部现有的八个机械化军发动总反攻的计划。总参谋长就是为此目的从莫斯科赶来的。但显然，军队向东撤退后，局势已经发生了变化。当然，朱可夫至少表面上还维系着几年来不断打磨的那个战略计划：立即从利沃夫，途经克拉科夫，向西里西亚推进。事实上，在投入这样的冒险之前，首先还得消灭第1装甲集群。我们先来看看八个机械化军的状况。其中五个军调拨给了集团军，每个集团军一个，第6集团军例外，它得到了两个机械化军。由于离边境太近，无论是战术，还是作战层面上，他们都是抱着立即反攻的想法的。调拨给两翼（北部的第5集团军，南部的第12集团军）的两支部队更弱，第5集团军得到了第22军（163辆坦克，没有一辆KV和T-34），第12集团军得到了第16军（608辆坦克，没一辆是新式坦克）。中部，也就是第6和第26集团军，他们是战略反攻的先头部队，三支更精锐的部队都部署在利沃夫四周的圆圈的弧上。第6集团军得到了第15军（733辆坦克，其中136辆T-34和KV）和第4机械化军（892辆坦克，其中412辆T-34和KV）；第26集团军得到了第8机械化军（858辆坦克，其中171辆是新式坦克）。必须强调的是：这三支机械化军得到了乌克兰现有99%的新式坦克和48%配发给红军的坦克。第4机械化军由戴眼镜、年纪更轻、红军内部晋升颇快的安德烈·弗拉索夫将军指挥。后面的这三支机械化军形成了第二梯队，由西南方面军调遣。他们远离边境地带，距离在250到400公里之间。他们编制完整，秋季以前是不会参与作战的。第9、第19、第24机械化军三军共有980辆坦克，但没一辆是新式坦克。大多数都是老旧的T-26，更适于训练坦克人员，而非作战。他们缺乏四分之三的交通工具，第24军甚至连卡车和加农炮都没有。

我们刚刚看到了德军第6集团军和第1装甲集群的推进使东部方向突出了一个鼓包。从常识来看，必须从北侧和南侧用机械化军对其进行打击，再围歼冯·伦德施泰特的集团军群的领头装甲部队。这个想法朱可夫和基尔波诺斯不是没想到过。他们哪怕是即兴想出来的计划，也决不能失败。虽然将领战术上能力不强，缺乏机械化军的技术手段，而且还缺少空中支援，但这些部队的军力仍然相当庞大：4224辆坦克，比对手多出了五倍，211000人，923门加农炮和重型迫击炮。但从更高的层面来看，这种类型的进攻必须要有两个主要条件。一、冷静；必须要有时间来集结兵力。可是，斯大林、朱可夫、赫鲁晓夫一直在叫喊，结果就导致了什么都很匆忙。二、进攻时必须完美协调，以此来剥夺敌军内线的优势，这样才能走最短的路分布到各处。这就需要有出色的指挥层和计划。可是，这两样都不具备。方面军司令、第5和第6集团军司令、机械化军军长的看法都不尽相同。他们彼此之间的联络也很困难，甚至不存在。"在6月22日和8月初之间，通讯兵成了第6集团军内部唯一的联络方式。"战后，第6集团军参谋长尼古拉·伊万诺夫将军对总参谋部的军事领导能力是这么说的。[51]

在6月26日在卢茨克—罗夫诺—布罗德三角地带爆发的这场大规模战斗中，可以看见白俄罗斯和波罗的海国家都已经观察到的所有缺陷。进攻散乱，不协调：各师要么随着炮声行军，要么乱走；由于缺乏全局观，有的向前走，有的掉头走，人员和机器都不堪疲惫；没有交警，不停地延误和堵塞；坦克没法和步兵及工兵协调行动；他们不做侦察，地图很少；最后，进攻就变成了大规模冲锋，完全没把地形因素考虑在内。面对同级别的装甲师，各机械化军的大部分军长似乎都对运动战一无所知，罗科索夫斯基（第9军）勉强成了例外。

战斗整整打了一个星期。苏军23个师，其中12个装甲师或机械化师，以及德军的18个师，其中7个装甲师和摩托化师，都投入了战斗。德军有些恐慌。6月26日，费克连科将军的第19机械化军成功突破了20公里，来到了杜布诺附近。29日，第8机械化军在同一个战区取得了另一项胜利，哈尔德在日记中认为这是一个相当严重的情况。[52]此外，其他地方到处都是坦克、炮火、飞机把苏军行军途中没有自毁的坦克一辆接一辆地摧毁，第8机械化军的报告也提到了这种情况："6月22日至26日这短短几天时间内，该军从一个角落打到另一个角落，丝毫不遵守作战手册中有关装备或兵员休息方面的规定。因此，40%至50%的战斗车辆都已没法使用。所有这些车辆都丢弃在了路旁。同样走了这路的另一半车辆也已无法作战。"[53]结果就是苏军全面失败。战前和战后，损失了1500辆坦克，还有1000辆丢弃在了路边。

德军在战斗中留下了约100辆坦克，一两千人阵亡。对兵力有限的军队来说，这当然不是什么小数字，但从全局来看只是起到了阻遏作用，但并没有使之停止。事实上，28日，第1装甲集群夺取了罗夫诺，30日，又来到了与边境相距250公里的奥斯特罗赫。尽管苏军的防线移到了东部，在鼓包的大轴线上，但北部和左侧的防守仍然有效，波塔波夫将军沿着普里皮亚及沼泽的边缘地带缓慢撤退，他差点没从沼泽里走出来，或绕过沼泽。自从冯·赖歇瑙的第6集团军推进得太往东起，波塔波夫就向南部，以及7月1日向罗夫诺发起反攻，遏制住了他的推进。由于后方始终存在这个威胁，第6集团军就在基辅公路上减慢了速度。汉斯·霍特三天来睡了没超过六个小时，他击退了红军坦克一波又一波的进攻。"我们打退了3连的12辆坦克，直接命中摧毁7辆。"7月8日，在罗夫诺附近，整场战斗一直都在场的苏军航空兵，以及第5集团军的炮兵，向该师的摩托营发起了进攻。

第十章　边境的战斗　583

"真是浴血奋战。41人阵亡，82人受伤。[……]损失太大，我们必须重新集结，重新占据阵地。"[54]经过九天惨烈的战斗之后，伦德施泰特通知哈尔德他的部队太疲乏，但他仍然保持乐观，预测战斗很快就会有突破。

正如哈尔德所预测的，尽管基尔波诺斯防守上相对比较成功，但他的处境并不妙。因为撤退、战斗、空中轰炸，他的部队减员厉害，他们已经筋疲力尽。后勤已经瘫痪，后方也不安全。他读到第5集团军（6月28日）的一份作战公报，说"在科韦利，德军突击队在和当地的民族主义团体在一起活动。所有的仓库都已经被我们撤走，或被我们摧毁。[……] 16团已经有两三天没得到食物了。也没有弹药"。[55]部队的士气日益低落。西南方面军政委米哈伊洛夫在6月29日和7月1日间也是这么对麦赫利斯说的，仅第6步兵军，三局已经逮捕了5000个逃兵：那可是三分之一的兵员！他枪毙了100个。第99师全部来自西部地区的80名士兵拒绝向德国人开枪。[56]之后没多久，波塔波夫决定在自己的军队里把所有来自这些地区的人全部撤下来。[57]最后，基尔波诺斯已经没有坦克了。机械化军已经严重受损。因此，第22军7月8日描述了这样一幅画面："该军[……]只有55%的兵员[也就是损失了1.1万人！]，21辆坦克[共163辆]，8门反坦克炮[共38门]，6门加农炮[共154门]，4辆汽车[共1135辆]，没了坦克的驾乘人员只有步枪，而且行军已经使他们疲惫不堪。"[58]

7月9日的状况表明西南方面军的损失极大：241594人，相当于31.7%的初始兵员，其中172323人最终阵亡[59]。这是西北方面军的数字的一倍，西方面军数字的一半。6月22日至7月9日，红军西部的三个方面军总共损失了762220人，其中595710人最终阵亡。28个师，其中14个装甲师和/或摩托化师100%被摧毁，72个师损失了一半或以上的兵员和武器。最初18天里的损失相当于整场战争（1420天）4%的损失量。[60]被摧毁和被丢弃的装备数可以说是个天文数字：

11703辆坦克，18794门加农炮，6000多辆飞机，1038000把个人武器。哈尔德指出，从这个方面来说，6月22日至7月6日，陆军部队，不算上病号，共损失61634人，其中13869人阵亡，5010人失踪。如果把7月7日、8日、9日的损失以及德国空军的损失也算上去，这个数字需上浮10%左右。这样，我们就能得出进攻者和防守者之间的比例几乎为1比11。对装甲部队而言，是1比30，对空军而言是1比20。

罗马尼亚和匈牙利加入战斗

在加利西亚，由于罗马尼亚和匈牙利积极投入战斗，伦德施泰特的右翼有望解开封锁。一开始，巴巴罗萨行动设想乌克兰巨大的包围圈会和白俄罗斯的类似。计划认为会有大量装甲部队从罗马尼亚出发，从背面攻打苏军。由于缺乏装甲师和巴尔干地区的野战部队，这个选项就没有实施。陆军总司令部不得已选择了"小规模解决方案"，罗马尼亚作为始发基地的地位被匈牙利取代。但布达佩斯政治上的犹豫不决也使这个希望完全落空。最终的选项就是第11集团军推迟进攻，该师只有步兵部队，由罗马尼亚两个集团军支援：形成包围圈的第二条胳膊。但往哪儿打还悬而未决。一切都得看敌军是怎么行动的。

西南方面军对冯·伦德施泰特的推进进行了抵抗，这样也就再次提出了7月第一个星期的包围圈问题。把包围圈弄窄，以此为基础，将目标下调。希特勒并没把夺取基辅作为首要目标，他想北部从别尔基切夫开始，南部从莫吉廖夫开始，在文尼察四周快速形成一个逼仄的包围圈。哈尔德没这么急迫，他野心更大。他相信敌军没有能力在八天时间内阻止他们自由行动。在7月8日的一份指令中，他要求第6集团军和第1装甲集群的一半兵力计划临时攻打基辅，然后沿着第聂伯河突袭,夺取该通道上的四个重要的点(卡尼夫、切尔卡瑟、克列缅丘格、第聂伯罗彼得罗夫斯克);装甲部队的另一半兵力的任务是打到白采尔科维,然后斜向径直往南,与乌曼方面的第11集团军相会。考虑到苏军第6和第12集团军撤退的速度很慢,他判断在这个地方突袭会更有利。必须承认陆军参谋长的意见还是很专业的。

6月27日,匈牙利向苏联宣战,今后,苏军第12集团军就得考虑匈牙利快速反应部队的威胁,同时还得担心南部的比萨拉比亚地区,德国和罗马尼亚随时准备发起的进攻。这些新的威胁相反却使苏联做出了两个决定。第一个就是6月26日创建了名为"南方面军"的新的方面军,由秋列涅夫将军指挥,辖第9和第18集团军,还有正在组建的后备军第2集团军。6月20日就已准备做出这个决定,政治局一项命令的草稿让我们知道了这件事。[61] 那时候,莫斯科已经判断罗马尼亚会参战,而匈牙利参战与否还没得到认定。新方面军的任务就是阻止德罗军队突然出现在基尔波诺斯的后面,固守第聂伯河,阻断敖德萨公路。第二项决定是6月27日做出的,最高统帅部6月30日的指令[62]对此作了详述:基尔波诺斯从莫斯科方面得到授权,可以全体方面军沿旧的斯大林防线撤退。东加里西亚因此也就遭到了弃守,这么做是为了使向西推进过猛的第6、第26、第12集团军免遭包围。6月29日,利沃夫遭疏散,德罗戈贝奇的油田及其每年40万吨石油的产量于7月4日几乎完好无损地落入了德军之手。这次撤退和逃跑没有关系:撤退是一步步执行的,当中有时还会发动攻势。哈尔德注意到"第一次",他的部队发现"所有的桥梁都被摧毁了"。[63] 这基本上挺合他的心意:苏军越是向西行进,东部袋口闭合之后,所获的战果会更大。

基尔波诺斯必须在斯大林防线这儿,也就是在以前俄国和波兰边境处停止撤退,必须沿着第聂伯河,然后从莫伊利夫—波多利斯基出发,经过沃伦斯基新城,向普里皮亚季沼泽奔袭。在基辅轴线的北部地区,他紧急要求增援和装备,因为防线1940年拆卸后,如今只不过是一些缺乏武器的小掩体。一次猛烈的突袭还在等着他。7月7日，整整两天时间，德国空军第4航空队大规模集中轰炸了斯大林防线，四周300公里范围内的铁路线，以及第聂伯河上的通道。由于德军的这次作战行动，基尔波诺斯所等待的支援就没有动。被德国空军狠狠梳理过的战场上，德军第14和第48摩托化军不费吹灰之力就从各个地方突破了斯大林防线，来到了别尔基切夫和日托米尔的门前，7月7日和9日，这两个地方相继陷落。还存在严重的缺陷。不久之后，秋列涅夫给斯大林发去的一份报告把那儿发生的情况描述得很清楚，法国军队在1940年五六月间也曾经历过这种情况："德军的小股摩托化部队配以少量坦克渗入军队的后方，用冲锋枪、机枪、轻型加农炮进行猛烈的射击。之后，本就不稳固的部队就很恐慌，没有做任何抵抗。再加上从团长到集团军司令都对真实的局势并不了解，这种局面就更严峻了。这些指挥官自己都会夸大敌军的兵力，他们又不知道敌军在哪儿，于是就把大量部队，师或军，甚至于后备部队，一会儿派往左边，一会儿派往右边，并没有明确的目标。"[64]7月21日，内务人民委员部的一份报告揭发说第199师（第49军，第12集团军）师长在沃伦斯基新城南部的战区内弃守阵地。将军逃跑的时候，没把参谋部的所有文件和200万卢布带走。朱可夫在这份报告上添加了这道命令："给诺索夫，副本给麦赫利斯：立即让军长、师长、团长停职，立即认定他们是叛徒和胆小鬼。"[65]斯大林方向的突破有一个很严重的问题。基辅就在150公里远的地方。第1装甲集群即将把第5和第6集团军隔开，这样一来，基尔波诺斯别无他法，就只能往第聂伯河另一边逃，重建严密的防线。

约16点，最高统帅部得知突破之后，立刻就采取了威胁措施，23点30分，它向西南方面军和南方面军发去一道指令，让他们控制住这场危机。朱可夫要求基尔波诺斯"以他个人名义担保，确保立刻把防御工事区合上，阻止敌军的坦克突破之际扩大战果。立即消灭这支突破的部队。[……]准备让第18机械化军向北行动"。⁶⁶基尔波诺斯于是拟定了一道下发给各部队的命令，第9机械化军军长罗科索夫斯基稍早的一个判断也完全适应用这道命令："我看着这份刚刚收到的命令：'对敌军侧翼进行强有力的打击，消灭它，重新控制局势。'是否对不同的行动进行了协调？现场的局势考虑在内了吗？[……]没有，一点都没考虑。我觉得方面军司令和他的参谋长只是把总参谋部的命令照搬了过来，而总参谋部本身并不了解真实的局势。"⁶⁷

对苏军来说，7月10日至14日的"反攻沃伦斯基新城"的战斗很复杂。由朱可夫任命的两支机械化军由于并没有做好准备，基尔波诺斯首先向北派出了第5集团军的步兵部队和第9、第19、第22机械化军的剩余部队。然后，往南派出了第6集团军和第4、第15机械化军的残部发起进攻，和第16机械化军一起行动。这次的目标还是把有德军五支装甲师和摩托化师的鼓包划分成块。时机有利，德军第6集团军的步兵部队还在100公里远的地方，下过暴风雨之后，路面完全被浸湿了。战斗很激烈。第11装甲师被包围在别尔基切夫，损失了2000人，还要再等五天才能突围出去。第16装甲师也被孤立，需要空中投放补给。这些困难强化了希特勒的想法，即夺取基辅并不具有优先性，而哈尔德却认为这是一个短暂的危机。虽然哈尔德有道理，但做决定的是希特勒。7月15日，苏军的进攻停止了。从数百辆坦克残骸、数千具尸体可以看出苏军冒着德国空军的轰炸，进攻有多惨烈。有人向哈尔德报告了苏军损失的数目，哈尔德震惊不已，说"这么疯狂的进攻就等于是在屠杀"。⁶⁸德军失去了五天时间，但西南方面军也已经气喘吁吁，失了一半的血。机械化军再没有了进攻的能力。有意思的是，尽管能抵挡大多数德军的炮火，但苏军的重型坦克KV几乎已经一辆都不剩了。西南方面军一名政委的报告说出了其中的关键原因："KV坦克面对炮火表现出了非凡的品质。[……]它们之所以损失巨大，是因为驾乘人员技术水平太低，他们几乎不懂该怎么来操作，而且也缺乏零部件。在许多情况下，驾乘人员连小故障都无法修理，只能跳出坦克。"[69]这就是1941年的红军：有时候装备一流，但操作它的人没经过技术培训，后勤又这么原始。

对苏军来说，和"沃伦斯基新城轴线"发生的事相比，轴线右翼（南侧）兵力的行动眼下没什么好担心的。那儿有三支集团军统辖于一支集团军群麾下，其名誉司令是"安东内斯库将军"。由彼得·杜米特雷斯库将军指挥的罗马尼亚第3集团军有一个步兵师、一个骑兵旅和三个山地旅，他们于7月2日发起了进攻。5日，他们就夺取了布科维纳的首府切尔瑙蒂（切尔诺夫策）。由斯米尔诺夫指挥的苏军第18集团军主动退到了德涅斯特河之后，罗马尼亚人并没有能把他从那儿撵走。罗马尼亚第3集团军的右侧是德军第11集团军，由欧根·冯·朔贝特将军指挥，也在7月2日从普鲁特河边攻占的桥头堡处发起了进攻。该集团军有八支步兵师，其余都是罗马尼亚人：五个步兵师，一个装甲师，两个骑兵旅。对垒的苏军第9集团军由切列维琴科将军指挥，只有七个师，一半的师兵员还不足。但德罗军队还需要艰难战斗13天时间，才能抵达德涅斯特河，并于7月16日夺取比萨拉比亚首府基什尼奥夫（基希讷乌）。这个目标很重要，那儿的莫吉廖夫在德涅斯特河上有一座铁路桥，7月7日没有成功夺取：城市被攻陷了，但桥没有被夺走。南部的罗马尼亚第4集团军由丘佩察将军指挥，有七个师和三个旅，7月4日向苏军第9集团军发起了进攻。从7月9日起，由于其中一个师几乎被全歼，攻势便停止了，这次倒霉事对布加勒斯特的军队是个不祥的预兆。

6月30日，匈牙利人投入了"喀尔巴阡部队"，该部队由一支步兵军和一支"快速反应军"构成，总共9万人，由费伦兹·索姆巴莱伊将军指挥，有好几份证词说将军对这次行动没什么热情。他们朝德涅斯特河慢慢行进，7月8日来到河岸边，前方很远的地方就是正在撤退的苏军第12和第18集团军。翌日，战争的局势对匈牙利人而言出

第十章　边境的战斗　589

现了变化：在希特勒向霍尔蒂请求之下，他们现在要听冯·伦德施泰特的指挥。斯洛伐克人也立刻加入了对布尔什维克的东征之中。6月23日，一个加强团编入了第17集团军，之后又编入了两个师，总数为3万人，29日的时候，该部队已经参与了战斗。意大利人尽管6月25日就说会派遣三个师的部队，但7月10日到8月5日之间，他们才来到匈牙利，一个星期后才和德军第11集团军投入战斗。最高指挥官投入的是他剩下的最精锐的部队：帕苏比奥第9师，都灵第52师，这两支都是摩托化师，还有一支是奥斯塔公爵阿梅迪奥亲王第3师，总共6.2万人，83架飞机，220门炮，5500辆卡车，由优秀的将领乔瓦尼·梅塞指挥。6月27日，克罗地亚人也宣布他们想要参加对布尔什维克的东征。他们派遣了一支1.5万人的军团，和由弗朗哥调遣的蓝色师准备于8月中旬参加战斗。除了47.3万罗马尼亚人和35万芬兰人之外，再加上这五支小规模的远征军，德国国防军在1941年夏期间总计有百万兵力的支援，其素质相当参差不齐，他们参战的目的与希特勒的目的也不尽相同。6月22日，安东内斯库在向军队发起号召时的结束语就清晰地说明了这一点："你们是为自己兄弟的自由，为比萨拉比亚和布科维纳而战，是为荣耀你们的教会而战，是为异教敌人羞辱的生命和家乡而战。[……]国家，国王，和你们的将军命令你们！士兵们，胜利属于你们。战斗吧！和上帝一起向前！"[70]

总之，6月23日至7月9日，德国三个集团军群突破了1941年的边境，摧毁了对他们发起反攻的机械化军，抵达了"斯大林防线"，使1939年的边境得到了落实。三大主轴（列宁格勒、莫斯科、基辅）的平均推进距离在300到400公里之间。在普里皮亚季沼泽以北，德国国防军的部队在7月9日的时候已经来到了韦利卡亚河、德维纳河、第聂伯河上游地带。巴巴罗萨计划预估在这个阶段，苏军的大部分兵力会在广袤的包围圈中被消灭。在明斯克附近，苏军只剩下一支部队，尽管损失惨重，但仍然在各处构成了一道严密的防线。在普里皮亚季河以南，尽管乌克兰西部的别尔基切夫和德涅斯特河下游都已经被侵占，但还没有形成一个大包围圈。德军方面，尽管雷声大，但6月22日进攻之后两个星期，战事并没有取得预想的那种胜利。

在大北方地区

1941年6月22日，我们还没听到芬兰的炮声。唯一的一次名为"驯鹿"的军事行动是驻扎于芬兰的德军迪特尔将军的山地部队（第2和第3山地师）在佩察莫发起的，只要越过挪威边境12公里，夺取那儿的镍矿即可。芬兰的边防部队全力配合作战，夺取了镍矿，但苏联方面没有反应。次日，德国空军的一支飞行中队从芬兰境内的机场起飞，轰炸了摩尔曼斯克和萨拉，结果招致苏联航空兵的报复，轰炸了赫尔辛基周围。26日，芬兰政府便确认和莫斯科处于交战状态。共和国总统里斯托·吕蒂在广播讲话中把错误都推到了苏联人的头上，并没有提及德国，从而指出这是一场独立的保卫战。之后便立即宣布了总动员。从6月6日起，芬兰就秘密采取了措施，很快就在边境部署了20万人。吕蒂在讲话中并没有提到该国军队从1941年1月起，为了夺回1940年失去的领土，已经在紧锣密鼓地进行备战。巴巴罗萨行动启动之前数小时，他心口不一地重申了芬兰的中立立场，但他对国会议员代表团的声明却透露了他的真实意图："这次战争是唯一一次拯救芬兰的机会。苏联永远不会放弃想要攻占芬兰的企图。"[71]

第二项行动，即"铂狐行动"，是负责这场战事的国防军最高统帅部最重要的一项行动。佩察莫之后，山地部队将会夺取摩尔曼斯克港，因海湾洋流之故，这是一座全年不冻港。该部队由经验丰富的爱德华·迪特尔将军指挥，他是德国最优秀的士兵，曾因1940年纳尔维克的表现而荣获骑士十字勋章。坚定的纳粹分子迪特尔从1919年起就和希特勒走到了一起，可以随时见到希特勒。尽管他首先是个能

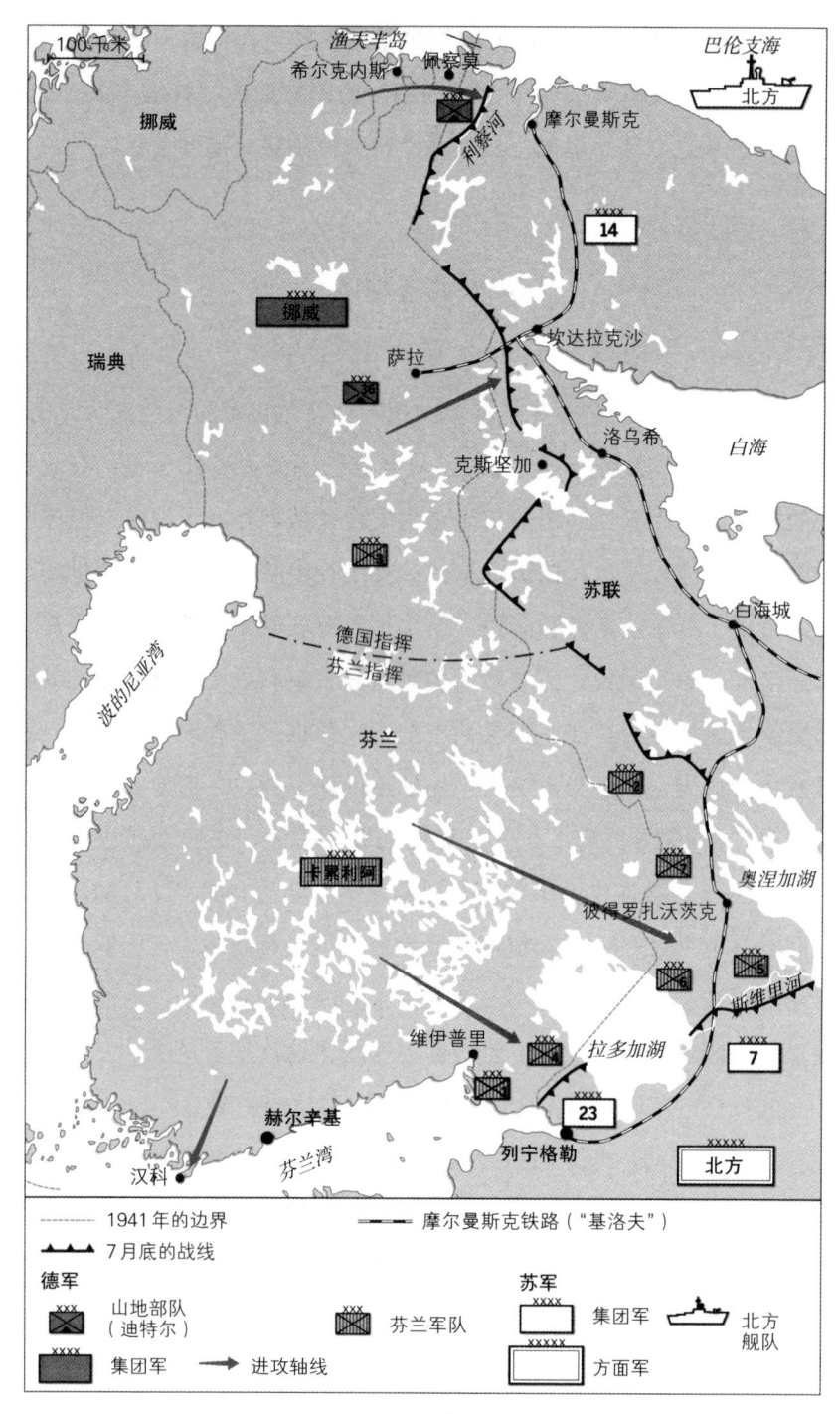

大北方战线

592　第三部　苏联的挣扎

煽动人心的人，但他对最高统帅部和陆军总司令部炮制，由他的上司，也是他所痛恨的挪威首长尼古拉斯·冯·法尔肯霍斯特批准的这项计划大为不满。该计划本来预想的是采取一切办法分两路推进，而非一次。迪特尔的部队沿着巴伦支海海岸向摩尔曼斯克（直线距离90公里）进军；往南500公里处，第二支部队则向坎达拉克沙（那儿有连接摩尔曼斯克和苏联国内的基洛夫铁路）行进，途经萨拉，路程为200公里。

理论上，迪特尔将会对战苏军由瓦列里安·亚历山德罗维奇·弗罗洛夫率领的第14集团军，弗罗洛夫曾以顾问身份在西班牙起到了重要作用，尤其是在夺取埃布罗河通道的著名战斗中。他是个优秀的战术家，对战场起伏不定的地形了如指掌，毕竟1939年至1940年的冬季他曾在这儿和芬兰人打过仗。由于最高统帅部尤其担心德国会进行海空两路作战，也就是英德联合作战（！），所以弗罗洛夫必须在从渔夫半岛到科拉半岛长400公里的海岸线上分布两个师，即第14和第52师的兵力。面对驻扎于季托夫卡河沿岸的迪特尔，他只有第14步兵师半个团的兵力和内务人民委员部一个营的边防部队可用。3000人对6万人！但他可以依靠由50名挪威瓦朗厄尔城的居民组成的情报部队，这些人1940年的时候拖家带口逃到了苏联。内务人民委员部的当地负责人没把他们当作煽动者给枪毙了，而是让他们组成了一支极有效率的情报队。正是多亏了他们，弗罗洛夫对德军持续过来的状况了解得一清二楚。意识到威胁之后，他采取了措施，在和芬兰边境处落差达200米的海岸上修建了一条建有13座地堡的防线。此外，6月21日，他得到了上司列宁格勒军区司令波波夫的调拨，后者让第52师前来边境地区，分散驻扎于科拉半岛上。迷失于北极地区的哥萨克人海军少将戈罗夫柯率领的北方舰队目前还派不上什么大用场，该舰队有8艘驱逐舰和10艘小型潜艇。

迪特尔知道将他和目标隔开的90公里情况糟糕得令人难以想象。

他向希特勒描述过这片区域，说那才是"摩尔曼斯克真正的防御工事，比一艘装甲舰还要有效"。[72]北极的苔原让人难以行走，矮桦树和刺柏都是从岩石块、泥沼、光秃秃的丘陵上生长出来的。从利察到摩尔曼斯克没有一条公路可走。德军糟糕的地图上所标的路只不过是驯鹿行走的小径，在狭窄的沟壑间曲折盘桓，还有无数的湖泊，季托夫卡河与利察河让谷地吸满了水。只有人和骡子可以颤颤悠悠地在30度至−5度的气温下走上几个小时。白昼持续二十四个小时，人和动物始终都会暴露在占据高处的苏军的眼皮子底下。在这样的条件下，要把300吨给养和弹药运送到前线，就必须注意作战的节奏。

迪特尔在40公里长的战线上，把6万人和驮物的6000头动物分成了三组。有两支精锐部队，即第2和第3山地师，以及一个党卫军下属的团，两个机枪营和支援部队。进攻开始于6月29日，飞机没有出动，炮火乱轰一气。山地猎兵只能用手榴弹和火焰喷射器端掉地堡。晚上，苏军500个守军或阵亡，或逃跑，其中就有第14师师长亚历山大·朱尔巴少将；300名德军士兵阵亡。翌日，发起新一轮攻击，扑向季托夫卡河以及这座同名小城唯一的一座桥梁。弗罗洛夫的第14师剩余的士兵全都给吓跑了。7月1日，其中一支山地猎兵部队向着摩尔曼斯克之前唯一一处天然屏障利察河进发。等待他们的是一次糟糕的突发情况：地图上标明的小径原以为会把季托夫卡河谷及利察河相连，却在距季托夫卡河6公里处戛然而止。车辆无法走坑洼不平的岩石路，履带会像玻璃一样破碎。第一批派出去的骡队陷在了泥沼里，必须把现在里面的牲口杀了。第二个糟糕的突发情况，即是德国空军发现有一个不明来历的师（第52师）正在强行向这儿推进。迪特尔命令士兵进行防守，趁着时候再把后勤理顺。他们就这样折向北，想要夺取渔夫半岛，以确保靠海这一翼的安全。但就当他的士兵来到通往半岛的6公里宽的地峡面前时，苏军第135步兵团却比他们抢先赶到。经过两天血腥的战斗之后，苏军被戈罗夫柯派来的两艘驱逐舰救了下来，戈罗夫柯发射了400发130毫米的炮弹，把山地猎兵打得落花流水。迪特尔再一次遇阻。匆忙间，他让包括芬兰兵在内的1000名士兵建一条连通佩察莫和利察的小道。等待完工期间，大炮都得花九牛二虎之力才能推动。又花了五天时间向东挪动了20公里，终于来到了利察。7月6日，发起新的进攻。

迪特尔始终都不希望从巴伦支海海岸向摩尔曼斯克发动进攻。在他看来，压制这座港口城市的最好的办法就是直接去坎达拉克沙，那儿是科拉半岛的基地，也是"基洛夫"铁路的所在地。作战行动从萨拉地区发动才对。国防军最高统帅部的错误在于想同时做两件事。希特勒对此无须负责，他只想让英国和美国人没法给苏联提供物资援助。德军向坎达拉克沙进攻会用到两个师，即党卫军北方师和芬兰的一个师。但指挥层不统一，主攻的方向也没定下来。7月1日，德军向苏军的一个加强部队，主要是弗罗洛夫将军的第14集团军发起了攻击。7月7日，萨拉陷落，但德军第169师损失了3300人，大多数都是由于太恐慌造成的，党卫军的部队就是这样崩溃的。他们又向东推进了30公里，这才停下来喘上了气。8月，增援部队赶到，德芬联军又再次推进，来到了距铁路80公里的地方。之后，由于北冰洋第一波寒潮来袭，再加上给养问题始终没有解决，所以战线就固定在了那儿。

再往南，经过一个月的战斗之后，由冯·法尔肯霍斯特指挥的芬兰第3军于8月7日攻下了克斯坚加，一直推进到了距洛乌希30公里的铁路沿线地带。由于苏军发起猛烈反击，德军遭到阻击，战线又凝固在了那儿。10月，该军再次发起进攻，这次成功了。苏军一个师大部被歼。但芬兰指挥官西拉斯沃将军却没有扩大战果，而是宣布他不会再往远处走了。德军提出抗议，说胜利就在眼前，但曼纳海姆支持自己的下属，要求拿回芬兰第3军的控制权，他说这是一次对全军进行重组的行动。尽管最后一个论据并非完全没有根据，毕竟经济摇摇

第十章　边境的战斗　　595

欲坠，芬兰军队的体量对经济来说太庞大，但事实上，芬兰人是能够切断摩尔曼斯克铁路的。他们没这么做，是因为1941年10月27日和30日，美国的两份备忘录使之改变了主意。对赫尔辛基来说，第一个威胁是如果"对美国运送给苏联的军事物资实施进攻的话"，"芬美关系即刻就会产生危机"。第二个就是延长作战行动"会对美国的安全构成一定的威胁"。[73]

芬兰人把这场战争叫作"继续战争"，他们在这场战争中要做的是从苏联人手中夺取1940年被其夺走的卡累利阿地区。该地区一方面就在芬兰湾和拉多加湖之间，就是南卡累利阿或卡累利阿地峡，首府是维伊普里/维堡，另一方面，它也在拉多加湖和奥涅加湖之间，那就是东卡累利阿，彼得罗扎沃茨克是其主要城市。苏军尤其是在南部设立了一道坚固的防线。在地峡前，芬军有两支部队，即第7师，直接由曼纳海姆的大本营指挥。面对芬军，苏军第23集团军一开始就有7个师。这支部队一团糟。6月30日，通信团始终没有到位，还缺106名中高级军官，90%的车辆，士兵都在外逃，留下来的也很高兴德军能勾过来："希特勒把自己的国家从犹太佬的手中解放了出来。他把德国所有的犹太佬都宰了，现在，他要在我们国家做这件事。我们的领袖末日到了。[……] 我们的人民在挨饿，村子里什么吃的都没有，政府却把精白面粉和黄油运到德国和芬兰去。"北方面军三局列出的这封信就是从报告里抽取出来的，报告强调方面的环境不太有利：工人不想去军队，希望德军过来，改善他们吃不上饭的处境。[74]

面对东卡累利阿，芬军有一支"东卡累利阿集团军"，由海因里希斯将军指挥（近8个师，其中一支为德师）。苏军在这儿部署了第7集团军（4个师）。和第23集团军一样，该部队也由驻扎在列宁格勒的北方面军的波波夫指挥，它的处境好一些。6月30日，其第237步兵师只有20%至30%的兵员，16辆T-38坦克。第168师缺乏大量轻武器和靴子！[75]6月30日，为了打击敌军的士气，麦赫利斯命令印刷数十万份传单。我们引用其中几段，显示在战争的这个阶段，宣传部门有多不现实，多天真。"芬兰的士兵们！芬兰政府听从希特勒的命令，把你们投入一场完全与你们无关的战争之中，为的只是德国法西斯主义卑鄙怯懦的事业。德军踏上了你们的土地。他们掠夺你们的财富，践踏你们国家的独立，准备让你们国家也落得和挪威一样的可怕下场。希特勒只为芬兰人民带来饥饿和苦难。[……]掉转你们的枪口，朝向德国侵略者吧，加入红军，他们会把你们当朋友一样欢迎你们。[……]自由独立的芬兰万岁！"[76]

7月10日，德军穿过德维纳河，芬军首先向东卡累利阿发动进攻，德军在6月22日之前就要他们如此行动。苏军已经把他们各师的半数兵力抽调出去，去对付冯·里布。4比1，海因里希斯将军赢面很大。格雷连科将军的第7集团军的防守很快就崩溃了。7月22日，又恢复了以前的边界。接下来的推进就很困难，苏联海军的步兵部队在芬军的后方下了船。7月底，越过旧有的边界20到50公里后，曼纳海姆下令停止进攻。眼下，以彼得罗扎沃茨克为首的老卡累利阿还在苏军的手中。

7月31日，对卡累利阿地峡发起了进攻。一开始只是局部进攻，只局限在拉多加湖的北岸。芬军和德军还没形成统一意见。对哈尔德而言，从最初几稿巴巴罗萨计划起，他就认为局面很明朗：芬军必须进攻东卡累利阿，渡过斯维里河，和冯·里布的北方集团军群的部队会合，包围列宁格勒。但曼纳海姆想要维伊普里/维堡，这是这场战争的目的，也是他绝大多数同胞的想法。因此，在向东卡累利阿进攻停止之后，德国国防军陆军总司令部要求最高统帅部继续进攻。曼纳海姆明显口是心非，反驳说他做不到，唯一一个受他指挥的德师在这项任务中也已经失败了。8月5日，哈尔德注意到芬兰已经出现"对德军在大北方和卡累利阿的表现有所失望的情绪"。[77]我们不禁认为只有芬兰人才能在他们熟悉的地形上战斗，而苏军则是付出代价之后才明白了这一点。8月10日，陆军总司令部改变了意见，建议芬军向列宁格勒方向的地峡发起进攻：至少这样能给冯·里布的部队减轻压力，毕竟面对苏军顽强的抵抗，冯·里布已推进受阻。曼纳海姆不得不答应这一点。8月15日，再次发起攻势。29日，芬军解放了维伊普里。苏军最高统帅部命令第23集团军（战斗比例为1比5）向老的边界撤退，但已为时太晚。一部分兵力被围歼，剩余兵力混乱无序地往后撤退。9月2日，曼纳海姆的军队越过了老的边界，还往前推进了10公里。9月9日，芬军在距列宁格勒30公里的地方停下了脚步。接下来就要看采取什么政治决策了，这样做会有很多后果产生。在民族战争的目标悉数达成后，他是否还必须继续向前推进，也就是说直接参与希特勒的战斗呢？10月对这个问题的回答逐渐浮出水面，而赫尔辛基所承受的经济和政治的压力也很大。芬兰人向德国提出运送15万吨小麦帮他们熬过这个冬天，还要150列火车、8 000节车厢来应对瘫痪的铁路系统，这时候希特勒便向芬兰人建议加入反共产国际协定。芬兰由于已经动员了16.5%的人口，所以不得不减少完全依赖德国的战争行为。

对犹太人的战争：
加斯登、考纳斯、比亚韦斯托克、雅西、利沃夫

像大家通常那样，把军事行动和对犹太人的大屠杀分开的做法都是人为的。对纳粹而言，是和苏军战斗，还是和维尔纽斯四分之一的犹太人战斗，两者是一回事，打的都是同样的敌人，那就是犹太-布尔什维克。在希特勒看来，大量犹太人的存在本身就构成了军事威胁。这也是他在7月中放弃进攻基辅的一个理由。[78]况且，德式战争所要求的就是行动要迅速，占领部队不是太强，这些都会使之采取大规模的恐怖手法来使后方保持和平，而再加上军队在战斗中所遭遇的阻

力,其邪恶的效果就更为严重。苏联的抵抗越是激烈,德军的损失越是惨重,部队对平民(首当其冲的就是犹太人)采取暴力手段的倾向就越是明显。对犹太人所犯罪行的范围很大程度上取决于军事当局的态度,尽管党卫军和警察握有权力,但他们对后方还是有很大的掌控权的。最后,当地人在最初的屠杀中起到了重要的作用,要对他们的态度进行解释,就必须考虑到苏军撤退所处的环境。

甚至在别动队还没加入战斗之前,德苏战争的第一个星期就出现了对犹太人实施的各种类型的屠杀事件,有的是行动模式不同,有的是把犹太人当罪犯处决,有的是屠杀时的环境不同。第一类都是德国国防军犯下的罪行。6月22日,被最先夺取的乌克兰索卡尔城的11名犹太人被第17集团军的士兵枪决。25日,常规部队又在离利沃夫不远的托波罗沃(180人枪决),27日在奥祖迪奇(100人)和尼扬科维奇(18人),29日在卡缅卡-布兹卡(180人)屡屡实施屠杀行动。利达是如今白俄罗斯的一座小城,有2万居民,第9集团军第161师在波兰人的帮助下,召集了100来名犹太知名人士,全为男性,其中有医生、教师、工程师,然后德军就在城郊把他们全给枪决了。犯下这些战争罪的动机是对自由射手的恐惧,或是对真真假假的报复行为的恐惧,德国国防军在波兰战役期间始终在对犹太人实施迫害,所以这些战争罪也就是该政策的延续。不过,还是可以发现在苏军抵抗激烈的城市和村庄,对犹太人的屠杀的频率更高,受害者人数更多,反犹太报复行为更成系统化。第299师的反坦克炮兵汉斯·洛特在日记中就提供了这样一个例子。他参加的最初四天的战斗由于苏军航空兵的持续轰炸,以及所谓的躲在暗处的狙击手的暗枪,所以战斗罕有的惨烈。他写道他进入卢茨克这座小城时:"我们的损失相当大。当地的监狱让人惨不忍睹。布尔什维克的那帮渣滓在撤退前就已经让这儿血流成河。一百多个男人、女人、孩子都像牲口一样遭到了屠杀。这些场面我永远都忘不了。[……]在这期间,几名战友把躲起来的最后几名红军士兵和犹太人都找了出来。战友把他们一个一个都枪决了，枪声响彻广场的四个角落，让这帮渣滓上了天。"[79] 从战争最初几个小时开始，就犯下了这些罪行，当然有反犹主义的因素，但也是因为所有的士兵都画了这样的等号，即"苏联的抵抗＝犹太政委的狂热"，"非常规的战斗方法＝犹太人的阴险狡诈"。"民众对我们热情欢迎，但我们没这样对待他们，因为在战区内，还有大量的犹太害虫，这种虚情假意的友谊让我们恶心"，[80] 第35步兵师111团的一个士兵写道，这是一支普通的部队，从中可以看出猜疑和憎恨的范围传布得有多广。但加斯登、考纳斯、比亚韦斯托克、雅西、利沃夫的五次大屠杀却截然不同，也无先例，攻势发动的第一个星期，受害者就超过了3万人。

加斯登（立陶宛语称为加尔格日代）是一座边境小城，距梅梅尔15公里。6月22日最初几个小时，第61步兵师的一个团发起进攻，没有任何损失，就夺取了这座城市。当天，各个地方的安保工作交给了从梅梅尔来的一支边境警察队伍。他们执行了下发给各部队的相当笼统的那些命令，在立陶宛人的帮助下，把600到700名犹太人同其他人隔离了开来，而且严加看守。该部队负责人不知该拿这些犹太人怎么办，就给柏林和盖世太保驻蒂尔西特的长官汉斯-约阿希姆·波默发去电报询问。只有后者给了回复。他没有发布命令，而是个人倡议，当然也得到了党卫军保安局在当地的负责人的支持。他说，从囚犯中间挑出200人，把他们押到城外。从蒂尔西特派去了一个由25名警察组成的小队，匆忙执行这次处决任务。24日，200名犹太男女被剥夺了财务，遭到虐待，还被迫自己给自己挖墓。在类似军事法庭审判之后，宣读起诉书（犯有对抗德国国防军的罪行）和死刑判决书，警察小队的军官手持亮晃晃的军刀，下令射击。[81] 波默的部队随后几天还在克罗提根（立陶宛语称作克雷廷加）和波兰根（帕兰加）又处决了另外300名犹太人。6月30日，在奥古斯托沃，他的倡议得到了恰好去了那里的希姆莱和海德里希的表扬。受到鼓励的波默在7月18日之前又枪杀了3000名立陶宛犹太人。如果从其表现出的类似于司法形式的表现形式来看，这件事例因其所显现的那种积极性而尤其具有典型意义，基层的倡议和高层的赞同，两者合力使之日趋极端。

苏联立陶宛首府考纳斯有15.4万居民，三分之一是犹太人。6月23日正午，距边境60公里的考纳斯整座城市都已被红军疏散，德军第16集团军的先遣部队于次日进入了该城。为了能更好地理解接下来发生的事件，必须记住三个因素。首先，这儿已没有政府当局：城市正处于暴动的状态，大多都是创建于1940年11月17日的立陶宛军人阵线挑起的，党卫军保安局是其上司，该阵线的负责人是凯西斯·斯基尔帕，之前担任立陶宛驻柏林大使。该民族主义运动与纳粹主义相近，尤其是它具有极端激烈的反右倾向。它在考纳斯势力最大，有3360名成员。其次，1941年5月17日至6月14日，立陶宛全境，特别是考纳斯，都是苏联当局残酷镇压的受害者。近11 000人被捕，另有包括大量妇孺的2.3万人被流放到了遥远的古拉格营地。5月17日，梅尔库洛夫寄给斯大林的一份报告说国家安全人民委员部遇到了军事抵抗，在作战行动中损失了好几个人。[82] 1941年6月22日，镇压行动还在继续，2000人被关在考纳斯的监狱里。最后，第三点，立陶宛军人阵线明确地将苏联的占领和镇压与犹太人同情布尔什维克联系了起来。该组织在传单上指出苏联就是"犹太政权"。[83] 事实上，该国苏维埃化受影响最大的种族就是犹太人，他们的大量私产都成了国有财产。而且，内务人民委员部还把大量逃亡到波兰的犹太人流放到了苏联的偏远地区。结果占立陶宛人口10%的犹太人有25%遭到逮捕和流放，比例上比立陶宛非犹太人多出三倍。

从6月22日最初几个小时起，立陶宛军人阵线的军人就夺取了一间存有2.5万件苏军轻武器的仓库，他们用这些武器把撤退的苏军部队骚扰得不胜其烦；他们自己有150人阵亡。阵线的其中一名负责人列奥纳斯·普拉普奥列尼斯在电台宣告该国独立。从23日起，受到军人阵线的激发，对国家获得解放感到兴奋，沉醉于复仇心理的民众开始了大屠杀。犹太人（或者误认为是犹太人）在街头或被打，或被杀，民众还纵火焚烧了好几家犹太会堂和部分犹太人区。6月24日18点45分，德军第16集团军第2军进入考纳斯。屠杀行为现在就在士兵的眼皮子底下发生，德军士兵都把这些画面拍摄了下来。25日下午，其中一名名叫贡斯柳斯的摄影师来到曾经的列图基斯修车厂：

> 在院子的左角，有一群30到50岁年纪的人，被平民带过来看守了起来。［……］一个年轻人，显然是个立陶宛人，站在那儿，袖子卷着，手上拿了根铁棍。他从人群中一个接一个地挑出一些人，对着他们的后脑勺敲，有的敲一下，有的敲好几下。三刻钟里，他用这种方式把45到50岁的人杀得一个不剩。我拍了几张照片。然后，年轻人放下棍子，拿出口琴，登上尸体堆，开始吹奏立陶宛国歌。所有在场的平民的举动都令人不可思议，因为铁棍每砸一下，他们都会鼓掌。［……］第一排有些女人，怀里还抱着孩子，她们就在那儿从头看到了尾。我问其中一个看客这儿发生了什么事。［……］他说，年轻人的父母两天前被［内务人民委员部的人］从床上拖了出来，被枪决了，说怀疑他们是民族主义分子。年轻人这是在复仇。[84]

还是6月27日，旧式骑兵军官洛塔尔·冯·毕肖夫斯豪森中校也见到了同样的场景。"考纳斯金发杀手"在人群的喝彩声中，继续杀害了城里的许多犹太人。回到第16集团军参谋部后，他就对上校说"这是立陶宛人自发对他们认为的叛徒和俄国占领军的合作者采取的报复行动"。上校对他说，已经发布停止屠杀的命令。晚上，中校受邀去第16集团军司令布施将军家用餐。有个军官报告说屠杀还没停，而且就在边上。"布施将军回答说这是国内政治上的冲突，尽管已经严令禁止，但目前还控制不住，他希望能接到上级的指示。"[85] 他的上级就是陆军元帅冯·里布，我们说过他是狂热的天主教徒，他对此也是同样的反应："我们对这些措施没有任何影响力。我们只能远观。罗克斯［集团军群后方负责人］认为犹太人只能这样得到解决。最安全的方法就是给所有犹太男人绝育。"[86] 冯·毕肖夫斯豪森中校次日发现出现了变化：列图基斯修车厂的杀手不见了。考纳斯的第一场屠杀行动具有"典型的"大屠杀特征：由立陶宛民族主义者挑头，但从24日起党卫军保安局成员给他们出了主意，他们还受到了民众的支持，就这样夺走了大约1500名犹太人的性命。A别动队及其队长弗朗茨·瓦尔特·施塔列克博士进入该城，大屠杀的第二阶段由此开始。别动队队员缴了民族主义者的械，但又有数百人未被缴械，他们做些辅助工作，负责把犹太人从家里拽出来，把他们关进监狱，投入老的堡垒里去。从6月30日到7月7日，德国人和立陶宛人在那儿或用步枪，或用机枪，杀害了3000到5000名犹太人。

在距考纳斯300公里的比亚韦斯托克的情况就有所不同。白俄罗斯西部的这座城市有10万居民，其中40%是犹太人，巴巴罗萨行动启动之前几个星期，他们就遭遇了和考纳斯同样的镇压。6月21日，梅尔库洛夫告诉斯大林"在比亚韦斯托克地区，［估计］有500人被捕，11405人遭流放。［……］其中有波兰、白俄罗斯、乌克兰、俄国、犹太人的各类民族主义组织的领导人和积极分子。［……］行动期间，有两人因想逃跑被杀，一人受伤。［……］沙俄时期的军官、波兰人科米朱赫上校的妻子被人用刀片割了喉［……］。"[87] 近日，只有极少数犹太人遭到苏联的逮捕和流放，这点和考纳斯的情况不同。事实上，我们在比亚韦斯托克并没有发现活跃的民族主义运动，也没有发生战斗：6月27日，德国国防军221保安师没有流血就进入了该城。

第十章 边境的战斗　603

这是一支特殊的部队，和另外八支部队一样，是为了巴巴罗萨行动而专门成立的。该师有10267人，装备差，年纪偏大，任务是保障中央集团军群后方的安全。师长约翰·弗鲁格贝尔下令"把城里落单的俄国人和敌视德国人的居民都清理干净"。[88]但城市很平静。后来有个士兵说这儿"有如教堂般宁静"。[89]在丽兹饭店，一个居民代表团拿着面包和盐向新的占领者表达了敬意。

9点，隶属于该师的309警备营的500个人进入了比亚韦斯托克。许多警察，包括他们的指挥官都喝得醉醺醺的。尽管招募来的这些人社会阶层各不相同，但都是从莱茵河沿岸地区来的，三分之二的人都是纳粹党员。接下来发生的事表明这些人是如何来看待"民族社会主义世界观和布尔什维克世界观这两个理念的"，[90]1962年，其中一人在联邦德国的司法听证会上就是这么说的。大屠杀有导火索吗？依照一份证词，221师好几名士兵的尸体被人发现，是苏军撤退时被打死的。这份证词和其他证词相矛盾，也有可能警察并不需要任何导火索，酒精还有他们自己的射击已经使他们兴奋不已。一名连长和战区的一个负责人下令把犹太人区好好梳理一下，看他们有没有藏匿武器。那些人便进入公寓和房间，到处劫掠、强奸，凡遇到抵抗，逃到街上的，就用棍棒和枪托打死，就这样杀害了数百名犹太人。其中250个人是在城里好几个地方被枪决的。下午，有人把虔诚的犹太人的胡子拔光，或者烧火取乐，有的人不得不去广场把列宁和斯大林的雕像悉数推倒，然后再把这些人全都枪决了事。还有700名犹太人都被关在犹太会堂里。然后就把会堂一把火烧了。晚上，城里的人行道、广场、犹太人公寓、犹太会堂废墟里已分布着2000到2200具尸体。和考纳斯不同的是，没有任何波兰人或白俄罗斯人参与屠杀。

师长只要一句话就能阻止屠杀。约翰·弗鲁格贝尔是1914年至1918年的战斗英雄，六次负伤，多次获勋，对不听话的下属，他也会包庇，从不会对他们发号施令，他把该师行军日志里的许多事实删得面目全非，他还对所有人说"他完全知情"，[91]还给好几个屠杀者颁发了勋章。当居民被拽着脚拖出去求饶的时候，其中一个警察还朝他们身上撒尿，将军转过身，走开了。屠杀所发生的场景也能说明问题：弗鲁格贝尔是个职业军人，他又是德国空军一名重要将军的兄弟，在他的头脑中，从巴巴罗萨行动的最初几天起，为了确保德国国防军后方的"安全"，就必须大规模屠杀手无寸铁的苏联平民，而这些人之所以被屠杀，并无任何军事上的必要性，只是因为他们是犹太人。29日，两天后，海德里希要求没有参与杀戮的别动队的人多学学比亚韦斯托克的先例。[92] 7月8日，希姆莱在走访该城的时候，向党卫军和警察部门的军官宣称必须"从原则上把所有犹太人都视作游击队员"。[93]

雅西大屠杀是1941年夏堪称最血腥，至今仍然是一个特例。雅西并不在苏联边境地区，而是罗马尼亚的东部，靠近边境地区，在罗军14师和德军198师的后方。这座城市是罗马尼亚反犹主义相当盛行的一个地方，反犹的根源由来已久：诞生于此的有库扎基督教民族方位联盟（卐字符是其盟徽），还有米迦勒天使长军团，也就是后来更出名的铁卫团，该军团宣扬的是要对犹太人强制实施绝育。城里生活着3.5万多名犹太人，占人口的三分之一，这两个组织内，军人和老兵数量众多，他们在此扎根很深，1937年的选举中，他们获得了三分之一的票数。国家首脑、罗马尼亚高级指挥层和德军第11集团军司令对战线附近有这么多犹太居民颇为忧心。于是制订了流放计划，罗马尼亚秘密情报部门的160名军官和士兵被派去执行这项任务。这些人都是大屠杀的鼓吹者，他们和罗马尼亚大参谋部协调一致，可以发现这是罗马尼亚对国内敌人犹太—布尔什维克发动的诸多行动中的第一次行动。秘密情报部门和大参谋部得到了安东内斯库的包庇，他已决定把东部各省的犹太人全部清理干净。

在德国境外存在如此盛行的反犹主义环境，再加上6月24日和26

日苏军航空兵的两次突袭,更是对大屠杀提供了借口。情报部门和14师的军官,罗马尼亚的宪兵和警察,联盟盟员和军团团员一听说苏军航空兵是该城的犹太人引领过来的,便闻风而动。6月26日,宪兵部队把所有家中有手电筒的犹太人都抓了起来;一些人被杀。27日,城里张贴了呼吁进行屠杀的告示:"罗马尼亚人!每杀死一个犹太佬,就等于清除了一个共产分子。"这话和作家米哈伊尔·塞巴斯蒂安6月24日在布加勒斯特处处可见的文字极为相似:"[告示]的文字说'谁是布尔什维克的主子?'上面画了个犹太人的形象,此人两颊垂发辫、留胡子、穿红袍、头戴无边圆帽,一手握镰刀,一手握锤子。在他袍子的下摆底下藏了三个苏联士兵。"[94]晚上,德军的一架飞机在城市上空飞过,发了一颗明亮的信号弹。这件事引发了恐慌,各处传来混乱的枪声,流言满天飞:苏联空降兵正在向雅西扑来。大屠杀始于28日。反犹极端分子,根据命令行动的德军士兵,还有罗马尼亚士兵以及宪兵,警察,更有一部分当地人开始追猎犹太人。马路上很快就散落着尸体。数千名犹太人被聚在一起,被朝警察局总部的方向驱赶。人群朝犹太人吐痰,用木棍、铁棍、链子、玻璃碎片打他们。倒地上的就被打死或私刑处死;来到警察局的人都被用机枪数百人一片扫射而亡。

29日,经内务部同意,14师师长下令流放还活着的犹太人。德军士兵把他们押送到车站,4400个人挤在两列列车里。车厢都封死了,通风口也被堵住。6月30日,大屠杀结束,但雅西的犹太人的磨难还没有结束。两列火车漫无目的地慢悠悠地穿越了摩尔达维亚的漫长路途。置身于50节货车车厢内,犹太人因饥渴、炎热、窒息、疯癫而死。到站的时候,在雅西登车的4500人中有2600人都已死亡。罗马尼亚情报部门给出的屠杀数目总计是13266人,其中有40名妇女和180个孩子。[95]布加勒斯特的官方公报就这样复原在了米哈伊尔·塞巴斯蒂安的日记里:"在雅西,处死了500名犹太砖瓦工。特别刊发的政府公报确认他们是苏军空降兵的同谋者。"[96]后来，随着苏军重新夺回这些地方，尤其是斯托罗日涅茨、楚德湖和新谢利察，大屠杀便进而扩散到了比萨拉比亚和北布科维纳的一些城市和村庄。大多数屠杀行为都是北罗马尼亚军队和宪兵干的，美其名曰"去苏维埃化"，而"去苏维埃化"其实就是"去犹太化"。屠杀之前或期间始终都能看到乌克兰人和罗马尼亚人互相比试的劲头，看谁追猎得多，揭发得多，劫掠得多。保罗·希尔伯格估计受害者数量在1万人左右。7月底，罗马尼亚宪兵在这种极端恶劣的情况下，把2万名犹太人从比萨拉比亚和北布科维纳流放到了德涅斯特河以远的地方。

第五场大屠杀和巴巴罗萨行动初期和东加利西亚首府利沃夫这个地方相关联有关。屠杀的模式与考纳斯相近。1939年，利沃夫是一个多民族的城市，有31.2万人口，波兰人占半数，犹太人占三分之一，其余为乌克兰人。1940年，苏军流放了近4万名犹太人，其中许多人是从波兰的德占区逃亡过来的，苏军是依犹太人所属的政治团体、是否是复国主义者或社会主义者，或者因为他们拒绝接受苏联护照，而将这些人流放的。结果，和立陶宛一样，加利西亚犹太人从比例上看，是斯大林镇压活动中受苦受难最深重的一群人。和考纳斯一样，这座城市也有秘密运动，即乌克兰民族主义组织OUN-B，该组织1929年创建于维也纳，1940年分裂成倾向保守、亲近合并教会的OUN-M和激进的OUN-B，后者与纳粹主义有亲缘关系，同时也反犹，反布尔什维克，想要把乌克兰所有的少数种族清理干净，让自己成为国家社会主义欧洲的一部分。OUN-B在宣传中说布尔什维克是"莫斯科的犹太人"，他们的口号是："要杀死我们中间的敌人——犹太人和间谍。"[97]OUN-B的B是其首脑斯捷潘·班杰拉*的名字的首字母，他是乌克兰年轻民族主义者心目中的偶像。班杰拉元首住在克

---

* 斯捷潘·班杰拉（1909—1959），汉语也有译为斯捷潘·班德拉，此处以俄语发音译为班杰拉。

第十章 边境的战斗 607

拉科夫，他命令手下人要和德国国防军及其秘密情报部门阿勃韦尔通力合作。他的计划就是等红军一旦离开后，就在利沃夫宣布乌克兰独立。

6月27日，苏军的部队开始撤离利沃夫。德乌突击队此时已经潜入该城，由OUN-B的300名成员组成的夜莺营由罗曼·楚赫维奇指挥，是班杰拉的第一把利刃。29日，德军第17集团军来到距该城10公里的地方，OUN-B几百个人的秘密部队拿着武器从各个藏身处出来，和夜莺营联合，向内务人民委员部的三座监狱发起了进攻，监狱内大约有500名囚犯，分别是乌克兰人、波兰人和犹太人。警卫很恐慌，由于没法撤离囚犯，他们就枪杀了一部分人，贝利亚在6月24日的时候就给他们做过这样的指示。后来，德军的一份报告说他们发现了3 500具尸体。[98]依照不同证词的说法，可能是在6月30日，德军突击队和夜莺营一方面把被打死的乌克兰人的尸体弄得残缺不全，[99]一方面又把犹太人的尸体弄走了。[100]因此，这样的场景应该是提前设计过的。

1941年6月30日凌晨，利沃夫在没有经过战斗的情况下被德军第1山地师占领，随后进入该城的就是B别动队的一支先遣队。当天晚上，OUN-B组织宣称"乌克兰国"独立，让班杰拉的首席副手雅罗斯拉夫·斯捷茨科担任"国家行政部门"的领导。从第一次会议零散的纪要来看，他们显然确立了狂热的反犹主义观点，想要立即发动"消灭"乌克兰犹太人的运动。[101]德军违反了元首的意愿，把他留在了克拉科夫：乌克兰无论出现任何一个国家，他们都不愿予以承认，毕竟那儿是德国进行殖民的优先地带。斯捷茨科立即征募了民兵组织，"设立秩序，确保市民的安全"，成员都套上黄蓝臂章，以资辨认。第17集团军司令冯·施蒂尔普纳格尔将军的第一项行动就是去监狱的地下室看看，那儿堆放的数千具被内务人民委员部杀害的人的尸体正在腐烂。[102]他立刻从中发现这是一个可用来大力宣传的武器。戈培尔讲过"可以放手去干",希特勒没有加以阻止,他们还同意向利沃夫派一支由摄影师、记者和电影技术人员组成的队伍过去。"犹太-布尔什维克的罪行"就成了7月12日至18日这一周搬上荧幕的新闻,新闻的题目叫作"摘下面具"。"元首对我说:这是我们做过的最好的新闻报道!"[103]戈培尔写道。党卫军保安局报告了这些影像所产生的效果,德国人都觉得看不下去。"这就是布尔什维克和犹太佬的真实嘴脸",[104]从柯尼斯堡到慕尼黑,大家都在这么说。利沃夫被处死者发黑肿胀的尸体同样也在整个被占领的欧洲地区播放。

但在调动世界舆论之前,德国人还在冯·施蒂尔普纳格尔将军的赞同及协助下,调动了乌克兰人。城里以辨认尸体(事实上,已经腐烂,难以辨认)为由,让亲属在监狱里鱼贯而过,进行辨认。这项罪行立刻就被归罪于犹太人。7月1日,获德军各种支持的OUN-B的民兵组织抓来数百名犹太人,让他们把尸体清理出去,然后再把他们处死,或杀死后丢弃不管。当时九岁的列谢克·阿勒汉特后来回忆该民兵组织是如何把他和他父亲从家里抓走,把他父亲折磨了3公里之后,再将之关入布里基德基监狱,强迫他匍匐膝行,遭受狂怒的人群的殴打,任由他们朝他吐唾沫。[105]如果说民众的怒火可以归结于OUN-B说犹太人屠杀囚犯的那些传单和告示,那由此可见,"犹太-布尔什维克"的陈词滥调再次显现了强大的威力。并不只有乌克兰人是这样:半数波兰人也参与了暴力。OUN-B的民兵大肆杀戮,使城市混乱了二十四个小时,德军总是对此报以同情的眼光,而且一直都在拍照。马路上,为了羞辱犹太人,把他们的衣服扒光,施以拳打脚踢,有时还会强奸妇女。而被羞辱的这些人还得把街道清理干净,以膝行或四肢着地的滑稽方式来表达他们对苏联人的爱。许多人都遭到了殴打,经常被打得很惨。7月2日,大司祭叶谢基尔·勒文去乌克兰希腊罗马教会大主教安德烈·谢普基斯基那儿寻求帮助。后者答应会有所行动,并建议司祭留在他身边。勒文没有同意,当天就被杀害。

7月6日，大主教布道的时候，丝毫没有谴责劫掠和谋杀的行为。[106]此时，班杰拉已经被德军逮捕，软禁在柏林，很快，斯捷茨科也被抓了起来。"乌克兰国"在第一个主权行动，也就是对利沃夫犹太人的大屠杀之后，立刻就没有了踪迹。7月2日，C别动队大部来到了利沃夫，在OUN-B的协助下，将大屠杀变成了有组织的枪决。7月6日，C别动队向东行进，对犹太人的大屠杀暂时停止。按照估算，此时已有2000至7000人遇难。在这次事件中，我们观察到某种分工：德国人是大屠杀的煽动者；乌克兰民族主义者是组织者；民众是实施者。

与此同一时间，或者说就在这之后不久，除了考纳斯、雅西、利沃夫之外，德国人又干下了屠杀的暴行，受害者近1万人，这些地方有里加、格罗德诺、捷尔诺波尔、佐洛齐夫（佐洛切夫）、罗夫诺、德罗戈贝奇（乌克兰语是德罗霍贝奇）、桑博尔、鲍里斯拉夫、斯特雷、博布尔卡（乌克兰语是比布尔卡）、卡缅卡—布兹卡（卡缅卡—斯特卢米洛沃），当然远不止这些地方。我们从中再次发现了颇为系统的一些因素：内务人民委员部处死囚犯，德国人予以鼓励（德国国防军或别动队，后者7月1日接受了海德里希激发波兰人反对犹太人的指示），波罗的海或乌克兰民族主义积极分子的参与。苏联的惨败也起到了作用。正如一名目睹博纳利的犹太人被屠杀的波兰人在其日记中扼要所述："对德国人而言，300个犹太人就是300个人类的敌人。对立陶宛人而言，就是300双靴子、300条裤子，诸如此类的东西。"[107]

城市里的部分犹太人随着红军成功脱逃，但大多数人没有这样。他们不了解情况，有些人还以为1941年的占领和1917年至1918年的类似。在诺夫哥罗德，有一个名叫格林伯格的人是个手艺人，内务人民委员部的人通知他最好离开城市。他回答说："我不相信你们，你们就是些该死的共产分子。你们夺走了我的铺子。我认识德国人，1918年，我就住在普斯科夫，他们在那儿，很不错啊！我的铺子经营得也很好。"几天后，格林伯格就被德军枪杀了。[108]雅尔塔有个名叫佐娅·哈巴罗娃的年轻女孩儿[109]在日记里说他父亲让他一个被德国人勒令赶去集合的犹太朋友尽快逃进森林。那人回答道："他们会把我们弄到巴勒施泰因去。"爸爸对他说德国人不管到哪儿，都在杀犹太人。但那人还说："德国人是很有教养的人。他们不会对我们撒谎的，只有布尔什维克从头到尾都在撒谎。"7月12日，在白俄罗斯执行屠杀任务的行刑队队长汇报说："我们没想到的是犹太人对我们对他们的态度竟然一无所知。"[110]不过，消息最后还是流传了开来。7月29日，C别动队不无失望地对上司说，经他们观察，日托米尔有相当数量的犹太人已经跟着红军走了。[111]还有一点需要注意，里宾特洛甫—莫洛托夫条约签订之后，在苏联领土上的犹太人在1941年6月的时候还没拿到护照。由于内务人民委员部拒绝穿越边界，所以没有这种文件，他们便没法向国内撤离。

斯大林说："兄弟姐妹们……"

从6月22日起，斯大林就得面对一个巨大的政治难题。他应该什么时候，又该怎么向苏联人民交代这场指挥得如此糟糕的冲突的本质？关于怎么做，苏联领导层并没有含糊其词。从6月22日起，和共产国际总书记季米特洛夫开会期间，领导层说这是一场"民族战争"，而非"革命战争"或"阶级战争"。斯大林是个现实主义者，他能感觉到苏联人能接受第一种提法，但肯定不会接受其他的提法。1941年9月，他为此对罗斯福总统的特使埃夫里尔·哈里曼说："我们不会自欺欺人，幻想他们会为我们［布尔什维克］而战。不，他们是为祖国母亲而战。"[112]况且，搁置阶级斗争的提法对和盎格鲁-撒克逊人结盟也必不可少。6月25日，安德烈·马蒂、莫里斯·多列士向秘密潜伏在法国被占区的雅克·杜克洛发去的一封加密电报对这点就看得很清楚:"我们再强调一次:我们的宣传必须绝对避免把德国和苏联的战争说成是资本主义体制和苏联之间的战争。对苏联来说,这是一场国家保卫战,对抗的是野蛮的法西斯主义者。世界革命的胡话只能让希特勒得利,会对把国际上所有反希特勒的力量联合起来的做法造成损害。"[113]

那什么时候对苏联人讲话呢?斯大林不愿在6月22日讲,让莫洛托夫来宣战,我们已经说过这一点。还没完全苏维埃化的一个共和国的首都维尔纽斯的陷落,不可能提供这样的时机。相较之下,明斯克失陷之后,斯大林再也无法保持沉默。6月28日,德军开进白俄罗斯首都,对他触动很大。30日宣布的这件事对苏联人的震动也很大。公民们的信件大量寄给党的领导,其中有一封是寄给日丹诺夫同志的。

> 有人告诉我们不要关收音机,但我们知道有人在死亡的时候,我们还只能听音乐,这只能让我们作呕。商店里一团糟:有点钱的人都在囤货。不应该让他们听音乐,而是应该激发这些人。[……]在排队的人群里可以听到各种各样的流言。[……]我们很想在收音机上听到斯大林的声音。他是政府首脑,他必须把真实的形势告诉给人民。政府保持沉默,只能在人群中引发恐慌。[……]我们都在期待斯大林同志!他在哪儿?[……]他害怕自己的人民?让他去电台,让人民听到他的声音,听到许多歌曲歌颂的那个人的声音吧。[114]

这话说得很重:必须"激发"人民。战争最初的十二天里,国家安全人民委员部和内务人民委员部列出了一份令人不安的流言清单:斯大林逃跑了,他被自己手下的警察抓住枪毙了,铁木辛哥投到了敌人一方。[115]普遍都对苏联与希特勒保持友好关系的政策的失败持批评态度。"我们的政府花自己的钱养活了那头牛"这种表达方式有各种变体，持续出现在警察的报告中。还必须向人民解释这十二天里，怎么会失去和法国面积一样大的领土，而十年来，宣传部门一直在讲"战争会很少流血，而且是在敌方的土地上进行"。[116]

7月3日清晨6点30分，莫斯科电台播音员尤里·列维坦宣布："注意！这儿是莫斯科……斯大林同志要对你们讲话。"既然私人广播站很罕见（6月25日的一道命令要求有幸拥有私人广播站的人尽快交出设备，这样就更少了），那所有城市的工厂、车站、商店、集体农庄和主干道的高音喇叭都会播放他的讲话。斯大林用了半个小时的时间讲完了他的1745个字，他语调缓慢，沉重，有格鲁吉亚口音，因为紧张，口音就更明显了。斯大林喝水停下来的时候，听众都能清晰地听到沉重而压抑着的呼吸声。"同志们，公民们，兄弟姐妹们，我们军队和我们海军的战士们！我要向你们，我的朋友们讲话！"最开始的这些字眼都很强烈，在苏联人的记忆中留存了很长时间。领袖第一次对他们像对合作伙伴一样讲话，请求他们的帮助。他采取了一种新的方式，使用具有强烈宗教意涵的词汇，"兄弟姐妹们"。"祖国"这个词他说了十一次，"自由"和"民主"也讲到了。还有一个令人震惊的地方是，他直接承认了战场上的形势，没有涂脂抹粉："希特勒的军队已经能攻占立陶宛，拉托唯一的一大部分，白俄罗斯的西部，乌克兰西部的一部分。法西斯的空军正在扩大轰炸行动［……］我们的祖国正面临巨大的危险。"

斯大林向他的人民给出了两个主要的解释。他在解释这两点的时候并不具有说服力，而且有矛盾抵牾之处。和希特勒签订的条约是否是一个错误？不是，他的回答很长：即便"希特勒和里宾特洛甫都是恶魔和食人魔"，也必须这么做。德国人怎么能推进到国家的腹地？"突袭的效果，违背承诺，发起进攻"。他说得很含糊。这是第一次，在解释这一悲惨的事件时，斯大林没有提到叛国、破坏和阴谋。他可以把巴甫洛夫当作叛徒提出来的。这个观点已经在红军内部广为流

第十章 边境的战斗 613

传,我们几乎已经认同了这个说法。[117]但这一次,叛徒/破坏者的形象留在了后台。显然,斯大林感觉到这样的论点很难说明这次事件的广度。

他还必须打消民众的顾虑。我们是被侵略的一方,有道德上的优势,他强调的是这一点。因此,"我们的事业是正义的",莫洛托夫在6月22日的讲话中也使用了这个固定说法。红军很强大,他们克服逆境,将会夺取胜利,但还是必须采取措施,"碾碎敌人"。必须动员全体人民,所有的经济,打一场漫长而恐怖的战争,首先要"理解我们国家面对的是一个很严重的危险"。"残酷无情的"敌人想要什么?"夺取我们的土地[……],夺取我们的小麦和我们的石油。他们的目的是重新建立大地主的权力,重新树立沙皇制度,消灭苏联的俄国人、乌克兰人、白俄罗斯人、立陶宛人、拉脱维亚人、爱沙尼亚人、乌兹别克人、鞑靼人、摩尔达维亚人、格鲁吉亚人、亚美尼亚人、阿塞拜疆人和其他自由民族的文化和独立。这事关苏联这个国家的生死,事关苏联人民的生死。"

讲稿开头没有出现的内部敌人出现在了中间:必须"对后方的破坏者、逃兵、散布恐慌者、各种流言的传播者进行无情的斗争,必须消灭间谍、政治上不坚定的分子、敌军的伞兵。[……]无论是谁,凡是散布恐慌者、表现懦弱者、阻碍防守者,必须一律送交军事法庭。"斯大林极其具体地呼吁凡是有助于敌人的任何东西,都必须撤离,或者摧毁:"必须把所有的铁路车辆全部带走,不要给敌人留下一节火车头、一节车厢;不要给敌人留下一公斤的小麦、一升的燃油。集体农庄庄员必须把所有的牲口带走[……]。所有有价值的物资,包括无法撤离的有色金属、小麦和燃油,都必须悉数摧毁。"又提到了1812年,这是一场人民战争,也必须是游击队的战争:

在敌人占领的地区,必须组成游击队小分队,[……]摧毁

614　第三部　苏联的挣扎

敌方的队伍，和敌军的部队战斗，在各个地方打游击战，炸毁桥梁和公路，破坏电话线和电报线路，烧毁森林、仓库、列车。在遭到入侵的地区，必须给敌人及其辅助部队创造难以忍受的条件。[……]我们不应该把和法西斯德国的战争看作一场普通的战争。这不仅仅是一场两军对垒的战争。这也是一场苏联全体人民和德国法西斯部队进行的一场战争。

最后的结束语说到了国际环境，第一次让苏联人放心：并不是他们孤军奋战，在和整个地球作战。相反，"这场大战中，我们忠诚的盟友就是欧洲和美洲的人民，也包括遭受希特勒之类煽动者奴役的德国人民。我们的战争是为了祖国的自由，它和欧洲和美洲人民为了独立、为了民主自由的斗争是一致的。[……]英国首相丘吉尔先生在他的历史性讲话中说要帮助苏联，美国政府也宣布尽全力帮助我们国家，苏联人民的心中对此充满感激之情"。

斯大林的讲话并不完美。他没有这方面的才能，这一点和丘吉尔和戴高乐形成了鲜明对照。不过，考虑其政治影响力，其中所包含的能量和意志，这仍是一篇重要的文本。他说这是一场和希特勒的殊死战斗；他强调会和西方国家形成"大联盟"；从中可以看出斯大林仍牢牢握着缰绳。希特勒和戈培尔是否读了这篇文本？毫无疑问读过。德国媒体刊登了该文本的大篇摘要。但无论是希特勒，还是戈培尔都未对此做出评论。无疑，苏联领导人憋的那股气让他们很不爽。目前，这两人最关心的就是苏联所采取的焦土政策。7月4日，戈培尔充满威胁的话语就是在对他进行回应："斯大林要焚毁收成和物资。对此，我们公开提出反驳，他们战败之后，别想从我们这儿得到什么，我们会让他们饿殍遍野。这样应该会使煽动者们平静下来。"[118]希特勒在7月8日的讲话中表现得还要激进，戈培尔是这么转述的：

第十章 边境的战斗 615

现在，我们会一直打到把他们灭绝为止。只要有布尔什维克的克里姆林宫在，讨论和平就不可能。[……]布尔什维克将会彻底不存在。元首想要把莫斯科和彼得堡这些城市彻底抹平。这很有必要。因为我们想要把俄国分解成不同的部分，这个庞大的帝国再也不能拥有任何精神、政治，或经济的中心。[……]在东方，将不会存在宽恕一词。布尔什维克就算真的烧毁收成，也没多大关系。我们并不需要他们的农业产品。[……]但是，他们如果真的把所有的东西都烧了，等到冬天临近，俄国的饥荒将史无前例。[119]

那苏联人又是如何看待领袖的广播讲话的呢？私人日记和回忆录里的各种零碎片段使对这个问题的回答有些困难，但会让人印象深刻。大多数人听到他的声音，发现国家没有沉沦，似乎就安心了。"我觉得他很迷惘。他语调不够果决，说得不够自信，也不够坚定，嗓子眼干巴巴的，我听到他喝了水。11月7日在红场上的讲话就截然不同。"[120]哲学家格里戈利·波莫兰茨是这么回忆的。伊利亚·爱伦堡的反应与之极为相近。"7月3日，一大早，我们听了斯大林的讲话；他似乎有些激动，我们听到他喝水的声音，而且一开始就极不寻常地用了'兄弟姐妹''朋友们'这样的称呼。"[121]米哈伊尔·普里什文是这么写的："斯大林的讲话激起了强烈的爱国冲动，但我无法知道这是一种真正的爱国主义，还是一种幌子。我之所以不明白，是因为他已经完全做不到公开坦诚了。"[122]"斯大林说希特勒会被打败，就像拿破仑和威廉二世被打败那样，还说并不存在战无不胜的军队，"[123]年轻的格奥尔基·叶夫隆感叹道。"7月3日的讲话让我癫狂，或者说让我作呕的地方，就是德国民族社会主义在被占国和被占领土上实施恐怖行为的那种犹太-布尔什维克无稽之谈。用这种无稽之谈是吓唬不了俄国人的，"阿尔汉格尔斯克的退休者菲拉杰尔夫·帕尔辛斯基这么分析道。

帕尔辛斯基和他那代人中的许多人一样，都心怀反斯大林的怒火，但他们没有看到就算不是所有人，但全民皆兵之中确实存在爱国激情。至于德国人的"十字军解放战争"，差不多所有苏联人都会在之后的1941年秋看出那究竟是怎么回事。

注 释

1. *«Ereignismeldungen UdSSR» 1941*, p. 90.
2. GFM Ritter von Leeb, *Tagebuchaufzeichnungen…*, p. 281.
3. W. Kempowksi, *Das Echolot, Barbarossa '41*, p. 119.
4. Hans Hertel, *Generation im Aufbruch*, Verlag K.W.Schütz KG, Preuss. Oldendorf, 1977, p. 291.
5. Erich Kuby, *Mein Krieg, op. cit.*, p. 115.
6. Arkhiv G. Ch. F. 10. Op. 295. D.001. L.127.
7. AP RF F. 3 Op. 50. D. 460. L. 59–64 In *Voïna 1941–1945. Vypousk 2*, 2015, p. 37–40.
8. RGVA, f.9, op. 39, D.101, l.328–329; d.105, l.2–3. M Meltiukhov, *Natchalnyi period voïny v dokumentakh kontrrazvedki (22 Iunia–9 iulia 1941)*. In: *Tragedia 1941-ogo. Pritchiny katastrophy.* [http://militera.lib.ru/research/sb_tragedy1941/text.html]
9. RGVA, f.9, op. 39, D.101, l.328–329; d.105, l.283–289. Meltiukhov, *Natchalnyi period voïny v dokumentakh*.
10. *Izvestias*, TsK KPSS n° 7, 1990, p. 204. Le rapport est envoyé le 9 juillet à Mekhlis.
11. TsAMO F. 221, Op. 2467ss, D. 39, L. 355–356.
12. *Ibid.*
13. TsAMO F. 222 Op. 1362. D. 15. L. 101. In: *Velikaïa Otetchestvennaïa Voïna 1941–1945*, sous la direction de Zolotariov, Moscou, 1995, vol. 1, p. 118.
14. *VIJ*, 1992 (11), p. 25–26.
15. Rapport du colonel Nazarov, envoyé du Front du Nord Ouest. TsAMO F. 221. Op. 1372. D. 19. L. 22. *Skrytaïa Pravda Voïny: 1941 God*, p. 126.
16. H. Bücheler, *Hoepner*, p. 136.
17. *Izvestias*, TsK KPSS n° 7, 1990, p. 203.
18. TsAMO F. 221, Op. 1372, D. 8. L. 211–214.
19. Mikhalev, *Liudskié Poteri v Velikoï Otetchestvennoï Voïné 1941-1945 gg. Statistitcheskoé issledovanié*, p. 66.
20. Halder, *KTB*, vol. 3, p. 22.
21. *Ibid.*, vol. 3, p. 8.
22. *Ibid.*, vol. 3, p. 11.
23. *Ibid.*, vol. 8, p. 7.
24. Cité par C. Hartmann, *Wehrmacht im Ostkrieg*, p. 251.

25. TsAMO F. 208, Op. 2454ss, D. 27, L. 55.
26. TsAMO F. 208, Op. 2454ss, D. 27, L. 57.
27. TsAMO F. 208, Op. 2454ss, D. 27, L. 69.
28. Halder, *KTB*, vol. 8, p. 15.
29. Archives Kempowski. Cité dans: *Das Echolot. Barbarossa '41*, p. 191.
30. *The War diaries of a Panzer soldier. Erich Hager with the 17th Panzer Division on the Russian front, 1941-1945*, Schiffer Military History Buch, 2010, p. 31–34.
31. TsAMO F. 208, Op. 10169ss, D. 4, L. 51, 52.
32. Boldine, *Stranitsy Jizni*, p. 94.
33. Halder, *KTB*, vol. 8, p. 26.
34. P. Palii, *V Nemetskom plenu*, Paris 1987, p. 40–44.
35. NARB F.4-p. Op. 33a. D.14. L.99–102, in Platonov, *op. cit.*, p. 56–57.
36. Cité par Macha Cerovic, *De la paix à la guerre : les habitants de Minsk face aux violences d'occupation allemandes (juin 1941–février 1942)*. Relations internationales, 2006/2 (n° 126).
37. AP RF. F. 3. Op. 24. D. 465. Ll. 204–208. In: *1941 God*, (sous la redaction de Yakovlev) vol. 2, p. 487–490.
38. *Documents on German Foreign Policy. Vol. XIII June 23–December 11 1941*, Serie D, Washington, 1956, p. 507.
39. Joukov, *Mémoires*, T. 1, p. 383.
40. Témoignage de Mikoïan, in: *Riadom so Stalinym*, p. 30–31.
41. AP RF. F. 3. Op. 50 D. 460 L. 43–46, in: *Voïna 1941–1945*, Vypousk 2. 2015, p. 25–26.
42. Joukov, *Mémoires*, T. 1, p. 385.
43. Russki Arkhiv, 13(2–2), *prikazy NKO*, p. 37–38.
44. TsAMO F. 208. Op. 2524. D. 3. L. 52.
45. Bock, *KTB*, p. 209.
46. *Russkii Arkhiv*, n° 16 5 (1), Moscou, Terra, 1996, p. 51–52.
47. Vassili Gouliaev, *Tchelovek v Broné*, p. 15.
48. Interview de Joukov par Anfilov, *VIJ* n° 3, 1995.
49. Mikhalev, *op. cit.*, p. 66.
50. Eastern Inferno, *The Journal of a german Panzerjäger on the eastern front, 1941–1943*, Casemate, 2010, p. 28–29.
51. Son témoignage est publié sur le site de l'état-major général russe. [http://22june.mil.ru/]
52. Halder, *KTB*, vol. 3, p. 24.
53. TsAMO F. 38 Op 11360 D. 2. Ll. 105–106.
54. Eastern Inferno, *The Journal of a german Panzerjäger on the eastern front, 1941–1943*, Casemate, 2010, p. 47.
55. TsAMO F. 229, Op. 9776ss, D. 3, L. 5.
56. TsAMO F. 229. Op. 213. D. 12. L. 74. In *Skrytaïa Pravda Voïny 1941 God*, p. 264–265.
57. TsAMO. F. 229. Op. 9776. D.3. L. 10.
58. TsAMO F. 229, Op. 9776ss, D. 3, L. 29, 30.
59. Mikhalev, *op. cit.*, p. 66.
60. *Ibid.*, p. 67.
61. AP RF, f.3, Op. 50, d.125, Ll.75–76, p. 413–414.
62. TsAMO, f.148a, op. 3763, d.90, l.9–11. Stavka, doc n° 28.

63. Halder, *KTB*, vol. 3, p. 26.

64. *Izvestia*, TsK KPSS n° 8 1990, p. 213–214.

65. RG VA F. 9. Op. 39 D.100. L.252–253, in: Meltiukhov, *Natchalnyi period*... [http://militera.lib.ru/research/sb_tragedy1941/text.html]

66. Directive Stavka no 00234, in Zolotarev, *Stavka VGK: Dokumenty i materialy 1941 God*, p. 58.

67. Rokossovski, *Soldatski Dolg*, 1997, p. 18–19.

68. Halder, *KTB*, vol. 3, p. 76.

69. 西南方面军政治处向工农红军宣传部门提交的报告，方面军政委米哈伊洛夫签名，*VIJ* n° 9, 1989, p. 18。

70. *The Romanian Army and the Whirl of War, 1941–1945*, Editura Andromeda Company, p. 44.

71. Vehviläinen, Olli, *Finland in the Second World War. Between Germany and Russia.* New York, Palgrave Publishers, 2002.

72. Cité par Alf R. Jacobsen, *Miracle at the Litza*, p. 11.

73. Wuorinnen John H., *Finland and World War II*, New York, The Ronald Press Company, 1948, p. 136–137.

74. *Voenno-polititcheskaïa obstanovka v Finlandii v 1941 g. i natchalo boiov na Severnom fronte*, in *Velikaïa Otechestvennaïa Voïna. 1941 God.* sous la rédaction de Khristoforov, p. 627–630.

75. *Ibid.*, p. 631–633.

76. TsAMO F. 32 Op. 795436. D. 3. L. 238–240, in: *Russki Arkhiv Velikaïa Otetchestvennaïa*, vol. 6, p. 30–31.

77. Halder, *KTB*, vol. 3, p. 153.

78. *Ibid.*, vol. 3, 10.07.41, p. 60.

79. *Eastern Inferno, The Journal of a german Panzerjäger on the eastern front, 1941–1943*, Casemate, 2010, p. 31.

80. Einsatz der 14./I. R 111 bei der Gruppe Mandelsloh, BA/MA RH26 35/41. Cité par David W. Wildemuth, *Who killed Lida's jewish Intelligentsia?* Holocaust and Genocide Studies, vol. 27, Nr.1, Spring 2013, p. 1–29.

81. *Der Dienstkalender Heinrich Himmlers*, p. 181.

82. Loubianka Stalin i NKVD-NKGB-GUKR «SMERCH» 1939–mart 1946, Dokoumenty, p. 279–281.

83. LCVA. F. R-756. Op. 6. D. 555. L. 2 in *Nakanouné Kholokosta. Front Litovskikh aktivistov I ovetskié repressii v Litvé v 1940–1941 gg. Sbornik Dokoumentov.* Sous la rédaction de A. R. iukov, p. 398–399.

84. Walter Kempowski, *Das Echolot, Barbarossa '41*, p. 101–102.

85. *Ibid.*, p. 129–131.

86. Von Leeb, *Tagebuchaufzeichnungen...*, p. 288.

87. RGANI F. 89 Op. 18. D. 7. L.1–3, in *Loubianka Stalin I NKVD-NKGB-Gukr-Smerch 1939–mart 946 Dokoumenty*, p. 287–288.

88. Hamburger Institut für Sozialforschung, *Verbrechen der Wehrmacht Dimensionen des ernichtungskrieges 1941–1944*, CD (Hamburg: Hamburger Edition, 2004), chapitre 10, «"Ein tolzer Tag in der Kampfgeschichte" Die 221. Sicherungsdivision in Bialystok».

89. Tiré du Rapport de combat du bataillon. In: Hartmann, *Wehrmacht im Ostkrieg*, p. 273.

90. *Ibid.*, p. 274.

91. *Ibid.*, p. 276.

92. Snyder, *Terre Noire*, p. 238.

93. 冯·登·巴赫-热勒维斯基的说法，见*Himmler* de Peter Longerich, p. 510。希姆莱在场这件事从他的日程表得到证实，*Dienstkalender*, p. 183。

94. Mihail Sebastian, *Journal (1935-1944)*, Stock, Paris, 1998, p. 328.

95. 数字和描述来自Radu Ioanid的一篇文章，*The Holocaust in Romania: he Iasi Pogrom of June 1941*, Contemporary European History, vol. 2, n° 2 (Jul.1993), p. 119–148, et de l'ouvrage *Le Pogrom de Jassy*, du même auteur, chez Calmann-Lévy, Paris, 2015。

96. Mihail Sebastian, *Journal (1935-1944)*, Stock, Paris, 1998, p. 331.

97. Grzegorz Rossolinski-Liebe, *The «Ukrainian National Revolution» of 1941: Discourse and Practice of a Fascist Movement, Kritika*: Explorations in Russian and Eurasian History, vol. 12, n° 1, Hiver 2011, p. 83–114.

98. Voir Hannes Heer. Dieter Pohl parle de 5300 fusillés, p. 55.

99. Bogdan Musial, *Konterrevolutionäre Elemente sind zu erschiessen*, p. 267. 也可参阅Hannes Heer的文章，作者强调800营关于利沃夫的第一份报告并没有提到尸体遭到损毁。

100. Dieter Pohl, Nationalsozialistische Judenverfolgung in Ostgalizien 1941–1944, p. 56.

101. Grzegorz Rossolinski-Liebe, *The «Ukrainian National Revolution» of 1941*…, p. 100.

102. 关于第17集团军司令冯·施蒂尔普纳格尔在利沃夫大屠杀中的作用，参阅Hannes Heer的文章，*Preliudia k Kholokostu: Lvov v iuné-iulé 1941-go*。

103. Goebbels, *Journal*, I–9, p. 433.

104. *Meldungen aus dem Reich*, vol. 7, p. 2536.

105. USC Shoah Foundation Institute, archive n° 27779.

106. Krouglov, *Lvov, Iul 1941 goda: natchalo unitchtojenia*.

107. Kazimierz Sakowicz, *Ponary Diary 1941-194*3, 2005, Yale, p. 16.

108. 感谢Boris Kovalev告诉我们这个信息。

109. Le journal de Zoïa Khabarova, entrée du 12 décembre 1941. In: *Detskaïa Kniga Voïny*, Moscou, 2015, p. 382.

110. Cité par Heinz Höhne, *Tciorny Orden SS. Istoria Okhrannykh otriadov*, p. 318. [http://militera.lib.ru/research/hohne_h01/12.html]

111. *Die «Ereignismeldungen» UdSSR 1941*, p. 201.

112. Urban, *Stalinism*, p. 41.

113. Bernhard Beyerlein, *Predatel Ty Stalin*!, p. 456.

114. TsAIPD SPb. F. 24. Op. 2g. D. 326. L14.

115. Nikita Lomaguine, *Neizvestnaïa Blokada*, vol. 1, p. 309.

116. Voir *Moskva Voennaïa*, p. 48–53, mais aussi les journaux personnels d'Ostoumova-Lebedeva, de Lachkevitch et de Prichvine.

117. R. P. Platonov, *Belorussia, 1941-i: Izvestnoé I Neizvestnoé. Po dokoumentam Natsionalnogo arkhiva Respubliki Beloru*, Minsk, 2000, p. 40–41.

118. Goebbels, *Tagebücher*, I-9, p. 424.

119. *Ibid.*, II-1, p. 33.

120. Lopez et Otkhmezuri, op. cit., p. 106.

121. Ehrenbourg, *Liudi, Gody, jizn*. Livre V, chapitre 1.

122. Prichvine, *op. ci*t., p. 503.

123. Gueorgui Efron, *Journal (1939-1943)*, Genève, 2014, p. 361.

124. *Voïna. Zapetchatlennyé Dni, 1941-1942: Dnevnik i Dokoumenty*. Sous la rédaction de V. Iline,

V. Radichevskaïa, T. Titova. Arkhangelsk, 2005, p. 24–25.

125. 库兹马·米宁是俄国的民族英雄，17世纪初，俄国遭到波兰人侵略，他呼吁民众站在德米特里·波扎尔斯基一边，反抗侵略者。

126. *Voïna. Zapetchatlennyé Dni, 1941-1942: Dnevnik i Dokoumenty*. Sous la rédaction de V. Iline, V. Radichevskaïa, T. Titova, Arkhangelsk, 2005, p. 27.

127. *VIJ* n° 7 2006, p. 22–23.

第十一章
从欢欣鼓舞到最初的怀疑
（7月10日—7月30日）

> 现在我们必须决定接下来该如何行动，尤其是应该把任务交给我们的装甲部队。由于这样的决定对战争的结局至关重要，或许是这场战争中唯一具有决定性意义的决策，约德尔将军认为有必要让军队总指挥在开始其他任务之前，向元首说明自己的观点和意图。
>
> ——约德尔向布劳希奇致电，1941年7月5日[1]

按照对巴巴罗萨行动的主导观点的说法，德军在边境战斗中获得胜利，接下来会很快向列宁格勒、莫斯科和乌克兰纵深处推进。令他们大为吃惊的是，1941年7月中旬，在苏联的一系列反攻之后，尽管德军还是获得大胜，但他们也认识到自己在这三条轴线上，没有一条足够强大。从这时起，他们就必须重新部署，再次打开其战略弱项的潘多拉魔盒：这场战事中应该以哪个目标为重？

乌克兰：乌曼，而非基辅

1941年7月11日，谢苗·米哈伊洛维奇·布琼尼将军来到基辅。

布琼尼身材矮小，罗圈腿，胡须占了脸庞的一大半，是传统意义上的哥萨克军人，嗜酒，是斯大林的老战友，正是这一点让他在战争前夕获任西南方面军总司令，这是为了迎战冯·伦德施泰特的集团军群而新设的指挥层级。为了让布琼尼能介入南方和西南这两个方面军以及黑海舰队和第聂伯舰队的军务，斯大林让他驻守在波尔塔瓦，乌克兰共产党第一书记尼基塔·赫鲁晓夫政委也会和他在一起。布琼尼是个老式的骑兵，很明显不是现在所需要的人。尽管他的勇猛无人质疑，且性格不好，有时也会让斯大林头疼，但他在这场战争中确实起不到什么作用。领袖是否认为从士气层面来看，昔日内战时期的荣光能让士气大涨？还是他上任之后，和西南方面军参谋部作战处处长巴格拉米扬一道，用疯狂的谩骂和死亡的威胁，就可以在参谋部造成恐惧的氛围？斯大林读过许多报告，他发现在前线的各个地方，指挥官都完不成任务。而关于乌克兰，7月6日，三局向他报告："6月26日，面对德军正在逼近的威胁，西南方面军参谋部一片恐慌。经过调查，发现负责政工事务的副参谋长季诺维也夫政委接到了参谋长普尔卡耶夫将军的命令，让他准备车辆，把参谋部的物品都装到车上。这项命令得到了执行。结果，[大多数部门]6月26日15点就不工作了。而且，[⋯⋯]运送参谋部物品用了100辆卡车，这些卡车本来的任务是为第15机械化军运送燃料，后者正在和敌军战斗。"[2] 把布琼尼派往乌克兰，也是莫斯科觉得有这个需要，可以确保西南方面军（防守基辅）和南方面军（守卫南第聂伯河周围）的指挥保持统一。最后，布琼尼收到斯大林的亲自指示，后者7月11日发给赫鲁晓夫的电报也是如此："我们已经收到可靠的情报，你们所有人，从西南方面军司令到军事委员会委员，都惊恐万状，想要把部队带往第聂伯河左岸。我提前告知你们，如果你们想要让部队撤退到第聂伯河左岸，哪怕只退了一步，也会因为怯懦和临阵脱逃而遭到严厉的惩罚。"[3] 这话说得再清楚不过了。

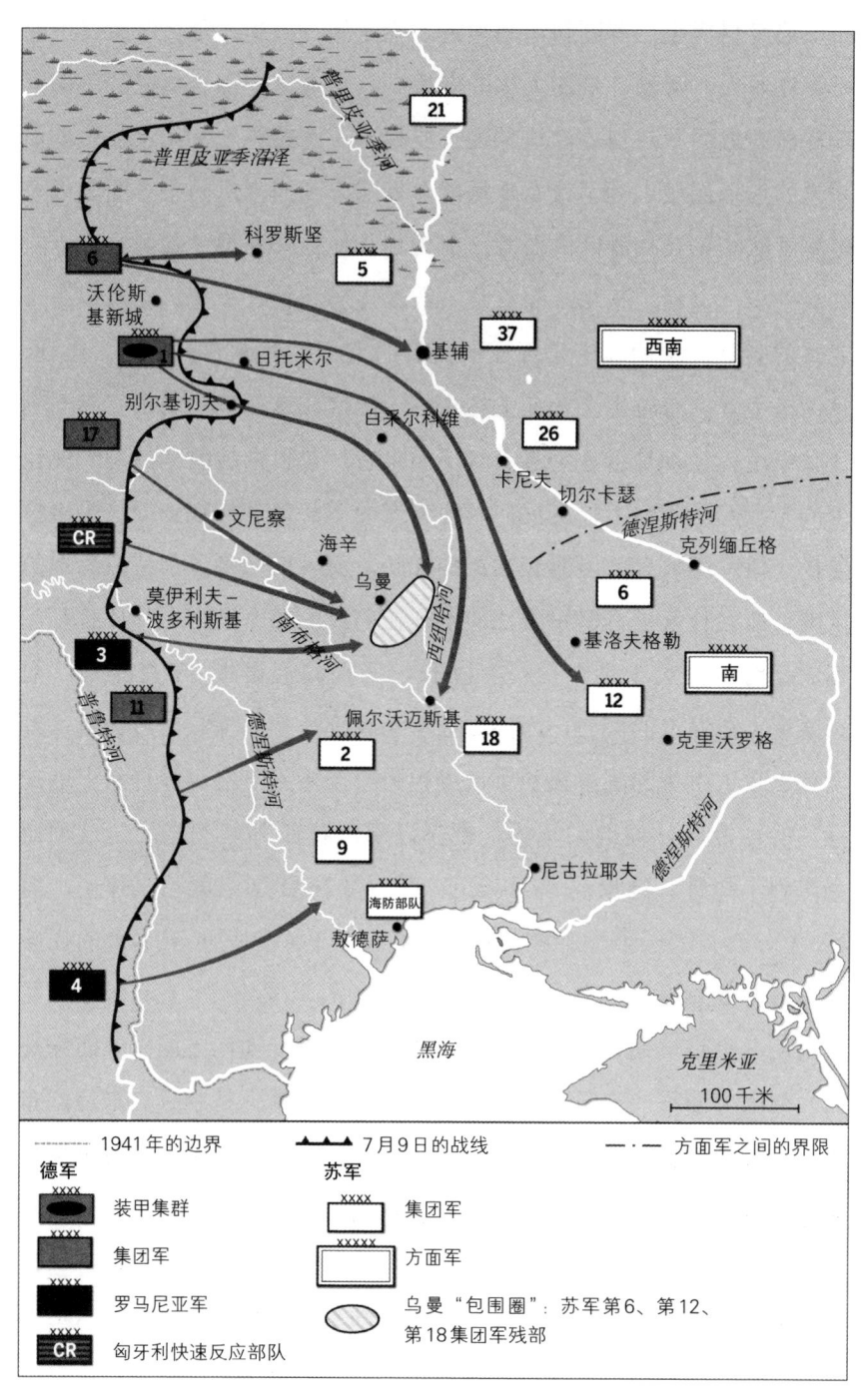

乌克兰：寻找包围机会（7月10日—9月9日）

不管怎么样，布琼尼不可能派上用场，以后也派不上用场。事实上，创建"西南方向总指挥部"本身就不恰当。在总参谋部、最高统帅部、方面军之间安插一个高级机构，只能使原本就没有效率的指挥体系变得更累赘、更复杂。苏军既无参谋军官，又无必要的通信手段，来让一百万人的庞大部队行动起来。赫鲁晓夫后来在回忆录里提到，这位骑兵军（这是直接参与内战的第一支骑兵部队）老首长并没有得到明确的任务。

> 他的参谋部做什么呢？他的职责又是什么呢？我到今天都说不清楚。"总指挥部"指挥官不负责弹药、给养、战斗支持方面的问题。这些都是由方面军参谋部处理的事务。方面军和最高统帅部直接联系，他们会绕过我们，和最高统帅部共同做出决策。"总指挥部"的指挥官只在作战方面和方面军协调。方面军指挥官告诉我们局势，但他们是和我们平起平坐的：我们不能给他们提建议，他们可以想怎么做就怎么做。如果他们不高兴，可以通过多种渠道，直接向总参谋部反映情况。[4]

6月22日，基尔波诺斯的部队进行的抵抗使希特勒很早就表达了对夺取基辅的怀疑态度。苏军7月初的反攻终于使他相信眼下必须放弃乌克兰首都。7月10日，他给布劳希奇打去电话，对他说派装甲部队去基辅很危险。一方面，这座城市是"犹太窝"（他说35%的人口都是犹太人）；另一方面，他觉得没法完好无损地夺取至关重要的那些桥梁。需要注意的是，对希特勒而言，犹太人社区的存在完全就是军事因素。因此，最好让装甲部队向南推进，形成包围圈。他发了封电报，表明了自己的意图。布劳希奇又传达给了哈尔德，后者又在日记里记了下来。但德军参谋长并不同意这个观点：哪儿能让装甲部队转向？希特勒希望尽早这么做，就在别尔基切夫，从那儿一直向文尼

第十一章　从欢欣鼓舞到最初的怀疑

察推进，第11集团军从德涅斯特河边的莫吉廖夫出发，在文尼察完成包围。哈尔德认为第11集团军太弱，莫吉廖夫的桥梁已经被炸，装甲部队就得去更南的地方，而俄国人有可能已不在那儿。他建议径直转向东推进100公里，去白采尔科维，然后装甲部队笔直往南，向乌曼推进。希特勒同意了这个看法。但"苏军在沃伦斯基新城的反攻"（7月10—14日）推迟了这个决定。

7月12日，第3装甲军仍然来到了距基辅12公里的伊尔平河。至少他们可以尝试对该城的三座桥梁发起进攻，但他们的先头部队也会冒暂时被包围的风险。在这个战区，有大量德军可以过来解救被围部队，德国空军可以加完油继续作战，而苏军仍然很弱。基尔波诺斯的大部分军队都在该城的西南部；路上还没有埋设地雷；大部分守军由工兵组成，他们正忙于再架三座桥，德国空军已经瞄准了这三座桥梁，第3装甲军对此肯定会很高兴。无论桥梁炸毁与否，德军都是赢家。如果他们不炸，那第聂伯河东岸的一支装甲军以及后面的另外四支快速反应师，就能全力向南推进，在乌克兰西部包围苏军的第5集团军。桥梁一旦被炸，西南方面军的交通线路就会被切断，德苏前线南部一半难解的问题都会迎刃而解，巴巴罗萨行动也会再次出现转机。铁木辛哥没有其他办法，只能让他的两个方面军，包括波塔波夫的第5集团军再次渡过第聂伯河，这无异于一场灾难。恼人的普里皮亚季沼泽的问题不存在了！古德里安的装甲部队和第2集团军攻打基辅的作战行动（8月15日—9月15日，我们后面会谈到）也就失去了存在的理由。中央集团军群没有等到10月1日才扑向莫斯科，而是从8月1日起就这么做了。冯·博克将会赶在冬天，甚至还会在雨季开始之前来到克里姆林宫的墙下。但想要夺取基辅，第6集团军司令冯·赖歇瑙既不够聪明，也不具备必要的战略眼光。他看不出自己战术上出的问题。他只想着保护自己的左翼，使之不受苏军第5集团军的侵蚀。他对进攻基辅一直迟疑不决，这一点得到了伦德施泰特的支持，但后者和布劳希奇一样，不敢在这一点上顶撞希特勒。无疑，南方集团军群总司令害怕失败，到现在为止，他一直都没有自己的两个同事出色。他在华沙的巷战中一开始遭遇的挫折令他如坐针毡。因此，他命令两支快速反应部队去帮助赖歇瑙（这么做只是在浪费宝贵的资源），另两支径直向南转向。尽管哈尔德是一个优秀的作战高手，但他已不再把夺取基辅当作主要目标：他的目光只盯着莫斯科，并没有把这两座城市结合起来考虑。如果德军再次对作战目标进行调整的话，那希特勒对城市的恐惧症就不会是唯一的原因。由于他的主要目标是乌克兰西部和克里米亚，若把军队的战线拉向南方，他肯定乐于见到。在德国的军事传统中，寻求远处的大包围圈要比夺取近处苏联的关键地点更重要，哪怕要冒风险，导致损失，也在所不惜。这样会导致本就不足的兵力分散和耗尽，而这些因素一度被战术上的优势所掩盖。

7月15日，冯·克莱斯特的第1装甲集群再次向乌克兰另一端的白采尔科维进发，两天后，第11集团军和罗马尼亚的第3集团军终于渡过了德涅斯特河。"装甲部队可以开始合围了。"哈尔德写道。苏军第26、第6、第12、第18、第9、第2集团军的处境变得很不妙。前面的四支队伍尤其被德军的两个集团军（第6和第17）和第1装甲集群压得喘不过气；后面两支被德军第11集团军、罗马尼亚的两个集团军和匈牙利的快速反应部队压制，但情况稍微好些。斯大林禁止部队渡过第聂伯河，他们只能慢慢地撤退，希望克里姆林宫能够改变主意或有援军出现。最终来到他们手上的命令反映出了这种矛盾性。7月18日，最高统帅部的一道指令命令第6和第12集团军渐次撤退至白采尔科维—海辛一线，[5]同时向德军第6集团军发起进攻！几天后，撤退的线路又向东推了50公里，来到西纽哈河沿线。应该在此驻防的第6和第12集团军以第12集团军司令的名字命名，重组成了波涅捷林集群。从第6集团军情报处处长诺沃布拉涅茨的回忆录来看，[6]第6集团军司令姆兹琴科和波涅捷林之间敌意很深，这对协调造成了很大的阻碍。

第十一章　从欢欣鼓舞到最初的怀疑　627

更糟的是，7月24日，基尔波诺斯要求自己不再负责第6和第12集团军，他说他已没有办法给这两支部队提供给养，也控制不了他们。最高统帅部同意了他的请求，南方面军的秋列涅夫挑起这个重担，但他们却没考虑他是否指挥得了这两支部队。通信状况极差，直到7月29日，无线电才联络得上。[7]不过从苏军的优秀传统来看，这已经不重要了，因为7月28日，秋列涅夫通过无线电向这两支部队发送了一道命令，但他很清楚这道命令根本就到不了他们手上。[8]

不过，苏军的协调问题仍然是他们能否有序撤退的一个关键因素。如果基尔波诺斯的部队发起反攻，牵制住第6集团军的一部分兵力和第1装甲集群，由运动战高手维尔纳·肯普夫指挥的第48摩托化军（第11和第16装甲师）就会开始折向南部的乌曼方向。苏军第26集团军会离开道路，更好地防守卡尼夫和切尔卡瑟的第聂伯河上的桥梁，而第6集团军则会继续向别尔基切夫进攻。这些不同的任务导致的结果就是：肯普夫会发现向南的通道打开了。哈尔德相信自己稳操胜券。但暴风雨会使灰尘蔽日的道路变成烂泥路。两支装甲部队推进100公里要花15天时间。波涅捷林集群绕向他的右侧，一步步退却，不可避免地也是向南方行进。他的背后，数百辆列车装载着拆卸下来的工厂设备、牲口、谷物、农业物资、数千名工程师和专业工人向东行进：根据斯大林7月3日的讲话，苏联人把一切能救的都抢救下来了。德军的推进如此困难，哈尔德和伦德施泰特不禁自问：是否必须向乌曼或更东部的佩尔沃迈斯基派遣装甲部队？是否应该不再实施包围，而是渡过第聂伯河？22日，他们费尽心力，总算来到了乌曼，在那儿只抓到了数千名苏军士兵。随后，苏军发起了反攻，混乱，但持续不断。由于德军战术上很出色，再加上空军的支援，装甲师终于摆脱了各种各样的险境，被禁止撤退的苏军向他们发起猛烈冲击，但损失惨重，消耗巨大。布琼尼不屈不挠地让三个已经损失过半的装甲师发起反攻，包围了第16装甲师，但后者被党卫军阿道夫-希特勒警卫旗队的摩托化师救了出来。在一场战斗中，胡子元帅险些被党卫军俘虏。克莱斯特不得不请求第3摩托化师的支援，后者48小时疾驰150公里，增援第48摩托化军的左翼。到了7月30日晚上，装甲部队才在敖德萨北部180公里的佩尔沃迈斯基方向取得了重要突破，8月2日夺取该城，匈牙利人和第11集团军在此会合。包围圈已经形成，中心就在乌曼以东40公里的地方。

波涅捷林集群和第18集团军的残部落入了陷阱。8月2日23点05分，姆兹琴科向南方面军司令秋列涅夫发去一封电报，问哪儿能找到第26和第18集团军。他特别强调，没有这些信息，他就没法选择被包围的部队突围的方向。[9] 8月3日18点26分，姆兹琴科和波涅捷林同时向秋列涅夫发去电报："没有外面的支援，不把重型装备摧毁，就没法组织突围。我们期待您的指示。"[10] 翌日3点，波涅捷林再次请求援助，并表达了震惊之情："二十四小时过去了，我们既没收到燃油，又没收到弹药。"他还说飞机是不可能在包围圈里降落的。[11] 三十五分钟后，由于没有任何动静，秋列涅夫向布琼尼发去了一封报告："波涅捷林集群仍在原地，执行命令的速度很慢，再三强调要将自己的部队撤退到西纽哈河，这点让人完全不可理解。"然后，他说他已经派遣了装载弹药的飞机过去，其中一架被波涅捷林的高射炮击落，任务不得不取消。秋列涅夫将军虽然对第6和第12集团军的局势并不了解，但他选择了俄国式的逃避责任模式，把责任推给了下级。

> 他在给布琼尼的报告中写道：8月3日，我收到波涅捷林一封惊慌失措的无线电报，说如果不销毁装备，外面不立即支援的话，他就没法组织突围。这种对局势的评估并不正确。并不存在持续的战线。总共有10公里以上的空缺。原地踏步只能用慌乱、缺乏动力和组织来进行解释。再说一次，我们已给波涅捷林发去命令，他必须在夜间发起进攻，打开突围的通道。[12]

8月4日，布琼尼命令秋列涅夫让波涅捷林集群向南部突围，以期和第18集团军会合。[13]15点，秋列涅夫并没有执行这项命令，而是指示被围的部队从东部突围，向西纽哈河推进。[14]成功渡河的部队被德国装甲部队和空军歼灭，空中只有德国的飞机。苏军的整个防守战在其他地方打得也很艰难。8月3日秋列涅夫提交给斯大林的一份报告中说乌克兰人充满了敌意，他的部队背后会挨冷枪，到处都在欢迎德国人。他这么夸大事实，是不是在给自己找借口呢？有这种可能，尽管这也是不争的事实。更严重的是他把欢迎德军的事都说成是德裔社区干的，笔者对此持怀疑态度。[15]斯大林在报告的页边写道："给贝利亚同志。必须毫不客气地流放这些人！"乌曼包围圈直到8月9日才被突破。数千人终于从南方逃了出来，第6集团军参谋长尼古拉·伊万诺夫将军就是这样，他弄掉了自己的BT-7坦克上的红星，混在德军的纵队里，神不知鬼不觉地逃出了包围圈。[16]苏军第6、第12、第18集团军的10.3万人被俘，其中包括姆兹琴科、波涅捷林和另外四名将军，317辆坦克和858门加农炮被缴获，数量只有在比亚韦斯托克的四分之一。本来预料还会更多。至少第聂伯河西岸现在很大一片范围内，冯·伦德施泰特都可以大展身手了。

斯大林从德国报纸上得知第6和第12集团军司令都成了俘虏一事。他让马林科夫前去调查。8月9日，马林科夫给秋列涅夫打去电话，问他德军的情报是否正确。秋列涅夫无法给出明确的答复，要求给自己点时间来"澄清局势"。狡猾的马林科夫料到会听到这个回答，就读了斯大林的一封信作为回应："致南方面军司令员秋列涅夫同志。我认为南方面军司令损失两个集团军，而且又说不清他们的命运，简直就是一种羞耻。一个集团军不是一根针。您怎么能如此愚蠢，如此恬不知耻地损失了两个集团军？"[17]当天，对南方面军的参谋部进行了搜查，档案都被拿走了。调查期间，秋列涅夫完全撇清了自己对姆兹琴科和波涅捷林的责任，再说两人都在德军的铁丝网后面，他这么做就更容易了。斯大林忘了之前发布过270号议事日程，指控过秋列涅夫，8月16日，他换了一个人，公开羞辱波涅捷林："第12集团军司令员波涅捷林将军发现自己被敌军包围之后，本应和他的绝大部分部队一样，采取措施突破包围圈。但波涅捷林既没有不屈不挠的精神，也没有必胜的意志。他惊恐万状，彻底崩溃，投降了敌军，投奔到了敌人那里，就这样犯下了背叛祖国、违背军队誓言的罪行［……］。"事实上，波涅捷林和集团军军事委员会委员，还有第13步兵军军长基里洛夫将军，都是在8月7日拂晓尝试突围时被德军抓获的。两位将军的家人都被流放到了古拉格。1945年，由于被俘，波涅捷林和基里洛夫受到审判，并于1950年被枪决，虽然他们极力否认自己和德军合作，尤其是没和弗拉索夫合作。[18]朱可夫比斯大林走得更远，他把那些被吓破胆的人都当作间谍来处理。8月19日，他向领袖汇报："我认为敌人对我们的防御体系、我们军队的整体战略、我们目前的能力了解得相当透彻。显然，敌人在我们军队的高层有自己的人，他们对整体的局势都有了解。［……］波涅捷林在这件事上应该犯了罪。"[19]1941年夏，苏军内部的氛围和1937年大清洗时期的氛围极为相近。

冯·里布在距列宁格勒100公里的地方遭到了阻截

对北方集团军群来说，1941年7月9日普斯科夫的陷落，预示着列宁格勒也会落得这个下场。德军用18天时间奔袭了450公里，还期望能花更少的时间推进将其和涅瓦河相隔的这250公里的路途。苏军并没有像冯·里布所错估的那样按兵不动，而是丝毫没想抛弃这座十月革命之城。从6月29日起，他们就狂热地忙碌起来，在城市的四周筑了三道同心圆防线。第一道在郊区的涅瓦河畔；第二道在再远30公里的地方，从波罗的海畔的彼得霍夫宫，途经克拉斯诺格瓦尔杰伊斯科耶湖,到科尔皮诺;第三道在最外围,就是"卢加防线",一侧扎根于纳尔瓦,沿着卢加河而行,连接旧鲁萨,后者是位于伊尔门湖南部的重要铁路枢纽。"卢加防线"全长250公里,旨在阻断冯·里布的道路,纵深10到15公里内布满地雷、反坦克壕、伐倒的树木和掩盖反坦克炮管的木头搭的掩体。3万市民不分昼夜地劳动以修筑这三道防线。7月4日,朱可夫又调动了2.5万人在卢加河上建工事。8月,政府动员了不从事军工生产的全体男女居民。每天,约有15万人(妇女占三分之二)肩扛铁锹、锄头干活,他们睡在露天,成为德国空军的活靶子。

最高统帅部将这座大城市的防守交给了北方面军的波波夫将军,他还负责防守拉多加湖两侧遭芬军进攻的战区。北方面军有一支"卢加作战集群",由皮亚基切夫指挥,7月14日,该集群有六个师、第10机械化军和三个民兵师。第8集团军负责防守德军第18集团军在爱沙尼亚发起的进攻,也隶属于该集群;它还要指挥波罗的海舰队。西北方面军始终都听命于索别尼科夫,麾下有第11和第27集团军,还有普罗宁将军率领的新组建的第34集团军,该方面军将在韦利卡亚河应对德军布施将军的第16集团军。为了确保北方面军、西北方面军、波罗的海舰队协调防守,斯大林于7月10日下令组建西北方向总指挥部,交由他信任的两个人负责:伏罗希洛夫元帅和列宁格勒州委书记安德烈·日丹诺夫。这两个人性质上和乌克兰的布琼尼、赫鲁晓夫一样:一个难以应付局面的军队将领加一名苏共代表,模仿的是1918年至1920年内战期间的模式。因此,对意识形态的考量多于军事科学。

民兵,或者准确点说"从民众中征募而来的师"从1941年7月起就已经出现在列宁格勒和莫斯科城前。这是古已有之的一个传统,1612年抵御波兰人和两个世纪后抵御拿破仑的战斗中都有这支部队的身影。12月1日,已经征募了35支这样的部队,总计近40万人。[20]这

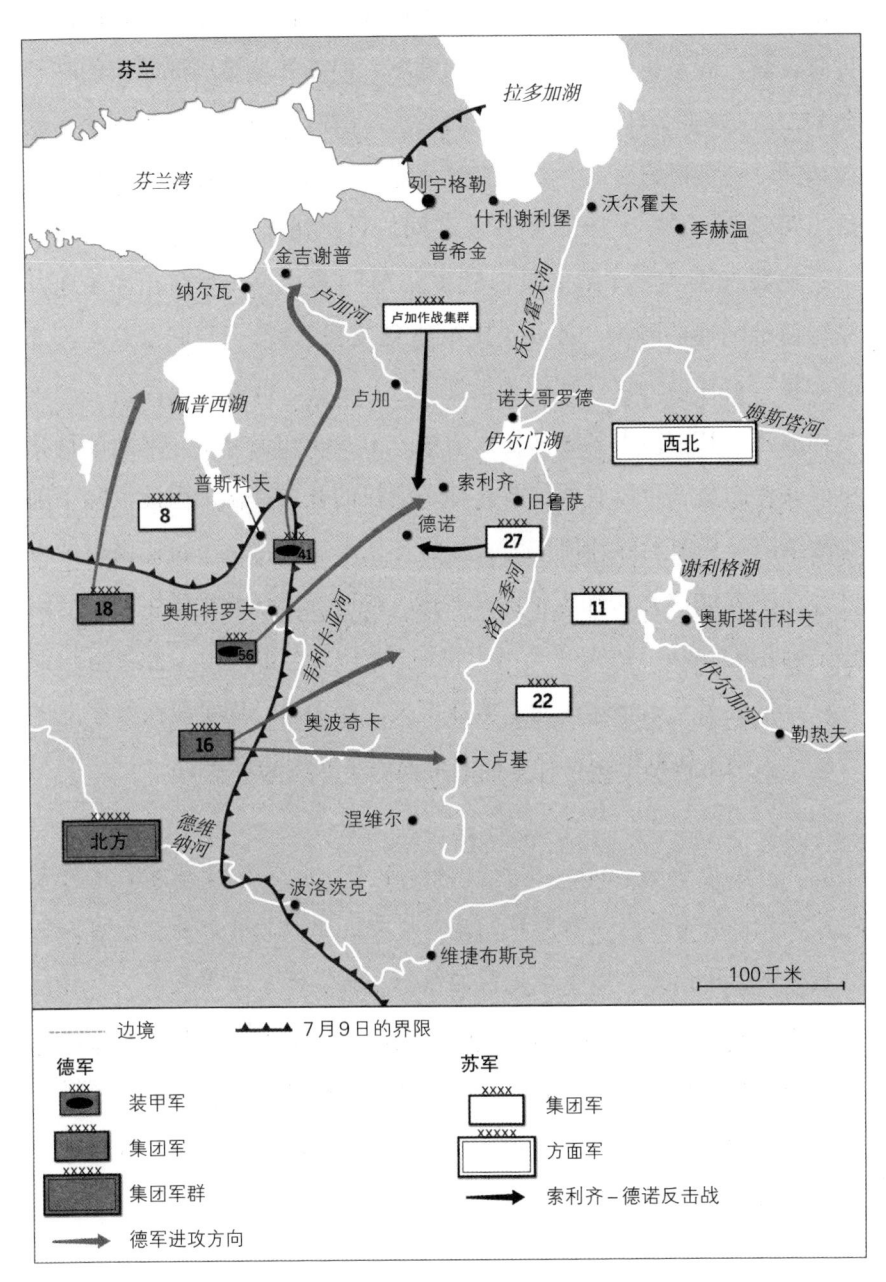

打击索利齐—德诺（7月14—18日）

是一种城市现象，通常会在战争的开头几个月出现，在苏联的卫国战争中起到重要的作用，从中可以看出民众的爱国主义激情。尽管激情毋庸置疑，经常也出于对现政权的敬意，但这并非是应征入伍的唯一驱动力。从6月29日起，应军方的要求，政府便组建了一支列宁格勒民兵师。列宁格勒方面军军事委员会要求"10万人身体耐力很好，政治上可靠"，年龄在18岁至35岁之间。日丹诺夫还提出了更高的要求：他要20万人，年龄上限为50岁。7月4日，冯·里布在许多地方穿越德维纳河的时候，苏联决定组建15支民兵师，每师1.2万人。苏波津将军被任命为这些师的总指挥。7月10日，11万人已经签名同意参加战斗。其中绝大多数都是大学生、工人、知识分子，半数都是党员或共青团员：可以发现这些人都是政权的社会基础。因此，除了因头戴消防员头盔的照片而广为人知的音乐家德米特里·肖斯塔科维奇之外，还有80名作家加入了民兵队伍。按照当时还是大学生的达尼伊尔·阿尔的说法，他完全是出于自愿参的军。[21]事实上，各级组织都在以竞争之名互相攀比，为了填补损失，要采用一切手段在数字上进行竞争。列宁格勒国家银行支部书记描述了其中的过程：

> 差不多有1200人在我们银行工作。除了真心实意的志愿者之外，还有些人需要对他们施加压力。上级给我们施加压力，我们就把压力施加给下面。我们组织会议，激发大家签名。[……]我们列出名单，找每个人单独谈话。我和单位的许多人都谈过话，他们性格各异。有的人加入民兵队伍的决心很坚定，有的人需要"处理一下"，还有些人最后一刻迟疑了，有的人则说他们更愿等待军队征兵。[22]

民兵师的军事价值很弱。他们的军官很少，武器很差，经常没有军装和军靴。照当时一名理科专业大学生丹尼尔·格拉宁的说法："我所在的民兵师就驻守在卢加河畔，没有炮兵，只有重型迫击炮。我们没有自己的武器。我只有莫洛托夫鸡尾酒。许多士兵开小差，从我们身边经过。我们用糖、肥皂和他们交换武器。就这样我有了一把卡宾枪和子弹；我们团还想办法弄到了一挺机枪。"[23]10月自愿驻守莫斯科的格里高利·波美兰茨回忆说，他所在的团什么都没有，只有莫洛托夫鸡尾酒，"老式的加拿大步枪和20发子弹，法国枪和120发子弹"。[24]莫洛托夫鸡尾酒"相当流行"，是反坦克战斗中的万灵药，7月2日，波诺马连科在一份发给斯大林的报告中这么说。五天后，国防委员会下达了一道命令，要求每天生产12万瓶鸡尾酒。[25]这种"武器"对坦克几乎无效，但投鸡尾酒的人几乎必死无疑。它无法弥补民兵部队的弱点。在第2民兵师，3894名士兵和205名下级军官什么武器都没有。第3民兵师50%的兵员都不会操作武器，只有六名军官来自正规部队。最好的情况下，这些人会接受三四个星期的训练，通常只有更少。罗金将军指挥的第1民兵师是7月4日至10日之间组建的，11日就已经进入了卢加河畔的战区。乌格柳莫夫上校率领的第2师7月12日集齐兵员，23日就已经被投入到莱因哈特的坦克面前。民兵师的损失相当惊人。在军事史上，如果出现过以肉体对抗大炮的场景，那就是发生在这些战斗中。

对面的冯·里布、哈尔德和希特勒丝毫没有改变北方集团军群的部署，他们相信8月1日之前就能夺取列宁格勒。左路由冯·屈希勒将军指挥的第18集团军将会攻占爱沙尼亚及其首都塔林。中路由霍普纳率领的第4装甲集群在佩普西湖和伊尔门湖之间，径直向列宁格勒进军，莱因哈特的第41摩托化军在左翼，曼施坦因的第56军在右翼。而右翼最外围的第16集团军必须保持和中央集团军群的联络，瞄准的是霍尔姆和大卢基之间的洛瓦季河。

7月10日，霍普纳的装甲集群再次从韦利卡亚河的桥头堡处发起进攻。将军有些担心。他的部队已经损失了8000人，其中2000人阵亡，还损失了四分之一的装备。这个区域的战斗十分艰苦，地图绘制不详（将军本人只有一份1∶300 000的地图）。天气极为炎热，"酷热难当"，冯·里布说。7月13日，霍普纳在给妻子的信中说："战斗不算轻松，俄国人绝望之余拼死抵抗。地形对他们的帮助也很大。在普斯科夫—列宁格勒公路附近有巨大的沼泽和浓密的森林，根本不可能在那儿部署坦克和炮兵。军队在公路上行进缓慢，因为俄国人把所有的桥梁都给炸了，他们的歼击机也在狠狠地向我们发起进攻。有时候，我们根本就感觉不到自己的空中优势。"莱因哈特的军队两天内从普斯科夫向卢加艰难地行进了10公里。曼施坦因设法从奥斯特罗夫开辟出一条通向索利齐的铁路及公路枢纽的道路，那儿是穿越舍隆河的一个渡河点，也是通向目标诺夫哥罗德的一个重要地点。不同层级的指挥官始终都在各说各话，因为他们对一个核心问题始终得不到明确的回答：第4装甲集群的优先目标究竟是哪个？7月12日，冯·里布的日记也表现出了这种不确定性。"我的参谋长与豪辛格［陆军总参谋长］进行了电话交谈：元首并没有真的执着于彼得堡［列宁格勒］。但元首的副官施蒙特上校几天前和我说的却正好相反。到底哪个是真的？"[26]始终对莫斯科念念不忘的哈尔德又在说："要让装甲集群向右改变方向！"对他来说，霍普纳必须在东北部切断连接列宁格勒和莫斯科之间的铁路线，在沃尔霍夫的某个地方给芬兰人搭一把手。他的观点占了上风。冯·里布和霍普纳更想走另一个方向，即波罗的海方向，把在爱沙尼亚落后的苏军包围起来。莱因哈特还强调必须向西找一片没有树林的干燥的地方，这样他就能想各种办法。而曼施坦因一直坚持自己的观点，那就是沿着卢加铁路线对列宁格勒直接实施突袭。

莱因哈特的机会来了。7月11日，他的一支部队弄到了一份该地区的详细地图。上面清楚地显示必须向左边的金吉谢普转向，找一条利于向列宁格勒推进的路线。他说服了霍普纳，冯·里布则犹豫不决。哈尔德提出质疑，但第1和第6装甲军最终找到了干燥的路面，向金吉谢普推进了60公里。苏军对德军突然改变方向及其推进的速度大感震惊。德军的一支战斗部队甚至都已经渡过了卢加河，来到了波列彻。但由皮亚基切夫将军率领的"作战部队"立刻就发起了进攻。战斗异常惨烈。第2民兵师和红旗步兵学校的学生惨遭屠戮，但并非没有任何结果：7月18日，莱因哈特的大部队始终被阻挡在距列宁格勒110公里的地方。曼施坦因的部队没法帮他。事实上，7月12日，斜插向东北方的莱因哈特使一直在向东北方行进的曼施坦因陷入了孤立之境，这点没有逃过西北方面军参谋长瓦图京的目光。

7月10日，瓦图京和索别尼科夫遭到了朱可夫的严厉斥责，从中可以看出莫斯科对列宁格勒相当担忧，始终都在想着镇压。

> 最高统帅部和国防人民委员部对西北方面军及其参谋部十分不满。直到今天，没有遵守我们的命令，而且弃守阵地的指挥官都没有受到惩罚。你们不能对懦弱的行为采取如此自由放任的态度。[……]军事委员会的委员们，三局的监察员和局长必须立即向前，当场把懦弱分子和犯罪分子抓出来。务必组织积极的作战行动，立即摧毁德军。[……]把你们的坦克部队和你们的步兵师联系起来，以此增强你们步兵部队的韧性。

效果立竿见影。负责防守普斯科夫的第118师师长尼古拉·戈洛瓦茨基将军7月19日遭到逮捕，两周后被枪决。第41步兵军军长克索布茨基将军把所有的责任都推到了戈洛瓦茨基的身上，他的命运稍好：7月26日，他因为失去对自己部队的控制，被判在古拉格服劳役十年。卢加作战集群指挥官皮亚基切夫将军由于擅离职守而遭到了同样的惩罚。瓦图京被人背后捅刀子，于是吸取了教训，一定要阻止德军装甲部队的冲击，于是他快速对曼施坦因的先遣部队发起了反攻。

第十一章　从欢欣鼓舞到最初的怀疑　637

7月13日，第8装甲军进入索利齐，舍隆河上的一座桥梁就在他眼皮子底下被炸。工兵还没赶到的时候，苏军的两支突击部队——其中一支得到一支仅有一百辆老式T-26坦克的装甲师的支援——从三个方向对该师发起了进攻。卢加作战集群的部分士兵从西部，第27集团军从东南部发动进攻，对瓦图京进行了支援。后者由于第22军的爱沙尼亚军官和士兵大量逃亡而备受削弱，[27]德军第3摩托化师的下士长埃里希·库比说："[19]41年7月12日。我们从一片沼泽地里抓到了四名举白旗的爱沙尼亚军官。他们投向了我们这一边。前一天，我们已经看见有两个爱沙尼亚连队由军官带头，井然有序地向我们投降。在我们战区，共有整整一个营的敌军投向我们这一方。"[28]

尽管出现了这些叛逃行为，但二十四小时后，第8装甲师，还有第3摩托化师还是遭到了包围。德国空军只能从空中投递给养。被打了个措手不及的曼施坦因紧急请求霍普纳支援，于是后者向他派去了一支党卫军骷髅师，这是他从驻守卢加河上波列彻桥头堡的部队中抽调出来的。第18集团军也会介入进来。7月18日，曼施坦因的两支部队终于逃出了包围圈。这是6月22日以来北方集团军群遭受的第一个挫折。装甲部队后撤了50公里，第3摩托化师报告说他们缺少35%的军官，第8装甲师的150辆坦克有半数留在了战场上。尤其是，他们损失了27天时间，在列宁格勒方向没能前进一步（7月13日—8月9日），但在爱沙尼亚的推进是个例外。尽管纸面上，苏军对所谓的"索利齐—德诺"攻势进行了周密的设想，但在执行时，部队之间始终缺乏协调，指挥层也不得力。战果本来会更好。但损失一向都高得惊人。

"索利齐—德诺"攻势迫使第4装甲集群后撤重组，粉碎了北方集团军群向列宁格勒方向的进攻。伏罗希洛夫松了口气：他得以稍事休整，加固卢加防线。7月21日，希特勒和凯特尔乘坐飞机来到冯·里布那里。他在那儿只待了两个小时，但让这位陆军元帅知道，按照第

33号指令,他会从中央集团军群那里抽调第3装甲集群,归到他的麾下。他希望北方集团军群能将列宁格勒和莫斯科之间的所有联系悉数切断。在此期间,冯·里布必须让他的第4装甲集群强制休整,用步兵部队对其两翼进行清理。在东南部的涅维尔方向,第16集团军在第3装甲集群的支援下,于7月27日包围并歼灭了别尔扎林指挥的第27集团军的5个师,俘虏达1.5万人。在西部,第18集团军极其艰难地推进了100公里,击退了苏军第8集团军,突入爱沙尼亚。第8集团军在派尔努和塔尔图发起了阻止德军的反攻,以保卫塔林这座大港,这是苏军的海军舰队在喀琅施塔得母港之外唯一可以支配的港口。

里布很快就泄了气。7月30日,希特勒的第34号指令废除了一周前发布的第33号指令的附令:没法向列宁格勒派遣第3装甲集群。以他现在的状态必须全面休整十天时间。7月30日,凯特尔给里布打去电话,安慰他说这只不过是个意外情况,"列宁格勒是头号目标。元首就是这么想的。莫斯科排在后面"。[29]证据显示,行动开始之前六个星期,里布还缺一个装甲集群来完成自己的任务。冯·伦德施泰特在乌克兰也很快出现了同样的情况。但在1940年和1941年,德国已经没有经济能力和人力来额外再提供八个装甲师,也就是1200辆坦克和13万专业人员。就算最后想方设法把这些部队放到了前线,也没这么多油可以供他们用。后来,缺少这两个装甲集群导致正在作战的四个集群的损耗加快,这样一来,攻势也会锐气不足。

斯摩棱斯克之战:莫斯科公路被切断

比亚韦斯托克-明斯克包围圈被清除后,冯·博克再次放眼莫斯科。他认为三个集团军和两个装甲集群,即一百万人和1000辆坦克,可以用来打这场"关键性的战斗"。从古德里安的先遣部队到苏联首都,从高速公路走,经过奥尔沙、斯摩棱斯克、维亚济马,还有500

公里。德国空军在四条汇向斯摩棱斯克的线路上发现了一条很好的铁路交通线路,于是轰炸机不间断地攻击其主要路段,列车只能在夜间运行,致使铁木辛哥等待的援军延后到达。哈尔德写道:"德国空军第一次成功摧毁了重要的铁路线。"[30]但冯·博克仍有疑虑。他不知道对手的意图:他们是想打,还是撤退?他也不知道自己的军队重心应该放在哪儿:是霍特所在的维捷布斯克,还是中路的奥尔沙?或是南路古德里安所在的莫吉廖夫?维捷布斯克的陷落使他认为必须把最大限度的装甲部队放在霍特那儿。而他的下属,尤其是克鲁格和古德里安却迫使他做出了另外的决定。这两个人认为俄国已经没有能力在第聂伯河畔打仗了,他们会躲开。他们觉得在这样的情况下,博克要求集结军力的做法应该就没了必要。两人拒绝将部队转移至霍特的第3装甲集群那儿,他们的说法是道路的状况一塌糊涂,从侧路走就会导致延误。因此,大家各打各的,他们会在250公里长的战线上打到第聂伯河畔,无须"在一个点上确立真正的核心地带",[31]冯·博克提到这一点的时候有些不安。

情况要更严峻。7月10日至13日,巴巴罗萨行动的一个根本问题又冒了出来:主要目的是什么?是莫斯科吗?但无论发生什么情况都不会干扰中央集团军群的方略。他们是否会向列宁格勒和高加索地区进军,这样就能立即获得经济和政治上的好处?尽管希特勒仍然坚持第二个选项,但坚守第一个选项的哈尔德眼下支持元首的看法。他没发现让霍特的一个摩托化师折向北,和冯·里布的第16集团军联手,把涅维尔一侧的苏军六个师包围起来有什么问题。7月12日,他甚至建议让古德里安折向南,从后面攻击保卫基辅的苏军。哈尔德对这种转向没有给出理由,只是说他想"把尽可能多的敌军部队清理干净"。令人震惊的是,他就这样暂时放弃了自己的战略目标,支持实施两次包围,至少是一次,那就是涅维尔的包围圈,但他的这种做法很短视。情况有可能是这样的,由于一再重复说敌人已经被打败,已经找

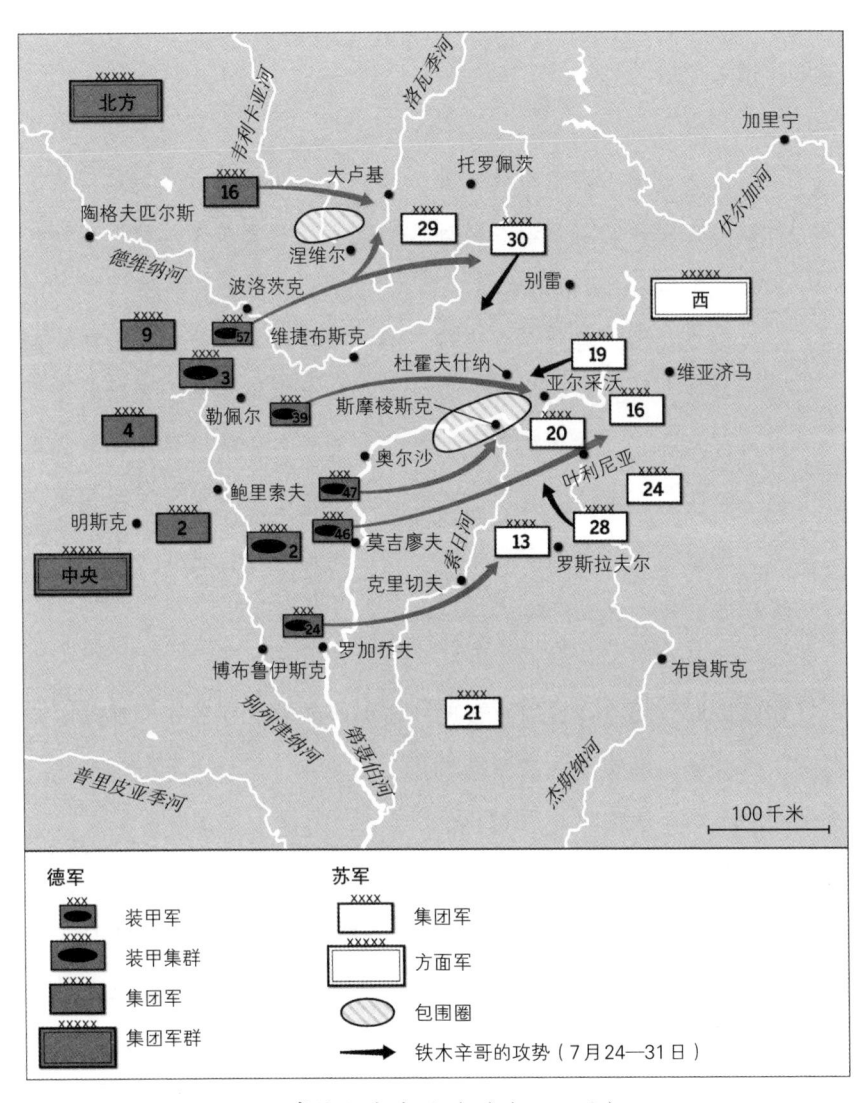

斯摩棱斯克战役（1）（7—8月）

第十一章 从欢欣鼓舞到最初的怀疑 641

不出第三支军队，于是，仅仅经过二十天的战斗，战术和作战行动上的机会主义就成了唯一可能的回答。苏军投入的部队无论是右路还是左路，北部还是南部，都已被歼灭，终于可以把空间清空，迎来胜利的果实。冯·博克是唯一一个保持清醒头脑的人。7月13日，他在日记里写道：

> 中央集团军群前方的东部战线，只有一个地方，敌军被真正打败。现在把装甲集群分散到各个地方，就等于不去摘取成功的果实。［……］必须［在第聂伯河上游］全面击败敌军，使之无法在莫斯科前方再建一条战线。为此，就有必要收紧我方所有的装甲部队，使之向东推进，直到宣告敌军再也无法在莫斯科前方进行抵抗为止。霍特的装甲部队还在向东行军的时候，让其抽出部分军队向北推进，只会以失败收场。由于装甲部队已经相当疲劳，所以只能把他们全部集合起来，才能进行打击。把一支装甲军孤立出来没有任何意义，其战斗能力很有限。[32]

斯摩棱斯克战役打得很有意思，所形成的局势交战双方都没有预料到。一开始，德军的部署就有问题。只有两个装甲集群彼此联系：第9、第4、第2集团军在后面150公里处，迫使步兵部队在无法行走的道路上急行军，而且天气的炎热程度丝毫未减。在北部，霍特甚至会在维捷布斯克和波洛茨克周边经过激烈的战斗渡过德维纳河。然后，他会按照希特勒和哈尔德的要求，派遣一支部队向北推进，另一支向东推进。但他并没有让后一支部队把斯摩棱斯克当作目标，而是让该部队夺取该城东北部50公里处的杜霍夫什纳高地。如果是要夺取通往莫斯科的一条公路，那这么做就很明智，但如果是要参与斯摩棱斯克战役，这样做就不行了。

南部古德里安的第2装甲集群有三个军、七个快速反应师、一个骑兵师和大德意志精英摩托化团。装甲师将会全力渡过波涛汹涌的第聂伯河。据信古德里安能成功渡河，实施突围，是因为他有一张王牌：第51莫尔德斯歼击机联队、冯·里希特霍芬的空军第8军和布鲁诺·吕尔策尔的空军第2军，总计750架战机。这三支部队是世界上同类部队中最优秀的。与之对垒的苏军航空兵只剩下从边境战斗中侥幸逃脱的200架战机，防空力量也很弱。古德里安横渡第聂伯河期间所做的这些选择值得来仔细看看。古德里安并没有集中所有的军力，而是稀释到三条进攻轴线上：两条在莫吉廖夫以北，一条在南。做这个选择有三个理由。古德里安向来不守常规，急于最大化战术优势，他不想在自己觉得有问题的地方渡河。于是，他就在这些沼泽区设立了三座防守薄弱的桥头堡。第二个理由是一周前，他在夺取罗加乔夫和莫吉廖夫的桥梁时遭遇失败。夺取这两座城市及其通道必须等步兵师和重炮师，这样就需要一周时间。巴巴罗萨行动惨烈的节奏使之成为不可能。第三个理由更深刻，他想把麾下的三个摩托化军放在朝向莫斯科的三条平行的公路上：斯摩棱斯克高速公路、叶利尼亚公路和罗斯拉夫尔公路。这个理由绝对只是他自己的观点，和博克或陆军总司令部都没关系。因此，古德里安的这些选择超出了战术范围，对后续战斗造成了两个不利的后果。装甲集群的整个后勤供应必须从三座浮桥上经过，但在接下来渡河的时候就无浮桥可用了，而且这些浮桥都不稳固，无法承受太庞大的交通量。这样就会形成堵塞，阻碍交通以及后续的战斗。因此，古德里安在回忆录里对这些后勤问题闭口不谈，着实令人震惊。对他及其大部分同僚而言，"作战思想"就是指运动和战斗。第二个后果，如果要在斯摩棱斯克发生围城战（德军方面没人敢确定这一点），那他就只有三分之一的部队能投入战斗。

面对极其强大的德军集团军群，西线总指挥铁木辛哥元帅的部队缺乏配合，而且经常缺少兵员。7月10日，从北往南，有波洛茨克方向的叶尔沙科夫将军的第22集团军（六个步兵师）和奥尔沙轴线上的库洛奇金的第20集团军（五个步兵师）。这两支部队只有260辆老式坦克对其进行支援，由于意识到其中的缺陷，最高统帅部又派去了伊万·科涅夫将军的第19集团军。但从乌克兰运送部队的350辆货车，只有130辆到达目的地。只有两个师可以投入战斗，而且没有炮兵。第23机械化军本来是要协助科涅夫的，但他们也在等火车运送400辆坦克。在奥尔沙以南，很快就由雷米佐夫将军指挥的第13集团军的任务是保护莫吉廖夫。它只有五个师，没有任何装甲装备。再往南，由格拉西缅科指挥的第21集团军运气不错，有七个师和72辆坦克；它还在等克里沃舍因的第25机械化军，该部队从哈尔科夫一小股一小股地急行军前来。铁木辛哥防线的薄弱点是第13集团军。古德里安嗅觉敏锐，他要打击的正是这支部队。

7月10日拂晓时分，古德里安发起进攻。轰炸机把对岸的步兵和炮兵部队打得落花流水，以便掩护步兵部队横渡100米宽的河流。第13集团军的防线很快就崩溃了。四个小时后，两座桥头堡就在莫吉廖夫以北的科匹斯和以南的斯塔雷贝霍夫建了起来。中午时分，工程兵开始搭建桥梁，让车辆通过。第三座桥头堡建在奥尔沙以南地区，后来由于第20集团军的炮火太猛烈而被撤除。11日，两座桥头堡已经推进了15公里，装甲掷弹兵进入树林搜寻坦克可走的公路和道路。7月11日和12日，坦克通过。7月13日，铁木辛哥设在维捷布斯克—奥尔沙地峡处的防线的两翼崩溃。晚上，第29摩托化师已经走过了与斯摩棱斯克相隔100公里中的约一半路程。在霍特的战区，局势一样：10日，经过数小时的战斗之后，德军在好几个地方渡过德维纳河，第三天，装甲部队自由地向东北方和东方推进。13日晚上，第7装甲师已经来到了斯摩棱斯克的北部。从南部挺进该城的第29摩托化师只剩下了55公里。因此，一个巨大的包围圈开始形成，包围圈内就是西方面军四个集团军的全部或部分部队。

7月12日，铁木辛哥在等发动反攻的命令，几个小时后，也就是15点45分，最高统帅部向他下达了这个命令。他下令第22和第19集团军重新夺取维捷布斯克和德维纳防线，第20和第16集团军（刚从火车上下来）夺回奥尔沙，第13和第21集团军从第聂伯河另一侧击退德军装甲部队，然后过河，一直推进到博布鲁伊斯克。计划很庞大……可是，7月13日，第22、第19、第20、第13集团军要么被绕过，要么被截断，他们开始混乱地向斯摩棱斯克撤退。48小时内，铁木辛哥向各集团军发布了毫不现实的命令，这些部队只能苟延残喘，却向莫斯科发去了虚构的报告。他做的唯一一件合理的事情就是决定将卢津将军的第16集团军集结在斯摩棱斯克，让所有下车的部队都归他管辖。"铁木辛哥反攻"只存在于纸面上，只有南部的第21集团军有所斩获，虽然从白俄罗斯和西乌克兰征来的大量兵员都在逃跑。[33]

德军装甲部队穿过苏军一片混乱的撤退人群时，丝毫不考虑自己的两翼。霍特那里，14日，第7装甲师推进了50公里，把刚从火车上下来的第19集团军的第25步兵军打散，俘虏了该军的军长切斯托哈夫洛夫将军及其所有参谋部人员，[34]然后向斯摩棱斯克北部推进，7月15日20点30分，终于来到了距克里姆林宫320公里的亚尔采沃。在坦克手的注视之下，好几十辆装满部队和装备的苏军卡车在莫斯科高速公路上来来往往，还有一些火车驶入了车站。几发炮弹结束了这些活动，也割断了西方面军的这条主动脉。几乎与此同时，古德里安麾下的第29摩托化师从南部突入了斯摩棱斯克。经过两天和第16集团军的两个师的激烈巷战，德军夺取了以圣母升天大教堂的金葱顶为核心的市中心。但卢津仍在右岸坚守阵地，这儿很重要，有高速公路和苏联最重要的一处调车车站。第29摩托化师和第7装甲师之间只敢开了一处宽25公里的缺口，这儿的第聂伯河上也只有一座桥梁可供通行，但在奥尔沙和斯摩棱斯克之间长条形包围圈中的苏军20个师仍能从这儿出去。18日，这处缺口只在索罗维奥沃村周边剩下了15公里宽的小洞，还有一条在沼泽中蜿蜒穿行的路况极差的公路。在莫斯科，大家神色严峻：7月18日，斯大林徒劳地请求丘吉尔在法国和挪威开辟第二条战线。[35]

尽管第7装甲师和第29摩托化师的推进速度惊人，但事实上突破口太窄，只有他们在前，好似"迷途的孩子"。步兵部队还在西边150到200公里处艰难行进。他们和霍特一样，都是任务太多，部队太少，兵力分散，要守住包围圈北面的120公里，却只有三个装甲师。同样，古德里安也坚持己见，坚持要麾下的一个军向叶利尼亚方向推进，其他部队则向罗斯拉夫尔推进，目的是为夺取莫斯科排兵布阵。在包围圈南面只有第17和第18装甲师，而第29摩托化师还在斯摩棱斯克城里。不过，7月15日，陆军总司令布劳希奇冷冷地通知了冯·博克，说"装甲部队继续向东进攻，超过了斯摩棱斯克，这是绝对不行的。俄国人和法国人的打法不一样，他们对自己的侧翼是不在乎的。因此，不是要去夺取土地，而是要去消灭敌人。还有一点要清楚的是，夺取斯摩棱斯克地区之后，后勤方面已无法将大量部队再向更远处运送"。[36]总司令说得再清楚不过：仅仅是给养问题使得中央集团军群无法向莫斯科推进。从6月22日起，这是第一次出现后勤问题，至少对作战行动起到了决定性的作用。事实上，为了能继续保持攻势，该集团军群还需要每天33辆列车，但它只收到21辆。其间的差距无法靠卡车来填补。三分之一的汽车已经无法使用，到华沙来回1500公里，这已经大大超过了卡车的"临界距离"。尽管局势逼人，但古德里安仍然坚持想要达成自己的目标，甚至不惜让自己手下的将领冒风险，而他手下的那些将领所希望的只是再形成一个新的包围圈而已。

古德里安一向不守纪律，除此之外，他在斯摩棱斯克周边缺少坦克还有两个原因。由于缺乏步兵，他只能让两个装甲师围攻莫吉廖夫，该城仍然在苏军第13集团军筑壕固守的5万名士兵手上。当第2

集团军的步兵部队换下这两个装甲师后，后者便与费奥多尔·库兹涅佐夫将军（原西北方面军司令员）指挥的第21集团军交上了火，也就是上文提及的"铁木辛哥反攻"。该集团军的一个步兵军在第25机械化军300辆坦克的支援下，尝试在贝霍夫切断古德里安的一条通道，但没有成功，另两个军则成功夺取了罗加乔夫和日洛宾这两座城市，还渡过了第聂伯河，向前推进了40到80公里。一个师甚至夺取了别列津纳河上的一座桥梁，同时一个有8000人马的骑兵军对第2装甲集群的后方进行袭扰。"俄国人实在让人受不了，"[37]冯·博克写道，他为了避开这样的威胁，不得不让三个步兵师绕开斯摩棱斯克公路。后来，他们没有堵住包围圈，结果使装甲师损失惨重，后者只能长时间采取守势，而防守，他们此前根本就不会加以考虑。第17装甲师的坦克手埃里希·哈格见证了这场惨烈的战斗。

> 7月18日。[……]我们停在斯摩棱斯克城前，因为我们的坦克都投入到了战斗中。俄国人想要夺回斯摩棱斯克。血腥的战斗。我在公路上看见第29摩托化师的战友阵亡。许多都是军官。这儿的战斗很可怕。集团军司令的儿子凯特尔中尉也在这儿倒下了。我拍了他的墓地。我从没见过这么多坟墓。但我也在想又有多少俄国人死了。他们的许多坦克都躺着不动了。[……]凌晨4点，我们到了斯摩棱斯克。新的战斗。我们的一辆坦克报废了。7月19日。[……]俄国的炮兵对我们狂轰滥炸。两辆坦克被毁。7月20日。又有两辆坦克被毁。[……]只剩下了一辆四号坦克。[38]

苏军士兵的战斗力并不能只用他们的爱国主义精神来进行解释。后备军官和日洛宾工兵营营长彼得·帕里伊少校讲述了在这些毫无希望的攻势中，采用何种方法让步兵保持斗志。

我们又落到了两条火线中，对面是德军在射击，[……]后面，靠近第聂伯河，是我们的督战队，有人把他们叫作"麦赫利斯团伙"。谁如果没有通行证，想要离开前线，他们就会开枪。有时，军人还没来得及拿出证件，他们就会开打。[……]他们甚至还会核实所有伤员的伤情。在中央战线的这个战区，有很多"亚洲人"，塔吉克人、哈萨克人和乌兹别克人。这些人不是很懂俄语，不知道发生了什么情况，不想打仗。他们一听见射击声，就会躺在壕沟里，根本没法让他们出去。指挥官经常会拿枪"逼迫这些胆小鬼和逃兵"。有好些亚洲人甚至在战壕里就被枪决了。枪决之后，自残的人数就增加了。他们会把军帽绑在胳膊上或腿上，露在外面，让德国狙击手打。[39]

铁木辛哥，失宠和攻势

铁木辛哥必须不惜一切代价把被围的四分之三的部队解救出来。斯大林发出了威胁。他未经预先通知，就掌管了国防人民委员部：铁木辛哥只是他的副手之一。他还剥夺了铁木辛哥的西方面军司令一职，改由叶廖缅科担任，但给铁木辛哥保留了西线总指挥的职务。他让沙波什尼科夫担任铁木辛哥的副手，还让冉冉升起的政治新星尼古拉·布尔加宁担任政委，后者向斯大林呼吁号召莫斯科和高尔基的党委动员1.3万名党员参战。[40]我们不能是排除国防人民委员部反间谍处处长米赫耶夫的一份报告使斯大林对铁木辛哥失去了信任，那是两天前米赫耶夫寄给国防委员会的马林科夫的。米赫耶夫在报告中提及他的顶头上司铁木辛哥同1937年被枪决和被关押的许多人都是朋友关系。有些句子等同于是在判死刑："1937年6月9日，米·尼·图哈切夫斯基的证词：'[……]乌博列维奇对我说他把铁木辛哥牵连进了我们的阴谋之中。'"1938年2月21日，遭到关押的谢尔迪齐宣称：

"阿帕纳先科对我说像铁木辛哥之类的指挥官也参与了我们的反苏阴谋。"[41]

斯大林说得很直白，他要看结果，要让新的阴谋显露踪迹。他显然很紧张，这从他18日绝望地向英国部队喊话中也能看出来！而且他在作战方面的介入也越来越频繁。7月20日，他给铁木辛哥打去电话，训诫他，让他不要只顾防守，要发起反攻，要有宏大的规模，简而言之，就是要让铁木辛哥坚持已经让苏军遭受巨大损失的那种战术。

> 您总是对着前线零敲碎打，两三个师，所以，没什么结果。现在难道不是放弃这种战术，用七八个师进攻，再让骑兵部队顾及侧翼的时候吗？选择指导方针，按照这个方针作战，迫使敌军按照我们的意愿重新集合部队。比如，我们可以迫使所有的敌军部队都集中在斯摩棱斯克地区，用霍缅科的三个师和奥尔洛夫的三个师、一个在亚尔采沃战斗的装甲师、一个摩托化师，再加后备部队的三个师和骑兵部队碾压他们，消灭他们，把他们赶出奥尔沙。我认为现在不能再这么吝啬，而是要用大部队来打。[42]

铁木辛哥不是个微不足道的人。十天以来，他一直在阻止德军包围他的部队。他给卢津的第16集团军提供了足够的装备，从第29摩托化师手中夺回了斯摩棱斯克北部一半地区，7月20日，任务完成。他创设了"亚尔采沃集群"，由罗科索夫斯基将军担任指挥官，负责让包围圈中唯一一条没被占据的公路保持畅通。罗科索夫斯基夜以继日地进攻，损失了200辆老旧的BT-7和T-26坦克，用仅有的七辆KV-1坦克阻止了第7装甲师切断这条公路，并摧毁了第聂伯河上的五座浮桥，每天晚上把伤员从斯摩棱斯克城里撤出来。按照历史学家佐洛塔廖夫的说法，[43]在沃利河的左岸，罗科索夫斯基开创了一种战术，在接下来的战争中这成了苏军的一个特点。他布置了一条纵深的反坦克防线：布雷、埋设炸弹、砍倒树木、把坦克炮塔以下部分埋入土中等等。目的是让装甲部队进入逼仄的轴线，再用各种炮火对其进行打击。在包围圈里，铁木辛哥把所有的权力都下放给了第20集团军司令库洛奇金将军，和比亚韦斯托克包围战的情形不同，各级指挥官都幸存了下来，部队一边战斗，一边向出口处一步步退却。战斗中，库洛奇金的士兵第一次成功使用了多种喀秋莎火箭炮。尽管德军的步兵部队（是从精疲力竭的装甲师中抽调出来的）赶到，包围战似乎仍打个没完。21日，德国空军得知苏军部队从包围圈里出来后，便立刻再次发起进攻，冯·博克不禁赞叹："敌人遭受了如此惨重的损失，这样的成功实在令人钦佩！"[44]在冯·博克的要求之下，古德里安设法从叶利尼亚往亚尔采沃方向实施一个更大的包围圈。尽管7月18日第10装甲师夺取了叶利尼亚和杰斯纳河上的重要桥梁，但党卫军帝国师在突袭亚尔采沃时败得很惨，21日，该部队才稳住阵脚。

中央集团军群麾下的装甲部队行动不畅，又很分散，而且补给不足，步兵部队也落在后面，所以该集团军群就成了诱人的靶子。7月20日，朱可夫经过斯大林的同意，决定利用后备方面军四个刚结束训练和集结的集团军的一部分兵力，把他们调拨给铁木辛哥使用。铁木辛哥接到发动大规模反攻的命令，对包围者实施反包围：这就是上文所述的7月20日这场不无苦涩的谈话所表达的意思。四个集团军是四个"作战集群"的核心部队，他们的进攻方向会向杜霍夫什纳—斯摩棱斯克防线汇合。从东北到东南，还有第29集团军司令马斯列尼科夫的集群、霍缅科集群（第30集团军）、加里宁集群（第24集团军）和哈察洛夫集群（第28集团军）。此外，由梅尔尼克将军率领的骑兵集群必须渗入冯·博克的后方，切断其后勤补给线。各集团军仅有三个师，不足6月22日兵员的三分之一。内务人民委员部匆忙征募的这些后备役军人没受过什么训练，都很年轻，有些人连步枪都没摸过，就这样被整编成师。他们彼此之间没法在各个军种之间进行协调。每个师只有二十多辆坦克，哈察洛夫集群除外，其麾下的一支装甲师有200辆坦克，但半数都是老旧的T-26，而三个星期前，他还有800到1000辆坦克，火炮数量不到正常配额的三分之一，此外还有几列装甲列车。至于航空兵，投入战斗的六个团所有型号战机总共只有250架。尽管对航空兵成功的概率存疑，铁木辛哥还是在7月24日到31日之间，在从别雷经过亚尔采沃到罗斯拉夫尔的220公里的弧线上，呈梯队发起了一系列打击，但以惨败收场。各集团军司令骂着娘，把步兵部队一波又一波地派上战场，和装甲师的自动化武器和大炮对打。推进了最多15公里，阵亡者就达数千人。回首往事，当时的攻势极为血腥："千万不要高估敌人的力量，不要以为他们能……"[45]

"作战集群的反击"付出了惊人的代价，却只获得微不足道的成果。在斯摩棱斯克收缩包围圈的压力得以减小，所以尽管禁止第20集团军实施突围，但司令库洛奇金还是从索罗维奥沃走廊带出了好几千名士兵。尽管朱可夫和铁木辛哥三令五申，但他还是放弃了仍在坚守的斯摩棱斯克部分地区，带着"锅子"一起往东迁移，而德军部队也紧跟其后。另一个结果是牵制住了冯·博克的兵力，使其本就不低的损失更为严重。最后，四个作战集群的进攻使"罗科索夫斯基集群"（最终配备了参谋部，并由莫斯科共产党员组成的一个营对其进行增援）于7月29日夺回了亚尔采沃，因而也重建了一条主要的后勤补给线。

27日，仍在战线后方的莫吉廖夫失陷。我们在这场战斗上稍事停留，几粒沙砾就是在这儿卡住了巴巴罗萨这台机器的。位于第聂伯河河湾处的莫吉廖夫有10万居民，是在此交会的两条公路和南北、东西两条铁路线上的重要城市。正因如此，铁木辛哥决定死守此处。只要有可能，就必须阻断对手后勤部队的推进。城市由第13集团军一个军的两个师防守，由戈罗德尼扬斯基将军指挥，参与防守的还有在明斯克周边被打败的各个残部，总计大约是5万人。7月10日，古德里安向莫吉廖夫的北部和南部发起进攻,将该城四分之三的地区孤立起来。他只能把两个装甲师留在那儿,等待第2集团军的一个步兵军的到来。五天时间里,宝贵的装甲部队几乎一直都是按兵不动,德国国防军不能用他们,简直就是在浪费。最终,7月16日,配有两个师的步兵军出现了。另有两个师后来也加入进来,兵力总计6万人。他们又等了三天时间,才找到足够的炮兵和一支侦察气球部队。由于时间对德军而言都得精打细算着来,于是他们决定7月20日发起进攻,不再进行侦察。24日,经过四次血腥的进攻,德军开始突破,之后又在拦设路障的街巷中打了两天,铁路工厂的工人也前来协助防守。7月26日夜,尽管下达了命令,但守军指挥官巴库宁将军还是命令手下人在用尽弹药的时候,设法向东突围。只有几百人最终找到了正在该地区搜索的三个骑兵师,其他3.5万守军都成了俘虏。27日,城市被扫荡一空,29日,工程兵开始修复两座大桥。德国国防军四个精锐师被拦截了九天时间;他们损失了3000人,消耗了大量的弹药。古德里安的装甲部队后来被卡在叶利尼亚和斯摩棱斯克以东的地方,缺的正是这些人和这些弹药。

从欢欣鼓舞到最初的怀疑

6月24日夜,希特勒来到为巴巴罗萨行动而新设的司令部,在他的余生中,他有一半时间都待在了这儿。司令部坐落于距东普鲁士的拉斯滕堡8公里的格尔利茨村附近。该地区占地250公顷,有一道长达10公里的铁丝网阻隔,还有大面积的雷区。"1号专区"在北侧,希特勒就住在那儿,名为狼穴。希特勒来访的时候,什么都没说,只说这儿的森林好像没法通行。相较之下,他的随从倒是有所评论,说这儿沼泽多,蚊虫多,气候不太好。在这个半似隐修院,半似军营的地方,元首的日程几乎没有变动过:10到11点起床,第一场局势简报会，去食堂用早餐，详细了解局势，在食堂用午餐，晚间局势通报会，和秘书们喝茶，和一小群人用晚餐，在壁炉前对遴选过的客人滔滔不绝地讲话。两个半月里，希特勒只离开这幽居之地八次，而且时间都很短。

大型军事组织一般都会跟从军队的首脑。国防军最高统帅部的司令部也设在同一片地区，距"1号专区"一公里。空军驻扎在布莱滕海德，陆军总司令部在毛尔瓦尔德、安格堡以及吕岑三地都有办公室，哈尔德和1500名参谋部的军官在毛尔瓦尔德工作，就住在树林里的220间木屋里。无论是乘坐火车、公共汽车还是元首的汽车，这些司令部都在20分钟的车程范围内。

在拉斯滕堡和在毛尔瓦尔德一样，一开始的整体气氛都是喜气洋洋，甚至可以说是欢欣鼓舞的。7月3日，在立陶宛和白俄罗斯获得胜利之后，哈尔德在日记中写道：

> 在几条主要战线上，我们已经能说在德维纳河与第聂伯河之前打败俄国军队的任务完成了。我认为被我们俘虏的一名俄国将军说得没错：我们只能认为德维纳河与第聂伯河东边的残部靠他们自己的力量是无法决定性地阻挡德军的作战行动的。因此，就像我说的，和俄国的战斗十四天就打赢了，这不算是大话。当然，战斗还没有结束。广袤的空间和不惜一切代价不屈不挠的抵抗都必须要我们付出许多个星期的努力。[46]

7月4日，希特勒也步了哈尔德的后尘。"敌人实际上已经输了这场战争。就是因为我们把他们的坦克和飞机一下子都摧毁了。俄国人已经找不到替换的武器。"[47]戈培尔对在白俄罗斯俘虏的33万人印象深刻，他摒弃了迄今为止一直都很谨慎的态度，"苏军的抵抗似乎在整条战线上都已被击破。"[48]8日，哈尔德和布劳希奇向希特勒指出数字本身就能说明问题:"我们所知道的俄军164个步兵师,今天我们估计有89个已经被歼灭,46个还能战斗,18个在相邻的战线(芬兰),其中11个我们并不了解。"[49]翌日,希特勒显然是受了这些数字的影响,再次在宣传部长面前表达了自己的乐观:"东线战争基本上已经胜利。[……]被打成这样,苏军是再也恢复不过来了。[……]我们和对手简直有天壤之别。只有空间给我们添了麻烦。[……]有一点毋庸置疑:斯大林随时都会倒台。"[50]从1941年7月14日起,希特勒就签署了一份政令,命令经济上偏向空军,其规模必须扩大四倍(这就是"戈林计划"),而陆军就遭了殃,由于"摧毁俄国之后,要从军事上控制欧洲的空间",[51]就要大力缩减陆军,尤其是步兵。次日,陆军总司令部作战处在传阅一份研究必须留在俄国土地上的占领军军力以及需要裁撤陆军多少兵员的报告。[52]国防军最高统帅部和陆军总司令部都在对快速反应师的数目吹毛求疵,这些部队将会构成作战集群,经过高加索地区和伊朗,进攻中东地区。23日,乐观主义曲线达到了顶点,那天在拉斯滕堡开了一次会议,所有的军队首脑都参加了。希特勒给将军们分派了任务,回头再来看,就会发现这些任务相当疯狂:"8月25日,推进到列宁格勒—莫斯科—克里米亚战线;10月初,推进到伏尔加河畔;11月初,推进到巴统和巴库。"[53]

相较之下,我们发现战场上的人员对胜利就没有这样过早的乐观态度,只是两个被派往中路的装甲集群的司令霍特和古德里安有一定程度的乐观。对其他所有人来说,日常的现实使他们不得不认为苏军还在不屈不挠地战斗,无论损失多大,第三十天和第一天都一个样。7月22日,第43军军长海因里希将军在给妻子的信中说:"没人知道这场战斗还会持续多长时间。目前,尽管都打了胜仗,我们还是看不到终点。[……]我们觉得就算夺取了莫斯科,战争还会在这个国家的其他地方继续无休无止地进行下去。"[54]第16装甲师军官乌多·冯·阿尔文斯莱本从7月13日起就已失去了幻想:"我们低估了俄国人的韧性和他们技术发展的水平。所有的官方情报都很不充分，都是在骗人。"7月16日："开始显露迹象，要在俄国获得全面的胜利，毫无疑问不可能。"[55]

7月最后一个星期，德国及其军队的情绪达到顶峰之后开始转向。三个集团军群遇到了显而易见的困难，苏军无休无止的反攻，已经能感受到的后勤补给上的困难，都已开始产生作用。德国的盟友觉得震惊，感到不安。7月16日，意大利外交部长齐亚诺在日记里写道："领袖对俄国发生的事感到担忧。今天早上，他的语调相当悲观。[……]领袖担心德国的这项任务太庞大，最终无法在冬天之前解决这个困难，无数想象不到的情况都会冒出来。"18日，他又说："亚美上校[意大利情报部门负责人]和斯凯罗将军都对我讲了战场上的局势，他们估计俄国人到冬天还能成功维持住这条战线。如果真是这样，那德国就会损失惨重，后果难以预料。"[56]赫尔辛基和东京也是这么想的。占领冰岛（能从那儿在北大西洋猎杀U型潜艇）之后，7月7日，罗斯福对希特勒再次施压，而希特勒担心的就是美国会出乎意料，过早参战。他还要求德国不得和美国的商船发生任何摩擦。他的神经绷得越来越紧，体现在越来越多地参与作战行动，甚至就连一个师的调遣他都得知道。7月14日，因为霍普纳决定向西北方，而非东北方行进，希特勒对布劳希奇大发雷霆。之后，布劳希奇、哈尔德、冯·里布的参谋长布伦内克之间打了好些电话。颇为厌烦的哈尔德晚上在日记中写道："半夜以后打了这么多无用的电话，只会让[部队将领]搞不清自己的责任感，浪费他们的时间。元首始终都在干预自己一无所知的战事，实在让人受不了。"7月21日，去乌克兰拜访冯·伦德施泰特（了解那儿"不太令人鼓舞的"局势）回来，向布劳希奇汇报之后，哈尔德写道："高级指挥层的士气受到了打击。特别是这位集团军总指挥的情绪。"[57]7月24日，戈培尔也承认自己的乐观态度受到了影响："目前，毫无疑问，我们的局势比较紧张。[……]我们对这样一个事实不应有丝毫的怀疑，那就是扎根了四分之一个世纪之后，布尔什维克在苏联人民中间留下了深远的影响。[……]必须告诉全国人民这次作战行动极其艰难。"戈培尔的这一转向是可以得到解释的。作为宣传部长，舆论稍有风吹草动，他的触须就会随之颤动。德国的舆论也产生了转向。"帝国的氛围变得越来越严肃。人们逐渐开始理解东线战事不是去莫斯科溜达溜达这么简单的。"[58]27日，他写得很审慎："一切都悬而未决。"[59]

希特勒不再像最初那样欢欣鼓舞的第一个迹象，可以从他对8月4日各集团军群主要将领在鲍里索夫开的那次会议的了解中看出。"考虑到俄国有数量如此庞大的坦克和飞机，东线所有战事的进展情况到目前为止都比预期要好。如果战事还没开始的时候，元首就能了解到这些情况，那他要做出进攻的决定就会困难得多。"[60]8月11日，哈尔德又袒露了心声，与上一个月得意扬扬的那些话已经迥然不同："整体局势始终都在愈发清晰地表明我们低估了俄国这个庞然大物。[……]这是对它的经济力量，也是对它的组织能力、交通运输上的能力所做的观察，但主要还是它的军事能力。战争之初，我们认为它有200个师。现在算有360个。这些师当然不都算是军队，装备也和我们想的不一样，战术层面上也很糟糕。但它们就在那里。我们打败了俄国的12个师，俄国又会再派12个师过来。它就这样赢得了时间，也能离自己的给养补给点更近。而我们却越走越远。"[61]

7月，希特勒和陆军总司令部之间的"危机"

希特勒和斯大林两人对战事的进展情况都不满意。很显然，他们的理由各不相同。对一个人来说，胜利还需很长时间才会显现；对另一个人来说，必须避免军事上的崩溃。两个人与其各自的最高指挥层之间也就随之出现了危机。在德国人那边，只不过是无伤大雅地过了几招,昙花一现,以妥协告终。

7月中旬,希特勒发现巴巴罗萨行动只能形成一个大的包围圈,而苏军始终都没倒下。无疑,在他眼里更重要的是缺乏强有力的胜利,八年来,他对民众可都是这么说的,而胜利就是他的权威必不可少的燃料。和往常一样,戈培尔和他的主子也是一样的看法。他和希特勒一样,首先想的就是政治和心理层面。"目前和去年西线的情况不同,我们在东线没有拿得出手的象征性胜利,可以激起民众的激情。凡尔登、苏瓦松、兰斯、佛兰德,这些地名对全体德国人而言意味深长。但怎样才能让东线各省的城市名称也能意味深长呢?莫斯科和列宁格勒的名字能起到这个作用。"短期内能达成的一个目标就是列宁格勒。希特勒的思绪围绕着这座城市打转。7月17日,最高统帅部记录的"元首的论述"开头几个词就说明了这一点:"鉴于北方集团军群的局势……"[62]7月21日,他对该集团军群闪电拜访的这个行为也能体现出其中的意味,那是他第一次离开"1号专区"。他在那次讲话中说优先要做的就是把这座城市孤立起来:"[元首]预料对手会在列宁格勒南部极力抵抗,因为对俄国领导层来说,在俄国人眼里,失去列宁格勒,就等于失去二十四年来一个声名显赫的革命样板。列宁格勒和斯拉夫种族的特性相关,现在正在激烈战斗,它的陷落会导致整体的崩溃。"在说到"斯拉夫人的特性"时,他还引用了歌德的《埃格蒙特》:"他的喜乐直达天际,他的悲苦至死方休。"[63]

7月19日,希特勒把自己的思考浓缩成了第33号指令,发给全军高级指挥官,标题是"继续东线战争"。他简单地描述了下一步作战行动的目的:"阻止敌军向纵深撤退,消灭他们。"迫使敌人寻求和谈的作战目的始终被排除在外,毕竟他想的就是殖民和大屠杀。相较之下,希特勒在对战略层面进行思考的时候还是有些才能的。如果说他没提到这一点,如果说他只是暗示要形成包围圈,那是因为眼下出现在乌克兰和列宁格勒周边,以及在爱沙尼亚和这座大城市东边的包围圈属于战线的两个部分,无论是从经济、政治,还是象征意义上来看,这些地方都让他很感兴趣。该指令的真正职能就是把没有明说的话以行动做出来:不把莫斯科作为战事的头号目标。他还给中央集团军群指派了两个远离中心的任务。第一个就是联合霍特的装甲集群,"切断列宁格勒—莫斯科的铁路线,给向列宁格勒推进的北方集团军群的右侧提供掩护"。第二个任务是让冯·博克的整个右翼(古德里安的装甲集群和第2集团军的部分队伍)向南推进,一方面,肃清在普里皮亚季沼泽据壕固守的苏军第5集团军,这样就能让第6集团军向基辅进军;另一方面,夺取第聂伯河东岸,阻止苏军从乌克兰撤离。因此,中央集团军群也就不再是主要的军力,而是降格成了北方集团军群和南方集团军群的辅助部队,事实上,它接受的这个"联合步兵部队继续向莫斯科进军"[64]的空泛任务难以实施。

第33号指令对布劳希奇和哈尔德来说不啻是个羞辱,两人从巴巴罗萨行动最开始起就把莫斯科视为终结战争的唯一目标。7月20日起,布劳希奇就做出了反应,向希特勒解释不再在莫斯科公路上集结兵力不是什么好主意。希特勒注意到了这个反对意见,7月22日,便签署了第33号指令(落款日期为23日),做出了修正:组建一个集团军群,联合第6集团军、第1和第2装甲集群,向第聂伯河东部的高加索方向进军,全力夺取哈尔科夫,注意后勤补给状况;取消派遣中央集团军群向南进军,摧毁苏军第5集团军;霍特的装甲集群"暂时"归冯·里布管辖;明确提及"夺取莫斯科"。尽管让步很大,但布劳希奇觉得还不够。事实上,最新提及的主要向高加索地区推进的做法和莫斯科占优先地位的做法完全是南辕北辙。于是,军队总指挥试图通过凯特尔来暂停第33号指令,看斯摩棱斯克战役的最终情况而定,但没有成功。

7月22日晚上,哈尔德去了他那,讨论"巴巴罗萨的未来行动",[65]布劳希奇和负责作战行动的豪辛格,以及军需总监瓦格纳都赞同他

"莫斯科优先"的看法。他们讨论如何应对第33号指令及其附令。23日18点向希特勒汇报的时候，哈尔德支持大家共同的看法。我们以他日记里预先记下的笔记为蓝本，推断出汇报的内容。[66]陆军参谋长从来不会直接和希特勒发生冲突，他会察言观色，提出自己的看法，从而得出自己的结论：必须尽可能强化莫斯科轴线。他说对手的有生力量超出预期，仍然很强大（"还没被最终打败"），他们就聚集在莫斯科公路的纵深处。德军的力量正在衰退（20%的步兵部队，50%的装甲部队），后勤补给无法同时供应好几条轴线。设法摧毁苏军潜在兵力的做法是徒劳的，因为俄国的资源无穷无尽；应该夺取政治和经济上的资源，其力量之源。最后，北方集团军群有足够的力量，单靠自己便可以完成元首交予的任务。希特勒无动于衷，重申第2和第3装甲集群应该离开莫斯科轴线。他再三说必须达成巴巴罗萨行动的三个目标："1. 列宁格勒地区。从工业和航海角度而言很重要。布尔什维克的堡垒。2. 莫斯科地区。3. 乌克兰的工业中心及其东部的采油区。"[67]

在接下来的一个星期，哈尔德前去拜访商谈的次数增多，以期把陆军牢牢地抓在自己身边。他特意让前线的军官去希特勒的大本营，希特勒更乐意在那儿听取这些军官而非总参谋部军官的报告。此外，他还把希特勒的主要军事顾问约德尔争取到了他这一边，约德尔更为认同苏军会将精锐兵力集结在莫斯科城前的看法。[68]希特勒仍然没改变主意，7月28日，还让最高统帅部同意了"哈尔科夫工业区比莫斯科工业区更重要"[69]这一看法，这让陆军总司令部心里很不是滋味。但他必须考虑的一个关键因素是斯摩棱斯克周边的苏军又有了新的兵员，主要是铁木辛哥"反击"之后的那四个新设的集团军。希特勒注意到了这个情况，于1941年7月30日下达了一道新的指令（第34号）。他不再让第2及第3装甲集群完成任何任务，而是要求他们花十天时间尽可能快地从前线撤退，重组军力。中央集团军群由此便采取了守势。

"七月危机"就这么很快地结束了。什么问题都没解决，巴巴罗萨行动最初的核心问题也未得到解决，即：应该把本就不足、如今正在衰落的军力投向哪个方向，以击溃远比预料之中稳固得多的敌人？

一场与众不同的战争

为了解释清楚德国国防军所犯罪行的早熟性、多样性和规模，历史学家，特别是德国历史学家基本都会从意图和局势两方面来寻找答案。我们已经涉及第三个方面，即"军事必要性"。

意图就是意识形态和等级。关于后者，我们已在上文详述过德国国防军为一方，党卫军和警察部门为另一方之间会有一些共同的任务，以及得到军方高层许可的"刑事令"，有时，军方还会扩大这个刑事令：杀害政委，不遵守保护平民和军人的国际准则等。纳粹主义意识形态从上到下影响了德国国防军。近40%进入苏联的士兵都会参加一个或几个纳粹组织。[70]这个百分比在战斗部队更高，1933年以后，那都是年轻人的面孔。这些具有纳粹意识形态的身穿军装的人会让持保留态度、觉得吃惊、苦恼的战友觉得，让那些因所受的教育或出于道德感（根据1939年的人口普查，95%的德国人都是基督徒）而不耻于犯下如此罪行的人噤声就有了必要的合理性。国防军最高统帅部觉得这样的影响还不充分，于是从1940年起建立了一条直接对士兵施加影响的渠道，那就是《部队通讯》，由国防部反敌方宣传部门的指挥官汉斯·艾伦贝克中校主编。通讯每月出十二期，最低发放至连一级，每一级两份，通常会由一名军官在非正式的恳谈会上读给大家听。除了希特勒讲话的摘要之外，《部队通讯》上还会有对战场局势的看法、卫生建议、对东线任务的解释。"谁见过破败的乡村、坑洼的道路、悲惨的城市，谁就知道对德国人民而言，德国就是一份礼物，和东方相比，经过人民一代又一代的建设，德国已经成为一座精致的花园，犹如珠宝。"[71]《通讯部队》中，犹太人被说成是"寄生虫"。所有的文章都是这样迫不及待的语调："特别是这场战斗，每一个人都应不惜任何代价，把德国和欧洲从这场瘟疫中解救出来。"[72]这些极具纳粹特色的主题也受到了德国文明优越于东方邻国的这种由来已久的情感的滋养。

除了德国政权具有大屠杀、称霸全球的企图之外，战场的局势也起到了很大的作用。从某种意义上来说，以德国国防军士兵的视角来看，巴巴罗萨行动类似于一个可以自动实现的预言。对手就是犹太人—布尔什维克，从种族、政治、民族的范畴来看，他们都被说得一文不值：是否只是涉及犹太人和共产主义者？苏联的官员？斯拉夫人？俄国人？苏联的大部分人？归根结底，最重要的是，这是一种危险的划分法，刻意勾画出某种模糊的轮廓，它被事先说成是人类的罪孽，肮脏、卑鄙、虚伪、残忍，受到各种病原体的感染。这是一种黑色的场景，犹如恶魔一般，从心理学的角度讲，进入苏联必定会使许多士兵真切地感受到焦虑。为了穿越这片晦暗之地，他们就应该脱下文明俗丽的衣装，就像海因里西将军在日记中所表达的那样："这些[俄国]人不能用我们的标准来衡量。我认为要和他们真正做到公平，就不能一步一步靠步行走到他们那里，而是要乘船过去，就像登上一座陌生的大陆，远离自己的海岸，内心和自己所熟悉的东西完全切断联系。"[73]由于每个士兵都期待看到他们被灌输的苏联的样子，所以他们会按照各色"刑事令"的要求行事。

从1941年夏起，这个必须被征服的危险世界所带来的焦虑感迅速蔓延，其中还混杂着其他暴烈的情感：持续的不安全感、背井离乡之感、陌生感、厌恶、憎恨、愤怒、失去方向、想要复仇。种种情感调和在一起，再加上有各种各样的意图（"刑事令"、宣传、纳粹的意识形态、死灰复燃的陈词滥调），还有局势（艰难的战斗、过快的作战节奏），都能解释德国国防军在进入苏联之后，为何会将欧洲17世纪以来逐渐系统化的所有战争法弃之如敝屣。11月，海因里西在给家人的信中写道："这儿盛行的是三十年战争时期的习俗。谁有力量，谁就有权力。我已经在战争中度过了六年半时间。但这样的仗，我还从来没经历过。"[74]从一开始，德军就主导了一场野蛮的灭绝战，无论是对军人，还是对平民，暴力都毫无限度。几周之内，德军就成了一台杀戮机器，把成千上万的投降者、伤员、俘虏、妇女、儿童悉数杀尽，他们做起这种事干净利落，甚至还出手相助，进行大屠杀、枪决，绞死犹太人、共产党员、官员，没有任何借口就把城市和村落烧成灰烬，还无法无天地抢劫，使受害者挨饿，迫使他们服苦役，把他们关进集中营，掳为人质，盲目地实施报复，其规模之大前所未见。不过，这些士兵大部分在1940年对战法国、英国、比利时、荷兰的军队时，行为却很正常。

运动战和巴巴罗萨行动十足的犯罪节奏就是一场考验，对所有道德藩篱的垮塌也起到了作用。从7月22日起，海因里西将军写道，他的人已经到了极限。"我们的人身体上已经疲惫到了极点。昨天，我发现一个套马的马夫是靠着马屁股站着睡觉的，好像死了一般。行军很恐怖，路不见尽头，没有哪个德国人能想象得出怎么会这样行军，神经紧绷到了极点，之所以如此，不仅仅是因为局势时时在变，还因为对每个人来说，都有遭到攻击的危险，所有这些事情让人疲弱不堪，无论哪场战斗，我们都从没经历过这样的情况。"[75]夏天，占地面部队三分之二兵力的步兵部队每天要步行30到60公里，而天气又异常炎热，达到了40度。脚步踏地，车辆行驶，以致扬起的灰尘绵延好几公里，逐次向外扩展，永远不会坠落。灰尘笼罩着一切，让每一个人都觉得窒息。蚊虫黑压压的一片，把脸庞裹得严严实实。"水比金子还珍贵。"[76]海因里西写道。入夜，猛烈的暴风雨把公路和道路泡得湿透，行军也就更加艰辛。秋天，他们还在行走，身上始终都是湿的，背上是沉甸甸的军大衣，大多数时间都是在人烟稀疏之地，根本就见不到遮风避雨的地方。而到了冬天，那苦难更是一言难尽。

道路似乎永无尽头，对许多人而言（如他们在书信中所说），风景单调、悲伤、忧郁。自从离开大轴线之后，森林、沼泽、旷野、集体农庄广袤的田野令人害怕迷失方向，就像水手害怕落入大海一般。没有什么能让战争中的士兵分一分心，田野里上千具尸体在腐烂发臭，树木和路灯杆上总是悬挂着所谓的"游击队员"的尸体，他们被故意晾在那儿，以儆效尤。城市和乡村境况凄惨，没有咖啡馆和餐馆，没有白兰地和香槟，士兵总是会回忆法国战场，那已经成了他们的普遍参照点，第3摩托化师下士长埃里希·库比在日记中写道："在法国进行的是一场截然不同的战争。[……]宁愿在法国打三场仗，也不愿在俄国打一场仗，这句话我听得耳朵都起老茧了，可见大家的情绪都是怎么样的。我们就缺法国的床，也没法好好吃上一顿。"[77] 还有"你根本就想象不出他们有多悲惨，现在他们都想不起哪儿还会有放着沙发、钢琴、收音机的地方"。[78] "自从德国成为一个国家以来，都没有哪场战争能和这场相比，我指的不是数量。"[79] 埃里希·库比就是这么概括的。

士兵就住在农民的枞木屋里，条件自然没法和佛兰德或阿图瓦的农舍相比。小虫子、跳蚤、疥疮啃噬着肉体。与巴巴罗萨行动共生的后勤补给上的困难，自然也落到了居民的身上。但有人会说，任何战争不都是这样吗？法国也是，"穿军大衣的"缺什么，就会征收什么，但他们会付钱，暴力很罕见，造成的后果也微乎其微。在苏联，农民是没有储备的，青壮年男性也所剩无几，抢掠就等于让这些受害者饥饿而死，而且死得悄无声息。

> 1941年，第95步兵师的年轻士兵威利·彼得·雷斯写道：我们的炊事员把在路边找到的牛犊子和猪都给宰了，只要见到扁豆、卷心菜、黄瓜就会征用。但这样还是不够。[……]于是，

第十一章 从欢欣鼓舞到最初的怀疑 663

我们就从女人和孩子的手中抢他们最后一口面包，还让他们给我们烤鸡、烤鹅，给我们的包里塞满他们仅剩的一点黄油和脂肪，把他们储藏起来的猪油和面粉装到我们的车上，我们还喝牛奶，［……］偷蜂蜜。［……］他们声泪俱下，苦苦哀求，厉声咒骂，我们都无动于衷。我们是征服者，战争会宽恕抢劫，它要的就是残暴。

之后不久，他描述了自己所在部队凄惨的模样。

我们都在腹泻。我们的肠胃就像一片正在发酵的沼泽地，我们感到反胃。［……］这个国家糟糕透顶，思乡之情完全攫住了我。我的生命和我的思想再也抵不住疲惫，想要逃跑的欲望，想要睡觉的渴望，还有饥饿感。［……］我们需要靴子吗？一路走来，我们都是从老人和女人那里拿的。［……］我们不要靴子，但又一定得拿。每一道命令都在对我们说我们在一个已经战败的国家，我们就是世界的主人。［……］我们的双腿正在流脓，虫子正在爬满我们的身体，我们患上了痢疾、浑身发痒、发黄，腰酸背痛，［……］我们用僵直的手指钩住小推车，就这么走个不停。[80]

对德国士兵而言，巴巴罗萨行动和之前的战争都不一样，他们的不安全感特别强烈。时时处处都能感受到这种氛围，无论是宿营地、公路上、森林里、沼泽中、夜里、城市里、田野里都是如此。前线士兵也不例外，他们都很害怕被敌人抓去当俘虏，所以，现实经过投射和倒置之后，他们对敌人就会杀无赦。他们睡觉的时候枪里都上了膛，一有响动就会开枪，枪杀对手的时候绝不迟疑。经常会发生这种情况，男人或女人，是个平民，晚上在外面，或者离德军的部队比较近，结果就被处死了。这种不安全感并不仅仅是一种幻觉引起的谵妄。成千上万的苏军士兵被打散了，形单影只，他们可不是闹着玩的。这些人都处于绝望的境地。一小撮人，时常穿的是便装，会靠抢劫偷窃来过活，落单的汽车有时就成了靶子。事实上，"当游击队员"的人千分之一都不到。大部分人都想穿过前线找到自己的大部队，或者回自己的家，就像1917年他们的父辈那样。只是到了1942年初，他们才会进入森林，打击侵略者。1941年8、9月份的时候，不安全感日益加剧，尤其是在中央集团军群和南方集团军群交会之处，那有骑兵队出没，德国人说的骑兵队指的就是"哥萨克人"，他们潜入后方，通常会出其不意地发动小规模的袭击。9月5日，士兵埃里希·库比就目睹了这样的情况。"哥萨克人的突袭行动对我们的通信线路造成了很大的麻烦。[……]他们夜间从森林里冲出来，有时能突袭成功。我以前通信连的一队战友就被袭击过。我们只有四个士兵逃脱了，逃进了树林，绕了很大一圈之后，过了两天才找到自己的部队。其他人都被杀了，车子也被毁了。你看，我们在后方也不安全。"威利·彼得·雷斯在秋天也有过同样的经历。"我们的八个士兵睡在村子边上一栋孤零零的房子里。哥萨克人包围了房子。"四人被打死，两人成了俘虏，报复立刻就来了："第二天早上，我们的一个士兵把一箱手榴弹扔进了几百名俄国俘虏当中，没被炸死的都被他用冲锋枪放倒了。"[81]巴巴罗萨行动中德军的一大弱点就是没法掌控后方，这样就造成了持久的紧张情绪，激化之后，就会付出血的代价。他们发现敌人（逃兵、落单者、游击队员、犹太人）到处都是，甚至穿着平民服装的女人或孩子过来乞讨，看上去也是敌人。平民和军人之间的区别，前线和后方的区别，消失不见了。暴力变得难以控制。看上一眼，动作被错误解读，就会被杀，这种情况相当严重，下面就举埃米尔·霍尔茨说的一件事为例，6月28日，他在斯托尔布希，在日记里写道："在米尔和斯托尔布希之间，我们对人群都是用冲锋枪这种语言来说话的。叫喊声、呻吟声、鲜血、眼泪、大量的尸体，只要一看到人，我的手就发痒。只要穿过人群，我就想开枪。我希望党卫军的部队很快就会过来，做我们没时间做的事。"[82]当天，下士长约翰尼斯·赫尔德在自己的笔记本里写道："我们朝枞木屋扔手榴弹。屋子很快就着起了火。然后，又蔓延到附近的木屋。场面真是太美了！［……］我们就这样烧了整整一打村子。"

1941年，苏军士兵经常被德军士兵称作"匪徒"，而不是后来用得更多的"俄国佬"或"伊万"。士官L. K.在给家人的信中写道："在俄国，战争和其他国家截然不同。我们所面对的根本就不是人，而是蛮子，是野兽，苏联用二十年时间把他们造就成了这样。对这些人，我们不能手软，因为他们都很卑鄙狡猾。"[83]"我们在这打的不是人，而是动物，"[84]装甲掷弹兵威廉·普吕勒这么说，他看见苏军的一个女坦克兵还活着，但身上一丝不挂，被烧得很惨，就靠在她自己那辆报废掉的坦克的履带旁。7月2日，下士长赫尔德这次面对平民的时候，也表达了差不多同样的情感。"在一座村子里，我们最先碰到了十几个人，把他们都抓了起来。我们把他们带到墓地，强迫他们挖一条深沟，那是他们的墓穴。我们不能对斯拉夫人有同情心。"[85]7月10日，一名士官在一封信里也表达了这样的看法，我们发现他的几十封信里都是一模一样的看法："德国人民应该对我们的元首表达深深的谢意，因为我们的对手都是些野兽，一旦他们来到德国，就会发动前所未见的大屠杀。"[86]由此对德国人产生的影响是：必须把他们都杀了，因为如果他们来到我们的地盘上，也会把我们杀了。

对手不被当作战士，如果他们受了伤，当了俘虏，也无须对他们有起码的尊重，或帮助他们。在德军看来，干任何事都是可以的。"我们把政委和其他人全都抓来后，无一例外都会枪决。"（士兵H，38团，7月16日）[87]"许多人都被枪决了，我看到他们躺在那儿，抬着胳膊，身上既没武器，也没武装带。至少有一百个。别人对我说就连他们举白旗的代表也被枪决了。[……]他们还杀伤员。"（士官罗伯特·鲁普，7月1日）[88] "除非发生特别情况，别无选择，否则苏军士兵都不该被当作俘虏。通常情况下，被俘的苏军士兵都会被打死，在苏军服役的女人也不例外。"（中尉普林茨对士兵布鲁诺·施奈德说，167团）[89]高层都听之任之，海因里西将军就是如此，7月4日，他在给家人的信中写道："俄国战争特别血腥。敌人从没遭受过这么严重的损失。俄国军官对他们的人说，我们会把他们全都枪毙了。所以他们不会投降，都是从背后对我们放冷枪。很显然，这就要求我们采取严厉的反制措施。双方彼此争锋，不断升级，死伤惨重。"[90]事实上，无论苏军是正面打，还是背后打，白天打，还是晚上打，直接打，还是用计打，一切都可以成为大屠杀的借口。7月16日，海因里西对妻子讲起了他们和苏军部队的一次遭遇战。"我们面前的俄国人现在已经被歼灭了。战争特别血腥。我们并没有杀无赦。俄国人对待我们的伤员就像对待动物一样。现在，我们的人只要看见穿褐色军装［苏军军服］的，一律打死或枪决。"[91]

在士兵的信中，对俘虏的屠杀经常被说成是因为发现了德国士兵的尸体被肢解，德国伤兵死前受到拷打，德国俘虏脑袋中枪。8月27日，第37步兵团一名中尉的话肯定把他妻子吓得不轻。"俄国士兵受酒精的影响，会用极其残忍的方式杀害伤员，挖眼睛、割鼻子、割舌头，刺刀捅大腿、身体、胸口、脑袋等。有的伤员被砍得完全认不出来了！[……]资历最老的老兵都笑不出来。"[92]有两位作者在研究这个现象，他们是阿尔弗雷德·德·扎亚[93]和弗兰茨·W.塞德勒。[94]后者认为这么做纯粹就是出于恶意，对此他说得更明确。他编制了一份1941年和1942年初的306例屠杀事件的目录，这些屠杀经常都伴有拷打和毁尸的行为。苏军士兵这方面的行为很严重，这是个无须讨论的事实。他们这么做是因为觉得自己无力为受害者复仇，无法带着俘虏和伤员撤退。1918年至1921年的俄国内战就已经表明，数世纪以来

第十一章　从欢欣鼓舞到最初的怀疑　667

惨遭虐待的农民阶层一旦穿上军装能干出多么恐怖的事情。1941年受害更深的农民阶层为什么就不会这么做呢？除了德国人的证词之外，苏联也有一些文件证实了清除俘虏的事实。第26师7月13日的一份报告就提到屠杀了德国国防军80名俘虏的事情。波塔波夫的第5集团军6月30日的一份文件显示，"苏军士兵及其上级出于对法西斯盗贼的气愤，[……]没有抓捕德军士兵和军官，而是当场处决，这种现象很普遍"。[95]还有一些文件显示军队将领禁止这么做，这种做法会得不到珍贵的情报。7月1日，斯大林发布命令，出台了对待俘虏的规则，这和西方各国现行的法规一样。但9月4日在和朱可夫谈话时，朱可夫告诉他从一个变节者那得到了一些重要的情报，斯大林自然而然地回答说："不要太相信军队的俘虏。严加审讯，问完就把他们毙了。"[96]

不过，还是得考虑到两者的比例关系和因果关系。1941年夏，德军士兵和苏军战争罪受害者之间并不存在通用的评估方法：一方会说几百个，甚至一两千个，而另一方会说几十万个。德国的军官并不愿意叫停大规模暴力行为，他们用处决和毁损肢体这种事例把部队激发起来，认为那是一种报复行为，以此使犯罪行为合理化。

1941年7月中旬：难以置信变为可以想象

2011年德国出版的《1941年大事记》从字面意思上来看，写的就是"1941年在苏联发生的事件"，其中搜集了195份党卫军国家安全部柏林总部、帝国保安局日常写的报告，囊括了巴巴罗萨行动从始至终的整个过程。每一份报告包含别动队各特遣队和上级、党卫军指挥层、警察部门之间的往来通信，其中包括别动队负责人（知道同事都在做什么事，因此彼此之间会存在竞争关系），也有写给国防军最高统帅部的报告。关于灭绝苏联犹太人、摧毁苏联这个国家方面，这些都是难以替代的文献。我们从中可以相对精确地追踪到别动队、突击队和特遣队各摩托化纵队逐城屠杀的史实。从北往南，四个团队分别以A、B、C、D四个字母代表，于6月27日至30日之间，在德军部队后方参与行动。被占区所有重要的地点都去过了。遭到枪决的人数从数十到数千不等：维尔纽斯4500人，明斯克至少3000人，斯洛尼姆1200人，陶格夫匹尔斯1150人，杜布诺、捷尔诺波尔、罗夫诺、巴拉诺维奇都是数百人……整个7月，被枪决的人数总计为6万人，犹太人占90%。7月，仅突击队3队的250人在立陶宛就杀害了4400人：4245名犹太人，其中134人为妇女，还有155个非犹太人、政委、苏联官员或共产党员。[97]

屠杀事件不断再现，有两个原因。受害者超过95%都是男人，之所以被选中，是因为他们和苏共、国家机关、"知识界"有着或真实或假定的关系。这样的选择和1941年7月2日海德里希要求"处决在党内和国家机构中担任职务的犹太人"[98]的命令有关。确实，他在这份可以不断添加的名单上增加的目标定义模糊不清，可以让他手下的人在战场上随意进行解释："破坏者、宣传者、狙击手、杀手、煽动者等。"别动队负责人和警察营的负责人都受到过上级的口头鼓励，6月30日至8月3日，希姆莱就在前线待了13天时间，所以很快就超出了最初的范围，凡是持有武器的年龄在15岁至45岁，甚至60岁者，无论其社会地位如何，都被囊括了进去。比如，7月14日至16日，在明斯克，349名教师、法学家、官员遭到枪决，只有医生幸免于难。但一周后，就只按年龄这条标准来执行死刑了。妇女被处死的数量极少，通常是因为"进行煽动"[99]之故。

第二个因素就是德国国防军和别动队或警察营这些杀手团队之间配合无间。"同军队的合作相当顺畅。把［突击队］纳入推进的军队小分队，合作没有任何摩擦。"7月4日，A别动队队长施塔列克就是这么汇报的。[100]其同事，B别动队的阿图尔·内贝很高兴"我们未来的行动能合作无间"，[101]这是他在和中央集团军群后方区域总指挥

第十一章　从欢欣鼓舞到最初的怀疑　669

冯·申肯多夫讨论时后者所说的话。而C别动队队长奥托·拉施向柏林寄去了下面这则鼓舞人心，却也稀松平常的情报："共产党员和犹太人藏在日托米尔周边地区，已预先和国防军共同展开搜寻行动。"[102]行动结束时，有180名"犹太人和共产党员"[103]被枪决。军队内部不仅无人提出任何质疑，而且好几个地方，部队本身也在进行屠杀。7月3日和4日，在卢茨克，由于发现了十具"国防军军人"[104]的尸体，一个步兵连协助警察部队枪决了1160名居民，绝大多数都是犹太人。在捷尔诺波尔，所作所为几乎如出一辙，过路的一支步兵部队纵火烧了许多地方，还杀害了600名犹太人。在战俘营，国防军士兵不仅协助指认、集合并挑出士兵，还把找到的犹太平民一起拉出来，突击队和警察营按照海德里希7月17日的命令将这些人悉数枪决。这种紧密合作对希姆莱和海德里希来说是个极好的消息，他们最担心的就是和军方指挥层产生摩擦与不和，出什么事故。所有人都还记得上文所述的1939年在波兰发生的党卫军警卫旗队乐队指挥赫尔曼·缪勒-约翰那件事。和军方的全面合作就等于是为受害者数量的持续增长打开了绿灯。相反，我们也可以认为军人的强烈反应向纳粹领导层出了一个难题，而这个难题和导致1941年8月德国放缓给残疾人和精神病人实施安乐死（战后被命名为"T-4"行动）的困难颇为相近。

1941年7月，他们决定通过"治安措施"来实行大屠杀，包括对妇女和儿童执行枪决。这个转变出现于7月末和8月初。7月下旬，在新的军事背景和阴郁气氛中，局势出现了新的变化。北方集团军群和中央集团军群难以推进，或推进缓慢。损失比预想的要大。害怕失败的情绪取代了最初的欢欣鼓舞。后勤补给线已经紧绷到临界点，而后方还是混乱不堪。数万苏军士兵、党员、共青团员、官员藏在森林和沼泽地区。许多人游荡了几天或数周之后，生病的生病，饿得不行，就投降了。有些人因为还想继续战斗或抢夺粮食，攻击落单的车辆，杀死哨兵，劫掠货车。总之，从军事角度而言，都不是什么大不了的事。但这些事件足以导致德军产生集体的歇斯底里症状，就连元首的军需大员都难以幸免：一支庞大的犹太—布尔什维克队伍正潜伏在后方，时刻准备切断军队的动脉，使军事上的胜利灰飞烟灭。写给海德里希的报告都体现了这种普遍的恐惧心态。C别动队7月9日的一份综合性报告已经讲到"在苏维埃俄国军官的大力指导下，敌人正在招募落单者，组织抵抗运动"。[105]B别动队7月12日的另一份报告确认了这个事实，还不无夸大之词："1. 根据他们后方被切断的部队的说法，积极分子正在组成游击队。2. 强烈怀疑游击队受到了国家政治保卫局及其特工网络的训练［……］。3. 极有可能，民众当中的同谋者正在模仿拿破仑战争期间的做法，实施破坏和纵火，使该国变得荒凉，从而威胁德军部队的给养保障。"[106]这些情报本身不是虚假的。6月29日和7月3日，斯大林就相继说过这是一场游击战争；各地机关开始把小股部队集结起来；7月13日，铁木辛哥元帅命令在戈梅利设立游击队员训练与作战中心。但事实上，1941年7月，这样的活动几乎没什么结果，天气和道路状况之类因素构成的阻碍要严重得多。没有受过游击战的培训，没有相配合的装备，受到前所未有的残酷镇压，这些团体很快就解散了。1942年初，内务人民委员部估计被派往敌占区作为游击队员的人中仅有7%的人还在活动。[107]

在这种怀疑猜忌的氛围下，德国领导层于是重新发现了在准备巴巴罗萨行动期间已经提到过的事情：在相当于法国一半面积大的被占区域内设九个保安师兵力太少，实在太少，还必须翻三倍。处于这种缺少兵员的情况下，德国人在自己的军事文化中只发现了一种解决办法，那就是极端严酷。从7月15日起，凯特尔在给弗洛姆的一封信中说，元首要求"采取极其粗暴的措施'来对付'作恶多端的俄国贱民"。[108]16日，希特勒在他的司令部内对三十个人宣布："这片广袤的地区必须尽快得到平息；凡是眼神中透着敌意的，最好都要拉去枪毙。"7月23日，陆军总司令、陆军元帅冯·布劳希奇在给国防军最

第十一章　从欢欣鼓舞到最初的怀疑　　671

高统帅部的一份命令做补充的时候,认为"鉴于东线攻占领土之大,[……]只要占领当局推行恐怖政策,便能清除民众的不信任,则可供负责安保任务的部队便已足够。"两天后,陆军总司令部由布劳希奇身边负责法律事务的欧根·缪勒将军签署的一份指令,使部队将领注意到"预料游击队会部署在我们后方",以及"总体而言,对布尔什维克的基础产生的重大影响"。[109]于是,德国国防军的将领本身也要求占领时期采取强硬措施,并增加保安力量负责执行这些措施。

希姆莱很快就对这个呼吁做出了回应。7月19、22、23日,他向苏联派去了党卫军步兵第1旅和第2旅,以及一支负责保卫不同职位指挥官安全的特殊护卫营。党卫军骑兵旅已经就位。这些负责处理政治和军事任务的部队受党卫军帝国领袖权杖队的管辖,而后者正是希姆莱的私人参谋部。此外,给已经就位的十二个警察营又增补了十一个警察营。7月底,3000人的别动队又得到了第二波党卫军1.7万名士兵和6000名警察的增援。由于还担心人数不够,7月31日,希姆莱去里加的时候,决定立即征募一支警卫部队,这是党卫军和德国警察部门在波罗的海和乌克兰的辅助部队。[110]10月,已有26个营3.3万名狂热的刽子手。为了打击哪些敌人呢?"尽管别动队执行了清除任务[……],但犹太人仍然是这些地区[白俄罗斯]敌对和危险的因素;无论是从教育、传统,还是大多数情况下其固有的意愿而言,犹太人都有能力造成严重的伤害。"7月23日,B别动队的这份分析报告寄到了柏林,报告结尾是这么概括的:"战争时期,除非把这个地区的绝大多数犹太人驱逐出境,否则很难解决犹太人问题。"为了今后能有一个实用可行的基础,B别动队在所有地方都采取了如下措施:建立"犹太人委员会,对犹太人的行为负责",把所有犹太人登记在册,把所有15岁至55岁的人召集起来服劳役,由"德国当局和部队负责","把所有犹太人,无论男女,凡10岁以上者,强制其在胸前和后背粘贴黄色星",把他们聚集到犹太人隔离区内。

这些措施和波兰总督府的现行政策极为相似，有些认为存在其他可能性的人对此提出了质疑。希姆莱参谋部内情报事务负责人鲁道夫·迈在中央集团军群和B别动队走访了一通，了解到相关信息后，在7月28日一份发给上级的报告中写道："对是否只能通过枪决的方式来解决犹太人问题，实施者表示怀疑。"在这一点上，迈绝对是希姆莱和海德里希的传声筒：只要把全体犹太人当场从肉体上加以消灭，犹太人问题立刻就得到了解决。一个月的时间里，德国国防军的大力合作，波罗的海人和乌克兰人"十分积极的态度"[111]（白俄罗斯人不愿参与大屠杀），别动队队员例行屠杀大批犹太人所展现出来的能力，普遍要求保障后方安全的呼吁，战争之初出现的所有这些因素正在使这种政治上难以想象的事情慢慢起了变化。

注　释

1. OKW, *KTB*, vol. 1, p. 1020.
2. RGVA. F. 9. Op. 39. D. 99. L.112–114, in: Meltiukhov, *op. cit.*
3. *Izvestias*, TsK KPSS n° 7, 1990, p. 209.
4. P. 325–328. [http://lib.ru/MEMUARY/HRUSHEW/wospominaniya1.txt]
5. TsAMO F. 96a, Op. 1711. D. 1. L. 41, Stavka, doc n° 108.
6. *Zapiski Voennogo Razvedtchika*, in: Voenno-istoritcheski Arkhiv n° 8, 2004, p. 24.
7. TsAMO F. 228, Op. 701. D.4 L. 107, in: VOV Zolotariov, T. 1, p. 145.
8. TsAMO F. 228, Op. 2535ss, D. 36, L. 23. *Sbornik Boevykh Dokoumentov Velikoï Otetchestvennoï Voïny*. Vypousk 38.
9. TsAMO F. 229, Op. 9776ss, D. 87, L. 119. *Sbornik Boevykh Dokoumentov Velikoï Otetchestvennoï Voïny*. Vypousk 39, p. 227.
10. TsAMO F. 228, Op. 2535ss, D. 10, L. 116, *Ibid.*, p. 256.
11. TsAMO F. 228, Op. 2535ss, D. 10, L. 119, *Ibid.*, p. 256.
12. TsAMO F. 229, Op. 2146ss, D. 1, L. 131–132, *Ibid.*, Vypousk 39, p. 172.
13. TsAMO F. 251, Op. 646, D. 482, L. 187, *Ibid.*, p. 31.
14. TsAMO F. 228, Op. 2535ss, D. 36, L. 148, *Ibid.*, p. 174.
15. *Moskva Voennaïa*, p. 77.
16. 战后，伊万诺夫向总参谋部军事历史局提交的证词。Publié par l'état-major général russe à [http://22june.mil.ru/].
17. TsAMO F. 96a, Op. 2011. D. 5. L. 31–33. *Izvestias*, TsK KPSS n° 9 1990, p. 200–201.

18. 可参阅弗拉索夫 1945 年 5 月 25 日的受审记录，T. 2, p. 18 [http://archives.ru/library/general-vlasov-istoria-predatelstva-kn2-1/index.html#18/z]，也可参阅梅安德罗夫 1946 年 2 月 21 日和 3 月 16 日的受审记录。Vlassov T. 2, p. 629 et 656. [http://archives.ru/library/general-vlasov-istoria-predatelstva-kn2-1/index.html#629/z] [http://archives.ru/library/general-vlasov-istoria-predatelstva-kn2-1/index.html#656/z]

19. TsAMO F. 219. Op. 178510. D. 29. L. 1–6. In *Stavka*, p. 361.

20. Mikhalev, *op. cit.*, p. 339.

21. Lopez et Otkhmezuri, *Grandeur et Misère de l'Armée Rouge*, Le Seuil, Paris, 2011, p. 317.

22. *My predtchoustvovali polykhanié. Soïuz Sovetskikh pisaateleï SSSR v Gody velikoï Otetchestvennoï Voïny Iun 1941–sentiabr 1945. Dokoumenty i Komentarii*, T. 2., Livre 1, p. 26–27.

23. Interview accordée aux auteurs le 10 avril 2010.

24. Lopez et Otkhmezuri, *Grandeur et Misère de l'Armée Rouge*, p. 76.

25. *Izvestias*, TsK KPSS n° 7 1990, p. 196, 200–201. 可参阅贝利亚 8 月 8 日的报告，in: *Izvestias*, TsK KPSS n° 9, 1990, p. 197–198.

26. Von Leeb, *op. cit.*, p. 293.

27. 巴尔库诺夫和布萨罗夫（西北方面军军事委员会授权的两名军官）7月15—16日的报告。TsAMO 221. Op. 1372. D. 19. L.44, in: *Skrytaïa Pravda Voïny 1941 God*, p. 132.

28. Erich Kuby, *Mein Krieg*, p. 130.

29. Von Leeb, *Tagebuchaufzeichnungen*, p. 313.

30. Halder, *KTB*, vol. 3, p. 63.

31. Bock, *op. cit.*, p. 216.

32. *Ibid.*, p. 216–217.

33. 西方面军政委列斯杰夫 7 月 20 日的报告。TsAMO F. 208. Op. 2524. D.2. L. 74–75. Dans *Skrytaïa Pravda Voïny 1941 God*. p. 266–267. 也可参阅关于第 21 集团军在日洛宾附近战败的报告，in: *Skrytaïa Pravda Voïny 1941 God*, p. 99–110。

34. 1941 年 9 月 27 日，诺斯科夫总检察长提交给麦赫利斯的报告，in Voenno-Istoritcheski Arkhiv n° 6/2001, p. 113–119。Également Gorbatov, *Gody Voïny* p. 167–172. [http://militera.lib.ru/memo/russian/gorbatov/06.html]

35. *Briefwechsel Stalins mit Churchill, Attlee, Roosevelt und Truman 1941–1945*, Berlin (Ost) 1961, p. 14.

36. Von Bock, *op. cit.*, p. 220.

37. *Ibid.*, p. 218.

38. *The War diaries of a Panzer soldier, op. cit.*, p. 41–42.

39. Piotr Palii, *V Nemetskom Plenu*, Paris, 1987, p. 55–57.

40. *Velikaïa Otetchestvennaïa Voïn*a, sous la direction de Zolotariov, T. 1, p. 136.

41. *VIJ* n° 12, 1993, p. 20–21.

42. TsAMO F. 96a. Op. 2011. D. 5. L. 1, 2, in: *Stavka*, doc n° 114.

43. Zolotariov, *VOV*, T. 1, p. 139.

44. Von Bock, *op. cit.*, p. 226.

45. TsAMO SSSR, F.208, Op. 2454, D.32, L.263.

46. Halder, *KTB*, vol. 3, p. 38.

47. OKW, *Kriegstagebuch*, vol. I, p. 1020.

48. Goebbels, *Die Tagebücher*, I-9, p. 424.

49. OKW, *Kriegstagebuch*, vol. I, Sonderakte n° 70, p. 1021.

50. Goebbels, *Die Tagebücher*, II-1, p. 35–37.
51. Martin Moll, *Führer-Erlasse*, p. 183.
52. OKW, *Kriegstagebuch*, vol. I, p. 1022.
53. Halder, *KTB*, vol. 3, p. 107.
54. Hürter, *Ein deutscher General…, op. cit.*, p. 70.
55. Udo von Alvensleben, *Lauter Abschiede*, p. 191–192, et 194.
56. Ciano, *Journal*, p. 486–487.
57. Halder, *KTB*, vol. 3, p. 98.
58. Goebbels, *Tagebücher*, II-1, p. 115–118.
59. *Ibid.*, p. 133.
60. OKW, *Kriegstagebuch*, vol. I, p. 1042.
61. Halder, *KTB*, vol. III, p. 170.
62. OKW, *KTB*, vol. I, Sonderakte 76, p. 1029.
63. *Ibid.*, p. 1030.
64. W. Hubatsch, *Hitlers Weisungen für die Kriegführung*, p. 163–164.
65. Halder, *KTB*, vol. 3, p. 103.
66. *Ibid.*, p. 103–108.
67. OKW, *KTB*, vol. 1, Sonderakte 23.07.41, doc. 78, p. 1030–1031.
68. OKW, *KTB*, vol. 1, Sonderakte 27.07.41, doc. 82, p. 1036–1037.
69. OKW, *KTB*, vol. 1, Sonderakte 27.07.41, doc. 85, p. 1040.
70. Christoph Rass, *Das Sozialprofil von Kampfverbänden des deutschen Heeres 1939 bis 1945*, in: Das deutsche Reich und der Zweite Weltkrieg, 9/1, p. 641 et sq.
71. *Mitteilungen für die Truppe* N.163, Déc.1941. In: Michaela Kipp, *op. cit.*, p. 66.
72. *Mitteilungen für die Truppe* N.154, Nov.1941. *Ibid.*, p. 68.
73. Johannes Hürter, *Ein deutscher general an der Ostfront…*, p. 97.
74. *Ibid.*, p. 112.
75. *Ibid.*, p. 70.
76. *Ibid.*, p. 67.
77. Erich Kuby, *Mein Krieg*, p. 127 et 173.
78. Michalea Kipp, *Grossreinemachen im Osten*, p. 125.
79. Erich Kuby, *Mein Krieg*, p. 132–133.
80. W.P. Reese, *Mir selber seltsam fremd. Russland 1941–1944*, List Taschenbuch, 6e édition, 2013, p. 62–65.
81. W.P. Reese, *Mir selber seltsam fremd…*, p. 74.
82. Platonov, *op. cit.*, p. 61.
83. Buchbender et Sterz, *Das andere Gesicht des Krieges…*, p. 85.
84. Wilhelm Prüller, *Journal d'un soldat allemand*, Julliard, 1964.
85. Platonov, *op. cit.*, p. 61.
86. Buchbender et Sterz, *Das andere Gesicht des Krieges…*, p. 74.
87. *Ibid.*
88. *Der Krieg gegen die Sowjetunion 1941–1945*, Argon, Berlin, 1991, p. 60.
89. Hannes Herr, *Stets zu erschiessen sind Frauen, die in der Roten Armee dienen*, Hambourg 1995, p. 10.
90. Hürter, *Ein deutscher General…*, p. 64.

91. *Ibid.*, p. 65.

92. Timm C. Richter (dir.), *Krieg und Verbrechen*, p. 192, contribution de Felix Römer.

93. Alfred de Zayas, *Die Wehrmacht-Untersuchungsstelle…*, Unter Mitarbeit von Walter Rabus, Verlag Universitas Langen-Müller, München 1979.

94. Prof. Dr Franz W. Seidler, *Verbrechen an der Wehrmacht. Kriegsgreuel der Roten Armee 1941/1942*, Pour le Mérite, 1997.

95. Ces deux documents soviétiques sont cités par de Zayas, *op. cit.*, p. 277 et 288.

96. TsAMO F. 96a. Op. 2011. D. 5. L. 68–70, in *Stavka*, doc n° 228.

97. *«Schöne Zeiten». Judenmord aus der Sicht der Täter und Gaffer*. S. Fischer, Frankfurt a/M, 1988.

98. *Als geheime Reichssache*, R. Heydrich, 2 juillet 1941, BA Berlin, R 70 Sowjetunion/32, f.6–7.

99. *Ereignismeldungen…*, p. 195.

100. *Ibid.*, p. 75.

101. *Ibid.*, p. 144.

102. *Ibid.*, p. 163.

103. *Ibid.*, p. 207.

104. *Ibid.*, p. 132.

105. *Ibid.*, p. 96.

106. *Ibid.*, p. 122.

107. Masha Cerovic, *Les enfants de Staline*, Le Seuil, 2018, p. 24.

108. Cité par Alex J. Kay, in: *Transition to Genocide…*, Holocaust and Genocide studies, vol. 27, no 3, Hiver 2013, p. 418.

109. *Ibid.*, p. 419.

110. *Ereignismeldungen…*, p. 273.

111. *Ibid.*, p. 128.

方尖碑
OBELISK

探知新视界

巴巴罗萨行动

BARBAROSSA

1941

La guerre absolue

绝对战争

下

[法]让·洛佩 [格鲁吉亚]拉沙·奥特赫梅祖里 著 张竝 译

译林出版社

图书在版编目（CIP）数据

巴巴罗萨行动：1941，绝对战争／（法）让·洛佩，
（格鲁）拉沙·奥特赫梅祖里著；张竝译．——南京：译
林出版社，2022.3
书名原文：Barbarossa : 1941 - La guerre absolue
ISBN 978-7-5447-9022-2

Ⅰ.①巴… Ⅱ.①让…②拉…③张… Ⅲ.①德国对
苏联突然袭击(1941)—史料 Ⅳ.①E512.9

中国版本图书馆 CIP 数据核字（2021）第 270965 号

Barbarossa: 1941-La guerre absolue
by Jean Lopez & Lasha Otkhmezuri
© Passés Composés/Humensis, 2019
Current Chinese translation rights arranged through Divas International, Paris
巴黎迪法国际版权代理（www.divas-books.com）
Simplified Chinese edition copyright © 2022 by Yilin Press, Ltd
All rights reserved.

著作权合同登记号　图字：10-2020-341 号

巴巴罗萨：1941，绝对战争　[法国] 让·洛佩　[格鲁吉亚] 拉沙·奥特赫梅祖里／著
　　　　　　　　　　　　　张　竝／译

责任编辑	王　蕾
特约编辑	荆文翰
装帧设计	韦　枫
校　　对	蒋　燕　孙玉兰
责任印制	董　虎

原文出版	Passés composés/Humensis, 2019
出版发行	译林出版社
地　　址	南京市湖南路 1 号 A 楼
邮　　箱	yilin@yilin.com
网　　址	www.yilin.com
市场热线	025-86633278
排　　版	南京展望文化发展有限公司
印　　刷	江苏凤凰新华印务集团有限公司
开　　本	718 毫米 × 1000 毫米　1/16
印　　张	78.5
插　　页	8
版　　次	2022 年 3 月第 1 版
印　　次	2022 年 3 月第 1 次印刷
书　　号	ISBN 978-7-5447-9022-2
定　　价	218.00 元

版权所有·侵权必究

译林版图书若有印装错误可向出版社调换。　质量热线：025-83658316

第十二章
基辅、莫斯科还是列宁格勒？
(1941年8月1日—9月底)

> 在我看来，我们军队的弱点是：[……]局势千变万化，情势要求紧急做出决策时，决策权过于集中。高级指挥层高估了自己的实力，低估了敌方的实力。高级指挥层并不了解战场局势，轻视部队发来的报告及其提出的建议。我们的部队训练差，凝聚力不足，尤其是连、排、班一级。没有能力实施侦察和观测任务。夜间战斗完全缺乏训练。不了解地形，测定坐标极其困难。[……]缺乏组织与炮兵部队和坦克部队等各军种协调作战的能力。[……]政工军官干涉作战，对指挥官形成了牵制。[1]
>
> ——苏军报告摘录，由第23集团军第43师师长弗拉基米尔·基尔皮奇尼科夫将军撰写，1941年9月1日他被芬兰人俘虏

8月1日至9月30日：这九个星期对于这场战事的进展而言，具有极其重要的作用。如果我们定格在8月1日的画面上，就会发现德国似乎已经输了赌局，巴巴罗萨行动停滞不前，远远没有达成目标。9月30日，局势彻底改变：苏军损失了100万人，基辅被夺取，乌克

兰工业区遭到入侵，列宁格勒被封锁，通往莫斯科的公路被切断。出现这种急速动荡局势的原因，还是得从斯摩棱斯克这场被人低估的大规模战斗的第二阶段中去寻找，希特勒的嗅觉相当敏锐，他捕捉到了大部分将军都没有考虑过的一个机会。10月1日，德国国防军再度相信他们能赢得巴巴罗萨行动。

侧翼的问题

俄国的空间是个问题。德国国防军无论哪个军官都知道这一点，而且每天也都能见识到这一点。无论是从理论上，还是我们所说的心理层面上来看，哈尔德认为要解决这个问题，就必须得在唯一的一条轴线上，也就是莫斯科轴线上集结兵力速战速决。可是，关于这两点，情况并不像1940年秋的推演所表现的那样。一方面，从7月15日起，苏军不间断的反攻明显阻遏了三个集团军群的进军节奏；另一方面，希特勒仍然坚守其最初的看法，认为必须从三个轴线，即列宁格勒、莫斯科、乌克兰工业区轴线推进。这种出乎意料的局面导致了一个后果，那就是德军的战线在拉长，在其兵力的部署上出现了一个窟窿。俄国欧洲部分呈梯形的形状，现在也起到了作用：如果说6月22日，143个师（扣除9个保安师，不算罗马尼亚军队，其6月底才作为增援部队投入战斗）分布在直线距离为1200公里的战线上，那从8月15日起，他们必须控制的战线就是1600公里。每个集团军群沿其各自的轴线推进，他们很容易就能观测到随着他们伸入广大的内陆地区，其兵力的密度也在变小。每个集团军群会设法把兵力最大限度上收紧至各自的轴线上，而被其占领的那些战区的周边地带，密度就会很快变小。这样一来，各部队的接合处就会出现一个老问题，这些地方天生就很薄弱。如果苏军打击这些地方（他们也会和德军一样特意寻找这些薄弱点），那德军就会做出反应，向各自的主轴撤退，以避免自己所属的集团军群被敌军包围。这样就会出现一个窟窿，和相邻的集团军群也就不再接合，对手也就能乘虚而入。

在苏联，由于德军方面缺乏后备军，故而大规模作战的这个经典问题就会更严重。比如，8月15日，冯·博克只调遣了一个步兵师、两个装甲师或摩托化师，以及许多小股部队来强化占领区、修补裂口，而对战的铁木辛哥可以依靠第二梯队多出五倍的兵力。由于地形和后勤补给方面的困难，德国人的问题也就显得更为严重。主要的铁路线（正在缓慢重建，用的是德国的轨距）和公路线都是沿集团军群推进的轴线排列。结果，周边区域也就很少受到顾及，加之那几乎都是森林和沼泽区，情形就更为恶化了。只要是急速推进，这个问题就会悬而未决。由于作战黏度的增加，这便成了一个很大的问题。1941年7月底以来，一直都是这种情况。这些出现在各集团军群接合处的窟窿对作战而言是否就会成为真实的危机呢？哈尔德不这么认为。但重要的是，希特勒会使他认为还是最好为自己想要达成的目标所下的命令好好做一番解释。

接合处的问题涉及两个地理区域。一方面，北部的洛瓦季河与德维纳河上游之间大卢基周边的空间是北方集团军群和中央集团军群作战的接合处；另一方面，南方的普里皮亚季沼泽就是中央集团军群和南方集团军群相邻之地。很显然，苏军在这两个薄弱点施加了压力：他们在此投入了兵力，大卢基的第22集团军，普里皮亚季河南部的第5集团军，以此来一个一个地把德军的集团军群给孤立起来。

大卢基和维吉布斯克之间的地区被湖泊和无数河流、沙壤区切断，路面坚固的道路极少。东部的出口是瓦尔达伊林木葱郁的高原，这是一片蛮荒的地区，人极少，第聂伯河、德维纳河与伏尔加河均从此发源。从7月20日起，国防军陆军总司令部就要求冯·里布将战线向南延伸到霍尔姆和大卢基之间，与之相邻的冯·博克要向斯摩棱斯克发起进攻，却找不到兵力向北推进。8月3日，冯·里布表达了自

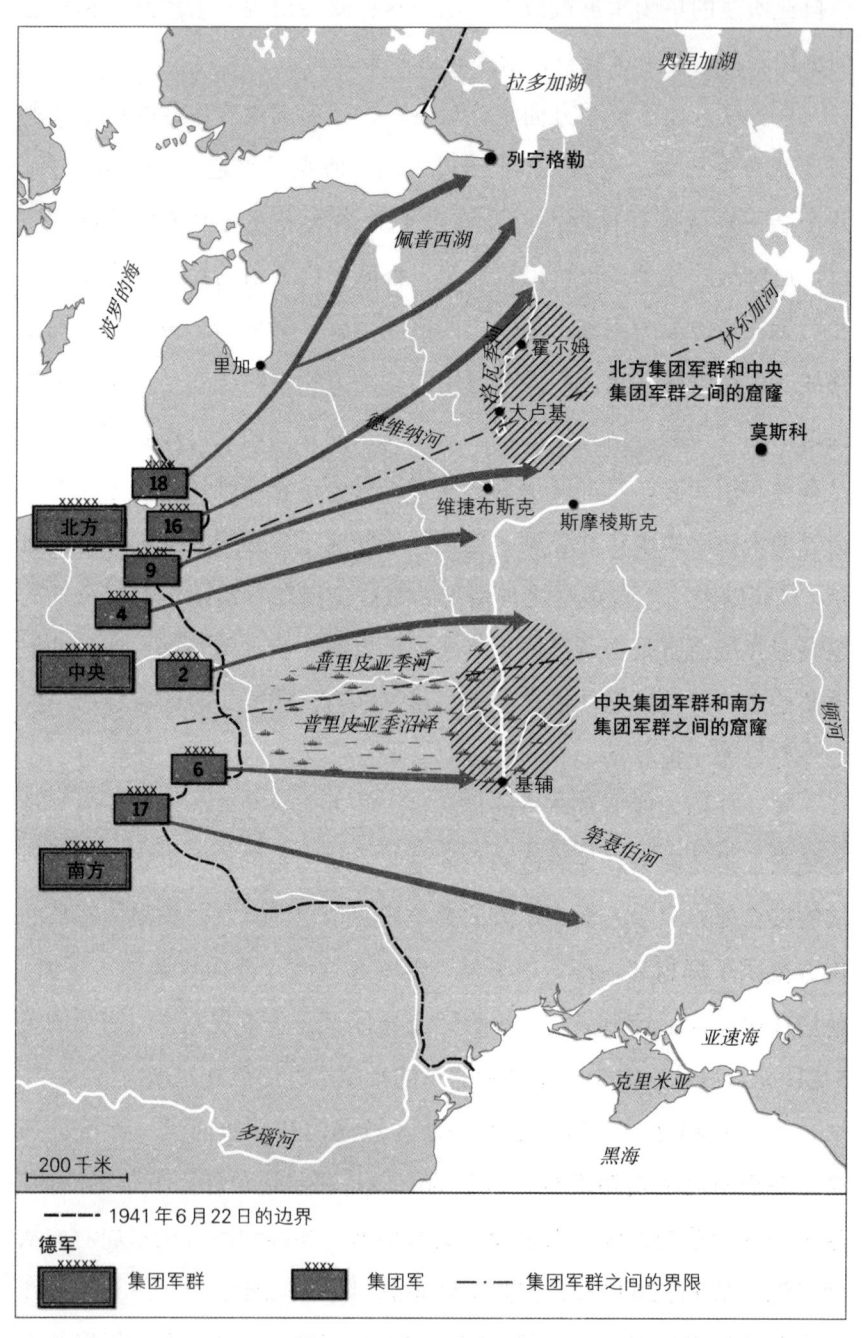

侧翼的难题

680　第三部　苏联的挣扎

己的担忧："由于陆军总司令部强行从我的右翼抽调了五个师，调拨给中央集团军群，北方集团军群便无法从这一翼继续发起进攻。[……]从托罗佩茨以北到旧鲁萨的整个空间，直线距离为150公里，却只有第32师这一个师。"苏军侦测到了这个弱点。苏军最高统帅部于是就在大卢基周围集结了由叶尔沙科夫将军指挥的第22集团军，该集团军辖三个军，共八个师，其中一个是装甲师。他的任务就是防守——掩护勒热夫—莫斯科轴线——和进攻：将第16集团军（北方集团军群）的右翼和第9集团军（中央集团军群）左翼隔开。德军并非没有察觉这次集结，陆军总司令部和希特勒的司令部都有所警觉。

德军阵线的第二个弱点在普里皮亚季这里。从巴巴罗萨行动开始起，这片林木葱茏、一半被淹的广袤地区就让陆军总司令部颇为担心。那在中央集团军群和南方集团军群之间形成了一个宽达200公里的"窟窿"，在纵深550公里的区域内让两支部队难以协同作战。1941年2月5日在圣日耳曼，由南方集团军群参谋长冯·索登施特恩将军指挥的战争推演结束时，他让哈尔德注意这片地区的不同寻常之处，还说1916年俄国人就是从普里皮亚季这里行动的。哈尔德选择忽视这个困难，因为他并没有八个师来一丝不漏地梳理这片沼泽地区。他的假设是中央集团军群和南方集团军群快速推进，使敌军没有时间在这片环境如此恶劣的地区组织起来。尽管冯·博克后来也就没再怎么关注这个困难，但南边的冯·伦德施泰特却显得忧心忡忡。

入侵的前三个星期表明伦德施泰特的担忧是有道理的。赖歇瑙的第6集团军向基辅进军，就必定会从沼泽边缘地带走过。他负责的是第1装甲集群唯一一条后勤补给线的安全保障工作，该装甲集群要从卢茨克出发，经过日托米尔，前往乌克兰的首府。苏军的抵抗相当激烈，德军的推进速度不像在沼泽北部这么快，这也就让第5集团军司令波塔波夫将军在七八两月有时间对第6集团军造成不小的麻烦，也威胁到了第1装甲集群的线路。陆军元帅冯·赖歇瑙的部队经常会遭到遏阻。他必须带领宝贵的兵力脱离沼泽，他们发现只要有水可取，又不在这片地区生活，在沼泽地带通行比想象中的容易，地图上没有出现的许多道路都能行走。但在森林里艰难行进令人焦虑，时间在一天天地流失，以至于哈尔德惊呼："久而久之，我们的侧翼缺乏保障这个因素始终存在，令人越发难以忍受。"[2]我们发现，赖歇瑙缓慢的行军速度对伦德施泰特和希特勒造成了影响，他们决定推迟夺取基辅。沼泽北部的冯·博克忧心的事也不少。他必须调动一个骑兵师和一个完整的步兵军在沼泽的整个出口处竖立一道屏障。这样并不能阻止苏军向罗加乔夫地区发起进攻以及苏军骑兵部队的渗入，这些骑兵部队扰乱了增援的列车和部队。

从7月20—25日起，对普里皮亚季沼泽的控制日益显现出重要性，理由有三。穿越第聂伯河上游的中央集团军群在其右侧的戈梅利地区遭遇了苏军越来越多的部队。苏军发起了反攻，阻碍了古德里安的推进，使第2集团军向杰斯纳（叶利尼亚—罗斯拉夫尔—布良斯克）一线的进发受阻，而杰斯纳正是通往莫斯科的起始点。用这把依靠侧翼的匕首向莫斯科进军正在变得越来越困难。第二个理由是第6集团军无法消灭波塔波夫的第5集团军。冯·赖歇瑙从7月17日起，徒劳地派遣了八个师直扑科罗斯坚，8月7日，在损失8000人的代价下攻占了该城，但他并没有成功地拔走这根刺，所以也就使他无法以现在仅有的这些兵力去夺取基辅。最后，由于斯大林呼吁进行全民战争，德军将领便发现普里皮亚季已成为庞大的游击队基地。我们后面会看到，也正是由于这个原因，德军派遣了两个党卫军骑兵旅，负责根除数以万计的犹太人，他们向来都把犹太人当作游击队。正是由于这个行动，第二次世界大战中的大屠杀由此产生，因为无论妇女还是儿童都无法逃避被杀的命运。我们再次发现，在德国领导层的头脑中，军事问题和犹太人问题是混合在一起的。这些原因逐渐使希特勒，还有博克和伦德施泰特发出了清除普里皮亚季"窟窿"的要求。在打算把古德里安派到基辅后方之前，7月底的时候，他们就已经向南方派遣了冯·魏克斯将军率领的一个军，然后又派遣了他的三个军。

哈尔德准备不管普里皮亚季，直扑莫斯科。相较之下，希特勒却利用这个问题引起的担忧，让中央集团军群40%的兵力迂回向南，夺取基辅，从而帮伦德施泰特解除封锁，使之能向乌克兰和高加索地区宝贵的经济和战略目标推进。他同样还派遣了第3装甲集群向大卢基和诺夫哥罗德进发，理由是这么做可以再次巩固里布和博克之间的两翼。希特勒之所以这么做，是因为他肯定会加大力度夺取列宁格勒这个战略目标。

普里皮亚季对苏军来说也是个问题。他们为了守住这条直通莫斯科的公路，便一心想着在斯摩棱斯克城前驰援铁木辛哥，巩固西方面军在别雷和叶利尼亚的这两个肩部地带。他们觉得德军不可能把大量装甲部队投入到像普里皮亚季这么难通行的地区，就像甘末林将军不可能穿越阿登地区一样。因此，他们便忽视了对介于罗斯拉夫尔和戈梅利之间的铁木辛哥左翼的增援。后果将会是灾难性的。

高级指挥层的危机（再次重复）

在阐释德国国防军在三个轴线实现突破的局势之前，必须再次回顾导致这种局面的几个决策。我们好几次都已经注意到，自从制定巴巴罗萨行动以来，高级指挥层在优先目标这个问题上便产生了分歧。这场危机只是被1941年7月30日的第34号指令掩盖了起来，该指令并没有对今后的任务做出决定，而是要求第2装甲集群（古德里安）和第3装甲集群（霍特）进行休整。

8月4日，希特勒去隐藏于别列津纳河树林中的鲍里索夫司令部见了冯·博克，霍特和古德里安也在场。凯特尔和约德尔陪着希特勒。豪辛格代表哈尔德。霍特和古德里安一开始就说，如果要继续进行大规模作战的话，必须给他们送几百个坦克发动机过来：他们齐声说，装备已濒于用罄的地步。希特勒的回答是必须装备西线新编制的装甲部队，因为英军胆大妄为，有可能会侵入伊比利亚半岛或西非地区。不过，他勉强同意了"发放"400个发动机，但哈尔德在日记中说希特勒并不知道陆军总司令部已经发放过了。然后，希特勒说到了重点。他重申俄国的两个重要基地是列宁格勒和东乌克兰。因此，中央集团军群必须把装甲部队借给北方集团军群和南方集团军群。"莫斯科的价值只能排在第三，"他说，"这就是东南方向的作战行动排在第一，而东部地区最好第一时间采取守势的原因。"[3]

陆军元帅冯·博克反驳说，只有他的集团军群发起进攻，才能消灭苏军的大部兵力，而苏军就在他的面前，不是在别的地方。在这点上，他和哈尔德的观点一致。希特勒仍像往常那样，并没有当场面对博克的质疑。他根本就不认为莫斯科是这场战事的关键，和他交谈的那些人都知道这一点。他只是指出，他稍后会做出最终决定。这么做并不是说明他有拖延倾向，必须看出他犹疑不决是有深层原因的。一切都和预料的不一样；对手的抵抗并没有瓦解，而是在增强。在军事事务上，希特勒比他那些将领在战后所承认的要有能力得多，他已经发现消耗战的幽灵已经显现，当初德皇就是因此而输了战争。哈尔德和博克对他讲要直扑莫斯科，但他坚持这样一个事实，即从7月中以来，铁木辛哥就封锁了莫斯科的道路，他们再也没法推进。希特勒是个意识形态主义者，但也是个机会主义者，两者程度相当，他并没有只从经济角度看问题，这点和战后无数证词的看法相左。他和哈尔德一样，都很清楚消灭苏军是一个必须达到的目标。只是，他并不认为要在莫斯科公路上一个工事一个工事地打过去，以此来消灭他们。直觉告诉他要解决斯摩棱斯克战役所引发的危机，就必须从中央集团军群的两翼着手，尤其是南部。鲍里索夫会议结束之后，希特勒去德国红十字会护士中间走了走。尽管他享受被女性簇拥的感觉，但很快就坐上了神鹰飞机,心里很不高兴。

8月6日,希特勒去见了冯·伦德施泰特,伦德施泰特的司令部就设在别尔基切夫的一座学校里。他把在鲍里索夫所说的话又重说了一遍("他一直在老生常谈,"[4]哈尔德讽刺道):列宁格勒和乌克兰具有优先地位。出来后,他看了一遍这座已成废墟的城市,尤其是古老的加尔默罗隐修会的地穴。他们特意不让还住在城里的2万名犹太人出现在他眼前,那些人还剩一个月可以活。

哈尔德并没有认为自己被打败了。7日,他和约德尔见面谈了两个小时。他设法说服了希特勒的这位主要顾问,他说德军没法同时攻打莫斯科和乌克兰,说冯·里布可以独自对付列宁格勒,必须把所有的兵力都放到冯·博克那里,以便在秋天之前进入莫斯科。约德尔懂得如何应付希特勒,他选择了一个间接的方式把信息传递给希特勒。8月10日,他对元首讲了苏军的现状(与事实略有出入),他们把所有的兵力都集中在了莫斯科公路上:因此必须在那里消灭苏军。现在有个很夸张的情况:45%的兵力事实上都在侧翼。[5]他在说到列宁格勒的时候重述了哈尔德的论点,为了劝说希特勒,他还说莫斯科陷落之后,古德里安就会转向顿河,一直往南直扑罗斯托夫,整个乌克兰便犹如熟透的果子一样手到擒来。他说博克能从8月20日起开始向莫斯科发起进攻。两天后,希特勒在第34号令的附令中把约德尔的观点列了进去:他承认南方集团军群可以独自完成其接下来的目标,那就是穿越第聂伯河,占领克里米亚、哈尔科夫和顿涅茨克工业盆地。相较之下,他在莫斯科问题上并没有让步。事实上,中央集团军群的首要任务仍然是保护侧翼的安全:南部,歼灭苏军第5集团军;北部,清除苏军对大卢基的威胁。"只有在侧翼清除这些威胁,休整的集团军群才能做好必不可少的准备[……]在冬季来临之前一举夺取莫斯科。[……]进攻莫斯科之前,结束对列宁格勒的作战行动。"[6]

哈尔德立刻就发现了其中的门道:"中央集团军群进攻莫斯科

第十二章 基辅、莫斯科还是列宁格勒? 685

[……]是有条件的（比如结束列宁格勒作战行动），从我们的作战思想来看，行动自由受到了严重的干扰。"[7]现在已经很明显了：巴巴罗萨行动发起之后52天，德国军队领导人思想上的不统一这一事实已难以掩盖。北部的冯·里布一直在担心自己的右侧。他怕苏军从大卢基包围第16集团军。因此，他要求第3装甲集群按照希特勒的意思对他进行支援。中部的冯·博克面对苏军的大部兵力，铁木辛哥在不停地发起进攻，尤其是在叶利尼亚和杜霍夫什纳两地，所以博克不愿让出第2和第3装甲集群，哈尔德赞同他的观点。南部，冯·伦德施泰特想要替赖歇瑙的第6集团军解围，但他由于受到苏军第5集团军的袭扰，故无力向基辅进军；他要求魏克斯的第2集团军（中央集团军群）放开莫斯科公路，去夺取戈梅利，从背后侵袭波塔波夫的部队；希特勒很高兴。古德里安只看见战术层面，他有强烈的个人荣誉感，而且认为只要他是指挥官，上级要求他做的，他的装甲部队就能完成任务。哈尔德在日记中对里布以及那些只从战术层面考虑问题的人多有微词，而他作为军队总参谋长，自认和老毛奇一脉相承："由于对挖苦的话反应［过度］，他们就将作战计划和集结所有兵力的做法弃于不顾了。"[8]他这么指责三个集团军群的司令。希特勒和反对派交手的时候手法很老练，他会掩藏自己的真实意图，以此来达成自己的目的，那就是列宁格勒及其海军基地、乌克兰及其矿产。但他也察觉到这些经济目标和中央集团军群两翼出现的作战机遇可以兼得。接下来的情况将证明他在这一点上是有道理的，结果甚至超过了他自己的预期。

8月16日，苏军第34集团军向旧鲁萨突破的时候，希特勒命令霍特向里布派遣三个快速反应师。哈尔德大为光火。18日，他忍无可忍，向布劳希奇寄去他和豪辛格写的一份备忘录：他再次重申必须在莫斯科城前击败苏军主要兵力，两翼可以自己应付局面，因为敌军主力部队没在他们面前。当天，约德尔的作战处长瓦尔利蒙特提交了一份名为"东线局势评估"的报告,说的也是这个意思:"东线军力足够强大,北方集团军群和南方集团军群足以以其各自的部队完成任务,同时,中央集团军群也能在莫斯科方向给敌人以致命一击。这么做的其中一个条件就是不要寻求局部成功(比如,让第2装甲集群向东南方推进)。"[9]哈尔德和布劳希奇试图表明他们观点一致,以此来走出困境。他们让豪辛格去对约德尔说,让后者向元首提交陆军总司令部的一份备忘录。约德尔回答道:"我会尽力而为。但[……]我们没法迫使他违背自己内心的信念去这么做。他的直觉大体上都没错过。我们不能否认这一点!"[10]希特勒收到了这份文件,也读了,21日就彻底将之摒弃。希特勒身边的陆军副官恩格尔少校在日记中写道:"对陆军来说,这是黑色的一天。元首对布劳希奇和哈尔德作了严厉的批评。1939年11月也是这种情况。施蒙特和我都认为军队总指挥的日子快要到头了。但由谁来代替他呢?凯特尔对陆军并不友好,一部分指责荒唐可笑,一部分并非有意为之。"[11]

翌日,希特勒又提到了自己的目标,他相当罕见地自己撰写了一篇很长的"研究报告",他写道,是陆军总参谋长的那份备忘录迫使他这么做的。他说战事的头号目标一方面是从俄国手中夺取基地,使之为德国所用,这些基地并不是指工业地区,而是指可以提取铁、煤炭、石油的地区;另一方面,就是夺取列宁格勒,以确保波罗的海航路的安全,攻占克里米亚,让罗马尼亚的石油区不受威胁。"面对这些任务,莫斯科问题就彻底失去了重要性。"他没有讲后续的解决方案,而是从战略层面讲到了作战层面,就像约德尔说的,他说的都是他的直觉让他说的话。

同样重要,甚至更具决定性意义的,就是要清理中央集团军群和南方集团军群之间的局面。这会出现一个仅有的机会,如果成功的话,这就是命运给予军队将领的一个机遇。敌军就在战线的一个纵深为300公里的三角形缺口中，被德军的两个集团军群包围。现在，只有各集团军群放弃各自的看法，以战事大局为重，才能成功消灭敌人。面对这个机遇，就连时间不够、部队没有足够的技术装备都不算什么大不了的事了。"[12]

同时，希特勒还说戈林的空军能在关键的地方集结兵力，以此来反对军队将领所谓无法让装甲部队这么做的说法。哈尔德受不了这样的讥刺。他向布劳希奇建议两个人一起提出辞呈。布劳希奇不敢让这场危机公开化。哈尔德于是压下自己职业上的傲气（考虑到对方的权力，这确实是个颇为困难的任务），想要冒一次险。23日，他让古德里安去希特勒的司令部，任务是捍卫优先进攻莫斯科的观点；他认为独裁者会更好地听取自己喜欢的将领的意见。他遭遇了彻底的失败：古德里安认同元首的观点，同意立刻指挥自己的第2装甲集群挥师向南，从背后攻打守卫基辅的苏军。古德里安是个机会主义者，从1934年起，希特勒就对他有着不可抗拒的魔力，所以不到两个小时，他就背叛了他的上司冯·博克、哈尔德、布劳希奇所捍卫的立场。后来，他在回忆录中对布劳希奇和哈尔德的指责并非没有道理，他说他们"没有陪他去参加这次会议，可他们认为这次会议会决定许多事情，甚至有可能会影响战争的决策。面对最高统帅部联合和我对战的局面，那天我就不再抗争了，因为那个时候，我还认为不能当着他这么多幕僚的面，让帝国最高元首下不了台"。[13]大势已定：中央集团军群面对东部筑壕固守，而它的两个装甲集群则各自朝相反的方向行进。希特勒不再犹豫：他选择了基辅，放弃了莫斯科。哈尔德认为要到10月才会向苏联首都进发了，他觉得"这个重大的决策会影响到战事的结局"。[14]德国国防军的诸多回忆录作者均步其后尘，对巴巴罗萨行动的失败找到了一个简单的解释。我们后面再来谈这一点。

对旧鲁萨的打击和德军的反击

我们说过，对"索利齐—德诺"的打击迫使北方集团军群停下了向列宁格勒推进的脚步。为了夺取该城或孤立它（究竟怎么做，尚未决定），希特勒答应冯·里布，从冯·博克那里抽调第3装甲集群的第39摩托化师和第8飞行军供其调遣。但8月6日，只来了飞机；装甲部队正在从斯摩棱斯克脱身出来。尽管冯·里布的部队受阻于中部，但他仍然设法向两翼推进，第18集团军推进到了西部的纳尔瓦方向，第16集团军则向东部的霍尔姆（8月2日攻占）和旧鲁萨（8月6日）推进。苏军最高统帅部紧急向伏罗希洛夫增派援军，增派了不少于11个师，其中一部分是派去对战芬兰人的，另外12个师则增派给新组建的第34和第48集团军。7月30日，斯大林把伏罗希洛夫和日丹诺夫这两个人召到了莫斯科，严厉批评他们不够"强硬"。但其实已经有好几百人遭到了枪决，几十名高级军官也已被逮捕。斯大林当然想把纪律这个螺丝再拧紧一圈，但和往常一样，他主要想的还是让派给伏罗希洛夫的部队发起攻势。瓦图京负责制订计划。

这位狂躁的小个子将军（身高1.5米）设想的是让第48集团军（北方集团军群）在北部的伊尔门湖两岸发起进攻，第34集团军向东进攻，以此形成钳形攻势，第11和第27集团军（西北方面军）对其进行支援。他希望这次攻势要速度快，而且要保密，形成一个包围圈，把德军的两个军歼灭在这个口袋里。他的计划完美地阐释了1928年由特里安达菲洛夫理论化的"纵深战斗"：突击部队打开缺口，机动部队在对手防线的关键点方向扩大战果，各级后备梯队确保战斗顺利进行。但计划制订之初，最高统帅部就对此持否定看法，并于8月9日给出了自己的指导意见。

您的计划并不现实。[……]您只需进攻敌军部队［……］，夺取旧鲁萨和德诺，并筑壕固守。[……]您的每天推进15公里的作战节奏显然已经超出了您的能力。[……]敌军会在您的突击部队两侧重新集结兵力，把它截断，再包围起来。因此，我命令您不要推进太远，每天的推进应为4到5公里。要进行侦察，保护侧翼和后方，巩固夺取的领土。签名：斯大林和沙波什尼科夫。[15]

莫斯科对瓦图京的这个回应有好几个地方令人感兴趣。如果说莫斯科显得谨慎和现实，那它也注意到了指挥层没有组织各方面军协调作战的能力，泛而言之，也就是没有组织复杂作战的能力。必须从中注意到鲍里斯·沙波什尼科夫的影响，他作为沙皇时期军队的旧军官，从7月29日朱可夫遭免职起就担任了总参谋长一职。尽管沙波什尼科夫元帅饱受哮喘的折磨，斯大林又把他吓得不轻，但他仍然是个经验丰富的专业人士。他写于1929年的大部头著作《军队的大脑》使他受到了长期庇护，斯大林让他成了战略顾问，并让他来重组参谋部。沙波什尼科夫毫不讳言德军用兵上的优势。他用学究式的笔调列出了各项必须遵守的准则，因为他注意到苏军军官都很缺乏专业素养。指令让西北方面军司令员索别尼科夫及其参谋长瓦图京指挥军队的自由度大为减少。节奏、方向、兵力的分配、实施地点，都必须在收到命令之后72小时之内执行。这种高度集中的方式、将领主动性的缺乏，可见莫斯科对军队有多不信任。这样也阻碍了军官的学习进程。直到1943年为止，苏军仍然被封闭在这个有缺陷的圆圈内。最后，由高层确立的这个计划只想正面击退德军，使他们无法向列宁格勒发动攻势。战争进行了50天之后，无论是沙波什尼科夫，受他保护的华西列夫斯基，还是朱可夫，都已经很清楚了：苏军无法推行十年前就已阐发过的那些优秀理论。它必须谦虚好学，从头学起。后来的事情表明沙波什尼科夫还是太乐观了。因为在冲突的这个阶段，如果没有高压政策和控制，什么都做不了，8月9日，麦赫利斯和布尔加宁来到了西北方面军。仅仅他这个人的到场就可以让军队里的人倍感紧张，纷纷想着如何自保，而非怎么带兵打仗。

延误推迟所导致的结果，就是德军的进攻和苏军的进攻几乎同时发生。冯·里布定于8月6日对列宁格勒发起总攻。他集结了26个师的兵力，其中有6个装甲师和摩托化师，分3个集团军群。西部的第18集团军必须攻占爱沙尼亚剩余的地方，其中就包括首都塔林港。中部，在纳尔瓦和伊尔门湖之间，卢加河沿岸地带，霍普纳的第4装甲集群由步兵部队支援，向列宁格勒进发，左侧为第41摩托化军（方向也是该城），右侧为第56摩托化军（方向是拉多加湖）。东部的第16集团军必须向洛瓦季河进军，但必须和中央集团军群保持联络，但联络线有拉长的危险。天气原因，再加上第8飞行军300架飞机的姗姗来迟，都迫使进攻推迟到了8月10日，在苏军进攻之前48小时。

8月12日，冒着暴雨，在地堡和掩体错综复杂的迷宫中激战了三天之后，莱因哈特的第41摩托化军突破了卢加河。他的代价是2000人阵亡。其对手第8集团军向莫斯科汇报说，所有的团长和营长都已不能战斗。莱因哈特的部队成功地从树林里走了出来，可以在纳尔瓦东北部自由行动。13日，距革命之都的120公里当中，德军已经走过了40公里。

伏罗希洛夫于是投入了一个坦克师、一个民兵师和另一个步兵师，发动反攻，阻击德军，战斗一直持续到8月15日，从早上激战到晚上。这些部队装备极差，到了次日，仍然无法阻止金吉谢普的陷落，而金吉谢普还是列宁格勒外围的环城防线上最强的一座城池。霍普纳立即下令派遣两个装甲师在距最终目标40公里处的第二道防线克拉斯诺格瓦尔杰伊斯克发起进攻。事实上，他已经获得冯·里布的同意，让在卢加河中段地区受阻的曼施坦因的第56摩托化军突入缺口。

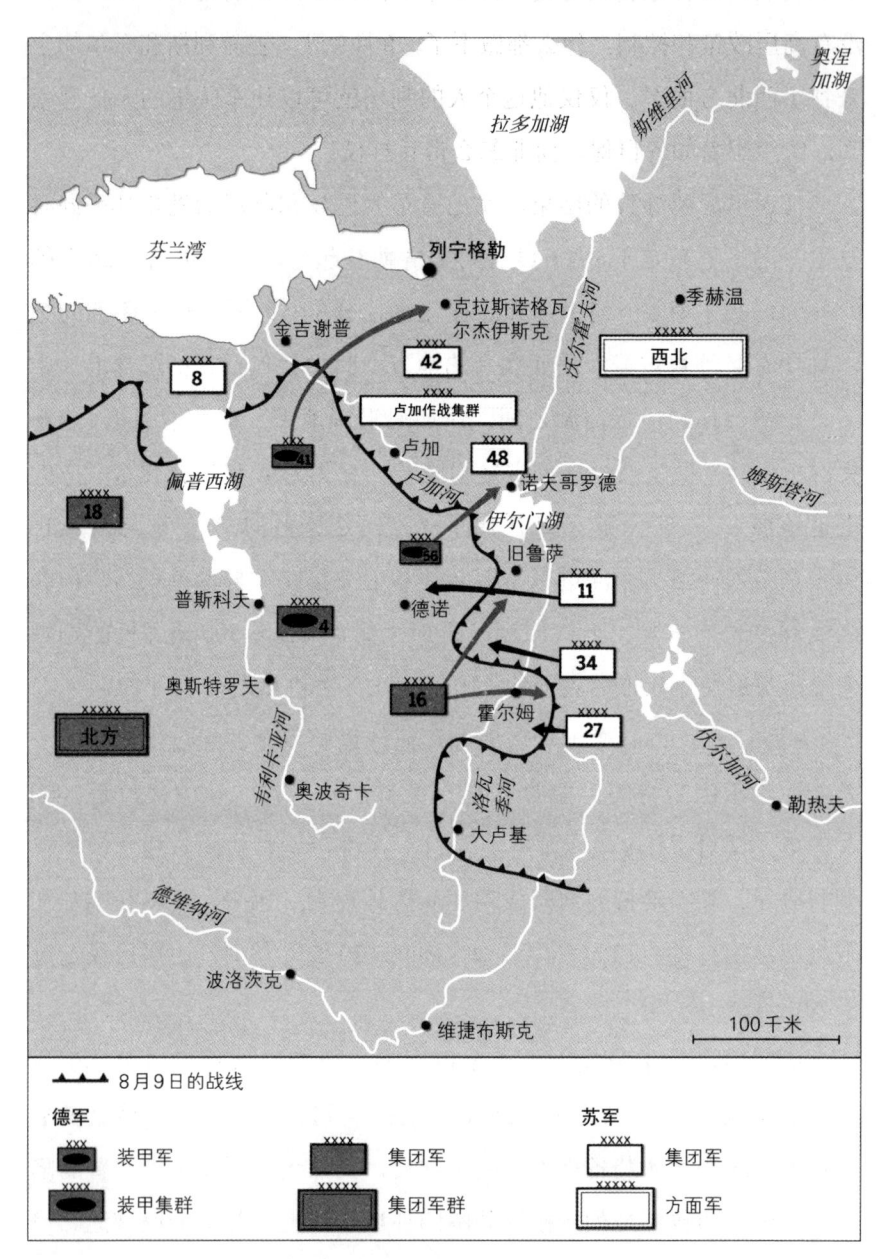

打击旧鲁萨（8月12—23日）

进攻线的另一端，靠近伊尔门湖的地方，第1步兵军让第48集团军阵脚大乱。第48集团军遭到飞机和炮火的猛击之后，开始混乱地撤退，让开了通往诺夫哥罗德的道路。尽管情势不妙，但苏军仍然在维持攻势。这样的决定是在冒险，因为第48集团军和第11集团军的半数兵力已无法起到计划中让他们起的作用。那他们是否在破釜沉舟，就是要牢牢地跟着霍普纳，对他起到牵制作用？还是不敢向斯大林说战斗已经失败了？从现有的文献来看，还没法这么说，但可以给出两个回答。

从刚开始进攻起，苏军第27集团军在起始的地方就遭到了堵截。相较之下，第34集团军在72小时内推进了40公里，终于包围了德军的一个军，并切断了德诺至旧鲁萨的铁路线。冯·里布很吃惊。他在日记中承认这是一个"艰苦的考验，让人紧张"。[16]他让发起进攻的那些师撤退，并通知霍普纳他撤销了派遣第56摩托化军的命令。已经损失了三分之一兵力的霍普纳在18日写给妻子的信中难掩挫折的心情："从8月10号起，我们这儿推进得都很顺利。现在又再次停下来了。照我朋友布施［第16集团军司令］的说法，俄国成功实施了大规模的突破。无论是他还是里布都已经没有后备军了。第三次，他们又从我这儿抽调了部队来修复局势。现在，我已没有足够的兵力向列宁格勒推进。更糟的是，他们还命令我返回东南方去帮助布施。我总是在兵力不足的情况下履行那些任务，我是不可能再打赢了。"[17]巴巴罗萨行动中德军的一个重要问题就是缺乏各个梯队的后备军，让装甲部队当"消防员"去救火，这种情况在这些战线上也都存在。希特勒在司令部得知旧鲁萨被突破的消息后勃然大怒，要求立即派遣第3装甲集群的第39摩托化军去维持秩序。我们认为他这是有意反应过头：里布没要求这么多。但对希特勒而言，这是一个可以实施其"侧翼战略"的绝佳机会。

曼施坦因的第56摩托化军于是向远离列宁格勒的东南方进发，经过沙壤土地区，那里没有公路。刚一和德军接触，苏军就彻底垮塌。集团军已经失去了对各师的控制，索别尼科夫也失去了对集团军司令的控制。"都是因为没有发报机可用，"沙波什尼科夫在给伏罗希洛夫发去的一则电文中愤怒地说道。8月19日，面对一味只知突破的苏军，曼施坦因发起了反攻，第8飞行军对其进行了支援，把第34集团军的先头部队打得七零八落，25日又把它打回到了原来的阵地上。苏军挫败了冯·里布的总攻，使霍普纳不再突破，这也不算是微不足道的胜利。但代价太高了！单单第34集团军就损失了60%的兵力，80%的坦克、炮火、车辆、马匹。它留下了1.8万名俘虏，德军工程师完好无损地收缴了一台喀秋莎火箭炮。

冯·里布和冯·博克趁西北方面军虚弱之际，再次巩固了两翼的中间地带（希特勒表达了支持），堵住了德苏战线上令人担忧的两个窟窿中的一个。从8月25日起，第16集团军、第56摩托化军、"施图姆集群"（从第40摩托化军抽调出来的两个装甲师）和第9集团军的两个军联合起来，发动了两场同心圆似的攻击。第一场是从霍尔姆和大卢基发起，方向是奥斯塔什科夫；第二场从霍尔姆和旧鲁萨向德米扬斯克及瓦尔达伊高地发动。苏军四个集团军被打得损失惨重，损失逾8万人，撤退时混乱不堪，很多人都投降了。托罗佩茨和德米扬斯克被攻陷，德军的旗帜飘扬在距尼洛夫·斯托尔边斯基修道院几公里处的谢利格尔湖畔，伏尔加河即发源于此。战线变得简单了，从北部包抄莫斯科的构想开始形成。

这场战斗也让德国国防军代价惨重。20万人和五个装甲师及摩托化师在次要轴线上被牵制了一个月之久。由于缺乏公路，油料的消耗量相当惊人，人员和装备的损耗让本就士气低落的军官惊慌失措，因为他们发现敌人始终都在，就在不远处的白桦林中、湖泊旁、沼泽地里。霍普纳和许多高级军官一样，都觉得正在推一块西绪弗斯的巨石。"我们突破了卢加的阵地之后，在彼得堡［原文如此］前方裹足不前，卢加那场仗让我们流了许多血，因为我们相邻的部队跟不上，我的后备军都在别的地方。这时候，俄国人就开始重建防线，又带来了新的兵力……"[18]

冯·里布不仅仅瞄着列宁格勒和瓦尔达伊高地。他还要把精力放在西部，他的两个军在那边占领了爱沙尼亚。8月30日，被卡在塔林的苏军的一个步兵军开始撤退，塔林失守了。这场攻城战打得相当惨烈，尽管有水雷和德国空军的帮助，但在港湾里停泊的"基洛夫号"巡洋舰9门180毫米舰炮的保护之下，仍有各种类型的168艘舰船被击沉。进入塔林的当天，屈希勒将军便让人在城里张贴告示，招募志愿军，组建一个爱沙尼亚保安营。这是武装苏联公民使之反抗莫斯科的第一次尝试。塔林的陷落解放了德军的两个军，他们立马便挥师扑向列宁格勒。

9月8日，德米扬斯克被攻陷，使苏军经历了这场战争中最严厉的恐怖时期。第34、第27、第11集团军几乎完全崩溃，斯大林便向西北方面军派去了一个由麦赫利斯、布尔加宁、梅列茨科夫组成的调查委员会。三人一开始寄的几份报告都对刚上任的方面军司令员库罗希金及其参谋长瓦图京提出了严厉的指责。一份证词描述了9月10日的一个场景，当时三人来到第34集团军的参谋部。"奉麦赫利斯之命，参谋部人员都排成了一排。麦赫利斯烦躁不安地从那一排人面前走过。他在炮兵司令面前停了下来，吼道：'炮都在哪儿？'冈察洛夫用手往被包围的部队那儿指了指。'在哪儿，我在问你呢？'麦赫利斯又吼了一声，短暂停顿一下之后，他说出了一个标准句式：'根据苏联国防人民委员部第270号命令……'"[19]麦赫利斯要求一名少校当场枪毙冈察洛夫。少校拒绝了。麦赫利斯于是组建了一个士兵小分队，在扎波里耶沃村，当着苏军23名军官的面，当场枪决了瓦西里·萨弗罗诺维奇·冈察洛夫将军。这很有可能是整场战争中，唯一一次在既没有调查，也没有审判，更没有询问过上级的情况下，就公开处决一名高级军官的事例。梅列茨科夫将军是三人中唯一一名职业军人，却没有动哪怕一根指头来维护苏军的规则，他很怕权倾一时的军队政治管理部门头目麦赫利斯。为了自保，麦赫利斯事后写了一份命令，说他见到了冈察洛夫，后者遭到对阵敌军的时候喝得酩酊大醉的指控。两周之后，麦赫利斯亲自审判第34集团军的另一名军官卡察诺夫将军，并将后者枪决，罪名是失去对部队的控制，"还可耻地逃跑了"。事实上，卡察诺夫只是下了有限撤退的命令，以期更好地重组部队。好几名师长同样被贬为团长，麦赫利斯在写给斯大林的报告中说"他们将找到赎罪的机会"。[20]方面军前任司令员索别尼科夫遭到了行动失败的处分，1942年2月，他被判处五年监禁。不知疲倦的审判官麦赫利斯命令西北方面军以及各集团军的军事委员会，要他们在三天时间内将所有来自波罗的海的军人全部剔除出去。他还要求政委和内务人民委员部的特别部门核实所有女性军人及在前线、参谋部、后方、医院工作的辅助人员的政治忠诚度。据说麦赫利斯不知何故认为敌人更常使用女间谍，而非男间谍。[21]最后，按照内战时期的传统，他要求自己属下的各部门向他送来足够多的党员和共青团员，在西北方面军每个连的内部安插"足够多的人员"，[22]也就是八到十名共产党员。每次失败都会导致对苏军从上到下的忠诚度的怀疑，于是就会进行肃清。

列宁格勒之围

陆军元帅冯·里布心心念念的就是列宁格勒。自从他获悉巴巴罗萨行动这个秘密之后，他的目标始终都是攻占俄国这座古老的都城。7月7日，布劳希奇就向他说起过这事。[23]但7月15日，哈尔德在日记里写道："该集团军群的任务并不是夺取列宁格勒，只是使之孤立。"[24]26日，里布和陆军总司令部谈过话之后，也说了同样的话。不过，对此还没有做出任何正式的决定，因为8月22日，希特勒又提到了要占领列宁格勒，而31日，哈尔德宣布这个问题一直都可以讨论。相较之下，9月3日，凯特尔来司令部看里布，4日，布劳希奇和哈尔德也来了。三人说了同样的话：必须把列宁格勒包围起来，进行围困。围城的真正意思就是灭绝城里的人，但这一点是逐渐显现出来的。眼下，冯·里布最操心的是如何尽可能近地靠近这座城市，好让他的炮火能打到城里，而且可以绕过它，和芬兰人接上头。

我们知道霍普纳从8月15日起就已在克拉斯诺格瓦尔杰伊斯克的防御区域前裹足不前，这是因为他缺乏援军，也是因为他在两翼有很多事要做。左侧的苏军第8集团军咬着他的侧翼不放，右侧"卢加作战集群"想要切断他的后勤补给线。他的两翼都需要帮助。第18集团军的两个军（17日夺下了纳尔瓦）向第8集团军扑去，迫使其于9月1日放弃了7000名俘虏，撤退至奥拉宁鲍姆周边地区，而奥拉宁鲍姆的一侧正好面对喀琅施塔得岛，霍普纳在这一侧就没了掣肘。另一侧，第48集团军的溃败使局势有所好转。阿基莫夫将军的部队遭到了第16集团军步兵部队及支援部队第8装甲师的侵袭。8月24日，其右侧，卢加失守；其左侧，16日夺取了诺夫哥罗德，20日又夺取了丘多沃重要的公路和铁路枢纽：莫斯科—列宁格勒线被切断。第48集团军在战场上留下了四分之三的兵员，其中1.6万人当了俘虏，只剩下5043支步枪和31门加农炮，相当于一个旅的兵力。这样一来，就形成了连锁反应，使想要向北撤退的"卢加作战集群"陷入了包围圈。苏军第9师的残部还在"锅子"里挣扎了六天时间，冯·里布说他们吃"田里的土豆和死马肉，但就是不投降。这可以表明他们接到命令，争取尽可能多的时间，因为他们的抵抗毫无意义"。[25]不过，9月7日，他们还是停止了战斗。在苏军的战斗命令下，3万人、120辆坦克、400门炮都损失殆尽。

和芬兰的冬季战争期间，斯大林对他的老战友伏罗希洛夫的能力所抱有的信心就呈自由落体式下滑。1941年7月，他撤销了伏罗希洛

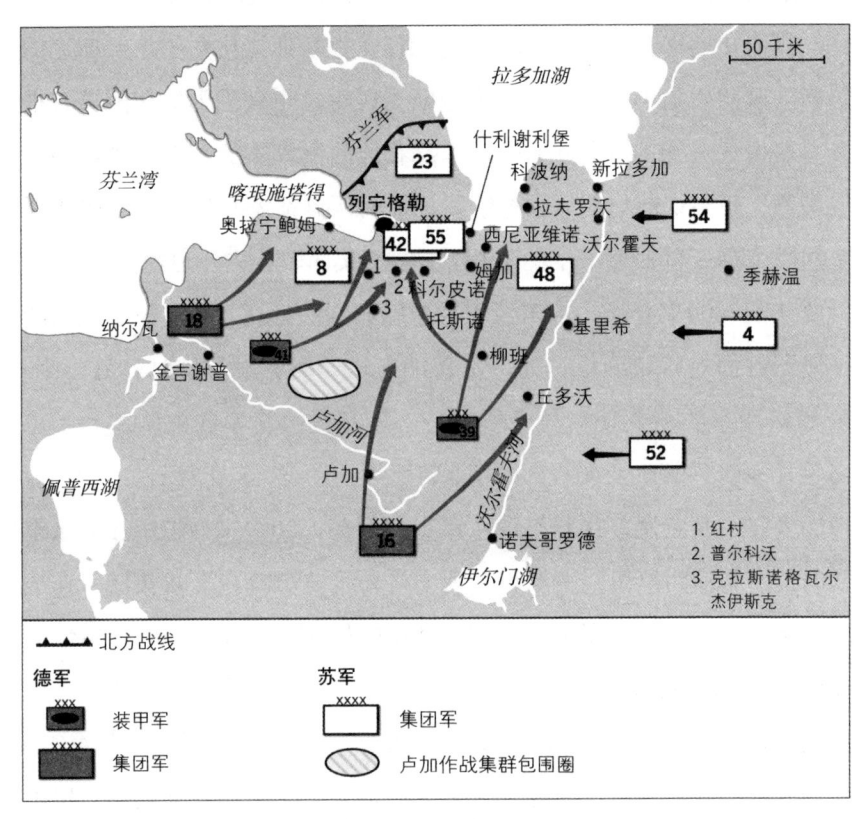

遭围困的列宁格勒

698　第三部　苏联的挣扎

夫做出的在列宁格勒生产缺少的步枪、镐头、匕首和军刀的决定。当时，斯大林的解释是，这并不是因为这么做没用，而是因为这会在民众中产生恐慌心理。[26] 8月22日，伏罗希洛夫和朱可夫为了保卫这座城市，设立了军事委员会，但伏罗希洛夫没有勇气亲自参加会议，斯大林狠狠地训斥了他一通。"我们对您的方案和您的倡议一无所知。我们都是靠运气才知道您有什么规划，而且都是立即就开干。[……] 您不是一个有组织能力的人，您对自己的行动付不起这个责任。"当伏罗希洛夫在某些师引入指挥员遴选制，以此来激发内战年代的革命精神时，斯大林又发了火。他撤销了这个措施，对对方说"列宁格勒不是切列波韦茨，不是沃洛格达，而是国家的第二首都"，[27] 他这么说就表明他对元帅的左倾态度并不赞赏。8月27日，斯大林大笔一挥，勾销了西北方面军的战略指导处。纯粹政治性的机构国防委员会直接负责列宁格勒方面军、西北方面军和卡累利阿方面军的事务，整场德苏战争中，这样的决策仅出现过这一次。伏罗希洛夫名义上仍然是列宁格勒方面军的司令。

眼下，第48集团军已经崩溃，最高统帅部不得不让后备军去东南部荒凉的沃尔霍夫谷，在那里很缓慢地集结了两个新的集团军：第54集团军，由库利克元帅指挥，还有第52集团军。他们的任务就是从东部绕过拉多加湖，不惜一切代价阻止德军和芬军联手。事实上，在这个方向，冯·里布已经集结了施密特的第39摩托化军，他们刚从中央集团军群那边来到丘多沃，以及苏联境内德军所有对地攻击机的40%兵力（空军第1和第8飞行军）。

8月25日，鲁道夫·施密特的摩托化军发起冲锋，将第48集团军的残部打得落花流水，从而进入了柳班。他很快击溃了苏军，派出三个快速反应师，呈扇形向西北部距列宁格勒20公里的科尔皮诺、东部的季赫温和东北部的沃尔科夫进发。伏罗希洛夫把压箱底儿的东西都拿了出来，直接把从基洛夫工厂刚生产出来的坦克送上了前线，连油漆都没来得及刷，还派出了一个民兵师和一个步兵师，这两支部队都是从克拉斯诺格瓦尔杰伊斯克撤退下来的。眼见伏罗希洛夫的无能，其参谋长波波夫重新对列宁格勒方面军进行了整顿，给第55和第42集团军分配了战区，向他们下达了明确的任务，守住该城的西部和南部地区。他的努力有所收获。施密特的进攻只是在伊绍拉河沿岸缓慢击退了第55集团军，9月8日，该集团军来到伊绍拉河，而第42集团军在对战霍普纳的时候，始终坚守着克拉斯诺格瓦尔杰伊斯克。

由费奥多尔·伊万诺夫将军指挥的第42集团军和其他部队相比，既不好也不坏，始终存在干部无能，军官、士官、士兵之间缺乏信任的弱点。一个名叫希洛夫的中士给斯大林写了一封信，他在信中说到了第42集团军糟糕的士气。信末，集团军政委库洛奇金加了一句"句句属实！"

> 1. 爱沙尼亚战区的战斗打得一片惊恐。绝大部分干部都从第一线往后方逃跑。士兵发现指挥员（连长、排长）都没了人影，他们也都逃了。连长和排长从第一线撤退了六七百米，士兵跟在他们后头跑，他们就命令士兵回去，但他们自己不去指挥战斗。除此之外，他们还处决了大量士兵，我们这儿一片混乱，敌军也就有机可乘。2. 排和连之间没有任何联络，和相邻部队也没有联络。[……] 4. 给养补给状态毫无组织：第一线已经有两三天时间没有吃的东西了。[28]

数以千计与之类似的信都在寄给斯大林。信中无疑写到了大量的事实，那些缺点都是长期以来谁都知道的事情。但我们还是会禁不住认为这些信是在抹黑，掩盖了真实数据。如果我们跟着第42集团军走，从写信的8月13日那天起，一直到月底，那我们就能发现，事实上这支50%由民兵构成的军队一直在坚守阵地。相较之下，其左侧相邻的第48集团军却败下阵来，没有阻挡住施密特8月27日夺取托斯诺和姆加。中士的这封信又在反对伊万诺夫将军的文件上添了一笔，将军担任第8集团军司令的时候已经因为表现不佳而名誉扫地。9月21日，他被撤职，1942年遭到逮捕，说他有反苏言论，后来伊万诺夫就在监狱里一直待到了1945年底。[29]政委库洛奇金也是同样的命运。

托斯诺的陷落让斯大林又产生了新一波的猜疑。8月29日，他向在列宁格勒的莫洛托夫和马林科夫发了一封电报："我刚得知托斯诺已被敌军夺取。[……]波波夫和伏罗希洛夫在干什么？他们都是什么样的人？在列宁格勒，有大量KV坦克、飞机和喀秋莎。[……]不会是有人存心在这个如此至关重要的战区打开了通道吧？波波夫到底是怎么样的一个人？伏罗希洛夫在干什么，他在列宁格勒的副手都是哪些人？我说这些话，是因为我对列宁格勒指挥层完全不作为深感担忧。"[30]六天后，斯大林在同伏罗希洛夫和日丹诺夫的谈话中，再次表达了对波波夫的不信任："你们的参谋长不信任我们，无论是作战计划，还是政治层面的计划，都是如此。今天就把他给替换了，把他送到我这儿来。"[31]波波夫的社会出身（小贵族）足以使一个很早就成为布尔什维克的人怀疑他的忠诚度了。

如果说德军的240毫米加农炮从托斯诺就能轰炸列宁格勒，那姆加的陷落就更为严重了：连接该城和苏联其他地方的唯一一条铁路线也被切断了。伏罗希洛夫勃然大怒，命令得到增援的第48集团军（其中一个是内务人民委员部的师）不惜一切代价发起反攻。30日夺回了姆加，次日又丢失了。德军第20摩托化师于是向距姆加20公里的拉多加湖发起了攻击。内务人民委员部的那个师拼死抵抗，阻断了德军的脚步。他们在沼泽地区鏖战，德国空军很容易就能在一片没有树木的区域内定位靶子，但道路极少，装甲车辆也卡在了那里。不过，施密特派了第12装甲师前去支援。9月7日，在轰炸机和坦克的攻击下，内务人民委员部的部队只能相继放开西尼亚尼诺和什利谢利堡这座古老的要塞，那里是涅瓦河与拉多加湖汇流之处。8月8日，国防军最高统帅部的一份公报宣扬说芬军已抵达斯维里河畔，德军已抵达什利谢利堡。"因此，德芬联军已经在列宁格勒四周形成了包围圈，这座城市和外界的陆上联系都被切断了。"当天，德国空军最初两次大规模空袭让被围困的列宁格勒上方的天空发出红光。近8000颗燃烧弹点燃了178个地方，最终成功烧毁了巴达耶夫大仓库，报销了3000吨谷物和2500吨糖。当然这个数量也仅够守军勉强支撑两三天，但精神上的打击很严重，因为250万居民和50万士兵都很清楚，现在只能通过空中或伏尔加河小舰队来给他们补给了。

9月6日，希特勒发布了第35号指令，命令中央集团军群向莫斯科进军（台风行动）。因此，装甲部队和空军部队的大部分兵力都必须返回到战线的中部轴线上。冯·里布得知9月15日他损失了四分之三的摩托化军（7个师，第41、第56、第57军）和第1及第8飞行军。他必须在没有这些部队的情况下完成两项新的任务：收紧列宁格勒周围的包围圈，和芬军联手。眼下，冯·里布要在希特勒给定的期限里四处出击。他编组了两个集群，把装甲部队和步兵部队混编在一起，一个在克拉斯诺格瓦尔杰伊斯克前方，由霍普纳率领；另一个向科尔皮诺进军，由鲁道夫·施密特指挥。面对30万德军，伏罗希洛夫有一支相当数量的军队可用。

进攻于9月9日发动。11日，经过激烈的战斗，霍普纳的第4装甲集群突破防线，来到了光秃秃的杜德霍夫高地上，那里是沙皇近卫军以前操演的校场。"我看见了列宁格勒和大海！"[32]第1装甲师第6连连长透过无线电喊道。翌日，这支部队一直推进到了西南郊的普尔科沃和有轨电车终点站亚历山德罗夫斯卡亚车站，那里距市中心12公里。东部，第28军本应扑向普希金，同霍普纳联手，从而包围整个第55集团军。但这些部队属于不同的集团军，冯·里布的参谋部并没有让他们很好地协同作战，他们还不习惯。第28军的进攻没能成功突破苏军防线,而霍普纳的装甲部队也被倾盆大雨般的炮火阻住了脚步。

尽管暂时防守住了,但莫斯科的氛围却很压抑。斯大林再一次指责伏罗希洛夫不敢向他汇报什利谢利堡陷落一事,他是从德国的公报上得知此事的。他特别想让伏罗希洛夫为没能阻断冯·里布而受到惩罚。9月11日,他撤了伏罗希洛夫列宁格勒方面军司令的职务,让朱可夫将军替换他。伏罗希洛夫军事上打了败仗,精神上也萎靡不振。斯大林指望朱可夫能在这座城市发扬战斗的精神。可是哪儿都没有这样的精神,只有大量的逃兵。仅8月16日至22日,他们就逮捕了4300个藏在城里的逃兵。[33] 自残、因自愿暴露而受伤的数量日益见涨。8月15日至20日,24名军人就因这么做而遭到了法庭的审判,8月20日至25日为56人。还有一份寄给麦赫利斯的报告,报告中明确说这个数字只是冰山一角,因为50%的伤都极为可疑。比如,在61号医院,1000个伤者中,147个左前臂受伤,313个是左手,75个是右手,谁都会同意这个比例至少有些奇怪。受到内务人民委员部审查的士兵的信件(8月10日至30日为18813封)都在说到处都是沮丧的氛围。

快来祝贺我吧,在这场丢人现眼的逃跑比赛中,我的对手竟然是我们的指挥官!当官的扔掉武器,丢下部队,扔掉子弹,就为了活命。我参加过两场战斗,我觉得现在已经很清楚,我们的指挥员没有能力指挥部队。他们只会喊喊口号。我们既没有坦克,也没有飞机。来了三辆坦克、五架飞机,可德军的数量数都数不过来。当官的都在逃,可他们还命令我们留下来进行反击。我们绝大多数人都认为我们是打不过德军的,因为我们最好的部队都已经没了。1914年的局势再次重演。[34]

伏罗希洛夫退场。9月12日,朱可夫同费久宁斯基和霍津这两个忠诚于他的人乘坐飞机前来。一到方面军参谋部所在的斯莫尔尼宫，朱可夫就取消了伏罗希洛夫下达、斯大林同意的摧毁军事设施的命令，宣布他要守住这座城市。他立即将几个海军陆战旅、内务人民委员部的几个团和三分之一的高射炮部署好，高射炮用来直接射击坦克。工厂生产的50万发水雷都布置在涅瓦河的入口处，所有的野战炮和西侧的舰队炮火都往那里打，第18集团军司令冯·屈希勒将军向冯·里布报告，苏军每天都毙伤他们上百人。[35]朱可夫还毫不犹豫地把和芬军对战的战区的部队全都撤了下来，他认定芬军不会再往远处走。9月17日的命令奠定了朱可夫领导角色的基调："不能往后退一步！列宁格勒方向的土地一俄里都不让"，否则格杀勿论。

斯大林始终都在要求要冷酷无情。9月21日，他给朱可夫发去这项指令：

> 据说德国的下流胚在靠近列宁格勒的时候，都把被占区的老年人、妇女儿童推在前面，让他们请求交出列宁格勒，保持和平。还有人说在列宁格勒，有人觉得没法对这些人开枪。我认为如果这些人是我们的一分子，那就应该第一时间把他们消灭掉，因为他们比德国法西斯分子还要危险。我的建议是不要动感情，要消灭敌人和他们的同谋者，无论那些人是自愿与否。战争就是这么无情，先露怯的人就会失败。如果我们的队伍中有人犹豫不决，那他就会是列宁格勒陷落的罪魁祸首。[……]无论是对德国恶棍，还是他们的代表，不论他们是谁，一律都不要同情。[36]

9月22日，朱可夫和日丹诺夫不仅把这份指令传达给了所有的指挥官，而且还有所强化，命令"凡是有人靠近战线，立即开枪，不要和平民说话"。[37]

朱可夫一直不停地在对霍普纳的装甲部队发起反击，使之损失惨重，不过苏军的损失要大得多。眼看第42集团军司令抵挡不住，他就撤了司令的职，让他的朋友费久宁斯基担任这个职务。尽管他阻止了德军跨过涅瓦河，但却无法抵挡在奥拉宁鲍姆孤立第8集团军的行动。他们就躲在战壕里，在桥头堡上一直待到了1944年。13日，中部的克拉斯诺格瓦尔杰伊斯克，19日，普希金，相继沦陷。渐渐地，德军第18集团军的各师绕着列宁格勒的内圈防线排了一圈，一直到1944年之前，他们都无法离开。朱可夫抓到了一个机会。尽管他的努力有助于稳定战线，但德军时间上的问题要负首要责任。事实上，从9月20日起，随着装甲师和轰炸机中队离开北方集团军群，前往中央集团军群之后，冯·里布的攻势就越来越弱了。

苏军在东部真正获得了成功，德军第39摩托化军向沃尔霍夫推进时在那里遭到了强烈的抵抗，9月10日，苏军第54集团军向他们发起了攻击。集团军司令库利克元帅接到命令，要他占领"西尼亚维诺走廊"，重新和被围困的人建立陆上联系。第20摩托化师受到冲击之后后退了。冯·里布很吃惊："紧张的局势已危机四伏。[……]第39摩托化军只能进行防守，放弃进攻。"[38]他派了一个撤至左翼的师以及所有的飞机和由西班牙志愿者组成的蓝色师前去援助。凯特尔从德国向他派去两个空降团。里布还得到了希特勒让他把第41摩托化军多保留几天的命令，最后保留的是第8装甲师。16天的战斗结束时，苏军第54集团军的推进距离当然不到10公里，但这个成绩不算差。尽管部队减员严重，但冯·里布的部队也没好到哪儿去。9月24日，他向国防军陆军总司令部报告，说"局势很不如人意"，还说他无法再发动攻势了。希特勒只同意暂停，要求10月在芬军方面再次发动攻势，阻断通往列宁格勒的湖区道路。

尽管库利克的军队表现出色（只是相对而言），在朱可夫的要求之下，斯大林还是把库利克交给了军事法庭处理，后者把他降级至少将。这件事弥漫着政治上的气息。7月17日，国防人民委员部反间谍处处长米赫耶夫向马林科夫寄去了一份有关元帅的长篇报告。他的三个姊妹都和外国秘密情报机关有直接联系：一个嫁给了意大利人，另一个去了德国，第三个因从事间谍活动已被收押。库利克的几个姐夫和妹夫也都被内务人民委员部枪决。他的妻子基拉·西莫尼奇是沙皇时期将军的女儿，经斯大林下令，内务人民委员部也已将她逮捕处死。然后，米赫耶夫的直接指控来了：库利克破坏了76毫米和45毫米炮弹的生产。该文件到处都是炮兵部队总指挥处前处长萨伏琴科的证词，萨伏琴科本人于7月19日被捕，1941年10月28日被枪决，照他的说法，库利克是想通过和德国人打仗来组织政变。[39]最后，三局的报告说在西方面军任上的时候，元帅摘下了自己的肩章，伪装成了农民。这些破坏和波拿巴主义的指控一看就很荒谬。不过，这些全都成了斯大林手中的武器，任何时候他都能拿来使用。1950年，他还会拿出来用。

7月10日至9月30日，西北方面军损失了34.4万人，即四分之三的兵力。尽管冯·里布的损失只相当于这个数字的五分之一，但北方集团军群也已丧失了活力，里布自己就在日记里这么说了。"［我们的］损失不小。部队和战事之初相比已是大不如前。我们还得坚持不懈地把它往前推。［……］各师已经损失了最精锐的部队。［……］和对手打得相当痛苦。［……］［对手］打得很顽强，把所有的力量都投入到了战斗中。"[40]除了苏军的抵抗之外，这座城市最后一刻得救还因为巴巴罗萨行动中反复出现的两个问题。一方面，冯·里布有许多任务要完成，尤其是在西部的瓦尔达伊方向，导致他三番五次地问围困列宁格勒是否还是优先选项。另一方面，巴巴罗萨行动疯狂的节奏和作战前缺乏明确的目标再一次产生了影响。由于缺乏足够的兵力，陆军总司令部不得不玩起了把一个集团军群的坦克和飞机调往另一个集团军群的把戏。以霍特率领的第3装甲集群为例，该部队就劳累过度，装甲武器也损耗严重。8月6日，斯摩棱斯克包围圈清除掉后，他的两个军也就渐次从前线撤了下来。他们的休整时间很短暂，因为又出现了新的任务。8月16日，第39军（施密特）前往冯·里布的集团军群。21日，他走普斯科夫的公路到了那里，24日，就被投入到了拉多加湖畔。20日，第41军前去参加夺取大卢基的作战行动，然后立刻又被调往里布的旧鲁萨那里。9月17日，该部队再次出发，去了另一个方向，这次是攻打莫斯科，但他的一个师还在列宁格勒周边战斗，很晚才到。而施密特的第39军留给了里布，但其状况堪忧。比如，第12装甲师只剩4500人（共1.4万人）、54辆坦克（战事之初是239辆）。冯·里布如果能将一个摩托化军和第8飞行军再多留三个星期，他就能和芬军联手，轻易让列宁格勒投降。这会是一次重大的战略胜利，而不用花三年时间，用20个师把列宁格勒围困这么长时间。

无尽的斯摩棱斯克之战

我们知道，7月24日至31日，铁木辛哥从别雷经亚尔采沃到罗斯拉夫尔发动了一系列梯次打击。他的目标是松开德军对斯摩棱斯克包围圈的钳制，包围圈只有一个地方半开半闭，那就是"索罗维奥沃走廊"。这次打击失败了。但铁木辛哥并没有放弃。所以从广义上来说，苏联人认为斯摩棱斯克战役是从7月13日一直打到了9月中旬。广袤的战场长650公里，宽250公里，比荷比卢三国加起来的面积两倍还多，战斗相当复杂，若想详述清楚，就必须分为三个片段来讲，事实上，这三个片段时间上有重叠，而且还彼此影响：德军形成了斯摩棱斯克包围圈；苏军反攻，意图把中央集团军群赶出斯摩棱斯克；中央集团军群的攻势轴线转向南，苏军对这个新的威胁做出了反应。最后一个层面在说到基辅战斗的时候再讲。

8月，在德苏战线的中部轴线上，古德里安先在罗斯拉夫尔取得

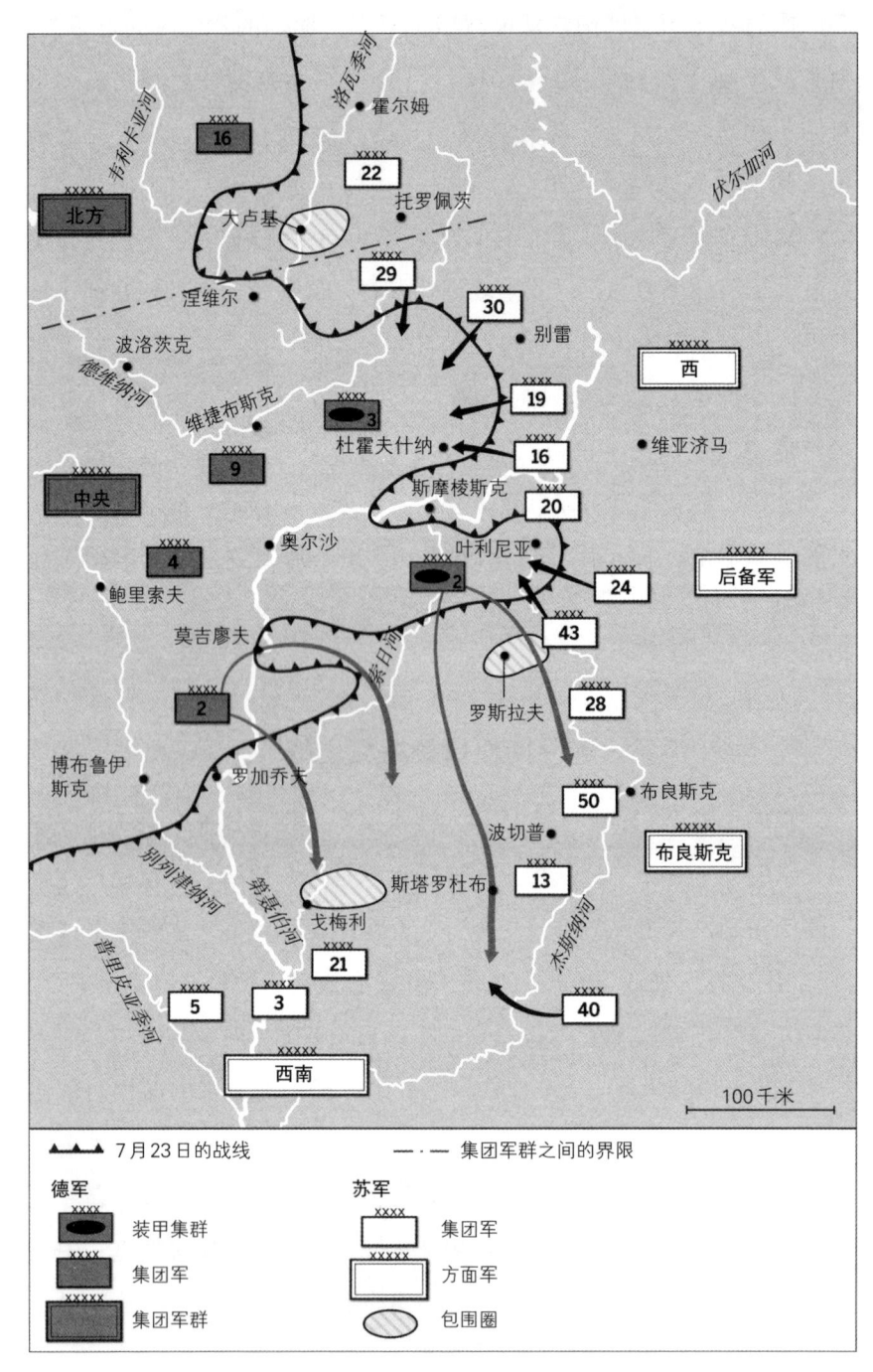

斯摩棱斯克战役（2）（8—9月）

708　第三部　苏联的挣扎

了胜利。这座小城是公路和铁路的枢纽，也是铁木辛哥攻势中卡察洛夫集群这个最强大军力的后方基地。7月23日，后者从这里往斯摩棱斯克方向西北110公里处发起了进攻。该集群有三个步兵师和一个难得一见地拥有75辆KV坦克和T-34坦克的装甲师，他们推进缓慢，只能以正面进攻的形式发动攻势：战术上盲目战斗的一个典型案例。应古德里安的要求，冯·博克决定清除这个对斯摩棱斯克包围圈的威胁，他希望很快就能歼灭对手的两个集团军。古德里安在由苏军推进造成的鼓包两侧各有两支部队，8月1日，他发起了打击。翌日，卡察洛夫注意到了自己面对的这个致命的威胁，却又害怕违背最高统帅部的命令，便坚持发起进攻，直扑斯摩棱斯克。8月3日，第4装甲师进入罗斯拉夫尔的时候，这种自杀式的态度让他的部队落入了包围圈。最高统帅部于是评估了这个威胁的厉害程度：罗斯拉夫尔两侧出现了一个70公里的洞，古德里安能在48小时内从那里来到布良斯克城下，而布良斯克是莫斯科至基辅半路上一个主要的十字路口。要命的是，最高统帅部让苏军的消防员朱可夫前去支援。7月29日才刚当上"后备方面军"（其中第24和第43两个集团军事实上刚刚成编）司令的将军收到了三道命令，那就是堵住罗斯拉夫尔的洞，夺回叶利尼亚，拯救卡察洛夫。朱可夫一向精力充沛，他让第43集团军沿杰斯纳河前去增援，不让古德里安窥探布良斯克。他还试图与卡察洛夫取得联系，告诉他该怎么做，可是根本就找不到他。8月6日，经过48小时的轰炸后，包围圈被清除了。德军抓到了3.8万名俘虏。卡察洛夫在战斗中阵亡。他死得很英勇，但没人知道，斯大林还在8月16日的第270号令中，告诉全国人民，说他是个胆小鬼，甘愿当俘虏，并缺席判决他死刑。他妻子和岳母也遭到逮捕，并被发配至西伯利亚，服八年苦役。1949年获释的卡察洛夫夫人试图恢复丈夫的荣誉。她的这种做法被看作是反苏维埃的不良行为，于是再次遭到逮捕。斯大林死后，她的磨难才到了尽头。[41]

斯摩棱斯克城下，局势对苏军来说不算太糟。这么多盘旋不去的用语中，斯大林最难以接受的那个词就是"撤退"，而铁木辛哥在8月1日，最终同意把陷在斯摩棱斯克包围圈里达三星期之久的第16和第20集团军撤出来。这个行动比较棘手。必须让被包围的部队向东突围，经过宽10公里的"索罗维奥沃走廊"，逐渐使长20公里、宽30公里的包围圈崩塌。撤退是在8月2日和3日晚间进行的，当时局势很危急。德军的炮火打得四处燃起熊熊大火，而德国空军猛烈轰炸着桥梁和可涉水渡过第聂伯河的地方。罗科索夫斯基是很快更名为"第16集团军"的"亚尔采沃集群"的司令，他不停地发动进攻，为的是让走廊能始终打开，歼击机团不顾一切地战斗着，想让那些逃难者能在空袭中获得喘息的机会。8月5日拂晓时分，5万人带着部分装备终于逃了出来。这当然不能算是苏军的胜利，但包围圈内的指挥官库洛奇金将军这一次保住了自己的队伍，还和铁木辛哥保持着联系。从地狱里刚逃出生天，库洛奇金就被朱可夫任命为第43集团军司令。

如果我们稍作停留，就会发现对于漫长的斯摩棱斯克战役的伤亡人数，我们知道得并不确切。德军得到了35万名俘虏，苏军3200辆坦克、3100门加农炮、1100架飞机被摧毁。不过，这个相当可信的数字囊括了从7月10日起从第聂伯河与杰斯纳河的河间区域到罗加乔夫与莫吉廖夫之间展开的各项行动。苏军以这个相当高昂的代价，终于让冯·博克不得不停下脚步。希特勒封锁了莫斯科公路，但也注意到古德里安轻易就夺取了罗斯拉夫尔，摧毁了卡察洛夫集群。他的注意力不可抑制地被冯·博克的右翼以及戈梅利地区给吸引了过去。7月4日，他已经对凯特尔和约德尔提出了这个问题，表明他在思考这件事："我们是否必须要在南部［让中央集团军群绕过莫斯科］发动大规模作战行动？这将是这场战事中最艰难的决定。"[42]

铁木辛哥坚持想要夺取斯摩棱斯克，他的目标并不仅仅是夺回有利的防守阵地。他的情报显示古德里安的部队在罗斯拉夫尔胜利之后，被重新部署到了南部索日河沿岸。在古德里安的右翼，冯·魏克斯的整支第2集团军也对南部虎视眈眈，计划攻占戈梅利。德军相当强大，有30个师，其中10个是装甲师和摩托化师，面对德军，苏军的第21、第13、第4集团军就无足轻重了。铁木辛哥铁定要夺回斯摩棱斯克，于是趁古德里安的集团军群和第2集团军还没对南部造成太大的损害，就对他们的后方展开了攻击。因此，他故意发起了一场极为危险的攻势。8月8日，古德里安的两个装甲师最先穿过索日河。11日，铁木辛哥从杜霍夫什纳以东至叶利尼亚以东，指挥属于西方面军和后备方面军的六个集团军向斯摩棱斯克发起进攻。进攻很快就失败了。他以更严肃的态度重新制订了计划，并派出了援军。8月15日得到斯大林批准的这个计划野心太大。第一阶段，第29、第30、第19、第20集团军必须夺取距斯摩棱斯克西北部50公里处的杜霍夫什纳，之后夺取斯摩棱斯克。这期间，朱可夫后备方面军的第24和第43集团军将德军赶出距莫斯科320公里的杰斯纳河上危险的叶利尼亚桥头堡，然后夺回被古德里安攻占的罗斯拉夫尔。这个由方面军之间协调合作的行动将"使敌军无暇专注于南部轴线"，"迫使其在大卢基和戈梅利长时间进行被动的作战行动"。[43] 这么做的目的就是使德苏战线的大部分地区稳定下来，使运动战无法开展，迫使德国国防军在冲突中不断地损耗。

事实上，铁木辛哥和朱可夫后来并没有协调好。直接和斯大林联系的朱可夫在叶利尼亚一役中花了很大的力气，9月6日，终于进入了这座小城。这对苏军而言无疑是一场鼓舞人心的胜利。但9月11日，朱可夫被派到了列宁格勒，所以我们也就永远无法知道他是否能夺回他的第二个目标罗斯拉夫尔这个同样重要的城市了。不管怎么样，他的继任者并没有做到这一点。铁木辛哥一直专注于苏联历史书所说的两次"对杜霍夫什纳的打击"上，并一直持续到了9月10日。从北往南，他投入了第29、第30、第19、第20集团军，第30和第19集团军

第十二章 基辅、莫斯科还是列宁格勒？ 711

在前，负责突破，其他部队则进行支援。从莫斯科方面来看，这些集团军都装备了大量的火炮，包括喀秋莎火箭炮和一个反坦克团，还配备了工程兵，也有骑兵师和装甲师这些有能力扩大战果的机动部队。但8月初第30集团军的一份战况报告却给出了另外的说法。"部队之间没有黏合力，他们的战斗能力极弱。[……]指挥官不了解自己的下属，纪律状况很糟糕。[……]大量士兵和下级军官都是后备役。"这份报告观察到，由于这些缺陷，"12天的战斗中，部队损失了1.9万人，相当于40%的兵力"。[44]恶性循环由此形成：部队素质差导致惨重的损失，一方面，使得经验无法积累；另一方面，只能派出没有时间训练的增援部队。

而且，苏军向来都是仓促行动，这样就影响了战斗：部队只有48个小时来重组，各集团军参谋部只有24小时对铁木辛哥发来的计划做出反应。确实，局势相当紧迫：古德里安已经推进到了距索日河50公里的地方，他们正在赢得胜利。苏军的步兵和炮兵具有优势。德军坦克占优，第9集团军的两个后备部队、第7装甲师和第900摩托化训练旅配备了200辆坦克。空战方面还是德国空军优势更大，双方战机的数量相差不是很大，优势体现在短时间集结的能力上面。

8月17日，进攻开始。霍缅科率领的第30集团军很快就战败了。他的部队太晚来到重组的地方，所以在对眼前发生什么事一无所知的情况下，就被马上投入到进攻之中。一波又一波步兵高喊着"乌拉"，被德军第5军的自动武器、迫击炮和炮兵部队打得血流成河。各部队推进的距离从150米（！）到4公里不等。相较之下，由伊万·科涅夫率领的第19集团军在从6月22日起的苏军攻势中，表现最优秀。科涅夫进行了侦察。在只有15公里宽的逼仄战区中，他没有把六个师分散开来。而是把五个师集中起来，与德军第161师（夹在第8军和第5军之间）对抗，而且还把所有的炮兵部队、工程兵和飞机都投入进来，进行支援。他把指挥部设在前方，也就是战斗的重心地带，这样他就能亲自前往各个地方。他还在后方保留了一支装甲师和一个反坦克团。他要求下属每天交给他三份报告，也就是作战报告、侦察报告和损失报告，而各参谋部都还没这么做。他的进攻从10点开始，推进良好。科涅夫没有去啃硬骨头，而是"像德军那样"作战：炮火和人员执行的都是绕开、渗透、超越的打法。20点，德军防线许多地方都已被突破，两个团损失了四分之三的兵力。

次日，科涅夫让装甲师进入缺口，白天对该师的各级指挥员一顿斥责，因为后者不知道怎么利用这个战果，主动性像往常一样都是零。第9集团军司令施特劳斯让与161师相邻的师的两个团发起反击，再让60辆坦克和第900装甲旅进行支援。但面对科涅夫重新集合起来的猛烈炮火，德军遭到惨败。19日，根据各战区不同，苏军的推进又达到了10到18公里，还渡过了两条河。科涅夫突出的一点是，他能预见到德军会反攻。他决定向会发起反攻的地方派去反坦克团、炮兵部队、工兵部队，在危险的战区埋设地雷，还隐藏了一些坦克作为支援，最后还在后方放了一个步兵师。已无后备兵力的施特劳斯向博克求助，博克向他派了仅剩的一支享有盛名的装甲师，即第7装甲师。但冯·博克并不放心。他要求霍特和古德里安紧急派遣两支快速反应师，帮助第9集团军，使之不至于崩溃。8月20日14点，第7装甲师的110辆坦克向科涅夫的防线发起了冲锋，他们相信会像往常那样找到薄弱的侧翼。一支暴风雪歼击机团飞得极低，发起进攻，成排成排地扔下磷光弹，而科涅夫的炮兵部队也在同时开火。德军的几十辆坦克都被摧毁，装甲掷弹兵只推进了不到3公里。21日，铁木辛哥向他派去了苏军精锐的第1装甲师和一个反坦克团进行支援。但科涅夫没这个需要。21日晚，第7装甲师撤退，这是从1939年9月起第一次出现这种情况。装甲师留下了550具尸体和77辆被摧毁的坦克。但科涅夫的推进也遭到了冯·博克派遣的第14摩托化师的阻截，该师是为了减缓已被打得遍体鳞伤的第161师的压力。科涅夫并没能进入杜霍夫

第十二章 基辅、莫斯科还是列宁格勒？ 713

什纳。不过，他发给铁木辛哥的电文仍难掩欣喜之情，因为他是苏军第一个阻截并击退德军一个装甲师的将军。

这个插曲被最高指挥层大力宣扬，将之树立为竞赛运动的典型。布尔加宁和铁木辛哥向全军呼吁，要向第19集团军的榜样学习。新闻界和文学界的大量人士都去了科涅夫的司令部，他们有肖洛霍夫、法捷耶夫、卡塔耶夫……从8月20日起，军方日报《红星报》每天都会发表文章赞扬科涅夫和科涅夫的部队。科涅夫则神态自若，这样就又给他添了一个加分项。他体格魁伟、五官粗重、精力充沛，剃了个很光的光头，穿着无可挑剔，俨然读者心目中的英雄形象。可事实上，科涅夫的攻势在8月23日受到了阻击，他失败了，而且损失惨重，消耗了初始兵力的三分之一。苏联报纸激动的劲头越来越让人尴尬，尤其是因为外国记者现在也都开始报道这件事了。英国媒体也在说这事，戈培尔对之公开嘲笑。8月28日，《红星报》的负责人大卫·奥尔滕堡刚做完一期的时候，斯大林把他叫了过去，对他说了这几个字："别再说科涅夫了。"[45]

对杜霍夫什纳的第二波打击很快就被迫停了下来，什么目的都没达到。这波进攻不仅丝毫没有阻遏住古德里安和第2集团军，戈梅利和斯塔罗杜布也相继于8月19日和22日失守，德军抵达了杰斯纳河，而且右侧还出现了一个铁木辛哥没看到的很大的麻烦，斯摩棱斯克的战斗遮蔽住了这个麻烦。事实上，8月23日，叶尔沙科夫的第22集团军在霍特的装甲部队的攻击下已经崩溃。铁木辛哥必须让他的邻部第29集团军（马斯连尼科夫）去解救叶尔沙科夫，这样一来，马斯连尼科夫也就没法支援科涅夫了。8月24日，第22集团军的4万人被包围在大卢基周边地区。仅有1.5万人成功逃脱。简言之，铁木辛哥在中部的战术只成功了一半，重创了德军的13个师，但他的两翼也遭到了惨败，7.5万人成了俘虏（5万人在戈梅利，2.5万人在大卢基）。

铁木辛哥和斯大林都坚持认为他们能消灭中央集团军群，所以这次失败令他们震惊不已。有什么样的观察，就有什么样的决策：冯·博克已经没有本来应该用在两翼的装甲军了，他的步兵部队损失惨重，附近地区已无后备部队。苏军最高统帅部之所以这么顽固，还因为古德里安向南推进，霍特向北推进，他们别无他途，只能向前逃窜，逃往斯摩棱斯克。8月底，苏军做出决策，在500公里长的战线上发动总反攻，这是目前为止苏军最具野心的一次反攻。对斯大林而言，战争和集体化或工业化无异：一切都是越大越好，这个观点便成了一项决策是否合理的试金石。这次反攻涉及的是西方面军、后备方面军、布良斯克方面军和西南方面军，共11个集团军、2个骑兵集群，总共70个师。我们在这里只关注西方面军的4个集团军（第30、第19、第16和第20）的进攻情况，他们的任务始终都是攻占杜霍夫什纳-斯摩棱斯克区域。铁木辛哥为炮兵部队和装甲部队把压箱底的东西拿出来了，结果炮兵部队还是缺炮弹，装甲部队为3个半师，有不到500辆坦克，其中三分之一为新式坦克。先前历次攻势的损失极其惨重，于是他们就匆忙征募年轻人和上年纪的后备役士兵上战场，其中一些年轻人没有受过任何军事训练。苏军17个师，再加6个后备师，必须摧毁德军7个师的防线，他们后方还有同等规模的另外4支大部队，其中2个半师是装甲师或摩托化师。9月1日拂晓，进攻开始。

这次，罗科索夫斯基指挥的第16集团军要发挥主要作用。他为了能打开斯摩棱斯克公路，得到了精锐的装甲部队第1红旗装甲师，由李久科夫上校指挥。他们24小时推进了7公里，途中摧毁了德军第28师。但第30、第19、第20集团军都输得很惨，甚至连敌军的第一道防线都没冲过去。结果，9月2日，李久科夫的师就成了孤家寡人。由于遭到炮兵部队和空军的袭击，左右两侧都得不到支援，该师损失了半数的坦克。2日，之后的3日和4日，仍在发起进攻。战斗极为惨烈、绝望，好几个地方都发生了肉搏战。但从9月5日起，铁木辛哥让第20和第30集团军转入防守,他们减员太厉害了。狂妄自负的科涅夫和罗科索夫斯基每天都在发起进攻,一直到9月9日,之后才放弃了进攻。德军的防线相当牢固。冯·博克派来了第2集团军作为增援,德国空军在空中占主导地位,第7装甲师也得到了替换坦克。而苏军各师始终未曾掌握进攻的战术要点,尽管各集团军首长都严令禁止,但他们还是在没有炮兵部队支援的情况下,发起正面进攻。72个小时,各师就损失了三分之一的兵力,有时达一半兵力,剩下来的人则麻木地注视着敌军炮火一波波屠杀的惨况。9月10日,铁木辛哥放弃进攻。被打得很惨的那些部队现在得全力守住莫斯科公路。他们对基辅周围这场巨大的惨剧已经无能为力了。

中央方面军的毁灭

中央集团军群的右侧朝向南部的普里皮亚季。冯·魏克斯将军的第2集团军和17个师则守卫在拉长的320公里的战线上。随着中央集团军群向东推进,沼泽让位给了略显坚实的路面,树林、荒野和沙地交替出现。苏军最高统帅部很早就意识到会出现一个新的作战区域,按照俄国和苏联军队的传统,他们就会采取行动,7月24日,他们创建了一个方面军,驻扎在西方面军的左侧。中央方面军由费奥多尔·库兹涅佐夫指挥,我们已经讲过他在德国入侵的最初十五天里在波罗的海地区差劲的表现。他负责守卫索日河300公里长的河道,从戈梅利以北到罗斯拉夫尔和叶利尼亚。7月30日,出于谨慎,他决定将最重要的战区(罗斯拉夫尔—叶利尼亚)交给朱可夫指挥的后备方面军的第24和第43两个集团军。库兹涅佐夫的第21、第13、第4集团军能将兵力集中在索日河防线上,扼守通往斯塔罗杜布和戈梅利,以及更远处的杰斯纳河的公路。这条从基辅流向布良斯克的大河拦住了通往俄国中部和乌克兰北部的道路。不过,从这个角度看,对莫斯科的威胁还只具有潜在意义。结果,增援的大量部队就都去了铁木辛哥那里,帮着打斯摩棱斯克战役。现在只能要求库兹涅佐夫守住德军不可能主动发起进攻的区域,这既是因为那里地形很难走,也因为斯大林以前认为希特勒心心念念的就是乌克兰,后来认为他想要的是莫斯科。不过,为了放心,8月7日,在德军进攻之前几个小时,斯大林又让叶夫列莫夫将军替换了库兹涅佐夫。

希特勒的第34号令(7月30日)只要求冯·魏克斯的第2集团军"发动有限的进攻,以期夺取有利进攻的阵地,为今后攻打苏军的第21集团军做好准备"。这里提到的第21集团军就是在7月中旬发动进攻,成功夺回了罗加乔夫,并把一支骑兵军渗透到了冯·博克后方的部队。他想在今后向莫斯科进军的时候避免任何这种类型的威胁,就像冯·伦德施泰特在攻占第聂伯河左岸的乌克兰时拔除波塔波夫的第5集团军那根刺的做法一样。至于古德里安的装甲集群,第34号令要求他撤离第一线,恢复最佳状态。摧毁卡察洛夫集群、夺取罗斯拉夫尔之后,8月4日,古德里安在杰斯纳河上游和索日河之间停了下来,进行休整。不幸的是,这里恰恰又是苏军战线上最薄弱的环节,此处由戈卢别夫将军的第13集团军驻守。到8月5日,冯·魏克斯的第2集团军遵照第34号令,说已准备好打击戈梅利方向的"俄军第21集团军"。冯·博克认为他成功的概率很小,只能强渡第聂伯河,甚至只有一个军能过别列津纳河。因此,他命令古德里安派一个装甲师去支援魏克斯的进攻。博克写道,古德里安勃然大怒,甚至于"威胁说会不听我的命令"。[46]和在法国时一样,暴脾气的将军往纵深处进行了侦察,一直侦察到了罗斯拉夫尔以南40公里处。他对博克说,他没遇见哪怕一支苏军部队(摧毁卡察洛夫集群后留下的这个洞尚未被填)。按照一名俘虏的说法以及从一名信使身上截获的几份文件来看,苏军在布良斯克只有一个师。博克通知了哈尔德,后者立刻怀疑古德里安"想要使用自己的解决方案,向布良斯克,而非戈梅利推进"。[47]

事实上，古德里安对他想进攻布良斯克的想法并没有遮遮掩掩，他可以从东南部绕过铁木辛哥的大量部队，再折回莫斯科公路。由于古德里安颇受元首的赏识，在德国国防军内也是个真正的传奇人物，于是冯·博克决定让他"自由行事"，[48]也就是使用一整支装甲军，而非孤立的一个师，但条件是得把装甲军派往东南部中央方面军的后方，以此来帮助冯·魏克斯推进。古德里安只能接受倒霉的现实，但他这么做不是去帮魏克斯（他经常这样我行我素），而是为了保护自己的侧翼。他已经打定主意按照自己的想法去干。

8月8日，弗莱赫尔·盖尔·冯·施韦彭堡将军（和往常一样，古德里安的一支装甲师打头阵）的第24摩托化军用两个装甲师（第3和第4）、一个摩托化师（第10），在一个步兵军的支援下，从罗斯拉夫尔的南部发起了进攻。施韦彭堡的部队始终都在突破，此时和6月22日相比，只有15%的坦克和50%的摩托化步兵。尽管有这个缺陷，道路又很少，但一周后，第13集团军已经被打掉了三分之二的兵力，逃跑时留下了1.6万名俘虏。施韦彭堡就率领着相当于一个装甲旅的兵力和少数飞机，清除了苏军的两个步兵军，尽管这在情理之中，但还是让人吃惊。

8月12日，第2集团军率领八个步兵师发起了进攻。48小时内，戈尔多夫率领的第21集团军的六个师就被包围在了戈梅利西北部：又是5万名俘虏。这座城市一直撑到了8月20日。由于害怕被包围，瓦西里·库兹涅佐夫没有下命令，就让第3集团军撤退，第21集团军的崩溃使原本的缺口变得更大了。中央方面军现在已是强弩之末。莫斯科方面终于惊慌起来。8月14日，苏军最高统帅部设立了布良斯克方面军，交由叶廖缅科指挥，插入后备方面军和中央方面军之间。安德烈·伊万诺维奇·叶廖缅科和科涅夫一样，以前也是政工军官。由于他最初是从第一骑兵军起家的，所以他很受铁木辛哥的待见，也受到了苏军这支传奇部队的老首长布琼尼的庇护。斯大林也很喜欢他。不过，叶廖缅科的唯一功绩就是德军进攻的时候在远东地区任职，所以他的名声还完好无损。叶廖缅科对下属相当严酷，虽然他体格魁梧，但自身并没什么勇气，损失再重也无动于衷，面对斯大林的时候，他就会溜须拍马，自吹自擂。但斯大林仍然决定苏军需要这种类型的指挥官，曾说他是"我们的古德里安"，后来他会后悔的。[49]新设立的布良斯克方面军的任务就是阻止德军夺取布良斯克这个极其重要的交通枢纽，也要截断古德里安向南推进的步伐。但除了被打败的第13集团军之外，叶廖缅科只得到第50集团军这一个集团军，共有9个师。8月17日，华西列夫斯基和沙波什尼科夫意识到了这个缺陷，试图说服斯大林，必须让西南方面军的右翼撤退至第聂伯河的左岸。但斯大林相信叶廖缅科至少能阻挡住古德里安，所以就拒绝了。[50]他为了击退古德里安的部队而摆在桌面上的两张王牌就是个假象，无论是铁木辛哥对斯摩棱斯克发动的攻势，还是叶廖缅科的才能，莫不如此。

古德里安提出的进攻布良斯克的提议遭到了布劳希奇、哈尔德、博克的摒弃，尽管古德里安提出了抗议，但陆军总司令部仍然决定让第24摩托化军推进得更远，以期解决掉已经遍体鳞伤的苏军部队。冯·博克问他是否同意派这支部队前往戈梅利，也就是西南方向。古德里安回答道："不行，否则这支部队就毁了。"他的上司只能再次寻求折中的办法。他同意让一支步兵军渡过杰斯纳河攻打布良斯克，作为交换，他同意古德里安让他的第3和第4装甲师向正南方的斯塔罗杜布进发。第3装甲师由这个级别的德军将军中更具天赋、更为强硬的瓦尔特·莫德尔指挥，该师的推进速度奇快，结果8月17日，古德里安便同意将第二支摩托化军第47军（莱梅尔森将军）投入战斗，而且命令该部队沿着杰斯纳河插入布良斯克与波切普之间，前往施韦彭堡部队的左翼。18日，莫德尔进入斯塔罗杜布。之后，一道宽达120公里的巨大鼓包就将布良斯克方面军和中央方面军隔了开来。朱可夫在8月19日寄给斯大林的一份备忘录中说，现在出现了一个对守卫基辅的西南方面军极其严重的威胁。他要求斯大林紧急增援叶廖缅科的部队，送1000辆坦克过去（但苏军已经没有这么多坦克了），目标是在布良斯克之前击溃古德里安的部队。而且，朱可夫也宣称有军官犯了叛国罪，在耍阴谋诡计（都是他想象出来的），已经死去的倒霉的卡察洛夫激发了这些阴谋。

第聂伯河之围

戈梅利和斯塔罗杜布的陷落迫使苏军最高统帅部从两个方面对前线做了调整。北部由瓦西里·库兹涅佐夫指挥的第3集团军由于正处于被包围的巨大危险之中，故而允许他放弃第聂伯河的西岸。南部的基尔波诺斯和波塔波夫的第5集团军一样，他们通过欺骗对手，脱离了险境，从而再次证明了部队指挥官灵活应变的能力。几天后，8月20日，魏克斯的部队和赖歇瑙的部队（第6集团军）在普里皮亚季河北部的莫济里碰了面。沼泽的噩梦结束了，德国的战线缩短了，有大量的步兵部队可以用，中央集团军群和南方集团军群之间的窟窿最终也填上了。希特勒向莫斯科进军的一个条件已经得到了满足。

8月6日清除对乌曼的包围之后，伦德施泰特的部队向东推进，紧跟着想要以第聂伯河为屏障的南方面军的脚步，第聂伯河各个地方的宽度从700米至2000米不等。追击了三天后，西乌克兰陷落，民众没有忘记1932年的大饥荒，对此兴高采烈。只有敖德萨还在坚守，它现在正被罗马尼亚的第4集团军围攻。在炎炎烈日之下，第1装甲集群的各师以极快的速度推进，想要攻占第聂伯河上宝贵的桥梁。8月6日，第14装甲师在克列缅丘格失利：两座桥梁已经被炸毁了。在扎波罗什，第14摩托化军成功夺取了长700米的铁路桥，但苏军第12集团军完全堵住了另一头的出口。8月16日，南部的第11集团军进入了尼古拉耶夫，19日，进入赫尔松，在赫尔松的街巷中整整打了三天时间。8月30日，由于兵力都投入在这两个热点地区，所以苏军的第9集团军没能阻挡住德军的两个师渡河来到别里斯拉夫。尽管发起了反攻，但一座浮桥还是架了起来。

德军越来越近，右岸的民众开始被疏散。18岁的犹太青年弗拉基米尔·盖尔范德在他出生的第聂伯罗彼得罗夫斯克观察到了这个现象。"城里苏维埃成员的家庭和民兵都开始疏散了。大家都听见了汽车的喇叭声，成千上万的男女不分白天黑夜都在离开这座城市。流言也出来了。留下来的那些人不无愤怒地看着这么多人离开，就开始说逃跑的只有犹太人，说他们存了好几千卢布，懂得怎么花这笔钱。"[51] 几天后，他也被疏散到了北高加索的叶先图基，那里远离前线：

> 马路上、公园里、面包铺里、排队等着买煤油的队伍里，到处都在窃窃私语，声音压得很低、很可怕、很可恨。所有的人都在说犹太人。他们说的时候仍然畏畏缩缩，边说边打量着周围。犹太人都是小偷，有个犹太女人在这儿那儿偷东西。犹太人都特别有钱。有个犹太女人有5万卢布，还抱怨说自己穷，既没吃，又没穿。[……]犹太人不爱工作。犹太人不想加入红军。犹太人都住在城里，可他们没这个权利。犹太人花的都是我们的钱。简言之，犹太人是我们所有不幸的根源。由于我的长相，没人怀疑我是犹太人，所以就经常会对我说这些话。[52]

弗拉基米尔·盖尔范德离开的第二天，第聂伯罗彼得罗夫斯克就发生了战斗。这次战斗根本就没出现在史书中，但值得多花点笔墨。这种类型的战斗是因巴巴罗萨行动而起的，或多或少具有德苏冲突的特征：巷战。和那个时代的其他军队一样，德国国防军对此类冲突并未过多关注。这方面唯一的突出经验就是1939年9月8日至28日的华沙。用炮火和战机摧毁波兰首都的大部分地区起到了对整个欧洲的警

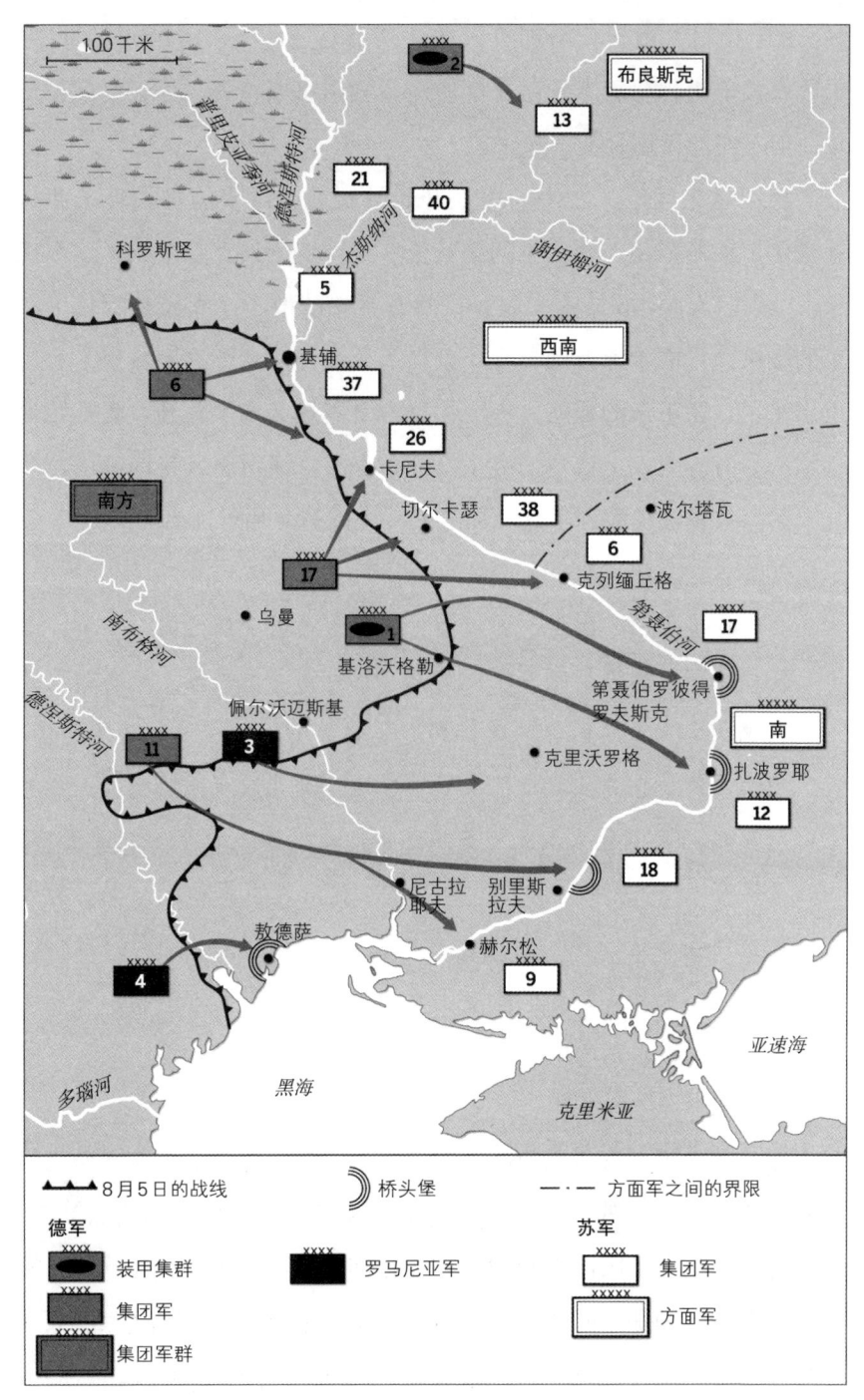

争夺第聂伯河

示作用。低地国家、比利时、法国、南斯拉夫、希腊由于意识到战争已经结束，必须避免平民受到伤害，古代遗产被摧毁，于是政治和军事当局便会宣布城市"不设防"。在斯大林看来，这些理由没一个站得住脚。过去和古迹向来都很可疑，平民也有义务来支持军队，如有必要，他们都应该拿起武器。一个国家若是交通运输基础建设很少，也很分散，那尽可能地守住桥梁、车站、交通枢纽确实至关重要。在第聂伯罗彼得罗夫斯克这个特殊的例子中，还要考虑到撤离宝贵的电冶金设施。苏联人发现现代化城市有混凝土楼房，易于设立防线，有街道、狭窄的街巷、地下室、暗道，就是一座堡垒。而对德国人而言，巷战本身就是种失败：浪费时间和弹药，军队动弹不得，损失惨重，使不适合打巷战的机动部队经受了严峻的考验。

乌曼包围战结束后，埃伯哈德·冯·马肯森将军指挥的第3摩托化军就被投入到了第聂伯罗彼得罗夫斯克。他的任务是攻占跨越第聂伯河的两座铁路桥，在河东岸设一座桥头堡。这座有50万居民的城市在河的两岸各有10公里长。大多数建筑都是工业设施，和斯大林格勒相似。党卫军维京师攻占其相邻城市第聂伯罗捷尔任斯克期间，第13和第14装甲师以及第60摩托化师正在向第聂伯罗彼得罗夫斯克汇集，8月15日，城市周边地带都已历历在目。16日至22日，三支部队突破了设立于果园、集体农庄、休闲空间之间的防线。23日，开始攻城。军种（步兵、炮兵、工兵、少量坦克、自行反坦克炮）之间协同作战的两个战斗集群发起冲锋。数小时后，他们被隐藏好的苏军坦克组成的防线彻底阻断了脚步，苏军的火力相当凶猛。次日，在轰炸机的支援下，德军实现了突破，但立刻遭到了空中无法看清的两三百门加农炮的反击。入夜，德军士兵呈环形推进，后方、地下室、楼道里危机四伏。25日，令德军大吃一惊的是，苏军撤离了西岸，炸毁了身后的两座大型铁路桥。德军有所不知的是，先后由帕维尔·波涅捷林和伊万·加拉宁指挥的第12集团军必须缩短防线，前面的好几支部队都要前往危在旦夕的基辅。

疏散并没有神不知鬼不觉，马肯森的部队跟得很紧，最后甚至夺取了尚未引爆的一座浮桥。第13装甲师的一个营立刻冲向东岸，工兵加固桥梁，以便让车辆通过。苏军的步兵没日没夜地设法清除桥头堡，而摩托化部队的步兵则不断受到炮火的骚扰，损失极大。9月1日，第13装甲师只能从前线撤下来，用党卫军维京师和一个用卡车紧急运来的步兵师进行替换。9月8日之前，这座桥梁被炮弹、飞机炸弹摧毁过15次，又修好15次，工兵阵亡者达450人。每天，德军都有300名士兵丧失战斗能力。桥头堡逐渐扩大，战斗越来越近，尤其是工人区和南部工厂的废墟中。桥头堡太窄，在作战行动中起不到丝毫作用。尽管想过撤退，但冯·伦德施泰特还是坚持了下来，转移了以北150公里处克列缅丘格桥头堡上苏军的注意力。9月10日，两个精疲力竭的对手减弱了炮火的烈度。有些地方的战线距离只有150米。9月28日，基辅战斗结束的时候，突破至东岸的第13装甲师来到防守者的背部，打开了桥头堡，9月29日，为期45天的战斗终于画上了句号。苏军成千上万的士兵以及第12集团军四分之三的炮兵部队被俘。第3装甲军1200人阵亡，5000人受伤，[53]2000名步兵无法战斗，南方集团军群搭浮桥的三分之二物资都已被摧毁。按照第1装甲集群军需部门高层的说法，4万吨弹药都已经消耗在了战斗中。[54]

在基辅，赖歇瑙的第6集团军也感受到了巷战和准巷战的乐趣。8月2日至12日，这支部队发起了猛烈的进攻，打得相当艰难，最后终于来到了该城的外围防线，距市中心10至15公里。四个师一直推进到乌克兰首府边缘的乡村地区。为了能在迷宫般的地堡中间推进10公里，步兵在突击炮、火焰喷射器、305毫米的巨型迫击炮、发射汽油弹和碎片炸弹的六个火箭炮组的支援下，11个师还需要11天时间。为了增加混乱和危险（对德军而言，已经相当混乱和危险了，因为他们没有地图），后方都是伪装得相当好的战区，苏军切断敌方的电话线，夜间出击，德国人把这说成是"野蛮人的行为"。晚上，没能被疏散的精神病院里的500名病人绝望的哭喊声使夜晚更加难熬。相较之下，8月24日，城北，第11装甲师紧追撤退的第5集团军，完好无损地夺取了戈尔诺斯泰皮利的一座桥梁：第聂伯河就在乌克兰首府以北65公里处流过。但第聂伯河上游的小舰队摧毁了这座桥梁，使德军坦克无法继续向基辅推进。因此，波塔波夫就有时间在杰斯纳河背后重组部队，先行发起进攻，挫败了赖歇瑙的攻势。1941年9月1日，南方集团军群（38个师，再加5个罗马尼亚师和5个意大利师）部署在这条大河700公里长的沿线，在河的东岸设立了四座桥头堡。

失去整个乌克兰西部的斯大林不想在第聂伯防线再让步。要求消灭敌军桥头堡的命令如雪片般飞来。第37和第38两个新组建的集团军被调往第聂伯河防守。河上小舰队的40艘舰船负责在河道中布设水雷，保护岛屿，摧毁桥梁。同铁木辛哥和朱可夫（他对朱可夫没什么信心）一样，他始终相信只要向斯摩棱斯克发动一次总攻，就能遏阻古德里安，同时危及他暴露在杰斯纳河沿岸的左翼，使之放缓脚步。8月12日，伦德施泰特收到了34号令的附令，他的行程是：渡过第聂伯河，攻占哈尔科夫、顿涅茨克盆地和克里米亚，那是向高加索地区进军的跳板。

古德里安渡过德维纳河

8月20日至25日，古德里安让施韦彭堡的第24摩托化军喘了一口气。他左侧的莱梅尔森的第47摩托化军也想在离波切普和波加尔很近的地区获得喘息的机会。他也在等第2集团军的两个步兵军过来帮他一把，这样施韦彭堡向南推进的时候，他就能保护施韦彭堡的左翼。但这两个摩托化部队已经没有足够的汽油、弹药和零备件来继续战斗下去了。他们还需要新的坦克。经过两个月地狱般的战斗，部队已经显露疲态。叶廖缅科趁着暂息之际，让第50集团军的部队向波切普推进，从而保护布良斯克。叶廖缅科需要杰斯纳河西侧的这座桥头堡，准备发起进攻，切断德军的两个摩托化军的后方。他命令第13集团军趁着现在暂时平静，前去波加尔封锁通往诺夫哥罗德—谢韦尔斯基公路以及南部75公里处的杰斯纳河。一旦夺取后者，古德里安实际上就能来到西南方面军的后方，切断中央方面军的给养。被施韦彭堡打得狼狈不堪的第13集团军还在等待援军，但半数援军既没有武器，也没有受过军事训练。

　　叶廖缅科看不出仅靠第13集团军，怎么能让中央方面军的第3和第21集团军被施韦彭堡的部队推进时切断的通路给连接起来。为了至少能协调这些部队的行动，8月24日，他向斯大林请求取消中央方面军，将两个集团军交给他指挥。斯大林同意了这个请求，并要求叶廖缅科"承诺打败古德里安这个下流胚"，为此，他会向叶廖缅科派去"几个航空兵团和几个喀秋莎火箭炮组"。次日，叶廖缅科把第3和第21集团军的兵力纳入他的布良斯克方面军，同时他还把新编的有6个师的第3集团军插入至第50和第13集团军之间，用来增援他防线上最薄弱的地方。但由于苏军最高统帅部新创建了交由波德拉斯将军指挥的第40集团军，把它插入到第13和第21集团军之间，所以叶廖缅科的这个合理的努力部分程度上遭到了破坏。波德拉斯的部队隶属于基尔波诺斯的西南方面军，负责守卫侧翼，但这样就使叶廖缅科和第21集团军之间的沟通变得复杂化了。此外，叶廖缅科还需要多一星期的休整时间，用来接收援军，组编部队，加固防线，汇集反攻的兵力。德军不会给他这个时间，他就必须在完全没组织好的情况下发起进攻。他面对的是古德里安，所以失去的时间是永远都补不回来了。

　　8月22日，哈尔德和豪辛格同博克在电话里讨论了包围基辅的计划。23日，他们来到鲍里索夫，对最后的细节进行润色，古德里安也在场。古德里安起的是主要作用。他的第24摩托化军（第3和第4装甲师，第10摩托化师）将直插南部200公里处，渡过杰斯纳河，支援此时正在渡过第聂伯河前往克列缅丘格的冯·克莱斯特的第1装甲集群。他的右翼将由魏克斯的第2集团军（10个师）的三个军保护，左翼由莱梅尔森的第47摩托化军（第17和第18装甲师，第29摩托化师）保护，莱梅尔森则由第4集团军的步兵部队对其进行支援。哈尔德和博克对该作战行动的益处仍然存在疑问。尽管他们不得不遵守希特勒的命令，但他们尽可能地限制了投入到这场战事中的兵力及这场战斗的持续时间。他们会制订计划，让古德里安和魏克斯的部队向中轴，也就是莫斯科进发，以期赶在冬季之前进入苏联首都。

8月25日5点，古德里安向基辅发起攻势。四个装甲部队和摩托化部队沿新济布科夫—斯塔罗杜布—波切普防线向杰斯纳通道方向发动冲锋。莫德尔的第3装甲师和紧随其后的第4装甲师为先头部队。莫德尔发动突袭（令人想起了这场战事之初的情形），18个小时后，就来到了诺夫哥罗德—谢韦尔斯基之前，此时距他的出发点已有70公里。次日，他奇袭攻占了杰斯纳河上的一座900米长的桥梁，然后又在下游8公里处夺取了第二个通道。三天时间里，他遭遇了第13集团军的多次反击。莫德尔右侧的第10摩托化师还要厉害，推进了110公里，直达诺夫哥罗德—谢韦尔斯基下游的科罗普。该部队获得空中投放的给养，在没有人保护其右翼的情况下，于8月26日渡过了杰斯纳河。叶廖缅科和各集团军司令之间很难联系得上，他的反应很盲目，他要守卫通往布良斯克的通路，那里是苏军最高统帅部最担心的地方。因此，27日，他让第13集团军向波切普地区的第17装甲师和第29摩托化师发起进攻。然后，为了夺取施韦彭堡的两个师冒险夺得的阵地，他发起了一场相当雄心勃勃的攻势，就是从三个方向发动进攻。两天前指挥第21集团军的瓦西里·库兹涅佐夫要切断第10摩托化师的后方，再用三个骑兵师和戈卢别夫接合起来。库兹涅佐夫始终想要安全行事，所以也就失去了时间，在时间相当紧迫的情况下，他甚至还向叶廖缅科请求获得行动的授权。沙波什尼科夫粗暴地回答道："您的请求令人难以理解。很早以来，局势就要求您发动进攻了。"叶廖缅科匆忙之间闭合了同心圆进攻的闭环，让新编组的第40集团军（只有参差不齐的4个师，也就是伞兵、内务人民委员部的部队还有机械化军的残部，外加40辆坦克）加速行动，从南部进攻德军在杰斯纳河上的几座桥头堡。苏军最高统帅部几乎给他派去了战略库存中仅剩的所有飞机，其中包括100架双引擎伊留申DB-3远程轰炸机。甚至还有250辆老式坦克，以此来组建一支突击部队。但这些最后时刻提供的资源并不会使人心存幻想。它们不是立刻就能使用的，面对集中于斯摩棱斯克（那是苏军最高统帅部绝对优先考虑的地方）之前的两支大规模部队，这些武器并没有优势。而且，9月1日，铁木辛哥向该城方向发起的巨大反攻行动中也会使用到这些装备。让布良斯克方面军的部队参加这次作战，又不让叶廖缅科控制第40集团军，苏军最高统帅部对叶廖缅科的日程没放在心上。这样做将会付出沉重的代价。

叶廖缅科和古德里安之间的冲突与8月29日各装甲师向前进军之时爆发的一系列战斗都很相似：西部，第10摩托化师和第21和第40集团军的两个师对攻；中部，第3装甲师和第10装甲师（第40集团军）对战；东部，第47摩托化军碰上了第13集团军。叶廖缅科没有其他办法，只能在48小时的推进过程中，向已经精疲力竭、损失惨重的部队（增援部队素质很差）发布总攻的命令。第13集团军必须和两个装甲师及一个摩托化师的200辆坦克对战，而他们总共只有100辆坦克，其中只有15辆是新式坦克。尽管第21和第50集团军毫无斩获，但第13和第40集团军还是让第3装甲师，尤其是第10摩托化师损失惨重。9月2日，第13集团军协同第108装甲师再度发起冲锋，让第17装甲师损失了一半的坦克。古德里安大惊失色，就去找冯·博克，要求其增援，来解救自己的部队，以期再次发起攻势。丝毫不想从莫斯科公路后退半步的哈尔德只能让步。古德里安得到了大德意志团、第1骑兵师、从斯摩棱斯克抽调过来的党卫军帝国师以及第1高炮军，这是世界上唯一一支高炮部队，其麾下的100门高射炮能阻挡住装甲部队的任何进攻。现在的局势还不足以削弱冯·博克在斯摩棱斯克城前的防线，但已足以让人对叶廖缅科的这些可怜的部队肃然起敬。

9月2日，苏军最高统帅部告诉叶廖缅科"[他的]工作很不令人满意"，叶廖缅科遵从最高统帅部的命令，再次派出部队发动进攻，这次进攻属于铁木辛哥向斯摩棱斯克发动总攻的范围。到处都打了败仗，除了科罗普，第40集团军的第10摩托化师夺回了这座城市。3日，再次冲锋，再次损失。4日，施韦彭堡的第24摩托化军再次向南进军。在三个地方实施了突破的第40集团军开始撤退，一片混乱，撤到了谢伊姆河之外，这是杰斯纳河的一条支流，也是基辅城前的最后一道屏障。叶廖缅科有24个小时不知道这次大败仗，因为该集团军是向西南方面军，也就是基尔波诺斯作的汇报。第40集团军左侧归叶廖缅科指挥的第21集团军受到冯·魏克斯第2集团军的逼迫，在杰斯纳河以北的河岸全线撤退。苏军的士气一落千丈，部队精疲力竭，损失惨重，已显露瓦解的迹象。投降、开小差、逃跑比比皆是。甚至于9月5日，叶廖缅科请求最高统帅部批准在后面安置督战队，随时可以向逃兵开枪，不仅是用自动武器，在他的请求之下，还可以动用大炮。最高统帅部批准了请求，但动用加农炮的请求未获批准。[55]

苏军士气的低落

1941年8月底，基辅战斗以惨败收场之前，内务人民委员部就汇报过士气普遍低落的情况。表现形式都是一样的：反犹主义爆发，失败主义的言论，幻想德国是天堂，公开表达宗教情感。城市里，尤其是靠近敌方的城市，官员都在拆毁斯大林和列宁的半身像，销毁宣传册和领袖人物的著作。局势极为严峻，列宁格勒当局甚至担心会爆发政治层面的骚乱。[56]

德军的持续推进是悲观主义盛行的一个原因,这一点毋庸置疑。但同样可以确定的是,信息封锁也加剧了这种局面。8月21日,奥斯特罗乌莫娃-列别杰娃写道:"我们这仗打得很糟糕,只是不知道糟糕到什么程度,从报纸上什么都看不出来。一切都很模糊,都在含糊其词。""报纸上的信息极少,大家都不读报了。不管怎么说,读报是什么都了解不到的。"(8月23日)"我们对前线发生的事绝对是一无所知!绝对一无所知!"(9月1日)[57]由于不知情,流言便满天飞。说什么铁木辛哥和布琼尼已经被内务人民委员部逮捕。9月2日,菲拉杰尔夫·帕尔辛斯基在日记中写道:"她[帕尔辛斯基的一个女邻居]对我说铁木辛哥和布琼尼已经叛变,和德国人勾结到了一起。我对她说她这是在胡说八道。也许,他们是因为苏军撤退才被捕的吧。铁木辛哥把斯摩棱斯克给了敌人,布琼尼则给出了第聂伯罗彼得罗夫斯克!向来都是要找替罪羊的。但如果集体农庄庄员不想打仗,那铁木辛哥和布琼尼又何罪之有呢?"[58]第38航空兵营的士兵谢苗·普加科夫私下在日记里写道:"士兵都在聊铁木辛哥叛变的事情。平民中间也是。我甘愿相信这件事。否则没法解释军队和前线现在的这种局势。希特勒的第五纵队特别强大。法西斯的间谍特别强大。尽管这样,我还是敢肯定他们永远不会赢得战争。"[59]9月1日,韦尔纳茨基也提到了叛变一事,沙波丽娜则指出了这些流言的矛盾之处。[60]"铁木辛哥和他的士兵让德国人和俄国士兵联手?!以前不都是说他自杀了,要不就是他被枪决了!"[61]

宣传部门尽管笨拙,但还是在努力,爱伦堡10月7日写给谢尔巴科夫和洛佐夫斯基的一封信中就指出了这一点:"[……]我不明白我们的报纸和广播电台为什么要在基辅陷落和第聂伯河大坝被摧毁这些事上保持沉默。[……]2. 塔斯社发出了一张照片,图注是:德军把俄国以前的地主又带了回来。[……]照我看,还是印刷几百万份小册子，刊登德国要把集体农庄改造成'德军企业'的通告更好。"[62] 8月31日，柳德米拉·沙波丽娜话说得激烈，她对自己身边的列宁格勒地区进行了观察。

> 我们都是奴隶，我们的心理就是奴隶的心理。我们的整个国家都是如此。就像汤姆叔叔那个时代的黑人，俄国可以自由的想法［……］从来没出现在我们的头脑中。和黑人一样，我们梦想的只是要有一个好的主子，这个主子不太残暴，能让我们吃得更好。甚至全体公民都在这么想，情况就实在太糟糕了。他们平静地等待着［……］这个新的主子。所有人都在说：德国人还是要比格鲁吉亚人和犹太人好的。

1941年8月31日，著名的女诗人玛丽娜·茨维塔耶娃自杀身亡，就是士气低落的一个现象。当然，1939年，茨维塔耶娃的女儿和她的丈夫被捕之后，她就一直很沮丧。但德军的推进（布拉格和巴黎这两个在她心目中如此珍贵的地方都已陷落）也在她心中产生了一种末日终将来临的情感。[63]就此而言，我们可以认为她的行为同1942年2月斯蒂芬·茨威格自杀的行为相似。苏军战败的消息令菲拉杰尔夫·帕尔辛斯基欢欣鼓舞，他梦想可以获得自由，还想象自己来到了希特勒的车厢里。可见，无论从政治上还是精神上来看，民众已经缴械投降了。"必须利用这个时刻来撼动和颠覆这些让人恨之入骨的组织。斯大林和他的特辖军——契卡、内务人民委员部、国家安全总局。""每个人都应该珍视这样的口号：打倒集体农庄，私有财产万岁，人类自由万岁，只有资本主义世界，只有议会民主制才能做到这些。［……］不管斯大林说什么，希特勒的闪电战都已经成功了。"[64]

9月，随着基辅陷落，再加上10月通往维亚济马—布良斯克的莫斯科公路成为通途，本就不佳的士气更是一落千丈。只是到了11月，斯大林发表了重要讲话，士气才有所回升。普里什文写道："基辅之后，谁还觉得会胜利？如果外界能出现有利的情况，比如德国瓦解，英国人登陆，就会胜利。我们不知道还有什么能干预这个进程。"[65] 韦尔纳茨基被疏散到了哈萨克斯坦的勃罗沃伊，他在那里大吃一惊："今天广播说德国向基辅实现了突破。这儿的士气很差。［……］希特勒夺取乌克兰的计划成功了。［……］我和其他人一样，坚信最终会赢得胜利，但现在的局势比我想象的还要严峻。"[66] 玛丽娜·茨维塔耶娃的儿子格奥尔基·叶夫隆是个无可救药的乐天派，连他都觉得震动："我没想到他们能走到这一步。"9月21日，他在日记里写道。[67]

基辅包围圈的合拢

德军夺取基辅的计划堪称教科书式的战例，这场在各个战线上爆发的战斗（包围战）都是先前各个作战行动的延续。两个摩托化部队形成的钳形攻势将会突破苏军的防线，在乌克兰首府以东200公里处接合起来。两侧均有一支步兵集团军进行支援。但摩托化部队北侧的钳子（古德里安集群）在推进途中遇到了一个棘手的问题，他的整个外侧都容易遭受敌军的攻打。若想保护侧翼，就必须动用机动部队，但不能把它用来打头阵。哈尔德坚持认为战斗必须极快完成：中央集团军群的部队必须尽快在莫斯科公路上重新部署好。但像他这样还在赌气，而且对该行动本身就抱有敌意的人，只能假装对此不感兴趣。冯·伦德施泰特做出相应的行动，把他所在的集团军群的利益放在了第一位：根据他的命令，第17集团军只会在包围圈南部形成钳子，第1装甲集群则向哈尔科夫推进。他还要求第2集团军和古德里安的集群都归他指挥。从这时起，哈尔德只能不再赌气，重新掌控局面。9月7日，他飞往乌曼，那里是伦德施泰特的司令部。他大致做了解释，说不可能让中央集团军群的部队归他指挥，而且，也不可能派遣笨重缓慢的步兵集团军和古德里安会师。古德里安只能尽力往南推进。必须把任务倒过来：第1装甲集群向北奔袭，和古德里安在罗姆内会师，第17集团军则向哈尔科夫推进。伦德施泰特只能屈服。不过，陆军总司令部对日程表并不放心。事实上，9月4日，北部的钳子（古德里安第2装甲集群的2/3兵力和魏克斯的第2集团军）同南部的钳子（冯·克莱斯特的第1装甲集群和冯·施蒂尔普纳格尔的第17集团军）之间还有300公里相隔。北部的钳子在第24摩托化军的战区内抢得先机，已经在两个地方渡过了杰斯纳河。相较之下，第2集团军还必须越过障碍。8月30日，它向距切尔尼戈夫几公里的维布利发起进攻，取得胜利。一个步兵师驻扎在河的南岸，等待桥梁架好。但它不知不觉和第5集团军的右翼打了起来。波塔波夫不是费奥多尔·库兹涅佐夫，他立马就发起了反攻。四天内发起了十五次反攻！德师损失惨重，第2集团军受阻，但由于德国空军的援助，桥头堡还是守住了，驻守了很多部队。

距那里300公里的第17集团军还必须渡过第聂伯河，让第1装甲集群有一个始发的基地。它选在基辅以南300公里的克列缅丘格设立这个基地。它还必须在河的东岸设立一座足够宽敞的桥头堡。他们等了一个星期，来了几百艘马达发动的冲锋艇和30个架桥兵纵队，还有成箱成箱的新地图。事实上，那些用于巴巴罗萨行动头两个月的地图到了第聂伯河以后就没用了。陆军总司令部只能重印1917年缴获的沙皇时期的旧军用地图，比例尺为3（即1∶126000）。地图上没有标明苏联人这二十年间修建的公路和铁路。第17集团军的进攻始于8月29日，向两座驻守了苏军两个营的小岛发起冲锋，必须进行血腥的肉搏战才能把苏军赶走。然后，8月31日和9月2日，德军发射了数百枚烟幕弹，遮住了山谷，苏军炮手看不清，两个步兵军从而渡过了河流。9月3日，第17集团军攻占了河东岸一条长8公里、宽4公里的条形地带。好几个工兵营立即开始修建桥梁，让克莱斯特装甲集群的数千车辆得以通行。

古德里安还是老样子，想不等所有资源都到齐，就开始发动进攻。莫德尔运气好，9月3日抓住了负责修建杰斯纳河防御工事的内务人民委员部的军官帕维尔·契斯托夫，以及第40集团军一名随身带有其所在部队地势图的高级军官。有了这些宝贵的情报，古德里安便下令次日开始进攻。第46摩托化军不用进攻：他们只要守住东侧的防线就行，叶廖缅科一刻不停地在向那儿进攻。第24摩托化军在党卫军帝国师和骑兵师的支援下，独自进攻右侧，第2集团军将尽可能地跟在他们身后，但由于地形难以通行，再加上波塔波夫狠命地攻打，该部队受到了阻遏。9月4日，莫德尔的第3装甲师冒着倾盆大雨发起冲锋。他打击的是第21和第40集团军的接合部，毫无困难地推进到了谢伊姆河岸边的诺沃姆金。先头部队的履带刚踏上那些桥梁，那些桥梁就被引爆了。几公里外，他们发现了另一个可以渡河的地点，八个小时架起了一座浮桥，9月8日，该师继续向南挺进。第4装甲师、党卫军帝国师和大德意志师在西部几公里处先后过河。第40集团军开始瓦解，成千上万的人投降，大路小路上都是丢弃的武器。苏军航空兵部队向德军的队伍发起轰炸，阻碍了德军，也让他们吃尽了苦头，但还是没能阻断他们的脚步。莫德尔驱策着他的部队和仅剩的40辆坦克向前行进。10日，奔袭了50公里后，他冒着大雨，用牵引车拖着卡车驶过厚厚的烂泥，竟出其不意地进入了罗姆内。11日，党卫军帝国师突破了巴赫马奇，12日，第10摩托化师来到了科诺托普，科诺托普是该地区最大的交通枢纽。再往南，第1装甲集群只是到了9月11日才踏上长达1253米的16吨重的唯一一座桥梁，成功渡过第聂伯河，向克列缅丘格推进。第48摩托化军的装甲部队没有参与第17集团军和苏军第38集团军之间激烈的战斗，而是径直向北挺进，虽然到处都是泥泞，仍推进了100公里，14日，夺取了卢布内和洛赫维察。当

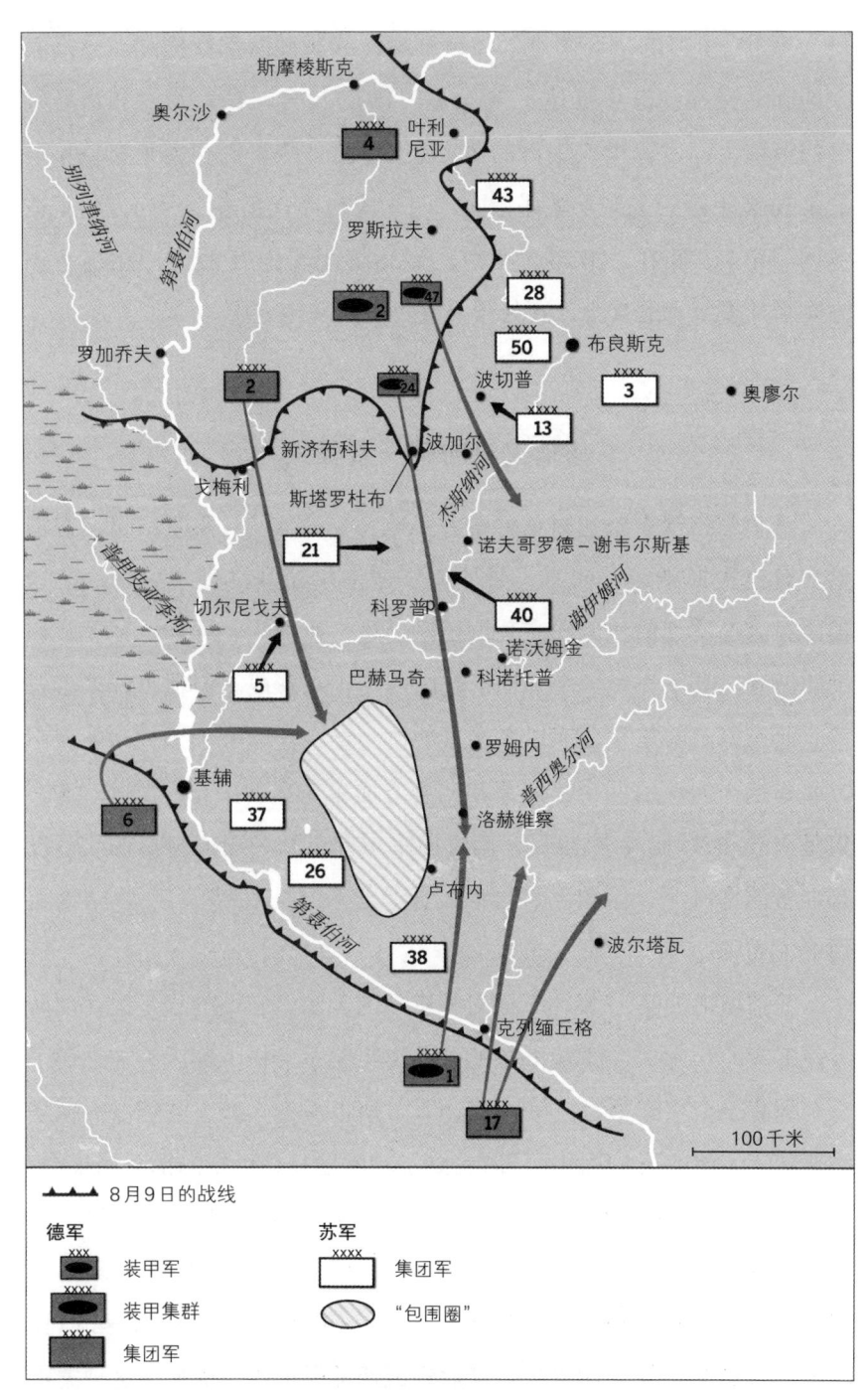

基辅的包围圈

第十二章　基辅、莫斯科还是列宁格勒？　735

日，第3装甲师的一个团进入洛赫维察，苏军部队都在撤退。该师其余的部队又在泥泞中推进了50公里。18点20分，在卢布内和洛赫维察的半道上，古德里安集群的第3装甲师的一些车辆和克莱斯特集群的第16装甲师的先头部队碰了面。两军成功接合起来，西南方面军被包围。第5、第21、第26、第37、第38集团军的75万人，相当于该方面军几乎所有的兵力，正处于岌岌可危的境地之中。

基辅灾难的第一责任人

西北总指挥布琼尼对这件事并不吃惊。事实上，8月25日，古德里安渡过杰斯纳河，向诺夫哥罗德—谢韦尔斯基挺进，29日，第17集团军渡过第聂伯河，向克列缅丘格挺进，让他忧心忡忡。他了解德军的做法，毫不怀疑一个"锅形包围圈"正在形成。但他有许多事要干。他还得阻断第聂伯河以东德军的桥头堡。实际上，该行动就使南方面军把守河湾的四个集团军和西南方面军左翼的第6、第38、第26集团军没法调动。8月29日，南方面军司令员秋列涅夫将军在丝毫没有准备的情况下，亲自率领部队发起了进攻（实在够疯狂），结果负伤下了战场。

基辅城内的第37集团军面对赖歇瑙的部队，守城的只是民兵部队参差不齐的兵力。该部队和左邻的第26集团军一样，都因为被抽调了三个师和一个空降军运往第40集团军，所以军力大减。波塔波夫扼守杰斯纳河下游的第5集团军同时受到了赖歇瑙和魏克斯的部队的攻击。因此，布琼尼的所有部队要么上了前线，要么遭到了敌军的牵制，已经没有后备装甲部队了。北部，古德里安突然出现，第21和第13集团军只能依靠叶廖缅科的布良斯克方面军。叶廖缅科只能增援第13集团军，第21集团军离得太远，其后勤流通都得依赖布琼尼（这种灾难性的局面到9月6日才结束，但那时已经太晚，最高统帅部已经将第

21集团军调拨给了西南方面军)。这样一来,布琼尼自然就得出结论,认为西南方面军只有分阶段地向纵深处撤退,离开凸起处(尽头就是基辅),才能脱身而出。结果,短期内就会形成一条以第聂伯罗彼得罗夫斯克—雷利斯克—布良斯克为一线的战线。撤退200多公里的做法是不可能得到最高统帅部批准的。从这时起,关键的问题就出在了斯大林的身上。

一直到9月初,最高统帅部都不是特别担心。他们始终相信,铁木辛哥对斯摩棱斯克实施的压力足以阻挡住古德里安。他们还以为(从各项命令可以看出)古德里安不想走基辅公路,而是走布良斯克公路,斯大林和沙波什尼科夫都以为希特勒的目标是赶在冬季之前进入莫斯科。1941年6月,斯大林确定希特勒想要的是乌克兰,而非莫斯科;8月底,他肯定地说他们想要的是莫斯科,而非乌克兰。在这两个例子里,他都受了骗,而他的错误也就导致了巨大的灾难性后果。

斯大林并不缺少自相矛盾的警告。从8月19日起,朱可夫就向他提交了自己的分析报告:敌人暂时放弃莫斯科,现在瞄准了南部。他提出唯一一个合理的建议,那就是"在切尔尼戈夫—科诺托普[地区]组建一个集群"。他说他知道最高统帅部已经将后备部队派往列宁格勒,尤其是斯摩棱斯克,他认为必须从外高加索、远东地区调来大量兵员,从莫斯科调来战机。当前,日本和土耳其态度不明,[68]德国空军又开始轰炸莫斯科,所以我们认为斯大林并不喜欢别人敦促他来做出这些战略上的决策。他给朱可夫发去电报,说由叶廖缅科指挥的布良斯克方面军应当足以阻挡敌军往南深入。但事实就是事实。9月7日,当古德里安的部队冲向科诺托普的时候,华西列夫斯基和沙波什尼科夫便试图说服斯大林,让西南方面军的部队撤退,以免他们被包围。斯大林勃然大怒,指责两人不够坚定。于是,这两名战士便不敢再说什么,华西列夫斯基战后对此颇为后悔,这种态度在一众回忆录作者当中相当罕见。"只要一提到有必要离开基辅,斯大林就无法保持冷静,变得怒不可遏。我们的灵魂缺乏足够的坚定性,无法抵御这种难以遏制的怒火,也没有负起全责来应对迫在眉睫的灾难。"[69]9月7日当天,基尔波诺斯十万火急地要求让第5集团军撤退,让第37集团军有权撤离至杰斯纳背后,以免被全歼。斯大林只要一听撤退,就气不打一处来,怎么办?沙波什尼科夫想要听听布琼尼的意见。9月8日5点,布琼尼回答说,他同意撤退,但需要最高统帅部确认。[70]只是到了9月8日上午7点,斯大林才点头同意,但条件是继续守住基辅的桥头堡。而此时,第5集团军的大部分兵力已经被包围起来了。

最高统帅部的命令表明他们已经意识到在敌军施压之下,已经很难有序实施撤退。从6月22日起,苏军在最艰难的时候从来就没正确地撤退过。因此,沙波什尼科夫坚持要求基尔波诺斯尽可能地把所有的装备都交给叶廖缅科的第21和第40集团军,好让叶廖缅科阻挡住古德里安,让整个西南方面军都能喘一口气。9月10日4点25分,他还要求基尔波诺斯派遣第2骑兵军向北进击。[71]基尔波诺斯同意了。相较之下,布琼尼就没这么好商量了。他认为"第2骑兵军是方面军仅剩的一支后备部队〔……〕。如果您从我们这儿抽调走,那为什么又要把它转给叶廖缅科?我认为该部队会遇到和第21集团军同样的麻烦。我同样请您注意叶廖缅科的行动,据说他能够消灭敌人〔古德里安〕的部队,但其实,什么结果都没有"。沙波什尼科夫回答道:"这些我都很清楚,谢苗·米哈伊洛维奇。但为了让西南方面军能够挺住,就有必要在诺夫哥罗德—谢韦尔斯基—科诺托普一线不让敌军实施突破。为此,我请您派遣第2骑兵军。最高指挥层已将这次行动交由叶廖缅科负责。"[72]

几个小时后,读了寄给他的电文后,基尔波诺斯这才明白德军正在收网。他战胜了对斯大林的惧怕,向最高统帅部发去了一份观点鲜明的电报:"敌军的一支坦克部队已侵入罗姆内和格赖沃龙。第21和第40集团军无法清除这支部队。我们必须获得基辅防区向敌军入侵轴线的方向提供援助，而且方面军部队需全线撤退。"[73]由于斯大林禁止从方面军最精锐的驻守基辅桥头堡的第37集团军抽调部队，沙波什尼科夫便回之以双重的否定。他低估了"坦克部队的侵袭"，认为那只不过是"小规模的出击"，建议抽调第聂伯罗彼得罗夫斯克的部队（相距300公里！）来阻断坦克部队的道路。[74]9月11日清晨，当布琼尼得知基尔波诺斯遭到了拒绝之后，他便给斯大林发了一封电报，坚称"西南方面军部队已经可以撤退"。他要求至少允许基尔波诺斯使用第37集团军来阻止自己被包围，可这样就会导致基辅弃守。在接下来的几个小时里，斯大林撤了布琼尼的职，让铁木辛哥取而代之。只有布琼尼敢像朱可夫那样，公开勇敢地当面对质斯大林，于是他就被降职为后备方面军司令员，驻守莫斯科轴线。

9月11日晚，基尔波诺斯及其参谋长图皮科夫通过电报和斯大林、沙波什尼科夫、铁木辛哥作了长谈。铁木辛哥去波尔塔瓦之前去了趟莫斯科，布琼尼将在那里向他交出指挥权。斯大林一开始就向基尔波诺斯提到了一个很不开心的插曲。

> 我觉得您提出的让部队撤退至河［普西奥尔河，位于基辅以东200公里］背后的提议相当危险。我们来回想一下最近发生的一件事，您应该还记得您当时让别尔基切夫诺夫哥罗德—沃伦斯基的部队撤退的时候，您所倚靠的第聂伯河的那条线路形势更为重要。尽管如此，撤退期间，损失了两个集团军，撤退本身也变成了溃逃［……］这就让敌人得以出现在第聂伯河的东岸。我们怎样才能确保同样的事情不会在现在重现？这是第一点。您的部队被包围，因为敌军不仅从科诺托普，也就是北部向您发起进攻，也从南部的克列缅丘格进攻，还有西部，因为您将部队撤离第聂伯河，敌军立刻就能在另一条河流站稳脚跟。［……］您就

会被包围。[……]该怎么解决？有如下几种方式：

　　1. 立刻重组部队，甚至可以牺牲基辅的防区，和叶廖缅科协同作战，向科诺托普的敌军发动猛烈进攻。

　　2. 立刻在普西奥尔河设立防线。[……]

　　3. 只有实施了这两点之后，[……]您才能开始撤离基辅。要把桥梁全部摧毁。[……]

　　4. 最后，不要再寻找新的撤退路线，而是要想想如何抵抗，只能抵抗。以上就是全部。

　　巴格拉米扬是唯一一个在回忆录中阐述基辅战斗的著名将领，斯大林的电文来往不断的时候，他并没在场。但他提到了几个小时后同身处第一线的图皮科夫的谈话，巴格拉米扬大致说，在这个节骨眼上，斯大林勉强同意了自己迄今为止一直不同意的事情，那就是放弃基辅，让西南方面军往纵深处撤退。即使是接受斯大林针对撤退行动提出的两个条件，基尔波诺斯也应该抓住这个机会结束谈话，准备撤退。趁着译码速度慢的当口，图皮科夫便找到了一种既能撤退，又能遵从斯大林的两全其美的方法，他向基尔波诺斯建议"利用这个建议，立刻将炮兵部队数量庞大的五六个师撤退到普西奥尔河的后方。这也将是方面军部队撤退的开端"。巴格拉米扬补充的话挺有道理："其实，再怎么说，斯大林并不是反对撤退，他只是要求沿普西奥尔河设立一条坚固的防线。"[75]但基尔波诺斯动摇了。按照方面军作战处副处长扎哈塔耶夫的说法，基尔波诺斯面如白纸，将最后一句话读了又读，"最后，不要再寻找新的撤退路线……"然后，他局促不安地征求在场者的意见，之后便给出了回答，说出了这个灾难性的句子："我们丝毫没有想要让部队撤退的想法。"哈塔耶夫说，一听到这句话，图皮科夫便绝望地抱住了脑袋。巴格拉米扬评论道："基尔波诺斯一点都没察觉到，他自己推翻了前一天自己所抱的所有期望。站在他这一边的人立刻都能明白这一点。当然这一点斯大林也注意到了。"[76]斯大林感觉到了基尔波诺斯的软弱，便乘胜追击，向他做出回复："其一，让西南方面军部队撤退的提议正是来自您和布琼尼[……]。其二，采取措施，猛击科诺托普的敌军部队，设立一条防线——要详细告知我们。其三，在没有经过最高统帅部的同意时，不得放弃基辅，不能炸毁桥梁。以上就是全部。再见。"[77]巴格拉米扬补充道，基尔波诺斯跑出了屋子，这是因为他觉得太羞愧，显然也是不想听下属说些什么。巴格拉米扬的这些话无论真假，都说明了两件事，西南方面军的命运就此注定：斯大林仍然相信叶廖缅科能拯救局势；恐惧让基尔波诺斯完全丧失了主动性，因此也就只能让自己被敌军包围。

接下来发生的事如历史重演：一成不变地一路走向被消灭的命运。9月13日18点42分，图皮科夫向沙波什尼科夫寄了一份报告："方面军部队的情况一天比一天艰难：a.（除了当地的驻军之外），在罗姆内、洛赫维察再无任何兵力来对抗敌军。[……] b. 瓦西里·库兹涅佐夫部队的防线最后还是会被摧毁。[……] c. 波塔波夫的军队也是同样的情况。[……] d. 第37集团军抵挡得好一些，但它的情况也在恶化。[……] 您知道灾难什么时候开始只是时间问题。"[78]翌日，沙波什尼科夫的回复就是刻板的套话："图皮科夫将军向总参谋部提交了散布恐慌的报告。相反，局势要求各级指挥员保持相当冷静的头脑和坚韧的态度。不要恐慌，必须采取一切措施守住阵地，尤其是守住侧翼。我们必须迫使库兹涅佐夫和波塔波夫停止撤退。必须鼓励方面军顽强战斗，不要向后看。必须无条件地遵守斯大林同志9月11日给你们的指示。"[79]按照巴格拉米扬的说法，这个回复完全照搬了斯大林的那些话。[80]

铁木辛哥做了自己力所能及的事。9月15日，德军的包围圈还不够扎实的时候，他就想形成"铁拳"，因为斯大林要求他在罗姆内轴线上的科诺托普打击敌军。[81]他把第129坦克旅（85辆坦克，其中28

第十二章　基辅、莫斯科还是列宁格勒？

辆为新式坦克)、一个骑兵军的部分兵力和一个步兵师集合起来。在德国空军持续不停的攻击下,这些部队甚至都没组建起来,就损失了大部分兵力。斯大林不再抱有幻想,当天他给丘吉尔发去的一封恐慌的电文正好可以说明这一点:"我觉得英国能在毫无危险的情况下让26到30个师在阿尔汉格尔斯克登陆,或通过伊朗,向苏联边境地区运送过来。"[82]次日,铁木辛哥再不能遮遮掩掩了:西南方面军如果还是待在原地,就会损失惨重。但他并没有把撤退的命令落在纸面上,为了免受克里姆林宫的指责,他决定把巴格拉米扬召到他在波尔塔瓦的司令部。他给他口头下了一道命令,让他传达给基尔波诺斯将军。依照这份命令,西南方面军司令员可以开始撤退部队。他还补充说,允许撤退的命令只是反映了南方总指挥部的观点,他希望能在白天联系莫斯科,说服最高统帅部签署这项命令。有意思的是,巴格拉米扬说因为天气原因,这次飞行被取消了,所以他是到了17日才飞到了基尔波诺斯的司令部。但这个说法与飞机的飞行日志相左。很有可能是铁木辛哥要求巴格拉米扬在他身边等待莫斯科的确认。在此期间,为保险起见,铁木辛哥还不忘给基尔波诺斯发去了一项威胁性的命令,也抄送了一份给最高统帅部,其实,这份命令就是发给最高统帅部看的:"从你的报告和调查来看,我观察到您的抵抗颇为消极。截至目前,您还没有组建突击队,来抵抗敌军的突破。"[83]当天20点15分,他又发布了一项新的命令,命令只提到了进攻,根本没提撤退。[84]而基尔波诺斯即便在9月17日收到了巴格拉米扬口头允许其撤退的命令,却仍然不敢下达撤退的命令。他要的是书面的命令,他还向最高统帅部和铁木辛哥提出过这个要求。沙波什尼科夫将近午夜时分终于给他发来了书面命令。至关重要的48个小时就这么失去了,而这么做始终都是因为害怕斯大林。

就在西南方面军的部队在地狱般的锅形包围圈内奄奄一息的时候,德军正在开始追猎将军。基尔波诺斯被叛徒出卖,在9月22日的战斗中阵亡，比图皮科夫晚了24个小时。波塔波夫被俘。约5万人最终逃离了包围圈。他们的军官将向内务人民委员部做出自己不是间谍的解释。9月26日，最后一批部队放下了武器。规模庞大的俘虏队列向西出发，步行走了数百公里，每天只有20克的小米和100克面包充饥。第6集团军司令赖歇瑙第一个发布将虚弱的俘虏悉数枪决的命令。[85]这次灾难空前绝后，是6月22日以来最严重的一次。第5、第26、第37集团军，第38和第21集团军的一部分，相当于43个师的兵力被摧毁。按照德国方面的资料，共有65万多名俘虏。夺取的战利品不计其数，德国国防军的公报说有"884辆坦克和3718门加农炮或被收缴或被摧毁"，[86]苏军损失了3万辆汽车，13名将军被俘。

斯摩棱斯克和基辅：史书中的战役

德国方面，对于基辅战役在战后也有分歧。这场巨大的胜利是否是莫斯科城前最终兵败的首要原因？从8月20日至9月底，中央集团军群整整六个星期都不能动弹，从而导致德国国防军冬季开始之初才打到莫斯科城下？哈尔德有许多说法支持了这个理论，古德里安[87]、冯·梅伦廷[88]、豪辛格[89]、菲利皮和海姆[90]也是如此。美国军队在1950年初所做的一项研究中指出，戈特哈德·海因里西将军将古德里安和魏克斯派往南方的做法是"最为关键的作战命令。他在向莫斯科发动进攻的时候没有打一场关键性的战役，失去了大好时机。我说'大好时机'，是因为没有出现'相反的证据'"。[91]战后，只有，或者说几乎只有冯·魏克斯承认他和90%的同僚一样，都赞同希特勒的观点。

我觉得打这场歼灭战就是继续这场战事的必要条件。如今，我们都知道中央集团军群没有抵达莫斯科，由于冬季严寒，该部队推进缓慢，再加上俄军的战斗能力有了惊人的提升，最终导致德军失败。如今，大家还倾向于认为基辅战役是一个战略上的错误。但我们并不知道，[基尔波诺斯的部队]如果继续在侧翼和后方造成强大的威胁的话，中央集团军群是否能抵达莫斯科。[……]无论如何，进攻莫斯科之前在第聂伯河畔打一场仗是基于战略层面的决策。[……]在整个战争史当中，这场战役都应该和坎尼会战和坦能堡会战相提并论。[92]

但是，"赢了基辅，输了莫斯科"的论调广受欢迎，大量描写德苏冲突的著作都在这么说。

这个论断基于四个暗含的假设。第一个认为铁木辛哥的部队在斯摩棱斯克以东被冯·博克击败，希特勒糟蹋了这个战果，过早决定向基辅进攻。可是，我们知道铁木辛哥连续不断的反攻确确实实阻挡住了中央集团军群的三个集团军和两个装甲集群，给其造成了巨大的损失，至少到8月15日之前就是这种情况。第二个认为只有冬季才能阻挡德国国防军夺取莫斯科，我们在第18章里已经讲过这事，所以该观点并不正确。第三个论断更具普遍性，认为莫斯科的陷落会导致苏联结束抵抗，这点没法证实，而且我们对此也深表怀疑。照第四个论点的说法，8月底（并非10月初）向莫斯科发动攻势将会赶在10月中旬泥泞遍地之前轻而易举地拿下首都，也就是说用时六个星期，对此我们的反驳是，一方面，铁木辛哥的部队8月中旬的时候状态会更好，而10月初由于多次"对杜霍夫什纳实施打击"反而不会这样。另一方面，中央集团军群要向东越过350到400公里，而其南侧还有布琼尼的70万部队。三者择其一，要么中央集团军群留下20个步兵师守住这一侧，这样一来在攻打莫斯科的战斗中这些部队就会缺席。要么冯·博克至少留下一个装甲集群发动攻势，守住侧翼，以此来击破布琼尼，而这些坦克也就无法参与到对苏联首都周围三条同心圆防线的突破中去。在这两种情况下，我们看不出战事会在六个星期内结束。正如现实情况所表明的，11月10日之前是无法重新采取攻势的，这样苏军最高统帅部就有时间运来其他后备部队。最后就是第三种可能性，哈尔德大胆果决，不去理会侧翼的威胁，在前方集中所有兵力，11月底拿下莫斯科。他的两个侧翼大敞着门，定会受到苏军冬季的反攻，在这座被打得千疮百孔的都城里，他又如何守得住呢？德国国防军最终失败的情况会更糟。

相较之下，若是没有古德里安和魏克斯，基辅战役是赢不了的，这场战役让苏军两个主要方面军中的一个被打残，使之损失了六分之一的兵力，解决了普里皮亚季河的问题，打开了其南侧300公里长的侧翼，把苏军整个战线的战略协调性打废掉了。随后，整个乌克兰一直到顿涅茨克和罗斯托夫都被攻占。就像戈培尔所说的，从宣传的角度来看，胜利的果实可触可感："我们星期五［胜利］的特别公报在全世界引起了轰动。中立国重新开始慢慢向我们倾斜。美国人见到这么多战胜布尔什维克的公报，都已心灰意冷。土耳其受到极大震动。伦敦则是一片惊愕。"[93] 相较之下，戈培尔对日本只字未提，当然，日本祝贺了德国在基辅取得的胜利，但可以注意到他们对德军在莫斯科公路长时间裹足不前的做法并不支持。如果我们顺着安德烈亚斯·黑尔格鲁伯的经典分析来看的话，就会发现这个观点在东京最终拒绝进攻西伯利亚的决策中并非无关紧要。

最终兵败莫斯科城下的结局并非由基辅的巨大胜利所致，而主要是由于哈尔德执迷不悟，尽管冬季已经临近，但他在已经力量不足的情况下，还是要让军队去冒这个险。他剑指基辅，好让人忘了他对莫斯科的责任，这点没什么好奇怪的。此外，尽管德军的将军们都说基辅战役是巴巴罗萨行动失利的主要作战因素，但那是他们战后解释德国全面崩溃时说的。在那个时代，很少有人从这个方向去说。相反，很多人都承认希特勒的直觉很准，军需部的瓦格纳将军在1941年10

月5日写给妻子的信中就是这么表达的："我一直都对元首军事上的判断觉得震惊。这次，他混合了各个行动，可以说是具有决定性意义，到目前为止，他始终都有道理。在南部获取巨大的胜利就是他的解决方法。"[94]那个时候，就连海因里西也认为基辅大捷"除了军事上的意义之外，也说不定具有极其重要的经济意义。因为从农业角度来看，乌克兰的广袤领土是俄国最富饶的一片土地，现在就要落入我们的手中了。我们的发言人说得很明确，乌克兰可以养活整个欧洲。而俄国没了乌克兰，就会爆发饥荒。我觉得这个说法没错"。[95]

那该如何解释苏军在基辅所遭受的这场灾难呢？苏军最高统帅部太长时间以来都把关注点放在铁木辛哥对斯摩棱斯克的攻势上，但始终未曾获得一锤定音的战果。将攻势一直延续到9月10日和以后，使苏军经受了巨大的伤亡，从而很大程度上导致西方面军在10月份的崩溃。8月25日2点30分，最高统帅部发布的命令也指出了他们始终无法理解德军的策略。"敌军将兵力集中在攻打布良斯克方面军上，意图显然是要在近期攻打布良斯克和日兹德拉轴线［莫斯科公路方向］。"斯大林和沙波什尼科夫都没有料到希特勒会采取这样的策略，希特勒"虚晃一枪"，就把法国纳入囊中，他觉得是命运告诉他要采取这样的策略。而且斯大林太相信拉多提供的情报。按照这名在瑞士的苏联特工的说法，纳粹瞄准的是莫斯科，而非基辅。这倒不是说拉多是在有意提供假情报。他那些接近国防军陆军总司令部和最高统帅部的线人都相信德国政府信以为真的东西，直到8月21日之前，哈尔德也是这么看的：希特勒最终会同意向莫斯科发动攻势。所有人都受了骗，所有人都采取了相反的措施，斯大林和其他人无一例外。

况且，斯大林对叶廖缅科的信任后来证明没有道理，布良斯克方面军和西南方面军指挥权的分配也同样没有道理。叶廖缅科始终恪守消灭古德里安的承诺，一直到9月27日之前都在进攻，结果什么都没得到，只是让自己的部队损失越来越惨重，铁木辛哥的损失也从来没这么厉害过。最后，斯大林执迷不悟，坚决拒绝让西南方面军向纵深撤退，从而导致骇人听闻的灾难发生。无论撤退有多么艰难，也还是能拯救比逃出包围圈的5万人要多出五六倍的兵力，虽然装备不行。在6月22日的突袭之后，这是斯大林犯下的第二个大错。

对苏军来说斯摩棱斯克战役打得不错吗？显然是不错的，因为这场战役把莫斯科公路给封住了。但苏军最高统帅部糟蹋了这个重要的战果，毫无理由地继续命令进攻，却忽视了自己的南侧，还一如既往地相信那一侧会受普里皮亚季沼泽的保护。对铁木辛哥倾注过多，对叶廖缅科的倾注就会变得更少。总之，如果我们停留在8月15日，那斯摩棱斯克战役可以说是有所斩获，但接下来一个月发动数次总攻，10月导致人员伤亡惨重，付出极大的代价，则一部分战果也就打了水漂。仅从7月10日到9月10日这个时间段来看，苏军参与斯摩棱斯克战役的四个方面军（西方面军、后备方面军、中央方面军和布良斯克方面军）共损失了76万人，含患病的病员在内，其中近50万人阵亡。[96]在随后的20天里，布良斯克方面军又有9万人失去了战斗力，少算的话，损失也达到了85万人。还要再加上5000辆坦克被摧毁，当时储备的坦克数量已经相当少了。哈尔德在日记里给出的中央集团军群的损失大约是12万人，含伤者和失踪者在内。这个数字对德国国防军来说已经很多了。对装甲部队损失的估算只能给出一个近似数。6月22日，第2和第3装甲集群有2075辆坦克，9月9日还剩下746辆。在此期间，还从德国运来大约200辆坦克，总的损失应在1589辆，最终损失的可能是1100辆。由于还必须扣除斯摩棱斯克战役之前阶段（6月22日—7月10日）的损失，中央集团军群在抵挡铁木辛哥的攻势时应该"消耗"了大约800辆坦克，然后再向基辅进发。损失可谓相当厉害。最终的损失还要到1941年11月至12月的时候再来算。

菲格莱因的骑兵部队

1933年，身材健壮的年轻马术冠军赫尔曼·菲格莱因加入了纳粹党。他的父亲约翰是慕尼黑附近种马场和驯马场的老板，当地的贵族常去他那儿光顾，因此他和希姆莱结下了牢固的关系，而希姆莱则希望党卫军能在马术领域大显身手。于是，党卫军的头子很快就建立了党卫军马术学校。接下来几年，菲格莱因由于体育上的成就以及善于应酬周旋，成了希姆莱身边的骑手。1939年，希姆莱同意由他来创设党卫军第1骑兵团，并让他担任团长。波兰战事爆发，这支优雅的部队加入了武装党卫军，变成了清除德国敌人的机器。1939年和1940年，该部队在华沙附近的帕尔米里森林参与处决了上千名波兰上层阶级人士、抵抗分子和犹太社区的人。希姆莱对此很满意，便允许他设立第二支部队，这个部队和第一支部队一样，烧杀抢掠，无恶不作，酗酒成性。这两个部队很快就合并成了一个旅，1941年6月24日进入苏联，参与了攻打苏军的辅助行动。

1941年7月5日，赫尔曼·菲格莱因找到了满足自己勃勃野心的机会，当时，党卫军全国领袖正好来视察他的部队。希姆莱在讲话中说等待着骑兵部队的将是"艰难的日子和棘手的任务"。他讲的这个行动目标是"扫荡"普里皮亚季沼泽，那里的犹太人占总人口的80%。事实上，希姆莱和别动队的领导人对白俄罗斯和乌克兰边界地带的民族现状没有丝毫的了解：乌克兰人、白俄罗斯人、俄罗斯人、波兰人、犹太人的村庄、乡镇、住宅区在那里星罗棋布，他们对德国人没有丝毫的敌意。依照战后一份证词的说法，他结束讲话时宣称所有觉得自己达不到这个"特殊任务"[97]高度的人都可以请求调离。7月10日，希姆莱又来到了这里，他大部分时间都待在名为"海因里希号"的指挥专列里，他把菲格莱因的旅置于党卫军中央战区的高级代表冯·登·巴赫-热勒维斯基的麾下,此人嗜酒,精神方面并不稳定。从这场战事的第一天起,介入普里皮亚季沼泽的想法就一直悬而未决。德国国防军负责中央集团军群后方事务的马克斯·冯·申肯多夫将军也会执行这项任务。他担心的是第2集团军和古德里安集群的补给路线,这些路线会经过平斯克,通向戈梅利,这是普里皮亚季十字路口的两座城市。第35军(第2集团军)的战线向东延伸130公里,会和苏军第21集团军对战。哥萨克人在平斯克以东70公里处发动侵袭,苏军的武装游击队也会在森林里露营。对希姆勒和申肯多夫而言,菲格莱因的马匹将会走过别动队的卡车无法通行的区域。希姆莱在《对沼泽进行扫荡和分区控制的指示》中详述了这项任务,表明纳粹对普里皮亚季充满了恐惧感:"从国家的角度来看,如果民众充满敌意,他们无论是种族上还是人格上都低人一等,沼泽地区常见这种情况,或者都是在逃的犯罪分子,一旦怀疑这些人支持游击队,便应立即予以枪决。妇女儿童应该遭到驱逐[……]。村庄应被焚毁。"[98] 所谓的"犯罪分子"和"游击队员"当然指的就是掉队的苏军士兵,但主要是指犹太小镇上的犹太平民,所有的德军将领都承认非正规军的战斗都是犹太人干的。

7月28日,两个党卫军骑兵团进入沼泽的北部边缘地带,也就是普里皮亚季河的两岸。三天时间里,他们处决了大约1000名犹太人、共产党员、迷路的苏军士兵。这些屠杀行为和别动队在同一时期执行的屠杀并无不同(都是针对15岁至50岁的男性,乌克兰和波兰当地民兵组织的支持者)。8月1日,希姆莱向菲格莱因发去一封电报。他觉得被杀的平民数目"微不足道",要他们"干得更猛烈"。他写道,必须把所有14岁以上的犹太男人全部杀掉,把女人和儿童赶到沼泽地里去。电报再三重复了这个指示:"党卫军全国领袖明确命令,应该枪毙所有犹太男人,把犹太女人赶入沼泽。"[99] 从字面上来看,希姆莱的命令并没有要求杀害妇女儿童,但很显然他是在促使各部队的负责人往这个方面行动。"字里行间刻意的"模棱两可很快就导致出现了一个实际问题，这是第2骑兵团提出来的："把妇女和儿童赶入沼泽的做法并不如预期成功，因为沼泽不够深，没法把他们淹死。"[100]怎么办？第2团的团长弗朗茨·马基尔倾向于不去理会希姆莱的意图，在一个月的时间里继续只杀男人。相较之下，他在第1团的同僚古斯塔夫·隆巴德就跨出了这一步。从8月2日起，得到菲格莱因同意后，他完全摧毁了霍姆斯克、莫托尔、捷列哈内的犹太人社区，无论年龄和性别，都格杀勿论。最初实施的这一系列屠杀行为远远超越了当地的局势，菲格莱因或隆巴德的人也没料到这一点。这一系列屠杀标志着已经开始向严格意义上的大屠杀过渡：苏联的犹太人社区从此以后都必须彻底消失。当然，7月份的时候，乌克兰的第45警察营、立陶宛的第2突击队都已经在屠杀整座村子，但这些都还是特定的命令，并没有普及开来。菲格莱因会劲头十足地极富主动性地完成自己的任务，这让他赢得了大量的赞扬。在不到一个月的时间里，在获得冯·博克后方部门的同意后，在冯·登·巴赫-热勒维斯基的协助下，8000平方公里的区域被仔细梳理了一遍，一百来座村庄、乡镇和城市（平斯克）都被走访了一遍，2.4万至3万名犹太人遭到杀害，占比90%。冯·登·巴赫-热勒维斯基随后逐渐把这个新的措施扩展到了中央集团军群所有的后方地区。他的两个分身，也就是弗里德里希·耶克尔恩（乌克兰）和汉斯-阿道夫·普鲁茨曼（低地国家）了解这种情况后，也把这种做法引入到各自的防区内：在苏联被占区全境，妇女儿童从此以后也会和男人一样被召集起来，在同样的地方被杀，并被抛入同样的墓穴内。六个月的时间里，党卫军帝国领袖权杖队及其两个旅，其中包括菲格莱因的部队，共杀害了8.5万名平民，其中犹太人占大多数，此外还有2.5万名战俘。他们和别动队一道，成为苏联境内最终解决方案的一个重要齿轮，类似于某种从事极端实验的实验室，而且由希姆莱直接操刀。菲格莱因后来在

第三帝国内部扶摇直上。他凭借着自己的魅力，娶了爱娃·布劳恩的妹妹为妻，进入了元首身边的圈子。1945年4月29日，他因为懦弱而被党卫军的一个班枪决，而第二天，希特勒就将成为他法律上的姐夫。

向南250公里处，就在沼泽地的南侧，乌克兰的罗夫诺地区，党卫军第1旅按照相同的方法，杀害了1658名犹太人。他们执行的是弗里德里希·耶克尔恩亲自下达的命令（清除"武装集团、自由射手、支持布尔什维克政权的任何人"，"女性特工，犹太人"）。[101]虽然具体比例不详，但我们可以肯定地说其中一部分受害者是妇女和儿童。屠杀始于7月28日和30日之间，旅长里夏德·赫尔曼和菲格莱因都想赶在别动队之前，争夺"大屠杀尖兵"这一可耻的荣誉，历史学家马丁·屈珀斯如是说。

娘子谷

1941年9月19日，战争第70天，中午时分，德军第29军进入了基辅。乌克兰的这座首都战前共有93万居民。按照1939年的人口普查，224236名犹太人住在那里，相当于总人口的26.5%。[102]32.5万居民在被包围之前离开了城市。近20万人被苏军征募。9月19日，还剩下40万居民，其中4万人是犹太人。17日，苏军最后几支战斗部队开始撤离。翌日，受后卫部队保护的由弗拉索夫将军指挥的第37集团军的工兵团（并非我们现在仍然能读到的内务人民委员部）摧毁了第聂伯河上的四座桥梁、电力枢纽、铁路设施、饮用水泵站、邮局、电报局和电话中心。此外，工兵还给占领军留了个大大的惊喜。数十座行政大楼和酒店，凡是有可能会入驻参谋部的地方，都被安装了定时炸弹，炸弹通常还和纵火装置连在一起。我们不知道究竟是谁向弗拉索夫下达了摧毁的命令，但我们知道这一切绝对都和斯大林有关。10

月,列宁格勒的国防委员会秉持"焦土"战略,也下达过同样类型的命令。

德军第29军参谋部的一名军官在日记中提到进入乌克兰首府的情景。

> 马路上,震惊不已的人群注视着我们。他们还不知道该怎么办。一个男人从人群里冲了出来,指手画脚,很激动,向我们走来。他想告诉我们怎么去"洲际"酒店,那个地方应该可以设立参谋部。当我们到达酒店的时候,周围的人都对我们说楼房里已经埋设了炸弹,让我们别进去。[……]和冯·阿尼姆将军短暂见面之后,我们就朝第聂伯河走去,工兵正在造船,好让我们渡河。俄国人把通往第聂伯河的大部分公路都已炸毁。[……]四座桥梁也已被摧毁。炸桥的烟雾从水中冉冉升起。[……]现在,民众都拿着鲜花来看我们。[……]女人把孩子抱给德国士兵看。[……]突然,我们对面的一栋楼房起了火。起先,火势还很弱,突然,一股明亮的火焰蹿了出来。几分钟后,我们就听见了熟悉的爆炸声。这也就意味着接下来在许多地方,还会有更多的爆炸,[……]四面八方都会燃起大火。焦土——苏联人撤退时就是这么干的。[……]我们从[市郊]返回的时候,已经了解了城堡灾情的详情。首先,发射台被炸成了碎片,上面有个炮兵的观察岗和防空炮的炮位。不过,居民已经通知我们这地方有可能埋了炸弹。工兵把整个地方都挖了个遍,但一个爆炸装置都没找到。爆炸夺走了无数军官、士官和士兵的生命。其中就有我的朋友冯·塞德利茨上校,他六十二岁,是一名特别勇敢的军官。[103]

如果不是好几个工兵连拆除了670枚炸弹的引信,还得炸个不停,其中列宁博物馆埋设了7吨爆炸物，将会通过无线电引爆。[104]

1941年12月4日，副内务人民委员S.萨夫琴科写给尼基塔·赫鲁晓夫并被转呈给斯大林的一份报告，就对德军第6集团军第29军进入基辅时的情况作了汇报。

> 1941年9月18日，白天即将结束，苏军的部队、党支部和苏维埃的机构都离开了基辅。他们离开之后，商店和仓库普遍都遭到了洗劫。洗劫一直持续到9月19日中午，此时，［……］德国军队开始从波多尔这一侧，经过基洛夫路，进入了城里。300人组成的反苏维埃人群拿着鲜花在加里宁广场迎接德国人，基辅佩乔尔斯克洞窟修道院的钟声开始响起。"庄严肃穆地"迎接德国军队被佩乔尔斯克修道院的爆炸声中断，这次爆炸导致40名德国人死亡。德军先头部队占领了赫雷什恰基克大道［该城的主干道之一］上的公共楼房和国家大楼：大酒店、洲际酒店、斯巴达酒店及其他场所。［……］9月24日，中午时分，占领军司令部所在地斯巴达酒店和捷茨基世界商店都发生了爆炸。爆炸引发大火，由于缺水，没法灭火。［……］德军指挥官办公室所在的大楼爆炸之后，大约300个德国人被杀死，数十辆汽车被摧毁。大火一直持续到9月28日，把赫雷什恰基克大道上楼房全给烧没了。［……］9月28日，全城都张贴了通告：全体犹太人必须于9月29日8点在卢基亚诺夫斯克公墓集合。[105]

在特别针对城内的犹太人之前，德国当局以及德国国防军都采取了和明斯克相同的措施。照1943年收集的好几份证词来看，从国防军部队进入该城的第二天起，他们就已开始在娘子谷枪决苏联战俘。[106] 克罗希纳亚路上设立的战俘营就靠近娘子谷。9月25日，伊莉娜·霍尔楚诺娃去了那里：

突然，我们在整整一条河边看见不止数百个，而是数千个我们的战士。他们都坐在那儿。他们看上去好可怕，我们觉得毛骨悚然，很显然，他们没吃过东西。女人拿着吃的来到了这儿，但德国人不让她们靠近俘虏。女人们都哭了。每走一步，我们都能见到令人撕心裂肺的场景。女人们冲向俘虏，而俘虏就像野兽一样，向伸过来的食物发起进攻，撕扯着它们。德国人用枪托砸他们的脑袋。女人们也都被打了。可她们还是在分吃的。俘虏和女人还是被打。所有人都哭了。

从9月21日起，第95师师长就命令把所有可以使用武器的男人都押到"审讯营"扣留起来，阿勃韦尔的军官在乌克兰人的协助下，将会确认"哪些是穿平民服装的士兵、游击队员、获释的罪犯和犹太人"。爆炸、火灾、死亡的德国人，很快就使军事当局变得更为极端。9月22日，第29军军长下令逮捕所有达到服兵役年龄的人（依照的是9月19日第6集团军的一份命令）和所有犹太人。[107]依照1965年6月上级突击队大队领袖奥古斯特·海夫纳向第4突击队提交的一份证词，"差不多在火灾发生的第2和第3天［也就是9月23日或24日］，［……］埃伯哈德将军［基辅要塞司令］向我宣布这都是犹太人搞的破坏。他对我们说犹太人是罪魁祸首，他已经下令抓了60个犹太人。为了报复，他命令我枪决基辅所有的犹太人"。按照第4突击队排长阿道夫·扬森的说法，是第29军军长冯·奥布斯特菲尔德将军下令处决基辅犹太人的。历史学家一直都在争论，为了对第37集团军埋设炸弹进行报复，究竟是谁下了这道命令。是汉斯·冯·奥布斯特菲尔德？还是库尔特·埃伯哈德？还是他们的上级陆军元帅冯·赖歇瑙？A别动队1B特遣队队长埃里希·埃尔林格在受审时就是这么说的。还是这三个人都有份？唯一可以确定的是，是德国国防军，而非党卫军，发布了这项命令。第6集团军已经不是第一次这么做了。1941年8

月,他们和4a别动队在灭绝日托米尔及其他地方的犹太人时就合作得很好。

不管怎么说,9月26日,也就是党卫军保安局和警察部门到来之后,埃伯哈德和党卫军及警察部门高级负责人弗里德里希·耶克尔恩、C别动队队长奥托·拉施、4a突击队队长保罗·布洛贝尔开了一次会议。所有人都同意很快会有大动作。9月28日,乌克兰辅警在墙上贴了2000份两种语言(俄语和乌克兰语)的通告。"基辅城里及周边地区的所有犹太佬都必须于1941年9月29日8点到梅尔尼科夫路和陀思妥耶夫斯基路的转角处(靠近公墓)报道。他们必须随身带好证件、钱和贵重物品,也要带上保暖的衣物和被单。不执行这项命令的犹太佬和以后在城里其他地方被找到的犹太佬都会被枪决。"德国人料想能集合5000到6000名犹太人,仅仅一个4a别动队一天就能把他们枪毙完。[108]但来的人要多出六倍,经布洛贝尔的请求,耶克尔恩下令第45警察后备营也加入进来。

娘子谷大屠杀对受害者不加区分(8月初起,德军就已杀害妇孺),处刑的方式也没做区分,都是用自动武器实施枪决。娘子谷的规模在第二次世界大战的大屠杀中仅此一次:约2.2万名受害者在不到12个小时内被枪决完,近3.4万人在36个小时内枪决完。无论是之前还是之后,甚至在奥斯维辛和特雷布林卡,纳粹也从来没在这么短的时间内灭绝过这么多犹太人。娘子谷的不同之处还在于缺少统计清查或隔离之类预先指定的措施。这次屠杀在时间上和空间上都不是孤立事件。别动队在乌克兰的极端化行动已有一段时间,那里共有270万犹太人,包括沃里尼亚和加利西亚的犹太人,也包括布科维纳、比萨拉比亚、鲁塞尼亚部分地区的犹太人。9月14日,至少3500名犹太人,主要都是妇女和儿童,在尼古拉耶夫被枪决,之后赫尔松又枪决了4000人,梅利托波尔2000人,马里乌波尔8000人。15日,别尔基切夫杀害了1.2万人,18日,日托米尔3145人,19日,文尼察1.5万人。26日，2.36万名犹太人在三天时间里被杀害，这是第一次出现被杀害的大多数人并非苏联公民，其中包括被驱逐出自己国家的1.6万名匈牙利人和2000名罗马尼亚人。弗里德里希·耶克尔恩的参谋连在320警察营和乌克兰辅警的支援下，在四个巨大的坑口用机枪射杀了这些人，这些坑口是苏军弹药库爆炸后形成的。1944年，一个医学调查委员会认为，仅有35%的人是被当场射杀死亡的，剩余65%的人都是因活埋而死。

有证据表明大屠杀在1941年9月初就已走上了轨道：3日，苏军600名军官和政委，连同250名波兰病号在奥斯维辛11号楼的地下室里被毒气毒死。这是第一次使用齐克隆B毒气，效果令纳粹满意，还可以调整必要的剂量。9月16日，另外900名苏联战俘在集中营以前的焚尸炉里被毒气毒死。毒气室房门的坚固性和采取措施让要被毒死的受害者保持平静的这些措施都是在这次得到确立的。集中营负责人鲁道夫·霍斯在其自传性的文字中承认，"施放毒气的措施让［他］放松了下来，因为我们很快就要灭绝犹太人，而艾希曼和我都不知道该怎么杀死这么多人。［……］现在，我们发现了毒气和必要的措施"。[109] 不过，这两桩晚间所犯的罪行都是在焚烧尸体的时候才被人知道：波兰抵抗组织1941年11月公布了这则消息。

1944年3月2日，嫁给前线一名乌克兰党员的犹太人叶莲娜·克内什向内务人民委员部的特工描述了娘子谷大屠杀。

> 1941年9月28日，根据德军指挥层的命令，所有犹太市民都必须带好财产和值钱的东西去犹太人公墓附近的路基亚诺夫斯卡路集合。由于我知道我们都会被杀，所以我什么东西都没拿。我带着孩子到的时候，发现黑压压都是人，有嗷嗷待哺的婴儿，也有老人，德军士兵拿着机枪和步枪严密地看守着人群。到的时候，所有人都得遵照命令，把自己带来的东西放到货车里。然

后,他们就把我们领到开阔的地方,拿走我们的金戒指、耳环、胸针、手表等等。好几千必死无疑的人被围在这地狱里,有喊叫声,有哭泣声,有呻吟声,都被枪声盖过了。德军带着100到150人的人群来到名叫"娘子谷"的沟壑那里,用机枪把他们放倒。我和四岁半的女儿柳德米拉就在其中这样的一个队伍里。德军把孩子从母亲的怀里夺走,像扔烧火的木柴一样扔进沟里。我在人群当中,这时候已经黄昏,我还没等他们开枪,就跳进了沟里。我把孩子藏在自己身下。那些被杀的人都掉到了我的身上,鲜血飞溅。我待在那儿一动不动,差不多有两个小时。[……]夜晚降临的时候,我怀里抱着孩子,踏着尸体,走出了那条沟。我相当谨慎,来到了"娘子"镇,在地下室里藏了四天,饿得头昏眼花。到了晚上,我就从藏身处出来,在残羹剩饭的垃圾堆里找吃的。我那时的样子很恐怖,像鬼,从头到脚都是血。我的小娃儿也是这个模样。没办法洗澡,我也不想洗,因为我当时只想着一件事:活下去。这个可怕的境况使我犯下了一件罪行:我爬上了一间屋子的顶楼,在一堆破烂衣服里面找到了几件衣服,可以给我和我女儿穿。[……]熬到第五天,拂晓时分,我一路艰难地来到了朋友费朵拉·舍列斯特的家里,她住在波列契夫·提克路19号的5号公寓,我在那儿待了四天,就躲在一间分开的房间里,然后我又躲到了另外一个朋友利奇琴科·叶芙盖妮娅·叶菲莫芙娜的家里,她住在普利奇茨科-尼克尔斯卡亚路12号3号公寓。后来,由于没有证件,我就在基辅地区的村子里躲来躲去。[110]

有二十来个人像叶莲娜·克内什那样活了下来,他们都是事先掉进沟里,枪声响起之前几秒,要么是被父母推下沟里,要么自己跳进沟里。

乌克兰的区长汉斯·科赫在1941年10月5日的一份报告里是这

么对柏林说的:"基辅大火(1941年9月24日至25日)摧毁了市中心,也就是该城最美、最恢宏的部分,有两家酒店、大邮局、广播台的大楼、电报站和好几家大商店。大火延及的地方大约有2平方公里;5万人无家可归[……]。9月29日和30日,为了对这种放肆的破坏行为实施惩罚,城里的犹太人都清除掉了,总计(按照党卫军作战组的说法)3.5万人(舍去了零头),其中一半是妇女。这些人被处死的时候都很平静,有时表现得心满意足。犹太人的公寓已被集中利用,以改善那些需要住房者的窘况。"[111]

9月28日和29日的这场惨剧并不是基辅反犹恐怖政策的终点,而是其顶点。由南方警察团(受耶克尔恩领导)和第5突击队主导的这些处刑活动一直延续到了10月11日,这些信息都得到了纳粹的公函和目击证人的确证。躲过"大动作"的犹太人或德国人只是没时间去杀害的那些犹太人,既有平民,也有战俘,他们都在娘子谷附近的反坦克壕沟里被处死。还有一些人则被基辅的居民打死,通常都是自己的邻居,或者被德军警察部队的乌克兰辅警处死。10月和11月,负责乌克兰南部地区事务的D别动队对犹太人大型社区实施了好几次全面的灭绝行动。第一次发生在第聂伯罗彼得罗夫斯克,时间是10月13日和14日,1.1万名男人、女人和孩子被杀。然后,就轮到了梅利托波尔(2000名受害者)、别尔江斯克(8000人)、辛菲罗波尔(1.45万人)。

1941年10月和11月是B别动队、乌克兰警察营和民兵营对白俄罗斯东部所有犹太人实施灭绝的月份,他们通常都会得到军队(战地宪兵、保安师)的协助。值得注意的是,1939年之前一直是波兰领土的白俄罗斯西部地区是到1942年才得到清理,似乎苏联真正的"犹太人"从定义来看最具"布尔什维克特征",所以危险最大。也就是在这片森林沼泽地区,中央集团军群后方地区的负责人冯·申肯多夫将军要求严厉对待可能参加游击队的人。大屠杀开始于10月2日。这一天也是向莫斯科进军的台风行动的发动日，在莫吉廖夫处死了2273个男人、女人和孩子，10月19日又处死了另外3726人。摩托化部队的杀手负责清理明斯克、第聂伯河、德维纳河之间刚刚建成的所有犹太人隔离区。在帝国师一支突击队的协助下，10月8日和10日之间，他们处死了维捷布斯克4000到8000个骨瘦如柴的人，此时，是维捷布斯克饥荒行动的最后一个阶段。20日和21日又在鲍里索夫杀害了7000至8000名犹太人。由于每隔两三天就会实施灭绝行动，所以灭绝率达到了100%，戈梅利的社区（2500人）、什克洛夫（1459人）、帕里什奇（113人）、博布鲁伊斯克（6600人）、奥尔沙（2000人）、波洛茨克（7000到8000人）、里亚蒂（2000人）、日洛宾（1200人），还没算上白俄罗斯乡村和城镇地区几十人几十人的杀戮行动。鲍里索夫的大屠杀特别残忍，屠杀地点就在离冯·博克旧司令部很近的地方。好几名军官都目睹了，他们作了汇报，要求进行调查，但后来并没有调查。说是要给被驱逐到东方的德国犹太人提供住所，大屠杀就是为了腾出住房，而这些德国犹太人也将遭受同样的命运，有些人内心就会因此种下深深的恐惧感，所以杀得没错。鲍里索夫的插曲有可能对格斯多夫、特雷斯科、施拉布伦多夫这些军官转变成为反纳粹的积极分子也起了作用。在距鲍里索夫900公里的地方，大屠杀的第二阶段同样也在10月份踏上了轨道。事实上，7日，就有2014名苏军战俘被转到了奥斯维辛，之前几天，已有8000人转了过去。他们负责在比克瑙建造用来屠杀犹太人的灭绝营。几乎所有人到了年底都死了，或是死于疲劳、虐待，或是因为心脏被注射苯酚而死。

注　释

1. *VIJ* n° 9, 2006 et n° 7, 2007.
2. Halder, *KTB*, vol. 3, p. 98.

3. *KTB des OKW*, Teilband II, p. 1043.
4. Halder, *KTB*, vol. 3, p. 157–158.
5. Reinhardt, *Die Wende vor Moskau*, p. 44, ndbdp 220.
6. W. Hubatsch, *Hitlers Weisungen…*, p. 173.
7. Halder, *KTB*, vol. 3, p. 175.
8. *Ibid.*, vol. 3, p. 177.
9. OKW, *KTB*, Teilband II, p. 1054.
10. Heusinger, *Befehl im Widerstreit*, p. 135.
11. *Heeres-adjutant bei Hitler 1938–1943, Aufzeichnungen des Majors Engel*, p. 110.
12. *KTB des OKW*, Teilband II, p. 1063–1068.
13. Guderian, *Souvenirs d'un soldat*, Perrin, 2017, p. 240.
14. Halder, *KTB*, vol. 3, p. 192.
15. TsAMO F. 148a. Op. 3763. D. PO. L. 3–5. In: *Stavka,…*, doc n° 153.
16. Von Leeb, *Tagebuchaufzeichnungen…*, p. 332.
17. H. Bücheler, *Hoepner*, p. 141.
18. *Ibid.*, p. 142.
19. Voenno-Istoritcheski Arkhiv, 2003, n° 2, p. 99–100.
20. TsAMO F.32 Op. 11309 D. 45 L. 213, in: Yuri Roubtsov, *Generalskaïa Pravda*, p. 65.
21. TsAMO F.32 Op. 11309 D. 45 L. 85, 86, 179, 210, in: Yuri Roubtsov, *Generalskaïa Pravda*, p. 67.
22. TsAMO F.32 Op. 11309 D. 45 L. 155, in: Yuri Roubtsov, *Generalskaïa Pravda*, p. 67.
23. Von Leeb, *Tagebuchaufzeichnungen…*, p. 287.
24. Halder, *KTB*, vol. 3, p. 80.
25. Von Leeb, *Tagebuchaufzeichnungen…*, p. 350.
26. Mikoïan, *Tak Bylo*, p. 392–393.
27. Nikita Lomagin, *Neizvestnaïa Blokada*, Livre 1, p. 112–113.
28. TsAMO F. 217. Op. 1217. D. 101. L. 105–107 Dans *Blokada Leningrada v Rassekretchannykh dokumentakh*. Sous la redaction de N. L. Volkovski, Poligon, Moscou, 2005, p. 162–163.
29. Viatcheslav Zviagintsev, *op. cit.*, p. 109.
30. *Izvestias*, TsK KPSS n° 9, 1990, p. 213.
31. TsAMO F. 148a. Op. 3763. D. 78. L. 42–46. In: *Stavka…*, doc n° 226.
32. H. Bücheler, *Hoepner*, p. 142.
33. TsAMO F.217 Op. 1217 D. 32 L. 37, in *Neizvestnaïa Blokada*, vol 1, p. 199.
34. Nikolaï Lomagin, *Neizvestnaïa Blokada*, vol 1, p. 233–235.
35. Von Leeb, *Tagebuchaufzeichnungen…*, p. 360.
36. TsAMO F. 148a. OP. 3763. D. 93. L. 38.
37. Nikolaï Lomagin, *V Tiskakh Goloda*, p. 44.
38. Von Leeb, *Tagebuchaufzeichnungen…*, p. 362.
39. *VIJ* n° 12, 1993, p. 16–20.
40. Von Leeb, *Tagebuchaufzeichnungen…*, p. 340 et 341 (23 août 1941).
41. *VIJ* n° 8, 1993, p. 20–27.
42. *KTB des OKW*, 1940–1941, Teilband II, p. 1020.
43. Ordre de Timochenko, TsAMO F. 249 Op. 1544 D112 L. 144, in: *Blokada Leningrada v Dokoumentakh Rassekretchennykh Arkhivov*, p. 202.

44. TsAMO F. 208. Op. 2579. D. 9. L. 39–54, in: S. N. Mikhalev, *Liudskié Poteri v velikoï Otetchestvennoï Voïné 1941–1945 gg. Statistitcheskoe issledovanie*, p. 82.

45. D. Ortenberg *Iun-Dekabr Sorok Pervogo*. [http://militera.lib.ru/memo/russian/ortenberg_di1/03.html]

46. Von Bock, *Zwischen Pflicht*…, p. 241.

47. Halder, *KTB*, vol. 3, p. 159.

48. Von Bock, *Zwischen Pflicht*…, p. 242.

49. Vassilevski, p. 126–127. Voir aussi l'interview donnée par Vassilevski à Simonov le 2 mai 1976, in: *Glazami Tcheloveka Nachego Pokolenia*, p. 376–377. Eremenko est le seul commandant de Front que Joukov critique dans ses mémoires.

50. Vassilevski, *op. cit.*, p. 126.

51. Gelfand, *Dnevnik 1941–1946*, p. 34–35.

52. Gelfand, *op. cit.*, p. 44.

53. E. von Mackensen, *Vom Bug zum Kaukasus*, p. 34.

54. Adrian E. Wettstein, *Die Wehrmacht im Stadtkampf, 1939–1942*, Ferdinand Schöningh, 2014, p. 163.

55. *Organy Gosoudarstvennoï Bezopasnosti SSSR V Velikoï Otetchestvennoï Voïné*, T. 2, livre 2, p. 20.

56. Lomagin, *op. cit.*, livre 1, p. 315–316 et 319–320.

57. *Ibid.*, livre 1, p. 317.

58. *Voïna. Zapetchatlennyé Dni, 1941–1942: Dnevnik i Dokoumenty*, sous la rédaction de V. Iline, V. Radichevskaïa, T. Titova, Arkhangelsk, 2005, p. 56.

59. *Blokadnyé Dnevniki i Dokoumenty. Arkhiv Bolchogo Doma.*, St Petersbourg, 2007, p. 322.

60. Vernadski, *op. cit.*, p. 45.

61. Chaporina, *op. cit.*, p. 266.

62. Ilya Ehrenbourg, *Pisma 1931–1967*, p. 293–294.

63. Irmaa Koudrova, *Pout Komet*, vol. 3, p. 193.

64. Parchinski, *op. cit.*, p. 45–46.

65. Prichvine, *op. cit.*, p. 601.

66. Vernadski, *op. cit.*, p. 52.

67. Efron, *op. cit.*, p. 454.

68. 7月4日，斯大林向高加索共和国的三个领导人宣布："战线离你们很远，但你们还是在危险区域内。我们不能指望土耳其保持中立。" Voir Gorkov, *Gosoudarstvennyi Komitet Oborony postonoviaet (1941–1945)*, p. 230. 8月10日，部队进入伊朗之前两个星期，莫斯科和伦敦发表联合宣言，照宣言的说法，两国尊重土耳其海峡和边界的体系。

69. Vassilevski, *Delo vseï jizni*, Moscou, 2002, p. 176–177.

70. TsAMO F.251, Op. 2506. D.31. L.231, in: *Stavka*…, p. 378.

71. TsAMO F.96a, Op. 2011. D. 5. L.91, 92, in: *Stavka*…, doc n° 246.

72. TsAMO F.96, Op. 2011.D. 5. L.93–95, in: *Stavka*…, doc n° 247.

73. TsAMO F. 52, Op. 363. D. 3., L.100. In: *VOV*, sous la rédaction de Zolotariov, Livre 1, p. 150.

74. *Ibid.*

75. Bagramian, *op. cit.*, p. 328.

76. *Ibid.*

77. TsAMO. F. 96a. Op. 2011. D. 5. L. 96–99, in: *Stavka*…, doc n° 255.

78. TsAMO F. 48a. Op. 3412. D. 674. L. 139, 140, in: *Stavka*, p. 380.
79. TsAMO F. 48a. Op. 3408. D. 15. L. 431, in: *Stavka*, doc n° 266.
80. Bagramian, *op. cit.*, p. 135.
81. TsAMO F. 251, Op. 646, D. 483, L. 292.
82. Joukov, *Mémoires*, T.1, p. 305.
83. TsAMO F. 251, Op. 646, D. 483, L. 305.
84. TsAMO F. 251, Op. 646, D. 483, Ll. 319, 320.
85. Christian Streit, *Keine Kamaraden*, p. 131, 171.
86. *Die Wehrmachtberichte*, vol. 1, p. 682.
87. Guderian, *Souvenirs d'un soldat*, Perrin, 2017, p. 240.
88. F. W von Mellenthin, *Panzer battles*, Ballantine Books, New York, 1971, p. 185.
89. Heusinger, *Befehl im Widestreit*, p. 132–135. 豪辛格在回忆录中重新组织了当时的场景，他并没有明确表示赞同自己的顶头上司哈尔德的论点，而是委婉地表达了赞同。
90. Philippi et Heim, *Der Feldzug gegen Sowjetrussland*, Kohlhammer Verlag, Stuttgart, 1962, p. 105.
91. Heinrici, G., *The Campaign in Russia*, vol. 1, Washington DC: United States Army G-2, 1954.
92. Weichs, *Erinnerungen*, in: Johannes Hürter, *Hitlers Heerführer*, ndbdp, p. 295.
93. Goebbels, *Die Tagebücher*, Teil II, bd.1, p. 461.
94. *Der Generalquartiermeister*, p. 204.
95. Hürter, *Ein deuscher General…*, p. 84.
96. Krivosheev, *op. cit.*, p. 116.
97. Pieper, Henning, *Fegelein…*, p. 64–66.
98. P. Longerich, *Himmler*, Héloïse d'Ormesson, p. 516.
99. *Ibid.*
100. Martin Cüppers, *Wegbereiter der Shoa?*, p. 164.
101. *Ibid.*, p. 166.
102. Altshuler M., (Ed.) *Distribution of the Jewish Population of the USSR 1939*. Jérusalem, 1993, p. 20.
103. 1942年3月12日，西南方面军特别局发现了第29军参谋部的几页日记。这份文件现在就在乌克兰安全局的档案室里。感谢档案室负责人 Wolodimyr Birchak 向我们提供了这份文件。
104. *Die Ereignismeldungen…*, p. 598.
105. AP RF. F. 3. Op. 50. D. 464. L. 7–21. In: *Voïna 1941–1945*, Vypousk 2, 2015, p. 132–135.
106. DA SBU, F. 65, Spr. 937, T. 1, ark. 2–2zv [http://www.kby.kiev.ua/book1/documents/doc15.html].
107. Krouglov, *Tragedia Babe Iara v nemetskikh dokoumentakh*, Dniepropetrovsk, 2011, p. 15.
108. *Ereignismeldungen UdSSR*, 3.11.1941-n° 128, in: Krouglov, p. 30.
109. R. Höss, *Kommandant in Auschwitz*, München, 1963, p. 126.
110. DA SBU, f. 7, op. 8, spr. 1, ark. 61–63. [http://www.kby.kiev.ua/book1/documents/doc27.html]
111. Cité par Krouglov, *op. cit.*, p. 35.

第十三章
斯大林高压统治的回潮

> 他［斯大林］会预先设想好，而这放在军事领域就会很糟糕。如果一个统帅，一个国务活动家，预先设想好，认为敌人会按照这个设想行动，事态会按照这个设想发展，那这通常就是灾难发生的起因。战争刚开始的时候，斯大林震惊不已。他毫不含糊地摒弃了所有的可能性，认为事态不会这样发展。他之所以如此震惊，是因为他要负的责任太大，也是因为他习惯于所有人都听他的，他拥有绝对的权力，没有人敢和他的个人意志唱反调，突然间，他在战争最开始的几天里感受到有一股力量竟然比他还厉害，甚至超过了他。他只能和这股力量硬扛，但他又应付不过来。所以，他才会震惊不已。
>
> ——海军元帅伊萨科夫对康斯坦丁·西蒙诺夫说，
> 1962年9月20日[1]

苏联从诞生起就很混乱，而且山头林立。比如，为了组建、配备、运送一个机械化军，就得跑十几个部、委员会和领导部门去签名、敲章，而每个部门也都有自己的紧急事务需要处理，有忙不过来的时候，而且彼此之间还得竞争，烦心的事一大堆。战争时期，这种不断增生的官僚主义已经没法实施管理，它的这种本质甚至使它无法根据局势有效快速地运转起来。巴巴罗萨行动对苏联提出的第一个挑战针对的就是它的组织能力。

造访乡间别墅

中央权力的重组从6月29日开始。6月22日以来，斯大林在克里姆林宫的办公室里，这天是第一次没有开会的计划。从拂晓开始，他就在不停地踱来踱去，沉默、阴沉。当他得知明斯克陷落之后，他突然带着身边的人去了总参谋部。由于他的问题仍旧没有得到答案，所以他也就难以保持平静，开始大喊大叫，责骂朱可夫和铁木辛哥。参谋长流着泪，离开了。这个令人痛苦的场景极其不同寻常，可见斯大林已经无能为力。从他铁腕掌权以来，他第一次感觉到事态超出了自己的控制。据说他在离开国防人民委员部的时候说："列宁给我们留下了丰富的遗产，我们这些继承者却把它搞砸了。"[2]围绕在他身边的那些人都觉得莫名惊骇。次日，这种被抛弃感得到了确认：斯大林没来克里姆林宫。他的秘书波斯克列贝舍夫从昨天起就没了他的消息。

莫洛托夫打电话，设法联系上了他在康采沃"附近的别墅"。我们不知道两人说了些什么。米高扬在回忆录里说，莫洛托夫挂上电话后，就转身朝着他们，阴郁地说了句："斯大林完全丧失了主动性，精神状态很差。"[3]实在想象不出比这更糟糕的局势了。没有斯大林，苏联也就没法生存下去。他掌控了所有的权力。一切都要汇总到他这儿，一切都得听命于他。莫洛托夫也和斯大林一样惊慌失措。但他是第一个行动起来的人，鼓起干劲，发号施令，以前我们都没有充分注意到这一点。他立刻把同事们召集起来开会，有马林科夫、伏罗希洛夫和贝利亚。四个人一个比一个老奸巨猾，他们难得地采取主动，使

6月30日成了苏联得以重新站立起来的一个重要日子：他们决定去康采沃，要求朱加什维利重新变回斯大林。以前，如果不是被叫过去，没人敢去别墅。去那儿该找什么样的借口，才不会立刻被斯大林的警卫逮捕呢（有可能情况还会更糟）？

1953年6月28日，距贝利亚被关押起来已有数十个小时，他这时写给莫洛托夫的一封信可以让人了解他们究竟是怎么去康采沃的。

> 维亚切斯拉夫·米哈伊洛维奇！［莫洛托夫］［……］您无疑应该还记得战争刚开始的时候，局势很严峻。［……］在您的部长会议办公室里，您明确宣称必须拯救这个局面，必须立刻把中央组织起来，来保卫我们的国家；我完全支持您，我还建议立刻把马林科夫同志叫来开会，不久之后，政治局的其他几名在莫斯科的委员也都来了。随后，我们都去了斯大林那儿，说服他立刻全权组织国家国防委员会。［俄语首字母缩写为GKO］[4]

这份证词还是可信的：贝利亚那时候是想保命，在自己那些了解实情的老同事面前撒谎没有好处。他证明了米高扬的说法：在贝利亚、马林科夫和伏罗希洛夫的支持下，莫洛托夫叫来了米高扬和沃兹涅先斯基（两人都是经济领域的主要领导人），要求他们一起去斯大林的别墅。

他们来到康采沃的那一幕构成了米高扬回忆录中最有名的一个段落。看见六个人走过来，斯大林有些害怕："他似乎蜷缩在了扶手椅中。［……］他认为我们是来逮捕他的。"但我们确定这几行字是谢尔盖·米高扬在其父亲的回忆录里添加上去的。[5] 其实，斯大林不可能感到吃惊。他怎么可能没收到他忠诚的秘书波斯克列贝舍夫的通知，波斯克列贝舍夫不仅会通知他有代表团要来，而且也会对他说代表团的提议是什么。而且他的警卫有500人之众，由生性勇猛、忠心耿耿的尼古拉·弗拉西克指挥，这些人的手指随时放在冲锋枪的扳机上，他怎么会感到害怕？他们来到康采沃之后，米高扬（没有被篡改过的）回忆录补足了这个场景：

> 莫洛托夫代表我们，说我们必须集中权力，让国家再次站立起来。照他的说法，斯大林应该是这样一个机关的领头人。斯大林露出吃惊的神情，没有提出异议，而是说"同意"。然后，贝利亚宣布有必要任命五个人加入国家国防委员会。"您，斯大林同志，将成为负责人，然后是莫洛托夫、伏罗希洛夫、马林科夫和我。"斯大林说有必要把米高扬和沃兹涅先斯基也包括进来。贝利亚回答道："斯大林同志，如果我们都参加国防委员会，那谁在人民委员会和国家计划委员会工作呢？就让米高扬和沃兹涅先斯基负责政府事务和计划委员会的工作吧。"沃兹涅先斯基反对贝利亚的提议，说国防委员会应该有七名委员，包括斯大林任命的那些人。其他人没就这个问题说什么。后来，我发现在我和沃兹涅先斯基来到莫洛托夫的办公室之前，贝利亚、莫洛托夫、马林科夫和伏罗希洛夫就已经拟定了这个提案，并让贝利亚将提案提交给斯大林。我很恼火，在是否任命我这件事上，大家是在浪费时间。这样的争论不合时宜。我作为政府的政治局委员，很清楚我会担负很大的责任。于是，我就说："国防委员会就五个委员吧！至于我，我除了有工作要做之外，把我最擅长的其他事务交给我就行。"我要求任命我为国防委员会的特别代表，在粮食补给、把服装和燃料调拨给前线方面拥有全权。事情就这样决定了。沃兹涅先斯基要求掌管武器弹药的生产，这个建议也被接受了。坦克生产方面的管理交给了莫洛托夫，航空工业，也就是航空事务方面的工作都交给了马林科夫。贝利亚负责维护内部秩序，同当逃兵的现象做斗争。[6]

苏联的战时经济就这样调整了分工范围,每个分工范围均会受到一个无可争议的权威严控。还必须提一下的是,苏联是战争时期唯一一个把"同当逃兵的现象做斗争"的任务分配给部长级别的人物来做的国家。显然,斯大林料想到1916年至1917年的局面将会重现。

莫洛托夫建议设立国防委员会的时候,在制度方面丝毫没说出什么新花样。权力与之相当的一个机构已经存在,那就是苏联人民委员会主席团。1941年3月20日经斯大林倡议设立的这个部门,苏联宪法中并没有提及,该部门的权限相当广泛,不仅有人民委员会的权限,也有战时另外两个附属机构国防委员会和经济委员会的权限。成员有莫洛托夫,他还是政府首脑,沃兹涅先斯基是他的第一副手,其他人有米高扬、贝利亚、布尔加宁、卡冈诺维奇、中央委员会书记安德烈耶夫。没有一名军人参与。1941年5月7日,被任命为政府首脑之后的第二天,斯大林便让政治局批准了人民委员会主席团新的人事任命:斯大林此后就是主席,沃兹涅先斯基为第一副主席。共有十五名副主席,莫洛托夫为其中之一,降了两级。

主席团是国防委员会的样板,国防委员会类似于主席团,但更精简(国防委员会有五名委员,主席团为十三名),在各个领域拥有全权。它所下达的命令如与党、国家、军队、企业相左,可以无视后者;任何事务,它都拥有优先权。莫洛托夫这个提议的新颖之处,不是其在制度上做了很多修补,而是它所具有的政治意义。它有股喧宾夺主的味道,这有两个原因。一方面,这不是斯大林提出的;另一方面,它是四个人把自己对如何组建国防委员会的看法毕恭毕敬地强加给了领袖。从这个观点来看,设立新的领导机构就表明大清洗之后上台的"老近卫军"对斯大林安插在人民委员会主席团内的新贵沃兹涅先斯基展开了报复。按照亚美尼亚人米高扬的说法,任命这个"傲慢的大俄罗斯沙文主义者",[7]也就预示了斯大林的核心圈内接下来会展开清洗。尤其是莫洛托夫会成为靶子。为了除去沃兹涅先斯基,让

第十三章 斯大林高压统治的回潮 767

斯大林同意他们永远都是其核心圈子里的成员，莫洛托夫（整起事件的核心人物）、贝利亚、马林科夫、米高扬只能接受在政治上做出较多折中的方案：斯大林不会对他们采取独裁专断的手法。他同意战争时期他的每一个亲信在各自的领域内都能实施近乎寡头式的统治，而无须担心会被撤职或有生命之虞。因此，每个核心圈子内的人都能保护自己的那一派人马，并以相对安全的方式，让苏联的政治体系和经济体系得以运转起来。正是以此为代价，以这种方式得以稳定的中央在巴巴罗萨行动的打击之下才没有崩溃瓦解。从心理和政治层面上来讲，造访康采沃是朱加什维利再次转变为斯大林的一个重要阶段，照奥列格·赫列夫纽克的说法，这是"他统治历史上的一个特殊时刻"。[8] "次日，斯大林精神抖擞地回来了，他又重新得到了我们的支持。而且，7月3日，他还在电台发表了对苏联人民的呼吁，"米高扬如是说。事实上，国防委员会的核心（斯大林、莫洛托夫、马林科夫、贝利亚、米高扬）将在这四年时间里，在比1935年至1940年好得多的氛围中，无惊无险地打赢这场战争。

我们发现，因斯大林的个性、其工作习惯、其大量错综复杂的职责和职能、对司法形式的轻视所导致的制度上的种种混乱之处，国防委员会和最高统帅部的设立并没有把它们都消除掉。朱可夫在回忆录里说他始终很难理解那些领导人是以什么身份（国防委员会委员、政治局委员或人民委员会委员）被叫来开会的。[9] 米高扬在权力分配方面并没有解释我们的疑惑，他说："从内容来看，决策要么是国防委员会的政令，要么是人民委员会的法令，要么是党中央委员会或者政治局，或者后两个机构联合发布的决定。"[10] 负责后方事务的赫鲁廖夫对现实当中的制度描述得更好：

> 国防委员会就是斯大林的机构。那国防委员会的执行机构是哪个呢？是党中央委员会、苏联人民委员会和各部机关的特殊机

关。[……]那最高统帅部又是什么？就是斯大林，就他一个人，甚至都没有秘书处。也是总参谋部，斯大林会把拿着地图的首长们叫来。也是整个国防人民委员部。[……]最高统帅部和国防委员会一样，并不存在任何官僚主义。所有的领导权都集中在斯大林的手中。大家讨论的都是最高统帅部和国防委员会的委员事先准备的问题。每一天，他们都会做出几十种决策。没有任何规章。[……]斯大林只要来到办公室，任何日子，任何时间点，都可以召开国防委员会的会议。[……]他可以凌晨4点到，也可以在第二天晚上8点到。今天，他可以在晚上11点结束会议，早上8点返回办公室，等等。[……]开会期间，不记任何速记稿，不写任何书面报告。[……]我提交了几千份文件让斯大林签名，但在准备这些文件的时候，每个字母，每个标点符号，我都得注意。[……]如果您有急事，您可以不请自去，敲斯大林办公室的门。我经常这么做，斯大林从没把我赶出去过。他从没把任何人赶出去过。[11]

1941年6月30日至1945年9月4日存在期间，国防委员会发出了9971份决议。这些令状针对的对象可以说是无所不包：从医学问题到武器问题，还有拨给每名军人的定量配给的伏特加的重量。从决议各个主题的占比也能让人清楚看出战争时期斯大林优先考虑的都是哪些问题。约28%针对的是军事经济的重组，增加设备、武器、弹药的生产量；20%处理的是新部队动员及训练的问题；18%的决策涉及的是苏军的领导以及军队人事方面的问题；12%牵涉的是如何掌控国家、如何增强纪律以及如何在国内恢复秩序；10%针对的是工厂疏散和搬迁的问题；7%是国家对前线的援助；最后，5%涉及了各种问题，包括外交政策。[12]最先两份决议是7月1日签发的，涉及的是在克拉斯诺伊索尔莫沃工厂生产T-34坦克和在车里雅宾斯克的工厂生产KV坦克的事务。坦克生产人民委员维亚切斯拉夫·马雷舍夫在日记中写道："历史将记住国防人民委员会发布关于坦克的1号决议和2号决议的这一天。"[13]

最高统帅部寻找领导人

苏军自1918年诞生起,由于对常规军的不信任态度,指挥层高层就经历过无数次重组。战前最后一次重组是在1938年3月13日,当时设立了苏军大军事委员会,伏罗希洛夫担任主席。战争时期,该机构指挥了许多作战行动,总参谋部成为它的执行机构,而国防人民委员(先是伏罗希洛夫,后来是铁木辛哥)则担任总指挥。斯大林也参加了委员会,但只是普通委员。1940年5月,德国国防军进攻西线的时候,沙波什尼科夫解释了"大战"时期最高指挥层,也就是"最高统帅部"的一份方案,他说他把方案提交给了政治局。按照朱可夫的说法,该方案说由斯大林担任主席。[14]但对他的任命被推迟了好几次。1940年7月24日,也就是在和芬兰的冬季战争打得惨不忍睹之后,他们只是重组了军事委员会。铁木辛哥担任主席。日丹诺夫、库利克、沙波什尼科夫、布琼尼、梅列茨科夫、马林科夫、麦赫利斯、斯穆什克维奇(后由雷恰戈夫替换)、朱可夫、巴甫洛夫都是委员。斯大林没再出现在名单上。朱可夫在回忆录里做了解释,他说这个架构并不令人满意,但也没有其他的架构可以替换之。

战前,国防人民委员和总参谋部都要求莫洛托夫和伏罗希洛夫查阅与高级指挥层组织方面有关的文件,以及最高指挥层指挥岗位和方面军领导层及国内各区岗位的相关文件。每一次,他们都会对我们回答:"再等等。"伏罗希洛夫通常都是反对战争时期的组建方案的，他担心敌军会拿到我们的计划，而且他也不愿改变自己的这种荒唐看法。[15]

不仅斯大林无法理解设立苏军高级指挥层的必要性，这样可以以战时内阁的形式将政治决策者和战争方面的专家联合起来，拟定全面的战略，决定作战行动，军事、经济、科技方面有助于打现代化战争的大量情报都会集中到那里，但这样也会使事情变得极为复杂。1941年5月30日，德军进攻之前三星期，他撤销了人民委员会下属的国防委员会（负责设备、武器、机械化方面的事务），用陆海军事务常设委员会取而代之。斯大林担任主席，沃兹涅先斯基担任副主席，伏罗希洛夫（唯一一名军人）、日丹诺夫、马林科夫担任委员。主席团、常设委员会、大委员会，各种权责乱成一团。苏军参战的时候，既没有最高的神经中枢体系，也没有明晰的层级线路。显然，如何领导作战行动的问题还不怎么让斯大林感兴趣。还要再等上五十天左右的时间，在四处溃败的混乱之中，最高统帅部才最终诞生、定型。毫无疑问，斯大林这时才明白在他所设立的这个体系之中，就算他不去掌权，任何决策中枢也都无法逃脱瘫痪的命运。在这段时期，总参谋部不知道大的方向，斯大林本人也无法直接收到情报。战后，华西列夫斯基自问："战前是否有可能全面解决发生全面战事的情况下军队战略指挥层结构的问题？"这不仅有可能，而且有必要。从发生冲突的第一天起，这样的指挥层不做无益的讨论就能开始工作，指挥作战行动，而战斗肯定也会取得更多的胜利。高级指挥层组织架构不完整，当然会对战场上的指挥造成影响。[16]

最高统帅部设立于1941年6月23日，全名叫作总指挥大本营，由铁木辛哥担任主席。斯大林、朱可夫、布琼尼、伏罗希洛夫、库兹涅佐夫和莫洛托夫都是委员。尽管在这个机构内，大多数人都是军人，但还是什么都没有得到解决。

朱可夫在回忆录里写道：必须接受我们的方案，里面写到了任命斯大林担任最高统帅部主席。事实上，无论是以什么方式，只要没有斯大林，铁木辛哥就无法做出决定。我们现在有了两个统帅：铁木辛哥，名义上的统帅，斯大林，事实上的统帅。这样会使指挥和监督工作变得复杂化，在做出决策、履行命令的时候浪费时间。我们还建议把总参谋部作战处处长瓦图京纳入最高统帅部，但斯大林不同意。[17]

除了斯大林拒绝承担溃败的责任，他完全不信任军人的那种秉性，以及他向来喜欢担任副职来指点江山这个老习惯之外，还能如何解释这种局面？在朱可夫和铁木辛哥施压下，再加上事件的发展（德军逼近斯摩棱斯克），7月10日，总指挥大本营进行重组，成为最高统帅部，斯大林担任主席。沙波什尼科夫出现在了新机构里，海军人民委员库兹涅佐夫不知为何消失不见了。1941年8月8日，最高统帅部又称为总指挥最高统帅部（"总"和"最高"结合在了一起）。华西列夫斯基解释说："这不是名称上的改变这么简单。由于西北方面军、西方面军和西南方面军设立了领导指挥层，所以改名就有了必要。接下来就是任命斯大林担任国防人民委员，然后担任军队总指挥。只有在这时候，战略指挥集中化的进程才得以完成。"[18]

尽管设立了新的体系，但指挥链仍旧很模糊，也丝毫无法阻止独断专行的管理模式。海军元帅库兹涅佐夫在回忆文章里写道：斯大林"只是在他认为必要的时候，才会召开最高统帅部的会议。事实上，就是完全由他个人决断。[……]我见到过好几次斯大林在自己的办公室里，通过普通的电传机和各方面军联系。他认为没有必要尊重指挥链，让他们来发布命令。他经常会把执行任务的人直接叫来，连那人的上级都不知情"。对于斯大林无时无刻的干预，其他指挥官，尤其是朱可夫和华西列夫斯基也都指出过。绕过各个层级，就会削弱其他人的权力，导致作战行动发生混乱："斯大林经常在不通知总参谋部的情况下，给指挥员下达指示，理由是组织上突然出现了严重的问题。"[19]这种操作方式也就使苏军的另一个问题彰显出来，那就是越级。成百上千名军官直接给斯大林写信，通常都是告他们顶头上司的状。斯大林从1930年代起就鼓励这种做法。他会保存那些信，以后如有必要可以拿来当武器，"揭露"叛徒的真面目，他知道这种情况会出现的。他扮演英明的角色，不去理会下属的罪行和错误，等到底下的人告诉他的时候，他就会去进行矫正。

战争期间担任好几个方面军参谋长的亚历山大·波克罗夫斯基在一次采访中指出，斯大林在做出创设和裁撤方面军，把方面军麾下的集团军调拨给另一个方面军的决定时很轻率。后备军方面军和莫扎伊斯克方面军只存在了十二到十三天，中央方面军和后备方面军存在了一个月到一个半月之间。负责人走马灯似的来来去去，哪儿都是这种情况。1941年和1942年，12名方面军的指挥员任职时间不到一个月。[20]卫国战争时期指挥方面军的40名元帅和将军中间，只有16个人任职时间超过一年。1941年和1942年间，其中17个人至少被调换过一次，12个人任职时间不到一个月，尤其是1941年。[21]在最初六个月的时间里，西方面军换了7任司令。列宁格勒方面军5任，第8集团军7任，第21集团军9任。每个新上任的指挥官都会带自己的参谋部过来，他们并不了解局势，结果方面军有几个星期的时间是和两个参谋部一起工作的。铁木辛哥替换布琼尼担任西南总指挥的时候，就是这种情况。波克罗夫斯基指出的最严重的问题出在侧翼部队那里："通常情况下，最高统帅部在把方面军的一个集团军调往另一个方面军，各方面军之间如何移动分隔线这方面的决定都做得相当轻率。[……]因此，方面军司令就认为存在这样的可能性，就是他们侧翼的部队会被调到相邻的方面军去。这样一来，这些部队经常得不到增援。他们是方面军最薄弱的部队，因为司令预期他们会被调走，所以给的资源就很少。今天，我们还在一起，明天，我们就只能当邻居了……这种情况很常见，所以这方面受的苦不少。"[22]当然，这种行为只会让德军高兴，他们会对集团军之间和方面军之间的接合处进行打击。

1941年，最高统帅部还必须给自己找一个地方入驻。和总参谋部一样，它也没设想过要设立一个战争时期的指挥所，有必需的通信设备和保安设施。为了免遭德国空军的空袭，它首先在国防部的地下室找了一个避难所，和总参谋部在一起办公，后来搬到首都的防空部队指挥所，在成堆的文件和箱子之间工作。到10月中旬，莫斯科的基洛夫地铁站成了它的容身之地，颠沛流离的日子才算结束。[23]

斯大林一开始的军事能力的问题很容易得到解决：他不具备任何军事能力来证明他的干预是合理的。他没参过军，内战期间除了政治工作之外，也没担任过任何指挥岗位。他不喜欢炮火的气味，除了1943年那次艰难曲折的行程之外，别人也从没见他去过前线。宣传中归功于他的那些胜利都不属于他。与之针锋相对的反宣传则把他说成是个不会看地图的文盲，这种说法当然完全虚假。和希特勒一样，将军们对他印象最深的是，他的记忆力相当惊人，能记得技术上的细节或任命的各个指挥官，他会出席装备的演示活动，接待工程师，让别人就各种看法向他进行汇报。从坦克生产人民委员维亚切斯拉夫·马雷舍夫的日记中有关工业问题的说法来看，可以认为他对标准化成批生产的好处理解得很清楚。和希特勒不同，他并不寻求神奇的武器，也不要求对现有的模式进行修改。他对马雷舍夫说："我们必须生产大量加农炮，就算不是最精良的，但不错就行。"[24]但他对具体的作战行动就知之甚少了。克劳塞维茨认为很重要的"摩擦"对他来说根本就不存在。他对组织方面的问题也完全无视，人事调换频繁到弊端丛生的地步，对时间、空间、后勤方面的约束根本不放在眼里，人员和机器的疲惫他也完全不加理会，而且还低估敌人的实力。他做出的决定经常就是口号（进攻，夺回），但做决策的时候却并不考虑好的建议。最后，他在和将军们沟通的时候，完全无视人员的损耗问题。总之，无论是军事问题，还是农业或工业问题，他都会进行干预，照奥列格·赫列夫纽克的说法，就是"毫无效率"，再者，他预设的意识形态观念和史无前例的偏执性格，都使这种情况愈演愈烈。只是从1942年夏天起，他才逐渐听取将军们的意见。1941年，他的错误、执念、口号要对好几百万人的损耗负责，他要负责的不仅是巴巴罗萨行动的最初十五天，还有基辅战役，他完全无视军事上的理由所要求的无数次反攻。对他所造就的这个权力结构，我们很难不做出一个颇为吊诡的判断：尽管苏联差点因为他的错误而万劫不复，但没有他，苏联也无法拯救自己。

弱不禁风的总参谋部

照英国历史学家约翰·埃里克森的说法，"最高统帅部就是私人参谋部，斯大林是其最高统帅，而苏军的总参谋部则作为作战计划的制订机构，为最高统帅部服务"。[25]从1942年秋天起，这个说法尤其正确。1941年，总参谋部还只是个微不足道的部门，斯大林对它的工作少有兴趣。借用沙波什尼科夫那部著作的标题，斯大林完全无法理解这个"军队的大脑"的重要性，不过他还是读了这部著作，也作了标注，而且紧跟战斗的形势，使地图随时保持更新，试探敌军的意图，制订作战计划，进行组织和管理。照华西列夫斯基后来对康斯坦丁·西蒙诺夫所说的，最初几个月，斯大林心绪不佳，总参谋部不再是他的智囊。"我们没法否认战争刚开始的时候，总参谋部很分散，工作很反常。第一副总参谋长瓦图京被派到了前线。作战处处长马兰金和他的副手沙洛辛也是这样。所有这些总参谋部的首脑人物全都被打发到了军队里。"[26]6月23日，总参谋长朱可夫也在没有事先获得通知的情况下,被派往西南方面军,后来一会儿被派到右边,一会儿又派到左边。斯大林认为参谋部类似于官僚部门,必须摆脱掉。华西列夫斯基在战争回忆录里写道:"斯大林不喜欢别人在首都待太长时间。他认为领导总参谋部和国防人民委员部的人太多了。照他的看法,总参谋部的正副总参谋长都应该去前线,当场落实最高统帅部的决策,协调各方面军的工作,帮助他们。"[27]华西列夫斯基这话并不夸张。在他担任总参谋长的34个月内,他只有12个月在莫斯科。[28]俄国内战时期也出现过这种特派员类型的管理模式。

战争刚开始的时候,总参谋部比其他机构准备得更不充分。没有现代通信设备,没有合适的场所,7月10日,由于与之重叠的三个战略领导机构的设立,总参谋部连一手情报都得不到了。1941年8月18日,华西列夫斯基注意到情报搜集方面的状况越来越糟糕。情报得不到分析,从中得不出结论,也没进行过综合,没法给各方面军指挥员提供建议。他写道,战略领导机构的负责人并不能落实拟定、发送指示这类事务,无法保证各方面军和集团军的参谋部能实施这些指令,也无法处理最高统帅部和总参谋部的命令。各方面军的作战报告需经他们之手,来得就会晚,地图也画得粗枝大叶,无法反映局势。

总参谋部(不要和它的前身相混淆,那些部门都类似于"高级方面军")内部在组织管理上也相当低效,而且是闭门造车。[29]7月28日,国防委员会就以这样的局面为借口,从总参谋部抽走了它的四个管理职能,而且都不是什么微不足道的职能:组织,动员,征兵和训练,军队通信。后面几项职能履行得很糟糕,战前斯大林就没有向他们提供任何资源,但他还是把责任归结到了总参谋部的头上。前面的三个职能都被组织到了一个新的机构下面,那是一个总的部队领导机构,把国防人民委员部的组织架构也整合了进去。叶菲姆·什恰坚科被任命为负责人,并担任副国防人民委员,斯大林担任国防人民委员。什恰坚科是个老政委,内战时期就是斯大林的亲信,大清洗时期对基辅军区的"清洗"可以说是毫无节制。尽管六项管理职能（作战、情报、后方、工事、地形、编译码）仍然是总参谋部的工作，[30]但由于设立了后方总领导部门，由同样也是副国防人民委员的安德烈·赫鲁廖夫任负责人，所以它在后方事务上的管理职能大体上也没了。赫鲁廖夫和什恰坚科一样，都是布琼尼第一骑兵军中的老政工军官，第一骑兵军堪称斯大林培养人才的苗圃。伊万·佩列西普津也是斯大林身边的老政委，他负责的是军队通信方面的事务。最后，1941年8月，"列宁"政治军事学院的老校长费奥多尔·勃科夫被任命为总参谋部的政委，担任总参谋长的副手。很快，军人中间都在说这人不行，他没能力拟订作战行动计划，而且总是趁总参谋长不在的时候向斯大林报告局势。[31]此外，勃科夫有个重要的职责，就是可以安排军人和斯大林见面，能够对人事任命产生影响。[32]列举这些人名和组织上的变化，我们就能记住这些举措都是出于政治上的图谋：斯大林削弱总参谋部，是为了把敏感的职能（后方、通信、动员方面的事务）交给经受过考验、忠心耿耿的人来担任，让他们直接听命于他这个国防人民委员。他甚至还委任麦赫利斯在刚被任命的什恰坚科的上头，负责组建最高统帅部新的储备部门。[33]

军队中的清洗：政委和特别局

第二次世界大战中没有哪个国家的士兵会像苏联士兵那样被自己人如此苛待，就连日本人都没有这样。没有人会有和他们那样相当的损失。没有人会如此大规模地投降或当逃兵。没有人会如此热心地帮助敌人：从1941年到1945年，130万到150万的苏联公民在德国国防军或党卫军中战斗，或加入德国的警察队伍，[34]另有近100万人担任志愿助理，也就是在军队里打杂。没有哪支军队，哪个政权会如此大规模地枪决或速速杀死自己的士兵。令人震惊的地方在哪儿呢？有哪个政权不仅杀害、压迫、流放农民，使之忍饥挨饿，要知道农民占其步兵部队的80%之多，而且还以这些方式来对待工人阶级？官方正式定性18个种类的下等人（富农、旧政权成员、旧政党党员、"剥削阶级"、旧犯人等等），而且战争前夜，在保安部门的名单上，还列有126.3万预先判定有反苏维埃嫌疑的人，那该如何来打一场"爱国"战争呢？[35]数十个民族被莫斯科认为动机不纯，不仅不可靠，甚至有可能会在战争时期当叛徒，那又该如何自信满满地打一仗呢？尽管这些民族的人在战斗中的行为平凡无奇（并不总是如此），尽管他们的动机通常都比斯拉夫人来得不牢靠，但他们不懂俄语无疑是遭到边缘化的首要原因。1941年，在高加索地区三个共和国征募的兵员中，50.5%的亚美尼亚人、33.8%的阿塞拜疆人、28.5%的格鲁吉亚人不懂俄语。[36]中亚地区各共和国士兵不会讲俄语的比例则超过了75%。1941年和1942年初在这些共和国组建的部队甚至在还没上战场之前就被解散了。[37]

尽管如此大规模地暴力对待军官和士兵，但令人震惊的是，巴巴罗萨行动并没有像1917年6月沙皇时期那样让苏军解体。1941年10月底或11月初，贝利亚寄给斯大林的一份报告提供了第一次大规模镇压所采取的措施。

> 从战争初期至10月10日，保护后方的内务人民委员部特别局和内务人民委员部各支队逮捕了在部队后方或逃离前线的657364名军人。［……］其中，25878人仍在特别局的羁押之下；剩余632486人［原文如此］部分在部队进行改造，重新派回前线。仍处于羁押状态的那些人中，1505人是间谍，308人搞破坏，2621人是叛徒，2643人是懦夫和胆小鬼，8772人是逃兵，3987人散布煽动性的谣言，1671人自残。其他：4371人。总计：25878人。此外，按照特别局的决议和军事法庭的判决，10201名

军人已被枪决，其中3321人是当着部队的面枪毙的。[38]

方面军逮捕和处决的详情如下。按照逐级递减的顺序，先讲西方面军（逮捕：4013人；枪决：2136人；当着部队的面枪毙：556人），南方面军（3599，919，191），西北方面军（3440，1600，730），西南方面军（3249，868，280），北方面军（1683，933，280），列宁格勒方面军（1044，854，430），布良斯克方面军（799，389，107），[……] 后备部队（2516，894，157）。[39]这些官方数字并没有把那些因为撤退、恐慌而被军官或内务人民委员部打死的人计算在内，他们都懒得把这些被处死的人的名字和部队列出来。逃兵的比例极高，甚至主要任务就是阻止逃兵现象的政工军官也是如此。因此，内务人民委员部的列昂季耶夫少校在被调往莫斯科前的莫扎伊斯克防线后，向西方面军政委布尔加宁告发，10月15日至18日，被他的部队逮捕的23064人中有2164人是政工军官，这个数字高得惊人。[40]

斯大林把军队和整个国家都置于内务人民委员部和党的双重控制之下：他更看中的是政治忠诚，而非军事能力。同时，他把那些为最初溃败负责的军官团体说成不好斗/缺乏政治觉悟，没有能力，胆小懦弱，甚至敌视国家政权。1941年6月16日和17日，国防委员会的两份政令废除了1940年部署的最重要的两项改革，也就是所谓的"铁木辛哥改革"，从而又让苏军回到了1937年至1938年大清洗时期的模样。第一道政令重新确立"双重指挥制"。"[政委必须]把不能担任指挥员和政治工作者的那些人，以及抹黑工农红军荣誉的人，快速通报给最高指挥层和政府。[……][政委必须]极其严格地确保高级指挥层的所有命令得到执行，[……] 对懦夫、胆小鬼和逃兵进行无情的斗争，坚决保证革命秩序和军事纪律。"此外，1941年8月12日，斯大林还授予他们将惊慌失措者、表达失败主义言论者、擅离职守者送交军事法庭的权力。[41]政委的军事权力极大。如果他没在指挥员的名字边上签名，任何文件均属无效，即便是在紧急情况下也不能破例。若受到包抄或包围的威胁，只有政委觉得应该撤退的时候才能撤退。所以我们完全可以想象，部队指挥员怕被政委说成是叛徒，在下这样的命令之前得犹豫半天。反应缓慢、执行迟缓的根源无疑就出在这种直接的政治控制上面。同样，就算部队不情愿，只要政委觉得可以，指挥员就会无视当前局势，采取最为激进的措施。

6月27日中央会员会发布决议之后，莫斯科和列宁格勒的各大党校都划归给了国防人民委员部管辖。这些党校都是用来短期培养政工军官所用的。[42] 苏军政治挂帅，军队里将会大量涌入"政治士兵"，各个军阶都有。7月2日，巴甫洛夫被撤职后，麦赫利斯管理起了西方面军，他要马林科夫给他派去270名"政治战士"。面对白俄罗斯全线惨败的现状，他又要了7500名政工干部（一个师的兵力！），以此来强化第4和第13集团军的政治局面。[43] 1941年7月6日，第22集团军这儿来了特殊专列，是"五个连的政治战士，来强化部队的政治面貌。[……] 这些连队必须被放到最不稳定的部队中"。苏军的政治领导层还向第21、第4、第20集团军发去了类似的电文。[44]

国防委员会的第二份政令再次设立了"特别局"，1941年废除该局，改设三局，负责反间谍事务，隶属于国防人民委员部。特别局只向内务人民委员部及（即使法律上没有规定，但事实上就是如此）军队的政治管理机构汇报，其主要目的，正如该政令第3条所述，"坚决和军队内部的间谍行为和叛国行为做斗争，清除前线地区的叛逃行为"。第4条和第5条规定有权"逮捕逃兵，如有必要，可就地枪决，[……] 要求内务人民委员部提供必要的武装支队供[其]指挥"。因此，除了政委之外，军官还得受一个秘密部门的监督，政委还要和军官共担责任和风险，而这个秘密部门对作战行动无须负责，一直到团一级的部队里都会设立这个部门。1941年7月，苏联军官又回到了1937年至1938年大清洗时期受到密切监视的处境之中。不仅其军事能力会受政委的质疑，他和士兵的关系会受"政治干事"的干扰，而且任何时候，他都有可能受到内务人民委员部特别局的调查，就连他的上级也不知情。特别局的职责类似于秘密警察。他们在所有的部队招募线人（占比高达3%[45]），只有他们知道线人的名字。可以想见这样的渗透程度会对士兵和军官造成何等影响，他们在进行每一次交谈时，都会自问与之交谈的同志是否就是特别局的耳目。按照内务人民委员部的一名军官的说法，对特别局的负责人而言，"无论什么军衔、职位，[……]所有军人都会被认为有能力对国家犯罪"。[46]只是在德国的战俘营里才能自由说话，那些军官才彼此承认自己是特别局招募的线人。[47]德国国防军从来就没存在过如此规模的政治监控，甚至1944年刺杀希特勒之后也没有。

特别局并不局限于从事间谍活动。它还是镇压活动的左膀右臂。依据内务人民委员部1941年7月19日的一道命令，特别局必须组建、指挥好几支部队，执行西部军队里军事宪兵的工作。每个师和每个军都必须有一个排，每个集团军有一个连，每个方面军有一个营来做这事。这些部队涵盖了前线周边地区，并对之实施分区管理。它们设有岗哨和路障，会履行巡逻、监视、搜寻、管控方面的任务。如果有个军人有逃离战场的嫌疑，他就会遭到逮捕，十二个小时内进行调查，调查完毕之后被转至军事法庭。特别局负责执行判决结果，有时会在部队面前执行。在"极特殊的情况下，当前局势要求采取严厉措施立即恢复前方的秩序"，特别局在当地的负责人就有权采取就地枪决的措施，理论上，必须把这件事上报给集团军或方面军特别局的领导。他们和西部军队军事宪兵的最大差别在于管控、逮捕、处刑的流程方面。

但这套制度运转得很差。专心战斗的部队并没有士兵来组建特别局所要求的支队，因此，特别局始终处于人手不够的境地。由于逃兵和开小差的士兵数量太多，他们根本就没法把前线和后方隔离开来。

尽管6月22日至10月10日，多机构联合之下，内务人民委员部逮捕了657364个人，但有多少会从渔网的网眼里逃走呢？流程无论如何简化，管控、重组、拣选、镇压都慢下了脚步。在每一次战斗或轰炸期间，惊慌失措的军事将领就会要求改变这套制度。第一个亲手镇压自己人的将领是布良斯克方面军司令员叶廖缅科将军，他9月4日在和斯大林的谈话中，重新提出了"拦截队"[48]这个措施，要求能收到加农炮。次日，斯大林同意了这个请求，但有条件。"最高统帅部同意我在状况不稳的各师组建拦截队。这些部队的目的就是阻止部队擅自撤退，一旦发生逃跑，如有必要，可用武力将其逮捕。给步兵连（构成拦截队）配备炮火的措施还在讨论，最高统帅部决定之后，会向您通报。"[49]叶廖缅科自然就等起了回复。

一个星期后，斯大林给各方面军发布了一道政令，把叶廖缅科要求采取的措施延伸到了整个军队。基辅北部的惨况无疑和这个决定有关，政令是这么说的：

> 和德国法西斯斗争的经验表明，在我们的步兵师里，恐慌情绪不胜枚举，持敌视态度的也是大有人在，敌人一向他们施压，他们就扔下武器，大喊大叫："我们被包围了！"让其他战士也受到了影响。眼见这些人这样，整个师也就丢弃装备，溃逃了，过一段时间以后再冒头，小批小批地走出森林。前线各地都有同样的现象发生。如果师长和政委能做好自己的工作，惊慌失措者和持敌视态度者就不会占上风。但问题是坚强可靠的师长和政委不够多。
>
> 为了阻止这种不良现象的发生，最高统帅部命令：
>
> 1. 在每个步兵师设立一支由可靠分子组成的相当于营级的拦截队（团的拦截队相当于连一级），由师长指挥，该部队使用常规武器，也可以使用卡车、几辆坦克或装甲车辆。

2. 拦截队的任务就是提供直接帮助，协助师长维持或重建纪律，阻止军人因害怕而逃跑，可以使用武器清除散播恐慌和带头逃跑的人，还要让部队里受到逃跑情绪影响的诚实的士兵继续战斗。[……]⁵⁰

这些拦截队和内务人民委员部没有任何关系。他们是步兵师中完全独立的部队，由军人组成，受军官的领导。同样，也有以特别局或内务人民委员部在各地的人员为基础组建的支队。通常情况下，拦截队都活跃在第一线，内务人民委员部的部队则活跃在后方腹地。战后，亚历山大·沃尔科夫讲述了他自己在拦截队工作的体验。

这些部队都是专门组建的，哪儿都能见到。[……]干这活儿，我既没有过意识形态的准备，也没收到特别的指示，更没有额外的配给。行动开始前一个小时，我们就被安插在一条沟壑的沿线。军官拿着高音喇叭，我们端着冲锋枪。没错，我们见到了一排排步兵往后方跑的情形。我们对空鸣枪，他们就往地上一扑。军官用高音喇叭喊，再继续往后退，就会挨子弹。我还没说步兵部队的军官用手枪指着让他们站起来的情景！[51]

尼古拉·尼库林的体验更恐怖。

我们的部队发起进攻，被恐惧逼着往前走。德军的抵抗相当可怕，机枪、坦克齐上阵，还有飞机大炮轰炸。但这种恐惧感和害怕被处死的恐惧的程度是一样的。为了让没受过什么训练的萎靡不振的大量士兵遵守命令，甚至战斗开始前就开始枪决了。这种预防性的政治工作使大家对内务人民委员部和政委更害怕了，对德军的怕都比不过他们。发动进攻的时候，如果您脚跟一扭，那您就有权吃一颗拦截队的子弹。打了败仗之后也会被枪决。有时，拦截队没有接到任何命令，就会把撤退的人杀死。[52]

这些由托洛茨基开始实施的措施传承自1918年至1921年的俄国内战。既有先例，何乐而不为：斯大林认为和外部敌人斗争的同时，也必然要和内部的敌人斗争。若想战胜一方，就必须打倒另一方。1937年到1941年之间，这个做法就没停顿过。所以，才会看到6月22日至25日，内务人民委员部一心忙着揪出国内的第五纵队。它的第一道追捕阿勃韦尔情报网的命令是6月26日发布的。

管控，审查，肃清

逃兵是苏军的七个伤口中的一个。1945年以前，始终都有士兵在未获批准的情况下逃离战区，甚至投向敌人那一边。这种现象（不要和面对炮火感到恐慌、逃跑的人相混淆，只要炮火声消停下来，他们通常就会好起来）在沙皇时期的军队和内战时期就很严重。1941年，这成了一种恶，内务人民委员部必须与之做斗争。逃兵的规模相当大。夏秋两季，到处都在打击逃兵现象。7月17日，西南方面军政委米哈伊洛夫向麦赫利斯报告："[……]在方面军的部队里，士兵都是成群结队逃离战场的。逃兵的比例极高。仅第6军，战斗最初十天，我们就逮捕了5000名军人。[五个人当中就有一个！][……]依照不完全的资料来看，拦截部队逮捕了5.4万名军人，其中1300人是政工军官。[……]这些被抓起来的人中间，1147人已经受到方面军军事法庭的起诉。546名军人已经被判刑，其中72%被判处死刑。"[53]

1941年7月至9月间，在列宁格勒城前，有47239名士兵因"擅离职守"逃往后方被抓。[54]许多人都是在车站或城门口被抓的，他们显然是想从这儿去往国内。仅10月这一月，该地区的第8集团军就有逃兵647人，第23集团军234人，第42集团军644人，第55集团军2777人，第54集团军2895人，诺夫哥罗德作战集群1452人。总计8649名苏联士兵（整整一个师）在300公里长的战区内离开自己的长官，逃离前线！[55] 如果数字太高，就会很难处理。那是否能把这个数字应用到整个前线上去呢？没有资料表明列宁格勒方面军的形势比斯摩棱斯克或基辅更糟，简单按比例来算的话，一个月之内就相当于有四个师的士兵逃跑，也就是超过半个集团军没了！俄国历史学家瓦西里·赫里斯托佛洛夫以前是俄罗斯联邦安全局档案处处长，[56] 他依据内务人民委员部的资料计算，1941年6月22日至12月31日，共有685629人被各种类型的拦截队、特别局等部门逮捕。其中，82089人被认定为逃兵，在这之上还可以加上4260名非法离开军事设施建设工地的士兵。但在562856名内务人民委员部认为"失去大部队"的士兵，没有证件的16322人，偷吃农作物的246人中，又有多少人是逃兵呢？有多少人没有被捕？我们觉得在巴巴罗萨行动期间，最低有相当于两个集团军兵力的10万名所谓的"第三波"逃兵（1941年秋形成）没有被捕。

从军事和政治角度来看，最严重的逃兵现象就是投向敌人。最容易发现的就是集体逃离。依据内务人民委员部收集的部门资料来看，1941年6月22日至12月31日，有102个逃兵群体是往德军阵线走的，共涉及1944名士兵，而且成功逃离。在同一份报告中，内务人民委员部宣称他们已经阻止了159次群体逃跑的尝试，涉及1874名军人。[57] 最著名的例子便是第436步兵团团长伊万·科诺诺夫少校。1941年8月22日，他和手下的几名连长命令团里剩余的士兵向第3装甲师投降。但大多数投向敌军的都是个体，而且是在战斗期间或巡逻期间投降的；这些行为更难确定其特征。尽管估计集体投向敌军的人数不超过4000人，但独自向敌军投降的数目就难以知道了，但应该不超过几万之数。就1941年600多万人上前线来看，这个比例可以说是微乎其微。

为了解决这个具有潜在危险性的现象，特别局有时会使用不太正统的方式。比如，会组建一小股一小股的敢死队员，模仿投敌者的行为。他们会挥舞白旗或德军的传单表示要投降，并向对方的战线走去。最后一刻，他们往敌人那儿狂扔手榴弹，"这样一来，敌人下次就会把叛徒给杀了"。[58]这个方法"效果不大"。一方面，执行这项任务的志愿者不应太急；另一方面，德军情报始终说有叛逃者。他们的宣传部门想要使苏军投敌的规模再行扩大，便加大了投放传单的力度：6月1800万份，7月4600万份，8月7700万份，9月1.25亿份。后来，天气变糟，飞机无法起飞，数量才有所下降：10月投放了8900万份传单，11月2500万份。大部分政治性的传单在文字底部或传单正面会印有用两种语言写成的"安全通行证"，向逃兵许诺他们会受到良好的对待。这些传单可以说极具危险性。一个身上藏了一份传单的士兵被自动判定犯有"严重叛国罪"，但这名士兵是个文盲，他收集传单是为了卷烟抽。战线稳定下来后，德军宣传连的高音喇叭立刻就会接手，邀请苏军士兵投向己方。第一个投敌者很快就被放到了麦克风前，呼叫战友的名字，鼓励他们学他的样。这一招特别狡猾，对那些被点到名的人来说也很麻烦，虽然他们根本就没想过要投向敌方。

军队总检察长诺索夫担心军队解体，便授予特别局自行决定的权力，他们不仅可以逮捕逃兵，也可以逮捕所有逃出包围圈或战俘营的士兵："凡不经抵抗就向敌军投降者均为国家的叛徒，这一点就足以治他们的罪，更别说那些逃出战俘营的人，许多都已被法西斯分子招募，从事间谍活动和破坏活动。"[59]第18集团军装甲部队长官尼古拉·戈尔采夫就是个例子，1941年8月15日，他被德国人抓获。两周后，他逃了出来，经历千辛万苦，终于回到了苏军的阵地。斯大林下令把他抓起来枪毙掉。如果他是犹太人，情况还会更糟。"亚伯拉罕，你是怎么活下来的？"内务人民委员部的军官在整个战争期间及以后都会问这个问题。斯大林的这个拼尽全力抵抗的苛求严重渗透了苏联社会，以至于他对纳粹受害者的判断达到了极致的程度，几与刽子手无异。犹太人大卫·扎斯拉夫斯基是个记者和文学评论家，1943年12月，他参与了对哈尔科夫战争罪犯的审判之后，在日记里写道："我们看了哈尔科夫残忍屠杀犹太人的一些地方。[……]这些被打死的人都是没什么抵抗心的人，不配被叫作苏联的犹太人。他们毫无个人或国家的尊严。"[60]这一点倒是和党卫军机关报《黑色军团》的社会达尔文主义颇有异曲同工之妙。

镇压极其残忍，大清洗之后建立的司法防线全都没有用。1941年9月15日，贝利亚请求斯大林授权让他对已经宣判的人执行死刑，让"内务人民委员部特别委员会"有权自行决定是否可判死刑。照当时仍然生效的条款来看，定罪量刑必须事先得到最高法庭军事团的批准，然后再由政治局的委员会批准。贝利亚的理由是："目前，10645名被判死刑的囚犯正挤在内务人民委员部在各共和国及各地区的监狱内，等待最高司法当局批准判决。现在是战争时期，苏联内务人民委员部认为现在是[获取新权力]的适当时机。"两天后，国防委员会的903ss号令满足了贝利亚的要求。"内务人民委员部特别委员会"法外执行判决的权力和1937年有名的三套车[61]所掌握的权力相当，斯大林只是改了个名称，就直接把大清洗时期的操作方式拿来重新用了。

在"反革命斗争"和大规模逃兵现象甚嚣尘上的时候，对思想的监控也就变得极为重要。从7月6日起，国防委员会采纳了一个决议，授权国家安全人民委员部（负责反间谍事务）查阅所有来自前线的信件，无论是军人的，住在军事区的平民的，还是从前线回来的人的信件都得查。这个工作量相当巨大。每个邮局都有一个特殊的部门阅读成千上万封信件。冲突期间，有数百万封信件遭到拦截，对寄信者发起过数万次调查。从解冻期到1990年代这个短暂的时期，俄罗斯联邦安全局档案中保存的相当数量的信件都可以让历史学家查阅。尽管这些信件充满了失败主义的言论，传播流言蜚语和谣言，而且夸大其词，但它们也展现了真实的局势。"我们有弹药，但不让我们射击。参谋长维诺格拉多夫把什么都扔下，逃到了自己的汽车那儿。他为什么命令我们撤退，军事法庭会找他麻烦的。"（寄自炮兵师）"我们现在在教老年人射击，我们营的年轻士兵要么逃了，要么死了。"（寄自彼得霍夫）"在我指挥的分队里，没有一个人知道怎么开枪。他们甚至不知道机枪是什么东西。我们中许多人都认为我们战胜不了德国人。"（寄自第330工兵团）"9月29日来前线的人，很少有人还活着。真正的悲剧是我们没受过一丝一毫的训练，就被直接投到战场上去了。"（第8集团军）

面对溃败，斯大林对内务人民委员部的军队情有独钟。尤其是涉及保卫莫斯科，就更是如此了。首都军区歼击航空兵指挥官尼古拉·亚历山德罗维奇·斯贝托夫就见到戴蓝色大盖帽的人一波又一波地过来。

> 当莫斯科军区司令久列涅夫将军和他的整个参谋部被派去接手南方面军的时候，他们的位子却已经被新来的人占据了，奇怪的是，那些人都是内务人民委员部的人。军区司令员阿尔捷米耶夫，副司令员索科洛夫，军事委员会委员捷列津，参谋长列菲连科，所有人都是内务人民委员部的人。只有列菲连科是个诚实的人。发现自己没法胜任工作，他就辞职了。[……]哈，指挥莫斯科军区的竟然没有一个专业的军人，实在是太好了！还是在战争如火如荼的时候！[……]选择这些干部只是为了内部的安全；考虑到内务人民委员部的人对军事事务一窍不通，就作战而言，他们一无是处，这一点很快就会显现出来。[62]

斯大林想要把内务人民委员部的人转变成士兵（还有政委，10月4日的政令就是这么说的[63]）的时候，所采用的方式就是参照内战时期的模板。这一点再次表明，在他的眼中，军事问题的根源就在于干部阶层的政治教育不足。他希望通过在部队里增加坚定不移的榜样，对士兵起到激发作用，使之产生信心。从6月27日起，政治局发布了一道政令，内容是"加强对部队的影响力"。[64]在战争最初的六个月期间，相当于全体党员四分之一的110万共产党员被派往前线。[65]其中有8800名重要的干部（中央委员会委员，各共和国、各城市的委员会书记等）。[66]此外，1941年8月和12月，政治局放宽了在战斗中表现优异的军人入党的规定。战争期间，532万人成为候补党员，361.4万人拿到了党证。[67]

同时，苏军总政治部及其主任列夫·麦赫利斯在全国范围内从军队中清除不受欢迎的人。7月20日，麦赫利斯给各方面军发去一份指令，要求他们"在各部队清除可疑分子，考虑到许多军人来自乌克兰西部地区、白俄罗斯，也有的来自摩尔达维亚、布科维纳和低地国家，叛徒肯定数不胜数"。[68]当日，西方面军政治部主任列斯杰夫签署了一道命令，也是同样的意思。"部队如有来自白俄罗斯和乌克兰西部地区的人，失败主义和反苏维埃的情绪从第一天起就冒了出来。[……]组织上必须及早采取措施，以免这部分不可靠的士兵被调往西部前线。对这个问题的解决办法就是把他们全部派往后方，越远越好，对反苏维埃的积极分子采取镇压措施。"[69]7月27日，他们在莫斯科得知德军军需总监瓦格纳把部分来自乌克兰和白俄罗斯的苏军战俘从战俘营里放了出来，所以苏联的镇压措施就更为强硬。这项到1941年11月27日一直有效的命令最终扩展到了31.88万人。8月12日，麦赫利斯命令新组建的装甲部队不得接收来自苏联西部地区的坦克兵。麦赫利斯极其偏执，他在任何地方、任何人身上都能嗅出从事间谍活动和叛国的气息，7月24日，他要求军队的各个层级，政委需对每个被调往通信部队的士兵进行调查。[70]每辆坦克的机组人员都必须由委员会加以遴选,而这个委员会则由总政治部、内务人民委员部和苏军装甲部队总政治部的代表构成。[71]仅这两项命令就涉及25万多人!

这些命令并没有被束之高阁。1941年12月,第10集团军(西方面军)特别局用明白无误的措辞报告说:"第325步兵师不坚定分子和敌对分子的清理工作已经完成。该师清除了遭受多次批评的人,政治不坚定分子,道德堕落分子,乌克兰西部、白俄罗斯、低地国家的人。总之,该师清除了446人。清理外国人和隐藏敌人的工作仍在继续。"[72]9月8日,斯大林签署了彻底清除苏联公民中的德裔人士的命令。"所有的部队、学院、军事院校、机构,无论在前线还是后方,所有德裔士兵和军官均需清理干净,将他们派往国内各区,组成工作队。"[73]

第270号令:家人同样有罪

在1941年全年由斯大林签署的所有命令中,8月16日颁发的第270号令名声最差。如想了解其起源,就必须稍微往前回溯到7月23日,此时,铁木辛哥正在发动新一轮攻势,以期夺回斯摩棱斯克。在遭到重创的军队中,由卡察洛夫将军指挥的第28集团军8月3日被古德里安包围。4日,斯大林和沙波什尼科夫前去支援,并要求他枪毙打了败仗的卡察洛夫。朱可夫尽其所能,也只拯救了卡察洛夫20%的兵力,德军俘虏了3.8万人。他没有发现将军任何的踪迹,无论是死是活。8月7日,他向沙波什尼科夫发了封电报,要求调查。电文中没有对卡察洛夫说任何不利的话,只是说最后一次见到他的时候,"他参加了向斯塔林卡的进攻,就站在坦克上"。但斯大林决心杀鸡儆猴。事实上,命令中有这样一句按语:"将最高统帅部的这道命令标为'G'等,秘密发给中央委员会委员及候补委员、各城市和各区党委书记、各共和国人民委员会、各城市和各区执行委员会书记。"[74]该命令污蔑"第28集团军司令卡察洛夫将军胆小害怕,投降了敌人,而参谋部和部队都成功突破了包围圈。[……][因此]命令如下:1. 要把他看作卑鄙可耻的逃兵,战斗期间遮掩自己的肩章,投降了敌人;其家人也应被逮捕;[……] 2. 战斗到最后一刻的被包围的战士才可以重返自己的部队;宁愿投降的人,要采取一切手段加以摧毁,投降者的家人不得享受国家的津贴和补助。"[75]签名:斯大林、莫洛托夫、布琼尼、伏罗希洛夫、铁木辛哥、沙波什尼科夫和朱可夫。在国家干预一切的制度中,"剥夺国家的补助"就等于是在宣判死刑。

1941年9月29日,第270号令之后,苏联最高法院军事团缺席判处卡察洛夫死刑。后来很快就发现他是在战斗中阵亡了。斯大林并没有为其平反,卡察洛夫的家人遭到了迫害。1954年,斯大林死后一年,在朱可夫的请求下,这个判决才遭撤销。还必须提一下斯大林的儿媳尤利娅·梅尔策,她1941年秋遭到逮捕,唯一的罪行就是,她是俘虏雅科夫·朱加什维利的妻子。

第270号令针对的两个靶子很明确:一个是军官,另一个是陷于包围圈的所有士兵。它使用的武器是:要挟会对家人进行报复。这种方法和内战一脉相承,当时参加了苏联红军的沙皇时期旧军官的家人都被抓起来当作了人质。将一个又一个将军扔给苏联媒体,把他们拿来说事,将他们树立为叛徒的形象和战败的替罪羊,这种做法只能被认为是对干部阶层很大的不信任。这种揭发行为显然丝毫无助于提升军官的权威,也无法将责任感灌输给部队,而无论是权威,还是责任感,军队都很缺乏。1941年,《真理报》刊登了一百来名高级军官的名字,说他们是懦夫和叛徒。第二次世界大战中还有哪一支军队会如此忍气吞声?

苏联军官的处境令人难以忍受。如果他们因为考虑到士兵遭受的苦难,表现出想要停止战斗的想法,第270号令就能让其中的狂热分子杀死他们:"如果部队遭到包围,每一个军人,无论地位高低,均必须要求上级进行突破,直到流尽最后一滴血;如果指挥官和士兵群体选择被俘,而非组织防守,就必须采用一切手段,地面和空中的手段都可以,将他们消灭掉。"相反,军官还受到鼓励,要他们表现得极端强硬,而这些军官也会因态度强硬而遭到揭发。1941年10月4日,斯大林发布了一道命令,名为"用教育工作代替镇压"。斯大林在这儿使用了他惯用的做法:假装发现了过分的行为(其实都是他先掩盖和挑起的),再热心地说要纠正这种过分的行为,来增强自己作为正义的形象。斯大林开篇即列举了被上级随意枪决的一些军人的事例,而这些事例也正好可以说明1941年秋的精神状态。

科米萨罗夫中尉在毫无理由的情况下用左轮手枪射杀了士兵库比卡。第21设防区的老区长苏琴科上校枪杀了中士佩尔奇科夫,就因为中士胳膊受伤下车太慢。第1026步兵团摩托化连分队队长米克留科夫中尉因为其副手巴布林所谓没有执行命令而将他杀害。[……]A)不以说服为主,而以镇压为主,这种做法是错误的。B)在某些情况下,部队日常的教育工作被辱骂、镇压、体罚所取代。[……]E)大家都忘了这样一个事实,即镇压是一种极端措施,只有在直接抗命、在战斗中公开抵制或刻意违反纪律和秩序的情况下,才可采用这种手段。[……]指挥员和政委不合理的镇压、非法处刑、随意专断的行为和体罚,表明这是一种缺乏意志力的短视行为,从而导致相反的结果,使军队纪律涣散,促使士兵投向敌方。我命令:[……]4.要和一切非法镇压、侵犯、虐待的现象做斗争,甚至可将有罪者送交军事法庭。该命令必须传达给各级首长,包括团长和团政委。签名:斯大林。[76]

被包围士兵的苦难在芬兰战场上就出现了。1940年4月19日,贝利亚告诉斯大林，经莫斯科同意，芬兰人释放的苏联俘虏马上就要到达本国领土了。应该怎样接待这些俘虏？贝利亚写道："按照总参谋部的指示，战俘不应遭到看管，由明确指定的指挥员陪同即可。按照这份指示，这些俘虏必须住在诺夫哥罗德附近的兵营里。[……]不会有任何看守看管这些兵营。[……]十天后，会允许他们集体进城。对于政工军官，只能单独批准。"总之，苏军高层是想郑重其事地对待这些运气不佳的战友。而贝利亚并不这么想。"[我们已经让]内务人民委员部的8个人去了交换战俘的瓦伊纳卡拉车站。诺夫哥罗德的32个人由内务人民委员部调查局副局长卡扎科维奇领导，他们已经收到指示。国防人民委员部［预定的措施］无法将战俘隔离开来，无法确保他们不会逃跑［……］。考虑到战俘受到过芬兰情报机构乃至其他情报机构的处理，内务人民委员部认为有必要渗透进入战俘群体，进行巨细靡遗的调查。"之后，贝利亚建议不要将这些战俘放到普通的兵营里，而是让他们去内务人民委员部设在尤扎的特设营地，以便实施无情的渗透措施。[77]

7月29日，贝利亚告诉斯大林，芬兰人交回了5175名战士和293名军官及政工军官。他补充道，内务人民委员部经过调查之后，将414名"活跃的叛徒"揭发了出来。

这些人中，344名军人被莫斯科军区的检察官转至苏联最高法院军事团。232人被判死刑，158人已经执行死刑。至于其他被关押在尤扎营地的人，内务人民委员部认为有必要的是：1. 另逮捕250人，把他们转往最高法院军事团，当作叛徒处理。2. 让内务人民委员部特别委员会审理，判决剩余的4354名军人获刑5至8年，对于这些人，没有足够的材料将他们转往法院，但他们仍然是可疑分子［原文如此］。3. 释放因伤被俘的450名老兵，将他们交由国防人民委员部处理，并没有不利于这些人的材料。[78]

显然，如果说苏军1941年要求被包围的士兵立刻采取一切手段脱离包围圈，那当然是出于军事理由，但也同样有政治上，甚至治安上的理由。对内务人民委员部来说，这些人不再是战士，而是嫌疑人，其中绝大多数人应该都受到了敌方的影响，再被交还回来。害怕战俘形成第五纵队的想法一直到卫国战争的最后一天，乃至以后都盛行不衰。

失败主义的包围圈

第270号令不仅针对军队里的干部阶层，也特别针对所有"被包围的战士"。发布这道命令之时，继明斯克之后，苏军又在乌曼和斯摩棱斯克遭遇了两个新的包围圈。斯大林没想到俘虏的数量如此之多（或许自己儿子被俘也让他很恼火），于是他就对这些想要趁此机会投向敌方的士兵发出警告。他对这样的问题采取了惯常的做法，历史学家至今仍对此争论不休：这些士兵"让自己被俘"，是否就是在反对斯大林体制，就像第270号令所说的那样？

事实上，把农民出身的苏军士兵的投降和去富农化、土地集体化、1930年人为导致的大饥荒相连，有很强的诱惑力。更何况包围圈一个接一个，数量如此之多。我们计算过，各种规模的包围圈有几十个之多。五个包围圈包围了10多万人，它们是比亚韦斯托克—明斯克、乌曼、斯摩棱斯克、基辅、维亚济马—布良斯克包围圈，还有其他十几个包围圈包围了1万至5万人不等（莫吉廖夫、大卢基、卢加、罗斯拉夫尔、戈梅利等）。这些"锅形包围圈"让德军获得了"将近300万人的俘虏"。尽管这些数字高得惊人，但想要从社会政治层面来进行解释，还是有些风险的。理由很简单：很难找到有组织投降的例子，没有一例承认自己想要叛国。在我们看来，在这样的条件下，从军事角度来看问题便足以了解包围圈这个现象。

首先我们观察到，苏军并不是唯一遭遇包围战的军队，德国国防军在自己的研究中就是这样称呼边境战斗的。波兰军队的爱国主义和战斗力毋庸置疑，但他们在六个包围圈中损失了一半的兵力，数量最多的一次是在布楚拉河，俘虏多达17万人。1940年，法国军队在佛兰德的包围圈中损失了8万人，在孚日损失了50万人。在这些例子中，一旦签署投降议定书之后，这些人就都乖乖地被缴了械。如果说同样的原因导致同样的结果，那也就没有必要用失败主义来解释巴巴罗萨行动中的包围圈了。恰好相反，同波兰人和法国人不同，苏联的许多部队都想要逃出包围圈，从而导致死伤惨重。在部分地区，也有成功突破的：明斯克包围战中，2万人离开了包围圈，武器也没丢，基辅是5万人，从维亚济马和布良斯克的双包围圈逃出来的有12万人。因此，从被包围的那些例子来看，苏联士兵的战斗力似乎要比德国国防军的其他任何对手都要强。

对德军和苏军的包围圈进行对比，可得出第二个观察。苏军在1941年和1942年遭到的包围持续的时间都极短：两到三星期。相较之下，德军从1942年冬开始的战斗中遭到的包围持续时间可达数月。这种差别在于德国国防军有能力处理包围，即便局势很绝望（像斯大林格勒那次），他们也能发现包围可以起到一个主要的作用，那就是牵制敌军的大量兵力。德军指挥层对包围战很了解，所以他们并不会刻板地立即下令寻求突破。当然，他们也是随时准备好突破，但突破的时间点必须取决于是否达到了明确的作战条件。目前，他们想要寻求的是对包围圈进行调整，以期让军队机构能够存活下来。部队会在最能守得住的防线上进行重组，以期封住包围圈，想办法杜绝今后防线破裂。相较之下，除了莫吉廖夫那次值得注意之外，莫斯科始终都是要求立即突破。第270号令也重申了这一点。苏军遭到包围之后，最后总是被快速消灭，这种仓促应对的方法也是其中一个因素。最高统帅部从未考虑过除立即突破之外的其他方法。我们在前面说过，这种态度可以用恐谍症和对第五纵队的恐惧来加以解释。

除了立即突破之外，还有两种解决方案。第一种类似德军的做法，守住包围圈，组织好军队，等待外界救援。另一种就是想办法在市中心周围形成包围圈，在那儿坚守住，以期尽可能多地打击敌军。我们来看看1941年6月西方面军的一个例子。如果包围圈设在（一部分得看巴甫洛夫的决定）比亚韦斯托克、格罗德诺、巴拉诺维奇的周围，最好设在明斯克周围，那这个陷阱就会反过来对德军不利。事实上，在这些市中心地区，有可以让被包围的士兵坚持下去的军用和民用仓库，还有通信设施和飞机起飞的场地。将铁路枢纽截断几个星期就能对德军的后勤补给造成极大的麻烦，毕竟苏联地域广阔，部队机动性差的话，铁路就成了空间的构成因素。若非第一天起就将铁路网改建成欧洲的轨距，德军的铁道兵就得等上8到15天，甚至更长时间，因为苏联的铁道兵这时有时间往纵深处摧毁铁路。从7月3日起，博克并没有这么做，他在日记中兴高采烈地说："最初几列火车沿着德国轨距的铁路抵达了巴拉诺维奇。后天，交通将会重启，使用俄国轨距，直达明斯克！"[79]如果从巴拉诺维奇到明斯克，苏联的一两个军彼此依靠的话，那古德里安和霍特就别想打斯摩棱斯克战役了：装甲部队会收不到必需的汽油和弹药。但1941年，苏军几乎完全无视防守战和都市战的选项，而且完全忽视了大规模包围的可能性。

第三个观察，包围是一个灾难性的事件，被包围的人会受到很大震动。部队被孤立，四面楚歌，通常都会被分块消灭，他们还会和后方的梯队混在一起，在明斯克和布良斯克的例子中，还有成千上万惊恐万状的平民堵塞在道路上，让部队士气大跌。苏军从来没料想到会发生这样的情况。为了使作战行动继续有效，我们说过被包围的部队就必须准备突破，或者相反，继续坚守下去。只有中央的指示才能为他们的选择定向，而这就需要和外界保持通信联系，至少可以通过空中联系。很多时候，部队陷在空旷地区，两种联系方式都不存在，而莫斯科也从来没有想办法通过空中联络被包围者。况且，和包围圈内的部队实时保持可靠的通信联系，对于统计清查、运送弹药和给养（后来开始计算）、发布命令、协调力量落实解决方法（或突破，或就地抵抗），自然必不可少。苏军由于在这个关键点上受到了阻碍，所以通信网很快就崩溃了。集中指挥不再存在，指挥链瓦解，每个军、每个师、每个团只能各自为战，不断地碎裂。

最后一个观察，只要这个选项似乎好于其他任何选项，被包围的士兵就会继续战斗下去。他知道自己战死的风险要比以前大，只要有条件，他自然就会自己想办法避开这样的命运，要么逃跑，要么投降。从这个角度来看，德军士兵和苏军士兵的地位并不对称。1941年，苏军士兵还不知道被俘就等于死亡；对德军来说，西伯利亚从来就不是一个选项。只要军队的纪律维系住了，每个士兵才会相信集体防守才是唯一的出路。如果部队分成了一小块一小块，纪律不存，那相当数量的人选择被俘也就没什么好惊讶的了，无论什么情况下，这种做法都和反斯大林主义或反苏维埃没有关系。不过，有一个事实还是挺让人吃惊的：同波兰人和法国人不同，被包围的士兵中有不小一部分人拒绝被俘，只要地形允许，他们就会拿着武器进入森林。之后，等到德军大部队远离，每个人就会各凭运气，要么重回前线，要么回自己的村子。或许，有朝一日我们能对包围圈里发生的事进行研究（只是，这样的资料在哪里呢？），这样就能从种族层面或社会政治层面出发，重新找到某些部队发生分化的点在哪里。但我们可以打赌，只有等到前面提到的权力机关瓦解的进程完成之后，这些凝结于军队内部的缺陷才会暴露出来。

重组军队

战争的第一个星期就已展现出苏军作战行动的效率极低。他们不知道如何应用庞大的资源，浪费和损失的现象极为惊人。之所以如此，有几个原因，干部能力不足并非最小的因素。在7月15日之前，总参谋部终于开始把造成这种无能的因素单独拎了出来，并考虑怎么去解决这个问题：部队规模太庞大。在苏军将领的头脑中，干部和组织这两个问题是连在一起的，尤其是对朱可夫来说。为了叙述方便，我们对他们分别进行审视。

如果说1941年6月22日，大量军官没受过训练、没有经验，那他们的处境到1941年下半年，在德国国防军的打击之下，损失就更惨重了。可以说是大批死亡。5.1万名军官阵亡，18.2万多人失踪，8.3万人住院或因伤退役。[80]苏军共损失了31.6万名军官，相比较，德国国防军这儿，哈尔德的统计是26755名。[81]6月22日在岗的24名集团军司令员中，有9人阵亡（费拉托夫、斯米尔诺夫、卡察洛夫）、被俘（波塔波夫、姆兹琴科、波涅捷林、卢津、叶尔沙科夫）、遭枪决（科罗布科夫）。12月31日之前，又有7人从兵员名单中被除去：1个遭枪决，1个出事故失踪，3个被捕，1个被俘，还有1个患病。在25名摩托化军军长中，损失11人：5人阵亡，4人重伤，1人被俘，1人遭枪决。100名军级和师级的将军也同样被从名单中除去，其中45人被德军俘虏，5人遭枪决，3人被捕并被判服苦役或坐监，还有1人被判死刑并死亡，其余都在战斗中阵亡。苏军总计损失107名将军，48人在战斗中阵亡，10人因伤致死，11人失踪，3人被俘后死亡，1人因不想落入德军之手自杀，1人被破坏分子杀害，27人被内务人民委员部枪决，2人在被枪决前自杀，4人因事故或患病身亡。[82]

除了斯大林不好的习惯（尤其是快速轮换干部）之外，还必须不停地堵漏洞，为新组编的参谋部提供人员。1942年1月1日，尽管军事院校增多，学习期限缩短，战斗部队还是缺少3.6万名军官。新获晋升者和6月22日的人面对的是同样的问题：快速受训，训练差，没有经验，尤其是中层军官（团长、营长）和下级军官（连长、排长）。

其中一部分人来自海军。因此，波罗的海舰队的军官就少了3529人，士官至少缺乏1万名。[83]这些人从没见过坦克、迫击炮或野战排，怎么让他们能立马起效呢？

正是由于干部阶层的缺陷太明显，总参谋部才决定重组军队。专业的军官群体人数太少，苏军也就表现得体量太庞大了。方面军、集团军、军、师，甚至航空兵部队、团一级，都太臃肿，会消耗大量干部、后勤资源、通信设施。总的口号就是精简、缩短指挥链，减少兵员。首先触及的就是方面军的层级。在俄国和苏联的军事思想中，方面军起的是作战**和**战略作用，意思就是理论上，方面军单凭自己就能在主轴线的冲突中起决定作用。因此，它们数量不多，负责大片领土，获取大量资源：1941年6月20日，3个方面军共有290万兵力。6月至12月，方面军的数量增多（12月达到10个），每个方面军所指挥的兵力的规模缩小到原先的三分之一，甚至四分之一。其战略功能也丧失了。但最高统帅部和总参谋部便因此获得了一项日益重要的任务，那就是协调各方面军之间的行动。但方面军一多，参谋部人员的配备又成了问题。于是就把集团军参谋长提升至高一级，甚至军参谋长也提升到那个级别，1941年8月，布良斯克方面军就经历了这样不幸的遭遇。

7月15日，还是总参谋长的朱可夫下了一道命令，表示要重组军队和航空兵部队，就他的这个愿望而言，可谓颇具洞见。

和德国法西斯经历了三个星期的战争，我们从中得出了许多重要的结论，以期改善红军的作战能力，改善其组织架构。

1. 战争经验表明我们的摩托化军部队太臃肿，机动性差，太笨重，不适应运动战，更别说还很容易成为敌军空军的活靶子。最高统帅部认为只要作战行动许可，这些部队就必须解散。他们的资源将用来组建具有自主性的坦克师，隶属于集团军。摩托化师将改建为常规步兵师，配备坦克。他们的卡车将用来创建摩托化营，用作运输部队和弹药之用。

2. 战争经验表明规模庞大的集团军拥有大量的师和起到举荐作用的军，这使组织战斗以及管理战斗中的部队变得太过复杂，尤其是还得考虑到我们的参谋部人员和指挥员都很年轻，经验不足。最高统帅部认为在不损害现有作战行动的情况下，逐渐过渡到小规模的集团军建制，最多配备5到6个师，不设军，师直接受集团军司令指挥。[……]

5. 战争经验表明我们的航空兵部队——军、师，包括配备60架飞机的好几个团——都太臃肿、笨重，不适应运动战，更不应忘记这样一个事实，即规模太大不利于分散，容易被地面摧毁。近日的经验表明配备30架飞机的团级建制，配备2个团的师级建制，不设军，从使用的便利性和机动性上来说，是航空兵部队更好的组织架构形式。[84]

关于装甲师，朱可夫仍然显得比较乐观。装甲师有的是8月至9月组编，有的是将老的机械化军拆分而成，但其理论上配备215辆坦克（6月配备375辆）的体量仍然太过庞大。他们很快就让位给了旅，于是旅就成为1942年重组装甲部队的基本编制，还有相当于一半体量的独立成编的团级编制。持续缩编旅的装备本身就说明有能力的干部不足的现象：6月为93辆坦克，9月67辆，12月46辆……除了机械化军之外，1941年6月类型的集团军据称可以控制4到6个步兵军，每个步兵军有3个师加2个炮兵团，再加上各部门的人员，也就是理论上可达20万到30万人（实际上为10万到20万人）。9月起新组编的集团军不再设军，抽出了大部分炮兵部队（充实到最高统帅部的总体的后备军中），兵力在5万到7万人。经历过夏秋两季考验的苏军终于和原先的形象有了明显的区别。由于缺乏军官、武器、通信设施，于是也就迫使军队整体上变得更顺畅、更精简，也更简朴。被裁撤掉的60个步兵军的参谋部的人员就用来组建30个新组编的集团军的参谋部。师一级规定的体量从14483人缩减至约11700人（事实上为7000至8000人），旅一级从7400人至4356人。[85]到12月底，三分之二的军官与6月22日的时候不是同一批人。尽管他们都是"新手"，但他们可以依靠如今更为稳固、经验更丰富的核心，依靠700到800名将军，10万名其他军官、师长、团长、营长，这些人存活至今，也学到了许多东西。正是这些人击败了巴巴罗萨行动，更宽泛地说，就是他们把苏军打到了柏林。

征募新的集团军

德国国防军陆军总司令部犯的一个最大的错误就是低估了苏联人征募新的集团军来替换被消灭的集团军的能力。1951年6月1日，18个集团军都是作战部队，其中14个分配给西方面军和北方面军，2个分配给远东地区，2个分配给后方。6月，组建了9个新的集团军，7月14个，9月2个，10月2个，11月6个，12月3个。1941年6月1日的18个集团军到12月就变成了54个。此外，在这6个月的时间里，20个集团军被摧毁后又得到重组，有的重组了2次（第6和第43集团军）。这些被运往各师和各旅的增援部队有高达108个步兵师、35个民兵师、42个骑兵师和7个装甲师、36个步兵旅、56个装甲旅、2个摩托化旅，总计577.2万人，这些数据依照的是总参谋部负责兵员方面事务的叶夫列莫夫将军的报告而来。[86]德国陆军总司令部制订巴巴罗萨计划时，认为苏军新组编的部队会来得太晚，无法对1941年的战局造成影响。这真是个天大的错误！苏联有能力在6个月的时间里向前线派遣比6月22日对战德国国防军的军力多出2倍的部队。考虑到达到征兵年龄的五六百万人（总潜力兵力数的18%）还在被占领土上，大量的仓库都已落入德军之手或被摧毁，部分工业设施要么无法使用、被占，要么被摧毁、被拆毁，苏军的表现就更为抢眼。所以，可以认为这些兵力中相当数量的人员应该在后方依靠另外的库存，穿上了军装，获得了装备和武器，吃上了饭。尽管损失极为惊人，达3978700人，最终确定的数字为2841900人，但苏军仍然于1941年12月征募到了4299946人。[87]

苏联政权是怎么做到动员这么多人的？第一个回答是人口。达到服兵役年龄的男性阶层理论上比德国的征兵人数多出两倍半。苏联其实有1.94亿居民[88]，德国为8000万，苏联的人口结构也更年轻。但到1941年底，7000万人都在德国占领区，这个理论上的人口储备就大打折扣了。向后方疏散了部分年龄适合动员的人口，使损失有所减轻。此外，苏联政权本身也减少了可动员人口的基数，因为有些类别的人是不得在军中服役的，如德裔或芬裔的人口、1930年代流放至古拉格的富农的孩子、中亚地区和外高加索地区的人、1939年至1940年被吞并领土上的犹太人。[89]第一项举措就是预先征召1922年和1923年出生的达到服兵役年龄的人，降低入伍审核的标准。但这种强制措施无法得到农民阶层的支持，结果导致所有征召的新兵都没有被真正编入部队，正如波诺马连科9月3日给斯大林的信中所说："征兵工作做得很差，导致如下后果：奥尔洛夫区，11万征兵名额，只征到4.5万人。按照书记处的说法，没法再把其他人征召过来了。这样很危险。我们失去了大量兵员，而我们接受的那些新兵精神状态又很不稳定。"采取了各种权宜之计，以期补足两个年龄段预期可以征召到的人数。1941年12月4日，负责征兵工作的部队指导处处长什恰坚科终于把在后方的2753191人转换成了部队的战士。身体不合格者和前几年的退伍军人都被征召入伍，富农的孩子也可以入伍，中亚地区和高加索地区也有一定数量的人参了军。释放了13.5万名并非政治犯的囚犯。[90]还征召了几万名妇女，来填补防空部队、通信部队、参谋部、卫生部门的人手。在组织最为严密的城市，动员共产党员，征募民兵师，征用人力建造防御工事，可谓多管齐下。莫斯科由此组编了12个师；50万介于17岁和45岁的男女，有工人、职员、学生、知识分子、知名艺术家，都被召到了军事工地上。按照米哈列夫的说法，1941年底，苏联混合了各个类别的人，终于动员了2000万人力中的1400万人。[91]仅就军队而言，1941年6月22日至1942年3月1日，13384800个男人和女人被征召入伍，其中大约1100万人被编入部队（具体数字不详）。

第二次世界大战中这场史无前例的动员活动在整个国家都造成了混乱和困惑。这些人都是填补干部稀少、装备差、武器差的部队的，特别是步兵部队。7月16日被征召入伍在机场服役的谢苗·普济亚科夫在8月16日的日记中写道："在动员办公室，什么人都召，有病没关系，甚至身体有缺陷都可以。在动员办公室的墙上可以看见招贴，劝告我们身体有毛病要说出来，所以这种情况就更让人厌烦了。我们到部队的时候，什么都没准备好。连武装带都没有。[……]我们的上级粗心大意得厉害。[……]对如何采取防御措施，没人教我们、指导我们。从军事角度来看，这个月，我什么都没学到。"[92]如果我们相信布琼尼的这份报告（9月7日）的话，可以发现坦克无法满足需要，他向斯大林抱怨派到他这儿的增援部队，也就是第142装甲旅素质很差。"和赫鲁晓夫同志视察了这支部队之后，我向您报告如下情况：半数调来操作KV坦克和T-34坦克的机组人员都不会驾驶坦克。大量指挥员都是在过来的路上获得任命的。45%的兵员从未上过前线。防空部队的士兵都不懂如何射击。[……]前线上的部队都已经过战火的洗礼，都有了经验，但他们都没装备。所以首先给这些部队配备装备，而不是组编新部队，才是明智的做法。"[93]

1941年10月21日，装甲部队总政治部主任费多连科也向斯大林说了同样的话，可见这个缺陷还没有得到纠正。他们继续组编新的部队，而不是给老部队换发新装备。"经验表明，战斗10到15天后，坦克旅最终损失了70%至80%的装备。[……]我认为在组编新旅的时候,也有必要重新给现有的旅装备战斗车辆。[……]这些旅已有战斗经验,会有效率得多。"[94]第10集团军司令戈利科夫提到:"我手下的42个团长很少指挥过这种类型的部队。只有一些人有军事院校的文凭。大部分只上过提升高级军官水平的普通预科课程。有些人只上过乡村的教区学校或小学。[……]在骑兵师,几乎所有的团都是由后备役指挥员指挥的,[……]大多数营长和炮兵营营长也是如此。很少有人有战斗经验。师参谋部的军官、团和营一级的军官也都来自后备役。只有参谋部主要部门的军官、师参谋长、团长是常备军官。即便是他们,几乎无一例外,实际上也都还没有任何经验。"[95]伏尔加军群司令员斯捷潘·加里宁是这样说他手下的那些部队的:"部队正在行军。但这样的景象让人不放心:有些人胳膊挂着吊带。他们没有军用背包,都是用自己的包。他们看上去都很糟糕,就是一群流浪汉。[……]在步兵团,有250到260支步枪、5挺机枪和1门加农炮[装备量的25%]。"前线部队缺少自动武器(性能优异的PPD和PPSh冲锋枪),和后方部队的大量装备形成鲜明对照,甚至都不如政工部队和警察部队。1941年10月21日,费多连科向斯大林说明了情况。[96]但真正的问题出在其他地方:56%的个人武器都损失于1941年的最后6个月,从而影响了120个新组编的师,依据什恰坚科10月31日的一份报告的说法,必须紧急给他们寻找到1052160支步枪、19600挺重机枪、30000挺轻机枪、69000把冲锋枪。[97]

总之,尽管匮乏严重,虽谈不上质量,但数量还是摆在那儿。国防委员会对此心知肚明,但由于增援部队的需求如鲠在喉,他们只能发布命令,不断地降低要求。因此,8月16日,委员会采纳了一项决议,就是缩短即将上岗的陆军中尉的学习时间(6个月)。无论是军队,还是军区,针对少尉采用的都是3个月的课程。甚至技术部队也没逃过这种降级的现状。飞行员飞满20个小时就可以上战场,从而增加了故障和事故的发生频率。损失极为巨大,所以也就没法将军事知识和战争经验传递给后来人,而这样一来,损失也就不会减少。1941年,苏军一直没有从这种恶性循环中走出来。12月的整体状况比6月还糟。只有等到敌军受到很大的削弱,虽然它自己也弱得不行,但这时候它的机会就来了。

工业设备大规模转移

严格意义上来说,在一本讲述巴巴罗萨行动的著作中论述大规模搬迁工业设备这件事没有必要。1523家工厂遭到疏散,这是沃兹涅先斯基1947年给出的正规数据,[98]事实上,这个数字和1941年12月德军失利并无关系。不过,这场规模庞大的易地搬迁任务,历史上也就这一次,对军事运输、兵力的动员、局部地区的战斗都不可能不产生影响。尤其是在第聂伯河,有好几发动反攻都是为了给拆卸设备争取时间。此外,若要理解这场卫国战争,特别是若要理解1942年产量增加这件事,就必须谨慎地涉及这个插曲。事实上,当涉及苏联工业生产这个问题的时候,尤其是向东疏散这件事,大家始终都在夸大其词。那个时代以及之后时代的宣传把这件事说成是战争期间一个主要的功绩,说这是"斯大林格勒经济",证明了该体系的有效性。"我们成功地向后方转移了几乎整个工业体系。其他地方还有哪儿能复制这种做法?!"[99]1984年,莫洛托夫在接受采访时这么说。大量那个时代的回忆录也认为大家严格按照计划行事,由此获得了尽可能不错的效果,毕竟条件受限。除了克劳斯·赛格伯斯[100]和尼古拉·西蒙诺夫[101]对此作了值得赞扬的批评性的综合研究之外,很少有对这些数字(时常自相矛盾)进行深入研究的成果面世。

1941年,苏军不需要搬迁工厂,这可以从损失多少和产量多少这些数据上得出。1941年6月22日,苏联配比部队和存放于后方的坦克有22600辆、战机20000架、加农炮和迫击炮112800门。从6月22日至12月31日这段时期，分别损失20500辆、21200架和101100门。由此可见，苏军并非没有武器。我们甚至可以说苏联工业，还有铁路，在整个战争时期，其表现远远优于军队。事实上，1941年第二季度，生产机构生产的新装备数量惊人：5600辆坦克、58400门加农炮和迫击炮、9900架飞机，远多于德国或其他任何一个国家。1941年12月31日，装备部队和存于仓库的坦克还剩7700辆，飞机12300架，加农炮和迫击炮70000门。对装备的某些门类和子类来说，当年年底可用的库存并没有低于，甚至可以说是高于6月22日：防空炮、120毫米迫击炮、机动车辆、T-34坦克和KV坦克。必须得出结论，即工业机构的规模可以说超级庞大，原材料的库存也极为惊人，机关撤离或搬运了数百家企业，但在莫斯科、乌拉尔地区、伏尔加河流域、西伯利亚还是有足够的企业，足以渡过冲突的最初六个月，充分满足对部队装备的配发。唯一有争议的领域是坦克和弹药，后来在莫斯科城前发动反攻的时候，对朱可夫造成了不利的影响。虽然哈尔科夫工厂遭到了损失，斯塔利诺（顿涅茨克）和马里乌波尔的装甲生产也有所损失，列宁格勒也是死气沉沉，但乌拉尔和斯大林格勒的工厂产量的增加可以部分弥补这个缺憾。弹药的缺乏也可以用同样的原因加以解释。即便被疏散的那些企业没有生产，1942年新年期间的苏军仍然是一支令人生畏的军队。

首先可以确定的是并不存在疏散计划。"我们并没有应对不利局势的具体完善的疏散计划，"尼古拉·杜布罗文回忆道，他是交通运输人民委员部的一个负责人。"关于上级方面的命令，我们在莫斯科的档案部门和图书馆（保罗列宁卡图书馆）都找了，就是想找到一些资料，至少找到第一次世界大战期间疏散方面的资料。但我们几乎什么都没发现。"[102]事实上，既然战争肯定会在敌人的领土上展开，有什么好早做准备的呢？他们不是已经把边境线向西推进了300公里，让列宁格勒、基辅和以第聂伯河水力发电为基础的生产工厂都安全了吗？7月23日，国防军最高统帅部通过在安卡拉的商业间谍，了解到了苏联的这个轻率冒失之举。[103]这或许就是德国空军相对消极的一个原因，但德军飞行员确实报告过，说数量众多的列车正夜以继日地向东行进。尽管那个时代的所有经济学家都会同意计划经济就是这么严厉刻板，但德国人还是没法相信苏联人竟然能临时组织这么大规模的搬迁活动。

第二点可以确定的是，苏联很早就意识到了有必要采取疏散措施，不过还是有必要提一下恰达耶夫的说法，他是人民委员会行政管理负责人。据说从6月22日起，斯大林就命令他"给所有未完工的建筑，无论空置与否，都要进行编目，可以用来安置必须疏散的企业。我知道您有许多工作要做，但这件事比其他任何事都更重要，您必须第一时间亲自负责这件事"。[104]没有任何迹象表明恰达耶夫去见了领导，这天，领导还有其他事要忙。说斯大林在许多事情上都有先见之明，这样说总是没错的。事实上，决策过程是到24日才开始的，此时边境战役已经失败。政治局同意将600家"民用"工厂改建成"军工"厂之后，还设立了疏散委员会，由拉扎尔·卡冈诺维奇领导（他还负责交通运输事务），7月16日起什维尔尼克取代了他。沙波什尼科夫、米高扬、年轻的柯西金、贝利亚，以及各部、各共和国、国家计划委员会、各级工会的75名同事也都参与了这件事。6月27日，中央委员会和人民委员会采纳了将需要疏散的人和物分等级的做法，优先疏散的并不是设备，也不是工程师和熟练工人，而是军事设施、苏联机关、能扛枪上战场的男性。农业机械、谷物库存和原材料仓库、文化财产也都列在了清单上。

很显然，斯大林对是否要拆除西部地区生产机构这件事还在犹豫。这样不会引发恐慌吧？军队会不会稳住前线？他就这样怀着不确定的心情，采取尽可能让工厂运行的措施。随着德军的推进，始料未及地损失了大量领土，尤其是乌克兰，8月16日，开始对计划进行修订。"针对的是1941年第四季度和1942年，针对的是伏尔加地区、乌拉尔地区、西伯利亚西部地区、哈萨克斯坦以及中亚地区。"当时可以计算得出，如果不把825家大型工厂疏散走，军队1942年对坦克、飞机、弹药的需求就仍然会得不到满足。主要是往莫斯科以东的地区进行投资，在那儿建造工厂，提供能源。第三个五年计划期间共需建造5700家工厂，其中的614家大型工厂被放在了第一位。似乎就是在这个时候，疏散的首要目标变成了在东部加强生产，而不仅仅是不让德军把工厂抢过去为其所用。换句话说，他们在还不清楚拿疏散物资怎么办的时候，就已经开始疏散了。

疏散有好几个关键因素，要为每个企业制订一个计划，要让铁路可以用，尤其是要了解德军推进的节奏。几乎所有设立在波罗的海国家和白俄罗斯的生产企业都没了。在白俄罗斯，只有109家企业、1.69万台机器和8万名职员获救。在乌克兰，伦德施泰特的部队一开始停滞不前，所以从6月底起，就可以开始拆除基辅的设备。任何地方的处理方式都是一样的：准备好能够快速装卸设备，但在等待启程的命令（由国防委员会或疏散委员会下达）之前，必须生产到最后一刻。经常发生的情况是，严格遵守规定就无法快速拆卸，而且由于缺乏电力，没法使用起重设备。这时，工程兵的炸弹就派上了用场。不过，乌克兰的283家企业还是在10月前拆除了，其中就有苏联冶金行业的两个龙头企业第聂伯罗特种钢工厂和扎巴罗钢铁厂。后一家是在8月21日开始拆卸和装载的，也就是苏联政权引以为傲的第聂伯河水电站被炸毁之后的三天。最后一批列车10月3日启程，此时，德军开始进入该城。总之，1.6万节车厢疏散了32万吨货物和近1万名职员。也有许多没有成功的事例。基辅生产武器和光学设备的老厂"兵工厂"就是这样被运往了波尔塔瓦，但那儿离前线太近。德军逼近的时候，第二次拆卸没有成功，只能决定把整个厂子都炸毁。克里沃罗格只拆卸了电力发动机，但不知为何，冶炼铁矿石的冶炼炉并没有被炸掉。在哈尔科夫和顿巴斯，德军来得太快：没来得及疏散的，要么炸毁，要么丢弃。7月11日至9月初，从列宁格勒装箱了92家工厂，数量很少。确实，这座城市还必须保留相当部分生产能力，为守城者提供加农炮和弹药。最后就是莫斯科，那儿的搬迁工作组织得很好，因为前线还在很远的地方，运输手段也有很多。从10月10日到11月30日，498家企业和21万名职员登上7.1万节车厢，离开了首都。莫斯科的32号飞机制造厂就是其中的一个典范。10月8日，工厂接到开拔的命令。两周后，总计13列货车和357节车厢向东北方900公里的基洛夫（以前叫作维亚特卡）驶去。11月中，还有236节车厢载着3554名管理人员和工人、5307名家庭成员及其随身衣物驶离。就这样行驶了15天时间，不知最终的目的地究竟在什么地方。12月5日，开始启动小规模生产。相较之下，266号工厂同样是在莫斯科，同样被搬迁到基洛夫，9000名工人要到1942年春才开始忙碌起来。[106]

　　工业设施疏散的效率如何，主要取决于铁路。可那是苏联经济的阿喀琉斯之踵。军队、交通运输人民委员部和疏散委员会正在争抢车厢和货车的时候，该防区由于动员之故，失去了一半职员，于是在没有什么补偿的情况下，只能招募妇女启程。物资被摧毁，从10月起缺少煤炭（顿巴斯陷落），也有影响。1000万人或自发或有组织的逃亡，致使交通运输量增长惊人，6月23日至7月17日，疏散委员会共分配了65977节车厢，7月30万节，8月18.5万节，9月14万节，10月17.5万节，11月12.3万节，12月还有7.1万节。近100万节装满货物的车厢驶离，并不意味着它们都能抵达好的地方，也不意味着它们能在合理的时限内抵达。由于当时一片恐慌，许多货车驶离时并没有拿到目的地文件，所以可以看到它们已经在路上了，目的地还在变。数千节车厢走岔了路，走错了道口，随便找了个地方就卸了货。3000

辆列车就这样待在荒野中，没有火车头牵引。纸面上来看，每一节货车每天可行驶400公里。但每一个调车场都被挤得水泄不通。等待的时间无穷无尽。在只有一条轨道的线路上，必须停很长时间，让列车驶向前线。国家计划委员会1941年12月10日的一份报告指出，每天只能行驶100到200公里。[107]这样一来，工厂就要花两个月的时间才能到哈萨克斯坦……再次启程，速度始终很慢地向乌拉尔行进。物资损失多少没人知道，但肯定很惊人。1号兵工厂就是这种情况，列车组队没有组好，所有的设备都丢失了。后来还成立了"内务人民委员部搜寻队"去寻找丢失的车厢，确定装载的到底是什么货物，找回被丢弃在遥远车站上的那些职员。1941年10月，基洛夫科捷利尼齐的疏散中心把50个孩子和装载货物的车厢留在那儿整整十天时间。300个成年人在周边地区零下10摄氏度的情况下扎营，还有1000个人在城里四处找地方住。接待中心每天只能给每个人200克面包。1942年1月29日，在没有接到通知的情况下，那儿接到了一列装有1500个人的列车，但当地的给养已经耗尽。所以，在这种情况下，战争时期仅这个中心记录在案死亡的就有2768人，其中许多人连名字都不知道。[108]

参与疏散的那些人的回忆录后来都美化了当时的行为，将之转换成了国家史诗。当然，这些回忆录和建设人民委员S.金兹堡所说的话一样，都说组织者明确指定了几家大型国防工厂，通常这些工厂都会获得最高级别的优先性：

> 1941年6月底，工业人民委员部的领导和重要经纪机构的许多人都被召集到了克里姆林宫。在椭圆形的大厅里，斯大林向我们作了简短的讲话。我们都站着。斯大林坦率地讲到了前线的严峻局势，建议我们向乌拉尔地区疏散，优先疏散坦克装甲车间。首先必须疏散列宁格勒的基洛夫工厂和马里乌波尔的伊里奇冶金厂。必须在下塔吉尔重新建立列宁格勒的这家工厂，他给我们的

时间不到两个月。[……]会议结束后,斯大林向我走来,对我说:"金兹堡同志,我请您亲自管理列宁格勒和马里乌波尔车间的拆卸工作。[……]您必须确保搬迁过程中,要在下塔吉尔建造新的车间,用来安置机床。"[109]

因此,数字所提供的现实更复杂。6月22日,在1941年被德国国防军占领的领土上,有31850家企业,照西蒙诺夫的说法,[110]其中325家直接为战争生产装备。其中又仅有269家能够疏散。如果我们以沃兹涅先斯基的数据为基础,这也就意味着,有1200多家疏散企业无法直接为战争生产。那这些企业都很重要吗?没错。在疏散委员会想要疏散的企业和真正能被疏散的企业之间存在一个差值,1947年,国际计划委员会的经济学家坎托尔就坦率地说到过这一点。"首要疏散的是设备易于拆卸的工业设施。这也就是有大量的企业都来自轻工业和食品工业,而重工业方面都是机器制造和化工类企业的原因。"机械制造、电力科技和冶金加工领域有190家工厂得到疏散,而造纸业、纺织业、食品业和轻工业则有650家得到疏散。还有500家被拆卸的单位属于有色金属冶金、化学、建筑和能源生产领域。如果我们在这之上加上运输过程中的损耗,就能得到一幅与苏联回忆录作者的描述明显不同的场景。并不是只有1253家企业(其中1360家为生产武器弹药的重要单位)得到疏散,而是有2593家(其中269家生产武器弹药)得到了疏散。相差的1070家企业说明要么这些单位丢失了,要么算入了其他的数据中,却没有留下统计学上的痕迹。

为了能直接或间接地保住与国防有关的1360个大型企业,915家去了遥远的地方,455家去了乌拉尔地区,210家去了西西伯利亚(沿西伯利亚铁路),250家去了哈萨克斯坦和中亚地区。剩余的大多去了伏尔加河中下游地区。国家计划委员会1941年12月10日的一篇报告[111]说重新组装之所以相当困难，首先是因为"各人民委员部在各地设立的疏散机构组织不力"。缺点列了一大堆。拆卸的时候没有给装备编目，无法确保追回这些装备。在把装备分配到不同的列车、不同的目的地时相当混乱，这也就解释了工厂为什么会"一点一滴［原文如此］"地到来。到的时候，缺少起重装置和运输工具，没法卸货或把装备运到现场。必须手工搬运，把机器放在木头上滚过去。工厂可以这样重新组装，也可以归并到当地的工厂里，也可以把机器分配到各个地方。乌拉尔地区相对来说是个例外，火车到的那些地区大多都缺乏基础设施，无法应对这么多搬迁过来的人。1941年底，鄂木斯克人口暴增42%，古比雪夫36%，基洛夫33%，斯维尔德洛夫斯克28%。[112]住房、能源、医院，什么都缺，冬季找不到吃的，混凝土也没法搅拌。机器通常放在手工随便搭建的窝棚底下，连上电力不稳的电网，等待工人、原材料、专家过来，而这三个问题都很紧迫。事实上，照沃兹涅先斯基的说法，1941年11月，由于德军占领，苏联损失了40%的人口（和差不多三分之一的工人阶级）、63%的煤炭产量、68%的生铁产量、58%的钢铁产量、60%的铝产量。士兵饮食的重要性超过一切，兵工厂的工人只能勉强糊口，因为西部地区38%的小麦和肉类产量、60%的猪存栏数、84%的糖类产量也都损失了。[113]简而言之，如果说搬迁过程一片混乱，损失也极为巨大，那交通运输和工厂重新运行的速度都要比预期来得更慢。拆卸、运输、重新组装的平均时间为两到四个月。生产还要再等一到三个月。照西蒙诺夫的说法，尽管1200家工厂六个月后都会上路，但仍需指出1942年圣诞节期间乌拉尔地区还是有55家工厂停工了。

无论是在旧厂还是新厂，武器弹药工业工人的生活都异常艰苦：没有自由，受到监控，吃不饱，无休无止的步行（基洛夫的32号工厂大多数工人来回要走20公里），疲惫，生病，死亡率翻五倍。我们来听听1924年出生的亚历山德拉·弗罗洛娃的说法。1941年7月，她在基洛夫工厂上班的哥哥把她和母亲成功疏散到了乌拉尔地区。1942年1月16日到了车里雅宾斯克之后，第二天她就开始在KV坦克的装配车间上班：

> 我上班的第一天很害怕：工厂"车间"没墙，没屋顶。大家都在露天工作，还下着雪。到处都是坦克，坦克身形庞大。我从没见过坦克，就特别害怕。在巨大的车床面前，我又小又瘦。我干的活是冶金精加工，天气太冷，我手指上的皮肤一直都粘在铁质的工具上。如果想要暖和暖和，我不知道为什么大家会把沥青倒进铁质的容器里，沥青烧得很慢，大家就时不时地跑到火焰跟前取取暖。在冬天的那几个月里，气温经常降到零下20摄氏度以下。8点上班，正常情况下，每天工作12个小时。但我有时会连续工作72个小时。我们没有一天的假期，5月1日都不行。我们每天工作365天。我得赶在8点以前很早就到，因为我是班组长，必须给小姑娘们准备和分配任务。是的，我的组员都是13岁到15岁的姑娘家。各种类型的机床，我们都得自己摸索，因为如果有人累倒生病了，她还是得把工作干完。女孩子们会死在机床面前。歌剧院边上有个公园，里面都是工人的尸体，冬天甚至都没法把他们埋起来。在歌剧院的大楼里还设了一家从莫斯科疏散过来的工厂。在工厂里，我们就没吃过一顿热饭，晚饭只有鲱鱼汤。否则，每天只有800克面包。我早上吃一点，把面包留到晚上吃，带回家，因为妈妈不能自食其力，所以她只有400克。妈妈经常会坐上雪橇，去很远的村子，有时要100公里远，就是为了去换点面包，给我们带回一点牛奶和土豆。[……]我们和差不多另外其他六个人住在18平方米的房间里。我们同住一个屋檐下，大家都很友好。晚上，没法走路：地上铺满了折叠床。我和妈妈一起睡，我哥睡另一张折叠床，收容我们的其他家人都睡自

己的折叠床。好歹我们还有机会住在家里！我班组里的女孩子都住地下室，或者住在"宿舍"一样的地方，其实就是窝棚子。但这些"宿舍"都没法取暖，还不如住在楼房的地下室里。但那里，跳蚤和老鼠要把那些可怜人折磨得够呛。根本就没有卫生可言，地下室特别潮湿。通常，床"脚"都浸泡在水洼里。这些女孩子的［军］大衣上都是跳蚤，她们被咬得够狠，都没法好好工作。每个星期，她们都会把衣服烘烤一遍。但还是有很多小虫子。我留的长发。我妈给我剪了短发，像个男孩子。她会弄一点点煤油抹在我的脑袋上。[114]

斯大林特别要求严管27家坦克生产厂和218300名工人。[115]9月11日，一名新上任的人民委员负责这件工作。无论是工厂的员工还是厂长，所有人都必须为自己的脑袋负责。莫洛托夫经常会把所有人都威胁一遍。斯大林会给经理直接写信，9月17日，他给乌拉尔机器制造厂的管理层是这么写的："请你们在车里雅宾斯克牵引车厂完成KV坦克车厢的生产计划，一定要遵守完工的期限。眼下只能恳请你们，希望你们为祖国履行自己的职责。没有为祖国履行职责的人将被视作不为国家的荣誉和利益考虑的犯罪分子。我们无法容忍自己的军队在前线由于缺乏坦克而遭受苦难，而有人远在后方，逍遥自在，游手好闲。"[116]1940年6月、8月和10月的政令颁布之后，工人也只能忍受各种各样的限制。当局可以把工人调往随便哪一家工厂，从国土的这一头调到另一头，而且不管那个人的状况如何，任何时候都能这么做。迟到20分钟就会招致严厉的司法诉讼。擅离岗位就等于是当逃兵。战争时期，100多万人就是因为"这些严苛的法律"才被判刑的。不过，也有不同的说法，美国的两名访客就认为苏联的工人尽管遭到了压制，但他们根本不害怕上级，也是心甘情愿接受这样的纪律的。虽然对当地领导层一直都有批评，但大多数工人，无论男女，还是青少年，都很清楚他们对战斗的输赢起到了很大的作用。

守住后方

从1920年代末起，斯大林最念念不忘的就是发生新的战争的时候，后方能够稳固。他身为布尔什维克，就有过这样的经验，1917年，正是后方的崩溃导致前线的崩溃，而非相反。他也知道从数字上来看，他的政权的基数并不比沙皇的大。6月24日，梅尔库洛夫向国家安全人民委员部各地的负责人下达命令，要他们时刻监视民众。他们每周会打开数千万封信件。内务人民委员部的几百个特工会在车站、商店门口排队的人群、企业里偷听别人的谈话。斯大林要求每天两次向他汇报当地的局势和整天的氛围。相较之下，德国党卫军保安局的报告都是每隔三四天才会上报情况。下面是1941年7月梅尔库洛夫手下的人在莫斯科收集到的报告：

> "苏联战败不可避免。尼古拉二世更聪明，他不想把战争的责任揽到自己身上，所以很长时间都拒绝担任军队的总指挥。只要战败，担任军队总指挥的斯大林就没法推脱掉对其他人的责任。他得为每一次失利和错误负责，最后，他就会威信扫地。"
>
> "全完了，斯大林什么都做不了。明天，德军就能到这儿。"
>
> "民兵部队招的都是些痞子，一听到枪响，全都会逃走。希特勒很快就会在莫斯科发号施令。然后，我们就能自由呼吸了。无产阶级会成为奴隶，而我们，我们就会当工头，手上拿鞭子。"
>
> "我要是上前线，不会在那儿待多久。我会投向德国人那儿，当俘虏。"
>
> "大地在脚下颤抖。战争打到第十天，我们就已经感受到现在腐烂的气息，太耻辱了。"

"我早就预料到军队［……］每天会撤退40到50公里。［……］二十年来，工人、集体农庄的农民，还有知识分子都很清楚这里是个什么样。我们不知道法西斯是什么样，但再糟也糟不到哪儿去了，因为还能怎么糟。［……］所有人都在等待这一个即将来临的时刻，可以表明自己的态度，不管他们的口号是什么，我们就是要背叛，就是要投降。斯大林知道老一辈人不会为苏联卖命。但他希望反击的时候，生活在这种思想氛围中的年轻一代会起来战斗。他想错了。"

"遗憾的是，打败德国人的不是我们，是盎格鲁-撒克逊人。我们没有能力和德国人战斗。法西斯德国有可能会完蛋，但它会拯救我们于水火之中。"

"苏联会被打败。"

"就让犹太人去害怕德国人，让犹太人去和德国人打仗好了。如果德国人进入莫斯科，我就会率领一支德国队伍捕杀犹太人。"[117]

1917年的幽灵在斯大林及其身边圈子里那些人的头脑中萦绕不散。失败主义、逃跑投敌、流言、罢工，让他心惊胆战。为什么"世界上第一个工人国家"就一定会受到军事入侵，受到普遍的敌视呢？战争开始的最初几天，列宁格勒内务人民委员部的负责人发表了一篇雄辩的文章。"必须考虑到苏联被消灭的那些阶级的漏网之鱼并不是形单影只。他们受到了外敌的支持。要是认为阶级斗争只局限在苏联境内，那就大错特错了。如果说阶级斗争那根线的一头在苏联，那另一头就在包围我们的那些资产阶级国家中。苏联残余的阶级敌人对此心知肚明。由于他们对此心知肚明，也由于他们是一切的罪魁祸首，所以他们就会继续做垂死的挣扎。"[118]这段文字用的是斯大林1937年2月至3月会议上的一段讲话，正是那段讲话预示着大清洗的来临。于是就在内敌窥伺、外敌压境的情况下，采取了一系列措施以避免后方的崩溃。6月22日，国家安全人民委员部发布了一道指令，动员各地分部立刻逮捕所有反革命分子和间谍，让全国的特务网全面活动起来，预防发生阴谋活动。[119]26日，梅尔库洛夫签署了第148号指令，要求将所有散布恐慌谣言、使后方不稳的人悉数送交军事法庭。[120]6月28日，国家安全人民委员部、内务人民委员部和总检察长联合发布决议，要求对叛徒的家人进行审判，就算"他们对［亲人］的活动完全不知情"，也要受审。6月29日，中央委员会发布了一道指令，要求"发挥政治上的警惕性，和破坏后方秩序、逃跑投敌、散布恐惧、散播谣言的人作无情的斗争"。7月4日，内务人民委员部和国家安全人民委员部共同颁布了一份指令（第238/181号），规定"在宣布戒严的地区，地方当局有权关押'危险分子'"。[121]旧政党以前的成员、以前的"托洛茨基分子"、右翼人士以及异端清单上列出的许多人都赫然在列。

内务人民委员部对流言根本管不了。他们会把流言记录下来，但他们已经被工作压得喘不过气，已经没有能力再去把传播流言的人抓起来。这方面更好的武器就是检举揭发。列宁格勒的著名诗人达尼伊尔·哈尔姆斯（原名尤瓦乔夫）就是这样被女诗人安娜·阿赫玛托娃的密友安托妮娜·奥兰吉娃揭发的。在内务人民委员部的逮捕令上是这么写的："尤瓦乔夫-哈尔姆斯传播诋毁苏维埃政府的谣言和失败主义的谣言，试图挑起民众的恐慌和对政府的不满。哈尔姆斯宣称：'苏联从第一天起就输了战争。［……］如果我收到动员书，就会把它塞进指挥员的嘴巴里，然后我就会被枪毙掉；我不会穿军装，不会去苏联的军队里服役，我不想成为这样的废物。如果巷战期间我被迫从阁楼上用冲锋枪跟德国人干，那我不会开枪打他们，而是会打其他人。生活在德国人的手中，住在他们的集中营里，都比生活在苏维埃的政权底下开心。'"[122]1942年2月2日，哈尔姆斯死在内务人民委员部的监狱里，时年36岁。

尽管流言传播快，给谈话提供了重要的养料，但巴巴罗萨行动期间，并没有出现骚动、反革命阴谋、工人暴动、反苏维埃的行为。有组织的反对派很久以前就死光了。但1941年9月11日，在奥廖尔附近的森林里，还是把最知名的政治犯全部枪决了。其中有玛丽亚·斯皮里多诺娃（社会革命党的一个负责人，首届政府的成员）、克里斯蒂安·拉科夫斯基和托洛茨基的妹妹、列夫·加米涅夫的遗孀奥尔加·加米涅娃。

虽然购买力下降得厉害，但工人阶级几乎没怎么动。唯一一例记录在案的集体抗议活动发生在10月18日至20日重要的纺织中心伊万诺沃，1905年，苏维埃运动就是在此兴起的。或许这样的记忆能够解释当地的无产阶级为何会如此具有战斗力。相较之下，城里上班的人听说德军逼近，工厂要被疏散或炸毁，心里都很担忧。尤其是女人，她们都很激动：今后靠什么生活？由于所有需求最多的商品实行严格的配给制，所以她们都没任何储备。为领导层和工程师制定的特殊分配网更使局势出现了恶化。"红色航标"厂开始罢工：食堂里没有足够的东西可以吃。在和罢工者见面时，一个名叫诺吉娜的女人对大家说："希特勒没有拿我们的面包。战前，我们把面包都给了他。现在，战争已经打了两个月，面包不见了。也许是想省下来给希特勒吧？"大家都在公开讨论怎么样才能有利于工人：是生活在斯大林底下还是希特勒手下？一个班组长威胁上级，说德国人胜利之后，就会让他尝尝挨饿的滋味。[123]当地方当局说要拆除工厂的时候，工人不干了："不管是替希特勒，还是替斯大林干活，都不能把机器搬走！这些设备会留给希特勒，我们都会为他工作。"好些厂长被殴打，女人也和内务人民委员部的地方负责人发生了肢体冲突。内务人民委员部在发给梅尔库洛夫的一份报告中，说局面已经平静下来，逮捕了41个积极参与骚乱的人和10名"反革命煽动家"。51名犯人绝大部分都是依照刑法的"政治"类58-5条款（恐怖主义活动）和58-10条款（颠覆政权）受到判决的。四人被判死刑，后来其中一人获得减刑。总之，1941年，法庭对28732名"反革命"平民做出了判决。少于同一时期117425名军人被判刑的数字。

流放德意志人

有一个针对苏联人的特殊类别，这个类别的人会立即受到成批的镇压，那就是：德裔公民。他们从16世纪起就住在俄国，沙皇俄国始终不信任这些人，无一例外。从19世纪末起，总参谋部的专家编制了一份不可靠地区的地图集，其中有一个假设，认为军事行动的理想环境应该是那儿的民众都是一个种族，而且只讲一种语言。为了创造这样的环境，军事当局就有权力进行驱逐。大清洗时期，斯大林认为华沙是头号敌人，波兰裔苏联人从比例上来看就成了受打压最严重的群体。由于巴巴罗萨行动的启动，德裔苏联人成为第五纵队的原型也就没什么好奇怪的了。毫无疑问，斯大林还记得每一次粮食形势发生恶化的时候，先是国家政治保卫总局，后是内务人民委员部，把伏尔加河流域希望希特勒进攻苏联的德裔人士的话都记录了下来。这些话事实上也频繁出现于俄罗斯人或乌克兰人的口中。

对德裔的驱逐始于南方面军司令员久列涅夫将军1941年8月3日的一份报告："1. 在第聂伯河实施的军事行动表明德裔人口会从窗户和菜园朝我们正在撤退的部队开枪。我们已经获得确切情报，1941年8月1日，在一个德裔村庄，村民拿着面包和盐迎接敌军部队。在方面军所在的地区，有大量村庄都住着德国人。2. 我们请您向地方当局下令，立即驱逐这些不可靠的人。"斯大林在这份报告的页边作了批注："给贝利亚同志。必须毫不留情地立即驱逐他们！"[124] 必须谨慎对待久列涅夫的报告。大量德裔民众希望斯大林倒台，这点毋庸置疑。至少

8月和9月的时候，他们给德军摩托兵带去面包和盐，和波罗的海人、乌克兰人、白俄罗斯人甚至俄罗斯人并没两样。但德裔苏联人向苏军部队开枪射击这种事可能性极低。乡村地区的人多年来一直受到监控，能从哪儿弄到枪和子弹？

不管怎么说，反正对斯大林而言，未雨绸缪总是对的。8月12日，政治局和人民委员会采纳了将德国人从伏尔加河流域驱逐至哈萨克斯坦的决议。贝利亚到了8月26日才执行了这项任务。按照俄罗斯历史学家波里安的说法，之所以推迟执行，是为了等谷物收割结束。[125] 8月28日，最高苏维埃在报纸上用俄语和德语发布了这项政令：

> 根据军事当局的可靠情报，数万名破坏分子和间谍就生活在伏尔加河地区的德裔中间，只要德国一声令下，他们就会在人口密集的地区搞破坏。伏尔加地区没有一个德裔向苏联当局指出他们中间存在数量如此巨大的破坏者和间谍。所以，伏尔加河地区的德裔把苏联人民和苏联政权的敌人都藏了起来。如果德国破坏分子和间谍在伏尔加地区或相邻地区从事破坏活动，则苏联政府将会依据战争法，对伏尔加地区的所有德裔实施惩罚。为了避免这种不必要的现象发生，也为了预防发生严重的流血事件，苏联最高苏维埃主席团认为有必要将居住在伏尔加地区和其他地区的全体德裔进行重新安置。重新安置的地区为新西伯利亚和鄂木斯克、阿尔泰地区、哈萨克斯坦和其他相邻的可以耕种的土地肥沃的地区。[126]

每个家庭有权携带1000公斤的物品。9月3日至20日，438700人被重新安置。[127] 后来这项措施也涉及苏联其他有德裔社区的地区，结果，1941年，总计有90万德裔苏联人被重新安置。[128] 只要有一个听上去像德国人的名字，就会受到怀疑。8月29日，国防委员会也下令重新安置列宁格勒郊区的芬兰裔和德裔人群，[129] 吊诡的是，这个做法反而使这些人在该城遭围困时免于饿死，后来，罗马尼亚裔苏联人也被重新安置。

很久以来，斯大林政权就已经在准备效仿1918年至1921年代的经验，同时打一场内战和一场对外战争。内战没有爆发。除了流言、私密的日记、写写传单、独自一人时生生气之外，根本就不存在表达异议的其他可能性。唯一可能危及政权的地方就是军队。持续的监控，对部队进行分区管理，对干部和部队进行大规模的无情镇压，将投向敌方的人数减少到了几万人，逃兵减少到了几十万人。敌对国德国犯下了所有的错误和罪行，这一点有目共睹，无须特别强调。

注　释

1. Konstantin Simonov, *Glazami tcheloveka Moego Pokolenia*, p. 346.

2. Mikoïan, *Tak Bylo*, Moscou, 1999, p. 217.

3. *Ibid.*, p. 217.

4. *Dokoumenty*, p. 76, sous la direction de Yakovlev.

5. Oleg Khlevniuk *Stalin na voïne, istotchniki i ikh interpretatsia*. In: *Cahier du monde russe* n° 52/2–3 Avril – sept. 2012, p. 205–219.

6. Mikoïan, *Tak Bylo*, p. 217–218.

7. *Ibid.*, p. 312.

8. O. Khlevniuk, *Staline*, Belin, p. 357.

9. Cité par O. Khlevniuk dans *Gosoudarstvennyi komitet oborony sssr. Postanovlenia i deiatelnost 1941-1945*, vol. 1, p. 6–7.

10. Mikoïan, *Tak Bylo*, p. 258. Voir également la préface de Khlevniuk dans, *Gosoudarstvennyi komitet oborony sssr. Postanovlenia i deiatelnost 1941-1945*.

11. Gueorgui Koumanev, *Riadom so Stalinym*, p. 394–397.

12. 数据来源于Vassili Khroustaliov的论文, *Gosoudarstvenny Komitet Oborony v sistemé tcherezvytchaïnykh organov vlasti ssr v period velikoï otetchestvennoï voïny*.

13. *Istotchnik*, n° 5 1997, p. 117.

14. Mikhalev, *Strateguia*, p. 260.

15. 朱可夫1964年3月2日写给V.D.Sokolov的信, in: *Marchal Joukov, kakim my ego pomnim*, p. 205–215.

16. Vassilevski, *Tsel Vseï Jizni*, p. 757.

17. Joukov, *op. cit.*, vol. 2, p. 70.

18. Vassilevski, *Tsel Vseï Jizni*, p. 757.
19. Joukov, *op. cit.*, vol. 2, p. 88.
20. Voir Y. Y. Yumacheva *Komandovali Frontami*, in *VIJ* n° 5 1993, p. 21–27. Voir également Mikheev, *Strateguia*, p. 334–338.
21. *Ibid.*
22. Simonov 对 Pokrovsik 的采访，1968年5月，发表于 *Oktiabre* 杂志, n° 5, 1990, p. 124–125.
23. *Marchal Joukov, Kakim my ego pomnim*, p. 216.
24. *Istotchnik*, n° 5, 1997, p. 118.
25. John Erickson, *The road to Berlin*, Cassel, 2003, p. 41.
26. Simonov, *Glazami Tcheloveka, Moego Pokolenia*, p. 357.
27. Vassilevski, *Delo vseï Jizni*, p. 477–478.
28. *VOV*, sous la rédaction de Zolotariov, livre 4, p. 60.
29. TsAMO F. 19. Op. 1078. D. 2. L. 14–19. Cité in: *VOV*, vol 11, p. 258.
30. Mikhalev, *Strateguia*, p. 261–262.
31. Mikhalev, *Strateguia*, p. 263.
32. 参阅 Bokov 的回忆录，*Vesna Pobedy* p. 6–7, 61; et de Rotmistrov, *Stalnaïa Gvardia*, p. 163–167。
33. N. Yakovlev, *Ob artilerii i nemnogo o sébé*, Moscou, 1981, p. 71.
34. O. V. Romanko *Musulmanskié Leguiony vo Vtoroï mirovoï voïny*, Moscou, 2004, p. 260. Cité par Anna Tolmatcheva (thèse soutenue sous la direction de Mikhalev).
35. V. N. Khaoustov, *razvitié sovetskikh organov gosoudarstvennoï bezopasnosti: 1917–1953 gg. // Cahiers du Monde russe*. Vol. 42/2–3–4. 2001, p. 370.
36. TsAMO F. 209 Op. 1091. D. 30. Ll 7–10, 30, 42. In: Aleksei Bezugolnyi, *Kavkazskié Natsionalnyé Formirovanié Krassnoï Armii v period Oborony Kavkaza 1942 g. // The Journal of Power Institutions in Post-Soviet Societies* [Online], Issue 10, 2009.
37. Aleksei Bezugolnyi, *Kavkazskié Natsionalnyé Formirovanié Krassnoï Armii v period Oborony Kavkaza 1942 g. // The Journal of Power Institutions in Post-Soviet Societies* [Online], Issue 10, 2009.
38. RGANI F. 89 Op. 18. D. L. 1–3, in: *Loubianka Stalin i NKVD – NKGB – Gukr «Smerch» 1939–mart 1946 Dokoumenty*, p. 317–318.
39. *Ibid.*
40. TsAMO F. 208. Op. 2524. D. 18. L. 10. In: *Skrytaïa Pravda voïny: 1941 God*, p. 186–187.
41. *Izvestias*, TsK KPSS n° 9, 1990, p. 202.
42. Y. Rubtsov, *Mekhlis, Ten vojdia*, Moscou, 2007, p. 270.
43. Cité par Roubtsov, *Mekhlis Ten Vojdia*, p. 305.
44. *Ibid.*, p. 305–306.
45. Nikita Lomagin, *Neizvestnaïa Blokada*, vol. 1, p. 230.
46. *Ibid.*
47. I. A. Louguine, *Polglotka Svobody*, p. 171.
48. 拦截队在内战时期即已存在，是托洛茨基命令成立的。
49. TsAMO F. 48a. Op. 3408. D, 4, L. 166, in: *Stavka…*, doc n° 231.
50. TsAMO F 251. Op. 646. D. 465. L. 231–233, in: *Stavka*, doc n° 262.
51. J. Lopez, L. Otkhmezuri, *Grandeur et Misère de l'Armée rouge*, p. 266–267.
52. Nikolaï Nikouline, *Vospominania o Voïné*, p. 46–47.
53. TsAMO F. 229. Op. 213. D. 12. L. 135, in: *Skrytaïa Pravda Voïny*, p. 304–305.

54. Mikhalev, *Tragedia protivostoïania*, p. 94.

55. *Ibid.*

56. Khristoforov, *«Voïna Trebuet vsio novykh jertv»* : *Tcherezvytchaïnyé mery 1942 g*, in: *1942 God*, p. 188.

57. A. Bezverkhnyi *Smerch: Istoritcheskié Otcherki i Arkhivnyé Dokoumenty*, Moscou, 2003, p. 26–27.

58. TsAMO F. 217 Op. 1217. D. 32. L. 328–329, in: Nikita Lomagin *Neizvestnaïa Blokada*, vol. 1, p. 236.

59. *Organy gosoudarstvennoï bezopasnosti SSSR v velikoï Otetchestvennoï voïné: sbornik dokoumentov.* T. 2, vol. 2, p. 36.

60. RGALI F. 2846. Op. 1. D. 80. L. 5, 10 in: Pavel Polian, *Staline i jertvy national-socialistitcheskoï voïny na unitchtoenie. //Staline i Nemtsy*, p. 126.

61. 正如三套车这个名字所表达的，它由三个"判官"组成：当地内务人民委员部的负责人、党的负责人和检察长。

62. *Moskva Voennaïa*, p. 83.

63. TsAMO F 48a Op 3408 D 35 L 567, in: *Generalnyi Chtab v Gody Velikoï Otetchestvennoï Voiny. Dokoumenty i Materialy god 1941*, p. 191.

64. RGASPI F. 17. Op. 3. D. 1041. L. 31. In: Tcherepanov, *Vlast i Voïna. Stalinski mekhanizm gosudarstvennogo upravlenia v Velikoï Otectchestvennoï Voïné.* p. 352.

65. Au 22 juin 1941, il y avait moins de 4 millions de membres du Parti. Tcherepanov, *op. cit.*, p. 356.

66. Tcherepanov, *op. cit.*, p. 352.

67. RGASPI F.17 Op. 3. D. 1042. L. 3. 69. In: Tcherepanov, p. 356.

68. TsAMO F. 32. Op. 795436. D. 3. L. 322–323, in: *Glavnyé Polititcheskié Organy Vooroujonnykh Sil SSSR v Otetchestvennoï Voïné 1941-1945 gg. Dokoumenty I Materialy*, Russki Arkhiv Vol 17 (6), p. 48–51.

69. TsAMO F. 208. Op. 2524. D. 2. L. 74–75.

70. TsAMO F. 32. Op. 920265. D. 3. L. 72, in: *Glavnyé Polititcheskié Organy Vooroujonnykh Sil SSSR v Otetchestvennoï Voïné 1941-1945 gg. Dokoumenty I Materialy*, Russki Arkhiv, vol. 17 (6), p. 53.

71. TsAMO F. 32. Op. 920265. D. 3. L. 186, in: *Glavnyé Polititcheskié Organy Vooroujonnykh Sil SSSR v Otetchestvennoï Voïné 1941-1945 gg. Dokoumenty I Materialy*, Russki Arkhiv Vol 17 (6), p. 61–62.

72. TsAMO F. 353. Op. 5879. D. 11. L. 7.

73. TsAMO F. 23-i. Gv sd. Op. 2. D. 41. L. 152.

74. AP RF F. 3. Op. 50. D. 415. L. 155–161, in: *Voïna 1941–1945*. Vypousk 1, p. 63–66.

75. Cité dans *Stavka VGK Dokumenty i Materialy 1941 god*.

76. Cité in: E. N. Koulkov, O. A. Rjechevski, M. Y. Miagkov. *«Voïna 1941–1945 gg. Fakty I dokoumenty»*, p. 233–234.

77. AP RF F. 3 Op. 66 D. 580. L. 88–92 in: *Loubianka Stalin i NKVD – NKGB – GUKR «SMERCH» 1939–mart 1946. Dokoumenty*, p. 153–154.

78. AP RF F. 3 Op. 66 D. 581. L. 78–79, *Ibid.*, p. 181.

79. Bock, *KTB…*, p. 207.

80. *Traguedia Protivostoïania, op. cit.*, p. 47, 53.

81. Halder, *KTB*, vol. 3, p. 374.

82. Petchenkine *otdali jizn za rodinu* in *VIJ*, n° 5, 2005, p. 39–43.

83. *Traguedia Protivostoïania*, p. 89.

84. TsAMO F. 48a. Op. 3408. D. 4. L. 40–42 in: *Stavka*…, doc n° 101.

85. AP RF F. 3. Op. 50. D. 319. L. 73–80. In: *Voïna 1941-1945*. Vypousk 2, p. 82–83. 照 1941 年 9 月总参谋部文件的说法，步兵师真实的规模是这样的：72 个师在 9000 至 11000 人之间，50 个步兵师在 6000 至 9000 人之间，30 个步兵师在 5000 至 6000 人之间。

86. 总参谋部作战局兵员部门负责人叶夫列莫夫 1942 年 5 月 1 日的报告。In: *Lopukhovski 1941, Na Glavnom Napravlenii*, p. 25–26.

87. AP RF F. 3. Op. 50. D. 267. L. 87–95. In: *Voïna 1941-1945*. Vypousk 1, p. 169–170.

88. Mikhalev, *Liudskie poteri*, p. 7.

89. 参阅米霍埃尔斯 1942 年 2 月 6 日写给斯大林的信。In: *Voïna 1941-1945*, Vypousk 2, p. 182–183.

90. Mikhalev, *Liudskié Poteri v Velikoï Otetchestvennoï Voïné*, p. 85.

91. TsAMO F.15-A. Op. 1849. D. 1. L. 105–107, in: *Strateguia*, p. 372, 885.

92. *Blokadnyé Dnevniki i Dokoumenty*, sous la rédaction de Lomagin, Série Arkhiv Bolchogo Doma, St Petersbourg, 2007, p. 10–311.

93. F. 251, Op. 646, D. 483, L. 225 in: *Sbornik Boevykh Dokoumentov*, Vypousk 40.

94. AP RF F.3. Op. 50. D. 264. L. 166, in: *Voïna 1941-1945*, Vypousk 1, p. 84.

95. Golikov, in *V Moskovskoï Bitvé*: Zapiski Komandarma, p. 24–25. [http://militera.lib.ru/memo/russian/golikov_fi2/01.html]

96. AP RF F. 3. Op. 50. D. 264. L. 167, in: *Voïna 1941-1945*, Vypousk 1, p. 85.

97. AP RF F. 3. Op. 50. D. 264. L. 181–193, in: *Voïna 1941-1945*, Vypousk 1, p. 91.

98. Voznessenski 1947, *Die Kriegswirtschaft der Sowjetunion während des vaterländischen Krieg*, Berlin 1947, p. 28.

99. G. Kumanev, *Govoriat stalinskie narkomy*, Smolensk, RUSICH, 2005, p. 46.

100. Klaus Segbers, *Die Sowjetunion im Zweiten Weltkrieg*, Oldenbourg, 1987.

101. N. Simonov, Tempy ekono mitchesko go Rosta, struktura, organizatsia, pro izvodstva, O upravleia, Altaspera Publishing, 1ʳᵉ édition, 1996.

102. N. F. Dubrovin, «Eshelon na eshelonom», in: *Eshelony idut na vostok*, sous la direction de Iu. A. Poliakov, Moscou, Nauka, 1966, p. 208–209.

103. Klaus Segbers, *Die Sowjetunion im Zweiten Weltkrieg…*, p. 92.

104. Koumanev, *Riadom so Stalinym*, p. 480.

105. Nikolaï Simonov, *VPK SSSR: Tempy ekonomitcheskogo rosta. Struktura, Organizatsia proizvodstva, upravlenié*, Canada, 2014, p. 205.

106. Larry E. Holmes, *Stalin's World War II Evacuations. Triumph and troubles in Kirov*, p. 42.

107. RGAE F. 4372. Op. 93. D. 70. L. 221–223 in: N. Simonov *VPK SSSP: Tempy ekonomitcheskogo Rosta, struktura, organizatsia, proizvodstva, Oupravleia*, p. 209–210.

108. Larry E. Holmes, *Stalin's World War II Evacuations. Triumph and troubles in Kirov*, p. 44.

109. Koumanev *Govoriat Stalinskié Narkomy* p. 428–429. [http://militera.lib.ru/h/kymanev_ga2/14.html]

110. RGAE F. 4372. Op. 93. D. 70. L. 220–250 in: N. Simonov, *VPK SSSP: Tempy ekonomitcheskogo Rosta, struktura, organizatsia, proizvodstva, Oupravleia*, p. 208–209.

111. RGAE F. 4372. Op. 93. D. 70. L. 221–223 in: *VPK SSSP: Tempy ekonomitcheskogo Rosta,*

struktura, organizatsia, proizvodstva, Oupravleia, p. 209–210.

112. W. Moskoff, *The Bread of Affliction,...*, p. 36.

113. Voznessenski, *Voennaïa Economica SSSR v Perio d Otetchestvennoï Voïny*, Moscou, Ogiz, 1948, p. 42.

114. 作者在2013年10月6日的采访。

115. Nikolaï Simonov, *op. cit.*, p. 206.

116. GKO, vol. 1, p. 24.

117. Khristoforov *Obchtchestvennoé Nastroenié v SSR Iun-dekabr 1941. In: Velikaïa Otetchestvennaïa Voïna 1941 God*, p. 454–456.

118. Cité par Lomagin, *Neizvestnaïa Blokada*, vol. 1, p. 208.

119. *Organy Gosoudarstvennoï Bezopasnosti SSSR v Velikoï Otethestvennoï Voïné*. Sbornik Dokoumentov, T. 2, Livre 1. Natchalo 22 Iunia–31 avgousta 1941 goda, p. 35–36.

120. *Ibid.*, p. 86.

121. *Ibid.*, p. 176.

122. Alexande Kobrinski, *Daniil Harms*. Molodaïa Gvardia, 2009. [http://www.d-harms.ru/library/kobrinskiy-daniil-harms10.html].

123. S. V. Totchenov, *Volnenia i Zabastovki na tekstilnykh predpriatiakh Ivanovskoï oblasti 1941–1942 godakh //* Vestnik, n° 2, 2004.

124. *Moskva Voennaïa*, p. 77.

125. Pavel Polian, *Ne po Svoeï Volé*, p. 105.

126. US. Library of Congress. Manuscript Division. «Volkogonov Collection», Reel 19. In: *Mirovyé Voïny XX Veka. Vtoraïa Mirovaïa Voïna. Dokoumenty I Materialy*. Livre 4 Nauka 2002, p. 228.

127. Polian, *Ne po Svoeï Volé*, p. 111.

128. *Ibid.*, p. 114.

129. *Izvestias*, TsKPSS, n° 9, 1990, p. 212–213.

第四部

幻想的秋日

序　曲
反苏的洛科特共和国

1941年11月15日，装甲部队的鲁道夫·施密特将军临时担任了正在饱受折磨的冯·魏克斯将军手下的第2集团军司令员。圣诞节当天，他又接手了第2装甲集团军。因此，他对两个集团军后方100公里宽、约450公里长，相当于低地国家面积的条状区域便拥有了极大的权力。对原任第39摩托化军军长的他而言，这可谓是飞速晋升，从晋升的速度来看，只有瓦尔特·莫德尔将军超过了他。希特勒之所以选择他，是因为自从波兰战役以来，他一直担任大型摩托化部队指挥官，表现可圈可点。尽管从专业性和出众的技术能力方面来看，施密特和另外24位1941年和1942年攻打苏联的集团军群、集团军、装甲集群的指挥官不相上下，但他有一个地方表现出了不同之处，那就是政治智慧。在受殖民地传统熏陶的法国和英国军队中，政治智慧可堪培养，但在德国军队中就是个罕见的品质了。在他那些同辈之中，施密特是唯一一位能够理解德国国防军的占领政策应该遵循哪些原则，而且将之付诸实践的将军。如果这些原则能推广开来，就会让占领者拥有一把锋利的武器，而斯大林和贝利亚也就会辗转难眠了。

说实话，施密特的理念并不新鲜。这些理念都是从德皇时期某个特定的传统中汲取的，以两个公设为基础。其一，若直接殖民，那就最好设立缓冲国，也就是能自主管理的附属国（乌克兰、低地国家、白俄罗斯）。其二，只有俄国人能战胜俄国人，换言之，若想打败斯大林，就必须在俄国扶持一股与之相对的力量来与之对抗。这些理念尤其受到东部外交官和专家的支持，如大使冯·舒伦堡伯爵、古斯塔夫·希尔格和汉斯-海因里希·赫瓦特·冯·比滕费尔德，后两人都是驻莫斯科的代办。军人当中，则有恩斯特·科斯特林将军、海因里希·阿申布莱纳将军，这两人以前都是驻苏武官，还有奥斯卡·冯·尼德迈尔将军，他是东方学家，也是个了不起的探险家。所有这些人都反对希特勒的殖民战争和灭绝战争，但后来他们的影响力几近于无。鲁道夫·施密特由于在这一小群人中军衔最高，而且可以在大片地区发号施令，所以只有他能着手实施另一种占领方式和平叛方式。

吊诡的是，他的弟弟汉斯-蒂洛比他还要有名。事实上，他在法国情报部门当特工（代号是"HE"）的经历，使他到了战后得到了一个不太好的名声。汉斯-蒂洛是第一个提供恩尼格玛密码机准确情报的人，而恩尼格玛密码机乃是解密这次世界冲突的一个关键物件。鲁道夫无疑对他弟弟的秘密行动一无所知，而他弟弟这么做似乎是出于经济原因。无论从个人，还是从专业角度来看，施密特拥有的都是德皇威廉时代典型的道德观，所以他是不会允许汉斯-蒂洛这种叛国行为的。

那从社会层面和政治层面来看的话，鲁道夫·施密特是否都和他的那些同辈相异呢？不尽然。当然，他和三分之二的同辈不一样，他并非出身于军人阶层。他父亲是学校校长。尽管他并没有毕业于军官学校，而是毕业于更加面向现代世界的经典柏林学校，但他并非一个特例。他和同事都有同样的经历——第一次世界大战、战败、革命、国防军的活动、希特勒上台，也并没有偏离大多数人的看法。他对外界的成功鼓掌叫好，对职业走上快速通道由衷开心，还负责创建了装甲师。他是1940年5月至6月战胜法国的主要人物之一，还因此获得了骑士十字勋章。冯·施拉布伦多夫1938年的说法表明,他对党卫军蚕食国防军特权的做法深恶痛绝,但这绝不意味着他不愿意接受纳粹主义。1941年5月,他还在法国占领区,对部队抢劫平民、暴力对待平民的做法绝不妥协,并颁发了一道决议,痛斥"德国士兵可耻的行为"。如果从道德或纪律的角度来看,这种做法也并无特别之处。相较之下,后来的事情证明,他对德国士兵的不满主要是因为他觉得必须和平民搞好关系,所以,法国时期的施密特也就预示着布良斯克时期的施密特会有什么表现。

巴巴罗萨行动期间,他最开始指挥的是第39摩托化军,但行动启动之前,他似乎就已对此深为不满。有意思的是,他的勤务军官汉斯·赫尔特尔同时也负责宣传事务,1941年6月15日还在苏联处理事情。返回柏林后,赫尔特尔向希特勒和希姆莱简短汇报了这次行程,最后是这么说的:"[苏联]不会爆发革命,在城市和乡村地区,会对我们进行疯狂的抵抗。"[1]赫尔特尔在回忆录中写道,鲁道夫·施密特完全同意这个观点。施密特对他说:"在这场战争中,这样的战斗才最漫长,也最艰难。"[2]

从战斗开始的第一个星期起,施密特就让赫尔特尔准备一份备忘录,提请希特勒注意。备忘录提到,政委命令只会产生相反的效果。他在提请求的时候措辞相当谨慎("不要对该问题的政治层面作判断"),一方面,他要求取消处死政委的命令;另一方面,希望把他们转到德国,进行再教育,使之成为反宣传的样板。这份备忘录没有得到回应。7月,在斯摩棱斯克附近的米德韦涅,施密特让士兵把被苏联人改成舞厅的教堂清理干净,重建布道台和祭坛,找来一名神父主持弥撒。方圆十里来了许多人。几天后,希特勒的副官鲁道夫·施蒙特向他授予橡树叶勋章,他是第十九个获得如此荣誉的德国士兵,于是,他就趁此时机,意图说服领导层改变占领政策。施蒙特勃然大怒,冷冷地说:"俄国战场这本书已经合上。"施密特反驳道:"随便看一眼俄国地图，就能明白［……］这本书只有第一页写了字。"[3]

后来，他发现这场战事的时间会比预期长得多，便铤而走险，插手政治事务，更何况他此时还只是个军长，所以这个做法更引人注目。1941年9月17日，他给上级第16集团军司令布施发了一份备忘录，请求后者"转交给元首和国防军统帅"。备忘录的题目起得一目了然："关于从内部破坏布尔什维克抵抗的可能性"。战后，施密特回忆说，布施嘱咐他"不要再干这种蠢事"，随后便把他的备忘录扔进了废纸篓里。

> 施密特写道：东线战事的进程表明布尔什维克的抵抗激烈持久，完全超越了我们的预期。苏军拥有士官团体，无论是进攻，还是防守，他们都时刻掌控着这支部队。［……］以前的将领已经不在，出身工人阶层的年轻知识分子笃信共产主义。任何发动政变的企图都会被立即扼杀于摇篮之中。因此，我们无论如何不能期待战争会导致苏联发生革命。这个布尔什维克国家表明，他们和在德国夺权的共产党一样，拥有同等的抵抗能力。［……］我们在战场上很不乐意地发现，［……］政委还在继续战斗，因为他们知道自己反正都会被我们枪毙。这样会使今后的战争越来越难打。俄国人对于今后局势的发展并不清楚，所以无法做出清晰的决策。［……］必须立即取消政委命令。只要政委拼死抵抗，他们就会坚如磐石。没错，尽管他们之间也会钩心斗角，但我们的威胁只能强化他们的凝聚力。相反，如果每个政委内心里都知道投向我们这一边就能活命，那政治统管一切的凝聚力就会分崩离析。宽泛而言，向俄国人民表明他们的未来会很美好这一点相当重要。[4]

当上集团军司令后，施密特在1941年底和1942年中之间做出了一系列与众不同的决策，归纳言之，就是"收买人心"。1950年代，英国人在马来西亚也用了这一招，他们总结了平叛活动的起因和后果，强调以人为中心。把这一招用到苏联身上，既能打击1942年初出现在施密特后方的游击队活动，又能让6000万至7000万生活在德占区的苏联人脱离苏联。对施密特而言，不能如此大规模地暴力对待被占区人民，这一点相当紧迫。1942年3月3日，他作为集团军的最高领导人，禁止士兵"不假思索地对俄国人犯下的暴行采取报复措施"。他说"他完全理解大家对苏军的残酷做法恨之入骨"，并要求士兵控制这种仇恨，遵守纪律，为长远的目标考虑。他说"枪决这种做法不合理"，这种处理方式是把民众当作了"讨人厌的虫子"。他说这场战斗是为了对抗苏联政权的捍卫者，而不是针对"民众和被俘的士兵"。[5]

关于俘虏问题，施密特也走在了前面，比1942年德国的大多数将军都要高出一筹。从1941年12月5日起，他就签署了一道"关于对待战俘"的命令。他要求下属尽可能合理对待这些人，要给他们吃的。他违反了陆军总司令部的命令，要求不得给战俘食用残羹剩饭，而是要给他们提供德军士兵的配给口粮。他禁止党卫军第1旅（大屠杀的先行者）杀害四个营区内的俘虏（这个命令似乎只是暂时得到了执行），党卫军该战区最高首长巴赫-热勒维斯基和希姆莱都因此而介入了进来。[6]他并不仅仅是出于人道考量，而是要让这批人成为他的部队必不可少的辅助劳力，并鼓励投敌者，向担惊受怕的平民发送一个积极正面的信号。1942年5月和6月，他下达命令，在自己的部队里同纳粹的宣传做斗争，禁止煽动仇恨和随意处罚。他甚至正面攻击纳粹在苏联的计划，可见他想要采取的是新殖民主义的计划。"不管怎么样，我们都不会把东线的被占领土视为海外殖民地。原先考虑的东线殖民计划可以在不致大量损害该国利益的情况下得以实现。关于经济上的好处，德国和其他欧洲国家可以以后通过交换精美的商品来获取。"[7]

总体而言，他对苏联平民的担忧既有人道主义因素，也有功利主义因素。1942年5月30日，他在一份命令中写道："德国士兵需保护劳作者的财产，以俄国妇女和年轻女孩的名誉为重，需在后方地区进行重建。他们应该意识到蛮横的行为会招致反抗，使之自食苦果，使自己安全堪忧。"[8]后来，他又进行了归纳："必须让他们站到我们这一边！"[9]这个目标使他比他所有的同僚都要走得远。他禁止抓捕人质，要求修复教堂，严厉打击劫掠行为，在征收之前，必须确保民众能吃得饱。他的下属并不认同他的看法，不过，他的这场战斗对下属不可以说没有影响。1942年3月初发生了一件大事，使他意识到了这一点。第4装甲师后方部门的两个士兵因无理由杀害一个苏联平民而被判死刑。施密特拒绝对他们进行赦免。师参谋部一等军官海德坎普中校和其他人为士兵求情。他们无法理解的是，灭绝战争怎么就变成了这样。经过一个月的书信往来之后，施密特不厌其烦地指出，再也不能让部队变得如此野蛮，这次事件最后由于陆军元帅凯特尔的介入才得以结束。死刑改成了12年徒刑。尽管如此，从6月22日以来，施密特所采取的惩罚措施仍然是最严厉的一次。他终于使巴巴罗萨行动之前颁发的刑法打开了一条口子。还有一座名不见经传的小城使他得以采取了另一项政策。

1941年10月4日，占领奥廖尔后，古德里安的装甲部队向图拉推进，途中经过了洛科特，这座城市就坐落于该区的中心地带，有4万居民。居民迎接德军的热情似乎要比苏联的其他地区高。一个居民（后来成为弗拉索夫军队的一员）战后是这么说的："一片欢欣鼓舞。民众特别感谢我们赶跑了苏联人。"[10]战后，布良斯克地区的游击队长G. B. 马特维耶夫也说洛科特及周边地区反苏情绪很强烈，[11]有相当比例的人是"叛徒"，他们对参加抵抗运动没什么意愿。他认为和该地区以前的历史有关，之前这里是米哈伊尔·亚历山德罗维奇·罗曼诺夫大公的产业，既没有实行农奴制，也没有出现取消农奴制之后的骚乱，过的日子也比邻州的要好。

更令人惊异的是，德军一到，就发现这里有一个反苏的民兵组织，由康斯坦丁·沃斯科波伊尼科率领。民兵组织共有18个人，专门追捕苏联士兵，布良斯克包围战之后，这些苏联士兵就躲入森林，以抢掠为生。参加了第一次世界大战之后，沃斯科波伊尼科又于1919年参加了苏军。内战期间，他对针对农民的政策心生厌恶，加入了苏军的逃兵队伍，在顿河地区同社会民主党人并肩作战。他负伤后开始逃亡，后来换了个假名，融入了苏联的生活之中。成为工程师后，他决定自首，求得赦免。他就这样被判了三年，在西伯利亚服劳役，1935年获释，1938年8月和妻女定居在了洛科特，他在当地的技校教物理。沃斯科波伊尼科的副手是布洛尼斯拉夫·卡明斯基，卡明斯基既是他的朋友，也是他的邻居，是当地蒸馏厂的总工程师。他父亲是波兰人，母亲是德国人，以前也参加过苏军，还给内务人民委员部当过一段时间的线人，1935年由于频繁和托洛茨基分子交往而被开除出党。1937年8月27日，在对波兰人进行清洗的时候，他被抓了起来。他被流放到了乌拉尔地区，1940年才获准重返洛科特，和妻女团圆。第2装甲集团军后方部门的一份文件证实，这支小股民兵队伍"并不受我们指挥。这些军事单位都是由当地人组成的，目的就是要在政治上独立，[……]这是一个新的现象，必须引起我们的注意。[……]我们并不知道他们的利益是否符合我们自己的政治利益。[……]这些人都很狂热，精力极其充沛，可以造成很大的影响"。[12]

在随后的六个星期里，德国军事当局仍然处于观望当中，有些犹豫不决。不过，1941年10月16日，他们还是核准了让沃斯科波伊尼科担任区长这一半官方职务的任命。一个月后，民兵部队就有了200号人。当地的一些官员也归附到了他这儿。由于民兵部队在库尔斯克铁路沿线的布良斯克森林里追捕苏军迷路士兵和最早出现的游击队方面很有一套，于是第2装甲集团军的后方指挥层便让这些熟悉地形、晚上也敢出去的辅助志愿者放手去干了。12月底，当上第2装甲集团军司令的鲁道夫·施密特同意让沃斯科波伊尼科和卡明斯基的民兵部队负责防守一部分通信线，而此时，由于从森林里出来的苏军士兵也参加了进来，所以民兵部队的人数还在增长。

沃斯科波伊尼科和卡明斯基在执行军事任务的同时，也创建了名为"维京"的俄国民族社会主义政党，采用的是三色旗（白、蓝、红），旗帜中央是旗开得胜的圣乔治像。1941年11月26日，"俄国民族社会主义工人党"发表了宣言。宣言中说任何人"如果没有蔑视人民，玷污自己"，就可以获得赦免。它解散了集体农庄，分配家畜、种子和工具，重新承认私有财产和自由贸易。它呼吁"对犹太人和政委进行无情的灭绝"。1942年初，拥有300名成员的维京党还只是一个秘密组织，后来也是。[13]德军始终都不把他们当回事，但认为让沃斯科波伊尼科和卡明斯基感觉自己是"新俄国的希特勒"，[14]也不是什么坏事。但他们让内务人民委员部很不安，于是内务人民委员部于1942年1月7日和8日派遣了400名游击队员乘坐120架雪橇发动了大规模进攻，游击队员进入了洛科特，击毙了沃斯科波伊尼科。

卡明斯基接手之后，在鲁道夫·施密特的保护之下，"尝试在俄国创建了自治的行政机关和警察机构"。[15]1942年2月中旬，民兵部队有700人，第二年夏天有2000人（15个营），从而改名为"俄国国民解放军"。施密特向他们提供了缴获的武器，帮助他们打击游击队，还容许他们进行政治宣传，因为他认为他们能向苏联农民展现未来的蓝图，而纳粹根本做不到这一点。3月11日，他将卡明斯基的一封私人信件转交给了希特勒。他在信中补充了一句，说洛科特的经验可以遏制游击队的活动，而且该区还能一丝不苟地完成向德军部队输送粮食的定额。1942年3月，施密特在司令部表达了对卡明斯基的感谢，并向他宣布奥尔洛夫州和库尔斯克州的好几个区今后都归他管理。[16]

赫里斯托佛洛夫引用了俄罗斯联邦安全局档案中的一份文件，照他的说法，1942年7月，希特勒在文尼察的大本营，当时鲍曼、莱因哈特、施蒙特也都在场，施密特提到了在奥尔洛夫州设立"自治区"的可能性。1942年7月19日，鲁道夫·施密特开会回来，签署了一份"扩大洛科特特别区"[17]的命令。他在命令中提到了很多领域都可以实施自治：学校和报纸，课税和缴税，特定的刑法，征募1905年至1922年间出生的人当兵。卡明斯基甚至还举办了竞赛活动，给他这个迷你的共和国征集国歌。他同意德军应在自愿的基础上征用劳动力。1942年底，如果把大量难民也算入的话，那"特别区"管理的人口已有数十万之众。[18]

1943年1月，俄国国民解放军的15个营重组为5个团，后来又以此为基础成立了一个旅。按照不同的说法，兵力从8000到12000不等，如果加上警察的辅助部队，兵力可达15000到20000人。该旅配备有缴获的坦克（KV、T-34、BT-7）、车辆、迫击炮、冲锋枪，但穿的是德军军服。由于缺少军官，卡明斯基请求施密特启用30来名战俘充当军官，施密特同意了请求。但不能再多了，因为国防军最高统帅部仍然对施密特的这个提议心存疑虑。俄国国民解放军的这个旅有自己的政治部、自己的宣传人员，他们宣传的理念是为"新俄国"而战。1943年，这项运动本质上发生了变化。斯大林格勒战役之后，纳粹胜利的前景日益渺茫，苏联胜利的希望越来越大。俄国国民解放军的部队开始转向游击队。苏杜普拉图夫向贝利亚的副手阿巴库莫夫报告说，1943年1月18日，"俄国国民解放军多达200个士兵起来反抗，杀死了营部的营长和参谋长，36名士兵、1名连长和营里的宣传干事［都是以前的苏军人马］成功加入了游击队"。[19]俄国国民解放军的这个旅尤以卡明斯基旅的名称为人所熟悉，后来就完全瓦解了。他们打的是一场实实在在的内战，对方是布良斯克的游击队，他们后来成了被追捕者和无处可逃的人组成的部队，德国人让他们干什么坏事，他们就会干什么坏事。卡明斯基成了党卫军手下残暴的屠夫，1944年7

月被处死。

鲁道夫·施密特后来并没有见证局势以如此面貌收场，这样的结局离他最初的期望已越来越远。1943年4月初，希特勒解除了他的指挥权。他弟弟汉斯-蒂洛被盖世太保逮捕，被控犯下了严重的叛国罪。这件事爆发之后，他们在他那里找到了一些不利于鲁道夫的信件，戈培尔在日记中写道："这些信表达了对元首的极度不满。亏他还是元首特别欣赏的一名将军。"[20] 他被转交给了军事法庭，军事法庭的庭长出于好意，说他就是个疯子，所以没有判他死刑。9月30日，他被逐出了军队。1945年之后，内务人民委员部在魏玛将他诱捕，转运至莫斯科的列福尔托沃监狱。他被整整审问了4年时间，这足以说明内务人民委员部对洛科特的那些事有多感兴趣，后来他被判了25年徒刑。获释后，他于1956年1月7日坐上最后一列战俘列车，返回了德国。他的所作所为从此湮没无闻。当然，纳粹的大屠杀和殖民主义行为从一开始起就使他的这些作为受到了很大的限制，而且肯定也不会有出路。况且，不幸的是，施密特选择了留用卡明斯基，而卡明斯基就是个无所顾忌的机会主义者，他很快就忘了他的前任沃斯科波伊尼科的那些政治抱负。但从德国人的角度来看，在当时这个充满敌意的环境里，大量时间又都耗在战斗上，他的作为还是有那么一些效果。经济生活比占领区的其他任何地方都要好。居民的生活条件也更人道。洛科特区反抗的只是游击队，毕竟游击队对那个地区造成了极大的压力。战争和民族政策相结合，对苏联造成了相当的威胁，而这段插曲则使这种威胁具象了起来。

注 释

1. Hans Hertel, *Generation im Aufbruch*, p. 279.
2. *Ibid.*, p. 280.

3. *Ibid.*, p. 291.

4. *Vollmacht des Gewissens*, Alfred Metzner Verlag, 1965, vol. 2, p. 382–383.

5. Cité par Chris Helmecke, *Ein «anderer» Oberbefehlhaber?*, Militärgeschichtliche Zeitschrift, vol. 75, n° 1 (mai 2016), p. 9, De Gruyter.

6. Martin Cüppers, *Wegbereiter der Shoa*, p. 237.

7. Chris Helmecke, *op. cit.*, p. 13.

8. *Ibid.*, p. 12.

9. 1942年6月19日，第2装甲集团军的行军日志。Cité par Chris Helmecke, *op. cit.*, p. 12.

10. R. Michaelis, *Russen in der Waffen-SS*, p. 15, cité par Dmitri Joukov et Ivan Kovtoun in: *Bourgomistr i Palatch*, p. 130.

11. I. G Ermolov, *Tri Goda bez Stalina. Okkupatsiia: sovetskie grazhdane mezhdu natsistami I bol'shevikami 1941-1944*, Tsentropoligraf, Moscou, 2010, p. 181–182.

12. TsAMO F. 500. Op. 12454. D. 558. L. 209. Cité in: *Bourgomistr i palatch* de Dmitri Joukov et Ivan Kovtoun, p. 130.

13. Khristoforov, *Lokotskoé okroujnoé samoupravlenié: pravda i vymyysel*. In: *Velikaïa Voïna I velikaïa pobeda naroda. K 65-letiu pobedy v velikoï otetchestvennoï voïné*, volume 2, p. 262.

14. Masha Cerovic, *Les enfants de Staline*. Le Seuil, 2018, p. 197–198.

15. *Ibid.*, p. 197.

16. Khristoforov, *op. cit.*, p. 265.

17. *Ibid.*, p. 265–266.

18. 由于这起事件至今仍然有着浓烈的意识形态色彩，所以各种说法时时在变，有说200万（Burovskii），有说28万（K. Aleksandrov），一份当地报纸在1942年7月2日给出的是58.1万居民这个数字（Ermolov引）。

19. Khristoforov, *op. cit.*, p. 283.

20. *Die Tagebücher von Joseph Goebbels*, Teil II, vol. 8, p. 266, entrée du 10 mai 1943.

第十四章
维亚济马—布良斯克的双重灾难
(1941年10月1—15日)

> 1941年10月10日,《人民观察家报》的头版标题是"东线战事已经确定"。他们以为用了"确定"这个词,就可以不用说"结束"这个词。东线战事还是有可能会拖长。这取决于俄国:要么它缺少意志力,就会崩溃,像法国人那样,要么还有不少的军力可以支配,那它就会继续抵抗。在我看来,外部(美国,印度借助英国)的支持不可或缺。这个因素不可低估。我们就等着瞧吧。
>
> ——弗里德里希·克尔纳,1941年10月11日的日记[1]

向莫斯科进军!

9月6日,西南方面军在基辅以东被包围之前一星期,希特勒在他的东普鲁士司令部直接签署了第35号令。他命令中央集团军群实施台风行动,向莫斯科进军。做出这个决定的时候,元首正处于灭绝犹太人的情绪之中。前一天,和希姆莱讨论过之后,他便决定6岁以上的犹太人都必须佩戴黄星。之后一天,和党卫军头子再次讨论之后,他又下令必须把列宁格勒的居民全部饿死。此外,启动台风行动的时候,也同时决定杀害白俄罗斯东部所有犹太人区的居民,为德国犹太人腾位子,再将后者悉数处死。海德里希和戈培尔先讨论了流放犹太人的事宜,之后,9月24日,戈培尔和希特勒又讨论了这个问题,10月18日开始流放。[2] 他们预感列宁格勒即将陷落,于是就开始加快步伐,想要把苏联犹太人一网打尽。

从军事层面来看,列宁格勒遭到封锁,对基辅的封堵也即将完成,希特勒认为:

> 时机已经成熟,可以发动一场关键的行动,对正在攻打中央集团军群的铁木辛哥集团军群进行打击。必须赶在冬季到来之前消灭他们。为达到这个目的,就必须集中陆军和空军的所有兵力,从侧翼打。[……]要尽可能快[9月底],目标是采用双重包围圈的策略(强大的装甲部队聚集在侧翼),消灭斯摩棱斯克东部的敌军,直取维亚济马。之后,只有在铁木辛哥的集团军群被狭窄的包围圈歼灭之时,[……]中央集团军群才能开始直捣莫斯科,右靠奥卡河,左依伏尔加河上游。[3]

希特勒最后还是把重心放在夺取莫斯科上了吗?不是。他和以前一样,并不认为夺取克里姆林宫就能终止战争。他的目光始终放在侧翼,加里宁战役将会证明这一点。国防军最高统帅部于9月10日发布了战略分析报告(由约德尔和瓦尔利蒙特撰写),结论清晰地反映了他的观点:"俄国的崩溃是战争的下一个目标,会很关键;必须从其他战线抽调兵力,投入所有军力,夺下这个目标。如果战事并没有在1941年彻底结束,首先就会在1942年继续打。南翼获得的领土,其经济和政治价值就会凸显出来。我们必须设法让土耳其改变态度,让它支持我们。东南部的局势将会得到很大的改善。"[4]

土耳其出现在希特勒和国防军最高统帅部的头脑中这件事，只能从向中东地区的英国阵地发动进攻这个方面来看，才能得到理解。换句话说，柏林的注意力已经放在巴巴罗萨行动之后了，莫斯科并没有在他们的思考范围内。第35号令本身并没有含混之处。它重申了南方集团军群应向哈尔科夫、顿巴斯和克里米亚进军，北方集团军群则应和芬兰人会合。中路，一旦消灭苏军，命令提到的是在200公里宽的战线上进行"追击"，而不是直接向莫斯科进发。9月24日，冯·里布遭遇了第54集团军的反攻，希特勒立马就从冯·博克（一直在喊缺少部队）那里抽调了一个步兵师、一个蓝色师和第36摩托化师（以前答应过要给他的）。总攻前一天，他和布劳希奇讨论局势的时候，谈到了敖德萨，博克的北翼，谈到了季赫温，但从头到尾一个字都没提到莫斯科。[5]

9月7日，陆军总司令部的一名密使给冯·博克带去了第35号令，博克难掩欣喜之情："[……]我以前想要进攻敌军大部人马的希望就要实现了。但愿天气还能像现在这样，因为兵力的集中要到9月底才能结束。"[6] 从8月底开始就在拟订计划。9月2日，哈尔德和布劳希奇亲自来到冯·博克的司令部，讨论如何使用古德里安的装甲集群。[7] 9日，博克和各集团军司令开会，然后，各参谋长进行了图上推演，看总攻的方案是否行得通。24日，哈尔德、布劳希奇又和各集团军和装甲集群的司令在斯摩棱斯克召开了一场会议：他们再次谈起了让古德里安参与进来，以及进攻的日期。两天后，下达了最终的命令。得到采纳的计划和第35号令有所不同。博克和陆军总司令部并不是要像比亚韦斯托克或基辅那样设立一个巨大的包围圈，而是要设立两个逼仄的包围圈，希特勒的指令中出现了这个形容词。第一个包围圈集中在维亚济马；第二个在往南230公里处，布良斯克是其焦点。之所以采纳原初的方案，是因为之前所遭受的那些挫折使军队状况堪忧，而且冬季即将来临，时间紧迫。装甲集群已经变弱，所以再也不能往纵深处推进200到300公里，花3个星期的时间收紧四处漏风的包围圈了。必须协调布局，用手术刀把苏军的大部分兵力切割干净，一方面，可以把两个"锅子"密封得水泄不通；另一方面，可以赶在冬季之前打到莫斯科，现在最多还剩4到6个星期。希特勒完全支持陆军总司令部的这个计划，该计划预计台风行动将在11月中旬结束，东线战事也是。[8]

陆军总司令部和博克之间唇枪舌剑，博克不同意"逼仄包围圈"的想法，他要求让自己的装甲部队投向维亚济马以东直达格扎茨克的地方。"同比亚韦斯托克和明斯克，还有斯摩棱斯克一样，'上面'那些人只想打一场相当局限的战役，而这样就会无法达到决定性行动的效果。"[9] 他和哈尔德吵了一个星期的架，他在日记里讽刺哈尔德："格局太小反倒成了一门艺术！"[10] 9月24日的会议期间，总参谋长没有让步，只同意往东扩大一点点，并缓和了自己的立场，他对博克说："和你的外层侧翼向维亚济马进军的命令，你别太当真。"[11] 博克担心的另一个地方是他的北翼，那里由第9集团军驻守，他觉得那里太弱。但从第16集团军（冯·里布的集团军群）抽调步兵部队补充的做法并没有成功，因为希特勒把目光放在了波罗的海。

汇集军队的措施开始紧锣密鼓地进行，冯·博克希望不要错过这相对不错的天气。从9月10日起，他就把第2集团军的部队召回了北部，并同意古德里安9月22日开始重组部队。博克把自己所有的部队都投入到了即将到来的这场战役中。9月底，他收到了由后备集团军训练的德国最后18支新兵营。1941年，他是不可能再有更多的部队了。6月22日，陆军总司令部后备的24个师中，21个已经在8月底投入了战斗，博克又把最后3个师用在了台风行动中。所有的部队都被放到了前面，只有一个梯次，只有3支缩在后面的机动部队（第19装甲师、第900摩托化教导旅、大德意志团）是例外。古德里安的进攻定于9月30日，该集团军群的剩余部队将于10月2日发起冲锋。

第十四章　维亚济马—布良斯克的双重灾难　843

台风行动的计划在许多地方都受到了一个较大的约束，博克和陆军总司令部却懂得如何将之转化成优势：第2装甲集群最强大，有3个摩托化军（5个装甲师和4个摩托化师），但它的阵地远离中心。由于参加了基辅战役，古德里安没法返身来到莫斯科轴线：他还需要8到10天时间，而且还要推迟发动攻势的日期。因此，会把他的部队用在南部，也就是集团军群的最右翼，从那里延展400公里。他可以自由行事，但他的同僚霍特与霍普纳却不行，一个隶属于第9集团军（施特劳斯），一个隶属于第4集团军（冯·克鲁格）。古德里安将从普季夫利出发，向奥廖尔推进，将部分兵力放到布良斯克背后，并向图拉方向伸出触角，以期从南部侵入莫斯科。冯·魏克斯的第2集团军则会把所有兵力集中在布良斯克北部。他会在该城东部和古德里安会合，合上第一个包围圈，再踏上卡卢加公路。中部集合了德军和苏军的大部分兵力，会有两个包围圈。第4集团军（南部）和第9集团军（北部）的步兵部队会从两侧突入莫斯科的高速公路，并突然转向维亚济马以西地区。这个时候，第4和第3装甲集群趁着突破的有利时机，在维亚济马以东地区形成包围圈的外环。北部，第9集团军的左翼和第16集团军的右翼（冯·里布的部队）共同发力，向伏尔加河上游挺进，尤其是勒热夫方向，除了图拉、卡卢加和维亚济马之外，勒热夫是第四条通往莫斯科的公路。博克吸取了比亚韦斯托克的教训，想要省下一支虚弱的步兵部队，所以没有从西部猛攻苏军的阵地：会从相对的东部战线往那里进攻。

疲惫的德国国防军

9月30日和10月2日之间进攻莫斯科的德国国防军已不再像6月22日那样身姿矫健了。照哈尔德的说法，9月26日，国防军损失了15%的兵力，即534952人，其中包括35750名军官，还没算伤病人数。其中113351人阵亡。[12]近来，依据吕迪格·奥佛曼[13]的统计，阵亡人数为186198人，这样就可合理地推导出损失总数达60万人，其中一半没人可以替换。初看的话，15%的损失量还算是说得过去的代价，尤其苏军的尸体更是堆积成山。事实上，如果考虑到他们的布局，就会发现局势要更严峻。战斗部队，以及最前列的装甲掷弹兵团和步兵，涵盖了绝大部分损失，勤务部门受损最小。9月10日，哈尔德的统计显示，在总共142个大部队中，不计入保安部队，14个师损失4000人（50%的战斗人员），40个师3000人（37%），30个师2000人（25%）。[14]依据哈尔德的说法，在苏联的装甲部队平均损失40%的坦克；22%的汽车和30%的牵引车要么被摧毁，要么无法使用。[15]事实上，数字比他所认为的要高：损失了1745辆坦克和突击炮。替换数为141辆，所以净损失为1604辆。和最初的数字（3266辆）相比，损失了49.1%，[16]而非40%。卡车的损坏率达35%。

在这个不佳的局势中，中央集团军群有大约1217辆坦克用于台风行动。如果加上突击炮和履带式反坦克炮，数字可达1400辆。在这个数字中，316辆是由第2和第5装甲师这两个新组建的师带来的，他们都是刚从波尔多和柏林过来的。这一点很重要：希特勒是把这些部队放入后备军中的，作为"装甲集团军"的核心力量，用于执行"未来的任务"，[17]而这任务指的就是中东和西非的作战行动。事实上，他的战略计划取决于台风行动是否能成功。不过，希特勒犯了一个很大的错误，他拒绝把其他新坦克派往苏联，这么做的目的是想留作备用，以应对"巴巴罗萨之后"的局面。他乐观得有点早……国防军最高统帅部已经意识到战事拖长，战场的规模变大，集中分配系统已经不够用。其实，损毁最严重的坦克都会被运回德国维修。台风行动启动的时候，其中数百辆坦克还在后方来回2000公里沿线的工厂里，要么还待在调车场，等待火车头的到来，而这些火车头则优先用于运输汽油和弹药的列车。11月战斗期间，始终都缺坦克。

第十四章　维亚济马—布良斯克的双重灾难　845

古德里安运气最差。9月15日，他的4个千疮百孔的装甲师（共5个）只有42辆可用于作战的坦克，总量的20%到30%都在修车厂里。剩下的都已被毁。[18]尽管获得了配发，一些新车也已到达，但第2装甲集群仍只能带着不到一半的装备攻打莫斯科。古德里安说汽车的损失太严重，"各师的活动和部队的给养都已成了问题。[……]集团军所需的运输容量跌到了2900到1500吨，[……]装备已疲劳损坏，数量将会骤减"。[19]至于空军，消耗得更快。9月11日，只有626架战机，6月22日的时候为1917架，等于减少了三分之二。[20]诚然，他的对手也没比他好。尽管如此，中央集团军群的实力仍然很强大：77个师和相当于2个旅的兵力，等于投入苏联的一半兵力，还有三分之二的快速反应部队（22个装甲师或摩托化师），总计192.9万人，比冯·博克6月22日投入的兵力多。

部队普遍疲惫，所有的将领对此都深感不安。不过，基辅胜利后，士气有所上涨。记者和作家伊利亚·爱伦堡说从一个场面可以看出装甲部队的士气还不错。德军的一个坦克手向俘获他的苏军团长建议……向他投降。"我可以保证您的所有士兵都能活命，而且在战俘营得到很好的对待，"他说这话的时候相当自信，"圣诞节前，战争就会结束，你们就可以回家了。"[21]而士兵的信件给出的则是截然不同的调调。士兵没有任何旗开得胜的感觉，只希望能把这苦日子熬到头。他们恐惧的是这次会在苏联过冬。工程兵下士H. S.在一封9月14日写给家人的信件中写道："有消息说他们已经制订了计划，要组建冬季营地，这消息实在是太沉重了！完蛋了。我们什么时候停，在哪儿停，冬天一到，就清楚了。到那时才能休假。但我们没一个人愿意再返回这个可怕的国家。"炮兵H. S.在9月21日的信中说："我们唯一感兴趣的问题是冬天开始的时候，这场战争是否能胜利结束。基辅拿下了，[……]彼得堡还等着拿。我们所有人都相信莫斯科是第三步。上帝一定要让我们冬天在东线打仗。天气已经冷了，几乎每天都下雨。道路一塌糊涂。我们实在是想不通这个国家竟然这么破落，这么原始。"

如果说德国方面想要了结这场最可怕的战役，从而引发了干劲，那苏军士兵低落的士气则与之形成了鲜明的对照。德军似乎还是坚不可摧的。在布良斯克附近，爱伦堡听到一个集体农庄的妇女对苏军士兵说，他们的抵抗毫无意义，因为德国人太强大了，她说："他们有汽车，每个人甚至还有巧克力吃［原文如此］。"爱伦堡苦涩地注意到，苏军士兵只是叹气，以示同意，觉得自己很可怜。[22]如果报纸或流言都在说镇压和审判无休无止，还怎么能让人相信胜利？10月2日，在莫斯科，苏军的法院开始审判第12集团军司令波涅捷林将军和第13步兵军军长基里洛夫将军，他们都是8月7日在乌曼被逮捕的。10天后，两人被缺席判处死刑。与此同时，无论是在军队，还是在民众中间，我们也发现了私人日记中的那种声音，[23]新一波的流言说铁木辛哥加入了和德军并肩作战的一支俄国部队。这么多人之所以轻易相信这种不确实的消息，主要还是因为10年来形成的恐惧氛围，到处都是投敌叛国的行为；从中也可以看出基辅陷落、列宁格勒被围对精神的打击有多大。内务人民委员部第50集团军负责人伊万·沙巴林在10月1日的日记中写道："第50集团军的状况不太妙：几乎所有人都来自被占领地区。他们都想回家。"[24]

1941年10月1日和2日晚上，德军军官宣读了一份希特勒的呼吁书。他先说起6月22日发动的进攻，然后又说在和"所有时代最强大的军事力量的战斗中"，他们已经赢得胜利，他经常会对德国国防军这么说。最后说了几句士兵爱听的话。"我的士兵们，在这三个半月的时间里，条件已经成熟，可以实施最后的猛烈打击，我们必将在冬季到来之前消灭敌人。人力所能完成的所有准备工作即将结束。这次，已经做好准备，我们已经一步一步让敌人处在了某种局面，现在就可以给他们致命的一击。今年最后的关键一战就在今天开始。［……］在上帝的庇佑下，你们不仅会给我们带来胜利，也会为走向和平踏出第一步！"元首的诺言如果实现不了的话，就会对军队士气造成巨大的打击。

苏军的反常部署

从远处看，面对冯·博克的军队似乎部署得很稳固。从勒热夫北部到布良斯克南部500公里长的战线上，排列着3个方面军，共15个集团军，95个师，14个旅，总共125万人，10309门加农炮和迫击炮，897辆作战坦克，936架飞机，包含莫斯科的基地在内。[25]苏军的精锐都在这里了。科涅夫的西方面军掌控了差不多45%的资源，布琼尼35%，叶廖缅科20%。这些部队依靠维亚济马前方的2条，甚至3条平行的防线。杰斯纳河、第聂伯河和沃尔佩茨河沿线，7月起征用的30万平民建造了大量工事，在据说德军会实施突破的轴线上，设了障碍、掩体、反坦克壕、地雷阵。后方200公里处，还有4条防线即将完工，这是对莫斯科的直接保护。

对表面牢固的部署进行细察，就会发现存在重大的弱点。7月10日起在斯摩棱斯克周围苦战之后，许多师只剩下了一半兵力。尤其是第30集团军。装甲师和装甲旅的坦克只有15%至60%不等。科涅夫手中的477辆坦克中，只有72辆KV和T-34，而从仓库里出来的T-26则是298辆。545架战机一部分交由新组建的"混编师"使用，这种架构不合常规，混合了一小部分歼击机、对地攻击机和轰炸机，根本没法形成制空权。这一次还是没法在莫斯科轴线聚集超过17%的可用飞机，而德国空军多亏后勤100%的摩托化，针对台风行动，集中了三分之二可升空作战的飞机。但最严重的还是指挥层面，首先是缺乏统筹。尽管博克只有一个中央集团军群，但苏军三个方面军却都彼此单独行动。他们之间的协调作战理论上是由莫斯科，也就是由最高统帅部把控的。但所有的联络都是由下向上。集团军只能向它所属的方

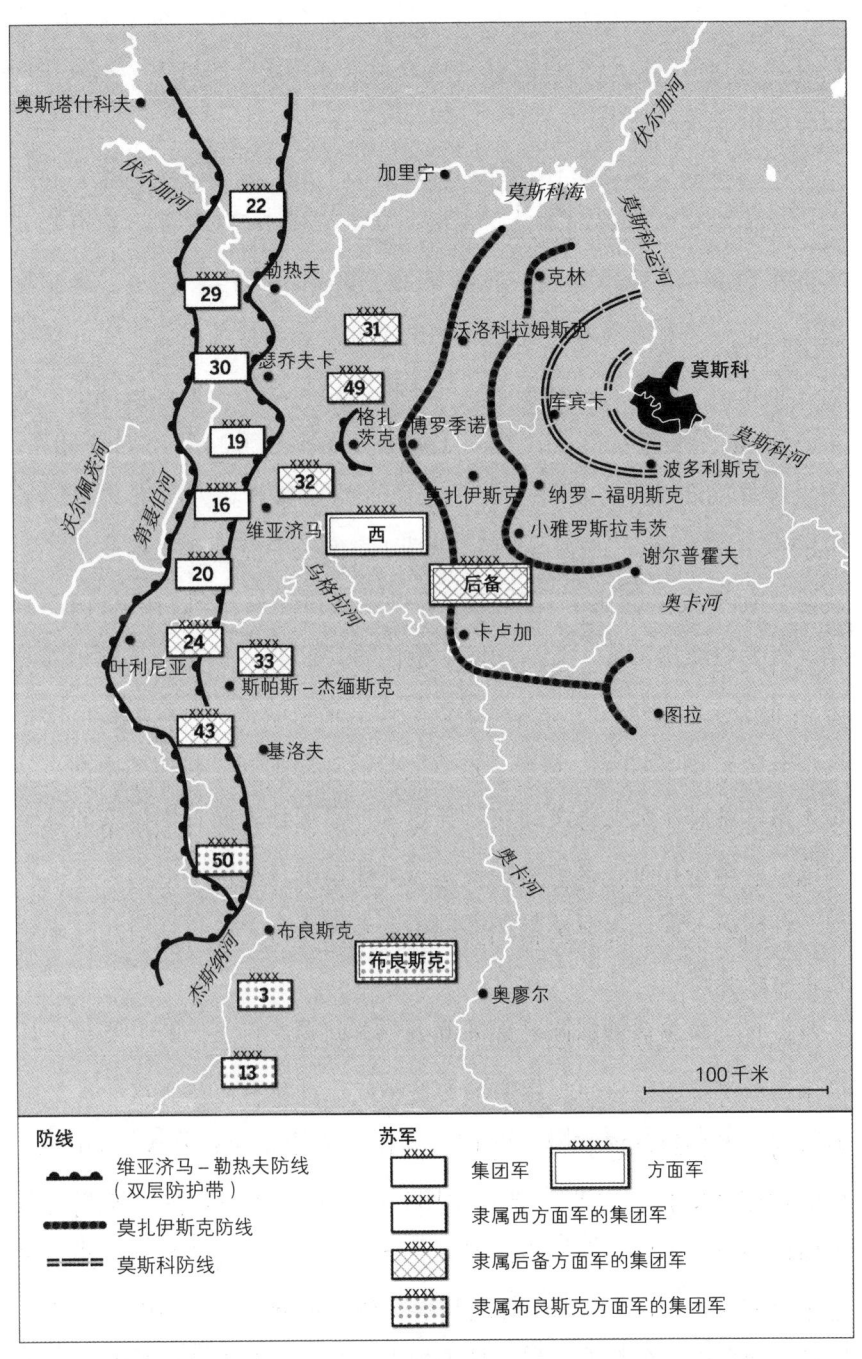

莫斯科前的防线

面军联络；每个方面军并不知道邻部在干什么，同样，每个集团军也没法和侧边的部队进行直接联络；最高统帅部没法通过方面军发来的报告了解发生的情况。

方面军的部署更是让指挥和管理方面的弱点变得更为严重。科涅夫因在斯摩棱斯克表现不错，也能保持良好的通信，9月12日升任西方面军司令员，从北到南，指挥第29、第30、第19、第16、第20集团军，也就是在右翼和中路部署的所有部队。在他的左翼，有叶廖缅科的布良斯克方面军，辖第50、第3和第13集团军。但在这两个方面军之间108公里的路线上，插入了后备方面军的第24和第43集团军，由很远处的布琼尼指挥。第三个方面军的大部分兵力（第4、第31、第32、第33集团军）在……科涅夫背后100公里处的第二道防线，也就是"勒热夫—维亚济马防线"那里。而科涅夫对他们的状况、方位，有哪些防御工事一无所知。如果他的第20集团军想要了解相邻的第24集团军的情况，科涅夫就必须经由莫斯科联系到布琼尼，再由布琼尼联系第24集团军。信息传回去时也是原路返回。和德军不同，苏军大量部队都不会交换联络官。考虑到苏军通信方面长期以来的这个缺陷，联络不稳定，又没有储备人员，所以战斗期间，他们会像纸牌屋一样纷纷崩溃。灾难的最初起因出在科涅夫身上，布琼尼和叶廖缅科也难辞其咎。

还有一个重要的缺陷是部队部署得有问题。科涅夫的主要错误是把绝大部分兵力，还有他所有的后备部队，都布置在斯摩棱斯克—维亚济马—莫斯科高速公路（第19、第16、第20集团军左翼）的两侧。他的右侧（第19、第30、第29集团军的右翼）人员不足，他先入为主地认为那儿不适合放坦克，却没有进行侦察是否真的就是如此。而德军第3装甲集群却明确选择攻打这一侧，也就是别雷的南部，这片区域不通道路，但只要干燥，地上铺上原木增加稳定性，就能在森林里通行。甚至不用谈什么色当突破，8月和9月，古德里安在普里皮

850　第四部　幻想的秋日

亚季河边缘行进，就应引起科涅夫的疑虑：原则上，德军并不会进攻最坚固的部分，他们始终都喜欢搞突袭。从第一次世界大战以来，他们一直都是这么做的。况且，9月25日，经科涅夫的委托，他收到了斯捷潘·加里宁将军撰写的一份报告，这份报告谈的是敌军的战术实践。"德军并不担心自己的侧翼，也不害怕在恶劣的地形上作战。为了包围我们的部队，他们会在侧翼部署绝大部分兵力。显然，在恶劣地形上行动，耗费大量时间并不会对他们造成阻碍。[……]"[26] 德军截获无线电通信，又通过空中侦察，发现科涅夫的防线并不对称，于是就决定攻打第19和第30集团军的接合处。叶廖缅科同样也把超过半数的师放在了布良斯克的前方和周围，也相对忽视了北部的罗斯拉夫尔地区，也没想过去了解"山丘另一侧"是什么情况。至于南部的格卢霍夫，他打算在9月30日对那里发起进攻。苏军的两位将领把他们的部队呈梯次往纵深部署，和他们在军事学院学到的内容一样。他们忽视了一点，那就是德国空军掌握制空权的话，要让后备部队向前挪动就会相当困难。有一条防线还挺稳固，有后备部队部署在好几个地方，应对德军的突袭，但结果就在这儿，德军在突破区找到了第一个薄弱点，然后又找到了一处空隙，因为所有的后备部队（相当于一整个集团军）都被部署在了中轴内的高速公路附近。9月10日，最高统帅部同意科涅夫和叶廖缅科的做法，发布了一道命令，对此予以了承认。[27] 诚然，按照最高统帅部的看法，减轻第一线人员的负荷没什么问题，只要设立坚固的防御工事，有反坦克壕和障碍就不会有问题。但在主轴之外，几乎没做什么事，一是因为缺乏工兵部队，二是因为缺乏有防守经验的军官。第一次世界大战的老兵很少，而战前，苏军也没有对人员进行过静态防守方面的培训。苏军将领还没有产生防守方面的本能反应。必须认为最高统帅部并没有树立一个好的榜样。9月10日，最高统帅部要求科涅夫停止进攻，25日，又要求他和布琼尼保持联系，率领右翼的三个师发动袭击，支援西北方面军。[28]

情报失误

不妙的是,科涅夫、叶廖缅科和布琼尼没有收到敌军方面的任何情报。9月27日,最高统帅部只能发布笼统的警告,这是这类警告中的第一则:"根据我们的情报部门和空中侦察所获的资料来看,敌军集中在我们的西部方向。9月27日至30日期间,务必组织各种类型的侦察活动。[……]1941年9月30日18时之前务必提交最后的资料,并附上你们的结论。"[29]可此时已经为时太晚。事实上,苏联情报部门失灵了。格鲁乌和内务人民委员部并没有时间在冯·博克的后方组建情报网。摩托化军的重组速度到底怎么样,许多人确实毫不知情。苏军指挥层根本不会想到古德里安可以从基辅战场直接转而执行台风行动,他们还是老思维,认为他没时间这么做。此外,德军的假情报也取得了某些效果。第3和第4装甲集群的无线电站台继续播报列宁格勒和大卢基之间地区的虚假交通状况,以此来掩盖他们向中部运兵的事实。9月26日,德国空军的一名歼击机飞行员落到了科涅夫部队的手中。经过审问后,他给出了一份自己信以为真的假情报,因为他的上级是有意让他逃跑的:博克将向斯摩棱斯克—维亚济马高速公路发动大规模进攻。布良斯克方面军参谋长扎哈罗夫将军好几天时间里一直认为,一旦开打,古德里安只能在他部队的左侧发动打击,进行钳制,主攻方向仍然会在第3或第13集团军的战区,也就是右侧。[30]最后就是斯大林本人似乎太过自信,一方面,他认为德军发动攻势的兵力还在乌克兰;另一方面,是因为烂泥季即将到来,之后冬天就会来临。7月30日,他就已经对罗斯福的顾问哈里·霍普金斯提到,这两个季节将有利于俄国人。[31]9月20日,英国记者亚历山大·沃斯问科涅夫的副手索科洛夫斯基将军的时候,索科洛夫斯基也显得很笃定:"德军是否肯定会在中部战线发动一轮攻势?""当然不会。他们向来打起来会不顾一切，甚至会打好几次，但我不认为他们会打到莫斯科。[……]我们在飞机、装甲车和炮兵上都占优。"[32]最高统帅部为了表明自己相信这一点，从9月15日至20日起，还把大量增援部队投入基辅战败之后已满目疮痍、恶劣天气来得更晚的乌克兰，而非莫斯科公路。

1941年10月1日23点30分，科涅夫给斯大林发去了电报，表达了自己的困惑，但也同时表达了已经做好发动大规模打击的准备："我们还没有从情报部门收到敌军发动攻势方面的资料。在我们看来，存在以下几种可能性：A.亚尔采沃—维亚济马［假］和罗斯拉夫尔—苏希尼奇［真］方向的行动，目的是对西方面军和后备方面军的部队实施包围；B.亚尔采沃—维亚济马［假］和卡纽季诺—勒热夫［真］方向的行动，或向卡纽季诺、瑟乔夫卡、维亚济马［部分为真］发起行动，目标是对西方面军的中路部队实施包围。"[33]虽然有所犹豫，但科涅夫仍然没有改变部署。他的大部分兵力仍然聚集在中部直通莫斯科的公路上。

叶廖缅科并没有考虑送到他手上的那些情报，而是继续让部队徒劳地发动局部攻势，使部队不断地出血，而他这么做就是为了让斯大林忘记他15天前没能打败"古德里安这个下流胚"的羞辱。他是到进攻前一天才知道自己面对的竟然是古德里安的第17和第18装甲师。尽管如此，他还是下令让叶尔马科夫将军的"作战集群"（3.3万人和100辆坦克）准备于30日上午发动进攻，夺取格卢霍夫这座小城！古德里安要打的就是这支已经筋疲力尽、损伤惨重、士气低落、惊弓之鸟一般的部队。布琼尼在9月29日之前也一直让第24和第43集团军攻打德军的第一道防线，目标是夺取一座山丘和一条溪流。目标始终如一：就是要向斯大林表明他们没在睡觉。最高统帅部提醒他，要他提防罗斯拉夫尔—莫斯科轴线时，他却把最精锐的第24集团军放在了叶利尼亚—莫斯科公路上，罗斯拉夫尔方向的任务则交给了弱得多的第43集团军。但从9月23日起，第24和第43集团军报告说敌军集中

第十四章　维亚济马—布良斯克的双重灾难　853

在罗斯拉夫尔方向，而非叶利尼亚方向。但布琼尼仍然充耳不闻，他认为第43集团军后面还有第33集团军……只是这个集团军已经没有一辆坦克，只剩下不到30%的加农炮和反坦克炮了。总之，与他们的期望相反，德军的突袭起到了效果。战后，布良斯克方面军作战处处长桑达洛夫承认了错误：

> 今天，回首往事，观察桌上的局势图时，我们就会震惊不已：我们怎么会没有猜出对手的意图？古德里安的第47摩托化军很久以来就驻扎在叶尔马科夫集群的前面。基辅作战行动成功之后，他就在罗姆内地区休整。从9月下旬起，他就开始向肖斯特卡和格卢霍夫移动，这很清楚地表明了接下来他想怎么做。最高统帅部警告我们向莫斯科的攻势正在酝酿当中。为了更好地应对，没有什么地方能比格卢霍夫地区、诺夫哥罗德—谢韦尔斯基和肖斯特卡更好。从那儿到奥廖尔和图拉的路程最短。也不用强渡杰斯纳河。布良斯克森林还在北边。但布良斯克方面军的指挥层和参谋部却没有解开这么容易解开的谜题。[34]

谎言、疏忽与隐瞒

在古德里安的请求之下，他于9月30日发起了台风行动，比中央集团军群的其他部队提早两天。这次他还是要通过突袭来取胜，所以甚至都没等手下各师全部集结完毕，而且各师最需要的正在修理的坦克也还没到来。他在回忆录里说，他就想趁着这好天气，地面干燥的时候，在没有铺装道路的地区赢得先机，空中也可以对他进行全面支援。之所以会差两天，还有另一个理由：冯·博克想让苏军搞不清他的主攻方向，如果能做到这一点的话，就能让苏军将其后备部队派到古德里安那里，保护奥廖尔城。这样，他就能超出预期，达成目标。

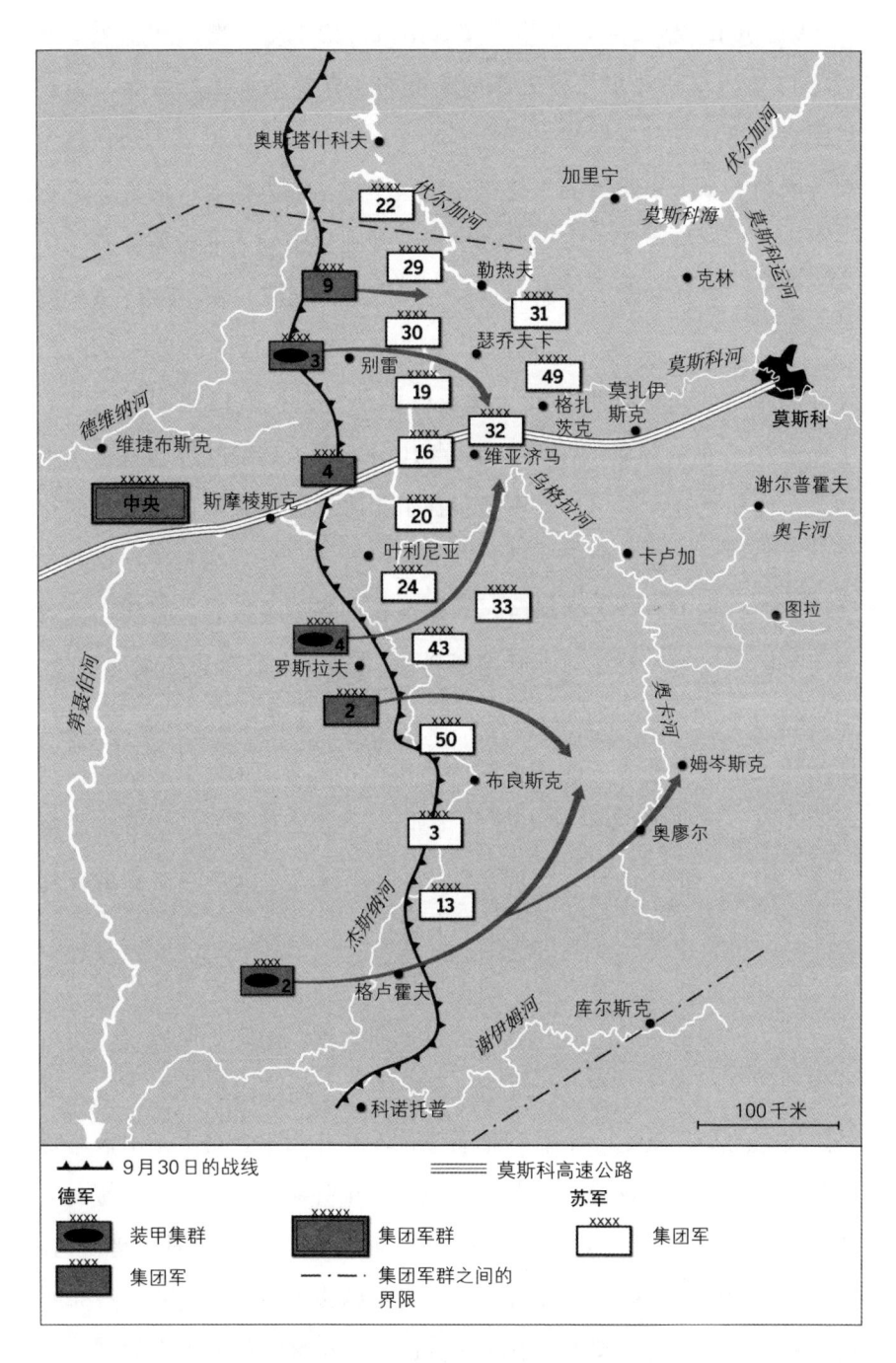

台风行动（9月30日—10月15日）

9月30日凌晨5点，在格卢霍夫附近，德军炮兵部队和空军部队对第13集团军和叶尔马科夫作战集群的左翼发动了猛烈轰炸，第13集团军的指挥官是戈罗德尼扬斯基将军，他是6月22日以来担任这个职务的第五个人。胆大的古德里安运气不错，因为他对手的部队准备一个小时后向格卢霍夫方向发动冲锋，却在集中兵力的时候被打了个措手不及，全都暴露了。他们立刻退向后方，分散开来。7点，3个摩托化军（第47、第24、第48）冲入缺口。晚上，前驱的装甲部队已经往苏军防线内部推进了20公里。叶尔马科夫和第13集团军之间隔了一个30公里的窟窿。10月1日2点10分，斯大林给叶廖缅科打了电话。布良斯克方面军司令叶廖缅科在汇报时说了一大堆谎言，有的省略，有的轻描淡写。他确认道："敌军已经攻占了好几座村子，在两个装甲旅的打击下，敌人撤退了。""斯大林回答道说很好。喀秋莎火箭炮用得还不错吧？对，对，叶廖缅科说。[……]敌军想要发动攻势，但被打退了。"叶廖缅科的避重就轻，恐惧并不是唯一原因。他安抚斯大林，是因为他真的相信德军的袭击只不过是2支装甲部队的钳制行动（而他还有9个装甲师和摩托化师）。甚至古德里安的坦克来到格卢霍夫附近，也不能动摇方面军的方向。10月1日晚，军事委员会开会期间，仍然没有提及德军实施了突破！

斯大林并没有完全放心。其他情报证实敌军正在向奥廖尔发动进攻。和叶廖缅科谈话之后，他马上就采取了预防措施，但后来证明这么做导致了严重的后果[35]：他把科涅夫的生命保障线勒热夫—维亚济马防线上的军队撤走，让第49后备集团军（扎哈尔金将军）由最高统帅部直接管辖，并派遣该集团军麾下的7个师乘坐200列火车前去堵住奥廖尔和库尔斯克方向之间的道路。叶廖缅科在这方面一错再错，他计划使用局部兵力发动反攻，却没有将始终聚集于布良斯克背后的后备部队投入战斗。可是，10月1日这一天终将击落他手中的剑。方面军的通信设备被定向天线定位之后，遭到了德国空军的狂轰滥炸。

叶廖缅科更换了两次指挥所，但还是失去了同手下各集团军与莫斯科之间的所有联系。古德里安一整天都在猛攻，又推进了70公里，来到了布良斯克方面军的背后。1日和2日晚间，叶廖缅科找回了部分通信设备后，才开始意识到局势的严重性。不过，10月2日上午，斯大林给他的参谋长扎哈罗夫打了电话之后，局面再次缓和了下来。只是到了晚上，由于坏消息一个接一个，叶廖缅科走投无路，便向沙波什尼科夫提出允许他把方面军往后撤。总参谋长听闻此言，震惊不已，但他并不相信，于是就拒绝了叶廖缅科的请求，快速给他派去了援军。

10月2日5点30分，这一天将会是阳光明媚的一天，霍特的第3装甲集群和施特劳斯的第9集团军的各师对西方面军第19和第30集团军的接合处发起打击。往南250公里处，霍普纳的第4装甲集群在冯·克鲁格的第4集团军的支援下，向第43集团军（后备方面军）和第50集团军（布良斯克方面军）的接合处发起冲锋。炮兵和空军部队（空军第8飞行军）发动猛烈的打击之后，进攻区域和消极防御区被一片浓烟笼罩，目的是对苏军起到误导的作用。霍特的两个装甲师和两个步兵师集结在16公里的战线上，碾压了第30集团军仅一个师的兵力。整个上午，100来架飞机猛攻该部队的右翼，把它打得落花流水。晚上，第6和第7装甲师（第56摩托化军）已经推进了20公里。科涅夫的司令部在一个地方待的时间太久，德国空军从一开始便对它发起了进攻，科涅夫惊慌失措，不知该如何反击。司令部被摧毁了，无线电和电话设施都已不能使用，20名军官阵亡。10月3日拂晓，从别雷发起第一次反攻，一个摩托化师和一个步兵师既没有协调，也没有重组，由于太过仓促而失败。科涅夫于是将大部分后备兵力组成"博尔金"作战集群，以指挥官的名字命名（一个步兵师、一个骑兵师、一个摩托化步兵师和三个装甲旅，共240辆坦克）。但博尔金还得向北奔袭50公里，才能打击向东行军的霍特的侧翼。德国空军很远就发现了他们，于是一刻不停地对他们发起进攻。突袭起到了效果，该集群损失了半数兵力，或被摧毁、受损，或被击溃。两天时间里，幸存下来的坦克仍在勇敢地发起冲锋，但还是被第6装甲师的炮兵部队打得惨不忍睹，地面上留下了30来辆坦克。5日，博尔金再次发起冲锋，夺回了霍尔姆-日尔科夫斯基这座小城，但旋即又被夺走。尽管他拖慢了霍特的步伐，却没法阻止装甲掷弹兵部队于4日在第聂伯河上游通过两座桥成功渡河。几支突击连立刻潜入第49集团军把守的坚固防线之中。确切的说法是，他们现在还守在那里，因为我们知道斯大林之前是从南方很远的地方用火车把他们运过来的。40公里的战线上，只有一个师在防守！在1277个经过加固的战斗位中，只有317个有人防守。9月30日，61个营出现在防线的中心地带，10月3日，只剩下了18个营。情况其实更糟，因为他们和西方面军丝毫联系不上，第32集团军司令必须派遣几支部队占据第49集团军之前的阵地，可他对德军的推进一无所知，直到德军出现在第聂伯河上，来到他的面前，他才恍然大悟。关注第43集团军困境的布琼尼也没注意到科涅夫那儿局势发展的情况。第6师的士官E. N.在给家人的一封信中，对如此大规模的工事都遭到废弃感到震惊。"一直到现在，俄国的抵抗都相当激烈。有意思的是，以前的战线背后很远地方的阵地却没有人防守，或者说经过短暂的抵抗之后，就疏散了。今天，我们没费一兵一卒就渡过了第聂伯河，并且查勘了我们面前的这些阵地［……］。幸运的是，我们不用经过激烈的战斗就能攻占这儿！否则我们肯定会流很多血。"[36]

第56摩托化军推进的同时，北部的第41摩托化军踏上了通往别雷的道路，4日，把第30集团军大部包围后，进入了别雷。10月4日上午，霍特已经向东推进了55公里，他的两个摩托化军已在前往维亚济马的半道上了。

霍普纳的第4装甲集群（由第4集团军支援）与苏军的步兵之比为4比1，坦克之比为10比1，他们花了两天时间，突破了隶属于不同方面军的第43和第50集团军各自的防线。布琼尼从手下的各集团军司令那儿收到了"战术突破"的一些虚假报告，他又将这些报告发给了最高统帅部。事实上，进攻开始后12个小时，霍普纳的装甲部队就推进了40公里，从集团军的这一头穿到了另一头。布琼尼和叶廖缅科根本联系不上，所以不可能共同发起反攻。从10月2日晚上起，装甲部队就已来到了第33集团军的背后，那是后备方面军的第二梯队：该集团军有3个师，其中2个是民兵师，分布在75公里的战线上，他们只能阻挡敌军几个小时的时间。布琼尼联系不上自己的部队和后备部队，完全应付不了局面。他派出副手博格达诺夫，探明索别尼科夫（第43集团军）和奥努普里延科（第33集团军）的方位。10月7日，博格达诺夫向布琼尼报告："昨天，我在维亚济马附近找到了索别尼科夫和奥努普里延科。[……]我发现他们已经没有任何东西可以指挥了。索别尼科夫就剩几个人，奥努普里延科一个人都没了。根本找不到第43集团军和第33集团军在哪儿。有一些小股部队在向格扎茨克方向行进。在维亚济马战区采取了拦截措施，但没什么结果。"[37]好些重要桥梁已经落入德军之手：由于缺乏情报，守卫连也没警戒，炸药的连线都被切断了。10月4日，霍普纳的一部分部队折向右侧，和古德里安的一支摩托化军会合在了一起。一支纵队已经在卡卢加公路上了。第三支部队冲入了第43和第24集团军之间的一个窟窿，从南部向维亚济马冲去。10月4日，斯帕斯-杰缅斯克被攻克，包围圈的两条胳膊彼此之间相距不超过140公里。

10月3日16点40分，古德里安集群的第4装甲师（第24摩托化军）推进了200公里之后，进入了奥廖尔。坦克遇见了满载着工人的有轨电车，那些工人向他们挥手致意，还以为在和自己的同胞打交道。军区司令久林将军来不及调动守城部队，仓皇逃跑，以免被俘的命运。后来他被判了7年徒刑，但主要负责人叶廖缅科却并没有通知他古德里安已经实施了突破。诚然，布良斯克方面军的司令员从10月

第十四章 维亚济马—布良斯克的双重灾难 859

2日起就已经找不到人在哪儿了。他在去第3集团军司令部的时候，事实上遭到了坦克的攻击，只能步行逃离，而且没有带任何通信设备。奥廖尔的陷落开始让整个布良斯克方面军都惊恐起来，沙巴林政委10月3日是这么写的："后方只有胆小鬼，都已经准备撤退了。唉，我的天哪，这儿的马屁精实在是太多了！K.说奥廖尔的内务人民委员部已经在逃了。可是，从我们的阵地到奥廖尔，还有150公里！一片混乱，大家都束手无策！这儿要是有谁能守住阵脚就好了！设计一场周密的袭击行动，德军就会逃走，无暇后顾。"[38]次日，他让第50集团军司令彼得洛夫设法做点事。10月4日，沙巴林倍感痛心："整个方面军，也就是说三个集团军，都被包围了；我们的将军都在干些什么？他们在'思考'。这已经成了习惯了：[……]22点，我去了森林，和彼得洛夫将军说了局势。[……]他问我：'这段时间，您枪毙了多少人？'这是什么意思？！他带了一升伏特加。好吧，现在最好还是喝了就睡，或许这样更容易一些。[……]和往常一样，我们都已经彻底消沉了。"[39]

奥廖尔的陷落让莫斯科一片哗然。最高统帅部面对这样的灾难，只能改变计划。用来帮助布良斯克方面军聚集的兵力都转而投向了姆岑斯克这座小城，那里距图拉130公里，距莫斯科300公里。斯大林当着列柳琴科的面，用红色铅笔在地图上沿祖沙河画了一条线。"敌人不能越过姆岑斯克，"他一个字一个字地说道。[40]列柳琴科将军指挥的第1近卫特战军由所有能用的火车匆匆忙忙地载向姆岑斯克地区。先头部队第4装甲旅由卡图科夫上校指挥，这支部队是东拼西凑起来的，但士兵都打过仗，他们义无反顾地急速冲向第4装甲师，此时，数十架运输机也向前线运去了5500名第5空降军的伞兵。这样的行动，这样的反应能力，我们可以认为巴巴罗萨行动远远没有达到瘫痪苏联军事系统的地步。卡图科夫胆大心细，派了两支侦察队潜入奥廖尔。其中一支配备了7辆T-34和KV坦克，进入了该城。坦克的车身上都是烂泥，德军没有认出来，被打了个措手不及，损失了几十号人、一些半履带车、坦克和各式车辆。第二支侦察队绕城行进，歼灭了几支补给部队。古德里安在回忆录里承认："10月6日，第4装甲师在姆岑斯克南部遭到俄军坦克的攻击，打了几个小时，不如人意。俄军T-34坦克的优势第一次淋漓尽致地展现出来。装甲师遭受了明显的损失。只能暂停向图拉的推进。[……]我了解到了俄军坦克的效率，发现他们的战术也有所改变，确实让人很恼火。[……]他们已经吸取了教训。"[41]在斯大林的要求下，第4装甲旅被命名为第1近卫装甲旅。卡图科夫得到了斯大林的欢心，这样的信任一直保持到了柏林。

帷幕撕开

卡图科夫上校的阻击行动只不过是个局部胜利；它外在于主要的作战行动，只能阻碍古德里安的步伐，却无法拯救四面楚歌的三个方面军。但它引起了沙波什尼科夫和斯大林的注意，他们并不怀疑布琼尼和科涅夫的战区已经被突破这一点。事实上，从10月2日起，他们就断断续续地收到了报告，说已经实施了有限突破，敌军遭受惨重损失，正在实施反攻。10月5日，帷幕撕开了。莫斯科特别军区的政工干部K. F. 捷列津在回忆录里对事件的发展提供了符合标准的说法。10点，负责距莫斯科120公里的小雅罗斯拉韦茨防区的上校给军区参谋部打去电话。他说载着第43集团军惊慌失措的士兵的车辆驶来，说德军已经突破，而且包围了苏军。逃兵遭到逮捕，他派了辆汽车去西南部的尤赫诺夫了解情况。但是，捷列津坚持派了三架飞机往同一个方向进行侦察。中午，飞行员报告说他们观察到在斯帕斯-杰缅斯克和尤赫诺夫之间25公里长的距离内有一支装甲和摩托化步兵纵队，也就是说德军就在勒热夫—维亚济马防线以东地区，距布琼尼和科涅夫军队的背后还很远。捷列津给沙波什尼科夫元帅打了电话，问他科涅夫那的情况怎么样，但没有把空中观察到的告诉他。"沙波什尼科夫回答道：'亲爱的，没有任何特别的情况，还没有任何令人不安的消息，一切都很平静，可以说战争中总会有平静的时刻。'我一想到自己会引起不必要的恐慌，身上就直冒汗。"[42]这是捷列津的说辞，我们还是愿意相信这个说法。不过，第二个侦察队还是起飞了。14点，侦察队作了汇报：一支德军纵队就在尤赫诺夫20公里处。同样的场景又重复了一遍：捷列津给沙波什尼科夫打去电话，问了无伤大雅的问题，害怕说出事实，元帅倍感震惊。最后，航空兵团团长和三个优秀的飞行员第三次起飞，执行任务。这次，飞行员报告说看到德军坦克（指的是第10装甲师）进入尤赫诺夫。捷列津焦虑不安地沉默了很长时间之后，又给沙波什尼科夫打去电话，把什么都对他说了。"这不可能！"元帅说完就挂了电话。三分钟后，18点15分，捷列津接到了电话，这次是斯大林打来的，斯大林最终采纳了这个情报。

  捷列津给出的是有利于自己的说法，但也使我们发现事件亲历者的大部分回忆录可信度都不高。事实上，是10月5日拂晓，而非10点钟，情报部门向莫斯科防空部队司令斯贝托夫报告，说在华沙高速公路上，有两个德军坦克纵队正在向首都进发。斯贝托夫派出优秀的飞行员卡尔片科少校核实了这则消息。和军区司令员阿尔捷米耶夫将军一样，斯贝托夫也在图拉，清晨7点，他向临时代理该职的政委捷列津报告了这个情况，建议趁后备部队赶来的这段时间，将波多利斯克军事院校的学生派去阻击德军纵队。斯贝托夫说他会用暴风雪对地攻击机从空中进行打击。但捷列津什么都没做，等接到上级命令再说，而这也是斯大林时期的一贯做法。我们甚至认为正是他向国家人民委员部报告了斯贝托夫的这些话，斯贝托夫后来被叫到阿巴库莫夫在卢比扬卡的办公室里，说他散播失败主义谣言。但阿巴库莫夫（无疑发挥了斯大林的第六感）并没有把斯贝托夫关起来，而是在下午放了他。斯贝托夫便返回了军区参谋部，此时，阿尔捷米耶夫也从图拉赶了回来。阿尔捷米耶夫在采取措施之前，还让人核实了那些是不是苏军的坦克。核实工作需要时间，然后就到了晚上，随着夜幕降临，动用飞机的可能性也就没有了。只是到了翌日上午，在得到国防委员会的同意之后，军区才派遣了暴风雪攻击机攻打装甲部队。[43]

从10月5日15点45分起，最高统帅部的所有指示灯都是红色，这时，麦赫利斯给后备方面军的司令部打去电话："第24、第43、第33集团军的后方已被切断。[……]和他们完全联系不上。莫斯科公路，华沙高速公路沿线，一直到梅登和小雅罗斯拉韦茨，都已敞开大门。我的结论是他们已经失去了对部队的控制。"16点20分，布琼尼的参谋部通知莫斯科，他们和底下的好几个集团军都联系不上，"以他们自己的兵力是无法阻截敌军的攻势的"。到19点，沙波什尼科夫给科涅夫打去电话，要求他报告方面军的局势。科涅夫的说辞拐弯抹角，他说"有小股部队渗透到了"第聂伯河对岸，指出"后备方面军状况堪忧"，而他这里没问题。他们两人都没提到撤退。而到了晚上，叶廖缅科打来电话，紧急要求授予他撤退的权力。沙波什尼科夫和斯大林这才明白情况有多糟糕。军事人民委员会管理部门负责人恰达耶夫说斯大林勃然大怒，他拿起电话，威胁科涅夫和布尔加宁。布尔加宁则反过来指责布琼尼和科涅夫，说科涅夫犯下了"大错"。[44]这种互相指责的做法一直持续到了战后，许多回忆录都证实了这一点。尤其是科涅夫，上蹿下跳，要把这顶帽子戴到斯大林和布琼尼的头上。

22点30分，最高统帅部命令三个方面军立即撤退至新的防线。无线电反复播送了这道命令，到10月6日上午，他们才派飞机给每个集团军群送去了命令。此时，斯大林给在列宁格勒的朱可夫打去电话，要他尽快赶回莫斯科。但此时已经晚了。各集团军要到10月6日，甚至10月7日，才上路。科涅夫的部队远离维亚济马，不可能赶在德军前头抵达。7日上午，霍特和霍普纳的部队在维亚济马以东地区会合。

几小时后，这座城市就被攻了下来。科涅夫派罗科索夫斯基将军前去守城，但罗科索夫斯基没有部队，只能在最后一刻逃走，以免被俘。西方面军和后备方面军的大部都被包围了起来。前一天，包围圈已在布良斯克方面军的四周合拢，城市陷落。10月5日至7日，无论科涅夫、布琼尼还是叶廖缅科，因各自的原因，都无法让已经投出去的部队（既无情报，又没有明确的方向）撤退，而莫斯科要求拯救炮兵部队的命令又拖慢了这些部队撤退的进程。

冯·博克有充裕的时间建立两条坚固的包围线。还需要大约15天时间，德军才能消灭这两个长度超过预想的包围圈，要把他们几乎所有的步兵师压制到10月18日，把第4和第5装甲师压制到15日。恶劣的天气、后勤的混乱延缓了他们的行动。苏军部队不停地想要移走钳臂形成的钳口。他们在这两个包围圈的整个东面和东南面进行了猛烈的战斗。比如，11日和12日，第7装甲师在遏制第19集团军进攻的时候损失了1000人，其中一个营全军覆没。一部分兵力仍然在包围圈的外面（第29、第33、第22集团军，博尔金集群），这样就有20万人可以进行接下来的作战行动。在组织有序的情况下，他们都得以突围成功。因此，10月18日，第13集团军的1万人携带部分装备终于逃了出来。21日，经过沼泽的时候，第3集团军的1.3万名士兵花了48个小时的时间在15公里长的路面上搭了一条原木铺就的道路，最后也成功逃离。23日，第50集团军的1.2万人出现在了别雷的一侧。在几乎没有外力的协助下，布良斯克方面军总计有3.5万多人，以及三个集团军的司令及其参谋部成功脱逃。西方面军的约8.5万人（包括1.6万名军官）大多是以小股部队的形式最终逃了出来。

叶廖缅科负了伤，莫斯科下令让他于10月13日乘飞机安全逃离。救护飞机的发动机发生了故障，只能迫降。斯大林派了汽车把他接了回来，照叶廖缅科的说法，几天后，斯大林甚至还去医院看望了他。[45]第19集团军司令卢津将军就没这运气了。1943年6月，他在战俘营给妹妹写的一封信里讲述了自己的这段经历：

> 我的部队没有被打败，敌人在任何地方都没有突破战线。由于邻部的错误，尤其是我的上级方面军司令员，他告诉我的局势都是错误的，也没及时下令让我撤退，结果我的部队在维亚济马附近被包围。我一颗炮弹都没了，汽车也没有燃油可用，只能用冲锋枪和步枪突围。［……］我本来可以离开的，我手下的一些军官逃走了，但我不能让这么大的一支部队没有人指挥。［……］在树林里四处游荡，想要找到出口，10月12日，我的右手受了伤。［……］我身边的参谋部军官都惊恐地逃走了，就剩下我一个人流血待死。我没有包扎带。［……］而德军正在逼近。［……］我站起身，走了几步，太虚弱，就摔倒了。［……］我怕自己睡过去。大脑继续在努力运转。我想用左手把左轮手枪从枪套里取出来，心里想："我是不会投降的，最后一颗就留给我自己吧。"枪取不出来。［……］突然，两名年轻的护士从林子里走出来，她们也都筋疲力尽了。她们临时给我包扎了一下。［……］我走不了太远。她们把我放在帐篷布上，拖着我走。［……］我们游荡了两天时间。[46]

后来，卢津和两名救他的护士遇到了藏在树林里的一群将官，就和他们在一起。他在那儿又负了两处伤，昏迷后被俘。

第43集团军司令索别尼科夫从10月10日起一直遭到内务人民委员部的审问，他的家人和朋友也遭此厄运。内务人民委员部想要指控他参与了"1937年至1938年苏军中的法西斯阴谋"。索别尼科夫拒不承认。最后，他被判5年徒刑，罪名是"犯有让敌军得以击溃第43集团军的罪行"。宣判的第二天，苏联最高苏维埃主席团研究了他的赦免请求之后，认为可以免除他的罪行。但他仍然被剥夺了荣誉，被降为上校,派往前线,"从事最低级的军事任务"。[47]从1943年6月起,他成为第3集团军司令亚历山大·戈尔巴托夫的副手。他们的政委就是麦赫利斯!可以想象得出,战前在科雷马服过苦役的戈尔巴托夫应该会和索别尼科夫有许多话可以说。[48]斯大林懂得如何将忠诚和恐惧糅合到一起,在这方面,没人能与之相比。

10月13日,德军第4集团军负责作战事务的赫尔穆特·施蒂夫中校和一个名叫菲泽勒·施托希的人飞得极低,查看了战场。"包围圈里,景象凄惨。[……]许多地方还在战斗。我见到惨不忍睹的景象。这儿那儿,俄国人的尸体一个个地堆在一起。他们的炮兵阵地、加农炮和炮手,被我们的装甲车打得稀烂,套车的牲口倒在那儿,马匹四处游荡,马鞍挂在肚子上,车辆燃着大火,村子熊熊燃烧,我们的步兵部队正在推进。[……]死去的生灵无疑并不在乎自己现在的长相。而俘虏的队伍长到没有尽头,让人心生悲悯,在这片极小的空间里,他们有8万人之众,饥寒交加[……]。"[49]损失的数量相当惊人:30万人伤亡,60万至80万人被俘。近100万人,即西方面军、后备方面军、布良斯克方面军80%的兵力无法战斗。这是一个月之后的第二场基辅战役。德军自己也对战果震惊不已。战后进行的统计指出,苏军有64个师(共95个)、11个旅(共13个)、50个炮兵团(共62个)被歼灭。2.5万名军官被俘,大部分人都是身经百战,其中还有20多名将军:这是这两次战役造成的最大的损失。第19集团军司令卢津、第32集团军司令维什涅夫斯基和叶尔沙科夫(第20集团军)都当了俘虏。拉库津(第24集团军)和彼得洛夫(第50集团军)阵亡。装备的损失也很厉害。尽管数量相对没夏天那么多,但原因是6月22日以后组建的军队配发的装备没那么丰富。但约1000辆坦克和5000门加农炮的损失仍相当让人痛心,毕竟这时候,许多工厂还在疏散或重新装配,没法进行生产。11月1日,苏军的总兵力跌落至整个战争时期的最低点:230万人,不到6月时的一半。坦克、飞机、加农炮、各种类型的车辆、炮弹、地雷、个人武器装备、军服、靴子的总量也是如此。根据莱因哈特的说法,台风行动使德国国防军损失了1791名军官和47430人。冯·博克更担心的是第一个数字,这次战役前,他就哀叹过军官数量不足,10月31日,他还说"20多个营都是由中尉指挥的"。[50] 坦克的损失也相当惨重,在150至200辆之间。第4装甲师在姆岑斯克被卡图科夫打了个措手不及,现在只有38辆坦克,第6装甲师只有60辆。古德里安的五个装甲师总共只有271辆,是6月22日的三分之一。尽管维亚济马和布良斯克这两次战役对德国国防军而言并不美好,但有失必有得。10月15日,通往莫斯科的四条大路实际上都已无人防守。500公里长的战线成了一个巨大的口子。八天时间里,守卫莫斯科战略轴线的16个集团军中的13个集团军都已被清除。人员损失之比为1比18!

这年秋初,苏联的士气跌落到了最低点。在叶先图基流放的盖尔芬德表达了自己的疑虑。"前天,德军拿下了布良斯克,昨天是维亚济马,今天是马里乌波尔(实在是太恐怖了!)。他们到底要打到什么时候?[……]现在,莫斯科和顿巴斯危在旦夕。还有罗斯托夫、克里米亚和高加索。[……]我想知道英国人和美国人都在哪儿?他们也对希特勒无能为力吗?[……]我还记得不久前,我还觉得基辅、敖德萨根本不可能陷落,我如此珍爱的、远离边境的第聂伯彼得罗夫斯克也被占领了。[……]我比较了法国、比利时、荷兰、波兰,相比之下,我们的部队打得很英勇。但如果将苏联和英勇的西班牙,或者和羸弱的阿比西尼亚及阿尔巴尼亚相比,就很奇怪,我竟然为自己的国家觉得羞耻。这么少的时间,竟然失去了这么大片的领土!"[51] 在哈萨克斯坦的偏远角落,韦尔纳茨基的精神状态也一落千丈,但他本能地觉得德国高估了自己的能力。"对这场战争必胜的信念已经极度动摇。可尽管如此,我还是不这么看。我认为德国的局势是没有希望的。"[52]

灾难的原因

在这场冲突的这个阶段，而且又是在防守最严密的轴线上，怎么会打得这么惨？当然，德军计划得好（虽然相当传统），执行得也好，突袭战术总能收到效果，空军的效率一如往常地高。但对面，有许多地方可以反击、钳制，也可以利用各种情况继续战斗下去。苏军高级指挥层已无法像比亚韦斯托克那次那样拿一开始受到突袭当借口了。他们也没法像基辅那次那样指责斯大林太固执。这次，他们要怪只能怪自己。总参谋部和情报部门没有预先通知打击的势头、打击的方向和打击的时间。各方面军也没有建立稳定可靠的通信系统。这场战役中，莫斯科和各方面军之间，各方面军与其手下的各集团军之间的联络没有一天是能连续不断的。各集团军的司令部和各师之间的情况还要糟。从最初几个小时起，德国空军就对3个方面军和15个集团军司令部中的10个发起了进攻，使他们的发报机和电话交换机彻底报废或部分报废。科涅夫、叶廖缅科、布琼尼浪费了许多时间建立新的司令部，后两位甚至在这上面耗费了整整两天时间。普遍的情况是，他们的无线电发报机太少，有资质操作这些设备的人员也太少。破译密码的进度太慢。他们最怕德军的定向系统将他们定位，所以经常喜欢用通信员。罗科索夫斯基的回忆录里有一段就表明，他没法自由地和自己的方面军司令员直接联系：因为他必须获得内务人民委员部的授权才可以联系。[53]此外，尽管最高统帅部10月5日晚上才下达了全体撤退的命令，确实下达得太晚，但这个责任不该由它独自承担。方面军司令员在各自的报告中也没说实话；集团军司令员在他们向方面军司令员提交的报告中也什么都没说，就这么一层层地掩盖了下去，乐观都是靠各种托词强装出来的。从进攻前起，科涅夫和叶廖缅科就不愿见到也不愿报告部队已经精疲力竭,他们在之前的六十天时间里不停地发起进攻,承受了巨大的损失,可他们还是在台风行动启动之前那天要那些部队蚕食敌军,真是荒唐至极。对人的蔑视、指挥层的恐惧、1937年至1938年的阴影、巴甫洛夫和其他许多将领的被杀,都能解释这次灾难。苏军的军官不停地被监视、观察、管控,他们害怕斯大林,害怕上级,害怕同僚。军队精英的遴选靠的是政治上是否可靠,而非专业上的能力是否出众,这些缺陷因此也就成了沉疴。

军队和社会中无处不在的这种恐惧、谎言、怯于沟通的特性同样也影响到了下级军官,一名叫作苏希亚什维利的营长在给尼古拉·库兹涅佐夫的一封信中就是这么说的:

> 在我们这儿,做假报告、滑头滑脑的行为没有任何后果。很难从旁人这儿得到真实的信息,只能自己亲自去他那儿侦察,看他是否撒谎。从我自己的体验来看,如果集团军司令报告说"命令正在得到执行,我们正以小部队的形式移动",那么这就意味着相邻的部队[相邻的集团军]根本就没动,他们在撒谎。同时,他还会对下属说:"快去,摆摆样子去进攻。"敌人最先进攻的就是最积极的那支部队,因为这样的部队没怎么打过仗,只有他们不明白别人是在对他们撒谎。如果不执行命令,那么到处都会威胁说要把我们都枪毙了,而我就会拖延,争取时间。我没权力说我没法进攻,于是我就报告说:"我们正在执行您的命令,我们正以小部队的形式缓慢推进。"这种情况下,我们大概率是不会被枪毙的。[54]

对德国国防军的绝大多数军官而言,这种不负责任的行为是连想都想不到的。他们受到党卫军和盖世太保的直接保护,很清楚许多事情的成败，都取决于他们能否坦率、自信，用自己的能力来担负起责任，采取主动，这是他们军事教育的核心，也是规章制度的核心。他们并不害怕上司，甚至都不怕希特勒，他们会经常反驳希特勒，并不总是会听他的命令。无论是调兵、部署，还是撤退，如果受到了惩罚，那也是专业上的处分。1941年，他们远远没有苏军中的那种恐惧氛围。

三个方面军部署上的失误使这些系统性的缺陷变得相当致命。这样的部署等于是让德军往纵深突破、渗入，而且还不用担心对方协调行动。很难理解科涅夫为什么会对后备方面军和勒热夫—维亚济马防线一无所知，而且他对第31集团军布下地雷阵封锁两旁公路的做法也毫不知情。如果科涅夫从战役开始之前就把西方面军和后备方面军的指挥层给接合起来，情况会怎么样呢？如果他能自由移动部队，从平静的战区移至危险的战区，从勒热夫—维亚济马防线移至敌军有可能会实施突破的地方呢？简言之，如果他能像1943年和1945年间那样进行战斗，而不用老是回头看政治部的人有什么意见，不用对总是担心部队离开战线的政委伊万·伊万诺维奇的那些报告感到害怕，而且始终发现恐惧、间谍、（不存在的）伞兵和莫须有的电话比他们自己的上司更容易调动兵力，那情况会怎么样呢？可以肯定的是，德军的损失会惨重得多，他们也会有时间加固防守莫斯科的防线，几十万幸免于难的人也能撤退到那里，增强那里的军力。莫斯科战役就会是一副截然不同的面貌。

斯大林本想因西方面军的溃退惩罚科涅夫。朱可夫（只有他在回忆录中提及了这件事）介入进来，让科涅夫成了他的副手，从而救了他一命。这个说法值得怀疑，因为几天之后，科涅夫就官复原职，当上了方面军的司令员。相较之下，布琼尼一个月前在基辅就已经被撤了职，不再担任方面军司令员，改由朱可夫担任。1942年夏季结束之前，他也不再担任作战上的职务。奇怪的是，斯大林对叶廖缅科颇为仁慈，只是把他降级至集团军司令员。维亚济马—布良斯克的这个双重灾难并没有招致报复，不像7月份时巴甫洛夫及其下属那么惨。斯大林似乎开始明白，必须让手下的将军有时间学习才对，但同时也得看住他们，毕竟一旦叛国，就等于又在帮助敌人。

柏林再次乐观

10月2日，戈培尔给拉斯滕堡的元首司令部打去电话。几次尝试无果之后，他终于和希特勒讲上了话，终于说服他"冬季支援工作"战事期间前来柏林。他的理由是，必须针对台风行动发表讲话。希特勒有些犹豫：他已经有五个月没公开讲过话，全身心投入到了巴巴罗萨行动之中。最后一次讲话是5月4日，是向帝国议会宣布巴尔干战役胜利。他对公开集会的兴趣已经消失，对国内政治的兴趣也荡然无存。不过，他还是听从了戈培尔的建议：要进行宣传，夏季大家都很消沉，现在得满足民众想要看他、听他讲话的愿望，在旗开得胜的首脑和他的人民之间建立起联系。10月3日17点30分，希特勒登上了体育宫的讲台，底下是1.4万名观众。戈培尔把因战负伤的士兵安排在了第一排。从东线传来的消息都很鼓舞人心：奥廖尔即将陷落，西方面军的防线正在崩塌。而这些消息也同样影响了讲话的内容。

48小时以来，一场规模庞大的新的作战行动正在进行之中。这次终将消灭东线的对手。[……]6月22日以来，[……]一切都是按照我们的计划在运转。[……]只是有一点，我们受了骗：我们没想到这个与德国和欧洲为敌的对手备战的规模会这么大，我们所遭受的威胁会这么厉害，不仅是德国，就连整个欧洲，都险些被他们消灭。今天，我终于能说这个话了。我之所以今天在这儿这么讲，是因为今天我能告诉你们，这个对手已经被我们打败,再也无法站起来。[55]

在党卫军保安局情报部门看来,最后这句话犹如一颗炸弹,引爆了德国舆论。[56]希特勒这次讲话过早宣布胜利,无疑就是想达到这个效果:将夏季苏军出其不意的抵抗行动所引发的怀疑和恐惧驱散殆尽。这是一个危险的游戏,一年之后在斯大林格勒,这个游戏又玩了一次:怕公开做出的承诺无法兑现,希特勒在高级指挥层的支持之下,让部队疲于奔命。不过,接下来的那些日子似乎证明了他的乐观是有道理的。戈培尔也开始相信,只要有后备部队,就会稳操胜券。10月9日,帝国新闻部门负责人迪特里希博士面对德国和外国的记者,说了如下这番传遍世界的话:"消灭了铁木辛哥的集团军群,东线的战事已经结束。"俄国"已被消灭"。[57]国务秘书冯·魏茨泽克写道,这话是希特勒让他说的。[58]次日,纳粹党机关报《人民观察家报》的标题是:"重大时刻来临:东线战事已定!与布尔什维克的战争已经结束!"全世界的报纸都在传播这则消息。在布加勒斯特,米哈伊尔·塞巴斯蒂安在日记中写道:"今天《宇宙报》的标题是:'苏军战线全线崩溃'。[……]《事件报》更简洁,头版头条就一个巨幅标题:'俄国战事已经结束'。"[59]

战事初期欢欣鼓舞的氛围又重新笼罩着柏林。在维亚济马和布良斯克俘获的大量苏军战俘更为此锦上添花。士兵的信件和官方的法令之中都能见到这种迹象。因此,10月10日,第37号令认为"在战争的主要战区,俄国的大部分军队或致溃败,或被消灭,在芬兰发动进攻牵制俄军的做法已无必要"。[60]大北方的军队因此转入防守,建造冬季营区。他们准备把大量精力投入到莫斯科身上。10月12日,第13军进入卡卢加,希特勒向中央集团军群下令,不要接受该城投降,不要进城,他这么做是担心会像基辅那样,遭到埋伏和"疫病的影响"。[61]在炸弹和炮弹的轮番攻击之下,莫斯科人必将饿死,他们想要逃离这座已是巨大的死亡营的城市时,也会被打死。13日,佛朗哥发来贺电,认为这是一场"具有决定性意义的胜利",希特勒回复的时候也用了同样的措辞。16日,斯洛伐克的首脑蒂索也向希特勒发来了同样的贺电。21日,德国驻东京大使从日本驻莫斯科的大使那得知,苏联首都一片恐慌,爆发骚乱,政府和外交使团正在离开该城,被截获的土耳其代表的信息也是这个说法。这个消息被传到了柏林,大家就把这解读成料想之中苏联即将崩溃的前兆。24日,第6集团军进入哈尔科夫之际,陆军总司令部对1942年高加索行动的最初计划作了最后敲定,也就是对从斯大林格勒到阿斯特拉罕这一线的北侧进行掩护,强行通过伊朗和伊拉克的边境地区。[62]哈尔德眉头都不皱一下地就打算将部队往东推800公里。野心实在太大! 25日,意大利外交部长齐亚诺伯爵在元首的司令部参加了局势通报会。他们在他面前讨论了莫斯科之外的目标,甚至远达沃洛格达。[63]次日,希特勒为这个意大利人描绘了全面胜利的愿景。"英国自然会失去它在欧洲大陆上的最大盟友。[……]笼统地讲,从近四个月的局势来看,这场战争已经定局。[……]德国的下一个作战目标在高加索。[……]他〔元首〕很高兴能在那儿遭遇韦维尔将军的先头部队。〔由于损失了原材料,〕苏联这个庞大的国家已成强弩之末。[……]从这些条件来看,用不了多久,战争会再次打回西方。"[64]28日,希特勒对土耳其的将军埃尔登和埃尔吉力特表达了战争即将胜利的信念。

希特勒的这些话可以用两种方式来听。要么就是他真的相信刚刚发生了决定性的战役,要么就是他假装相信这一点,出于政治企图来催生乐观心态。这两种可能性都不能排除。甚至像海因里西将军这样的怀疑派也被胜利唾手可得的情绪裹挟了进去。"大体上可以说敌人已经失败,截至目前用来保卫莫斯科的核心部队也将被消灭。到月底,首都将不成其为首都,著名的顿巴斯工业区也将不存,军队也极度虚弱。俄国很难为损失输血。不过,还不能认为战斗已经结束。"[65]并不能排除这样的假设是出于政治企图。希特勒相信斯大林会投降吗？"也许吧，但可能性不高，"[66]10月4日，他对戈培尔说。是想向英国人施压，让他们摆脱丘吉尔，委曲求全，签订和平协议？事实上，魏茨泽克认为这个以前就有的意图又重新出现在了希特勒的头脑中。但这得按照希特勒的方式来，也就是说只有他才拥有绝对的权力，他想怎么来就怎么来。魏茨泽克写道："一份官方公报是这么说的，就是说只有英国清除掉丘吉尔—艾登政府，由他们先释放求和的企图，我们才能来讨论和平。"[67]维亚济马—布良斯克的双重胜利导致的乐观心态最多也就持续了两到四个星期，毫无收获可言。从10月27日起，党卫军保安局就注意到，由于莫斯科战役并无捷报传来，所以民众都很"失望"。保安局认为"东线下第一场雪的消息传来，截至目前极为乐观的氛围又开始消沉起来"。[68]随后的报告（10月30日和11月3日）都认为元首的讲话和迪特里希博士的说法让人产生的希望之情，逐渐让位给了"失望""期待""不耐烦"的情绪。

慌乱的莫斯科

1941年10月6日，打了两场败仗的消息传入莫斯科各界人士的耳中，科学院院士韦尔纳茨基在日记里这么写道："战争即将赢得胜利的信息刚刚突然崩塌。"[69]尽管他们对战斗的进展到底如何并不知情，而且由于报纸对此不着一词，所以莫斯科人都很担心。两天后"老莫斯科"博物馆馆长彼得·米勒是这么写的："士气一落千丈，竟至于麻木。商店里空空如也。甚至咖啡都不见了，由于缺牛奶，都没人喝咖啡了。[……]大难临头的情绪慢慢渗入。你能在空气中感觉到这种情绪。还有传言，许多传言，说奥廖尔、维亚济马会落入德军之手，他们已逼近小马罗亚罗斯拉维茨。"[70]10月12日，《红星报》发表了伊利亚·爱伦堡的一篇文章《抗击敌人》，[71]打破了沉默。"敌人正在威胁莫斯科。我们只应有一种想法：他们之所以进攻，就是为了烧杀抢掠，无恶不作。我们之所以保卫，是因为我们都想活下去。像人一样活下去，而不是像德国人的牲口那样活下去。东部的支援已经到来……我们必须坚守阵地。41年的10月，我们的后代会把这个月看作是斗争和自豪的10月。希特勒无法摧毁俄罗斯！俄罗斯过去、现在、今后都会永远存在。"

所有人都是从斯大林文学奖下届优胜者的笔下得知这场灾难的。有些人难掩幸灾乐祸的情绪，如柳德米拉·沙波丽娜。

"维亚济马失陷了。后来又轮到了布良斯克。莫斯科即将被包围。我们这些愚昧无知之徒，不是认为超越美国了吗，现在都在想些什么？任何一张相片上，都能看到斯大林自大到令人难以置信的表情。他以为自己无所不能，贤良睿智，现在到底该怎么办？"[72]两天后，她又写道：

> 今天上午的新闻讲的是前线的糟糕局势。有人对我说，昨天，马里乌波尔宣布陷落之前，他们在播放《我的莫斯科，我的祖国》这首歌。我觉得羞耻。我为广播电台播放这首歌感到羞耻，我为洛佐夫斯基［索洛蒙·洛佐夫斯基是苏联新闻局局长］感到羞耻。这些暴发户不知轻重，所有的暴发户都是一丘之貉。而且犹太人对俄国毫无爱国心。实在是恐怖。我觉得我根本不敢直视德国人的眼睛，也不敢直视我国任何一个侨民的眼睛。瓦西亚［她儿子，26岁］对德国人的精神佩服得五体投地。[73]

总体来说，维亚济马和布良斯克这两场灾难使苏联的士气一落千丈。斯大林也不得不考虑起莫斯科陷落的可能性，虽然很短暂。他决定按照7月3日的讲话，对首都采取疏散措施和焦土政策。因此，10月8日，他开始让人做好准备工作，以国防委员会的名义，签署了一份名为"莫斯科及该地区企业特殊事件管理措施"的加密密令。此外，他还设立了一个特别委员会，由苏联内务人民副委员谢罗夫、内务人民委员部莫斯科分部负责人朱拉夫廖夫、当地党支部的两名书记以及苏军工程兵总政治部主任科特里亚尔将军负责管理。次日，该委员会向斯大林提交了一份列有1119个需摧毁的场所清单，也就是所谓的"特殊事件"。清单囊括了所有兵工企业、屠宰场、面粉厂、面包店、车站、铁路、有轨电车线、电话及电报中枢、塔斯社大楼、研究中心、酒店。所有地方都会埋设炸弹。2005年在拆除"莫斯科"酒店的时候，工人就发现了1941年埋设的一吨TNT炸药。

当大家得知上头下令动员45万名莫斯科人和在莫斯科州工作的人建造第三条防线时，不安情绪便与日俱增。[74] 翌日，德军夺取加里宁和卡卢加，这两个地方距首都分别是170公里和190公里。晚上，78节车厢疏散了大剧院，包括剧院内的服装、椅子和布景，这么做不可能神不知鬼不觉。14日，沙波什尼科夫和华西列夫斯基在场，斯大林接待了通信处处长伊万·佩列瑟普金，要他在最高统帅部和即将疏散的总参谋部之间建立联系。

> 佩列瑟普金在回忆录里写道：尽管局势相当艰难，但斯大林仍然很平静。他展开我带来的地图，知道：
> ——在哪儿设立储备中心？
> ——最合适的地方应该是古比雪夫地区，我回答道。
> ——不，我们不去古比雪夫。那儿会有许多外国人。
> 显然，当天上午，在斯大林的带领之下，苏联政府已经决定将外交使团疏散到古比雪夫。然后，我建议在喀山地区设立新的通信中心。这个提议也没有被采纳。斯大林长时间仔细地看着地图。[……]然后，他盯着我看了起来，好像在琢磨我，接着就转身走到桌旁，说："就放在这儿吧。"说着用食指指着一个

城市。[75]

斯大林选的是莫斯科以东400公里的阿尔扎马斯,总参谋部部分人员和沙波什尼科夫很快就会搬到那去。这个新设的秘密指挥中心名为"808",由古拉格的犯人用一个月的时间建好。不过,华西列夫斯基还是会和余下的情报部门继续待在莫斯科。

10月15日,斯大林以国防委员会的名义签署了一份疏散令。政府、行政部门和外国使节前往莫斯科以东900公里的古比雪夫,即今天的萨马拉。这项命令规定政府首脑,也就是斯大林将于10月16日或以后离开,但未写明日期。他还命令贝利亚和莫斯科党委第一书记亚历山大·谢尔巴科夫将无法疏散的东西悉数炸毁,其中就包括未列入之前清单中的地铁。[76]10月16日晚,莫斯科军区军事委员会派遣了八支摩托化部队在德米特罗夫、列宁格勒、沃洛科拉姆斯克、兹韦尼哥罗德、莫扎伊斯克、基辅、克雷斯蒂以及波多利斯克的公路上埋设炸弹。此时,灯火管制导致夜间一片漆黑,阵阵雨雪撕扯着夜幕,莫斯科人便在这漆黑的黑夜中沉沉睡去。

10月16日拂晓,他们被郊区传来的爆炸声惊醒。许多人冲向广播站或公告张贴处,只有一些无足轻重的消息和维也纳华尔兹演出的报道,大家更是不安。这时,节目中断,播音员气喘吁吁地说:"中午会有重要事情宣布。"到了中午,又推迟到16点。到16点,什么都没发生。在此期间,首批上班的工人发现,斯大林时期作为莫斯科象征的地铁站关门了。许多人认为,这件事表明当局正在抛弃这座城市。大街小巷仍然是黑乎乎的,斯大林逃跑的消息正在四处传播,数百辆嘎斯-M汽车载着行李、女人、孩子驶过:高官都在逃命。恐慌就是在这时候爆发的。紧闭的商铺门前排满了吵吵嚷嚷的队伍。步行数小时到企业上班的工人和职员都大吃一惊。有一个目击者说:"领导层都不见了,工人就去会计室领工资。[……]出纳员也不在。大家开始激动起来，许多人这么一挤，会计室的胶合板墙就被挤塌了。14点，有人对我们说工资最后还是会发的。他建议我们各自想办法向塔什干疏散。[……]"[77]10月16日上午，军队年轻的外科医生尼古拉·阿莫索夫却走了反方向，进了城："一进入城里，我就遇到一个民兵营，他们是来守卫莫斯科的。长长的纵队排了四排。有些人穿着崭新的军大衣，年纪有些大，还有些人是真的年纪大了，长相各异，步伐也极不协调。[……]有知识分子，也有因为各种原因（胃溃疡、眼疾、肺结核）免除了兵役的工人。步枪奇怪地垂在他们的肩头。"[78]

正在逃亡的作家和宣传员阿尔卡季·佩尔文采夫也对10月16日这一天留下了自己的目击证词，只是不怎么具有平民的气息。

> 我和司机就坐在嘎斯-M汽车里。我穿了件毛领大衣。外面还套了件雨衣。[……]薇罗奇卡[他妻子]坐在后排，周围放满了行李和油壶。[……]我们已经开过了卡卢加广场，驶上热情万丈者堤道。一辆政府车牌的帕卡德汽车超过了我们。我们看见副驾驶座上坐了位将军。车后排也塞满了包裹和箱子。他是最后一批外逃的人，晚上没能逃走。[……]一出了城，我们就看见一列载着政治警察及其行李的车队。车队被拦停了下来，很显然他们的目的地是高尔基，和我们的一样。[……]突然，出现了一大群人！他们堵住了堤道。有车子被截停，行李被打开，包裹散落一地。[……]我们一驶近，就有人跳到我们汽车上，还有人敲车顶和车前盖。[……]他们砸碎了司机和薇罗奇卡那一侧的车窗。然后，几十双手把车子抬了起来，拖到了一边。他们几乎是把薇罗奇卡拽离了座位。[……]几十双黑乎乎的、结满老茧的手也想把我从座位上拽走。[……]突然，我看见了三个拿着手枪和冲锋枪的士兵。他们想把人群往回赶，但没成功。人群吼叫着，准备来一场即决的司法审判。我了解俄国的人群。

1917年，这群人受到各种口号的鼓动，杀死有产者，洗劫了他们的财产。1917年，这群人摧毁交通，杀死军官。[……]历史正在重演。这群郊区的暴民，[……]流氓无产者。[……]守卫堤道的军队根本无法招架。民兵则在一旁看好戏。

遭私刑虐待的时候，因为佩尔文采夫写过一本讲述内战的畅销书，成了名人，正是这一点救了他的命。领头者核实了他的身份证件、军队发的说明他无法服役的文件、允许他疏散的授权书，人群这才扑向另一辆出现在堤道上的汽车。其中一个领头者说了句话，以示告别："佩尔文采夫同志，我们只找犹太佬，只打他们。"[79]

到了下午，城里开始混乱，管事的机关全都没了踪影。人群砸碎橱窗，捣毁仓库的库门。数千名官员在喀山车站疏散的时候，发生了骚动。一群群喝醉酒的人敲诈行人，没有人员陪同的英国大使也遭到了洗劫。尽管有许多政治警察、民兵和士兵，但没人出面干预。内务人民委员部莫斯科分部的负责人米哈伊尔·朱拉夫廖夫后来的一份报告提到有几十名工厂领导遭到了工人的洗劫，领导被打得很惨。语言学家和文学批评家列昂尼德·季莫菲耶夫也说到了同样的精神状态："对'旧制度'[原文为法语]强烈的敌视态度出现在等待的队列里和城市里：他们背叛了我们，抛弃了我们，他们是胆小鬼。他们焚烧领导人的画像，丢弃马克思、恩格斯、列宁和斯大林的著作。"[80]

内务人民委员部一局局长季米特里·沙德林负责要人的安保事务，他向梅尔库洛夫提交的报告中说到了中央委员会的状态，那可都是党内最重要的人物：

> 疏散了苏共中央委员会的机构之后，一局的警卫着手检查中央委员会的整栋大楼。他发现：中央委员会没有一名委员在场，所以也就没法在楼内颁布命令，烧毁秘密信件。[……]中

> 央委员会的机关办公室一片混乱。办公桌的抽屉锁以及办公室的锁都已被强行撬开，印有中央委员会抬头的信纸和各种类型的信件，包括秘密信件、指令和其他文件，掉得地上到处都是。被送到锅炉房焚毁的绝密资料原封不动地堆在那儿。[……]在日丹诺夫同志的办公室里，我们还发现了五包标为"绝密"的文件。[81]

简言之，从上到下已是群龙无首。精力充沛的谢尔巴科夫仍然保持着冷静，几天后他收到了一份经过涂抹删改的地方党委的千人名单。后来他得到的报告是："779名领导干部和438名企业、机关、组织的干部均已逃跑，企业和机关领导逃跑时，还会窃取重要的物资，浪费财物。两天时间里，148.4万卢布现金和价值总计达105.1万卢布的物品被偷。数百辆汽车和卡车被非法挪用。"[82]

10月16日和17日，斯大林是否也想过要离开莫斯科呢？只有一点是确定的：对他的离开，已经做好了所有的准备。下午见到斯大林的沙洛辛确认道，就连他穿的靴子也被打了包。所以说，他已做好了离开的打算？这一点可能性不大。一方面，前线传来的消息表明，由于两个包围圈遭到了清除，冯·博克的大量部队遭到阻截，始终没法推进。另一方面，他是这方面的专家，很快就发现莫斯科面临的困境只不过是因为恐惧引发的骚乱而已，沙洛辛的一份说辞也能证实这一点。

> 莫洛托夫、马林科夫、谢尔巴科夫、柯西金和其他人都进入了房间。斯大林向他们打了招呼后，继续来回踱步。所有人都沉默不语。他没让大家坐下来。突然，他停了下来，问：莫斯科情况怎么样？大家都面面相觑，没人说话。我见没法这样一直保持沉默，便说：

——今天早上，我在工厂里。[……]工人因为没收到工资都很生气。[……]有轨电车停运了，地铁和面包房也都关了门。

——我自己没亲眼看到，但有人说发生了抢劫事件，我又补充了一句。

过了一会儿，斯大林说：

——嗯，看来不是什么事都没发生。我觉得情况还会更糟。

他向谢尔巴科夫转过身去，又说：

——我们必须立刻让电车和地铁运转起来。让面包房、商店、饭厅开门，医疗机构和医生都留在城里。您和普罗宁今天必须上电台喊话，呼吁大家冷静，要坚强，让交通、饭厅和其他服务机构放心。[83]

和6月22日一样，斯大林摆脱了责任，让下属去讲话。到了晚上，谢尔巴科夫在电台发表了讲话，稍后，莫斯科市长普罗宁也讲了话。

敌军突破了我们一个战区的防线，红军部队迫于压力向离莫斯科最近的防线撤离。莫斯科正在受到威胁。但为了莫斯科，我们会艰苦卓绝地战斗下去，直到流尽最后一滴血。[……]最危险的是恐慌的情绪，对此我们千万不能容忍……要保持耐心，守纪律！莫斯科的各机关有责任要求市内各大企业、商店、交通部门、市政部门和医疗部门保持正常工作。[……]同志们，要保持警惕！煽动者会设法播撒恐慌的情绪。千万不要相信谣言！[……]斯大林万岁！

如果我们相信季莫菲耶夫的日记的话，那这次呼吁回归正常生活的讲话效果有限，不管怎么说，这次讲话并没有平息流言。[84]

今天一天都很平静。报纸的调门更坚定。没有见到德国人，没有出现附近发生战斗的任何迹象。谢尔巴科夫在电台讲了话，宣布莫斯科会坚守下去。[……]据说斯大林、米高扬、卡冈诺维奇会在15号飞走。这听上去像是真的，因为从16日早上起就能感受到崩溃的气息。据说铁木辛哥已经被俘，布琼尼负了伤，伏罗希洛夫阵亡。不管怎么说，今天的报纸承认了我们的部队在维亚济马遭到了包围。昨天，大家为了保命，发生了许多事。许多出纳员、厂长都带着偷来的钱逃走了。艺术出版社的社长拿着手枪威胁出纳员，拿走了7万卢布，和几名下属分了钱之后就逃走了。[……]马路上，士兵不再向指挥员敬礼。

骚乱一直持续到了10月17日，只是已经不太激烈。在遭围攻的状态下，内务人民委员部18日宣布他们会重新接手。21日，莫斯科卫戍部队司令西尼洛夫将军把他初步行动的结果向贝利亚做了通报："10月19日20个小时，10月20日20个小时，逮捕1530人。其中有：煽动者14人，逃兵26人，搅乱秩序者15人，其他违规者33人，非正常缺勤的军人1442人。其中：1375人被遣往行军部队。[……]处死者：12人。"镇压还持续了几天时间，又有几十人遭枪决。两个月时间里，大约300名地方领导人遭除名，并被送交军事法庭。

防守岌岌可危的乌克兰

由于西南方面军在基辅以东遭到摧毁，所以该战区北部，也就是波尔塔瓦和斯热姆河之间的苏军部队都已被清空。苏军最高统帅部在那能指挥的也就只有第40和第21集团军。前者已经精疲力竭，失去了三分之一的兵力，其目的是阻止敌军逼近库尔斯克；后者同样减员严重，其目的是守卫通往哈尔科夫这座大型工业城市的通道。战线的其他部分，波尔塔瓦和黑海，都由南方面军的五个集团军（第17、第6、第12、第18、第9）负责。因此，9月21日，瓦尔利蒙特以陆军总司令部的名义，建议让冯·伦德施泰特的集团军群参与在莫斯科周围的"关键战役"，也就是台风行动。由于第1集团军群和第6集团军现在的所在地适合向库尔斯克进军，还可以从那前往图拉，他们可以在那和古德里安会合，所以这个建议就更为合理。很奇怪的是，希特勒还没表态，哈尔德就摒弃了这个观点，他说他这么做"不是因为害怕敌军会建立抵御的阵地，毕竟他们缺乏足够的兵员，他们已经没法做到这一点，而是想阻止敌军往纵深处撤退，否则没法对他们进行追剿"。[85]他还坚持要第1集团军群从莫斯科尽可能向远处进军，远达顿河畔罗斯托夫。事实上，这只是一种权宜之计。其实，陆军总司令部出于台风行动的需要，已经从伦德施泰特那里抽调了五个步兵师和第48摩托化军（四个装甲师和摩托化师）。受到如此削弱的南方集团军群还必须执行元首的第35号令，也就是夺取克里米亚、罗斯托夫和高加索地区的前哨阵地。哈尔德知道这项任务极其庞大（第1装甲集群距罗斯托夫500公里），但他不为所动，因为他认为这支部队的任务就是追剿被彻底击垮的苏军。从这个角度出发，他又提供了相当于被抽调走的兵力的五个匈牙利旅和一支意大利远征军（隶属于第1装甲集群）。事实上，伦德施泰特的兵力已经比6月22日少了15万人，更何况罗马尼亚的第4集团军由于围攻敖德萨，始终被卡在后方，所以他的兵力还要少，而且坦克也比刚开始的时候少了40%。

差不多花了八个星期的时间，南方集团军群才占领了乌克兰的主要部分，夺取哈尔科夫（10月24日）、顿巴斯工业区和克里米亚，抵达伊久姆附近的顿涅茨河上游以及顿河畔罗斯托夫的顿涅茨河河口地区。和哈尔德的预期相反，各处的战斗打得都很艰难。俄国人认为，在占领"乌克兰［第聂伯河］左岸地区"的战斗中，最惊心动魄的还是冯·克莱斯特将军率领的第1装甲集群的突击行动。两个摩托

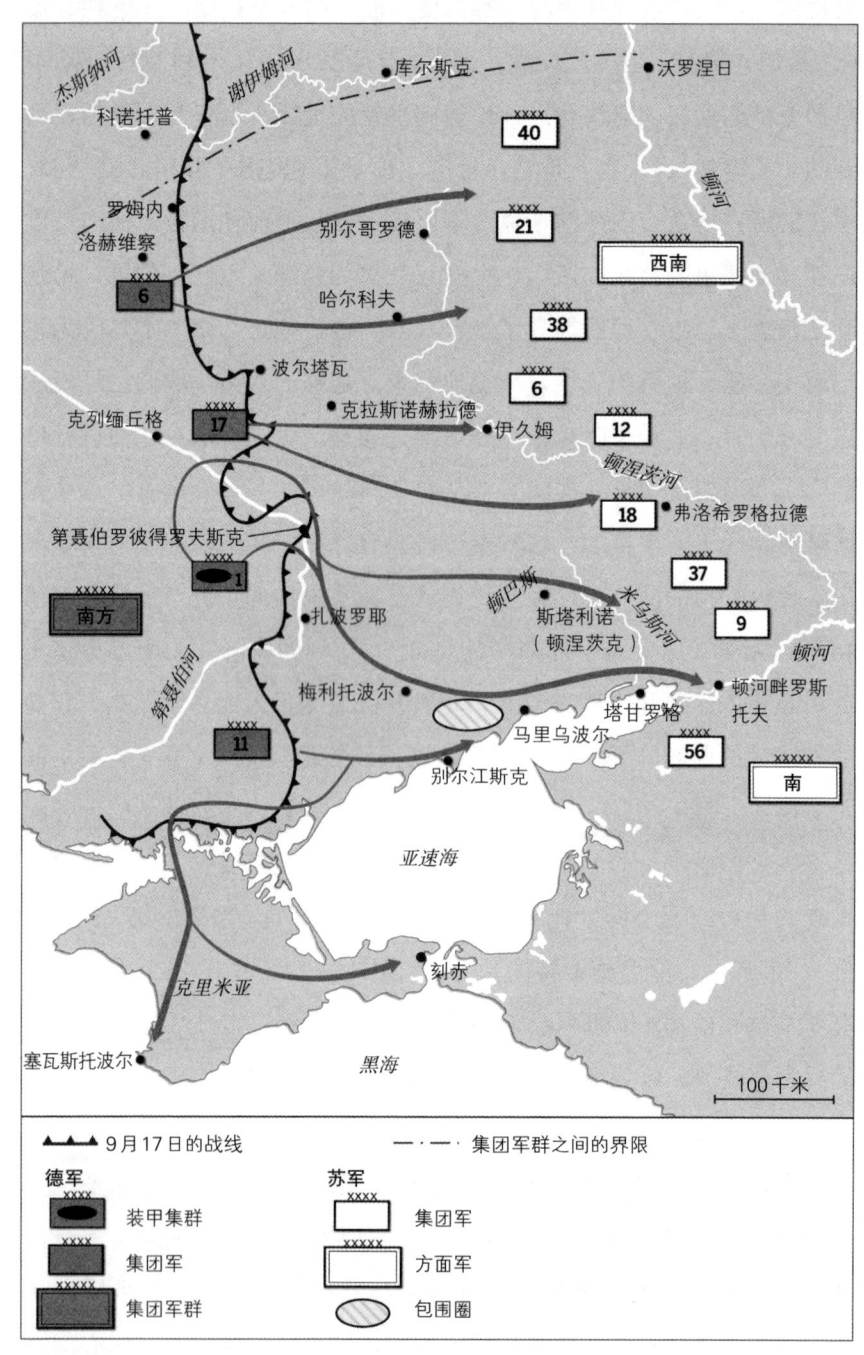

攻占乌克兰东部地区

化军（第3和第14）配上六个快速反应师，再加上由能力极强的乔瓦尼·梅塞指挥的意大利的三个摩托化军，这支部队一天都没休息，于9月24日离开了克列缅丘格的桥头堡。他们先是沿着第聂伯河进发，从背面打败了阻断第聂伯罗彼得罗夫斯克桥头堡的苏军第6集团军，获得了2.1万名俘虏。然后，他们又向南推进了200公里，于10月5日打到了亚速海岸边的梅利托波尔。由斯米尔诺夫将军率领的南方面军第18集团军的后方被截断。第11集团军从西侧将他击退，而最高统帅部又忙于处理维亚济马和布良斯克的烂摊子，没去管它，所以10月10日之前，绝大部分部队都已投降。安德烈·斯米尔诺夫将军在自己的指挥所内被杀。大约10万人被俘，212辆坦克、672门加农炮被摧毁或被缴获，这是6月22日以来德军第七次取得胜利的包围战。"亚速海战役"结束后，克莱斯特将第11集团军的一个山地军、党卫军帝国师、斯洛伐克快速反应师和罗马尼亚第3集团军都编入第1装甲集群。冯·克莱斯特让这支新编的部队沿100公里长的战线向东挺进。14日，马里乌波尔陷落，17日，塔甘罗格失守。克莱斯特的坦克距罗斯托夫只剩80公里了。但从10月13日起，秋雨就没停过，使这一地区本就少有的道路更加难以通行。后勤补给跟不上。每天最多推进2到3公里，而且汽油还得靠空军空投。没法继续走下去了。

再往北，10月20日，第49山地师奔袭了100公里，没见到一个苏军士兵，他们在一个意大利师的支援下，从第20集团军手中轻松夺取了顿巴斯的首府斯塔利诺（也就是现在的顿涅茨克）。损失相当惨重：斯塔利诺是苏联人口第六多的城市，生产5%的钢铁，开采7%的煤。巨大的"斯大林"和"基洛夫"高炉已被炸毁，部分矿场被埋，弹药厂也已灰飞烟灭，所有技术人员已全都向东撤离。第1山地师师长兰茨将军描述了进城的情景："工人看着我们，眼神中毫不掩饰敌意。可以很清楚地看出这群工业无产阶级和大多数保守的农民之间的区别。"[86]事实上，情况没这么简单。德意军队到来之前的三天，因为工厂全被炸没了而失业的一群男女和正在离开的内务人民委员部的一个团发生了冲突，当时一片混乱和绝望，鲜血横流。城里的一个工人回忆道："已经没有了权力机关，没有了警察，人都不见了。大洗劫由此开始。只要能拿，每个人都会拿尽可能多的东西。场面真的很混乱。他们把企业里、工厂里、肉类联合企业、面粉厂和商店里的东西能拿的都拿走了。"[87] 在乌克兰大大小小的城市里，地方权力机关撤离之后，同样的场景反复出现。在赫尔松，愤怒情绪和暴力行为都被压制住了，但眼见最为需要的粮食被摧毁，这种愤怒也就演变成了洗劫、醉酒、纵火、毁坏公物乃至工厂的狂潮。一群群女人在第聂伯河岸边向东边挥舞着拳头，苏军就是去了那边。"这些人竟然要把所有的东西都烧了。他们为什么要留着这些储备物资？为什么不分给我们？"[88]

敖德萨围城战

希特勒时刻关注着克里米亚被攻占的情况。他梦想把克里米亚变成"德国的里维埃拉"和重要的殖民中心。他再三说，夺取了这座半岛和塞瓦斯托波尔港，土耳其就会乐于保持中立，甚至还会有更多的好处。占领东端的刻赤就能直接把第11集团军运入库班，夺取迈科普的石油，相比格罗兹尼和巴库，他最眼馋的还是这个石油区。第11集团军负责攻占克里米亚。司令冯·肖波特因进入布雷区而被炸死。接任者是冯·曼施坦因将军，他是9月17日到的。他只有两个步兵师用来夺取狭窄的佩列科普地峡（宽7公里），那里被古老的"鞑靼墙"阻断了出口。9月24日至26日，他来到地峡处，但必须停止进攻，因为集团军的其余部队还在亚速海打包围战。10月17日，曼施坦因率领七个步兵师，设法突破苏军在半岛北部的最后几道防线。正是在这天，他得知敖德萨驻军正在克里米亚登陆，这招出乎他的意料，让他很不高兴，因为这样会对作战行动造成不利影响。

敖德萨是黑海的第一大港，也是苏联的第七大城市，战前只在海岸一侧建造了防御工事。巴巴罗萨行动的计划几乎没怎么提到它：他们认为可以轻易拿下这座城市。德国空军要设法不让黑海舰队靠近，但德国海军对此却没怎么放在心上，所以又多了一个失误。1941年7月27日，希特勒给安东内斯库元帅寄去一封夺回比萨拉比亚的贺信，[89]并趁机要求后者向南布格河推进，意在夺取敖德萨。希特勒说德军第11集团军没法做这件事，因为他们必须尽快赶往第聂伯河。这样就要让罗马尼亚进军至德涅斯特河，而那些地方从来就没属于过他们。安东内斯库也不管政界、参谋部和民众私底下的各种说法，第二天就掷地有声地对德国驻布加勒斯特的大使做了回答。"正如我一开始就强调的，我，身为元帅，想要跟进到［战事］结束，但我毫无所求，不会提一丁点的要求。我完全信任元首的公平正义［的精神］。"[90]为了再次感谢盟友，希特勒于8月7日授予了他骑士十字勋章，让战区部队悉数由罗马尼亚指挥官指挥。9月5日，安东内斯库对部长会议是这么解释自己的决定的：

> 在如今的国际环境中，我们现在的处境能依靠谁？依靠德国人。如果我们不依靠德国，我们就会完蛋。如果我们做得及时，我们就能拯救罗马尼亚。［……］像有些人说的那样，［……］德国人在和俄国人打仗的时候，我坐下来，双手抱胸，等着英国人把比萨拉比亚交给我们？但如果我们参战的时候，没有德国，我们就无法夺回比萨拉比亚。［……］获得德国军队的帮助之后，我就能在德涅斯特河止步不前了吗？我就能说：我已经分到了我那块蛋糕，我就停在这儿吗？［……］我这么做只会让罗马尼亚军队和人民蒙受耻辱。等在德涅斯特河边，对德国人说：再见，这样会是我们的耻辱。

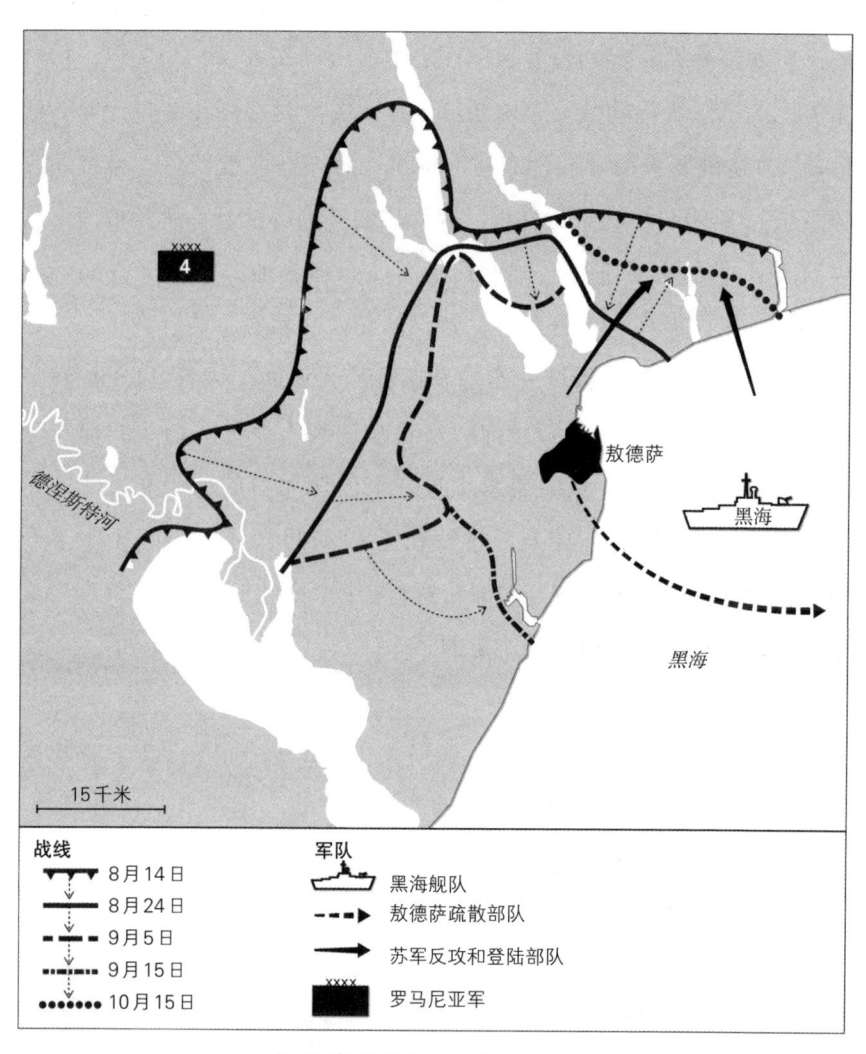

敖德萨围城战（8月—10月）

888　第四部　幻想的秋日

说跟在德国的后头，可以第一个逃，这种话没法说得太直白。安东内斯库和德国国防军陆军总司令部一样，也在等着能向敖德萨进军。1941年8月13日，罗马尼亚第4集团军在丘佩尔克将军的率领下，来到距这座大港60公里的地方。他们不知道的是，8月5日，苏军最高统帅部已经下令："不会放弃敖德萨，在黑海舰队的保护下，会坚守到最后一刻。"最高统帅部成员海军元帅库兹涅佐夫和黑海舰队司令奥克加布尔斯克海军元帅都对斯大林强调，若是失去敖德萨港，三条在此交汇的铁路线和海岸公路便不能阻挡冯·伦德施泰特向东行进，尤其是向克里米亚行进。但那里的地面部队（内务人民委员部的两个师和一个团，名字起得太夸张，叫"海岸集团军"）尽管在炮台上配备了54门舰炮，口径为45毫米到203毫米不等，还有40架老式飞机，但远远不够。7月12日开始动员了1万居民，665公里的防线上尘土飞扬，共修建了三条同心圆环，再辅之以众多的壕沟。党委书记科罗巴诺夫在整座城市都设立了路障，还改建了工厂，生产了五列装甲列车、炮弹、地雷、莫洛托夫鸡尾酒和反坦克障碍物。罗军接近时，一切都没结束，但在这片光秃秃的地貌中，苏军至少有地方住，有补给品。8月1日，就地组建了一个骑兵师，舰队派出了两个海军步兵团。舰队让25艘巡洋舰和驱逐舰停泊在该城北部的海湾里，这样就使火炮数达到了249门，其中四分之三皆可机动操作，而且口径都超过了100毫米。整个防区共聚集了三军的3.45万人，由海军准将加夫里尔·朱可夫（不要和格奥尔基·朱可夫相混淆）指挥。他的参谋长是尼古拉·伊万诺维奇·克雷洛夫上校，克雷洛夫有了敖德萨的经验，之后相继在萨瓦斯托波尔和斯大林格勒都成功组织了防守工作。

罗马尼亚第4集团军有16万人、500辆坦克和150架飞机，看上去应该能一口气就把敖德萨拿下来。可是，8月13日和14日，在和外围防守圈第一次接触时，罗军就遭到了失败。必须发动一场全面的袭击。第一次袭击是从西侧和南侧发起的，从18日一直打到23日，只把苏军击退了5公里。28日再次袭击,在德军炮兵和工兵的协助下,经过一个星期的激烈战斗之后,还是没有起色。苏联海军的炮火碾压了一切,他们发起反攻,重要据点失而复得。德国空军在海中布设的水雷也被快速清除,连续两天进攻舰船也没有成功。之后,他们就必须再次向北出发,伦德施泰特需要这支军队攻打基辅。罗马尼亚的唯一一艘潜水艇"海豚号"也没有取得什么战果。安东内斯库心中不悦,却又无法拒绝德军的协助。一支步兵团、工程兵、炮兵部队赶到,指挥官是奥姆-德-库尔比耶尔将军。安东内斯库撤了第4集团军司令的职,由之前的战争部长雅各比奇将军接任。9月11日再次发动进攻。15日,他终于让苏军把守的袋形阵地缩小了一半。但苏军在弥漫着的硝烟的掩护下,将25个行军营和一整个师从海上运送了过去,这样就能守住周边地区剩余的设防地区。17日,罗军和德军又开始发动攻击。他们推进了2到3公里,夺取了一个阵地,炮兵可以从那里向港口射击。22日晚,克雷洛夫在东北部进行了堪称样板的作战行动。用一个师牵制住罗军,一个海军步兵团在其没有保护的海岸边的侧翼登陆,一支配备大量武器的突击队被空投至后方,引发后方混乱,"红色高加索号"和"红色克里米亚号"巡洋舰使用180毫米和130毫米舰炮进行狂轰滥炸。罗军第5军被打得落花流水,逃离了战场,损失6000人。安东内斯库指责这次行动有误,叫停了进攻。第4集团军失血相当严重。尽管罗军和苏军兵力之比是2到3比1,炮兵是2比1,但6个星期的时间里,罗军2116人阵亡,74487人负伤,11958人失踪,相当于损失了近一半的兵力。9月5日,安东内斯库在写给副总理的一封信中是这样解释为什么会损失如此惨重这个问题的,从中我们也得以一窥敖德萨犹太人接下来的命运:"所有人都必须理解,我们并不是在和斯拉夫人战斗,而是在和犹太人战斗。这不是一场求生的战斗,而是一场求死的战斗。如果我们胜利,世界就会变得纯净;他们若是赢得胜利,我们就会成为他们的奴隶。[……]将他们清除殆尽，就能帮助我们赢得最终的胜利。[……]整体而言的这场战争，以及敖德萨的这场特定战役，都证明了撒旦就是犹太人。我们巨大的损失就是因此而来的。如果没有犹太政委，我们老早就能占领敖德萨了。"[91] 和德国国防军一样，罗马尼亚军队也将犹太人视为苏联的坚实基石。

克里米亚周围的局势日益恶化，9月30日，苏军最高统帅部命令敖德萨疏散。这次疏散分三阶段走，从10月1日延续至16日。在对手的眼皮子底下，37艘舰船和大量小艇救出了8.6万名士兵、15万平民、大量战争物资、机械、2万吨弹药，甚至还有3300匹马。大多数物资都直接用于加强塞瓦斯托波尔的防守。带不走的就地摧毁，让港口没法使用。10月17日，罗军攻占的是一座残垣碎瓦遍地的废城。从精神层面来讲，苏联人打了一场胜仗。敖德萨的抵抗战斗尽管没能如预料那样阻挡住伦德施泰特，却因为当时在这座城市里的作家康斯坦丁·西蒙诺夫所写的气势磅礴的文章而传遍了苏联各地。

敖德萨犹太人大屠杀：罗马尼亚的罪行

罗马尼亚军队对自己遭受如此惨重的损失倍感羞辱，于是把怒气都撒在了犹太人身上，而且，在这片意欲战后吞并的地区中，政府也不想要犹太人。1940年，犹太人占敖德萨60万人口的三分之一。疏散之后，还剩下9万犹太人。许多人立刻就遭到了逮捕，被抢走了财物，受到殴打、羞辱，被扔进了城内的监狱里。10月22日，内务人民委员部的一栋老楼（时为罗马尼亚指挥部）内安放的一颗威力巨大的定时炸弹发生了爆炸，炸死了79名罗马尼亚和德国军人，其中包括格洛戈扎努将军及其参谋长。出于报复，第4集团军司令尤瑟夫·雅各比奇将军和代替格洛戈扎努担任第10师师长的康斯坦丁·特雷斯提奥雷阿努下令在公共场合抓捕犹太人和共产党员。如果说为了替爆炸案遇难者报仇，处死共产党员和犹太人的决定是地方指挥层的倡议，那么安东内斯库元帅的介入却使有限度的报复行动变成了暴力的狂欢。

1941年10月23日一大清早，安东内斯库用电报向敖德萨下达了第302.826号令。这道命令并没有保存下来，但在7点45分第4集团军副参谋长向自己的顶头上司尼古拉·塔塔拉努将军提交的报告中可以见到踪迹。"凌晨3点，我前往指挥部，向特雷斯提奥雷阿努将军传达了第302.826号令。将军将团长召集过来，命令他们立即枪决犹太人区的1.8万名犹太人，每个团在公共广场至少绞死100名犹太人。"[92] 当天早晨，400名犹太人和一些并非犹太人的共产党员都被吊死在路灯柱上、公园和马路的树上、大楼的入口处、有轨电车的天线处。敖德萨新任的罗马尼亚市长戈尔曼·皮特尼亚在给安东内斯库的信中写道："今天早晨［10月23日］，我醒来时，亲眼见到了恐怖的场景。在主干道的每个十字路口，都吊了四五个人，民众害怕极了，四散逃开。请问究竟是谁要为这样的野蛮行径负责？我们在文明世界的面前，是永远都洗不净这样的耻辱的。"[93] 市长的怒火无足轻重，白天，一群犹太人被驱赶到了港口，大约1.9万人遭到了枪决。11月4日，罗马尼亚的阿勃韦尔负责人埃里希·罗德勒上校向他的上司确认了这件事："10月23日，在一座木栅栏围起来的公共花园里枪决了1.9万名犹太人（大致数目）；他们的尸体随后被浇上汽油焚烧。"[94]

12点30分，安东内斯库下了一道新命令：爆炸中每死亡一个军官就必须处死200名共产党员，每死亡一个士兵处死100名。必须把敖德萨所有的共产党员和每个犹太家庭中的一个人抓起来当人质。如果出现新的恐怖行为，这些人质就会遭到处决。10月24日，特雷斯提奥雷阿努和第2军军长马奇奇将军接到了安东内斯库的第三道命令："1. 处死躲在敖德萨的比萨拉比亚的犹太人。2. 所有与10月23日第3161号令明确规定的身份相符的人，以及尚未被处死的人，均应关入埋设地雷的楼房内，10月22日被杀的罗马尼亚军人安葬那天，引爆大楼。3. 收获知悉后，销毁该命令。"[95]

这道命令颁发之后，当天，由尼古拉·德雷阿努率领的第10师第10机枪营将关在犹太人区监狱内的9000名犹太人转运至达尔尼克的仓库。身体羸弱者途中就被枪杀。有一个人目击了这样的场景：

> 四座仓库塞满了人，达到饱和。然后，再用机枪和步枪依次将他们屠杀，浇上汽油焚烧，最后一栋楼是个例外，是用炸药炸毁的。[……]女人头发着了火，她们身上烧着了，受了伤，就从仓库着火的屋顶和缝隙里惊恐万状地往外逃。但她们被拿着武器的士兵团团围住，因为士兵接到命令不得留一个活口。当时的场景惨烈万分，所有在场的士兵和指挥官无不深受触动。[……]有的士兵皱着眉头射击，有的垂下脑袋，射击的时候，手上的枪抖个不停，有的不朝人射击，有的干脆就不开枪。[……]仓库里的人眼见死状如此凄惨，吓得魂飞魄散，想要逃离，或跑到窗口，想尽快被人了结。大多数在场的军官无不动容，潸然落泪，[……]其中有的人离开了岗位，躲开了，或藏到了士兵中间。[96]

按照历史学家亚历山大·克鲁格洛夫的估算，1941年10月23日至11月初，敖德萨共有3.2万名犹太人被屠杀：10月23日上午吊死400多人，当天港口附近被枪决者1.9万人，达尔尼克用机枪扫射射杀者9000人，10月24日至25日，又有3000人被前来抢功的11b特遣队（别动队D）杀害。4.8万名幸存的男人和妇孺在接下来几个月也都被该地区由党卫军带队的德国人杀害，要么在罗马尼亚人设在布格河沿岸柏格丹诺夫卡、多马尼夫卡和阿赫梅切特卡的露天集中营里饿馁而死，患病而亡。

第十四章　维亚济马—布良斯克的双重灾难　893

注 释

1. Friedrich Kellner, *Vernebelt, verdunkelt sind alle Hirne*. Tagebücher 1939–1945, vol. 1, p. 187.
2. *Die Tagebücher von Joseph Goebbels*, Teil II, Band 1, Juli–September 1941, p. 485.
3. Hubatsch, *Hitlers Weisungen…*, p. 174–175. «Rassemblées» est souligné dans le texte original.
4. Halder, *KTB*, vol. 3, p. 229.
5. *Ibid.*, p. 262–263.
6. F. von Bock, *Das Kriegstagebuch…*, p. 272.
7. Halder, *KTB*, vol. 3, p. 50.
8. Op Abt (III) Nr.1530/41 Kommandos Chefs vom 24.9.1941, BA-MA: III H 434/2, Bl.9.
9. *Ibid.*, p. 276.
10. *Ibid.*, p. 277.
11. Bock, *KTB*, p. 276.
12. Halder, *KTB*, vol. 3, p. 260.
13. R. Overmans, *Deutsche militärische Verluste…*, p. 277.
14. Halder, *KTB*, vol. 3, p. 220.
15. *Ibid.*, p. 222.
16. *Das deutsche Reich und der Zweite Weltkrieg*, vol. 4, p. 974.
17. K. Reinhardt, *Die Wende vor Moskau*, ndbdp, p. 53.
18. Halder, *KTB*, vol. 3, p. 231.
19. AOK 2 chef des GenSt, 13.9.1941, BA-MA: 16773/6, Bl.277.
20. Halder, *KTB*, vol. 3, p. 225.
21. Ilia Ehrenbourg, *Liudi, gody, jizn*, Livre V, chapitre 2, p. 775.
22. Ilia Ehrenbourg, *ibid.*, Livre V, chapitre 2, p. 775.
23. 参阅沙波利娜10月2日的日记，p. 266；士兵谢苗·普加科夫9月8日的日记，in: *Blokadnyé dnevniki i dokoumenty*, p. 352; le journal de Lachkevitch in: *Kholokost v Krymou*, p. 56。
24. GARF F. 7021. Op. 148. D. 419. L. 19–46, in *Otetchestvennyé Zapiski* n° 4 2006, p. 334, 338.
25. *Velikaia Otechestvennaia viona 1941–1945: Strategicheskie operatsii i srazheniia, statisticheskii analiz*, vol. 1, p. 311–313, 317. Le nombre des chars opérationnels est celui que donne M.V. Kolomiets in: *T-34. Pervaia polnaia entsiklopedia*, Moscou, 2009, p. 386–387.
26. «*Quelques conclusions de l'expérience des trois premiers mois de la guerre et du caractère du combat rapproché*», in: Krassnaïa Zvezda, 24 novembre 2001.
27. Ordre n° 001805, signé Chapochnikov, 10.09.41, 03h45, Tsamo, F.48a, Op. 3408, d.4, l.184.
28. Ordre n° 002305, signé Chapochnikov, 25.09.41, 03h05, Tsamo, F.48a, Op. 3408, d.15, l.482.
29. Ordre n° 001805, signé Chapochnikov, 27.09.41, 05h10, Tsamo, F.48a, Op. 3408, d.15, l.494.
30. 这是布良斯克方面军作战处长桑达洛夫将军的说法。In: Sandalov, *1941 Na Moskovskom Napravlenii*, p. 211.
31. W. H. MacNeil, *America, Britain and Russia. Their cooperation and conflict*, Londres 1953, p. 108.
32. A. Werth, *Moscou*, 1941, p. 184.

33. *Izvestias*, TsK PSS n° 12, 1990, p. 204.
34. Sandalov, *1941 Na Moskovskom Napravlenii*, p. 213.
35. *Genchtab*, p. 187.
36. 1941年10月9日的信件，in: Buchbender et Sterz, *Das andere Gesicht des Krieges*,…, p. 82–83.
37. TsAMO F. 208. Op. 25 1 3. D.83. L. 294. In: Lopukhovski *1941, Viazemskaïa katastrofa*, Moscou, 2008, p. 339–340.
38. *Skolko liudeï vy rasstreliali za eto vremia*. In Otetchestvennyé zapiski n° 4, 2006, p. 334–335.
39. *Ibid.*, p. 335.
40. *Leliuchenko Moskva – Stalingrad – Berlin – Praga, Zapiski komandarma* [http://militera.lib.ru/memo/russian/lelyushenko_dd/01.html].
41. H. Guderian, *Souvenirs d'un soldat*, Perrin, 2017, p. 275–278.
42. Constantin Téléguine, *Voïny Neschitannyé Viorsty*, Voeniwdat, 1988, p. 55 [http://militera.lib.ru/memo/russian/telegin_kf/01.html].
43. *Moskva Voennaïa*, Moscou, 1995, p. 83–86.
44. Koumanev, *Govoriat Stalinskié narkomy*, p. 486–488 [http://militera.lib.ru/h/kymanev_ga2/15.html].
45. 参阅叶廖缅科的自传，1947年10月30日应总参谋部的要求所写，in: *Eremenko Zapiski i Vospominania*, p. 359–361。
46. 该信保存在斯摩棱斯克卫国战争博物馆内。感谢博物馆向我们提供勒该信的复印件。
47. Anna Potekhina Igor tsyrendorjiev, *Ne Vinoven!* in: Krassnaïa Zvezda, 26 janvier 2011.
48. Gorbatov, *Gody i Voïny*, Moscou, 1989, p. 177.
49. *Hellmuth Stieff Briefe*, Siedler Verlag, p. 129–130.
50. Von Bock, *Das KTB*…, p. 307.
51. Vladimir Gelfand, *Dnevnik 1941–1946*, p. 41–43.
52. Vernadski, *op. cit.*, p. 53.
53. 参阅1941年10月26日朱可夫与罗科索夫斯基之间的对话。TsAMO F. 208, Op. 2511, D. 216, L. 146–150.
54. RGASPI F. 82. Op. 2 D. 865. L. 27–35. 该报告写于1942年5月5日。报告显示，战争开始一年之后，苏军的缺陷仍然很多。
55. Max Domarus, *Hitler. Reden…, op. cit.*, vol. 4, p. 1763.
56. *Meldungen aus dem Reich*, vol. 8, p. 2835.
57. DNB, Meldung, 9.10.1941.
58. *Die Weizsäcker Papiere*, p. 273.
59. Mihail Sebastian, *Journal*, p. 376.
60. Hubatsch, *Hitlers Weisungen*, p. 186.
61. OKW, *KTB*, Bd I/2, p. 1070.
62. OKW, *KTB*, 1940–1941, II, p. 1072–1073.
63. 这件事得到了瓦尔利蒙特的证实。In: W. Warlimont, *Im Hauptquartier*…, p. 207–208.
64. A. Hillgruber, *Staatsmänner*…, p. 311–318.
65. J. Hürter, *Ein deutscher General*…, p. 93. Lettre à sa famille, 8 octobre 1941.
66. *Die Tagebücher von J. Goebbels*, II/2, p. 52.
67. *Die Weizsäcker Papiere*, p. 273.
68. *Meldungen aus dem Reich*, vol. 8, p. 2916.

69. Vernadski, *op. cit.*, p. 53.

70. *Moskva Stalinskaïa*, Moscou, 2012, p. 422.

71. Ortenberg, *Iun - dekabr Sorok Pervogo* p. 201. [http://militera.lib.ru/memo/russian/ortenberg_di1/05.html]

72. Chaporina, *op. cit.*, p. 273–274.

73. *Ibid.*, p. 275.

74. *Izvestias*, TsK KPSS n° 12, 1990, p. 215.

75. Ivan Peressypkine, *A v Boïu echthce vajneï*. Moscou, Sovetskaïa Rossia, 1970, p. 97. [http://militera.lib.ru/memo/russian/peresypkin_it/07.html]

76. *Izvestias*, TsK KPSS n° 12, 1990, p. 217.

77. Mletchine, *Odin den bez Stalina. Moskva v oktiebre 41-go goda*, Moscou, 2012, p. 28–29.

78. Nikolaî Amossov, *Golosa Vremeni*. [https://www.booksite.ru/amosov/1_10.html#7]

79. [http://modernlib.ru/books/arkadiy_pervencev/dnevniki_19411945/read_9/]

80. [http://militera.lib.ru/db/timofeev_li/04.html]

81. Mletchine, *op. cit.*, p. 78.

82. *Ibid.*, p. 76.

83. Chakhourine, *Krylia Svobody.* [http://militera.lib.ru/memo/russian/shahurin/06.html p. 121–122.]

84. [http://militera.lib.ru/db/timofeev_li/04.html].

85. Cité in: *Das deutsche Reich und der Zweite Weltkrieg*, vol. 4, p. 517.

86. Hans Steets, *Gebirgsjäger zwischen Dnjepr und Don*, Scharnhorst Buchkameradschaft, Heidelberg, 1957.

87. Penter, *Kohle für Stalin und Hitler*, p. 181–182.

88. Karel C. Berkhoff, *Harvest of Despair*, The Belknap Press of Harvard University Press, 2004, p. 23–24.

89. D Series, vol. XIII, p. 225–227.

90. *Ibid.*, p. 227.

91. Ottmar Trasca, *Okkupatsia Odessy Rouminskoï armioï i ounitchtojenia evreïskogo naselenia, oktiabr 1941–mart 1942*.

92. Stoenescu *Armata maresalul si evreii*, p. 366–367. Cité par Kruglov, *Presledovanie i Istreblenié Evreev Odessy 1941–1942 in Zabyty Agressor : Roumynskaïa Okkupatsia Moldavii I Transnistrii*, Diukov (sous la direction de), Moscou, Fond istoritcheskaïa Pamiat, 2010, p. 32–65.

93. Cité par Kruglov, *op. cit.*, p. 22.

94. Longerich (sous la rédaction de), *Die Ermordung der Europäischer Juden. Eine umfassende Dokumentation des Holocaust 1941–1945*, p. 145, cité par Kruglov, *Presledovanie i Istreblenié Evreev Odessy 1941–1942*, in: *Zabyty Agressor : Roumynskaïa Okkupatsia Moldavii I Transnistrii* Diukov (sous la rédaction) Moscou, Fond istoritcheskaïa Pamiat 2010, p. 32–65.

95. Ioanid R., *The Holocaust in Romania. The destruction of jews and Gypsies under the Antonescu regime, 1940–1944*, p. 179–180. Cité par Kruglov *Presledovanie i Istreblenié Evreev Odessy 1941–1942* in *Zabyty Agressor: Roumynskaïa Okkupatsia Moldavii I Transnistrii*, Diukov (sous la direction de), Moscou, Fond istoritcheskaïa, Pamiat 2010, p. 32–65.

96. Cité par Ottmar Trasca, *Okkupatsia Odessy Rouminskoï armioï i ounitchtojenia evreïskogo naselenia, oktiabr 1941–mart 1942*, p. 18.

第十五章
寸步难行的德国国防军：
泥浆，道路，朱可夫
(10月15日—11月15日)

> 上面在给我们分配任务的时候，是不懂得什么限度的。想要完成任务，装备，特别是对铁路的重建，都已远远不够。对我们来说，这一切都很难理解。他们在地图上画来画去，就好像俄国根本就没有冬天，就好像我们的部队还和6月21日的状态一样。可是，冬天已经来到我们面前（我一直在思考科兰古的《随拿破仑远征俄国》这本书，豪辛格当作临别赠礼送了我这本书），每延迟一天，我们就会离下大雪的日子越近，到那时候，就连最简单的目标都会很难达成。我们的部队已经精疲力竭，眼见此情此景，我们的心甚至都在滴血。如果是小事情，我们还能发动进攻，部队也能。但部队已经没这个自信了。体力的极限很快就到了，天气（首先是潮湿，然后是下雪）越来越糟糕。[……]如果我们客观地来总结这场战事，可以说目标并没有达成，也永远不可能达成。[1]
>
> ——第4集团军参谋部作战处军官赫尔穆特·施蒂夫写给妻子的信，1941年11月11日

1941年10月7日至11月15日之间相隔的四十天时间构成了巴巴罗萨行动的一个转折点。在维亚济马—布良斯克实施双重包围战之后，德军已经在对打到莫斯科之后向更远的地方趁势推进却又不用发动一场新的战役进行思考了。可是，决胜终局乘胜追击的那一幕并没有发生，更遑论给敌人致命一击。战后，德国的将军们必须对这样的失败做出解释。他们难道没有糟蹋大好的胜局？由于没法指责希特勒，他们就指责让他们动弹不得的泥泞，还有后勤上的困难。他们很少提及苏联的抵抗。这种颇具倾向性的分析即便仍然在西方的史学著作中大行其道，却完全站不住脚。天气并不是装甲部队止步不前的主要因素。为了阐明这一点，就要预先对10月10日至24日加里宁这座城市周围发生的一场鲜为人知的战役以及中央集团军群的左翼进行分析。冯·博克遭受了惨重的失败，但无论是德国还是苏联的历史著作和回忆录都对此沉默不语，莫斯科轴线遮蔽了一切。事实上，加里宁的作战行动并不涉及苏联的首都。往北看的话，就会发现加里宁甚至和莫斯科背对而立。可是，除了作战上不容忽视的直接后果之外，这场行动还提供了一个绝佳的范例，清楚地表明了德军和苏军在维亚济马—布良斯克双重包围战之后对战斗的思考有多么不同。

加里宁，被遗忘的战役

加里宁原名特维尔，1931年以苏联主席的名字命名，20万居民就居住在伏尔加河广袤的河湾处，位于莫斯科西北部160公里。有两条公路在此相交。列宁格勒至莫斯科的公路会经过维什内-沃罗乔克和托尔若克两个市镇，它们在德国的计划中扮演了重要的角色；维亚济马至沃洛格达的公路会经过瑟乔夫卡和斯塔里察。三座桥梁横跨200米宽的伏尔加河，还有三座机场，其中一座是水泥跑道，更凸显出了该城的军事价值。10月7日之前，国防军陆军总司令部或希特勒的司令部一直都没提到它的名字。这天,第10装甲师在这里封堵住了维亚济马的包围圈,陆军元帅布劳希奇来到冯·博克在斯摩棱斯克的司令部看他。这位军队的总指挥想要讨论台风行动之后的问题。他传达了希特勒,还有他和哈尔德难得达成一致的愿望:"这次,和明斯克及斯摩棱斯克的战事不同,必须乘胜追击。"[2]调子已经定下,12月5日苏联发动反攻之前的最后一刻,希特勒和哈尔德始终都持此想法。俄国虽然已经战败,但两人仍然不想松口。如果能把所有不用清除维亚济马和布良斯克两个包围圈的部队全部果断地投向前方,那莫斯科战役还没开始就已经赢了。从今以后,就应该大胆追击,击溃苏军的残部。再也不用打大规模的战役了。"敌军眼下已经无法用在西侧和西南侧进行抵抗的部队来抵御对莫斯科的进攻了。这些尚未被歼灭的部队正被驱赶至北方,部分被驱赶到南方,"[3]冯·博克就是这么判断的。不过,他对布劳希奇和他谈话时不经意说出的两个暗示颇感担心。尽管元首坚持认为要用大包围圈包围莫斯科,但他也希望能考虑一下从两翼往纵深推进的可能性。左翼,莱因哈特(替换了霍特,霍特被晋升为第17集团军司令)的第3装甲集群会向北,而非向东推进,也就是说向列宁格勒,而非莫斯科推进;右翼,已经说过要"夺取库尔斯克",地点是在南部,而非东部。随后发生了当月最激烈的一次讨论:必须集中所有兵力对战莫斯科(博克的立场),还是从两翼获取其他的好处(希特勒和哈尔德的共同观点,这一点非同寻常)?

冯·博克和布劳希奇交谈的当天晚上,发布了一道"莫斯科方向追击作战命令",[4]并明确了四个集团军(第9、第4、第2装甲、第2)及两个装甲集群(第3和第4)各自的任务。古德里安的第2装甲集团军向图拉和奥卡河推进。霍普纳的第4装甲集群则向莫扎伊斯克进军,也就是莫斯科的右侧,拿破仑当年就曾在此借道。第二天,陆军总司令部"以元首的命令为基础",修改了这些任务,与冯·博克的部署背道而驰。"在维亚济马和维亚济马以北地区的第3装甲集群必须由第

加里宁战役（10月10—24日）

900　第四部　幻想的秋日

4装甲集群替换,该集群应被派往北部方向。和第9集团军的北侧及第16集团军的南侧协同作战,就能在别雷和奥斯塔什科夫之间的地区消灭敌军。"[5]这道命令有希特勒的影子:莫斯科本身并不重要。首先必须消灭北部和南部的苏军余部。哈尔德没有起来反对。从他的日记可以看出,他认为俄国太弱,不管怎么样,"只要天气别太糟",[6]莫斯科总归都会陷落。

冯·博克对左翼不关心莫斯科的做法深感不满。但他还是听从了命令,他也认为苏联首都总归会瓜熟蒂落,被他们成功拿下。10月10日,他命令施特劳斯将军的第9集团军及其麾下的莱因哈特将军的第3装甲集群攻占勒热夫、斯塔里察和加里宁。12日,他让莱因哈特不再隶属于第9集团军,并提到让莱因哈特推进到加里宁之后的地区,往托尔若克和维什内-沃罗乔克进军,也就是说沿着列宁格勒公路行进。希特勒的想法就是在夺取基辅和维亚济马之后,设法在北部形成第三个巨大的包围圈,这个想法陆军总司令部接受,冯·博克不管愿不愿意也接受了。苏军西方面军的第22和第29两个集团军事实上留在了维亚济马的包围圈之外。他们驻守着伏尔加河广袤的河湾地区,就在谢利格尔湖和加里宁城之间。第3装甲集群向加里宁扑去的同时,也向西北方向的维什内-沃罗乔克推进,第一个钳子在第29、第22和第27集团军(该集团军隶属于西北方面军)的背后悄悄伸了过来。另一个钳子来自北方500公里处的沃尔霍夫,为第16集团军和第39装甲军的部分部队。这两个钳子向维什内-沃罗乔克合拢,将第11、第34、第52这三个新组编的集团军以及诺夫哥罗德作战集群击退至陷阱之中。落入陷阱的兵力达到了35万人。列宁格勒的整个防线将会崩溃,城内的30万士兵就会被迫投降。基辅和维亚济马的局面将会重演,对苏军而言,军力就会受到极大的损失。第9集团军和第3装甲集群发动了台风行动,以期夺取莫斯科,到10月的第二个星期,他们被调去执行了一个崭新的任务,不以莫斯科为目标。

对加里宁轴线行动预设的兵力进行审视，就会发现对德军将领而言，他们就是要对作战意志荡然无存的敌军乘胜追击。北部，冯·里布只有三个师进行追击；南部，莱因哈特只出动了装甲集群的半数兵力，也就是第41装甲军、第1装甲师、第36摩托化师、教导装甲旅、一个火焰喷射坦克营和一个步兵师，总共约120辆装甲车辆和5万人，装备和人都已疲惫不堪。10月7日，这些极其有限的兵力从维亚济马以北地区出发，将要越过伏尔加河，攻占一座有20万居民的城市，在有苏军好几个集团军驻守的后方推进300公里。必须强调的是，只有在苏军愿意放下武器的情况下，这样的计划才行得通。10月11日，我们在第41装甲军行军日志的附录中读到如下一段话，可以看出德军乐观到了令人瞠目结舌的程度：

> 快速反应部队的车辆和燃油的补给量供应不上这些问题，高级指挥层都已知晓。尽管存在这些困难，就算要用一部分部队来达成目标，或者将车辆用到报废的程度，作战行动也必须很快见分晓。所有的部队都必须各显身手，避免汽油的补给跟不上，或车辆的状况出问题，当然也包括战斗期间。他们已经把所有并非必需的人员和各下属部队留在了后面，从后者那儿拿回了所有放在后方营地或特殊备战区域内还可以使用的车辆和半履带车。[……]如果局势不变，就不用出动各师，只需出动旅或团即可。[……]当地的马车可资利用（战场上也可以用）。[……]签名：莱因哈特。[7]

换言之，必须不顾一切风险，步行、骑马、坐车，追击已被击溃的敌军，如有必要，可以尽情消耗部队的物资。

苏军的第22、第29、第30这三个集团军属于西方面军，他们都被部署在伏尔加河前方谢利格尔湖和莫斯科水库之间约300公里长的区域内。第22集团军在更西面，由瓦西里·尤什凯维奇指挥，他以前参加过西班牙战争，回国后被内务人民委员部逮捕，1938年至1939年遭到审讯，被关了16个月的牢房。该集团军配备六个步兵师，确保与西北方面军之间的联系，后来在加里宁战役中始终处于外围地区。中部的第29集团军由马斯列尼科夫将军指挥，他以前是内务人民委员部边境部队的指挥官，是贝利亚的心腹。他麾下的八个步兵师中，四个师都是由内务人民委员部的铁杆力量组成的。另一个师刚刚从西伯利亚过来，特别强悍，兵力满员。而第30集团军在维亚济马包围圈内已被摧毁，只有参谋部逃了出来。但防守加里宁周边地区的还是这支部队。该集团军司令霍缅科同样是内务人民委员部的一名军官，他匆匆忙忙地把民兵部队、军校生和内务人民委员部的两个团召集起来，人数不到3000，但就是这样一支渺小的部队还要防守50公里的区域。在最高统帅部看来，加里宁还能等等，莫斯科可等不及。10月10日，它命令第22和第29集团军紧急派出七个师部署在首都的外围防线处。当他们得知第1装甲师已在10日攻占了瑟乔夫卡，11日攻下了祖布佐夫，12日拿下了斯塔里察后，立马就对这样的决定后悔不已。德军距加里宁已经只有75公里了。

10月8日，朱可夫被任命为后备方面军司令，10日担任西方面军司令，12日，这两个方面军整合成了新的西方面军，他是第一个认识到加里宁危在旦夕的人。11日，他向最高统帅部报告，说他已经让第22和第29集团军撤退至伏尔加河后方，以巩固该河的防线。但加里宁的窟窿仍然存在。他在写给最高统帅部的报告中说："祖布佐夫和格扎茨克之间的缺口，我根本无法填满。敌军侦察了该战区。请抽调西北方面军的三个骑兵师，通过铁路运送给我。"[8]第二天，又来了一份更为紧急的报告。

敌军的两个坦克师、一个摩托化师和至少三个步兵团攻占了瑟乔夫卡，并继续成功往加里宁方向推进。[……]我命令第22

和第29集团军司令各自用卡车运送一个团及反坦克装备［……］对加里宁方向进行掩护。［……］我已命令第22集团军派遣第256师前去加里宁南部。［……］这些部队有可能来不及赶到斯塔里察和加里宁。为了不让加里宁陷落，必须向那儿派一个步兵师和一个装甲旅。方面军已经派不出这样的兵力。请从高级指挥层的后备部队中转运过来。[9]

朱可夫也很清楚，必须向即将开始的加里宁战役派一名指挥官。他选择让自己的副手科涅夫将军来完成这项任务，并迫使最高统帅部设立加里宁方面军，10月17日通过了设立方面军的决定。

这时候，苏军将领都已看明白，只有打赢加里宁战役，才能使莫斯科免遭德军从北部对其进行包抄的危险，也能避免西北方面军被歼灭的威胁。他们把这场战役视为遭遇战，德军则称之为追击战。为了赢得这种类型的战斗，就必须尽快把手头能用的所有兵力派遣出去，这样就能部分摧毁莫斯科的防守能力。许多命令遵循朱可夫的计划，要求大量部队行动起来，督促他们尽快前往伏尔加河地区。10月12日，最高统帅部撤销了10日的命令，让抽调出来的七个师中的五个前往加里宁增援第22和第29集团军。虚弱的第5师（2000人）最先到达那里，和第30集团军的3000人会合。由列索沃伊上校指挥的第21装甲旅当时正在弗拉基米尔训练，现在也匆忙踏上火车往那里赶。两个后备旅和两个摩托化旅从公路离开了莫斯科。瓦图京作战集群和西北方面军的部队，即两个步兵师、两个骑兵师和第8装甲旅（旅长是罗特米斯特罗夫将军）编组在一起，总共2.4万人和49辆坦克。瓦图京意识到了这场战斗的重要性和本质，便急不可耐地命令罗特米斯特罗夫立刻出发，马不停蹄地奔袭250公里，前往加里宁。

第1装甲师率先到达加里宁。它在向北奔袭的过程中，还把第30和第31集团军还有战斗力的残部赶到了一边。但它必须在城边停下脚步，因为油箱没油了。在祖布佐夫截获汽油之后，该部队才继续上路，但这些汽油只能让小股作战部队用，剩下的部队只能慢悠悠地走完100公里。在其左侧行进的第36摩托化师也遇到了同样的倒霉事，部队也只能分散行进。尽管该部队在斯塔里察攻占了伏尔加河上的一座桥梁，让几个营来到了另一侧河岸，但它还是得等缴获的驳船从伏尔加河上把油箱运来，或等德国空军空投油罐。行军日志写道，第41军的油罐车前往斯摩棱斯克的仓库，再载着半空的油罐返回，需要八天时间。最后这一点表明，在对维亚济马和布良斯克进行双重包围战之后，中央集团军群已经没有足够的汽油来实施作战了。

10月13日，第1装甲师战斗部队的坦克和半履带车同虚弱的第5师设立的防线发生了几小时的激战，第5师只有6门反坦克炮，却要守住15公里长的防线。城里，民兵部队一听到炮声就已逃跑，内务人民委员部也跟着逃，民众开始抢劫商店和企业。第30集团军的特别局设立了督战队，10月13日至16日期间，他们逮捕了第29、第31、第30集团军的1500多名无合适理由缺勤的军官和士兵。其中好些人被就地枪决，其他人被派去拦住德军的通路。[10]这些人费了九牛二虎之力，辟出一条通往中部的道路，攻占了河上的一座桥梁。晚上，第29集团军派遣的一个摩托化旅对斯塔里察出口处设立的桥头堡进行了反攻，而两个团（1500人不到）则坐卡车来到加里宁，协助正在打巷战的第5师。这些部队并没能阻挡住第1装甲师，10月14日，该师几乎所有的兵力都已抵达城区的中心地带。冯·博克派出了大量增援部队（一个步兵师和第6装甲师）。阴云密布的天空使德国空军无法侦测到罗特米斯特罗夫率领的第8装甲旅正从北部过来，列索沃伊率领的第21装甲旅正从东南部过来，而马斯列尼科夫则神不知鬼不觉地在斯塔里察和加里宁之间的伏尔加河岸边集结了第29集团军的四个师。

10月15日，莱因哈特决定让第41装甲军整军经过加里宁的北部，开始向托尔若克和维什内-沃罗乔克长途行军。他的头脑中始终在想追击敌人是否有其必要性。要让尖兵部队向伏尔加河以北推进250公里，但没有名副其实的补给（就连弹药都得靠空军投放），附近没有增援部队（他们自己也因为缺乏燃油而无法动弹），而且对对手的情况也一无所知，他还能怎么想？他甚至都不知道冯·里布是否对沃尔霍夫发起攻击（第二天才开始攻击）。为了不让自己悲观，他只能选择盲目的乐观心态和视而不见的态度。说句公道话，他确实压力很大。事实上，15日13点30分，元首的亲信及陆军副官鲁道夫·施蒙特上校还乘坐专机去他的司令部看了他，对他说上头认为新的包围战很重要，他们对此期望颇高。

不可能在本书的范围内粗线条地追溯随后十天的战斗。10月15日，苏军在加里宁的抵抗还没有被完全清除掉，第41装甲军从城中出来，夺取了托尔若克公路。他们正好和急行军而来的第8装甲旅碰了个照面。经过激烈的战斗，罗特米斯特罗夫的部队遭到了俯冲轰炸机的袭击，只能逐步撤退。但德军装甲部队也已没法快速推进，即便Ju-52运输机将燃油直接投放至加里宁的主要机场也无济于事。在斯塔里察，第28集团军的一支部队渡过伏尔加河，出其不意地袭击了第36摩托化师，并切断了该部队的补给线。17日，东南方的第21装甲旅秘密行军80公里后，猛攻第41装甲军的后方，对其造成了极大的损失。27辆T-34坦克每辆配备5到6个步兵，他们虽然没有无线电，但还是径直往前猛冲，摧毁了84辆卡车、21辆轻型车辆、13辆半履带车和3个炮组，然后又把机场的跑道打得一塌糊涂，俯冲轰炸机和Ju-52运输机只能紧急起飞。18日，瓦图京作战集群在托尔若克不远处遇到了第1装甲师，在从西侧奔袭而来的第29集团军各师的协助下，将该师切成了三截。这场公路争夺战一直打到了10月21日。由于第9集团军推进而来，迫使马斯连尼科夫松手，打得异常辛苦的第1装甲师和教导装甲旅才逃过了被歼的命运。22日，幸存的部队终于进入了加里宁，而城内，苏军狙击手到处都是。第29集团军紧跟其后，想要夺回该城，但以失败告终。24日，双方精疲力竭，不再进行大的动作。

德军想要包围西北方面军的计划受挫。第1装甲师追击不成，反倒打了一场为时一个月的遭遇战，而且还被打败了。第1装甲师只有六辆状况还行的坦克，炮都已折损，好几百人阵亡。后来就再也没看到这支部队投入战斗，直到1943年秋。第36摩托化师也没好到哪儿去，两个步兵师和第9集团军都遭受了惨重的损失。三分之一的装甲集群已无法向莫斯科推进。更糟的是，第22和第29集团军在伏尔加河沿岸进行的抵抗，形成了一个面向冯·博克后方的作战"平台"，几个星期以后，将会对博克造成很大的危险。最让人震惊的是，无论是莱因哈特、冯·博克还是哈尔德，都没有从第41装甲军的失败中得出正确的结论。失败主要是因为后勤补给上的问题（完全没错）和糟糕的道路状况，我们将会发现，这个因素没那么严重。维亚济马惨败之后十天，苏军的能征善战、快速调兵遣将的能力、从师这一级发起进攻的能力，却都没有被提及。对加里宁战役罔顾事实的看法并非不会产生后果。高级指挥层从而相信他们还是能夺取莫斯科，却忽视了自身的后勤能力和对手的后勤能力。再怎么说，德军打得还是很不错的。如果袭击莱因哈特的各部队的行动能够协调起来，第41装甲军就会被彻底摧毁，第9集团军也会危在旦夕。甚至有可能，向莫斯科挺进的步伐都会遭到阻断。没有抓住时机的责任不能让科涅夫来背。只是到战役结束之后的10月28日，新成立的加里宁方面军才有了参谋部、飞机和通信设备。最后，每个参与者（马斯连尼科夫、瓦图京、列索沃伊）都各自为战，并不了解整体的局势，但他们意志坚定，而这一点本应引起其对手的注意才对。

遍地泥沼？

对加里宁战役进行分析，就能对这场久已有之的历史争论做出有理有据的回应。台风行动摧毁了保卫莫斯科的部队，最后本应以夺取首都作结。但实情并非如此，这场行动很快就停顿下来，使得冯·博克的部队几乎一直停到了11月15日。苏联历史学家始终认为，之所以会出现这个令人震惊的局面，都是苏军的抵抗所致。德国的回忆录作者以及西方的历史学家则提出了唯一一个主要的原因，那就是遍地的泥沼。如今，我们考虑了这两种意见之后，发现泥沼并非冯·博克停滞不前的唯一原因，甚至都不是最重要的因素。

照德国各个回忆录作者的说法，当时"老天作梗"，下起了大雨，"雨势极大"。把失败归咎于天气的反复无常，有一个很大的好处，就是可以规避将领们的责任，尤其是他们缺乏远见的责任。毕竟谁能跟老天作对？但泥沼将军并不见得会比紧随其后的冬季将军更能掌控战场的局势。这样一种常见的天气现象再怎么样也不至于是老天作梗。俄国秋季的雨水导致交通不畅（不过没法和三四月份的解冻期相比）已是老生常谈，两个世纪以来，无数的旅行者都已提到了这一点。9月底到10月初开始下雨，通常根据每年的情况不同，会下到11月5日至10日。第一次世界大战时的许多士兵已经经历过了这样的插曲。国防军陆军总司令部已经预先尝到了七八月份夏季的滋味，必须强调的是，七八月份比九十月份的雨水要多。但他们根本不在乎这一点，毕竟战事会在10月份结束。哈尔德的部门甚至都没想过要去和空军气象部门的负责人科尔泽教授了解情况，对作战计划做出改进。相较之下，德国空军则从气象部门负责人那里了解到，有好几个星期，在农田跑道上起飞会很困难；只有硬质路面的机场，也就是大城市的机场，才100%可用。所以，德国空军才会匆忙占领加里宁的米加洛沃机场，甚至不顾苏军的炮火，在跑道上起降。1941年秋季的降雨量是否特别大呢？根本没有。事实上，如果参看气象数据，就会发现雨季来得很晚，结束得早，雨量要低于十年间的平均值。所以，老天对德国国防军可以说是笑脸相迎。

尽管所有的回忆录作者都说台风行动刚开始的几天（9月30日—10月5日）气候干燥，阳光明媚，但他们也都说雨季漫长，一直延续到了11月份。可是，对行军日志的分析表明雨势的强度和持续的时间在各个地方、各个时间段都是不同的。[11]北方的加里宁地区从10月1日持续到11月15日，下雨或下雪的日子有19天，未降水的日子为27天。中部的莫斯科轴线则正好颠倒过来：降水的日子有27天，无降水的日子为19天。南部的图拉方向，降水期为28天，无降水的日子为18天。因此，说冯·博克的部队遇到了雨雪下个不停的说法是不对的。通常情况下，一两天下雨的日子之后便是一两天不下雨的日子，路面也会变得更紧实。

研究德苏冲突历史的所有著作都会说道路一塌糊涂，遍地泥沼，根本无法通行。这种状况并不包括通往莫斯科的四条铺装公路，那是投入战斗的各大军种的后勤补给主动脉。此外，对作战行动的分析表明，车辆完全无法通行的日子很少见，甚至根本就不存在。说回加里宁战役，我们记得10月8日至16日第1装甲师轻而易举地向北推进了200公里，苏军第8和第21装甲旅也在同一个时间段走了很大一段距离，马斯连尼科夫则在伏尔加河沿岸的小路上携带重炮跑了100公里。第2集团军奔袭了150公里，一直跑到了库尔斯克，古德里安则向图拉推进了100公里。当然，平均两天里总有一天，交通会放缓，甚至极慢，但那真的是因为泥沼吗？还有其他的因素。由于交通量实在太大，又不存在适应这种交通量的道路，所以可供通行的道路稀少，路况差的问题就更为突出。在负荷20吨、25吨甚至30吨重的货物，数万辆汽车通过，再加上数百万只脚和数十万只马蹄踩踏的情况下，大部分路面（包括铺装路面）都会彻底坍塌。而且，苏军工程兵还在以前所未有的规模破坏道路。大多数道路就这样消失不见了。数百颗地雷和定时炸弹在每一个十字路口都会留下直径30米、深度10米的坑口。在能够绕行的地方，工兵也会用炸药炸毁。这次，所有的桥梁都被炸塌。由于发生了33次大规模爆炸，11座桥梁被毁，维亚济马—莫斯科之间的堤道也就变得完全不可用了。整个第5师都在忙于修复道路，但很难找到推土机。

还有一个因素也和老天的反复无常没有什么关系，那就是道路上的混乱状况。宪兵和工兵根本没法让其他人遵守纪律和时间表。行军日志里有许多地方提到了部队和部队之间发生冲突，互争谁先通行的情况，还有队伍被切断，原本自己要走的路线让别人抢先的情况发生。第57装甲军有人哀叹道："由于唯一可通行的桥梁还在修复，补给车辆优先通行，所以第3摩托化步兵师和部队参谋部的行军只能推迟。交通一而再，再而三地阻断，都是因为不守纪律的行为和独行的车辆想要超车所致。"[12] "在第聂伯河和沃佩茨河之间，1万辆汽车分成五列堵在了那里……路上毫无纪律可言。"[13] 第9集团军的行军日志就是这么写的。10月18日，冯·博克并没有提到泥泞的问题，而是说："把混合在维亚济马袋形阵地内的各师彼此隔开就花了第4集团军很多时间，尤其是因为通往东部的可用道路太少，而且大量装甲部队都挤在那里。"[14]

道路网众所周知的缺陷，超负荷承载，纪律的普遍缺乏，苏军对道路的破坏，这些都比恶劣的气候起的作用大。因此，不可否认的是，这些因素使局势更为恶化，尤其是在涉水过河的地方和沼泽地区。所有因素累积起来，就会在面积如荷比卢三国加起来这么大的地区内的所有道路出现大面积堵塞的情况，通行的时间就会多出三倍，五倍，甚至十倍。海因里西将军在写给妻子的信中说，最好的情况下，"一辆卡车跑完35公里也需要36小时的时间［……］到处都能听到'这行不通！'的说法。可是，就算是慢，也还得走。第一次世界大战期间曾经拯救过我们的马拉车再次成为万能好车。但乘坐这种车跑100到120公里前往补给基地后再返回仍然是一个难以解决的问题"。[15] 马拉车是俄国的一种传统货运马车，有两个或四个轮子，前面再套一匹当地的马匹。这种车哪儿都能去，但驮不了100到150公斤以上的货物。尽管这种车驮上几箱炮弹、几罐汽油，至少能往前走，但由于载货量太少，没法维持长时间的战斗。因此在台风行动期间，即便天气晴朗，后勤方面还是出现了严重的问题。例如，第3装甲集群从进攻的第三天起就没收到过任何补给。德国空军必须负责提供该集群100%的补给。但他们还是停了24个小时，科涅夫手下的5万人便趁此机会逃离了还在形成的包围圈。10月12日，第41摩托化军由于缺油，停在了加里宁城前，也就没法对该城发起进攻。而之所以会出现这种情况，是因为车辆缺乏和距离增加。在斯摩棱斯克和前方之间没有足够的储油罐源源不断地提供汽油，再加上道路状况差和道路堵塞严重，就更减缓了流通量。军队将领都在想各种权宜的办法。古德里安把飞机空投的汽油全都集中起来供第24装甲军使用。其他部队仍然只能停在沿途。在第3装甲集群，莱因哈特把所有的汽油都拨给了第41装甲军的尖兵部队使用。从10月7日起就停滞不前的第56军在接下来的15天里只能让摩托营先走，就因为这种挎斗车耗油量少。这种匮乏的局面和泥泞没什么关系。从10月10日至12日起，德国国防军就逐渐失去了它的王牌：强大的火力，各军种协同作战，机动性。Jun-52运输机会给先行的摩托化部队投放他们所需的物资，但由于能见度差，所以飞行的次数也减少了。一支装甲师移动60公里需要消耗220立方米的汽油，这样就需动用100架三引擎飞机，也就是三分之一的飞行机队。吃的东西也运不过来。这样就得像拿破仑战争时期那样，靠在当地找吃的活下去……对于已经一无所有的农民家庭来说，这无异于判了他们死刑。

俄国的秋季至少不像道路的交通状况那样对军队士气的打击大。这对双方阵营来说都是确实存在的问题，但对德国国防军而言情况更为严重，毕竟德军士兵自从6月22日起始终都在往前冲。士兵威利·彼得·里塞描述了自己来到勒热夫附近第一线的情况。

> 山谷里到处都是黄色的泥浆［……］。光秃秃的桤树也浑身沾满了泥浆，松树和桦树都湿漉漉的，矮矮的草丛脏兮兮的，被踩得伏在地面上。湍急的小溪流从路上流过。地上都是水。每走一步，靴子就会整个陷进去。绵绵细雨把我们淋得湿透。［……］我们浑身沾满烂泥，结满了泥痂，穿行于泥浆之中，军大衣和靴子都已湿透。一切都是湿乎乎的，面包、衣服都是。我们的武器也是湿的。没有地方可避。我们发现壕沟已经变成了沼泽，时常填满了水。［……］马匹瘫倒在路上。它们比当兵的更值钱，［……］我们都活在自己的记忆中，想要回国。[16]

德国士兵的士气也一落千丈。他们本以为可以进入莫斯科，但现在就这么既无遮风挡雨之处，又没吃的，步履艰难地行进着，而敌军始终都在。"时间耗尽了部队的力气，蚕食着他们的精神状况。'今年冬天我们会怎么样呢？'这句话占据着我们每个人的心头。"[17]冯·博克说。第4集团军司令克鲁格也在这个时候说："从心理层面来看，东线战事现在处于关键时刻。"[18]从师到集团军群，所有的报告用的都是同一个词：精疲力竭。无论是人，还是机器，都已疲惫到极点。在灰蒙蒙的低矮的天空底下，四个月以来绷紧的弹簧突然松弛了下来。军官和他们底下的人一样沮丧消沉。坚定的反纳粹人士施蒂夫中校在11月5日写给妻子的信中是这么说的：

> 感谢上帝，从昨天开始，就结冰了（−4或−5摄氏度），所以终于不再出现泥沼遍地的情况了。但在持续结冰的状态下，也没法重启攻势。首先必须把遗弃在各处的车辆拿回来，重新让后勤运转起来。在离莫斯科这么近，勉强60公里的地方，只能待在烂泥里，真是难受。但说到底，现在都得听那个疯子的话，我们还得在这个肮脏的国家待上几年，这个事实也改变不了。［……］

实在是受够了！［……］只要地球上还有一小片地方可以任由一个疯子来干恶事，满足他病态的野心，那认为马上就会结束的想法就只能是骗人的。［……］我的恨意无边无际！［……］他们把我们留在这种完全不是人待的地方。从10月2日起，我们的师几乎比之前几个月的损失都要大，因为他们对对手预设的看法都错了。[19]

铁路网失效

由于公路后勤保障体系失灵，德国国防军便只能走铁路。可是走铁路的话，无论是局势，还是前景，都很黯淡，没法对莫斯科发起强大的攻势。为了补救公路运输时间拖得太长的缺陷，10月19日，中央集团军群下令尽快修复铁路网，尽可能接近先头部队。他们在苏联俘虏中征募了几十个劳工连，所有的专家和可用的物资都集中到几条主要的线路上。但这种做法得好几个星期，甚至好几个月才会见效。此外他们还认为，这么匆忙只是在把铁路修复好，也就是说用的还是俄国的轨距。只要时间不够，就没法改成德国的轨距。真正的问题在于帝国铁路局没有能力提供铁路员工和物资，使之运转起来，也没有能力按照自己的流程来改建基础设施。铁路局从德国抽调了所有能抽调的东西，戈培尔眼见因为没有车皮运送，土豆都烂在田里，而在日记里表达了自己的担忧之情。11月，除了三段主路（中部的主路到斯摩棱斯克就停了下来，距前线还有300公里）之外，大多数铁路网用的仍然是俄国轨距。在计划巴巴罗萨行动的时候，他们还以为能搞到足够多的苏联机车和车厢来使用这个铁路网。可是从6月22日起，中央集团军群只缴获了292个火车头和1.6万节车厢。三个集团军群缴获的总数为500个火车头和2.1万节车厢，事先所想的和必须要用到的数量是这个数字的10倍到15倍。这是一个大错，到了秋季，就会使他们付出极大的代价。相比之下，苏联人在这方面打了一场宝贵的胜仗，因为他们习惯不依赖内燃机。

由于这样那样的限制，以及缺乏维护，再加上密集使用所造成的损耗，铁路网的性能一直都在下降。9月，三个集团军群使用了2093辆列车，10月只有1860辆，11月1701辆，12月1643辆。10月底，冯·博克的集团军每天需要31辆列车，但来的只有16辆。在这样的情况下，就只能满足眼前的需求，无法储存必需的汽油来用于发动新一轮的大规模战役。10月初，没有足够的列车将20万辆车辆运到比维亚济马更远的地方。弹药方面也是这样的情况。10月18日，莱因哈特恳求给他运送炮弹，但得到的回复是他们得去……华沙寻找！显然，中央集团军群后方的主要基地斯摩棱斯克的仓库无法在两个月的时间里将必要的库存积累到一定程度，就连已经削减了的需求都无法予以满足。古德里安发现他的那些卡车无法支持他向图拉推进之后，就要求紧急修复从姆岑斯克到图拉之间150公里长的俄国轨距铁路。可是在这个区域内，苏军工程兵已经摧毁了几千处轨道，把火车头补水和补煤的补给站点夷为了平地。尽管使用了好几千名俘虏，工程推进的速度仍然慢得可笑，之所以如此，理由很简单：他们没有抓到铺轨工这样特殊的俘虏，也没有长拖车把新的铁轨给拖进来。同样，第2集团军每天需要三趟列车，有1200吨货物要运送到奥廖尔或布良斯克；但11月初每天只有一趟。由于优先运送的都是燃油、润滑油和弹药（其消耗量只能满足中等规模的战斗），所以食物、马匹的饲料、零配件、冬季的装备，如军服、露天火盆、木棚、防潮的材料、防冻剂等都没有发送。公路后勤的崩溃，再加上铁路网的缓慢崩解，使得快速追击苏军的想法成了天方夜谭。博克和哈尔德也只能根据不可靠的后勤来调整自己的目标。这就是11月13日奥尔沙会议要讨论的一个议题。但解决的方式很随意，从中也可以看出德军的专业性没法令人恭维。

为了应对后勤方面的困难，高级指挥层仍在继续制订一些不太现实的计划。我们发现，向加里宁和维什内-沃罗乔克推进的设想可以说是10月的一个幻想。10月22日，所有的目标都经过了修订，却并没有减少。维什内-沃罗乔克包围圈还无法形成，第3和第4装甲集群便向北部更远处推进，形成一个巨大的罗网，其边界直达雅罗斯拉夫州的雷宾斯克（距前线250公里），甚至远达伏尔加河（相距400公里）！中部的第4集团军将和左侧的第4装甲集群、右侧古德里安的第2装甲集团军协作，包围莫斯科。魏克斯的第2集团军配备了古德里安的一个摩托化军，他断然向南推进，意图夺取顿河畔的库尔斯克和沃罗涅日。他还设法和南方集团军群的第6集团军取得联系。我们猜想后者应该面前并无敌军，所以后来向顿河、斯大林格勒，继而是高加索地区推进，根据各方向的不同，其推进距离为300到1000公里不等。简而言之，巴巴罗萨行动的所有目标还都在，而且必须在11月底达成。所有这些决策都是围绕一张地图做出的，却根本不考虑军队整体已是虚弱不堪，后勤也是混乱一片的现状，而且就像苏军根本不存在似的。

10月23日，博克开始不再抱有幻想。他命令第9集团军用时十天集中兵力攻打加里宁，之后继续全速推进。当天，古德里安的第2装甲集团军根据他的命令，开始向图拉方向发起进攻。10月26日，希特勒通过豪辛格告诉古德里安，他不同意向这个方向进攻。古德里安必须向南转90度，进攻顿河畔的沃罗涅日……此地距他的阵地有400公里。希特勒再次显示出想要赶在冬季之前优先实施战略上的意图，而非进入莫斯科。这次，哈尔德站在了博克一边，古德里安的任务得到批准。不过，陆军总司令部10月30日的指令仍然没有改变其向北直达沃洛格达，直抵"冻土地带边缘"的那些遥远的目标。当天，博克未加评论，将陆军总司令部这些疯狂的目标传达了下去，并向手下的各集团军做出了短期内继续作战的指示。第9集团军和第3及第4装甲集群首先应该打击加里宁的敌军,然后准备向克林进军,从北部包抄莫斯科;第4集团军从正面靠近莫斯科;古德里安的装甲集团军必须夺取图拉,从南部包围莫斯科。尽管对各集团军的指挥官而言,当前的目标都很清晰,但冬季之前要完成的那些战略目标就很混乱了。10月30日,博克唯一可以确定的是,他的集团军群根本不去全力追击已被打败的敌军,而是留在原地,几乎一动不动。

第17装甲军的坦克兵埃里希·哈格在日记中讲述了古德里安向图拉推进的情况。

> 10月18日。到处都是泥沼。一辆车都动不了。[……]10月20日。辎重队只有两辆汽车。[……]托马斯朝腿上开了一枪。是左腿,用的是俄国的步枪。10月22日。[……]已经一个月没收到信了。我们到底什么时候才能停下来除虱子?[……]10月26日。图拉方向。我们在这儿被打得很惨。我们看见了四辆俄国坦克。也有我们的,但都成了碎片。[……]10月27日。我们继续推进。队伍前后相继。[……]我们被炸了两次。两架俄国飞机被击落。清晨6点上路,我们只走了5公里。该死。三座桥被炸毁了。一支队伍停着没动,有50公里长。[……]除了土豆,没其他吃的。[……]10月29日。没法在坑洼的路面行进。左右两边都有地雷阵、反坦克壕、炸弹。俄国坦克。我们在其中一辆坦克里发现了三名军官和一名驾驶员。俄国人就这样。四个人都被当场枪决了。[……]什么吃的都没有。[……]10月30日。一天时间内,有25辆车被抢修的半履带车拖走了。[……]一整天都在排雷。[……]11月2日。[……]无线电发报员喝醉了。他想打一个女人。那女人的丈夫过来,他就把那男的杀了。他向另一栋房子逃去,又杀了另一个平民。[……]11月6日。我的两个好朋友都阵亡了。[……]上尉肚子上挨了一枪。我们的五辆

坦克都被打残了。[……]空袭一直没停过。[20]

显然，这不像是乘胜追击敌人的士兵写的日记。

朱可夫的铁腕防守

道路、后勤、天气和交通运输这些因素还不能解释冯·博克为什么会彻底停滞不前。西方面军新任司令员格奥尔基·康斯坦丁诺维奇·朱可夫将军也很关键。10月12日，苏军最高统帅部决定将西方面军和后备方面军合并，交给他的时候，朱可夫发现只有自己一个人负责指挥。他边上有贝利亚的副手谢尔盖·克鲁格洛夫，然后是布尔加宁，他是斯大林的副手，担任政府的首脑，也是新近获得斯大林信任的人之一。朱可夫行事强硬，这两个长袖善舞的政客后来对他也没话可说。朱可夫虽是个坚定的斯大林主义者，但他心中也充满了恐惧，丝毫不敢露出一丁点软弱的痕迹，不敢有丝毫的马虎，更别说不守纪律了。但他不是叶廖缅科。他的军事判断都很可靠，因为他了解敌人。他求胜的意志极为强烈，头脑也很冷静。政治和军事层面上的问题，斯大林都会信任他，当然这只是一种适度的信任，随时都可以取消。他会听取朱可夫的意见，毕竟他也没有更好的人选了。

朱可夫面对的战场呈梯形。他的大基地就在西部，从奥斯塔什科夫到姆岑斯克，直线距离为400公里。他的小基地则紧缩在谢尔普霍夫的奥卡河与"莫斯科海"之间150公里的地域内，莫斯科海是伏尔加水库往西的延伸段。这两座大型水库于1937年完工，通过伏尔加河—莫斯科运河与穿城而过的莫斯科河勾连了起来。好几条水道（伏尔加河、奥卡河、拉玛河、鲁扎河、纳拉河、莫斯科河、运河）和广袤的森林（占总面积的25%）形成了对守卫者有利的条件。交通网也是苏联最密集的。十一条铁路和平时期每天运行车次500趟，将莫斯

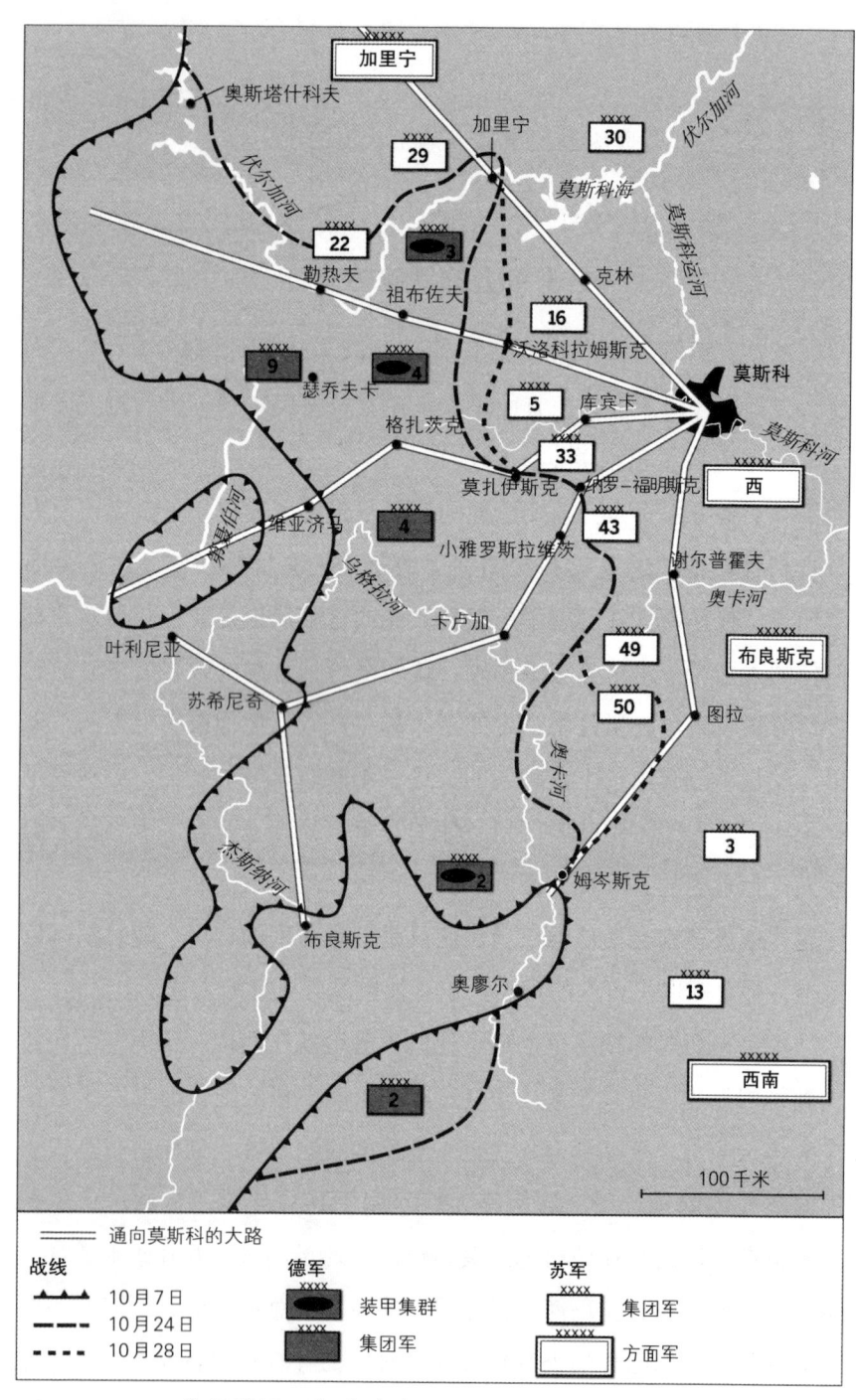

莫斯科保卫战（1）（10月10日—11月15日）

科和后方纵深处相连；首都也将它庞大的有轨电车网和公交车网络交由军队使用。西部有五条主路，除了一条之外，其余都是铺装路面，而且这五条路全都汇集到漏斗状洼地那里。从北往南，分别是加里宁—莫斯科、勒热夫—沃洛科拉姆斯克—莫斯科、维亚济马—莫扎伊斯克—莫斯科、卡卢加—小雅罗斯拉韦茨—纳罗-福明斯克—莫斯科、图拉—谢尔普霍夫—莫斯科。这些道路当然有利于德军的摩托化部队，可森林、沼泽还有泥泞仍然会使穿行相当困难，车辆也只能局限于狭窄的条状地带内，无法轻易绕过障碍。最后，还有30座设施齐全的空港（都是水泥跑道）和机场会使苏军航空兵占据上风。对朱可夫而言，不幸的是，保卫城市的防线中最远的"莫扎伊斯克防线"各地区只完工了40%到80%不等。构成这道防线的主要堡垒沃洛科拉姆斯克、莫扎伊斯克、小雅罗斯拉韦茨和卡卢加的"防御工事区"也同样没有完工。

　　11日，朱可夫把大本营设在莫斯科以西50公里的阿拉比诺时，他手下只有"9万名士兵和每门加农炮每天一枚炮弹的发射量"。[21]总共是6个步兵师、6个装甲旅、10个炮兵团和20来个机枪营。不过，他并没有把守卫伏尔加河上游地区的加里宁的第22和第29集团军算进去。从这座城市到沃洛科拉姆斯克的莫扎伊斯克防线上，有一个很大的空隙，在此地巡逻的是哥萨克骑兵军，军长是个厉害角色，名叫列夫·多瓦托尔。这位将军手下5000人不到，只能对敌军的动向进行监视，还得表现得比自己本身的力量更为强大。从沃洛科拉姆斯克到卡卢加，朱可夫首先只能在这五条主路上放置少量的兵力加以封堵：梅登两个团，卡卢加一个骑兵师，这儿那儿放一个新兵团……再往南，第50集团军在图拉的堤道上聚集了几千个人。13日，朱可夫终于设立了两道防线，一条设在沃洛科拉姆斯克堤道上，另一条设在莫扎伊斯克堤道上，因为德军可以从这两条交通干线发起进攻。在第一条堤道上，他重组了来自哈萨克斯坦的潘菲洛夫将军的第316

师，这支部队没有经验，大多数都是来自后备部队的哈萨克士兵，此外，还有最高苏维埃学校的新兵团，其余就是第18志愿师、两个减员严重的装甲旅。他把这些部队总称为第16集团军，有些夸张，由康斯坦丁·罗科索夫斯基担任司令。在莫扎伊斯克，他发现了另一位出色的将领，那就是隶属于第5集团军的列柳琴科将军，他率领第32步兵师、三个装甲旅和莫斯科炮兵学校新兵团。苏联人运气好，中央集团军群始终都把精力放在了清理维亚济马和布良斯克的包围圈上。不过，冯·博克还是从第4集团军抽调出一个步兵军以及第41摩托化军（第3装甲集群）的兵力。他先派遣前者向卡卢加进军，后者向加里宁进军，而这两个偏离中心的地方，朱可夫还没有时间来加以强化。

10月12日，卡卢加陷落，奥卡河上的一座桥梁也原封不动地落入德军手中。第4集团军的行军日志说没发生了什么战斗，苏军驻军太弱，由于缺乏炮弹，所以也没使用炮兵。这对朱可夫来说是个严重的打击，他失去了方寸，便直接威胁下属。当天，他向第49集团军司令扎哈尔金将军发去一封电报，并抄录了一份给斯大林，让人以为他也想让斯大林来支持他的这个决议。"1. 立刻向我解释您为何在未获最高统帅部和方面军军事委员会同意的情况下离开卡卢加，带着参谋部去塔鲁萨。2. 发动反攻，重新稳定局势。否则，未获授权擅自离开卡卢加，不仅部队的指挥员，而且您自己，都会被枪决。3. 和第43集团军在普路特基-巴拉诺夫克地区会合，我们会向您派遣第9坦克旅。签名：朱可夫、索科洛夫斯基、布尔加宁。"[22]

莱因哈特的坦克部队向加里宁的推进也是危险重重。我们知道朱可夫采取了必要的手段，让部队往那赶，然后他就把该战区交给了他的副手科涅夫。10月13日，第41装甲军的坦克部队进入加里宁。朱可夫的反应很激烈，风格极像斯大林，他向自己手下所有的部队发布了第0345号令。

在对莫斯科发动攻势期间，法西斯分子投入了他们所有的后备部队，包括没有受过什么训练的人员、街上的混混、酒鬼和精神有问题的人。现在时机来临，我们不仅要阻止德军，还要消灭他们的后备部队。[……]在这种情况下，懦弱和惊慌无异于叛国。我命令：1. 所有弃守阵地、放下武器和装备的胆小鬼，一律就地枪决。2. 军事法庭和检察官必须严格执行这项命令。红军的士兵同志们，一定要坚定、勇敢。一步都不能后退！签名：朱可夫、布尔加宁。[23]

当天，朱可夫获得了指挥莫斯科后备兵力（内务人民委员部的部队除外）的权力，这些部队有工人营、最后征募的民兵部队，相当于五个师的兵力。首都军区司令、内务人民委员部的阿尔捷米耶夫将军担任他的副手。10月14日，从北往南300公里的战线上，排列着五个刚编组的集团军，他们都还很虚弱：第16集团军（罗科索夫斯基）、第5集团军（列柳琴科）、第33集团军（叶夫列莫夫）、第43集团军（戈卢别夫）聚集在城前；第49集团军（扎哈尔金）与南部的布良斯克方面军的第50集团军（叶尔马科夫）保持联系。17日，国防委员会发布了对1921年、1922年和1923年出生的达到征兵年龄者加速征召的动员令。18岁和19岁的青少年可应征入伍。目前，这项措施还没什么用，因为还得对130万年轻人进行培训，配备装备。还是10月17日，朱可夫收到了组成各个营的11500名工人共产党员。四五个星期的时间里，最高统帅部又向莫斯科调集了从远东地区抽调而来的五个师的兵力，之后，还有从高加索地区抽调来的另外三个师。还在乌克兰全线撤退的铁木辛哥也被要求让出两支大部队，用来支援朱可夫。在等待首批增援部队抵达的时候，还必须坚守住，赢得四个星期的时间，让后备部队有时间获得训练，对后方进行防守。

精力充沛的胖子谢尔巴科夫领导下的党组织和普罗宁领导下的市

政府动员的人口数量史上罕见。莫斯科竖起了各种各样的路障和障碍物、机枪掩体、地堡。整座城市夜以继日地就着焊枪的微光，切割了本应有150层高的苏维埃宫的11层的废铁，用来制作反坦克拒马。数十万平民，大多数都是妇女，被征召来在莫斯科边缘地带和外围的大道上挖反坦克壕沟。无论是工人、电影明星、职员，还是家庭主妇、青少年，穿着城里人的服装，冒着冰冷刺骨的雨水，陷在及膝的烂泥里忙碌着。幸好，德国空军已无力阻挠这样的工事。他们在首都周边地区设立了三道同心圆防线：环形铁路线、外围防线、外围大路防线。由于一直都很担心德军摩托化部队的袭击，朱可夫于10月30日下达了一道指令，在莫斯科郊区、各个易于发起进攻的方向、高速公路、道路、十字路口，部署了配备地雷、捷格加廖夫反坦克步枪、莫洛托夫鸡尾酒、电锯（用于锯断树木，阻断可通行车辆的道路）的部队。

> 他写道：我命令［各集团军司令］立即采取如下措施。设立障碍，摧毁与我们的首道防线相邻的所有道路，以及敌军可用来向纵深行军的道路。预备摧毁所有桥梁。所有易于让坦克突入的道路都必须埋设地雷。立即在步兵部队有可能会发起进攻的方向上，竖立铁丝网，设立路障、杀伤性布雷区，预备射击阵地。必须采取一切方式，在所有地方，包括住宅区，设立路障。为了方便设立火网，务必带好汽油、煤油、燃料油，便于快速点火。在各处设立陷阱，［……］如有可能，可用水淹没。必须把焦点放在反坦克区的设立上。［……］为了节省人力，所有防线，包含火炮在内，都必须深埋在壕沟内。这些壕沟必须有东西遮盖，彼此互相连接。设立后备团，把他们放在后面。所有的通信线路都必须埋好，避免通信中断。［……］把坦克放在纵深处，步兵部队的后面，作伏击之用。[24]

除了1809年的圣彼得堡和萨拉戈萨之外，我们实在找不出动员这么多平民的例子。1939年的华沙保卫战，以及1945年的柏林、布雷斯劳、柯尼斯堡保卫战，都是在后方很远的地方进行的。

10月15日，冯·博克放出一个步兵军和两个装甲军（第57和第40），率领他们向东进发。经过激烈的战斗之后，19日，他们进入了小雅罗斯拉韦茨和莫扎伊斯克。新一波逃难潮由此爆发，逃跑者所到之处，城里的居民都很惊恐，其中就包括莫斯科。正好在首都的格奥尔基·叶夫隆在10月19日的日记中写道：

> 我遇见的人里99%都绝对相信我们的军队很快就会被打败，莫斯科也会被德军夺取。[……]这儿有士兵唱着歌经过，那儿有士兵从前线逃下来。[……]莫斯科一片混乱：一方面，报纸都在讲军事上的胜利，游击战争，红军的英勇抵抗，说莫斯科永远都会是苏联的。[……]另一方面，民众都在讲军队的状态很糟糕。有许许多多从前线过来的人都说军队缺乏装备，都在溃逃之类。[……]可以确定的是，莫斯科差不多已经被德国的军队夺取了。[25]

10月15日至19日，莫斯科区域的内务人民委员部逮捕了弃守莫扎伊斯克防线的23064名军人，其中包含2164名军官。[26]这个消息一直传到了朱可夫那里，他马上就做出了反应，向列柳琴科下达了这道命令："方面军司令命令第5集团军军事委员会毫不留情地枪决未获批准擅离莫扎伊斯克防线的军人。不把逃离前线的人杀到一个不剩，绝不罢手。"[27]

小阿尔汉格尔斯克和莫扎伊斯克的失守对朱可夫是个新的打击，但德军也付出了不菲的代价。"为了占领敌军阵地而发动的最后几场战斗是整个东线战事最艰难的战斗，因为敌军躲在水泥掩体里，都在拼死抵抗。"[28] 10月18日，（东线外国军团）情报部门的一份报告证实了这个印象："可以说，小雅罗斯拉韦茨、维列阿、莫扎伊斯克最近几天的战斗是这场战事中最艰难的战斗。俄国人在大部分地区大量使用重型坦克，防守能力相当强悍。"[29] 事实上，朱可夫用4个装甲旅（共16个）对筋疲力尽的敌军展开了反攻，并得到斯大林的同意，失败后可以撤退，这点相当罕见。22日的指令明确指出，撤退前，"所有桥梁、机场、军用设施和仓库都要摧毁，使敌军无法使用堤道"。[30] 五天时间里，阿尔杰姆基这座小城易手了九次。党卫军帝国师损失惨重，一个星期阵亡1242人，第10装甲师损失了三分之一的坦克。22日，纳罗-福明斯克陷落。朱可夫枪毙了师长格拉西莫夫和政委沙巴洛夫。

前一天，朱可夫向第43集团军发布了这道命令："由于第17和第53师临阵脱逃，请立即设立督战队［……］。要让这两个师进行战斗，并命令督战队就地处决弃守阵地的军人。"22日，第43集团军司令戈卢别夫遭到训诫：

> 再说一次，不允许放弃防线。逮捕第17师师长，立即当着士兵的面就地枪决。要让第53师不惜任何代价，哪怕所有人都牺牲了，也要收复塔鲁季诺。您向我报告说士兵和武器太少。向您军队的后方去寻找！您必须坚守住自己的司令部。为了能守住高尔基—卡缅卡战区，我会给您派遣一个伞兵旅。但请务必注意，如果您像今天为止所做的那样，继续用坦克对着敌军的反坦克炮猛冲，那您就会损失一个旅，第9旅就是这么损失的。签名：朱可夫、布尔加宁。[31]

不过，西方面军作战处副处长10月30日的一份报告发现，即便建有防御工事，上级不停地叫嚣怒骂，第53师仍无力阻挡德军装甲部队的进攻。他在给朱可夫的报告中写道："某些部队，如第12团，已经完全没有火炮,只有几门外国产的炮,他们从来没用过这样的炮。"[32] 另一份报告指责军官优柔寡断、后勤无力跟进的现状。[33] 朱可夫的这场仗打得很可怜,只能期待装备不错的部队能赶来增援。德军老兵的回忆录里出现许多"装备绝佳的西伯利亚师",但这对朱可夫而言只能是痴心妄想。盲目服从的戈卢别夫在随后的十五天里枪毙了30多名士兵。他在11月8日写给斯大林的信中吹嘘了这件事,并趁机批评朱可夫的风格。

> 斯大林同志,我有一个请求:我请求您,让他停止对我这名集团军司令使用大棒政策,最初的五天时间,他一直都是这样对我的。我担任这个职务的第二天,他就对我说要枪毙我,之后一天,又说要把我送交军事法庭,第四天,说要当着全体士兵的面把我处死。斯大林同志!局势、任务和责任,我都很清楚。党、祖国对我和对我的上司而言同样珍贵。我会竭尽全力、毫无畏惧地完成自己的任务。我在战场上一直身先士卒,公然的责难、要把我处死的威胁都毫无益处,但我的下属读到这些文件,就会让我羞得无地自容,难以直视他们的眼睛。[……]我不想让人以为我是在控诉方面军军事委员会,他们对我的态度已经变得正常。[34]

为了夺回纳罗-福明斯克,第二天,10月23日,朱可夫让部署在高速公路两侧的第5和第33集团军发起反攻,他还让最高统帅部派来的所有增援部队往那里进发。10月25日,第5集团军获得了2个步兵师、5个装甲旅、16个炮兵团,总共1.2万人、120辆坦克和400门加农炮。大多数士兵都没开过枪,坦克兵几乎不懂怎么驾驶坦克。该城被夺了回来,但损失极其惨重。德军也损失惨重,已经没法对敌方的炮火发动同等量级的回击。T-34坦克和KV-1坦克总是给他们造成很大麻烦。冯·克鲁格在给冯·博克的一份报告里讲述了第34步兵师的加农炮和苏军坦克之间的对垒。"战斗期间,我们的加农炮向25米和500米之间的目标发射了30枚反坦克炮弹和10枚100毫米炮弹。摧毁了3门榴弹炮、7门中型反坦克炮和1门轻型反坦克炮后,敌军的坦克才开始撤退。[……]尽管多次正面击中目标,如旋转炮塔,敌军的坦克却仍然可以战斗。最近一段时间,俄军80%的坦克都是T-34。一旦大量这种类型的坦克发动进攻,我们就会在局部地区被击溃。"[35]八天战斗期间,纳罗-福明斯克又易了一次手。

冯·克鲁格眼看自己的军队被卡在那里,所谓的追击已演变成血腥的战斗,己方被慢慢蚕食,便想退一步,从北部的沃洛科拉姆斯克堤道走,那里由罗科索夫斯基的第16集团军把守。该集团军各师的兵力不到3000人,但已经抵抗了八天,现在他们为了不被包围,只能撤退,而其邻部第30集团军也已放弃了阵地。得益于这一局面,27日,德军第4集团军便攻占了沃洛科拉姆斯克。外围环线的第一排新设的防线由此坍塌。朱可夫暴跳如雷,对罗科索夫斯基破口大骂。作为朱可夫最心腹的军官,西方面军作战处处长马兰金于10月30日提交了一份报告,讲述了弃守沃洛科拉姆斯克的原因。下面就是他的结论:

> 1. 第316师的责任,他们十二天以来一直在进行战斗,蒙受了巨大的损失,也得不到任何替换。2. 第316师师长出现失误,将还没完成训练的最弱的一个团(第690团)放在了主轴上。3. 集团军军事委员会和师长的责任,他们没有组织对沃洛科拉姆斯克进行防守,在郊区拦截敌人。这样本来可以使第690团有时间恢复秩序,将第1077团和多瓦托尔的部队集中起来。4. 第690团团长的责任,没有利用沃洛科拉姆斯克南部的防线,没有利用巷战的优势。5. 没有足够的炮兵对敌军步兵部队进行轰炸。[36]

这些报告都是应朱可夫的要求写的,他很清楚战斗部队的军官素养不够,而且这些缺陷始终得不到纠正。他们可以把这些缺点拿来进行恐吓,但也可以拿来进行教育,毕竟学习敌人也是苏联人的一个强项。内务人民委员部把第316师内部的一些批评性言论记录下来,并没有什么好震惊的。整体来看,这些话更多的是牢骚,而不是什么失败主义言论。"他们就想让我们饿死。他们对待士兵和狗没什么两样。他们把我们派到了屠宰场,"第1075团的一个士兵这么说。"我们的将军叫嚣说我们会在敌人的领土上战斗,结果却反了过来。将军们出卖了俄国人民","不能再打了,再怎么样都打不赢德国人。"第1073团的一个二等兵这么说。[37]报告里没提到这些人后来怎么样了。有可能会被送交军事法庭,或者直接被调往惩戒营,而这都得看团政委是怎么想的。

朱可夫在沃洛科拉姆斯克与加里宁东部地区之间发现了一个窟窿,于是把普里耶夫将军的第1骑兵师派往了那里。他希望绕过克鲁格的左翼,迫使其在沃洛科拉姆斯克大捷之后停下脚步。此外,罗科索夫斯基没日没夜地发起猛烈的反攻,让这位陆军元帅的日子也很不好过。炮弹狂轰滥炸,从首都机场起飞的红星战机一刻不停地袭击,让他手下的人精疲力竭,意志消沉,已无法向克林进军,扩大战果。10月28日,朱可夫又收到了新的警报,这次出现在莫斯科南部公路附近的图拉,那里由布良斯克方面军的第50集团军把守。古德里安的第2装甲集团军设法进行了突袭,并潜入进去,来到距这座古老要塞的塔楼6公里处。内务人民委员部的一个师、一个兵工厂工人团再加上防空部队一个团的加农炮,在最后一刻阻挡住了敌军。然后,战线便凝固不动了。德军在十五天时间里损失了2万人和数不胜数的车辆,只能期望后勤能跟上。11月5日,冯·克鲁格去视察了第98师,该师的一个团长向他汇报了发动台风行动以来这个月的战况。"四个星期没有休息,没有人员和装备的支援,没有补给和服装,也没有冬季装备，可以说部队已'消耗'殆尽，已无力参与任何一场进攻，毫无胜算。"[38]

由于10月15日至28日的战斗打得相当激烈，所以只能将苏军的抵抗当作台风行动最终失利的首要原因。没有苏军的抵抗，哪怕缺燃油，没有好的道路，冯·博克仍然能在10月底将几个装甲营推进到城市的周边地区。相较之下，即便10月份一滴雨都不下，冯·博克也无法避免部队在距首都50公里处止步不前，毕竟此时既有苏军的防守，他们的后勤也困难重重。11月1日，朱可夫给苏军最高统帅部的一份报告中，相当精准地预测到德军会重新发动攻势。"由于在先前的几场战役中遭受惨重的损失，再加上没有足够的兵力向莫斯科推进，敌军会转入防守，争取时间重整军力。[……] 若想集齐后备作战部队，运来食物、弹药、坦克和其他设备，简言之，就是发动一场新的攻势所需要的这些东西，敌军还需要至少十五天时间。"[39] 他估计天气会是次要因素。

拯救列宁格勒，遭遇芬军

经历过9月的惨烈战斗之后，西北方面军、列宁格勒方面军和北方集团军群这两个对手也需要喘息的机会。但双方的决策层却不想这么干。大量任务赶在冬季来临之前被分配给了他们。德军认为他们在维亚济马—布良斯克赢得的双重胜利，以及对莫斯科造成的威胁，会使斯大林将军队撤离拉多加湖地区。和往常一样，他们并不想自己先出手。冯·里布对冬季的到来颇为担心，他现在只有一个摩托化军，而且都已精疲力竭，所以他只想投入很少的部队。把在奥拉宁堡的桥头堡筑壕据守的苏军第8集团军清除掉，在他看来是最划算的。这样他的远程炮兵部队就能抵达沿岸地区，轰炸喀琅施塔得海军基地，把给他造成巨大损失的这些"十月革命"的巡洋舰打成碎片。[40] 要注意的是，和陆军总司令部几周以来所说的相反，"根本就不可能做到让对手不再能发动攻势"，[41] 而且，也不利于向东北部200公里处的斯维里河发动进攻，也无法从公路行进，渡过一条难以跨越的河流，攻打沃尔霍夫。忠实于自己方案的希特勒倾向于同芬军在斯维里河会合，也就是说从东部绕过拉多加湖。他的注意力放在了两座小城上，它们分别是沃尔霍夫和季赫温（苏联铝业的核心地带），而且这儿也是莫斯科和摩尔曼斯克铁路的终点站。货物就是从那儿用卡车运往新拉多加这座小湖港，然后再用拉多加湖小舰队运往列宁格勒的。因此，夺取这两座城市就会让列宁格勒很快投降，而且芬军离那儿也就40公里的距离。

另一项委托给冯·里布的任务只和维亚济马—布良斯克双重包围圈有关。哈尔德害怕斯大林弃守列宁格勒，把所有的军力都投到首都。所以，他想赶在这些兵力向腹地撤退之前，发动钳形攻势将其捕获。为此之故，冯·里布就必须将右翼（第16集团军和第39摩托化军）转向维什内-沃罗乔克和加里宁，第9集团军和第3装甲集群也会从南方向这儿进发。尽管冯·里布并不乐意这样做，但这个新的需求使他损失了一个星期时间，都耗在了研究、制订计划，发布命令，撤销命令，视察部队，私下交流上。10月9日下了第一场雪。最后，13日，希特勒断然决定：北方集团军群率领其所剩的四个快速反应师向季赫温进攻。可是，哈尔德（骑马受伤后疗养期间）不同意。他的代表保卢斯将军于14日给里布打去电话。两人串通一气，篡改了希特勒的命令，商定四个快速反应师中派遣两个师投向东南部的维什内-沃罗乔克，而不是去东北部的季赫温。[42] 希特勒最后也支持了这个选择，而且还为之进行了有力的辩护。

苏军最高统帅部由于感受到列宁格勒即将崩溃，于是做出了各种选择。首先，要重新建立和这座城市的地面联系，随后阻止德军和芬军在斯维里河会合。这个计划预测第55集团军会从列宁格勒的东南

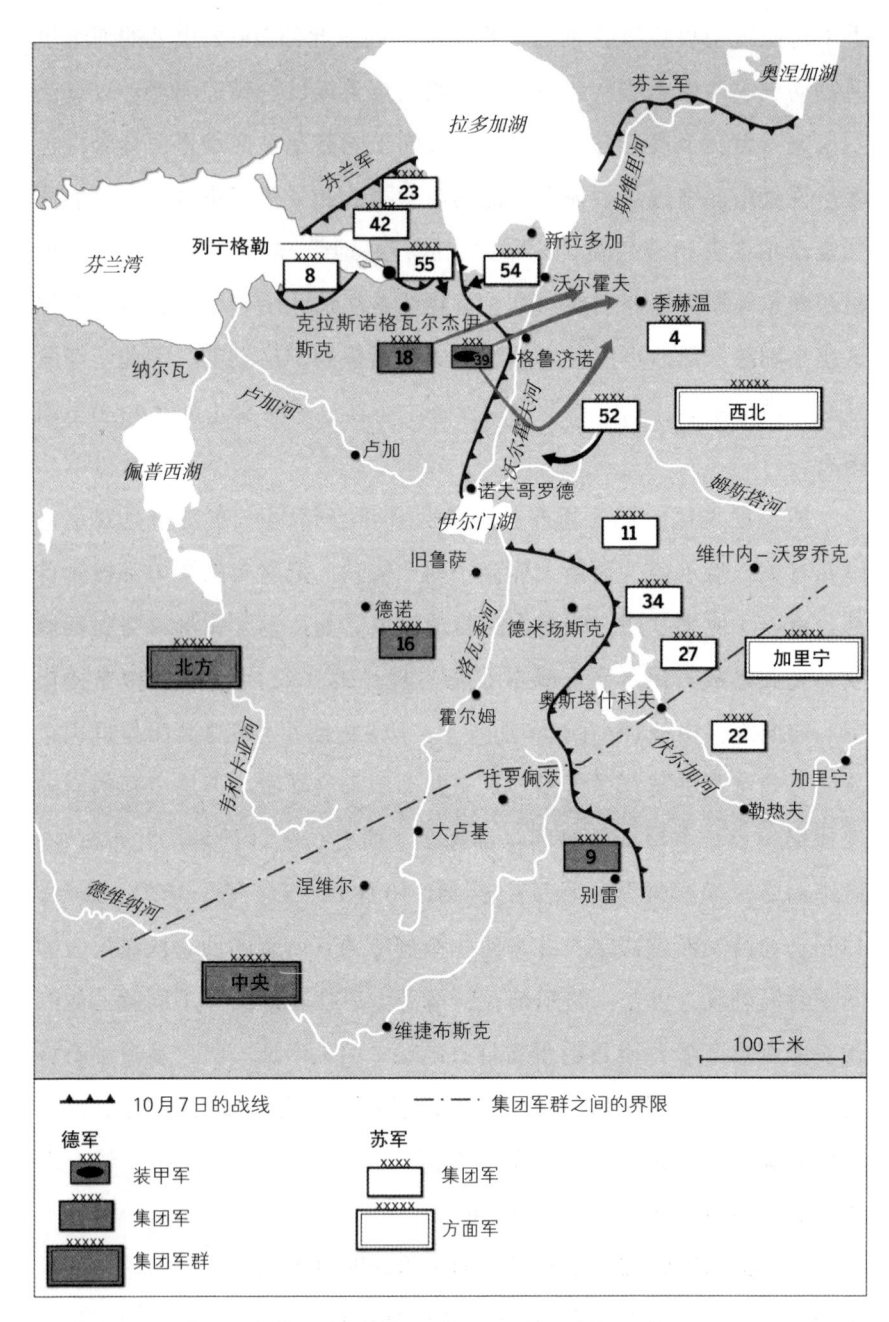

季赫温战役（10月16日—11月8日）

930　第四部　幻想的秋日

郊突然出现，渡过涅瓦河，向西尼亚维诺方向援助从沃尔霍夫赶来与之会合的第54集团军的部队。因此，德军把守的逼仄走廊（12公里）就会从根部断开。为了优先解开围城，最高统帅部就得冒风险。事实上，这样做会让由朱可夫赏识的霍津将军指挥的第54集团军（8个师，聚集在35公里的范围内）获取大量兵力，而另外两个集团军，即排列于沃尔霍夫河岸边的第4和第52集团军获取的物资就会很微薄（6个师，集中在130公里长的战线上）。莫斯科赌德军已没有兵力冒险越过沃尔霍夫河，这片区域零零碎碎的都是水道，60%为湖泊、森林和沼泽，许多地方都没标在地图上。替列宁格勒解围的攻势预计于10月20日发动。

冯·里布率先于10月16日5点30分，冒着10厘米厚的大雪，发起进攻。这次进攻的计划没有做好，他的兵力分到了各个地方，相当分散，由于是把希特勒和哈尔德各自的要求糅合在一起的，所以也能解释计划为什么没做好。两个步兵师全力向北部的沃尔霍夫推进，想要包围霍津的第54集团军，并攻占烟囱日夜喷烟的大型铝厂。第39军的两个摩托化师和一个步兵师将渡过沃尔霍夫河，向格鲁济诺进发，强行突破东北部，向季赫温推进。最后，该摩托化军的一半军力和一个步兵师渡过丘多沃附近的河流，向东南方推进，而在此期间，中央集团军群也已向维什内-沃罗乔克进发。步兵部队艰难地夺取了沃尔霍夫城外的几座桥头堡。尽管苏军大吃一惊，但他们很快就恢复了镇定。他们在格鲁济诺的街巷中打了两天时间，火焰喷射器火苗乱窜，手榴弹横飞。在布满沼泽的河岸间架设两座桥梁比预想的要艰难。桥刚架设完毕，苏军航空兵就将大部分桥体炸毁，苏军航空兵尽管损失惨重，但他们仍然愈挫愈勇。结果，20日，尽管步兵部队占据了一座宽60公里、纵深20公里的桥头堡，但装甲部队始终无法推进一步。北方集团军群的行军日志写道，泥沼极厚，"道路状况太差，只能把坦克留在后面，步行前往"。[43]最高统帅部见行军如此缓慢，便下令向西尼亚维诺发动钳形攻势。第54和第55集团军进攻了三天,却遭遇了惨重的失败。苏军无力钳制对手的炮火,德军的炮火强就强在能快速集中火力。列宁格勒仍旧被围。

23日,苏军第4和第52集团军开始濒临崩溃。但第12装甲师和第20摩托化师并没有往里猛冲,而是倾向于和步兵部队肩并肩地缓慢推进。"我们将会避免以前的错误,即让装甲尖兵部队往前走得太远,"[44]冯·里布在日记里写道,而且他在使用坦克方面也重回彻底保守的路子。苏军最高统帅部趁德军谨慎行进的当口,向第52和第4集团军派出了增援部队。增援部队基本上都是从第54集团军和列宁格勒抽调而来的,其中的一个师是由飞机护航运来的。列宁格勒的总后备军力只剩下了两个师,莫斯科和加里宁才具有绝对优先的地位。斯大林对是否能保住列宁格勒并无信心,冯·里布认为斯大林会放弃这座城市的想法并没有错。列宁格勒就是又一个基辅。德军若是来到斯维里河畔,那2个方面军、7个集团军(共70万人)、波罗的海舰队和列宁格勒的150家兵工厂就会被判处死刑。这对英国人和美国人也将产生灾难性的影响,摩尔曼斯克公路也将随之被切断,后果就更加难以估量。1941年10月23日凌晨4点02分,华西列夫斯基将斯大林的指示向费久宁斯基、日丹诺夫和库兹涅佐夫作了传达。

从你们懒散迟缓的行动来判断,我们可以得出结论,就是你们还没有意识到你们列宁格勒方面军的部队局势有多危险。如果你们接下来几天没有突破,无法和第54集团军重新建立稳固的联系,和后方保持联络,那你们所有的部队都会被俘。建立这样的联系不仅有助于给列宁格勒方面军提供给养,也能在必须放弃列宁格勒时,给他们安排一条向东撤退的通道,避免被俘。要记住莫斯科现在也处于同样危险的局势,没有新的兵力来帮助你们。你们要么在三天时间里突破战线,[……]要么全都当俘虏。我们要求你们快速采取果断的措施。[……]无论你们是否要防守列宁格勒,都必须这么做。对我们而言,[拯救]军队最重要。[45]

10月26日,三人给出了回复,说平民已经开始饿馁而死。"为了向东突破,我们已经调动了11个师和6个摩托化旅,以及第123坦克旅。[……]由于转运这些师太困难,我们只能暂停疏散基洛夫工厂和伊若尔工厂以及通过新拉多加向列宁格勒交付[食品]的工作[……]。"[46]

被封闭在列宁格勒城内的部队发动的进攻并没有起到什么效果,只能阻止冯·里布将第18集团军的兵力转运至季赫温。他如果想转移人员,那他肯定是做不到这一点了。沃尔霍夫外的公路网事实上也只剩几条路况很差的小路,蜿蜒穿行于森林、沼泽、泥炭地里。从10月17日起,雨水和回暖的天气同下雪和夜间骤冷交替出现。带轮子的车子都陷在烂泥里无法动弹。有时给卡车套上找到的履带式牵引车,每小时能推进三四公里。从这些堵塞的公路走,简直就是发疯,更何况苏军的骑兵部队还会不时地前来骚扰。十天时间里,冯·里布向季赫温匍匐前行了40公里。他的后勤补给全无着落,部队只能吃冻得硬邦邦的土豆和死马肉。26日,他来到元首在东普鲁士的司令部。希特勒表达了自己的悲观情绪,说季赫温根本走不到,对手太强大,路又很难走,第39摩托化军岌岌可危。他建议将所有军力转向沃尔霍夫以西。冯·里布反驳道:"回到沃尔霍夫后面就等于是在溃败。"[47]他的大致意思是,我们还能推进。见里布心态如此乐观,希特勒也就任由他继续向季赫温进军。要指出的是,希特勒并非始终都想向东推进。我们会发现11月中旬,冯·博克也有同样的行为,只是后果很惨。

28日,发现冯·博克的中央集团军群还被科涅夫的部队堵在加里宁,冯·里布便召集第8装甲师和第18摩托化师(尚未推进30公里），将他派往季赫温。在等待援军的时候，他向沃尔霍夫发动了进攻。苏军最高统帅部到处都在发动反攻，但10月29日天气再次晴朗，路面结冰，德国空军和炮兵部队得以扼杀苏军的所有企图。11月5日，温度达到零下10摄氏度。48小时内，沼泽、道路、河流全都结了冰。第12装甲师和第18摩托化师趁此时机包围了季赫温，8日进入了该城。第4集团军参谋部侥幸逃脱，可数千名俘虏仍然落到了德军手中。战后，梅列茨科夫想要对第4集团军的这次失败做出解释。"缺乏在沼泽地区这样艰难的条件下的战斗经验，这一点有很大的关系［……］。参谋部失去了控制，部队面对空中袭击毫无防护。地形实在是太难走了。森林和沼泽几乎把沃尔霍夫河与季赫温之间的整个空间都覆盖住了。部队走的那些路上横穿无数河流与小溪。住人的地方几乎见不着。路很少，广袤的沼泽地并不结冰，哪怕温度很低都不会结冰。"[48] "老元帅在写下这些话的时候，并没有忘了补充道，敌军也必须克服同样的困难。冯·博克的损失极为惨重。在15日的一份报告中，第39装甲军说该军下辖的那些营只剩60个人（不是600个人），'士兵的身体已经受不了，抵抗越来越弱。'"[49] 芬军相距已经不到50公里，但冯·里布却已经在怀疑是否能和他们打上招呼。

日丹诺夫：推卸责任的艺术

安德烈·亚历山德罗维奇·日丹诺夫（1896—1948）在1934年的时候踏上了快速晋升的通道，当时他连中央委员会候补委员都不是，却一反常规，当上了中央委员会书记。1934年基洛夫遭暗杀后，他成为列宁格勒当局负责人，基洛夫就是在这里遭到杀害的。1939年，他进入政治局。斯大林把他推向前台，用来和老一辈的卡冈诺维奇、伏罗希洛夫、莫洛托夫抗衡，并且对他多有照顾，从他经常去克里姆林宫办公室这一点就能看出其中端倪。斯大林甚至向自己的女儿斯维特拉娜施压,要她嫁给日丹诺夫的儿子。最后,他成功达到了目的。日丹诺夫身形粗壮,块头大,身穿斯大林式的粗布工作服,留斯大林式的胡子,嗜酒如命,早早地就虚胖浮肿。他是个纯粹的官僚,聪明,善于耍诡计,冷酷无情。他由于健康欠佳,所以许多时间都待在自己的别墅里,因此就有人认为他懒散怠惰,列宁格勒内务人民委员部的负责人库巴特金的报告里就是这么写的。日丹诺夫是大清洗的热情参与者,亲自在176份处决书上签了名。1940年至1941年,他在爱沙尼亚又故技重施。日丹诺夫很了解斯大林。他知道任何缺陷、错误、缺点,斯大林都不会忘,任何时候斯大林都会拿来用,哪怕多年以后也是如此。他总是能为失败找到自圆其说的解释,也总是能找到替罪羊。1941年7月,他担任西北政治部政委的时候,指责卢加作战集群司令康斯坦丁·皮亚基切夫将军擅离职守并逮捕了他。虽然皮亚基切夫将军经过十天的惨烈战斗之后,让莱因哈特付出了惨痛的代价,但总得有人为德军渡过卢加河而负责。在日丹诺夫的坚持之下,皮亚基切夫被判了十年徒刑。华西列夫斯基和沃洛诺夫元帅认为皮亚基切夫是个颇有才能的将领,便于1943年6月25日要求总检察长波奇科夫将他释放,但后者自然秉承斯大林的命令,拒绝了这一请求。皮亚基切夫后来死在劳改营里,死因究竟为何无人知晓。[50]皮亚基切夫1940年写给自己妻子的那些信肯定影响了斯大林对他的态度:"我收到了你的那些被肮脏的爪子打开、玷污的信。上头始终都在监视我们,只是忘了洗手。[……]如今很容易就能当上师长,只要能找出间谍,逮捕间谍和公敌,就能当。这样做就能换取一个岗位。[……]如今只要缴械投降,就能当上军官。我没法接受这一点。"[51]

第一次为解围列宁格勒而发动的攻势失败之后,11月1日,日丹诺夫和斯大林进行了长途通话,他从斯大林的口中听出了辛辣的嘲讽和难抑的怒火,他生怕失去信任,便匆忙找了个替罪羊代他受过。

斯大林：相当奇怪的是，在列宁格勒如此艰难的时候，日丹诺夫同志觉得没有必要来机关一趟，给我们打个电话，和我们分享一下信息。如果莫斯科人不给他打电话的话，日丹诺夫同志有可能都会忘了莫斯科和莫斯科人。[……]我们只能认为列宁格勒和日丹诺夫同志没在苏联，而是在太平洋上的某个地方。快告诉我们您做了什么，您怎么做，您想如何摆脱现在的处境。

日丹诺夫和霍津：斯大林同志，莫洛托夫同志，我们承认自己犯了错。但我们有要事相告。这几天，我们一直在忙着把KV坦克运往涅瓦河的左岸。[……]前天，10月30日，我们在这些坦克的支援下，对左岸发起了攻势。第一天还算比较成功。[……]今天，我们继续发动进攻，迫不及待地期待着成功。[……]对第42集团军、第23集团军和海岸集群的所有对防守已经不抱希望的指挥员，我们对他们的工作都有严格的要求。由于他们的不作为，我们已经从他们那儿各抽调出了一个师，派给第55和第8集团军。我们已经打算联合第80师，在一个滑雪兵团的增援下，在拉多加湖的冰面上进行一次大有好处、效果极佳的作战行动。[……]但第80师[弗洛罗夫担任师长]胆小怯懦，背信弃义，在行动开始前三小时竟然拒绝作战。行动被推迟到了第二天，但突袭的效果已大打折扣。我们向你们发出请求，望能同意我们对弗洛罗夫师长和师政委伊万诺夫进行审判，并予以枪决[原文如此]。方面军军事委员会必须同高级军官中间的胆小鬼和懦夫开战。我们会大量提拔愿意战斗的年轻干部。

斯大林：弗洛罗夫和伊万诺夫必须予以枪决。必须在报纸上广而告之。[52]

这两个人会被枪决，他们的名字也会被抹黑。查阅第80师的行军日志，就会发现该部队奉集团军之命，驻防地换了三次，使之没法及时集中兵力,而且士兵每天只能得到300克面包和一份清汤,马匹由于缺乏草料成批死亡,辎重队和火炮也就没法动弹。这次行动之所以失败,并不是因为失去了突袭的效果,而是因为拉多加湖冰面破裂,许多士兵被淹死。对这份文件分析之后,军事法官伊萨恩可夫认为这纯粹是疏忽所致,所以没有对任何一名将领提出指控。日丹诺夫把他叫去,威胁他,命令他提出叛国罪的指控,弗洛罗夫和伊万诺夫自然也就被判了死刑。[53]因此,军事法庭必须听命于日丹诺夫的命令,而日丹诺夫又深得斯大林信任,在政界位高权重,同时也是列宁格勒方面军军事委员会的委员,这种职位上的混淆不清具有典型的苏联特色。

冯·伦德施泰特濒临崩溃,曼施坦因遭遇挫败

在乌克兰,冯·伦德施泰特的集团军群比冯·里布和冯·博克的军队遭遇到了更大的威胁。之所以会这样,有好几个原因。首先是因为最初的兵力就不足,所以投入战斗的部队消耗得更快。夏季惨烈的战斗已经使他的部队损失了超过三分之一的兵力。除了克里米亚之外,他们要控制广袤的土地,而且道路稀缺(只有一条是铺装路面!),再加上泥泞季,也就分散并且减缓了部队的速度。第聂伯河上的桥梁均已炸毁(第一座铁路桥要到10月26日才修好),更是增加了后勤补给的难度。苏军撤退时完全摧毁了铁路网。因此,第6和第17集团军、意大利和罗马尼亚的部队要穿越的是一片荒凉的土地。只有在克里米亚的曼施坦因的第11集团军和冯·克莱斯特部署在沿岸的坦克部队能收到空投下来的油桶和弹药,也才能继续进行积极的作战行动。11月15日,第6和第17集团军极其艰难地来到了顿涅茨河中游地带。10月27日,冯·伦德施泰特命令他们停在那儿,并告知陆军总司令部没法继续渡河到另一边。该集团军群的仓库当时还在后方300

公里处，亦即第聂伯河的西侧。此外，这些仓库由于没有货物送达，已经空了四分之三。10月，等的是724列火车，结果只来了195列。莫斯科城下也是这样的情况，只是形势更严峻。

冯·克莱斯特的第1装甲集群（很快就更名为第1装甲集团军）的第3军协同三个装甲师于10月12日渡过了米乌斯河。第二天就开始下起了雨，但雨水也没有阻止党卫军警卫旗队师夺取了塔甘罗格。上面下令立即向罗斯托夫冲锋，然后继续向高加索地区推进。但由于缺乏汽油，他们有两天时间没法动弹，这里需要再次指出，是缺乏汽油，不是因为泥泞。22日，开始继续推进，一直来到了一条海岸边的小河，名叫恰尔特里河。装甲部队遭到了两个未被侦察到的新编组的部队第37和第56集团军的反击，并被击退。他们在遍布沼泽的湖岸旁打了整整八天时间。第14装甲师的中尉约阿希姆·施坦佩尔参与了对俘虏的审讯工作。和往常一样，俘虏都争先恐后地骂苏军和政委，说补给跟不上，并承认士兵士气极低。施坦佩尔就开始自问。"这些无稽之谈能说明什么？！我们看着这些俘虏，他们的样子和状况，实在搞不明白苏联人怎么还能打得这么拼命，这么坚强，还能这么不怕死，这么狂热。"[54]敌军被击退，第3装甲军却再次由于缺油，无法乘胜追击。再巧不过的是，一支巡逻队碰到了一条输油管，还能用。依据军需总监瓦格纳日记里的说法，[55]这些燃油都能用，可以让他们继续作战。眼下的目标仍然是罗斯托夫，冯·克莱斯特于是准备发起新一轮进攻，预计于11月6日发动。但由于下起了倾盆大雨，计划全部取消。11月13日，雨停了，但气温骤降，晚上达到了零下10摄氏度。防冻剂桶还没到，坦克都冻在那儿动不了。罗斯托夫还在50公里开外。

1941年11月17日，曼施坦因担任第11集团军司令。对这位雄心勃勃的将军来说，这次终于给他升了职，他早已急得跳脚，所以和上司的关系都很差。曼施坦因对自己军事上的才能相当自负（这点没人会去否认），从1940年起他就担任了军长，当时他还是发起黄色计划的主力,从而给了法国以致命一击。哈尔德不喜欢曼施坦因。他对曼施坦因态度不好,无疑是出于嫉妒。但希特勒希望给曼施坦因升职,他也没法反对,更何况也确实该轮到曼施坦因晋升了。

　　落到曼施坦因身上的不是什么简单的任务。首先是因为这是一个双重任务:向罗斯托夫进军,**并且**夺取克里米亚,两个方向相距90度角,根本不可能做到。他手下的唯一一支摩托化师后来也很快被从他这儿抽调走了。他指挥的是三个德军步兵军(九个师)和虚弱的罗马尼亚第3集团军大部,后者在作战行动时是个累赘。况且,夺取克里米亚也就意味着要冒险进入有利于防守者的地形:那儿几乎无法运兵,通往半岛的通道太过逼仄,还有塞瓦斯托波尔要塞,那是苏联海军的主场。不过,尽管希特勒梦想殖民"哥特人的国度"(哥特区),使之成为今后日耳曼的里维埃拉,但攻占克里米亚并没有列在巴巴罗萨行动之中。只是到了7月9日得知苏军轰炸机从克里米亚起飞袭击了罗马尼亚的石油提炼厂,国防军最高统帅部才有所心动。19日之前,德军发动了九次袭击,摧毁了油罐和1.2万吨石油,后来到11月初之前总共又发动了80次袭击。23日,希特勒在第33号令的附令中把克里米亚半岛及其10座机场添加到了优先夺取的目标名录中。而且,他坚持认为德军攻占塞瓦斯托波尔会有助于改善土耳其人的态度,在这方面,他向来都有所夸大。最后一点,攻占半岛就能让第11集团军和罗马尼亚山地军经过刻赤海峡,进入塔曼半岛,那儿离德国人最为觊觎的石油中心迈科普很近。

　　从陆路进入克里米亚从理论上看似乎有些冒险。总共有三条路,都很窄。从西往东分别是佩列科普地峡(7公里宽)、琼加尔地峡(2公里)和阿拉巴特沙嘴(1公里)。走最后一条路想都不用想。尝试走第二条路的话,苏军的海岸炮台一旦开火,德军就只能撤退,而且损失惨重。那就只剩下了佩列科普。这条地峡被三条防线拦住,此外还有一座旧已有之的用来当作反坦克壕的"鞑靼墙"。穿越这四道屏障之后，还得奔袭25公里长的荒凉盐滩，然后遇到第二道收窄的峡口，那就是伊雄地峡，那儿有几座盐湖宽度只有4公里。事实上，苏军并没有时间在这儿部署强大的兵力。他们始终认为危险会来自海上或天上。不管什么时候，他们都没有想到过对手会越过第聂伯河。所以，他们并没有在陆上一侧设立防御工事，直到1941年7月才在佩列科普（建了14座地堡，其中2座未完工）和塞瓦斯托波尔周围开始修建。

9月24日，曼施坦因率领仅有的一个步兵军和两个师来到佩列科普前方的时候，对阵的是平庸的费奥多尔·库兹涅佐夫指挥的第51集团军，他曾担任过西北方面军司令员。他的七个师相当分散，都是新兵，只受过很少的训练，或者根本就没受过训。三个骑兵师沿海岸巡逻，一个步兵师则留在塞瓦斯托波尔。剩下的三支部队都部署在地峡内，但没有足够的火炮，也没有任何后备部队可用，没有卡车，飞机也少得可怜。所以，尽管经过了激烈的反攻，但在德军炮火的阻截和德国空军的袭击之下，五天之后，他们就被逐出了佩列科普地峡。29日，库兹涅佐夫将兵力撤入伊雄地峡内。德军得以喘息。在此期间，第11集团军的一个军由于完成了亚速海"锅形包围圈"，得以腾出手来，返回曼施坦因这里，在希特勒的要求之下，还有第三个军将会派到他那儿去。罗马尼亚第3集团军的三分之一兵力仍然听命于他，也随时准备战斗。库兹涅佐夫把能用的部队都召集了起来。10月17日，德军六个师在数量略微占优的情况下发起了进攻。这场正面战斗打得极其惨烈，整整打了十一天时间，苏军一公里一公里地被德军击退。22日，从6月22日以来，库兹涅佐夫被第三次剥夺指挥权，由他的副手巴托夫取而代之。克里米亚的所有部队都由列夫琴科海军少将指挥。由于几乎整座半岛都被德军夺取，几个星期后，列夫琴科被捕。他被判六年徒刑，但很快得到释放。他被捕期间，内务人民委员部找到了他的日记，日记中长篇累牍地讲到了库兹涅佐夫和斯大林派去的库利克的昏聩无能，讲部队不受管束，讲恐慌的情绪，讲鞑靼人的背叛行为。[56]

临阵换帅并不能阻止10月28日苏军防线崩溃的命运。曼施坦因立即乘胜追击。他用所有的装甲车辆组建了一支由德国人和罗马尼亚人组成的"齐格勒"旅，以指挥官的名字命名，并以三个纵队的形式，将该旅派去拦截撤退中的第51集团军，并发动突袭，夺取了塞瓦斯托波尔。步兵跟在后面很远的地方，饥渴难耐，因为苏军在本就稀少的井里投了毒。

11月1日，首府辛菲罗波尔陷落。苏军急忙想要增援塞瓦斯托波尔的外围防线，在那儿部署了一支装甲部队，装备不全的海岸炮组，用布雷区和火焰喷射器来守卫几十个地堡掩体。但防守的体系仍然支离破碎，脆弱不堪，而且缺乏纵深。11月2日，港口驻军只有32个营，2.3万人，其中五分之一几乎没有装备。黑海舰队司令海军少将奥克加布尔斯基命令列夫琴科休整五六天时间，把能撤离的东西带走，剩下的物资全部销毁。这座大港、黑海舰队司令部的命运似乎就这么决定了。

尽管四分之三的半岛都是裸露的草原，但余下的四分之一，也就是塞瓦斯托波尔周围的地区却有一小部分密布的山林，最高峰达1545米，还有破碎的高原，道路夹在峭壁陡岸之间。突出于这些道路上方的掩体中有一些部队，如第7海军旅和一个舰队新兵团，他们阻挡住了齐格勒旅的突袭。由于反坦克炮部署得当，这些小规模建制的部队争取了时间，让海岸集团军得以逃脱拦截，前往塞瓦斯托波尔。但第51集团军的大部分幸存者都成了俘虏。11月7日，苏军最高统帅部的一道指令取消了疏散塞瓦斯托波尔的命令。理由很明确：必须守住港口，"要不惜一切代价牵制克里米亚的敌军兵力，阻止他们进入塔曼半岛"。显然，眼见第3装甲军正在向罗斯托夫进军，斯大林相当担心高加索地区的安危。他将所有兵力的指挥权都委托给了出色的海军少将奥克加布尔斯基。从11月10日起，曼施坦因的部队差不多都已聚集在外围防线前，距港口15公里。但由于舰队、高射炮、海岸炮组炮火猛烈，再加上此时已经重组过的防守部队态度坚决，所以他们的进攻没有成功。每天都在发起反攻，德军的步兵越打越少，他们觉得在这种类型的战斗中，自己已经处于下风。第132师的士兵戈特洛布·赫伯特·彼得曼写道："俘虏都穿着海军蓝的军服。他们是海军步兵的精英部队。这么小的一支部队，竟然能向我们倾泻这么多的炮火，给我们留下了很深的印象。所有人都配备了半自动步枪和配备72发子弹弹匣的冲锋枪。我拿到过一把这种枪和几个弹匣，供我自己使用，因为我对我们自己的98K步枪没什么信心，近战的时候，这种枪速度太慢。"[57]11月21日，损失了1.5万人，第11集团军和罗马尼亚第3集团军停止攻袭。26日，苏军最高统帅部最后又派出了增援部队：1个师、66门加农炮和150挺重机枪。突袭没什么好怕的。曼施坦因遭遇了挫败，按常规，他应该会很快发动袭击。

斯大林和希特勒的讲话

11月6日和7日，斯大林向苏联人发表了1941年6月22日以来的第二次和第三次讲话。这两次讲话极富戏剧性。它们起到了极其重要的作用，重新鼓舞了苏联人的士气。10月25日或26日，前线形势略微稳定下来的时候，斯大林想要庆祝十月革命的周年纪念日。维亚济马—布良斯克惨败和首都弥漫恐慌情绪之后，斯大林意识到必须进行一次强有力的宣传活动。依照传统，11月7日红场游行之前，莫斯科市府官员会召开一次会议。斯大林坚持要求两者都要举办。但必须对这两个活动的筹备工作高度保密，千万不能让德国人知道。当然，首都的天空也受到了很好的防护。由克里莫夫上校指挥的第6防空军拥有近400架歼击机。该城的各个路口由800门高射炮呈同心圆的布局进行防守，还配有600个探照灯。但这样的部署仍无法阻止7月22日以来德军50多次的轰炸。10月28日，德军夜间突袭了老城中心。克里姆林宫被16发炮弹击中，发生了数百起火情，96名驻守士兵被炸死。至少首都军队首长阿尔捷米耶夫认为10月6日的会议应在地下召开，7日的游行应该提前两小时，他说这么做是为了欺骗德国人。11月1日，斯大林征求朱可夫的意见：前线的局势是否允许举办游行？答复是这两个星期不用担心，这个答复打消了斯大林最后的顾虑。

他们选择在马雅可夫斯基地铁站的一节地铁车厢内召集党内要员开会，那地方最宽敞，也最深。他们把为了躲避袭击而躲在地铁站内的居民都疏散出去。他们从大剧院借来讲台放在站台上，还装饰了地毯、花朵、列宁的半身像，海报上写着"庆祝十月革命24周年"。一节车厢临时改建成了自助餐车。莫斯科电台进行摄制。还派出了一架专机，去疏散地寻找大剧院三名最优秀的播音员。警报声于17点25分响起，警报结束的时间为18点20分。四分钟，载着斯大林的那节车厢驶入了车站。他身边是政治局委员、政府要员、莫斯科市政府官员。苏联这个国家仍然屹立不倒，正在向全世界展现自己。

斯大林的讲话风格就是喜欢重复和训诫，而且语调单调，这次讲话时间相当长，讲话内容真假参半，深入的分析和很明显的错误也比比皆是。

> 战争已经进行了四个月时间，我必须强调的是，危险不仅没有减弱，而且相反还在变大。敌人已经夺取了乌克兰、白俄罗斯、摩尔达维亚、立陶宛、拉脱维亚、爱沙尼亚的大部分地区，还有其他相当多的地区，如顿巴斯；黑云盘旋在列宁格勒的城墙上空，威胁着莫斯科，我们光辉的首都。[……]我们陆军和海军的战士让敌人流了很多血。[……]但他们没把这些士兵的鲜血当回事，[……]集中所有兵力，一心想要赶在冬季之前攻占列宁格勒和莫斯科，因为他们很清楚冬天对他们来说不会有任何好处。四个月时间的战争，我们已经损失了35万人，37.8万人

失踪，102万人负伤。［……］毫无疑问，四个月的战争之后，德国的人力储备已经濒于枯竭，他们会比苏联更弱，我们的后备兵力现在才刚刚开始全面铺开。［……］德国法西斯侵略者认为他们能用一个半月或两个月的时间打败苏联，他们能一直打到乌拉尔地区。［……］我们必须认为这个疯狂的计划已经完全失败。（掌声）那究竟该如何解释"闪电战"在欧洲成功，在东方失败呢？［……］［德国法西斯］迫切希望联合英国和美国，创建一个广泛的联盟来对抗苏联，［……］遏制革命的幽灵。［……］德国人采取的策略就是利用各国各阶级、各国和苏联之间的矛盾，这招已经在法国见效，法国的领导人害怕革命的幽灵，所以放弃了抵抗。［……］德国的法西斯战略家认为同样的事情也会发生在英国和美国的身上。可悲的是，德国法西斯把有名的赫斯派去了英国，想要说服英国的政治家们加入这场对抗苏联的战斗。但德国人大错特错。（掌声）尽管赫斯使出了浑身解数，但英国和美国不仅没有加入德国法西斯侵略者对抗苏联的战斗中，而且相反，还和苏联站在了同一个阵营里。［……］另一方面，德国人认为苏联的体制脆弱不堪，苏联后方也很脆弱，所以相信经过最初猛烈的打击之后，扛不住，工人和农民之间就会爆发战斗，苏联人民也会发生暴动。［……］苏联的后方从来没有像现在这样牢固。（极其热烈的掌声）很有可能，其他国家损失了这么多的领土，就会无力承受这样的苦难而四分五裂。如果说苏联的体制能如此轻易地经受考验，［……］这也就意味着现在这样的体制会永远持续下去。（极其热烈的掌声）。德国侵略者认为红军和红海军很弱。［……］但在这一点上，德国人又是大错特错，他们高估了自己的实力，低估了我们陆军和我们海军的实力。当然，我们的陆军和我们的舰队还很年轻，他们只打了四个月，还不是特别专业。［……］但首先，我们军队的士气优于德国军队，因为他们是在保卫自己的国家不受侵略，他们坚信这是正义的事业，而德国军队发动的是侵略战争。[……]之后，德国军队由于深入我们的国家，远离自己的后方，不得不身处敌对的环境，遭到我们游击队员的［攻击］，军需无法供应。[……]红军军事上失利的原因是什么？一个原因就是欧洲没有开辟第二战场来打击德国法西斯军队。事实上，在现在这个阶段，欧洲大陆上并没有英国或美国的军队和德国法西斯军队开战。[……]我们国家孤身奋战，正在打一场解放战争，没有得到任何国家的军事援助，而德国人却有芬兰人、罗马尼亚人、意大利人、匈牙利人的协助。[……]但欧洲大陆上肯定会出现第二战场，这一点丝毫不存在疑问，而且不久的将来就会出现，这样就会大大改善我们军队的处境。[……]德国帝国主义者及其军队的失败将不可避免。德国侵略者道德败坏，已经不再有人的脸孔，而是沦为了残忍的禽兽，仅仅这样一个事实即可表明他们很快就会死亡。但如果想要希特勒侵略者及其军队很快死亡，道德因素并不是唯一的决定因素。还有另外三个主要因素，它们的力量越来越大，在不久的将来，希特勒强盗帝国主义的失败将会不可避免。首先就是德国帝国主义分子在欧洲后方很脆弱，欧洲的"新秩序"很脆弱。[……]只有柏林的希特勒那帮白痴才理解不了沦为奴隶的欧洲人民将会起来反抗希特勒的独裁统治。苏联、英国和美国会支持他们，这一点谁会怀疑？[……]另一方面，德国后方本身也很脆弱。[……]德国人民正在发生改变，反对继续进行战争。[……]最终，他们会和苏联、英国、美国联合起来抵抗德国法西斯帝国主义分子。[……]现代战争就是发动机的战争。谁能在发动机的生产上取得压倒性的主导地位，谁就会打赢战争。如果我们把美国、英国和苏联的发动机产量加起来，我们的发动机就是德国人的三倍。这就是希特勒匪帮帝国主义即将死亡的一个理由。[58]

没完没了的鼓掌之后，乐队奏起了《国际歌》。然后，地铁站的穹顶之下，响起了大剧院的歌手的歌声。大家还在向斯大林鼓掌，这样的热情并不是假装出来的：每个人都觉得自己见证了一个独特的时刻。

翌日7点55分，斯大林和苏联各大要员站在红场列宁墓上方搭起的看台上。克里姆林宫绵长的城墙上一字排开第二层级的官员，最重要的是，外国媒体的代表也在那上面。人们移走保护这座圣地的伪装和沙包，没有人，或者说几乎没有人知道红场空空荡荡。天上下着雪。德国的飞机不敢贸然来这儿。但出于安全考虑，同一时间，在备用首都古比雪夫也安排了一组游行队伍。如果德军攻击莫斯科，电台就会转播古比雪夫的游行。克里姆林宫钟楼的钟声响了八下，这时，布琼尼元帅骑着一匹白马从斯帕斯基门进入了广场。人们这才发现主持阅兵的是他。他跃马来到士兵面前，士兵们高喊乌拉。乌拉声停止之后，斯大林开始讲话。

> 红军和红海军的士兵和水手同志们，指挥员和政治工作者们，工人们，集体农庄庄员们，知识界的工作者们，敌占区的兄弟姐妹们，暂时受到德军匪帮桎梏的你们，摧毁德国侵略者后方的我们英勇的游击队员们！值此伟大的十月革命24周年之际，我代表政府和布尔什维克党向你们致敬，向你们表达祝贺。［……］如今，我们的国家正处于艰难困苦的时刻。你们要记得1918年，我们还在庆祝第一个十月革命纪念日的时候，我们国家四分之三的领土还落在外国侵略者的手中。［……］我们既没有盟友，也没有红军，红军还处于草创阶段。我们缺少面包、武器和装备。有十四个国家和我们开战。但我们并没有绝望。［……］

今天，我们的形势要比二十三年前好得多。我们的国家不仅在工业和农业生产上，也在原材料上取得了长足的进步，如今，我们也有和我们在同一条战线上打仗的盟友。饱受希特勒暴政桎梏的欧洲各国的人民都对我们心存同情，支援我们。［……］再过几个月，半年，或许短短一年时间，德国将因为罪行罄竹难书而分崩离析。［……］欧洲各国被奴役的人民会将目光投向我们，是我们解放了他们！［……］我们伟大的先驱给我们树立了英勇的榜样，亚历山大·涅夫斯基、德米特里·顿斯科伊、库兹马·米宁、德米特里·波扎尔斯基、亚历山大·苏沃洛夫、米哈伊尔·库图佐夫都在这场战争中激励着我们。列宁胜利的旗帜会照耀着你们。[59]

这番讲话没有讲出真相。局势的严峻被相对化了，而此时德军距离红场已只有80公里。只讲了德国国防军的损失，可事实上，苏军的损失要多出六倍。但苏联人民今后记住的却是领导人的乐观主义精神，提到的是俄国历史上了不起的人物。没有人能立刻听到讲话。红场上风太大，音效很差。负责拍摄的莫斯季诺赫罗尼卡摄制组后来很晚才得到通知，他们什么都拍了下来，但就是没法把声音录制下来。必须几天后在克里姆林宫大厅内的陵墓上重新设置讲台，重新录制这个场景。斯大林又讲了一遍，配上阅兵的画面，1942年2月23日播送到了全世界。只是他的大衣上没见到雪，嘴唇上也没有水汽。11月7日的庆典最后以2.8万人、200辆坦克和同样数量的加农炮、1000匹马、数千名武装工人和志愿民兵列队游行作结。齐鸣的炮声掩盖了整整五分钟的《国际歌》的歌声和无休无止的乌拉声。然后，2.8万人顶着狂风大雪，登上了有轨电车，电车把他们放在了沃洛科拉姆斯克的堤道上。那儿是罗科索夫斯基的第16集团军的驻地。就在前线。

游行和讲话给人留下了什么印象呢？对数万名参与其中的莫斯科

人来说当然留下了不可磨灭的印象。对外国人而言，庆典表达的是信心和强烈的士气。即便是对持敌视态度的人而言，他们私底下的日记也认为斯大林干得很漂亮，赢得了象征性的胜利。

佩尔文采夫吐露了心声：这个国家正在径直走向死亡！即便军人也都在这么想。这个63岁的格鲁吉亚人［……］还能说什么？他作为部队的总指挥，已经放弃了俄国最富饶的一片土地［……］！流了这么多血，遭受了这么多苦难，所有希望都在破灭，他该怎么解释？［……］俄国仍然被斯大林催了眠，也好。如果催眠不行，部队就会逃之夭夭，叛变和当逃兵就会遍地开花。[60]

"斯大林的讲话产生了巨大的影响，我发现我周围的人都开始改变了看法。比如帕维尔（连帕维尔都这样了！）今天就说德国人是不可能拿下莫斯科的，我们会一直抵抗到最后胜利为止，"普里什文在日记里这么写道。[61] "从我从其他人那儿了解到的情况来看，讲话产生了影响"，话向来不多的科学院院士韦尔纳茨基写道。[62] 帕尔钦斯基则认为11月6日的讲话比7月13日的要更成功。[63] 尽管前线传来不利的消息，但格奥尔基·叶夫隆认为："红场上出现红军的游行队伍很棒，先前的十月革命周年纪念日一向都是如此。斯大林也在场。［……］不，我绝对相信，就算希特勒拿下了莫斯科，我们还是能战胜他。"[64]

第二天，11月8日，希特勒照例去慕尼黑发表讲话，庆祝1923年那场失败的政变。他并没有去市民啤酒馆，1939年，格奥尔格·埃尔泽试图刺杀他之后，这座啤酒馆就不再营业了，但他去了雄狮啤酒馆发表讲话。尽管纳粹党的所有领导人都出席了这次讲话，但马路上并无往昔涌动的人群。前一天，英国皇家空军通告说他们会进行轰炸，却并未付诸实施。但150架歼击机仍然如临大敌，保持高度戒备。18点15分，希特勒开始讲话，语调咄咄逼人，戈培尔在日记里记下了这一点。他照常辱骂了丘吉尔，说他是"精神错落的酒鬼"，骂完之后，又马上攻击犹太人。他们要对战争负责，在苏联，"尽管斯大林站在舞台的前面，但我们能从他背后看到卡冈诺维奇和所有那些犹太人，他们枝枝权权，人数众多，领导着一个庞大的帝国"。可怜的卡冈诺维奇！他已遭到斯大林的边缘化，受到羞辱，自己的兄弟也不得不在战争开始前自杀，反犹偏执狂希特勒却把他看作最高领导人。不过，攻击犹太—布尔什维主义乃是希特勒的日常做法。这次讲话新奇的地方在于，里面并没有出现一个月前的战争必胜的叫嚣。希特勒和戈培尔都想再次进行新一轮的宣传。战争会长于预期，也更为血腥。人民必须为此做好准备。"[6月22日,]趁敌人还没打击我们，我提前了24个小时就发起了进攻。[……]要相信我，这是我这辈子做出的最艰难的决定，我知道这样做会把我们拖入一场极其艰难的战斗中，但我希望只要采取速战速决的方式，就能有更大的几率赢得胜利。[……]不仅对德国而言，而且对整个欧洲来说，这都是一场生存或死亡的战斗。"必将赢得胜利的夸大之词不再出现。甚至从1939年9月1日开始，希特勒第一次提到了战败。"我这一生经常都在当先知。[……]我想再当一次：我们永远不会在德国见到1918年11月的情形。这种情况不会再发生。我们什么都能想象，只有一件事不能：德国永远不会投降。"坏消息还是得向德国人宣布："当我们的敌人说：好，战斗会持续到1942年。会尽可能地持续下去。打到最后的会是德国。[……]此时此刻正在决定欧洲接下来数千年的命运，这一点毋庸置疑。"[65]讲话结束后，士兵的信件、党卫军保安局的报告都异口同声地说：没人会相信圣诞节前能赢得胜利，也没人相信部队不会在俄国过冬。

奥尔沙会议

1941年11月12日上午，弗朗茨·哈尔德离开了东普鲁士的安格堡，乘上"欧罗巴号"专列。和他一同出行的有陆军总司令部各部门的主要负责人冯·格罗尔曼（代表作战处处长豪辛格）、金泽尔（情报处）、瓦格纳（后勤处）和布勒（组织处）。中午，他来到了明斯克。他在日记里写道，这座"城市几被夷为平地，不过还有近一半人口住在那里（10万多居民）"。他跟帝国铁路局的当地负责人和第707保安师师长冯·贝希托尔斯海姆将军进行了交谈。哈尔德对谈话内容只字未提，但我们可以猜出他着重谈的应该就是铁路交通遇到的那些巨大困难。他们为58个师生产出冬季装备，却没法运到明斯克：运送弹药和汽油的货车才具有最优先的地位。毫无疑问，总参谋长还和激进的反犹分子冯·贝希托尔斯海姆谈到了冯·博克的后方安全问题。白俄罗斯东部、普里皮亚季沼泽、布良斯克附近都有游击队出没。10月初的包围战之后，就有苏军军官率领几百名携带武装的士兵加入游击队的队伍。游击队的突袭越来越大胆。他指出一些桥梁被摧毁，火车发生脱轨，落单的车辆遭袭击。这些还都只是小事，但柏林就很警觉。冯·贝希托尔斯海姆还向哈尔德大吹特吹他的两个团发动突袭，"平定"叛乱的战果：10月1日至15日，"有2721名俘虏，其中2053人遭枪决"，10月11日至11月10日，"10940人，其中10431人遭枪决"。[66]大部分受害者都不是游击队员，而是犹太平民，妇女、老人、儿童占了大多数，补充进第707师的立陶宛警察部队也在同一时间杀害了数万名犹太人。明斯克是德国和中央集团军群之间火车定期运行的一个大站。从10月底开始，装载德国犹太人的列车就会经过这儿，将他们流放到白俄罗斯的犹太人隔离区，而且事先会杀害那儿的苏联居民。11月12日，我们在冯·博克部队的行军日志里读到："中央集团军群总司令获取口头情报，必须（优先）确保铁路运输，以期再次发动攻势。几乎与此同时，他还获知好几列载满犹太人的列车从该国出发，驶往集团军群的后方区域。他提出严正抗议，让参谋长向哈尔德将军报告，说必须不惜一切代价阻止这样的行为，装载犹太人的列车前来，会让列车无法用于作战行动。"我们并不知道哈尔德的答复，但在这个问题上，他的内心并不会受到折磨，他在纽伦堡就作了伪证，说他对别动队的任务一无所知。

傍晚时分，火车向东驶去。晚上，列车驶入白俄罗斯边境地区破旧的奥尔沙站台，旅程结束。军官们注意到此时天气发生了变化。雨停了。如大家所料，现在结冰了：可以再次作战。次日10点，三军参谋部的三位参谋长，以及第18、第16、第9和第4集团军，第2装甲集团军，第6和第17集团军的参谋长也都登上了专列。这十个人，还有各自的作战处处长，我们认为还会有情报部门负责人的陪同，这些人对其各自所在部队的真实状况都有很好的了解；他们的指挥官按照规定，都已就他们对哈尔德的提议采取何种态度做了通报。陆军总参谋长想要打这一场遭遇战，在这方面他能说了算。事实上，总指挥布劳希奇由于11月10日突发心脏病已没法做出决策。希特勒1941年不再进行军事决策，而是让哈尔德做决定，11月7日，哈尔德写道，元首"同意我们对军事局势的看法"。[67]从9月6日到12月8日，希特勒对东线军队没有发过一项指令，这一点颇能说明问题。哈尔德和历史相遇在了奥尔沙。

按照普鲁士的传统，哈尔德制订作战行动计划之后，要获得东线军队各主要将领的一致同意。若是没有打定主意，他是不会来的。他自行决定，采用了两个可行的选项，两者的措辞简明扼要：保存意图和行动意图。第一个选项就是不要再费神费力，而是准备过冬，以期最大限度保存军力，1942年结束战争。这个认为仅仅一场战事无法解决问题的想法得到了所有人的采纳。第二个选项就是他们估计在下大雪结冰和瘫痪机动作战能力的严寒之间还有短短一段时间,可以趁这段时间继续行动。哈尔德对军队的状况了如指掌。11月6日,布勒寄给最高统帅部和哈尔德的一份报告[68]就写得很详细:"步兵师的战斗能力比最初的战斗平均下降了65%。[……]装甲师的战斗力下降了35%。[……]摩托化师和摩托化旅则下降了60%。[……]"在这样的情况下,"现有的136个师仅相当于83个师",其中仅有8个装甲师。哈尔德对后勤补给方面所遭遇的极其严重的困难也心知肚明:缺乏作战必需的三分之一到三分之二的列车,50万辆卡车中有三分之二没法使用,冬季服装还没有到,部队食物不够。

面对俄国冬季即将来临这一暗淡的前景,哈尔德如果还够冷静、够专业的话,定会选择保存意图:尽可能筑壕固守,等待冬季过去。可他没这么做,而是刚愎自用,结果就成了1941年12月德国军队遭到惨败的首要负责人。他冷冷地向陆军总司令部快速反应部队的负责人赫尔曼·巴尔克上校说:"世界上没有哪个国家能从我们手上抢走我们在这场战争中的胜利。"哈尔德在准备巴巴罗萨行动的时候就认为自己能拿下莫斯科。为了达到这个目的,他不停地在和希特勒斗智斗勇。如果能在距克里姆林宫80公里的地方放弃这个目的,就说明他有智慧,有意志力,而不会被专业上的自负和"马恩河综合征"带偏。这一点必须严加注意。从1914年起,高级军官阶层就在反复思考1914年失败的原因。但归根结底,他们始终没能明白施里芬计划这个如此精确、如此聪明的作战行动计划其实也……充满了自以为是。所以,他们从心理层面上进行了解释:关键时刻缺乏意志力。哈尔德不想成为这场战争的小毛奇。夺取莫斯科只不过是意志力的体现。而他来奥尔沙也是要强加自己的意志力。

11月7日,为了准备奥尔沙会议,哈尔德给各大部队的参谋长发了一份11页的"绝密"文件,并附了一张地图。他在文件中说他相信苏军在基辅和维亚济马—布良斯克遭到如此惨重的损失之后,已无力维系一条从波罗的海到黑海的持续不断的战线。他的推论是，他们只能对两个最重要的地区进行防守，这两个地方分别是莫斯科和高加索地区。哈尔德的想法并没有变，他一再强调，这两个地区中，只有莫斯科才是战争持续下去的唯一一个关键因素：五条铁路线将这座城市和乌拉尔地区连接了起来，这里也是苏军得以再生的唯一一个地方。因此，必须不惜一切代价，哪怕要冒风险，也要将莫斯科和它的大后方隔离开来。哈尔德在地图上画了两条线。第一条指的是立即发动攻势就能最低程度达成目标。这条线从斯维里河中部通往罗斯托夫，经过莫斯科东部250公里处，然后沿着顿河而去。它的优势是可以和芬军会合，把雷宾斯克和雅罗斯拉夫这些工业地区纳入德国麾下，切断通往莫斯科的所有铁路线，还能使伦德施泰特占据一个有利的地形，便于今后攻占斯大林格勒和高加索地区。第二条线野心更大，在前者的基础上再靠东100到150公里。这样便可将高尔基和斯大林格勒这两个工业中心、迈科普石油中心都囊括在内，一方面，切断俄国中部（伏尔加河中游、乌拉尔地区）和高加索地区的所有联系；另一方面，将俄国中部与摩尔曼斯克，经沃洛格达，到阿尔汉格尔斯克的这一片地区全部截断。各集团军早已精疲力竭、伤亡惨重，参谋长们惊讶地发现军队的首脑竟然还正儿八经地想要向东发起进攻，在长达2000公里的战线上，平均推进350公里，也就是说他想要占领比法国大出一倍半的领土。

奥尔沙会议10点钟开始，哈尔德先做了战略报告。[69]他说巴巴罗萨行动的"基本概念"就是在1941年做出决策，以期将大部分的军事重心放到英国身上，所以也就是放到德国的空军和海军身上。由于各种原因，这个想法已无法"100%达到"，其中既有"自然因素"，但主要也因为敌人实力"惊人"之故。即便苏联削弱"至少50%"，它所剩下的潜力也太大，无法如预期那样到1942年将它"置于监管之下"。换言之，东部战线仍会处于活跃状态，但由于空军和海军具有优先性，所以德国的地面部队就会遭到削弱。从现在的局势来看，必须在接下来的几个月内，"给敌人造成尽可能多的损失"。所谓的"尽可能多"与11月7日发给与会者的地图上标出的两个变量有关。东线外国军团负责人金泽尔上校承认，从这个方面来看，先前对苏军军力的预测并不是特别准确。6月22日，敌军有140个师。如今，尽管遭受了巨大的损失，他们还有160个师。考虑到大部分兵力缺乏训练和军官，金泽尔认为苏军如今的军力相当于6月22日的75个师。更为尴尬的是，1942年，苏军似乎还能继续征兵，制造大量武器。他们到时还能部署160个师（比6月22日多出20个师）和40个装备精良的装甲旅。金泽尔自以为纠正了错误，其实还是犯了错。9月和之后的10月，苏军对后方各部门梳理了两遍之后，又在前线部署了270万人（新征募了100个师和100个旅）。[70]哈尔德无疑意识到这些数字对与会者产生了影响，便打断金泽尔，指出这些预测表明有必要在12月31日之前夺取高尔基、雷宾斯克、雅罗斯拉夫、斯大林格勒和迈科普这些大型兵工中心。但他也承认南方中央集群只有到1月才能开始向最后两座城市推进。之所以可以夺取这些相距遥远的目标，是因为"尽管我们已经变得虚弱，但我们仍然处于追击阶段。敌军的状态比我们差，正在濒临崩溃。发动新攻势完全说得通：如果不这么做，那我们明年就会付出惨痛的代价"。

这时，陆军总司令部组织事务（兵员、物资、新部队）负责人布勒将军开始发言，使本已沉重的气氛变得更为沮丧。他的观点是，为实施巴巴罗萨行动所作的各种努力已经难以持续下去。1942年年中之前，人员损失无法得到补充。为了使部队的兵力保持在能正常运转的水平，就有必要解散现在在俄国境内的15个步兵师。除了坦克之外，将无机动车辆可用。每个装甲师将会损失500辆卡车，步兵师将完全无机动车可用，后勤部队三分之一的货物都得用马拉。军需总监瓦格纳给出的也是如此凄惨的前景。1942年初，前线将会发现缺乏弹药可用，因为夏季的时候，有一部分生产厂已经改建成了生产空军物资的工厂。再把这些厂家改过来需要时间。在此期间，库存会下降。但届时最严峻的问题会出在交通运输领域。中央集团军群和南方集团军群得不到足够的物资，北方集团军群只有最低限度的物资可用。只有以牺牲其余物资为代价，才能将冬季装备运达，因此，1942年2月之前将无法交付货物。

用完午餐后，各参谋长发表讲话。冯·里布的2号人物布伦内克将军说北方集团军群已无足够兵力继续向北推进。他们唯一能执行的任务就是清除固守于奥拉宁堡袋形阵地内的苏军第8集团军。他注意到哈尔德已不再提及沃洛格达，也不再提和芬军在斯维里河畔会合的说法。但苏军持续不断的反攻肯定也使冯·里布更为悲观。南方集团军群参谋长冯·索登施特恩将军替冯·伦德施泰特表达了反对发起新的进攻的态度，无论是推进至顿河以后，还是到迈科普，都不行。他对索登施特恩说，这样会让我们的王牌机动部队第1装甲集团军一蹶不振。最后，中央集团军群的格莱芬博格将军奉博克之命讲了话，只有他同意发起新的进攻，但目标远没那么宏大。11月11日，冯·博克在电话里是这么向哈尔德解释的："在我看来，您在地图上所描述的那些值得花费力气达成的目标，冬季之前是做不到的，因为我们已经没有必需的兵力，还因为缺乏火车，也就没法给部队提供给养。当时，我在下达包围莫斯科的命令时，认为梁赞—弗拉基米尔—卡里亚辛这条线'值得夺取'，可现在即便是这条线也拿不下来。如果我们真的到了对包围莫斯科绝对必不可少的科洛马—奥列霍沃—扎戈斯克—德米特罗夫一线，我认为那就上上大吉了。"第3装甲集群的几位参谋长（并没在场，但读了他们的信件）和第2装甲集团军的参谋长对此持更为否定的态度，对让他们冒着大雪派遣坦克推进到莫斯科之外的想法很不认同："发动机和机器可不会听命令，"第一个人说；"现在不是5月，我们也没在法国，"[71]第二个语带嘲讽，认为让他的装甲部队推进到莫斯科以东400公里的高尔基的想法完全不可行。

用完晚餐之后，哈尔德在会议结束的时候说他不会再考虑11月7日的备忘录所制定的目标。但他又说在剩下的时间里，也就是说到12月中旬，部队必须"倾尽所有人力"。即便不去斯大林格勒，南方集团军群也必须不惜一切代价向东推进。中央集团军群即便无法在莫斯科大显身手，也必须"向该城尽力施压"。而北方集团军群则必须想尽办法在斯维里河向芬军"伸出援手"。其他目标（沃洛格达、高尔基、斯大林格勒和迈科普）都放到明年夏季。就在22点20分告辞之前，各位参谋长听到哈尔德说"苏联的力量已遭到清除"，最棘手的敌人还是英国。实在让人无法理解的是，陆军总司令部的首脑竟然宣称苏联这个国家已经死亡，但德军四分之三的兵力还要在那儿至少待到1942年。这又是个错误，一连串的错误，似是而非的结论，对敌人的估计不足，从巴巴罗萨计划制订以来，这些他都要负责任。"欧罗巴号"专列又踏上了去往东普鲁士的道路。11月14日拂晓，在莫洛杰奇诺车站，有人通知哈尔德，说2万苏军俘虏在邻近营地因患黄热病而死。他写道："在周边地区的营地没有黄热病，但每天都有俘虏成批饿死。太可怕了，但目前似乎对此无能为力。"[72]

哈尔德并没有在奥尔沙获得他想获得的支持。德国所有的军事思想家所要求的成功的主要先决条件已经不存在：在目标的达成上，将领们都和他持不同意见。这样的局面已经造成了一个很大的危机，到了12月，就会对高级指挥层造成很大的伤害。事实上，哈尔德很清楚他们已经无法，而且也不愿从两翼推进。巴巴罗萨行动在这两点，也就是夺取列宁格勒与迈科普、和芬军会合方面已经失败。中路的冯·博克派出的代表同意战事的首要目标是夺取莫斯科，至少也要包围莫斯科，但这是哈尔德的看法，并非希特勒的看法。因此，冯·博克和哈尔德都要为接下来的惨败负责。尽管所有人都在喊部队已经打不动了，不堪重负的铁路会更难以承受负荷，冬季装备无法运达，但两位将军却只按自己的心意来讲故事，丝毫不顾现实。在他们的故事里，到12月中旬，天气都会很温和，故军无法有效保卫首都。他们甘冒风险，不采取过冬的措施，而是让军队鲁莽行事，照哈尔德的说法就是，"多一点点运气"，局势就会对他们有利。两人对战争采取了孤注一掷的做法。由于希特勒并没有对他们施加过大的压力，所以他们都是在按照自己的心意行事。

专业理性的做法遭到破坏，其深刻的根源必须在日耳曼的军事文化中去寻找。首先是作战和后勤之间的关系。对哈尔德而言，所谓开战就是"实施作战行动"。这部分很重要，必须由他这样的知识分子来完成。后勤排在后面。我们并不同意美国人的观点，美国陆军后勤部队的布里恩·萨默维尔将军有过一句名言："上层的战略决策本质上就是后勤方面的决策。"[73]我们还注意到克劳塞维茨几乎把后勤部门完全给忽略掉了。他这么做还情有可原，毕竟他写作的时候，大规模的机械化军队还没有出现。哈尔德对军需总监的要求并不太高。他特别希望后勤部门不要太引人注目。他对了解对手的后勤体系也没多大兴趣。比如，尽管陆军总司令部可以从德国的22家向苏联人交付700个E型机车头的企业获取大量信息，或者从该领域最优秀的专家奥托·维德-泰克斯托尔博士那儿了解情况，但他们对苏联的铁路仍所知甚少，这一点着实令人惊讶。哈尔德并不理解，从10月以来，作战行动拼的就是后勤法则，而不是反过来。

日耳曼军事思想的第二个缺陷就是太信任意志力。克劳塞维茨的著作中也存在这方面的问题。老毛奇信奉的就是这一套。他写过，越是强弩之末，越是要破釜沉舟。最后一刻必须立于不败之地，命运就会在这一刻和这位伟大的统帅相会。从这个角度来看，就像我们前面说的，德国参加第一次世界大战的将军们都患上了"马恩河综合征"。

最后，也是最基本的一点，就是哈尔德不愿改变巴巴罗萨行动的中心思想：只能通过一场战事取得胜利。他已经在四五场"关键战役"中赢得了胜利，军事学院没有哪个学生敢梦想如此辉煌的战绩。他已经俘获了300多万名俘虏，缴获的物资可绰绰有余地重新装备一遍德国国防军。敌人已经"岌岌可危"，用肩膀撞一下，就能把他撞入深渊。所以，他才始终认为最后时刻向莫斯科进军就是在乘胜追击而已。他并没有反思苏军在加里宁和莫扎伊斯克防线上的表现。虽然经过了五个月的艰苦跋涉，但他仍然不想花时间让士兵、牲口和车辆喘上一口气，反而让他们继续以现在的状况再次投入战斗。他对俄国真正了解多少？不好说。空军很少对纵深地区进行突袭和侦察。当然，金泽尔上校告诉他的那些数字更是增强了他的看法。但怎么能相信这么一个经常会出错的人？他也没有重读科尔玛·冯·德·戈尔茨[*]1883年写下的这几句话，这些话用在他身上很合适："懂得限制自己的目标是统帅的首要美德。1812年的拿破仑就缺乏这样的美德，才招致失败。1812年8月15日起，从斯摩棱斯克向莫斯科继续发动攻势就是在冒很大的风险。这个关键性的行动应该成为1813年春季第二场战事的核心，而冬季应该用来进行准备工作。拿破仑非要一刻不停地只用一场战事来完成自己的事业，实在是高估了自己的能力。"[74]

注　释

1. Hellmuth Stieff, *Briefe, op. cit.*, p. 133–134.
2. Von Bock, *Das Kriegstagebuch*, p. 288.
3. Ic/AO vom 14.10.41 «*Feindbeurteilung*», In: KTB HGr Mitte, A, f.246 f.
4. Von Bock, *Das Kriegstagebuch*, p. 288.
5. Radey & Sharp, *The Defense of Moscow*...., p. 229.
6. Halder, *Kriegstagebuch*, vol. 3, p. 274.
7. Annexe au KTB du 41e corps motorisé, 11.10.1941, NARA T314/980.
8. TsAMO F. 208, Op. 2511, D. 1029, L. 80. In: *Joukov v bitvé pod Moskvoï. Sbornik Dokoumentov.*, sous la rédaction de Zolotariov, Moscou, 1994, doc n° 9.

[*] 科尔玛·冯·德·戈尔茨（1843—1916），男爵，普鲁士陆军元帅和军事作家。

9. TsAMO F. 208, Op. 2511, D. 1029, L. 61. In: *Joukov v bitvé pod Moskvoï. Sbornik Dokoumentov*, sous la rédaction de Zolotariov, Moscou, 1994, doc n° 10.

10. *Skrytaïa Pravda Voïny: 1941 God*, p. 168–172.

11. Jack Radey 和 Charles Sharp 的研究工作相当出色，本章很大部分归功于他们的研究。Voir *Was it the Mud?* Journal of Slavic Military Studies, 28: 646–676, 2015.

12. Cité par Radey et Sharp, *Was it the Mud?* Journal of Slavic Military Studies, 28: 646–676, 2015, p. 661. Entrée du 7 octobre.

13. *Ibid.*, 26 octobre.

14. Fedor von Bock, *Zwischen Pflicht…*, *op. cit.*, p. 296.

15. J. Hürter, *Ein deutscher General…*, *op. cit.*, p. 96. Lettre du 23 octobre 1941.

16. W.P. Reese, *Mir selber seltsam fremd*, p. 115.

17. Von Bock, *Das KTB*, 15.10.1941, p. 295.

18. KTB Mitte Ia, 15.10.1941, in: BA-MA, RH 19I/74, f.96.

19. *Helmuth Stieff Briefe*, p. 132.

20. *The war diaries of a panzer soldier…*, p. 54–56.

21. Svetlichine, *Kroutyé Stoupeni Soudby*, p. 87–88.

22. TsAMO. F. 16. Op. 946. D. 41. L. 19. Cité in: E. N. Koulkov, O. A. Rjechevski, M. Y. Miagkov, *Voïna 1941–1945 gg. Fakty i dokoumenty*, p. 46–47.

23. TsAMO F. 208, Op. 2513, D. 83, L. 350–351.

24. TsAMO F. 208, Op. 2511, D. 1029, L. 249–253. In: *Joukov v bitvé pod Moskvoï. Sbornik Dokoumentov*, sous la rédaction de Zolotariov, Moscou, 1994, doc n° 31.

25. Efron, *op. cit.*, p. 473.

26. TsAMO F. 208, Op. 2524, D. 18, L. 10, in: *Skrytaïa Pravda Voïny: 1941 God*, p. 186–187.

27. TsAMO F. 326, Op. 5045, D. 4, L. 5, in: *Skrytaïa Pravda Voïny: 1941 God*, p. 185–186.

28. KTB Hr. Gr *Mitte*, 16.10.1941.

29. TsAMO F.500. Op. 12462. D.548 L.308.

30. TsAMO F.148a, Op. 3763, D.93, L.78, in: *Stavka…*, p. 254.

31. TsAMO F. 208, Op. 2511, D. 24, L. 19–20.

32. TsAMO F. 208, Op. 2511, D. 250, L. 117–128. In: *Skrytaïa Pravda*, p. 193.

33. TsAMO F. 208, Op. 2511, D. 250, L. 117–128. In: *Skrytaïa Pravda*, p. 190–198.

34. *Voïna 1941–1945*. Vypousk 2, sous la rédaction de S. Koudriachov, p. 120–121.

35. TsAMO. F.500. Op. 12454. D.115 L.41–14. Rapport du 2.11.1941.

36. TsAMO F. 208, Op. 2511. D. 230. L. 71–78. In: *Skrytaïa Pravda Voïny: 1941 God*, p. 175–180.

37. TsAMO F. 358. Op. 5914. D. 1. L. 3. In: *Skrytaïa Pravda Voïny: 1941 God*, p. 184.

38. Cité par Martin Gareis, *Kampf und Ende der fränkisch-sudetendeutschen 98. Infanterie-Division*, Eggolsheim, 1956, p. 163.

39. TsAMO F. 208, Op. 2524, D. 10, L. 131–135. In: *Joukov v bitvé pod Moskvoï. Sbornik Dokoumentov*, sous la rédaction de Zolotariov, Moscou, 1994, doc n° 32.

40. KTB groupe Nord, 7.10.41, 18h20, p. 1052.

41. Von Leeb, *Tagebuchaufzeichnungen…*, p. 366.

42. KTB groupe Nord, 14.10.41, 19h30, p. 1052.

43. KTB groupe Nord, 21.10.41, 19h00, p. 1106.

44. Von Leeb, *Tagebucaufzeichnungen…*, p. 380.

45. RGASPI F. 77. Op. 3s. D. 126. L. 10, in: Lomagin, *Neizvestnaïa Blokada*, p. 127.

46. RGASPI F. 77. Op. 3s. D. 126. L. 4–5, in: Lomagin, *op. cit*., p. 127.
47. KTB groupe d'armées Nord, 26.10.41, Bespr.- und Vortragsnotizen, vol. 2, 117.
48. Meretskov, *op. cit*., p. 236–237.
49. AOK 16, Ia, KTB Nr 5, Teil 2, Anlageband T.
50. Zviaguintsev, *Na vesakh Femidy*, p. 113.
51. *Ibid.*, p. 112–113.
52. RTsKhIDNI F. 77 Op. 3s. D 126 L. 86–95 in: Lomagin, *Neizvestnaïa Blokada*, p. 79.
53. *Voïna na vesakh Femidy*, p. 170.
54. Joachim Stempel, *Wir müssen ran, wir griefen an!*, Aspekt, 2014, p. 191.
55. *Der Generalquartiermeister…*, p. 212.
56. AP RF F. 3. Op. 50. D. 455. L. 98–151. In: *Voïna 1941–1945*, Vypousk 2, p. 156–177.
57. *In deadly combat. A german soldier's memoir of the Eastern Front*, BCA, 2002, p. 53–54.
58. J. Staline, *O velikoï Otetchestvennoï Voïné Sovetskogo Soiuza*, 2010, Piter, p. 16–29.
59. *Ibid.*, p. 32–35.
60. Mletchine. *Odin den bez Stalina. Moskva v oktiabre 41-go Goda*, p. 138.
61. Prichvine, *op. cit*., p. 672.
62. Vernadski, *op. cit*., p. 63.
63. Parchinski, *op. cit*., p. 103.
64. Efron, *op. cit*., p. 512.
65. Max Domarus, *Hitler. Reden…*, *op. cit*., vol. 4, p. 1772–1781.
66. Voir Christian Gerlach, *Kalkulierte Morde*, p. 610–620.
67. Halder, *KTB*, vol. 3, p. 283.
68. OKW, *KTB*, 1940/1941, I/2, p. 1074.
69. 这次会议的资料基本上都在第18集团军的档案中。H. Gr. Nord, Chef des Generalstabes, Ia Nr.769–41, *Niederschrift über die Besprechung beim Chef des gen StdH*, am 13.11.41, in: AOK 18, 35945-1.
70. 参阅什恰坚科1942年3月13日写给斯大林的报告，in: *Voïna 1941–1945*, Vypousk 1, p. 123–127.
71. Guderian, *Souvenirs d'un soldat*, p. 291.
72. Halder, *KTB*, vol. 3, p. 289.
73. *Managing World War: The Army Service Forces and General Somervell's Rules for Getting Things Done*, Tomasz Dominiak, 11.09.2018 [https://thestrategybridge.org/the-bridge/2018/9/11/managing-world-war-the-army-service-forces-and-general-somervells-rules-for-getting-thingsdone?utm_source = The+Bridge&utm_campaign = 4dbc8f0d2f-RSS_EMAIL_CAMPAIGN&utm_medium = email&utm_term = 0_bcf191ca0f-4dbc8f0d2f-562229033].
74. Colmar v.d.Goltz, *Das Volk im Waffen*, p. 241.

第十六章
露天修罗场

> 1942年1月31日，舅爷爷死了。2月6日，舅奶奶死了。2月25日，妈妈死了。3月8日，奶奶死了。1942年3月8日，我8岁，就我一个人了。3月18日，一对小共青团员找到了我。妈妈是8日死的，我是18日被找到的。我不知道这十天时间里发生了什么事。那是我记忆里的一个黑洞。我和尸体一起待了十天时间。[1]
>
> ——伊莉娜·波戈达诺娃，列宁格勒居民

从1941年6月22日到1942年春，苏联400万手无寸铁的人死去，不是阵亡，而是德国当局针对平民和军人的决策所致。200多万战俘、80万列宁格勒居民和住在德国国防军占领区内数目不详的平民死于饥饿、寒冷、疾病或虐待，后者数目当不低于100万。就算是作战行动导致了秩序崩溃，大多数死亡其实都能避免。为此，就必须将德国当局在西欧实施的法律规范扩展到苏联人身上。纳粹出于意识形态和经济上的考量，不愿这么做；德国国防军以"军事必要性"为由，也不愿这么做。

列宁格勒，集中营式的围城

从发动巴巴罗萨行动开始，希特勒对列宁格勒看重的程度就超过了对莫斯科看重的程度。1940年12月18日的第21号指令便预测会让中央集团军群改道，前去援助北方集团军群，攻占这座涅瓦河畔的城市。只是到了后来，莫斯科才成为最主要的目标。首先，列宁格勒这座城市不仅仅具有"布尔什维克革命摇篮"这样的象征价值。希特勒在这方面说得很少。但他同意海军领导层的看法，认为必须优先摧毁波罗的海舰队，夺取喀琅施塔得岛上距列宁格勒30公里、坐落于芬兰湾尽头的主要基地。这样，波罗的海就能成为德国的内海。和瑞典及芬兰密集的经贸交往也能得到保障。对地面部队而言，该城的陷落也能便于他们从北部向莫斯科进军，同芬军会合，攻占大约150家兵工厂和研究中心，无论从数量还是质量上来看，这些兵工厂和研究中心并不输于莫斯科的。1941年7月7日，冯·里布的任务得到了军队总指挥布劳希奇的批准："北方集团军群必须夺取彼得堡。"[2]两天后，他欣喜若狂地认为苏联人已无力守住这座城池。

7月15日，哈尔德在日记里写道："集团军群的任务并不是夺取列宁格勒，只是把它孤立起来。"[3]后来，在国防军最高统帅部的日记里或希特勒的指令里，就再也没见到要求攻占或占领这座城市的任何痕迹；只是说要对它进行围攻或包围。围攻列宁格勒的决定来自希特勒。这个决策来得出其不意，并没有任何军事上的必要性。事实上，1941年7月中旬，苏联已经损失惨重，德国全国一片欢腾，西北方面军的抵抗也不再激烈。8月26日，冯·里布一直都认为自己能夺取这座城市，他认为敌军很清楚自己坚守不住。此时，还没有人提出巷战会打得很艰难，苏联人会拼死抵抗这样的说法，基辅的炮声也要到9月20日才开始轰鸣。

捍卫德国国防军的人战后想象出来的各种理由都没有道理：列宁格勒围城和历史上数以千计的围城战并不相同。死伤惨重并不是其主要的不同之处：之所以独特，是因为围城者的意图使然。事实上，只有攻占城内的重要设施、城墙、商店、交通要道等，才能将守城者和城内民众饿得奄奄一息，使之心生惧意。于是，从7月18日起，哈尔德按照希特勒的设想，书写了列宁格勒的命运："元首坚决做出夷平莫斯科和列宁格勒的决定，以免冬季还必须给留在城内的民众提供食物。空军必须彻底抹除这些城市，不必使用坦克。"[4]希特勒提出的理由表明，不单单是要摧毁基础设施、潜在的工业设施或十月革命的象征，还要将民众驱逐出去，从而也就无须承担使他们活下去的责任。这些民众会发生什么情况，被驱逐到哪儿去？尽管希特勒大致指的是东部的方向，但戈培尔立刻就猜出是什么地方："谁都无法说清数百万人在不久的将来会发生什么情况。我觉得这场灾难的规模将难以估量。"[5]这是预谋已久的群体灭绝罪。

冯·里布反对希特勒的决定。不是出于人道主义的理由，而是因为他发现自己无法获得列宁格勒征服者的名号，还因为他觉得把德军的两个集团军长期阻隔在外的做法很荒唐。不过，国防军最高统帅部和陆军总司令部，还有第16和第18集团军都支持希特勒的解决方案。海军抵制的时间略长：他们无法理解为什么港口设施和大型造船工地也必须得摧毁。冯·里布和海军一样，最终迫不得已，只能接受。事实上，从9月19日起，北方集团军群自大量装甲部队离开之后，就已没有兵力攻占这座城市了。9月29日，海军的联络官通知北方集团军群，元首认为必须"收紧列宁格勒的包围圈，用各种口径的火炮和空军持续不断的轰炸将之夷为平地"。[6]从那时起，北方集团军群就必须尽量靠近城市，协调各军种夜以继日地轰炸之。10月7日，约德尔给布劳希奇写了一封信，说得更明白："元首重新决定，万万不能接受列宁格勒投降，稍后也不得接受莫斯科投降，即便对手主动提出也不行

[……]。德军士兵一律不得进入这些城市内部。"[7]12日,这项命令发给了北方集团军群。此后,情况就很清楚了。历史上从未见过列宁格勒这样的围城战:竟然要把一座大都市变成露天停尸场。在纽伦堡法庭上,[8]冯·里布说他曾准备和伏罗希洛夫进行商谈,如果他提议的话,会希望通过西尼亚维诺走廊将所有民众疏散至东南方,也就是苏联未被占领的地区。这个所谓的解决方案等于是在说他们不愿在北方集团军群后方接收列宁格勒人,并把责任推给苏联人。但我们还是得承认,陆军元帅清楚地指明,不让受到围困的人投降,这样的围城战在军事上就显得很荒唐。

完成这项任务在军事上的首要条件就是切断列宁格勒和后方的联系。9月8日,这件事已经做到,第18集团军夺取什利谢利堡之后,地面联系已经中断。从这时起,城市的补给只能通过拉多加湖航运或飞机空运。德军永远不会尝试跨过涅瓦河、攻占湖西岸的做法。他们指望芬军这么做,面对芬军,苏军的抵抗似乎不会很厉害。但芬军没有动,英国和美国政府给芬兰政府寄来威胁信,使其不敢轻举妄动。他们把球踢给冯·里布,要他先跨过涅瓦河,这让他万万没有想到。因此,包围圈就没法像德军高层所希望的那样收得很紧。他还得攻占2500平方公里的后方区域和拉多加湖上70公里的窗口。最近的乌里茨克的郊区离德国的炮组也有8公里,市中心还要远,距离达16到18公里。德军最多只能投入远程火炮。和冯·里布在纽伦堡法庭上所说的相反,在需要达成的目标清单中,电力中心、配水设施、燃料仓库、商店、面包厂、屠宰场、集体食堂都排在第42和第55集团军的防线及兵工厂的前面。但由于缺乏弹药,轰炸的规模始终都不算太大。从1941年9月4日到1942年2月28日,共发射了16158发炮弹,相当于每天100发,每天每平方公里不到1发。这更像是在骚扰,目的是摧毁民众的士气。而德国空军由于任务太多,所以也就只零星进攻了几次。曼纳海姆则禁止芬兰空军飞越到城市上空。[9]在围城的872天里,炸弹和炮弹约杀害2万平民，仅为饿死者的五十分之一。将城市夷为平地的目标看来是做不到了。哈尔德研究了使用毒气的可能性，但又担心英国人的报复，因为英国在这方面比他们更先进，所以也就放弃了这个计划。[10]11月9日，向季赫温发动攻势，这么做的目的是切断拉多加湖和东部的联系，但12月7日，苏军又夺回了这个重要的十字路口，并重新建立了航运线。但交通运输中断了四个星期，还极大地恶化了食物补给方面的问题。原本还是缓慢待毙，这时候压力陡然增加。

第16和第18集团军司令既担心饥民成批逃出，又担心第42和第55集团军发动袭击。他们收到了格杀勿论的命令。瓦尔利蒙特为了不让士兵屠杀成千上万的妇女和儿童，提议用电网建一个隔离区。[11]这个提议没有得到批准。后来，他们采取的仍然是布雷和设立炮位这些传统的做法，希望饥民在进入步兵机枪射程之前就成批死去。空军也接到尽可能切断拉多加湖和结冰期"冰路"交通运输线的命令。如果说摧毁运输补给的列车是围城战的传统目标，那使用SD-2杀伤性炸弹炸毁难民离城乘坐的列车就是一种新的做法，空军对此没有提出任何异议。

希特勒为什么决定要灭绝列宁格勒的居民呢？应该不会是对他们特别讨厌所致。1941年10月17日夜间，他对司令部的一番独白可以对此做出解释。"我们不会进入俄国的城市，它们自己就能彻底死绝。我们不用有什么顾虑。我们不是奶妈，用不着对这些人有什么义务。[……]我们只有一个责任，就是日耳曼化，让德国人去那些地方，把当地人当作印第安人对待。[……]是因为恨吗？不，我们没有这种情感；我们是通过思考来行动的。[……]我说这话的时候相当冷静。我认为自己就是历史意志的执行者。"[12]我们只有把希特勒的决定同德国各部以及党卫军制订的更为庞杂的那些计划相比，才能理解他的这个决定。前面提及的赫伯特·巴克制订的绿色计划想要把那些没用的人口从生存空间里清除出去,从而将粮食产品运往德国。列宁格勒的300万居民就是"俄国粮食短缺"的牺牲品,也是森林或大型工业区短缺的牺牲品。大饥荒的主谋者戈林毫不掩饰地对齐亚诺伯爵说:"今年,俄国会有2000万到3000万人死于饥荒。也许只能这么做,因为有的人必须被消灭。"[13]按照这种"限制粮食供应"的做法,德军不接受任何形式的投降,除非会导致苏军向防线方向疏散。事实上,集团军和集团军群都认为无论是在当地,还是在后方,自己都无法向城里的居民供应食物。9月18日,北方集团军群的军需总监对第18集团军的同僚说,他不准备对列宁格勒人采取任何措施。"每一列运输给养的列车[只要是运给居民的],都会减少德国的配给量。最好是我们的同胞有粮食吃,俄国人挨饿才对。"[14]9月9日,军需总监爱德华·瓦格纳在给妻子的信中毫不掩饰地说:"虽然我们不想去说,但对北方战事而言,这种情况几乎已经定下来了。首先,彼得堡[列宁格勒]只能被抛弃;350万居民的城市全都由我们来提供食物,我们还能怎么办?多愁善感在这儿没有用。"[15]

日耳曼化的计划同样预示着生活在涅瓦河河口的俄国民众将会消失不见。从东方总计划的各项指令来看,[16]取而代之的将会是20万日耳曼侨民,他们会被安置在英格利亚,这是该地区的瑞典语旧称。有的计划说总共会有3100万苏联人,有的计划则是4600至5100万人,会被驱逐到西伯利亚。没错,这些计划是到1942年才敲定下来的,但日耳曼人在涅瓦河、克里米亚、塔夫利和比亚韦斯托克地区建立殖民地的想法在1941年的时候就公开讨论过,尤其是希姆莱和埃尔哈德·魏策尔圈子里的人都在讨论这事,希姆莱应该是始作俑者,而埃尔哈德·魏策尔则是此事的主谋者。尽管东方总计划只是一个彻头彻尾的空想,但那只是因为战争局势发生出其不意的转变所致。在列宁格勒,条件完全允许实施这一大规模的计划。为了完成纳粹的乌托邦梦想,必须得有数千万人死亡,而80万饿死的列宁格勒人只不过走在了前头而已。

苏联的疏散行动

即便不了解德国人的大屠杀计划，苏联人也有好几种方式来反对这个计划。敌人原则上并不同意"打开城市"和让城市投降的解决方法，斯大林也不同意。因此，只能囤积食物，预先疏散民众，竭尽全力破除封锁。1953年之后，斯大林受到指责，说他对列宁格勒的命运漠不关心，甚至对这座向来桀骜不驯的城市怀有明显的敌意。这个说法毫无根据。在他的眼里，这座城市具有极其重要的地位，也极具象征意味（革命的摇篮，"我们的第二个首都"），具有重要的工业地位（10%加工工业的潜力）和重要的军事地位。关于最后这点，斯大林认为，如果没有中央集团军群的援助，北方集团军群在这座大都市面前根本就动弹不了。斯大林考虑到伏罗希洛夫兵败如山倒，确实下过命令，说要把舰队、港口和兵工厂悉数摧毁，但9月中旬，朱可夫一旦稳定了局势，他就改变了主意。梅尔库洛夫接到过将140座战备物资和弹药工厂炸毁的命令，但并非所有的工厂都被摧毁了。后来，斯大林就再也没有考虑过要放弃这座城市。列宁格勒方面军和西北方面军在解除包围，损失了许多人。从1941年9月到1943年1月，共计有五次突围的尝试，1942年1月前就有三次。尽管没有一次成功，但错并不在斯大林身上，而是投入的资源不够和方面军司令员无法协调各集团军之间的行动所致。而斯大林对日丹诺夫发去的大量电文明白无误地表明，若是无法守住城池，必须优先让军队脱离陷阱，而不是民众。牺牲后者以拯救前者这一点似不应怀疑。

战前囤积食物的可行性极低。没人能想到德军会打到涅瓦河。1930年到1941年间，这座城市的人口从200万增长到330万，各大库房不堪重负。6月22日，严格实施配给制度之后，储备物资勉强够用，物资能消耗15到40天时间。但库存物资超过一半都已在夏季耗尽，由于缺乏车皮，正常的货运物资已经无法运入。如果说德国空军摧毁巴达耶夫仓库使几天的消耗量转眼成空，居民的行为就更是大大加剧了这种局面。但由于和芬兰冬季战争的前车之鉴，以日丹诺夫为首的当地政府并未去阻止民众在冲突爆发的第一天抢购物资的行为。疏散者只能随身携带20公斤的行李，所以一部分粮食后来就在疏散者的家里腐烂了。柳德米拉·谢苗诺瓦·诺索瓦记得，有个胆子大的邻居让她撬锁进入已经疏散的人家家里，才使她免于一死。他们在那儿找到了大量战利品，有面包和面条，可以让他们撑下去。[17]1941年7月16日，负责补给的人民委员会副主席阿纳斯塔斯·米高扬让三个特别委员部的代表将运往后来被侵占的西部地区的粮食改运至莫斯科和列宁格勒。但那些人怕被炸，决定不把粮食储存在列宁格勒，而是放到往南25公里的普希金，后来，德军到来之前，那儿的一部分粮食就被烧毁或变质了！8月26日，国防委员会一个由莫洛托夫和马林科夫率队的代表团决定设立一个供三个月之用的粮食储备中心。但储备中心还没建成，德军第18集团军就已经到了那里。

之所以如此混乱，都是因疏散所致。国防委员会7月11日发布了命令，但考虑到这项任务规模太大，所以命令还是下得太晚。命令涉及140个军工单位，其中就有基洛夫工厂，这是苏联最大的工厂，员工就有3.9万人。德军已经夺取了普斯科夫，芬兰军队也已向卡累利阿发起了攻势。民众排在了优先疏散名单的最末尾，比政权的敌人、机器、原材料、工程师和技术员、高级技工、适龄当兵的年轻人、政府要员排得靠后得多。环境混乱不堪，权限彼此冲突，下达的命令也互相矛盾，结果包围圈合围的时候，90%多必须出发的生产物资和专家还在城里。同样的局面在其他地方也在发生，但在列宁格勒，这样的迟滞和混乱就没法原谅了，因为冯·里布的军队速度奇快，而且地理上也有其特殊之处：两条大铁路线其实是从南部过来的，而那个方向很危险。民众处境艰难,而最后几班火车却用来驱逐大约3万名芬兰裔和德裔的苏联人,[18]还有各种不可靠分子、非布尔什维克党的旧党员、普通罪犯、妓女。有些人离开的时候受到百般的照顾。9月,女诗人安娜·阿赫玛托娃、作曲家德米特里·肖斯塔科维奇、讽刺作家米哈伊尔·左琴科都消失不见了。另一些特权人物在最后几班列车享用专用的包厢。在前往新西伯利亚的旅途中,演员尼古拉·切尔卡索夫、女演员叶卡捷琳娜·科尔察吉娜-亚历山德洛夫斯卡娅以及批评家伊万·索列尔津斯基都认为,过上三个月就能回来,到时候胜利的会是德国。他们还严肃地讨论了纳粹对科尔察吉娜担任最高苏维埃代表一事是否会感到不安。[19]

对有些人(不管是名人,还是普通人)来说,坐上一辆卡车或公交车离开城市,在8月27日以前还是可以做到的。伊莉娜·波戈达诺娃当时8岁,到最后都没能离开。"我们是可以离开的。我们在卡车上有两个位子。妈咪和我已经坐在驾驶室里了。但司机不认识路,要一个人陪着他。妈咪怕有人上来,位子太挤,就决定等下一辆车。那天是最后一天,包围圈已经把我们围了起来。"[20]年轻姑娘们争先恐后地想要嫁给有望得到疏散的工厂里的工人。[21]在拉多加湖的码头上,内务人民委员部把准备离开的无票乘客全都赶下了船,甚至把过载的栈桥都弄翻了。许多犹太人家庭都在想方设法离开。有传言说到处都在大屠杀,大多数人都很害怕。反犹情绪一如往常,甚嚣尘上。"所有的犹太人都在逃离;他们都有法子,容易逃跑。他们都是偷偷摸摸跑的,手段之灵活、高明,令人匪夷所思。"[22]著名画家安娜·奥斯特鲁莫娃-列别杰娃在日记里这么写道。她深受政府关照,有车和司机可以用,可她仍然对犹太人喋喋不休,认为他们诡计多端:"[疏散]所引起的烦躁不安和歇斯底里的情绪都是犹太人的手笔,大多数情况下,他们都是天生的懦夫,善于耍手腕,可以钻空子,不用上前线。就算他们不得不应征入伍,也能在参谋部、后勤部等办公室的角落里

第十六章 露天修罗场 969

找个位子。他们中许多人都会逃避义务劳动,不愿挖壕沟,要是假期取消了,他们就会在家里度假。"[23]1941年8月29日,基洛夫区委员会投票通过了一项有关"反犹谣言、反犹主义以及与之作斗争"的决议。决议指出,不仅基洛夫厂和其他工厂的工人中间反犹行为或言论比比皆是,居民也大都如此。[24]

但并不是每个人都想离开。许多人都对不可知的未来感到害怕。维诺库洛夫在日记中写道,许多地方都在传,说苏联其余地方已是饥馑遍野。还有些人害怕失去自己的公寓或公共公寓内的房间。在这一点上,他们的直觉并没有错。解围后,一部分疏散者遭到了拒绝,不让他们返回列宁格勒。甚至在经历了围城的第一年冬天之后,柳芭·沙波丽娜仍然不愿疏散,去莫斯科见儿子,或去第比利斯见丈夫。1942年6月23日,她写道:"疏散之后,我们就会失去几平方米的住房和财产。对我来说,疏散就是死亡。我宁愿在这儿自杀,也不愿在火车上得伤寒死。"[25]安娜·奥斯特罗莫娃-列别杰娃也是这个看法。"一片恐慌!一片疯狂![……]离开城市,迷失在广袤的空间里,和绝望的人以及疯疯癫癫的人为伍,就等于死亡、毁灭……我宁愿被炮弹炸死在家里,宁愿饿死,但那好歹是在自己的家里[……]。而且女人都不愿离开。她们的丈夫要么在这儿打仗,要么在这儿服役。"[26]

8月27日之后,个人就没法离开了。只有政府指定的人可以按他们指定的顺序离开。因此,9月13日到10月25日之间,情势危急之下,靠空运就运走了3万名技术员、7000名患病的平民以及贵金属库存。当时动用了50来架飞机,没法再动用更多的飞机了。10月,114245个人通过水路离开了这座城市。从11月11日起,拉多加湖的冰层相当厚实,可以走。十天后,辟出了一条维护良好的道路,运行了1500辆卡车,这条路将"岛屿"(列宁格勒)和"大地"(苏联其他地方)连接了起来。这些卡车共运输了七八月间本应离开的27%的物资。斯大林优先选择的是工业物资，而非人。到了11月份，他仍然在继续要求列宁格勒将KV坦克和火炮输送到全国其他地区。但当时什么都缺：电力、石油产品、原材料、合格的劳动力（无论是疏散，还是动员，都征不到）。斯大林的这些要求让民众过得更惨。民用领域被完全牺牲掉了。消费品几乎不生产了。民众再也弄不到煤油、煤，没有电可用。城市没入黑暗和寒冷之中。有轨电车和公交车都已停运。水管冻住了，面包铺也都瘫痪了。12月，几乎所有的兵工厂都开始停止生产，只有18家工厂接通战舰上的交流发电机产生电力。员工只能维护维护装备，要么就胡乱闲逛，无所事事，大多时候都躺在机器间铺开的垫子上，就着一点光亮，吃食堂做的饭菜。

到了1942年1月27日，眼看饥荒越来越严重，国防委员会才决定疏散一大部分民众。为了执行这项任务，他们派出阿列克谢·柯西金去列宁格勒，全权处理该城的事务。柯西金组织能力很强，他抵达之后一个星期，就让最初几列车队冒着严寒出发了。到1942年4月15日，有554186人从这条路逃出了生天。[27]疏散委员会的标准既有实用性的目的，也有政治性的目的。清单上排在最前面的都是政府和内务人民委员部的家庭成员，工厂的工人和管理人员及其家属，可以动员的人，学徒、专家、大学生、老师和科学工作者及其家人，军事院校的学生。近80%的疏散者都属于这些类别，孤儿院里的孩子只排在第七列，147500名夏天过来的难民已被人遗忘。概而言之：488703名居民在德军到来前就已逃离，244199人是在9月和1月中旬之间这段时期离开的，554186人是被柯西金疏散出去的。[28]逃离的人数总共是1287000人。这些数字都是从1942年4月26日波普科夫的一份报告里摘出来的，算上难民的话，大约还有250万名居民被围在城内。[29]

出生于1925年4月的列宁格勒人薇拉·罗加娃就是拉多加湖冰面上这条"生命通道"的交通调度员。

第十六章 露天修罗场 971

德军不停地轰炸这条33公里长的生命通道。必须找出炮弹坑,用牌子标出来。您知道,冰面很不可靠,始终都在动。我们必须找出裂缝。经常发生卡车掉下去的情况,如果这样,就必须疏散乘客,再把他们安置到另一辆开往大地的车上。还必须在路上精确地标示箭头路标,这样卡车才不至于落到芬兰人或德国人的手里!我们一直都在冰面上,冒着暴风雪,风刮得很猛,而且气温也会降到零下35摄氏度。他们轰炸的时候,我们根本就没地方躲。如果一辆卡车出了故障,就必须和技术援助部门联系,让他们派一队人过来。我们担负着很大的责任,司机把我们叫作"仙女"绝非偶然。我们都很清楚这份工作有多重要。交通必须尽可能地顺畅,带去的是面粉,带回来的就是女人和孩子,这样艰难的时刻,正是这一点支撑着我们。我们没有时间掉眼泪。每一队里都有三个女孩子。我上完三个小时的班,另外两个女孩子接下来也是轮流当班。我们就睡在帐篷里,帐篷就安在雪橇上。我们手里始终提着一盏灯,别人都叫我们"蝙蝠"。夜晚特别漫长。经常会刮暴风雪,能见度变得很低,卡车没法停。有一次,我想现在是夏天了,就让孤儿院里的孩子坐上了两艘驳船。船身上有两个硕大的红色十字架,很显眼。德军就把船打沉了。波浪上飘着几顶帽子,后来又出现了孩子的玩具。我们在那儿都哭了……[30]

疏散人员的伤亡情况也很严重,毕竟路程长达7到10天,要去沃洛格达、雅罗斯拉夫和伊万诺沃,条件又这么原始。沃洛格达的一个公墓就有2万名遇难的疏散者。逃出来的人中有四分之一由于身体太弱,无法继续行进,就直接去了医院。为了从德军炮火底下成功疏散这么多人,他们夜里就得冒着刺骨的寒风,在厚达75厘米的冰面上行进50公里,这点必须归功于苏联政府。[31]这件事和其他情况,如工业化、工厂大迁移以及这场战争本身都有相同的性质：政府进行一项事业，就会倾尽全力，不惜任何代价，紧急动员一切力量，哪怕造成混乱，要费尽九牛二虎之力，也在所不惜。

亡者之城

在1941年9月9日（第18集团军包围城市）和1942年4月（运抵大批粮食，疏散部分民众）期间，数十万列宁格勒人饿死、冻死、病死。官方数字是632253人，但这个数字一直在不停地往上调，达到80万，甚至是100万。显然，我们很难了解确切的数据，因为我们并不知道9月的时候到底有多少人待在城里：300万？350万？秋季，由于缺少船和飞机运输，平均每天只能运入172吨粮食，而需求量则是2000吨。相较之下，1948年至1949年，柏林的空中桥梁运行期间，美国空军每天能运送1570至4700吨粮食。苏联人和美国人不同，他们把弹药送进城里的时候，还得遭受德军炮火的攻击，但运输工具却仅为后者的二十五分之一。

这样一来，面包配给量的减少也就难以避免了。7月，一名工人每天能获得800克面包，9月12日降到400克，11月13日是300克，11月20日是250克。每天的热量则从1976大卡降至618大卡。职员的配给量则从600克暴跌至125克（1482大卡跌至309大卡），没工作的人和未年满12岁的儿童则从400克降至125克。面包的数量也是同样的下降曲线。10月，大家都往面粉里掺燕麦，11月，则掺向日葵籽，后来又掺泥和纸。7月，一名工人的肉类配给量为每月2.2公斤，11月是1.35公斤，其他类别的人员则降到了每天12克或15克，相当于一片红肠的量。面制品和脂肪的配给量也在猛跌，丝毫无法弥补作为主食的面包配给不足的问题。马路上的行人都很虚弱，营养不良，走路跟跟跄跄，倒在地上。到处都可以见到尸体，马路上、公寓里、广场上、码头上、医院里……都没人会看上一眼。身体保存下来的一丁点能量还得耗费在商店门口排队上面，或者耗在集体农庄的集市上。大家现在都去那儿，把自己有的东西都卖掉，以惊人的黑市价买一片面包或一点脂肪。12月，一件皮大衣换16公斤土豆。当所有的方法都已穷尽的时候，大家就吃家养的动物，猫、狗在黑市上都能卖个好价钱，他们还会吃木屑、纸头、淀粉、芥菜叶、木工器件用的胶水，喝皮带熬的汤。有的人在巴达耶夫那些商店周围的地里提炼糖浆。

大饥荒时期出现在乌克兰的吃人肉现象11月份也出现了。通常情况下，肉都是从尸体上挖下来的。围城战的幸存者很长时间以来都能回想起那些没有屁股的尸体。出生于1935年的根纳季·索伯列夫住在集体公寓里，居民们围在仅有的一个火炉边，饿得苦不堪言。[32]一天，一个孩子不见了。根纳季的母亲立刻就说她不在的时候，不要去其他房客的屋子，还把他关在屋子里，上了两道锁。围城期间，1965人因吃人肉而被判刑，586人遭到枪决。[33]

无论是个体还是社会的精神状态都在崩溃。凡能偷的，居民都会偷，先偷公共的，但也偷邻居的、同事的、马路上陌生人的。沙波丽娜在日记中提到一个14岁的小姑娘用斧子砍一个同学，只是想抢同学的票证。[34]柳德米拉·诺索娃对一些作者提到过她的一个朋友把自己两个孩子的口粮都给吃了。她最后也承认，后来两个小女孩都饿死了。[35]索伯列夫记得自己当时最怕的就是流氓或挨饿的人，他们会冷不丁地扑过来抢走面包。最危险的地方就是从他家所在楼房的入口处到公共公寓门口之间一段长长的通道。那些人会在那儿的阴影里等从面包铺回来的居民走过。[36]没了票证就是个天大的灾难，几天后人就会死亡。12岁的孤儿格列布·鲍里索维奇·季赫温斯基身上就差点发生这样的事。他先是吃了鞋上的皮，再吃一团团泥土和锯木屑。士兵在马路上看他已经奄奄一息，就救了他。[37]打砸抢的匪帮也已出现，他们会袭击仓库、商店、卡车。他们会贩卖配给卡，人死了也不销户，而是吃死者的面包。为了让分配体系更为混乱，10月，德军向城市抛洒了假的粮券。12月，票证什么都买不到了。货架上空空如也。"我今天去排了队，我是第208个。有的疯子凌晨4点就来排队，想着能买到东西。这家商店里共有4000个人，但面条只有150公斤！今天是十日票［理论上，一张票证可以分配到十天的面包］的第四天，凯瑟琳和我什么都没收到。"沙波丽娜在日记里写道。[38] 几十万人又饿又冷，就这么躺在床上，待在公寓里，而气温则在零度以下。还有点力气的人就会去找点木头回来。什么都行：栏杆可以拔了烧，瓦砾堆里可以找，大家就这么拆毁了6000栋木屋，有时还有人住在里面。

并非所有的居民在面对饥饿的时候都是平等的。政府要员有自己的食堂，相对供应得更好。[39] 工业界、艺术界和科学界的精英也有特殊的渠道可以弄到配给。其他大众则分成三个类别：工人和干部、职员、非就业人口和儿童，第一类每天可以比第三类人多获得两倍的配给。这些标准只是理论上而言，到了11月就不顶用了，配给量通常都会更低，那些底层的人每天的面包只有100克。风险最大的是家庭主妇、儿童、老人、病人、难民。人成批成批地死去。活下去的策略各有不同。T.库兹涅佐娃回忆道："围城的最初几周，我给孩子吃得好好的。我把个人的物品都卖了。到1941年底，情况急剧改变：我们的配给票证除了能弄到125克面包之外，什么都弄不到了。［……］到了秋天，有人让我去疏散。我拒绝了。怎么能离开自己的公寓，自己的东西，自己的破衣烂衫呢？战前，我们活得还算不错，还是挺遗憾的。好吧，是我自己蠢！那后来发生了什么呢？我都羞于启齿。但不说又让人尴尬。我勾引了一个来自大陆的年轻军官，是纵队队长。他把我带到了科波纳［拉多加湖的另一边］，到了那儿，我就把他给甩了。"[40] 其他女人都想在医院或军需部找份工作。神父的女儿塔玛拉·N.就是这样。在医院里的时候，她就会把重病号的口粮给吃了。

她记得在军需部的时候，亲戚会拖着雪橇，把躺在上面的兄弟和父亲带过来，哀求她让他们去军队。[41] 很有可能，她能从中得些好处。

各个层级的分配部门都有偷窃的现象存在：在秤上做手脚，面包铺接收面粉后，再在面粉里掺其他东西。伊戈尔·库兹米奇·特罗菲莫夫是"生命通道"的司机。去程的时候，他会运去面包，回程的时候，会把妇女儿童疏散出来。"我们这些司机从来不会挨饿：运的那些东西，总归能吃到点。尽管袋子都是封住的，但我们总有办法取出一点来。［……］当然，看得都很严，但我们只是弄点面粉而已。俄国有哪个时代没发生过偷窃？！"[42] 城市当局也意识到了这个问题。他们设法绕过了分配系统。工厂使用的是其他网络，食堂每天都会供应一顿饭菜。但还是丝毫都没有改变，偷窃仍然大行其道，管控最严的军需部门也不例外。

士兵的状况从来就没好过。到11月底，前线每天每人只能收到300克面包和100克面包干。15%的士兵都已精疲力竭。[43] 可尽管如此，待在前线还是会更好，因为后方的军人每人每天只能得到150克面包和7克面包干。1941年12月初，军事审查机构拦截的士兵信件对局势的描写可以用惨不忍睹来形容。"我的腿开始肿了。军中许多士兵都和我一样。因为面包少得可怜，汤都是清汤，等到脚都动不了的时候，我们就没法打仗了。"[44] "营养不良的现象太严重了，都出现了吃人肉的情况。我们师就有。气温零下41摄氏度。有个士兵找到一具尸体，就把他带回洞里吃了。结果他被当着战友的面枪毙了。"丹尼埃尔·阿尔回忆道。[45]

大饥荒时期，高压仍在继续

这场卫国战争是否会让斯大林暂停实施高压政策呢？至少我们希望在列宁格勒已经如此凄惨的情况下，高压政策可以消停消停了。没有。流放、逮捕、拷打、枪决都在继续。找出阴谋诡计、赶走间谍仍然是思考的基础。事实正是如此，在当局看来，动员总会包含着反动员（破坏者）。这是一种思维模式，和现实无关。尽管列宁格勒大规模爆发抢掠行为和反社会行为，但内务人民委员部仍然调拨了多出十倍的特工追查政治案件，而不是将普通犯罪分子绳之以法。整个围城期间，内务人民委员部有超过1万名专职线人，这还不算如居民当中的另外1万名线人。[46]柳芭·沙波丽娜在日记里讲述了自己被内务人民委员部招募的情况。一个名叫列文的年轻军官过来，把她领进一间秘密值班室。他对沙波丽娜说，内务人民委员部知道她不想被疏散，于是就建议她进行自我批评。她承认有两个兄弟在国外，自己出身贵族。列文对她说，她还犯下了其他罪行：公开批评政府，宣称图哈切夫斯基要是还活着，这仗不可能输得这么惨。[47]随后，列文要她把自己圈子里的其他人，如阿列克谢·托尔斯泰的前妻、女诗人娜塔莉·克朗杰夫斯卡娅-托尔斯塔娅，还有创作爱国歌曲的作曲家尤里·科楚洛夫的情况向内务人民委员部进行汇报。她同意了。但她不停地问自己，内务人民委员部为什么对忠于政府的知识分子精英这么感兴趣。[48]她开始不信任自己的朋友，因为她记得自己曾经在圈子里以及一个人的时候讲过图哈切夫斯基。

线人几千名，特工几百名，对从来没有表现出反抗的民众而言实在是太多了，毕竟这些民众在被围城压垮的时候，也没有想过要反抗。反动的手写传单四处流传。排队的时候，批评声不绝于耳。工人要求给德军打开大门。内务人民委员部一份1941年12月6日的报告指出，"失败主义和亲法西斯的情绪"在居民中越来越多。照内务人民委员部的记录，10月份，"反苏迹象"（传单、言论、题字）的数量为每天200到250起，到了10月，就蹿升到了300到350起。军事审查部门扣留的信件比例到了夏季增加了1.2%，11月底则增加了4%。[49]从列宁格勒人和大量居民悲惨的现状来看，这样的数字可以说是很少了。

第十六章 露天修罗场　977

但这足以让内务人民委员部认为那就是所谓的反对派组织。照研究列宁格勒围城的历史学家洛马金的说法，1942年2月上旬之前抗议都很激烈，随后开始减弱，一方面是因为镇压，一方面是因为民众已经羸弱不堪。

内务人民委员部列宁格勒分部负责人库巴特金1942年10月1日的一份报告总结了自己从6月22日以来的工作情况，他就像是个严守规章制度的工人，对或真实或虚构的反对派了若指掌的专家，写出来的报告可谓巨细靡遗。他的部门逮捕或流放了170776人，占人口的6%。

> 从战争刚开始的时候起，内务人民委员部列宁格勒分部就逮捕了9574人，其中1246人是敌人派来的间谍和破坏者。其间揭露并清除625个反革命团体：169个间谍和叛徒团体，31个恐怖团体，34个闹事团体，26个民族主义团体，7个宗教宗派主义团体。[……] 遵照军事委员会的决议，内务人民委员部从列宁格勒及郊区流放了58210名德国人和芬兰人，40231名社会上的敌对分子，30307名犯罪分子；总计128748人。同一时期，内务人民委员部和民兵逮捕了22166人，并移交司法部门：940人拉帮结派，1885人抢劫劫掠，206人谋杀，11378人偷窃，1554人盗窃国家财产，1598人投机倒把。我们已经清理了66个流氓团体、147名窃贼、256名大规模抢劫盗窃分子、183个投机倒把者。10288个逃兵或没有证明文件的军人已转交军事机关；内务人民委员部和民兵共逮捕31740人，并移交司法部门。从军事法庭的审判来看，5360人已被枪决。[50]

围城期间，内务人民委员部无中生有地成功策划了一起阴谋案件，名为罗泽—科什利亚科夫案（以两位著名科学家的名字命名），有时又被称为"第555号案"。列宁格勒13名大学学者和电机工程研究院的学者遭到逮捕，罪名是参加反革命组织，和纳粹德国沆瀣一气，阴谋推翻苏联政府。他们甚至写好了欢迎词，提出要为德国国防军服务。尼古拉·罗泽在审讯期间死亡，另外12个人都被判处死刑。后来降为10年服劳役的刑期，其间8人死亡。这起莫须有的案件是1941年12月大饥荒最严重的时候被揭发出来的。1930年代的所有操作方法都能在这儿找到：逼供，拷打，所谓的证据都是从被告的生平文字中找出来的。几乎所有人都出身资产阶级和贵族；过去，甚至在革命之前，所有人都经常和德国学者见面，也去过德国，但从19世纪起，在圣彼得堡（列宁格勒）的大学和德意志帝国及魏玛共和国的大学之间进行交流是很常见的行为。往昔和德国的联系足以让镇压机关嗅出阴谋的气息。无论战争与否，揭露潜在的间谍始终都是主要议程。无论是在列宁格勒，还是在苏联其他地方，要暂停任何形式的镇压完全不可能。

被遗弃的苏军战俘

卫国战争期间，德军究竟俘虏了多少苏军士兵？据估算在530万到570万。大约一半人的身份都在德国国防军各部门经过确认和记录。[51]另一半人却没了踪影：这些人的命运究竟如何，谁也说不清楚。其中，我们估计1941年至1945年的死亡人数为260万至330万之间。[52]也就是说50%到60%的苏军俘虏落到对手手中之后死亡。相较之下，第一次世界大战期间，沙皇军队的1434500名士兵被德皇的军队俘虏，5.4%人在被俘后死亡，人数仅为十分之一，而且当时德意志第二帝国还在闹饥荒，所以情况和第三帝国不同。第二次世界大战期间，俘虏无论死亡与否，其在各个时间段的数目都不一样。1941年，德国国防军俘虏了苏军的350万士兵。1942年2月，其中200万人（60%）已经死亡。苏军战俘大规模死亡，成为希特勒德国时期位列第二的受害者群体，排在犹太人之后。九个月的战争时期的死亡率（每天6000人）甚至超过了波兰犹太人隔离区登记的数字。如今去柏林，联邦政府竖立的四座纪念碑纪念的正是被纳粹迫害致死的受害者：犹太人、安乐死受害者、罗姆人和辛提人*，最后就是同性恋。没有一座是为苏军战俘而立的。在他们自己的国家，他们也被忽视和遗忘，历史学家对他们也不感兴趣。

四十年前，德国历史学家克里斯蒂安·施特莱特研究了一份名为《没有战友》的资料集，才打破了笼罩着这场大规模屠杀的沉默和无知。[53]在纽伦堡，德国的军事领导人指出，他们没有足够的物资养活这么多的人，爆发伤寒的时候也无法照料他们，所以这些领导人并没有因此获罪。这些人的死亡只是技术上的缺陷、物资上的困难、自然环境恶劣导致的。施特莱特的著作猛地揭开伤疤，除了指出数字上有出入之外，还指出纳粹领导层和德国国防军的首脑都要对此负主要责任。首脑们很清楚他们会俘获数百万苏军士兵：巴巴罗萨行动依赖的是大规模包围战，围歼后再乘胜追击，这两个做法都会产生俘虏。这些将领曾在1940年春季和夏季的几个星期时间里，俘虏了200万法国、比利时、荷兰和英国人，他们不仅愿意，而且也有能力这么做。A集团军群的好几道命令均向法国临时战俘营的负责人明确表示，如果出现粮食问题，可以动用德军的军队口粮。放到苏联，这样的命令完全不可想象。进攻前，那些愿意向苏军俘虏提供口粮的人认为，"只能向他们提供绝对必需的粮食"，"向俘虏提供最原始的粮食［比如马肉］。［德国］数量不够的粮食，或极具营养价值的粮食，均不得分配给他们"。1941年6月29日，战事刚刚开始一个星期，此时还只有8万名俘虏，没有丝毫的粮食问题，第11集团军指挥层向"干活很

---

* 罗姆人和辛提人均指吉卜赛人。——译注

辛苦的俘虏"[54]每天也就提供1300大卡的热量，远低于重体力劳动所需的最低量。病人、伤员、无正常能力者都只能慢慢等死。

国防军最高统帅部和陆军总司令部的领导层对此漠不关心，导致了巨大的灾难，这一点在6月22日之前就可以看出来，1941年8月变得更为明显。当然，他们从来也没有想过要把苏军被俘的士兵全数杀光。希特勒和希姆莱出于政治、经济或军事原因，甚至都认为必须保留相当数量的俘虏。但从德国国防军将领下达的那些命令、没有下达的命令，以及对海牙公约和日内瓦公约的违反来看，他们都在积极促使本应由他们保护的人陷入死亡之境。无论是在这个方面，还是其他方面，他们都使欧洲倒退了好几个世纪。

德国国防军在战前，但特别在战后，针对为何拒绝对战俘使用国际公约条款这个问题提出了一个论据，他们的观点是，苏联并没有及时签署《日内瓦公约》（1929）。而且由于苏联政府废除了沙皇政府签署的所有条约，按照德国国防军的法学家所说，《海牙公约》（1907）也就无法应用在他们身上了。事实上，即使交战方之一不是签署国，《日内瓦公约》第96条也要求签署国尊重该公约：从法律层面来看，互惠的观点并不成立。9月15日，阿勃韦尔负责人卡纳里斯海军上将将这个看法告诉了凯特尔。八天后，陆军元帅的回复说得再清楚不过："这些反对意见适合骑士的战争观！但在这儿，是要消灭一种世界观，因此我批准这些措施，而且会袒护这些措施！"战俘的命运和平民的命运也就很相似了：巴巴罗萨行动之前制定的"刑事令"拒绝对苏联人（无论当兵与否）采取任何保护措施，就已经决定了他们的命运。此外，国防军最高统帅部和陆军总司令部赞同用大饥荒来减少苏联人口的做法。无论他们是出于意识形态这么做，还是为了优先喂饱德国及其军队才这么做，都无法改变这一个观点，甚至可以认为这两个理由在军事将领的头脑中纠缠交错日深，已经难以加以区别了。事实上，尽管战场局势、交通状况和天气状况方面的因素在这场规模巨

第十六章　露天修罗场　981

大的灾难中也起到了作用，但起主导作用的还是国防军最高统帅部和陆军总司令部领导层的意志，他们丝毫不愿阻止和限制这样的事情发生。

事实上，苏军战俘不仅被德国国防军的将领饿死，而且也遭到了自己政府的抛弃。1941年秋，瑞典和美国的代表都试图说服莫斯科加入《日内瓦公约》和《海牙公约》，至少同意设立一个三方机制，由斯德哥尔摩主导，负责红十字会的事务，目的是改善战俘的生存状况。莫斯科对所有这些请求一概置若罔闻。当然，斯大林就算同意，也丝毫改变不了什么：德国人根本就不想在这方面有所作为。不过，我们可以想想他为什么要拒绝。他虽然不能确定德国是否同意，但至少从宣传的角度来看，他这么做肯定没错。斯大林说"不"有两个理由。首先，斯大林无法接受一个外国组织（红十字会）在苏联的土地上运作，接触战线两侧的战俘，而这就是他不愿加入1929年公约的原因。关于这一点，苏联的规章制度说得很清楚：第31条将红十字会或其他国际组织的代表在战俘营从事活动的事务都授权外交人民委员部处理。[55]但这样的授权从来就没发出过。内务人民委员部的领导层从未和红十字会交换过战俘名单，而欧洲和美洲交战国都会交换战俘名单。斯大林拒绝的第二个理由是，苏军战俘理论上都被当作了敌人。内务人民委员部负责德军和苏军俘虏事务的是同一个机关，这在世界上也是独一无二的现象。[56]1941年12月27日，国防委员会命令设立渗透营，用来关押从俘虏营逃出来的苏军军人。在每个渗透营里都有一个特别的部门，该部门负责甄别工作，也就是说揭发叛徒、间谍和破坏分子。只要受到监控，就不可能洗白，只有符合军事总检察长诺索夫1941年9月8日颁布的准则的人，才可洗刷罪名，他的规定是："逃出俘虏营的人只有**证明**［着重号为我们所加］自己是在无能为力、无法抵抗的情况下才成为俘虏，而且不是由敌军释放，而是自行逃离，或被游击队员解救者。"[57]这些准则极其严苛，将绝大多数俘虏都排除在外。

夏日的枪决

从战争的第一天起就有人指出，战场上存在直接屠杀俘虏的做法。德军的一部分军官让士兵对受到指控的对方军人实施报复，不用遵守战争规则。还有一部分不愿违反纪律，一再指出命令规定不得处死投降者，但始终都有人违反。很难确定"立刻"被处死的人的大致数目。尽管证词相当多，[58]但也只能进行估算，数字大概是在几万左右。苏军部队抵抗越是强烈，德国损失越是高，处决的现象就越是频繁。伤员也在这个范畴里，女性士兵也是，相比男性士兵，她们更容易被处死。另一类俘虏（没有立刻投降，在森林里辗转好几天，甚至好几个星期）也同样付出了血的代价。1941年7月25日，米勒将军的一道命令指出，他们即便已经投降，也仍然是"自由射手"，从而也就决定了他们的命运。而且，还要指出的是至少有2100名被俘的政委被当场击毙。

对那些第一次和德军部队接触的人来说，理论上的闭环是这样的。首先在师和军的后方集合点集合，尽可能将俘虏运往临时转运营，通常由陆军总司令部负责这些俘虏。转运营必须具备机动性，因为它们必须随着军队向东推进。所以，营地的设施也会很简单，通常也就是围一圈2.5米高的双排铁丝网，当中会有巡逻队巡逻的道路相隔。营地里有木板屋和卫生室，但这都需要由俘虏搭建，而且有指挥官看守。到了这个阶段，士兵、士官和军官都会被隔开，民族不同也会被隔开。到11月份，这样的遴选工作共释放了30万名乌克兰人、波罗的海人和伏尔加河流域的德意志人。[59]由于德军缺乏人手，所以其中一部分人会转而负责看守转运营。经过不等的时间之后，还留在转运营里的人，如俄罗斯人、白俄罗斯人、一部分乌克兰人（占大多数），都会被运往主战俘营和军官营，这些常设营地都在德国、波兰总督府和东方总督辖区（乌克兰）。所有设在这些地区的营地都隶属于国防军最高统帅部的一个特别部门，由赫尔曼·雷内克将军负责，此人是个典型的纳粹军官。从6月22日起，希特勒就说过，不希望在德国的土地上看到苏联战俘。如果还是有战俘留在德国，就会把他们关入军事营地特别的隔离区内。尽可能让苏军俘虏留在德国境外的命令表明，战俘营会设在受战火蹂躏摧残的地区，那样的地方条件差，给养也差。

人手缺乏就会导致越狱，这会遭到严厉镇压，守卫也会神经紧绷，动辄开枪。第101轻步兵师第228团副团长列奥·梅拉特就见过这样的场景。

> 1941年8月21日到28日，我在乌曼附近海辛的集合点。包围战刚刚结束。每个小时都有2000到3000名俘虏来到营地，然后再被转运到更远的地方。由于管理不善，8月27日晚，这儿大约聚集了8000名俘虏。没东西给他们吃；尽管天气炎热，但还是让他们挤在一起，可正常情况下，那儿也就能容纳500到800多人。晚上，我被喊声和射击声惊醒。我出了门，看见两三个配备了4门20毫米火炮的防空炮组直接向俘虏开炮，因为他们正在设法逃跑。[……]我从守卫那里了解到，约有1000到1500名俘虏被杀或受重伤。[60]

从1941年10月起，俘虏就大批死亡，转运营尤其厉害。但从夏天起，整天的粮食、卫生和天气状况还相对正常的时候，国防军最高统帅部下属的所有营地就有一部分俘虏遭到处决。克里斯蒂安·施特莱特估计有60万人受害，但大多数历史学家认为这个数字太高。按照施特莱姆的估算，14万人更接近。行刑队都是由别动队、党卫军或盖世太保的人员组成的，执行的是海德里希1941年7月17日下达的命令。第8号令以及随附的"清理苏联战俘营指导"已事先告知,需将好几个类别的俘虏进行鉴别、隔离之后再予以清除。9月8日,最高统帅部要求营地负责人"和突击队紧密合作",[61]但有些负责人仍有所保留。最高统帅部命令他们亲自把不需要的人鉴别出来,加以隔离:官员、共产党员、经济负责人、知识分子、犹太人,以及所有"狂热的煽动分子"。被鉴别出来的人随后就会被带到一边,或德国境内集中营铁丝网的背后处决。10月7日,陆军总司令部将这种做法扩展到其负责的所有营地内,也就是22个集合点、12个主战俘营和48个转运营。

在这些别动队直接行动的受害者中,有大约8.5万名犹太士兵,各个阶段都会检查俘虏是否受过割礼来确认是否为犹太人。数千名中亚地区的穆斯林士兵也因此被杀,后来党卫军才针对他们发布了特别命令。本身也是犹太人的列奥尼德·科特里亚尔回忆道:"每个营地,德国人都会一直不停地喊:'犹太佬和共产党分子,往前走一步'。每次都会有人揭发别人是犹太人或共产党员。"[62] 6月27日被俘的中士费奥多尔·切隆被关在白俄罗斯斯洛尼姆的转运营里。

> 我在这儿第一次见到党卫军处决俘虏。每来一群人,他们就会去核实。如果发现有人的袖子上有扯掉红星留下的痕迹,他们就会把这人带到后面枪决。〔……〕有时,他们会走到俘虏面前,用德语问:"你是犹太人吗?"有的人就会否认。〔……〕有的人就会被带到楼房里进行核实。然后,我们就听见楼房后面传来枪击声。〔……〕党卫军会再来一轮,不放过任何一个"可疑分子"。〔……〕我在斯洛尼姆的三天时间里,他们从来就没停止过杀害犹太人和政工军官。[63]

在纽伦堡,被告再三重申,战俘大批死亡始于1941年10月,是因为天气太恶劣、伤寒,以及维亚济马和布良斯克战役导致的战俘大量流入。但情况并非如此。1941年7月，死亡率便极高，每天都徘徊在0.3%左右，每个月将近10%，无论什么地方都是如此，即便是在德国境内的营地，粮食问题也很严峻。这个数字从9月的每天1%升至10月、11月和12月（这几个月份最糟糕）的2%，从1942年1月开始，数字又开始回落。

恐怖的秋天

从巴巴罗萨行动刚开始的时候起，就可以用三个持久的因素来解释为何会出现如此大规模的死亡率：粮食不足而且质量差，交通（步行或火车）状况奇差，居住环境相当恶劣。各集团军群后方营地的管理从夏天开始就只能随战局而定，从1941年10月便开始崩溃。维亚济马—布良斯克双重包围战导致65万名俘虏涌入，是崩溃的首要因素。缺乏交通运输能力是第二个因素。战斗中的士兵本就已经营养不良，精疲力竭，有时靴子和军大衣都已不见踪影，却仍不得不死亡行军，前往转运营。一列列队伍必须行进200到500公里，每天行进25到40公里。[64]第137步兵师的一支部队就这样带着9000名俘虏离开维亚济马，前往斯摩棱斯克，走完170公里后，就只剩下3480人了，其余的5520人，除了逃走的，都被打死了。[65]1941年10月17日和18日，在从亚尔采沃到斯摩棱斯克的路上，守卫盛怒之下随机开枪，杀害了数百人，身体最强壮的人只能跑进沿途苏军遗弃的坦克里躲起来。守卫就会一个接一个地把坦克烧成骨头架子。[66]

7月，切隆中士在500人的战俘队伍里，从斯洛尼姆一路前往布列斯特（约200公里）。

起先，队伍走得很慢。德国人就会来到队伍前列，挑出身体健康的士兵，让他们走在最前头，命令他们加快脚步。行进一个小时后，许多人都落在了后面。德国人就对他们大吼大叫，高声辱骂，还用枪托砸。尤其是伤兵，他们都在后面，时不时要停下来。有时候，守卫会和伤兵一起走。这时候，军官就会走过来，命令把掉队者全都给毙了。于是就传来了枪声。守卫就像野兽一样，见了血就来劲，所以打起人来毫不留情。这对我们的精神造成了很大的影响。有的人受不了，就想逃进森林里去。[……]结果这些人都被冲锋枪给撂倒了。[……]走在队伍最前头的人不会去理会身体最弱的人。他们不会看后面，听到枪声这么频繁，只会想着怎么活命。后来，德国人要么是累了，要么意识到这样走下去，一半的俘虏都会被打死。[67]

就像罗森贝格1942年2月28日写给凯特尔的一封信里所说的，[68]"平民眼见这样的场景，吓得心惊胆战，尸体就这么丢在路边"。东方被占领土部部长很清楚，俘虏如此凄惨的处境会导致糟糕的政治后果。从许多目击者的证词来看，被占领土上民众的观点开始动摇，并不是因为教堂仍然关着门，集体农庄仍然还在运作，而是战俘的凄惨处境。农民看见走过的士兵和他们一样也都是俄国人，大多和他们一样也都是农民阶层，所以触动很大。[69]他们实在想象不到，这些参加苏军的年轻人竟然会受到如此的惩罚。

通过铁路运输的俘虏，状况也没好到哪儿去。夏季，车厢都是密闭的，俘虏在车厢内会渴死，窒息而亡，或遭踩踏而死。冬天，车厢都是敞开式的，俘虏就会被冻死。1944年，巡道工S. Y. 奥尔比丹在苏联当局面前作证："1941年7月初，第一列苏联战俘列车驶入陶格夫匹尔斯。[……]我们一打开车厢，里面的人都开始大口大口呼吸空气。许多人下车的时候，都累得倒在地上。走不了路的人，德军都当场打死。每一列列车，都会卸下400到500具尸体。俘虏对我们说，整个路程六到八天的时间，他们就没拿到吃的，也没水喝。"[70]另一个目击证人N. A. 安东诺夫秋季的时候见过战俘过来。

　　1941年11月到12月，一列载着苏联战俘的挂有45到50节车厢的列车驶入了陶格夫匹尔斯车站。所有的车厢都是密封的。列车在车站停留了24个小时。一个德国人在列车边上从头走到尾，用棍子敲击每一节车厢。如果听到里面有声音，他就会继续往前走。如果没有声音，他就会打开门。我亲眼见过一节车厢没一个活人。德国人关上门，就继续往前走。这趟列车有好几节车厢里面的人都冻僵了。[71]

　　12月初，德军自己估算有25%到70%的俘虏死在了运往营地的途中。[72]转运营的负责人就这么眼看着惊慌失措的幸存者来到营地。没有足够的食物、足够的药物、足够的简陋住所、足够的燃料供俘虏用。那些可怜人累到奄奄一息，只能挤在帐篷底下，或躲在地上挖的洞里，任凭冰冷刺骨的雨水淋在身上。他们吃的是营地里的草、啮齿动物、土里的虫子、自己的腰带。[73]1941年12月，下士长卡尔·弗莱（第889营）在普斯科夫的营地："生存的条件相当恐怖。零下40摄氏度的天气，俘虏都住在洞里，就着一盆煮开的水，吃腐烂变质的土豆。没有面包可分。俘虏都瘦成了骷髅。每天都有七八十个人死去。"[74]坐落于海乌姆的第319主战俘营的看守J. Z. 在给妻子的信中写道："我不相信俄国人能活得这么惨，直到我每天观察他们，才相信这是事实。[……]他们吃的是［……]草，就像牲口一样。如果在沟里找到几片土豆，他们就会猛扑过去，像狼扑食猎物。土豆田哪怕再小，只要经过那儿，就得用枪托砸这群牲口，否则他们根本就不会走。"[75]坐落于克里切夫的第231转运营的负责人约翰·古特施密特的日记保存了下来。[76]"1941年10月16日。从今天早上起，必要的话，我们会收容1万名俘虏。现在，给养的分配都还很公平。这次来的人数极多，我们最多只能按规定供应［已经很不充足的］口粮。今天，我们收到了一匹马和屠宰场剩下的牛肉边角料。"第二天，他得知他所在的那座容纳5000人的营地将要接纳5.2万人！他设法用火车运送，或靠步行，把俘虏弄往莫吉廖夫。未经审判、立即处死的枪声从来就没停过。20日，2万人的队伍中有4000到6000人逃走。铁丝网加高了，又多架设了好几挺机枪。尽管长官发出了禁令，但未经警告即开枪射杀的行为比比皆是。10月24日："俄国人肯定吃了尸体。从一条大腿上取了肉吃，技术还不错。"11月13日："虽然食物够吃，但许多俘虏还是死了。居住的环境极其糟糕，他们来的时候就已经精疲力竭。"14日："今天，78个俘虏死了，47个逃了。"26日："今天，近1%的俘虏死了。又开始降温了。"12月17日："本区的好几个营地都出现了伤寒。斯摩棱斯克，我们这儿的第126转运营，每天死200到250个俘虏。相当于2%到2.5%的总人数。死亡率极高。"10月20日第一次在第307主战俘营（比亚瓦-波德拉斯卡）出现伤寒，俘虏不仅会被枪毙，会饿死，现在还会得伤寒而死。在德军自己的士兵甚至德国境内的民众都会染疫的情况下，军事当局面对伤寒疫情竟毫无作为，为什么会这样，至今仍然是个谜。1941年12月初，红十字国际委员会向雷内克将军转交了一份美国的提议书，提出由美国人给苏联境内的德国俘虏以及德国的苏联俘虏提供吃穿，负责给他们注射伤寒疫苗。戈培尔支持这项请求，但希特勒断然拒绝。

  转运营负责人约翰·古特施密特既不是纳粹，也不是施虐狂。他一直都很担心，所以会在自己负责的几个营地"转转"，好几次出手调解，终止了对战俘的虐待行为。他能力很强，能想办法找到食物。但他置身其间的这个环境并不是他能解决得了的。柏林规定的食物配给量都是固定不变的，都是按照赫伯特·巴克和赫尔曼·戈林这两个粮食方面的主要负责人制定的标准来确定的。在这位东线经济参谋的日记里，我们读到1941年10月23日的一则文字："东线粮食优先配给的顺序是固定不变的：a. 国防军；b. 德国人；c. 被占区平民；d. 战俘。"[77]1941年9月16日，在陆军总司令部代表在场的情况下，两人毫无挂碍地承认："布尔什维克俘虏和其他俘虏不同，关于他们的粮食问题，我们对他们并没有国际义务。他们能否吃到粮食只能看他们是否能为我们带来利益。"[78]军需总监瓦格纳在11月13日的奥尔沙会议上说得再清楚不过了："战俘不工作就会饿死。"[79]从夏天起，这项规则就已经实施了。在中央集团军群的后方，日常的配给量都是固定不变的，对行进中的队伍而言，就是"20克小米和100克面包，无肉"，或"100克小米，无面包"，[80]相当于每天步行30到40公里只能获取300到700卡路里的热量。

当地人经常会设法帮助俘虏，1941年夏季收成不错，所以帮助得也就更频繁。[81]但德军禁止民众送粮食过来，用枪托砸送食物过来的女人。[82]德国的俄国移民尽管大多亲纳粹，但也会设法帮助俄国俘虏。华西尔齐科娃伯爵夫人塔季亚娜·冯·梅特尼希-温娜堡募集了大量金钱，购买粮食和药物。她为此还给希特勒写了一封信，但希特勒拒绝了她的请求。这笔钱最终转到了芬兰红十字会，后者便用这笔款项帮助自己境内的苏联俘虏。[83]

1941年10月中旬，纳粹领导人和军事首脑意识到东线将会打到1942年。这时候，就不能仅仅指望歼灭苏军之后即会复原的50个师的兵力了。10月21日，希特勒决定取消夏天之前发布的禁令，同意将苏联战俘调往城市和高速公路的大型工地上干活，"总比让这些整天想着吃的人在营地里无所事事要好"。[84]11月7日，戈林又将俘虏用到了矿山、采石场、兵工厂各领域，还让他们去德国干农活。[85]说实话，即便希特勒仍然害怕苏联俘虏会对德国造成影响，就像1918年11月那样，但短期内确实也没有其他解决办法。尤其可以把俘虏用到与战争息息相关的煤炭领域内，当时由于缺乏矿工，产量已开始减少。国防军的领导层响应了这个要求，他们几个月以来就已支持这种做法，但他们这么做并不是出于道德顾虑，而是出于两个明确的理由：阻止部队解体，将这些特定的人员应用到经济领域，以应对战斗部队的需求，毕竟这些战斗部队已无足够的俘虏来从事他们并无人力去从事的工作（司机、马夫、面包师、屠夫、扛弹药工、扫雷员、公路和铁路的苦工……）。但目前仍然没有行动来阻止营地里俘虏大量死亡的现象。提高食物配给的做法没产生效果，要么是因为落实得太晚，要么就是因为俘虏太虚弱，再也无法消化食物。结果，1942年3月，尚在担任斯摩棱斯克转运营负责人的古德施密特在日记中写道：

> 现在，有工作能力的俘虏都会去德国，把工人解放出来，好让他们上前线。但几百万的俘虏当中，只有几千人有能力工作。大量的人已经死亡，许多人感染了伤寒，活下来的都很虚弱，没法在这种状况下干活。德国政府不给俘虏足够的食物，这么少的人去德国工作，肯定会引起轩然大波。我们这些负责人一直要求再多寄点食物，我分配的量始终都会比规定的量多。[86]

"一无是处的"俄国人

在1941年的被占区，人都会怎么死？对这个问题，很难给出全面的回答。局势不一样，还要看是波罗的海人，还是斯拉夫人（先不谈犹太人、茨冈人、精神病人），是乡下人，还是城里人，是否在德国人及其合作方手下干活，是否住在军事当局的控制区，离战区近还是远。一方面，对被占区苏联平民的研究极少；另一方面，要么就是太宽泛，要么就是只从占领者的角度来看问题。

德国占领之后平民死亡的问题仍然没有解释清楚。按照克里沃舍耶夫将军领导的团队研究的结果来看，1941年6月22日至被占区领土全面解放的1944年7月，德军有意导致了苏联被占区740万平民的死亡。其中并不包含游击队员，以及在德涅斯特河与布格河之间被罗马尼亚人杀害的2.4万名犹太人和2.5万名茨冈人。而且，克里沃舍耶夫认为，围城期间列宁格勒居民死亡的数量64.1万是一个低估的数字，被有意杀害的人数应接近780万。其中，260万犹太人是纳粹一直以来的首要目标。这样一来，非犹太人的平民被有意谋杀的数量就为520万。还要再加上被流放到德国并死在那儿的210万人，不过1941年的时候，流放者还很少。克里沃舍耶夫还计算了第三个类别的死亡人数，那就是在占领期间，主要由于饥饿和传染病而死亡的平民人数为410万。由此可见，德国占领的三年时间内，非犹太人的平民死亡人数为930万，这个数字并未包含流放者的人数。从统计学的角度来看，这样的计算肯定易受诟病，但我们还没找到其他的计算方法。

1941年第二季度死亡的人数有多少呢？通过简单的计算得出的数字为150万人。那最初的六个月和随后的三十天之间有什么区别呢？很有可能，战斗阵亡人数会更多，苏联官员和精神病人被处死的人数也会更多，但反游击战的死亡人数更少，只是从1942年开始，这个数字才会攀升。由于1941年至1942年的冬季，再加上德军烧杀抢掠的规模是17世纪以来欧洲所仅见，以及苏军撤退时的销毁政策，饿死的人数肯定会相当高，但要和随后的几个时间段进行严肃的对比还做不到。因此我们认为，巴巴罗萨行动期间因战争、横征暴敛以及饥饿因素而遇害的平民数量应在100万左右，但并不包含犹太人、游击队员和列宁格勒的居民。[87]

在这100万人当中，有两类平民是被成系统消灭的：共产党员和被认为不值得再活下去的精神病人。1941年8月，司令部的一名医生发起一项倡议，提议由国防军士兵将比亚韦斯托克附近霍罗什奇庇护所内的450到700名病人悉数枪决了事。[88]希姆莱前往明斯克的"诺文斯基"精神病院走访了一趟之后，9月，就有好几百名病人在淋浴室内被毒气毒死。1941年秋，后来在1994年寿终正寝的奥托·布拉德费施用炸药和一氧化碳杀死了莫吉廖夫精神病院内的1200名病人。到处都能见到杀害身体残疾者和精神疾病患者，或者不给食物，将他们抛弃的现象。受害者的数目为数万人不等。哈尔德将军对纳粹主义认同甚深，这从他写于9月26日的日记中可以看出："大北方的精神病院。俄国人把精神有问题的人视为圣人。不过，还是必须清理干净。"[89]

1941年，没有哪个苏联平民是安全的。无论是战斗期间，还是战斗之后，无论有没有游击队的干预，反正任何地方都在横征暴敛。我们发现，那些罪犯根本不用向军事法庭说明情况。我们可以把白俄罗斯卷帙浩繁的受害者名册随便翻开一页。7月9日，近明斯克，就因为一到村子就有三个士兵被苏军击毙，德军枪决了"红色园丁"集体农庄的所有农民。[90] 7月，在波哈维奇附近的乌兹达地区，德军从农民手里征收了全部的土豆和面包库存，还带走了牲口和所有的家禽。[91] 村苏维埃的主席、集体农庄的主席和所有共产党员全都牺牲了。8月，诺尔基村，六名妇女遭强奸后被杀。在科斯丘科夫卡，两名士兵和一名军官屠杀了德拉古丽娜家的女人，因为后者不让他们抢夺她们仅有的一头母牛，之后，他们又把这些妇女的四个孩子杀死了。[92] 8月28日，德军士兵把戈梅利地区多布鲁什镇的民众集合起来，把他们当挡箭牌，在苏军的炮火下横渡伊普特河。[93] 图拉、罗斯托夫、列宁格勒、斯摩棱斯克、加里宁斯克[94]都有这样的事例……1941年11月，一名德军士兵在乌斯片科村被游击队打伤。为了报复，好几名居民被杀，75人被抓为人质，很快就被枪决。在库捷伊科沃，游击队员切断了电话线。第二天，好几栋房子被烧毁，所有居民，不分年龄性别，都被打死……

很少有人对地点进行研究。杰夫·卢瑟福德[95]和卡雷尔·C.贝克霍夫[96]认为，在城市中心和军队后方这两类地区，饥饿、经济生活的毁灭、占领者的镇压都对民众造成了严重的影响。基辅、哈尔科夫、斯摩棱斯克、明斯克以及其他许多地方1941年的时候已经失去了大量人口。10月,乌克兰人的两支辅助部队在基辅四周设立了一道障碍,目的是阻止任何粮食进入该城。12月,不工作的居民每周的面包配给量只有200克!在哈尔科夫,从1941年12月起,德国国防军烧杀抢掠,造成数以千计的人饿死。能跑的人都躲到了乡村地区。基辅失去了战前三分之二的人口,哈尔科夫失去了九分之一。戈林和巴克开始在苏联推行去城市化的政策。

杰夫·卢瑟福德指出,第18集团军长期驻扎在列宁格勒城前,对居住在该部队后方50公里长的长条形地带的当地居民来说不啻是一场灾难。和其他任何地方一样,"军事需要"和意识形态及种族方面的考量混合在一起,从而导致了数不胜数的横征暴敛事件。关于意识形态和种族,第123师的一名上尉就说,俄国人"是白皮肤的黑人,完全一无是处",[97]党卫军上级集团领袖耶克尔恩也认为基辅的民众"从种族角度来看很糟糕"。[98]在德军将领看来,尤其是10月初以来,粮食和冬季军服的运送都相当困难,而这就是所谓的"军事需要"。从那时起,德军几乎百分百都在依靠当地。能吃的东西都被抢走了,女人和老人的大衣和靴子也被抢走,还时常不让他们进森林,也不准接触燃料。后来,他们说游击队活动日益猖獗(还没有全面铺开),强制迁移、抓捕人质、枪决事件也就有了正当理由。

1941年9月,对距列宁格勒15公里、离前线很近的小城巴甫洛夫斯克来说情况很糟糕,小城有1.3万名居民,其中3000人是难民和苏军的逃兵。24日,凡能干活的人都遭到了逮捕,被关入了营地,德国国防军的部队就在里面找他们需要的劳力。大约6000名居民遭到流放,1000名被认为是士兵的人被活活饿死,其他人则因为遭到怀疑,说他们帮助游击队而被处死。数百个家庭被从房子里赶出去,让给德国士兵住。他们和其他人都挤在"专供俄国人居住"的标有R的房子里。大约6000名居民被饿死、患伤寒而死、得痢疾而死,大多数都死于1941年至1942年的冬季。其中,城里近400名年龄介于3至13岁的孤儿被占领军扔在那里,既无人照顾,也没有吃的。为了得到一斤面包,女人必须为德国人干活十二个小时。1944年,巴甫洛夫斯克还剩下3000人。战后,2000人返回了城里。1.5万人中,死去的有1万人。[99] 这些人都是被德国军事当局害死的。

注 释

1. 2015年和作者的交谈。
2. Von Leeb, *Tagebuchaufzeichnungen…*, op. cit., p. 287.
3. Halder, *KTB*, vol. 3, p. 80.
4. *Ibid.*, p. 53.
5. Goebbels, *Tagebücher*, Teil II, Bd 1, p. 54. Entrée du 12 juillet 1941.
6. Cité par Jörg Ganzenmüller, *Das belagerte Leningrad 1941-1944. Die Stadt in den Strategien von Angreifern und Verteidigern*, Ferdinand Schöningh, 2e éd., 2007.
7. IMG, vol. 34, doc. 123-C, p. 426.
8. IMT, Fall XII, Protocole, p. 2338.
9. Dieter Aspelmeier, *Deutschland und Finnland während der beiden Weltkriege*, Hambourg, 1967, p. 121.
10. Günther W. Gellermann, *Der Krieg, der nicht stattfand…*, Koblenz, 1986, p. 146–149.
11. «Vortragnotiz Leningrad», in: Ueberschär/Wette, *Der deutsche überfall auf die Sowjetunion, op. cit.*, p. 279.
12. *Adolf Hitler. Monologue im Führerhauptquartier 1941-1944*, p. 90–91.
13. Götz Aly, Susanne Heim, *Vordenker der Vernichtung*, Franfurt am. M, 1993, p. 365.
14. Cité par Jörg Ganzenmüller, *Das belagerte Leningrad, op. cit.*, ndbdp 140, p. 43.
15. *Verbrechen der Wehrmacht. Dimensionen des vernichtungskrieges 1941-1944*, Austellungkatalog, p. 311 (fac-similé de la lettre).
16. 第一份指令写于1942年2月7日,第二份写于当年4月27日。两份指令均由魏泽尔签名,并提交给了帝国德意志民族巩固委员和希姆莱。
17. 2015年和作者的交谈。
18. 1942年春夏,另有5.8万人因民族归属而被驱逐至东部。
19. *Bitva za Leningrad v soudbakh jiteleï goroda i oblasti*, p. 146.
20. Entretien avec les auteurs, 2015.
21. Rimma Neratova, *V Dni Voïny, Semeïnaïa Khronika*, p. 20.
22. Cité par Lomagin, *Neizvestnaïa Blokada*, Livre 1, p. 313. Entrée du 8 juillet.
23. Cité par Lomagin, *Neizvestnaïa Blokada*, Livre 1, p. 427.
24. *Gosoudarstvennyi antisemitism v SSSR: ot natchala do kulminatsii 1938-1953*, Moscou, 2005, p. 29.
25. *Op. cit.*, p. 334.
26. Cité par Lomagin, *Neizvestnaïa Blokada*, Livre 1, p. 312-313.

27. TsGA SPb F. 7384 Op. 3 D. 50. L. 189-193, in: *Blokada Leningrada v dokumentakh rassekretchennykh arkhivov*, p. 692-696.

28. *Ibid.*

29. *Ibid.*

30. Entretien avec les auteurs, 2015.

31. Distance Kokkorevo-Kobona.

32. Entretien avec les auteurs, 2015.

33. Cité par Jörg Ganzenmüller, *Das belagerte Leningrad, op. cit.*, p. 270.

34. Chaporina, *op. cit.*, p. 378.

35. Entretien avec les auteurs, 2015.

36. *Ibid.*, 2015.

37. *Ibid.*, 2015.

38. Chaporina, *op. cit.*, p. 289. Entrée du 14 décembre.

39. Lomagin, *Neizvestnaïa Blokada*, vol. 1, p. 151-152, 179-180.

40. *Bitva za Leningrad v soudbakh jiteleï goroda i oblasti*, p. 18.

41. Entretien avec les auteurs, 2015.

42. *Bitva za Leningrad v soudbakh jiteleï goroda i oblasti*, p. 14.

43. Mikhalev, *Traguedia Protivostaïania*, p. 98.

44. Arkhiv UFSB LO. F. 21/12. Op. 2. p. n.38. T.1. D.10. L. 75-78, in: Nikita Lomagin, *Neizvestnaïa Blokada*, livre 2, p. 261-263.

45. Lopez et Otkhmezuri, *Grandeur et Misère de l'Armée rouge*, p. 337.

46. *V Tiskakh goloda*, p. 12.

47. Chaporina, *op. cit.*, p. 338-342.

48. *Ibid.*, p. 351.

49. UFSBLO. F.21/12. Op. 2. p. n.11. T.1. D.4. L.58, 60.

50. TsGAIPD Spb. F. 24. Op. 2-b. D. 1323. L. 83-85, in: *Blokada Leningrada v rassekretchennykh dokoumentakh*, p. 696-698.

51. Voir les calculs de Reinhard Otto, Rolf Keller et Jens Nagel, *Sowjetische Kriegsgefangene in deutschem Gewahrsam 1941-1945*, VfZ 4/2008.

52. L'estimation haute est celle de Christian Streit in: *Keine Kameraden*, p. 244. L'estimation basse est prise chez Alfred Streim in: *Sowjetische Gefangene in Hitlers Vernichtungskrieg*, Heidelberg, 1982, p. 178.

53. Christian Streit, *Keine Kameraden. Die Wehrmacht und die sowjetische Kriegsgefangenen 1941-1945*, dva, Stuttgart 1978.

54. Les trois références in: C. Streit, *op. cit.*, p. 79.

55. TsKhIDK. F. 1 Op. 5ᵉ. D. 1. L. 73-75 in: *Russki Arkhiv*, vol. 13, p. 40.

56. AP RF F.3. Op. 50. D. 506. L. 9-9ob. In: *Loubianka Staline i NKVD - NKGB - Gukr «Smerch» 1939-mart 1946 dokoumenty*, p. 324-325.

57. *Organy Gosudarstvennoï bezopasnosti SSSR v Velikoï Otetchestvennoï voïné*, vol. 2, p. 36.

58. Christian Gerlach, *Kalkulierte Morde*, p. 774-781.

59. C. Hartmann, *Massensterben oder Massenvernichtung? Sowjetische Kriegsgefangene im «Unternehmen Barbarossa»*, VfZ, 49 (2001), ndbdp, p. 154.

60. Cité par Mikhaïl Aliochine, *Prestuplenia vermakhta protiv voennoslujachtchikh krasnoï armii i sovetskikh partizan.* // Gabriele Gorzka et Knut Stang *Istrebitelnaïa voïna na vostoké. Prestuplenia*

vermakhta na vostoké, p. 28–29.

61. L'ordre se trouve dans A. Streim, *op. cit.*, p. 324.
62. Lopez et Otkhmezuri, *Grandeur et Misère de l'Armée rouge*, p. 135.
63. Tcheron, *Nemetski Plen i Sovetskoé Osvobojdeniépage*, p. 31–32.
64. Christian Streit, *Keine Kamaraden*, p. 164.
65. Pohl, *Die Herrschaft der Wehrmacht*, p. 208.
66. Archives de Yad Vashem M-33/604, L.60. Cité par Aaron Shneer, *Plen*. [https://www.netzulim.org/R/OrgR/Library/Shneer/Shneer_Plen/glava1otv % 5B1 % 5D.htm]
67. Tcheron, *Nemetski Plen i Sovetskoé Osvobojdenié*, p. 33–34.
68. Überschär, *Wette Unternehmen Barbarossa. Der deutsche Überfall auf die Sowjetunion 1941: Berichte, Analysen, Dokumente (Sammlung Schöningh zur Geschichte und Gegenwart)*, p. 299–300.
69. 参阅克里桑菲·拉什凯维奇的日记和伊莉娜·霍尔楚诺娃的日记。
70. Archives de Yad Vashem M-33/1005, L. 5. Cité par Aaron Shneer, *Plen*.
71. *Ibid*.
72. *Keine Kamaraden*, p. 162.
73. Voir le témoignage de Vakhtang Jobadzé, *Tchemi Tavgadasavali*, 2009, Tbilissi, et celui de Fiodor Tcheron, *Nemetski Plen i Sovetskoé Osvobojdenié*, Paris, 1987.
74. Cité par Mikhaïl Aliochine, *Prestuplenia vermakhta protiv voennoslujachtchikh krassnoï armii i sovetskikh partizan. // Gabriele Gorzka et Knut Stang Istrebitelnaïa voïna na vostoké. Prestuplenia vermakhta na vostoké*, p. 30.
75. Stenzel T., *Das Russlandbild des «kleinen Mannes». Gesellschaftliche Prägung und Fremdwahrnung in feldpostbriefen aus dem Ostfeldzug (1941–1944/1945)*, München, 1998, p. 105.
76. C. Hartmann, *Massensterben oder Massenvernichtung? Sowjetische Kriegsgefangene im «Unternehmen Barbarossa»*, VfZ, 49 (2001), p. 97–158.
77. KTB 1 des Wirtschaftsstabes Ost, BA-MA F 43384, f.181.
78. Cité par Karsten Linne, *«Die Arbeitskraft sämtlicher Kriegsgefangenen ist rücksichtlos auszunutzen.» Die Zwangsarbeit sowjetischer Kriegsgefanger für die Wehrmacht im Osten*, Jahrbücher für Geschichte Osteuropas, vol. 54, cahier 2, 2006, p. 197.
79. Karsten Linne, art. *op. cit.*, p. 198.
80. C. Streit, *op. cit.*, p. 131.
81. 参阅拉什凯维奇的克里米亚日记、伊莉娜·霍尔楚诺娃的基辅日记和莉迪亚·奥西波娃的皇村日记。
82. Berkhoff, *Hitler's Slate*, p. 103.
83. Douglas Tcheron, p. 46.
84. 鲍曼向拉默斯说的话，C. Streit, in: *Keine Kameraden*, p. 196。
85. 会议笔录，in: Ueberschär et Wette, *Der deutsche Überfall auf die Sowjetunion*, p. 330–331。
86. C. Hartmann, *Massensterben oder Massenvernichtung? Sowjetische Kriegsgefangene im «Unternehmen Barbarossa»*, VfZ, 49 (2001), p. 158.
87. 80万死于围城的列宁格勒人中，我们估计有50万人在1941年9月初至12月31日期间死亡。
88. Voir *Mass Violence in Nazi-Occupied Europe*, publié par Alex J. Kay et David Stahel.
89. Halder, *KTB*, vol. 3, p. 252.
90. NARB F. 4-p. Op. 33a. D. 14. L. 99–102. In: R. Platonov, *Belorussia 1941: Izvestnoé I neizvestnoé*, p. 66.

91. *Ibid.*, p. 67.

92. *Idem.*

93. Cité par Guennadi Bordiugov, *Prestuplenia vermakhta protiv grajdanskogo naselenia // Gabriele Gorzka et Knut Stang Istrebitelnaïa voïna na vostoké. Prestuplenia vermakhta na vostoké*, p. 44.

94. *Ibid.*

95. Jeff Rutherford, *Combat and Genocide on the Eastern Front. The german Infantry's War, 1941-1944*, Cambridge University Press, 2014.

96. Karel C. Berkhoff, *Harvest of Despair. Life and Death in Ukraine under the Nazi Rule*, The Belknap Press of Harvard University Press, Cambridge & London, 2004.

97. Jeff Rutherford, *op. cit.*, p. 102.

98. Berkhoff, *op. cit.*, p. 165.

99. 关于巴甫洛夫斯克的信息来自 Alex J. Kay, *Combat and Genocide on the Eastern Front*。

第十七章
面对各自盟军的斯大林和希特勒

我对你们的艰难处境,也对俄国所受的折磨深表同情。[但]俄国人绝对没有任何权利来指责我们。他们和里宾特洛甫签订条约,任由希特勒染指波兰,挑起战争,他们现在的处境都是咎由自取。他们不愿开辟有效的第二战场,从而让法国军队遭到灭顶之灾。如果6月22日之前,他们征求我们的意见,我们就会更早地做出安排,运送大量弹药支援他们。一直到希特勒对他们发起进攻,我们仍然不清楚他们是否会战斗,是站在哪一边战斗。整整一年时间,他们就这么让我们孤军奋战,而在英国的每一个共产党员,都在听命于莫斯科,尽其所能地阻挠我们应对战争的种种努力。[……]像这样劣迹斑斑的政府竟然指责我们,说我们为了夺取非洲,为了在波斯获得好处,而牺牲他们的利益,还要让俄国战斗到最后一人,这话让我从头凉到脚。如果他们对我们有怀疑,那是因为他们自己心中有鬼。

——丘吉尔写给英国驻莫斯科大使克里普斯的信,
1941年10月28日[1]

1941年6月22日之前,在美国和英国政府及其大部分的媒体看来，苏联就是个让人厌恶的对象。希特勒和斯大林22个月的蜜月期丝毫无益于改变这样的想法，而斯大林也把华盛顿，尤其是伦敦看作自己最强有力、最持久、最阴险的敌人，想方设法要搞坏他和希特勒的关系。德国的进攻也没有消除双方之间这种巨大的不信任感。不过，从现实政治的考量着眼，希特勒的这两个对手终于开始走近。但存在的大量问题会拖慢甚至阻碍两者的接近。苏联人是否扛得住？他们会不会再次和希特勒媾和？如何把苏联纳入已经确立的战略之中？对斯大林而言，主要还是信任问题：两个盎格鲁-撒克逊强国会不会强强联手，让德军和苏军两败俱伤，且从中渔利？如何让他们承认1939年和1940年苏联攻占别国的既成事实，又能最大限度地获得好处，比如武器，比如第二战场？尽管1941年秋，"大联盟"已经形成，但还存在一系列没有解决的问题，联盟的基础极为脆弱。尽管存在种种不完善之处，但这样的努力仍然是轴心国所没法比的。1941年秋，德国的盟友发现了自己的缺陷，发现他们并没有必胜的信念。唯一一个还有希望的盟友日本最后却没有进攻苏联，而是和美国对垒，结果走上了不归路。

丘吉尔及其外交官和军队

签订德苏条约和巴巴罗萨行动爆发的这段时间里，英国人从来就没放弃过讨好斯大林的想法。他们遭到冷遇和羞辱，也放低自己的原则，忍受一切，就是为了不把联系通道给切断，尽可能在希特勒和斯大林之间插入一脚：但他们的追求很少有得到回报的时候。事实上，斯大林在面对英国这样的乞求者的时候，总是采取并不友好的中立态度，或者不予理睬的敌视态度。一年间，驻莫斯科大使斯塔福德·克里普斯爵士一直很有耐心、充满善意地扮演着低三下四的角色。直到1941年4月的一天，疲惫不堪的克里普斯威胁莫洛托夫，说要单独签订和平协议。这番话同鲁道夫·赫斯的观点相呼应，但只是更激起了斯大林的敌视态度，反倒使斯大林和希特勒走得越来越近。斯大林经过算计之后，甚至冒和伦敦断交的风险，承认伊拉克拉希德·阿里的反英政府。外交部倍感焦灼，他们至今仍不清楚苏联到底是"潜在的敌人，还是潜在的盟友"，[2]于是他们于6月2日做出决定，将克里普斯召回伦敦，进行"协商"。外交部无意之间透露出了对斯大林的极度不信任，而斯大林也从这个决定中再次嗅出英德两国有可能会签订协议的气息。所以，6月22日，苏联驻伦敦大使马伊斯基特别想从安东尼·艾登那儿得到保证，即英国不会和柏林缔结和平协议。之后，担任驻华盛顿大使的李维诺夫承认，莫斯科"所有人都认为英国舰队会驶向北海，联合希特勒攻击列宁格勒和喀琅施塔得"。[3]

1941年6月22日晚，丘吉尔发表讲话，其首要目的就是在这个问题上让斯大林放心。但他并没有走得更远。巴巴罗萨行动当然减轻了英国人的压力，使之得以喘息，但也让他们心绪不宁，在这个问题上分歧很大。外交官职业使然，惯于讨价还价，他们倾向于趁苏联虚弱的时候火中取栗，就算得不到政治上的好处，至少也能得到军事和经济上明确的情报。斯塔福德·克里普斯就持这种态度，莫洛托夫粗野无礼的行为使他的反苏情绪愈演愈烈，而他只是一直压制着这种情绪罢了。

军队就更不愿帮助苏联人了。丘吉尔手下的许多将军都在俄国内战时期加入盟军，站在白军一边。埃德蒙德·艾恩塞德在阿尔汉格尔斯克打过仗，约翰·肯尼迪被布琼尼打败过，还有哈罗德·亚历山大，他在拉脱维亚担任过指挥官。他们都是坚定的反苏分子，对苏联在1939年和1940年扮演的角色也深恶痛绝。对帝国参谋长约翰·迪尔爵士而言，和苏联人联手的想法"令人反感"，丘吉尔的主要军事顾问、担任战争内阁军事大臣的伊斯梅勋爵则认为这种做法"令人厌恶"。伊斯梅对丘吉尔讲过他从莫斯科返回时听到的一个笑话。俄国的一个导游带着一名英国军官游览莫斯科。"这儿是艾登饭店,以前叫里宾特洛甫饭店。这儿是丘吉尔路,以前叫希特勒路。那儿,是比弗布鲁克站,以前叫戈林站……抽烟吗,同志?导游问。不抽,谢谢,以前的下流胚同志。"英国人回答道。[4]

最终,同希特勒作斗争的必要性占了上风,厌恶感也就排在了第二位。同苏联合作的主要障碍在于参谋长附属委员会早已制定了应对战争的战略,并且同丘吉尔和内阁互通有无,他们并不愿因为巴巴罗萨行动而迁就自己。我们可以把这个战略称为"外围摩擦",该战略发现,在欧洲战场上,照目前的状况,几乎很难战胜德国国防军。只有美国参战,才能将力量的对比翻转过来,有朝一日,才能愈战愈勇。因此,目前,战争期间,外围摩擦战略必须结合多种策略,对德国进行空袭,海上封锁欧洲,颠覆、破坏外围国家(非洲、巴尔干地区),让德国疲于奔命。到那时候,也只有到那时候,才能在欧洲大陆发起强大的攻势,激发被占区民众群起反抗。无论是工业生产、后勤补给还是作战计划,所有领域都必须依据该战略行动,这样的战略当然不够进取,但很从容,也很现实。那么在这样的视野中,德苏冲突会起什么样的作用呢?军队的答复是:几乎没有任何作用。他们不可能同苏联人在军事上进行合作,且大规模援助莫斯科,从而削弱外围摩擦战略。

尽管丘吉尔和他手下的那些将军同样反苏,但从6月22日起他就发现,维持俄国战线对他自己的国家来说是件好事。虽然最初的两个月他也很困惑,但他感觉到必须采取某种方式,将这个新的盟友纳入大英帝国的全球战略框架之中。只有苏军能消耗第三帝国,四引擎轰炸机做不到这一点。尽管他会去寻求媒体大亨、军需部长比弗布鲁克勋爵的支持,但像安东尼·艾登这样的反对者仍然要求废除过于审慎的外围摩擦战略,重新采取另外的行动,并向苏联伸出援手。在1941年后半年,丘吉尔就这样在这两种立场之间周旋:帮助苏联人撑下去，但又不能使1940年采纳的那种战略成为泡影。

苏联人除了表达友谊之外，并没有改变态度。无休止的猜忌，重要情报的扣留，敲诈勒索，毫无诚意：这样的现象并没有消失。对他们而言，意识形态的框架仍然没有改变：德国要对1941年将战火烧到苏联负责，英国人则要对1939年德国发动战争负责。这两个国家没有一个能在道德上占有优势。只有苏联占有这个优势，因为它认为自己遭到了侵略，这样就能使它拥有所有的权利来直面充满敌意的资本主义世界。英国能和这样的伙伴联手，倾尽全力帮助它，同时还能保卫自己的国家利益和帝国利益，这乃是英国的荣幸。无疑，斯大林完全没有意识到英国的弱点。他难道没有意识到英国刚刚将黄金储备让给了美国，只能靠《租借法案》授权的首批运来的物资生存下去？他难道不知道英国勉强重整军备，只有20个师，其中2个还没有装备，而且6个还被牵制在了非洲？那是否有人对他说过皇家海军很难保护大西洋上自己国家的船队，也没有任何必需的登陆装备呢？显然没有，在他看来，丘吉尔是**出于自愿**不想打一场全面的战争。不过，斯大林知道在英国的背后还有美国这个经济强国支撑着。他最主要的还是想同伦敦正式结盟，好让英国开辟第二战场。他希望英国能把罗斯福拉进来，不要和希特勒结盟，而且让英国提供一个良好的环境，来解决让波兰和波罗的海国家感到头疼的那些问题。他还想和保持中立、躲在幕后的华盛顿讨论军事援助和经济援助的事宜。

首相的战斗：机队和第二战场

目前，军队在英国政治的决策方面占据主导地位，或者毋宁说，他们还没有能力做出决策。军队部分将领并不认为苏军能抵挡得住德军。6月11日，联席情报委员会的专家认为苏军最多能撑四到六个星期，7月认为还能再撑六个星期。6月24日，苏联驻伦敦大使马伊斯基请求英国发动袭击，钳制德军，丘吉尔也倾向于这么做，但正是联席情报委员会的这种观点成为发动袭击以及向苏联运送装备物资的主要障碍。削弱英国的潜在军力去帮助一个行将就木的国家，有什么好处？而且，运送援助物资在技术上也困难重重，第一次世界大战期间，盟军就已尝过这样的苦头。美国驻伦敦的武官雷蒙德·E.李将军对丘吉尔讲话中说要提供援助的内容做出了这样的评论："这么说不见得就能做到。他们也对波兰做过这样的承诺，但路途相距太远，援助不了。而俄国离得比波兰还要远。"[5] 在巴巴罗萨行动启动之后的十三个星期内，除了道德上的支持之外，伦敦什么都没有提供：它在静观其变，看苏联是否能保护自己。

最初几天，德军所采取的措施使英国确信苏军很快就会崩溃：德国国防军派遣特工和破坏者潜入高加索地区，并实施既定计划，轰炸巴库的石油设施，再攻击并夺取苏联的商船队伍。6月25日，"30使命"军事代表团飞往莫斯科。代表团由秘密情报部门的资深人士以及以前驻柏林的武官诺埃尔·梅森-麦克法兰将军率领，7月6日，军事间谍部门负责人戈利科夫将军率领的苏联代表团也飞往了伦敦。梅森-麦克法兰必须了解苏联人抵抗的意志有多强，并想尽一切办法来激发苏联人的斗志。他在莫斯科的时候对战争的局势一无所知。苏联人不同意让盟军的随员走访前线，这让他倍感惊愕。铁木辛哥对他表达了乐观情绪，但很快，朱可夫就提出了令人瞠目结舌的要求（6000架飞机，2万门反坦克炮），显然局势并不乐观。梅森-麦克法兰别无办法，只能向对方提供Ultra译码得到的情报，但由于无法向对方提供情报源，所以可信度存疑。不过，他对苏军的抵抗能力抱有信心。他的报告使英国的专家逐渐修正了自己的判断。

1941年7月7日，丘吉尔担心无法直接联系到斯大林，便给他写了第一封信，由克里普斯向莫斯科转交，由此来"破除坚冰"。"我们会尽可能久地，从各种地形，凭借我们越来越多的资源，竭尽所能地援助你们。战争越是持久，我们能给你们提供的物资也就越多。我们已经在夜以继日地对德国及其占领的国家进行空袭。"[6]换句话说，英国目前所能提供的援助就是让德军动用600架歼击机来保卫德国。军事上，英国人并没有任何实质性的东西可以提供，他们只能摆出政治姿态，"用客套话来掩盖自身的空虚"，[7]丘吉尔在《战争的历史》中就是这么承认的。7月12日，克里普斯在克里姆林宫和斯大林签署了一份"共同行动协议"，这份协议既很简洁，也很模糊："两国政府在反对希特勒德国的战争中彼此协助，互帮互助。"[8]第2条做出保证，即双方均不得单独提出停战，也不得单独媾和。斯大林对此颇为满意。尽管丘吉尔好不容易憋出"协助"这个字眼，但他的战争部长却仍然认为这样的文本太过大胆。他预测苏联崩溃的可能性越来越大，有可能需要支持一个新的政府，以继续进行战争，如有必要，还有可能会在乌拉尔以外的地方进行战斗。而斯大林在德国前添加了形容词"希特勒"，可见他还持有保留态度，以应对冲突期间出现"另一个德国"的可能性。双方都有各自的小算盘。

7月18日，斯大林给丘吉尔写了第一封信，似乎也证实了军队的怀疑。斯大林承认局势仍然相当紧张。他请求"在西线，也就是法国的北部，或北线的北极地区，也就是〔……〕挪威，开辟一个战场"。[9]两天后，丘吉尔做出了回复，信中罗列了详细的理由。他说在法国登陆的做法根本行不通。他只同意让皇家海军在北极地区施压，并向摩尔曼斯克派遣一些歼击机中队。斯大林于是绕过伦敦，让戈利科夫直接和罗斯福联系，罗斯福答应会给予实质性的帮助，但不忘指出首先应该由伦敦来帮助才对。为了和盟友的立场保持全面一致，丘吉尔决定不顾军方的反对，亮出自己的态度。7月24日，他宣布向苏联派遣200架歼击机，这是个很大的数目，等于削弱了英国在中东地区的防御力量。8月12日，装备薄弱（6个货舱）、名为"苦行僧"的第一支机队准备从利物浦启航。8月31日，机队带着橡胶、锡、羊毛、反坦克地雷、弹药和15架拆卸下来的飓风战斗机来到了阿尔汉格尔斯克。此外,"百眼巨人号"航空母舰还运去了24架飓风战斗机,为保卫摩尔曼斯克,他们在那儿战斗了三个月的时间。

斯大林对英国运来的前几批货物没表示多大的感激,毕竟这些货物对苏军的需求而言实在太少。他在9月4日的信中有些失控,对基辅北部局势转坏忧心忡忡。他谎称德国发动了新的攻势,因为他们从西部"转运过来了34个师","德国人认为不会存在第二战场,以后也不会有"。[10]他再次提出了开辟第二战场的请求,"就开在巴尔干地区或法国的某个地方",还要求英国立即运送3万吨铝,从10月起,"至少每月要有400架飞机和500辆坦克"。丘吉尔在当天的回信中答应抽调英国生产的半数坦克和飞机,这是一个很大的动作,但丘吉尔说1941年开辟第二战场的可能性完全没有。斯大林在给罗斯福的一份照会中承认,自己在这封信中察觉到英国单独媾和的危险气息。其实,他这是疑心病发作,十天以后,他的疑心病就更重了。事实上,9月15日,西南方面军在基辅周围濒临崩溃的时候,从斯大林的一封信中可以看出他完全乱了方寸。"我觉得英国不用担风险,就能在阿尔汉格尔斯克登陆25到30个师,或者让这些部队穿越伊朗,向苏联的南部地区进发。"[11]之后没过多久,丘吉尔就认为这样的请求"荒唐无稽"。[12]但这两次求救也使他感受到俄国危在旦夕的紧迫感,而这种威胁最后也会返回到英国诸岛身上。他摆脱了6月22日以来的那种优柔寡断的心理状态,制定了各种自相矛盾的战略目标。他决定要先对苏联进行援助。他很快就对官僚、专家、军方的反对声浪置之不理。9月29日,第一批货真价实的机队PQ1(11个货舱)从冰岛起飞,10月1日,向阿尔汉格尔斯克运去了英国承诺的200架飓风歼击机、20辆坦克和大量弹药。1941年底之前,还有7组机队借道北方的通路,调动了49个货舱和46艘战舰。

开辟第二战场对首相而言就要棘手得多了。他也没少说服手下的那些将军和海军将领。10月，他和比弗布鲁克施加了很大的压力，要求军队在挪威北部进行登陆，是为阿贾克斯行动。在他看来，这个行动一方面可以替苏联分掉德国的一部分兵力，另一方面可以确保摩尔曼斯克公路的安全。皇家海军没有同意这个计划，他们拒绝在没有空中掩护的情况下投入大量部队：他们对"俾斯麦号"战列舰的不幸遭遇记忆犹新。陆军暗中使坏，说扩大十字军行动（今后进攻利比亚的行动）的规模更容易。丘吉尔大为光火，说他们"就是要为什么都不做找借口"。[13]随后，他又想起了艾登提出的一个老想法：十字军行动有利于入侵西西里的编绳行动。这次，军方反对得就更厉害了。只有预先攻占地中海的整个南岸，包括维希政府控制的突尼斯和阿尔及利亚（体操运动员行动*），才能攻打西西里。最后，11月18日发起的十字军行动遭遇失败，由此导致其他所有加强地面战斗的行动悉数成为泡影。但这些行动至少让11月离开苏联的凯塞林元帅向地中海地区派遣了2个空军机队。最后，无论丘吉尔还是比弗布鲁克都没有办法推翻外围摩擦战略。这个战略之所以拥有顽强的生命力，是因为英国人认识到了自身军事上的缺陷。只有1943年夏美国大规模投入兵力和苏联在库尔斯克的胜利，才让他们勉强放弃了这样的战略。由于没有办法从地面对苏联人进行任何支持，丘吉尔只能采取替代方案，那就是援助物资。

英国运送物资的重要性长期以来一直被美国的光彩所掩盖，受到了低估。考虑到英国当时军队和经济的困难程度，而且美国还要将一部分援助用来满足斯大林的需求，英国运送的物资数量可谓相当巨大。数万吨橡胶和铝相继运抵阿尔汉格尔斯克和摩尔曼斯克，一同运去的还有476辆瓦伦丁坦克和玛蒂尔达坦克，以及699架战斧、小鹰、飓风战斗机。坦克只占当时苏军坦克总量的6.5%，但在中型和重型坦

---

* 后称为火炬行动。——译注

克中却占到了四分之一的比例。12月9日，从数量上看，莫斯科城前分配给6个独立营的90辆英国坦克跟205辆T-34和KV-1坦克相比毫不逊色。尽管瓦伦丁和玛蒂尔达坦克在火炮方面存在缺陷，而且履带过窄，但其装甲性能和独立的无线电系统都很优异，所以显得非常宝贵。尽管运来的699架歼击机在1941年底的战机总量中只占不到9%，但它们的性能、可靠性、无线电装备和导航装置都相当出色，它们部署在苏军的侧翼，成为相当优异的截击机和护航机。12月底，他们在保卫莫斯科的装备中占了15%的比例。伊利亚·爱伦堡说，11月的时候，一架德军飞机在莫斯科上方投下传单，并用喇叭喊："你们的盟友不会来帮你们，今后也不可能来帮你们。"返回基地的途中，这架德国飞机就是被英国组装的空中眼镜蛇战斗机击落的。[14] 上面的这些数字表明：尽管英国运来的坦克和飞机在莫斯科战役中没有起到决定性的作用，但它们也不应被忽视。在苏联最艰难的时期，英国有一个巨大的优势，那就是他们能比美国更早地对苏联进行援助。

攻打伊朗的八十小时战争

从6月22日起，伦敦就要求苏联提供军事情报，以期更好地评估苏军的需求及其抵抗的能力。但对英国使者的这些问题，如部队规格、战术、可能的战略协调、战线的方位，苏联人一概不予答复。只有一次，为了入侵并占领伊朗，斯大林同意进行军事协调。我们会在后面看到，丘吉尔唯一一次同意他的这个新搭档提出的类似请求，是在大北方地区。

英国人毫无疑问是伊朗行动的发起者，他们正式启动这项行动，是为了避免受到纳粹的威胁。照伦敦的说法，希特勒的思想会渗透伊朗的领导阶层和知识分子阶层。事实上，伊朗尽管存在同情德国的氛围，但和纳粹的意识形态并不相同。这是一种很自然的情感，因为他们想要寻求第三国的支持，可以和伊朗新兴的民族主义的主要对手英国和苏联进行战斗。1940年6月，伊朗国王礼萨·巴列维解除了亲德的总理马田·达夫塔里的职务，从而让亲德的圈子失去了他们最著名的代表人物。但伦敦的报纸和英国在印度的指挥层却坚持认为波斯存在日耳曼的间谍。说他们征召了5000到10000名德国人，这些人都是假游客，真间谍，他们在交通运输和通信领域占据了关键职位。说他们都已做好准备，只等柏林一声令下，就会夺取该国的领导权。无论这是异想天开的幻想，还是宣传伎俩，反正事实是，在伊朗总共只有2000到2500名德国人，其中三分之二都是妇女和儿童。间谍又有多少呢？两三百人，都受那位精力充沛的德国驻大不里士领事伯恩哈特·舒尔茨-霍尔图斯领导。这些名气大的、被暴露的特工其实是在1941年6月22日以后才活跃起来，设法和苏联高加索地区及中亚地区的民族主义团体建立联系的。如果我们相信内务人民委员部的报告，那么大多数潜入的特工都是在跨越边境时被抓获的。那会不会像伊拉克的拉希德·阿里发动政变（1941年4月3日）那样，波斯的亲德派人士也存在政变的威胁呢？不会，阿勃韦尔和库尔德人以及毛拉断断续续的联系可以忽略不计。伊拉克尝试政变的企图失败之后，柏林并不想让不敌视德国的伊朗也处于动荡之中，至少在坦克部队还没来到巴库之前是这样。

　　苏联人和英国人这么做有三个更为坚实的共同理由，比假想的德国控制伊朗的威胁要强得多。第一个理由是收紧对德国的经济封锁。德国在德黑兰的外贸中所占的比例，从1933年的8%上升到了1940年的45.5%。伊朗会经由土耳其和保加利亚，向德国运送羊毛、谷物，尤其是将远东地区的战略原材料锡、橡胶、锰转运过去。英国人和苏联人都要各自负起德国对伊朗经济渗透的部分责任。他们1927年的时候难道不是共同向伊朗施压，将一个雄心勃勃的美国经济代表团排除在外，结果导致伊朗人只能和德国做贸易来发展自己的国家吗？在英国人看来，让伊朗听命于英国还有利于确保胡齐斯坦的石油矿脉和阿巴丹当时世界最大的炼油厂的安全。第二个理由很不错，那就是莫斯科和伦敦如果能占领伊朗，就能在彼此之间建立一个直接接触的点，可以经此运送部分援助的物资，而且可以不受轴心国战事的影响。北极通道容易受到U型潜艇和德国设在挪威的空军基地的攻击，这对皇家海军来说不啻为一场噩梦，部分商船船队和他们急需的护航舰就是这样被击沉的。尽管伊朗西部的铁路线还有不足之处，但它们能将苏联南部各共和国与波斯湾的港口相连。事实上，要到1942年秋，美国波斯湾指挥部的3万人带来1000台推土机和挖土机，他们才能找到持久性的后勤解决方案。

占领伊朗的第三个理由最关键。这关涉到英国人的全球战略观。这是很紧迫的任务，从6月23日起，英国外交部就向斯大林提出了伊朗问题。伦敦认为这个国家关乎它的生死，因为伊朗可以构建英国中东防线的"北翼"。如果苏军崩溃，就有必要将兵力运往高加索，维持第二战场，而受地理条件所限，要进入高加索，只能从波斯走廊走。德国对土耳其的威胁不小。无论土耳其成为德国的牺牲品还是同谋，英国军队都必须推进到托罗斯山脉的峰顶，将德军阻击于伊拉克和叙利亚的大门之外。此外，还有一个理由让伦敦于1941年4月和5月耗尽心思控制了维希政府治下的叙利亚和黎巴嫩，亲德的拉希德·阿里发动政变之后，伊拉克对英国而言也失而复得。如果说伦敦在6月22日之前对伊朗毫无动作，那只能是因为莫斯科和德黑兰1921年签署了共同防御条约。德国入侵之后，这个障碍也就不存在了。

从莫斯科的角度来看，德军已经在自己国家推进了600公里，这个时候进占伊朗并非优先选项。见英国人更想讨论伊朗，而不是第二战场，斯大林就更加不满了。不过，如果他愿意参与此事，那肯定也是因为不想将这个传统的竞争领域拱手让给伦敦。1920年和1921年，吉兰苏维埃共和国（伊朗北部）亮相于世，想要让其起死回生的想法始终漂浮于共产国际的心头。莫斯科也在看伊朗是否愿意授予塞姆南的石油出让权（国王反对该提议），而且对波斯在里海周围的资源极感兴趣。为了保住1921年条约的利益，避免分散兵力，斯大林想要和国王达成谅解，请求他允许盎格鲁-撒克逊人的军事援助物资能够经伊朗转运。7月5日，国王犯了个大错，他以保持中立为由，拒绝了斯大林的提议。此时，伊朗和伦敦已经不和，因为伦敦指责他们帮助拉希德·阿里，接待耶路撒冷来的穆夫提，而且继续允许转运货物前往德国，这时莫斯科别无选择，只能介入进来。除了担心纳粹的间谍活动和援助物资的运输之外，斯大林特别想借此对土耳其直接施压。这就能解释苏军最高统帅部为什么在欧洲亟需兵力的时候，要让第54装甲师、第63山地师和第47集团军发动攻势，控制伊朗和土耳其的边境。安卡拉意识到危险之后，于8月27日匆忙表示自己保持中立。

伦敦也积极采取了军事行动。7月22日，斯大林同意了英国的提议。1941年7月26日，两国的代表在德黑兰提出驱逐德国人的要求，本来只是请求，到8月16日就成了最后通牒。国王显然不想和柏林彻底闹翻，或者说他就是不想丢面子，于是再次以保持中立为由，对此断然拒绝。当然，他口头上同意几个月里会将德国人柔性驱离，但对方对他并不信任。1941年8月25日凌晨4点，伦敦和莫斯科的使节宣布立即入侵该国。

伊朗军队数量众多（18个师和1个机械化旅，200到300架飞机），但装备差，而且指挥无方，指挥层腐败严重，所以他们只进行了象征性的抵抗。苏军本次投入的兵力也相当可观：由诺维科夫将军指挥的2个集团军（第44和第47集团军），共计有6个步兵师和骑兵师、2个装甲师和1个机械化军（6万多人），还有航空兵、内务人民委员部的部队和里海小舰队。地面部队从亚美尼亚、阿塞拜疆和土库曼斯坦出发。英国人则从巴士拉和巴格达冒出来，兵力约为2万人，其中三分之二是印度人，还有两个装甲旅和一个突袭阿巴丹的空降营。入侵部队走的路线和1915年的相同，当时，波斯已被置于联合托管之下，用来对抗奥斯曼帝国。8月31日，英军和苏军会合。稍事停留之后，两军于9月17日一起进入德黑兰。礼萨沙将王位让给了儿子穆罕默德·礼萨·巴列维，后者当天宣誓就职，听命于占领者。

这次常态行动只有200人伤亡。苏军占据该国北部，大不里士和沙赫港周围，那儿是泛伊朗铁路的终点，铁路长达1300公里，刚刚全部竣工。圣诞节前，1.3万吨战时物资就将经由这条通道运输，最少共有400万吨物资将从伊朗转运至苏联。8月31日，丘吉尔向斯大林发去一封电报："除了油井的安全之外，我们进入波斯的目标是在我们之间找到一条不会被切断的新通道。[……]让世界知道英国和俄国的军队已经出手，是件好事。"[15]

利察河战役

9月6日到7日，巴巴罗萨行动的第二次外围战役在大北方地区，北纬70度附近，靠近巴伦支海海岸的地方爆发。这次战役鲜为人知，但从英国援助物资的运送以及皇家海军参与的程度来看，又很重要。我们在第10章已经说过，迪特尔将军的山地部队在利察河西部重组，那儿距摩尔曼斯克港65公里，是前往摩尔曼斯克的最后一道屏障。苏军第14集团军司令弗洛罗夫将军兵力有限，无法阻挡迪特尔，第14师由于先前的战斗减员严重，只剩四分之三兵力，此外还有第52师。总共3万苏军要面对6万德军。英军将密切关注这场战役。一方面，苏军同意把战况的情报通报给梅森-麦克法兰代表团（唯一一次）；另一方面，布莱切利园破译密码的人现在已经能比较容易地破解负责大北方地区的德国海军和德国空军第5航空队的无线电信号了。7月3日，梅森-麦克法兰收到苏军明确要求协助的第一个请求。他们立刻就将该请求转给了伦敦的参谋长附属委员会:"俄国人害怕德军会对渔夫半岛和摩尔曼斯克进行空投和海面袭击。他们请求予以协助,各部队从摩尔曼斯克实施轰炸。"[16]海军准将迈尔斯的答复明确无误:"在德军俯冲轰炸机在场且没有战斗机掩护的情况下,让海军部队投入作战无异于自杀。我不同意俄国人的提议动用航空母舰,其他大部队的情况我并不清楚。"[17]尽管皇家海军不愿动用战舰帮助摩尔曼斯克,但他们还是想介入。7月7日,由格鲁乌前任负责人戈利科夫将军带领的一个军事代表团飞往伦敦,重申介入大北方地区的请求。

迪特尔给他手下最优秀的部队第2山地师的一个团设定的目标是横跨利察河长达120米的一座金属桥,那是通往摩尔曼斯克的唯一一条道路。山谷东侧是一系列150至180米高的山岗,被夹岸的峡谷相隔。弗洛罗夫没时间在这儿加固工事。他根本就没指望第52师的两个半团——1万人——能守住这个战区,这些部队是急行军于7月1日到这儿的。不久之后,第三个团的半数兵力与他们会合,形成了第二道防线,大约80门重型迫击炮和榴弹炮都掩藏在低矮的山地间。7月6日,德军发起进攻。让他们大吃一惊的是,竟然不费吹灰之力就过了河。不久就爆发了激烈的战斗,山地部队向那座桥发起冲锋。子弹、手榴弹和炮弹好似冰雹一般遍地开花。一整个团很快就到桥头堡上盘踞了起来,留下了数百具尸体。苏军在他们背后把桥炸毁。希特勒的特使施蒙特上校当天赶来,敦促迪特尔尽快取得战果。他把元首的一个预感说给了迪特尔听:英军会在佩察莫或渔夫半岛登陆。迪特尔对此无能为力。他的上司冯·法尔肯霍斯特从他这儿抽调了空军和增援部队,悉数投入到坎达拉克沙方向。不过,7月7日,他再次向南部发起攻势。第3山地师的一个团越过了利察河,想从背后袭击在桥梁四周筑壕固守的苏军。轰炸机终于来了,但已经派不上用场,在对方炮火的狂轰滥炸之下,攻势停了下来。到了晚上,迪特尔决定撤离利察河附近的桥头堡。他的攻势彻底失败。他损失了650多个人。更糟的是，他还必须率领部队向北进发，弗罗洛夫会竭尽全力在利察河峡湾无人居住的各处登陆。

在伦敦，皇家海军的代表冷落了戈利科夫，他们向他解释了为什么没有船会冒险驶入大北方地区。但他们的说法却被梅森-麦克法兰的说法推翻，他亲自给丘吉尔写了一封信："首先，今天局势要求我们采取行动，展示我们想要帮助的愿望，哪怕有风险也在所不辞。俄国人在战线的各个地方都受到了严峻的挑战，但他们打得比我们想象中的好。我们有可能没法向摩尔曼斯克或法国海岸发动行动，但如果能快速实现，我相信这种类型的行动会带来巨大的好处，能提升这些人的士气，坚定他们的信心。"[18] 丘吉尔在写给斯大林的信（7月7日）中说，他已收到电文："在我的请求之下，海军司令部已准备在北极地区采取重大行动。"[19] 皇家海军的反应表明他走过了头：

> 我们和俄国人有关政治和军事的谈话有一个总的倾向，那就是我们正在出于政治原因，朝一个虚假的立场推进，进而采取从军事角度而言荒唐至极的行动，一名分析家就是这么写的。［……］是俄国人要求协助，不是我们。如果他们必须战斗，那他们就战斗下去，但那是为了他们自己的生存，而不是帮我们来战胜德国。［……］我们所有的部队现在都是为了完成最终的战略目标，赢得战争，但并不需要俄国的帮助。[20]

7月10日，首相给海军司令部的第一勋爵达德利·庞德写了一封信，逐字逐句地把梅森-麦克法兰的话写了下来，并说："看来绝对有必要派遣一支小型舰队前往北极地区。"[21]

7月13日，部队经过休整，弹药也已运到，迪特尔便再次发起进攻。施蒙特的造访和他写给希特勒的报告起到了效果，派来了1000人的增援部队，有一个芬兰团、一支轰炸机队和350辆卡车。第6驱

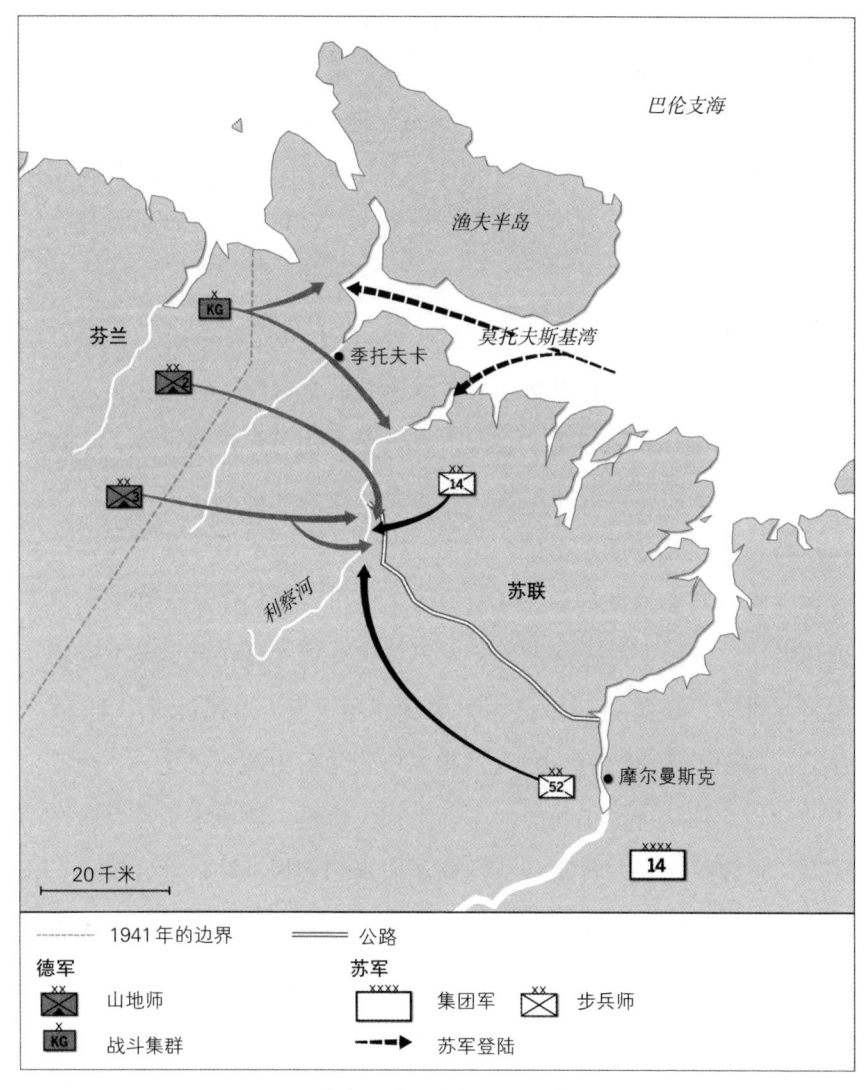

利察河战役（7—9月）

逐舰小队和四艘U型潜艇驻扎在挪威北部，准备进攻戈洛夫科夫海军上将的舰队。迪特尔发动了钳形攻势，会将集中在利察河上已被摧毁的桥梁四周以及摩尔曼斯克公路起点的苏军部队一举包围起来。7月13日，1万人再次渡过利察河。大部队跨过河的北岸，推进了5公里。主力在穿越两座湖泊之间狭窄的隘路时，遭到苏军两个团的伏击。山地师不得不冒着枪林弹雨，攀上山坡。两天时间里，两军短兵相接。根本没有俘虏可言。16日，迪特尔停止了第二次进攻。第2师损失了3000人，对一支久经训练的精英部队来说，这样的数字已经是相当之大了。

在此期间，在丘吉尔施压之下，海军上将庞德召集了一支特遣队，包括"胜利号"和"暴怒号"这两艘航空母舰（64架飞机，其中30架为鱼雷轰炸机）、"德文郡号"和"萨福克号"重巡洋舰、十艘驱逐舰、一艘油船、一艘布雷舰。目标是在挪威北部海岸沿岸地区拦截向迪特尔提供补给的部分船只（共32艘）。但海军司令部没人知道究竟该在哪儿找到这些船只。不过，7月23日，他们还是从斯卡帕湾基地出发了。陆地上，弗洛罗夫将军不停地向德军设在利察河上的桥头堡发起进攻，让第52师本已损失惨重的各团兵力消耗得更厉害。7月16日，第58团只剩下了505人，相当于正常兵力的五分之一。德军由于遭到炮兵部队持续不断的射击，也损失惨重。迪特尔于是再次发动关系，迫使冯·法尔肯霍斯特向他派遣新的增援部队，共计2.5万人，其中第6山地师为1.6万人，由另一个强有力的纳粹将领斐迪南·舍尔纳率领，除此之外，还有一个巴伐利亚团和党卫军第9摩托化团。这些数量可观的部队要过三个星期才会到。7月30日，皇家海军的舰队驶近佩察莫和希尔克内斯。鱼雷轰炸机起飞后，冲向两座港口，想要了解那儿是否已成空港。不到几分钟，德军高炮部队便击落了13架战机，击伤了11架，击杀或俘虏了38名飞行员和领航员。英军这次败得很惨。舰队只能撤退，在身后留下了"底格里斯号"和"三叉戟号"潜水艇。

迪特尔很自信。他的部队人数很快就翻了一倍,而苏军的兵力则不停地缩水。现在的兵力是4比1或5比1,他最终应该能向摩尔曼斯克公路推进,并希望在9月中旬占领这座城市。弗洛罗夫绝望之余,想到了一个增加兵员的办法:古拉格1.3万名在科拉半岛挖矿的囚犯被押上卡车,运往摩尔曼斯克,接受短暂的培训。如果迪特尔将第6山地师投入战场,那么这些人就会毫不顶用。8月11日,苏军的机会来了,德国海军第6驱逐舰小队的无线电文被布莱切利园截获破译:两艘驱逐舰将护送运输部队的船只前往迪特尔处。这则情报被转给了埋伏在那儿的"底格里斯号"和"三叉戟号"潜艇。8月30日,两艘运输船被鱼雷击沉。600人死亡,1160人被找到时状况堪忧,300头驮运物资的动物以及大量物资消失。第6山地师的一个团全军覆没。于是,德军只能求助于其他运输工具,并再次设法前往希尔克内斯,迪特尔正在那儿等得很不耐烦。两艘载有6000名山地士兵的货轮,在炮兵学校的舰船"牛虻号"的护送下,在雾气中悄悄行驶而去。他们并不知道海军上将维安的特遣队对斯匹次卑尔根岛进行突袭之后正在返航途中,也驶入了这片海域,而且破译了一份新的电文,了解到了德军的行动。9月7日,"尼日利亚号"和"曙光号"这两艘巡洋舰不到几分钟就击沉了"牛虻号"。两艘货轮掉头返航。冯·法尔肯霍斯特命令6000人在波尚厄尔峡湾登陆,准备步行三周时间前往利察河。

迪特尔心想不能再等了:北极的冬天来得早。他对49门重型加农炮还颇有信心,这些火炮被运到利察河西岸,已经安装好。加上党卫军第9团,他在北方第2山地师四周还有1万可用的士兵,在南部有2万士兵,那儿是第3师和巴伐利亚团的驻地。冰冷刺骨的雨水不停地下着,9月8日,他发动了第三波进攻。党卫军突然从浓雾中冒出,吼叫着扑向苏军阵地,把苏军赶出了前面的几座山岗。但苏军很快就从侧翼发动反击,使德军陷入巨大的恐慌。党卫军士兵一直逃到了海边。第2山地师的攻击也没好到哪儿去。在人数比1比3的情况下，来回拉锯，苏军终于使得山地师无法再一次跨过利察河，并使德军在战场上留下了200具尸体。但在南部，巴伐利亚团则推进了5公里，切断了摩尔曼斯克的公路。弗洛罗夫山穷水尽，只能把1.3万名苦役犯投入混战当中。那些人最终挡住了德军推进的势头。9月12日，迪特尔在南部再次发动攻势，这次用上了轰炸机。但苏军的炮火一锤定音，打退了所有的进攻。苏军组织的一次反攻在摩尔曼斯克堤道300米处阻挡住了第3山地师。在随后的五天时间里，尽管山地师花了九牛二虎之力，却还是没法走完5公里，无法到达他们梦寐以求的公路旁，登上山岗，掌控这条公路。

海上，由于"底格里斯号"潜艇和苏军的一艘潜艇击沉了两艘新的运输船，最后一次运输第6山地师半数兵力的尝试也以失败告终。这次，德军最高统帅部介入进来，命令把整个师带往波罗的海地区。迪特尔的大部分给养被阻挡在外，无法运来，而此时又下起了第一场雪。9月18日，山地师开始准备过冬。他们已经损失了12490人，近三分之一的兵力，比苏军损失的兵力还多一点。这次失败已成定局。尽管防守者英勇奋战，地形又相当难走，这些是最终防守成功的首要原因，但皇家海军的行动让山地师的三分之二兵力及其给养无法运抵，他们在这方面起到了关键性的作用。毕竟弗洛罗夫将军已经连一个营的后备部队都拿不出来了。如果第14集团军不敌聚集起来的三个山地师的攻击，那迪特尔就很有可能会拿下摩尔曼斯克，盟军也就会失去北极的通途，而伊朗这条通途也就会失去实用性，苏军和苏联的经济在最需要帮助的时候，就会失去200万吨的援助物资。

《租借法案》的惊雷

和丘吉尔不同，罗斯福没有仗要打。除了日本的态度之外，他眼前有两件事要操心。第一就是如何阻止英国崩溃，以免将作为自己国家东部屏障的大西洋开阔地拱手让给德国。第二就是国内秩序：要摒弃中立立场，让位给战争，他就必须好好想清楚。他身边有个相当出众的人物，此人更像社会工作者，而非外交官或战略家，那就是哈里·霍普金斯。作为新政的组织者，霍普金斯从1938年起就成了罗斯福最倚重的顾问，也是他最亲近的密友，甚至都住到了白宫里。12月31日，椭圆形办公室边上的秘密地图室开放的时候，他是唯一一个可进入地图室的平民。美国历史上还没有哪个顾问有这么大的权力。很少有人有他这样的组织才能，也没有人会如此隐蔽地为总统服务。霍普金斯患有慢性病，手术取走了他三分之二的胃，所以他面色苍白，身形消瘦。他不顾病痛，整日埋头于工作中，每天都要喝上两升咖啡，抽上六十根好彩烟。1938年他担任商务部长一职时，罗斯福将首个战争任务提前委派给了他：秘密巡视美国航空企业，看能否增产五倍。他还插手提名马歇尔将军担任陆军参谋长，介入曼哈顿计划，成立国防顾问委员会，这是一个规模有限但权力极大的委员会，可以在战争前夕优先动员工业和人力资源。

1940年9月9日，丘吉尔的一封信交到了罗斯福的手中，第二次世界大战最重要的一项决策终于问世，那就是《租借法案》。英国首相说他的国家财政上已经捉襟见肘，没法继续向美国货物支付现金。在随后一个星期内，罗斯福和霍普金斯便针对这个求助信号，提出了《租借法案》的一个核心概念：美国将英国需要的战争物资"出借给"英国，英国无须为此支付一分钱。这显然绕过了1939年的《中立法》，所以引得舆论一片哗然，尤其是孤立主义的那群人，他们觉得这样做势必会通向战争。讨论程度之激烈，只有后来越南战争引发的讨论可与之相比。罗斯福和大多数同胞一样，并不想参与战争，但他又很清楚英国在打头阵，必须获得帮助。他甚至觉得，有了《租借法案》，自己国家的士兵或许就不用跨越大洋去打仗了。1941年1

月9日，他把霍普金斯派往伦敦去见丘吉尔，询问对方有哪些紧急需求。他的顾问给他发来的最后一份报告，终于使他打定了主意："总统先生，这个岛国现在就需要我们的援助，我们有什么，就必须给他们什么。"[22]1941年3月8日，星期六晚上，经过漫长而激烈的讨论之后，参议院以60票比31票通过了这项《租借法案》，三天后，众议院也投票通过了该法案（317-71）。当天，总统就颁布了《租借法案》，《经济学人》的头版标题是"互存宣言"。该法案允许总统将一国政府用于国防、有利于美国安全的任何物资"出售、转让、交换、出让租约、出借，或以任何形式"提供给该国政府。3月29日，英国和美国的参谋在交谈的时候，又做出了另一项重要决定，奠定了今后与苏联的关系：无论日本如何行动，德国都被视为主要敌人。

巴巴罗萨行动启动的消息使罗斯福的这项任务变得更为复杂。激烈反苏的孤立主义群体再次振作精神。"战争集团很难要求美国人民在斯大林的后面拿起武器，"[23]美国优先委员会的发言人罗伯特·伍德将军义愤填膺。飞行员查尔斯·林德伯格喊道："我宁愿看到自己的国家同英国结盟，甚至可以和德国结盟，而不去考虑他们犯下什么错误，也不愿和苏联结盟。"[24]6月24日的盖洛普民意调查显示，35%的美国人同意援助苏联，54%的人反对。战争部长史汀生和海军部长诺克斯也都是军人，他们认为千万不能贸然行事，在他们看来，挡在前面的苏军很快就会崩溃。"我在华盛顿从没见过谁相信苏联的军队能打败德国的军队，"[25]前驻莫斯科大使威廉·C.布列特对美国退伍军人协会这么说。军队宣称不能向英国人和苏联人提供武器，因为这样做会损害美国重整武备的机会。既然还有大量招画贴劝诫美国的家庭主妇把自家的电池捐出来，那为什么还要把铝运到外国去？和英国一样，外交官们记得也很清楚，他们也都支持和斯大林一手交钱、一手交货的原则。德国进攻之前，他们就建议"不要和苏联政府有任何接触"，对苏联的所有做法"均持保留态度"，"我们给苏联任何东西，都要获得对等的报偿"。[26] 威廉·C. 布列特告诫总统别忘了"苏联人对美国人而言是相当危险的敌人,不应该允许他们混入我们的生产机制之中"。[27]

罗斯福也听取了他的朋友、前驻莫斯科大使乔·戴维斯的不同意见,戴维斯所起的作用就像比弗布鲁克在丘吉尔身边所起的作用。这位"红色亿万富翁"对媒体说:"红军的抗争将会震惊世界。"[28] 不久之后,戴维斯向罗斯福和霍普金斯发了一封电文,劝他们尽快对苏联进行全面援助。但他认为不该把斯大林拒之门外,反而使之和希特勒达成协议,和之前的艾登一样,在这一点上,他也搞错了。我们必须再次指出,许多人都不清楚,希特勒并不想得到什么新的好处,或者任何妥协,而是要彻底消灭苏联。

置身于国内外纷繁复杂的事务之中,罗斯福只能迂回前行。他在6月24日的新闻发布会上表示会援助苏联,但也承认目前这么做困难重重。巴巴罗萨行动启动之前一个星期,他对丘吉尔也说过类似的话。7月10日,他接待了斯大林派驻华盛顿的大使康斯坦丁·乌曼斯基,当时霍普金斯也在场,几天前,乌曼斯基提交了一份20亿美元的巨额购货清单(飞机、加农炮、弹药、机器)。总统只是笼统地说会尽力去办,但他很清楚他必须先去咨询英国人,因为他得先知道,"从军事角度来看,美国提供的给养会在哪儿起到最大的作用"。[29] 尽管没有对苏军的抵抗能力提出质疑,但他还是对此持保留态度。前一天,德国国防军的特别公报宣称在明斯克周围俘获了323898名俘虏,这不可能不对他产生影响。最后,购买的资金从哪儿来,这仍然是个问题。7月,对苏联的出口额慢慢悠悠地达到了650万美元。他们已经在搜压箱底的东西,就为了找到1200吨铝、173套机床,还迫使英国人让出了1000吨甲苯,这是一种飞机燃油添加剂。至少向苏联做出承诺的时候,得把给英国人的货物协调一下,对各方的需求做到心知肚明,于是,罗斯福派霍普金斯去了伦敦,但谁也没想到,这趟行程还把霍普金斯引向了莫斯科。

1941年7月13日，霍普金斯登上了B-17轰炸机，历经三天的恶劣天气，在苏格兰降落。8月9日，在纽芬兰岛的普拉森舍湾，他很快就和丘吉尔谈妥了，战争第一天，丘吉尔也是在这儿和罗斯福举办了峰会。7月22日，他和马伊斯基见了面，对向苏联援助物资的观点持开放态度。大使在回忆录中说他说服了美国特使，让他直接和斯大林谈。25日，霍普金斯给罗斯福发去电报，把这个想法告诉了他，罗斯福表示同意，并希望能对苏军的抵抗能力有进一步的了解。28日，他口袋里揣了一封罗斯福写给斯大林的信，在苏格兰登上了"卡塔利娜号"水上飞机："您完全可以像信任我一样信任霍普金斯先生。[……]美国人民对俄国人民为捍卫自由而展现出来的卓绝勇气表达极大的钦敬之情。"[30]中途在阿尔汉格尔斯克停留之后，霍普金斯于7月30日抵达莫斯科。18点30分，斯大林在克里姆林宫接待了他，美国大使斯坦哈特作陪。

会谈持续了两个小时，两人敲定了应尽快发货的物资（重型机枪、飞机、反坦克炮）及原材料（铝、高辛烷值的飞机燃油）的类别。次日，和莫洛托夫进行商讨之后，霍普金斯又见了斯大林，这次斯坦哈特及翻译不在场，翻译的任务就交给了很长时间没有露面的前人民委员马克西姆·李维诺夫。斯大林相当成功地展现了自己的魅力，尤其是霍普金斯并没有要求任何回报，而且没有去谈论付款的问题。他详细谈论了前线的局势，说了许多大话：游击队切断了德军的通信线，德国国防军已转入守势，把坦克都埋了起来（！），德国空军已经不值一提，等等。"不会出现大规模投降的情况，"他又补充道，这句话表明这正是他所担心的地方。最后，他又拿出泥泞和冬天这两个武器，说9月1日以后，德军就已无法大幅推进。此外，霍普金斯还记下了斯大林的心里话（如果美国不参战，苏联和英国就很难战胜德国），并要求举办三方会议，制订长期援助的计划。但他又务实地加了一句，说为了让美国代表团更有效率，"我们必须有全面的了解，不仅要了解俄国的战争形势，也要了解苏联武器的类型、数量和特性，还要对原材料和工业能力的现状有全面的了解"。[31]斯大林什么都一口答应，包括向美方提供苏军的坦克、飞机以及加农炮的图纸。当然，后来这些都没做到。但他得到了自己想要的东西：霍普金斯离开的时候，相信苏军会幸存下来，苏军需要援助，而且战争会很漫长。

72个小时后，精疲力竭的霍普金斯登上了"威尔士亲王号"巡洋舰，在丘吉尔的陪同下，前去纽芬兰参加了会议。三天的商谈结束之后，丘吉尔同意签署《大西洋宪章》，该宪章给出了进行战争的原则，描绘了战后的世界。这份文件开篇提出的三个要点和苏联的领土野心格格不入，对任何无视人民自决权调整领土的做法提出了谴责。霍普金斯和两位领导人都对斯大林留下了不错的印象，都表示会支持他。8月13日，他们向莫斯科发去了一封电报，提议再次召开一次会议，商讨援助事宜。斯大林表示同意。

首个莫斯科议定书

9月28日，基辅的灾难已成定局，古德里安已开始备战台风计划，霍普金斯提议组建的美英代表团抵达莫斯科。代表团由比弗布鲁克勋爵率领，美方负责人则是埃弗里尔·哈里曼，他是《租借法案》驻伦敦的协调人，父亲是铁路巨头。霍普金斯重病缠身，无法成行。本次会议的目标是确定苏联在接下来的十二个月里需要哪些物资，以及采用何种方式援助。和斯大林及莫洛托夫讨论三天后，他们签订了一项议定书，准备提供70种类型的武器，价值为10亿美元，1942年6月30日之前交付。由于专家表示无法满足苏联人巨量的要求——每月1100辆坦克，2000门反坦克炮和高射炮——盎格鲁-撒克逊人便做出姿态，同意在武器之外，再向苏联供应战略物资和机器。斯大林

"无法掩饰兴奋之情",这次仍然担任翻译的李维诺夫在签署时惊呼道:"现在,我们将会赢得战争!"[32]这位后来驻华盛顿的大使有理由这么高兴:《租借法案》的任何其他受益方都没有确定如此明确的交付日期。

盟军在任何方面都让了步,没有要求任何回报,或要求苏联提供简单的情报。他们哪怕提一个问题,就会撞到头破血流,苏联保密的程度到了严苛的地步。苏联专家要求对方供应特制炸药,本斯将军就要求他们提供类型和组成成分,那些专家就报之以沉默,本斯说他们这么做是怕"泄露他们研制的新式加农炮和炮弹的详细数据"。[33]代表团来到莫斯科的第二天,三名成员,也就是皇家海军的三名军官,没有任何正当理由就遭到了驱逐。考虑到代表团由哪些成员构成,这样的态度也是预料得到的。比弗布鲁克在出行前一天表明了自己的立场:"我们去莫斯科不是为了卖东西,而是给他们东西。"[34]哈里曼:"给予,给予,给予,不要期待任何回报,不要期望任何对等。"[35]9月29日,霍普金斯对丘吉尔说:"我们这儿还有相当数量的人不愿帮助俄国,我觉得没法让他们愚笨的头脑明白这条战线在战略上的重要性。"[36]此外,哈里曼还把费蒙维尔上校也带来了,后者曾在莫斯科担任武官,相当亲俄,联邦调查局还对他进行过调查。

吊诡的是,莫斯科会议在苏联的反对派中间引发了希望,却在其忠诚拥护者中间引发了恐惧。"下一次在莫斯科召开三方会议,如果斯大林没有在最后通牒之前用改良来替代革命,那就没有任何理由再在莫斯科开会了。"这是帕尔钦斯基的梦想。[37]"有传言说:英国人和美国人要求关闭集体农庄,确立私有贸易,"9月24日,柳博芙·沙波丽娜在日记中写道。[38]"英国和美国给苏联提供援助,难道就没法迫使苏联进行偿付,哪怕政治体制改不了,至少经济体制要有所改变?[……]我们别忘了,现在统治英国的温斯顿·丘吉尔在内战时期干预了年轻的苏联。他是不可能爱上苏联的。"政权的捍卫者格奥尔基·叶夫龙表示担忧。[39]

那么在会议期间，盟军是否能迫使莫斯科恢复1939年的边界呢？美国国务院的人可不天真，会无视《租借法案》在外交上的潜力。8月份的时候，他们会不会利用这个机会，要求英国在战后降低关税？但罗斯福和丘吉尔却有另外的打算。他们不仅同意无条件援助斯大林，而且还不要求他担负沉重的义务。让其吃好喝好，而不是和其对着干，似乎是他们这么做的指导方针。他们的赌注是：单独媾和的威胁，达成和平的希望，担心刀架在脖子上取得的让步反而会起反作用。对英国人来说，他们还认为苏联人无法在战场上打败德国人。本斯将军在本次会议的最后一份报告中概括了罗斯福的想法："我认为苏联和美国之间真诚而持久的友谊对赢得这场战争，对世界今后的和平都至关重要。我还认为只要采取宽厚为怀的政策，就能获得这样的友谊。"[40]除了这些传统的理由之外，我们觉得英美的恐惧心理也同样重要，他们担心政治协商时间如果拖得太长，就会在很长一段时间里无法向对方提供援助。此外，和日本的关系每况愈下，也促使美国总统想要和有望成为盟友的苏联来共同应付这场即将到来的冲突。最后，两位盎格鲁-撒克逊的领导人及其众多的协调者都对斯大林的人格感到好奇，被他所吸引。希特勒总是骂骂咧咧的形象已经通过卓别林的演绎广为人知，但斯大林却截然不同。战争刚开始的时候，他既不穿制服，也不戴勋章。他话不多，柔声细语，显得很谦虚，甚至有些腼腆。他做事有条不紊，勤勤勉勉，却也不乏幽默感。他们把所有用在俄国人身上的陈词滥调都投射到了斯大林的身上：说他不了解外部世界，他的国家遭到了抛弃和孤立，欧洲对像俄国人那样尚未变得"文明"的民族自来就抱有蔑视心理；必须引诱他，让他放心，使他摆脱仇外排外的心理。罗斯福和他的几位前任一样，觉得自己已经赢得了斯大林的信任。他最初的几封信中有一封（1941年12月14日）便提出了和斯大林见面的要求。

不过，莫斯科会议并没有对一个重要的方面做出决定，那就是支付货款的问题。究竟该如何操作，才不会让美国的舆论不满？1941年8月5日的民调第一次显示，对《租借法案》惠及苏联这一政策的支持者和反对者数量持平。反对《租借法案》的孤立主义者眼见自己的根基已经产生动摇，便趁财政部长的财政政策捉襟见肘的时候，发起了猛攻。不让苏联获取《租借法案》好处的修正案未在参议院获得通过，台风行动引发的震撼，以及使馆工作人员向古比雪夫的疏散，终使罗斯福下定决心快刀斩乱麻，虽然他最讨厌这么做。10月30日，他给斯大林发去电报，说他同意莫斯科会议详细列明的10亿美元的供货清单。但他一向都很谨慎，所以就想出了一个办法，不致得罪反对法案的孤立主义者：10亿美元的贷款，利率为0，战后五年偿讫。斯大林表示同意。11月7日，在红场阅兵的时候，美国政府正式宣布《租借法案》惠及苏联。

没有出现多少反对声浪。孤立主义的部分鼓动者不再说话。罗斯福在11月初新闻发布会上的失策也没有危及"《租借法案》惠及俄国"这项政策。事实上，总统很快就建议记者去"读一读俄国宪法第124条。问题：总统先生，宪法说了什么？罗斯福：嗯，我背不出来，[……]但宪法说的是信仰自由。[……]宗教自由。反对宗教的宣传同样也有自由，这也是这个国家的法则"。[41] 当然，罗斯福心里很清楚苏联的情况。他是否希望战争以及和民主国家建立同盟关系会改变苏联的这种现状，因为这方面似乎已经出现了各种迹象？还是说他会采用一切手段来达成这个目标，毕竟支持苏联红军继续战斗下去要比宗教同盟的灵魂状态更为重要？《财富》杂志10月刊的一次民调显示，13.5%的美国人反对向苏联提供任何援助和鼓励措施。弗吉尼亚的民主党代表表达了大多数人的看法，他以一句罗马尼亚的谚语展开了对《租借法案》的讨论："人们有权和魔鬼同行，过桥的时候已经到来。"一部分舆论认为战争已经不可避免，美国舰船和U型潜艇在大西洋上的摩擦越来越多。心态最乐观的人还在梦想苏军装备了美国工人提供的武器就能存活下来,不至于在战场上殒命。战后,在冷战的氛围之下,这项政策将会遭到民主党政府的严厉抨击。他们的说法是:苏联本来应该靠它自己摆脱困境,让苏德自相残杀是最好的做法,这样对美国会有莫大的好处。但在1941年11月,又有谁能预测到冯·博克永远都无法越过将他和克里姆林宫隔开的那80公里呢?

目前,1941年,要交付这么多货物,已让美国疲于应付。管理上的混乱,没宣战导致工业无法以战争为基础进行生产,再加上缺乏原材料,陆军、海军、英国人、苏联人的订单彼此冲突,使得各个领域都出现了卡顿的现象。最糟糕的当属交通运输行业。苏军的商船,更别提战舰舰队,规模都太小,没法在美国接取很多货物。但莫斯科议定书仍然规定由这些舰船来执行这项任务。甚至紧急交付苏联人要求的98个货轮其中半数的货物,数目也对不上号。责任落到了英国和盟军(挪威、荷兰等)的海军身上,1941年的时候,U型潜艇把他们500万吨的货物都击沉到了海底。罗斯福和霍普金斯再三强调向苏联交付货物乃是重中之重,但1941年12月31日,仍只交付了不到四分之一承诺交付的货物,也就是35万吨的量。10月底和12月底之间抵达符拉迪沃斯托克的5500辆卡车、100辆坦克和432架飞机没有产生什么影响,毕竟苏联人既没有受过驾驶方面的培训,也没有受过维修方面的培训。同样运来的大量卫生方面的物资和20万双靴子的情况就要好一些。

托马斯将军的调研

格奥尔格·托马斯将军从1939年起就是德国国防军高级指挥层一个重要部门战时经济与军备局的局长。他负责预测生产情况,建立和企业及研究所的联系,了解原材料的库存情况等。对敌人工业潜力的估算也在他的工作范围内。10月22日，托马斯给凯特尔寄去了一份调研报告，名为《盎格鲁-撒克逊各国对俄国进行物资支援的可能性》，他在报告中评估了签署第一份莫斯科议定书造成了什么样的影响，媒体已披露了议定书的大致内容。他的结论是，"俄国由于失去了西部极为重要的工业区，战机和战斗车辆的产量会下降，但很大程度上会得到弥补"。他特别指出，美国会"进行预估，全面满足俄国对通信设备、层压钢板、铁合金、钼、铜、飞机轮胎及飞机燃油的需求"，并依次发货。此外，托马斯还以议定书为基础，计算出从1941年10月到1942年5月，苏联人将收到4700架飞机、2600辆坦克、600门轻型高射炮、400门重型高射炮和600门反坦克炮。报告继续写道："从交通运输的角度来看，运输援助物资不会有什么困难。货运方面的问题应能得到解决。[……]对俄国的援助不存在交通运输方面的问题，而是要看[……]盎格鲁-撒克逊各国是否有这方面的意愿。"[42]

可以想象得出凯特尔读到这份报告会有多震惊。事实上，托马斯将军的结论和希特勒、最高统帅部以及陆军总司令部的推算完全相反，他们都认为苏联的经济肯定会崩溃。而且，他还在这份文件的页边批注道："元首看到此处给出的数据，肯定会有疑问。"[43]关于这一点，他没说错。托马斯的这份报告三天前就放到了希特勒的案头，1941年10月25日，希特勒为意大利外交部长齐亚诺伯爵讲解了一番东线的战况。"俄国人损失了太多的装备，就算民主国家自己什么都不剩，再过五年，也没法补充这么多的装备。"[44]然后，他提出了一个错误的预测，做了一个完全错误的比较。"俄国的工业不可能向东迁移。[……]就连德国，经济体系如此灵活，也无法在相同的条件下，修复像俄国遭受的这种损失。"他之所以拥有这样的信心，是因为他确信伦敦和华盛顿并不想真正帮助苏联。"庞大的苏联已经奄奄一息。俄国人和德国人都很清楚这一点，英国和美国也心知肚明。[我之所以这么想]是因为有证据表明,美国人并不想把货物经由符拉迪沃斯托克或波斯运过去,而是要小心眼,想从阿尔汉格尔斯克港走,因为他们知道再过几个星期,一直到5月,那条通道都将无法使用。这样,他们就能把责任推给俄国人。[……]而且,再过几个星期,德国部队就会切断阿尔汉格尔斯克的铁路线。"[45]希特勒是否相信他自己的预测呢?毫无疑问是相信的。希特勒的看法和约德尔一样,托马斯将军还写过另一份调研报告,假设德国推进到了东部很远的地方,在这种情况下,苏联经济的运转情况,约德尔在这份报告的页边写了一个"呵呵"以示嘲讽。就战时经济与军备局的分析员而言,如果德国国防军来到克里米亚—第聂伯河—哈尔科夫—图拉—列宁格勒—坎达拉克沙沿线,"苏联的战时经济仍然不会大幅削弱"。希特勒和约德尔读到,就算失去莫斯科,从兵工产业的角度来看,苏联仍会继续存在。只有占领乌拉尔工业基地,苏联才会全面崩溃,这就是托马斯的结论。希特勒的主要经济顾问戈林也认为托马斯的结论"对俄国人太客气了"。[46]在他看来,只要占领顿巴斯的矿产和钢铁冶炼基地,就足以瘫痪乌拉尔,让苏联的经济陷入崩溃。他并不相信盟军的援助会有多大效果,虽然他是数一数二了解美国经济实力的人之一。由于低估了苏军和苏联经济方面的能力,德国战时领导层再次蒙蔽了自己的双眼:对苏联经济存活的能力、工厂疏散的重要性以及《租借法案》的影响力估计不足。

斯大林由于亟需盟国大量的军事和物资援助,似乎在四个重要的方面开始有所软化,而他和潜在的租借者之间也正是在这四个方面产生了严重的分歧。事实上,这么做尽管是为了讨好英国甚至美国的舆论,但斯大林的变化却有更为复杂的动机。克里姆林宫摆出新姿态的这四个领域分别是:第三国际的讲话,宗教问题,和伦敦的波兰政府的关系,以及《大西洋宪章》。

国际主义和《大西洋宪章》

共产国际在季米特洛夫的领导之下，在政策上来了个180度的大转弯，加入了反法西斯主义、为民族解放和民主而奋斗这些主题，严禁对苏联最近结交的朋友进行批评。"战争出现了新的特点，我们的策略也必须有所改变，"[47]季米特洛夫在日记中写道。6月24日，他把英国和瑞典的同志训诫了一通。他指责前者"对丘吉尔的态度不正确"，[48]仅仅24个小时，丘吉尔就从帝国主义的魔鬼变成了苏联的朋友。不用说，码头和兵工厂必须停止罢工。对印度的拉尔金同志（阿哈尔·辛格·奇纳）所作的最新指示——不得支持甘地的"退出印度"运动——也颇受英国当局的欢迎。而斯德哥尔摩的党员则必须停止发表他们的中立宣言（6月21日还可以这么做），而且认为"战争是社会主义和资本主义之间的斗争，这种说法会有利于德国法西斯分子"。[49]法国的党员也必须改善他们和戴高乐的关系，戴高乐将军也摘下了反动分子和好战分子的恶名。各国组织必须以"民族阵线"之名，尽可能广泛地将纳粹统治的反对者联合起来。斯大林直接下达指示，波兰的共产党很快就转变为工人党。在伊朗，"斯大林同志［……］建议在民主派政治人物苏莱曼·米尔扎的人民党内部活动"。[50]流亡伦敦的捷克政府发现军队里涌入了大量共产党员及其支持者。在轴心国的所有国家内部，共产党员，甚至就连观望主义者，都开始进行积极的斗争。到1943年6月，改头换面的国际工人运动风起云涌，共产国际由此解散。这个大动作对苏联结交的所有新朋友而言绝对是个利好消息，尤其是美国和英国，他们都开始唱起苏联已经改变的调子。

让苏联的西方朋友感到放心的是，1941年9月24日，苏联表示接受《大西洋宪章》设定的目标。该文本是由典型的资本主义国家和当时最大的帝国主义国家制定的,现在也得到了苏联的背书。宪章开头的几个条款让莫斯科很难堪,因为莫斯科有意吞并三个波罗的海国家、波兰东部地区、比萨拉比亚、北布科维纳和用武力夺取的芬兰领土。美国和英国宣称"并不寻求任何领土的扩张;他们不希望看见任何与人民意志不符的领土变更;他们尊重所有民族选择他们愿意生活其下的政府形式之权利;他们希望看到曾经被武力剥夺其主权及自治权的民族重新获得主权与自治"。

我们从艾登和马伊斯基之间的一次对话得知斯大林并不喜欢宪章签订的方式。[51]他对对方说:"如果英国政府真的想要加强英国和苏联之间的结盟关系,请允许我向您提一个友好的建议:不要在大西洋宣布。这和宣言的内容没有关系。昨天,我对您说过我们并不反对宪章建基其上的那些原则。可是,我们觉得宪章创立的方式和时机不对。这让人有种感觉,觉得英国和美国就是无所不能的上帝,他们可以把世界上的其他国家都当作可怜的道德败坏者,其中也包括我的国家。"斯大林很清楚地意识到了宪章的原则会引起的一些麻烦。1941年12月17日,艾登还在莫斯科,斯大林对艾登说该文本是"针对苏联"的。"为什么我们重塑边界,就会和《大西洋宪章》起冲突?"他的这句话让英国人很尴尬。战争全面爆发的时候,苏联和西方国家之间的这场对话表面上看有点鸡同鸭讲。斯大林之所以同意那些原则,是因为他认为那些原则并不适用于苏联在西方的领土。他的观点是,宪章签署之前,那些领土就已经被纳入了苏联的版图,而且也给它们穿上了全民公决、制定宪法等外衣。很显然,对西方来说,这种形式主义和"人民的意志"不符。斯大林之所以赞许《大西洋宪章》,就是为了对罗斯福让步,毕竟这时候罗斯福还在讨论让苏联加入《租借法案》的议题,还要和孤立主义团体做斗争。尽管斯大林看得出这些原则对罗斯福这个美国人而言很重要,但他从没想过要放弃吞并他国的行为,这是他和希特勒打交道时应得的好处。他没觉得丘吉尔和希特勒之间有什么本质的差异，在他眼里，艾登也是里宾特洛甫2号。当艾登12月来莫斯科见他的时候，他还提议后者签署一份新的秘密议定书。如果英国承认苏联1941年的边界，那作为交换，他会向这位震惊的先生承诺，他会想尽一切办法，让英国人在战后获得他们在西欧任何地方想要的军事基地。

圣水刷、镰刀和锤子

斯大林让步的第二点就是宗教，这方面不会让他付出多少代价。德国进攻的那天，莫斯科东正教大牧道谢尔盖一世呼吁信徒拿起武器，保卫神圣的俄罗斯。那时候，斯大林就发现有必要软化自己的宗教立场。但不是像大家经常解读的那样，是为了调动俄国古老的爱国主义情怀。尤其是从1942年起，这种操作愈发变得明显起来。目前，外界的物资才是他最需要的东西。

事实上，这么做就是为了反制德国的宣传。7月和8月，他们在德国的新闻片里看到国防军的高级军官和师一级的随军神父，参与了明斯克和斯摩棱斯克教堂的开放典礼。在斯摩棱斯克教堂前，大批无法在穹顶之下找到一席之地的人跪在地上，满面泪痕，装甲部队的汉斯·冯·卢克上校从人群中挤了过去。"我永远不会忘记这样的经历，"[52]他在回忆录里写道。8月4日，冯·博克参加了军队里举办的弥撒。弥撒结束的时候，他看见人群拿着花朵和圣像蜂拥而来，"不仅有老人，也有许多年轻人，他们亲吻着圣物，甚至还亲吻国防军随军神父举在胸前的十字架！这样的民众引导起来不会太难！"[53]移民国外的东正教、天主教和东仪天主教传教士都坐着德国的货车回了国。斯大林并不知道的是，希特勒竟然会把这么好的牌打得稀烂。虽然东线被占区部长阿尔弗雷德·罗森贝格支持有限度地实施宗教自由政策，但那些最为激进的纳粹（马丁·鲍曼、海德里希，还有希特勒本人）都不愿重开教堂，他们认为这样做会像波兰那样，让教堂成为抵抗德国殖民的民族抵抗运动的核心。最让海德里希感到惊讶的是，他在苏联的情报部门最出色的特工都是神职人员。比如，从1941年9月起，普斯科夫宗教使团的负责人就开始招募线人，向德军揭发了144名游击队员和地下党。[54]不过，1941年8月6日，元首发布了一道命令，禁止国防军援助地方教会。后来，被占区还是出现了宗教复兴的现象，但和侵略者没有任何关系。

斯大林在宗教层面有所行动的第二个理由是，苏联周边各共和国出现了一些自治国家。这次，莫斯科还是没能理解希特勒这个计划的真正本质是什么，他们并不知道希特勒是想实施大灭绝，将苏联人沦为奴隶，使苏联沦为殖民地。只是到了1941年12月4日，赫鲁晓夫向斯大林寄去了一份由乌克兰内务人民委员部人民委员萨夫琴科写的报告，讲的是被德军占领的基辅。斯大林读到："没有任何创建乌克兰政府的计划。军事领导层针对平民采取的措施，就是进行煽动性宣传，通过《乌克兰话语》杂志，来复兴所谓的乌克兰文化。"[55]1942年，盖世太保在娘子谷枪决了《乌克兰话语》的主编和一群乌克兰民族主义分子。斯大林也听说了这件事。从1941年6月底起，希特勒就不再提波罗的海国家和乌克兰独立的事。9月23日，乌克兰天主教会大主教安德烈·谢普季茨基发表了热情洋溢的欢迎辞，但希特勒也没去理会。弗拉基米尔-沃伦斯基的主教波利卡尔普·西科尔斯基和波罗的海的东正教主教谢尔盖（沃斯克列先斯基）也对新来的占领者表达了好感。纳粹没有理会任何这方面的示意。乌克兰民族主义者把德军当作了大靠山，但莫斯科对此并不担心。斯大林很清楚，无论是在纳粹的旗帜下，还是在民族国家的旗帜下，战线另一边的数百万东正教徒都会分离出去。因此，莫斯科东正教大牧首谢尔盖一世就用地狱的烈火来威胁这些糟糕的牧者。他传递了大量信息，要求被占区的东正教神父要"对苏联忠诚"。靠近斯大林的这位年老的大牧首不仅对祖国的叛徒,也对希特勒发动了一场名副其实的圣战,他把希特勒称作"敌基督者"和"撒旦的奴仆"。[56]正是他帮助苏联的宣传完成了艰巨的任务。

莫斯科在自由化方面采取的最初一批措施没过多久就出台了。自从6月22日谢尔盖呼吁之后,反宗教的宣传都停了下来。无神论社团的杂志《无神论者》也噤了声,杂志的最后一期向……信徒发起了热烈呼吁,社团很快就被解散,他们创建的无神论博物馆也都关门大吉。对宗教财产课取的重税也减少了。领圣体和给孩子施洗的人身上的压力也减轻了。尽管这些措施仍然很有限,但苏联使这些措施能够最大限度地被外界看见,尤其是巴尔干地区信奉东正教的斯拉夫人,以及美国和英国的基督徒。苏联宣传转向产生的主要影响是:让外人知道纳粹才是名副其实的异教徒。1942年和1943年,这样的努力也一直都没有停止过,甚至还重新设立了主教管辖区,"犹犹豫豫地"在全境开放教堂。

斯大林也不会忘了犹太人。1941年8月24日,莫斯科的文化公园举办了第一届犹太人代表的反法西斯集会。这次事件经由国家电台传到了国外。在众多的受邀者中,有莫斯科犹太人剧院的院长所罗门·米霍埃尔斯、导演谢尔盖·爱森斯坦、诗人佩雷茨·马尔基什和萨穆伊尔·马尔沙克、作家大卫·柏格森和伊利亚·爱伦堡,但也有并非犹太人的物理学家彼得·卡皮查和德国作家特奥多尔·普利维耶尔。所有人都向英国、美国和美洲大陆其他国家的犹太人发起了热烈呼吁,请求他们向德国法西斯展开斗争,请求他们购买武器和医疗物资,援助苏军。美国人也开始响应,在犹太人社区募款。世界犹太复国主义组织也加入了援助苏联的运动。很显然,这项倡议对反犹主义者来说是件好事,包括苏联的反犹主义者在内。米哈伊尔·普里文就在日记里极尽嘲讽之能事。

对"犹太兄弟"的呼吁有一个缺陷,这在犹太人的策略中极其罕见。事实上,呼吁的并非人性,而是着重强调了种族憎恨和种族复仇。我以前从没见过他们如此淋漓尽致地展现自己隐藏的本性[……]。这次呼吁另一个让人不安的地方是承认犹太人和其他民族一样,都在耕作农田,在工厂上班,在军队服役。可是,签名者只有作家、教授和作曲家。没有一个工人,也没有一个苏军士兵。[57]

不可能和波兰发展友谊

斯大林和希特勒共同摧毁了波兰这个国家。双方各自以处死和流放的形式,大批量清除了波兰的精英阶层。1941年,100多万波兰人被流放到了苏联最偏远的地方,生活条件极其艰苦。苏德两国的合谋以及犯下的罪行,是盎格鲁-撒克逊国家和苏联之间建立同盟的一块很大的绊脚石。怎么能继续这样对待盟国的人民?这个问题对300万直系波兰裔美国人来说尤其重要,如果再算上他们的亲属和后裔,人数可达700到1000万,[58] 罗斯福希望能留住他们的选票(1932年、1936年和1940年,有80%的人将票投给了他)。他们在另外的四个群体中占据了重要的地位:天主教徒、工会成员、国防产业的工人、民主党员。总统对流亡伦敦的波兰第一任总理西科尔斯基提出的第一个要求是,让他在1941年3月前往美国的途中,巡视一圈东北部的工业城市。波兰对英国的天主教徒而言也很重要,这些人极端反苏。

6月22日对流亡伦敦的波兰政府而言什么都没改变:无论是之前还是之后,它始终在同德国和苏联开战。波兰政府在所有的宣言中,都要求按照1921年的《里加条约》,恢复波兰1939年的边界,让波兰重新取得完整的主权。伦敦正好卡在当中,一方面,英国对波兰有义务,英国之所以参战,就是为了波兰;另一方面,它又想接近莫科，能让苏联和波兰从僵局中走出来，恢复两国的关系，这将有莫大的好处。但斯大林的回旋余地很小。他之所以了解波兰流亡政府的情况，都是因为盎格鲁-撒克逊人告诉了他。但他并不想恢复波兰1939年的边界。他也不想指出1940年4月，苏军朝14700名被俘虏的波兰军官的后脑勺开枪，使维尔诺（维尔纽斯）和利武夫（利沃夫）不可逆转地并入了苏联。

尽管困难重重，但双方很快就开始了接触。大致而言，波兰总理瓦迪斯瓦夫·西科尔斯基的行动一直都在往这方面活动，他从1940年起就开始试探苏联人，但毫无结果。西科尔斯基是1920年华沙战役的英雄，他只能公开要求恢复1939年的边界，但他又是个务实的将军，1939年的惨败也让他吸取了教训。他在战前就已经反对毕苏斯基，后来又反对贝克，他坚持认为有必要和苏联搞好关系。他和同僚以及绝大多数同胞不同，从1940年起，他内心深处就从来没有对和苏联人谈判抱有敌视态度。获得斯大林的帮助，重新恢复波兰这个国家，这样的想法在他看来不应该受到强烈谴责，更何况击败德国还能获得补偿。但在他眼里，放弃维尔诺和利武夫（他自己就是加利西亚地区的人）这两座波兰人占多数的城市，以及德罗霍贝奇的石油，是无法接受的。他在领土上采取灵活的手段，作为交换，他也要求苏联人在拘押于苏联的波兰战俘中征募一支波兰军队，并且停止压迫生活在苏联领土上的波兰人。

马伊斯基大使（直接接受斯大林的指示）和西科尔斯基在伦敦进行了谈判。和大家时常读到的内容不同，英国人并没有对西科尔斯基施压，而是对他自己政府内部的对手施加了压力。在莫斯科，克里普斯说大同盟正在成形，设法要求斯大林做出让步。谈判有好几次险些谈崩。马伊斯基的某些提议表明斯大林在波兰政策方面已经有了一些另外的考虑，最主要的是把未来的波兰划分在寇松线以西地区，并在苏联境内联合组建一个波兰国民委员会。同时，他还要以旺达·瓦西列夫斯卡为首，重组一个崭新的波兰共产党，而且已经在挑选可以信任的军官，齐格蒙特·贝林将军就是其中一位。即便西科尔斯基并不了解斯大林葫芦里卖的什么药，[59]即便他比波兰政界的其他任何人都更倾向于商谈，但他仍然要求扣押在苏联的所有波兰人都应获得释放，并要求获得金钱上的补偿。斯大林虽然迄今为止始终拒绝这些要求，但6月27日却在克里普斯面前表示同意，从而挽救了这场谈判。他说他会"赦免"扣押在苏联的波兰人（8月12日公布）。7月30日，西科尔斯基和马伊斯基在100名记者的闪光灯下，在伦敦签署了协议。

协议的第1条规定，"苏联承认1939年关于波兰领土变更的德苏条约无效"。[60]第3条规定两国在反抗希特勒德国的这场战争中互帮互助。第4条涉及在苏联境内组建一支波兰军队。协议附列了两份议定书。第一份承诺以"积极正面的态度"处理苏联的波兰俘虏问题。第二份应苏联人的要求不对外公开，该份议定书同意今后将审查所有公共或私人的赔偿请求。第1条完全没有涉及恢复战前边界的问题，因为对斯大林而言，1939年10月已经按照苏联的方式，征求过选民的意见，边界的合法性在那个时候已经确立下来。在西科尔斯基的同胞看来，他签署的这份文件在如此核心的问题上太闪烁其词，结果导致三名部长辞职，时至今日，波兰的历史学家仍对这个问题争论不休。8月14日，一份军事协议确定了新军队（两个步兵师）创建的方式以及新军队和苏军的合作问题。西科尔斯基任命从莫斯科的卢比扬卡监狱里放出的瓦迪斯瓦夫·安德斯将军担任军队首长。

1941年12月3日和4日，西科尔斯基和安德斯在克里姆林宫同斯大林见了面。德国国防军就在40公里开外的地方。经过了一系列的商讨之后，双方签订了一份友好及互助宣言。宣言大量提到苏联人给数以万计的波兰人（4.1万名士兵和7万名平民）提供食物、装备和住所，如今这些人都来到了安德斯这儿，安德斯的大本营就设在古比雪夫附近的布祖卢克。斯大林并不想让外国军队出现在本国的土地上，于是同意这支军队经由伊朗，前往中东地区，和英国军队会合。他还做了另一个姿态，那就是提供1000万卢布的贷款，帮助从营地和监狱释放的波兰人，大西洋彼岸的报纸还对此连篇累牍地进行了报道。

不过，还有两个主要的问题没有涉及，结果就导致刚刚恢复的友好关系旋即破裂，也使这份协议成了明日黄花。一方面，协议并未提到波兰东部边界的问题。西科尔斯基之所以不愿涉及这个问题，是担心自己阵营内的人会有反弹，但正是这一点让他受到了猛烈的抨击。另一方面，西科尔斯基向斯大林指出，尽管已经获得赦免，但还有大量波兰人被关押在苏联，斯大林惊呼道："不可能！所有的波兰人都已经获得了释放。"西科尔斯基递给他一份4000名波兰军官的名单，说："这里面一个人都没回来。"斯大林又说了一遍："不可能！他们应该都逃走了。""他们能逃到哪儿去？"安德斯问。"嗯，东方吧。"被逼得走投无路的斯大林脱口而出，他很不习惯被人这样质问，所以有些口不择言。他很清楚并不是只有4000个人失踪，是14700名波兰军官失踪了。这些人先被关押在科泽利斯克、旧别利斯克和奥斯塔什科夫，然后执行他的命令，在卡廷、哈尔科夫和梅德诺耶遭到清除。这种闻所未闻的罪行，一旦承认，和伦敦的波兰人就没法真诚合作了。眼下，这些协议已经获得广泛的关注，英国人和美国人也都对苏联人赞赏有加，让苏联人脸上颇有光彩。斯大林很清楚，这件事极具爆炸性。

芬兰人放下武器

芬兰人从没说过要和柏林结盟，而是讲"战友情谊"，这样的说法表明了这是一种奇怪的关系。1941年秋的时候，这层情谊已经显露弱化的迹象。事实上，在向季赫温全力发动攻势期间（10月16日发动），让德军恼火的是，芬军仍然处于观望之中。他们也就进行了一些侦察活动，丝毫不想从9月攻占的斯维里河南部的桥头堡里出来，奔袭140公里，前去与第39摩托化军会合。不过，10月16日，曼纳海姆还是接受了向季赫温方向发起进攻的原则，这次进攻由德军第163师主导，芬兰的一个师进行支援。但还是什么都没发生。后来，老元帅在给凯特尔的一封信中说，第163师只有两个弱不禁风的团，没法依靠本已危在旦夕的芬兰部队。

军事上的消极态度有众多因素可以解释，导致芬兰领导层采取更为谨慎的措施。尽管他们中有些人明显亲德，但和美国及英国的传统友谊也并未消亡，所以必须在两个强大的保护国之间维持平衡。8月4日，斯大林给罗斯福寄去第一封信，他在信中请求罗斯福和芬兰人斡旋："苏联政府可以在领土问题上做出让步。"[61]他这么写，表明他对这件事很认真。赫尔辛基没有跟进，但收到了警告。9月30日，莫斯科会议期间，斯大林提醒弗布鲁克和哈里曼，"芬兰已经越过了旧有的边界"。[62]他要求他们向芬兰施加压力。10月3日，伦敦在苏联的坚决要求下，断绝了和芬兰的外交关系，它和华盛顿警告芬兰，如对列宁格勒发起进攻，就会被视为不友好的举动。为此，丘吉尔还给曼纳海姆元帅写了一封私信。当天，吕蒂内阁发布声明，拒绝单独同斯大林媾和。戈培尔正确分析了这份公报，也就是说他并没有抱太多的幻想："这是没法把他们［芬兰人］束缚住的，但还是能看出点名堂来。我们可以假设芬兰人不会对我们改变看法，至少在冬季之前的大规模行动结束之前不会这样。"[63]

芬兰政治和军事领导层也同样谨慎，因为现在看来战事打得比预料中的情况更艰难，时间也肯定会比预期拖得长。他们和德国同样有一个幻觉，认为苏联深陷泥潭。现在他们开始担心了。10月1日，1940年参与莫斯科协议谈判的尤霍·巴锡基维在日记里表达了自己国家误入歧途，进入死胡同的看法："德国的情势开始让我担心。对苏战争不会像德国想象的那样发展。俄国人的抵抗比预料之中猛烈得多，英国和美国的援助也增强了苏联，至少从士气角度来讲。如果德国今年秋天拿不下莫斯科，战事就会中途停止。［……］事实上，芬兰现在是腹背受敌：如果我们缔结和约，德国就会起来反对芬兰；如果我们继续打下去，英国就会反对芬兰。"[64] 7月20日，第一份报告显示芬军阵亡3000人，负伤9000人，两个星期的战斗中，相当于一个师的兵力失去了战斗能力。[65]芬军和德军期待的哗变和大量投降的情况都没有发生：苏军仍在战斗，尽可能地发起反攻。[66]第43师师长弗拉基米尔·基尔皮奇尼科夫将军被俘一事显得令人失望。尽管他落落大方地承认苏军存在严重的缺点，但他就是拒绝同赫尔辛基合作，可尽管如此，1945年的时候，他还是没能躲过内务人民委员部行刑队的处决。

德军局势的变化也让芬军参谋部忧心忡忡。对利察河的三次进攻损失惨重、完全无果之后，10月14日，希特勒难道并没有命令迪特尔的部队暂停向摩尔曼斯克发动攻势？列宁格勒尽管遭到围城，但并没有投降；而冯·里布似乎也无法清除奥拉宁堡的桥头堡，守住这个地方，就能确保喀琅施塔得海军基地的安全。11月3日，苏军舰队竟然强行驶离，一直来到芬兰湾的出口汉科基地，并在围城者的眼皮子底下成功疏散。最后，季赫温公路似乎也成了冯·里布的伤心地。11月8日，该城陷落，但没给曼纳海姆留下什么印象，他觉得这次突破太脆弱，而且北极地区的冬季即将到来。总体来看，元帅似乎对德军的能力相当不看好。德军陆军总司令部设法不让赫尔辛基知道第4装甲集群及其装备向莫斯科撤退的消息，但这么做只会让人觉得德军自身太脆弱，至少在战线的北部战区是这么回事。

芬兰之所以如此，还有一个时常遭人忽视的因素，那就是军队状况不佳。从8月26日起，曼纳海姆就给凯特尔写信，向他指出德国想要让他做的事（从河北岸，也就是列宁格勒的郊区，强渡拉多加湖），芬兰并没有能力去做。由于四个月不间断地发动攻势，6万人伤亡，其中2万人阵亡，相当于战斗人员的五分之一还多，军队已经精疲力竭。他们面前的卡累利阿地峡还有苏军第23集团军在地堡内筑壕固守，并有舰队炮火的支援。曼纳海姆只愿参与封锁列宁格勒，这合他的意，而巷战却让他提不起兴趣，在这一点上，他和冯·里布不同。梅列茨科夫将军指挥的第7集团军（所谓的"独立集团军"，也就是该集团军并不隶属于最高统帅部）的五个师在斯维里河畔面对芬军的三个半师，以及战斗力不过尔尔的德军第163师。第7集团军增强了防守，确立了空中优势，并不停地进攻奥涅加湖附近地区。照曼纳海姆的看法，若想突破第23集团军或第7集团军的防线，芬军还缺重炮和俯冲轰炸机。而且各个部队也都对是否越过1939年边界有所犹豫。第17师的好几百号人都拒绝渡过斯维里河，也就是说他们不愿发起占领对方领土的战争。[67]

冲突很有可能会持续下去，因此，曼纳海姆必须慎用自己的军事工具，让遭英国封锁的经济和严格的粮食配给制度不致恶化下去，同时还要应对苏军的空袭。11月3日，苏军的100架飞机在赫尔辛基投下了200吨炸弹，首都受损严重。必须把特殊征调的士兵派回后方，解散一个师，减少各连四分之一的兵员。芬兰只有350万居民，无法长时期维持一支41万士兵的军队，这相当于19岁至45岁人口的50%还多。最后，赫尔辛基认为已经完成了自己的工作，一方面拦截住了苏军的两个集团军，另一方面切断了波罗的海—白海运河的运输线。存在这么多的压力，对兵力配比的评估使曼纳海姆于11月6日下令卡累利阿集团军冬季转入防守。但毫无疑问，芬军费了这么大的力气，原本是能减轻冯·里布的压力的，或许还能推进到季赫温。这么做的话，赫尔辛基还必须有一个心理和政治上的条件，那就是要对德国接下来的胜利抱有信心，但这个条件在9月底的时候已经不复存在。因此，观望政策占了上风。

反之，如果和盎格鲁-撒克逊人关系破裂，就会让赫尔辛基很不好受。和曼纳海姆将军一样，吕蒂也亲西方。尽管他们全面参与了攻打苏联的战争，但私下里，两人都希望第二次世界大战能像第一次世界大战那样：德国打败俄国，同盟国打败德国，芬兰收复失地。"如果德国和英国迫和，那苏联就会被打败。由于德国的话比英国的话管用，所以我们就能找回1939年的边界。"[68]尤霍·巴锡基维在日记里写道。这种乐观心态也就能解释芬兰的两套说辞了，自由和民主的说辞针对的是伦敦和华盛顿，反布尔什维克的说辞针对的是柏林。斯大林深谙此中道理，所以不停地向伦敦和华盛顿传话，让他们向赫尔辛基开战。10月25日，芬兰加入了《反共产国际协定》，与此同时，保加利亚、克罗地亚、罗马尼亚和斯洛伐克也使局势进一步恶化。希特勒则以北欧粮食困难为题耍手段。丘吉尔长期以来都不愿走到关系破裂这一步：芬兰是否和罗马尼亚一样，除了收复1940年斯大林和希特勒合谋夺去的领土之外，还有其他诉求？ 12月7日，他同意了莫斯科的恳求：伦敦和英联邦所有国家都向赫尔辛基宣战。对斯大林来说，这是一场胜利。一方面，芬兰失去了1939年至1940年冬季累积起来的西方舆论对它的极大同情；另一方面，由于明显站在了轴心国阵营的一边，所以它也就没法要求收复1939年的边界。相较之下，华盛顿只是限制了芬兰外交官在自己土地上的活动自由。罗斯福仍然认为可以让芬兰脱离德国的轨道，而且显然，他也想对苏联对领土方面的胃口略微施加一点影响。希特勒只是逐渐才明白，如果不恪守1941年9月获得的立场，芬兰就不会帮他攻打苏联。赫尔辛基后来一直对德国让它收紧列宁格勒封锁圈的要求置若罔闻。

罗马尼亚和匈牙利已在撤退

到1941年9月，罗马尼亚参与巴巴罗萨行动的军力上升到了27个师和旅，包括后勤部门的话，兵力达到了约50万人。这样的兵力已超过了该国的能力，军队装备差，而且指挥无方，补给也差，此时已达到了极限。军队的损失也相当之大。10月6日，总司令部估计有7万人阵亡，10万多人负伤，其伤亡比例是德军的两倍。仅有的一个装甲师已经没有坦克，90%的卡车均已无法使用。在敖德萨城前，为了不致惨败，安东内斯库元帅被迫要求德国国防军的援助。尽管罗军和德军共同打了这场战役，但他们并不愿和讨人厌的匈牙利人共同战斗。安东内斯库要求名义上受其指挥的德军第11集团军内的匈牙利武官离开。他拒绝让马扎尔人的快速反应部队的后勤部队从罗马尼亚的领土上经过，7月13日，他还成功地让这支离罗马尼亚部队太近的部队从前线撤了下来，将他们投向了更北的地区。罗马尼亚部队的目标是在南方。无论是战壕里的士兵，还是参谋部，都在窃窃私语，为什么还要去更远的地方？这场战争的正式目的是收复比萨拉比亚和北布科维纳，这些目标已经达成，甚至还把乌克兰布格河以西的地区纳入了罗马尼亚的管理，并将这块地区更名为"德涅斯特河沿岸省"。从10月底开始，三分之二的兵力都回了国，元帅本人也离开了前线，返回首都。回国的那些人都开始说三道四，开始指责本国的政府和德国。留在苏联的只有骑兵军和山地军的6个旅，以及负责伦德施泰特后方安全的3个师。

从外交层面来看，尽管安东内斯库归附于希特勒的大纛之下，但他仍设法避免与盎格鲁-撒克逊人搞僵关系。从9月份开始，斯大林就不停地纠缠英国外交部，想要让它向罗马尼亚宣战。罗马尼亚人也有自己的算计，他们并不能指望伦敦来伸张他们对比萨拉比亚和布科维纳的权利。丘吉尔不愿这么做。就像对待赫尔辛基那样，他也想做两手准备，希望能离间布加勒斯特和柏林。11月30日，他不得不发出最后通牒，但只要求罗军撤退到德涅斯特河的背后，那儿是比萨拉比亚的东部边界。安东内斯库拒绝了这个要求，从而使两国于12月7日进入了战争状态。德国人则要求将美国的外交人员安置在布加勒斯特，以使他们停止间谍活动。12月12日，他们对安东内斯库施压，安东内斯库不得不立即向美国宣战，理由是要使三方协议的签署方保持团结。不过，当天元帅竟然对媒体说："在德国进攻苏联方面，我是德国的盟友。我在英国和德国之间保持中立。我支持美国人，反对日本人。"[69]置身于反犹情绪高涨的这个国家，作家米哈伊尔·塞巴斯蒂安已经不抱任何希望："罗马尼亚向美国宣战。使馆正在离开。最后一扇门也关上了。"[70]罗马尼亚隔绝于自己心所向往的西方，还有可能和匈牙利爆发战争，本国的军队有一半失去战斗力，经济又遭奴役，所以它不像是一个联盟国，倒像是希特勒手中的一个棋子。

从6月27日起，匈牙利就参加了战争，但它所投入的兵力远没有讨人厌的邻国来得多：5个旅，共9万人，其中的"快速反应部队"确实装备精良。从8月底开始，这支部队其实就已经失去了战斗力。为了替换该部队，亲德的总参谋长亨利克·维特甚至在未和自己的政府讨论的情况下，就向德国人承诺会发动总动员，将所有的匈牙利军队投入苏联。原本就对巴巴罗萨行动持有强烈怀疑态度的摄政霍尔蒂听到亨利克·维特竟然发表这样的声明，就将他解了职。霍尔蒂启用了费伦兹·索姆巴莱伊将军替换维特，索姆巴莱伊曾担任快速反应部队的首长，他拥有实战经验，认为苏军是个巨无霸。9月初，他给摄政写了一份备忘录，从国家利益出发，表达了自己的看法："和俄国的战争不会是一场闪电战，会是一场势均力敌的血腥战斗，结果极难预料。如有可能，我们必须撤回部队，以免陷得太深。"[71]索姆巴莱伊的意图很明显。匈牙利的大部分军队已占领了近期吞并的领土，罗马尼亚的特兰西瓦尼亚、斯洛伐克、鲁塞尼亚、塞尔维亚。不要再深入俄国，而是必须维持现有的土地，以应对有可能会爆发的同罗马尼亚、斯洛伐克、南斯拉夫的游击队之间的战争。这件事还有待和希特勒进行协商。

9月8日到10日，摄政和索姆巴莱伊在狼堡和希特勒见了面，他们强调了本国人员遭受的损失（约4500人，只是和其他参战国相比，伤亡人数已经极少了），尤其是物资上的损失：所有意大利或马扎尔生产的轻型坦克都已被摧毁或无法使用，大部分卡车和三分之一飞机也是如此。希特勒同意签订一份协议，因为他发现自己明显高估了投入第一线的匈牙利军队，所以对他们相当失望。他说快速反应部队可以回国，但作为交换，应派两个步兵旅来增援已占领乌克兰的四个旅。霍尔蒂和索姆巴莱伊便心满意足地回了国。10月10日至11月24日，他们从苏联撤出了进攻部队（骑兵部队和快速反应部队）。在撤军的过程中，霍尔蒂还想缓和同伦敦和华盛顿的关系。摄政的儿子、铁路局局长伊什特万很欣赏美国，他曾在美国的汽车业学习过一年，所以和盎格鲁-撒克逊人的交往就由伊什特万来负责。可是，他无法避免同这两个盎格鲁-撒克逊国家开战，这一点和罗马尼亚的境遇颇为相似。苏联向伦敦施压，伦敦发布最后通牒，匈牙利被抛弃，伦敦宣战。珍珠港事件之后，美国也进入了战争状态。但匈牙利和罗马尼亚之间却有一个重要的差异：亲德的匈牙利外交部长巴德希我行我素，他曾单枪匹马，想要让匈牙利对苏联开战。尽管德国和意大利不断施压，但霍尔蒂仍解除了巴德希的职务，并责备后者，说他这样做属于违法。1942年6月之前，罗斯福一直没去理会匈牙利的宣战，他很清楚匈牙利受到了胁迫。1941年底，匈牙利人发现战争的性质已经发生变化，他们这才明白过来，自己也有可能会输了战争。于是，和柏林的结盟也就不再被视为是自愿的了。而对希特勒来说，匈牙利军队也只能是储备兵力库而已。

罗马不愿当盟友

到最后，墨索里尼就成了柏林唯一一个和德国国防军走得近的盟友了。7月24日，墨索里尼把自己的意图告诉了希特勒，说想要向投入苏联的意大利军队增派第二支，甚至第三支部队，整合成第8集团军，这样一来，就增添了3个师，6.2万人，兵力总数达到8.5个师，22万人。希特勒不想要这么多的军队，陆军总司令部和最高统帅部一样，也对此充耳不闻。德军希望他们的这位盟友能将兵力投放到在地中海对抗英国人的"平行战争"中去。他们对后勤补给不断增大的压力也很不看好。如果墨索里尼坚持这么做，那说明他头脑中有一个庞大的战略意图。他认为苏联即将崩溃，只是没希特勒认为的那么快。他希望德国国防军攻打高加索及周边地区的时候，意大利也能在那儿保有最大部分的军力。正是出于这个理由，他准备向苏联派遣一支山地部队。于是，两场平行战争也就成了一场，意大利发现黑海周围有自己所缺的原材料，通过人力和商船就能把那儿的原材料提取出来，再运回国。德国的远征将变成整个轴心国的斗争。墨索里尼的高加索和乌克兰之梦同希特勒的帝国主义企图产生了冲突。目前，由于出色的乔瓦尼·梅塞将军率领的意大利远征军表现不错，所以领袖的热情颇为高涨。乔瓦尼·梅塞以前曾是自由军团的士官，他威信很高，心怀民族主义情结，战场上精力极为充沛，学习能力很强，而且对己方部队的平庸表现丝毫无法容忍。他部分弥补了意大利军队在希腊和非洲受损的威信，他希望意大利能超过罗马尼亚，占据第二名的高位。

但战场上并不会处处都是玫瑰。希特勒不希望看见意大利人染指黑海，对领袖就克里米亚发表的不当声明更是难以忍受。8月14日，第11集团军正准备深入克里米亚的时候，他把意大利军队从第11集团军抽了出来，使之不再隶属于该集团军。他把第11集团军拨给了冯·克莱斯特的第1装甲集群，这样一来，意大利步兵部队也就没法跟着德军的摩托化部队行进了。梅塞拒绝向戈罗季谢发起进攻，掩护克莱斯特的左翼，理由是他的部队因一直行军，已精疲力竭，而且给养也不够。克莱斯特大为不满。梅塞不为所动，向本国政府寄去了继续战斗所必需的各项条件：卡车、货车、燃油，所有德军不急着提供的物资，但德军的后勤补给本身也始终运行不畅。当梅塞意识到战争将一直打到1942年的时候，便再次不听命令，下令部队准备在戈尔洛夫卡周围过冬。克莱斯特说他违抗军令，但11月17日，意大利部队还是停止了积极的作战行动。此时，第1装甲集群和第17集团军之间出现了一处内凹的区域，苏军第18集团军后来便利用了这一点。

11月25日，齐亚诺伯爵代表意大利前往柏林，参加《反共产国际协定》签署五周年的庆祝活动。希特勒趁此时机把附庸国都聚到了一起。领袖的女婿在日记中描写了当时的氛围，迥异的是，那个时代风靡轴心国会议的希望和自信都已杳然无踪。

> 协定签署国会议期间的氛围实在诡异。各代表团的精神状态差别很大。塞拉诺·苏涅尔［西班牙外交部长］显得咄咄逼人，而且爱挖苦人［……］他很痛恨英国人、美国人和俄国人。但他知道如何与德国人打交道，也喜欢取笑他们。巴德希一副忍气吞声的神态，但只要有可能，他就会拐弯抹角地挖苦德国。米哈伊·安东内斯库是外交政策领域的新手。［……］但他仍然是个罗马尼亚人，态度模棱两可。德国人是东道主，让他觉得［……］从今往后，他们将会确立欧洲的霸主地位；至于这是好事还是坏事，那就是另一码事了，反正事实就是如此。所以，待在东道主的身边才是上上策。[72]

东京重提其西伯利亚梦想

6月22日进攻之后，大岛大使讲述德国初战告捷的电报给日本外相松冈留下了深刻印象，于是他决定向苏联开战。在每天召开的联络会议上，他要求日军立即进攻西伯利亚东部和符拉迪沃斯托克。但他只得到了强烈反苏的内务大臣平沼的支持。对他的大部分同僚，尤其是海军大臣和权倾一时的战争大臣东条英机而言，德苏冲突会很漫长，而且结局难料。而陆军参谋长杉山元则只是说关东军至少还需要三个月的时间才能发动大规模的攻势，但到那时候就太晚了，因为西伯利亚的冬季从10月底就已开始肆虐。

1941年7月2日的帝国会议上做出了决定，那就是优先在南方发动战争。为了照顾松冈以及陆军内部强烈反苏派系的自尊心，会议仍然说会进攻苏联，但要等德国明显能取得胜利的时候再定夺。等待期间会采取各种强化措施。关东军增至70万人和600架飞机。7月，日本情报部门估算苏军在远东地区和西伯利亚东部的兵员为80万人，有1700辆坦克和1800架飞机。这样的军力打日本军队可以说绰绰有余，日本人很清楚在1939年8月的诺门罕战役中，自己的装甲部队和炮兵部队远逊于苏军，航空兵部队也最多只打了平手。10月中旬，苏军预先抽调出了9至11个师、差不多1000辆坦克和1200架飞机派往西部。但关东军也抽调了8.8万人和数百坦克飞机前往印度支那。反正无论什么情况，1941年的时候，日军都没有机会攻占外贝加尔山脉和阿穆尔盆地这么一块广袤的领土。只有出现类似于1917年那样的情景，日军才有可能进入伊尔库茨克和符拉迪沃斯托克，1918年至1922年就是这样的情况。

1941年7月30日，日本做出了侵占印度支那的决定，那儿原本是法国的殖民地，如今无人接手，容易夺取。这项倡议落实之后，便升级成了太平洋战争，日本最终不再考虑进攻苏联的事宜。但该政策立即就遭到了美国的严厉报复（停止交付石油）。日本最终和西方国家产生了冲突。8月4日，"联络会议"决定与苏联保持中立政策。11月15日的另一次联络会议采纳了这项政策，一直到1945年，东京一直没有改变该政策。"只要我们在南方采取军事行动，日本帝国就会动用一切手段，阻止本国与苏联发生战争。我们必须抓住一切机会左右逢源,如果德国和苏联有这方面的意愿,就与德国和苏联保持和平,将苏联引入轴心国的阵营,改善我们和苏联的关系,并且根据情况,鼓励苏联人向伊朗和印度推进。"[73]

从刚才所说的这些时间段来看,希特勒本来可以要求日本参加对苏战争,只要日本能赶在巴巴罗萨行动发起之前进攻苏联即可。这么做符合他的利益。他之所以没这么做,是为了不泄露行动的日期,也是为了手中留一张他所谓的王牌,好把美国隔绝在冲突之外,而王牌就是日本向南进军。他坚信俄国战事只会维持三个月的时间,所以这样的战略论证本身就受到了这方面的影响。6月22日之后,他的态度始终模棱两可,7月14日在拉斯滕堡和大岛大使见面期间这种态度尤其明显。里宾特洛甫当时也在场,他敦促日本在苏联建立俄国人的"农民共和国",由日本来管理。希特勒对这样的观点持怀疑态度,在他看来,这种想法太过明确。而他说的都是些泛泛之谈,还提到了日本的历史时刻。然后他又改了口:"我这样说并不是因为需要帮助。我能靠自己进行这场战斗。但我在思考日本的未来。[……][摧毁]俄国,[……]如果我们共同行动,如果我们切断俄国的生命线,就能轻易做到这一点。"说完这些笼统的话之后,接下来并没有出现任何建议,无论是政治上的,还是军事上的,都没有。希特勒并不反对推动日本人进入西伯利亚,他丝毫不会反对。但再怎么说,现在也都太晚了:日本已经做出了决定。见面期间,也谈到了如何尽可能地减少美国的影响:"欧洲是一个远比美国强大的兵工厂![……]他们都有什么样的士兵?![……]要打造优秀的士兵,不仅仅是美元,还需要其他东西。"希特勒秉持1940年夏天以来的一贯做法,督促日本首先可以考虑进攻新加坡,再进而与美国对垒。

我们可以认为希特勒在1941年的时候因为1939年和斯大林签署的条约而付出了代价,那份条约一夜之间便破坏了1936年《反共产国际协定》开启的和东京的同盟关系。不仅协定禁止和莫斯科结盟的秘密条款遭到了肆无忌惮的破坏，而且东京在欧洲最亲密的盟友波兰也从地图上消失了。而正是在那个时候，诺门罕的苏军打败了日本的两个师团。日本军队心心念念的西伯利亚生存空间（1904年以来就在朝着这个目标发力）崩塌了，其威信也一落千丈，而日本的海军以东南亚为目标，倒是捷报连连。东京和柏林之间的关系降到了冰点，许多国家都认为日本将会像第一次世界大战时那样同西方联合。对柏林的信任受到了极大的动摇。

那么德国进攻苏联之后，德国和日本两国是否会克服之前的消极关系，找到共同的利益呢？由于双方缺乏理解，东京和柏林一样，都不太可能形成同盟关系。有意思的是，我们发现同斯大林和丘吉尔在伊朗彼此支持不一样，德国人和日本人都不认为彼此之间确立物质关系，互相交换原材料、武器、专家，还可以收获蒙古、阿富汗或伊朗这些额外的盟友有多重要。占领西伯利亚可以提供这样的路桥。这样做并不会削弱日本的实力，因为它的海军仍然可以全部拿来警戒盎格鲁-撒克逊人。这是轴心国的两个主要国家打一场而非两场战争的唯一一种方法，尽管机会不大，但还是有可能会赢得战争。将欧亚连成一个整体可以极为有效地抵抗海上大国。从这一点来看，里宾特洛甫不同意希特勒的意见是有道理的。斯大林最担心的就是同时向欧洲和远东地区发动进攻。他很清楚，如果出现这样的情况，他自己的国家就会危在旦夕。因此，从1931年起，他就同意在阿穆尔河、乌苏里江和额尔古纳河沿岸以及蒙古屯驻重兵。斯大林在那些地方投入大量精力的时候，也于1938年对军队进行了可怕的清洗，西伯利亚大清洗的程度要比欧洲部分来得更剧烈。

希特勒独自进攻苏联，又让日本独自进攻世界另一头的美国，这么做大大减少了他成功的机会，也将导致他的东方盟友走向失败。他对地缘政治的看法就是些不着边际的观点，所以他从来就没有上升到必要的战略高度，在世界范围内联合他国打一场战争。他的军事首脑也都只具有欧洲中心论的视野，洞察力不够，只有海军是个例外，但他们太边缘，起不到什么作用。德国军事政治领导层的判断也受到了种族偏见的影响。新加坡陷落后，据说希特勒说了下面这些话，否决了里宾特洛甫交给报纸刊发的一份公报："里宾特洛甫，我不知道这是不是好事。我们必须想得更长远。白种人和黄种人之间迟早会来个了断。"[74]无论从政治、军事还是意识形态层面来看，德国仍然是一个狭隘的大国。据说丘吉尔说过，德国成不了它想成为的帝国。

那斯大林是否知道日本放弃进攻东部的想法呢？当然知道，德国国防军很清楚对关东军暂时进行局部强化可以起到威慑作用，日本这么做只能对德国不利。斯大林有两个情报源：间谍和译码员。我们已经说过前者，理查德·佐尔格，他是德国驻东京大使奥托的心腹。佐尔格在他的朋友，作家、记者、政治家尾崎秀实的帮助之下，获得了7月2日帝国会议的结果，并通过无线电将情报传给了格鲁乌在符拉迪沃斯托克的威斯巴登中心。8月15日，佐尔格和奥托及海军专员保罗·温纳克经过长谈，确认了消息的真实性，并认为日本正在全力制订向南扩张的计划。9月14日，佐尔格被捕之前不久，相信尾崎秀实正前往中国东北，于是便更为确信："日本政府决定今年不进攻苏联。但军队仍然驻守满洲，明年春天，一旦苏联溃败，日本就有可能会发动进攻。9月15日之后，可以认为在面对日本进攻的威胁时，苏联远东地区的安全将会得到保障。"[75]斯大林是否会相信佐尔格呢，毕竟斯大林从来就没相信过他。对这点毋庸置疑。斯大林从来就没改变过对佐尔格的看法。他的第二个情报源谢尔盖·托尔斯泰是内务人民委员部五局（译码）的专家，1941年秋，托尔斯泰和一年前的美国人一样，成功破译了日本外交界所用的代码"紫色"，斯大林显然更相信托尔斯泰的情报。[76]11月初之后，斯大林看了东京、柏林、罗马之间，东京与其驻莫斯科使馆之间，东京和华盛顿之间往来的报告。俄罗斯一直没有解密关于破译代码方面的档案，所以我们只能推测斯大林在这些第一手的资料中发现了大量可以佐证佐尔格报告的情报。因此，他在远东地区并没有采取什么动作。苏军最高统帅部只抽调了少量部队前往西线（10月12日，5个师）。1941年10月15日，尾崎秀实被日本宪兵逮捕，18日，佐尔格被捕，国防委员会的一份命令让我们知道了远东方面军的一些情况：72万人，相比莫斯科军区（62万人）、高加索军区（55万人）和西方面军（51万人），远东方面军军力最强。这些数字本身就能说明问题。和我们读到的许多内容相反，朱可夫莫斯科保卫战和佐尔格并没有关系，也不存在所谓的西伯利亚军队大量转往西线的做法。

注　释

1. Steven Merrit Miner, *Between Churchill and Stalin*, p. 168.
2. L'expression est de L. Woodward, *British Foreign Policy in the Second Wolrd war*, vol. 1, p. 453.
3. G. Gorodetsky, *Stafford Cripps'mission to Moscow, 1940-1942*, Cambridge University Press, 1984.
4. *Vtoraïa mirovaïa voïna v vospominaniakh*, p. 137.
5. *The London Observer. The Journal of General Raymond E. Lee 1940-1941*, Londres, 1971, p. 316.
6. *Vtoraïa mirovaïa voïna v vospominaniakh*, p. 113–114.
7. W.S. Churchill, *The Second World War*, vol. 3, The Grand Alliance, Houghton Mifflin Company Boston, 1950, p. 386.
8. DVP, vol. XXIV 22, iunia 1941–1 ianvaria 1942, p. 145.
9. *Vtoraïa mirovaïa voïna v vospominaniakh*, p. 1115–1116.
10. *Ibid.*, p. 127–128.
11. *Ibid.*, p. 133.
12. *Ibid.*, p. 135.
13. Brian p. Farrell, *Yes, Prime Minister: Barbarossa, Whipcord and the Basis of British Grand Strategy, Automn 1941*, The Journal of Military History, vol. 57, n° 4 (Oct.1993), p. 612.
14. Ilya Ehrenburg, *The Tempering of Russia*, Alfred A. Knopf, New York 1944, p. 85.
15. Cité par F. Eshraghi, *The immediate Aftermath of Anglo-Soviet Occupation of Iran in August 1941*, Middle Eastern Studies, vol. 20, n° 3 (Juil.1984), p. 330.
16. *Miracle at the Litza*, *op. cit.*, p. 60.
17. Les deux citations sont extraites de Alf R. Jacobsen, *Miracle at the Litza*, p. 60 et 61.
18. *Vtoraïa mirovaïa voïna v vospominaniakh*, p. 114–115.

19. *Ibid.*, p. 113–114.
20. Cité par Alf R. Jacobsen, *Miracle at the Litza*, p. 73 et 74.
21. *Vtoraïa mirovaïa voïna v vospominaniakh*, p. 114–115.
22. David L. Roll, *The Hopkins Touch*, Oxford University Press, 2015, p. 88.
23. *New York Times*, 30 juin 1941.
24. Discours du 2 juillet 1941, in: *Congressional Record*, 7 juillet 1941, p. A3283.
25. *My Dear Mr. Stalin…*, p. 4.
26. Departemental memorandum in: *Hull to Steinhardt*, 14 June 1941, FRUS, 1941, vol. 1, p. 757–758.
27. *For the President, Personnal and Secret*, p. 522.
28. George C. Herring, Jr, *Aid to Russia*, Columbia University Press, 1973, p. 9.
29. Foreign Relations of the United States Diplomatic Papers, 1941, General, The Soviet Union, vol. I, 861.24/512½, Memorandum of Conversation, by the Acting Secretary of State, [Washington,] July 10, 1941.
30. DVP, vol. XXIV, p. 98–200.
31. Voir FRUS, 1941, 1, doc. 752, Memorandum by Mr. Harry L. Hopkins, Personal Representative of President Roosevelt.
32. Aid to Russia, *op. cit.*, p. 17.
33. John Daniel Langer, *The Harriman-Beaverbrook Mission…*, p. 471.
34. *Lord Balfour's Moscow Diary 1941, cité par John Daniel Langer, in The Harriman-Beaverbrook Mission…*, p. 469.
35. Bullitt, *How we won the War*, p. 91–92.
36. Cité par Robert Dallek, *Franklin D. Roosevelt and American Foreign Policy, 1932–1945*, Oxford University Press, 1995, p. 296.
37. Parchinski, *op. cit.*, p. 53.
38. Chaporina, *op. cit.*, p. 261.
39. Efron, *op. cit.*, p. 443.
40. John Daniel Langer, *The Harriman-Beaverbrook Mission…*, p. 476.
41. Cité par Robert Nisbet, *Roosevelt and Stalin, The failed Courtship*, Gateway Books, Washington, 1988, p. 25.
42. Cité par Reinhardt, *Die Wende vor Moskau*, p. 97 et 98.
43. *Ibid.*
44. A. Hillgruber, *Staatsmänner und Diplomaten bei Hitler*, p. 313.
45. *Ibid.*, p. 318.
46. Cité par Reinhardt, *Die Wende vor Moskau*, p. 100.
47. *The Diary of Georgi Dimitrov*, p. 169.
48. *Ibid.*, p. 167.
49. *Ibid.*, p. 168.
50. *Ibid.*, p. 205.
51. Télégramme de Maiski à Molotov, 27 août 1941. In: DVP, vol. XXIV, p. 262–266.
52. Hans von Luck, *Mit Rommel an der front. Stationen eines bewegten Lebens*, Mittler, 3ᵉ ed. 2006.
53. Von Bock, *Das Kriegstagebuch*, p. 239.
54. Lomaguin, *Neizvestnaïa blokada*, p. 455–456.
55. AP RF. F. 3. Op. 50. D. 464. L. 7–21. In: *Voïna 1941–1945*. Vypousk 2, p. 132–136.

56. *Moskva Voennaïa*, p. 44–46.

57. Prichvine, *op. cit.*, p. 557.

58. Chiffres données par Irons, Peter H., «*The Test is Poland*»: *Polish Americans and the Origins of the Cold War*, Polish American Studies, vol. 30, n° 2 (Autumn 1973), p. 7.

59. Voir Eugeniusz Duraczynski, *Stalin*, p. 469.

60. DVP, vol. XXIV, p. 200–201.

61. *Perepiska Predsedatelia Soveta Ministrov SSSR s prezidentami SChA i Premier ministrom Velikobritanii vo vremia Velikoï Otetchestvennoï Voïny 1941–1945*, vol. 2, p. 9.

62. DVP, vol. XXIV, p. 338.

63. Goebbels, *Tagebücher*, Teil II, vol. 2, p. 48. Entrée du 4.10.1941.

64. Juho Kusti Paasikivi *Dnevniki. Voïna prodoljenié 1941–1944*, St Pétersbourg, 2004, p. 120–121.

65. Paasikivi, *Journal*, 24 juillet, in: *Dnevniki...*, p. 100–101.

66. *Ibid.*, p. 98–99.

67. J. Kulomaa, cité par N.I. Baryshnikov, *Was there any threat to Leningrad from the North in 1941?*, p. 117.

68. Juho Paasikivi, *Dnevniki...*, p. 121.

69. Cité par Hillgruber, *Hitler, König Carol und Marschall Antonescu*, p. 144.

70. Mikhaïl Sebastian, *Journal*, p. 401.

71. Ferenc Szombathelyi, *Visszemlékezései*, p. 14.

72. G. Ciano, *Journal*, édition française, La Baconnière/Payot, p. 525–526.

73. Ike, N., *Japan's decision for War: Records of the 1941 Policy Conferences*, Stanford, 1967, p. 249.

74. Albert Zoller, *Hitler Privat. Erlebnisbericht seiner Geheimsekretärin*, Dusseldorf, 1949, p. 157.

75. V. I, Lota, *GRU. Ispytanié Voïnoï: Voennaïa Razvedka Rossii nakanuné I v gody V.O.V 1941–1945*, Moscou, 2010, p. 147.

76. C. Andrew and Vasili Mitrokhin, *The Sword and the Shield*, Basic Books, 1999, p. 95.

第五部

败北的冬日

序　曲
前往克里米亚

德军第11集团军攻占克里米亚（塞瓦斯托波尔除外）一个月之后，也就是1941年11月，克里米亚又是何等景象？克里米亚半岛面积与比利时相仿，但人口仅有110万，军管期间，克里米亚受尽了磨难。给养不再运达。黑海始终都在苏军舰队的手中，德军第11集团军本身也只能靠唯一一条后勤干线运来的物资存活。这条交通干线由两条铁路线构成，始发于布加勒斯特到伦贝格，再在尼古拉耶夫的布格河畔并为一条铁路线。这条通道从这儿起开始进入1941年9月1日创建的乌克兰总督辖区，总督是埃里希·科赫，而他的顶头上司则是东线被占领土部部长阿尔弗雷德·罗森贝格。尼古拉耶夫的管理部门相当多。除了德国国防军的三军、党卫军、劳工局、托特组织、总督府和三个警察部门（治安警察、秩序警察、党卫军保安局）之外，还设立了六个经济事务机构，从乌克兰南部地区抢夺对德国有用的物资。还有驱逐奴隶的行动。车站上，女孩和年轻妇女（第一批掳掠来的500万东方劳工）挤在驶往西部的火车上。铁路在第聂伯河畔的赫尔松停了下来。桥梁已被摧毁，劳工们就将运给第11集团军的货物卸下来，再装到渡船上。河的另一边就是南方集团军群管理的区域，所以还要再进行转运，这次是用卡车装货，走南方军用高速公路：这条简陋的小路承载着人、动物和战时物资庞大的交通量。11月，漫长的冰冻期开始，路面变得更为坚实，车辆在坑洼之间迂回前行。道路两侧都是已经报废的汽车残骸，一群群女人赤着脚，挥舞着锄头和铲子，使路面保持平整。途经的大多数村子都已被焚毁。只剩下一丛丛奇异的石砌烟囱还挺立在那儿。

走这条混乱不堪的道路，走完赫尔松到佩列科普之间的130公里就得花一天时间，军事宪兵在第11集团军直接管理的区域前设立了一道路障。这儿开始就是权力很大的后方军事区司令的领地了。他拥有极大的权力，负责通信、军事设施、俘房方面的安全工作，也负责平民和经济生活方面的事务。南方军事高速公路经过北部的盐原，便通往辛菲罗波尔，那是已经消亡的苏维埃克里米亚社会主义自治共和国的首府。由于担心遭到刺杀，后方军事区司令和第11集团军司令的顶头上司埃里希·冯·曼施坦因将军并没有入城，而是和参谋长以及一些军官住到了萨拉布茨的一座不引人注目的集体农庄内。将军经常前往坐落在塞瓦斯托波尔城前的前方大本营，他准备11月底向塞瓦斯托波尔发起进攻，但由于天气恶劣，再加上后勤补给方面出了问题，所以一直拖到了12月17日才开始进攻。这座大型黑海军港犹如一根利刺插入了南方集团军群的侧翼，特别是第11集团军的侧翼。苏联舰队在黑海上来去自由，他们只要果断行动，随时都能影响战局。

辛菲罗波尔这座城市无论从外观，还是白色的屋顶来看，既有欧式风情，又有东方风韵。阿尔弗雷德·罗森贝格两年后来这儿，就写过："26年前我来过这儿［……］。一切看上去都更破旧。以前，金银珠宝商制作金银器，鞋匠制作拖鞋，穿得五颜六色的鞑靼女人抽着烟，坐在低矮的阳台上，有种《一千零一夜》的氛围，现在这一切再也见不到了。店铺脏兮兮的，马路上都是烂泥。'宫殿'显然也已满目疮痍。"[1]漂亮的道路从这座小小的都城往外延伸，通往海水浴疗养地，沙皇时期有钱有闲的阶层都会来此逍遥。车站的墙上，几张老旧的苏联海报宣传着"顿巴斯""冶金""能源""渔业"企业的疗养院，它们全都坐落于红色里维埃拉的海岸边……俄国、希腊、亚美尼亚、保加利亚的东正教教堂和修道院，乌克兰的东仪天主教教堂、路德宗教堂、清真寺、犹太会堂（正统派和卡拉派）全都破败不堪，有时会被改建成车库或商店，这些社群共享着这座城市和这片地区，[2]唯独少了一个社群：17世纪以来就在此安家落户的德意志人。克里米亚的全部近5万名德意志人事实上在1941年夏天的时候，就因为斯大林的一道命令，而被流放到了东部。

1941年11月，辛菲罗波尔遭到野蛮占领，没入沉沉黑夜之中。情况究竟如何，只要读一读告示即可，毕竟德国军事当局在所有的墙壁上都张贴了告示，还署了名。其中一份要求城里的犹太人交出6000条羊毛毯，如若不从，[3]人质就会被处死；另一份要求每个家庭自留40公斤面粉、2公斤油脂和2公斤糖，[4]其余粮食储备限48小时内交出，如若不从，就会被处死。第三份告示威胁说，内务人民委员部撤退期间留下的地雷每炸毁一栋楼房，就会处死100名人质。还有告示说，若是擅自使用自行车、过度消耗电力，就会受到极重的处罚，自行车和电力这两样东西都只有占领军可以用。[5]但就像克里桑菲·拉什凯维奇在日记里所写的那样，空气中弥漫的氛围才最糟糕。他说自己已经年纪很大，总是穿一身毛皮大衣，留着长长的灰白胡须，是个体面人，[6]他有一对密友，是对犹太人夫妇，姓罗森贝格。他的日记里有三个地方描述了当时的氛围。

1941年11月9日。对待战俘残忍粗暴，对待平民视如草芥，抢掠财物肆无忌惮，对没有反抗能力的居民肆意报复，这些就是德国人对俄国人的态度。德国人就是老爷，俄国人就是仆人、农民。我们是一个低等种族，类似于殖民地的黑人。但犹太人的境遇更惨，[……]他们就像没用的动物那样受到残忍虐待。德国人会闯入犹太人的家里，能抢什么，就抢什么，没有任何解释，他们一边翻衣橱、抽屉，一边讲话，却对住在屋子里的人看都不看一眼。

11月22日。[……]从德国人的行为来看，可以认为他们不仅仅把犹太人看作最低等的种族，而且是当作害人精来看。[……]他们将辛菲罗波尔所有的犹太人都登记在册。14岁以上的犹太人有1.2万名。

[……]12月7日。可怕的事情终于要发生了。人群中有传言说，德国人想要处死所有犹太人……当然，这么做荒谬至极。无论德国人有多残忍，他们都不敢把平民，甚至犹太人全都消灭掉。正如罗森贝格夫妇很久以前在德国人占领的波兰所发现的那样，他们没有杀死犹太人，只是让犹太人日子不好过：隔离区，集中营，劳役，减少配给。我觉得在苏联也会是同样的情况，但有一个差别，那就是波兰人的态度加剧了犹太人的苦难，而我们俄国人都有良心，[……]会想尽办法不让犹太兄弟遭罪。[……]两个星期以来，我白天都是在罗森贝格夫妇家，只是吃晚饭和睡觉的时候，才会回自己家。我越来越担忧。有传言说很快就会处死犹太人，我不相信。

1941年12月9日至13日，辛菲罗波尔的马路上出现了几十辆卡车和公交车，车上载满了老人和妇孺，他们要么套着袖章，要么别着黄星。女人把自己的孩子扔在人行道上，希望有路人能把孩子捡走，有的女人则唱着歌。谁都知道她们到了辛菲罗波尔以北7公里的地方就会被处死。到了那儿之后，11b特遣队（别动队D）在第11集团军的战地宪兵和秘密军事警察的帮助下，总共50个人，让犹太人站在苏军前不久挖的大型反坦克壕的边上，一枪爆头，悉数杀死。五天时间里，1万名犹太人、1500名克里姆查克人、824名茨冈人遭到屠杀，[7]别动队D自从进入苏联南部以来，加上这次屠杀，已杀害了54696人。[8]和柏林的党卫军国家安全部的"科学专家"以及希姆莱本人互通电报以后，11b特遣队队长沃纳·布劳纳把克里姆查克人也放入了受害者名单中，克里姆查克人很久以前即已犹太化，讲土耳其语，但不幸的是，他们有可能属于塞法迪犹太人这一系。[9]相较之下，作为少数派的卡拉派同样也讲土耳其语，改宗了犹太教，却遭到了豁免，理由是他们是哈扎尔人的后裔。[10]

冯·曼施坦因将军提前认可了灭绝犹太人的做法，于1941年11月20日下达了命令。

> 在我们后方的敌人和仍在战斗的苏军残部及指挥官之间，犹太人起到了牵线搭桥的作用。可以肯定的是，在欧洲，他们占据了政府和管理部门、商贸和手工业领域的关键岗位，是所有混乱和暴乱的幕后黑手。必须一劳永逸地根除犹太-布尔什维克。他们绝不应该出现在我们欧洲的生存空间内。德国士兵的使命不仅是摧毁其军事资源，也要肩负民族和人民的理念，凡是伤害德国人民的，我们都应以牙还牙。[……]犹太人是布尔什维克的精神载体，士兵必须理解让犹太人付出代价的必要性。大部分动乱都是犹太人操控的，所以同样必须将任何动乱都扼杀于萌芽之中。[11]

曼施坦因身边的心腹军官、第11集团军高级军需总监弗里德里希·威廉·豪克上校明确要求D别动队清除辛菲罗波尔的犹太人。他的理由是，有100个单位的部队需要入住，可城里却缺乏食物和住房。第11集团军的士兵将受害者聚集起来，对他们加以看管，再把他们运往行刑地，包围起来，还向行刑队提供弹药。党卫军只不过是扳动扳机的人。12月12日，曼施坦因让他的参谋长沃勒将军出面，要求D

别动队将从辛菲罗波尔被杀害的犹太人那儿收缴的一批手表交上来。120块手表后来都分给了他手下的军官。[12]沃勒还想给全体犹太人文上标识身份的标志,便于实施管理,他还提出了一个颇有想象力的建议,就是给犹太人戴上灌铅的手环。[13]

由于缺少犹太管理人员、集体农庄庄员和医生,所以交易不再通畅,卫生体系也濒临崩溃。仍然留在辛菲罗波尔的12万人只能慢慢等死。因为曼施坦因将军又给部队下了一道囤积粮食的命令。"我们国家粮食状况堪忧,部队只能最大限度就地生存,让德国能够尽可能多地储存粮食。特别是在敌人所在的城市,大部分人口都必须挨饿。出于饱受误解的人道主义情感,德国让自己忍饥挨饿而提供给我们的粮食,不得分发给战俘和不为国防军服务的人。"[14]

在乡村地区,南方的粮食状况要好于北方,南方的集体农庄通常都是由犹太人掌管的,德军第11集团军到来之前,犹太人方才逃走。大部分南方犹太农民当时之所以还留在乡村,是为了响应1920年代发起的回归土地运动。"谁说犹太人只擅长做生意?"当时有一首相当有名的意第绪语歌曲《嗨,占科耶》,占科耶是占科伊城附近一座犹太集体农庄的名字,这首歌曲的最后一句歌词就提出了这个拷问。苏联当局允许他们向克里米亚迁徙,有两个目的:一、通过农业劳作,让以前的犹太小商贩改头换面;二、让犹太民族有地方可以待,有社会活动的空间。1924年12月,苏联政府和美国犹太慈善组织"美犹联合救济委员会"签署了一份协议,创建"农业联合"协会,资助苏联犹太移民在克里米亚半岛安家落户。1925年1月17日,犹太工人协会注册成立,该协会在苏联和国外开设了众多办事处。克里米亚开始出现一份意第绪语杂志,名为《列宁之路》。1927年,米哈伊尔·罗姆以马雅可夫斯基创作的剧本为纲,为克里米亚的犹太人拍摄了一部电影《土地上的犹太人》。这部电影是由马雅可夫斯基的缪斯莉莉·布里克筹备的,莉莉·布里克后来成了路易·阿拉贡的嫂子。我们可以在苏联的报纸上读到这样的内容。[15]1930年代，经估算，克里米亚犹太农民的人数和巴勒斯坦的一样多，甚至还能看见劳动防卫营组织的成员放弃应许之地，来到苏联的克里米亚半岛创建社区。随着1932年至1933年的去富农化政策和大饥荒的爆发，犹太农民的人数急剧减少。犹太工人协会的领导层，还有几乎所有的巴勒斯坦犹太人都在大清洗时期遭到吞没。曼施坦因将军和11b特遣队则成功摧毁了这片应许之地的美梦。

要从辛菲罗波尔前往红色里维埃拉，就必须穿越重重山峦，许多鞑靼村落都能从远处的尖顶上认出来。鞑靼农民一开始就很欢迎德国人，向"希特勒阿凡提"敬献蜂蜜和葡萄。和波罗的海诸国及乌克兰西部地区一样，德军士兵也被视为帮助当地人摆脱苏联的解放者。斯大林一直都在搞大清洗活动，使这里的知识界十室九空，半数人口都被处死和流放，自治的痕迹早已荡然无存。[16]但在柏林，人们通常都认为这些人奸诈狡猾，低人一等。相较之下，曼施坦因之类的德军军事将领却要比政客们更快地察觉到可以从这个20万人的群体中抽调部分人员组建队伍，来和斯拉夫人作对。他们要求部队尊重该群体的"宗教习俗"及其女眷。1942年，他们让数千名鞑靼人穿上灰绿色军服，编入补充部队，追捕游击队员，这些人中有一半是从战俘营里抽调出来的，而且早已饿得奄奄一息。但在1941年底，鞑靼饲养员和农民付出的代价并不比俄国人和乌克兰人少，征用、劫掠、驱逐、罚金、强制服劳役等，也不一而足。

但鞑靼人在德国人中间也有朋友。官职最高的当属里宾特洛甫派驻第11集团军的代表维尔纳·奥托·冯·亨蒂希，此人性格古怪，1941年10月在克里米亚。他父亲曾任部长，他自己是个老派的外交官，属于条顿版的阿拉伯劳伦斯，1915年曾奉命挑动阿富汗各部族起来反对伦敦。巴巴罗萨行动爆发的时候，他还在喀布尔。回到曼施坦因身边后，他并没有隐瞒自己的观点，而且他还有英国的榜样在先：克里米亚的这些鞑靼人是否可以形成大鞑靼利亚的核心呢？鞑靼利亚穿越黑海和里海，从辛菲罗波尔到塔什干，把讲土耳其语的诸民族都统一到德国和土耳其的仁政之下，而他相信土耳其终会和德国联合。他的这种慷慨激昂的观点倒是和1941年10月来柏林的土耳其人努里·帕夏·基里吉尔德预言相近。努里是屠杀亚美尼亚人的恩维尔帕夏的弟弟，恩维尔帕夏心心念念梦想的就是泛突厥主义，1922年发生巴斯玛奇暴乱，他在杜尚别附近被苏军杀死。[17]11月，亨蒂希陪同土耳其军事学院院长阿里·福阿德·埃尔德姆以及埃尔基列特将军前往克里米亚，多次提到该地区在鞑靼人的领导下保持独立的愿景。12月，在他的请求之下，两名遭到流放的鞑靼民族主义者姆斯帖西普·法齐尔·于尔库萨尔和艾迪格·穆斯塔法·基里玛尔受邀前往柏林，讨论鞑靼人自治的事宜，还由此成立了一个穆斯林委员会，该委员会拥有宗教和文化领域的权限。无论这是德国实用主义的军事策略，还是土耳其的秘密欲望，抑或是认为黄种人低人一等的外交官的梦想，鞑靼人的这场事业一开始就走上了末路。事实上，它和希特勒的另一个乌托邦水火不相容。

受到罗森贝格及其亲信，将历史、种族、意识形态糅合在一起的专家阿尔弗雷德·埃杜阿德·弗劳恩费尔德（1941年11月，他正好在辛菲罗波尔）的影响，希特勒认为克里米亚存在一个直接传承自哥特人的历经千年的"英勇的"民族。这个民族甚至还建立了一个国家，奥斯曼帝国直到16世纪才将这个国家摧毁。正是基于这样一种异想天开的谱系，日耳曼人"回归"克里米亚这个货真价实的乌托邦思想才得以存在。希特勒在晚间的独白中，[18]阐述了要将半岛彻底日耳曼化的想法。吞并克里米亚之后，半岛上就不得存在任何外国因素了。他们会从南蒂罗尔引入数万名移居者，在那儿形成德国的"直布罗陀"（希特勒语）、"好莱坞"（戈培尔语）以及"里维埃拉"（罗森贝格语）。它俨然一座监控东方的堡垒，既是休闲娱乐之地，亦是条顿人的天堂，在这片土地上可以栽种棉花、烟草、橡树，还会有一条庞大的高速公路和1000公里长的铁路与柏林相连，沿线密布着既是农民，又是士兵的屯戍者把守的"防御工事"。克里米亚将会被叫作哥特之国，辛菲罗波尔叫作哥特堡，塞瓦斯托波尔则叫作狄奥多罗港。核心移民的消失（斯大林流放了5万名德意志人），除了克里米亚的鞑靼人之外，军队拒绝驱逐所有民族，这一切都使得哥特之国成了切切实实的幻想。德国的克里米亚仍然只是一座巨大的军营。

穿越克里米亚的群山一定要有扈从保护，因为山里到处都是游击队员。D别动队的报告指出，那个时期游击队员比犹太人还多。他们估算至少有1万名"匪徒"。事实上，苏联档案给出的数字是5000名游击队员，分成27支部队，其中1300人是找不到苏军部队的士兵。德军来到克里米亚的时候已经晚了，游击队运动已经风起云涌（这是仅有的一个例子），他们已设立几十个基地，党卫军的一份报告说，有的基地就建在悬崖边上，相当隐蔽，超过20米就看不出来，[19]除了基地之外，还建有藏身处、武器库和粮库。事实上，只要德军一扫荡，他们就会逃入森林躲起来。不管哪个民族都是如此。以20人到100人为编制的队伍组建好之后，就会袭击落单的车辆和士兵，破坏桥梁和十字路口。但很快，他们的粮食库存要么被党卫军发现，要么被饥饿的民众抢掠一空，所以他们还得花很多时间找吃的。从冬天开始，他们饿死的人数要比被德国人和鞑靼人打死的人数更多。

D别动队的一份报告[20]提到某个名叫弗拉基米尔·安德烈耶夫的人是游击队第14营的营长。他原本是雅尔塔一家大型疗养院的经理，也是共产党员。他在11月的第一个星期加入了游击队，12月20日，在战斗中被党卫军的一支部队击毙。他的长相和雅尔塔疗养院的另一个经理很像，而这人也是知名的共产党员，叫作维克托·伊万诺维奇·马尔采夫。马尔采夫出生于1895年，一开始就是个坚定的布尔什维克。1918年，他加入了红军，1919年入党，后入读叶戈里耶夫斯克航空学校，是苏联时期首批获得飞行员证书的人之一。1921年，由于"生活腐化"，他第一次被开除出党，而所谓的"生活腐化"应该是指他喜欢追逐女人。1925年，他再次入党，担任莫斯科中央机场领导。两年后，他升任上校，成为西伯利亚军区航空兵副司令，1931年又晋升为司令，在日本占领中国东北的那段时期，这是一个相当重要的岗位。1938年3月11日，他也没逃过大恐怖时期，阿什哈巴德的内务人民委员部将他逮捕，折磨了18个月。他没有出卖一个人，甚至还帮审问他的人受过，承认自己是拉丁美洲桑威奇共和国拿薪水的间谍。但他万万没想到的是，1939年9月5日，他竟然获得了释放。

  他原以为自己能重回航空业，上头却让他去雅尔塔担任了疗养院的负责人，他自然也就认识了那里的安德烈耶夫。1940年7月，他重新入了党。他在德国占领时期所写的《格鲁乌，死亡机器》这本自传中写到，他在狱中失去了信仰，但并没有失去爱国主义。1941年7月3日，马尔采夫副手的女儿佐娅·哈巴罗娃在日记中写道："马尔采夫白天来我家。他很有威严，举止高贵。他和爸爸讲话的时候声音很低。他对德军深入我国，而我军不战而逃的现象极为气愤。[……]马尔采夫内战时期当过飞行员。他轰炸过白军。[……]他想再次上前线打仗。"[21]马尔采夫穿上上校军服，去了军需部门，说自己经验丰富，还能上战场打仗；但那些人拒绝了他的要求。马尔采夫在自传中说，他留在雅尔塔就是为了迎接德国军队，11月7日，德军进了城。但佐娅·哈巴罗娃的日记却提供了相反的说辞：莫斯科三番五次拒绝了马尔采夫提出的疏散疗养院的请求。而且，年轻女孩还指出，11月4日，差不多和安德烈耶夫同一时期，马尔采夫进入了山中，加入了游击队。但由于没有通行证，他被守在小道上的警惕性高的年轻共青团员赶了回去。于是，他就又返回了雅尔塔，11月8日，他投向了德军。他很快就开始和德国人合作，担任起了雅尔塔的市长，后来还成了"叛徒"弗拉索夫航空兵部队的指挥官，1946年，他和弗拉索夫都在莫斯科被处死。两人同是苏共党员，也同是雅尔塔疗养院的经理，命运却截然不同。

穿过克里米亚的群山之后，就来到了海滨城市费奥多西亚，1941年12月29日，苏联的海军步兵部队出其不意地在此登陆。三天前，该部队已成功来到刻赤，九天后，1942年1月5日，他们就来到了叶夫帕托里亚。曼施坦因由于背部受敌，不得不停止向塞瓦斯托波尔发动攻势。经过三周激烈的战斗之后，他又重新夺取了费奥多西亚和叶夫帕托里亚。但他也不得不接受苏军长期存在于克里米亚东端刻赤半岛这样一个事实。库班、迈科普和高加索地区的公路已被切断，必须对1942年的克里米亚战事进行思考。叶夫帕托里亚的民众帮助苏军，于是，奉曼施坦因之令，里森少校在咨询过辛菲罗波尔的刽子手、11b特遣队队长布劳恩博士之后，以报复之名，下令枪决了1184名平民。[22]曼施坦因和里森一样，也想对费奥多西亚苏联士兵杀死307名德军伤兵和医生的行为进行报复，而苏军之所以杀死德军伤兵，是因为发现德军在壕沟里埋了城里的1300名犹太人和克里姆查克人。

1941年12月，11a特遣队的200名士兵在有"东方尼斯"之称的雅尔塔休整。他们下榻于里瓦几亚宫，因为摧毁了乌克兰南部的几十个犹太人社区太累，所以需要恢复恢复。里瓦几亚宫是尼古拉二世建造的一栋新文艺复兴风格的建筑，革命之后成为展示沙皇时期社会风气腐化堕落的博物馆。1923年，领导层发现宫内的58间房间可以成为很棒的疗养院，供有突出贡献的集体农庄庄员疗养之用。1941年圣诞节，11a特遣队的士兵在一棵大冷杉树下纵情喝酒欢唱，第二天，在宿醉未消之际，又杀害了300名雅尔塔的犹太人。1942年7月5日，希特勒因曼施坦因夺取塞瓦斯托波尔而授予其元帅权杖，授勋典礼也在里瓦几亚宫的大院子里举办，院子四周围绕着层层拱廊，面对大海、棕榈树、柏树和欧洲夹竹桃夹道欢迎。第11集团军和空军的所有部队的指挥官都列席了这次典礼。由于苏军两架SB轰炸机从海上劈浪而来，庆典也没办好。好几颗炸弹扎入了地下室，还把留在台阶前的司机悉数炸死。苏联还没有崩溃，他们的情报系统也很厉害……1945年2月，罗斯福、丘吉尔和斯大林在瓜分德国的会议期间，也在这座院落内拍了照。

克里米亚的2.9万名犹太人和6000名克里姆查克人将没法在那儿听闻战争结束的好消息。他们全都死了。而1941年成功逃离的人，斯大林不允许他们重返克里米亚，再次激活红色的锡安山之梦。克里米亚的德意志人再也没法回去，他们只是哥特之国蹩脚的演员，只能遭到驱逐，随风而散。鞑靼人也同样缺席不见：1944年5月18日，内务人民委员部因为鞑靼人大规模和敌人合作，而把他们抓得一个不剩，并将他们全部流放到了中亚地区。相比苏联被占区的其他某些民族，这些可怜的民众和德军的合作没什么两样。但斯大林很快就对土耳其大加指责，他无法容忍讲土耳其语的第五纵队在自己的后方安营扎寨。克里米亚的半数俄国人和乌克兰人都已无法欢庆1945年的胜利，他们要么死于饥饿和营养不良，要么被地雷炸得尸骨无存，或者消失在德国的工厂里，要么被怀疑帮助游击队而遭处死。但未来仍然属于他们：数世纪以来一直生活于克里米亚的其他民众，联同他们的期待、梦想和奢望，全都被清除殆尽。

注　释

1. Alfred Rosenberg, *Journal 1934-1944*, Flammarion, p. 519. L'entrée date du 2 mai 1944 mais se rapporte à un voyage en Crimée à l'été 1943.
2. 1939年的人口普查显示，克里米亚有1126万居民，其中49.6%是俄罗斯人，13.7%是乌克兰人，19.4%是鞑靼人，5.8%是犹太人，5%是希腊人，4%是德意志人，1.1%是亚美尼亚人。
3. 克里桑菲·拉什凯维奇的日记。In: *Kholokost v Krymou. Dokoumentalnyé svidetelstva o genocidé evreev Kryma v period nacitskoï okkupatsii Ukrainy 1941-1944*. Simferopol 2002, p. 55–87.
4. 1941年12月5日的命令，第11集团军高级营务总监豪克将军签署。
5. Norbert Kunz, *Die Krim unter deutscher Herrschaft*, p. 106.

6. 拉什凯维奇本人也是这么描述的。

7. 根据1939年的人口统计来看，辛菲罗波尔有142678人，其中22791人是犹太人，还有1500名克里姆查克人。12月，没能随苏军东撤的犹太人几乎悉数遇害。按照某些资料（N. Kunz）来看，12月初的大屠杀剥夺了5000名犹太人的生命，另外5000人在下一个月被处死。

8. *Ereignismeldungen…, op. cit.*, p. 876.

9. *Ibid.*, p. 857.

10. Voir Andrej Angrick, *Besatzungpolitik und Massenmord*, Hamburger Edition, 2003, p. 328–330.

11. Armeebefehl des Oberbefehlshabers der 11.Armee, 20.11.1941, reproduit dans *Der deutsche Überfall auf die Sowjetunion*, Gerd R. Ueberschär et Wolfram Wette, p. 289–290.

12. 党卫军对沃勒要求调查的请求做出了回应，见 Angrick, Andrej, et al., *Deutsche Besatzungsherrschaft in der UdSSR 1941-1945*, p. 288–289。

13. Norbert Kunz, *Die Krim unter deutscher Herrschaft*, p. 104. L'on ignore si ces propositions ont été suivies d'effet.

14. Armeebefehl des Oberbefehlshabers der 11.Armee, 20.11.1941, reproduit dans *Der deutsche Überfall auf die Sowjetunion*, Gerd R. Ueberschär et Wolfram Wette, p. 289–290.

15. *Tribuna Evreïskoï Sovetskoï Obchtchestvennosti*, novembre-décembre 1927. 感谢历史学家 Evgeny Tsymbal 让我们了解到了这则信息。

16. Voir Ann Sheehy et Bohdan Nahaylo, *The Crimean Tatars, Volga Germans and Meskhetians*, Londres, 1989.

17. 俄国中亚地区的巴斯玛奇叛军既有穆斯林民族主义者，也有传统的匪帮，1916年他们因为反对沙皇征兵而群起反抗。1919年，因反宗教措施、限制贸易以及私人财产，又再次起事。1933年，最后一群叛乱者被苏军驱散。

18. *Monologue im Führerhauptquartier 1941-1944*, p. 63, 91, 124.

19. *Ereignismeldungen…, op. cit.*, p. 894.

20. *Ibid.*, p. 895.

21. Journal de Zoïa Khabarova in : *Detskaïa kniga voïny. Dnevniki 1941-1945*, Moscou, 2015, p. 371–406.

22. Helmut Krausnick, *Hitlers Einsatzgruppen, op. cit.*, p. 235.

第十八章
最后的努力
（11月15日—12月4日）

从前线到莫斯科也就100英里的路程。我开了两天的车，两个晚上都没睡，想要设法走完这段路程，但我没有成功。我这是第一次领教到冬季这个老将军的威力。我这才明白德国人为什么无法走完这段距离［……］。我也同样了解到冬季将军并非红军的一员。如果真是这么回事的话，那他应该被判叛国罪，一枪毙了，因为对俄国人和德国人，他同样毫不手软。事实上，他只为自己战斗。

——亨利·C.卡西迪，美联社驻莫斯科记者（无日期）[1]

冯·里布在季赫温败北

1941年11月8日，季赫温失利的消息传入列宁格勒的时候，被围者的士气一落千丈，面包供应也濒于崩溃。这个消息给莫斯科敲响了警钟。斯大林发现情势正在恶化。他立刻给霍津和日丹诺夫打去电话，这名老资历的政委立刻就有了反应，对他来说，斯大林的威胁要比德军炮兵密集的炮火更可怕。

如果在接下来的几天里,你们不向东部突破,列宁格勒方面军和列宁格勒人就会毁在你们手里。[……]你们必须做出选择,是选择当俘虏,还是牺牲几个师,我再重复一遍,是牺牲几个师,向东开辟出一条通路。[……]你们还以为存在第三条道路。根本就没有第三条道路。[……]我再重复一遍,时间已经不多了。坐下来,等待海滨的天气变好并非明智之举。[……]我再重复一遍,留给你们的时间已经很少了。你们很快就会没有面包。要想办法找到猎手团体[原文如此],他们是各师中最勇敢的人,立即组建一到两个团,向他们解释要他们去执行的这项英勇的任务有多重要。由这些勇士组成的这几个团有可能让步兵部队聚集起来。就这样。[2]

斯大林希望将领们足够坚强,能够避免苏联的第二首都落入德军之手,从现在起,只有飞机才能前往这座城市。费久宁斯基被从列宁格勒调走,任命他担任第54集团军司令,取代霍津。他要求向西尼亚维诺方向突围的所有进攻行动暂停,因为列宁格勒可以再等等,阻止德芬军队在斯维里河会合的任务更为紧迫。克里姆林宫发来一封电报,命令许久未曾露面的基里尔·梅列茨科夫离开守卫斯维里河的独立第7集团军,担任第4集团军司令。梅列茨科夫后来承认,德国国防军无论哪个人担任师长,听到他说的这话,都会发笑,或者说流眼泪。他原本是苏军的总参谋长,却在接手独立第7集团军之前,对战争的形势并不了解。来到第4集团军之后,他写道:

第7集团军战斗了三个月,我们从中获得了有用的经验。[……]因此,一开始,第7集团军司令[也就是他本人]组织防守,设法在各个战区平均分配兵力。这样就使敌军有机可乘,将兵力集中至有利地形,暂时削弱了其他区域,也削弱了装备和人

第十八章 最后的努力　1071

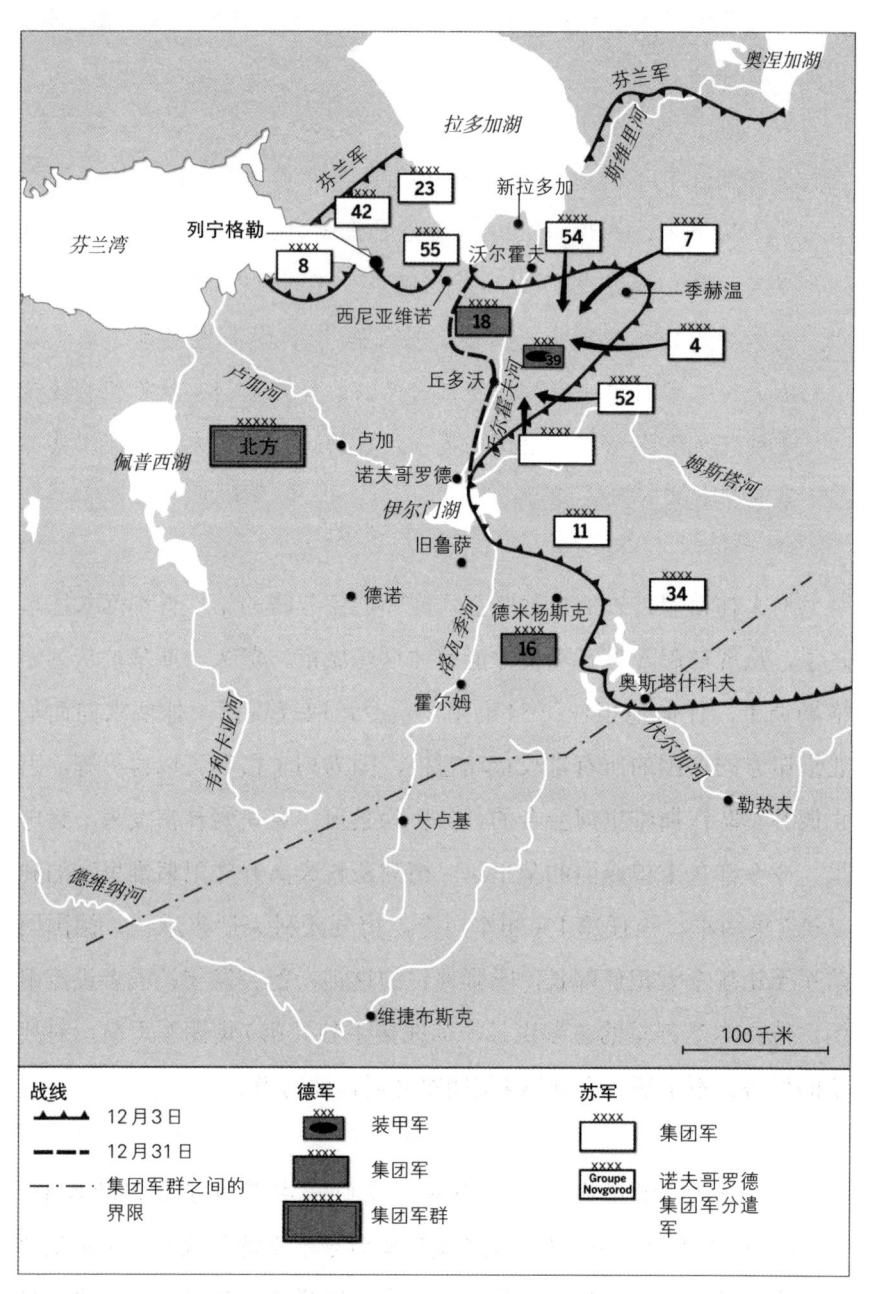

冯·里布在季赫温败北（11月9日—12月10日）

数上的优势，使之无法突破最为重要的战区的防线。我们对相邻部队的接合处并没有给予足够的注意。敌军几乎从不正面进攻，通常都是采取迂回和包抄的策略。[……]最后，经验告诉我，如果要用唯一一个梯队对大面积的战线进行防守，就绝对必须拥有大量储备物资。这些物资必须比通常情况下放在离第一战线更近的地方，特别是放在靠近合适地点的铁路枢纽处，最好不要放在同一个地方。这就是我们从斯维里河战斗中得出的结论。[3]

1940年时担任总参谋长的梅列茨科夫在被任命为第7集团军司令之前确实被打得够呛。1941年6月23日被捕后，他遭到了严刑拷打，之后就被投入了臭气熏天的监狱里，他被迫招认西班牙战争时期，自己勾结巴甫洛夫，参加反苏阴谋的罪行（纯属虚构）。1941年8月28日，他在绝望之余，亲自给斯大林写了一封信。他请求斯大林把他派往前线，以此来证明自己对斯大林本人忠心耿耿（占第一位），对祖国矢志不渝（占第二位）。于是斯大林改变主意，释放了这个倒霉蛋。出狱的时候，梅列茨科夫根本站不起来，好几个月的时间里，只能躺着指挥战斗。斯大林假装对梅列茨科夫遭受的不公正待遇毫不知情，现在替他纠正这个错误，委派他担任重要的职务，以此来确保拥有很大潜力的军官能对他忠心不贰。

11月7日和8日，前线大雪纷飞，朱可夫的心腹将领伊万·费久宁斯基和梅列茨科夫踏上岗位。梅列茨科夫来到他新设的司令部，司令部就在季赫温以北22公里的萨罗雅，他在司令部见到了新的手下。

得知我到了之后，军官们就都聚到食堂里。气氛很压抑。几乎所有人都在经过季赫温往后撤退。但这座城市到底是怎么被攻占的，又没有人能真正说得清。[……]指挥层已经失去了对季赫温周边地区部队的控制。敌军夺取这座城市后，便马不停蹄地向北、向斯维里河、向东，以及沃洛格达公路和铁路沿线发起进攻。幸好，我们的大部分军队已经在向其中的两个方向撤退。［……］一名指挥员提议我和士兵讲讲话，来了解他们的精神状态。［……］他们勉强说出了内心的想法。［……］抱怨天这么冷，他们穿的还是夏天的军装。[4]

11月9日，前线形成了近似长方形的三角形形状。短边就是沃尔霍夫河。直角长边从拉多加湖延伸至季赫温，直线距离为150公里。冯·里布在沃尔霍夫城中轴线上的第二个目标构建了一个由三个师组成的"伯克曼集群"；在季赫温及其附近地区，他有相当于1个半装甲师、2个摩托化师和1个步兵师的兵力。在两个集群之间，1个步兵师和1个半装甲师尽力守住阵地。苏军的第54集团军则延伸部署在这边的侧翼。在季赫温城前的第4集团军必须抓住公牛的犄角，阻止敌军来到斯维里河。三角形的斜边从诺夫哥罗德到季赫温长200公里，由4个德师和1个西班牙师把守。与之对垒的是苏军第52集团军。战斗的方案很简单：苏军向侧翼发起反攻，锁住季赫温的出口。从11月10日起，德军就再也没法推进。"伯克曼集群"在距沃尔霍夫8公里处止步不前。哈尔德在日记里写道，从波尔多乘坐火车而来的第223师还没进攻，就被赶回到自己的阵地上，"根本就没来到"[5]俄军的战线这儿。可以想象这对士兵造成的冲击有多大，毕竟他们9月初的时候还在梅多克地区看收获葡萄呢。为了再次发动进攻，冯·里布哀求希特勒和哈尔德给他派部队过来。但没有成功：因为已经没有后备部队了。11月16日，哈尔德在日记里承认"局势在恶化"，[6]北方集团军群司令也在自问"季赫温是否还能守得住"。[7]让人惊讶的是，答案如此显而易见，冯·里布竟然还会去提这样的问题。又要向前推进，又要守住攻占的土地，他的部队已经捉襟见肘，他的后勤部队杳无踪迹，而在季赫温，施密特的摩托化军三分之二的兵力都在包围圈内。天寒地冻，雾气使飞机完全无法起飞，而且还没有后备部队。苏军想尽一切办法想要把对手耗死，尤其是要让对手找不到掩蔽的地方，但这么做只会加剧平民的惨状。11月13日，马林科夫就是这样命令列宁格勒方面军的："从我们的经验表明，德军采取防守态势，就像在我们面前，在列宁格勒面前那样，他们就会藏在枞木屋、住宅里，也会藏在有人待的地窖里。所以，我建议你们这么做：[……]把所有能住人的地方都夷为平地，烧成灰烬。"[8]三天后，列宁格勒方面军领导层向他汇报："我们已经把乌斯特-托斯诺夷为平地，现在我们正准备在炮兵部队和航空兵部队的协助下，把第55集团军面前所有住人的地方全都夷为平地。"[9]德军方面和在莫斯科城前一样，无视现状，总以为苏军比自己弱，根本不接受撤退的想法。哈尔德在这点上说得很清楚："必须不惜一切代价守住季赫温。"[10]

一方面，莫斯科想要夺回季赫温，控制对列宁格勒生死攸关的补给通道季赫温—沃尔霍夫铁路线；另一方面，要牵制住冯·里布各师，不让他的部队增援莫斯科轴线。11月下半月，苏军最高统帅部把列宁格勒和斯维里河（芬军仍在那儿消极应付）的部队撤了下来，将兵力之比颠倒了过来，从而对己方有利：19.3万人、2000门加农炮、90辆坦克，对阵对手的12万人、1000门加农炮、100辆坦克。可惜的是，苏军的组织能力部分折损了这个优势。最高统帅部协调指挥（遥控指挥，所以情况很糟糕）第54、第4和第52集团军，而非列宁格勒方面军，斯大林并不信任该方面军。由于战场上形势很混乱，所以包围冒险深入季赫温三角区的第16集团军大部的计划以失败告终。大雪纷飞，后勤完全停滞，增援部队无法及时赶到，结果三个集团军并没有同时发起攻势，而是分别于11月12日（第52集团军）、11月19日（第4集团军）和12月3日（第54集团军）发动进攻。第52集团军司令尼古拉·克雷科夫战线拉得太长，发动进攻的时候，既无足够的炮火支援，也没有进行过侦察。他和许多将军一样，都还没学会怎么打仗，或者说不敢将所学的知识付诸实践，生怕与上级过分的要求（尤其是以实施计划之名提出的要求）相抵牾。不过，他至少已经让冯·里布动弹不得，迫使里布用从巴黎过来的唯一一支增援师来和他打，冯·里布不无黑色幽默地说："他们占据巴黎的时间太长，会发现这儿有很大的区别。"[11]梅列茨科夫在一米厚的深雪中发起进攻，给施密特本就战线拉得太长的摩托化军造成了极大的损失，使之濒于被包围的边缘。第8装甲师已经一辆坦克都没有了。冯·里布的日记花了好几页的篇幅描述了一些不太可靠的战术手段，一路讲到了炮组这一个层级，他就是用这些手段来修补前线持续撕裂的口子的。他写道："我们可以扪心自问，部队越来越少，是否还能长时间遏制住这样的危机。"[12] "12月1日，他在日记里给出了回答："我们发动攻势的兵力已经趋于枯竭"，这次，"甚至集团军群都已没有任何后备部队可以使用了"。[13]

12月6日，温度降到了零下35摄氏度，"季赫温很多地方都在燃烧，部队根本找不到可以待的地方"，[14]冯·里布准备把部队从三角区里撤出来，把部队带回沃尔霍夫。当天，他又找到了一个撤退的理由：朱可夫在莫斯科城前发动了反攻，没必要让第39摩托化军和七个优秀的步兵师冒遭受损失的风险。无论是希特勒的司令部，还是集团军群的参谋部，所有人都已经意识到这一点：兵员不足的危机使德国是否还能继续打下去成了一个大问题。12月8日凌晨2点，冯·里布接到了一个电话，他脸上涔涔冒着汗，精神已濒于崩溃。尽管撤退已难以避免，但希特勒在电话那一头还在想着如何避免这种情况。后来，他总算勉强同意撤退一事，但规定只能撤退10公里，目的是在炮兵部队的帮助下，守住季赫温—沃尔霍夫铁路线。12月10日，梅列茨科夫夺回季赫温。大雪封路的铁路线形成的防御工事无法阻挡住敌军，结果德军很快就冲了过来。12月16日，苏军十一个损失惨重的师只能调转身子，相继返回10月15日的阵地。17日，苏军最高统帅部创建了沃尔霍夫方面军，由梅列茨科夫指挥，从中可以看出，他们有想发动攻势的雄心。圣诞节那天，第一批列车从季赫温出发，来到了新拉多加，然后又经过冰封的拉多加湖，来到了列宁格勒。12月25日这一天，冯·里布很高兴能将各师带到沃尔霍夫背后，让敌人"两手空空，无功而返"。当然，持续两个月之久的季赫温战役中，苏军也付出了19万人的损失，最终数字是8万人，但这场战事也让北方集团军群付出了损失4.5万人，折损四分之三坦克和三分之一卡车的代价。巴巴罗萨行动的一个主要目标（夺取列宁格勒以及和芬军会合）最终没有完成。冯·里布对这次失败只字未提。

罗斯托夫的失利和指挥层的第一次危机

罗斯托夫是顿河出海口的一座大河港和军港，也是苏联人口数量占第五位的城市。往北400公里开外的卡拉奇河下游有两座桥梁，再加上罗斯托夫坐落于巴库至莫斯科这条铁路线的沿线，便使得罗斯托夫成了主要干道上的一个节点。也就是说，从西部夺取罗斯托夫，就有可能进入库班、迈科普和高加索地区。希特勒想不惜一切代价夺取这座城市，斯大林则准备不惜一切代价守住这座城市。克莱斯特的第1装甲集团军辖下机动的第3装甲军有4个摩托化师或装甲师，由埃伯哈德·冯·马肯森指挥，其任务就是夺取罗斯托夫。但后勤不畅，淤泥遍地，再加上天气严寒，使该部队在距离这座大港50公里的地方滞留了三个星期之久。11月17日，该部队终于做好准备，发起冲锋，他们从北部和东部绕过由费奥多尔·列梅佐夫将军指挥的新近整编的第56集团军（共有6个半步兵师、4个骑兵师、1个坦克旅[15]）大部，扑向罗斯托夫，三天后终于来到那里。党卫军警卫旗师完好无损地夺取了铁路桥，攻占了顿河不远处的一座桥头堡。但马肯森只顾这么攻城略地，和冯·里布对季赫温的态度如出一辙。3个快速反应师就这样全用于执行在城内肃清敌人的任务，其庞大的北翼却任由大草原的劲风自由呼啸而过，只有第14摩托化军的部分部队在那儿进行巡逻。

苏军立即就发现了马肯森的薄弱点。西南方面军司令铁木辛哥元帅在罗斯托夫和北方大草原设有3个集团军：曾任第2空降军军长哈利托诺夫将军的第9集团军（5个师），布琼尼的心腹安东·洛帕津将军指挥的第37集团军（6个师，3个衰弱不堪的坦克旅[16]），列梅佐夫的第56集团军。这3支部队坦克少，但骑兵多，非常适合大草原作战。可以快速发动攻势。他们会攻打第1装甲集团军和第17集团军，以及山地军和第14军的接合处，目的是夺取塔甘罗格这座沿岸城市，一旦攻占该城，就能将第3装甲军全部包围起来。克莱斯特很快就发现自己会落入这个陷阱。他的部队战线拉得太长，并没有后备部队来处理不时露出的裂口。从11月21日起，他就通知伦德施泰特，说如果压力太大的话，他会离开罗斯托夫，一直向西撤退至100公里处的米乌斯河。22日，苏军第37集团军从北边开始发动进攻。在罗斯托夫，第56集团军也从南部、东部和北部发动袭击，势头逐渐增强。哈尔德一想到有可能不得不放弃"高加索门户"就心急如焚，于是向第6集团军司令冯·赖歇瑙施压，让他向库皮扬斯克发动进攻，迫使铁木辛哥在南部减缓攻势，虽然他也不知道在北部250公里处施压是否会对罗斯托夫产生影响。赖歇瑙没有动，倍感挫折的哈尔德勃然大怒："我对第6集团军已经失去了耐心。我们必须迫使他们向右翼推进，解放第17集团军为了保护侧翼而被包围的部队。"[17]赖歇瑙冷冷地回答道，部队已经精疲力竭，不可能再发起进攻。28日，第56集团军突入罗斯托夫，部分民众站在德军一边，加入了巷战，马肯森的3个师在巷战中打得并不轻松。哈尔德说赖歇瑙"缺乏进攻的意志，这样就不用离开冬季营帐了"。[18]他着手进行调查，这么做最终会导致赖歇瑙遭到撤职，这种情况在国防军内部极为罕见。从领导层的争吵中可以看出他们已经神经紧绷，马肯森没有掺和进去，他只是毫不犹豫地绕着战线120公里处发动进攻。上级克莱斯特和伦德施泰特很爽快地同意他放弃罗斯托夫，撤退至60公里处的桑别克，这是一条沿海小河。克莱斯特趁此时机，让第1装甲集团军在200公里长的整个战线上撤退了15到60公里之多，一直撤退到了米乌斯河后方。

凯特尔将放弃罗斯托夫和撤退至米乌斯河后方这两个决策告诉了希特勒，希特勒就介入了进来。元首发现撤退只是预防性的措施，因为任何地方都没发现苏军真正实现了突破，于是他一方面要求限制向后方撤退，另一方面要求第17集团军发动进攻，保护第1装甲集团军的左翼。12月1日，伦德施泰特反对这个决定，斟酌之后，提出了辞呈，希特勒接受辞呈，让冯·赖歇瑙担任该职，赖歇瑙迄今为止一直是第6集团军司令，是希特勒颇为信任的一名元帅。同时，他还向马肯森的部队派去了52辆替换坦克。但赖歇瑙没法让克莱斯特和马肯森听命于他，因为他们认为希特勒在地图上随便大手一挥划定一条线，他们就撤退到这条线的后面，这么做很荒谬。由于地面的冻土厚达一米，他们就连战壕都挖不了。再说，苏军的两个装甲旅已经越过了这条线，正向米乌斯河进发。赖歇瑙对军官们是这么回答的：部队已经累得不行，军官也已无能为力（第13装甲师师长和一名团长神经已经崩溃），只有往前背靠河流、适合过冬的防线才能让懈怠的部队动起来。12月1日，希特勒得知他最心爱的一个师（党卫军阿道夫·希特勒警卫旗队）被苏军的坦克纵队突破，正相对有序地撤退，对此他只能做出屈服。晚上，他批准了赖歇瑙签署的一份命令，正是这个做法导致伦德施泰特的辞职，那就是撤退至桑别克河与米乌斯河的后方。翌日，他先是飞往第1装甲集团军的大本营，又飞至南方集团军群的大本营，他在那儿见了伦德施泰特，后者正在收拾行李。显然，他是想抹去自己态度转变所造成的不良印象，并照顾国防军老资历的伦德施泰特的自尊心。他和警卫旗队队长、慕尼黑政变时期的老战友

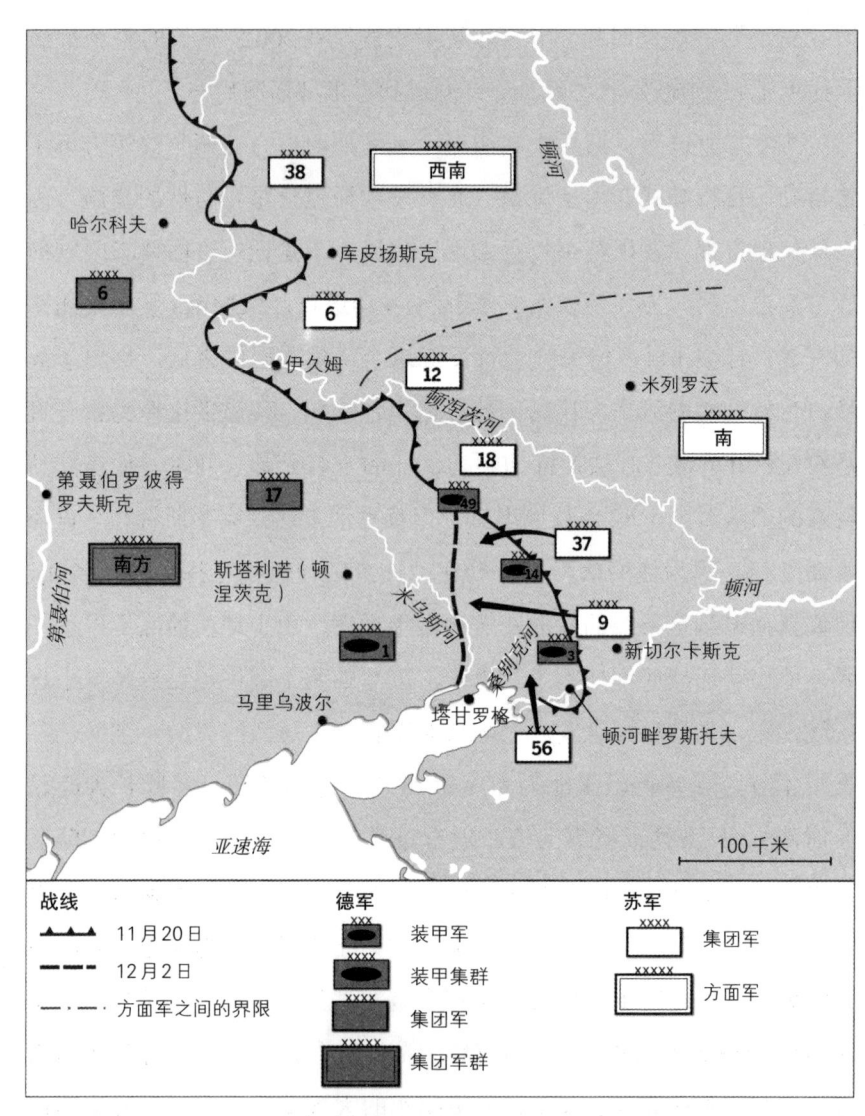

冯·伦德施泰特失去罗斯托夫（11月22—30日）

1080　第五部　败北的冬日

塞普·迪特里希作了长谈，认为撤退乃是不可避免之举。放弃季赫温后，希特勒认为巴巴罗萨行动的第二个大目标——罗斯托夫和高加索的油田——无法在1941年达成。北方也是如此：德国已如强弩之末，而苏联始终都能发动进攻。

莫斯科城下：疑虑和幻想

　　冯·博克夺取莫斯科的计划堪称德国的经典战例。两只装甲钳往北（第3和第4装甲集群）和往南（第2装甲集团军）突破，并扑向莫斯科的东部；中路，冯·克鲁格的第4集团军主动牵制住苏军大部兵力；北端的第9集团军和南端的第2集团军和中间的两个集团军群保持联系，保持推进，以期阻挡对手转移兵力。哈尔德和装甲部队的大部分将领，尤其是霍普纳、莱因哈特、古德里安，对该计划能够取得成功均持乐观态度。我们已经发现，在奥尔沙会议期间，哈尔德对自己设定的目标颇有执念。冯·博克将他拉向了现实，博克说如果他能抵达距莫斯科以东70到80公里的地方，就会觉得很幸福。他并不排除这种可能性，即"部队战斗状况堪忧，只能停在中线处"，也就是"莫斯科河和伏尔加－莫斯科河运河处"。[19]不过，和同僚冯·伦德施泰特及冯·里布不同的是，他没有表现出任何犹疑，还敦促手下人要展现出"意志力"。第4集团军司令冯·克鲁格认为自己的步兵部队状况很差，所以他对此抱有很大的怀疑态度。尽管他没有提出反对意见，但他说自己只会有限参与。唯一对这项计划有疑问的是：如果克鲁格无法进攻的话，朱可夫就会从与之对阵的第5、第33和第43集团军抽调兵力，来修补侧翼。但哈尔德则认为敌人已经奄奄一息。

　　中央集团军群越是下级的军官，怀疑的声音越是高涨。第46装甲军军长冯·菲廷霍夫（第4装甲集群）向上司霍普纳寄去了一份极具破坏性的报告，他在报告中申明，由于缺乏良好的公路，补给跟不上，再加上严寒不等人，要取得成功根本不可能。11月3日，第5装甲师师长古斯塔夫·费恩将军在莫扎伊斯克附近的局部进攻的近战中损失了21辆坦克。当晚，他在部队的行军日志中指责步兵部队不想发起进攻，他们不愿从栖身的地方走出来去支援坦克。[20]这种类型的行为到目前为止都是难以想象的，所以让他极为担心。第251步兵师（第23军，第9集团军）的参谋部军官汉斯·迈尔-威尔克少校比许多人看得都远。11月7日，他在日记中写道：

> 在攻打俄国的战争中，存在一个诡辩，就是认为德国一开始打了几场胜仗之后，苏联内部就会崩溃。即便从现阶段的战争来看，也丝毫不存在这样的迹象。苏联很快就会自爆的观点就是判断上的错误，我们现在处于一个从未预料到的局面中，我们没有人知道该怎么应对这个局面。第二个判断错误就是，相信中央集团军群10月份发动大规模攻势就能决定整个战争的局势。无论是战争爆发之前，还是战争进行期间，我们都低估了俄国的军事实力。我们在10月中旬很早就认为俄国所有的战斗部队都已经被打败。[……]可现在，部队只能靠土豆生存。马匹几乎连干草都吃不到。[21]

中央集团军群的状态很不乐观。大部分步兵部队连半数的战斗兵员都达不到。军官和士官的短缺到了触目惊心的地步。部队又冷又饿，病号每天都在增加，许多人都被跳蚤弄得不胜其扰。三分之二的卡车不见了，后勤卡住不动。装甲集群中，只有霍普纳的部队还有350辆坦克，成绩相对不错。无论是莱茵哈特，还是古德里安，都只有150辆坦克。弹药和燃油库存状况堪忧，仅这一点就应该取消进攻。10月底，希特勒向墨索里尼做出承诺，说凯塞林元帅的空军第2航空队会不晚于11月18日撤出苏联，然后他们就会被派往地中海地区，支援隆美尔和意大利军队，而冯·博克就是这个承诺的受害者。所以，博克才会说12月初他将会失去半数支援，只有冯·里希特霍芬第8航空军的150辆飞机，但前提是它们还能飞，而且地形还必须不能太糟糕，能让它们起飞。凯塞林要离开的消息很大程度上能解释博克为什么会这么匆忙就发起攻势。另一个原因是害怕出现恶劣天气。阅读私人日记和行军日志让人惊讶地发现，所有将领都会写到道路的状况，对天气进行预测。10月30日，霍普纳给一个朋友写信："我们在维亚济马赢得很漂亮，可如今，由于连绵阴雨，我们已经狼狈不堪。但愿亲爱的上帝能给我们14天的结冰期！这样，我们就能包围莫斯科了。"[22] 没人担心对方有什么样的部队，他们有什么样的意图。哈尔德却仍然沉湎于幻想当中，以为国防军只是在和大自然搏斗，只要增强意志力，就能克服万难。他被自己的傲慢和对对手的轻视蒙蔽了双眼，等到一切成为现实，他也将悔之晚矣。

戈培尔比哈尔德看得清楚得多。有时，他的日记不仅会对苏联所抱的虚幻的看法提出批评，也会欣赏苏联无穷的活力，在经受如此多的失败之后，他们竟然还能调动军队。11月2日，他出于好奇心，想去现场看看，但他乘坐的飞机只能飞到维尔纽斯。于是，他写道："我觉得，没有哪个国家能像他们那么神秘。如今，我觉得他们能从这样一片大草原中汲取这么大的力量，简直就是奇迹。[……]他们［他在维尔纽斯见到的年轻军官］对我说，和苏联的这场战争具有独一无二的性质，之前的任何战争都无法与之相比。他们对苏联士兵的抵抗能力充满了赞赏。"但他立刻又会和这些军官一样，认为："毫无疑问，只要天气情况良好，德国国防军肯定能击溃布尔什维克的军队。"[23]

莫斯科：北翼

冯·博克左翼的北侧有好牌可打。他的先锋部队是霍普纳将军的第4装甲集群，其中5个装甲师或摩托化师有350辆坦克。左翼，霍普纳可以依靠第3装甲集群（第56装甲军，隶属于第9集团军）的半数兵力，右翼，有冯·克鲁格的第4集团军的2支出色的步兵军。11月15日将会发动攻势。但由于缺乏燃油，霍普纳无法在17日之前抽剑出鞘。15日，第19集团军仅有一个军在加里宁东部移动。苏军第30集团军进行了激烈的抵抗，但在3个地方都被德军突破，为了不致遭到全歼，苏军撤退到了"莫斯科海"的后方。司令瓦西里·霍缅科是内务人民委员部的军官，他让苏军最优秀的将军之一列柳琴科担任自己的职务，自己跑到莫斯科防区司令阿尔捷米耶夫那儿设立路障，保卫莫斯科。其他地方没有任何动静。次日，只有第56装甲军发起了进攻，但其麾下的第7师只推进了4公里，却损失惨重。第41摩托化军情况稍好，越过了拉玛河，对莫斯科海畔的铁路桥和公路桥造成了威胁。17日，苏军最高统帅部下令炸毁桥梁。因此之故，德军第9集团军的部分部队便没法向莫斯科发动攻势，但苏军第30集团军也因桥梁被炸而遇到了麻烦，他们的部队被切成了两半。从这时起，第16集团军司令罗科索夫斯基要和右边的这支部队保持联系就会相当困难。

11月17日，第6装甲师终于渡过了拉玛河，进入了战区，与第56军合力推进。他们遇到了错综复杂的掩体和布雷区，苏军还有反坦克犬带着地雷撞击敌军。几十头饥肠辘辘的反坦克犬被打倒，其他狗则继续向目标发起冲击。入夜，打开高射炮部队的探照灯，就能看见白雪皑皑的平原上，狗儿们在往四面八方奔跑。20日，第6装甲师只剩下了30辆坦克。18日，往南的地方，第4集团军的一个军在得到第2装甲师的支援下，向第5集团军的右翼发动进攻，第5集团军后撤。现在，第16集团军两翼都受到了威胁，沃洛科拉姆斯克—莫斯科的堤道也在这个范围内。德军进攻几天前，罗科索夫斯基收到了5个新编师的援军。其中4个是骑兵师，来自中亚地区。每个师只有3000名士兵，马匹也没有钉马蹄铁以应对冬季的路面。说得婉转点，战士和指挥员都还没有能力应对沼泽和林木地形。于是，他将这些增援部队安置在第二梯队，让饱经考验的各师承受装甲部队的打击。[24]罗科索夫斯基的唯一一张好牌是来自西伯利亚的阿法纳西·别罗勃洛多夫指挥的第78师。他让该师发动反攻（共有五次反攻，这是第一次），最后终于部分掩盖住了自己战线的裂口。但这样还不够。他别无选择，只能派遣亚洲来的骑兵部队进入屠宰场。德军第106师的一份报告讲述了其中一支部队第44师于11月17日在穆西诺附近发动的进攻：

> 我们觉得敌军是不可能在这么大一片裸露的旷野上向我们发动进攻的，那地方只适合阅兵。[……]但他们真这么干了。骑兵部队排成三行，向我们发起了进攻。[……]最初几发炮弹在他们中间爆炸。[……]机枪和迫击炮了结了最后几个幸存者。[……]但这时候又来了第二波。很难相信他们能这么一而再再而三地重复下去。[……]我们很快就消灭了第二波进攻，速度比消灭第一波还快。[25]

霍普纳最新鲜的部队是刚来俄国的第2装甲师，他们已经见识了KV坦克和T-34坦克的优越性能，以及自己军队37毫米的反坦克炮无能为力的窘境。部队推进缓慢，障碍不计其数。地面结满薄冰，转弯或爬坡的时候，就得在履带下铺上稻草或枞树枝。四轮车只能以一档速度行驶，两天就把一周的燃油量耗完。苏军停止了进攻。朱可夫将军在回忆录中写道："我们的工兵在卡车上、敌军会借道的路面上安装地雷和炸弹。[……]战果甚佳。"冯·博克的参谋长冯·格莱芬博格在1946年写给美军的报告中确认了这一点："俄军相当能干，他们铺设的大片地雷区极为有效。这确实是他们的一项专长。"[26]11月17日，苏军最高统帅部发现这么做成效颇佳，就决定征募两个工兵作战集群，每个集群共设10个营。这是一种在局部范围内颇为有效的防

第十八章　最后的努力　1085

御方式,与先前对德军发动的攻势不同,现在这么做不会造成很大的冲击,也不会实施突破,只限于缓慢的侵蚀,而且相当血腥。玩这样的游戏,德军输得很惨。罗科索夫斯基在回忆录里写道:"三天时间,我们撤退了5到8公里,敌军根本没法对我们的防御体系进行纵深突破。"[27]

17日,南部的克鲁格突然向博克宣布,他手下的霍普纳没法发动进攻,只有第2装甲师可以在18日之前进攻,一刻钟后,他又把日期推迟到了19日。博克大为震动,就把参谋长派去那儿:进攻还从来没有像这样混乱和分散。在有限的时间和空间内集中最大兵力这条德军战争的不二法则现在正在遭到违反。克鲁格的回答是,他只能做到这样。苏军的三个军从11月14日起就不停地骚扰他的四个军,他只能这儿撤退一点,那儿撤退一点,后勤状况乱得一塌糊涂。他必须把用来防守的后备部队用在发动攻势上,把稀有的快速反应师分割成作战团体,在各个地方阻止苏军实施突破。朱可夫本身并不想发动进攻,因为这么做只会削弱第33和第43集团军。是斯大林强迫他进攻的。哈尔德得知克鲁格在拖延。他说要让布劳希奇正式而且直接命令他发动进攻。博克认为这么做太羞辱人,而且下属说的话是有道理的:朱可夫对第4集团军的中路和右路反复攻击,使德军根本无法动弹,三个师的"兵力也已捉襟见肘"。哈尔德不为所动,坚持自己的观点:"在这两个战场上,只有用到最后一兵一卒,拥有坚强的意志力,才能赢得战争。敌人已经没有纵深,他们的情况肯定比我们糟得多。"[28]19日,哈尔德面见希特勒,希特勒对他说:"莫斯科周围的行动必须采取局部进攻的方式,最终清除大量敌师。如果后勤状态可以,时间允许,雅罗斯拉夫—雷宾斯克这样遥远的目标,甚至沃洛格达都将保留下来。"[29]哈尔德预先对这次会议做了记录,他还写道:"我们的目标:沃洛格达—高尔基—伏尔加,伏尔加—乌拉尔[一线]。"[30]尽管在奥尔沙有过会晤,尽管有报告讲述了后勤补给状况堪忧,尽管博

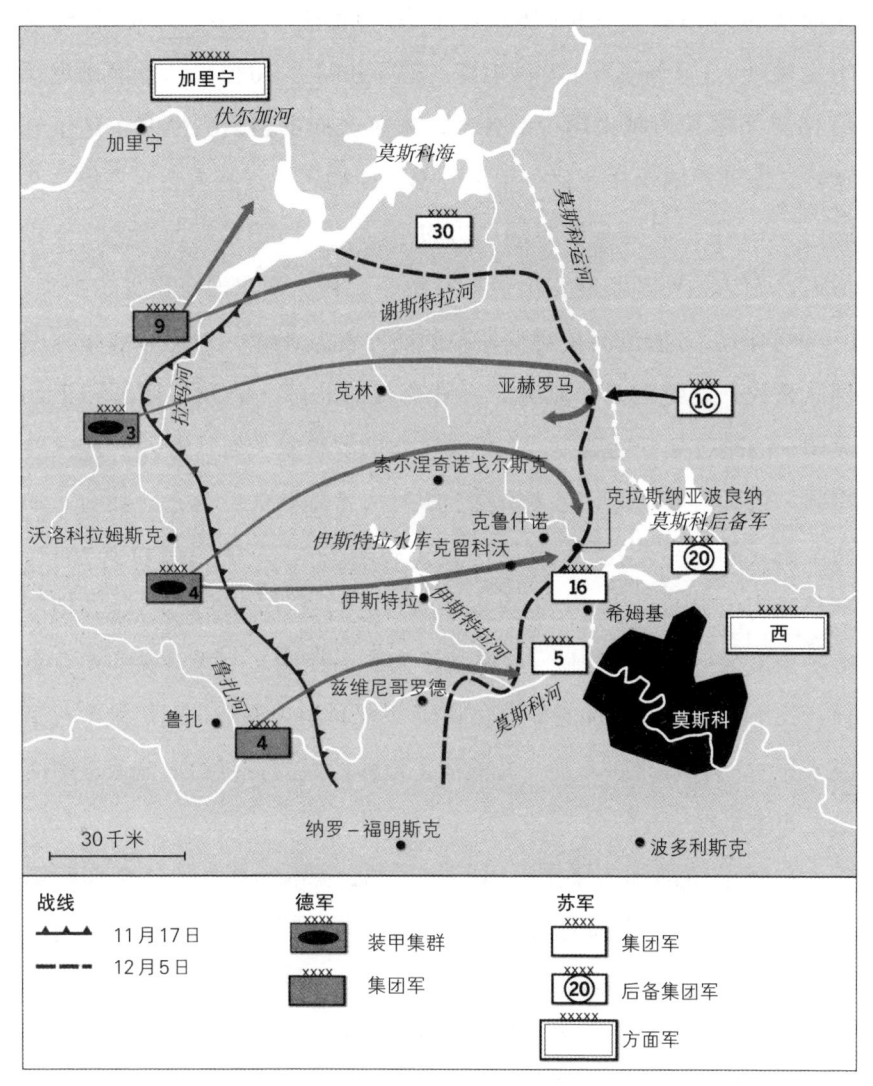

莫斯科战役：北翼（1941年11月15日—12月5日）

第十八章 最后的努力 1087

克的进攻开局不顺，但最大化取得战果的目标仍然不变。

11月19日，霍普纳终于发起了进攻。从伏尔加河的拐弯处到沃洛科拉姆斯克，共有六个军，其中四个是装甲军，他们攻打的是罗科索夫斯基的第16集团军和列柳琴科的第30集团军。20多万人和350辆坦克对阵7.3万苏军和170辆坦克。德军推进了10公里，正面击退了第16集团军兵力越来越少的各师。朱可夫向罗科索夫斯基下达了一道颇具煽动性的新命令："任何地方都不能撤退，没有人会允许您这么做。[……]您必须采取极端严厉的手段，立即扭转当前局势，停止撤退，无论如何都不能交出伊斯特拉、克林、索尔涅奇诺戈尔斯克。[……]向后方撤退会使对莫斯科的防守混乱不堪，对您和您指挥的部队来说，这绝对是个耻辱。"[31]在克林的北部，第30集团军和第16集团军的接合处开始破裂。朱可夫紧急向罗科索夫斯基派去了第58装甲师，该师有198辆坦克（相当于所有后备部队的三分之一兵力）和两个骑兵师。两天后，该部队还剩下59辆坦克还能战斗。11月20日，师长亚历山大·科特里亚罗夫将军朝自己的脑袋开枪自尽。他在留下的字条上哀叹："[……]一片混乱，失去了控制。上级参谋部要负责任。我不想为这样混乱的局面负责。"[32]罗科索夫斯基在回忆录中对第58装甲师的牺牲只字未提，并低估了该师的兵力，以此来掩盖该师所遭受的惨重损失。[33]

第58装甲师损失惨重，阻挡住了第3装甲集群，但该集群和第4装甲集群一样，也都因为缺乏燃油而行动受阻。某些部队没法动用所有的坦克，有的部队让摩托化步兵下车，从卡车的油箱里吸油。但23日，德军给已经士气大跌的两个亚洲骑兵师造成了恐慌，导致骑兵师四散而逃，德军就这样进入了克林和索尔涅奇诺戈尔斯克的中间地带。朱可夫早就说过：没有命令，不准撤退。11月21日，第17和第24骑兵师的师长和政委都遭到了逮捕。[34]调查之后，第17师的军官获得释放，第24师的军官被判三年徒刑，缓期执行。我们在军事史上并没有发现用刑事审判来处理军事事务的其他案例。调查显示，第24师竭尽全力，用少得可怜的7门反坦克炮，阻截兵力远远占优的第4装甲集群。不过，我们发现严刑峻法的情况已经在减少。15天前也出现过相似的案例，第144师师长格拉西莫夫和政委沙巴洛夫因擅自撤退而被枪决。

罗科索夫斯基的右翼混乱不堪，还有被包围的危险，他和列柳琴科只能撤退。在第30集团军的左翼和第16集团军的右翼之间出现了一个窟窿。面对这样的危险，苏军最高统帅部派去了人数始终不多的增援部队：一个步兵师、一个近卫步兵师、一个来自首都的反坦克旅和抽调自加里宁方面军的两个团。这2万人的增援部队到了25日才赶到那儿。由于受到越来越敢打敢拼的苏军航空兵的袭击，德军没法抓住这个机会向西方面军防守区的纵深突破。他们缺乏空中支援，但他们对此已经习惯。第6装甲师25日的行军日志中写道："我们的空军永远不会过来。害怕机翼结冰和远离基地都是其中的原因。"35 德军步兵已经大大失去了往日的锐气。霍普纳在写给母亲的信中直截了当地承认了这一点："由于天气寒冷，我的人都已虚弱不堪。所有人都会向村子方向冲。他们打仗就是为了进村。结果，他们常常会忽视安全问题，苏军的反攻也时常会奏效。很难要求军官展现意志力，因为他们的神经绷得太紧了。我甚至在我自己身上，在参谋部也发现了这一点。我不止一次不想和身边的合作者见面。"从上到下，普遍都在动摇，疲惫厌倦愈演愈烈。克鲁格手下的作战处处长赫尔穆特·施蒂夫中校在给妻子的信中说："我们唯一的希望就是现在就下雪，下得越大越好，这样战斗就会停止，部队就能得到休息。否则，这儿就会是一场灾难。[……] 让人恶心的是，所有对未来的展望似乎都被堵住了出口，我们看不出究竟该怎么做出改变。从任何方面来看，我们的生活都已糟糕透顶。"36 第98师一名驻扎在莫斯科以北80公里处的士官表达了凄惨和愤怒之情。"我是从一个可以藏身的洞里给你写这封信的，今年冬天，肯定没法让人高兴得起来。我的脚已经冻僵。我们这些师里罕见的幸存者，心里都很愤怒，都在想别人来换防的希望是不可能有了。[……]我们的人数很少，每个团肯定都得解散一个营。这样一来，每个团有两个营，每个营有两个连，共65个人。"37

但霍普纳仍然在对第16集团军施压。罗科索夫斯基请求撤退到伊斯特拉河后方。朱可夫拒绝了他的请求，要他死也得死在那儿。罗科索夫斯基就绕过朱可夫，联系沙波什尼科夫，后者同意了。朱可夫勃然大怒，坚持自己的命令。但他的做法只是徒劳，压力实在太大，第16集团军被赶到了河的另一边。他们把水库的船闸悉数炸毁；50公里长的河道上，水位升至两米，阻断德军的脚步达48小时之久。27日，他们在燃起熊熊大火的伊斯特拉发生战斗。德军费了好大的劲才把此处河道上的障碍物炸毁，霍普纳没有办法，只能折向东南方，往那儿推进，也就是说径直向首都推进。这样，也就迫使罗科索夫斯基同样聚集在这个方向，和直接保卫莫斯科的第5集团军取得更紧密的联系。朱可夫向右边的接合处派遣了一个师和一个装甲旅。霍普纳的军队在伊斯特拉以东10公里处的兹韦尼哥罗德和克卢西诺之间撞到了一处真正的铜墙铁壁。在莫斯科的马路上就能听见炮声，但居民们注意到炮声没有逼近，所以也都放了心。而北部的莱因哈特再一次切断了罗科索夫斯基左翼和第30集团军之间的联系。第6和第7装甲师、第36摩托化师掀开了克林东北部骑兵部队遮挡的一条薄薄的帘子，并于11月27日终于来到了距莫斯科—伏尔加运河3公里的地方。次日7点，第7装甲师的12辆坦克炸毁了莫斯科以北45公里处亚赫罗马的最后一道屏障，夺取了运河上的一座桥梁，在河东岸处设立了一座小桥头堡。第6步兵团发动袭击，攻占了其中一座向莫斯科供电的大型电力枢纽站。第30集团军和第16集团军之间的联系被切断，通往莫斯科的一条通道敞开了。这是冯·博克北翼攻势最高潮的部分。

战斗进行到这个时候，德军方面出现了动摇。莱因哈特想要继续向东推进，攻占更多的地方，迫使第16集团军和第5集团军撤退，并由此替冯·克鲁格的部队解围。从这点上来看，他的想法和原初的计划如出一辙。但冯·博克担心，让宝贵的装甲部队推进太远的话，侧翼就会暴露出来，而且也没有足够的后勤补给线路跟得上。那么能不能采取"动静不大的解决方法"，也就是沿着运河的西岸推进40公里，一直来到莫斯科城前？这也是希特勒和陆军总司令部11月20日所持的立场。[38]事实上，莱因哈特所谓的推进只是个幻想，这样的讨论还没开始就已过时。第3装甲集群的部队已变得微不足道：集群的三个装甲师只有77辆坦克可用，而一个月前还有259辆。师指挥层还相对乐观，但也很快被兜头浇了冷水。事实上，在亚赫罗马的东部，整个第1突击集团军还都在森林里藏着，德军根本不知道。莱因哈特采取继续突入的做法，使之成为后备部队中第一支加入战斗的队伍。30日，他的两个步兵旅在炮兵和空军的支援下，重创了第7装甲师一个向前推进的营，并把它赶到了运河的另一侧。苏军没法阻止河上的唯一一座桥梁被摧毁。莱因哈特觉得那只是局部的战事，所以别无选择，只能让三个师折向正南方。冯·博克向哈尔德描述了当前的形势："在接下来的几天时间里，如果我们没法在莫斯科城前摧毁西北方面军，那我们就必须停止进攻。继续战斗只会让我们在没有情报的情况下正面和敌人硬扛，而敌人显然拥有更多的后备人力和物资；我不希望挑起第二次凡尔登战役。"[39]

为了阻挡莱因哈特从新的方向发起进攻，也为了替罗科索夫斯基减轻压力，朱可夫临时设立了一个集群，由扎哈罗夫将军指挥，该集群有三个人数不多的师、一个新兵团和两个装甲旅。再加上从第1突击集团军抽调的兵力，兵员很容易就能多起来。但朱可夫不愿从用于反攻的部队里抽调兵力，而且他也不愿暴露有这样的部队存在。所以，为了补充反坦克炮兵不足的问题，扎哈罗夫采取了系统化布雷的策略，其布雷规模之大前所未闻。第6装甲师的行军日志说发现了数千个新型的杀伤性陷阱，那些陷阱很容易埋设，那就是POMZ地雷。[40]6公里长的道路上，德军工兵挖出了近1.8吨爆炸物，挖雷工作时间很长，也很累，都是在炮火的射击之下完成的，所以推进速度相当缓慢。更何况除了两门突击炮之外，部队既没有装甲车，也没有半履带车：所有东西要么被地雷炸毁，要么被47毫米炮弹近距离击毁。他们是从10点才开始发动进攻的，此时天色已亮，战斗于15点30分彻底结束，此时夜幕已降。步兵部队把最后的部队全都用上了，又推进了2公里。一个连队走错了路。行军日志指责"德国的共产党员，进攻期间，他们想使指挥出错，对我们进行误导"。[41]2日，步兵中出现了"80例累昏过去的例子"。12月3日，第6装甲师的先头部队遭到了迎头痛击。"大约15辆敌军坦克突然从森林里蹿了出来，径直冲向我们设有营地的村子。我们吓得四处溃逃。我们所有的车辆、火炮和给养都落入了俄国人的手里。我们大约有三十个人，包括营长本人，就这样彻底消失了。"[42]第10装甲师的军官只有手枪，已没法阻挡苏军部队的进攻。行军日志最后写道："体力和精神上都已筋疲力尽[……]人变得特别麻木冷漠，已经没法与之共事。"[43]在距离莫斯科最近的第23师内部，第9团有两个营拒绝推进。"士兵和军官损失的数量太大，而且也已经没有弹药可用，"营长说。第11装甲师坦克指挥员古斯塔夫·施罗德克在回忆录中写道，从12月2日起，"我们觉得向前推进一公里都没法做到了。俄军的抵抗特别猛烈。歼击机、轰炸机、加农炮和火箭炮、装甲车联合进攻，让人根本无法还击。我们从来没想到俄军会如此坚决地保卫自己的首都。他们一直打到我们停下来才罢休"。[44]11月29日至12月2日之间，德军又费力地推进了几公里，夺取了距克里姆林宫40公里的克留科沃和克拉斯纳亚波良纳，他们打到弹尽粮绝才停止攻势，或许那儿是他们唯一成功的机会。12月3日和4日，部队大多在没接到命令的情况下，一个接一个地停止了进攻。就算他们能打下去，也不会有好结果。事实上，11月30日，听闻克拉斯纳亚波良纳失守，斯大林召来罗科索夫斯基，向他宣布最高统帅部会把莫斯科防区的部队，一个坦克旅、四个炮兵团和四个喀秋莎火箭炮团拨给他使用。他对将军说，这些可观的火力最终能阻挡住敌军，而且也能有利于接下来的事情：朱可夫和罗科索夫斯基正在同沙波什尼科夫考虑反攻事宜。罗科索夫斯基将这些增援部队放在第二线，因为他的所有前哨部队现在都传来同样的消息：敌军似乎已无力推进。他们的攻势彻底停了下来。

南翼：古德里安失利

中央集团军群的南翼有魏克斯的第2集团军和古德里安的第2装甲集团军。魏克斯的七个师分布在从奥廖尔到库尔斯克的200公里长的防线上，他有两个任务要完成：和赖歇瑙的第6集团军（南方集团军群）取得联系，呈扇形推进到米哈伊洛夫和沃罗涅日之间，这两座城市和他相距400公里！对一个已经疲惫不堪的部队来说，这个目标野心太大。对该部队来说幸运的是，苏军最高统帅部认为距离太远，所以只在那个地区留了两个最弱的集团军，即第3集团军和第13集团军，总计5万人不到，而魏克斯却有12万人。

古德里安的主要任务是在莫斯科包围圈的南部形成钳形。他如果失败，无论北部是否取得成功，整个行动都会失败。可是，他的这项任务比莱因哈特和霍普纳的任务更难执行。一开始就可以看出他根本不可能成功。如果北部地区必须奔袭80到90公里到达苏联首都，则南部得奔袭200公里。他的集团军共计有四个军，其中两个是装甲军（第24和第47），总计十四个师，个个都很虚弱。第24装甲军由施韦彭堡指挥，这支部队运气最好，有三个装甲师（第6、第4、第17）和大德意志摩托化旅，以及一个步兵师。但11月17日，该部队只有150辆坦克，这只相当于一个师的坦克数。古德里安最担忧的是燃油。该部队11月17日的行军日志显示："从敌军的兵力和所处的地方，而非道路和战场的通行情况来看，目前部队存在发动进攻的有利条件。但它无法使用这些有利条件。因为虽然部队的后勤领导层一直都在努力，但他们显然没法在最近的16天里填满各师的燃油库存。从11月1日起，我们每天平均只有317立方米燃油可用，但实际用量需要多出四倍。"[45]把各装甲师所有的燃油集中起来之后，古德里安估计第24军只能奔袭80公里。但这样就等于把该集团军以及三个摩托化师的卡车油箱全部榨干，这样就会导致该军得不到步兵部队的支援，对德军惯常采用的各军种协同作战来看，这不啻是一个很大的罪责。从6月22日起，德军从没像现在这样在如此窘迫的条件下发动攻势。

古德里安的首要目标是图拉城，这是一座建有防御工事的军火库，由博尔金将军的第50集团军防守，11月10日，该部队归属于朱可夫的西方面军；它的右侧是扎哈尔金的第49集团军，该集团军的任务是守住阿列克辛-谢尔普霍尔战区。古德里安集团军的另一支装甲军是莱梅尔森的第47军，该部队正往南推进150公里，插入奥廖尔和叶夫列莫夫之间，并从冯·博克那儿收到抵达图拉以东100公里处的米哈伊洛夫的任务。状态很差的一支步兵军在两个装甲军之间负责联络工作。最后一个军，也就是德军最优秀的将领之一海因里西将军的第43军，必须向第49集团军的左侧发起进攻，在包围图拉的时候在西部形成钳形。尽管博克出了名的乐观，认为这么做"万无一失"，[46]但从这样的场景来看，古德里安从一开始起就对自己有多少成功的把握充满了怀疑。

11月18日，第24装甲军向图拉的东南部30至40公里长的战线上发起进攻。第17装甲军为先头部队，但仅有15辆坦克可用。博尔金在图拉城内和城北部保有60%的兵力，共有三个步兵师、一个装甲师（老旧的T-26坦克和三辆KV坦克）、一个骑兵师，所有部队全都没有

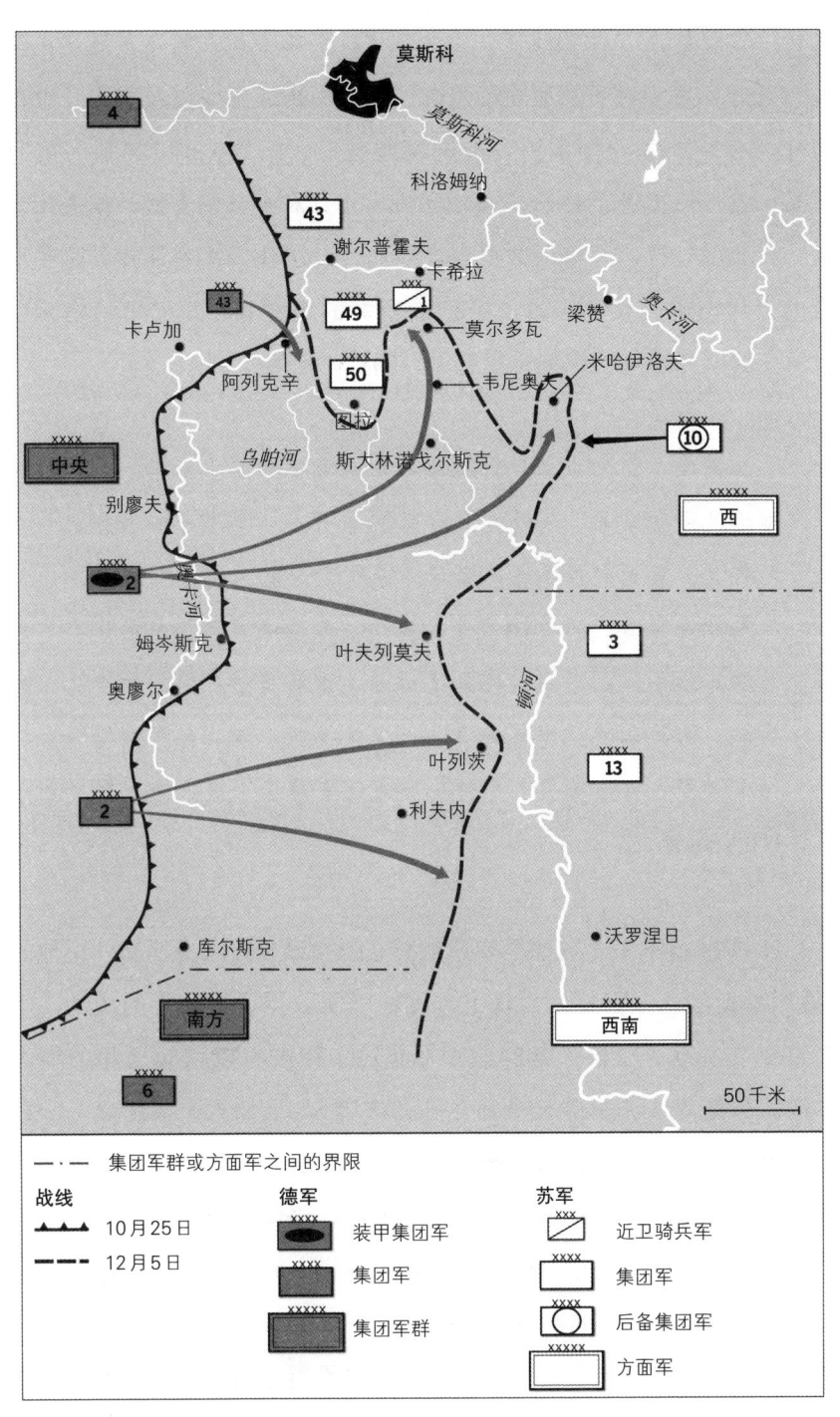

莫斯科战役：南翼（1941年10月25日—12月5日）

满员。气温是零下10摄氏度。路面结了冰,坦克都在打滑,履带上没装防滑钉。每座村子都加固了防御工事,由炮兵部队以及至少一个营防守,必须一个一个拿下。推进距离是5公里。19日和20日,第24军又一点一点推进了15公里。由于没有步兵和炮兵的支援,损失相当大。和北部一样,军官人数很少,他们也没法让好不容易找到暖和地方的士兵出来打仗。20日,第17装甲军的坦克兵埃里希·哈格从自己所在的四号坦克的探望镜里看见一辆KV坦克。

> 很像是在猎兔。我们的第一发炮弹弹到它上面后,它的旋转炮塔就没法动了。我就在它后面20米开外。整整半小时,我一直贴着它,直到它掉了一条履带,掉进了沟里。我击中它30次。但一发都没穿透。只有10厘米的弹坑。我从未见过这样的坦克。永远都忘不了。然后我们回到了后方。重新集结。他们的步兵、高射炮、炮兵向我们发起进攻。卡车被摧毁。步兵部队被摧毁。打得很激烈。村子被夷为平地。然后就安静了下来。今天我发射了110发炮弹。[47]

11月21日下午,古德里安通知博克的参谋长格莱芬博格,说他的"集团军无法达成目标"。[48]晚上,古德里安取得了战术上的成功,于是改变了主意。22日,第24装甲军越过了距图拉以东30公里的斯大林诺戈尔斯克(苏军的一个师在那儿被围),且如入无人之境,一直推进到了卡希拉方向的韦尼奥夫。因此,忠实于尽量不对抗原则的古德里安改变方向,向东推进,想绕过图拉,将其包围。但他这个性子最急躁的德军将军已经对莫斯科失去了幻想。他提出要见博克,于23日飞往斯摩棱斯克。古德里安直截了当地向上级描述了战况:"[我的]步兵师和装甲师消耗得很快。"[49]他说,迫不得已的时候,他的装甲集团军可以抵达科洛姆纳和梁赞之间的奥卡河畔,摧毁穿越另一条河的莫斯科—古比雪夫铁路大干线。但他又说，他没法指望左侧的第4集团军和右侧的第2集团军，"它们会很混乱"。从那时起，它们必须撤退，不要让自己被消灭，要在顿河—沙特河—乌帕河沿线找到冬季阵地。结论很明显：莫斯科不会陷落。博克很容易就被说服了。他给布劳希奇打去电话，然后又致电哈尔德，把自己的意图告诉了他们，要他们"千万不要高估自己的军力，并且记住，如果发动这次进攻，就会很危险"。但这两人给出的回答是："让古德里安的集团军［……］向尽可能远的地方推进。"[50]博克和这种拼到底主义已越来越没有共同话语，他被这样的回答激怒了，于是"晚上问哈尔德攻势停止之后怎么做，他是否确定了停止线，是否必须下令建造后方阵地。回答是线路的方向都由各集团军群来决定，后方阵地的问题还在研究当中！"[51]这话说得已经再清楚不过，发动攻势已不再是明确的目标。之所以继续推进，是希望发生奇迹。

11月24日，第24装甲军来到了韦尼奥夫城下，次日，"埃贝巴赫战斗集群"（集合了三个装甲团）来到距卡希拉20公里的地方。和四天前的110辆坦克相比，现在只剩下了32辆坦克。他们准备了好几个摩托化工兵突击队，想要炸毁铁路。冯·博克提到渡过奥卡河的可能性，但他又说"当务之急是消灭图拉周边的敌军"。因此，海因里西将军的第43步兵军必须于27日发起进攻，从西部包围该城。博尔金和朱可夫料到德军会这么做，于是让很早就更名为"第1近卫骑兵军"的第2骑兵军前往该处。11月27日，古德里安和博克的最后一线希望也没有了。苏军混合骑兵、装甲兵和步兵的集群从卡希拉城内冲出，对埃贝哈德战斗集群发起打击，摧毁了其半数坦克，并把它撑到了南部15公里处。斯大林诺戈尔斯克被包围的苏军第239师出其不意地突破出来，重创了德军的一个步兵团。最后，海因里西如果夺取奥卡河畔的阿列克辛城，就能包围住图拉，但海因里西的进攻遭受了巨大的损失，没法往前推进。古德里安很是悲观，博克要求他别再去想奥卡

第十八章 最后的努力   1097

河通道和卡希拉公路，而是集中兵力夺取图拉。元帅想要使这座城市成为冬季战线的柱石。他只想要这么多。11月30日，古德里安坚持要求向他派遣增援部队，还指责相邻的冯·克鲁格部，照他的说法，冯·克鲁格什么都没做。不和已经产生。希特勒让第4集团军包围莫斯科，代表陆军总司令部的豪辛格则认为现在的攻势只不过是序曲，接下来还要向沃罗涅日和雅罗斯拉夫发起总攻。恼火不已的博克向所有人发去了电报，也给他们打电话，他说冯·克鲁格的第4集团军兵力已经很少，"我已经没有包围敌军所需的资源。[……]我始终都有一种强烈的印象，即高层对我军的估计完全错误。好几次我都在问布劳希奇他是否能听取我的意见，可他却以这样一个令人震惊的问句结束了［我们之间的谈话］：'已经决定进攻，要看什么时候进攻？'再也不能这样下去了"。[52]

12月2日，古德里安把残兵剩勇集中起来，向西行军，来到韦尼奥夫—阿列克辛公路上，试图包围图拉。如想拥有成功的概率，就必须让占据阿列克辛的海因里西的两个师发动进攻。但他在给妻子的一封信里解释了他没法推进的原因。

> 我们现在的境况相当差。敌军疯了似的向我们的新阵地发起进攻。我们的人已经疲惫到了极点。而且气温达到零下20摄氏度，冰冷刺骨的北风吹起雪花，一阵阵雪云笼罩着大地。形势从未像现在这么恐怖，我们都很担心会有不好的结局发生。最危险的是我们的人都已经如强弩之末。[……]古德里安想用他有限的资源来帮助我们。[……]有一件事是确定的，就是这样的局面维持不了多久。损失相当大，我们这是把人当作了超人来使用。[53]

12月2日，第3和第4装甲军以及大德意志团把苏军的一个师打得措手不及，终于推进了20公里，切断了铁路线和莫斯科公路。海因里西的部队只剩下了18公里。古德里安后来始终没走过这段距离。就算他能成功奔袭，他手下那些孱弱的军队也夺取不了图拉。图拉的三条防线呈三个同心圆，还设立了炮兵部队，在当地修复了一列装甲列车，还有一个工人团和三个步兵师，这样的硬骨头已经相当难啃，更别说当地的党委第一书记精力极其充沛，还动员民众参战。12月3日，博尔金将军的部队（打头的骑兵军）恢复过来之后，从西部、北部和东部发起了进攻，同时，第三个骑兵师也赶了过来，将德军唯一的后勤补给路线给切断了。12月5日的晚上，古德里安停止进攻，让第24装甲军后撤了30公里，一直撤退到韦尼奥夫。接下来，他必须为自己的部队不被消灭而战。

冯·克鲁格之过？

陆军元帅君特·冯·克鲁格的父亲是普鲁士的将军，他从1939年起就担任第4集团军司令。起先，他和大多数同僚都支持希特勒，后来，他拉开了距离，却颇受元首的宠信。他能力出众，所以树敌不少，特别是装甲部队的那些专家。古德里安、霍特、霍普纳和他关系都不好，古德里安甚至对他充满了憎恨，他们指责炮兵出身的克鲁格不懂如何运用大规模装甲部队。克鲁格最突出的并非是作战才能，也不是和士兵走得近，而是他做事谨慎，头脑冷静，并不会像同僚那样对鲁莽大胆大肆吹捧。所以，他最先提出要对苏军的表现进行重新评估，也就没什么好令人惊讶的了，他说"苏军战斗起来比我们想的更敏捷"，[54]他在给妻子的信中就是这么写的。他在担任步兵部队首长的时候，也对俄国广袤的空间和恶劣的天气以及后勤所遭遇的困难更为敏感。他的参谋长布鲁门特里特后来回忆道："我们经常看到陆军元帅的桌上放着科兰古的《回忆录》那本书。"[55]尽管他持保留意见，但在有必要以最快速度向莫斯科进军的时候，他也会大力支持博克。

好几位历史学家把莫斯科城下的失败归咎于他,重拾古德里安、霍普纳以及哈尔德的陈词滥调:在必须全力进攻的关键时刻,他却在等待时机,犹豫不决。[56]克鲁格1944年8月自杀身亡,没法站出来为自己辩护,所以对他进行羞辱也就更容易了。指责他按兵不动的说法毫无根据。第4集团军有五个军和十五个师,从纸面上来看,当然是中央集团军群最重要的部队。但他们得绵延在200公里的战线上,1941年11月,他们在状况极其恶劣的情况下,要进攻前线防守最严密的地方,这点就和施特劳斯(第9集团军)和魏克斯(第2集团军)不同了,毕竟这两位步兵部队的司令对阵的苏军部队相当孱弱。况且,博克从克鲁格那儿剥夺了优先调用弹药和燃油的特权,将这些特权用在实施包围行动的两翼身上。最后,指责他不动用右翼部队发起进攻来帮助古德里安的说法就更是离谱了,冯·博克从未给他下过这样的命令。后来之所以决定这么做,还是克鲁格提出的意见,而且只有他提了这个意见。

苏军没料到会和第4集团军对阵。一开始,考虑到克鲁格的部队驻守在纳拉河沿岸(十二个步兵师、两个装甲师和一个摩托化师,战线长100公里),朱可夫以为敌军除了两翼发起进攻之外,会直取首都(明斯克—莫斯科高速公路,这条道路最直接,就坐落在第5集团军的战区内)。因此,他动用资源,增强了三个中路的集团军,即第5、第33、第43集团军。这三个集团军共有9.5万兵力、500门加农炮、200辆坦克,他们牢牢地把守着纳拉河沿岸地区,在纵深10公里的陡峭河岸上布满了地雷,架设了铁丝网,并密布地堡和壕沟。此外,各条铁路和公路直接将军队的仓库与莫斯科地区的货栈相连。苏军炮兵可以从固定的阵地内发射比德军多两到三倍的炮火,而克鲁格的750门野战炮必须定量使用,每天只能发几发。随着战斗日益深入,朱可夫开始改变最初的防守意图。事实上,11月9日,只有克鲁格最左侧的部队在攻打第5集团军,支援霍普纳。所以,为了牵制第4集团军的其余部队，阻止他们向两翼移动，朱可夫每天让第33集团军和第43集团军纠缠克鲁格右侧的四个军。很快，德军部署在高速公路两侧的第71师和第197师就被打得损失惨重。[57]苏军总参谋部1942年对莫斯科战役进行了研究，发现克鲁格并没有不作为。除了第5军在攻打第16集团军，第9军也没有对第5集团军客气。古德里安的指责只涉及理论上应该进攻卡西拉的第12军和第13军。但对克鲁格并不怎么喜爱的冯·博克自己在日记里说，鉴于这两支部队兵员太少，所以没法向前推进。

11月底，在冯·博克的驱使之下，克鲁格将所有兵力集中在纳罗-福明斯克轴线上，那儿是第33集团军的中路。他让步兵部队钳制住敌人之后，便出其不意地让第19装甲师和第3摩托化师向苏军的一个师发起了进攻。渡过纳拉河之后，装甲部队直取库宾卡公路，从这条路可以一直走到高速公路那儿。但地雷、砍倒的树、莫洛托夫鸡尾酒的伏击，摧毁了德军的10辆坦克，迫使第19装甲师从树林中走，只推进了7公里，第二天也是如此。这足以引起朱可夫大本营警卫部队的警惕，感觉眼下受到了威胁。大本营警卫部队的军官甚至还和德军部队交起了火。西方面军政委（也是俄罗斯苏维埃共和国政府首脑）伊万·霍赫洛夫大为惊恐，哀求朱可夫快逃。朱可夫让他放心，拒绝迁移大本营。[58]"11月25日至12月5日的十一天时间里，神经极度紧绷，我哪怕连一分钟都没合过眼，"1964年，他在写给一名军事历史学家的信中这么说。[59]朱可夫身体和精神的意志力相当惊人，在德国战败的进程中，他具有不可忽视的作用。3日，朱可夫对威胁做出了反应，给叶夫列莫夫提供资源，让他呈同心圆方式采取反攻（一个步兵旅，两个滑雪兵营，一个坦克营，一个反坦克和喀秋莎营）。第19装甲师在四面八方都遭到攻击，在战场上留下了300具尸体和27辆坦克。与之一同作战的第258步兵师惊恐不已。[60]其中一个团遭到包围后，只能丢弃装备，以极为惨重的损失逃出了包围圈。面对这些不好的情况，12月3日，克鲁格请求博克允许不再发起进攻，撤离已攻占的土地，重渡纳拉河。博克没想到会有这么大的损失，不知如何是好，无法做出决定，于是拒绝了克鲁格的请求，只是将下属的这个请求告知了陆军总司令部。12月4日，冯·克鲁格自作主张，带着自己所有的部队，回到了始发阵地。陆军元帅知道士兵已如强弩之末，也没有办法。如果他没日没夜地发起进攻，也同样会失败。而朱可夫的反攻倒是能变得更为顺利。

冬将军之过？

有关巴巴罗萨行动的大部分历史著作都会强调气温骤降这个事实，进而认为这是德军失败的主要原因。希特勒自己也是这么解释的，他用这样的理由来给自己挽回面子，好让别人忘记过早宣布胜利的那些公报。并不能用指挥层缺乏远见、不现实、犯错这样的理由，也不能用苏军发起反攻这样的理由来解释莫斯科城下的失败。从12月19日起，也就是朱可夫发动攻击之后的两个星期，希特勒在发给各部队的公报中找到了替罪羊："冬天突然来临"。[61]1942年1月30日，希特勒掌权九周年之际，他在体育宫的演讲中就明确指出："并不是俄国，而是零下38度、40度、41度甚至45度的严寒迫使我们进入防守。不习惯这种寒冷的部队肯定扛不住。"[62]2月24日，他在慕尼黑又添枝加叶地提到了这个问题："这样的冬天已经一个世纪没有出现过了。"[63]4月26日，一个世纪变成了140年，到5月29日又变成了150年，气温也变成了零下50度。[64]1942年3月15日，在另一场大会上，元首又说到了气候因素："几个星期以前，科学经验或科学预测都没有料到冬天会落到我们军队的头上。[……]出现这样的天气可以说是斯大林的唯一希望，[俄国人]自己都没见过这样的天气，他们认为这种自然因素将让德国军队遇到1812年拿破仑的命运。"[65]我们还可以说出类似的许多引言，希特勒直到生命的最后几天也仍然在这么说。[66]俄国的冬季在他这儿就成了包揽一切的借口，也成了一种恐惧，就像亨利·皮克在1942年4月9日所说的："归根结底，就是解冻。领导人再也不想见到下雪，希望战后问墨索里尼在沙漠上要个角落在那儿过冬，那儿天气热，能搭帐篷（1941年12月，莫斯科城下，气温降到了零下40到50度！）。"[67]

战后德军的将领们各自写了回忆录，讲述了对苏战争。从古德里安到曼施坦因，从菲利皮和海姆到冯·麦伦辛这些名人，所有人都在重复希特勒的老调：冬天最后使德军无法在莫斯科赢得胜利。由于意识到这个论点经不起推敲，所有人又都补充道，敌军准备充足（也就是所谓的"西伯利亚师"从远东地区大批涌来），而希特勒却对寒冷天气丝毫没有准备，甚至还做出了一些糟糕的决策，从而导致最初的计划无法按时完成。事实上，如果照他们的说法，那莫斯科9月份就会陷落，此时并无冬天，而是炎热如常。有几个人驳斥了这个观点，如冯·格莱芬博格，他受美国人委托，撰写了莫斯科战役的报告："莫斯科战役的命运源自两个因素的综合作用［低估对手，高估自己］。还有一件事必须驳斥，那就是认为这一切都是俄国冬天的错。但这个错只可能是我们自己的不足造成的。"[68]

俄国最优秀的将领是"冬将军"，这个观点久已有之。伏尔泰在解释瑞典人败在彼得大帝之手时就是这么写的。我们还经常在托尔斯泰的《战争与和平》以及法国回忆录作者描述1812年战争的作品中见到这样的理由，其中以科兰古为主（"冬天来临，犹如炸弹"），德国国防军的军官们1941年的时候看过这其中许多人的作品。1940年3月27日，斯大林本人也曾在中央委员会全会上吹嘘过冬天的英勇之举，苏军将领们也没觉得这么说有什么不对："如果我们的军人研读过俄国军队的历史［……］，那他们就会知道我们最了不起的胜利都是在冬天取得的。"[69]这个想法根植于俄国的传统之中。在列宁格勒附近守卫机场的士兵谢苗·普济亚科夫在见到初雪时也抱有这样的希望。"我觉得这个时刻来临了，所有的战线都会发生转折，因为气候最终会倒向我们这一边。"（11月6日）"冬季现在全面来临。正好可以帮助我们受到侵犯的人民。据说希特勒已经提到自己会输。"（11月18日）"我相信我们的人在结冰期比法西斯分子更能打。我认为给他们致命一击的时刻到来了。"（12月19日）[70] "很显然，对莫斯科的第二次进攻已经失败。这场战役已经持续了22天。天气现在对我们有利，出现在我们面前的是一场真正的冬天，是三个月极寒的冬天。"12月9日，作家尼古拉·维尔日比茨基这么写道。[71] 最后，1941年6月5日，也就是德军进攻之前两周，莫斯科18岁的高中生列夫·费多托夫写下了自己的预见："我认为战争会在本月［6月］下半月或7月初爆发，不会再晚，因为他们想赶在寒冷天气和结冰期到来之前结束战争。我坚信这儿将是日耳曼暴君的最后一站：他们不可能在冬天到来之前战胜我们，我们的冬天会终结他们，就像1812年终结拿破仑一样。"[72] 因此，俄国对冬将军的信任是一个事实，希特勒和德军将领们也是这么看的。我们现在转到气象资料上，来看看事实是否真的如此。1941年的冬天是否真的如此恶劣，而且提早到来了呢？

确实如此。尤其是从12月5日起朱可夫发动反攻的时候是这样。在这个日期之前，博克尝到败绩的时候，可以分成两个时期，但都完全没到悲惨的程度。11月1日至10日，莫斯科的平均气温都在0度以上或略低于0度。后来，11月11日到12月3日，温和的寒潮来临，气温在零下0.8至9.4度之间，12日和13日这两天骤降至零下14度。结论很清楚：台风行动的第二部分并没有遭遇极寒天气，行动失败完全不能以天气因素来解释。相较之下，12月4日，莫斯科的平均气温从零下6度骤降至零下15度，5、6、7日又降至零下22度或零下23度。这股寒潮首先让机器遭了罪：德军在苏联服役的70%的机车头在七十二小时之内歇了菜。加热系统未被修复的道岔都被冻住。交通运输量和准点率都受到了影响。第3装甲集群没有收到燃油，却收到了法国的烈酒，但也只剩下了瓶塞和碎玻璃瓶。[73]从12月8日开始，气温都在回升，但圣诞节那天又来了第二波寒潮，平均气温始终盘旋在零下17度以下，这种状况一直持续到1月4日。之后八天时间天气回暖，此后的三个星期一直维持在零下15度至零下30度之间。2月8日，温度飞速上升，但也只是偶然上升至零下10度。希特勒和将领们的文字中所说的零下40度和零下50度根本不见踪影。国防军最高统帅部负责记录战争日志的军官每天都会把空军所说的最低气温整合进中央集团军群的占领区内，12月5日的夜间最低气温是零下35度，[74]但这个数据并没得到苏军气象统计资料的确证，这天记录在案的极端气温是零下25.3度。但这是否足以让大多数人和部分机器动弹不得仍令人存疑。

1941年至1942年的冬天是否真的如此恶劣，而且提前到来呢？不是。德军参谋部的地理学家和空军的气象工作者都知道驻莫斯科大使馆代办汇总的气象统计资料。他们可以由此证实，1939年至1940年从12月15日起，气温达到零下30度，1934年至1935年也是如此，时间是12月20日，1933年至1934年的日期是12月2日起。如果我们把1931年至1932年（11月28日即已达到零下15度）、1927年至1928年和1921年至1922年也考虑进来的话，二十年时间内，有五个冬季和德国国防军遇到的气候一样恶劣，而且提早到来。这些很容易获得的资料，陆军总司令部却没有考虑在内。有一个简单的理由：从1940年检验的所有进攻计划到巴巴罗萨行动的最终定稿都基于一个假设，即苏军最晚到秋季就会遭到清除。1941年冬季乃是德军占领季，而非战斗季。对于俄国恶劣的冬季，德国国防军是不可能注意不到的。对此表现震惊只能显得荒唐可笑。战后，陆军总司令部的军官斐迪南·冯·德·莱延亲王就直言不讳地写道："归根结底，抱怨冬将军如何如何恶劣只能显得荒唐。俄国的这个时候肯定会天寒地冻，这是东线战事必须要了解的情况。德军指挥层怎么会变得如此昏聩无能，我对此表示不解。"[75]

希特勒、回忆录作者和战后的德国历史学家都坚信寒冷所起的作用完全有利于"极其原始"的对手。因此，苏军不会受冬季的影响。他们还说到著名的西伯利亚师，这些部队的配备完全适合在零下40度作战，这一点在莫斯科城下起到了至关重要的作用。苏联没有任何一个师能在这么低的气温下作战或移动。从西伯利亚或远东地区抽调的用于莫斯科战役的师总共也就三个，相当于2万人，而朱可夫将军部署的兵力达到了100万人。[76]2%的兵力……事实上，派去发动反攻的大部分兵力时常缺乏装备。当然，发动机和武器用的是相适应的润滑油，这点和德军不同，但苏军大量步兵并没有适合冬季作战的军服。从1941年夏天起，许多物资仓库都落入了德军之手，要么在撤退时遭到销毁。服装方面的状况相当严峻，1941年9月22日，副国防人民委员赫鲁廖夫给苏联后勤方面的总负责人米高扬去信，要求不仅从尸体上回收军大衣，也要回收靴子、毡靴、遮耳皮帽、皮袄、皮坎肩和呢子上衣。[77]12月10日，《真理报》刊登了斯大林的一封信，呼吁苏联人向士兵捐赠任何保暖的衣物。[78]尽管全国团结一心，也确实做出了努力，但由冻伤造成的减员到12月和1月的时候仍居高不下（38673人疏散，相当于一整个集团军[79]）。虽然火车头经受住了打击，但大雪纷飞，阻碍了交通运输和飞机的飞行（苏军航空兵还处在恢复阶段），这一点和德国国防军使用的火车头又有不同。部队很快就精疲力竭，彻底冻僵，每天就几个小时进行战斗，其余时间都在找地方生火和找吃的。尽管寒冷天气确实让德国国防军受到了比苏军更大的苦头，但三天的结冰期恰好碰到他们要发动攻势（12月5、6、7日），从而让他们的攻势受到了影响。

冬季装备在哪里？

11月初，戈培尔在陆军总司令部的协助之下，准备带头紧急巡视，要各部队在俄国做好过冬的准备。面对冬季来临引发的担忧之情，他觉得这样的宣传应会对此做出"很好的回应"。[80]事实上，好几个星期以来，党卫军保安局就认为："东部第一场雪的到来让民众迄今相当乐观的心情跌入谷底。他们忧心忡忡地想起了那些战士，特别是前线北方的战士，从现在起，他们就得在苏联被摧毁的城市和乡村里遭受冬季的侵袭，而受不到任何保护。"[81]交到戈培尔手中的那些报告始终都有这个主题。11月3日的报告说民众对士兵的装备产生疑虑，因为"前线数不胜数的信件都在不厌其烦地要求给他们寄暖和的内衣、护耳、袜子和手套"。[82]11月13日，戈培尔推迟了巡视，就是担心"前线士兵要我们帮他们订购"。[83]20日，希特勒亲自要求他"在说到部队冬季装备的时候要特别谨慎。[……]因为这样做会有危险存在，从东线回来的士兵会说事实情况和我们所说的情况之间存在巨大的差异"。[84]

提供冬季装备这件事被许多德国人认为做得很失败，陆军尤其糟糕。由于收集服装和雪橇这两场全民运动办得很成功，戈培尔便朝这个方向发展，党卫军（10万人）和空军（50万人）就及时收到了衣物和特殊装备。士兵的家人就会问，布劳希奇没做成功，希姆莱和戈林就能做成功，这到底是为什么？最初，遭到办事不力指责的是陆军总司令部的首长哈尔德和他的军需总监，负责给养事务的瓦格纳。战后，古德里安就将罪责归到了陆军总司令部的头上。[85]哈尔德在一本主要为自己辩护的著作中为自己做了开脱，他说在巴巴罗萨行动准备阶段，希特勒就没对冬季做出任何准备，因为他认为战争会在秋季结束。我们没看到希特勒制定这个决策的书面资料，我们还记得哈尔德和布劳希奇都赞成元首战争很快就会结束的论点。

在哈尔德的日记中第一次提到冬季装备的日期是1941年7月9日，当时，他和豪辛格见了面。两人就胜利后占领俄国的事宜进行了商讨。正是在这样的背景下，陆军总司令部准备为留在原地的58个师提供冬季装备。他们开始向工厂订货，但又认为不用急着将装备运过去。7月25日，总参谋长简明扼要地又谈到了这个话题："现在，必须思考冬季装备问题！［服装］"尽管就这么几个字还无法让人明了哈尔德是想为全军还是占领部队提供装备，但其急迫的语气却使人明白现在应该行动起来了。8月2日，哈尔德明确无误地提到了整个东线德军，也就是140个师的过冬问题："5月要求募集应对今年冬天的服装，并运送过去，但至今仍无多大行动。东线部队必须力所能及地解决这个问题。［……］运送方面的问题。（每人两套羊毛上衣、头套、护耳、手套、围巾、汗衫。）"到这个阶段，还只是指将运给齐格菲防线应对1939年至1940年冬季的衣物回收过来。庇护所方面的问题更大。"要有15万栋木屋，需秋季之前建好。需要255辆列车运送。运送方面存在问题，所以必须在原地大规模用预制件搭木屋。托特负责这项工作。［……］羊毛毯（每人最多三条）、被褥、草褥、炉子……"

瓦格纳将军并没有不作为。7月29日，当时已出现战争将持续到1942年的迹象，他就和上司谈了这个问题，接下来，8月2日和3日，9月11日和14日，10月9日，11月10、23日和27日也都谈及此事。此时又向工厂下了补充性的订单。11月底，灾难出现了。为58个占领师准备的装备几乎都没运来。11月10日，在各集团军群提了许多问题之后，哈尔德终于能说出一个相对明确的日期："特殊冬季装备要1月才会运抵南方集团军群，中央集团军群的许多部队要1月底才能收到。"还要再等两个月！到底发生了什么事？和人们经常看到的内容相反的是，衣物和装备已经生产好。陆军总司令部在这一点上并没有缺乏先见之明。运输方面始终存在的危机可以解释所有这一切问题。由于铁路部门有优先运送弹药和燃油的计划，所以装载冬季装备的列车事实上都堵在了华沙和布雷斯劳的车站里。需要额外增加数百列列车才能将这些装备运往前线，而超负荷运转的铁路根本就拿不出这么多列车。瓦格纳和运输部门负责人格尔克商量了每周的发车量。

但他还要和将德国犹太人运往东线的党卫军、空军、占领当局等进行竞争。他只能期待战斗暂时停歇，这样就可以调用大量车厢来运送冬季装备。但这样的情况并没出现，相反，能运行的列车数量正在逐月减少。根据经验，1942年，3月起可以开始运送装备，瓦格纳为各集团军群任命了一名军官全权负责和运输部门负责人就运送事宜进行商讨。[86]

冬季装备缺少的并不只是士兵的服装。涉及的物资有数百种之多：坦克和火炮的瞄准镜、履带的润滑盒、机油、桥台和变速器、机器和炮弹的润滑油、起重器和反冲机制润滑油、炉子、野战医院的取暖设备等等。从上文所说的平均气温来看，这些物资的缺口相当之大，尤其是在12月5日之后，也就是苏军发动反攻期间。为了克服寒冷，士兵在身上套上报纸，用稻草麦秸做成鞋套，衣服穿得里三层外三层。他们会肆无忌惮地偷平民的靴子、大衣、皮衣，却让平民冻死。他们和对方一样，会抢掠苏军士兵的尸体，夺走尸体身上的遮耳皮帽、毡靴、手套、白衣、防雨大衣。

从因地制宜方面来看，德军做得更多，也做得更好。由于托特组织已经超负荷运转，哈尔德便要求部队自行在后方搭建掩蔽所。但11月28日，他发现部队"不想搭建掩蔽所"。这究竟是怎么回事？所有的可用兵员都在战斗，后勤部门也都优先调往铁路和公路处，而且这时候还没有大量使用志愿助理，所谓的志愿助理就是指从苏军战俘中征募辅助人员。还有另一个解决办法可以考虑。后方地区，数万名拥有专长的犹太工人和匠人都被关在隔离区内。明智的做法就是让这些人来鞣革和缝制羊毛，再制成可穿的服装运往前线。1942年，一些将领，尤其是第2集团军的将领，就想出了靠自己生产短缺衣物的方法。但1941年冬天，大规模处决犹太人的做法仍像往常那样在进行。12月2日，国防军最高统帅部经济武备局督察从乌克兰巡视回来之后写道："[我们已经] 清除了 [犹太] 匠人，但为了国防军的利益考虑，

第十八章　最后的努力　1109

我们急需这批匠人。[……]如果我们杀死这些犹太人，让战俘死亡，在接下来的一年里把部分人口饿死，那这个问题还是需要回答：究竟谁能更好地在这里生产经济物资？"[87]

克里姆林宫的金色塔楼

大量著作都在说德军士兵离莫斯科已经很近，他们透过双筒望远镜看见"克里姆林宫的金色塔楼在阳光下熠熠生辉"。第一个记录这一景象的是某个名叫卡尔·诺尔克的人，他的真名是卡尔-戈特弗里德·维尔科恩，他在1957年于伦敦出版的一本书里就是这么描写的。[88]这部著作主要讲述的是作者被俘后被关在西伯利亚的经历，书中提到维尔科恩在1941年12月1日和第23步兵师的先头部队见到的景象。可是，从第4集团军的战况图来看，这支部队离莫斯科还有35公里的距离。12月初的几天能见度不佳，即便是用上炮兵的仪器，也不可能在这么远的距离分辨出克里姆林宫的金色洋葱顶，也不可能看见莫斯科的其他任何一座教堂。第2装甲师的战斗报告不像维尔科恩的回忆录这么不可靠。[89]1941年12月2日，该部队的一支工兵连炸毁了洛布尼亚以南1公里处的一条铁路。该城在莫斯科西北部18公里，确切地说，它就在城市防守圈的外围防线内，距克里姆林宫32公里。但我们还是可以在行军日志中读到士兵说看到莫斯科钟楼的描述。从物理学角度来看，这是不可能的事。这些描述被老兵协会和大众文学传播了整整三十年，让人以为莫斯科就在加农炮的射程之内，整场战役打得并不激烈。

这些描述可以说错得离谱。德国国防军根本没有任何机会夺取莫斯科，哪怕冬季并不严寒，他们也做不到。最好还是长篇引述12月1日对这个问题了解最深入的陆军元帅冯·博克发给布劳希奇的一封电文。

尽管集团军群[向您]提出了许多问题,也发送了报告,提到我军危险的状况,但你们还是决定继续发动进攻,即便冒部队全部被消耗完的风险也在所不惜。虽然我们使用了各种战术,但现在在各条大的战线上的战事仍然是以正面进攻为主。正如报告中所述,现在缺乏实施大规模包围任务的部队,而大规模调动部队的可能性同样也不存在。进攻只会让我们获得占据有利地形这样微小的收益,但为此却打得相当血腥,就算我们击败了对手的部分部队,也不会对行动造成明显的影响。正如最近十四天的战斗让我们发现,所谓敌军在集团军群面前"崩溃"的说法只不过是个幻想。只要还停留在莫斯科的大门前,俄国东部的几乎所有公路和铁路都会在此交叉连接,敌军就会奋力抵抗数量上优于他们的敌人。集团军群的兵力已无法应对这一切,即便时间不长也不行。假设我们还能夺取土地,那么我们的部队也还需要很多物资才能包围莫斯科,抵挡来自东南方、东方和东北方的威胁,而这是不可能做到的。我觉得进攻毫无意义,更何况现在部队很快就会变成强弩之末。[……]集团军群现在拉得很长,战线近1000公里,却仅有一个羸弱的师当后备部队。[……]考虑到铁路已经运行不畅,现在已经完全不可能在拉得这么长的战线上进行防守,投入这种类型的战斗了。我并不清楚高级指挥层的意图。如果集团军群必须在冬季坚守现有的阵地,就需[派来]12个师。我不知道是否有这些部队可用,是否能在所需的时间内将部队运送过来。还有一个不可或缺的条件就是要确保有大量列车可用[……]。如果无法满足这两个条件,我们就不能浪费时间,在后方布置战线不会太长、适于防守的阵地,这样才能在接到命令之后,尽可能快地实施防守任务。

从各个战区来看,11月15日至19日开始发动攻势,12月2日至5

日就已消耗完毕，北部只推进了75公里，南部85公里（撤退20公里之后），中部8公里（撤退8公里之后）。从德军在苏联发动的这么多次攻势来看，这是占领土地最少的一次。在某个点上，装甲部队推进到了距莫斯科中部35公里的地方，但离目标还很远。事实上，为了包围首都，还必须让两支形成钳形的装甲部队穿越森林、湖泊、河流，再奔袭200公里。就算德军到了那里，他们还必须摧毁被包围的六个集团军，相当于23万人和支援他们的200万被动员入伍的苏联公民，而这座庞大的城市还有三条防御带、几十公里长的路障、1000门高射炮。在完成这项极其艰巨的任务时，德军还必须抵挡三个原封未动的后备集团军从外围发起的反攻，这些部队有24个旅、11个步兵师、3个骑兵师、2个装甲旅，共计12万人，还有200辆坦克、400门加农炮。至于苏联守军的士气，斯大林还在首都集中了内务人民委员部的逾三个师，而且这些部队清一色都有精良的装备。即便是在春天，德国国防军也完全无法完成这项任务。德军和莫斯科之间的距离差的不是一根头发，而是整整一个光年。他们既无兵力，也无后勤，更无士气来达成这个目标。

　　台风行动第二部分的失败造成了严重的影响。德国国防军极其羸弱，战场极其开阔，冬季又已到来，而对手还得到了增强。这个责任极其沉重，按顺序来看，哈尔德和布劳希奇、希特勒、冯·博克及其各装甲集群的将领都要负责。尽管各部门已经提交了数百份报告，但哈尔德却始终无法明白国防军在10月底至11月初的时候，其攻势已达到了"最高峰"。这个概念是克劳塞维茨对军事艺术所作的贡献，指的是在这个关键时刻，进攻者开始衰落，而防守者开始增强。只有在这个至关重要的时刻派遣后备部队过去，才能阻止局势逆转后防守者转变成进攻者。可是，德军在东线根本就没有这样的后备部队。只有哈尔德、布劳希奇和希特勒知道这一点，所以也正是这个原因，他们才是这次失败的主要责任人。

那他们犯错的原因是什么呢？荣誉感、盲目性、不愿承认自己在自欺欺人、低估对手，都是其中的原因。但我们觉得还有一个因素必须提及：对战略和行动的时间理解有误。哈尔德和希特勒的错误在于，他们认为苏联和波兰及法国一样，他们只需一场战事，也就是几个月的时间，就能击败对方。他们需要奔袭这么长的距离，再加上敌军相当强大，因此就需要进行一系列毫不间断、恐怖可怕的战斗。这种超级快的速度会让人筋疲力尽，机器也容易疲劳，后勤体系也会崩溃，但这样还不至于能摧毁敌人。希特勒式战争典型的做法就是从心理和政治上击垮对手，同时再辅之以快速行动，但这样做并没有达到对法国那样的效果。所有这一切，哈尔德在11月初的时候就已经知道。他本来应该叫停发动大规模行动，让部队做好过冬的准备，准备好物资，在击退敌军冬季的进攻之后，在来年春天以排山倒海之势发起冲锋。但他什么都没做。他认为不能等到1942年，因为这时候步兵的资源已经在减少。可是，减少的资源可以通过增加空军部队和装甲师的数量来补偿，而这也是可以做到的。但他并没有通过叫停作战行动来解决问题，而是翻来覆去唱三个老调，几乎所有高级军官的日记里对这种老调都有记录。一、一切都和意志力有关，这是纳粹意识形态带来的成果，也就是指甘冒一切风险的心理状态。二、马恩河的前车之鉴不应重演，1914年留下的这个创伤没有得到正确的理解和消化。三、敌人的状态比我们差得多，考虑到战争之前和战争期间德国情报能力不足，所以这样的话俨如咒语，无法得到证实。

希特勒要负的责任是战略时间判断失误。安德烈亚斯·希尔格鲁伯认为希特勒"1940年夏天临时起意的战争计划"其实就是指赶在美国参战之前，在1941年攻打苏联，但他也知道美国肯定会参战。这样一来，德国就能从它的东部汲取必不可少的资源，和盎格鲁-撒克逊国家打一场漫长的战争。他认为美国会在1941年底或1942年参战。照他的看法，在这年年底之前，美国无法组建一支可靠的远征部队，甚至到第二年年初也不行（在某几次谈话中，他还提到了1945年），而且美国的经济在1943年之前也无法全面转型。有了这样的日程表，他自然觉得在西线留40个师进行警戒并无必要。其中部分部队可以用来向东线德军提供后备部队，进入秋季之后，这样的部队就相当缺乏了。但重要的是，尽管他对1942年英美两国在欧洲展开积极的大规模行动并不惧怕，但他本可以将巴巴罗萨行动分成两场战事，并让行动的节奏匹配东线德军的后勤状况。他并没有这么做。和哈尔德一样，他也觉得时间紧迫，所以要赶在1941年圣诞节之前尽可能突破到欧亚大陆的纵深地带，并甘冒军队损失惨重的风险。

而冯·博克则前后行为极不一致，所以，他也要负责。从6月22日起，他就支持优先夺取莫斯科，对维亚济马—布良斯克实施双重包围之后，他就认为自己能够成功夺取这座城市。11月13日，在奥尔沙，他是少数几个支持哈尔德再次发动台风行动的人。他的日记让人费解。日记里记录了大量部队状况堪忧的情况，他也把这些情况传递给了上司，但他又没有停止发动攻势。毫无疑问，11月30日之后，他得知同事冯·伦德施泰特被弃置一边的消息，就再也不敢自己拿主意了。12月3日，冯·克鲁格向纳罗-福明斯克发动的最后一次进攻以惨败收场，一支步兵军险遭歼灭，他却始终不敢下令撤退。当莱因哈特不再推进的时候，他却给哈尔德写了这些话，表达了乐观情绪，很不负责任：

> 不过，我并没有放弃希望，第3装甲集群只要施加压力，便有望解救第5军的侧翼，这样一来，第5军就有可能向南推进，向更远处发起进攻。在整个战线发动进攻始终都是当天的日程，几天来我都是这么做的。我再次提醒您，部队很快就会变成强弩之末。如果我们到那时候再停止进攻，转入防守就会极其困难。这个想法和转入防守对我们羸弱的军队可能造成的后果使我迄今

为止一直都在坚持发动攻势。[90]

最后那个解释相当有意思，我之所以进攻，是因为我没法防守，从这个解释可以看出他们的错觉有多厉害。就像自行车运动员，只要不踩踏板，运动员就会摔下来，中央集团军群也必须一直进攻，才可免于崩溃。冯·博克拒绝承认失败，对此，冯·克鲁格并非唯一与之起冲突的人。12月4日中午，第3和第4装甲集群遭到牵制，中央集团军群司令不但没有命令莱因哈特和霍普纳停止进攻，反而命令他们于12月6日重新发起进攻。次日，装甲集群的两名司令和麾下五个军的军长会合到一起，问他们是否还能继续打下去。他们对14个师进行了视察，发现仅有4个师宣称有能力发动攻势，其中3个提出的条件是目标不要太大即可。5日，莱因哈特向手下发布了冯·博克不愿发布的命令。最后，博克回归理性，给哈尔德发了一封电报："军力已捉襟见肘。第4装甲集群明日无法进攻。是否同意明日撤退？"[91]但决定撤退的并不是博克，而是朱可夫。

罗夫诺和斯洛尼姆，日常屠杀

第一股寒潮的来临并未减缓屠杀苏联犹太人的步伐。1941年11月和12月在波罗的海国家、白俄罗斯、乌克兰、克里米亚都发生了大规模杀戮事件。德军继续清除剩余的大量社区，这些社区时常坐落于临时搭建的犹太人隔离区内，只有有资质的工人是例外，因为他们可以用来协助德军。1941年11月发生的几十起大屠杀事件，有两起（罗夫诺和斯洛尼姆）我们可以在 *VEJ* 第8期了解到详情，这是德国大学联盟从2015年起出版的有关大屠杀的规模浩大的资料集。[92]

9月1日，埃里希·科赫担任德国驻乌克兰总督。他选择住在曾属于波兰的沃里尼亚的首府罗夫诺。7月，C别动队只在该城短暂停留，枪决了240个犹太男性，之后便进入"1917年起便布尔什维克化的白俄罗斯"，又在那儿血腥杀戮。科赫很快就要求城里的所有犹太人都必须消失，数量为2万人，这么做的目的是腾出住房供在总督府上班的人入住。他和俄国南部党卫军和警察部队负责人弗里德里希·耶克尔恩商讨此事，后者便向他派去了一名处理清除犹太人事务的专家，党卫军旅长科尔斯曼。由于B别动队在别处有事，科尔斯曼就把这项任务交给了第33、第69和第320警察营来处理。11月5日，城里的犹太人从布告上得知，要他们准备好第二天"被转往他处"，并带上三天的粮食。6日5点45分，老年男性、妇孺带着包裹和行李箱，排成一列列队伍，冒着大雪，在德国及波罗的海的警卫和乌克兰辅警的看管下，朝着集合点（城区东南部的一处公墓）汇集而去。病人、残疾人、即将临盆的妇女都坐小马车。在他们身后，警方对营区进行了仔细的梳理，确保后方只有持有犹太居民委员会颁发的通行证的工人留在那儿。10点，1.5万人踏上了前往索申卡村的道路。为了不致引起怀疑，警卫散播谣言："你们要去的地方是巴勒斯坦""希特勒要来罗夫诺""你们会被活着送到俄国"。行进了2公里后，他们来到了一片大林子的边缘，那儿有一道道长长的深4米的土坑，苏军战俘前两天就已挖好这些土坑。1.5万名犹太人在威胁之下，只能放弃所有的行李和个人用品，还脱得浑身一丝不挂。他们以20到30人为一组，被推到中间横跨土坑的板子上。机枪扫射之后，尸体就直接掉入土坑内。有少部分人想要逃跑，但要么被步枪打死，要么被手榴弹炸死。这天和第二天，1.5万名犹太人被射杀，一个不剩。5000名仍然留在城里干活的幸存者都被关在大屠杀之后第二天建成的犹太人隔离区内，隔离区就坐落在斯大林路和卡尔·马克思路之间。1942年7月，他们也都悉数被杀。11月8日，小马车从索申卡村返回，上面放满了受害者的衣服、包裹和行李箱。9日，警方和党卫军举办了阅兵式，庆祝慕尼黑政变。空军的一名将军致祝词："我们必须保持坚强。"

之后举办了音乐会。13日，埃里希·科赫乘坐专列抵达这儿。晚上，举办了一场"战友之间的"盛大宴会。30日，对受害者的包裹和行李挑拣完毕；一辆装载黄金的列车驶往柏林。[93]

第二个例子和第一个例子很像，都是出于同样的动机，所有的被占领土上也都是这种情况。斯洛尼姆是曾经属于波兰的一座小城，1939年10月，该城并入白俄罗斯苏维埃共和国的时候，共有2万居民，其中9000名犹太人，5000名波兰人和同样数量的白俄罗斯人。犹太人和波兰人也都遭受了斯大林的流放（1000名犹太人和1000名波兰人就被发送到了东部），1.4万名犹太人逃离被纳粹占领的波兰之后，涌入了斯洛尼姆。6月25日，德国国防军占领该城时，70%的居民都是犹太人（3万人中，2.2万人是犹太人）。7月17日，第8特遣队（B别动队）和第314警察营来到这儿后，就发生了第一场大屠杀。党卫军头子埃里希·冯·登·巴赫-热勒维斯基负责这项行动。1100名犹太知识分子被挑选出来，说他们已被"布尔什维克化"，被拉到附近的沙丘枪决。犹太家庭和波兰家庭被分开，犹太住宅标有蓝色的大卫星，成立了犹太居民委员会，犹太人前胸和后背都必须缝上圆形织物（后被大卫星替代）。民事管理部门负责人迪特里希·希克9月刚到的时候，就用手枪杀害了一名年轻的残疾女孩，在他巡视期间，这女孩就这么孤零零地倒在马路上。在随后的两个月内，共有三次强行要求斯洛尼姆的犹太人上缴卢布和黄金。9月15日，在最贫苦的区设立了一个并非封闭式的犹太人隔离区。犹太技术员、匠人和技工可以待在外面专门划定的"小岛"上。

11月初，就在许多人认为局势稳定下来的时候，居于斯洛尼姆周边20公里半径内的各乡镇和村子里的犹太人都无一例外地遭到了清除。尤其是在米尔，11月9日，国防军第727团（第707师）的一个连，在白俄罗斯和立陶宛民兵的协助下，处决了城里的1500名犹太人。由于托特组织雇用来翻修道路和挖沟的斯洛尼姆的60名犹太工人遭到屠杀，不安的气氛与日俱增。13日，增援部队涌入城内（盖世太保、宪兵、波兰和立陶宛辅警、托特组织的成员）。14日，300名犹太工人，包括住在"小岛"上的那些人，得到一张黄色的特殊证件。23点，好几百名武装人员将犹太人隔离区围得水泄不通。11月15日6点至18点，隔离区内的每栋房屋都被翻了个遍，没有黄色证件的居民就被赶到马路上，医院和孤儿院里的人也是同样的命运。一群人逃入附近一座教堂的地穴内。一名修女揭发了这件事。这些人都被用手榴弹炸死了。那些想要逃离隔离区的人也都被杀死了。随着集合点人数爆满，卡车便载着犹太家庭及其行李，开往距斯洛尼姆15公里的谢皮耶罗夫附近的一片树林。托特组织在那儿挖好了宽10米、深6米的土坑。200到300名武装人员（党卫军、国防军、军事宪兵、德国民事管理人员）都已等在那儿。当时天气零下15度，来到这儿的犹太人又被抢劫了一遍，然后又被脱得赤条条，还得艰难地鼓起勇气走向自己的受刑地。处决男人、女人和孩子的方式共分两种：12人一排，排在土坑边缘，用步枪打死，或将几十个人推入坑内，再用一串手榴弹炸死。"士兵就这么饶有兴趣地注视着肉块、鲜血和残碎的肢体似喷泉一般喷涌而起，"一个目击者说。斯洛尼姆的1.2万名犹太人中，有9000人就这样被清除了。5000名幸存者，包括逃过一死的技术工人，后来在1942年夏季也被屠杀殆尽。[94]

注　释

1. H. Cassidy, *Moscow Dateline 1941–1943*, Houghton Mifflin, Boston, 1943, p. 179.
2. TsAMO F. 96a. Op. 2011. D. 5. L. 151–155, in: *Stavka*…, doc. n° 436.
3. Meretskov, *Na slujbé narodu*, Moscou, 1968, p. 226–227.
4. Meretskov, *Na slujbé narodu*, p. 231–232.
5. Halder, *KTB*, vol. 3, p. 291. Entrée du 16.11.41.
6. *Ibid.*
7. Von Leeb, *Tagebuchaufzeichnungen, op. cit.*, p. 392.

8. TsAMO F. 113a Op. 3272. D. 3. L. 166–171. In: *Blokada leningrada v dokoumentakh rassekretchennykh arkhivov*, p. 69.

9. *Ibid.*, p. 72.

10. Halder, *KTB*, vol. 3, p. 291. Entrée du 16.11.41.

11. Von Leeb, *Tagebuchaufzeichnungen, op. cit.*, p. 396.

12. *Ibid.*, p. 394.

13. *Ibid.*, p. 400.

14. *Ibid.*, p. 406.

15. Vladimir Afanasenko, Evgueni Krinko, *56-ia armia v boiakh za Rostov. Pervaïa pobeda Krassnoï Armii Oktiabr – dekabr 1941*. Moscou, 2013, p. 141.

16. *Ibid.*, p. 140.

17. Halder, *KTB*, vol. 3, p. 310.

18. *Ibid.*, p. 318.

19. Von Bock, *KTB*, vol. 3, p. 314.

20. KTB 5e division panzer, n° 8, fol.67, 3.11.41, BA-MA RH 27-5/29. Voir aussi le témoignage d'Otto Will, *Tagebuch eines Ostfront-Kämpfers*, p. 27.

21. Hans Meier-Welcker, *Aufzeichnungen eines Generalstabsoffiziers 1939–1942*, p. 136–137.

22. H. Bücheler, *Hoepner, op. cit.*, p. 155.

23. Goebbels, *Die Tagebücher*, Teil II, Band II, p. 220–221.

24. Rokossovski, *Soldatskyi dolg*, p. 44.

25. Cité dans *VOV*, vol. 1, p. 187.

26. Greiffenberg, in: *Battle of Moscow, op. cit.*, p. 71.

27. Rokossovski, *Soldatskyi dolg*, p. 48–49.

28. Halder, *KTB*, vol. 3, 19.11.41, p. 294.

29. *Ibid.*, p. 295.

30. Halder, *KTB*, vol. 3, *Notizen vom Generaloberst Halder für den Vortrag bei Hitler am 9. November 1941*, p. 300.

31. *The Red Army's defensive operations und counteroffensive along the Moscow strategic direction*, Soviet general Staff, edited & translated by Richard W. Harrison, p. 68.

32. Maxime Kolomiets, 1941, *Tanki v Bitvé za Moskvu*, Moscou, 2009, p. 84.

33. Rokossovski, *soldatski dolg*, p. 45.

34. TsAMO F. 353. Op. 5864. D. 1. L. 41 in: *Skrutaïa pravda voïny: 1941 God*, p. 199–200.

35. Paul Wolfgang, *Brennpunkte. Die Geschichte der 6. Panzerdivision*, p. 160.

36. Hellmuth Stieff, *Briefe*, p. 136.

37. Unteroff.E.K, 21.11.1941, in Buchbender et Sterz, *op. cit.*, p. 87.

38. Von Bock, *KTB*, p. 323–324.

39. *Ibid.*, p. 331–332.

40. D. Stahel, *The Battle for Moscow*, p. 292.

41. Paul Wolfgang, *Brennpunkte*, p. 165.

42. *Ibid.*, p. 171–172.

43. *Ibid.*, p. 164, note 162.

44. Gustav W. Schrodek, *Ihr Glaube galt dem Vaterland: Geschichte des Panzerregiments 15*, Wölfersheim, Schild-Verlag, 1976, p. 143.

45. KTB PzAOK 2, 17.11.1941, Klaus Reinhardt, *Die Wende…*, p. 145.

46. Von Bock, *KTB*, p. 319.

47. *The war diaries of a Panzer soldier, op. cit.*, p. 58.

48. Von Bock, *KTB*, p. 324.

49. *Ibid.*, p. 327.

50. *Ibid.*

51. *Ibid.*, *KTB*, p. 328.

52. *Ibid.*, p. 333.

53. J. Hürter, *Ein deutscher General an der Ostfront*, p. 115–116.

54. Lettre du 12 juillet 41, cité par J. Hürter, *Hitlers Heerführer*, p. 290.

55. Cité par Michael Jones, *The Retreat*, p. 121.

56. C'est entre autres le cas de l'historien américain Robert Forczyk, *Moscow 1941. Hitler's First Defeat*, Oxford, 2006. Voir aussi l'ouvrage classique de Albert Seaton, *The Russo-German War 1941–1945*. La thèse est également présente dans l'ouvrage à succès de Wolgang Paul, *Erfrorener Sieg*.

57. Greiffenberg, in: *Battle of Moscow, op. cit.*, p. 65.

58. *Marchal Joukov: polkovodets I tchelovek*, vol. 2, p. 156.

59. *Marchal Joukov kakim my ego pomnim*, p. 217.

60. K. Reinhardt, *Die Wende vor Moskau*, p. 170.

61. M. Domarus, *Hitler, Reden*, vol. 4, p. 1814.

62. *Ibid.*, p. 1832.

63. *Ibid.*, p. 1843–1844.

64. Henry Picker, *Hitlers Tischgespräche im Führerhauptquartier*, Propyläen, p. 481.

65. M. Domarus, *Hitler, Reden*, vol. 4, p. 1850.

66. 可参阅阿尔贝特·施佩尔于1945年3月29日的长篇大论:"从来没有哪场战争,能像这场极其讲究技巧的战争那样,其外部条件,也就是天气会起到如此关键、如此不好的作用[……]:莫斯科城下的严寒,斯大林格勒的浓雾……"

67. Henry Picker, *Hitlers Tischgespräche im Führerhauptquartier*, Propyläen, p. 291. Picker是法学家,负责替元首起草向普鲁士大本营发表非正式讲话的文稿。

68. Von Greiffenberg, *The battle of Moscow, op. cit.*, p. 227.

69. *Istotchnik* n° 5, 1997, p. 110.

70. *Blokadnyé Dnevniki i Dokoumenty*, St Petersbourg, 2007, p. 337, 339, 345.

71. *Moskva*, Voennaïa, p. 495.

72. L. Fedotov. *Dnevnik sovetskogo chkolnika. Memouary proroka iz 9 «A»*, Tetrad XIV. p. 78–82.

73. K. Reinhardt, *Die Wende vor Moskau*, p. 175, note 26.

74. Percy E. Schramm, *Kriegstagebuch des OKW*, Teilband II, Bernard & Graefe, p. 795.

75. Ferdinand Prinz v.d.Leyen, *Rückblick um Mauerwald*, Biderstein, München, 1966, p. 37.

76. 1941年10月12日,苏军最高统帅部发布指令,命令将第78和第416步兵师以及第58装甲师派往西部。其他十几个"西伯利亚"部队(大部分都被重新编入第58后备集团军)将被派往列宁格勒前线。

77. *Voïna 1941-1945. Arkhiv Prezidenta Rossii* 2015, p. 76–77.

78. *Ibid.*, p. 136.

79. *Ibid.*, p. 178.

80. *Die Tagebücher von J. Goebbels*, II/2, p. 269.

81. Boberach, *Meldungen aus dem Reich*, Band 8, Nr 232, 27 octobre 1941, p. 2916.

82. *Ibid.*, Nr 234, 3 novembre 1941, p. 2939.

83. *Die Tagebücher von J. Goebbels*, II/2, p. 280.
84. *Ibid.*, p. 320–321.
85. F. Halder, *Hitler als Feldheer*, p. 39.
86. 参阅冯·吕克上校（von Rücker）的报告，in: *Der Generalquartiermeister,...* p. 313 et sq。
87. *Die Verfolgung und Ermordung der europäischen Juden...*, vol. 8, p. 141.
88. *Hell in Siberia*, Robert Hale Limited, Londres, 1957.
89. Franz-Josef Strauss, *Die Geschichte der 2.(Wiener) Panzer-division*, Dörfler, p. 99.
90. Von Bock, *KTB*, p. 337.
91. Halder, *KTB*, vol. 3, p. 328.
92. *Die Verfolgung und Ermordung der europäischen Juden durch das nationalsozialistische Deutschland 1933–1945*: Bd.8. *Sowjetunion mit annektierten Gebieten II: Generalkommissariat Weißruthenien und Reichskommissariat Ukraine*. Documents rassemblés par Bert Hoppe, Imke Hansen, Martin Holler. De Gruyter Oldenbourg.
93. 这些细节来自 *VEJ*, doc.32 卷 8，p. 142—144。摘自德国国防军驻罗夫诺的军官 Hanns H. Pilz 的日记速记稿。
94. *VEJ*, vol. 8, doc. 35, p. 148–156. 匿名书面证词，来自华沙犹太人隔离区，1941年12月7日之后。

第十九章
苏联的反攻
(1941年12月6日—1942年1月)

> 战争是否结束,不是由德国人说了算,我们会把敌人彻底消灭,来结束战争。敌人的失败将从莫斯科附近开始。把德国人阻挡在我们的首都边缘,不允许他们前进一步,要把纳粹的军队全部歼灭。这样就会对希特勒德国造成致命一击,导致它彻底崩溃。[……]敌人始终都很强大,但他们内部已经削弱,我们每天的抵抗也在一步步削弱他们。德国人已经推进了十一天。很显然,他们不可能无限度地这么推进下去,更何况他们还遭受了巨大的损失[……]他们对莫斯科发动的攻势也会被掐灭。他们自己很清楚这一点,于是集中兵力,想要不惜一切代价在我们首都的大门前发起最后一击。这几天相当紧张,我们千万不能松懈!我们必须阻挡住敌人,让他们鲜血横流!
>
> ——1941年11月27日,朱可夫将军接受
> 《红星报》总编辑奥滕贝格的采访

斯大林的小本子

朱可夫在回忆录中说斯大林会用铅笔在一本皮面的小本子上记下苏军后备部队的情况。后备部队同坦克和飞机一道成为斯大林在这个冲突期间最关注的三个点。这个细节并不是指这些信息只供他自己使用：整个军事、经济、政治机构都已被动员起来，去征募新部队，给新部队配备装备，以华西列夫斯基为首的总参谋部也根本不会忽视小本子里的那些内容。苏军之所以能幸存下来，其关键不在于其他任何因素，而是在于它的再生能力。可以毫不夸张地说，苏军两次遭到摧毁（1941年6月至7月以及9月至10月），却又两次重建。1941年12月打败冯·博克的军队基本上都来自1941年9月1日至11月初的第二次重建：募集了148个步兵师和88个步兵旅、43个装甲旅，给他们配备了装备，训练之后，再在这段时间将他们送上战场。物资方面，从1930年代起就做到了两点，用来生产标准化、简单、适应性强、便宜，而且系列产品相当多的武器；人员方面，有一个庞大的人才培养库，只要稍微行动起来，就能提前征召180万年轻人上战场。照1942年3月13日奇恰坚科向斯大林提供的数据来看，1月已经动员了1179万人次，1942年1月和2月又动员了另外70万人。尽管在被占区损失了200万可应征入伍的兵员和25万不受欢迎的人（德意志人、罗马尼亚人、芬兰人等[1]），但还能征到这么多人。1941年11月1日，苏军的势头最弱，有230万人和1954辆坦克，对比6月份的时候，苏军曾有440万人，22600辆坦克。虽然损失巨大，但苏军最高统帅部仍然有条不紊地组建了后备部队，用于在冬季发起反击和反攻：10月组建了4个师，11月22个，12月44个。凯特尔在纽伦堡获判死刑之前承认[2]："我们确信白俄罗斯和乌克兰的秋季战役结束之后 [……]，国防军就能摧毁红军的战略后备部队，甚至是其行动部队，国防军不会再遭到激烈的抵抗。"他以前的同僚约德尔住在隔壁囚室,约德尔对如此巨大的错误给出了一个适合的解释:"我们始终都低估了俄国的军力,无论是数量还是质量方面都低估了。这不能说是陆军总司令部情报收集有误,而应该归咎于我们的政治领导层。"[3]将所有的军事错误都归结到希特勒头上是一个普遍的做法。事实上,陆军总司令部的情报部门(东线外国军团)在错误评估敌人方面必须担负巨大的责任。

冯·博克全力以赴进攻期间,1941年11月17日或18日,西方面军发动反攻的想法正在成形。事实上,在两翼对莫斯科,首先是首都北部造成严重威胁时(朱可夫在发起进攻前,就将第3和第4装甲集群牵制在了这个地方),反攻的想法变得越来越清晰。一开始,只是一系列的反击,就像苏军说的"反向打击"。这样的反击并不限于有限的目的:阻挡莱因哈特和霍普纳的装甲部队。无论是朱可夫,还是华西列夫斯基(沙波什尼科夫离这次行动远:他搬到了阿尔扎马斯),都没想过要打一场大仗。要摧毁中央集团军群是根本不可能的事。一切都是临时紧急完成的,规模很小,甚至都不知道预先考虑的那些部队是否能汇齐。1966年,朱可夫在《军事历史杂志》编辑部组织的圆桌会上就曾这么说过。

> 11月底,12月初,西方面军指挥层开始[……]组织反击的时候,制订的计划,其规模并没有实地来得这么大。事实上,当时,南翼的古德里安部队和北翼的霍普纳部队都已开始撤退,而我们对那个时候发动反攻的必要性还在举棋不定。那是第1突击集团军在亚赫罗马和利久科夫将军的一个旅(隶属于第20集团军)在克拉斯纳亚波良纳发起进攻导致的结果。分派给这些部队的任务都具有反击的性质,也就是夺取克留科沃、索尔涅奇诺戈尔斯克、克林和其他一些地方。仅此而已。这样的

任务并不要求推进距离达到20到30公里这么远。只是到了12月8日至9日，所有这些局部命令才得到了协调考虑。在此之前，我们并没有发布过传统意义上的反攻［……］命令。这么做有一个简单的理由：我们的装备和人员都太少了。［……］概括起来的话，莫斯科附近的反攻和斯大林格勒的反攻没有关系，当时就是这么设想的。引入新的部队以及航空兵取得的战果都在不知不觉地将这种打击行为转变成了反攻。［……］毫无疑问，无论对指挥员还是士兵来说，这个时刻就成了心理上的一个转折点。最初出现的胜利就是两翼交到了我们的战士手中。［……］

问：您是否能对反击和反攻做一下界定？

朱可夫：做不到。这些事件都是纠缠交错在一起的，环环相扣。［……］并没有传统意义上的反攻。不存在阶段划分。［……］如果敌军抵抗得很厉害，那就完全不会发动反攻。在这种情况下，最高统帅部就不得不重组部队，打破敌军的抵抗。［……］但仅靠第1和第10集团军是做不到这一点的。[4]

除了第30和第16集团军好几个月以来就上了第一线以外，西方面军的主要兵力是由三个后备集团军，即第1突击集团军、第20集团军和第10集团军构成的。11月20日，斯大林命令将9月从战场上突围出来的一些师和旅编成前两支部队，11月27日，集结到第30和第16集团军交会处的后方；这些部队必须精心隐藏在伏尔加运河东岸的森林里，它们的任务是阻击并击退北部的装甲部队。第三个后备集团军中，第10集团军诞生的时间更早，是在10月20日，大多部署在东部的奔萨，在伏尔加河中游地区。该集团军到11月29日才了解到自己的目的地在哪儿：图拉东部。任务是打破对图拉形成的钳形包围圈，守卫通往莫斯科的南部公路。

缩水的后备集团军

后来签署了巴巴罗萨行动死亡证明书的三个后备集团军和夏天的部队没什么关系。它们很难达到德国军一级编制的规模，火力也更弱。由 V. I. 库兹涅佐夫（不要和曾任西北方面军司令的 F. I. 库兹涅佐夫混淆）指挥的第1突击集团军，有2.8万人、145门野战炮、35门反坦克炮、490门迫击炮和50辆坦克，其中三分之二都是轻型武器。人员和加农炮仅为6月22日同属方面军的第10集团军的六分之一，坦克仅为二十分之一，航空兵就更不用说了。坦克的缺乏和夏季的巨大损失（把库存都耗尽了）以及T-34坦克的生产量太少有直接关系，由于哈尔科夫的工厂遭到疏散（见图表），坦克的生产甚至推迟到了第四季度。

1941年苏联坦克产量[5]

	1月	2月	3月	4月	5月	6月	7月	8月	9月	10月	11月	12月	总计
KV	42	51	63	70	76	91	117	207	128	177	156	192	1370
T-34	165	125	170	203	228	246	318	405	390	174	256	355	3027
T-50	—	—	—	—	—	—	19	21	—	—	8	—	48
T-26	—	—	—	—	—	—	47	55	—	—	—	—	102
T-40	23	30	32	27	39	41	60	—	—	—	—	—	252
T-60	—	—	90	207	362	481	690	—	—	—	—	—	1830

这些后备部队的第二个弱点极其严重，那就是火力不足。一方面，无论是野战炮、反坦克炮、防空炮，还是迫击炮和自动武器，配备的数量都很少。另一方面，弹药产量一直在下降，由于必须弃守或摧毁距前线不到300公里的大型军火库，所以这时候的弹药数量下降得相当明显。这可以从损失了半数化工企业、三分之二钢铁企业和

300家炮弹、地雷、炸弹厂这个方面得到解释。1941年下半年，主要口径的火炮的库存几乎全部耗尽，工厂在这期间只生产了2600万发炮弹，连国防委员会计划生产数量的54%都不到。[6]1月，形势更糟，1942年2月6日，苏军炮兵总政治部主任尼古拉·雅科夫列夫的一份报告也是这么说的："1月份，76毫米炮弹只完成了计划［……］的44.3%，82毫米52%［……］，120毫米26%［……］，152毫米36.4%［……］。76毫米炮弹运抵时几乎全部都没有弹壳。［……］照这种节奏，我们根本没法创建后备部队，在1942年实施行动，也完全无法满足现在的需求。"报告的页边还有一则这样的记录："致贝利亚同志：怎么办？ J.斯大林。"[7]贝利亚2月10日给出了回复，他秉承斯大林的精神，进行了指责："弹药人民委员部从战争之初起就没有完成过哪怕一项计划。"然后，在列出了种种明确的工作没做好的例子之后，他就提出了所有人都很害怕的一个说法，那就是失败主义："该委员部的某些领导［……］表达失败主义的看法，比如：'集体农庄庄员还都记得我们在1929年至1937年犯下的错误，所以都扔了枪，逃跑了。他们已经在战场上丢弃了150万把步枪［……］。'"还有："内务人民委员部的人害怕民众，所以德军逼近时，他们逃得最快：他们很清楚要把他们私刑处死的不是德国人，而是人民大众。""如果说我们的军队不适合作战，那也是因为军队都是由集体农庄庄员构成的。这些集体农庄庄员，他们为什么要打仗？他们更期待希特勒，而不是苏联，因为从1929年起，斯大林就只会愚弄他们。"

贝利亚在结尾处要求斯大林允许他逮捕弹药委员部的领导。斯大林同意了。[8]贝利亚所说的委员部干部说的那些话在战前都很常见。尽管这些看法很容易就能拿来当抓捕的借口，但它们同样也说出了现实：1941年9月和10月的大包围，导致苏军在战场上丢失了数量极其庞大的武器弹药。对农民的指责是常有的事，贝利亚严惩这种做法，完全是因为在1942年2月的时候，他比任何人都清楚在打仗的都是农民。同样遭到质疑的内务人民委员部丝毫就没放松过强力镇压的力度,所以在他们面对德国人的时候,这样的表现也就无可厚非了。

再回到弹药、火炮和坦克的短缺上面,对这个方面进行强调,可以解释莫斯科反攻为什么战果并不显著,首先可以看出第一次战斗期间出现短缺的情况是因为实施了严厉的定量制度。必须将炮兵进行准备的时间缩短几分钟,配给步兵的弹药也必须减半。经常发生的情况是,本来很快会被炮火或履带碾压的德军阵地,只能要么绕过,要么进行正面攻击,但这样做既耗时,又耗人。从上面的这幅场景可以看出朱可夫的军队在单兵弹药、迫击炮和轻型火炮的配备方面匮乏到了何种程度,把他们1942年1月的消耗量和前一个月的消耗量,以及之后几次大型攻势的消耗量进行对比,就尤其明显。

弹药消耗对比图(以千为单位)[9]

弹药种类	西方面军 1941年12月	西方面军 1942年1月	沃罗涅日方面军 1943年8月	白俄罗斯第1方面军 1945年4月
7.62毫米步枪	45410.6	21250.6	43804	56614
7.62毫米托卡列夫手枪	6648	2451	45100	57928
45毫米反坦克炮	149.4	74.2	280.6	245.5
76毫米团级步兵炮	125.5	49.8	114.2	196.7
76毫米师级野战炮	225.3	87.3	4545.1	1958.5
122毫米加农炮	21.2	8.1	1.0	47.1
122毫米榴弹炮	111.3	356.2	129.1	297.1
152毫米榴弹炮	25.9	9.6	17.7	52.6
152毫米加农炮	38.4	20.7	23.2	104.3
203毫米榴弹炮	0.8	1.6	5.4	22.1
82毫米迫击炮	308.8	106.5	723.8	1229.7
120毫米迫击炮	26.5	13.1	313.3	708.1

后备部队同样遇到了组织方面的问题。它们在投入战斗之前十到十五天才刚刚组建完毕，是从各个地方过来的部队匆忙拼凑而成的。将领彼此之间并不相识，集团军司令根本没法立刻管理好炮兵团和航空团、坦克营、工兵部队、运输或通信部队。为了避开资源控制和后勤补给方面的弱点，这些集团军可用的师并不多，这样也就削弱了他们的力量和灵活性。因此，第1突击集团军只有3个师（其中1个是骑兵师），但有9个旅（每个旅约3000人），其中1个是装甲旅。为了能在积雪地形保有机动性，但又缺乏四驱卡车和履带式牵引车，他们就只能依靠骑兵和10个滑雪兵营，轻装步兵装备极少，都要拖着载有弹药和食物的雪橇行军。弗拉索夫将军的第20集团军并不比第1突击集团军好，该部队共有2.9万人、130门野战炮、65门反坦克炮和60辆轻型坦克。第10集团军以以前的编制为模板，人员更多，有11个师，其中3个是骑兵师，共6万人，但他们的火力也不强。该部队的高射炮几乎不存在，工程兵也几乎没有，卡车的数量完全不够。

这些缩水的集团军大部分都是由后备役编组而成的。三分之一的军官为现役，但没怎么打过仗。相较之下，师级和旅级的所有军官都已经和德军交过手，这是一个很好的有利条件。为了弥补部队水准不行的缺点，他们就给下级军官搭配党员。11月，第10集团军司令戈里科夫要求增加兵员，结果收到了700个人，全是从医院里出来的。师和旅都是两三个月前编组而成的，还有时间接受充分的训练，不像我们经常读到的那样。但他们严重缺乏通信工具。这时候，旅的规模就显得重要了：旅长应该就会带着骑马的通信员来指挥各营了，就像拿破仑战争时期那样。由于只能针对一个目标，所以他们只有一支机动队伍，配有轻型坦克和疲劳的马匹。朱可夫给这些部队下了很多命令，都属于普通的实操范围，而他并不会给正规军下这样的命令。如12月3日的这条指令：“致第30集团军司令，在转入反攻时注意部队的行动方式。实践证明大规模打击是不会成功的。我们师发动攻势的能力都很弱。不能给你们划拨太多坦克。因此：1. 在狭窄的战线处，如匕首一般发动打击；2. 给突击部队配备大量反坦克炮；3. 为了不致让部队分散在剩余的战区内，你们仅限于进行积极防御。"[10]

对朱可夫和科涅夫而言幸运的是，最高统帅部给已在莫斯科北部战线投入战斗的集团军又划拨了部队。第30集团军收到了3个师，人数增至4万人，而第16集团军则扩充至5.5万人、320门野战炮和125辆坦克。尽管如此，就算把主要反攻方向的资源全部加起来，在北部也只是让苏军和德军在人员和野战炮上达到2比1，飞机大致持平，坦克和反坦克炮略少。火炮的平均密度（各种类型的火炮每公里之比为14比27）[11]为斯大林格勒（1942年11月）的六分之一，库尔斯克（1943年7月）的十分之一，巴格拉季昂行动（1944年6月）的二十分之一。

从远东地区转运过来的著名的西伯利亚师就是一个传奇，我们再来说一说这件事。1941年6月至11月，仅有7支西伯利亚师。所谓的传奇故事源自德国人那一方，他们认为西伯利亚人都配备了过冬装备，却并没有想到苏军动员体系的效率。他们的食物都是莫斯科人提供的。这显然提升了他们的士气。我们可以看一看莫斯科外国语学院副院长米哈伊尔·沃隆科夫10月23日的日记："有传言说，西伯利亚部队会来到离莫斯科很近的前线，他们穿得好，吃得好，纪律好，准备赢得胜利。"[12]我们还要提到莫斯科城内还藏着最后一支后备部队，内务人民委员部的3个师，他们有全套装备。斯大林成立这些部队是为了应对恐慌，不惜一切代价实施防御，其中就包括巷战。在上述《军事历史杂志》举办圆桌会议期间，朱可夫亲自揭示了存在这样的部署，表明了斯大林内心的恐惧，也表明了他的决心。

问：请您讲讲"莫斯科防御区"。

朱可夫：防御区司令阿尔捷米耶夫是我的副手，听我的命令。[……]他这个副手有点特别。他可以直接面见斯大林和贝利亚。他可以指挥内务人民委员部的部队,这些部队已准备好在莫斯科城内进行战斗,而不是在外面。当然,我也设法想要从斯大林和阿尔捷米耶夫这儿了解这些是什么样的部队,是否能从中抽调部队。说实话,我的尝试毫无结果。[……]我对这些部队一无所知。我只知道他们要做什么,都是由贝利亚和阿尔捷米耶夫来做决定的。阿尔捷米耶夫从没来过我的参谋部,连电话都很少打。[13]

西方面军对中央集团军群人数上的微弱优势、坦克数量上的劣势,可以解释莫斯科反攻的几个特性。事实上,这场战役和许多步兵战斗的方式和节奏相仿,因为缺乏牵引车,所以更多依赖的是轻型迫击炮,而非重型加农炮。没有巧妙的运兵,没有车辆的奔袭,也没有狂暴的冲锋:只是在某些优先突破的方向上进行推进,渗透,炸毁德军防线的火力点,目的是迫使博克只带着尽可能少的重型装备,撤退到离莫斯科尽可能远的地方。一开始四天,天寒地冻,一米深的积雪覆盖大地,使战斗显得如梦如幻。三天里,有两天时间能见度很低,暴风雪肆虐,结果飞机就丧失了重要性。白昼从10点持续到15点半,双方经常是在零下10摄氏度的夜间战斗。朱可夫并不想在持续的战线上实施突破。德军把守着公路、村庄和乡镇,到处都是路障。但许多地方没有被占领。只是这些地方没法通行,除非在某些条件下,靠划雪橇或骑马才能行进。步兵都靠步行。朱可夫想要和聚集在这些公路上的德军火力相抗衡。他右翼的七个集团军(从第30到第43集团军)总共有278辆坦克,其中70辆KV坦克或T-34坦克,还有90辆英国坦克:可以说是惨不忍睹。他的中路和左翼还不到240辆坦克。火炮靠马拉。步兵靠步行。大雪拖慢了行军的步伐,每小时最多只能行进1到1.5公里。积雪的飘移永久地改变了风景,人很容易迷路,在零下25摄氏度行军等于送死。积雪一旦深及马腹,骑兵也就无法行进。

第十九章 苏联的反攻

还剩下滑雪兵营（250人），他们每天能奔袭30公里，但简陋的后勤补给状况只能迫使他们在行军四十八小时后撤退。德国的回忆录作者说冬将军有利于苏军；1941年12月，冬将军对苏军和德军同样产生了不利影响，迫使苏军只能在恶劣的条件下，于狭窄的通道处发起进攻。

朱可夫的头脑

从11月17日或18日起，朱可夫和他优秀的参谋长索科洛夫斯基实施了两项平行的任务：对博克发起防御战，准备一系列反击战。为了使两者不致掣肘，时机的选择就至关重要。必须让对手无法保持平衡，这样他们就会精疲力竭，没有时间据壕固守。我们知道，莫斯科北部，11月28日，德军在亚赫罗马渡过了伏尔加运河。这是博克攻势期间战斗最激烈的时刻，朱可夫在这时候是否判断准确会产生很大影响。他是否必须提前发动反击？这天，8个旅中只有3个旅，2个师中只有1个师赶到第1突击集团军这儿，8个旅中只有1个旅，2个师没有一个赶到第20集团军这儿。这样的延误并不令人惊讶：三分之一的部队必须乘坐火车奔袭1500多公里才能到达集合点，从两个层面来看，铁路网早已饱和。通过无线电信号和处处可见的战俘来提供资源，就会泄露苏军至少存在一个后备集团军，而这就会让敌人起疑。朱可夫如果能将这些资源留到最后一刻才使用，使之保存原初的冲力，达到出其不意的效果，就会相当不错。这样的效果会很惊人，毕竟德军所有将领都以为对手的后备部队已经告罄。从这个方面来说，陆军总司令部的情报部门东线外国军团就遭受了极大的挫败，因为12月4日的时候，他们发送了一份报告，判断敌人"面对中央集团军群，已无法发起大规模的进攻"。[14]冯·博克的参谋长汉斯·冯·格莱芬博格将军在1946年美军主导的一项研究中承认，朱可夫保持了冷静的头脑:"他把后备部队放在后方,最后将他们大量部署到有利地形处,而且他会等到我们的进攻完全失败之后,才将他们投入战斗。"[15]担任代理参谋长的华西列夫斯基[16]也表现出了冷静的头脑。但可以说他没有朱可夫厉害,因为他远离战斗,能拥有全局观,这样就能使他比朱可夫更早地理解德军已无实施野心的资源可用。华西列夫斯基的心腹奥尼亚诺夫将军当时负责搜集德国国防军状况的大量情报,多年之后,他说:"我们通过审讯战俘,听取地面、空中、电磁侦察的结果,分析德国官方无线电台的广播,阅读'不可见战线'[后方特工]的报告,才能得出准确的评估。总参谋部由此得出结论,敌军状况危急。"[17]

11月29日,身在战场的朱可夫终于明白德国已后继乏力。通常,敌军都会快速扩大战术上的战果,可他们在亚赫罗马四周部署的步伐很缓慢,防守也不卖力,还时常不发起反击,这可不像他们以前的风格。次日,朱可夫向华西列夫斯基寄去了一份通知,说明了自己的意图。

> 请您将内附的西方面军反击计划告知国防人民委员斯大林同志,并下达指令,以便我们可以开始行动,否则准备工作开始得太晚,就会存在风险。[……] 1. 进攻初期,集团军运抵和就位的时间:第1突击集团军,第20和第16集团军,以及戈里科夫集团军,时间是12月3日或4日上午。第30集团军,时间为12月5日或6日。[……] 3. 立即执行的任务:打击克林、索尔涅奇诺戈尔斯克和伊斯特拉方向,击破敌军集结于右翼[……]、侧翼和古德里安集群后方的大部队[……]。4. 为了牵制其他地方的德军,阻止他们调动部队,第5、第33、第43、第49和第50集团军将于12月4—5日发起攻势,完成有限的目标。5. 航空兵大部(3/4)将会被调拨至右翼的突击部队,其余调拨至左翼[……]。签名:朱可夫、索科洛夫斯基、布尔加宁。[18]

第十九章 苏联的反攻 1133

通知上，我们读到了斯大林写的几个字："我同意。"朱可夫的选择就这样和德军的选择对应了起来：牵制中路，打击侧翼，尽可能击退推进太多的装甲部队。部队的部署符合这些目标：北部34.5个师，南部30个，中路17个。斯大林还相继同意让第1突击集团军和第20集团军听命于朱可夫。

朱可夫很明智，只使用了第1突击集团军的两个旅来清除危险的亚赫罗马桥头堡。同样，12月1日期间，装甲部队相继夺取了克拉斯纳亚波良纳和克留科沃，朱可夫只让一个师和一个旅，再加上第20集团军的两个坦克营去迎击敌军的坦克。无论是克里姆林宫，还是西方面军设立大本营的佩尔胡什科沃，气氛都相当紧张。朱可夫肩头的压力极其沉重。斯大林每隔两个小时给他打一次电话，了解局势。他让莫洛托夫、布尔加宁和麦赫利斯密切监视朱可夫，他们就会去佩尔胡什科沃了解具体情况。方面军特战局局长拉夫连季·察瓦纳会毫不客气地询问朱可夫的身边人他的精神状态到底如何，并将朱可夫的一举一动都汇报给贝利亚。无论是哪个层级，对叛徒的恐惧都甚嚣尘上，12月19日，阿尔捷米耶夫将军甚至命令莫斯科人把所有的信鸽都上交给内务人民委员部，"不让第五纵队利用这些信鸽"。置身于如此严密的监视之中，朱可夫在发起反击之前几天，失去冷静的头脑，也就不足为奇了，他抨击罗科索夫斯基和扎哈罗夫，指责后者擅自撤退，还要求军事法庭对其进行审判。

莫斯科战役耗时长（1941年12月5日—1942年1月底），而且情况复杂。战役在600公里长的战线上展开，如果把加里宁地区的战斗也算进去，战线就会长达800多公里，而这两场战役可以说是密不可分。从中可以区别出两个阶段。第一阶段从12月5日到1月6日，圣诞节前后暂停。朱可夫的西方面军在这场战役中起到了主要作用。在他的右侧，加里宁方面军（科涅夫）从一开始起就在支援他。他的左侧，西南方面军的右翼（铁木辛哥）在12月7日至9日逐渐投入战斗；12月24日，西南方面军的右翼取得自主权，成了布良斯克方面军（第二种方式），由切列维琴科指挥。第二阶段（1942年1月7日—4月）事实上根本不是莫斯科战役的衍生品，但结果倒是使德军离莫斯科越来越远。该阶段其实也是德苏战争期间从拉多加湖到黑海整体反攻中的一环。它们的目的并不仅仅是保卫莫斯科。我们要到1942年底才能见到结局。现在回到第一阶段，我们按顺序来看看北翼，南翼，然后是中路的情况。

莫斯科北部的反击战

12月5日，加里宁方面军第一个在零下25摄氏度的情况下发起了进攻。第31集团军和第29集团军的一部分越过了结冰的伏尔加河，在河的南岸建立了几座桥头堡。德军第162师受到出其不意的攻击，被打得七零八落，便混乱无序地撤退了10公里，这样，科涅夫就能从西部威胁加里宁。苏军持续施压达数天之久，但进展不大。不过，施特劳斯的第9集团军必须纠集残部，坚守阵地，已无暇发动反击。至少朱可夫这一侧知道不会有任何增援部队过来，遏阻他的推进。

12月6日8点，西方面军开始发动进攻。当时气温为零下15摄氏度。能见度差，一切都笼罩在漫天的飞雪之中。炮兵稍稍准备之后，一波波步兵便开始和轻型坦克一起往前冲。德军的始发阵地断断续续，极不连贯，只是到最后一刻才看见穿着白衣的士兵冲过来。10点，太阳升起，苏军航空兵（半数飞机都划拨给了第30集团军）这才得以前去支援地面部队，投下白磷弹。德国空军这天由于缺少足够的发动机经过预热的飞机，所以没有现身。战线从北到南分别是第30集团军、第1突击集团军、第20集团军和第5集团军（戈沃罗夫将军）的右翼，他们在120公里长的战线上发起了进攻。总体而言，他们都是围绕克林，呈同心圆的方式在推进。从苏军的报告来看，推进之有限，损失之惨重，足可以说明德军反弹得很厉害，所谓战斗期间加农炮和机枪被冻住的润滑油堵住而无法发射的普遍说法不由地令人心生疑惑。就算这种说法是真实的，那也不会是普遍现象，而且与实际情况差得很远。

列柳琴科（第30集团军）击退第3装甲集群，在克林公路上推进了5公里。由于觉得突破得还不够，他便把骑兵师和机动的两个装甲旅留了下来。库兹涅佐夫（第1突击集团军）渡过了伏尔加河，但被第7装甲师和第14摩托化师拖在了亚赫罗马，弗拉索夫（第20集团军）也是如此，霍普纳的炮兵起了效果，使弗拉索夫在克拉斯纳亚波良纳止步不前。双方在两座市镇的废墟之中打起了近战。罗科索夫斯基率领的集团军由于长时间防守，已是疲惫不堪，他们守护的是莫斯科的周边地区，还在尝试对克留科沃进行守卫。相较之下，戈沃罗夫的第5集团军的右翼从第一天起就推进了5公里，几乎一直打到了莫斯科河畔的兹韦尼哥罗德。

12月7日，第30集团军的两个坦克旅突破了8公里，对连接加里宁和克林的列宁格勒堤道造成了威胁。不过，这次微不足道的行动起到了决定性的作用，因为除了减员严重的一个步兵团和一个摩托化营之外，德军已经拿不出任何后备部队来发起反击了。第3装甲集群眼见自己的生命线受到威胁，自己左翼的局势也即将逆转，便开始向西南方撤退。苏军发现沿途丢弃了数百辆汽车，很快又发现丢弃的车辆有数千辆之多。尤其是整个重炮部队由于缺少牵引车和马匹，都被留在了后方。马匹由于食物不足，又没有避寒的地方，成千成千地死亡。从第2装甲师丢弃的车辆可以计算出，汽车一直运转"四十八个小时，哪怕一动不动，也相当于在马路上行进了100公里。大多数部队由于缺乏燃油，只能丢弃车辆和装备，或把它们悉数炸毁"。[19]工兵部队的士官弗里茨·休伯纳记得尽管上面有命令，"但各个地方都在往不远处撤退，很混乱。我们工程兵特别倒霉，因为上面总是要我们留在后头，把所有的车辆和我们士兵逃跑时丢弃的武器全部摧毁。实

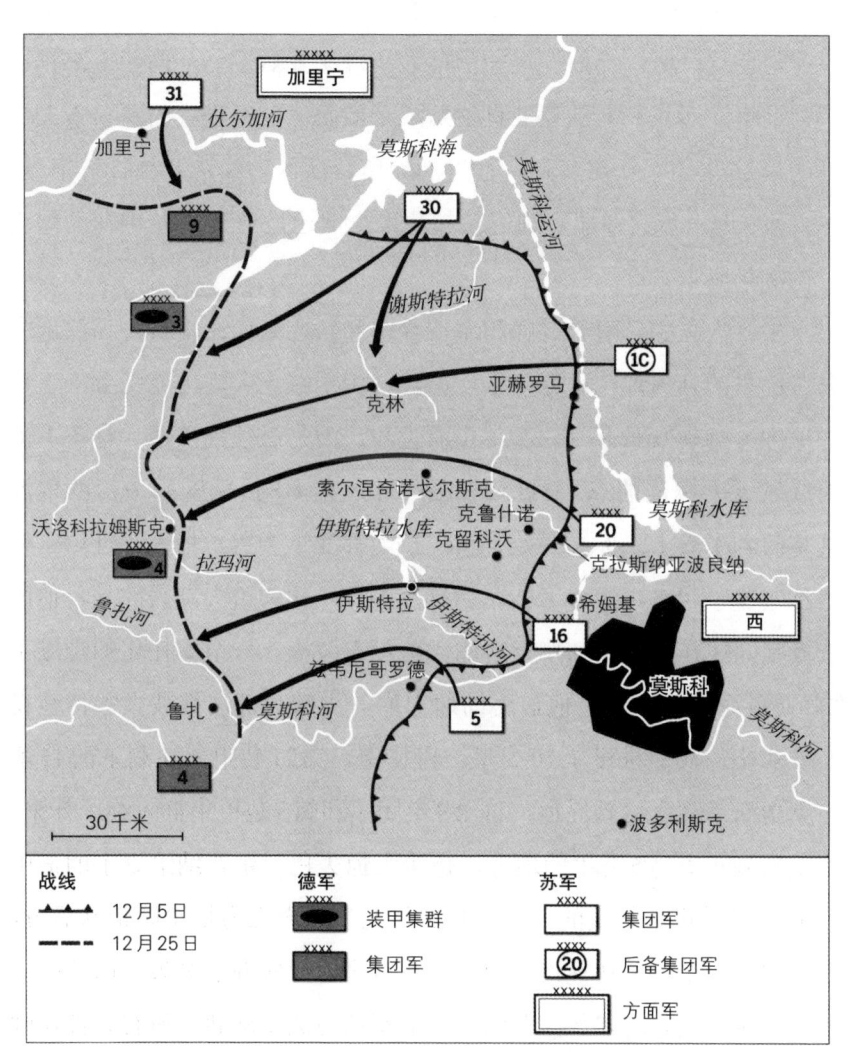

莫斯科北部的反击战（1941年12月5—25日）

第十九章 苏联的反攻 1137

在无法想象我们竟然要摧毁这么多装备。我们往炮筒里扔手榴弹，让炮没法用，我们还往坦克的旋转炮塔里扔三公斤炸药，把里面全部炸毁，卡车和汽车，就往发动机舱里扔手榴弹。这活干起来很危险，也让人特别难受"。[20]12月8日，第30集团军只靠步兵就又推进了4公里。他们这一侧，库兹涅佐夫的部队清理了亚赫罗马，向西南部推进了几公里，对克拉斯纳亚波良纳造成了威胁。发起进攻的罗科索夫斯基的第16集团军在离莫斯科很近的克留科沃的防线这儿被打得很惨，尽管第9近卫步兵师端着刺刀发起冲锋，但还是被第11装甲师的炮火打得落花流水。

朱可夫失去了耐心。师和旅在乡镇和村庄处停滞不前，那些地方只有德军的几门炮在进行防守，但苏军由于缺乏火炮，就是拿不下这些地方。必须发布命令，严禁正面进攻，而是必须搞渗透，有条不紊地绕过火力猛烈的点。8日，气温回升（零下8摄氏度），9日的气温甚至回到了零上。但又开始下雪，整晚都在下大雪，把人、牲口、机器都遮盖了起来，拖慢了苏军的行军脚步。让朱可夫高兴的是，他的右翼幸好还在移动，列柳琴科的攻势没有哑火。一个摩托化师走过了"莫斯科海"的冰面，他们连同边上的一支骑兵师，都被大雪伪装得严严实实，从而推进了10公里。再往南，第21装甲旅还剩下的15辆坦克切断了列宁格勒堤道，将第9集团军和第3装甲集群隔绝了开来，终于来到距克林5公里的地方。德军大惊失色。霍普纳给妻子的信中写道："又是极其紧张的一天。我费尽九牛二虎之力把军队带回后方，没有留下一个伤员和火炮，但他们在这个时候实施了突破，而这样一来，就对我北方的邻部，莱因哈特的军队造成了威胁。所有人都在呼叫增援。我必须让出自己的部队。在和克鲁格发生了相当严重的冲突之后，博克让我来指挥第3装甲集群（莱因哈特），并命令我来处理这件事。真是个不错的任务！"[21]

第7装甲师和第36摩托化师全速撤退了20公里，失去支援的邻部第14摩托化师的一个团就这样被摧毁了。霍普纳对撤退有自己的想法,他想像博克那样,慢速有序地撤退。因此,他只能违心地将自己的唯一一支后备部队第2装甲师放了出去,让他们发起反击,给莱因哈特争取时间,好让后者在克林重新站稳脚跟。但莱因哈特这么一动,却相继放松了对第1突击集团军和弗拉索夫的第20集团军的封锁,结果导致前者又开始向前推进(8日6公里,9日5公里),后者夺取了克拉斯纳亚波良纳,最后形成了连锁反应,致使罗科索夫斯基的第16集团军也进入了克留科沃。通往克林和索尔涅奇诺戈尔斯克的所有道路都结了薄冰,苏军飞机猛烈扫射,150公里长的战线上,霍普纳指挥的7个军和22个师在撤退时都堵在了路上。运气最好的营也只剩下了四分之一的兵员。因此,德军将领采用各种各样的常规办法,想要堵住缺口。他们给"参谋部人员、劳工营、高射炮部队发步枪,凡是能找到的,都被推到了敌人面前",[22]博克这么写道,他在远处观察着战况,无能为力,因为他自己也是两手空空。军医维利·林登巴赫记录下了第9集团军的恐慌情绪:"只能说,今天[12月8日]我们军队的大逃亡开始了,[……]是我这辈子最可怕的体验。所有人都在逃,但又没人知道该往哪儿逃。'俄国人向克林的机场开炮了[?]',翻译过来就是'我们必须撤退'。[……]军队撤退的场景真是太可怕了。但这也是意料之中的事。我们没法再往前推进了。"[23]

尽管局部发生了一些恐慌,但12月9日和10日,由于大雪纷飞的加持,德军仍然放缓了撤退的步伐。他们把留在身后的东西全部摧毁,村子,道路,桥梁,无一例外。在诺沃耶,他们往井里投了毒,结果导致第44骑兵师损失了许多坐骑。霍普纳希望将兵力全部部署在克林、索尔涅奇诺戈尔斯克、伊斯特拉沿线。苏军紧紧跟在后面。12月10日,第6装甲师失去了最后一辆坦克。第二天,隶属于后卫部队的冯·布鲁赫下士写道:"敌人很清楚我们这儿发生了什么情况,所以他们打得更厉害了。我们的车辆在后面待的时间太长了。我们一个接一个地一直在慢慢地原地踏步，希望过两到四天，可以进入克林。好几个师都在一条道路上撤退，这儿简直成了车辆的公墓。成百成百的德军汽车待在道路两侧，景象凄惨，令人震惊。"[24]12日晚他们遭到了包围，他写道，"寒冷快要把我们逼疯了"，后来他就和连里剩下的10个人仓皇逃走了。13日，第41军军长莫德尔将军前来了解第6装甲师的情况。师长劳斯说："300个人还能战斗。[……]部队已经没有战斗能力。不仅士兵，就连军官都因为劳累和工作过度而崩溃，今天就有1名指挥官和4名军官累倒。"[25]

苏军已经在5天时间里推进了20到35公里，如果和德军在夏天的推进速度相比，当然是小巫见大巫，但如果把天气因素和进攻者机动化装备极差这些条件考虑进去，那这个数字还是很不错的。朱可夫现在担心的是在伊斯特拉河及其水库背后遭到阻击。11日，第20集团军的两个装甲旅向索尔涅奇诺戈尔斯克的北部和南部突破（在水库的尽头），迫使霍普纳弃守该城，也没有将之焚毁，于是，他悬着的那颗心又落了下来。只需要几辆T-34坦克和KV坦克就足以迫使敌军逃跑，他们已经患上了"坦克恐惧症"。在整个南部地区，第5集团军的右翼成功突破了15公里，一直推进到了兹韦尼哥罗德附近，切断了一支步兵军的后勤补给线。霍普纳让能反击的部队和这支临时抽调出来的军在莫斯科河两岸开始加紧撤退。那天晚上，他在写给妻子的信中说："都是坏消息。每次电话铃声响起，我都会吓一跳。停都停不下来。每天都得撤退到某个地方。[……]俄国人太多，把我们围堵得透不过气。他们的战斗精神并不高。但我们的人都已经筋疲力尽，站着都会睡着，即便敌军开炮，他们也已经麻木到连动都不愿动了。冻伤的人很多，和被打伤的人一样多。"[26]第3装甲集群的撤退部队向克林汇集而去，由此可见，这儿对苏军来说，会是一块相当难啃的骨头。12日，第30集团军和第1突击集团军都来到了市郊，但由于缺乏协调，所以没法对克林实施包围。必须从每座村庄、每栋屋子里把德军撑出去，12月15日凌晨2点，苏军终于在耶稣基督复活大教堂的废墟上升起了苏联的旗帜。全国所有的报纸都在宣扬这则消息，使这场胜利和前一天夺取加里宁的胜利变得可触可感。7天后，斯大林让英国外交大臣安东尼·艾登去看了克林的残垣断壁，20名报社记者也一同去了那里，这么做的目的是想让这场胜利能在全世界产生反响。苏联国内，对夺取该城的宣传报道也是铺天盖地。1月30日，米哈伊尔·普里什文在日记中写道：

> 据说德军把克林所有的儿童都集中到一栋木屋里烧死，这件事标志着苏联亲德的法西斯分子已彻底失败。现在，所有人都很清楚，德国人并不会给我们带来幸福。风起云涌的抵抗行动当然并不仅仅是各地权力的重组导致的，同样也是人民想要工作，不愿再忍受这样的现状，想要展现自己勇气这些极其自然的渴望所导致的。我最亲近法西斯的朋友已经把德国人从他们的头脑中祛除了出去，正在向苏联靠拢。[27]

北部，德军正沿着克林—沃洛科拉姆斯克公路一步一步撤退，履带已把低矮处的积雪夯得很紧实。霍普纳紧紧地贴着伊斯特拉河沿线，莱因哈特试图尽可能久地掩护霍普纳的左翼。第20集团军无法打破德军的抵抗，从而减轻正在伊斯特拉河前浴血奋战的第16集团军的压力。12日，该城陷落，但所有的桥梁和堤坝都已被炸毁，公路和道路都已埋设好了地雷。渡河的尝试以失败告终。两支战斗部队艰难地抵达了北部（列米佐夫）和南部（卡图科夫），以期迂回包抄伊斯特拉、伊斯特拉河以及蓄水湖。15日，德军向西部50公里处的鲁扎河撤退，第20、第16和第5集团军在后面紧追不舍。卡图科夫率领第1近卫装甲旅以及英国的玛蒂尔达坦克营，沿着沃洛科拉姆斯克堤道沿线追击德军，但在行军过程中，既没能实施突破，也没能超过德军。雪极厚，坦克又极少，炮兵更是落在很后面。因此，霍普纳有了三天的喘息时间，以此加强了拉玛—鲁扎沿线的力量。只是到了12月20日，他才把沃洛科拉姆斯克拱手让给了卡图科夫的部队。

> 卡图科夫在回忆录里写道：在集市广场上，法西斯已经竖起了绞架，绞死了六个男人和两个女人。［……］他们在撤退之前，把苏联军事医院的大门和窗户都给钉死，一把火烧了医院。木屋很快就烧成了灰烬，活活烧死了我们600名负伤的士兵和军官。我们的机动部队从克留科沃到沃洛科拉姆斯克奔袭了105公里，到处都能见到法西斯随意杀人的证据。我们的医生、法学家和政工干部记录了他们的罪行，这样的记录越堆越高。[28]

霍普纳脑子里整天想着的就是那些尸体，冻僵的士兵散落在沃洛科拉姆斯克堤道沿途，也没法埋（地面结冰达一米厚），回想六个月内一个接一个的胜仗，这样的景象就更是让人难受了。他在日记里写道："晚上，对1918年的回忆让我辗转反侧。"[29]汉斯·冯·卢克上尉应隆美尔之邀，前往非洲，他在途中经过了堵塞的堤道。"这样的景象很可怕。死马边上躺着步兵，有已经死去的，也有负了伤的。'要么把我们带走，要么就杀了我们！'他们对我们嘶吼着。"[30]这支部队左侧的第251师（第9集团军）也很熟悉撤退有多痛苦。作战处处长汉斯·迈尔-威尔克和装甲部队的军官一样焦虑。"连续睡眠根本没有。每天晚上也就能合眼几分钟。［……］我们高估了自己的部队，也高估了自己，现在受到了惩罚。"[31]12月26日，他记下了自己所在的师丢失或丢弃的装备：114支冲锋枪，57挺机枪，22门迫击炮，27门反坦克炮，2门重型榴弹炮。他所在的这支部队也就相当于一个团。但尽管有这样那样的损失，尽管艰难时期撤退必然会导致混乱，但国防军并没有解体，撤退也完全没有变成溃逃。12月22日、23日、24

日，朱可夫在夺取拉玛河、鲁扎河的各种尝试悉数失败的时候，也了解到了这种情况。第2近卫骑兵军军长多瓦托尔将军在一场战斗中阵亡。战线逐渐固定下来，圣诞节至新年期间，战斗的烈度降了下来。

圣诞节，朱可夫对部队进行了清点。他当然打败了敌军，破除了对莫斯科威胁最大的钳形包围圈。但他还想用右翼来包围并摧毁克林四周的两个装甲集群。这个目标他没有达到。只能满足于把这两支部队击退100公里。朱可夫认为这场无可置疑的局部胜利自当归功于第30集团军及其司令，装甲部队专家列柳琴科将军的良好表现，正是列柳琴科控制住了施特劳斯的第9集团军，两个装甲集群怕被包围，只能撤退。尽管列柳琴科相对比较大胆，而且12月16日，他的部队也转移到了科涅夫那儿，朱可夫仍然注意到这些部队发动攻势的能力依然有限。火炮、坦克、飞机和步兵协作差：损失的200辆坦克中有三分之二都是被敌军的反坦克炮击毁的，根本就压制不住对方。各集团军很难控制自己的部队，和相邻部队也很难协调好。最后，如果15天时间里能以每天5到6公里的节奏推进的话，那首先也是因为步兵部队呈纵深梯次配置，有的部队累得走不动了，就会有新的部队顶替上来。骑兵虽然有用，可以从林子里走，但很少能起到决定性作用。滑雪兵营完全失败，根本没法和芬兰的榜样比。雪很厚，天气寒冷，12月6日和7日以及13日到21日这几天尤为厉害，对进攻者造成了极大的阻碍。下雪迫使双方只有少数道路可走，德军就能控制撤退的节奏，在村里增加伏击点。朱可夫抓了5000个战俘，夺取和摧毁了大量物资（300辆坦克，500门加农炮，4000辆车辆）。第3和第4装甲集群将有好几个月的时间没法重启攻势。12月19日，第3装甲集群只剩下2721人、85门炮、12门反坦克炮和34辆坦克。这就相当于一个团的水平，是12月5日可用兵力的六分之一。

图拉战役

在莫斯科南部，朱可夫已在准备小规模的反攻。种种迹象都在让他不要往这个方向投入太多兵力。对苏联首都的维系，南方没有北方来得这么直接；第2装甲集团军把守的战线很长（350公里）；从11月27日起，第2骑兵军——后成为第1近卫骑兵军（别洛夫将军）——发起进攻，击退了第24装甲军的先头部队，当时，第24装甲军正折向二级目标图拉，想在那儿设一个过冬的基地。这样一来，古德里安就陷入了一个不利的境地。事实上，第2装甲集团军在转向的过程中，将兵力都集中在了内侧，这样就将整个外侧暴露了出来，易于受到东部的攻击。身为总参谋长的朱可夫从11月底就发现了这个机会。他让第50集团军（博尔金将军）留在原地，坚守图拉，该集团军共有4万人和60辆坦克。第2骑兵军堵住奥卡公路和莫斯科公路，共计1万人和60辆坦克。朱可夫会提前打击古德里安。但苏军最高统帅部不让他接手第10集团军，该集团军是12月5日从全体后备部队中抽调出来的。这支部队由戈里科夫将军指挥，戈里科夫曾担任军事情报部门的负责人，与朱可夫不和，他好不容易凑齐了11个师，其中3个是骑兵师。他还缺乏900列必需的列车。骑兵装备不全。炮兵只有215门野战炮。骑兵和步兵连并不是所有人都有一把步枪，得全体共用409挺重机枪，而古德里安的30万人则共用1800挺重机枪。他们一辆坦克都没有。也没有时间来组织后勤保障。第10集团军没有自己的后方基地可用，必须自己想办法在梁赞车站找块很小的地方，勉强可以存放528辆卡车和394辆马拉雪橇。各师并没有规定应有的230辆卡车，而是只有10辆。德国空军侦察不力，就给了朱可夫机会。德军的侦察把铁路运输量的增加误当作苏军在疏散，所以并没有发现戈里科夫的集团军在梁赞火车站和米哈伊洛夫火车站之间集结。再往南，隶属于西南方面军的第61集团军在顿河西岸的叶夫列莫夫周围集结。在这个地区，部队的密集程度不高，战线两侧存在一些巨大的缺口，由于天气恶劣，有些地方空军无法监视。

朱可夫的南部计划很简单。第50集团军是铁砧，第10集团军是锤子。后者的14个师在梁赞和莫尔多瓦之间呈弧形分布，他们会第一时间呈同心圆向斯大林诺戈尔斯克这座小城推进。机动部队都部署在扇形的两端：三个骑兵师在左侧，别洛夫集群（近卫骑兵军和一个装甲旅）在右侧。他们的行动将得益于地形因素，那儿是一大片平原，穿行其间的河流冰面达50厘米厚，但50到80厘米厚的积雪又给他们造成了不便。同时，第50集团军和第49集团军共有的侧翼将占领阿列克辛，在那里歼灭海因里西将军的一个军。在随后的行动中，戈里科夫从西南部转向西方，直指卡卢加和别廖夫之间的奥卡河。第10集团军在第50集团军和第49集团军的加入之后，将会威胁到冯·博克的整个右翼。

12月7日，零下22摄氏度，第10集团军最先发起进攻。古德里安很吃惊。第10摩托化师遭到三个师的重击，损失惨重，只能弃守米哈伊洛夫。第18装甲师、第29摩托化师也都被迫撤退了10公里。随后两天，尽管又开始下雪，但戈里科夫仍然在向斯大林诺戈尔斯克方向推进。别洛夫集群占领了被德军弃守的韦尼奥夫。相较之下，第50集团军发动的袭击，每天只能推进1到2公里。这时，第2装甲集团军想要在以斯大林诺戈尔斯克为中心的战线背后进行休整。朱可夫催促戈里科夫大力向前推进，要求博尔金进行突破。12月11日，别洛夫进入斯大林诺戈尔斯克的时候，发现了大量被遗弃的车辆，各装甲师已向西逃窜。戈里科夫如果推进得比习惯领先的古德里安更猛的话，古德里安就会被抓。12月15日，朱可夫又让所有军队发起进攻。图拉彻底获得解救。苏军三天时间又向西推进了40公里。17日，第49集团军夺取阿列克辛，渡过奥卡河；19日，第10集团军解放普拉夫斯

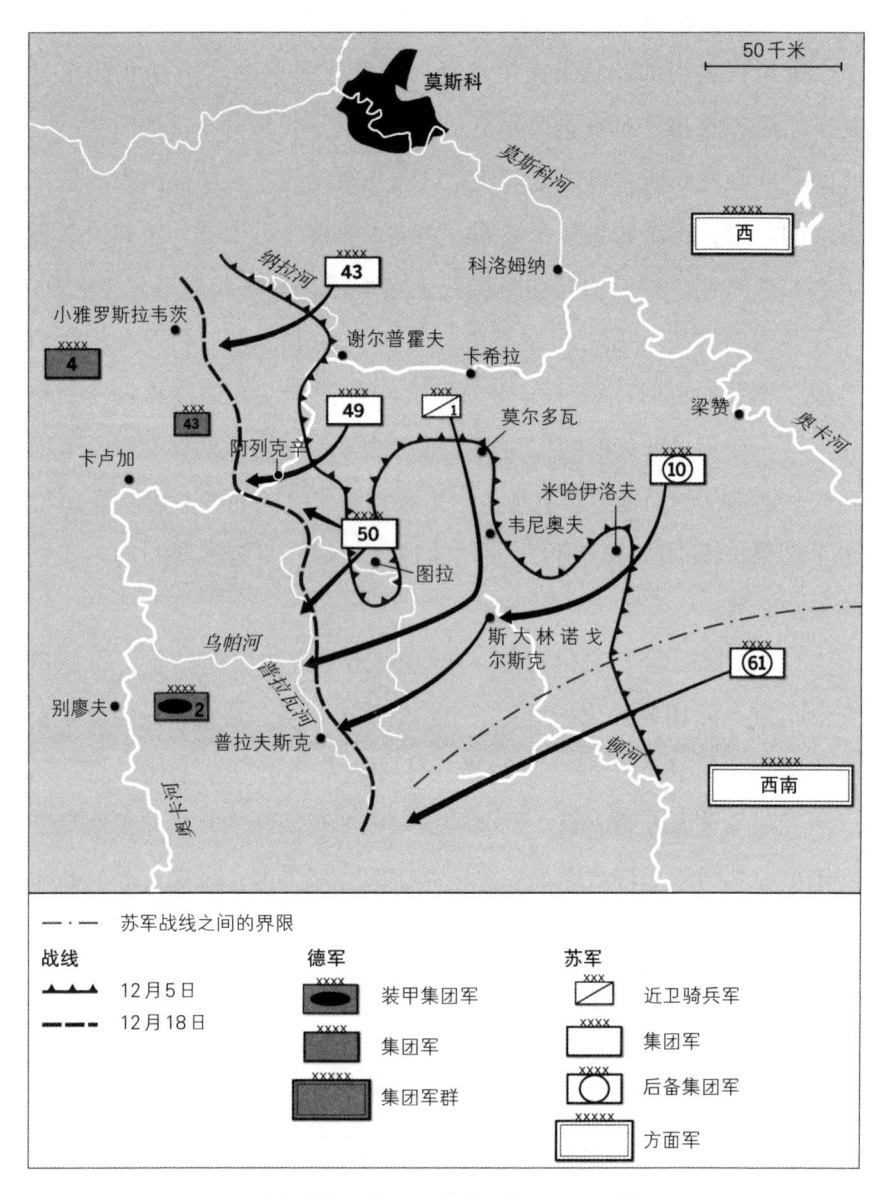

图拉战役（1941年12月6—18日）

1146　第五部　败北的冬日

克，渡过奥卡河的支流乌帕河。这天，古德里安遭撤职，开始打包行李，他已不抱在奥卡河东岸设立桥头堡的希望。从苏联的历史文献来看，解救图拉的行动至此已经结束，接下来就开始卡卢加—别廖夫行动。基本目标已经达成：莫斯科南部钳形包围圈已被拆除。

朱可夫在发动南翼的攻势和北翼的攻势时，是基于相同的判断。他迫使敌军让步，但并没有摧毁之。第2装甲集团军的所有部队均顺利向奥卡河撤退。但他们在150公里的撤退过程中，留下了大量重型装备，损失了数千人。苏军各集团军之间的协调要比北部好。

德国高级指挥层开始动摇

12月6日，朱可夫和科涅夫进攻的第一天，希特勒在拉斯滕堡大本营的日程并未受到扰乱。布劳希奇和哈尔德同希特勒一样，都在重申必须和芬军会合，南部必须一直推进到迈科普油田。夺取莫斯科已经是不可能的事情了：每个人都很清楚中央集团军群已经做不到这一点。不过，他们一点都不担心，就像我们说的，对敌军形势所做的综合分析报告只是让他们觉得，敌军并没有能力"发动大规模反攻"。希特勒拒绝派遣增援部队为过冬做准备。他研究了哈尔德提供给他的两场战役的伤亡数字，得出的结论是"德国并不缺乏士兵，缺的是劳力"。[32]在无法补足的情况下，就没必要抽调西线的部队。他甚至提出将东线参加战斗的一两个装甲师派往挪威，他担心英国会在那儿主动发起进攻。晚上某个时候，有人提出了对第3和第4装甲集群发起进攻，第9集团军撤退的事，但没人拉响警报。晚上只出现了一个不和谐的声音：冯·博克从斯摩棱斯克的大本营通知他们说，朱可夫正在发起进攻，并说"第3装甲集群正在撤退，因此第4集团军的北翼也只能撤退"。[33]

次日，珍珠港事件还在所有人的头脑中没有散去的时候，哈尔德说第3和第4装甲集群内部"相当紧张",古德里安那儿"情况不妙"。[34]中午时分,冯·里布和冯·博克相继给临危不惧的哈尔德打去令人不安的电话。晚上,博克第一次在日记里写道,向莫斯科再次发起攻势的做法"是个错误"。[35]

12月8日,古德里安和冯·博克通电话,开始恐慌。他讲到了"信任危机"。当天晚上,他在给妻子的信中说得很直白。陆军总司令部、最高统帅部、集团军群指挥层都得为"惨重的损失和缺乏目标"[36]负责。他没指责希特勒。冯·博克很生气。"我问他对谁有信任危机,并建议他坐飞机去和军队领导层见个面;对这两个要求,他都没有做出回应。当我说到现在不是抱怨的时候,我没法给他提供任何增援,要么逃走,要么被杀的时候,谈话就进行不下去了。他别无选择。"[37]在前线,每个人都只能自顾自。霍普纳行动的时候不会照顾到莱因哈特,反之亦然。博克还要莱因哈特听霍普纳的指挥,这么做的理由让人吃惊:"霍普纳现在有可能会有兴趣帮助第3装甲集群。"[38]然后,他又给哈尔德打去电话,语带怒气。"中央集团军群再怎么样也都没有能力对抗俄军的猛烈进攻。"哈尔德没怎么当回事,这让博克勃然大怒。"如果您还想让我守住,就派援军过来!""从西线派援军过来,我做不了主。"[39]哈尔德回答道,他这么说没错。参谋长丝毫不觉得担心。他认为南部"局势的发展让人放心",敌军在莫斯科西北部的压力"还不够有效"。[40]前一天晚上,哈尔德在日记中写道:"我们如今所经历的情况令人沮丧和惭愧。总指挥成了信使。元首直接从上头和各集团军群的总指挥对接。"[41]他最担心的还是自己特权受损,上级特权增大,更何况他还没法理解朱可夫所创造的这个局势有多严峻。当天,他向各集团军群发去"1941/1942年冬东线军队任务指令",他在指令中说"对手的战斗能力已被削弱,一蹶不振,"[42]因此,冬季就能"重建"机动部队,使之"焕然一新",在1942年给敌军致命一击。

12月9日，博克通知哈尔德，说由于天气原因，承诺要来的可以使用的增援部队（几支空降营、一支党卫军旅、一支摩托化步兵团）并没有到。不过，话说回来，这么一点部队又怎么能堵住施特劳斯、霍普纳和古德里安那儿的缺口呢？博克说："从地图上来看，必须在最短的库尔斯克—奥廖尔—格扎茨克—勒热夫—伏尔加河水库［这样可确保撤退100至200公里］一线背后设立阵地。现在得把那地方拿下来。"[43]博克的参谋长格莱芬博格也发去电文，指出"和集团军司令关系紧张，信任危机；陆军总司令部必须介入"。[44]晚上，冯·博克和哈尔德交换了意见，时而尖刻，时而缓和。对哈尔德而言，苏军投入最后的部队，想要不让德军向莫斯科推进。"我认为这个情况会持续到月中或月底，然后一切就会复归平静，他说。博克：现在这个时候，我们的军队会完蛋。哈尔德：德国士兵永远不会完蛋！博克：我既不想抱怨，也不想指责；我只要增援部队。哈尔德：肯定会征集大量小规模后备部队给您派过去。"[45]

10日，博克准备给布劳希奇发一封电报，在三个要点上表明立场。一、战线不可能守住。二、由于没有准备接收的阵地，而且这么做会导致重型装备全部丢失，所以不进行大规模撤退。三、"只能渐进守住阵地，只有非撤退不可，才会撤退。［……］以现有的军力进行这样的抵抗，俄军的推进还没完，部队就有可能彻底崩溃。我们的电磁监听设备已经确定敌军还想发动进攻"。[46]陆军元帅的结论是，只有提供大量增援部队，第二个选项才有可行性。电报没有寄出，但局势概括得很清晰。在此期间，他让各个部队先不要撤退，各集团军司令不停地想让他改变主意，但最后还是他胜出了："就算一个劲地叫喊撤退，也不可能阻挡住俄国人。"[47]一个小时后，他得知希特勒派来了驻守在欧洲西部的三四个师，他认为等这些部队到的时候，"将为时已晚"。哈尔德什么都没说，但突然之间被眼前的危机所惊到。10日到11日的夜间，他一直在设法堵住第2集团军在利夫内战线的缺口，那

第十九章 苏联的反攻　1149

儿的两个师被打得很惨，戈里科夫的骑兵部队就是从那儿进来的。两个军必须紧急向西撤退，另一个师在战斗中失血严重。[48]哈尔德所想的办法，或者说他设想的方法，都可以说是微不足道的：他让南方集团军群支援（后者派出了两个团），往奥廖尔建一条空中桥梁，向前线派一个忙于清除犹太人和游击队的保安师。甚至屠杀2万妇孺的党卫军菲格莱因师第1旅也被调拨给了第9集团军。这些受害者会很高兴看到这支部队很快就会被朱可夫的士兵打得落花流水。

12月12日，不好的消息涌向博克和哈尔德：古德里安必须撤退到乌帕河，铁路因天气寒冷已经瘫痪，游击队制造了各种事故，还炸毁了桥梁，由于缺乏燃油，第2集团军正在全面撤退。博克将第2集团军置于古德里安麾下，他怀疑这一切都是集团军司令施密特疏懒懈怠所致，哈尔德说"指挥层已经完败"。博克把最后一支后备部队，一个……工兵营投入到了战斗最激烈的地方。他对哈尔德说"局势已经到了极其严峻的时刻"。他还说："俄军的坦克一出现，我们的人就不停地跑。就是因为我们从他们手中拿走了对抗坦克唯一有效的武器[49][聚能装药榴弹炮][50]，才会出现这样的情况。"哈尔德承认这个事实。"这是两次世界大战中最为危急的局势，"[51]他向冯·博克的参谋部承认了这一点。1939年以来德军的第一次溃败严重刺激了陆军高级指挥层全体军官的神经。

1941年12月13日，布劳希奇拖着病体来斯摩棱斯克见博克。后者也很清楚，"尽管身体状况这么差，但他还是有替代我的念头"。两人进行了讨论，从中可以发现博克已经崩溃。"我没什么建议好提。现在采取的决定不是军人能管得了的。元首必须决定集团军群是继续战斗，承担被打得落花流水的风险，还是冒着同样的风险撤退。"翌日，布劳希奇在罗斯拉夫尔相继和克鲁格和古德里安进行了商讨。两人高声抱怨说，大规模撤退会导致军队被全歼。晚上，布劳希奇提出了自己的看法：所有人必须撤退。一直担任希特勒陆军副官、颇受希特勒信任的施蒙特上校也在场。他给元首打去电话，说了自己的感想，并提出必须尽快行动起来。希特勒口头上同意撤退，条件是要准备好迎接线路，但这么做就等于是部分表达了不赞同的意见，从而让所有人都陷入了混乱之中。

此外，希特勒并没有等待布劳希奇的报告，而且擅用后者的职权，向弗洛姆（内务集团军）、戈林及格尔克（铁路）下令，要他们征募德国国内所有受过训练的人，编成部队，紧急用飞机和火车运去。除了替换用的数个空降营和弱不禁风的几个师之外，女武神和莱茵黄金这两个行动也正在启动。前者从军营里成建制的兵员中抽调出4个轻型师以及2个团和12个支援部队。为了额外得到5个师，莱茵黄金行动从最后的后备部队，也就是专门抽调至经济部门的人员中获取兵员。陆军总司令部的一封电报估计总共有10个师的增援部队将会于1942年1月中旬部署到德国的东部战线上。[52]眼下，1个步兵师正在丹麦登船，将前往波罗的海，2000名党卫军成员也正被飞机运往克拉科夫的机场。德国空军也从防空、通信和铁路人员中临时组建了陆地战斗部队。还有命令要求在德国征募冬季"追击别动队"，以营一级为单位，配备雪板和雪橇。

12月15日，布劳希奇沮丧地返回毛尔瓦尔特。"他垂头丧气，看不出有任何方法来解决军队所处的困难处境，"哈尔德写道。后者不知道的是，他的上级以健康为由，已在上个星期向希特勒提出将他调离指挥层的请求。

禁止撤退：坚守阵地

对希特勒而言，苏军的反攻会改变格局。从12月7日起，他所面对的就是一个从未出现过的局面，那就是放弃罗斯托夫，几天前他就已经有了预感：因为他的将军们要求撤退。陆军总司令部支持将军们

第十九章 苏联的反攻 1151

的请求，哈尔德当天主张让霍普纳前往后方50公里长的鲁扎一线。尽管迄今为止，他都是让布劳希奇和哈尔德差不多以自己的方式来指挥作战的（12月8日他的第39号指令是他三个月来第一次发指令），但现在他也要经常插手指挥层的事务，哪怕是小规模的行动、少量的增援，他也要来讨论讨论。他的目的很明确：不让冯·博克大规模撤退。促使他进行干预的既不是担心他离莫斯科太远，也不是担心会失去重型装备，而是担心失败。他从没见过现在这样的局面，从1933年起，他就一个胜利通向另一个胜利（除了英国战役是个例外，但德国人没把这看作失败）。10月3日的时候，他还大张旗鼓地宣告对苏联的最终胜利即将到来，现在他究竟该如何来为撤退背书呢？他一直把敌人称作泥足巨人、无脑怪物、犹太教创造出来的东西，现在究竟该如何承认自己的第一次失败呢？拒绝已经同意的撤退，最后关头违心地用一系列战术上的调整来取代撤退的命令，将会导致德国军队自1918年以来最严重的一次危机。

12月8日，希特勒决定离开东普鲁士的大本营，前往柏林。苏军的反攻三天前就已经开始，这次离开大本营应该是有紧急情况发生！确实，这件事还很大：他刚刚得知美国和英国向日本宣战。当天，700名犹太人在特制的卡车里被用毒气毒死，标志着第一个灭绝营出现，灭绝营就设在波兰的海乌姆诺。在专列里过了一晚之后，希特勒于9日11点来到柏林。除了耶路撒冷的大穆夫提赛义德·阿明·侯赛尼之外，他没有接待任何外国访客，并和里宾特洛甫、希姆莱、托特和戈培尔开了秘密会议。按照和希特勒交谈过多次的尼古拉斯·冯·贝洛的说法，[53]希特勒显得坐立不安，在大家两次提到对美国和日本发生冲突持乐观看法之间，他好几次提及陆军指挥层的问题。11日15点，他在克罗尔歌剧院对国会议员发表了长篇大论的讲话。三个小时的时间里，他追述了战争源源不断的宏伟画面，列举了大量苏军的伤亡数字，将自己军队的伤亡少说了四分之一，这样能更好地体现出苏军的损失。讲话的后半部分主要说的是美国和罗斯福。神采飞扬地讲了很长一段时间之后,希特勒停了下来,并温和地说他已经"给美国的外交代办准备好了护照"。[54]在德国人听来,这话只不过是温和的正式宣战,表明自己和日本会在军事上相互配合,并会和日本共同战斗到最后一刻。一句话都没提到东部战线的危机。

12月15日19点,希特勒动身返回东普鲁士,16日11点抵达。到中午,哈尔德所担心的局势问题,不仅在中央集团军群,就连在北方集团军群那里也都愈演愈烈。希特勒同意冯·里布的军队弃守季赫温,撤退到沃尔科夫后方。但他说只能撤退到那儿。他命令南方集团军群留在阵地上,加紧夺取塞瓦斯托波尔,这样就能解放第11集团军的兵力,后者会成为后备部队。到了第二天半夜,他通知布劳希奇和哈尔德,说莫斯科的情况会有所不同。他对他们宣布:"不能撤退。除非敌军在好几个地方实施了纵深突破。建一条迎接线就是痴心妄想。前线就一件事:敌军的士兵比我们多。已经没有火炮了。炮兵部队的状况比我们要差得多。"[55]1941年12月18日,陆军总司令部以电报形式向中央集团军群下达了一条名为"坚守令"的著名的命令,电文是这么说的:"元首命令:不得实施大规模撤退。这么做会导致武器和重型装备损失严重。在集团军司令、军长、师长和军官的各自的指挥下,部队必须在各自的阵地上进行猛烈的抵抗,不要考虑对敌军的侧翼和后方进行突破。只有这种类型的战斗才能争取必要的时间,让我下令增援的部队从德国和西方运过来。只有这些后备部队抵达接收的阵地,你们才能考虑撤退。"[56]12月26日,又对"坚守令"进行了重申。

理论上讲,有三种可行性可以应对苏军的进攻:严防死守;根据时机不同,弹性撤退;向后方准备好的阵地大幅撤退。在12月8日的第39号指令中,希特勒倾向于第三种解决方法,但条件是"不应受到对手的逼迫",而且要快速建造接收线。由于并不存在这两个前提条件,所以也就只剩下了两个解决方案。希特勒担心一旦开始撤退,而指挥撤退的都是他要使之辞职的将领，撤退就会刹不住，所以第二个选项也不予考虑。希特勒的命令费了大量笔墨。这是不是一个严重的错误呢？战后，回忆录作者和专家都认为它和德国军事文化几个固定的观念产生了强烈的冲突。首先，事先强行做出普遍性的决策，而不考虑当地的局势和将领的判断，这点和指挥层的自治传统相抵牾。其次，"坚守令"同样摒弃了这样一种看法，即撤退可以避免损失；这样做似乎又回到了1915年至1917年的阵地战。第三，他看重的是"土地"，而不是保存军力。这些意见都很笼统，什么都解释不清。当时，无条件崇拜他的那些人认为他拯救了东线军队，没有重蹈拿破仑下令提早撤退以至被全歼的命运。戈培尔相信这一点没什么奇怪。但约德尔是个优秀的专业人士，连他也相信这一点，这就不能忽视了。对许多将领（克鲁格、哈尔德）来说，希特勒的决策事实上他们也都如释重负地同意了。莱因哈特在日记里赞扬了"坚守令"："元首的命令终于使我们茅塞顿开！"[57]战后，在战败的将军们将所有军事上的失利都归罪于希特勒的那个时代，冯·格莱芬博格却在给美国人写的报告里说道："毫无疑问，在最初的失利达到岌岌可危的程度之时，这些命令所蕴含的决心增强了指挥层和部队抵抗的意志力，从而稳定了德国的战线。"[58]就在布劳希奇和冯·博克意志不再坚强的时候，是希特勒行动起来，做出了决定。那些战争的行家里手也能消除疑虑，认为一方面，这项措施只是临时性质，后备部队一到，就可以不用执行；另一方面，实际操作上，这项命令也可以灵活处理。德国国防军的专业精英惊慌时的反应和普通士兵根本没什么两样：求助于军事上的天才，求助于运气。高级指挥层再一次心甘情愿委身于希特勒，而对希特勒来说，他所关心的只是能弄到多少土地。接下来，他们也可以指责，说损失太大：在这方面，"坚守令"是否真的代价高昂呢？没有证据证明。1941年12月、1942年1月和2月的阵亡人数低于7月和9月，和8月和10月没什么差别。

希特勒，陆军总司令

1941年12月17日，陆军元帅冯·布劳希奇宣布他出于健康原因隐退。希特勒没说什么就让他离开了，也没有按照惯例，感谢他在这个荣誉性的职位上做出了突出贡献。1942年3月20日，戈培尔罕见地前往拉斯滕堡，揭示了希特勒对布劳希奇的看法。"绝大部分的责任［1941年12月的灾难］都应该由布劳希奇承担。元首对他充满了轻蔑。这个自负懈怠的侏儒，根本没法因局势采取应对之策，更别提什么掌控局势了。正是因为他始终都采取模棱两可和不予合作的态度，才让东线战事的整个计划遭到了极大的损坏，而元首本来对这项计划考虑得相当透彻。"[59]18日，冯·博克也打去电话，说自己身体欠佳，无法再担任指挥职务。他暂时推荐冯·克鲁格。就算两位年纪分别是60岁和61岁的元帅身体和精神真的出现了问题，但他们在战争岌岌可危的时刻抽身引退，也实在说不上有多光彩。尽管如此，博克的离职并不能说成是在抗议：他的日记表明他遵守了希特勒的"坚守令"，一直坚持到了最后一刻。

那该由谁来担任国防军最重要的陆军总司令呢？在柏林和拉斯滕堡，有几个名字在传来传去。贝尔纳德·冯·洛斯贝格[60]是约德尔在最高统帅部的主要合作者之一，他对后者提到了曼施坦因，曼施坦因被认为是军队最出色的大脑。希特勒的空军副官冯·贝洛[61]的回忆录，还有豪辛格的回忆录[62]都提到凯塞林、赖歇瑙，也有说让伦德施泰特和迪特尔来接替布劳希奇的。希特勒的国防军副官施蒙特将军对元首说他可以暂时担任这个职位。事实上，希特勒并不需要别人来劝说他。他并没有选择上面提到的任何一个人，无论是能力强的（曼施坦因、凯塞林）、资历老的（伦德施泰特），还是忠心耿耿的（迪特尔、赖歇瑙），他都没选，这只能说明他并不想让其他任何人来担任陆军总指挥这个繁重的职务。由于布劳希奇已不具备足够的气魄来担当重任,所以希特勒其实已经担负起了这个职责。那继任者是否必须具备"灵活"应对艰难时刻的能力呢?如果相信希特勒正是因此而将曼施坦因排除在外的话,那这样的担心想必就会占很大比重:"没错,很有才能,但性格太独立不羁了。"[63]他对哈尔德毫不掩饰地说出了更深层次的考虑:"指挥作战行动,每个人都能做到。陆军高级指挥层的任务是要从民族社会主义的角度来教育军队。我没有看出有哪个军队将领能像我那样来完成这项任务。正是因为如此,我才决定自己来担任陆军总司令一职。"[64]哈尔德听了这话,想必已是瑟瑟发抖:专业素养不重要,意识形态可以取代专业素养。冯·勃洛姆堡—冯·弗里奇发生双重丑闻之后,希特勒就于1938年担任了军队最高统帅一职,不但让总参谋长,还让国内的军队、人员培训、人员晋升方面的事务都要听命于他。任何一项行动,任何一项动员措施,任何一个生产制造装备的决策都得听命于他。事实上,无论是战略、行动,还是组织层级上的事务,没有他的签名,就不可能落实贯彻。布劳希奇的离开对希特勒以及他和德国人民的关系而言还有另一个巨大的好处,那就是他可以不引人注目地将兵败莫斯科的责任推给这位元帅。

因此,12月19日,希特勒正式发布简短的声明,宣布由他本人来取代布劳希奇。

> 国防军和党卫军的士兵们![……]他们面对的是最危险的敌人,却取得了不朽的胜利,世界历史上都无人能出其右,现在冬季突然到来,东线德军只能从运动战转为阵地战。他们的责任就是以坚韧不拔的意志和必胜的信念捍卫和坚守下去,直至春天到来。我只希望新的东部战线的德国士兵在俄国度过四个冬天,能获得二十五年前他们已取得的胜利。[……]因此之故,今天

我决定,我作为军队的统帅,担任陆军司令一职。[65]

和"坚守令"不同,高级指挥层内部并无异议。这被看作是布劳希奇倒台之后自然会发生的事,毕竟大家对布劳希奇都不看好。参谋部的许多军官认为陆军总司令一职就是麻烦窝,摩擦不断,政令不畅,所以这么做正好顺应了那些军官的要求。曼施坦因本人就曾于1938年7月提出过这个解决办法。希特勒在获取增援部队时能量过人,这点就连优柔寡断的人都会觉得放心:操纵一切的元首-总司令可以让军队过得更好。哈尔德最担心的就是他的顶头上司布劳希奇的离去。让他惊喜的是,希特勒竟然把他这个不讨喜的人留在了身边。更有甚者,现在他们之间的屏障已经消除,他觉得自己还有可能成为军队最重要的谋士。1月14日,国务秘书冯·魏茨泽克很惊讶地写道:"哈尔德似乎对现在能和元首自由接触而容光焕发。[……]元首当领导的好处正在显现出来。"[66]这位傲慢自负的总参谋长自认为是老毛奇和鲁登道夫的继承者,却还没意识到自己其实刚刚降级成了部门首长。

冬季的清洗并未局限于布劳希奇和冯·博克。12月20日,拒绝执行"坚守令"的古德里安必须向希特勒说清自己这么做的理由何在。

> 古德里安的副官约阿希姆·冯·雷斯滕在日记里写道:15点30分,我们在拉斯滕堡降落。司令去了元首那儿。[……]幸好有了这次谈话。古德里安无疑是军队里唯一一个敢于打破沉默的人,能挽救东线的颓势。从我在这儿听到的谈话来看,我觉得谁都没能理解前线发生的事。

1月6日,他在爱尔福特写道:

第十九章 苏联的反攻

这一年结束的时候，我离开了俄国。[……]我们从拉斯滕堡返回奥廖尔的时候，古德里安终于让我明白，他们并不信任他，或者说他们不愿去相信他。[……]古德里安在元首那儿待了好几个小时[……]元首指责他在最近的六个月里，和许多事情走得太近，太关心士兵，因此丧失了公正的视角。[……]"坚守令"不会被取消。[……]我们返回奥廖尔后的两天，就失去了切尔尼，这是一个小镇子，就坐落在图拉和奥廖尔之间的堤道上。[……]中央集团军群的新任司令陆军元帅冯·克鲁格便以这个事件为借口，要求将古德里安撤职。[67]

希特勒已经厌倦了古德里安的乖张行为，于是听取了克鲁格的意见，12月25日，"急速海因茨"被编入了后备部队。这个行为对德国国防军的打击不小，因为谁都知道装甲部队的这位将军是希特勒喜爱的军官。1月8日，霍普纳也被逐出了军队。"仅有'疯狂的意志'仍然无济于事。意志力虽在。但缺乏资源。"[68]他向上级写这样的话也是需要勇气的。1942年1月16日，冯·里布同样遭到了解职，被编入了后备部队。一个月时间，朱可夫的反攻就让已经破灭的巴巴罗萨行动的五名将领解了职：三名集团军群司令（伦德施泰特是弃守罗斯托夫之后被清理的，如果加上他的话就有三名），两名集团军司令。由于希特勒任命自己担任陆军总司令，故而陆军在与政治权力的交锋中，终于落败，结束了近两个世纪的自治。

驻克里米亚的第42军军长汉斯·冯·施波内克将军阐明了希特勒为什么会改变态度，他为什么决定不再遵从德国军队的传统规则。1941年12月31日，施波内克被从指挥岗位上调离，召回柏林。希特勒指责他自作主张撤退了一个师，将刻赤拱手让给敌军，他这么做就是在违背命令。施波内克这么做是为了不让自己的部队被包围。他被移交德国军事法庭，由戈林审理。法庭上，有利于施波内克的证词都没有被采纳，被告在庭审辩论期间始终站着。1942年1月23日，施波内克因"在战场上玩忽职守"而遭降级，剥夺一切荣誉，并被判死刑。希特勒犹豫了一个月之后，对施波内克从轻发落，判了他六年监禁。犯人的财产遭到剥夺，家人也受到骚扰。从德国或普鲁士的军队历史上来看，他对施波内克态度之严厉可谓相当罕见。戈培尔在日记中写了自己对这件事的看法："法庭庭长戈林直截了当表达了自己的观点，国防军相关圈子里的人也都了解了他的看法。死刑判决很有必要，这么做可以从心理上威慑对方，好让前线的将领们明白如果他们投机取巧，不遵守元首的命令，等待他们的会是什么结局。[……] 这个判决在国防军的高层圈子里已经传播开来，肯定会产生效果。"[69]

圣诞节的幻觉

12月12日，朱可夫满意地发现敌军从两翼撤退了。伊斯特拉获得解放，图拉得到解救，克林再次被包围。还剩下中路，克鲁格的第4集团军大部都在那儿。13日，他命令轴线上的军队（第33和第43集团军）加入反攻。他有两个目的：牵制冯·克鲁格的部队，使之无法从战略公路上向侧翼行动；尝试向小雅罗斯拉韦茨方向的纳罗-福明斯克突破，如果成功，就能将中央集团军群一分为二。第33和第43集团军于12月18日上午发起进攻。苏军的表现很不好。无论是彼此之间的协调、对部队的控制、各军种之间的互动，还是对物资和火力的集中，都很糟糕。向埋设地雷的开阔地带发起正面冲锋，遭到机枪和加农炮的扫射，只能导致无谓的损失。两天后，朱可夫停止了行动。他虽然叫停攻势，但有一个例外得到了他的同意，其中的理由值得在此讲一讲。12月20日，他给戈卢别夫（第43集团军）写了一封让对方"亲启"的信，他在信中要求戈卢别夫"12月21日解放巴拉巴诺沃车站，以此来庆祝斯大林的生日"。戈卢别夫让他放心，说他"会采取一切手段，履行前线军事委员会的指示"。[70] 德军只是到了12月28日才离开巴拉巴诺夫，糟蹋了朱可夫的生日礼物。不惜代价，让夺取城池和某个象征性的日子出现在同一个时候，向来都是苏联的做法。朱可夫本人后来又犯了这个错误，对士兵万般督促，要他们在1945年5月1日将苏联国旗插在德国国会大厦上方。眼看中路进攻停止，冯·克鲁格觉得自己已赢得了一场关键性的胜利，六个星期以来让征用来的平民修建防御工事看来起到了作用。冯·博克在离开之前又重新燃起了希望。北部，苏军被阻遏在拉玛河—鲁扎河防线背后；中路，在纳拉河背后；南部，在奥卡河—普拉瓦河背后。陆军总司令部兴奋不已，让军事工程师委员会动用平民和斯摩棱斯克地区战俘营里的俘虏当劳力，在断口处设立防线。[71] 在这条理论上的防线的北端，第9集团军尽管已经羸弱不堪，却仍大致阻挡住了加里宁方面军，或者逐步撤退到了该方面军的前方。如果希特勒许诺的援军能如期到来，那就有可能在圣诞节的时候稳定战线，莫斯科也能在冯·克鲁格的攻击范围之内（50公里）。那这样一来，朱可夫的努力或许就会波澜不惊。

但这样的稳定局面只不过是地图上的幻觉，哈尔德和希特勒就是这场幻觉最初的牺牲品。冬季，任何一条水道都无法成为真正的屏障，除非花足够的时间加固水道的四周地区，12月21日，寒潮来袭，挖掘工作无法进行，这样的可能性也就不存在了。不过，朱可夫的右翼到1月初一直卡在鲁扎河的后方。他们在等援军和后勤线路归位，而第3和第4装甲集群（更名为第3和第4装甲集团军）终于收到了炮弹和几十门新炮，用来替换（少数）丢弃的旧炮。那时候，朱可夫正想发动第二阶段的攻势，他在回忆录里说，他的目标是"夺回德国法西斯部队所谓'台风'行动之初占据的阵地[……]［也就是］维捷布斯克—斯摩棱斯克—布良斯克防线"。[72] 借助分配给他的"四个增援

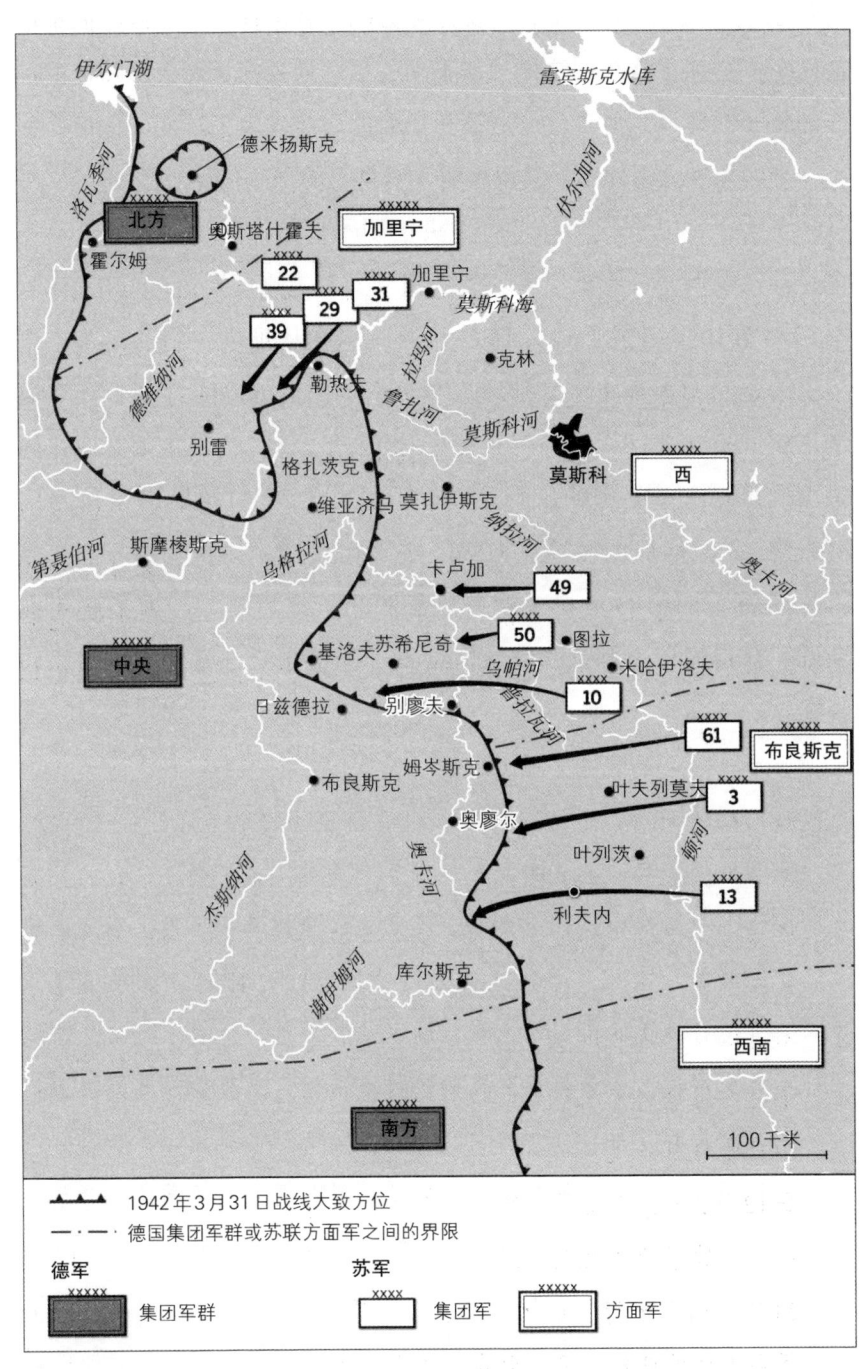

侧翼的三次胜利（1941年12月25日—1942年1月5日）

的集团军［加里宁方面军和布良斯克方面军各增援一个，西方面军增援两个］"。如果战线就这样一动不动的话，斯大林无疑会听从他最优秀的将军的建议。但朱可夫右翼和左翼的局势发生了转变，他便产生了一种印象，觉得德军已经很虚弱，对自己的部队估计过高。

事实上，三个行动都将对中央集团军群造成可怕的打击。第一个行动涉及西方面军的左翼。奥卡河到阿列克辛的通道可以让第49、第50和第10集团军于12月18日向卡卢加强势推进。到圣诞节，朱可夫的整个左翼都将来到别廖夫和卡卢加的前方，12月30日，夺取卡卢加。第10集团军一口气奔袭了100公里，第2装甲集团军现在的司令是鲁道夫·施密特，而且该集团军也收到了170辆坦克和25门突击炮，[73]但他们已经精疲力竭，被第10集团军撵得气喘吁吁。海因里西将军的第43步兵军就在风暴眼里，最后一刻，为了避免被全歼，只得撤退了好几次。他写给妻子的信中全都是绝望、愤怒和苦涩。

> 12月16日。这儿局势不妙，我忐忑不安地给你写了这封信。俄国已经在我们狭窄战线上的好几个地方实施了突破，我们只能撤退。一切都和1812年相似，雪很厚，道路几乎不通，暴风雪肆虐，寒气逼人。我不知道该如何收场。12月17日。如果不是六个月没日没夜的战斗，把我们的军队和人员压得喘不过气，情况不会变得这么差。而且，我们被打得很惨，人数少得可怜，食物和衣服也都不足。［……］12月20日。我们完全低估了俄国。还是12月3日，集团军群给我们发了一封电报，说只要最后再努力一把，敌军就会彻底崩溃，因为他们已经没有后备部队了。12月24日。祸不单行。柏林的高层没人能看得到。［……］但，为了保存上面的威信，没人敢在后方做出决定。军队已经被全部包围在了莫斯科城下，他们怎么能接受得了。他们拒绝承认俄国有能

力做到这一点。[74]

1942年1月2日，第10集团军的先头部队切断了苏希尼奇南部的莫斯科—布良斯克铁路干线，但没过多久，铁路线就遭到了包围。斯摩棱斯克在西北方向200公里处。第25步兵师（第2装甲集团军）的军医阿道夫·B.不仅目睹了战友都很沮丧，也目睹了占领军对平民的残暴行为。

> 1942年12月31日至1月1日夜，我必须不间断地工作，一直到凌晨5点。我们的许多伤员病情严重，尤其是脑部、胸部、腹部的伤情。受伤的战友整体的抵抗能力下降得很厉害。[……]俄国在后方还有大量后备部队，为了反击这些野兽（西伯利亚、高加索的狙击手等），这个时候我们也必须战斗不息。[……]你简直无法想象我们竟然能从基督降临节的第二个星期一直熬到了圣诞夜！眼下，我们仍然牢牢掌控着奥卡河防线。我们前方，敌人那一侧一片荒芜，有好几公里的纵深。所有的村子都已被焚毁殆尽，居民都被往东赶，我们把所有能扛武器的年轻人都抓了当俘虏。周围的景象实在是惨不忍睹。

1月10日的第二封信对苏军的军力进行了评估，又讲到了平民的惨状。

> 毫无疑问，和红军的战斗明年夏天就能结束；俄国已经没有太多重型武器了；他们缺大量加农炮和坦克！他们手头还有的就是无穷无尽的人力，一些飞机和迫击炮！我们缺的是车辆，所以打得特别艰难和凶险；我们的行动大大受限，还得抵挡苏联人的恶毒攻击。[……]休假和换班想都不用想了。必须坚守到春天；

然后，我们就能发动新的攻势，俄国将无法抵挡。[……]我们所到之处，都会把村子烧成灰烬，就是不让俄国人在村里驻军。村子在燃烧，城市在燃烧，军事物资被摧毁，女人孩子眼泪汪汪，一片惨绝人寰的景象。这些画面，我永远无法忘记[……]。这儿，已经再也找不到活人了。[75]

再往南，第61、第3和第13集团军构成了铁木辛哥西南方面军的右翼，12月7日至16日，他们把冯·魏克斯的第2集团军打得落花流水，当时该部队由鲁道夫·施密特代理指挥。他们阵脚大乱，撤退了200公里，放弃了叶夫列莫夫、叶列茨、利夫内。苏军的两支机动部队从叶列茨两侧出击，成功包围并歼灭了两个步兵师的大部分部队。1月5日，从现在由布良斯克方面军指挥的三军先头部队来到了距姆岑斯克20公里的地方，那儿距奥廖尔50公里，距库尔斯克30公里。南方集团军群的接合处被撕开了一个100公里的口子。士兵K驻扎在库尔斯克以东的季姆，他在日记中写道，苏军第40集团军"驾驶重型坦克发起进攻。[有六辆KV-1坦克。]我们没有反坦克武器，所以只能撤退。撤退是战争中最糟糕的事，哪怕在白天也是如此。俄国人向我们发起猛攻。火炮、迫击炮、坦克、反坦克武器、机枪和步兵倾巢而出。许多战友在战场上失去了生命。许多人负了伤，落入了俄军的手中。大多数连队只剩下了30到40个人"。[76]

第三个行动由伊万·科涅夫指挥的加里宁方面军发起，也成功了。1月1日出动了五个集团军（第22、第39、第29、第31、第30），五天时间里，形成两个长达25公里的触角，一直推进到了勒热夫。给第9集团军运送给养的铁路和后勤线路被切断了。渡过了伏尔加河。距维亚济马已经不到100公里。那儿和北方集团军群的联络线被撕开了好几十公里的一个口子。

斯大林看见这三个行动赢得很漂亮，就把朱可夫要求优先派遣增援部队、巩固胜利果实、瞄准斯摩棱斯克以及把中央集团军群一分为二的提议抛在了脑后。他甚至从朱可夫这儿抽调了两个集团军。斯大林被卡卢加、利夫内、勒热夫的胜利冲昏了头脑。他之所以这么乐观，和格鲁乌的胡说八道也有关系，格鲁乌估计6月22日以来，德国及其盟军已损失了350万人，这个数字比真实数字多出了三到四倍！斯大林认为德国已经无法稳固战线，也无法将分散开来的三支部队整合起来。他夸大了对方人力和物资的损失数量。事实上，12月1日至1月5日，德军不超过5万人阵亡。人数确实很多，但仍然在6月22日以来每月阵亡平均数的范围之内。损失的物资数量是在上升，12月前20天，损失了424辆装甲车、351架飞机、大约1万辆运输车辆、5000门各式火炮和1.5万挺机枪。这些数字和1941年8月记录在案的数字几乎持平，不同之处在于，苏军（和斯大林）是第一次看见这么多被摧毁的装备残骸。12月16日，在亚赫罗马的布尔加宁给斯大林和朱可夫写了封信："德军重型和中型坦克、装甲车和自推进车辆被摧毁的数量〔……〕超过了想象。从战场上的情况来看，法西斯装甲部队是在名副其实的溃逃。〔……〕我认为派遣电影团拍摄德军战败的场景会大有裨益。"[77]事实上，在瓦尔拉莫夫和科帕林的领导之下，电影已经在开拍了。1942年2月23日，《德军在莫斯科附近溃败》在银幕上放映。美国也在上映，片名是《莫斯科在回击》，该片荣获奥斯卡最佳纪录片奖。1942年5月29日，希特勒继戈培尔之后，看了这部纪录片。[78]

巴巴罗萨行动不会被逆转

1942年1月5日或7日，[79]斯大林把朱可夫叫到了莫斯科。他通知朱可夫，要他事不迟疑，从波罗的海到黑海，马上发起总攻。1月10日，他签署了这项指令：

红军成功地拖垮了德国法西斯军队，采取攻势，将他们往西赶。德军如今采取守势，开始筑壕据守。他们认为他们能在春季到来之前阻挡住我们的攻势，继而由他们来发起攻势。他们想赢取时间。我们的任务是不让德军有喘息的机会，马不停蹄地将他们往西赶，迫使他们的后备部队在春天到来之前疲于奔命，而我们还会有大量后备部队，德军却拿不出多少兵力，这样就能确保在1942年全歼希特勒的军队。[80]

这项命令是个错误，是过度乐观造成的结果。斯大林后来在1942年和1943年冬季末又犯了同样的错误。苏军可以在1941年至1942年的整个冬季调动两个方面军，但肯定不会是八个。他们无论是部队还是后勤补给，状况都很糟糕，机动性也很差。装甲旅人数太少，缺少力量，走不远。骑兵、伞兵、滑雪兵当然可以上战场，但他们没法将缺口转变为包围圈。斯大林犯的这个错误（是6月22日突袭战和基辅包围战之后的又一个错误）将让苏军损失数十万人的生命，却又得不到多大的成效。十个后备集团军将会一个接一个地被消耗掉。

我们不会对冬季反攻第二阶段的战斗作详细描述。到现在这个时候，巴巴罗萨行动的失败其实已成定局。我们仅会指出1942年1月，中央集团军群战线的几个端口再次发生破裂。北部，科涅夫的集团军又推进了80公里。朱可夫重组右翼，终于在1月15日成功强渡了拉玛河。第3和第4装甲集群此时不得不再后撤50公里。纸牌屋开始崩塌。中路，第4集团军守不住阵地。他们撤退了100公里。莫扎伊斯克和小雅罗斯拉韦茨都获得了解放。南部，第49、第50和第10集团军推进得更远，打到了基洛夫，距卡卢加西南部120公里。德国国防军四面受敌，遭到突破、包围、围困，被打得苦不堪言，只能苦苦支撑。尽管德军杰出的战术素养起到了很大的作用，但正是由于苏军打得太混乱、太分散，而且由于缺乏弹药，已丧失了强大的传统火力，所以德军才得以幸存下来。

北部,西北方面军、列宁格勒方面军和沃尔科夫方面军的部队于1942年1月6日发起了两个行动,想要包围并摧毁列宁格勒城下由屈希勒指挥的北方集团军群。行动发起得很仓促。梅列茨科夫不敢违拗斯大林,就派出残兵剩勇一波又一波地发起冲锋。苏军在两个月内做出了巨大的努力,终于形成了两个包围圈。第一个导致弗拉索夫将军的第2突击集团军被歼灭,将军本人被俘。第二个,库洛奇金的西北方面军赢得了部分胜利,在德米扬斯克设了陷阱,俘获了10万德军。这两次行动给苏军上了一课,让他们了解到当包围圈由迄今为止从未见过的规模巨大的空中桥梁进行补给的时候,该如何在包围圈内生存下去的策略。4月,德米扬斯克的包围圈被击破,但列宁格勒的包围圈还在。

铁木辛哥是大反攻的最大受益者,他的西南方面军收到了大量后备部队。1942年1月18日,元帅发起进攻。他和朱可夫的观点相左:他打击巴拉克列亚和阿尔泰米夫斯克之间的中路,方向直指顿涅茨河畔的伊久姆。然后,他想让部队同时绕过北部和南部。北部包围哈尔科夫和德军第6集团军;南部在科斯坚科的南方面军的协助下,向第聂伯河进军,进而歼灭第17集团军、第1装甲集团军和意大利快速反应部队。他的计划假设自己的部队能在几乎没什么坦克的情况下向西推进200到500公里,这在隆冬季节应该很难做到。毫无疑问,他想比自己的老部下、在斯大林身边如日中天的朱可夫打得更好。经过几个星期的血腥战斗,他只渡过了顿涅茨河,在伊久姆对面的河西岸挖出了一个直径80公里的鼓包。由新成立的克里米亚方面军在克里米亚发动的两栖进攻并没能替塞瓦斯托巴尔成功解围。战线从这一头到另一头长达2000公里,苏军越来越虚弱,越来越无序,战斗就这么一直打到了1942年3月。完全是徒劳无功。斯大林并没有成功摧毁中央集团军群,另两个集团军群也没有被歼灭。巴巴罗萨行动并没有被逆转过来。

希特勒向美国宣战

1941年11月11日14点18分，柏林，冯·里宾特洛甫在威廉街接见了美国代办勒兰德·B. 莫里斯。1938年11月，大使休·威尔逊已被召回华盛顿，以示对水晶之夜大屠杀的抗议，大使后来一直没有返回柏林。里宾特洛甫站着接待莫里斯，向他读了宣战书，结尾是这么说的："从今天起，德国和美国处于战争状态。"他又用英语干巴巴地说道："贵国总统想要这场战争。现在，他如愿以偿。"[81]会面持续了三分钟。四十分钟后，希特勒在柏林的克罗尔歌剧院对国会议员宣布发动战争，并通过电波，晓谕了全体德国人。他对罗斯福本人进行了无休无止的攻击，说罗斯福是个"精神病"，和犹太人拉帮结伙，想要发动远征，反对德国，而且很久以来就对德国发动了冷战，在大西洋战役中又变成了热战。战争的责任都在罗斯福身上。纳粹议员长时间欢呼，讲话结束。

党卫军保安局对民众进行了监视，从这些监视报告中可以看出，民众对元首的宣战书并未觉得不安，也没觉得吃惊。战争自然还会延续下去，损失会变得越来越大，德国民众听天由命的气氛很普遍。战争是由美国人挑起的说法似乎得到了认可。尽管东线的战事有点被日本最初的胜利所掩盖，"但我们的许多同胞确信〔从公报上了解到莫斯科城下的反攻〕苏联的战斗力肯定会越来越弱"。[82]很少有人能像弗里德里希·凯尔纳那样看出希特勒向美国宣战会带来灾难性的结局。

任何时代，欲灭亡者，神必使之盲目。纵观如今的局势，甚至只为德国着想的普通人和中立者都会得出结论，在最好的情况下，宣战肯定会使这场冲突继续延续下去。而事实上，条约的签署方德国、意大利和日本最后总是难免会一败涂地。若是认为德国大多数公众或多或少都会同意这样的判断，那他肯定会大失所望。德国会遭到严厉的惩罚。人民都成了彻头彻尾的疯子。日本最初的胜利使他们失去了冷静的头脑。他们已不再拥有理性。否则，实在无法解释如此多的同胞竟会一本正经地大声鼓噪，说什么德国的胜利很快就会到来！！！！！愚蠢到这种程度，实在是让我震撼。我真想在这么多的蠢货面前大声疾呼。[83]

从这时起，和大多数的德国人不同，历史学家都对希特勒为何要跨过他的卢比孔河，走这一着险棋而感到震惊，并为此争论不休。还没战胜英国，苏军的反攻在世界上崭露头角，巴巴罗萨行动以惨败收场，都这样了，他怎么还能和世界第一经济强国为敌呢？他难道忘了第一次世界大战最后十八个月，美国加入战争，对力量对比产生的影响有多大？我们没有文献可用，所以没法回答，只能进行假设。擅于论战的塞巴斯蒂安·哈夫纳说这是一种"绝望政治"，甚至是明知自己会败的人所采取的一种自杀性行为。[84]这样的论点没法得到证明，只能从心理学角度来看待。历史学家格哈特·温伯格说希特勒应该是低估了美国的力量，只会沉湎于种族主义的陈词滥调之中，总觉得"别人会背后捅刀子"。[85]尽管希特勒的有些声明与此相符，但有些却与之相反。我们只能得出结论，他对美国充满了矛盾的情绪。在这一点上，不应该强行夸大希特勒的非理性。如果说美国是个不容忽视的力量，那美国的海军对他施加压力，他为什么还要忍上一年呢？1941年9月11日，罗斯福授权军舰一旦看见U型潜艇就向其开火，难道罗斯福这么做不正是一个可以宣战的好借口吗？还可以提出许多假设，如历史学家克里斯蒂安·格拉赫，[86]他认为对美国宣战就是对犹太人宣战，这是希特勒首要考虑的目标。这个论点有许多日期可以支持：12月9日最初由海德里希召开万湖会议，9日开始在海乌姆诺施放毒气，在国会讲话中激烈的反犹主义言论（12月11日），[87]戈培尔的日记（12月13日）[88]等。美国的犹太人想要灭绝德国人，希特勒就要发动一场美国人挑起的世界大战让全体犹太人付出代价。但时间上的相近（许多日期都在12月6日至13日之间）并不足以推导出因果关系，尤其是七十年来，研究大屠杀的历史学家并不同意这个决策在时间上和犹太人大屠杀有什么关系。

如果我们从战略这个更为坚实的层面来看的话，就会发现12月11日的决策和巴巴罗萨行动的失败有很大的关系。希特勒至少从1941年11月初就意识到，没法用一场战事来打垮苏联。尽管他在11月10日和19日发布的两道"乐观的"命令[89]说冬季要向伏尔加河以及迈科普油田进军（1月初），但23日，他也向哈尔德承认，战争要到1942年才会结束。他甚至认为和英国打个平手也无妨。[90]1940年夏临时做出的战略计划认为，吞并苏联各国之后，德国到1941年圣诞节就会成为世界强国，但没想到苏联这儿"情况生变"，这个计划也就此终结。因此，美国就让他们变得寝食难安。那么美国人是否会让德国国防军在1942年有时间发动第二波巴巴罗萨行动呢？国防军在西线没有遭受进攻的情况下，是否能获取矿产和粮食基地，构建自给自足的大陆帝国，打一场长期的战争呢？惠及苏联的《租借法案》（1941年11月7日），美国在冰岛驻军，美国军舰在大西洋找德国人的碴，都能让人预感到华盛顿会加入战争。事实上，美国的海军负责大西洋三分之二海域的安全，完全为英国人考虑，这种做法已经是在向德国开战。每个星期，美国的八个特遣队在两个方向护送14个共计1200艘盟军或中立国家商船的船队。不过，只要德国国防军还被卡在苏联，希特勒向潜艇下达了严格的命令，严禁向飘扬星条旗的船只发动攻击和进行反击，这样就让罗斯福没有任何借口退出中立。1941年7月9日，美国人占领冰岛后，他明确向海军上将雷德尔表明了这个立场。海军上将认为这是开战的理由，但希特勒驳斥了他："必须让美国再推迟一到两个月加入战争,因为一方面,东线的战事必须由空军投入全部军力[……];另一方面,因为东线的胜利对整体的局势会造成巨大的影响,很有可能会影响美国的态度。"[91]这样的声明也包含了下面的意思:如果巴巴罗萨行动失败,则必须在大西洋上对美国人进行反击。

在和苏联的战争出现结果之前,阻止罗斯福和英国人一起抵抗德国的方法就是鼓励日本人对华盛顿采取强硬态度,使之无暇介入欧洲。在希特勒看来,三方条约就起这样的功能。但东京却采取了一种模棱两可的态度,一边备战,一边想要和华盛顿达成协议。对德国来说,这样会很糟糕,和1917年一样,美国又会将所有的力量压向欧洲。美国不妥协,日本又无法放弃中国,从10月底开始,这条路几乎可以肯定已经行不通,1941年11月5日的帝国议会就对此做出了决定。日本参谋部为此还试探德国的态度,想要知道德国对亚洲燃起战火有什么看法。如果日本是侵略者,那三方条约并不会要求德国站在日本一边加入战争,但日本军方只是要求柏林保证不和华盛顿达成谅解。柏林和东京的立场完全对称。他们似乎忘了,从1941年4月起,希特勒已向松冈外相承诺他会站在盟友的一边加入战争。极有可能,松冈并没有将这个信息通报给自己的政府,而松冈惯于使这一手。

11月26日,珍珠港行动倒计时,山本的联合舰队即将攻打珍珠港。事态正在加速发展。29日,再次召开帝国会议,要求驻柏林和罗马的大使确保两国加入战争,不得独自媾和。12月1日16点10分,昭和天皇同意挑起战争。同柏林和罗马的结盟文本也在紧锣密鼓地拟定之中,12月11日,协议得到签署。说实话,协议签不签都无所谓:尽管希特勒对宣战这件事从未有过丝毫怀疑,但冯·博克发动攻势失败让他产生了动摇,这一点12月1日起特别明显。希特勒想要不动声色地对苏联发动第二次战事,比之前那次更凶险,所以他决定联合东京,这样至少暂时能起到避雷针的效果。他的赌注是美国无法在太平洋和大西洋这两条战线上开战。他认为1942年的理想局势是这样的:

第十九章 苏联的反攻　1171

德国国防军夺取高加索油田,将苏军余部击退至乌拉尔山以后,盎格鲁-撒克逊人只要打击日本商船,U型潜艇则对盟军的商船实施猛烈打击。他向将军们预言,再怎么样,华盛顿1943年之前也无法全面将经济动员起来,而此时,德国已经用苏联的财富构建起自己的战略空中机队和舰队了。[92]他的算计可以说是全盘皆错:巴巴罗萨行动并没有对苏联造成毁灭性的打击;美国从1942年起就能在两个战线上发动战争,而对抗德国是其重中之重;日本还没像柏林想象的那么强大。可是,他在国会的讲话证明他通过《芝加哥论坛报》12月4日的报道了解到了"胜利计划",这是罗斯福下令开展的一项重整军备的庞大计划。正是巴巴罗萨行动的失败,才推动他寻找一个替代性的战略计划,那就是联合日本发动一场世界大战,只是他的理由是由错觉构成的,而由此导致的后果却极具灾难性。

12月7日,柏林从BBC和路透社的公报中听说了袭击珍珠港的事件,既是意料之外,又是意料之中。从第二天早晨起,希特勒就命令U型潜艇进攻美国以及出于各自的理由与美国团结一致的南美各国的舰船:战争实际上已经打响。9日,由于苏军发动全面反攻,他离开了自己的大本营,返回柏林,召开国会会议。希特勒本可以等待罗斯福向他发起挑战。但他喜欢抢先下手,无疑是想通过这种虚张声势的方式表明自己仍然掌控着这场世界性的游戏,并对美国总统表达出了无比的憎恨。罗斯福有日本外交电文的破译件,所以知道希特勒会先拔刀出鞘。因此,他可以再等等,表明自己是遭受侵略的一方,这样就能让人民投身这场两条战线的战争之中。令人震惊的是,德军高级指挥层竟然没人对希特勒的决策提出异议,就连瓦尔特·瓦尔利蒙特将军也没有,瓦尔利蒙特娶了圣路易斯·阿道夫斯·布施这位大工业家的侄孙女,还曾在美国待了一年时间,了解美国工业界备战的情况。差不多只有国务秘书冯·魏茨泽克[93]和德国驻华盛顿末任大使汉斯-海因里希·迪克霍夫强调没有必要这么好战。德国现在处在一个他最惧怕的处境之中：在两条战线上和三个大国开战，以换取和日本结盟，但日本根本不可能成为它真正的盟友。日本人也有自己的错觉。和希特勒不同的是，他们知道和美国的战争拖得太长，自己将毫无胜算。因此，他们把希望寄托在德国打败苏联和英国上面，这样一来，华盛顿就会别无选择，只能寻求和解。他们本来可以等上几个月，甚至几个星期，就能对德国国防军鏖灭苏军的能力不抱希望，这样也许就能使他们避免踏上一条不归路。

12月11日，希特勒在柏林克罗尔歌剧院的讲台上或许还无法全面认识到朱可夫的反攻会造成何种后果，而三个月之后，他就会发现局势已是一落千丈。他必须重建被苏军的进攻打得惨不忍睹的陆军，在东线发起新的战事，而这场战事并不会是巴巴罗萨行动的补充这么简单。1942年不可能将德国的经济重心转向空军和海军，他1940年夏制订的计划就这么预测过。唯一摆脱这个两难局面的方法就是设法和斯大林媾和，东京也是这个看法。但寻求生存空间绝对是获取巨大经济能力以应对盎格鲁-撒克逊人的先决条件，东线战争的灭绝性质正在于此，所以这个选项也就被排除了。如果说由于英国出其不意的抵抗，巴巴罗萨行动提前失败，那么这一次，由于苏联人出其不意的抵抗，1941年12月11日的宣战也再次提前失败。

和希特勒不同的是，斯大林面对亚洲出现的新形势，仍旧表现得很审慎。12月8日，新任驻华盛顿大使李维诺夫送交国书的时候，罗斯福问他苏联是否准备加入对抗日本的战争。[94]科德尔·赫尔补充道，如果莫斯科允许美国空军使用他们的土地轰炸日本，他们将不胜感激。12月11日，莫洛托夫通过李维诺夫连写了两个不同意。理由是：避免在两条战线上开战。[95]当天，李维诺夫向美国总统传达了这个答复，总统就要求苏联至少不要作声，保持中立，以便让一部分日本军队留在北部。[96]尽管苏联和美国之间的交流已广为人知，但斯大林写给蒋介石的信很长时间以来却被苏联的史书秘而不发。12月12日，斯大林给中国领导人写了一封信，提出的要求和罗斯福一样：

> 反日阵线在太平洋地区以及中国形成了一个战区，各国在此打击侵略者。但反德阵线更为重要。苏联在这场战争中发挥了重大的影响力。苏联在反德阵线的胜利就将意味着英国、美国、中国对轴心国的胜利。因此，我请您不要再坚持要求苏联对日本宣战。当然，以后，苏联也必然会对抗日本，因为日本肯定会违反中立条约，到这个时候，我们就会有这方面的准备，但现在还不是时候。[97]

斯大林一开始就将德苏冲突视为特例，那是战争中的战争，这样苏联就用不着帮助盟友了。他这么做真的像对罗斯福所说的那样是不想在西伯利亚开战吗？我们对此表示怀疑。苏军在阿穆尔河畔的兵力很强大，日本人无法与之抗衡。后者有可能会设法攻占符拉迪沃斯托克，但要做到这一点很难。相较之下，日本的海军倒是可以切断海路，不让美国在该港口提供物资。大体而言，从共同对敌的角度来看，美国空军的优势可以弥补苏联的不足之处。B-17轰炸机可以提前两年着手摧毁日本经济的潜在力量。斯大林对日本保持中立，手上有好几张牌可打。他和柏林保持着间接的联系。不去帮助美国人尽快结束亚洲的战事，就能让美国人长时间地卷入其中，而他也就可以静候时机，等到有利可图的时候，亮出底牌，投入战争。这个假设也同样适用于中国，毕竟日本一直在中国投入了大量地面部队，这样就能大大减轻苏军所承受的压力。

莫斯科战役是不是决定性战役？

苏联和德国的史书对东线的大规模"战役"（这个词本身就有争

议）的评估都是错误的。莫斯科、斯大林格勒和库尔斯克都在争抢这个荣誉，今后也还会争抢下去。从概念的角度来看，这个任务对苏联人来说更为吊诡，因为苏联人从来不使用"决定性战役"这种概念，这点和德国人不同。如果说"决定性"指的是"做出最终的决定"，那上述的三场冲突一个都算不上，相比其他两场战役，莫斯科胜利就更算不上了。事实上，如果发现战争还要再持续三年之久，1942年至1945年，苏联士兵的伤亡还要比1941年的伤亡人数再高出七倍之多，那这算是什么样的决定？[98]莫斯科和柏林之间的路还长着呢。

那从德国国防军的人员或物资损失的规模来看，莫斯科战役是否能算得上决定性的呢？这要看怎么算。是12月5日到1月5日在加里宁和斯大林诺戈尔斯克之间，朱可夫的一次反攻歼灭的德军？还是要把11月冯·博克夺取莫斯科失败所造成的损失也算进去？还是指斯大林决定在整个战线发起总攻给德军造成的损失，而这场总攻至少可以一直推到1942年的4月初？在这三种情况下，任何一种都算不上是决定性的。1941年12月和1942年1月德军的阵亡人数只相当于1944年12月31日之前东线阵亡人数的3.2%，把1941年11月包括进去，也只相当于4.5%，如果一直推到1942年3月，则阵亡人数占比为7.7%。至少从一点上来看，苏军改变了局势。尽管1941年6月22日至12月4日，苏军每杀死1名德国人，就有11人阵亡或被俘，[99]但12月5日至1月7日，朱可夫成功地将比值降到了不到1比4。[100]这样的比值还是很高，而且一直持续到了1944年，这点也反映出苏军下级指挥层的能力不足。但至少付出了这样的代价，迎来了巨大的胜利。

德国国防军在莫斯科城下在物资方面的损失是否具有决定性这一特点呢？12月和1月，损失了974辆坦克和突击炮，占巴巴罗萨行动整个损失（4241辆坦克）的23%，乍一看，这个数字不算是特别大。不过，仍然算很厉害了，毕竟德军此时已经缩水很多了。结果，1942年3月30日，投入苏联的16个装甲师总共只剩下了140辆坦克！鉴于

第十九章 苏联的反攻　1175

德国的工业生产能力始终不是很高效，他们要花五个月的时间才能重新装备所有这些部队，所以这个数字已经相当大了。[101]在苏联发动攻势的30天时间里，各种类型的运输车辆的损失达到了1.5万辆，勉强比夏秋两季每月的损失量略高。12月和1月，德国空军有729架飞机被摧毁或受损，为巴巴罗萨行动月平均量（约1000架）的二分之一。而德军火炮的损失量比攻势期间的损失量多三倍，这样的损失已经算很高了。

从行动的角度严格来看，德军夺取莫斯科失败是否算是决定性的？还不能算。当然，中央集团军群撤退了100到250公里。但从1942年2月中旬起，他们就在所谓的"K线"这条冬季防线上差不多站稳了脚跟，所以这也可以表明战斗并没有停止，德军也不会重打阵地战。德军关键的后勤体系（勒热夫、维亚济马、斯摩棱斯克、罗斯拉夫尔、布良斯克、奥廖尔、库尔斯克）一个都没丢。从心理的角度来看，这场危机从1942年2月起就已经得到克服，那时候，苏军打击的猛烈程度每天都在明显减小。我们没有看到发生很大的恐慌，也没有出现缴械投降，在德米扬斯克和霍尔姆对北方集团军群的几次大包围，德国国防军的结局也不错。无论什么地方，部队都仍然掌控在军官的手中。同样，增援部队（总计20个师）和冬季装备都来了，从2月起，铁路状况的改善虽然缓慢，却实实在在，这样便使德军士兵开始接受这样的一个看法，即还要发动第二次战事来打败苏军。许多亲历者都和冯·格莱芬博格将军的看法一致："俄军高级指挥层的行动计划很出色，但下级和中级梯队却没有足够的干劲来执行。这样就使我们逃过了一劫！"[102]吊诡的是，苏军没能成功瓦解东线德军，反而使后者自信心爆棚，产生了优越感。在所有人看来，疲惫和寒冷是失败的主要原因，虽然并无证据支持这一点。在美军发布的28号研究报告的附录中，君特·布鲁门特里特将军甚至在战后还写出了愚昧无知的话，这话就连下级军官看了都会脸红："俄国人从来没有产生过伟大的将领，不如法国人、美国人、德国人和英国人。俄国人缺乏灵活性，不够有弹性，而且缺少主动性；无论出现什么状况，他们的反应都很慢。"[103] 再往下，他又把从军官食堂和消沉的夜晚中听来的闲言碎语拿来兜售："朱可夫受过良好的培训。大概从1926年至1932年起，他就参加过德国总参谋部的课程。"[104] 其实，朱可夫要到1945年才会踏上德国的土地。[105]

11月冯·博克败北和朱可夫反攻期间的"莫斯科战役"本身并不具有决定性的特征。如果苏军能将莫斯科城下的胜利转变成战略上的成功，就和这个形容词比较接近了。但他们错过了这个机会，斯大林格勒之后他们也错过了这样的机会。所以，并不能把它称为第二次世界大战中重要的"转折点"。所谓的转折点充其量只能算是一种变化，毕竟轴心国还在获胜。不过，人们经常使用"转折点"这个概念，是因为朱可夫发动反攻的时候，美国加入了战争。但我们认为那只是东部战线的一个波折而已。不过，从德国国防军持续衰退的角度来看，"莫斯科战役"可以说是一个重要的时刻，国防军衰退的时间始自6月22日，而非1941年12月5日。朱可夫发动的反攻加剧了巴巴罗萨行动的失败，但在这之前，巴巴罗萨行动就已显露颓势，即便没有反攻，行动也会失败。

艾登在莫斯科

1941年12月7日，在英国灯火管制的漆黑夜晚，外交大臣安东尼·艾登在帝国副参谋长奈将军和副国务大臣亚历山大·贾德干以及苏联大使马伊斯基的陪同下，登上了尤斯顿—格拉斯哥快车。他患了流感，心情不佳，本次任务的前景正在一个小时一个小时地黯淡下去。旅程本身也没法让他放心。他必须返回斯卡帕湾基地，再登上重巡洋舰HMS肯特号驶往摩尔曼斯克，行程需五天时间，不知道是该

第十九章 苏联的反攻 1177

担心风暴、U型潜艇,还是水雷或德国空军的飞机。毫无疑问,艾登心里肯定在想,在丘吉尔的阴影下干活太累,丘吉尔派他去莫斯科的借口简直荒唐可笑,说他1935年见过斯大林,是英国第一个见过斯大林的政治家,而且让他扮演推销员的角色,尽说好话就行。艾登从没料到会进行如此正式的见面,而且还有特定的建议需要提。

9月的莫斯科会议(比弗布鲁克和哈里曼在会上提出向苏联交付军事物资的问题)之后,丘吉尔的心中又起了新的疑虑。苏联是否能扛得住维亚济马和布良斯克这双重的溃败?11月21日,罗斯托夫陷落,又使他对巴库油田忧心忡忡。何况苏联是英国唯一一个还在战斗的盟友,而且英国在北非始终没有获得成功,所以这个问题便显得更为严峻。斯大林发现英国竟然还有大使派驻在赫尔辛基、布达佩斯和布加勒斯特,这让他大为光火。他觉得这样一来,自己对芬兰卡累利阿以及罗马尼亚比萨拉比亚的吞并就会很难得到承认。1941年11月4日,丘吉尔在给斯大林的一封信中谈到了这些问题,说现在不适合同芬兰、匈牙利和罗马尼亚宣战,斯大林11月8日的回答并不怎么有礼貌。他写道,只要两国在战争的目标和战后的安排方面"无法达成一致",两国就没有"互信"可言。丘吉尔很生气,没有再回信,保持了沉默。20日,斯大林又通过马伊斯基重启对话。21日,罗斯托夫陷落的那一天,丘吉尔和斯大林都同样对德国的这次胜利震惊不已,丘吉尔向斯大林提议他会派艾登前来,同时让一个军事代表团"处理与战争相关的所有问题,不仅包括派遣[英国]军队前往高加索地区,也让他们上南部战线作战",以对付伦德施泰特。首相只让艾登在政治问题上掌握纯粹门面上的一些权力,除此之外,他也只能说些没有实质内容的套话。11月23日,斯大林在莫斯科接待了艾登。外交大臣并没有向芬兰、匈牙利和罗马尼亚宣战的荣幸,是BBC于12月6日爆出这个消息的。

在艾登前往莫斯科的途中,局势变化很大。12月7日,他在驶向斯卡帕湾的火车上通过电报得知了珍珠港事件以及丘吉尔匆忙赶往华盛顿的消息。相比以前，丘吉尔现在更没理由同苏联人达成政治上的谅解。对他，以及对帝国的参谋部而言，美国一旦参战，战争就已经取得胜利，有没有苏军都无所谓。如今只是时间问题而已。12月12日，肯特号在摩尔曼斯克碇泊的时候，斯大林终于向苏联人和全世界宣布胜利马上就要到来。见过朱可夫之后，他打电话给莫斯科广播电台，授权他们发布一份公报："德军未能成功夺取莫斯科；西方面军已开始发动反攻；德军已被歼灭，正在全面撤退。"翌日，艾登还在通过摩尔曼斯克—莫斯科的铁路慢悠悠地行进时，朱可夫的肖像已上了《真理报》的头版头条，要求首都拆除工厂和公共建筑的命令也被撤销。艾登后来见到的斯大林已经因这次胜利而开始膨胀，这可是对德国国防军赢得的第一次胜利，斯大林不再哀求苦恼，而是急于获得国际上的承认和政治上的让步。更何况英国的两个可怜兮兮的弱师本应离开利比亚，前往高加索，此时却因为十字军行动前景不明而卡在荒漠中动弹不得，所以艾登手上更是无牌可打了。同样，十个后备歼击机队也将前往新加坡，而非罗斯托夫这里。英国显得又破又穷，衣不蔽体，历史上还是第一次出现这样的情景。在这样的环境中，外交大臣的这次来访只能以失败告终。

双方的讨论顺着斯大林—莫洛托夫双人组冷热交替的模式进行。第一天，12月16日，双方互释善意，表达同情。斯大林表达了自己对战后的看法，提出哪些国家可获得补偿，哪些要受到惩罚，还很随便地把军港和陆上基地分发给大英帝国、法国、比利时、低地国家、挪威、丹麦。他这么做乃是习惯使然，也就是说他是在提出签订秘密议定书，来划分势力范围。第二天，调子突然改变。斯大林催促艾登立即承认1941年6月21日苏联的边界线。斯大林的冷嘲热讽让艾登如坐针毡，他也只能筑壕据守，说美国不会允许任何私底下的外交行为，还要咨询内阁和自治领，还要看一下《大西洋宪章》的条款。事实上，他根本没有什么建议可提，因为丘吉尔始终拒绝讨论胜利之后的事。12月15日，美国人科德尔·赫尔对艾登这次行程的走向颇为担忧，便给艾登发去电报，说美国认为英国和莫斯科缔结秘密协定的做法是令人难以接受的。[106]斯大林感到吃惊的是，英国政府竟然不愿当场承认苏联吞并波罗的海诸国这一事实。

> 如果我们的部队明天重新占领波罗的海国家，苏联人口口声声也是这么说的，那在这种情况下，英国是否会拒绝承认这样的边界呢？［……］英国采取这样的方式，究竟要走向何方？明天，英国或许就会宣布乌克兰不是苏联的一部分？［……］［斯大林对艾登的回答］他的立场实质上和张伯伦政府过去针对波罗的海诸国所采取的立场没有不同之处。斯大林同志对这样的处境极为惊讶，但如果真是这样，显然就很难达成协议了。

第三天，斯大林又回到了同样的话题上，就是承认苏联的边界。艾登做不到，他想要让斯大林重新考虑对日中立的尝试显然也会遭到拒绝。12月19日，斯大林要求暂停商谈，要艾登去克林的前线看看。他对艾登的向导帕维尔·叶默林将军作了明确的指示："我们必须向英国人展示德军在莫斯科附近溃败的结果。您陪艾登最远可以去沃洛科拉姆斯克。但您得记住：'他不仅是外交大臣，同样也是英国秘密情报部门的负责人［原文如此］。您和他的谈话要相当谨慎，尤其要观察他的脸部表情。'"[107]艾登也是第一个目睹德军溃败场景的西方政治家：冻僵的尸体、堆积的车辆和废弃的物资，（一小队一小队）又冻又怕的俘虏。这个插曲出现在瓦尔拉莫夫和科帕林的电影《德军在莫斯科附近的溃败》之中，电影拍摄到艾登和陪同他的第1突击集团军司令。视察完战场、吃过午饭后，艾登被带往克林的柴可夫斯基故居，作曲家就是在此度过了生命中的最后几年的。故居的外观原封未动,但内部已遭德军洗劫。斯大林充分利用了朱可夫的这次胜利,让艾登明白东线的潮水已经在回流。他也给客人时间,让他给丘吉尔发电报,咨询边界的问题。丘吉尔的反应可以在12月20日他发给艾登的电文中看出:"斯大林有关芬兰、波罗的海国家和罗马尼亚的要求同斯大林签署的《大西洋宪章》的第一、第二及第三条款完全相悖。如果不事先和美国通气,我们这儿绝对不可能签署任何形式的协议,无论是私底下,还是公开的协议都不行。现在还没到解决边界问题的时候,只有当我们赢得战争,在和平谈判期间才能解决这个问题。"[108]艾登之行最后签署了一份无足轻重的公报,举办了一场盛大的宴会,宴会上酒水很多,之后又放映了两部电影。英国人对铁木辛哥留下了深刻印象,铁木辛哥一杯接一杯地畅饮伏特加,却仍然思路清晰,确信德军的士气已经一落千丈。伏罗希洛夫的举动也让他们觉得很惊讶。伏罗希洛夫喝得烂醉如泥,竟然扮起了小丑,爬到斯大林的膝头,最后被斯大林的副官赶走了。[109]

艾登的此次莫斯科之行被丘吉尔的华盛顿之行盖过了风头,尽管苏联的西部边界问题没有获得任何进展,但对苏联领导层而言,这次并不算是失败。苏联没有任何机会让英国人做出让步,当然不能要求他们这么做,就好像除了苏联之外,英国始终没有其他任何大国盟友似的。斯大林很清楚,一方面英国的外交界今后会受美国外交界的摆布;另一方面,西方国家并不会对其与希特勒四处攻城略地的行为不予理会。在这一点上,苏联除了靠自己占领以及再次占领的地方之外,一无所获。艾登和斯大林之间的会面充分暴露出了苏联人和西方国家之间目标上的分歧。这种分歧将会主导战争的进程,塑造战后的形势。对于艾登这次的失败,克里普斯大使说过一句话,证明他很清楚其中的利害关系:"我们现在要打两场分开的战争,并会承受这么做的后果。"[110]

斯大林从克里姆林宫的那场无法交流的对话中吸取了一个重要的

教训：必须相当慎重地安排战后事务，要把这件事看作战斗中的战斗。这是莫洛托夫的副手洛佐夫斯基12月26日写给上司和斯大林的备忘录里的意思。我们会大量引用这份重要的文件，[111] 必须把这当作过去一个月发生的两件大事的产物来读，这两件大事就是美国的参战和朱可夫反攻的胜利。

尽管战争打得不可开交，我们也不知道它会何时结束，但战争的结局已经清晰。德国、日本、意大利及其盟国将会被摧毁。因此，现在可以组织一场和平会议，会议的目标比巴黎和会的目标还要复杂得多。困难在于这样一个事实，即四个大国（德国、意大利、日本和法国）将不再拥有（大国地位），而苏联、英国和美国将会决定它们的命运。在这次会议中，将由军事和经济最强大的国家来一锤定音。这次会有一个集团来反对我们，其中不仅包括英国和美国，也包括波兰和捷克斯洛伐克，它们会不择手段地保存资本主义体制。它们同样也会设法让苏联维持1939年的边界。通盘考虑之后，我建议你们立刻着手处理几个问题，以免会议期间不停地做出更正。显然，大国和小国之间将会爆发矛盾，但在本质问题上，我们会与资本主义国家形成的战线对垒。我们必须巨细靡遗地准备三组问题：［……］修复由德国、匈牙利、罗马尼亚和芬兰造成的经济损失［……］。涉及我们边界的问题［……］。德国及其盟国的中立性。

在备忘录结尾，洛佐夫斯基提议设立两个委员会，经济金融委员会和政治委员会。前者处理赔偿问题，后者处理政治体制和战败国的边界问题。12月28日，斯大林同意组建两个委员会，系统地搜集资料，包括其他国家的方案，涉及战后欧洲、亚洲及殖民地国家的建设问题。从洛佐夫斯基的这份备忘录来看，我们对1941年12月底克里姆林宫及其周边部门的乐观主义感到震惊。斯大林在12月15日和19日发布的政令可以为证，政令要求中央委员会和各部委从古比雪夫返回莫斯科。[112] 很显然，德国国防军很快就会遭到埋葬。1月的总攻乃是这种兴奋狂热和盲目乐观的体现。六个月后，洛佐夫斯基的乐观主义和傲慢自负将会消失不见。他的两个委员会也没了下文。随着德国国防军向巴库和斯大林格勒进发，赢得战争成为首要的任务，战后事务只能靠边站。

叶卡捷琳娜大帝镶金饰银的御座厅铺张奢华之态令艾登不适，双方官员在御座厅内大吃大喝，而在远离御座厅的地方，德苏战争仍在铺排着恐怖的戏码。圣诞节那天的奥斯维辛，60名苏联战俘有的死于衰竭，有的因心脏注射了苯酚而死。次日，第18集团军司令格奥尔格·冯·屈希勒在什利谢利堡附近的玛卡列夫斯卡娅·普斯津修道院屠杀了230到240名患有精神疾病的妇女。这项行动的目的是为德国国防军腾出住的地方。在战线的另一端，应哈尔科夫战区指挥官的要求，城里的1.5万名犹太人被集中到了拖拉机厂内。圣诞节的第二天，SK4a特遣队开始在德罗比茨基溪谷附近枪决这些犹太人，要么把他们放入特制的卡车内用毒气毒死。东正教圣诞节那一天，战线的另一侧，科米共和国乌斯特-乌萨附近森林小营地的负责人马克·列丘宁正在为古拉格的第一次大暴动忙碌。1942年1月24日，暴动爆发，200名政治犯艰苦奋战，至死方休。和150万苦役犯一样，这些斯大林的受害者也是因绝望而奋起的。1941年6月22日，内务人民委员部的一份决议禁止他们离开营地，即便刑期已满也不行，他们必须待到战争结束之后才能出来。所有人都知道饥饿和强制劳役，再加上战争，使他们存活的概率可以说微乎其微。1942年，35.2万名囚犯（占四分之一）悲惨地死去。[113] 巴巴罗萨行动使第二次世界大战变得更为残忍，这种残忍性一直持续到了最后。

注 释

1. AP RF F.2. Op. 50. D. 266. L. 2734. In: *Voïna 1941-1945*, Vypousk 1, p. 123–126.

2. 对威廉·凯特尔的审问，1945年6月17日，卢森堡蒙多夫，in: *Wermakht na sovetskogermanskom fronté*, Moscou, 2011, p. 560。

3. 对阿尔弗雷德·约德尔的审问，1945年6月17日，卢森堡蒙多夫，in: *Wermakht na sovetskogermanskom fronté*, Moscou, 2011, p. 576。

4. *Marchal Joukov: Polkovodets i Tchelovek*, Moscou, 1998, vol. 2, p. 146–155.

5. AP RF F.3. Op. 46. D. 388. L. 6–12 in: *Voïna 1941-1945*, Vypousk 1, p. 104–108.

6. Ivan Vernidoub, *Na peredovoï linii tyla*, Moscou, 1993, p. 260.

7. AP RF F.3. Op. 46. D. 413. L. 14–16 in: *Voïna 1941-1945*, Vypousk 1, p. 114–115.

8. *Ibid.*, p. 115–119.

9. Issaev, *Ob obiektivnykh i subiektivnykh faktorakh bitvy za Moskvu in Velikaïa Pobeda* (sous la rédaction de S. Narychkina), p. 109–118. 方面军的兵员与之相似。

10. TsAMO, F.208, Op. 2513, D.85a, L.573–573 ob.

11. A. M Samsonov, in *Kriegswende Dezember 1941*, Bernard & Grafe Verlag, Koblenz, 1984, p. 193.

12. Mikhaïl Voronkov, *Intelligent i Epokha: Dnevniki, Vospominania i stati*, Riazan, 2013. Entrée du 23 X.

13. *Marchal Joukov: Polkovodets i Tchelovek*, Moscou, 1998, vol. 2, p. 160.

14. Hgr Mitte Ic Zusammenfassende Feindbeurteilung vom 4.12.1941, in: *KTB* Hgr Mitte, B, Dezember, f.51.

15. Hans von Greiffenberg, *Battle for Moscow, 1941-1942*, Guide to Foreign Military Studies, 1945–1954, Chapter 7, NARA-Series Manuscripts, T-28.

16. *Marchal Joukov: polkovodets i tchelovek*, vol. 2, p. 156.

17. Cité par Lev Bezymenski in: *Zähmung des Taifuns*, Verlag Progress Moskau, 1981, p. 226.

18. TsAMO, F.16a, Op. 947, D.36, L.70–72.

19. Franz-Josef Strauss, *Die Geschichte der 2. (Wiener) Panzer-Division*, p. 106.

20. Témoignage in: Walter Kempowski, *Das Echolot, Barbarossa '41*, p. 325.

21. Heinrich Bücheler, *Hoepner*, p. 160–161.

22. Von Bock, *Das KTB*, p. 343.

23. Témoignage in: Walter Kempowski, *Das Echolot, Barbarossa '41*, p. 350.

24. Wolfgang Paul, *Brennpunkte…, op. cit.*, p. 184.

25. *Ibid.*, p. 186–187.

26. Heinrich Bücheler, *Hoepner*, p. 162.

27. Mikhaïl Prichvine, *Dnevniki 1942-1943*, p. 50.

28. M. E. Katoukov, *Na ostrie glavnoïo udara*, Voenizdat Moscou 1974, p. 113–114.

29. Heinrich Bücheler, *Hoepner*, p. 163.

30. Hans von Luck, *Mit Rommel an der Front*, 3e édition, 2006, E. S Mittler & Sohn GmbH, p. 100.

31. H. Meier-Welcker, *Aufzeichnungen…, op. cit.*, p. 145–146.

32. Halder, *KTB*, vol. 3, p. 330.
33. Von Bock, *Das KTB*, p. 340.
34. Halder, *KTB*, vol. 3, p. 331–332.
35. Von Bock, *Das KTB*, p. 342.
36. Cité par J. Hürter, *Hitlers Heerführer*, p. 323–324.
37. Von Bock, *Das KTB*, p. 343.
38. *Idem*.
39. *Ibid.*, p. 344.
40. Halder, *KTB*, vol. 3, p. 334.
41. *Ibid.*, p. 332.
42. *Kriegstagebuch des OKW, 1940–1941*, Teilband II, p. 1076–1082.
43. Von Bock, *Das KTB*, p. 344.
44. Halder, *KTB*, vol. 3, p. 337.
45. C. Hartmann, *Halder*, p. 299.
46. Von Bock, *Das KTB*, p. 344–345.
47. *Ibid.*, p. 347.
48. 照格莱芬博格的说法是第45师, in *Battle of Moscow, op. cit.*, p. 33。第134师同样被消灭了三分之二兵力。
49. Cité par J. Hürter, *Hitlers Heerführer*, p. 323.
50. 事实上，这些相当昂贵的特制的反坦克炮弹是留到1942年用的。12月22日，希特勒同意将这些炮弹重新拨往前线。
51. BA-MA, RH 19 II/122 D; KTB Hgr Mitte, 12.12.1941.
52. *KTB des OKW, 1940–1941*, Teilband II, p. 1084. 18.12.1941.
53. Nicolaus von Below, *Als Hitlersadjutant 1937–1945*, p. 296–298.
54. Max Domarus, *Hitler, Reden*, vol. 4, p. 1808.
55. Halder, *KTB*, vol. 3, p. 350.
56. *KTB des OKW, 1940–1941*, Teilband II, p. 1084.
57. 莱因哈特的日记，17.12.1941, in: J. Hürter, *Hitlers Heerführer*, p. 326。
58. Von Greiffenberg, *Battle of Moscow, op. cit.*, p. 122. 这些引文承认希特勒的命令对人员和物资造成了极大的损失。
59. *Die Tagebücher von Joseph Goebbels*, Teil II, Band 3, p. 510.
60. B. von Lossberg, *Im Wehrmachtführungsstab: Bericht eines generalstabsoffizier*, Nölke, Hambourg, 1950, p. 146–147.
61. Nicolaus von Below, *Als Hitlersadjutant 1937–1945*, p. 298.
62. A. Heusinger, *Befehl im Widerstreit*, p. 152.
63. Cité par C. Hartmann, *Halder*, p. 304.
64. Peter Bor, *Gespräche mit Halder*, Limes Verlag, Wiesbaden, 1950, p. 214.
65. Max Domarus, *Hitler, Reden…*, vol. 4, p. 1814.
66. *Die Weizsäcker Papiere*, p. 286.
67. Lev Bezymenski, *Ukrochtchenie Taïfuna*, Smolensk, 2001, p. 301–302.
68. Aktennotiz Hoepners, in: Hürter, *Hitlers Heerführer*, p. 332.
69. *Die Tagebücher von Joseph Goebbels*, Teil II, Band 3, p. 546.
70. TsAMO F 208 OP 2524 D 20 L 124–124ob.
71. Von Greiffenberg, *Battle of Moscow, op. cit.*, p. 119.

72. Joukov, *Mémoires*, vol. 1, p. 512 (édition française, Fayard).

73. Greiffenberg, *Battle of Moscow*, op. cit., p. 34.

74. J. Hürter, *Ein deutscher General an der Ostfront*, p. 128–135.

75. Ingo Stader (édité par), *Ihr daheim und wir hier draussen*, p. 82 (lettre du 2 janvier) et p. 86 (lettre du 10 janvier).

76. O. Buchbender et R. Sterz, *Das andere Gesicht des Krieges*, op. cit., p. 92. Lettre datée du 16 janvier 1942.

77. TsAMO F. 208. OP. 2524. D. 20. L. 62.

78. Henry Picker, *Hitlers Tischgespräche…*, p. 482.

79. 朱可夫在回忆录中提到了1月5日。斯大林的访客登记簿说的是7日。

80. TsAMO F.132-A, Op. 2642, D.41, L.75–81.

81. Thomas Toughill, *A world to gain: the battle for global domination and why America entered WWII*. Clairview Books. 2004, p. 75.

82. H. Boberach, *Meldungen aus dem Reich*, vol. 8, p. 3092.

83. F. Kellner, *Vernebelt, verdunkelt sind alle Hirne*, op. cit., vol 1, p. 207.

84. Sebastian Haffner, *Considérations sur Hitler*, Perrin, p. 157 et sq.

85. 鲁登道夫伪造的故事认为1918年的溃败不是协约国军事上的优势造成的，也不是美国参战所致，而是后方的左翼运动最高领导人背叛所致。

86. Christian Gerlach: *Die Wannseekonferenz, das Schicksal der deutschen Juden und Hitlers Grundsatzentscheidung, alle Juden Europas zu ermorden*. In: Werkstatt Geschichte, Nr. 18/1997, p. 7–44.

87. 还有："……他周边犹太人的这个圈子靠着旧约的那些家当，认为在美国找到了这样的工具，可以击败向来反犹的欧洲国家，来为第二次幸存做准备。犹太人卑鄙下流，围绕在这个人［罗斯福］身边，而这个人也为他们干活。" In: Domarus, op. cit., vol. 4, p. 1804.

88. 见戈培尔的日记（Partie II, vol. 2, p. 498）："关于犹太人问题，元首决定要彻底铲除之。他向犹太人宣布如果他们再次挑起一场世界大战，他们就会被灭绝。这可不是说说的。世界大战已经来了，对犹太人的灭绝也是其中必要的后果。"

89. Halder, *KTB*, vol. 3, p. 286 et 298.

90. *Ibid.*, p. 295 et 306.

91. Gerhard Wagner (édité par), *Lagevorträge des Oberbefehlshabers der Kriegsmarine vor Hitler 1939–1945*, p. 265.

92. Halder, *KTB*, vol. 2, p. 98, entrée du 14.09.1940.

93. *Die Weizsäcker Papiere*, p. 280, 10.12.1941.

94. AVP RF. F. 059, Op. 1. p. 346. D. 2366. L. 120–121.

95. AVP RF. F. 059. Op. 1. p. 347. D. 2369. L. 154–157.

96. AVP RF. F. 059. Op. 1. p. 346. D. 2366. L. 141-142.

97. *Zasedanié «kruglogo Stola»: Itogi 1941 goda, plany na 1942 god*, in: *Velikaïa Pobeda* (sous la rédaction de S. Narychkina), p. 29.

98. G. F Krivosheev, *Soviet Casulaties and Combat Losses…*, op. cit., p. 96–97.

99. 克里沃舍耶夫认为1941年6月22日至12月4日之间，"最终损失"280万人；Rüdiger Overmans认为德国国防军阵亡26.2万人。

100. 克里沃舍耶夫认为严格来说，莫斯科战役期间，西方面军损失101192人，加里宁方面军27343人，铁木辛哥的右翼9706人。总共损失138241人。那个时期，中央集团军群最终损失的准确数字未详。1941年10月1日至1942年1月31日之间的损失总共是：369500人；10月1日至12

月3日之间为118605人。12月4日至1月31日之间为250895人。由于大致损失1人，有3人能被找回（因此最终损失人数是62723人），因此将数字代入那段时间，以1比3来算的话，冯·博克的最终损失人数当为3.6万人。大约相当于每损失1名德军，苏军损失不到4人。

101. 给16个装甲师各配备150辆坦克，这样就要生产2250辆坦克，相当于1941年12月至1942年1月期间生产的总量。Voir *Das Deutsche Reich und der Zweite Weltkrieg*, vol. 5/2, p. 570.

102. Von Greiffenberg, *Battle of Moscow*, *op. cit.*, p. 80.

103. *Ibid.*, p. 285.

104. *Ibid.*, p. 293.

105. Voir Lopez et Otkhmezuri, *Joukov*, p. 110–111, Perrin, 2013.

106. *The Diaries of Sir Alexander Cadogan*, sous la direction de David Dilks, Faber and Faber, 2010, p. 420.

107. Cité par Akhtamzian, *Proval operatsii «Taïfun» I plana «Barbarossy»*, in: *Velikaïa Pobeda* (sous la rédaction de S. Narychkina), p. 16–17.

108. W.S. Churchill, *The Second World War*. vol. 3, The Grand Alliance, p. 630.

109. *The Diaries of Sir Alexander Cadogan*, [sous la rédaction de David Dilks], Faber and Faber, 2010, p. 423.

110. Cité par G. Gorodetsky, *Stafford Cripps'mission to Moscow 1940–1942*, Cambridge, 1984, p. 284.

111. APRF. F. 3. Op. 63. D. 237. L. 1–3. Cité in: *Istotchnik* n° 4, 1995 p. 114–115.

112. *Voïna 1941–1945*, Vypousk 2, p. 144–145.

113. Anne Applebaum, *Goulag*, Grasset, 2003, p. 460.

结　语

快听那远处的战斗，
我这个上帝手下凄惨的奴隶，
战斗中第一次成为我自己，
第一次获得了自由！

——弗拉基米尔·利夫奇茨

　　巴巴罗萨行动的目的是摧毁苏军和苏联，至少要将他们击退至乌拉尔山以后。这两个目标，它一个都没达成。无论是从经济还是军事层面来考虑这个问题，行动的失败均使德国丧失了在世界战争中赢得胜利的任何机会。这样的结局已然注定。北部，冯·里布在列宁格勒城下停滞不前，围城期间，没有其他目的，只是在进行种族屠杀。中部，冯·博克及其继任者冯·克鲁格尽可能地来到了距莫斯科150公里的地方。朱可夫的反攻使苏军设立起了密集的防御圈；此后，攻占苏联首都的目标终成泡影。南部，冯·伦德施泰特及冯·赖歇瑙相继失守罗斯托夫和刻赤，对塞瓦斯托波尔这根深深刺入侧翼的刺无能为力。高加索地区及其油井他们根本够不着。德国的石油现状差强人意，其橡胶和战略金属的储备也是如此。人力成了一个大问题，因为既要让德国的工人阶级参加东线的战事，又要抽出一部分人来建造舰船和飞机，打击盎格鲁-撒克逊人。希特勒在1940年夏制订的这一整个战略计划正在崩塌：自给自足的大陆集团也将不复存在；德国的经济裹足不前，与想要控制整个世界的野心相比，这样的体量实在太小；1942年同1943年一样，军事上的重心仍然放在苏联身上，而没有被转去对付会全力维护大西洋和美国船队安全的英国。

尽管苏军遭受了相当大的损失，军官素养也不高，但他们并没有被摧毁。这不仅证明了其储备人员之多，这一点众所周知，同时也证明了他们在征募兵员和装备部队方面，要比沙皇时期好上百倍。最易暴露的兵工业都被疏散到了东部，而且从1942年2月起，武器产量的增长更是高于对手。由此显示出（也在之后的年代展现得更多）集中管控的经济模式颇为适合大规模的冲突和战争之初的环境。德国人和同盟国一样都认为这样做不可行，但后来才明白大多数企业无须大规模转型至战时经济，只要将双重体系范围内已经在生产的武器产量加以提高即可。紧急措施、长期采取的临时措施以及混乱的管理状况并没有使他们惊慌失措：1928年第一个五年计划实施以来，这样的状况就已经是家常便饭。尽管弹药方面存在很大的空缺，但苏军仍然能给募集起来填补巨大损失的200个师装备武器。任何一个德军将领都没料到会出现这样的情况。

而苏联在10月的莫斯科城下惊慌了48个小时之后，仍然稳如泰山。之所以产生恐慌，是有传言说斯大林要离开，而不是因为其他原因。最高统帅根本就没有崩溃。如果说他有失灵的时候，那就是6月29日那一整天。第二天，他就同意了心腹圈子向他提议的临时解决办法，采取救济措施，推出个人责任制，其所起到的稳定人心的效果在整个经济体系中都能感受得到。他甚至觉得自己越来越强大，于是便开始要求同盟国承认他才是第三帝国头号敌人这个崭新的地位。从外交层面来看，他的处境要比柏林好得多。尽管他心怀不满，也有私下的盘算，但他仍然找到了两个合作方，后者可以通过摩尔曼斯克、阿尔汉格尔斯克、符拉迪沃斯托克以及波斯走廊，给他提供援助。而相较之下，日本参战却无法为德国带来丝毫好处。

在这六个月时间内，德国方面一开始满怀成功的希望，最后却又确信自己会失败，甚至就连德军的将领都承认这一点。他们解释说，出现这样出其不意的结果，都是因为天气恶劣，战斗从未停歇。苏军无法将1941年12月的成功转变成1942年2月的大胜，从这一点可以看出，德国国防军仍然保有微弱的优势。因此，他们相信1941年没有成功，1942年最终会成功。这乃是纯粹的幻觉：6月22日那支强大的军队已经不复存在。到底是哪儿出了错？敌人难道比预期的强大？既是也不是。无论什么规模，无论什么时间，敌人始终在反击，迄今为止还没有哪个对手这么干过，因为没有哪支军队会采用这样的教条，更没有办法让军队去送命。尽管对手出其不意地棘手，但德国国防军仍然表明，只要他们想在哪儿，在什么时候突破，他们就能突破，而且能成功实施巨大的包围。苏军1941年在西部的坦克和飞机已经被打到一个不剩，中部和南部战线的军队也是如此。10月，在维亚济马和布良斯克，尽管后勤补给线路已经有一半不可用，但德军仍然能摧毁苏军的五十个师。德军的大错无疑就在于他们一刻不停地在向北部、中部和南部推进，超过了人、机器和后勤的限度，而且相信敌人的状态比自己还要差。工具消耗的速度太快，以至于到了莫斯科城下，朱可夫还没进行打击，国防军就已虚弱不堪。这支军队在莫斯科城下被打败，但后来还是能以极其灵活的战术，阻击了敌军的冬季攻势，但如果遇到的是一个更灵活的对手，德军就会一蹶不振。

对于计划不牢靠、初期装备不足、缺乏物资和人力储备这些问题，德国国防军的领导层，至少是陆军总司令部有相当清晰的认识。尽管如此，国防军仍然没有抵制希特勒的宏图大业，我们可以解释说那是因为德军缺乏远见或行为太业余，能力不足，喜欢冒风险。前两个解释说不通，毕竟德国创造了现代化的参谋部，即便攻陷法国之后，他们有些飘飘然。能力不足应该是一个更为严肃的理由：希特勒采取了一切手段，让反对他这项事业的人根本无法联合起来。戈林、凯特尔、布劳希奇、雷德尔、希姆莱都会互相监视，互相抵消。批评巴巴罗萨行动的人有很多，但每个人都局限于自己的保留地内，最后也只能说风险归根结底不算太高，没有1939年9月的波兰和1940年5月的西线来得高。这种自信究竟是从哪里来的？不得不说，正是这种自信使盎格鲁-撒克逊的专家认为，到了1941年圣诞节，苏联就将不复存在。甚至就连那些不信这种鬼话的德军将领也真心认为，斯大林只要一开始战败几次，就会垮台。所有人都知道法国的情况。西线战争引发的冲击和恐怖让一个老牌的见多识广的爱国主义国家毫无还手之力，轻易地就举手投降，这让所有人都惊讶不已。捷克、波兰和南斯拉夫这些国家很快消失也让德军将领接收到错误的信号：多民族社会并不适合应对一场高强度的战争。处于这样的状况，苏联如何能屹立不倒呢？它不是有这么多的缺陷、弱点吗？德军将领和所有国家的将领一样，都目睹了大清洗、流放、饥荒，1929年到1941年间，这样的灾难一个接着一个。

可是，苏联在面对难以想象的极其猛烈的攻击时，竟然还能坚持住。之所以如此，有两个重要的原因：它并没有像所有人想的那样被孤立了起来，而且它的对手在一开始就给了它一些它手头没有的好牌。关于第一点，认为苏联就是波将金村的看法掩盖了苏联社会发生深刻转型的现实。新的阶级（苏联意义上的知识分子）获得了长足进步，达到了全体人口的13%至14%。[1]教师、工程师、技术干部、科学家很多都是党员，他们被国家机关雇用，构成苏联的社会基础，人数虽然少，但很坚实。这方面的重要性超过了他们在人口中的比例，因为这些人构成了整个干部群体。尽管1937年至1938年发生了大清洗，但红军的高级指挥层仍然忠于斯大林。无论是弗拉索夫、朱可夫、科涅夫、罗科索夫斯基、梅列茨科夫，还是其他许多人，即便身陷囹圄，却仍然表明自己是优秀的共产党员。那中间阶层的军队干部呢？他们不能当战俘，也不能当叛徒，否则家人就要受到连累。那农民大众呢？这些最年轻、最有活力的人被转变成了工人和城里人，这样一来就削弱了农村，使对农民的统治变得更为容易。1942年，在俄国的乡村地区，只剩下女人、儿童、老年人。1100万人参了军，留在后方的人难道还能暴动不成？1941年12月26日的政令更是使工人队伍服从。每个人都必须完成自己的任务，就像士兵必须坚守岗位；不管去哪里，拒绝调拨的做法连想都不用想；他们无法离开工厂，否则就要被当作逃兵处理。工作时间延长至十到十二个小时，七天工作，战争时期根本不能休假。托洛茨基发布的一条命令中有一句老话，此时成了现实：国家就是一个军营。

1941年6月22日并不是苏联历史上的一次停顿。从所有领域来看，这都是1930年代的延续。苏联采取的是同样的手段：群体动员，监控，高压，一刻不停地寻找内部敌人和破坏者，制造英雄和叛徒。谁还能奋起反抗？监控机关相当庞大，达300万人之众。他们摧毁了各种形式的敌对组织，对领土实施分区管控，稍有偏离，就会被关入古拉格。在整个斯大林时期，根本就不存在想要刺杀领袖的严重阴谋活动。这倒是和希特勒的处境形成了鲜明对照，围绕希特勒，出现了几十起阴谋活动，而且经年不息，牵连到数百名各个阶层的人士！这才是暴乱和阴谋。战时，接二连三的罢工、偷窃和逃避职责足以导致溃败，民众还必须认为消极抵制所得的收益要比服从所得的好处更多，或者说更确实。但即便那些敌视苏联的人也别无他法，只能部分联合政府来挽救俄国。像弗拉索夫这样选择站在敌人一边的人少之又少。因为这个敌人既不是拿破仑、德皇，也不是波兰的老爷们，而是希特勒。而这就是苏联能够维持下去的第二个原因。

德军、纳粹警察和各级官员其实犯下了各种各样的错误，比斯大林料想到的还要多。瓦西里·格罗斯曼的小说《生活与命运》中的主人公格特马诺夫说过一句话："我们还算走运，不到一年，德国人就让我们农民忍受不了，可苏联人是过了二十五年才让我们受不了的。"[2] 即便是同纳粹合作的莉迪亚·奥西波娃在几个星期的时间里也发生了转变。1941年11月18日，她在日记中写道："必须承认德国人大多数都是好的，有人性，有宽容心。[……]有他们在，我们就会持续不断地幸福。每天，我们都能做这样的比较。"1941年12月27日，得知纳粹枪决了数百名老人和病人后："从法西斯那儿什么都能指望，就是指望不了人性。苏联不会如此有系统地灭绝人。我实在不知道该如何表达自己的感情，但我认为苏联情况会不一样。"占领者让所有俄国人都大失所望，其中就包括视苏联为地狱的莉迪亚·奥西波娃。那些出于民族原因将德军视为解放者的人也都很失望。波罗的海人、乌克兰人（无疑都是西方人）、鞑靼人都想要建立自己的国家，至少是获得真正的自治。但他们什么都没得到。从1941年秋天起，除了信奉民族社会主义的一些小圈子之外，亲德的热切氛围开始冷却。农民盼着集体农庄快点结束，就像在盼弥赛亚，他们还期待能够分到土地和物资，能够自由从事买卖：这都是些迫在眉睫的需求，可德国却使用劫掠和征用的法子，从而使重要的改革措施变得遥遥无期。

10月，从维亚济马和布良斯克包围圈里逃出来的士兵说德国人仍然保留了集体化的机构。有意思的是，后来出现了一则流言，颇有说服力，而且经久不衰，对农民起到了久旱逢甘霖的作用：为了对忠心耿耿的农民进行补偿，战后，斯大林会取消集体农庄。从那时起，农民就开始为这则流言赴汤蹈火，因为那关乎未来更美好的梦想，1917年的承诺（土地、面包、和平）也有望获得。对占领地区的民众，德国既不给土地，也不给面包，更不让他们建国。民众还要协助参与别动队令人厌恶的屠杀工作，粗暴地对待战俘。为了获胜，难道真得在光天化日之下杀人？即便把反犹情绪考虑进去，许多人也都会对占领者的本质产生疑问，因为他们和德皇军队的表现可谓天壤之别。德军从意识形态、经济或镇压反抗的角度着眼，无论是在城市，还是在乡村，对平民都极其粗暴，从1941年秋天起，许多人都由此睁开了眼睛。德国军事文化的这个名副其实的缺陷同纳粹的种族屠杀理论一样，对德国的事业造成了同样的损害。被流放到德国，有组织地造成饥荒，各种类型的残暴行为，这样的计划又有谁能接受？最后，12月，朱可夫的反攻对战争的结局造成了不确定的影响，大家都开始抱起了观望态度。"他们没有拿下莫斯科！"苏联的秘密机构也已经开始在被占领土上恢复活力。

当然，有些群体仍然希望德国能胜利，认为苏联的回归就是噩梦之最。但这并不足以确保国防军后方的安全，也无法推动政治上的融合。大多数苏联人很快就以消极对抗的方式来反抗占领者，但暴动很少出现。战线的另一侧，尽管生活条件仍然相当艰苦，但大家还是保持了坚定的信念。许多人都上了前线，或者有的人害怕上前线，就被派去从事特定工作。

那么，该如何看待苏联许多知识分子（格罗斯曼、爱伦堡[3]、帕斯捷尔纳克[4]、格里高利·波美兰茨[5]以及弗拉基米尔·利夫奇茨）在战争时期所体验的那种相对自由的感觉呢？相当知名的科学家维尼亚明·列维奇1970年代接受了《纽约时报》记者的采访，记者问他俄国历史上最美好的时代是什么时候，他答道："战争！那时候，我们都感觉到和政府是一条心，从来没发生过这样的情况。这不是**他们的**，而是**我们的**国家。不是政府，而是我们在发号施令，说要怎么做。这不是**他们的**，而是**我们的**战争；我们保卫的是自己的国家，我们是为自己在牺牲生命。"[6]有可能的是，知识分子发现战争能让他们喘一口气。对某些人而言，他们能够专注地完成一项任务，那就是赢得战争，拯救国家，他们可以在战争中发挥主动性，大胆创作，还可以保持团结。不过，我们觉得没法将某些人所体验到的这种感情和这种体验推广开来。1941年，斯大林对军队的高压根本就没停过，许多人被逮捕，受审，监禁，枪决。内务人民委员部继续在驱逐少数民族（六个月时间被流放者达到120万人），追捕莫须有的"第五纵队"。在后方，工人遭到的清算也有增无减，而与此同时，物质上的悲惨状况也愈演愈烈。1941年下半年和1942年，古拉格死亡率暴增。

列宁格勒的磨难可以拿来作为本书的结尾。沙皇的旧体制就是在圣彼得堡终结的。两者可比性不大。1941年，中央政权已不在涅瓦河畔，而是在莫斯科。十二个法定党派，在圣彼得堡已经不见踪迹。1917年2月，经过三十二个月的战争，德国与圣彼得堡相距400公里，1941年，打了九十天，德国距列宁格勒40公里。在第一种情况下，疲惫不堪的民众毫无畏惧地发起抗议，帮助敌人；在第二种情况下，所有人都对敌人的占领忐忑不安。此处有史为证，20万人加入民兵师，其中很多人都是志愿者。1917年2月，由于工人爆发大规模示威活动，再加上城里的卫戍部队消极应对，而且很快就和工人站到了一起，军队里还出现了数万名逃兵，由此便催生了一场革命。1941年，没有示威活动，大批逃兵遭到逮捕，或者躲藏了起来。军队抛弃了沙皇：由于怀疑皇后里通外国，尼古拉的威信一落千丈。斯大林也在流言里出现过：说他会放弃列宁格勒。还有一则流言说伏罗希洛夫或铁木辛哥正在准备发动政变。但这样的行动只会有利于敌人。唯有布尔什维克能杜绝革命失败主义的泛滥，因此苏联人很少有这样的念头。

围城，恐怖的围城，只会催生小规模的抗议。1941年10月3日，基洛夫区找到13份呼吁暴动的传单。11月，在多家工厂出现了传单，说正是因为工人遭到欺骗，农民被囚禁在集体农庄里，红军才会战败。[7]10月15日至12月1日，内务人民委员部逮捕了51个"反革命团体"，共有148人涉案！平均每个"反革命"团体只有三个人……[8]那段时间，总共有957次逮捕是因为政治罪，这正是斯大林所造成的不幸。在同一段时间，有160个非政治性的犯罪团体遭到捣毁，2523人因犯有"经济罪"而被捕，比"政治罪"多出近三倍。1941年11月中旬，形势极为紧张，内务人民委员部担心国家虚弱不堪，人民士气低落的时候，会爆发大规模抗议活动。但什么都没发生。人们仍在工作，仍在战斗，仍在牺牲。

面对斯大林的原子化社会，被恐怖的围城碾压的城市中，内务人民委员部正在耗费时间追捕一个勇敢的无名氏，这人有点像汉斯·法拉达*的杰作《独自在柏林》里的主人公。1941年12月24日，内务人民委员部在一个车站发现了70份手写的传单。1942年1月9日，又出现了80份类似的传单，也都是手写而成，传单是在同一座车站的月台上发现的。笔迹分析显示传单出自同一人之手，内务人民委员部给这个人起名"造反者"。莫斯科车站受到了严密监控。1942年和1943年，"造反者"给日丹诺夫和波波夫写了好几封信。从这些信的字里行间可以得出结论，此人被判过刑，在列宁格勒的一家工厂的车间里上班。只有"布尔什维克工厂"同写信者不小心透露的信息相吻合。内务人民委员部于是在车间里比照笔迹，1943年底，找到了一个名叫谢尔盖·卢日科夫的人。[9]那个时候，苏联已经踏上了胜利之路。巴巴罗萨行动所造成的相对脆弱的状态早已不见。

德国国防军无法仅用一场战事来战胜苏军，哪怕提前一个月开战，或者莫斯科在圣诞节前陷落，国防军都无法做到这一点。尽管对手缺陷很多，但他们很久以来就预见到会爆发战争，只是他们还没经过雕琢，没有理论上的准备，工业设施也不完备，这样反倒使他们

---

* 汉斯·法拉达（1893—1947），德国作家，代表作有《小人物，怎么办？》《每个人都会独自死去》等。

拥有了出乎意料的韧性。那从一开始起，就在巴巴罗萨计划中规划好第二场战事，德国又能否赢得战争呢？也不行。德国没有办法占领苏联的全部国土。苏联和苏军可以在乌拉尔地区和西伯利亚继续存在下去。美国和英国也会向苏联提供紧缺物资，在东线维持一条活跃的战线，在他们看来，这是获胜的一个主要条件。德军获取同盎格鲁-撒克逊人进行空战和海战的必要资源之后，大部分地面部队可以离开苏联，这样的想法被认为是唯一的解决方案：这样就可以在被占领土上催生一支反叛力量。这正是德国1917年政策的翻版，只不过颠倒了过来。这样一支力量存活的概率还是比较大的。我们甚至可以轻易地认为，它肯定会同意消灭犹太人。这个解决方案只具有理论性质，根本不可能见光。考虑到一来纳粹实施的是殖民和种族屠杀的计划，二来德国军事文化中存在超级暴力的因素，所以这样一种解决方案简直令人想都不敢想。因为这两个概念根本不会去考虑政治因素，两者一旦联姻，只会导致出现罄竹难书的罪行，最后以完全失败收场。无论从目的，还是手段来看，巴巴罗萨行动都是在将克劳塞维茨的概念付诸实施，而这个概念就是绝对战争。

注　释

1. Voir Moshe Lewin, *La Formation du système soviétique*, Gallimard, «Tel», 1987, p. 348.
2. V. Grossman, *Vie et Destin, Julliard/L'âge d'homme*, Presses Pocket, 1983, p. 205.
3. "普遍而言，战争一来，审查的剪刀就举了起来，但在战争开始一年半的时间内，作家感觉比以前自由得多。" In: *Liudi, Gody, Jizn*. Livre V, chapitre 1.
4. 可参阅《日瓦戈医生》中指挥官杜多洛夫和少尉戈尔登的交谈。"有意思。不仅可以和你苦役犯的命运相比，甚至也可以和1930年代我们的整个生活相比，大学的生活安逸自由，有书读，有钱赚，过得舒服，而战争就像荡涤一切的暴风雨，是一阵阵纯净的空气，是令人得拯救的飓风。我认为集体化是个错误，是个失败。[……]战争爆发期间，种种恐怖的现实让我们逃离危险，逃脱威胁我们的死亡，和想象中惨无人道的统治相比，那些现实就像是一种善，让我们如释重负，因为它们限制了妙不可言的权力，使之没了用处。并不是只有你这样的苦役犯突然觉得可以自由地敞亮地大口呼吸了；所有人无一例外，无论是在后方，还是在前线，都能感觉到兴奋狂热地投身到战争可怕的熔炉里是一种真正的幸福，战争让人死，也让人得拯救。"

5. 参阅洛佩兹和奥特赫梅祖里对格里高利·波美兰茨的采访，*Grandeur et Misère de l'Armée rouge*。

6. Cité par Hedrik Smith, *Die Russen*, Münich, 1976, p. 386.

7. Lomagin, *op. cit.*, p. 343.

8. *Ibid.*, p. 323.

9. ARKHIV UFS LO. F.21/12 Op. 2. p. n. 31. D. 5. L. 146–150, in: Lomagin, *Neizvestnaïa Blokada*, vol. 2, p. 57–60.

资料来源

MS 200 Papers of the International Military Tribunal and the Nuremberg Military Tribunals, case 9 (Einsatzgruppen) and 12 (haut-commandement).

ADAP (AKTEN ZUR DEUTSCHEN AUSWÄRTIGEN POLITIK 1918-1945), Documents on German Foreign Policy 1918-1945, Serie D (1937-1945), vol. VI et VII, Her Majesty's stationary office, Londres, 1956.
ADAP (AKTEN ZUR DEUTSCHEN AUSWÄRTIGEN POLITIK 1918-1945), Documents on German Foreign Policy 1918-1945, Serie D (1937-1945), vol. VIII, XI, XII et XIII, United States Goverment printing office, Washington, 1954.
ABSOLON, Rudolf, *Die Wehrmacht im Dritten Reich*, Harald Boldt Verlag, Boppard, 6 vol., 1969.
BOBERACH, Hans, *Meldungen aus dem Reich. Die geheimen Lageberichte des Scihereitsdienstes der SS 1938-1945*, Manfred Pawlak Verlag, 17 vol., 1985.
Dokoumenty Vnechneï Politiki SSSR (DVP), MID, Moscou, 24 vol., 1992.
DOMARUS, Max, *Hitler. Reden 1932 bis 1945. Kommentiert von einem deutschen Zeitgenossen*, R. Löwit, Wiesbaden, 4 vol., 1973.
DZENISKEVITCH, A. R. (dir.), *Leningrad v Ossadé, sbornik Dokoumentov*, Liki Rossii, Saint-Pétersbourg, 1995.
FOREIGN RELATIONS OF UNITED STATES, *Diplomatic Papers, General, The Soviet Union*, vol. 1, https://history.state.gov/historicaldocuments/frus1941v01.
Glazami Razvedki. *SSSR I Evropa, 1939-1938. Sbornik Dokoumentov iz Rossiiskikh arkhivov*, Istlit, Moscou, 2015.
God Krizisa 1938-1939. Dokoumenty i Materialy, MID, Moscou, 2 vol., 1990.
HANSEN, Imke, HOLLER, Martin, HOPPE, Bert, *Die Verfolgung und Ermordung der europäischen Juden durch das nationalsozialistische Deutschland 1933-1945*, Sowjetunion mit annektierten Gebieten II, De Gruyter, Oldenbourg, vol. 8, 2016.
HARTMANN, Christian, PLÖCKINGER, Othmar, TÖPPEL, Roman, VORDERMAYER, Thomas, *Hitler, Mein Kampf. Eine kritische Edition*, Institut für Zeitgeschichte, Munich-Berlin, 2016.
HILLGRUBER, Andreas (éd.), *Staatsmänner und Diplomaten bei Hitler, Vertrauliche Aufzeichnungen über Unterredungen mit Vertretern des Auslandes*, Bernard & Graefe, Francfort, 2 vol., 1967.
Hitler. Reden. Schriften. Anordnungen, Band II A, K. G Saur, 1995.
HUBATSCH, Walther (éd.), *Hitlers Weisungen für die Kriegführung*, dtv Dokumente, Munich, 1965.
Istotchnik. Dokoumenty Russkoï Istorii. Vestnik arkhiva prezidenta Rossiiskoï federatsii. n° 2, 4 et 5, 1995 ; n° 5, 1997.
Izvestia, TsK KPSS. Iz arkhivov partii, 12 volumes, 1990.
JÄCKEL, E. (Hrsg), *Hitler sämtliche Aufzeichnungen, 1905-1924*, Deutsche Verlags-Anstalt, Stuttgart, 1980.
JOURAVLIOV, V., ANUFRIEV, A., EMELIANOVA, N. (éds.), Pervyé dni voïny v dokoumentakh, dans *VIJ* n° 5 (p. 42-58), n° 6 (p. 22-35), n° 7 (p. 22-34), n° 8 (p. 30-31), n° 9 (p. 15-21), 1989.

KHLEVNIUK, Oleg (éd.), *Gosudarstvennyi Komitet Oborony SSSR. Postanovlenia I deiaatelnost 1941-1945 gg*, Rosspen, Moscou, 2 vol., 2015.

Kholokost v Krymou. Dokoumentalnyé svidetelstva o genotsidé evreev Kryma v period naatsistskoï okkupatsii Ukrainy (1941-1944). Materialy ko Vtoromu nautchno-metoditcheskomu seminaru Golokost – minulé i sutchasné. Ukraïnski tsentr izutchenia istorii Kholokosta. Simferopol, 2002.

KHOMENKO, V., *Riabilitovani istorieiu. Tchernigivska Oblast*, Desnianska Pravda, Tchernihiv, 6 vol., 2008, http://www.reabit.org.ua/books/cn/.

KHRISTOFOROV, Vassili (éd.), *General Vlassov, istoria predatelstva Dokoumenty*, 2 tomes, 3 livres, Rosspen, Moscou, 2015.

KHRISTOFOROV, V. (éd.), *Vermakht na Sovetsko-Germanskom fronté. Sledstvennyé i Sudebnyé Materialy, iz arkhivnykh ugolovnykh del Nemetskikh Voennoplennykh 1944-1952*, Russkiï Put, Moscou, 2011.

KOUDRIACHOV, Sergueï (dir.), *Voïna 1941-1945. Vypousk 2*, Vestnik Arkhiva Prezidenta Rossiiskoï Federatsii, Moscou, 2015.

KOUDRIACHOV, Sergueï (éd.), *SSSR i grajdanskaïa voïna v Ispanii*, Vestnik Arkhiva Prezidenta Rossiiskoï Federatsii, Moscou, 2013.

KOUDRIACHOV, Sergueï (éd.), *Voïna 1941-1945. Vypousk 1*, Vestnik Arkhiva Prezidenta Rossiiskoï Federatsii, Moscou, 2010.

KOUDRIACHOV, Sergueï, *SSSR – Germania 1933-1941*, Vestnik Arkhiva Prezidenta Rossiiskoï Federatsii, Moscou, 2009.

KOUDRIACHOV, Sergueï (dir.), *Krasnaïa, Armia, v 1920-e gody*, Vestnik Arkhiva Prezidenta Rossiiskoï Federatsii, Moscou, 2007.

KOVALTCHENKO, I. D. (éd.), *Moskva Voennaïa. Memouary i Arkhivnyé Dokoumenty*, Mosgosarkhiv, Moscou, 1995.

LOMAGIN, Nikita (éd.), *Taïny i Uroki Zimneï voïny 1939-1940, Po Dokoumentam rassekretchennykh arkhivov*, Poligon, Saint-Pétersbourg, 2001.

MALLMANN, Klaus-Michael, ANGRICK, Andrej, MATTHÄUS, Jürgen, CÜPPERS Martin (éds.), *Deutsche Besatzungherrschaft in der UdSSR 1941-1945. Dokumente der Einsatzgruppen in der Sowjetunion*, WBG Academic, 2011.

MALLMANN, Klaus-Michael, ANGRICK, Andrej, MATTHÄUS, Jürgen, CÜPPERS Martin (éds.), *« Die Ereignismeldungen UdSSR » 1941. Dokumente der Einsatzgruppen in der Sowjetunion*, WBG Academic, 2011.

MENDELSSOHN, Peter de, « Aktennotiz », dans *Die Nürnberger Dokumente – Studien zur deutschen Kriegspolitik 1937-45*, Wolfgang Krüger Verlag, Hambourg, 1946.

MOLL, Martin (documents rassemblés et introduits par), *Führer-Erlasse 1939-1945*, Nikol Verlag, Hambourg, 2011.

MOURINE, Yuri (éd.), *Iosif Staline v obiatiakh semi (iz litchnogo arkhiva)*, Edition Q, Moscou, 1993.

My predtchoustvovali polykhanié. Soïuz Sovetskikh pisaateleï SSSR v Gody velikoï Otetchestvennoï Voïny Iun 1941 – sentiabr 1945. Dokoumenty i Komentarii, Rosspen, Moscou, 2 livres, 2 tomes, 2015.

Na priomé u Stalina. Tetrad (jurnaly) zapiseï lits, priniatykh I. V. Stalinym (1924-1953 gg.), Novyi Hronograf, Moscou, 2008.

Nakanuné Kholokosta. Front Litovskikh aktivistov i sovetskié repressii v Litvé 1940-1941 gg., Sbornik dokoumentov, Istoritcheskaïa pamiat, Moscou, 2008, http://militera.lib.ru/docs/0/pdf/sb_nakanune-holokosta.pdf.

Organy gosudarstvennoï bezopasnosti SSSR v Velikoï Otetchestvennoï Voïné, Moscou, 5 vol., 1995.

PETROV, Nikolaï, *Kto Rukovodil Organami Gosbezopasnosti 1941-1954*, Spravotchnik, Zvenia, Moscou, 2010.

PICKERS, Henry, *Hitlers Tischgespräche*, Propyläen, Berlin, 2009.

PLATONOV, R. p. (éd.), Belorussia, 1941-i : Izvestnoé I neizvestnoé. Po dokoumentam Natsionalnogo Arkhiva Respubliki Belorus, Minsk, 2000.

Polevoï oustav RKKA 1939 (PU 39) Gosudarstvennoé voennoé izdatelstvo Narkomata Oborony SSSR, Moscou, 1939.

Records of German Field Commands : Army Groups. NARA, microfilm Publication **T311** (GG 40, 52 and T176/roll 21).
RJECHEVSKI, O. (éd.), *Mirovyé voïny XX veka. Dokoumenty i Materiaaly*, Nauka, Moscou, 4 vol., 2002.
Russki Arkhiv. Velikaïa Otetchestvennaïa, Terra, Moscou, 12 vol., 1993-1999.
Sbornik Boevykh Dokoumentov Velikoï Otetchestvennoï Voïny, Voenizdat, Moscou, 43 vol., 1947-1960, http://militera.lib.ru/docs/da/sbd/index.html.
SCHRAMM, Percy E. (Hrsg), *Kriegstagebuch des Oberkommandos der Wehrmacht*, Bernard & Graefe, Munich, 8 vol., 1982.
Skrytaïa Pravda Voïny : 1941 God. Neizvestnyé Dokoumenty, Russkaïa Kniga, Moscou, 1992.
STALINE, Iossif, *O Velikoï Otetchesstvennoï Voïné Sovetskogo Soïuza*, Piter, Moscou-Saint-Pétersbourg, 2010.
STALINE, Iossif, *Sotchinenia*, 18 vol., 1946-1952 et 1997-2006, http://grachev62.narod.ru/stalin/.
Voennyi Sovet pri Narodnom Komissaré Oborony SSSR. 1-4 Iun 1937. Dokoumenty i Materialy, Rosspen, Moscou, 2008.
Voennyi Sovet pri Narodnom Komissaré Oborony SSSR. 1938, 1940 gg. Dokoumenty i Materialy, Rosspen, Moscou, 2006.
VOLKOVSKI, N. (éd.), *Blokada Leningrada v Dokoumentakh Rassekretchennykh Arkhivov*, Poligon, Moscou-Saint-Pétersbourg, 2005.
VOROCHILOV, Kliment, *Stati i retchi, Partizdat*, TsK VKP(b), Moscou, 1937.
Vremennyi polevoï oustav RKKA 1936 (PU 36) Gosudarstvennoé voennoé izdatelstvo Narkomata Oborony SSSR, Moscou, 1937.
YAKOVLEV, Alexandre (éd.), *Loubianka, Sovetskaïa Elita na Stalinskoï Golgofe 1937-1938. Dokoumeny*, Mejdounarodny Fond « demokratia », Moscou, 2011.
YAKOVLEV, Alexandre (éd.), *Taïny Diplomatii Tretiego Reïkha 1944-1955, Dokoumenty*, Mejdounarodny Fond « demokratia », Moscou, 2011.
YAKOVLEV, Alexandre (éd.), *Generaly i Ofitsery Vermakhta Rasskazyvaiut... 1944-1951. Dokoumenty*, Mejdounarodny Fond « demokratia », Moscou, 2009.
YAKOVLEV, Alexandre (éd.), *Voennaïa Razvedka Informiruet. Ianvar 1939 – Iun 1941, Dokoumenty*, Mejdounarodny Fond « demokratia », Moscou, 2008.
YAKOVLEV, Alexandre (éd.), *Loubianka, Stalin i NKVD-NKGB-GUKR « Smerch » 1939 – mart 1946. Dokoumeny*, Mejdounarodny Fond « demokratia », Moscou, 2006.
YAKOVLEV, Alexandre (éd.), *Gosudarstvennyi Antisemitizm v SSSR. Ot natchalo do kulminatsii. 1938-1953*, Mejdounarodny Fond « demokratia », Moscou, 2005.
YAKOVLEV, Alexandre (éd.), *Lavrenti Beria 1953, Dokoumenty*, Mejdounarodny Fond « demokratia », Moscou, 2005.
YAKOVLEV, Alexandre (éd.), *Loubianka, Stalin i glvnoé oupravlenié gosbezopasnosti NKVD 1937-1938 Dokoumenty*, Mejdounarodny Fond « demokratia », Moscou, 2004.
YAKOVLEV, Alexandre (éd.), *Loubianka, i VTchK-OGPU-NKVD, 1922-1936. Dokoumeny*, Mejdounarodny Fond « demokratia », Moscou, 2003.
YAKOVLEV, Alexandre (éd.), *Loubianka, Organy VTchK-OGPU-NKVD-NKGB-MGB-MVD-KGB 1917-1991, Spravotchnik. Dokoumeny*, Mejdounarodny Fond « demokratia », Moscou, 2003.
YAKOVLEV, Alexandre (éd.), *Vlast I Khudojestvennaïa Intelligentsia. Dokoumenty 1917-1953*, Mejdounarodny Fond « demokratia », Moscou, 2002.
YAKOVLEV, Alexandre (éd.), *Bolchaïa Tsenzura. Pisateli I Jurnalisty v Strané Sovetov. 1917-1956., Dokoumenty*, Mejdounarodny Fond « demokratia », Moscou, 1999.
YAKOVLEV, Alexandre (éd.), *1941 God. Dokoumeny*, Mejdounarodny Fond « demokratia », Moscou, 2. vol., 1998.
« Zimnaïa voïna » : rabota nad ochibkami (aprel-maï 1940 g.) Materialy komissii Glavnogo voennogo soveta Krasnoï Armii po obobtcheniu opyta finskoï kampanii. Rossiiskii Gosudarstvennyi voennyi arkhiv, Moscou, 2004.
ZOLOTARIOV, Vladimir (éd.), *V tiskakh goloda. Blokada Leningrada v dokoumentakh germanskikh spetsslujb i NKVD*, Evropeïski Dom, Saint-Pétersbourg, 2000.
ZOLOTARIOV, Vladimir (dir.), *Joukov v bitvé pod Moskvoï. Sbornik dokoumentov*, Moscou, 1994.

日记和通信

ALEXANDER, Christine, KUNZE, Mason, *Eastern Inferno. The journal of a german panzerjäger on the eastern front, 1941-1943*, Casemate, Philadelphie-Oxford, 2013.
ALVENSLEBEN, Udo von, *Lauter Abschiede. Tagebuch im Kriege*, Ullstein, Berlin, 1979.
AMOSSOV, Nikolaï, *Golossa Vremeni*, Vagrius, Moscou, 1999, https://www.booksite.ru/amosov/1_10.html#7.
ANGRICK, Andrej, DIECKMANN, Christoph et al., *Der Dienstkalender Heinrich Himmlers 1941/42*, Hans Christans Verlag, Hamburg, 1999.
Blokadnyé Dnevniki i Dokoumenty, Arkhiv Bolchogo Doma, Evropeïski Dom, Saint-Pétersbourg, 2007.
BOCK, Fedor von, *Zwischen Pflicht und Verweigerung. Das Kriegstagebuch*, Herbig, Munich, 1995.
Briefwechsel Stalins mit Churchill, Attlee, Roosevelt und Truman, Berlin (Ost), 1961.
BUCHBENDER, Ortwin, STERZ, Reinhold, *Das andere Gesicht des Krieges. Deutsche Feldpostbriefe 1939-1945*, C. H Beck, Munich, 2ᵉ édition, 1983.
CADOGAN, Alexander, DILKS, David (éd.), *The Diaries of Sir Alexander Cadogan, OM. 1938-1945*, Faber and Faber, Londres, 2010.
CHABALINE, Ivan, « "Skolko liudeï rasstreliali Vy za eto vremia ?" Iz trofeïnogo Dnevnika natchalnika osobogo otdela armii », *Otetchestvennyé Zapiski*, n° 4, 2006, p. 328-340.
CHAPORINA, Liubov (Liuba), *Dnevnik*, Novoé Literaturnoé Obozrenié, Moscou, 2 vol., 2012.
CIANO, Galeazzo, *Journal (1939-1943)*, La Baconnière/Payot, Paris, 2013.
DAVIES, Robert, KHLEVNIUK, Oleg (dir.), *Staline i Kaganovitch, Perepiska. 1931-1936 gg*, Rosspen, Moscou, 2001.
Detskaïa kniga o voïné. Dnevniki 1941-1945, Argumenty i Fakty, Moscou, 2015.
DIMITROV, Georgi, BANAC, Ivo (éd.), *The Diary of Georgi Dimitrov, 1933-1949*, Yale University Press, New Haven, 2012.
DJOBADZE, Wakhtang, *Tchemi Tavgadasavali*, CGS, Tbilissi, 2009.
EFRON, Gueorgui, *Journal (1939-1943)*, Éditions des Syrtes, Genève, 2014.
EREMENKO, Andreï, *Dnevniki, zapiski, vospominania. 1939-1946*, Rosspen, Moscou, 2013.
FEDOTOV, Lev, *Dnevnik sovetskogo chkolnika. Memouary proroka iz 9 « A »*, AST, Moscou, 2015.
For the President, personal and secret. Correspondence between Franklin D. Roosevelt and William C. Bullitt, Houghton Mifflin Company, Boston, 1972.
FRANK, Hans, *Im Angesicht des Galgens. Deutung Hitlers und seiner Zeit auf Grund eigener Erlebnisse und Erkenntnisse*, Neuhaus, 2ᵉ édition, 1955.
GABLIANI, Givi, *Tchemi Mogonebani*, Lomisi, Kutaïssi, 2 vol., 2000.
GELFAND, Vladimir, *Dnevnik. 1941-1946*, Rosspen, Moscou, 2014.
GOEBBELS, Joseph, *Die Tagebücher von Joseph Goebbels*, Herausgegeben von Elke Fröhlich, komplettierter t. I : *Aufzeichnungen 1923-1941* (14 vol.), t. II (15 volumes), Munich.
GROSCURTH, Helmuth, *Tagebücher eines Abwehroffiziers 1938-1940*, Deutsche Verlags-Anstalt, Stuttgart, 1970.
GROSSMANN, Vassili, *Jizn i soudba*, AST, Moscou, 2012.
GROSSMANN, Vassili, *Carnets de Guerre, de Moscou à Berlin 1941-1945*, Calmann-Lévy, Paris, 2007. Textes choisis et présentés par Antony Beevor et Luba Vinogradova.
HALDER, Franz, *Generaloberst Halder, Kriegstagebuch*, W. Kohlhammer Verlag, Stuttgart, 3 vol., 1962.
HÜRTER, Johannes, *Ein deutscher General an der Ostfront. Die briefe und Tagebücher des Gotthard Heinrici 1941/42*, Edition Tempus, Alan Sutton Verlag, Erfurt, 2001.
ILINE, V., RADICHEVSKAÏA, V., TITOVA, T. (dir.), *Voïna. Zapetchetlionnyé Dni 1941-1942. Dnevniki i Dokoumenty*, Pravda Severa, Arkhangelsk, 2005.
KELLNER, Friedrich, *Vernebelt, verdunkelt sind alle Hirne : Tagebücher 1939-1945*, Wallstein, Göttingen, 2 vol., 2ᵉ édition, 2011.

Khorochounova, Irina, *Carnets de Kiev 1941-1943. Journal d'une bibliothécaire russe pendant l'occupation allemande*, Calmann-Lévy, Paris, 2018.

Kipp, Michaela, « Grossreinemachen im Osten ». *Feindbilder in deutschen Feldpostbriefen im Zweiten Weltkrieg*, Campus Verlag, Francfort-New York, 2014.

Kotze, Hildegard von, *Heeres-adjutant bei Hitler 1938-1943. Aufzeichnungen des Majors Engel*, Deutsche Verlags-Anstalt, Stuttgart, 1974.

Lammers, Walther, éd., « *Fahrtberichte* » *aus der Zeit des deutsch-sowjetischen Krieges 1941. Protokoll des Begleitoffiziers des Kommandieren Generals LIII. Armeekorps*, Harald Boldt Verlag, Boppard am Rhein, 1988.

Leeb, Wilhelm Ritter von, *Generalfeldmarschall Wilhelm Ritter von Leeb, Tagebuchaufzeichnungen und Lagebeurteilungen aus zwei Weltkriegen*, Deutsche Verlags-Anstalt, Stuttgart, 1976.

Malychev, Viatcheslav, « Dnevnik narkoma, "proïdiot desiatok let I eti vstretchi ne vosstanovich uje v pamiati" », *Istotchnik*, n° 5, 1997, p. 103-147.

Mankov, Arkadi, « Iz dnevnika, 1938-1941 », *Zvezda*, n° 11, 1995, p. 168-199.

Meier-Welcker, Hans, *Aufzeichnungen eines Generalstabsoffiziers 1939-1942*, Rombach Druck- und Verlagshaus, Fribourg, 1982.

My Dear M. Stalin, The complete Correspondence of F. D. Roosevelt and J. V. Stalin, Yale University Press, New Haven, 2005.

Ossipova, Lidia, Dnevnik Kollaborantki, Osipov, Lidiia Collection, Hoover Institution Archives.

Paasikivi, Juho Kusti, *Dnevniki. Voïna-Prodoljenié, 1941-1944*, Evropeïski Dom, Saint-Pétersbourg, 2004.

Pasternak, Boris, *Le Docteur Jivago*, Gallimard, Paris, 2005.

Perepiska Predsedatelia Soveta Ministrov SSSR s prezidentami SChA i Premier ministrom Velikobritanii vo vremia Velikoï Otetchestvennoï Voïny 1941-1945, Gosizdatelstvo polititcheskoï literatoury, Moscou, 2 vol., 1957.

Perventsev, Arkadi, *Dnevniki. 1941-1945*, Veche, Moscou, 2011, http://modernlib.net/books/arkadiy_pervencev/dnevniki_19411945/read_1/.

Prichvine, Mikhaïl, *Dnevniki. 1914-1943*, Rosspen, Moscou, 12 vol., 2003-2012.

Prüller, Wilhelm, *Journal d'un soldat allemand*, Julliard, Paris, 1964.

Reese, Willy Peter, *Mir selber seltsam fremd. Russland 1941-44, Herausgegeben von Stefan Schmitz*, List Taschenbuch, Berlin, 6e édition, 2013.

Rosenberg, Alfred, Bajohr, Frank (éd.), Matthäus, Jürgen (éd.), *Die Tagebücher von 1934 bis 1944*, Fischer, Francfort, 2015.

Sakowicz, Kazimierz, *Ponary Diary 1941-1943*, Yale University Press, New Haven, 2005.

Sebastian, Mihail, *Journal (1935-1944)*, Stock, Paris, 1998.

Stieff, Hellmuth, Mühleisen, Horst, *Hellmuth Stieff Briefe*, Siedler, 1991.

Timofeev, Leonid, « Dnevniki voennykh let », *Znamia*, n° 2 2006, http://militera.lib.ru/db/timofeev_li/index.html.

Vernadski, Vladimir, *Dnevniki. 1926-1934*, Nauka, Moscou, 2001.

Vernadski, Vladimir, *Dnevniki. 1941-1943*, Rosspen, Moscou, 2010.

Voronkov, Mikhaïl, *Intelligent i Epokha : Dnevniki, Vospominania i stati. 1911-1941*, Izdatelstvo P. A. Tribunskogo, Moscou, 2013.

Vostrychev, Mikhaïl (éd.), *Moskva Stalinskaïa*, Algoritm, Moscou, 2011.

Wagner, Elisabeth von, *Der Generalquartiermeister. Briefe und Tagebuch Eduard Wagner's*, Günter Olzog Verlag, Munich-Vienne, 1963.

Weizsäcker, Ernst von, Hill, Leonidas E. (dir.), *Weizsäcker Papiere, 1933-1950*, Propyläen, Berlin, 1996.

参考文献

AFANASENKO, Vladimir, KRINKO, Evgueni, *56-ia armia v boiakh za Rostov. Pervaïa pobeda Krassnoï Armii Oktiabr – dekabr 1941*, Tsentrpoligraf, Moscou, 2013.
ALLEWELDT, Bertold, BACKE, Herbert, *Eine politische Biographie*, WVB, Berlin, 2011.
ALTMAN, Ilia, *Jertvy nenavisti*, Soverchenno Sekretno, Moscou, 2002.
ALY, Götz, HEIM, Susanne, *Vordenker der Vernichtung. Auschwitz und die deutschen Pläne für eine neue europäische Ordnung*, Fischer, Francfort, 2013.
AMOSSOV, Nikolaï, *Golosa Vremeni*, Vagrius, Moscou, 1999, https://www.booksite.ru/amosov/1_10.html#7.
ANDREW, Christopher, MITROKHIN, Vasili, *The Sword and the Shield*, Basic Books, New York, 1999.
ANFILOV, Victor, GOLIKOV, Filipp Ivanovitch, *Zagadka 1941 Goda. O voïné pod raznymi rakursami*, Veche, Moscou, 2005.
ASKEY, Nigel, *Operation Barbarossa : the complete Organisational and Statistical Analysis and Military Simulation*, Lulu Publishing, vol. I, vol. IIA et IIB, 2013.
ASPELMEIER, Dieter, *Deutschland und Finnland während der beiden Weltkriege*, C. von der Ropp, Hambourg, 1967.
BACON, Edwin, *The Gulag at War. Stalin's Forced Labour System in the Light of the Archives*, New York University Press, New York, 1994.
BAGRAMIAN, Ivan, *Tak natchinalas voïna*, Voenizdat, Moscou, 1971.
BAJANOV, Boris, *Vospominania Byvchego Sekretaria Stalina*, Terra, Moscou, 1997.
BARROS, James, GREGOR, Richard, *Double Deception. Stalin, Hitler and the Invasion of Russia*, Northern Illinois University Press, DeKalb, 1995.
BEGIN, Menahem, *V Belyé notchi*, Gesharim, Jérusalem, 1991.
BELIAKOV, Alexandre, *V poliot skvoz gody*, Voenizdat, Moscou, 1981.
BELOW, Nicolaus von, *Als Hitlers Adjutant 1937-1945*, v. Hase & Koehler Verlag, Mayence, 1980.
BENZ, Wigbert, *Der Hungerplan im « Unternehmen Barbarossa » 1941*, WVB, 2011.
BEREJKOV, Valentine, *Stranitsy Diplomatitcheskoï Istorii, Mejdounarodnyé otnochenia*, Moscou, 1987.
BERKHOFF, Karel C., *Harvest of Despair. Life and Death in Ukraine under the Nazi Rule*, The Belknap Press of Harvard University Press, Cambridge, 2004.
BESSEL, Richard, *Nazism and War*, Weidenfeld & Nicolson, Londres, 2004.
BEZVERKHNYI, Alexandre, *Smerch : Istoritcheskié Otcherki i Arkhivnyé Dokoumenty*, Mosgosarkhiv, Moscou, 2003.
BEZYMENSKI, Lev, *Stalin und Hitler. Das Pokerspiel der Diktatoren*, Aufbau-Verlag, Berlin, 2002.
BEZYMENSKI, Lev, *Ukrochtchenié « Taïfunaa »*, Rusitch, Smolensk, 2001.
BEZYMENSKI, Lev, *Gitler I Stalin pered skhvatkoï*, Veche, Moscou, 2000.
BIEBERSTEIN, Johannes Rogalla von, *« Jüdischer Bolschewismus ». Mythos & Realität*, Ares Verlag, Graz, 2010.
BIRIUZOV, Sergueï, *Kogda gremeli puchki*, Voenizdat, Moscou, 1961.

BÖHLER, Jochen, *Auftakt zum Vernichtungskrieg. Die Wehrmacht in Polen 1939*, Fischer, Francfort, 2006.
BOLDINE, Ivan, *Stranitsy jizni*, Voenizdat, Moscou, 1961.
BONWETSCH, Bernd, THURSTON, Robert W., *The People's War. Responses to World War II in the Soviet Union*, University of Illinois Press, Urbana and Chicago, 2000.
BRAITHWAITE, Rodric, *Moscow 1941*, Alfred A. Knopf, New York, 2006.
BROWNING, Christopher R., *The origins of the Final Solution. The evolution of nazi jewish Policy*, Arrow Books, New York, 2005.
BROWNING, Christopher R., *The Path to Genocide*, Cambridge University Press, Cambridge, 1992.
BROWNING, Christopher R., *Fateful months. Essays on the Emergence of the Final Solution*, édition révisée, Holmes & Meier, New York-Londres, 1991.
BÜCHELER, Heinrich, *Hoepner. Ein deutsches Soldatenschiksal des 20. Jahrhunderts*, Mittler, Herford, 1980.
BUDNITSKI, Oleg, *Sverchilos. Prichli Nemtsy ! Ideïnyi kollaboratsionism v SSSR v period Velikoï Otetchestvennoï voïny*, Rosspen, Moscou, 2012.
BUDNITSKI, Oleg, *Russian Jews between Reds and Whites, 1917-1920*, Pennsylvania Press, Philadelphie, 2002.
BUNDESARCHIV/MILITÄRARCHIV, publié par KÖSTRING, Ernst, *Der militärische Mittler zwischen dem deutschen Reich und der Sowjetunion, 1921-1941*, Verlag E.S. Mittler & Sohn, Francfort, 1963.
BURCKHARDT, Carl Jacob, *Meine Danziger Mission 1937-1939*, Verlag Georg. D. W. Callwey, Munich, 1960.
CARLTON, David, *Churchill and the Soviet Union*, M. U. Press, Manchester, 2000.
CASSIDY, Henry C., *Moscow Dateline 1941-1943*, Houghton Mifflin, Boston, 1943.
CEROVIC, Masha, *Les enfants de Staline. La guerre des partisans soviétiques (1941-1944)*, Le Seuil, Paris, 2018.
CHABAEV, Aïrat, MIKHALEV, Sergeï, *Traguedia Protivostoïania. Otetchestvennaïa Voennaïa Istoria*, Podolsk, Moscou, 2002.
CHAKHOURINE, Alexeï, *Krylia Svobody*, Politizdat, Moscou, 1990.
CHAPTALOV, Boris, *Ispytanié Voïnoï*, AST, Moscou, 2002.
CHICHKINE, Valeri, *Rossia v gody « velikogo pereloma » v vospriatii inostrannogo diplomata. 1925-1931*, Dmitri Boulanine, Moscou, 1999.
CHRIST, Michaela, *Die Dynamik des Tötens. Die Ermordung der Juden in Berditschew*, Fischer, Francfort, 2011.
CHUBARYAN, Alexander O., SHUKMAN, Alexander, *Stalin and the Soviet-Finnish War, 1939-40*, Routledge, New York-Londres, 2002.
CLERC, Louis, *La guerre finno-soviétique (novembre 1939-mars 1940)*, Economica, Paris, 2015.
CORNELIUS, Deborah S., *Hungary in World War II*, Fordham University Press, New York, 2011.
COULONDRE, Robert, *De Staline à Hitler : souvenirs de deux ambassades, 1936-1939*, Hachette, Paris, 1950.
CÜPPERS, Martin, *Wegbereiter der Shoa*, WBG, Darmstadt, 2011.
CZECH, Danuta, *Kalendarium der Ereignisse im KZ Auschwitz-Birkenau 1939-1945*, Rowohlt, Reinbek, 2e édition, 2008.
DALLEK, Robert, *Franklin D. Roosevelt and American Foreign Policy, 1932-1945*, Oxford University Press, Oxford, 1995.
Das Deutsche Reich und der Zweite Weltkrieg, vol. 4 : KIERKEGAARD, Sören, *Der Angriff auf die Sowjetunion*, Deutsche Verlags-Anstalt, Stuttgart, 1983.
DAVIES, Robert W., HARRISON, Mark *et al.*, *The Industrialisation of Soviet Russia*, Palgrave Macmillan, Londres, vol. 7, 2018.
DAWSON, Raymond H., *The Decision to aid Russia, 1941*, Greenwood Press, Westport, 1959.
DELPLA, François, *Les papiers secrets du général Doumenc*, Olivier Orban, Paris, 1992.
DERINGIL, Selim, *Turkish Foreign Policy during the Second World War*, Cambridge University Press, Cambridge, 1989.

DIAKOV, Y., SOLDATENKO, V., KOLODNIKOVA, L., BUCHUEVA, T., ZIMA, V., *Narodnaïa Voïna. K 70-Letiu natchala Velikkoï Otetchestvennoï Voïny 1941-1945 gg.*, Fondation « Patriot », Moscou, 2011.

DICKMANN, Fritz, *Machtwille und Ideologie in Hitlers Aussenpolitik Zielsetzungen vor 1933*, in Spiegel der Geschichte, Festgabe für Max Braubach zum 10.April 1964, Verlag Aschendorf, Münster Westf., 1964.

DIEDRICH, Torsten, *Paulus*, Ferdinand Schöningh, Paderborn, 2008.

DINARDO, Richard L., *Germany and the Axis powers. From coalition to collapse*, University Press of Kansas, Lawrence, 2005.

DONNELL, Clayton, *The Defence of Sevastopol, 1941-1942. The soviet Perspective*, Pen & Sword Books, Barnsley, 2016.

DUBROVIN, N. F., « Eshelon za eshelonom », in Poliakov Y. (dir.), *Eshelony idut na vostok 1941-1942*, Nauka, Moscou, 1966.

DUGAS, Iosif, TCHERON, Fedor, *Sovetskié voennoplennyé v nemetskikh kontslageriakh. 1941-1945*, Avuar Konsalting, Moscou, 2003.

DÜLLFER, Jost, *Weimar, Hitler und die Marine : Reichspolitik und Flottenbau 1920 bis 1939*, Droste, Düsseldorf, 1973.

DULLIN, Sabine, *Des hommes d'influence. Les ambassadeurs de Staline en Europe 1930-1939*, Payot, Paris, 2001.

DURACZYŃSKI, Eugeniusz, *Stalin, sozdatel i diktator sverkhderjavy*, Rosspen, Moscou, 2015.

EICHHOLTZ, Dietrich, PÄTZOLD, Kurt, *Der Weg in den Krieg : Studien zur Geschichte der Vorkriegsjahre (1935/36 bis 1939)*, Pahl-Rugenstein, 1989.

EHRENBURG, Ilya, *The Tempering of Russia*, Text, Moscou, 3 tomes, 7 livres, 2005, http://militera.lib.ru/memo/russian/erenburg_eg07/index.html.

EHRENBURG, Ilya, *Liudi, Gody, Jizn*, Alfred A. Knopf, New York, 1944.

ENZENSBERGER, Hans Magnus, *Hammerstein ou l'intransigeance*, Gallimard, Paris, 2010.

ERICKSON, John, *The Road to Berlin*, Cassell, Londres, 2003.

ERMOLOV, Igor, *Tri goda bez Stalina. Okkupatsia 1941-1944*, Tsentropoligraf, 2010.

FILIPPOV, Ivan, *Zapiski o « Tretiem Reïkhé »*, Mejdunarodnyé otnochenia, Moscou, 1966.

FLEISCHHAUER, Ingeborg, *Diplomatischer Widerstand gegen « Unternehmen Barbarossa »*, Ullstein, Berlin, 1991.

FLEISCHHAUER, Ingeborg, *Der Pakt. Hitler, Stalin und die Initiative der deutschen Diplomatie 1938-1939*, Ullstein, Berlin, 1990.

FOERSTER, Roland G. (dir.), *« Unternehmen Barbarossa ». Zum historischen Ort der deutschsowjetischen Beziehungen von 1933 bis Herbst 1941*, Oldenbourg, Munich, 1993.

FORSTMEIER, Friedrich, *Odessa 1941*, Verlag Rombach Freiburg, Fribourg, 1967.

FUCHS, Helmut, *Wer spricht von Siegen*, Albrecht Knaus, Munich, 1987.

GALITSKI, Kuzma, *Gody sourovykh Ispytanii. 1941-1945, (zapiski komanduiuchtchego armieï)*, Nauka, Moscou, 1973.

GALLAÏ, Marc, *Pervy boï my vyigrali*, Voenizdat, Moscou, 1990.

GANZENMÜLLER, Jörg, *Das belagerte Leningrad 1941-1944. Die Stadt in den Strategien von Angreifern und Verteidigern*, Ferdinand Schöningh, Paderborn, 2007.

GAREEV, Makhmut, KOUMANEV, Gueorgui *et al.*, « Zasedanié "kruglogo Stola" : Itogi 1941 goda, plany na 1942 god », in Narychkina, S., Torkounova, A (dir.), *Velikaïa Pobeda*, Moscou, en 15 vol., vol. 6, 2015, p. 24-35.

GAREIS, Martin, *Kampf und Ende der fränkisch-sudetendeutschen 98. Infanterie-Division*, Eggolsheim, 1956.

GEISS, Immanuel, WENDT, Bernd Jürgen (éd.), *Deutschland in der Weltpolitik des 19. Und 20. Jahrhunderts*, Bertelsmann Universitätsverlag, Düsseldorf, 1973.

GELLERMANN, Günther W., *Der Krieg, der nicht stattfand. Möglichkeiten, Überlegungen und Entscheidungen der deutschen Obersten Führung zur Verwendung chemischer Kampstoffe im Zweiten Weltkrieg*, Bernard & Graefe, Coblence, 1986.

GERHARD Gesine, *Nazi Hunger Politics. À History of Food in the Third Reich*, Rowman & Littlefield, Lanham, 2015.
GERLACH, Christian, *Kalkulierte Mord. Die deutsche Wirtschafts- und Vernichtungspolitik in Weissrussland, 1941 bis 1944*, Hamburger Edition, Hambourg, 1999.
GEYER, Michael, FITZPATRICK, Sheila, *Beyond Totalitarism. Stalinism and Nazism compared*, Cambridge University Press, Cambridge, 2009.
GOLIAEV, Vassili, *Tchelovek v broné*, Voenizdat, Moscou, 1964.
GOLIKOV, Filipp, *V Moskovskoî bitvé : zapiski komandarma*, Nauka, Moscou, 1967.
GOLOVANOV, Iaroslavl, *Koroliov : Fakty i Mify*, Nauka, Moscou, 1994.
GORBATOV, Alexandre, *Gody I voïny*, Voenizdat, Moscou, 1989.
GORKOV, Yuri, *Gosudarstvennyi kommitet postanovlivaet, 1941-1945, Tsifry, Dokoumenty*, Olma-Press, Moscou, 2002.
GORODETSKY, Gabriel, *Stafford Cripps' Mission to Moscow 1940-42*, Cambridge University Press, Cambridge, 1984.
GORZKA, Gabriele, STANG, Knut, *Istrebitelnaïa voïna na vostoké. Prestuplenia vermakhta na vostoké. 1941-1945*, Airo, Moscou, 2005.
GRAML, Hermann, *Hitler und England. Ein Essay zur nationalsozialistichen Aussenpolitik 1920 bis 1940*, Institut für Zeitgeschichte Oldenbourg, Munich, 2010.
GREINER, Helmuth, *Die oberste Wehrmachtführung*, Limes Verlag, Wiesbaden, 1951.
GRINEVETSKI, Vassili, *Poslevoennyé perspektivy russkoï promychlennosti*, Kharkov, 1918 et le reprint Injener, Moscou, 2010.
GROEHLER, Olaf, *Sebstmörderische Allianz. Deutsch-russische Militärbeziehungen 1920-1941*, Vision Verlag, Berlin, 1re édition 1992.
GUDERIAN, Heinz, *Bilanz des Zweiten Weltkrieges. Erkenntnisse und Verpflichtungen für die Zukunft*, Gerhard Stalling, Oldenbourg, 1953.
HABECK, Mary R., *Storm of Steel. The Development of Armor Doctrine in Germany and the Soviet Union, 1919-1939*, Cornell University Press, Ithaca, 2003.
HAMANN, Brigitte, *Hitler's Vienna. À portrait of the Tyrant as a young man*, Oxford University Press, Oxford, 1999.
HAMBURGER INSTITUT FÜR SOZIALFORSCHUNG, *Verbrechen der Wehrmacht. Dimensionen des Vernichtungskrieges 1941-44*, Hambourg, 2004.
HANFSTAENGL, Ernst, *Hitler. The Missing Years*, Arcade Publishing, New York, 1994.
HARRISON, Richard W. (édité et traduit par), *The Red Army's defensive operations und counteroffensive along the Moscow strategic direction*, Soviet general Staff, Helion & Company, Warwick, 2015.
HARRISON, Richard W., *The russian Way of War : Operational Art, 1904-1940*, University Press of Kansas, Lawrence, 2001.
HARTMANN, Christian, *Wehrmacht im Ostkrieg. Front und militärisches Hinterland 1941/42*, Oldenbourg, Munich, 2010.
HARTMANN, Christian, HÜRTER, Johannes, POHL, Dieter, *Der deutsche Krieg im Osten 1941-1944, Facetten einer Grenzüberschreitung*, Oldenbourg, Munich, 2009.
HAUPT, Werner, *Kiew. Die grösste Kesselschlacht der Geschichte*, Podzun-Verlag, Bad Nauheim, 1964.
HERDE, Peter, *Die Achsenmächte, Japan und die Sowjetunion. Japanische Quellen zum Zweiten Weltkrieg (1941-1945)*, De Gruyter Oldenbourg, Berlin-Boston, 2018.
HERR, Hannes, *Stets zu erschiessen sind die Frauen, die in der Roten Armee dienen*, Hamburger Edition, Hambourg, 1997.
HERRING, George C, *Aid to Russia. 1941-1946 : Strategy, diplomacy, the origins of the Cold War*, Columbia University Press, New York-Londres, 1973.
HERTEL, Hans, *Generation im Aufbruch*, Verlag K. W. Schütz KG, Preuss. Oldendorf, 1977.
HERWATH, Johnny von, *Against two Evils*, Collins, Londres, 1981.
HEUSINGER, Adolf, *Befehl im Widerstreit, Rainer Wunderlich Verlag Hermann Leins*, Rainer Wunderlich Verlag, Tübingen-Stuttgart, 1950.
HILDEBRAND, Klaus, *Das vergangene Reich. Das deutsche Aussenpolitik von Bismarck bis Hitler*, Deutsche Verlags-Anstalt, Stuttgart, 1995.

HILGER, Gustav, *Wir und der Kreml. Deutsch-sowjetische Beziehungen 1918-1941. Erinnerungen eines deutschen Diplomaten*, Alfred Metzner Verlag, Francfort-Berlin, 2ᵉ édition, 1956.
HILLGRUBER, Andreas, *Hitlers Strategie. Politik und Kriegführung 1940-1941*, Bernard & Graefe, Bonn, 3ᵉ édition, 1993.
HILLGRUBER, Andreas, HÜMMELCHEN, Gerhard, *Chronik des zweiten Weltkrieges. Kalendarium militärischer und politischer Ereignisse 1939-1945*, Gondrom, Bindlach, 1989.
HILLGRUBER, Andreas, *Die Zerstörung Europas*, Propyläen, Berlin, 1988.
HILLGRUBER, Andreas, *Hitler, König Carol und Marshall Antonescu. Die deutsch-rumänischen Beziehungen, 1938-1944*, Franz Steiner Verlag, Wiesbaden, 2ᵉ édition, 1965.
HINSLEY, Francis Harry, *British Intelligence in the Second World War*, Her Majesty's Stationery Office, Londres, vol. 1, 1979.
HÖHNE, Heinz, *Tchiorny Orden SS. Istoria Okhrannykh otriadov*, Olma-Press, Moscou, 2003.
HOLMES, Larry E., *Stalin's World War II Evacuations. Triumph and troubles in Kirov*, University Press of Kansas, Lawrence, 2017.
HOREL, Catherine, *L'Amiral Horthy*, Perrin, Paris, 2014.
HOTH, Hermann, *Panzer Operations. Germany's Panzer group 3 during the invasion of Russia, 1941*, Casemate, Philadelphia-Oxford, 2015.
HULL, Isabel V., *Absolute destruction. Military Culture and the Practices of War in imperial Germany*, Cornell University Press, Ithaca, 2005.
HÜRTER, Johannes, *Hitlers Heerführer. Die deuschen Oberbefehlhaber im Krieg gegen die Sowjetunion 1941/42*, Oldenbourg, Munich, 2007.
IKE, Nobutaka, *Japan's decision for War : Records of the 1941 Policy Conferences*, Stanford, Redwood city, 1967.
ISSAEV, Alexeï, « Ob obiektivnykh i subiektivnykh faktorakh bitvy za Moskvu », in Narychkina, S., Torkounova, A. (dir.), *Velikaïa Pobeda*, Moscou, en 15 vol., vol. 6, 2015, p. 109-118.
ISSERSON, Georgii Samoilovich, *The Evolution of Operational Art*, Combat Studies Institute Press, Fort Leavenworth, 2013.
ISSERSON, Georgii Samoilovich, *Evolutsia Operativnogo Iskusstva*, Gosudarstvennoé voennoé izdatelstvo Narkomata Oborony SSSR, Moscou, 1937.
JÄCKEL, Eberhard, *Hitlers Weltanschauung*, DVA, Stuttgart, 1981.
JACOBSEN, Alf R., *Miracle at the Litza. Hitler's first Defeat on the Eastern Front*, Casemate, Philadelphia-Oxford, 2017.
JANSEN, Marc, PETROV, Nikita, *Stalin's Loyal Executioner : People's Commissar Nikolai Ezhov 1895-1940*, Hoover Institute Press Publication, Stanford, 2002.
JOACHIMSTHALER, Anton, *Korrektur einer Biographie. Adolf Hitler 1908-1920*, Herbig, Munich, 1989.
JODL, Luise, *Jenseits des Endes. Leben und Sterben des Generaloberst Alfred Jodl*, Molden, Munich, 1976.
JONES, Michael, *The Retreat. Hitler's First defeat*, John Murray, Londres, 2009.
JOUKOV, Dmitri, KOVTUN, Ivan, *Burgomistr i palatch*, Piatyi Rim, Moscou, 2017.
JOUKOV, Gueorgui, *Vospominania i razmychlenia*, APN, Moscou, 10ᵉ édition, 3 vol., 1990.
KATOUKOV, Mikhail E., *Na ostrié glavnogo udara*, Voenizdat, Moscou, 1974.
KAY, Alex J., STAHEL, David (éd.), *Mass Violence in Nazi-Occupied Europe*, Indiana University Press, New Haven, 2018.
KAY, Alex J., RUTHERFORD, Jeff, STAHEL, David, *Nazi Policy on the Eastern Front*, Boydell & Brewer, 2014.
KEITEL, Wilhelm, *Mein Leben, Pflichterfüllung bis zum Untergang*, Edition Q, 1998.
KELLOG, Michael, *The russian roots of nazism. White Emigrés and the making of National Socialism*, Cambridge University Press, Cambridge, 2005.
KEMPOWSKI, Walter, *Das Echolot. Barbarossa 41. Ein kollektives Tagebuch*, Verlagsgruppe Random House, Berlin, 2004.
KERN, Erich, *Pliaska smerti. Vospominania untersturmführera SS 1941-1945*, Tsentrpoligraf, Moscou, 2008.
KERSHAW, Ian, *Hitler*, Flammarion, Paris, 2001.

Kesselring, Albert, *Soldat bis zum letzten Tag*, Bonn, 1953.
Khaustov, Vladimir, Samuelson, Lennart, *Staline, NKVD I repressii 1936-1938 gg*, Rosspen, Moscou, 2010.
Khlevniuk, Oleg, *Staline, Jizn odnogo vojdia*, AST, Moscou, 2015.
Khristoforov, Vassili (dir.), *Velikaïa Otetchestvennaïa Voïna. 1942 god*, Izdatestvo Glavnogo arkhivnogo upravlenia goroda Moskvy, Moscou, 2012.
Khristoforov, Vassili (dir.), *Velikaïa Otetchestvennaïa Voïna. 1941 god*, Izdatestvo Glavnogo arkhivnogo upravlenia goroda Moskvy, Moscou, 2011.
Khrouchtchev, Nikita, *Vremia, Liudi, Vlast (Vospominania)*, Moskovskié Novosti, Moscou, 1999, http://militera.lib.ru/memo/russian/khruschev1/index.html.
Khroustaliov, Vassili, *Gosoudarstvenny Komitet Oborony v sistemé tcherezvytchaïnykh organov vlasti SSSR v period velikoï otetchestvennoï voïny*, Thèse, Moscou, 2007.
Kissiliov, O., « Prigranitchnyé srajenia 1941 goda », in Tchoubarian, Alexandre (dir.), *Velikaïa Otetchestvennaïa Voïna. Enciclopedia*, tome 2, Koutchkovo Polé, Moscou, 2000.
Klee, Karl, *Das Unternehmen Seelöwe*, Musterschmidt Verlag, Göttingen, 1958.
Kobrinski, Alexandre, *Daniil Harms*, Molodaïa Gvardia, Moscou, 2009.
Koenen, Gerd, *Der Russland-Komplex. Die Deutschen und der Osten 1900-1945*, C. H. Beck, Munich, 2005.
Kolomiets, Maxime, *T-34. Pervaia polnaia entsiklopedia*, Exmo, Moscou, 2009.
Kolomiets, Maxime, *1941, Tanki v bitvé za Moskvu*, Iauza, Moscou, 2009.
Kostyrtchenko, G., *Taïnaïa politika Stalina. Vlast i Antisemitizm*, Mejdunarodnyé otnochenia, Moscou, 2003.
Koudrova, Irma, *Put Komet*, Sergueï Khodov, Saint-Pétersbourg, 3 vol., 2007.
Koulkov, Evgueni, Miagkov, Mikhaïl, Rjechevski, Oleg, *Voïna 1941 – 1945 gg. Fakty i dokoumenty*, Olma-Press, Moscou, 2011.
Koumanev, Georgui, *Govoriat stalinskié narkomy*, Rusitch, Smolensk, 2005.
Koumanev, Georgui, *Riadom so stalinym*, Rusitch, Smolensk, 2001.
Kourotchkine, P.M., *Sviaz Severo-zapadnogo fronta in Na Severo-zapadnom fronte*, Nauka, Moscou, 1969, http://militera.lib.ru/h/nwf/06.html.
Kouznetsov, Nikolaï, *Kroutyé povoroty : iz zapisok admirala*, Fond pamiati Kouznetsova, Moscou, 1997.
Krausnick, Helmut, *Hitlers Einsatzgruppen*, Fischer, Francfort, 1985.
Krivosheev, Grigori F., colonel général, *Soviet casualties and combat losses in the twentieth century*, Greenhill Books, Londres, 1997. Version russe (plus complète) : *Velikaïa Otetchestvennaïa. Bez grifa Sekretnosti, Kniga Poter*, Veche, Moscou, 2014.
Krivosheïn, Semion, *Ratnaïa byl : zapiski komandira mekhanizirovannogo korpusa*, Molodaïa Gvardia, Moscou, 1962.
Kroneck, Friedrich J. (dir.), Oppermann, Thomas, *Im Dienste Deutschlands und des Rechtes. Festschrift für Wilhelm G. Grewe zum 70. Geburtstag am 16. Oktober 1981*, Nomos Verlagsgesellschaft, Baden-Baden, 1981.
Krouglov, Alexandre, *Tragedia Babe Iara v nemetskikh dokoumentakh*, Tkuma, Dniepropetrovsk, 2011.
Krouglov, Alexandre, « Presledovanié I istreblenié evreev Odesssy v 1941 – 1942 godakh », in Diukov, Aleksandr (dir.), *Zabytyi aggressor : Roumynskaïa okkupatsia Moldavii I Transnistrii*, Fond « Istoritcheskaïa pamiat », Moscou, 2010, p. 32-65.
Krouglov, Alexandre, *Khronika Kholokosta v Ukraïné. 1941-1944 gg*, Premier, Zaporojié, 2004.
Kuby, Erich, *Mein Krieg*, Aufbau Taschenbuch, Berlin, 3e édition, 2010.
Lammers, Walther, *Zur Mentalität deutscher Generäle bei Beginn des Krieges gegen die Sowjetunion (Juni bis Dezember 1941)*, Franz Steiner Verlag, Stuttgart, 1990.
Laqueur, Walter, *Russia & Germany, A century of Conflict*, Transaction Publishers, New Brunswick-Londres, 1990.
Leliouchenko, Dmitri, *Moskva – Stalingrad – Berlin – Praga. Zapiski komandarma*, Nauka, Moscou, 1987.

LEYEN, Ferdinand Prinz von der, *Rückblick um Mauerwald*, Biderstein, Munich, 1966.
LIULEVICIUS, Vejas Gabriel, *The german Myth of the East. 1 800 to the Present*, Oxford University Press, Oxford, 2009.
LIULEVICIUS, Vejas Gabriel, *War Land on the Eastern Front*, Cambridge University Press, Cambridge, 2000.
LOMAGIN, Nikita, *Neizvestnaïa blokada*, Neva, Saint-Pétersbourg, 2 vol., 2004.
LONGERICH, Peter, *Himmler*, Héloïse d'Ormesson, Paris, 2010.
LOPEZ, Jean, OTKHMEZURI, Lasha, *Joukov, l'homme qui a vaincu Hitler*, Perrin, Paris, 2013.
LOPEZ, Jean, OTKHMEZURI, Lasha, *Grandeur et misère de l'Armée rouge*, Le Seuil, Paris, 2011.
LOPUKHOVSKI, Lev, *Na glavnom napravlenii*, Nauka, Moscou, 2015.
LOPUKHOVSKI, Lev, *Viazemskaïa Katastrofa*, Exmo, Moscou, 2008.
LOUGUINE, I. A., *Polglotka Svobody*, YMCA-Press, Paris, 1987.
LUCK, Hans von, *Mit Rommel an der front. Stationen eines bewegten Lebens*, Mittler, Hambourg, 3ᵉ édition, 2006.
LUDENDORFF, Erich, *Meine Kriegserinnerungen 1914-1918*, Ernst Siegfreid Mittler und Sohn, Berlin, 1919.
LUNDE, Henrik O., *Finland war of Choice. The troubled German-Finnish Coalition in World War II*, Casemate, Philadelphie-Oxford, 2013.
MACKENSEN, Eberhard von, *Vom Bug zum Kaukasus, Das III. Panzerkorps im Feldzug gegen Sowjetrussland 1941/42*, Scharnhorst Buchkameradschaft, Neckargemünd, 1967.
MALLMANN, Klaus-Michael, « Die Türöffner der Endlösung », in PAUL, Gerhard von, MALLMANN, Klaus-Michael et. al., *Die Gestapo im Zweiten Weltkrieg*, Wissenchaftliche Buchgesellschaft, Darmstadt, 2000.
MANSTEIN, Erich, *Verlorene Siege*, Bernard & Graefe, Coblence, 9ᵉ édition, 1959.
MANSTEIN, Erich, *Aus einem Soldatenleben, 1887-1939*, Athenäum-Verlag, Bonn, 1958.
Marchal Joukov. Moskva v jizni i sudbé polkovodtsa. (istoritcheskié otcherki, vospominania, dokoumenty), Mosglavarkhiv, Moscou, 2005.
Marchal Joukov, kakim my ego pomnim (recueil d'articles), Politizdat, Moscou, 1989.
Marchal Joukov : polkovodets i tchelovek (recueil d'articles), APN, Moscou, 2 vol., 1988.
MELLENTHIN, Friedrich von, *Panzer battles*, Ballantine Books, New York, 1971.
MELTIUKHOV, Mikhaïl, « Natchalnyi period voïny v dokumentakh kontrrazvedki (22 Iunia – 9 iulia 1941) », in *Tragedia 1941-ogo. Pritchiny katastrophy*, Exmo, Moscou, 2008.
MENGER, Manfred, *Deutschland und Finnland im zweiten Weltkrieg*, Militärverlag der DDR, Berlin, 1988.
MERETSKOV, Kirill, *Na slujbé rodinu*, Politizdat, Moscou, 1968.
MESSE, Giovanni, *La Guerra al Fronte Russo*, Mursia, Milano, 2005.
MICHALKA, Wolfgang (dir.), *Nationalsozialistische Aussenpolitik*, Wissenschaftliche Buchgesellschaft, Darmstadt, 1978.
MIERZEJEWSKI, Alfred C., *The most valuable asset of the Reich. À History of the german national Railway*, University of North Carolina Press, Chapel Hill, 2000.
MINER, Steven Merritt, *Between Churchill and Stalin, The Soviet Union, Great Britain, and the Origins of the Grand Alliance*, University of North Carolina Press, Chapel Hill, 1988.
MIKHALEV, Sergeï, *Voennaïa Strateguia. Podgotovka I vedenié voïn Novogo i Voveïchego vremeni*, Koutchkogo Polé, Moscou, 2003.
MIKHALEV, Sergeï, *Liudskié Poteri v velikoï Otetchestvennoï Voïné 1941-1945 gg, Statistitcheskoé issledovanié*, Klaretianum, Krasnoïarsk, 2000.
MIKOÏAN, Anastas, *Tak Bylo*, Vagrius, Moscou, 1999, http://militera.lib.ru/memo/russian/mikoyan/index.html.
MLETCHINE, Leonid, *Odin den bez Stalina. Moskva v oktiabré 41-go goda*, Centrepoligraf, Moscou, 2012.
MORITZ, Ehrard (textes choisis et introduits par), *Fall Barbarossa, Dokumente zur Vorbereitung der faschistischen Wehrmacht auf die Aggression gegen die Sowjetunion (1940/41)*, Deutscher Militärverlag, Berlin, 1970.

Moskalenko, Kirill, *Na Yugo-zapadnom napravlenii*, Nauka, Moscou, 2 vol., 1969.
Moskoff, William, *The Bread of Afflcition. The food Supply in the USSR during World War II*, Cambridge University Press, Cambridge, 1990.
Müller, Klaus-Jürgen, *Generaloberst Ludwig Beck. Eine Biographie*, Ferdinand Schöningh, Paderborn, 2ᵉ édition, 2009.
Müller, Klaus-Jürgen, *Armee und Drittes Reich 1933-1939*, Ferdinand Schöningh, Paderborn, 1987.
Müller, Rolf-Dieter, *Der Feind steht im Osten. Hitlers geheime Pläne für einen Krieg gegen die Sowjetunion im Jahre 1939*, Ch. Links, Berlin, 2011.
Müller, Rolf-Dieter, *An der Seite der Wehrmacht. Hitlers ausländische Helfer beim « Kreuzzug gegen den Bolschewismus »*, *1941-1945*, Fischer, Francfort, 2010.
Müller, Rolf-Dieter, *Der letzte deutsche Krieg, 1939-1940*, Klett-Cotta, Stuttgart, 2005.
Münkler, Herfried, *Die Deutschen und ihre Mythen*, Rowohlt, Berlin, 2 vol., 2009.
Murphy, David E., *Ce que savait Staline. L'énigme de l'opération Barberousse*, Stock, Paris, 2006.
Musial, Bogdan, *Konterrevolutionäre Elemente sind zu erschiessen*, Propyläen, Berlin, 2000.
National Association of War Veterans, *The Romanian Army in the Whirl of War, 1941-1945*, Editura Andromeda Company, Bucarest, 2011.
Neitzel, Sönke, Welzer, Harald, *Soldats. Combattre, tuer, mourir : Procès-verbaux de récits de soldats allemands*, Gallimard, Paris, 2013.
Neratova, Rimma, *V Dni voïny : semeïnaïa khronika*, Zvezda, 1996.
Nikouline, Nikolaï, *Vospominanié o Voïné*, Izdatestvo Gosoudarstvennogo Ermitaja, Saint-Pétersbourg, 2008.
Nisbet, Robert, *Roosevelt and Stalin, The failed Courtship*, Gateway Books, Washington, 1988.
Novikov, Nikolaï, *Vospominania diplomata (Zapiski o 1938-1947 godakh)*, Politizdat, Moscou, 1989.
Ortenberg, David, *Iun - dekabr sorok pervogo*, Sovetski Pisatel, Moscou, 1984.
Osokina, Elena, *Za fasadom « stalinskogo izobilia ». Raspredelenié i rynok v snabjenii naselenia v gody industrializatsii 1927-1941*, Rosspen, Moscou, 1999.
Overmans, Rüdiger, *Deutsche militärische Verluste im Zweiten Weltkrieg*, Oldenbourg, Munich, 2004.
Pahl, Magnus, *Fremde Heere Ost. Hitlers militärische Feindaufklärung*, Ch. Links Verlag, Berlin, 2012.
Palii, p. V, *Nemetskom plenu*, YMCA-Press, Paris, 1987.
Pätzold, Kurt, *Der Überfall. Der 22 Juni 1941 : Ursachen, Pläne und Folge*, Edition Ost, Berlin, 2016.
Paul, Gerhard von, Mallmann, Klaus-Michael (dir.), *Die Gestapo im Zweiten Weltkrieg. Heimatfront und besetztes Europa*, Wissenchaftliche Buchgesellschaft, Darmstadt, 2000.
Paul, Wolfgang, *Brennpunkte. Die Geschichte der 6. Panzerdivision 1937-1945*, Höntges-Verlag, Krefeld, 1977.
Penter, Tanja, *Kohle für Stalin und Hitler. Arbeiten und Leben im Donbass, 1929 bis 1953*, Klartext Verlag, Essen, 2010.
Peressypkine, Ivan, *A v boïu echtché vajneï*, Sovetskaïa Rossia, Moscou, 1970.
Philippi, Alfred, Heim, Ferdinand, *Der Feldzug gegen Sowjetrussland 1941 bis 1945*, W. Kohlhammer Verlag, Stuttgart, 1962.
Philippi, Alfred, *Das Pripjetproblem. Beiheft 2 der Wehrwissenschaftlichen Rundschau*, Ernst Siegfried Mittler und Sohn, Berlin, 1956.
Picker, Henry, *Zastolnyé besedy Gitlera. 1941-1942*, Russitch, Smolensk, 1993.
Pieper, Henning, *Fegelein's Horsemen and Genocidal Warfare. The SS Cavalry Brigade in the Soviet Union*, Palgrave Macmillan, Londres, 2015.
Pietrow, Bianka, *Stalinismus, Sichereit, Offensive*, Schwartz Verlag, Melsungen, vol. 2, 1983.
Piper, Ernst, *Alfred Rosenberg. Hitlers Chefideologe*, Alliera Verlag, nouvelle édition, 2015.
Plocher, Hermann, *The german Air Force versus Russia*, USAF Historical Studies n° 153, New York, vol. 1, 1968.
Plöckinger, Othmar, *Geschichte eines Buches : Adolf Hitlers « Mein Kampf »*, *1922-1945*, Oldenbourg, Munich, 2ᵉ édition révisée, 2011.

POHL, Dieter, *Nationalsozialistische Judenverfolgung in Ostgalizien, 1941-44. Organisation und Durchführung eines staatlichen Massenverbrechens (Studien zur Zeitgeschichte, vol. 50)*, De Gruyter, Oldenbourg, 1997.
POLIAKOV, Yuri (dir.), *Vsesoiuznaïa perepis naselenia 1939 goda. Osnovnyé itogi*, Nauka, Moscou, 1992.
POLIAN, Pavel, *Ne po svoeï volé... Istoria i georgrafia prinuditelnykh migratsii v SSSR*, Memorial, Moscou, 2001.
POLOGNE, République de., ministère des Affaires étrangères, *Les relations polono-allemandes et polono-soviétiques au cours de la période 1933-1939. Recueil de documents officiels*, Flammarion, Paris, 1940.
PONS, Silvio, *Stalin and the Inevitable War 1936-1941*, Frank Cass, Londres-Portland, 2002.
PRIMAKOV, Evgueni, Troubnikov, *Otcherki Istorii Rossiiskoï Vnechnei Razvedki*, Mejdunarodnyé otnochenia, Moscou, tome 3, 2007.
RADEY, Jack, SHARP, Charles, *The Defense of Moscow. The northern Flank*, Pen & Sword Books, Barnsley, 2012.
RECKER, Marie-Luise, *Die Aussenpolitik des dritten Reiches*, Oldenbourg, Munich, 2010.
REINHARDT, Klaus, *Die Wende vor Moskau*, Deutsche Verlags-Anstalt, Stuttgart, 1972.
RJECHEVSKI, Oleg, BARANOV, V. P., (dir.), *Velikaïa Otetchestvennaïa Voïna. 1941-1945*, (VOV), Voennoé Izdatelstvo, Koutchkovo Polé, Moscou, 12 vol., 2011-2015.
ROHDE, Norbert, *Die fliegenden Augen des Oberst Rowehl*, Velterner Verlagsgesellschaft mbH, 2010.
ROHWER, Jürgen (dir.), JÄCKEL, Eberhard, *Kriegswende Dezember 1941*, Bernard & Graefe, Coblence, 1984.
ROKOSSOVSKI, Konstantin, *Soldatski dolg*, Voenizdat, Moscou, 1997.
ROLL, David L., *The Hopkins Touch*, Oxford University Press, Oxford, 2015.
ROMANOVA, T., B., (dir.), *Khronika Rossii. XX vek.*, Slovo, Moscou, 2002.
RÖMER, Felix, *Der Kommissarbefehl. Wehrmacht und NS-Verbrechen an der Ostfront 1941/42*, Ferdinand Schöningh, Paderborn, 2008.
ROSSINO, Alexander B., *Hitler strikes Poland. Blitzkrieg, Ideology and Atrocity*, University Press of Kansas, Lawrence, 2003.
ROUBTSOV, Yuri, *Gueneralskaia Pravda*, Veche, Moscou, 2014.
ROUBTSOV, Yuri, *Mekhlis, Ten vojdia*, Exmo, Moscou, 2007.
ROZANOV, Guerman, *Stalin-Gitler. Dokoumentalnyi Otcherk sovetsko-germanskikh otnochenii 1939-41*, Mejdounarodnyé otnochenia, Moscou, 1991.
RUCHNIEWICZ, Krzysztof, MAREK, Zybura (éd.), *Zwischen (Sowjet-) Russland und Deutschland. Geschichte und Politik im Schaffen von Jozef Mackiewicz (1902-1985)*, Fibre Verlag, Osnabrück, 2012.
RÜRUP, Reinhard von, *Der Krieg gegen die Sowjetunion 1941-1945*, Argon, Berlin, 1991.
RUTHERFORD, Jeff, *Combat and Genocide on the Eastern front. The german Infantry's War, 1941-1944*, Cambridge University Press, Cambridge, 2014.
SAKHAROV, A. N., Seniavski, A. S., *Narod i Voïna 1941-1945 gg. K 65-letiu nachala Vtoroï Mirovoï Voïny. Issledovania, Dokoumenty, Kommentarii*. Institut Rossiiskoï Istorii, Moscou, 2010.
SAKHAROV, A. N., *Velikaïa Voïna i Velikaïa pobeda naroda. K 65-letiu nachala Vtoroï Mirovoï Voïny. Issledovania, Dokoumenty, Kommentarii*, Akademkniga, Moscou, 2 vol., 2010.
SAKHAROV, A. N., *Siroch, I. I. K 70-letiu nachala Vtoroï Mirovoï Voïny. Issledovania, Dokoumenty, Kommentarii*, Institut Rossiiskoï Istorii, Moscou, 2009.
SAMSONOV, Alexandre, *Znat i pomnit : dialog istorika s tchitatelem*, Izdatelstvo polititcheskoï lite-ratury, Moscou, 1988.
SAMUELSON, Lennart, *Plans for Stalin's War Machine*, MacMillan, Londres, 2000.
SANDALOV, Leonid, *1941. Na Moskovskom napravlenii*, Veche, Moscou, 2010.
SANDALOV, Leonid, *Perejitoé*, Voenizdat, Moscou, 1961.
SANDNER, Harald, *Hitler. Das Itinerar*, Berlin Story Verlag, Berlin, 4 vol., 2016.
SARNOV, Bénédicte, *Staline i pisateli*, Exmo, Moscou, 3 vol., 2007.

SCHÄFER, Kirstin A., *Werner von Blomberg. Hitlers erster Feldmarschall*, Ferdinand Schöningh, Paderborn, 2006.
SCHELLENBERG, Walter, *Memoiren*, Cologne, 1959.
SCHLEMMER, Thomas, *Die Italiener an der Ostfront 1942/43, Schriftenreihe der Vierteljahreshefte für Zeitgeschichte*, Oldenbourg, Munich, 2005.
SCHMIDT, Rainer F., *Die Aussenpolitik des dritten Reiches, 1933-1939*, Klett-Cotta, Stuttgart, 2002.
SCHMIDT, Rainer F., *Rudolf Hess « Botengang eines Toren »* ? *Der Fluge nach Grossbritannien vom 10. Mai 1941*, Econ, Munich, 1997.
SCHMIDT-SCHEEDER, Georg, *Reporter der Hölle*, Motorbuch Vlg., Stuttgart, 1997.
SCHRODEK, Gustav W., *Ihr Glaube galt dem Vaterland : Geschichte des Panzerregiments 15*, Schild-Verlag, Wölfersheim, 1976.
SCHÜLER, Klaus A. Friedrich, *Logistik im Russland Feldzug*, Peter Lang, Francfort, 1987.
SCHWENDEMANN, Heinrich, *Die wirtschaftliche Zusammenarbeit zwischen dem Deutschen Reich und der Sowjetunion von 1939 bis 1941*, Akademie Verlag, Berlin, 1993.
SEGBERS, Klaus, *Die Sowjetunion im Zweiten Weltkrieg. Die Mobilisierung von Verwaltung, Wirtschaft und Gesellschaft im Grossen Vaterländischen Krieg, 1941-43*, Oldenbourg, Munich, 1987.
SEIDLER, Franz W., *Verbrechen an der Wehrmacht. Kriegsgreuel der Roten Armee 1941/42*, Pour le Mérite, Selent, 1997.
SHNEER, Aron, *Plen, Mosty Kultury*, Gesharim, Jérusalem, 2005, https://www.netzulim.org/R/OrgR/Library/Shneer/Shneer_Plen/c777.htm.
SIMONOV, Constantin, *Glazami Tcheloveka Moego Pokolenia*, Pravda, Moscou, 1990.
SIMONOV, Constantin, *Pisma o voïné. 1943-1979*, Sovetskii pisatel, Moscou, 1990.
SIMONOV, Constantin, *Raznyé Dni Voïny*, Khudojestvennaïa Literatura, Moscou, 1982.
SIMONOV, Nikolaï, *VPK SSSR : Tempy Economitcheskogo Rosta. Struktura, Organizatsia, proizvodstva, upravlenia*, Altaspera Publishing, Canada, 2014.
SMIRNOV, Andreï, *Boevaïa Vyoutchka Krasnoï Armii nakanuné repressii*, Rodina Media, Moscou, 2 vol., 2013.
SNYDER, Timothy, BRANDDON, Ray (dir.), *Stalin and Europe, imitation and domination, 1928-1953*, Oxford University Press, Oxford, 2014.
SNYDER, Timothy, *Bloodlands*, Basic Books, New York, 2010.
SOUDOPLATOV, Pavel, *Spetsoperatsii. Lubyanka i Kreml' 1930-1950 gody*, Olma-Press, Moscou, 1998.
SOUTOU, Georges-Henri (dir.), *L'URSS et l'Europe de 1941 à 1957*, Presses Université Paris-Sorbonne, Paris, 2008.
SPEER, Albert, *Erinnerungen*, Propyläen, Berlin, 1969.
STAFFORD, David, *Churchill and Secret Service*, Thistle Publishing, Londres, 2013.
STAHEL, David, *Joining Hitler's Crusade, European Nations and the Invasion of the Soviet Union, 1941*, Cambridge University Press, Cambridge, 2018.
STAHEL, David, *The Battle fort Moscow*, Cambridge University Press, Cambridge, 2015.
STAHEL, David, *Operation Typhoon*, Cambridge University Press, Cambridge, 2013.
STAVINSKI, Ervin, *Zaroubiny, semeïnaïa rezidentura*, Olma-Press, Moscou, 2003.
STEETS, Hans, *Gebirgsjäger zwischen Dnjepr und Don*, Scharnhorst Buchkamedarschaft, Heidelberg, 1957.
STEMPEL, Joachim, *Wir müssen ran, wir greifen an !*, Aspekt, 2014.
STENZEL, Thilo, *Das Russlandbild des « kleinen Mannes ». Gesellschaftliche Prägung und Fremdwahrnehmung in feldpostbriefen aus dem Ostfeldzug (1941-1944/1945)*, Munich, 1998.
STERRETT, James, *Soviet Air Force Theory, 1918-1945*, 2007, Routledge, New York, 2007.
STRAUSS, Franz Josef, *Die Geschichte der 2. (Wiener) Panzer-division*, Dörfler, 2005.
STREIM, Alfred, *Sowjetische gefangene in Hitlers Vernichtungskrieg*, Müller, Heidelberg, 1982.
STREIT, Christian, *Keine Kameraden. Die Wehrmacht und die sowjetischen Kriegsgefangenen 1941 – 1945*, Verlag J. H. W. Dietz, Bonn, 1997.
SVETLICHINE, Nikolaï, *Krutyé stupeni*, Khabarovskoé Knijnoé izdanié, Khabarovsk, 1992.
TAMARKINE, Viatcheslav, *Eto bylo ne vo sné : vospominania*, JAG-VM, Jérusalem, 2002.

TCHEREPANOV, Victor, *Vlast i Voïna. Stalinski mekhanizm gosudarstvennogo upravlenia v Velikoï Otecthestvennoï Voïné*, Izdatelstvo Izvestia, Moscou, 2006.
TCHERON, Fedor, *Nemetski Plen I Sovetskoé Osvobojdenié*, YMCA-Press, Paris, 1987.
TCHOUBARIAN, Alexandre (dir.), *1941 God, strana v ogné*, Olma-Press, Moscou, 2 vol., 2011.
TCHOUEV, Felix, *140 besedPlen s Molotovym*, Terra, Moscou, 1991.
TÉLÉGUINE, Constantin, *Voïny nestchitannyé viorsty*, Voenizdat, Moscou, 1988.
TESKE, Hermann, *General Ernst Köstring*, Mittler & Sohn, Francfort, 1966.
THIES, Jochen, *Architekt der Weltherrschaft. Die « Endziele » Hitlers*, Athenäum/Droste Taschenbücher Geschichte, Düsseldorf, 1980.
THOLMATCHEVA, Anna, *Boevoï I tchislennyi sostav I poteri voorujonnykh sil protivoborstvuiuchtchikh storon na sovetsko-germanskom fronte v gody Velikoï Otetchestvennoï voiny (1941-1945)*, Krasnoïarsk, 2006.
TIULENEV, Ivan, *Tcherez Tri Voïny*, Voenizdat, Moscou, 1972.
TRIANDAFILLOV, Vladimir K., *The Nature of the Operations of Modern Armies*, Routledge, Londres-New York, 1994.
UEBERSCHÄR, Gerd R., WETTE, Wolfram, *Der deutsche Überfall auf die Sowjetunion. « Unternehmen Barbarossa » 1941*, Fischer, Francfort, 1991.
UEBERSCHÄR, Gerd R., WETTE, Wolfram, *Unternehmen Barbarossa. Der deutsche Überfall auf die Sowjetunion 1941 : Berichte, Analysen, Dokumente (Sammlung Schöningh zur Geschichte und Gegenwart)*, Fischer, Francfort, 1984.
UHLIG, Heinrich, *Das Einwirken Hitlers auf Planung und Führung des Ostfeldzuges, in Vollmacht des Gewissens. Der militärische Widerstand gegen Hitler im Kriege, II*, Alfred Metzner Verlag, Francfort, 1965.
URBAN, G.R., *Stalinism. Its Impact on Russia and the World*, Maurice Temple Smith, Londres, 1982.
VASSILIEVSKI, Alexandre, *Delo vseï jizni*, Olma-Press, Moscou, 2002.
VEHVILÄINEN, Olli, *Finland in the Second World War. Between Germany and Russia*, Palgrave, New York, 2002.
VENOHR, Wolfgang von, *Aufstand in der Tatra. Der Kampf um die Slowakei 1939-1944*, Königstein, 1979.
VERNIDOUB, Ivan, *Na peredovoï linii tyla*, TsNIINTIKPK, Moscou, 1993.
VINOGRADOV, PLEYSIER, Albert Jean, *Bitva za Leningrad v soudbakh jiteleï goroda i oblasti : Vospominania zachtchitnikov i jiteleï goroda i okuppirovannykh territorii*, SPB, Saint-Pétersbourg, 2005.
VOLKMAN, Hans-Erich (dir.), *Das Russlandbild im Dritten Reich*, Böhlau, Cologne, 1994.
Vollmacht des Gewissens, Der militärische Widerstand gegen Hitler im Kriege, Alfred Metzner Verlag, Francfort, vol. 2, 1965.
VORONOV, Nikolaï, *Na sloujbé voennoï*, Voenizdat, Moscou, 1963.
VOZNESSENSKI, Nikolaï, *Voennaïa Economica SSSR v Perio d Otetchestvennoï Voïny*, Gospolitizdat, Moscou, 1948.
Vtoraïa Miroovaïa Voïna v Vospominaniakh : Winston Churchill, Charles de Gaulle, Cordell Hull, William Leahy, Dwight Eisenhower, Politizdat, Moscou, 1990.
WAGNER, Helmut, *Der Krieg deutscher geheimdienste gegen den Osten seit 1917*, Edition Ost, Berlin, 2011.
WALLACH, Jehuda L., *Das Dogma der Vernichtungsschlacht*, Deutscher Taschenbuch-Verlag, Munich, 1970.
WARLIMONT, Walter, *Im Hauptquartier der deutschen Wehrmacht 39-45*, Bernard & Graefe, Munich, 3e édition, 1978.
WATT, Donald Cameron, *How War came. The immediate origins of the Second World War, 1938-1939*, Heinemann, Londres, 1989.
WEGNER, Bernd (dir.), *Zwei Wege nach Moskau. Vom Hitler-Stalin-Pakt zum « Unternehmen Barbarossa »*, Serie Piper, Munich, 1991.
WERTH, Alexander, *Moscou 1941*, Tallandier, Paris, 2012.

WETTE, Wolframm, *Die Wehrmacht. Feindbilder, Vernichtungskrieg, Legenden*, Fischer, Francfort, 2ᵉ édition, 2013.
WETTSTEIN, Adrian E., *Die Wehrmacht im Stadtkampf, 1939-1942*, Ferdinand Schöningh, Paderborn, 2014.
WHALEY, Barton, *Codeword Barbarossa*, MIT Press, Cambridge, 1973.
WIPPERMANN, Wolfgang, *Die Deutschen und der Osten. Feinbild und Traumland*, Primus Verlag, Darmstadt, 2007.
WIPPERMANN, Wolfgang, « *Der deutsche Drang nach Osten* ». *Ideologie und Wirklichkeit eines politischen Schlagwortes*, Wissenschaftliche Buchgesellschaft, Darmstadt, 1981.
WOLLSCHLÄGER, Thomas, *General Max Hoffmann*, Books on Demand, Norderstedt, 2013.
WOODWARDS, Llewellyn, *British Foreign Policy in the Second World War*, Her Majesty's Stationary Office, Londres, 1970.
WUORINNEN, John H., *Finland and World War Two*, The Ronald Press Company, New York, 1948.
YAKOVLEV, Alexandre, *Tsel Jizni*, Politizdat, Moscou, 1973.
YAKOVLEV, Nikolaï, *Ob artilerii i nemnogo o sebe*, Vyschaïa Chkola, Moscou, 1981.
ZAKHAROV, Gueorgui, *Ia Istrebitel*, Voenizdat, Moscou, 1985.
ZAKHAROV, Matveï, *Generalnyi chtab v predvoennyé gody*, Voenizdat, Moscou, 1989.
ZAPANTIS, Andrew L., *Hitler's Balkan Campaign and the Invasion of the USSR*, East European Monographs, Boulder, 1987.
ZARUSKY, Jürgen (dir.), *Stalin i Nemtsy*, Rosspen, Moscou, 2009.
ZARUSKY, Jürgen (dir.), *Stalin und die Deutschen*, Oldenbourg, Munich, 2006.
ZAYAS, Alfred M. de, *Die Wehrmacht-Untersuchungsstelle für Verletzungen des Völkerrechts : Dokumentation alliierter Kriegsverbrechen im Zweiten Weltkrieg*, Lindenbaum Verlag, 9ᵉ édition, 2018.
ZEHNPFENNIG, Barbara, *Adolf Hitler : Mein Kampf. Studienkommentar*, Wilhelm Fink, Paderborn, 2011.
ZEIDLER, Manfred, *Reichswehr und Rote Armee 1920-1933. Wege und Stationen einer ungewöhnlichen Zusamenarbeit*, Oldenbourg, Munich, 1993.
ZOLLER, Albert, *Hitler Privat, Erlebnisbericht seiner Geheimsekretärin*, Droste-Verlag, Dusseldorf, 1949.
ZOLOTARIOV, Vladimir (dir.), *Velikaïa Otetchestvennaïa Voïna. 1941-1945*, Mosgosarkhiv, Nauka, Moscou, 4 vol., 1995-1999.
ZOUBOV, A., B., (dir.), *Istoria Rossii. XX vek*, Astrel, Moscou, 2 vol., 2009.
ZVIAGINSTEV, Viatcheslav, *Voïna na vesakh femidy. Voïna. 1941-1945 gg. V materialakh sledstvenno-sudebnykh del*, Terra, Moscou, 2006.

论 文

ALLEN, Robert C., « The Standard of Living in the Soviet Union, 1928-1940 », *The Journal of Economic History*, vol. 58, nᵒ 4, décembre 1998, p. 1063-1089.
ANFILOV, V A., « "... razgovor zakontchilsia ugrozoï Stalina" : desiat neizvestnykh besed s marchalom G. K. Joukvym, v maé – iuné 1965 goda », *Voenno-Istoritcheski Journal (VIJ)*, nᵒ 3, 1995, p. 39-46.
APTEKAR, Pavel, « Falcon or Kites ? The Red Army Air Force in the Soviet-Finnish War », *The Journal of Slavic Military Studies*, vol. 12, nᵒ 4, décembre 1999, p. 138-148.
ARNOLD, Klaus Jochen, LÜBBERS, Gert C., « The Meeting of Staatssekretäre on 2 May 1941 and the Wehrmacht : A Document up for Discussion », *Journal of Contemporary History*, vol. 42, nᵒ 4, 2007, p. 613-626.
AUERBACH, Hellmuth, « Hitlers politische Lehrjahre und die Münchener Gesellschaft 1919-1923 », *Vierteljahreshefte für Zeitgeschichte*, vol. 4, 2012, p. 529-554.
BAGRAMIAN, Ivan, « Tiajoloé Leto », *Literaturnaïa Gazeta*, 17 avril 1965.

BARYSHNIKOV, N. I, « Was there any threat to Leningrad from the North in 1941 ? », *The Journal of Slavic Military Studies*, vol. 14, n° 3, 2001, p. 107-119.

BAUMGART, Winfried, « Zur Ansprache Hitlers vor den Führern der Wehrmacht am 22 August 1939. Eine quellenkritische Untersuchung », *Vierteljahresheft für Zeitgeschichte*, vol. 16, n° 2, 1968, p. 120-149.

BEN-ARIE, Katriel, « Czechoslovakia at the Time of "Munich" : The Military Situation », *Journal of Contemporary History*, vol. 25, 1990, p. 431-446.

BEN-ARIE, Katriel, « La chute de Brest-Litovsk (1941) », *Guerres mondiales et conflits contemporains*, n° 146, avril 1947, p. 71-96.

BEREJKOV, Valentine, « Prostchiot Stalina », *Mejdunarodnaïa Jizn*, n° 8, 1989, p. 25-31.

BERKHOFF, Karel, « The Great Famine in Light of the German Invasion and Occupation », *Harvard Ukrainian Studies*, vol. 30, n° 1/4, 2008, p. 165-181.

BESSEL, Richard, « Functionalists vs Intentionalists : The Debate Twenty Years on or Whatever Happened to Functionalism and Intentionalism ? », *German Studies Review*, vol. 26, n° 1, février 2003, p. 15-20.

BESYMENSKI, Lew, « Geheimemission in Stalins Auftrag ? David Kandelaki und die sowjetisch-deutschen Beziehungen Mitte der dreissiger Jahre », *Vierteljarhresheft für Zeitgeschichte*, vol. 40, 1992, p. 339-357.

BEZUGOLNYI, Alekseï, « Kavkazskié Natsionalnyé Formirovanié Krasnoï Armii v period Oborony Kavkaza 1942 g », *The Journal of Power Institutions in Post-Soviet Societies*, n° 10, 2009.

BREITMAN, Richard, « Plans for the Final Solution in Early 1941 », *German Studies Review*, vol. 17, n° 3, octobre 1994, p. 483-493.

BROSZAT, Martin, « Hitler und die Genesis der "Endlösung". Aus Anlass der Thesen von David Irving », *Vierteljahreshefte für Zeitgeschichte*, vol. 25, n° 4, 1977, p. 739-775.

BROWNING, Christopher R., « The Nazi Decision to Commit Mass Murder : Three Interpretations : The Euphoria of Victory and the Final Solution : Summer-Fall 1941 », *German Studies Review*, vol. 17, n° 3, octobre 1994, p. 473-481.

BROWNING, Christopher R, « Nazi Resettlement Policy and the Search for a Solution to the jewish Question, 1939-1941 », *German Studies Review*, vol. 9, n° 3, octobre 1986, p. 497-519.

BRÜGEL, John Wolfgang, « Das sowjetische ultimatum an Rumänien im Juni 1940 », *Vierteljahrshefte für Zeitgeschichte*, vol. 11, n° 4, 1963, p. 404-417.

BUCHEIM, Christoph, « Der Mythos vom "Wohlleben" », *Vierteljahreshefte für Zeitgeschichte*, vol. 58, n° 3, 2010, p. 299-328.

BYKOV, Dmitri, « Svejest : Nikolaï Chpanov i ego vera », *Russkaïa Jizn*, n° 7, 2009.

CARSTEN, Francis L., « Volk ohne Raum : a note on Hans Grimm », *Journal of Contemporary History*, vol. 2, n° 2, avril 1967, p. 221-227.

CERNOPOV, Vassili L., « Viktor Kopp und die Anfänge der sowjetisch-deutschen Beziehungen 1919 bis 1921 », *Vierteljahreshefte für Zeitgeschichte*, vol. 25, n° 1, 1977, p. 1-45.

CHAVKIN, Boris, « Der deustche Widerstand und Graf von der Schulenburg », *Forum für osteuropäische Ideen-und Zeitgeschichte*, vol. 14, n° 2, juillet 2010, p. ?.

CIENCIALA, Anna M., « General Sikorski and the Conclusion of the polish-soviet Agreement of July 30, 1941 : a Reassessment », *The Polish Review*, vol. 41, n° 4, 1996, p. 401-434.

CONNELLY, John, « Nazi and Slavs : from Racial Theory to racist Practice », *Central European History*, vol. 32, n° 1, 1999, p. 1-33.

COOX, Alvin D., « Japanese Foreknowledge of the Soviet-German War, 1941 », *Soviet Studies*, vol. 23, n° 4, avril 1972, p. 554-572.

CRIM, Brian E., « "Our most serious Enemy" : The Specter of Judeo-Bolshevism in the German Military Community, 1914-1923 », *Central European History*, vol. 44, 2011, p. 624-641.

DAVIES, R.W., « Soviet Military Expenditure and the Armements Industry, 1929-1933 : a Reconsideration », *Europe-Asia Studies*, vol. 45, n° 4, 1993, p. 577-608.

DICKSON, Gary A., « The Counterattack of the 7th Mechanized Corps, 5-9 July 1941 », *Journal of Slavic Military Studies*, vol. 26, 2013, p. 310-340.

DINARDO, Richard L., « The German Military Mission to Romania, 1940-1941 », *Joint Force Quaterly*, n° 69, 2013, p. 92-98.

DINARDO, Richard L., « The dysfunctional Coalition : The Axis Powers and the eastern Front in World War II », *The Journal of Military History*, vol. 60, n° 4, octobre 1996, p. 711-730.

DINARDO, Richard L., « Bay, Austin, Horse-drawn Transport in the German Army », *Journal of Contemporary History*, vol. 23, n° 1, janvier 1988, p. 129-142.

DOENECKE, Justus D., « Rehearsal for Cold War : United States Anti-Interventionists and the Soviet Union, 1939-1941 », *International Journal of Politics, Culture and Society*, vol. 7, n° 3, 1994.

DONOHUE, Alan, « The "Lokot" Republic and the RONA in German-Occupied Russia, 1941-1943 », *Journal of Slavic Military Studies*, vol. 31, n° 1, 2018, p. 80-102.

DULLIN, Sabine, « Une diplomatie plébéienne ? Profils et compétences des diplomates soviétiques, 1936-1945 », *Cahiers du Monde russe*, vol. 44, n° 2/3, avril-septembre 2003, p. 437-463.

ERICKSON, J., « The Soviet Response to Surprise Attack : Three Directives, 22 June 1941 », *Soviet Studies*, vol. 23, n° 4, avril 1972, p. 519-553.

ESHRAGHI, F., « The immediate Aftermath of Anglo-Soviet Occupation of Iran in August 1941 », *Middle Eastern Studies*, vol. 20, n° 3, juillet 1984, p. 324-351.

ESHRAGHI, F., « Anglo-Soviet Occupation of Iran in August 1941 », *Middle Eastern Studies*, vol. 20, n° 1, janvier 1984, p. 27-52.

FARRELL, Brian P., « Yes, Prime Minister : Barbarossa, Whipcord, and the Basis of British Grand Strategy, Autumn 1941 », *The Journal of Military History*, vol. 57, n° 4, octobre 1993, p. 599-625.

FLEISCHHAUER, Ingeborg, « Der deutsch-sowjetische Grenz- und Freundschaftvertrag vom 28. September 1939 », *Vierteljahreshefte für Zeitgeschichte*, vol. 39, n° 3, juillet 1991, p. 447-470.

FÖRSTER, Jürgen, MAWDSLEY, Evan, « Hitler and Stalin in Perspective : Secret Speeches on the Eve of Barbarossa », *War in History*, vol. 11, n° 1, 2004, p. 61-103.

GANZER, Christian, « German and Soviet Losses as an indicator of the Lenght and Intensity of the Battle for the Brest Fortress (1941) », *The Journal of Slavic Military Studies*, vol. 27, n° 3, 2014, p. 449-466.

GATRELL, Peter, HARRISON, Mark, « The Russian and Soviet economies in two world wars : a comparative view », *Economic History Review*, vol. 46, n° 3, 1993, p. 425-452.

GATZKE, Hans W., « Von Rapallo nach Berlin », *Vierteljahresheft für Zeitgeschichte*, vol. 4, n° 1, janvier 1956.

GEETZ, N., « Golaïa ppravda voïny », *Voenno-Istoritcheski Arkhiv*, n° 1, 2006, p. 113-119.

GEISSBÜHLER, Simon, « "He spoke Yiddish like a Jew" : Neighbors' Contribution to the Mass Killing of Jews in Northern Bukovina and Bessarabia, July 1941 », *Holocaust and Genocide Studies*, vol. 28, n° 3, hiver 2014, p. 430-449.

GINSBURGS, George, « The Soviet Union as a neutral, 1939-1941 », *Soviet Studies*, vol. 10, n° 1, juillet 1958, p. 12-35.

GIRAULT, René, « Les relations franco-soviétiques après septembre 1939 », *Cahiers du Monde russe et soviétique*, vol. 17, janvier-mars 1976, p. 27-42.

GODA, Norman J.W., « Black Marks : Hitler's Bribery of His Senior Officers during World War II », *The Journal of Modern History*, vol. 72, n° 2, juin 2000, p. 413-452.

GORLOV, Sergeï, « Perepiska V. M. Molotova i I. V. Stalina », *Voenno-Istoritcheski Journal (VIJ)*, n° 9, 1992, p. 18-23.

GORLOW, Sergeï A., « Geheimsache Moskau-Berlin. Die militärpolitische Zusammenarbeit zwischen der Sowjetunion und dem deutschen Reich 1920-1933 », *Vierteljahreshefte für Zeitgeschichte*, vol. 44, 1996, p. 133-165.

GORODETSKY, Gabriel, « Churchill's Warning to Stalin : a Reappraisal », *The Historical Journal*, vol. 29, n° 4, décembre 1986, p. 979-990.

GOSHEN, Seev, « Eichmann und die Nisko-Aktion im Oktober 1939 », *Vierteljahreshefte für Zeitgeschichte*, vol. 29, n° 1, 1981, p. 74-96.

GRAML, Hermann, « Die Rapallo-Politik im Urteil der westdeutschen Forschung », *Vierteljahreshefte für Zeitgeschichte*, vol. 29, n° 4, 1970, p. 367-391.

GREGORY, Paul R., « Markevich, Andrei, Creating Soviet Industry : the House that Stalin built », *Slavic Review*, vol. 61, n° 4, hiver 2002, p. 787-814.

GRUCHMANN, Lothar, « Die "verpassten strategischen Chancen" der Achsenmächte im Mittelmeerraum 1940/41 », *Vierteljahreshefte für Zeitgeschichte*, vol. 18, n° 4, 1970, p. 456-475.

HARRISON, Mark, « Soviet industry and the Red Army under Stalin. À military-industrial Complex ? », *Cahiers du Monde russe*, vol. 44, n° 2-3, 2003.

HARRISON, Mark, DAVIES, Robert William, « The Soviet Military-economic Effort during the Second Five-year Plan (1933-1937) », *Europe-Asia Studies*, vol. 49, n° 3, 1997, p. 369-406.

HARRISON, Mark, « Stalinist Industrialization and the Test of War », *History Workshop Journal*, vol. 29, n° 1, 1990, p. 65-84.

HARRISON, Mark, « Ressource mobilization for World War II : the USA, UK, USSR and Germany, 1938-1945 », *Economic History Review*, vol. 41, n° 2, 1988, p. 171-192.

HARTMANN, Christian, « Verbrecherischer Krieg – verbrecherische Wehrmacht ? Überlegungen zur Struktur des deutschen Ostheeres 1941-1944 », *Vierteljahreshefte für Zeitgeschichte*, vol. 52, n° 1, 2004, p. 1-75.

HARTMANN, Christian, « Massensterben oder Massenvernichtung ? Sowjetische Kriegsgefangene im "Unternehmen Barbarossa" », *Vierteljahreshefte für Zeitgeschichte*, vol. 49, n° 1, 2001.

HARVEY, A.D., « An early Hitler Speech », *The Historical Journal*, vol. 39, n° 3, 1996, p. 767-769.

HELMECKE, Chris, « Ein "anderer" Oberbefehlhaber ? », *Militärgeschichtliche Zeitschrift*, vol. 75, n° 1, mai 2016.

HENKE, Josef, « Hitler und England mitte August 1939. Ein Dokument zur Rolle Fritz Hesses in den deutsch-britischen Beziehungen am Vorabend des Zweitens Weltkrieges », *Vierteljahresheft für Zeitgeschichte*, vol. 21, n° 2, 1973, p. 232-242.

HERWIG, Holger H., « Geopolitik : Haushofer, Hitler and Lebensraum », *Journal of Strategic Studies*, vol. 22, n° 2-3, 1999, p. 218-241.

HIDEN, John W., « The Significance of Latvia : a Forgotten Aspect of Weimar "Ostpolitik" », *The Slavonic and East European Review*, vol. 53, n° 132, juillet 1975, p. 389-413.

HILL, Alexander, « Offense, Defence or the Worst of Both Worlds ? Soviet Strategy in May-June 1941 », *Journal of Military and Strategic Studies*, vol. 13, n° 1, automne 2010.

HIMKA, John-Paul, « The Lviv Pogrom of 1941 : the Germans, Ukrainian Nationalists and the Carnival Crowd », *Canadian Slavonic Papers*, vol. 53, n° 2/4, juin-septembre-décembre 2011, p. 209-243.

HOERBER, Thomas, « Psychology and Reasoning in the Anglo-German Naval Agreement, 1935-1939 », *The Historical Journal*, vol. 52, n° 1, mars 2009, p. 153-174.

HOFMANN, George F., Doctrine, « Tank technology and execution : I. A. Khalepskii and the Red army's fulfillment of deep offensive operations », *The Journal of Slavic Military Studies*, vol. 9, n° 2, 1996, p. 283-334.

HORN, Wolfgang, « Ein unbekannter Aufsatz Hitlers aus der Frühjahr 1924 », *Vierteljahreshefte für Zeitgeschichte*, vol. 16, n° 3, 1968, p. 280-294.

HOVI, Kalervo, « Die Diskussion über die Rolle Deutschlands im sowjetisch-finnischen Winterkrieg », *Jahrbücher für Geschichte Osteuropas*, vol. 53, n° 3, 2005, p. 386.

HUDSON, Hugh D. Jr., « The 1927 Soviet War Scare : The Foreign Affairs-Domestic Policy nexus Revisited », *The Soviet and Post-Soviet Review*, n° 39, 2012, p. 145-165.

INGEBORG, Fleischhauer, « Eva, Rathenau in Rapallo. Eine notwendige Korrektur des Forschungsstandes », *Vierteljahreshefte für Zeitgeschichte*, vol. 54, n° 3, 2006, p. 365-415.

IOANID, Radu, « The Holocaust in Romania : the Iasi Pogrom of June 1941 », *Contemporary European History*, vol. 2, n° 2, juillet 1993, p. 119-148.

IRONS, Peter H., « "The Test is Poland" : Polish Americans and the Origins of the Cold War », *Polish American Studies*, vol. 30, n° 2, automne 1973.

JÄCKEL, Eberhard, « Über eine angebliche Rede Stalins vom 19. August 1939 », *Vierteljahreshefte für Zeitgeschichte*, vol. 6, n° 4, 1958, p. 380-389.

JACOBSEN, Hans-Adolf, « "Kampf um Lebensraum". Zur Rolle des Geopolitikers Karl Haushofer im Dritten Reich », *German Studies Review*, vol. 14, n° 1, février 1981, p. 79-104.

Jansen, Marc, Petrov, Nikita, « Mass Terror and the Court : the Military Collegium of the USSR », *Europe-Asia Studies*, vol. 58, n° 4, juin 2006, p. 589-602.

Jasny, Naum, « A Note on Rationality and Efficiency in the Soviet Economy II », *Soviet Studies*, vol. 13, n° 1, juillet 1961, p. 35-68.

Jennings, Eric Thomas, « Writing Madagascar back into the Madagascar Plan », *Holocaust and Genocide Studies*, vol. 21, n° 2, automne 2007, p. 187-217.

Jersak, Tobias, « A Matter of Foreign Policy : "Final Solution" and "Final Victory" in Nazi Germany », *German History*, vol. 21 n° 3, p. 369-391.

Jukes, G., « The Red Army and the Munich Crisis », *Journal of Contemporary History*, vol. 26, n° 2, avril 1991, p. 195-214.

Kahn, Martin, « "Russia will assuredly be defeated" : anglo-american Government Assesments of Soviet War Potential before Operation Barbarossa », *Journal of Slavic Military Studies*, vol. 25, 2012, p. 220-240.

Kay, Alex J., « Transition to Genocide, July 1941 : Einsatzkommando 9 and the Annihilation of Soviet Jewry », *Holocaust and Genocide Studies*, vol. 27, n° 3, hiver 2013, p. 411-442.

Kay, Alex J., « Revisiting the Meeting of Staatssekretäre on 2 May 1941 : a Response to Klaus Jochen Arnold and Gert C. Lübbers », *Journal of Contemporary History*, vol. 43, n° 1, Janvier 2008, p. 93-104.

Kay, Alex J., « Germany's Staatssekretäre, Mass Starvation and the Meeting of 2 May 1941 », *Journal of Contemporary History*, vol. 41, n° 4, octobre 2006, p. 685-700.

Kershaw, Ian, « Ideologue und Propagandist. Hitler im Lichte seiner Reden, Schriften und Anordnungen 1925-1928 », *Vierteljahreshefte für Zeitgeschichte*, vol. 40, n° 2, 1992, p. 263-271.

Khaustov, Vladimir, « Razvitiéesovetskih organov gosudastvennoj bezopasnosti : 1917-1953 gg », *Cahiers du monde russe*, vol. 42, n° 2-4, 2001.

Khlevniuk, Oleg, « Stalin na voïne, istotchniki i ikh interpretatsia », *Cahiers du monde russe*, vol. 52, n° 2-3, avril 2011, p. 205-219.

Khokhlov, V., « Taïna uzla sviazi "Viktoria" », *Voenno-Istoritcheski Journal (VIJ)*, n° 6, 2007, p. 18-22.

Khristoforov, Vassili, « "Popav v plen, ia byl moralno podavlen" : O nekotorykh politico-pravovykh aspektakh ugolovnogo dela general-maïora V. V. Kirpitchnikova », *Voenno-Istoritcheski Journal (VIJ)*, n° 7, 2007, pp 28-30 et n° 9, 2007, p. 27-30.

Kipp, Jacob, « Barbarossa and the Crisis of successive operations : the Smolensk Engagements, July 10-August 7, 1941 », *The Soviet and Post-Soviet Review*, n° 1-3, 1992, p. 91-136.

Kleinfeld, Gerald R., « Hitler's Strike for Tikhvin », *Military Affairs*, vol. 47, n° 3, octobre 1983, p. 122-128.

Koch, H.W., « Hitlers "Programme" and the Genesis of Operation Barbarossa », *The Historical Journal*, vol. 26, n° 4, décembre 1983, p. 891-920.

Kocho-Williams, Alastair, « The Soviet Diplomatic Corps and Stalin's Purges », *The Slavonic and East European Review*, vol. 86, n° 1, janvier 2008, p. 90-110.

Kotowski, Albert S., « "Ukrainisches Piemont ?" Die Karpatenukraine am Voraband des Zweiten Weltkrieges », *Jahrbücher für geschichte Osteuropas*, vol. 49, n° 1, 2001, p. 67-95.

Kozhanov, Nikolay. À, « The Pretexts and Reasons for the Allied Invasion of Iran in 1941 », *Iranian Studies*, vol. 45, n° 4, juillet 2012.

Krikounov, V., « Prostaïa arifmetika V. V. Chlykova », *Voenno-Istoritcheski Journal (VIJ)*, n° 4, 1989, p. 41-44.

Krouglov, Alexandre, « Lvov, iul 1941 : natchalo unitchtojenia », *Golokost i soutchastnits*, n° 3, 2005, p. 10-18.

Krzak, Lt-Col. Andrzej, « Operation "Marita" : the Attack against Yugoslavia in 1941 », *Journal of Slavic Military Studies*, vol. 19, 2006, p. 543-600.

Kühnl, Reinhard, « Zur Programmatik der nationalsozialistischen Linken : das Strasser-Programm von 1925/26 », *Vierteljahreshefte für Zeitgeschichte*, vol. 14, n° 3, 1966, p. 317-333.

Kuromiya, Hirohaki, « The Battle of Lake Khasan reconsidered », *Journal of Slavic Military Studies*, vol. 29, n° 1, 2016.

Kuromiya, Hirohaki, Peplonski, Andrzej, « Stalin und die Spionage », *Transit Europäische Revue*, n° 38, 2009, p. 20-33.

Kuromiya, Hirohaki, « Accounting for the Great Terror », *Jahrbücher für Geschichte Osteuropas*, vol. 53, n° 1, 2005, p. 86-101.

Lange, Karl, « Der Terminus "Lebensraum" in Hitlers "Mein Kampf" », *Vierteljahreshefte für Zeitgeschichte*, vol. 13, n° 4, 1963, p. 426-437.

Langer, John Daniel, « The Harriman-Beaverbrook Mission and the Debate over Unconditional Aid for the Soviet Union, 1941 », *Journal of Contemporary History*, vol. 14, n° 3, juillet 1979, p. 463-482.

Lieb, Peter, « Täter aus Überzeugung ? Oberst carl von Andrian und die Judenmorde der 707. Infanteriedivision 1941/42 », *Vierteljahreshefte für Zeitgeschichte*, vol. 50, n° 4, 2002, p. 523-557.

Linne, Karsten, « "Die Arbeitskraft sämtlicher Kriegsgefangenen ist rücksichtlos auszunutzen." Die Zwangsarbeit sowjetischer Kriegsgefangener für die Wehrmacht im Osten », *Jahrbücher für Geschichte Osteuropas*, vol. 54, n° 2, 2006.

Lower, Wendy, « Pogroms, mob violence and genocide in western Ukraine, summer 1941 : varied histories, explanations and comparisons », *Journal of Genocide Research*, vol. 13, n° 3, septembre 2011, p. 217-246.

Lozowick, Yaacov, « Rollbahn Mord : the early activities of Einsatzgruppe C », *Holocaust and Genocide Series*, vol. 2, n° 2, 1987, p. 221-241.

Lukes, Igor, « Benesch, Stalin und die Komintern. Vom Münchner Abkommen zum Molotov-Ribbentrop-Pakt », *Vierteljahreshefte für Zeitgeschichte*, vol. 41, 1993, p. 325-353.

Luks, Leonid, « Hitler und das nationalsozialistische Regime aus der Sicht Stalins und der Stalinisten », in : *Russische Deutschlandbilder und deutsche Russlandbilder im 20. Und 21.Jahrhundert*, internationale und interdisziplinäre Konferenz, Eichstätt, 12-14 juillet 2007 (Teil 2).

Maslov, Aleksandr A., « Red Army Generals Repressed during the Soviet-German War, 1941-1945, Part 2 : The Western and Northwestern Axes, July-September 1941 », *Journal of Slavic Military Studies*, vol. 26, 2013, p. 551-575.

Maslov, Aleksandr A., « Repressed Soviet Generals : Part 1 », *Journal of Slavic Military Studies*, vol. 26, 2013, p. 41-80.

Matthäus, Jürgen, « Controlled Escalation : Himmler's Men in the Summer of 1941 and the Holocaust in the Occupied Soviet Territories », *Holocaust and Genocide Studies*, vol. 21, n° 2, automne 2007, p. 218-242.

Mawdsley, Evan, « Crossing the Rubicon : Soviet Plans for Offensive War in 1940-1941 », *The International History Review*, vol. 25, n° 4, décembre 2003, p. 818-865.

Megargee, Geoffrey P., « Triumph of the Null : Structure and Conflict in the Command of German Land Forces, 1939-1945 », *War in History*, vol. 4, n° 1, 1997, p. 60-80.

Messerschmidt, Manfred, « The Wehrmacht and the Volksgemeinschaft », *Journal of Contemporary History*, vol. 18, n° 4, octobre 1983, p. 719-744.

Murphy, David, Thomas, « Hitler's Geostrategist ? : the Myth of Karl Haushofer and the "Institut für Geopolitik" », *The Historian*, vol. 76, n° 1, 2014.

Nagornaja, Oxana, « Des Kaisers Fünfte Kolonne ? Kriegsgefangene aus dem Zarenreich im Kalkül deutscher Kolonisationskonzepte (1914 bis 1922) », *Vierteljahreshefte für Zeitgeschichte*, vol. 58, n° 2, 2010, p. 181-206.

Neilson, Kenneth, « "Pursued by a Bear" : British Estimates of Soviet Military Strenght and Anglo-Soviet Relations, 1922-1939 », *Canadian Journal of History*, vol. 28, n° 2, août 1993, p. 23-31.

Novobranets, V., A., « Zapiski voennogo razvedtchika », *Voenno-Istoritcheski Arkhiv*, n° 8, 2004, p. 189-221.

Otto, Reinhard, Keller, Rolf, Nagel, Jens, « Sowjetische Kriegsgefangene in deutschem Gewahrsam 1941-1945 », *Vierteljahreshefte für Zeitgeschichte*, vol. 56, n° 4, 2008.

Overy, Richard, « Strategic Intelligence and the Outbreak of the Second World War », *War in History*, vol. 5, n° 4, 1998, p. 451-480.

PASTOR, Peter, « Hungarian-Soviet Diplomatic Relations 1935-1941 : A Failed Rapprochement », *Europe-Asia Studies*, vol. 56, n° 5, juillet 2004, p. 731-750.
PETCHENKINE, A. A., « Otdali jizn za rodinu », *Voenno-Istoritcheski Journal (VIJ)*, n° 5, 2005, p. 39-44.
PHELPS, Reginald H., « Hitler als Parteiredner im Jahre 1920 », *Vierteljahreshefte für Zeitgeschichte*, vol. 11, n° 3, 1963, p. 274-330.
PLÖCKINGER, Othmar, « Heinrich Himmlers Privatexemplar von Mein Kampf als zeitgeschichte Quelle », *ZRGG*, vol 61, n° 2, 2009, p. 171-178.
POMMERIN, Reiner, « Die Ausweisung von "Ostjuden" aus Bayern 1923. Ein Beitrag zum Krisenjahr der Weimarer Republik », *Vierteljahreshefte für Zeitgeschichte*, vol. 34, n° 3, 1986, p. 311-340.
POTEKHINA, Anna, TSYRENDORJIEV, Igor, « Né vinoven ! », *Krassnaïa Zvezda*, 26 janvier 2011.
PRESSEISEN, Ernst L., « Prelude to "Barbarossa" : Germany and the Balkans, 1940-1941 », *The Journal of Modern History*, vol. 32, n° 4, décembre 1960, p. 359-370.
RADEY, Jack, SHARP, Charles, « Was it the Mud ? », *Journal of Slavic Military Studies*, vol. 28, 2015, p. 646-676.
RADIC, Lisanne, « The Eastern Pact, 1933-1935 : a last attempt at European Co-operation », *The Slavonic and East European Review*, vol. 55, n° 1, Janvier 1977, p. 45-64.
RAGSDALE, Hugh, « The Munich Crisis and the Issue of Red Army Transit across Romania », *The Russian review*, vol. 57, n° 4, octobre 1998, p. 614-617.
RECHINE, L., STEPANOV, V., « Chtchadenko, Zaporojets, Kirponos, Kovaliov, Koniev – zagovorchtchiki ? », *Voenno-Istoritcheski Journal (VIJ)*, n° 2, 1994, p. 6-12.
RECHINE, L., STEPANOV, V., « Sudby generalskié… », *Voenno-Istoritcheski Journal (VIJ)*, n° 11, 1992, p. 24-27 ; n° 8, 1993, p. 20-27 ; n° 12, 1993, p. 16-21.
REESE, Roger R., « The Impact of the Great Purge on the Red Army : wrestling with hard Numbers », *The Soviet and Post-Soviet Review*, vol. 19, n° 1-3, 1992, p. 71-90.
REESE, Roger R., « A note on the Consequence of the expansion of the Red Army on the Eve of World War II », *Soviet Studies*, vol. 41, n° 1, janvier 1989, p. 135-140.
RESIS, Albert, « The Fall Litvinov : Harbinger of the German-Soviet Non-Agression Pact », *Europe-Asia Studies*, vol. 52, n° 1, janvier 2000, p. 33-56.
RIEBER, Alfred J., « Civil wars in the Soviet Union », *Kritika : Explorations in Russian and Eurasian History*, vol. 4, n° 1, hiver 2003, p. 129-162.
ROBERTS, Cynthia, « The Surprising Sources of the 1941 Catastrophe : Near Fatal Disconnects in Soviet Political-Military Strategy », communication de l'auteur, mars 2011.
ROBERTS, Cynthia, « Planning for war : the Red Army and the catastrophe of 1941 », *Europe-Asia Studies*, vol. 47, n° 8, décembre 1995, p. 1293-1326.
RÖMER, Felix, « Im alten Deutschland wäre solcher Befehl nicht möglich bewesen », *Vierteljahreshefte für Zeitgeschichte*, vol. 1, n° 1, 2008, p. 53-99.
ROOF, Abraham M., « A separate Peace ? The Soviet Union and the Making of british Strategy in the Wake of "Barbarossa", June-September 1941 », *Journal of Slavic Military Studies*, vol. 22, 2009, p. 236-252.
ROOS, Hans, « Die "Präventivkriegspläne" Pilsudksis von 1933 », *Vierteljahreshefte für Zeitgeschichte*, vol. 3, n° 4, 1955, p. 344-363.
ROSSINO, Alexander B., « Nazi Anti-Jewish Policy during the Polish Campaign : the Case of the Einsatzgruppe von Woyrsch », *German Studies Review*, vol. 24, n° 1, février 2001, p. 35-53.
ROSSOLINSKI-LIEBE, Grzegorz, « The "Ukrainian National Revolution" of 1941 : Discourse and Practice of a Fascist Movement », *Kritika : Explorations in Russian and Eurasian History*, vol. 12, n° 1, hiver 2011, p. 83-114.
ROTUNDO, Louis, « War plans and the 1941 Kremlin wargame », *Journal of Strategic Studies*, vol. 10, n° 1, 1987, p. 84-97.
ROZANSKI, Przemyslaw, « "The New York Times" Response to Soviet Aggression in Poland in September 1939 », *Polish American Studies*, vol. 68, n° 1, printemps 2011, p. 19-41.
SANFORD, George, « The Katyn Massacre and Polish-Soviet Relations, 1941-43 », *Journal of Contemporary History*, vol. 41, n° 1, 2006, p. 95-111.

SCHMIDT, Rainer F., « Der Hess-Flug und das Kabinett Churchill. Hitlers Stellvertreter im Kalkül der britischen Kriegsdiplomatie Mai-Juni 1941 », *Vierteljahreshefte für Zeitgeschichte*, vol. 42, n° 1, 1994, p. 1-38.

SCHNEIDER, James J., « The Cobra and the Mongoose : Soviet Defensive Doctrine During the Interwar Period and the Problem of Strategic Dislocation », *The Journal of Slavic Military Studies*, vol. 19, n° 1, 2006, p. 57-66.

SCHWENDEMANN, Heinrich, « German-Soviet Economic Relations at the Time of the Hitler-Stalin Pact 1939-1941 », *Cahiers du monde russe*, vol. 36, n° 1/2, janvier-juin 1995, p. 161-178.

SELLA, Amnon, « "Barbarossa" : surprise attack and communications », *Journal of Contemporary History*, vol. 13, n° 3, juillet 1978, p. 555-583.

SERAPHIM, Hans-Günther, HILLGRUBER, Andreas, « Hitlers Entschluss zum Angriff auf Russland (Eine Entgegnung) », *Vierteljahreshefte für Zeitgeschichte*, vol. 2, n° 3, 1954, p. 240-254.

SIMONOV, Constantin, Zapisal Constantin Simonov, (ITV avec Alexandre Pokrovski, Oktiabr n° 5, 1990, p. 124-125.

SIMONOV, Daniil, « Jizn za rodinu », *Voenno-Istoritcheski Journal*, n° 12, 2008, p. 37-40.

SIMONOV, N. S, « "Strengthen the Defence of the Land of Soviets" : The 1927 "War Alarm" and its Consequences », *Europe-Asia Studies*, vol. 48, n° 8, décembre 1996, p. 1355-1364.

SLUTSCH, Serguei, « Stalins "Kriegsszenario 1939" : Eine Rede, die nie es gab », *Vierteljahreshefte für Zeitgeschichte*, vol. 52, n° 4, 2004, p. 597-635.

SLUTSCH, Serguei, « 17. September 1939 : der Eintritt der Sowjetunion in den zweiten Weltkrieg. Eine historische und völkerrechtliche Bewertung », *Vierteljahreshefte für Zeitgeschichte*, vol. 48, n° 2, 2000, p. 219-254.

SMITH, Woodruff D., « Friedrich Ratzel and the origins of Lebensraum », *German Studies Review*, vol. 13, n° 1, février 1980, p. 51-68.

SOUVENIROV, O. F., « Vsearmeïskaïa tragedia », *Voenno-Istoritcheski Journal*, n° 3, 1989, p. 39-47.

SPRING, D.W., « The Soviet Decision for War against Finland, 30 November 1939 », *Soviet Studies*, vol. 38, n° 2, avril 1986, p. 207-226.

STEINER, Zara, « The Soviet Commissariat of Foreign Affairs and the Czechoslovakian Crisis in 1938 : New Material from the Soviet Archives », *The Historical Journal*, vol. 42, n° 3, septembre 1999, p. 751-779.

STONE, David R., « The First Five-Year Plan and the Geography of Soviet Defence Industry », *Europe-Asia Studies*, vol. 57, n° 7, novembre 2005, p. 1047-1063.

STRANG, G. Bruce, « John Bull in search of a suitable Russia : british foreign policy and the failure of the anglo-french-soviet alliance negotiations, 1939 », *Canadian Journal of History*, vol. 46, printemps-été 2006, p. 47-84.

STREIM, Alfred, « The Tasks of the Einsatzgruppen », The Simon Wiesenthal Center, Annual 4, Chapter 9.

SWORD, Keith, « British Reactions to the Soviet Occupation of Eastern Poland in September 1939 », *The Slavonic and East European Review*, vol. 69, n° 1, janvier 1991, p. 81-101.

TAMKIN, Nicholas, « Britain, the Middle East and the "Northern Front", 1941-1942 », *War in History*, vol. 15, n° 3, 2008, p. 314-336.

TCHOURKOV, Alexandre, « Bez souda I sledstvia », *Voenno-istoritcheski Arkhiv*, n° 2, 2003, p. 97-103.

TÖPPEL, Roman, « "Volk und Rasse". Hitlers Quellen auf der Spur », *Vierteljahresheft für Zeitgeschichte*, vol. 64, n° 1, 2016, p. 1-35.

TOTCHENOV, Sergeï, « Volnenia i Zabastovki na tekstilnykh predpriatiakh Ivanovskoï oblasti 1941-1942 godakh », *Vestnik Ivanovskogo Gosiudarsvennogo Universiteta*, n° 2, 2004, p. 16-27.

TRASCA, Ottmar, « Okkupatsia Odessy Rouminskoï armioï i ounitchtojenia evreïskogo naselenia, oktiabr 1941 – mart 1942 », *Journal Rossiiskikh i Vostotchnoevropeïskikh Issledovanii*, n° 2-3, juillet-décembre 2010, p. 86-125.

TREUE, Wilhelm, « Rede Hitlers vor der deutschen Presse (10 November 1938) », *Vierteljahresheft für Zeitgeschichte*, vol. 6, n° 2, 1958, p. 175-191.

TREUE, Wilhelm, « Hitlers Denkschrift zum Vierjahresplan 1936 », *Vierteljahresheft für Zeitgeschichte*, vol. 3, n° 2, 1955, p. 184-210.

Van Ree, E., « Stalin as a Marxist Philosopher », *Studies in East European Thought*, vol. 52, n° 4, décembre 2000, p. 259-308.

Vihavainen, Timo, « The Soviet Decision for War against Finland, November 1939 : a Comment », *Soviet Studies*, vol. 39, n° 2, avril 1987, p. 314-317.

Vinogradov, V.K., « Pokazania marchala Toukhatchevskogo », *Voenno-Istoritcheski Journal (VIJ)*, n° 8, 1991, p. 44-53 ; n° 9, p. 55-56.

Vogelsang, Thilo, « Hitlers Brief an Reichenau vom 4. Dezember 1932 », *Vierteljahresheft für Zeitgeschichte*, vol. 7, n° 4, 1959, p. 429-437.

Waddington, Geoffrey T., « Hitler, Ribbentrop, die NSDAP und der Niedergang des britischen Empire, 1935-1938 », *Vierteljahreshefte für Zeitgeschichte*, vol. 40, n° 2, 1992, p. 273-306.

Waddington, Lorna L., « The Anti-Komintern and Nazi Anti-Bolshevik Propaganda in the 1930s », *Journal of Contemporary History*, vol. 42, n° 4, octobre 2007, p. 573-594.

Watson, Derek, « Molotov's Apprenticeship in Foreign Policy : The Triple Alliance Negociations in 1939 », *Europe-Asia Studies*, vol. 52, n° 4, juin 2000, p. 695-722.

Weinberg, Gerhard L., « Hitler and England, 1933-1945 : Pretense and Reality », *German Studies Review*, vol. 8, n° 2, mai 1985, p. 299-309.

Weinberg, Gerhard L., « Der deutsche Entschluss zum Angriff auf die Sowjetunion », *Vierteljahreshefte für Zeitgeschichte*, vol. 11, n° 4, 1953, p. 301-318.

Wheatcroft, Stephen G., Davies, Robert W., Cooper, J.M., « Soviet Industrialization Reconsidered : Some Preliminary Conclusions about Economic Development between 1926 and 1941 », *The Economic History Review*, vol. 39, n° 2, mai 1986, p. 264-294.

Whitehood, Peter, « Towards a New History of the Purge of the Military, 1937-1938 », *Journal of Slavic Military Studies*, vol. 24, 2011, p. 605-620.

Wildemuth, David W., « Who killed Lida's jewish Intelligentsia ? À case study of Wehrmacht Involvement in the Holocaust's "First Hour" », *Holocaust and Genocide Studies*, vol. 27, n° 1, printemps 2013, p. 1-29.

Wirsching, Andreas, « Man kann nur Boden germanisieren. Eine neue Quelle zu Hitlers Rede vor den Spitzen der Reichswehr am 3. Februar 1933 », *Vierteljahreshefte für Zeitgeschichte*, vol. 49, n° 3, 2001, p. 517-550.

Wollstein, G., « Eine Denkschrift des Staatssekretärs von Bülow vom März 1933 », *Militärgeschichtliche Mitteilungen*, vol. 13, n° 1, 1971, p. 77-94.

Yumacheva, Y. Y., « Komandovali frontami », *Voenno-Istoritcheski Journal (VIJ)*, n° 5, 1993, p. 21-27.

Zaloga, Steven J., « Soviet tank operations in the Spanish civil war », *The Journal of Slavic Military Studies*, vol. 12, n° 3, 1999, p. 134-162.

Ziemke, Earl F., « Franz Halder at Orsha : The German General Staff seeks a Consensus », *Military Affairs*, vol. 39, n° 4, décembre 1975, p. 173-176.

译名对照表

人 名

A
Abakoumov, Victor 维克托·阿巴库莫夫
Adam, Wilhelm 威廉·亚当
Agaltsov, Filipp 菲利普·阿加措夫
Akhmatova, Anna 安娜·阿赫玛托娃
Al, Daniil 达尼伊尔·阿尔
Alekseenko, Ilya 伊利亚·阿列克先科
Alexander, Harold 哈罗德·亚历山大
Alexandre III (empereur de Russie) 亚历山大三世（俄罗斯帝国皇帝）
Alexandre le Grand 亚历山大大帝
Alexandrovski, Sergueï 谢尔盖·亚历山德罗夫斯基
Alfieri, Dino 迪诺·阿尔菲耶里
Algazine, Alexandre 亚历山大·阿尔加琴
Alksnis, Iakov 雅科夫·阿尔克斯尼斯
Allerhand, Leszek 列谢克·阿勒汉特
Alliloueva, Nadejda 娜杰日达·阿利卢耶娃
Alvensleben, Udo von 乌多·冯·阿尔文斯莱本
Amossov, Nikolaï 尼古拉·阿莫索夫
Anders, Wladislaw 瓦迪斯瓦夫·安德斯
Andreev, Alexandre 亚历山大·安德烈耶夫
Andreev, Andreï 安德烈·安德烈耶夫
Anfilov, Viktor 维克托·安菲洛夫
Antonescu, Ion 扬·安东内斯库
Antonescu, Mihai 米海伊·安东内斯库
Aragon, Louis 路易·阿拉贡
Araki, Sadao 荒木贞夫
Arita, Hachiro 有田八郎
Arjenoukhine, Fiodor 菲奥多·阿尔叶努欣

Arnold, Klaus Jochen 克劳斯·乔申·阿诺德
Artemiev, Pavel 帕维尔·阿尔捷米耶夫
Aschenbrenner, Heinrich 海因里希·阿申布莱纳
Asmolov, Alexeï 阿列克谢·阿斯莫洛夫
Astakhov, Gueorgui 格奥尔基·阿斯塔霍夫
Astor, Nancy 南希·阿斯特
Athéna 雅典娜

B
Bach-Zelewski, Erich von dem 埃里希·冯·登·巴赫-热勒维斯基
Backe, Herbert 赫伯特·巴克
Bagramian, Ivan 伊万·巴格拉米扬
Baïdoukov, Gueorgui 格奥尔基·巴伊杜科夫
Balck, Hermann 赫尔曼·巴尔克
Baldwin, Stanley 斯坦利·鲍德温
Baltzer, Martin 马丁·巴尔策
Bandera, Stepan 斯捷潘·班德拉
Bardossy, Laszlo 巴尔多希·拉斯洛
Barmine, Alexandre 亚历山大·巴尔明
Beaufre, André 安德烈·博弗尔
Beaverbrook, Lord 比弗布鲁克勋爵
Bechtolsheim, Gustav von 古斯塔夫·冯·贝希托尔斯海姆
Beck, Jozef 约瑟夫·贝克
Beck, Ludwig 路德维希·贝克
Bedny, Demian 杰米扬·别德内
Begin, Menahem 梅纳赫姆·贝京
Beliakov, Alexandre 亚历山大·别利亚科夫
Beloborodov, Afanassi 阿法纳西·别罗勃洛多夫
Belov, Pavel 帕维尔·别洛夫

1224　巴巴罗萨：1941，绝对战争

Below, Nikolaus von 尼古拉斯·冯·贝洛
Berejkov, Valentin 瓦连京·贝列日科夫
Bergelson, David 大卫·柏格森
Beria, Lavrenti 拉夫连季·贝利亚
Berkhoff, Karel C. 卡雷尔·C·贝克霍夫
Berling, Zygmunt 齐格蒙特·贝林
Berlinks, Orest (alias Lycéen) 奥列斯特·贝尔林克斯（代号高中生）
Berzarine, Nikolaï 尼古拉·别尔扎林
Berzine, Ian 扬·别尔津
Bidermann, Gottlob-Herbert 戈特洛布·赫伯特·彼得曼
Biriuzov, Sergueï 谢尔盖·比留佐夫
Bischoffshausen, Lothar von 洛塔尔·冯·毕肖夫斯豪森
Biskupski, Vladimir 弗拉基米尔·比斯库普斯基
Bismarck, Otto von 奥托·冯·俾斯麦
Blaskowitz, Johannes 约翰内斯·布拉斯科维茨
Bliukher, Vassili 瓦西里·布柳赫尔
Blobel, Paul 保罗·布洛贝尔
Bloch, Eduard 爱德华·布洛赫
Blomberg, Werner von 维尔纳·冯·勃洛姆堡
Blumentritt, Günther 君特·布鲁门特里特
Bock, Fedor von 费多尔·冯·博克
Bogatkine, Vladimir 弗拉基尼尔·波加特金
Bogdanov, Ivan 伊万·博格达诺夫
Bogdanova, Irina 伊莉娜·波戈达诺娃
Bohle, Ernst Wilhelm 恩斯特·威廉·波勒
Böhme, Hans-Joachim 汉斯-约阿希姆·波默
Bokov, Fiodor 费奥多尔·勃科夫
Boldine, Ivan 伊万·博尔津
Bonaparte, Napoléon 拿破仑·波拿巴
Boris III (roi de Bulgarie) 鲍里斯三世（保加利亚沙皇）
Bormann, Martin 马丁·鲍曼
Botchkov, Victor 维克托·波奇科夫
Boudienny, Simeon 谢苗·布琼尼
Boukharine, Nikolaï 尼古拉·布哈林
Boulganine, Nikolaï 尼古拉·布尔加宁
Bradfisch, Otto 奥托·布拉ფ施
Brauchitsch, Walther von 瓦尔特·冯·布劳希奇
Braune, Werner 沃纳·布劳纳
Brennecke, Kurt 库尔特·布伦内克
Brik, Lili 莉莉·布里克
Buhle, Walter 瓦尔特·布勒
Bullitt, William 威廉·布利特
Bülow, Bernhard Wilhelm von 伯恩哈德·威廉·冯·比洛
Burckhardt, Carl Jacob 卡尔·雅各布·布尔克哈特
Burns, Eedson 伊德森·本斯
Busch, Ernst 恩斯特·布施
Buschenhagen, Erich 埃里希·布申哈根

C

Cadogan, Alexander 亚历山大·贾德干
Canaris, Wilhelm 威廉·卡纳里斯
Carol II (roi de Roumanie) 卡罗尔二世（罗马尼亚国王）
Cassidy, Henry 亨利·卡西迪
Čatloš, Ferdinand 斐迪南·查特罗什
Caulaincourt, Armand de 阿尔芒·德·科兰古
Chabaline, Ivan 伊万·沙巴林
Chabalov, Gueorgui 格奥尔基·沙洛夫
Chabelski-Bork, Piotr 彼得·沙别尔斯基-波尔克
Chadrine, Dimitri 季米特里·沙德林
Chamberlain, Neville 内维尔·张伯伦
Chaplin, Charlie 查理·卓别林
Chapochnikov, Boris 鲍里斯·沙波什尼科夫
Chaporina, Liubov (Liuba) 柳博芙（柳芭）·沙波丽娜
Charokhine, Mikhaïl 米哈伊尔·沙洛辛
Chestopalov, Nikolaï 尼古拉·切斯托帕罗夫
Chilov, S. I. S. I. 希洛夫
Chliomine, Ivan 伊万·史廖明
Cholokhov, Mikhaïl 米哈伊尔·肖洛霍夫
Chostakovitch, Dimitri 德米特里·肖斯塔科维奇
Choukhevitch, Roman 罗曼·楚赫维奇
Choumilov, Mikhaïl 米哈伊尔·丘米洛夫
Chpanov, Nikolaï 尼古拉·什帕诺夫
Chtchadenko, Efim 叶菲姆·奇恰坚科
Chtcherbakov, Alexandre 亚历山大·谢尔巴科夫
Churchill, Winston 温斯顿·丘吉尔
Chvernik, Nikolaï 尼古拉·什维尔尼克
Ciano, Galeazzo 加莱亚佐·齐亚诺
Ciuperca, Nicolae 尼古拉·丘佩尔克
Clausewitz, Karl von 卡尔·冯·克劳塞维茨
Cochenhausen, Conrad von 康拉德·冯·科亨豪森
Cohrs, Alexander 亚历山大·科尔斯
Conrad, Joseph 约瑟夫·康拉德
Coulondre, Robert 罗贝尔·库隆德尔
Craigie, Robert 罗伯特·克雷吉
Cripps, Stafford 斯塔福德·克里普斯
Cüppers, Martin 马丁·库珀斯

D

Daladier, Edouard 爱德华·达拉第

Damaschke, Adolf 阿道夫·达马施克
Dante, Durante Alighieri 杜兰特·阿利吉耶里·但丁
David, Fritz 弗利茨·大卫
Déat, Marcel 马塞尔·戴亚
Dedaev, Nikolaï 尼古拉·捷达耶夫
Deichmann, Paul 保罗·戴希曼
Dekanozov, Vladimir 弗拉基米尔·捷卡诺佐夫
Deleanu, Nicolae 尼古拉·德雷阿努
Dergatchev, Ivan 伊万·杰尔加乔夫
Dibrova, Piotr 彼得·季布罗瓦
Dieckhoff, Hans-Heinrich 汉斯-海因里希·迪克霍夫
Dietl, Eduard 爱德华·迪特尔
Dietrich, Otto 奥托·迪特里希
Dietrich, Sepp 塞普·迪特里希
Dill, John 约翰·迪尔
Dimitrov, Georgi 格奥尔基·季米特洛夫
Dirksen, Herbert von 赫伯特·冯·迪克森
Djougachvili, Yakov 雅科夫·朱加什维利
Doerr, Hans 汉斯·德尔
Donskoï, Dimitri 德米特里·顿斯科伊
Dorpmüller, Julius 尤利乌斯·多普米勒
Dorsch, Franz Xaver 弗朗茨·萨维尔·多尔施
Dostoïevski, Fiodo 费奥多尔·陀思妥耶夫斯基
Doubno 杜布诺
Doumenc, Aimé 艾梅·杜芒
Dovator, Lev 列夫·多瓦托夫
Drax, Sir Reginald 雷金纳德·德拉克斯爵士
Dubnov, Simon 西蒙·杜布诺夫
Dubrovin, Nikolaï 尼古拉·杜布罗文
Duclos, Jacques 雅克·杜克洛
Dumitrescu, Petre 彼得·杜米特雷斯库
Dybenko, Pavel 帕维尔·德边科
Dzigan, Efim 叶菲姆·济甘

E

Eberhard, Kurt 库尔特·埃伯哈德
Eberhardt, Friedrich-Georg 弗里德里希-格奥尔格·埃贝哈德
Eckart, Dietrich 迪特里希·埃卡特
Eden, Anthony 安东尼·艾登
Efron, Gueorgui 格奥尔基·叶夫隆
Egorov, Alexandre 亚历山大·叶戈罗夫
Ehrenbourg, Ilya 伊利亚·爱伦堡
Ehrhardt, Hermann 赫尔曼·埃尔哈特
Ehrlinger, Erich 埃里希·埃尔林格
Eichmann, Adolf 阿道夫·艾希曼
Eicke, Theodor 特奥多尔·艾克
Eideman, Robert 罗伯特·埃德曼

Eisenstein, Sergueï 谢尔盖·爱森斯坦
Eisner, Kurt 库尔特·艾斯纳
Ellenbeck, Hans 汉斯·艾伦贝克
Elser, Georg 格奥尔格·艾尔塞
Eltsine, Boris 鲍里斯·叶利钦
Engel, Gerhard 格哈德·恩格尔
Engels, Friedrich 弗里德里希·恩格斯
Enoukidzé, Abel 阿贝尔·耶努吉泽
Enver, Ismail (Enver Pacha) 恩维尔·帕夏
Epp, Franz Ritter von 弗朗茨·里特尔·冯·埃普
Erchakov, Filipp 菲利普·叶尔沙科夫
Eremenko, Andreï 安德烈·叶廖缅科
Eriomine, Stepan 斯捷潘·叶廖明
Erkilet, Hüseyin Hüsnü Emir 侯赛因·胡斯努·埃米尔·埃尔吉力特
Ermakov, Arkadi 阿尔卡季·叶尔马科夫
Etzdorf, Hasso von 哈索·冯·埃茨多夫

F

Fadeev, Alexandre 亚历山大·法捷耶夫
Falkenhorst, Nikolaus von 尼古拉斯·冯·法尔肯霍斯特
Falkenstein, Sigismund von 西吉斯蒙德·冯·法尔肯施泰因
Fallada, Hans 汉斯·法拉达
Faymonville, Philip 菲利普·费蒙维尔
Feder, Gottfried 戈特弗里德·费德尔
Fediuninski, Ivan 伊万·费久宁斯基
Fedko, Ivan 伊万·费德科
Fedorenko, Yakov 雅科夫·费多连科
Fedotov, Lev 列夫·费多托夫
Fegelein, Hermann 赫尔曼·菲格莱因
Fehn, Gustav 古斯塔夫·费恩
Feiler, Arthur 阿图尔·法伊勒
Feklenko, Nikolaï 尼古拉·费克连科
Fellgiebel, Erich 埃里希·费尔吉贝尔
Feyerabend, Gerhard 格哈德·法伊尔阿本德
Fiebig, Martin 马丁·菲比希
Filippov, Ivan 伊万·菲利波夫
Firebrace, Roy 罗伊·法尔布雷斯
Firsov, Afanassi 阿法纳西·菲尔索夫
Fitine, Pavel 帕维尔·费基涅
Fominykh, Alexandre 亚历山大·福米内赫
Ford, Henry 亨利·福特
Franco y Bahamonde, Francisco 弗朗西斯科·佛朗哥
Frank, Hans 汉斯·弗兰克
Frauenfeld, Alfred 阿尔弗雷德·弗劳恩费尔德
Frédéric Ier dit « Barberousse » 腓特烈一世，"巴巴罗萨"
Frei, Karl 卡尔·弗莱

Frick, Wilhelm 威廉·弗里克
Fritsch, Werner von 维尔纳·冯·弗里奇
Fröhlich, Elke 埃尔克·弗勒利希
Frolov, Ivan 伊万·弗罗洛夫
Frolov, Valerian 瓦勒良·弗罗洛夫
Frolova, Alexandra 亚历山德拉·弗罗洛娃
Fromm, Friedrich 弗里德里希·弗洛姆
Frounzé, Mikhaïl 米哈伊尔·伏龙芝
Führer (Adolf Hitler) 元首（阿道夫·希特勒）

G

Galanine, Ivan 伊万·加里宁
Gallaï, Marc 马克·加拉伊
Gambetta, Léon 莱昂·甘必大
Gamelin, Maurice 莫里斯·甘莫林
Ganine, Alexeï 阿列克谢·加宁
Ganzenmüller, Jörg 约尔格·甘岑缪勒
Gaulle, Charles de 夏尔·戴高乐
Geist, Raymond 雷蒙德·盖斯特
Gelfand, Vladimir 弗拉基米尔·盖尔芬德
George VI (roi du Royaume-Uni) 乔治六世（英国国王）
Gercke, Rudolf 鲁道夫·格尔克
Gerlach, Christian 克里斯蒂安·格拉赫
Gersdorff, Rudolf-Christoph von 鲁道夫-克里斯托夫·冯·格斯多夫
Gerstenberg, Alfred 阿尔弗雷德·格斯滕贝格
Ghandi, Mohandas (Mahatma) 圣雄甘地
al-Gillani (Rachid Ali) 盖拉尼（拉希德·阿里）
Ginzbourg, Semion 谢苗·金兹堡
Girsa, Josef 约瑟夫·吉尔萨
Glantz, David 戴维·格兰茨
Glazkov, Alexeï 阿列克谢·格拉兹科夫
Glogojanu, Ioan 扬·格洛戈扎努
Goebbels, Joseph 约瑟夫·戈培尔
Goethe, Johann Wolfgang von 约翰·沃尔夫冈·冯·歌德
Golikov, Filippe 菲利普·戈利科夫
Goloubev, Constantin 康斯坦丁·戈卢别夫
Golovatski, Nikolaï 尼古拉·戈洛瓦茨基
Golovko, Arseni 阿尔谢尼·戈洛夫科夫
Goltsev, Nikolaï 尼古拉·戈尔采夫
Goltz, Colmar von der 科尔玛·冯·德·戈尔茨
Gömbös, Gyula 根伯什·久洛
Gontcharov, Vassili 瓦西里·冈察洛夫
Gordov, Vassili 瓦西里·戈尔多夫
Gorelenko, Filipp 菲利普·格雷连科
Göring, Herbert 赫伯特·戈林
Göring, Hermann 赫尔曼·戈林
Gorodnianski, Avksenti 阿夫克先季·戈罗德尼扬斯基

Goudimovitch-Vassiliev, Helena (alias Maria) 海伦娜古季莫维奇-瓦西列夫（代号玛丽亚）
Goudimovitch-Vassiliev, Petr (alias Ivan) 彼得·古季莫维奇-瓦西列夫（代号伊万）
Gouliaev, Vassili 瓦西里·古利亚耶夫
Grabine, Vassili 瓦西里·格拉宾
Graml, Hermann 赫尔曼·格拉姆尔
Granine, Daniel 丹尼尔·格拉宁
Greiffenberg, Hans von 汉斯·冯·格赖芬贝格
Greiner, Helmuth 赫尔穆特·格莱纳
Grendal, Vladimir 弗拉基米尔·格伦达尔
Grigoriev, Andreï 安德烈·格里戈利耶夫
Grimm, Hans 汉斯·格里姆
Grinevetski, Vassili 瓦西里·格利涅维茨基
Grolman, Helmuth von 赫尔穆特·冯·格罗尔曼
Grzybowski, Waclaw 瓦茨瓦夫·格日博夫斯基
Guderian, Heinz 海因茨·古德里安
Guerassimov, Alexandre 亚历山大·格拉西莫夫
Guillaume II l'empereur d'Allemagne et roi de Prusse 德意志帝国皇帝和普鲁士国王威廉二世
Gunsilius, Wilhelm 威廉·贡斯柳斯
Gurevitch, Mikhaïl 米哈伊尔·古列维奇
Gutschmidt, Johannes 约翰·古特施密特
Güttler, Eugen 欧根·居特勒

H

Häffner, August 奥古斯特·哈夫纳
Haffner, Sebastian 塞巴斯蒂安·哈夫纳
Hager, Erich 埃里希·哈格
Halder, Franz 弗朗茨·哈尔德
Halifax, Lord 哈利法克斯勋爵
Hammerstein, Maria von 玛丽亚·冯·哈默施泰因
Hammerstein-Equord, Helga von 海尔加·冯·哈默施泰因-埃克沃德
Hammerstein-Equord, Kurt von 库尔特·冯·哈默施泰因-埃克沃德
Hammerstein-Equord, Marie Luise von 玛丽·路易丝·冯·哈默施泰因-埃克沃德
Hanfstaengl, Ernst 恩斯特·汉夫施丹格尔
Hansen, Erik-Oskar 埃里克-奥斯卡·汉森
Harms, Daniil 达尼伊尔·哈尔姆斯
Harnack, Arvid (alias le Corse) 阿维德·哈纳克（代号科西嘉人）
Harpe, Josef 约瑟夫·哈尔佩
Harriman, Averell 埃弗里尔·哈里曼

译名对照表 1227

Hartmann, Christian 克里斯蒂安·哈特曼
Hassel, Ulrich von 乌尔里希·冯·哈塞尔
Hauck, Friedrich-Wilhelm 弗里德里希-威廉·豪克
Hauffe, Arthur 阿图尔·豪菲
Haushofer, Karl 卡尔·豪斯霍夫尔
Heim, Ferdinand 费迪南德·海姆
Heinrici, Gotthard 戈特哈德·海因里西
Hemingway, Ernest 欧内斯特·海明威
Henri le Lion 狮子亨利
Hensger, Paul 保罗·亨斯格
Hentig, Werner Otto von 维尔纳·奥托·冯·亨蒂希
Herder, Johannes 约翰尼斯·赫尔德
Herrnstadt, Rudolf 鲁道夫·赫恩施塔特
Hertel, Hans 汉斯·赫特尔
Herwarth von Bittenfeld, Hans 汉斯·赫尔瓦特·冯·比滕费尔特
Hess, Rudolf 鲁道夫·赫斯
Hetzdorf, Hasso von 哈索·冯·黑茨多夫
Heusinger, Adolf 阿道夫·豪辛格
Heuss, Theodor 特奥多尔·霍伊斯
Hewel, Walter 瓦尔特·赫韦尔
Heydrich, Reinhard 莱茵哈德·海德里希
Heywang, Ernst 恩斯特·海旺
Hick, Dietrich 迪特里希·希克
Hilberg, Raul 劳尔·希尔伯格
Hilger, Gustav 古斯塔夫·希尔格
Hillgruber, Andreas 安德烈亚斯·希尔格鲁伯
Himmler, Heinrich 海因里希·希姆莱
Hindenburg, Paul von 保罗·冯·兴登堡
Hiranuma, Kiichiro 平沼骐一郎
Hirohito (l'empereur du Japon) 昭和（日本天皇）
Hitler, Adolf 阿道夫·希特勒
Hoepner, Erich 埃里希·霍普纳
Hoffmann, Max 马克斯·霍夫曼
Holz, Emil 埃米尔·霍尔茨
Hoover, Herbert 赫伯特·胡佛
Hopkins, Harry 哈里·霍普金斯
Horthy de Nagybanya, István 霍尔蒂·伊斯特万
Horthy de Nagybanya, Miklos 霍尔蒂·米克洛什
Höss, Rudolf 鲁道夫·霍斯
Hoth, Hermann 赫尔曼·霍特
Howard, Roy 罗伊·霍华德
Hübner, Fritz 弗里茨·休伯纳
Hull, Cordell 科德尔·赫尔
Hull, Isabel 伊莎贝尔·赫尔
Humbert-Droz, Jules 朱尔·安贝尔-德罗兹
Hürter, Johannes 约翰尼斯·于尔特

I

Iejov, Nikolaï 尼古拉·叶若夫
Ionov, Alexeï 阿列克谢·优诺夫
Ironside, Edmund 埃德蒙德·艾恩塞德
Ismay, Hastings 黑斯廷斯·伊斯梅
Issakov, Ivan 伊万·伊萨科夫
Isserson, Gueorgui 格奥尔基·伊谢尔松
Ivanov, Constantin 康斯坦丁·伊万诺夫
Ivanov, Fiodor 费奥多尔·伊万诺夫
Ivanov, Nikolaï 尼古拉·伊万诺夫

J

Jacobici, Iosif 尤瑟夫·雅各比奇
Janssen, Adolf 阿道夫·扬森
Jdanov, Andreï 安德烈·日丹诺夫
Jeckeln, Friedrich 弗里德里希·耶克尔恩
Jeschonnek, Hans 汉斯·耶顺内克
Jésus 耶稣
Jigariov, Pavel 帕维尔·日加廖夫
Joukov, Gueorgui 格奥尔基·朱可夫
Jouravliov, Mikhaïl 米哈伊尔·朱拉夫廖夫
Jouravliov, Pavel 帕维尔·朱拉夫廖夫
Jourba, Alexandre 亚历山大·朱尔巴
Jung, Rudolf 鲁道夫·容
Jungfer, Victor 维克托·容费尔

K

Kaganovitch, Lazare 拉扎尔·卡冈诺维奇
Kaganovitch, Mikhaïl 米哈伊尔·卡冈诺维奇
Kahr, Gustav von 古斯塔夫·冯·卡尔
Kalinine, Mikhaïl 米哈伊尔·加里宁
Kalinine, Stépan 斯捷潘·加里宁
Kalinovski, Constantin 康斯坦丁·加里诺夫斯基
Kamenev, Lev (Rosenfeld) 列夫·加米涅夫（罗森费尔德）
Kameneva, Olga (Bronstein) 奥尔加·加米涅娃
Kaminski, Bronislav 布洛尼斯拉夫·卡明斯基
Kandelaki, David 达维德·康德拉基
Kapitsa, Piotr 彼得·卡皮查
Kapp, Wolfgang 沃尔夫冈·卡普
Kataev, Valintin 瓦连京·卡塔耶夫
Katchalov, Vladimir 弗拉基米尔·哈察洛夫
Katchanov, Kouzma 库兹马·卡察诺夫
Katoukov, Mikhaïl 米哈伊尔·卡图科夫
Kaufmann, Karl 卡尔·考夫曼
Kay, Alex 亚历克斯·凯
Kegel, Gerhard (alias X) 格哈德·凯格尔（代号X）

Keitel, Wilhelm 威廉・凯特尔
Kellner, Friedrich 弗里德里希・凯尔纳
Kellog, Michael 米夏埃尔・凯洛格
Kempf, Werner 维尔纳・肯普夫
Kennedy, John 约翰・肯尼迪
Kesselring, Albert 阿尔贝特・凯塞林
Khabarov, Ivan 伊万・哈巴罗夫
Khabarova, Zoïa 佐娅・哈巴罗娃
Khalepski, Innokenti 因诺肯季・哈列普斯基
Kharitonov, Fiodor 费奥多尔・哈利托诺夫
Khatskilevitch, Mikhaïl 米哈伊尔・哈茨基列维奇
Khintchouk, Lev 列夫・辛丘克
Khlevniuk, Oleg 奥列格・赫列夫纽克
Khokhlov, Ivan 伊万・霍赫洛夫
Khorochounova, Irina 伊莉娜・霍尔楚诺娃
Khozine, Mikhaïl 米哈伊尔・霍津
Khristoforov, Vassili 瓦西里・赫里斯托佛洛夫
Khrouchtchev, Nikita 尼基塔・赫鲁晓夫
Khrouliov, Andreï 安德烈・赫鲁廖夫
Kido, Koichi 木户幸一
Killigil, Nouri (Nouri Pacha) 努里・基里吉尔（努里・帕夏）
King, William Lyon Mackenzie 威廉・莱昂・麦肯齐・金
Kinzel, Eberhard 埃伯哈德・金策尔
Kirilov, Nikolaï 尼古拉 基里洛夫
Kirimal, Edige Mustafa (Edige Mustafa Szynkiewicz) 艾迪格・穆斯塔法・基里玛尔
Kirkpatrick, Ivone 伊冯・柯克帕特里克
Kirov, Sergueï 谢尔盖・基洛夫
Kirpitchnikov, Vladimir 弗拉基米尔・基尔皮奇尼科夫
Kirponos, Mikhaïl 米哈伊尔・基尔波诺斯
Kisch, Egon 埃贡・基施
Kivimäki, Toivo Mikael 托伊沃・米卡埃尔・基维迈基
Kleist, Ewald von 埃瓦尔德・冯・克莱斯特
Klenov, Piotr 彼得・克列诺夫
Klimov, Ivan 伊万・克里莫夫
Klimovskikh, Vladimir 弗拉基米尔・克里莫夫斯基赫
Kluge, Günther von 君特・冯・克鲁格
Klykov, Nikolaï 尼古拉・克雷科夫
Knox, (William) Franklin 富兰克林・诺克斯
Knych, Elena 叶莲娜・克内什
Koboulov, Amaïak 阿马亚克・科布洛夫
Koboulov, Bogdan 波格丹・科布洛夫
Koch, Erich 埃里希・科赫
Koch, Hans 汉斯・科赫
Kochkine, Mikhaïl 米哈伊尔・科什金

Kochliakov, Nikolaï 尼古拉・科什利亚科夫
Koniev, Ivan 伊万・科涅夫
Kononov, Ivan 伊万・科诺诺夫
Kopaline, Ilya 伊利亚・科帕林
Kopets, Ivan 伊万・科别茨
Kopp, Viktor 维克托・科普
Kork, Avgust 奥古斯特・科尔克
Körner, Paul 保罗・科尔纳
Korobkov, Alexandre 亚历山大・科罗布科夫
Korotkov, Alexandre (Alexandre Erdberg) 亚历山大・科罗特科夫（亚历山大・埃德贝格）
Korsemann, Gerret 格雷特・科尔斯曼
Kortchaguina-Alexandrovskaïa, Ekaterina 叶卡捷琳娜・科尔察吉娜-亚历山德洛夫斯卡娅
Kossoboutski, Ivan 伊万・科索布茨基
Kossyguine, Alexeï 阿列克谢・柯西金
Kostenko, Fiodor 费奥多尔・科斯坚科
Köstring, Ernst 恩斯特・科斯特林
Kostyrtchenko, Gennadi 根纳季・科斯基尔坚科
Kotchourov, Youri 尤里・科楚洛夫
Kotliar, Leonid 列奥尼德・科特里亚尔
Kotliarov, Alexandre 亚历山大・科特里亚罗夫
Koubatkine, Piotr 彼得・库巴特金
Koulik, Grigori 格里戈里・库利克
Kourkine, Alexeï 阿列克谢・库尔金
Kourotchkine, Pavel 帕维尔・库洛奇金
Koutouzov, Mikhaïl 米哈伊尔・库图佐夫
Kouznetsov, Alexei 阿列克谢・库兹涅佐夫
Kouznetsov, Fiodor 费奥多尔・库兹涅佐夫
Kouznetsov, Nikolaï 尼古拉・库兹涅佐夫
Kouznetsov, Vassili 瓦西里・库兹涅佐夫
Kovalev, Ivan 伊万・科瓦列夫
Krämer, Kurt 库尔特・克莱默
Krandievskaïa-Tolstaïa, Nathalia 娜塔莉・克朗杰夫斯卡娅-托尔斯塔娅
Krauch, Carl 卡尔・克劳赫
Krebs, Hans 汉斯・克雷布斯
Krestinski, Nikolaï 尼古拉・克列斯京斯基
Krivitski, Walter 瓦尔特・克里维茨基
Krivosheev, Grigori 格里戈里・克里沃舍耶夫
Krivosheïn, Simeon 谢苗・克里沃舍因
Krouglov, Serguei 谢尔盖・克鲁格洛夫
Kruglov, Alexander 亚历山大・克鲁格洛夫
Krylov, Nikolaï 尼古拉・克雷洛夫
Kuby, Erich 埃里希・库比
Küchler, Georg von 格奥尔格・冯・屈希勒
Kühn, Friedrich 弗里德里希・屈恩
Kun, Bela 库恩・贝拉

Kuusinen, Otto 奥托·库西宁

L

Lachkevitch, Chrissanphe 克里桑菲·拉什凯维奇
Lagarde, Paul de 保罗·德·拉加德
Lammerding, Heinz 海因茨·拉莫丁
Landau, Lev 列夫·兰道
Lanz, Hubert 胡贝特·兰茨
Laptchinski, Alexandre 亚历山大·拉普钦斯基
Lavotchkine, Semion 谢苗·拉沃奇金
Lawrence, Thomas Edward (d'Arabie) 托马斯·爱德华·劳伦斯（阿拉伯的劳伦斯）
Lazarenko, Ivan 伊万·拉扎连科
Lee, Raymond 雷蒙德·李
Leeb, Wilhelm von 威廉·冯·里布
Lehmann, Willy (alias Breitenbach) 维利·莱曼（代号布赖滕巴赫）
Lehsten, Joachim von 约阿希姆·冯·雷斯滕
Leibbrandt, Georg 格奥尔格·莱布兰特
Leliuchenko, Dmitri 德米特里·列柳琴科
Lemelsen, Joachim 约阿希姆·莱梅尔森
Lénine, Vladimir 弗拉基米尔·列宁
Leontiev, Alexandre 亚历山大·列昂捷夫
Levich, Veniamin 维尼亚明·列维奇
Levine, Alexandre 亚历山大·列文
Leviné, Eugène 尤金·莱文
Levine, Iesekiil 叶谢基尔·勒文
Lévitan, Youri 尤里·列维坦
Levtchenko, Gordeï 戈尔德·列夫琴科
Ley, Robert 罗伯特·莱伊
Leyen, Ferdinand von der 斐迪南·冯·德·莱延
Lieb, Peter 彼得·里布
Lifchits, Vladimir 弗拉基米尔·利夫奇茨
Lindbergh, Charles 查尔斯·林德伯格
Lindemann, Georg Heinrich 格奥尔格·海因里希·林德曼
Lindenbach, Willi 维利·林登巴赫
Liouchkov, Guenrikh 根里希·柳什科夫
Lipski, Jozef 约瑟夫·利普斯基
Liskow, Alfred 阿尔弗雷德·利斯科夫
List, Wilhelm 威廉·利斯特
Litvinov, Maxime (Meir Wallach-Finkelstein) 马克西姆·李维诺夫（迈尔·瓦拉赫-芬克尔施泰因）
Liulevicius, Vejas Gabriel 维哈斯·加布里埃尔·柳勒维修斯
Liziukov, Alexandre
Lloyd George, David 大卫·劳合·乔治

Lobatchiov, Alexeï 阿列克谢·罗巴乔夫
Loerzer, Bruno 布鲁诺·吕尔策夫
Loktionov, Alexandre 亚历山大·洛克基奥诺夫
Lomagin, Nikita 尼基塔·洛马金
Lombard, Gustav 古斯塔夫·隆巴德
Londres, Albert 阿尔贝·隆德尔
Lopatine, Anton 安东·洛帕津
Lorkovic, Mladen 姆拉登·洛寇维奇
Lossberg, Bernard von 贝尔纳德·冯·洛斯贝格
Loujkov, Sergueï 谢尔盖·卢日科夫
Loukine, Mikhaïl 米哈伊尔·卢津
Lovin, Kazimir 卡兹米尔·洛文
Lozovski, Solomon 索洛蒙·洛佐夫斯基
Lubomirski, Stefan 斯特凡·卢博米尔斯基
Luck, Hans von 汉斯·冯·卢克
Ludendorff, Erich 埃里希·鲁登道夫
Luxembourg, Rosa 罗莎·卢森堡

M

Macici, Nicolae 尼古拉·马奇奇
Mackensen, Eberhard von 埃伯哈德·冯·马肯森
Magill, Franz 弗朗茨·马基尔
Mahler, Gustav 古斯塔夫·马勒
Maïakovski, Vladimir 弗拉基米尔·马雅科夫斯基
Maïski, Ivan 伊万·迈斯基
Malandine, German 格尔曼·马兰金
Malenkov, Gueorgui 格奥尔基·马林科夫
Mallmann, Klaus-Michael 克劳斯-米夏埃尔·马尔曼
Malthus, Thomas 托马斯·马尔萨斯
Maltsev, Victor 维克托·马尔采夫
Malychev, Viatcheslav 维亚切斯拉夫·马雷乔夫
Mankov, Arkadi 阿尔卡季·曼科夫
Mann, Thomas 托马斯·曼
Mannerheim, Carl Gustav Emil 卡尔·古斯塔夫·埃米尔·曼纳海姆
Manstein, Erich von 埃里希·冯·曼施坦因
Marchak, Samouil 萨穆伊尔·马尔沙克
Marcks, Erich 埃里希·马克斯
Markish, Peretz 佩雷茨·马尔基什
Marty, André 安德烈·马蒂
Marx, Karl 卡尔·马克思
Maser, Werner 维尔纳·马瑟尔
Maslennikov, Ivan 伊万·马斯连尼科夫
Mason, Charles 查尔斯·梅森
Mason-MacFarlane, Noël 诺埃尔·梅森-麦克法兰
Mastny, Vojtech 沃伊泰克·马斯特尼

Matin-Daftari, Ahmad 艾哈迈德·马田-达夫塔里
Matsuoka, Yosuke 松冈洋右
Matthäus, Jürgen 于尔根·马特豪斯
Matzky, Gerhard 格哈德·马茨基
May, Rudolf 鲁道夫·迈
Mayer-Doss, Martha 玛尔塔·迈尔-多斯
Mayr, Karl 卡尔·迈尔
Meier-Welcker, Hans 汉斯·迈耶-威尔克
Mekhlis, Lev 列夫·麦赫利斯
Mellart, Leo 列奥·梅拉特
Mellenthin, Friedrich Wilhelm von 弗里德里希·威廉·冯·麦勒廷
Melnik, Kondrat 孔德拉特·梅尔尼克
Melnyk, Andry 安德里·梅尔尼克
Melzer, Yulia 尤利娅·梅尔策
Merekalov, Alexeï 阿列克谢·梅列卡洛夫
Meretskov, Kirill 基里尔·梅列茨科夫
Merkoulov, Vsevolod 弗谢沃洛德·梅尔库洛夫
Messe, Giovanni 乔瓦尼·梅塞
Metternich-Winneburg, Tatiana von (Tatiana Vassilitchkova) 塔季亚娜·冯·梅特尼希-温娜堡（塔季亚娜·华西尔齐科娃）
Michela, Joseph 约瑟夫·米歇拉
Michel Ier (roi de Roumanie) 米哈伊一世（罗马尼亚国王）
Mikhalev, Sergueï 谢尔盖·米哈伊洛夫
Mikheev, Anatoli 阿纳托利·米赫耶夫
Mikhoels, Solomon 所罗门·米霍埃尔斯
Mikoïan, Anastase 阿纳斯塔斯·米高扬
Mikoïan, Artiom 阿尔乔姆·米高扬
Miller, Evgueni 叶夫根尼·米勒
Miller, Piotr 彼得·米勒
Minine, Kouzma 库兹马·米宁
Model, Walter 瓦尔特·莫德尔
Moeller van der Bruck, Arthur 阿图尔·默勒·范登布鲁克
Mölders, Werner 维尔纳·莫尔德斯
Moltke, Helmuth Karl Bernhard von 赫尔穆特·卡尔·伯恩哈德·冯·毛奇
Mommsen, Hans 汉斯·蒙森
Morozov, Vassili 瓦西里·莫罗佐夫
Morris, Leland 勒兰德·莫里斯
Moskalenko, Kirill 基里尔·莫斯卡连科
Mouzytchenko, Ivan 伊万·姆兹琴科
Mühsam, Erich 埃里希·米萨姆
Müller, Eugen 叶夫根尼·米勒
Müller, Rolf-Dieter 罗尔夫-迪特·米勒
Müller, Siegfried 西格弗里德·米勒
Müller-John, Hermann 赫尔曼·米勒-约翰
Münkler, Herfried 赫尔弗里德·明克勒
Munters, Vilhelms 威廉斯·蒙特斯
Münzenberg, Willi 维利·明岑贝格
Murray, Arthur 阿瑟·默里
Mushanokoji, Kintomo 武者小路公共
Mussolini, Benito 贝尼托·墨索里尼

N

Nadolny, Rudolf 鲁道夫·纳多尔尼
Nebe, Arthur 阿图尔·内贝
Nehring, Walther 瓦尔特·内林
Nesterenko, Maria 玛丽亚·涅斯捷连科
Neubauer, Theodor 特奥多尔·诺伊鲍尔
Neurath, Konstantin von 康斯坦丁·冯·牛赖特
Nevski, Alexandre 亚历山大·涅夫斯基
Nicolas II (dernier empereur de Russie) 尼古拉二世（末代沙皇）
Niedermayer, Oskar von 奥斯卡·冯·尼德迈尔
Nietzsche, Friedrich 弗里德里希·尼采
Nikouline, Nikolaï 尼古拉·尼库林
Nossov, Vladimir 弗拉基米尔·诺索夫
Nossova, Liudmila 柳德米拉·诺索瓦
Novobranets, Vassili 瓦西里·诺沃布拉涅茨
Nye, Archibald 阿奇博尔德·奈

O

Oborine, Stepan 斯捷潘·奥博林
Obstfelder, Hans von 汉斯·冯·奥布斯特菲尔德
Ohlendorf, Otto 奥托·奥伦多夫
Oktiabrski, Filipp 菲利普·奥克加布尔斯基
Onianov, Leonid 列昂尼德·奥尼亚诺夫
Onuprienko, Dmitri 德米特里·奥努普里延科
Oranjeeva, Antonina 安托妮娜·奥兰吉娃
Orbidan, S. Y. S.Y. 奥尔比丹
Orekhov, Vassili 瓦西里·奥廖霍夫
Orlov, Alexandre 亚历山大·奥尔洛夫
Ortenberg, David 大卫·奥尔滕堡
Oshima, Hiroshi 大岛浩
Ossipova, Lidia (Olympiada Poliakova) 莉迪亚·奥西波娃（奥林匹亚达·波利亚科瓦）
Oster, Hans 汉斯·奥斯特
Ostroumova-Lebedeva, Anna 安娜·奥斯特罗乌莫娃-列别杰娃
Ott, Eugen 欧根·奥特
Ouborevitch, Ieronim 伊耶罗尼姆·乌博列维奇
Ougriumov, Nikolaï 尼古拉·乌格柳莫芙
Oumanski, Constantin 康斯坦丁·乌曼斯基
Outkine, Joseph 约瑟夫·乌特金
Overmans, Rüdiger 吕迪格·奥佛曼

Ozaki, Hotsumi 尾崎秀实

P

Paasikivi, Juho Kusti 尤霍·库斯蒂·巴锡基维
Pahlavi, Reza (Chah d'Iran) 礼萨·巴列维（伊朗国王）
Palii, Piotr 彼得·帕里伊
Panfilov, Ivan 伊万·潘菲洛夫
Papen, Franz von 弗朗茨·冯·巴本
Parchinski, Filadelf 菲拉杰尔夫·帕尔辛斯基
Paulus, Friedrich 弗里德里希·保卢斯
Pavlov, Dimitri 德米特里·巴甫洛夫
Pavlov, Vladimir 弗拉基米尔·巴甫洛夫
Peressypkine, Ivan 伊万·佩列瑟普金
Perventsev, Arkadi 阿尔卡季·佩文采夫
Petliakov, Vladimir 弗拉基米尔·佩特利亚科夫
Petrov, Mikhaïl 米哈伊尔·彼得罗夫
Pflugbeil, Johann 约翰·普夫卢格拜尔
Pflugbeil, Kurt 库尔特·普夫卢格拜尔
Philby, Kim 金·费尔比
Philippi, Alfred 阿尔弗雷德·菲利皮
Phipps, Eric 埃里克·菲普斯
Piadychev, Constantin 康斯坦丁 皮亚基切夫
Piatnitski, Ossip (Tarschisse) 奥西普·皮亚特尼茨基（塔尔西斯）
Picker, Henry 亨利·皮克
Pieck, Wilhelm 威廉·皮克
Pierre le Grand (empereur de Russie) 彼得大帝（俄罗斯帝国皇帝）
Pilsudski, Jozef 约瑟夫·毕苏斯基
Pîntea, Gherman 盖尔曼·皮提亚
Pliev, Issa 伊萨·普里耶夫
Plievier, Theodor 特奥尔多·
Pliusnine, Nikolaï 尼古拉·普柳斯宁
Plöckinger, Othmar 奥特马·普吕金格
Podlas, Kuzma 库兹马·波德拉斯
Pohl, Dieter 迪特尔·波尔
Pöhner, Ernst 恩斯特·波纳
Pojarski, Dmitri 德米特里·波扎尔斯基
Pokrovksi, Alexandre 亚历山大·波克罗夫斯基
Polian, Pavel 帕维尔·波里安
Polikarpov, Nikolaï 尼古拉·波利卡尔波夫
Poltavets-Ostranitsa, Ivan 伊万·波尔塔韦茨-奥斯特拉尼查
Pomeranz, Grigory 格里高利·波美兰茨
Ponedeline, Pavel 帕维尔·波涅捷林
Ponomarenko, Panteleïmon 潘捷列伊蒙·波诺马连科
Popkov, Piotr 彼得·波普科夫

Popov, Markian 马尔基安·波波夫
Poskrebychev, Alexandre 亚历山大·波斯克列贝舍夫
Potapov, Mikhaïl 米哈伊尔·波塔波夫
Potemkine, Vladimir 弗拉基米尔·波将金
Poumpour, Piotr 彼得·普姆普尔
Poutiakov, Semion 谢苗·普加科夫
Prapuolenis, Leonas 列奥纳斯·普拉普奥列尼斯
Prichnis, Mikhaïl 米哈伊尔·普里什文
Prometheus (projet) 普罗米修斯
Pronine, Vassili 瓦西里·普罗宁
Proskurov, Ivan 伊万·普罗斯库罗夫
Prüller, Wilhelm 威廉·普吕勒
Prut 普鲁特
Prützmann, Hans-Adolf 汉斯-阿道夫·普吕茨曼
Purkaev, Maxime 马克西姆·普尔卡耶夫

R

Rabinovitch, M. G. 姆·格·拉宾诺维奇
Radek, Karl (Sobelsohn) 卡尔·拉狄克（索贝尔松）
Rado, Sandor (alias Dora) 桑多尔·拉多（化名多拉）
Raeder, Erich 埃里希·雷德尔
Rakoutine, Constantin 康斯坦丁·拉库津
Rakovski, Christian 克里斯蒂安·拉科夫斯基
Rasch, Otto 奥托·拉施
Rass, Christoph 克里斯托弗·拉斯
Rathenau, Walther 瓦尔特·拉特瑙
Ratzel, Friedrich 弗里德里希·拉策尔
Rechberg, Arnold 阿诺尔德·雷希贝格
Reese, Roger 罗杰·里斯
Reese, Willy Peter 威利·彼得·雷斯
Reichenau, Walter von 瓦尔特·冯·赖歇瑙
Reilly, Sidney 西德尼·赖利
Reinecke, Hermann 赫尔曼·雷内克
Reinhardt, Georg-Hans 格奥尔格-汉斯·莱因哈特
Reiss, Ignace 伊格纳茨·赖斯
Remezov, Fiodor 费多尔·雷米佐夫
Retiounine, Marc 马克·列丘宁
Reuschle, Walter 瓦尔特·罗伊施勒
Reventlow, Ernst zu 恩斯特·楚·雷文特洛
Ribbentrop, Joachim von 约阿希姆·冯·里宾特洛甫
Riccardi, Arturo 阿尔图罗·里恰尔蒂
Richthofen, Wolfram von 沃尔弗拉姆·冯·里希特霍芬
Riecke, Hans-Joachim 汉斯-约阿希姆·里克
Rodler, Erich 埃里希·罗德勒

Rogova, Véra 薇拉·罗加娃
Röhm, Ernst 恩斯特·罗姆
Rohrbach, Paul 保罗·罗尔巴赫
Rokossovski, Constantin 康斯坦丁·罗科索夫斯基
Romanov, Cyrille 西里尔·罗曼诺夫
Römer, Felix 菲力克斯·吕默
Romm, Mikhaïl 米哈伊尔·罗姆
Rommel, Erwin 埃尔温·隆美尔
Room, Abram 阿布拉姆·罗姆
Roosevelt, Franklin Delano 富兰克林·德拉诺·罗斯福
Rosenberg, Alfred 阿尔弗雷德·罗森贝格
Rosengolz, Arkadi 阿尔卡季·罗森戈尔茨
Rosetti-Solescu, Elena-Constance 埃列娜-康斯坦丝·罗塞蒂-索列斯库
Roth, Hans 汉斯·罗特
Roth, Léo 列奥·罗特
Rotmistrov, Pavel 帕维尔·罗特米斯特罗夫
Roukhimovitch, Moïsseï 摩西·鲁西莫维奇
Rowehl, Theodor 特奥多尔·罗韦尔
Rozé, Nikolaï 尼古拉·罗泽
Rundstedt, Gerd von 格尔德·冯·伦德施泰特
Rupp, Robert 罗伯特·鲁普
Rutherford, Jeff 杰夫·卢瑟福德
Rydz-Smigly, Edward 爱德华·雷兹-希米格维
Rytchagov, Pavel 帕维尔·雷恰戈夫
Ryti, Risto 里斯托·吕蒂

S

Samokhine, Alexandre 亚历山大·萨摩辛
Samsonov, Alexandr 亚历山大·萨姆索诺夫
Sandalov, Leonid 列昂尼德·桑达洛夫
Saraçoglou, Sükrü 苏克鲁·萨拉吉奥卢
Savinkov, Boris 鲍里斯·萨温科夫
Savtchenko, Gueorgui 格奥尔基·萨夫琴科
Savtchenko, Sergueï 谢尔盖·萨夫琴科
Sbytov, Nikolaï 尼古拉·斯贝托夫
Schacht, Hjalmar 亚尔马·沙赫特
Scheliha, Rudolf von (alias Ariets) 鲁道夫·冯·舍利亚（代号阿里耶茨）
Schellmann, Wolfgang 沃尔夫冈·舍尔曼
Schenckendorff, Max von 马克斯·冯·申肯多夫
Scheubner-Richter, Max Erwin von 马克斯·埃尔温·冯·朔伊布纳-里希特
Schiemann, Theodor 特奥多尔·席曼
Schindler, Max Joseph 马克斯·约瑟夫·辛德勒
Schlabrendorff, Fabian von 法比安·冯·施拉布伦多夫
Schleicher, Kurt von 库尔特·冯·施莱谢尔
Schlotterer, Gustav 古斯塔夫·施洛特勒
Schmidt, Hans-Thilo 汉斯-蒂洛·施密特
Schmidt, Paul Otto (alias Paul Carell) 保罗·奥托·施密特（保罗·卡雷尔）
Schmidt, Rudolf 鲁道夫·施密特
Schmidt-Scheeder, Georg 格奥尔格·施密特-谢德尔
Schmundt, Rudolf 鲁道夫·施蒙特
Schneider, Bruno 布鲁诺·施耐德
Schneider, James 詹姆斯·施奈德
Schnurre, Karl 卡尔·施努雷
Schobert, Eugen von 欧根·冯·朔贝特
Schönerer, Georg Ritter von 格奥尔格·里特尔·冯·舍内勒
Schöningh, Ferdinand 费尔迪南德·肖宁
Schörner, Ferdinand 斐迪南·舍尔纳
Schrodek, Gustav 古斯塔夫·施罗德
Schubert, Albrecht 阿尔布雷希特·舒伯特
Schulenburg, Friedrich von der 弗里德里希·冯·舒伦堡
Schulze-Boysen, Harro, (alias l'adjudant) 哈罗·舒尔策-博伊森（代号军士）
Schulze-Holthus, Bernhardt 伯恩哈特·霍尔特胡斯·舒尔策
Schutzbar-Milchling, Margot von 玛戈·冯·舒茨巴尔-米尔什林
Schweppenburg, Leo Geyr von 莱奥·盖尔·冯·施韦彭堡
Schwerin, Friedrich von 弗里德里希·冯·什未林
Sebastian, Mihail 米哈伊尔·塞巴斯蒂安
Sebottendorf, Rudolf von 鲁道夫·冯·塞博滕多夫
Sediakine, Alexandre 亚历山大·谢加金
Seeckt, Hans von 汉斯·冯·塞克特
Seeds, William 威廉·西兹
Segbers, Klaus 克劳斯·赛格伯斯
Seidemann, Hans 汉斯·赛德曼
Seidler, Franz 弗兰茨·W.塞德勒
Serge Ier de Moscou (Serge Stragorodskii) 莫斯科的谢尔盖一世（谢尔盖·斯特拉哥罗德斯基）
Serge (Voskressenski) 谢尔盖（沃斯克列先斯基）
Sheptytsky, Andrey 安德烈·谢普基斯基
Sheridan, Clare 克莱尔·谢里丹
Shigenori, Togo 东乡茂德
Siilasvuo, Hjalmar 亚马尔·西拉斯沃
Sikorski, Polykarp 波利卡尔普·西科尔斯基
Sikorski, Wladislaw 瓦迪斯瓦夫·西科尔斯基
Sima, Horia 霍里亚·希马

Simon, John 约翰·西蒙
Simonitch, Kira 基拉·西莫尼奇
Simonov, Constantin 康斯坦丁·西蒙诺夫
Simonov, Nikolaï 尼古拉·西蒙诺夫
Simović, Dušan 杜尚·西莫维奇
Singh Chhina, Achhar (alias Larkin) 阿哈尔·辛格·奇纳（拉尔金）
Sinilov, Kuzma 库兹马·西尼洛夫
Škirpa, Kazys 凯西斯·斯基尔帕,
Skladkowski, Felicjan Slawoj 费利西安·斯瓦沃伊·斯克瓦德科夫斯基
Slutch, Sergueï 谢尔盖·斯卢奇
Smirnov, Piotr 彼得·斯米尔诺夫
Smuchkevitch, Yakov 雅科夫·斯穆什克维奇
Snyder, Timothy 提摩希·史奈德
Sobennikov, Piotr 彼得·索别尼科夫
Sobolev, Guennadi 根纳季·索伯列夫
Sodenstern, Georg von 格奥尔格·冯·索登施特恩
Sokolovski, Vassili 瓦西里·索科洛夫斯基
Soliankine, Egor
Sollertinski, Ivan 伊万·索列尔津斯基
Solodkova, Inna 伊娜·索罗德科娃
Somervell, Brehon 布里恩·萨默维尔
Sorge, Richard (alias Ramzaï) 理查德·佐尔格（代号拉姆齐）
Soubbotine, Alexeï 阿列克谢·苏波津
Soudoplatov, Pavel 帕维尔·苏杜普拉图夫
Sourits, Yakov 雅科夫·苏里茨
Sousloparov, Ivan 伊万·苏斯罗帕罗夫
Souvorov, Alexandre 亚历山大·苏沃洛夫
Speer, Albert 阿尔贝特·施佩尔
Speidel, Wilhelm 威廉·施派德尔
Spengler, Oswald 奥斯瓦尔德·斯宾格勒
Spiridonov, Nikolaï 尼古拉·斯皮里多诺夫
Spiridonova, Maria 玛丽亚·斯皮里多诺娃
Sponeck, Hans von 汉斯·冯·施波内克
Stahlecker, Walter 瓦尔特·施塔列克
Staline, Joseph 约瑟夫·斯大林
Stamenov, Ivan 伊万·斯塔缅诺夫
Steinbrück, Otto 奥托·斯坦布吕克
Steinhardt, Laurence 劳伦斯·斯坦哈特
Stempel, Joachim 约阿希姆·施坦佩尔
Stetsko, Yaroslavl 雅罗斯拉夫·斯捷茨科
Stieff, Hellmuth 赫尔穆特·施蒂夫
Stimson, Henry 史汀生
Stöbe, Ilse (alias Alta) 伊尔莎·施特贝（代号"阿尔塔"）
Strasser, Gregor 格雷戈尔·施特拉塞尔
Strauss, Adolf 阿道夫·施特劳斯
Streckenbach, Bruno 布鲁诺·施特莱肯巴赫
Streim, Alfred 阿尔弗雷德·施特莱姆
Streit, Christian 克里斯蒂安·施特莱特

Stülpnagel, Carl-Heinrich von 卡尔-海因里希·冯·施蒂尔普纳格尔
Sugiyama, Hajime 杉山元
Sukhoï, Pavel 帕维尔·苏霍伊
Suñer, Serrano 塞拉诺·苏涅尔
Svanidzé, Ekaterina 叶卡捷琳娜·斯瓦尼泽
Sverdlov, Yakov 雅科夫·斯维尔德洛夫
Svietchine, Alexandre 亚历山大·斯维琴
Szombathelyi, Ferenc 费伦兹·索姆巴莱伊

T

Taboritski, Sergei 谢尔盖·塔博里茨基
Talvela, Paavo 帕沃·塔尔韦拉
Tataranu, Nicolae 尼古拉·塔塔拉努
Tatarescu, Gheorghe 格奥尔基·塔塔内斯库
Tchadaev, Yakov 雅科夫·恰达耶夫
Tchaïkovski, Piotr 彼得·柴可夫斯基
Tchang Kaï-Chek 蒋介石
Tchekmenev, Evgueni 叶夫根尼·切克米涅夫
Tchelpan, Constantin 康斯坦丁·切尔潘
Tcherevitchenko, Yakov 雅科夫·切列维琴科
Tcherkassov, Nikolaï 尼古拉·切尔卡索夫
Tcherniakhovski, Ivan 伊万·切尔尼亚霍夫斯基
Tcherniavski, Mikhaïl 米哈伊尔·切尔尼亚夫斯基
Tchernykh, Sergueï 谢尔盖·切尔尼赫
Tcheron, Fiodor 费奥多尔·切隆
Tchestokhvalov, Sergueï 谢尔盖·切斯托哈夫洛夫
Tchistov, Pavel 帕维尔·契斯托夫
Tchitchérine, Georgui 格奥尔基·契切林
Tchouev, Félix 费利克斯·丘耶夫
Tchouïkov, Vassili 瓦西里·崔可夫
Teleguine, Konstantin 康斯坦丁·捷列津
Tevossian, Ivan 伊万·捷沃西扬
Thomas, Georg 乔治·托马斯
Thorez, Maurice 莫里斯·多列士
Tikhvinski, Gleb 格列布·季赫温斯基
Timochenko, Simeon 谢苗·铁木辛哥
Timofeev, Leonid 列昂尼德·季莫菲耶夫
Tippelskirch, Kurt von 库尔特·冯·蒂佩尔斯基希
Tiso, Josef 约瑟夫·蒂索
Tiulenev, Ivan 伊万·秋列涅夫
Todt, Fritz 弗里茨·托特
Togliatti, Palmiro 帕尔米罗·陶里亚蒂
Tojo, Hideki 东条英机
Tolstoï, Alexeï 阿列克谢·托尔斯泰
Tolstoï, Léon 列夫·托尔斯泰
Tolstoï, Serguei 谢尔盖·托尔斯泰
Torquemada, Tomas de 托马·德·托尔克

马达

Toukhatchevski, Mikhaïl 米哈伊尔·图哈切夫斯基
Toupikov, Vassili 瓦西里·图皮科夫
Toupitsyne, Mikhaïl 米哈伊尔·图皮秦
Tregoubov, Timofeï 提莫菲·特列古勃夫
Trepper, Leopold 利奥波德·特雷佩尔
Trescow, Henning von 亨宁·冯·特雷斯科
Trestioreanu, Constantin 康斯坦丁·特雷斯提奥雷阿努
Triandafillov, Vladimir 弗拉基米尔·特里安达菲洛夫
Trotha, Lothar von 洛塔尔·冯·特罗塔
Trotski, Lev (Bronstein) 列夫·托洛茨基（布隆施泰因）
Tschersich, Günther 君特·切尔西希
Tsvetaieva, Marina 玛琳娜·茨维塔耶娃
Tupolev, Andreï 安德烈·图波列夫

U

Udet, Ernst 恩斯特·乌德特
Ulbricht, Walter 瓦尔特·乌布利希
Ülküsal, Müstecip Fazil 姆斯帖西普·法齐尔·于尔库萨尔
Uritski, Semion 谢苗·乌里茨基

V

Valin, Martial 马夏尔·瓦兰
Vansittart, Robert 罗伯特·范希塔特
Varfoloméev, Nikolaï 尼古拉·瓦尔弗洛梅耶夫
Varlamov, Leonid 列昂尼德·瓦尔拉莫夫
Vatoutine, Nikolaï 尼古拉·瓦图京
Veriovkine-Rakhalski, Nikolaï 尼古拉·韦廖夫金-拉哈尔斯基
Vernadski, Vladimir 弗拉基米尔·韦尔纳茨基
Vichnevski, Sergueï 谢尔盖·维什涅夫斯基
Vierkorn, Karl-Gottfried (alias Karl Nork) 卡尔-戈特弗里德·维尔科恩（卡尔·诺克）
Vietinghoff, Heinrich von 海因里希·冯·菲廷霍夫
Villa, Pancho 潘乔·比利亚
Vinberg, Fedor 费多尔·温贝格
Vinogradov, Vassili 瓦西里·维诺格拉多夫
Vinokourov, Alexeï 阿列克谢·维诺库洛夫
Vlassik, Nikolaï 尼古拉·弗拉西克
Vlassov, Andreï 安德烈·弗拉索夫
Voïkov, Pavel 帕维尔·沃伊科夫
Völkisch, Kurt (alias AVS) 库尔特·弗基施（代号AVS）
Völkisch, Margarita (alias LTsL) 玛格丽塔·弗基施（代号LTsL）
Volkov, Alexandre 亚历山大·沃尔科夫
Voltaire 伏尔泰
Vorochilov, Kliment 克利缅特·伏罗希洛夫
Voronkov, Mikhaïl 米哈伊尔·沃隆科夫
Voronov, Nikolaï 尼古拉·沃罗诺夫
Voskoboïnik, Konstantin 康斯坦丁·沃斯科波伊尼科
Voznessenski, Nikolaï 尼古拉·沃兹涅先斯基
Vychinski, Andreï 安德烈·维辛斯基

W

Wagner, Eduard 爱德华·瓦格纳
Wagner, Richard 理查德·瓦格纳
Walther, Gebhardt von 格布哈特·冯·瓦尔特
Warlimont, Walter 瓦尔特·瓦尔利蒙特
Wasilewska, Wanda 旺达·瓦西列夫斯卡
Wavell, Archibald 阿奇博尔德·韦维尔
Weichs, Maximilian von 马克西米利安·冯·魏克斯
Weinberg, Gerhard 格哈德·温伯格
Weizsäcker, Ernst von 恩斯特·冯·魏茨泽克
Welles, Sumner 萨姆纳·威尔斯
Wenneker, Paul 保罗·温纳克
Werth, Alexander 亚历山大·沃斯
Werth, Henrik 亨利克·维特
Wetzel, Erhard 埃尔哈德·魏策尔
Wilson, Hugh 休·威尔逊
Witting, Rolf 罗尔夫·韦廷
Wöhler, Otto 奥托·沃勒
Wood, Robert 罗伯特·伍德
Wysocki, Alfred 阿尔弗雷德·维索茨基

Y

Yakir, Iona 约纳·亚基尔
Yakovlev, Alexander (avionneur) 亚历山大·雅科夫列夫（飞机制造师）
Yakovlev, Alexandre (l'homme politique) 亚历山大·雅科夫列夫
Yakovlev, Nikolaï 尼古拉·雅科夫列夫
Yamamoto, Isoroku 山本五十六
Yefremov, Mikhaïl 米哈伊尔·叶夫列莫夫
Yeremine, Grigori 格里戈里·叶列明
Yermolin, Pavel 帕维尔·叶默林
Youchkevitch, Vassili 瓦西里·尤什凯维奇

Z

Zakharkine, Ivan 伊万·扎哈尔金
Zakharov, Matveï 马特维·扎哈罗夫
Zakhvataev, Nikanor 尼卡诺尔·扎哈塔耶夫

Zapantis, Andrew 安德鲁·扎潘季斯
Zaroubine, Vassili 瓦西里·扎鲁宾
Zaslavski, David 大卫·扎斯拉夫斯基
Zayas, Alfred de 阿尔弗雷德·德·扎亚
Zbarski, Boris 鲍里斯·兹巴尔斯基
Zetkin, Klara 克拉拉·蔡特金
Zeus 宙斯
Zingales, Francesco 弗朗切斯科·津加莱斯
Zinoviev, Grigori 格里高里·季诺维也夫
Zochtchenko, Mikhaïl 米哈伊尔·左琴科
Zolotariov, Vladimir 弗拉基米尔·佐洛塔廖夫
Zweig, Stefan 斯蒂芬·茨威格

地 名

A
Alabino 阿拉比诺
Aland 奥兰
Allenstein 阿伦施泰因
Arkhangelsk 阿尔汉格尔斯克

B
Babi Yar 娘子谷
Bad Reichenhall 巴特赖兴哈尔
Bad Schmiedeberg 巴特施米德贝格
Bakhmatch 巴赫马奇
Bakou 巴库
Balakleïa 巴拉克列亚
Balkans 巴尔干
Bamberg 班贝格
Baranovitchi 巴拉诺维奇
Bassorah 巴士拉
Belaïa Tserkov 白采尔科维
Berchtesgaden 贝希特斯加登
Berdiansk 别尔江斯克
Berditchev 别尔基切夫
Berlin 柏林
Bessarabie 比萨拉比亚
Biala-Podlaska 比亚瓦-波德拉斯卡
Bialystok 比亚韦斯托克
Birkenau 比克瑙
Bobrouïsk 博布鲁伊斯克
Bohême 波西米亚
Borislav 鲍里斯拉夫
Borissov 鲍里索夫
Boug 布格河
Brest-Litovsk 布列斯特-立陶夫斯克
Briansk 布良斯克
Brody 布罗德
Bucarest 布加勒斯特
Bucovine 布科维纳
Bydgoszcz 比得哥什

C
Caucase 高加索
Chelmno 海乌姆诺
Chlisselbourg 什利谢利堡
Ciepielow 采皮耶罗夫
Cracovie 克拉科夫
Crète 克里特
Crimée 克里米亚
Czestochowa 琴斯托霍瓦

D
Dantzig 但泽
Danube 多瑙河
Daugavpils 陶格夫匹尔斯
Demiansk 德米杨斯克
Desna 杰斯纳河
Dniepr 第聂伯河
Dniepropetrovsk
Dniestr 德涅斯特河
Dno 德诺
Dobroudja 多布罗加
Don 顿河
Donbass 顿巴斯
Donetsk (Stalino) 顿涅茨克（斯塔利诺）
Doubno 杜布诺
Doukhovchtchina 杜霍夫什纳
Dovsk 多夫斯克
Drogobytch (Drohobytch) 德罗戈贝奇（德罗霍贝奇）
Dunkerque 敦刻尔克
Dvina 德维纳河

F
Feodosia 费奥多西亚
Fili 菲利
Finlande 芬兰

G
Galicie 加利西亚
Garsden (Gargzdai) 加斯登（加尔格日代）
Gjatsk 格扎茨克
Gloukhov 格卢霍夫
Gomel 戈梅利
Gorki (Nijni Novgorod) 高尔基（下诺夫哥罗德）
Gorlice 戈尔利采
Gorlovka 戈尔洛夫卡
Gorodichtché 戈罗季谢
Goworowo 戈沃罗沃
Graïvoron 格赖沃龙
Grodno 格罗德诺
Grouzino 格鲁济诺

Grozny 格罗兹尼

H
Haisyn (Gaïssine) 海辛
Hanko 汉科
Harbin 哈尔滨
Helsinki (Helsingfors) 赫尔辛基（赫尔辛福斯）
Hrubieszów 赫鲁别舒夫

I
Iakhroma 亚赫罗马
Iaroslav 拉罗斯拉夫
Ielets 叶列茨
Ielna 叶利尼亚
Iouja 卢加
Irak 伊拉克
Iran 伊朗
Irpen 伊尔平
Ivanovo 伊万诺沃

J
Jakobstadt (Jēkabpils) 叶卡布城（叶卡布皮尔斯）
Jassy 雅西
Jlobine 日洛宾

K
Kachira 卡希拉
Kajetanowice 卡耶塔诺维采
Kalinine (front) 加里宁
Kalinine (Tver) 加里宁
Kalouga 卡卢加
Kamenets-Podolsk 卡缅茨基-波多利斯基
Kamenka-Bouzka (Kamianka-Bouzka, Kamionka Strumilowa) 卡缅卡-布兹卡（卡缅卡－斯特卢米洛沃）
Kandalakcha 坎达拉克沙
Kanev 卡尼夫
Kaniutino 卡纽季诺
Kassa (Košice) 卡萨（科希策）
Katyn 卡廷
Kazakhstan 哈萨克斯坦
Kazan 喀山
Khalkhin Gol 诺门罕
Kharkov 哈尔科夫
Kherson 赫尔松
Kholm 霍尔姆
Kichinev 基希讷乌
Kiev 基辅
Kirkenes 希尔克内斯
Kirov (Viatka) 基洛夫（维亚特卡）
Kiruna 基律纳

Klin 克林
Klouchino 克卢西诺
Kobryn 科布林
Kola 科拉半岛
Kolberg 科尔贝格
Kolomna 科洛姆纳
Kolpino 科尔皮诺
Königsberg (Kaliningrad) 加里宁格勒
Konotop 科诺托普
Kopys 科匹斯
Korosten 科罗斯坚
Kouban 库班
Kouïbychev 古比雪夫
Kountsevo 康采沃
Koupiansk 库皮扬斯克
Kowno (Kaunas) 科夫诺（考纳斯）
Kozelsk 科泽利斯克
Krasnaïa Poliana 克拉斯纳亚波良纳
Krasnogvardeïsk 克拉斯诺格瓦尔杰伊斯科耶湖
Krementchoug 克列缅丘格
Kriukovo 克留科沃
Krivoï-Rog 克里沃罗格
Kronstadt 喀琅施塔得
Kubinka 库宾卡
Kuty 库季

L
Laponie 拉普兰
Lemberg (Lviv, Lwów, Lvov) 伦贝格
Leningrad (Saint-Pétersbourg) 列宁格勒（圣彼得堡）
Lettonie 拉脱维亚
Liady 里亚蒂
Liinakhamari 利纳哈马里
Linz 林茨
Liozno 利奥兹诺
Lipetsk 利佩茨克
Lipsk 利普斯克
Litsa 利察河
Lituanie 立陶宛
Livny 利夫内
Lokhvitsa 洛赫维察
Lokot 洛科特
Lötzen (Gizycko) 吕岑
Louninets 卢伊涅茨
Loutsk 卢茨克
Lublin 卢布林
Lubliniec 卢布利涅茨

M
Madagascar 马达加斯加
Maïkop 迈科普

译名对照表　1237

Makarievskaïa Poustyne 玛卡列夫斯卡娅·普斯津
Maloïaroslavets 小雅罗斯拉韦茨
Marioupol 马里乌波尔
Mauerwald 毛尔瓦尔特
Mednoé 梅德诺耶
Melitopol 梅利托波尔
Memel 梅梅尔
Mikhaïlov 米哈伊洛夫
Minsk 明斯克
Moguilev 莫吉廖夫
Moguilev-Podolski (Mohyliv-Podilsky) 莫伊利夫-波多利斯基
Moldavie 摩尔达维亚
Molotov (Perm) 莫洛托夫（彼尔姆）
Moravie 摩拉维亚
Mordves 莫尔多瓦
Moscou 莫斯科
Motol 莫托尔
Mourmansk 摩尔曼斯克
Mozyr 莫济里
Mtsensk 姆岑斯克
Munich 慕尼黑

N
Narev (Narew) 纳雷夫河
Narvik 纳尔维克
Niemen 涅曼河
Nijny Taguil 下塔吉尔
Nikolaev 尼古拉耶夫
Norvège 挪威
Novorossisk 新罗西斯克
Novoselitsa 新谢利察
Novozybkov 新济布科夫

O
Obersalzberg 萨尔茨堡
Odessa 敖德萨
Omsk 鄂木斯克
Oppeln 奥波莱
Oranienburg 奥拉宁堡
Orcha 奥尔沙
Orel 奥廖尔
Ostachkov 奥斯塔什科夫
Ostrog 奥斯特罗赫
Ostrolionok 奥斯特罗廖诺克
Oulianovsk 乌里扬诺夫斯克
Ouman 乌曼
Oural 乌拉尔山

P
Penza 奔萨
Perkhuchkovo 佩尔胡什科沃

Petrozavodsk 彼得罗扎沃茨克
Petsamo 佩察莫
Ploïesti 普洛耶什蒂
Podolsk 波多利斯克
Polangen (Palanga) 波兰根（帕兰加）
Polotsk 波洛茨克
Poltava 波尔塔瓦
Posen (Poznan) 波森（波兹南）
Potchep 波切普
Poutyvl 普季riv利
Prague 布拉格
Prut 普鲁特河
Pskov 普斯科夫
Pulkovo 普尔科沃

R
Rapallo 拉帕洛
Raseiniai 拉塞尼艾
Rastenburg 拉斯滕堡
Riga 里加
Rjev 勒热夫
Rogatchëv 罗加乔夫
Romny 罗姆内
Rosenheim 罗森海姆
Roslavl 罗斯拉夫尔
Rostov 罗斯托夫
Rostov sur le Don 顿河畔罗斯托夫
Roumanie 罗马尼亚
Rovno 罗夫诺
Royaume-Uni 英国
Ruthénie 鲁塞尼亚
Rybinsk 雷宾斯克
Rylsk 雷利斯克

S
Sakhaline 萨哈林岛
Salla 萨拉
Sambor 桑博尔
San 桑河
Saragosse 萨拉戈萨
Saroja 萨罗雅
Sébastopol 塞瓦斯托波尔
Serbie 塞尔维亚
Šiauliai 希奥利艾
Sibérie 西伯利亚
Silésie 西里西亚
Simféropol 辛菲罗波尔
Slonim 斯洛尼姆
Sloutsk 斯卢茨克
Slovaquie 斯洛伐克
Smolensk 斯摩棱斯克
Sofia 索非亚
Sokal 索卡尔

Solnetchnogorsk 索尔涅奇诺戈尔斯克
Soltsy 索利齐
Spas-Demensk 斯帕斯-杰缅斯克
Spitzberg 斯匹次卑尔根岛
Stalingrad (Tsaritsyne) 斯大林格勒（察里津）
Stalinogorsk 斯大林诺戈尔斯克
Staraïa Roussa 旧鲁萨
Staritsa 斯塔里察
Starobelsk 旧别利斯克
Starodoub 斯塔罗杜布
Storojinets 斯托罗日涅茨
Stry 斯特雷
Suomussalmi 苏奥穆斯萨尔米
Suwalki 苏瓦乌基
Svir 斯维尔河
Syrie 叙利亚
Syzran 塞兹兰

T
Tabriz 大不里士
Tachkent 塔什干
Taganrog 塔甘罗格
Taman 塔曼
Tarnopol 捷尔诺波尔
Tauroggen 陶拉格
Tchécoslovaquie 捷克斯洛伐克
Tcheliabinsk 车里雅宾斯克
Tcherepovets 切列波韦茨
Tcherkassy 切尔卡瑟
Tchernigov (Tchernihiv) 切尔尼戈夫（切尔尼希夫）
Tchernivtsi (Tchernovtsy, Tchernowitz, Cernăuți) 切尔诺夫策
Tchoudeï 楚德湖
Tchoudovo 丘多沃
Tchoukotka 楚科奇自治区
Téhéran 德黑兰
Telekhany 捷列哈内
Teschen 切申
Tikhvine 季赫温
Tilsitt 蒂尔西特
Tokyo 东京
Tomka 托姆卡
Torjok 托尔若克
Torun 托伦

Toula 图拉
Transbaïkalie 外贝加尔山脉
Transnistrie 德涅斯特河沿岸
Transylvanie 特兰西瓦尼亚
Traunstein 特劳恩施泰因
Troppau (Opava) 特罗保（奥帕瓦）
Tyrol du Sud 南蒂罗尔

U
Ukmergé 乌克梅尔盖
Uritsk 乌里茨克

V
Valdaï 瓦尔代
Varanger 瓦朗厄尔
Varsovie 华沙
Vélikié-Louki 大卢基
Viazma 维亚济马
Vichny Volotchiok 维什内-沃罗乔克
Vichuga 维丘加
Viipuri (Vyborg) 维伊普里（维堡）
Vilnius (Wilno) 维尔纽斯
Vinnitsa 文尼察
Vistule 维斯瓦河
Vladivostok 符拉迪沃斯托克
Volga 伏尔加河
Volhynie 沃里尼亚
Volkhov 沃尔霍夫
Volkovysk 瓦夫卡维斯克
Vologda 沃洛格达
Volokolamsk 沃洛科拉姆斯克
Vybli 维布利

W
Wlodawa 弗沃达瓦

Y
Yessentouki 叶先图基
Youkhnov 尤赫诺夫

Z
Zapadnaïa Litsa 西利察河
Zossen 措森
Zoubtsov 祖布佐夫
Zvénigorod 兹韦尼哥罗德

"方尖碑"书系

第三帝国的兴亡:纳粹德国史
　　〔美国〕威廉·夏伊勒

柏林日记:二战驻德记者见闻,1934—1941
　　〔美国〕威廉·夏伊勒

第三共和国的崩溃:一九四〇年法国沦陷之研究
　　〔美国〕威廉·夏伊勒

新月与蔷薇:波斯五千年
　　〔伊朗〕霍马·卡图赞

海德里希传:从音乐家之子到希特勒的刽子手
　　〔德国〕罗伯特·格瓦特

威尼斯史:向海而生的城市共和国
　　〔英国〕约翰·朱利叶斯·诺里奇

巴黎传:法兰西的缩影
　　〔英国〕科林·琼斯

末代沙皇:尼古拉二世的最后503天
　　〔英国〕罗伯特·瑟维斯

巴巴罗萨行动:1941,绝对战争
　　〔法国〕让·洛佩　〔格鲁吉亚〕拉沙·奥特赫梅祖里

帝国的铸就:1861—1871:改革三巨人与他们塑造的世界
　　〔美国〕迈克尔·贝兰

极北之地:西伯利亚史诗(即出)
　　〔瑞士〕埃里克·厄斯利

1914:世界结束的那一年(即出)
　　〔澳大利亚〕保罗·哈姆

(更多资讯请关注新浪微博@译林方尖碑,
　　微信公众号"方尖碑书系")